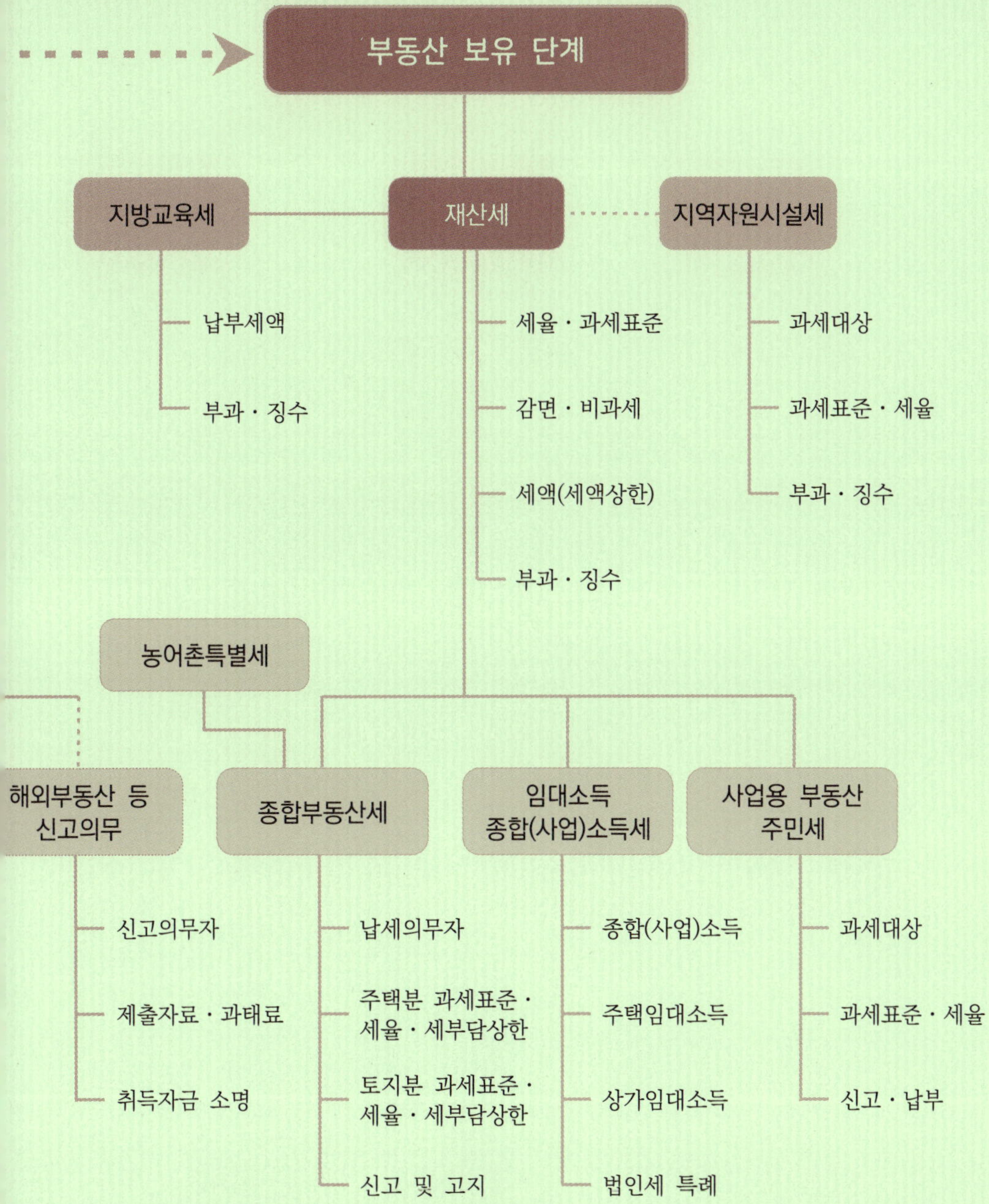

부동산 보유 단계

- 지방교육세
  - 납부세액
  - 부과 · 징수
- 재산세
  - 세율 · 과세표준
  - 감면 · 비과세
  - 세액(세액상한)
  - 부과 · 징수
- 지역자원시설세
  - 과세대상
  - 과세표준 · 세율
  - 부과 · 징수
- 농어촌특별세
- 해외부동산 등 신고의무
  - 신고의무자
  - 제출자료 · 과태료
  - 취득자금 소명
- 종합부동산세
  - 납세의무자
  - 주택분 과세표준 · 세율 · 세부담상한
  - 토지분 과세표준 · 세율 · 세부담상한
  - 신고 및 고지
- 임대소득 종합(사업)소득세
  - 종합(사업)소득
  - 주택임대소득
  - 상가임대소득
  - 법인세 특례
- 사업용 부동산 주민세
  - 과세대상
  - 과세표준 · 세율
  - 신고 · 납부

복잡한 부동산 세금 완전정리

부동산 취득·보유세 실무

최 장 섭 저

(주)영화조세통람

머 리 말

늦게 시작한 공직이라 세무업무에 좀 익숙해지려 하는데 퇴직이 얼마 남지 않았다. 이대로 공무원 생활을 마감한다는 것이 못내 아쉬워 퇴직하기 전 그 동안 업무를 수행하면서 단편적으로 알던 세법지식을 하나의 주제에 묶어서 정리해보고 싶었다. 주변사람들로부터 질문을 많이 받았던 분야, 일반인들이 경제생활에서 공통적으로 가장 많은 관심을 가지는 분야, 즉 부동산을 중심으로 발생하는 세금문제에 대하여 정리를 시작하게 되었는데 생각보다 시간이 많이 걸렸다.

기존의 세법 책들이 세목별로 편찬되어 있어 부동산을 취득하고 보유하고 처분하는 과정에서 발생하는 세금문제를 검토하려면 관련되는 세목별 해설서를 일일이 찾아보아야 하는데, 세목별 세법을 두루 공부하지 않으면 관련 세금문제를 빠짐없이 검토하는 것이 여간 불편하지 않다. 그래서 부동산과 관련한 모든 세금문제를 한권의 책으로 정리해 본 것이다. 처음에는 내 공부를 위하여 하였으나 정리를 하다 보니 이왕 하는 것 혹시라도 같은 분야에 관심을 갖는 분들에게 도움이 될까하여 부끄럽지만 책으로 만들게 되었다.

이 책은 부동산의 취득 및 보유와 관련한 세무실무에 사용하는 것을 목적으로 한다. 납세자의 시각에서 무엇이 중요한지, 법령을 어떻게 해석하는지에 중점을 두고 있다. 그래서 서술체계도 부동산 거래당사자들의 관심도가 높은 세율 부분을 먼저 서술하여, 일응 납부세액의 크기를 추정해 볼 수 있게 한 후, 세액의 크기와 납부시기에 영향을 미치는 세부사항들을 설명하는 방식을 취하고 있다. 한편 행정실무에 적용되는 집행규정 및 개정 전 법령 등에 대한 설명은 생략하였으며, 세법이론서의 논리적 체계에는 필요하나 실무적 사용에는 중요하지 않은 기본적 개념 등에 대한 설명도 생략하였다. 이 책은 부동산컨설팅 전문가나 부동산투자에 관심에 많은 일반인들에게 유용한 세금안내서가 될 것이다. 그 외 이 책은 특별히 다음과 같은 점을 염두에 두고 서술하였다.

첫째, 세금문제의 객관성 있는 해결방안을 제시하기 위하여 관련 법령과 해석사례를 충실히 반영하여 서술하였다, 개인적 의견은 가능한 한 배제하였으나 기존 유권해석으로 문제해결이 불확실한 경우 개인적 의견을 제시하되, 각주를 달거나 개인적 의견임을 표시하여 명확히 구분하였다. 기존 세법 책 중에는 서술내용이 법령에 규정된 사항인지, 국가기관의 유권해석인지, 저자의 학술적 견해인지 구분이 불분명하여 실무상 인용하기 위해서는 다시 관련 법령이나 해석사례를 확인하여야 하는 불편을 겪는 경우가 많아 이를 명확히 구분한 것이다.

둘째, 서술내용과 관련한 법령과 판례, 예규 등의 근거를 일일이 밝혀 놓았다. 부동산 관련 세법은 민법에서부터 건축법 등 수많은 법령이 거미줄처럼 얽혀 과세체계를 이루고 있고, 이들 부동산 관련 법령은 정책의 변화에 따라 수시로 개정되며 유권해석도 자주 바뀐다. 따라서 세금문제를 해결해야 하는 개별사항이 발생하면 반드시 현존하는 규정을 확인할 필요가 있다. 이 책은 몇 단계씩 얽혀있는 관련규정을 찾아 확인하는데 길잡이가 될 것이다.

셋째, 법령해설에 중요한 해석사례를 엄선하여 실었다. 부동산과 관련한 개별적 세금문제가 발생하면 유사 판례나 예규가 해결방안을 찾는데 도움이 된다. 그래서 기존의 세법 책 중에는 관련 판례나 예규를 백화점씩으로 망라해 놓은 책들이 많다. 그러나 나열된 해석사례는 서로 상반되는 견해를 보이는 것, 변경되어 사문화된 것들도 많아 법리해석의 마인드가 부족한 상태에서 아전인수 격으로 예규를 인용하여 주장하는 경우를 흔히 보아 왔다. 더구나 국세청 등 국가기관의 홈페이지에 접속하면 관련해석사례는 쉽게 찾아볼 수 있으므로 해설서에 예규 등을 망라하여 나열하는 것은 책의 부피를 늘리는 것이 비하여 그렇게 유용한 것으로 보이지 않는다. 책의 두께는 손에 잡히는 정도를 넘지 않는 것이 좋다. 이 책에서는 판례나 예규를 망라하는 방식을 지양하고 법문의 포괄성이나 모호성으로 인하여 해석상 논란의 여지가 있는 경우 등의 중요한 해석사례를 골라 소개하였다.

당초 엉성한 원고가 책으로 출간되기 까지 ㈜영화조세통람 여러분들의 도움이 있었다. 제목과 항번을 정리하고 표현들을 다듬어 책의 모양을 만들어 주신 김현영 상무님, 교정과 편집을 해주신 이은희 차장님에게 무한한 감사를 드리며, 책의 출간을 허락해 주신 서동혁 대표님께도 감사드린다.

2019년 5월

저자 최 장 섭

차 례

Part 1 부동산 취득과 세금

Part 2 부동산 보유와 세금

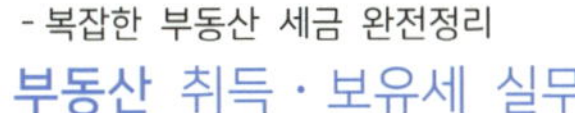

Part 1 부동산 취득과 세금

개 요

부동산을 취득하는 유형은 다양하다. 부동산은 공산품과 달리 공급이 제한되어 있으므로 기존의 부동산을 타인으로부터 승계하여 취득하는 것이 대부분이나 건축물의 신축이나 토지의 매립과 같이 새로운 부동산을 원시적으로 취득하는 경우도 있다. 승계취득의 경우에도 유상으로 취득하는 경우가 많겠지만 증여나 상속과 같이 무상으로 취득하는 경우도 있다. 부동산을 취득하는 자는 취득유형에 따라 여러 가지 세금을 부담하게 된다. 어떤 유형의 취득이든 공통적으로 취득세를 납부하게 되고, 상속 및 증여와 같은 무상취득의 경우에는 상속세 또는 증여세를 납부하게 된다. 부동산의 종류에 따라 부가가치세를 부담하는 경우도 있으나 사업목적으로 부동산을 취득하는 경우에는 부담한 부가가치세를 사업초기에 환급받을 수 있다. 부동산에 관한 권리를 등기하거나 등록하는 경우 등록면허세를 납부하게 되는데, 부동산 취득과 관련한 등록면허세는 2011년 지방세목의 재조정으로 취득세에 통합되었다.(지방법 제23조) 부동산 자체가 아니라 저당권 등 부동산상 권리를 취득하는 경우에는 여전히 등록면허세를 납부하여야 한다. 취득을 위한 매매계약서를 작성할 때 납부하여야 하는 인지세도 부동산 취득과 관련된 세금으로 볼 수 있다. 그 외 취득자가 부담할 세금은 아니나 비거주자로부터 국내 부동산을 취득하는 경우에는 비거주자의 양도소득세를 원천징수하여야 하는 경우도 있다. 이들 세목 중 상속세, 증여세, 부가가치세, 양도소득세 및 인지세는 국세이고, 취득세와 등록면허세는 지방세이다. 취득세에 부가되는 세목으로 지방교육세와 농어촌특별세가 있다.

세금 외에 취득하는 부동산의 종류에 따라 국채를 매입해야 하는 부담도 있고 개발사업에 따른 개발부담금을 부담하는 경우도 있으며 역외거래의 투명한 관리를 위하여 해외부동산 자료를 과세당국에 신고하여야 하는 의무도 있다. 여기서는 취득과 직접 관련된 세목으로서 모든 취득에 대하여 공통으로 부과되는 취득세, 취득세에 부가되는 농어촌특별세 및 지방교육세, 특수한 취득에 따라 부과되는 부가가치세, 증여세, 상속세, 비거주자등 양도소득세 원천징수, 부동산취득계약서 작성에 따른 인지세 및 점점 강화되는 해외부동산 자료제출 등에 대하여 알아본다.

제 1 장

취득세

제 1 절 취득세 구조와 세율
제 2 절 취득세 감면
제 3 절 취득세 비과세 및 과세최저한
제 4 절 취득세 과세표준
제 5 절 취득유형별 취득시기
제 6 절 취득세의 신고납부
제 7 절 취득세에 부가되는 세목

제 1 절 취득세 구조와 세율

I 취득세 구조

부동산을 취득한 자는 취득세를 신고납부하여야 한다. 취득세는 납세의무자의 신고에 의하여 세액이 확정되는 이른바 신고납세방식 세목이다.(지방법 제18조) 납세의무자가 납부할 세액은 취득유형에 따라 취득하는 부동산가액에 일정률의 세율을 적용하여 계산한 금액으로 한다. 취득하는 부동산의 가액을 과세표준으로 하고 여기에 정해진 세율을 곱하여 납부할 세액을 산출한다는 점에서 다른 세목에 비하여 취득세의 산출구조는 비교적 단순한 편이다. 그러나 취득세는 취득유형에 따라 각각 다른 세율을 적용하고, 등록세와 통합된 후에도 통합되기 전의 세부담과 형평을 유지하기 위하여 여러가지 특례세율 규정을 두고 있다. 취득세의 세율은 헌법상 조세법률주의원칙에 따라 지방세법에 규정되어 있으나, 한편 취득세가 지방세이므로 지방자치단체가 그 단체의 특성에 따라 세율을 차등 적용하는 것을 허용하고 있다. 즉 지방자치단체의 장은 조례로 정하는 바에 따라 취득세의 세율을 지방세법이 규정한 세율(표준세율)의 50% 범위에서 가감할 수 있다.(지방법 제14조)[1] 그 외에도 취득세는 비교적 조세정책의 영향을 많이 받는 세목으로 지방세특례제한법에 의하여 각종 감면혜택을 받는 경우가 많다.

이와 같이 취득세 납부세액은 원칙적으로 취득하는 부동산가액의 크기에 영향을 받는 것이나, 실무적으로는 취득하는 유형에 따라 어떤 세율을 적용할 것인지 또는 감면규정의 적용대상인지 여부를 검토하는 것이 그에 못지않게 중요하다.

1) 2019년 1월 30일 현재 탄력세율을 적용하는 지방자치단체는 없다.

II 표준세율

1. 취득유형별 표준세율

부동산 취득유형에 따른 취득세 표준세율은 다음과 같다.(지방법 제11조 제1항)

〈부동산 취득세율〉

취득유형	취득부동산	세 율
상속으로 인한 취득(1호)	농지	2.3% (1천분의 23)
	농지 외의 것	2.8% (1천분의 28)
상속 외 무상취득(2호)		3.5% (1천분의 35, 단 종교단체 등 비영리사업자* 1천분의 28)
원시취득(3호)		2.8% (1천분의 28)
공유물의 분할 또는 부동산 실권리자명의 등기에 관한 법률 제2조 제1호 나목에서 규정하고 있는 부동산의 공유권 해소를 위한 지분이전으로 인한 취득(5호)		2.3% (1천분의 23)
합유물 및 총유물의 분할로 인한 취득(6호)		2.3% (1천분의 23)
그 밖의 원인으로 인한 취득(7호)	농지	3% (1천분의 30)
	농지 외의 것	4% (1천분의 40)
유상취득하는 주택의 경우 가액에 따라 차등 적용(8호)	6억원 이하	1% (1천분의 10)
	6억원 초과 9억원 이하	2% (1천분의 20)
	9억원 초과	3% (1천분의 30)

* 종교단체 등 비영리사업자(지방령 제22조) : 종교 및 제사를 목적으로 하는 단체, 초·중등교육법 및 고등교육법에 따른 학교, 경제자유구역 및 제주국제자유도시의 외국교육기관 설립·운영에 관한 특별법 또는 기업도시개발 특별법에 따른 외국교육기관을 경영하는 자 및 평생교육법에 따른 교육시설을 운영하는 평생교육단체, 사회복지사업법에 따라 설립된 사회복지법인, 양로원·보육원·모자원·한센병자치료보호시설 등 사회복지사업을 목적으로 하는 단체 및 한국한센복지협회, 정당법에 따라 설립된 정당

2. 취득유형

지방세법은 취득유형에 따라 세율을 구분하여 적용하는데 취득유형에 대한 정의규정을 두고 있지 않다. 따라서 민법 등 다른 법률의 개념을 차용하여 정의할 수밖에 없다. 이하 유형을 간략히 보고 자세한 내용은 취득유형별 취득시기 부분에서 본다.

1) 상속으로 인한 취득

상속은 사망으로 인하여 개시된다.(민법 제997조) 사망은 자연인의 생명이 종료되는 것을 말하나, 법률은 자연인의 생사가 명확하지 않은 경우에도 사망한 것으로 인정하는 제도를 두고 있다. 실종선고, 인정사망, 부재선고 등이다. 모두 상속개시의 원인이 된다.

2) 상속 외 무상취득

무상취득의 대표적인 것이 증여취득이다. 증여에는 순수하게 무상으로 재산권을 이전하는 경우도 있지만 조건을 붙이는 경우도 많다. 조건에는 채무인수와 같이 수증자가 일정한 경제적 부담을 지는 경우가 있는데 이를 부담부증여라 한다. 부담부증여의 부담부분은 유상취득에 해당하므로 무상취득의 세율이 적용되는 부분은 부담부분을 제외한 부분이 된다. 특수한 유형의 증여로 증여자의 사망을 조건으로 하는 사인증여도 있다. 그 밖의 무상취득으로는 법인의 합병과 분할로 인한 취득이 있다. 분할취득 중 공유물분할이나 합유물분할 및 총유물분할에 대하여는 별도의 세율을 정하고 있으므로 지방세법 제11조 제1항 제2호의 적용을 받는 재산분할은 이혼 시 부부간 재산분할이 해당될 수 있다. 그러나 재산분할의 경우에도 지방세법 제15조 제1항 제4호 및 제6호에 의하여 특례세율이 적용된다.

3) 원시취득

원시취득이란 승계취득에 대응하는 개념인데, 종전 권리자로부터 권리를 승계받는 것이 아니라 새로운 권리를 창설적으로 취득한다는 뜻이다. 부동산의 원시취득은 토지의 경우 매립이나 간척이 대표적으로 이에 해당하고, 건물의 경우 건축물의 신축이나 증축, 개수가 이에 해당한다. 토지의 지목변경도 원시취득이라 할 수 있다. 건물의 개수나 지목변경에 대하여는 지방세법 제15조 제2항의 특례세율이 적용된다. 부동산의 시효취득을 원시취득으로 볼 것인지에 대하여는 기존의 부동산을 취득한다는 점에서 시효취득이 다른 원시취득과 다른 점이 있으나 종전 권리자의 권리를 승계하는 것이 아니라 새로운 권리를 창설적으로 취득한다는 점에서 원시취득으로 볼 수 있다. 대법원도 취득세 관련은 아니지만 "시효취득은 원시취득이어서 농지개혁법 제19조 제2항의 적용이 없다"고 하여 시효취득을 원시취득으로 본다.(대법원 1993.4.27. 선고 93다5000 판결) 경락취득에 대하여 행정기관은 승계취득으로 보았으나, 최근 조세심판원은 경락취득으로 종전의 권리의 제한 및 하자를 승계하지 아니한다는 점을 들어 2016년 12월 31일 개정되기 전 지방세법의 해석상 경락취득을 원시취득으로 판단하였다가(심판원 2018.5.16. 조심2018지0309 결정), 곧이어 경락은 승계취득에 해당한다고 결정을 변경한 후 변경된 견해를 유지하고 있다.(심판원 2018.11.2. 조심2018지1096 외 다수)[2]

그러나 개정된 지방세법 제6조 제1항 괄호는 수용재결로 취득한 경우 등 과세대상이 이미 존재하는 상태에서 취득하는 경우는 원시취득에서 제외한다고 규정하고 있다. 이를 문리적으로 해석하면 이미 존재하는 부동산의 경락취득뿐만 아니라 시효취득도 원시취득에서 제외되어야 한다.

4) 공유물의 분할 등

수인이 하나의 물건을 지분에 의하여 공동으로 소유하는 것을 공유라 한다.(민법 제262조) 공유자는 공유물을 지분비율에 따라 사용·수익할 수 있고, 소유하는 지분을 자유로이 처분할 수 있으며, 공유물의 분할을 청구할 수 있다.(민법 제263조·제268조) 공유물의 분할은 지분적 소유를 청산하고 단독적 소유로 변경하는 것이어서 민법상 소유권의 새로운 취득으로 보기 어려우나 지방세법은 이 또한 취득으로 보아 취득세를 과세하되 세율을 달리 하여 정하는 반면, 지방세법 제15조 제1항에 따라 특례세율을 적용하는 것으로 규정하고 있다. 공유에는 실질적으로 당사자 사이에 부동산의 위치와 면적을 특정하여 2인 이상이 구분소유하기로 하는 약정을 하고 그 구분소유자의 공유

2) 승계취득과 달리 원시취득은 전소유권 제한이나 하자를 승계하지 아니하는 것인데, 선순위 용익물권이 있는 경락의 경우에는 경락인이 용익물권의 소멸을 주장하지 못하며(민사집행법 제136조), 동산의 선의취득과 달리 부동산의 경락취득은 전소유자의 소유권에 흠결(가령 제3자 소유의 부동산이 경매된 경우)이 있는 경우에는 소유권을 취득하지 못한다는 점에서 전 소유자의 하자를 승계하지 아니한다고 할 수 없으므로 승계취득으로 보는 것이 타당하다.

로 등기하는 이른바 상호명의신탁이 있다.(부동산 실권리자명의 등기에 관한 법률 제2조 제1호 나목) 상호명의신탁의 해소로 인한 취득에 대하여도 지방세법은 별도세율과 특례세율을 규정하고 있다.

5) 합유물 및 총유물의 분할

조합이 조합원단체 명의로 물건을 소유하는 것을 합유라 하고, 법인격이 없는 사단의 사원이 집합체로서 물건을 소유하는 것을 총유라 한다. 법인격이 없어 단체의 이름으로 단독소유하지 못한다는 점에서 법인의 소유와 다르고 지분의 처분이 자유롭지 않다는 점에서 공유와 다르다. 합유물은 전원이 동의하거나 조합이 해산할 때 분할할 수 있고, 총유물은 총사원의 동의나 사단이 해산할 때 분할할 수 있다.(민법 제271조~제277조) 합유물의 분할이나 총유물의 분할도 사실상 자기지분취득의 성격이 있으므로 지방세법은 별도세율을 규정하고 있다.

6) 그 밖의 원인으로 인한 취득

상속취득, 그 밖의 무상취득, 원시취득, 공유물・합유물・총유물의 분할취득을 제외한 그 밖의 원인으로 인한 취득이란 유상취득이 이에 해당한다. 매매, 교환, 대물변제 등이다. 유상취득 중 주택에 대하여는 별도의 세율을 규정하고 있다. 유상취득 외 "그 밖의 원인으로 인한 취득"에 해당되는 취득유형은 불분명하다.[3)]

7) 유상취득하는 주택

(1) 주택의 범위

지방세법은 유상취득하는 주택에 대하여 별도의 세율규정을 두고 있다. 주택이란 주택법 제2조 제1호에 따른 주택으로서 건축법에 따른 건축물대장・사용승인서・임시사

3) 지방세법은 특수한 취득에 대하여 낮은 세율을 적용하고 그 외 일반적인 유상취득에 대하여 정상세율을 적용한다는 의미로 특수한 취득유형을 열거한 후 나머지를 모두 하나의 세율 적용대상으로 규정한 것으로 보이나, 유상취득을 그 밖의 원인으로 인한 취득유형으로 분류하는 것은 유상취득 외 열거되지 아니한 취득에 대하여도 유상취득과 같은 세율을 적용하여야 한다는 점에서 바람직한 법률체계로 보이지는 않는다. 일반유형인 유상취득에 대한 범위와 세율을 정하고 특수한 취득의 유형에 따라 타당한 세율을 정한 후 기타 열거되지 않은 취득에 대하여 보충적 규정으로 낮은 세율을 규정하는 것이 조세법률주의 원칙에 보다 부합하는 체계가 아닌가 생각된다.

용승인서 또는 부동산등기법에 따른 등기부에 주택으로 기재되고, 건축물의 용도가 주거용으로 사용하는 건축물과 그 부속토지를 말한다. 여기서 건축물의 등재와 관련하여 구건축법(법률 제7696호로 개정되기 전의 것)에 따라 건축허가 또는 건축신고 없이 건축이 가능하였던 주택(법률 제7696호 건축법 일부개정법률 부칙 제3조에 따라 건축허가를 받거나 건축신고가 있는 것으로 보는 경우를 포함한다)으로서 건축물대장에 기재되어 있지 아니한 주택의 경우에도 건축물대장에 주택으로 기재된 것으로 본다.(지방법 제11조 제1항 제8호)

2018년 12월 31일 이전 주거용으로 보지 않은 주택

다음의 용도로 사용하는 주택은 2018.12.31. 이전은 세율적용 시 별도세율을 적용하는 주택으로 보지 아니하였으나 2018.12.31. 지방세법 개정 시 배제조항을 삭제함으로써 별도세율을 적용하는 주택의 범위에 포함되었다.

- 영유아보육법 제10조 제5호에 따른 가정어린이집
- 아동복지법 제52조 제1항 제4호 및 제8호에 따른 공동생활가정 · 지역아동센터(아동복지법 제52조 제2항에 따라 통합하여 설치한 경우를 포함)
- 노인복지법 제31조에 따른 노인복지시설로서 주거용으로 사용되는 시설

(2) 별도 취득하는 주택 부속토지

주택을 신축 또는 증축한 이후 해당 주거용 건축물의 소유자(배우자 및 직계존비속을 포함)가 해당 주택의 부속토지를 취득하는 경우에는 유상취득하는 주택에 대한 별도세율을 적용하지 아니한다. 즉 일반적 유상취득세율 4%를 적용한다.(지방법 제11조 제4항)

(3) 지분취득시 취득가액

부동산을 지분으로 취득하는 경우 취득지분의 가액을 과세표준으로 하나(지방법 제11조 제2항), 유상취득하는 주택에 대하여는 취득가액에 따라 세율을 달리하므로 지분에 따라 세율이 달라지는 것을 방지하기 위하여 세율적용은 전체 주택의 취득가액을 기준으로 하고, 전체주택의 취득가액은 지분의 취득가액에 취득지분의 시가표준액이 전체 주택의 시가표준액에서 차지하는 비율의 역수를 곱하여 산정한다. 이를 산식으로 보면 다음과 같다.(지방법 제11조 제1항 제8호)

$$\text{전체주택의 취득 당시의 가액} = \text{취득지분의 취득 당시의 가액} \times \frac{\text{전체주택의 시가표준액}}{\text{취득지분의 시가표준액}}$$

8) 간주취득

지방세법 제7조 제5항에 따르면 법인의 주식 또는 지분을 취득함으로써 과점주주가 되었을 때는 그 과점주주가 해당 법인의 부동산등을 취득한 것으로 보아 취득세를 납부하게 되는데, 과점주주의 간주취득은 어느 유형의 취득으로 보아야 할 것인가? 과점주주가 주식을 취득하는 유형이 다양하므로 간주취득의 성격을 획일적으로 규정하기는 어렵다. 다만, 지방세법은 제15조 제2항 제3호에 간주취득의 세율은 중과기준세율(2%)을 적용한다는 별도의 특례규정을 두고 있다.

3. 농지

취득세의 세율은 취득유형에 따라 구분될 뿐만 아니라 취득하는 부동산을 농지와 농지 외의 부동산으로 구분하여 세율을 달리한다. 농지의 범위는 다음과 같다.(지방령 제21조)

① 취득 당시 공부상 지목이 논, 밭 또는 과수원인 토지로서 실제 농작물의 경작이나 다년생식물의 재배지로 이용되는 토지. 이 경우 농지 경영에 직접 필요한 농막(農幕)·두엄간·양수장·못·늪·농도(農道)·수로 등이 차지하는 토지 부분을 포함한다.

② 취득 당시 공부상 지목이 논, 밭, 과수원 또는 목장용지인 토지로서 실제 축산용으로 사용되는 축사와 그 부대시설로 사용되는 토지, 초지 및 사료밭

4. 지방자치단체별 조정세율

지방세법 제14조에는 지방자치단체의 조례로 취득세의 세율을 지방세법이 규정한 세율(표준세율)의 50% 범위에서 가감할 수 있도록 규정하고 있다. 그러나 현재 서울특

별시를 비롯한 5개 광역시, 세종특별자치시, 8개 도 및 제주특별자치도 등 총 16개 지방자치단체는 모두 별도의 탄력세율을 적용하지 아니하고 지방세법상 세율을 따르고 있다.(서울특별시 시세 조례 제4조 등)4)

Ⅲ 중과세율

1. 중과기준세율

수도권 과밀억제권역 안에서 취득하는 부동산과 별장 등 일부 사치성 재산에 대하여 중과세율을 적용한다. 중과세율은 물건별로 별도의 세율로 규정하지 아니하고 표준세율에 일정 세율을 더하거나 표준세율의 몇 배에서 일정세율을 빼는 방법으로 높은 세율을 적용한다. 이는 종전의 등록세를 취득세에 흡수함에 따라 종전의 취득세와 등록세에 중과하던 세율을 유지하기 위한 방법이다. 중과세는 취득하는 부동산가액의 2%를 중과기준세율로 하고 중과대상 부동산에 따라 중과기준세율의 2배 내지 5배를 더하거나 빼는 세율을 적용한다.(지방법 제6조 제19호)

중과기준세율 : 2%

2. 수도권 과밀억제권역 안의 부동산에 대한 중과세율

1) 수도권 과밀억제권역 내 신 · 증축 부동산 중과

수도권 과밀억제권역에서 법인의 본점이나 주사무소용으로 신 · 증축하거나 또는 공

4) 서울특별시 시세 조례 제4조, 부산광역시 시세 조례 제3조, 인천광역시 시세 조례 제4조, 대전광역시 시세 조례 제2조, 대구광역시 시세 조례 제4조, 광주광역시 시세 조례 제4조, 경기도 도세 조례 제5조, 강원도 도세 조례 제5조, 충청북도 도세 조례 제4조, 충청남도 도세 조례 제3조(세율규정 없이 지방세법에 따라 징수), 경상북도 도세 조례 제5조, 경상남도 도세 조례 제3조, 전라북도 도세 조례 제4조, 전라남도 도세 조례 제4조, 제주특별자치도세 조례 제5조(2019.1.30. 자치법규정보시스템 조회)

장을 신・증설하는 부동산에 대하여는 표준세율에 중과기준세율의 2배를 더한 세율을 적용한다. 이는 종전의 취득세 중과규정을 승계한 것으로 수도권 경제력집중을 방지하기 위한 규정이다.(지방법 제13조 제1항)

중과세율 : 표준세율 + 4%(중과기준세율의 2배)

(1) 과밀억제권역에서 법인의 본점 및 주사무소를 신・증축한 경우

수도권정비계획법 제6조에 따른 과밀억제권역에서 법인의 본점 또는 주사무소의 사무소로 사용하는 건축물과 그 부대시설용 건축물(기숙사, 합숙소, 사택, 연수시설, 체육시설 등 복지후생시설과 예비군 병기고 및 탄약고는 제외한다)을 신축하거나 증축하는 경우와 그 부속토지에 대하여는 표준세율에 4%(중과기준세율의 2배)를 더한 세율을 적용한다. 신탁을 통한 편법 신・증축을 방지하기 위하여 법인이 신탁의 방법으로 본점이나 주사무소를 신・증축하는 경우, 즉 신탁법에 따른 수탁자가 취득한 신탁재산 중 위탁자가 신탁기간 중 또는 신탁종료 후 위탁자의 본점이나 주사무소의 사업용으로 사용하는 부동산에 대하여도 중과세율을 적용한다.(지방법 제13조 제1항, 지방령 제25조)

법인의 본점 또는 주사무소란 법인의 주소지인 영업활동의 본거지를 말하는 것으로 "본점"은 상법상의 개념으로 영리법인의 주소지이고(상법 제171조), "주사무소"란 민법상의 개념으로 비영리법인의 주소지를 말한다.(민법 제36조) 따라서 법인 아닌 단체나 개인사업자의 주된 사무용 부동산의 취득은 중과대상이 아니며 법인의 지점이나 분사무소의 사무용 부동산도 중과대상이 아니다. 1998년 12월 31일 개정되기 전 지방세법에서는 승계취득도 중과대상이었으나 수도권 인구유입과 산업집중 등의 유발효과가 큰 신축 및 증축의 경우에만 건물과 그 부속토지의 취득세를 중과하는 것으로 개정되었다.

수도권 과밀억제권역

서울특별시, 인천광역시[강화군, 옹진군, 서구 대곡동・불로동・마전동・금곡동・오류동・왕길동・당하동・원당동, 인천경제자유구역(경제자유구역에서 해제된 지역을 포함한다) 및 남동 국가산업단지는 제외한다], 의정부시, 구리시, 남양주시(호평동, 평내동, 금곡동, 일패동, 이패동, 삼패동, 가운동, 수석동, 지금동 및 도농동만 해당한다), 하남시, 고양시, 수원시, 성남시, 안양시, 부천시, 광명시, 과천시, 의왕시, 군포시, 시흥시[반월특수지역(반월특수지역에서 해제된 지역을 포함한다)은 제외한다](수도권정비계획법 시행령 제9조 별표1, 별첨1)

(2) 과밀억제권역에서 공장을 신설하거나 증설하는 경우

수도권정비계획법 제6조에 따른 과밀억제권역(산업집적활성화 및 공장설립에 관한 법률을 적용받는 산업단지 · 유치지역 및 국토의 계획 및 이용에 관한 법률을 적용받는 공업지역은 제외한다)에서 공장을 신설하거나 증설하기 위하여 사업용 과세물건을 취득하는 경우의 취득세율은 표준세율에 4%(중과기준세율의 2배)를 더한 세율을 적용한다.(지방법 제13조 제1항 후단)

(가) 공장의 범위

중과대상(다음 대도시 공장 신설 포함) 공장의 범위는 지방세법 시행규칙 별표 2에 규정된 업종의 공장(산업집적활성화 및 공장설립에 관한 법률 제28조에 따른 도시형 공장은 제외한다)으로서 생산설비를 갖춘 건축물의 연면적(옥외에 기계장치 또는 저장시설이 있는 경우에는 그 시설의 수평투영면적을 포함한다)이 500㎡ 이상인 것을 말한다. 이 경우 건축물의 연면적에는 해당 공장의 제조시설을 지원하기 위하여 공장 경계 구역 안에 설치되는 부대시설의 연면적을 포함한다. 다만, 부대시설 중 식당, 휴게실, 목욕실, 세탁장, 의료실, 옥외 체육시설 및 기숙사 등 종업원의 후생복지증진에 제공되는 시설과 대피소, 무기고, 탄약고 및 교육시설은 제외한다.(지방법 제13조 제8항, 지방칙 제7조 제1항)

(나) 중과세 적용 대상

공장을 신설하거나 증설하는 공장용 건축물과 그 부속토지가 중과세율 적용대상이다. 토지와 건물에 대한 공장의 증설이란 공장용으로 쓰는 건축물의 연면적 또는 그 공장의 부속토지 면적을 확장하는 경우와 해당 과밀억제권역 안에서 공장을 이전하면서 종전의 규모를 초과하여 시설하는 경우를 말한다. 다만, 다음의 경우에는 중과세 대상 신설 또는 증설로 보지 아니한다.(지방칙 제7조 제2항)

① 기존 공장의 기계설비 및 동력장치를 포함한 모든 생산설비를 포괄적으로 승계취득하는 경우

② 해당 과밀억제권역에 있는 기존 공장을 폐쇄하고 해당 과밀억제권역의 다른 장소로 이전한 후 해당 사업을 계속 하는 경우. 다만, 타인 소유의 공장을 임차하여 경영하던 자가 그 공장을 신설한 날부터 2년 이내에 이전하는 경우 및 서울특별시 외의 지역에서 서울특별시로 이전하는 경우에는 그러하지 아니하다.

③ 기존 공장(승계취득한 공장을 포함한다)의 업종을 변경하는 경우

④ 기존 공장을 철거한 후 1년 이내에 같은 규모로 재축(건축공사에 착공한 경우를 포함)하는 경우

⑤ 행정구역변경 등으로 새로 과밀억제권역으로 편입되는 지역으로서 편입되기 전에 산업집적활성화 및 공장설립에 관한 법률 제13조에 따른 공장설립 승인 또는 건축허가를 받은 경우

⑥ 부동산을 취득한 날부터 5년 이상 경과한 후 공장을 신설하거나 증설하는 경우

(다) 토지소유자와 공장의 신 · 증설자가 다른 경우

공장을 신설 또는 증설하는 경우에 사업용 과세물건의 소유자와 공장을 신설하거나 증설한 자가 다를 때에는 그 사업용 과세물건의 소유자가 공장을 신설하거나 증설한 것으로 보아 같은 중과세율을 적용한다. 다만, 취득일부터 공장 신설 또는 증설을 시작한 날까지의 기간이 5년이 지난 사업용 과세물건은 제외한다.(지방법 제16조 제3항)

2) 대도시에서 법인설립 등에 대한 중과

대도시에서 법인을 설립하거나, 지점 또는 분사무소를 설치하는 경우, 법인의 본점 · 주사무소 · 지점 또는 분사무소를 대도시 밖에서 대도시로 전입하는 경우 및 대도시에서 공장을 신설하는 경우에는 다음의 중과세율을 적용한다. 이는 종전 등록세 중과규정을 승계한 것으로 대도시 인구 및 경제력 집중을 방지하기 위한 규정이다.(지방법 제13조 2항)

- 일반부동산 중과세율 : 표준세율의 3배 - 4%(중과기준세율의 2배)
- 유상취득하는 주택 중과세율 : 표준세율 + 4%(중과기준세율의 2배)

(1) 대도시에서 법인의 설립

대도시에서 법인을 설립(휴면법인을 인수하는 경우를 포함한다)하거나 지점(영리법인) 또는 분사무소(비영리법인)를 설치하는 경우 및 법인의 본점 · 주사무소 · 지점 또는 분사무소를 대도시 밖에서 대도시로 전입함에 따라 대도시의 부동산을 취득(그 설립 · 설치 · 전입 이후의 부동산 취득을 포함한다)하는 경우 중과세율을 적용한다. 수도권의 경우에는 서울특별시 외의 지역에서 서울특별시로의 전입도 대도시로의 전입으로

본다.(지방법 제13조 제2항 제1호) 구 지방세법(2009.5.14. 개정 전)에서는 법인의 설립, 지점의 설치 및 본·지점의 전입 이전에 취득하는 모든 부동산에 대하여도 중과하였으나 법인의 설립, 지점 설치 및 본·지점의 전입에 직접 사용하는 경우에 한하여 중과규정을 적용하는 것으로 개정하였다. 여기서 대도시란 수도권정비계획법 제6조에 따른 과밀억제권역 중 산업집적활성화 및 공장설립에 관한 법률을 적용받는 산업단지를 제외한 지역을 말한다.

수도권

수도권이란 서울특별시, 인천광역시, 경기도를 말한다.(수도권정비계획법 제2조 같은 법 시행령 제2조)

(가) 본점 · 주사무소 · 지점 · 분사무소 또는 사업장을 설치하기 이전에 취득하는 경우

법인의 본점·주사무소·지점·분사무소 또는 사업장의 용도로 직접 사용하기 위하여 부동산을 취득한 경우에 중과세율을 적용한다. 단 채권을 보전하거나 행사할 목적으로 하는 부동산 취득은 제외한다. 여기서 사업장이란 법인세법 제111조, 부가가치세법 제8조 또는 소득세법 제168조에 따른 등록대상 사업장(법인세법·부가가치세법 또는 소득세법에 따른 비과세 또는 과세면제 대상 사업장과 부가가치세법 시행령 제11조 제2항에 따라 등록된 사업자단위 과세 적용 사업장의 종된 사업장을 포함한다)으로서 인적 및 물적 설비를 갖추고 계속하여 사무 또는 사업이 행하여지는 장소를 말한다. 다만, 영업행위가 없는 단순한 제조·가공장소, 물품의 보관만을 하는 보관창고, 물품의 적재와 반출만을 하는 하치장은 제외한다.(지방령 제27조 제3항, 지방칙 제6조)

(나) 본점 · 주사무소 · 지점 · 분사무소 또는 사업장을 설치한 후에 취득하는 경우

그 설립·설치·전입 이후의 부동산 취득은 법인 또는 사무소등이 설립·설치·전입 이후 5년 이내에 하는 업무용·비업무용 또는 사업용·비사업용의 모든 부동산 취득이 중과대상이다. 이 경우 부동산 취득에는 공장의 신설·증설, 공장의 승계취득, 해당 대도시에서의 공장 이전 및 공장의 업종변경에 따르는 부동산 취득을 포함한다.(지방령 제27조 제3항 후단)

따라서 대도시에 법인을 설립하거나 전입하고 5년이 경과되기 전에 취득하는 부동산은 모두 중과세 대상이며, 5년이 경과되어 기존의 본점과 관련된 부동산을 취득하는 경우에는 중과세 대상이 아니나 새로이 지점을 설치하고 그 지점과 관련되어 취득하는 부동산은 중과세 대상이다.

(다) 휴면법인의 인수

인수 시 법인의 설립으로 보는 휴면법인은 다음과 같다. 휴면법인의 인수는 다음 어느 하나에 해당하는 법인에서 최초로 그 법인의 과점주주가 된 때 이루어진 것으로 본다.(지방령 제27조 제1항 · 제2항)

① 해산법인 : 상법에 따라 해산한 법인
② 해산간주법인 : 상법에 따라 해산한 것으로 보는 법인
③ 폐업법인 : 부가가치세법 시행령 제13조에 따라 폐업한 법인
④ 법인 인수일 이전 1년 이내에 상법 제229조, 제285조, 제521조의2 및 제611조에 따른 계속등기를 한 해산법인 또는 해산간주법인
⑤ 법인 인수일 이전 1년 이내에 다시 사업자등록을 한 폐업법인
⑥ 법인 인수일 이전 2년 이상 사업 실적이 없고, 인수일 전후 1년 이내에 인수법인 임원의 100분의 50 이상을 교체한 법인

(라) 법인의 분할 및 합병으로 취득하는 경우 중과제외

일정한 요건을 갖춘 법인의 분할 또는 합병으로 취득하는 경우에는 중과세율을 적용하지 아니한다.

① 분할하는 경우 : 분할등기일 현재 5년 이상 계속하여 사업을 한 대도시의 내국법인이 법인의 분할(법인세법 제46조 제2항 제1호 가목부터 다목까지의 요건을 갖춘 경우만 해당한다)로 법인을 설립하는 경우에는 중과세 대상으로 보지 아니한다.(지방령 제27조 제4항)
② 합병하는 경우 : 대도시에서 설립 후 5년이 경과한 법인(기존법인)이 다른 기존법인과 합병하는 경우에는 중과세 대상으로 보지 아니하며, 기존법인이 대도시에서 설립 후 5년이 경과되지 아니한 법인과 합병하여 기존법인 외의 법인이 합병 후 존속하는 법인이 되거나 새로운 법인을 신설하는 경우에는 합병 당시 기존법인에 대한 자산비율에 해당하는 부분을 중과세 대상으로 보지 아니한다. 이 경우 자산비율은 자산을 평가하는 때에는 평가액을 기준으로 계산한 비율로 하고, 자산을 평가하지 아니하는 때에는 합병 당시의 장부가액을 기준으로 계산한 비율로 한다.(지방령 제27조 제5항)

(2) 대도시에서 공장의 신설

대도시에서 공장을 신설하거나 증설함에 따라 부동산을 취득하는 경우에도 중과세율을 적용한다. 여기서 대도시란 위 (1)의 대도시에서 산업집적활성화 및 공장설립에 관한 법률을 적용받는 유치지역 및 국토의 계획 및 이용에 관한 법률을 적용받는 공업지역을 제외한 지역을 말한다. 공장의 범위와 중과 대상 및 신 · 증설의 기준은 위 1) (2)와 같다.(지방법 제13조 제2항 제2호 · 제8항)

(3) 중과세율 적용 예외

한편, 대도시에서 설치가 불가피하다고 인정되는 업종(대도시 중과제외 업종)에 직접 사용할 목적으로 부동산을 취득하거나, 법인이 사원에 대한 분양 또는 임대용으로 직접 사용할 목적의 주거용 부동산(중과제외 주거용 부동산)을 취득하는 경우에는 중과세율을 적용하지 아니하고 표준세율을 적용한다.(지방법 제13조 제2항 단서)

(가) 대도시 중과제외 업종

대도시 중과제외 업종은 다음에 해당하는 업종을 말한다.(지방령 제26조 제1항)

① 사회기반시설에 대한 민간투자법 제2조 제2호에 따른 사회기반시설사업(같은 법 제2조 제8호에 따른 부대사업을 포함한다)

② 한국은행법 및 한국수출입은행법에 따른 은행업

③ 해외건설촉진법에 따라 신고된 해외건설업(해당 연도에 해외건설 실적이 있는 경우로서 해외건설에 직접 사용하는 사무실용 부동산만 해당한다) 및 주택법 제4조에 따라 국토교통부에 등록된 주택건설사업(주택건설용으로 취득한 후 3년 이내에 주택건설에 착공하는 부동산만 해당한다)

④ 전기통신사업법 제5조에 따른 전기통신사업

⑤ 산업발전법에 따라 산업통상자원부장관이 고시하는 첨단기술산업과 산업집적활성화 및 공장설립에 관한 법률 시행령 별표 1 제2호 마목에 따른 첨단업종

⑥ 유통산업발전법에 따른 유통산업, 농수산물유통 및 가격안정에 관한 법률에 따른 농수산물도매시장 · 농수산물공판장 · 농수산물종합유통센터 · 유통자회사 및 축산법에 따른 가축시장

⑦ 여객자동차 운수사업법에 따른 여객자동차운송사업 및 화물자동차 운수사업법에 따른 화물자동차운송사업과 물류시설의 개발 및 운영에 관한 법률 제2조 제3호에

따른 물류터미널사업 및 물류정책기본법 시행령 제3조 및 별표 1에 따른 창고업

⑧ 정부출자법인 또는 정부출연법인(국가나 지방자치단체가 납입자본금 또는 기본재산의 100분의 20 이상을 직접 출자 또는 출연한 법인만 해당한다)이 경영하는 사업

⑨ 의료법 제3조에 따른 의료업

⑩ 개인이 경영하던 제조업(소득세법 제19조 제1항 제3호에 따른 제조업을 말한다) 다만, 대도시에서 부가가치세법 또는 소득세법에 따른 사업자등록을 하고 5년 이상 제조업을 경영한 개인기업이 그 대도시에서 법인으로 전환하는 경우의 해당 기업만 해당하며, 법인전환에 따라 취득한 부동산의 시가표준액이 법인 전환 전의 부동산가액을 초과하는 경우에 그 초과부분과 법인으로 전환한 날 이후에 취득한 부동산은 중과세율을 적용한다.(지방칙 제5조)

⑪ 산업집적활성화 및 공장설립에 관한 법률 시행령 별표 1 제3호 가목에 따른 자원재활용업종

⑫ 소프트웨어산업 진흥법 제2조 제3호에 따른 소프트웨어사업 및 같은 법 제27조에 따라 설립된 소프트웨어공제조합이 소프트웨어산업을 위하여 수행하는 사업

⑬ 공연법에 따른 공연장 등 문화예술시설운영사업

⑭ 방송법 제2조 제2호 · 제5호 · 제8호 · 제11호 및 제13호에 따른 방송사업 · 중계유선방송사업 · 음악유선방송사업 · 전광판방송사업 및 전송망사업

⑮ 과학관의 설립 · 운영 및 육성에 관한 법률에 따른 과학관시설운영사업

⑯ 산업집적활성화 및 공장설립에 관한 법률 제28조에 따른 도시형공장을 경영하는 사업

⑰ 중소기업창업 지원법 제10조에 따라 등록한 중소기업창업투자회사가 중소기업창업 지원을 위하여 수행하는 사업. 다만, 법인설립 후 1개월 이내에 같은 법에 따라 등록하는 경우만 해당한다.

⑱ 광산피해의 방지 및 복구에 관한 법률 제31조에 따라 설립된 한국광해관리공단이 석탄산업합리화를 위하여 수행하는 사업

⑲ 소비자기본법 제33조에 따라 설립된 한국소비자원이 소비자 보호를 위하여 수행하는 사업

⑳ 건설산업기본법 제54조에 따라 설립된 공제조합이 건설업을 위하여 수행하는 사업

㉑ 엔지니어링산업 진흥법 제34조에 따라 설립된 공제조합이 그 설립 목적을 위하

여 수행하는 사업

㉒ 주택도시기금법에 따른 주택도시보증공사가 주택건설업을 위하여 수행하는 사업

㉓ 여신전문금융업법 제2조 제12호에 따른 할부금융업

㉔ 통계법 제22조에 따라 통계청장이 고시하는 한국표준산업분류에 따른 실내경기장·운동장 및 야구장 운영업

㉕ 산업발전법(법률 제9584호 산업발전법 전부개정법률로 개정되기 전의 것을 말한다) 제14조에 따라 등록된 기업구조조정전문회사가 그 설립 목적을 위하여 수행하는 사업. 다만, 법인 설립 후 1개월 이내에 같은 법에 따라 등록하는 경우만 해당한다.

㉖ 지방세특례제한법 제21조 제1항에 따른 청소년단체, 같은 법 제45조 제1항에 따른 학술연구단체·장학단체·과학기술진흥단체 및 같은 법 제52조 제1항에 따른 문화예술단체·체육진흥단체가 그 설립 목적을 위하여 수행하는 사업

㉗ 중소기업진흥에 관한 법률 제69조에 따라 설립된 회사가 경영하는 사업

㉘ 도시 및 주거환경정비법 제35조 또는 빈집 및 소규모주택 정비에 관한 특례법 제23조에 따라 설립된 조합이 시행하는 도시 및 주거환경정비법 제2조 제2호의 정비사업 또는 빈집 및 소규모주택 정비에 관한 특례법 제2조 제1항 제3호의 소규모주택정비사업

㉙ 방문판매 등에 관한 법률 제38조에 따라 설립된 공제조합이 경영하는 보상금지급책임의 보험사업 등 같은 법 제37조 제1항 제3호에 따른 공제사업

㉚ 한국주택금융공사법에 따라 설립된 한국주택금융공사가 같은 법 제22조에 따라 경영하는 사업

㉛ 민간임대주택에 관한 특별법 제5조에 따라 등록을 한 임대사업자 또는 공공주택특별법 제4조에 따라 지정된 공공주택사업자가 경영하는 주택임대사업

㉜ 전기공사공제조합법에 따라 설립된 전기공사공제조합이 전기공사업을 위하여 수행하는 사업

㉝ 소방산업의 진흥에 관한 법률 제23조에 따른 소방산업공제조합이 소방산업을 위하여 수행하는 사업

㉞ 중소기업 기술혁신 촉진법 제15조 및 같은 법 시행령 제13조에 따라 기술혁신형 중소기업으로 선정된 기업이 경영하는 사업. 다만, 법인의 본점·주사무소·지점·분사무소를 대도시 밖에서 대도시로 전입하는 경우는 제외한다.

(나) 중과제외 주거용 부동산

법인이 사원에 대한 분양 또는 임대용으로 직접 사용할 목적으로 취득하는 주거용 부동산으로서 1세대가 독립하여 구분 사용할 수 있도록 구획된 부분(1구)의 건축물의 연면적(전용면적을 말한다)이 60㎡ 이하인 공동주택 및 그 부속토지에 대하여는 중과세율을 적용하지 아니한다.(지방령 제26조 제2항)

(다) 중과제외 목적에 사용하지 아니한 경우

중과제외 업종 또는 중과제외 주거용 목적으로 취득한 부동산을 중과제외 업종 또는 중과제외 주거용에 사용하지 아니하는 다음의 각 경우에는 중과세율을 적용한다.(지방법 제13조 제3항)

① 정당한 사유 없이 부동산 취득일부터 1년이 경과할 때까지 대도시 중과 제외 업종에 직접 사용하지 아니하는 경우, 단 주택법 제4조에 따른 주택건설업의 경우 3년으로 한다.(지방령 제26조 제3항)

② 정당한 사유 없이 부동산 취득일부터 1년이 경과할 때까지 사원주거용 목적 부동산으로 직접 사용하지 아니하는 경우

③ 부동산 취득일부터 1년 이내에 다른 업종이나 다른 용도에 사용・겸용하는 경우, 단 주택법 제4조에 따른 주택건설업의 경우 3년으로 한다.(지방령 제26조 제3항)

④ 부동산 취득일부터 2년 이상 해당 업종 또는 용도에 직접 사용하지 아니하고 매각하는 경우, 즉 취득일로부터 최소한 2년 이상 해당 업종 또는 용도에 직접 사용하고 매각하여야 중과세율을 적용하지 않는다.

⑤ 부동산 취득일부터 2년 이상 해당 업종 또는 용도에 직접 사용하지 아니하고 다른 업종이나 다른 용도에 사용・겸용하는 경우, 즉 취득일부터 2년 이상 해당 업종 또는 용도에 직접 사용한 후에 다른 용도에 사용하거나 겸용하는 것이 가능하다.

⑥ 직접사용에 대한 예외 : 임대가 불가피하다고 인정되는 다음의 업종에 대하여는 직접 사용하는 것으로 본다.(지방법 제13조 제4항, 지방령 제26조 제4항)

- 전기통신사업법에 따른 전기통신사업자가 같은 법 제41조에 따라 전기통신설비 또는 시설을 다른 전기통신사업자와 공동으로 사용하기 위하여 임대하는 경우
- 유통산업, 농수산물도매시장・농수산물공판장・농수산물종합유통센터・유통자회사 및 가축시장이 유통산업발전법 등 관계 법령에 따라 임대가 허용되는 매장 등의 전부 또는 일부를 임대하는 경우

(4) 취득 후 중과대상에 해당하는 경우

취득한 부동산이 취득한 날로부터 5년 이내에 대도시에서 법인설립 또는 공장 신・증설 중과요건 대상이 되는 경우에는 중과세율을 적용하여 취득세를 추징한다.(지방법 제16조 제4항)

3) 위 '1)'과 '2)'가 동시에 적용되는 경우

중과세율 : 표준세율의 3배

위 '1)' 과밀억제권역에서 법인의 본점이나 주사무소용으로 신・증축하거나 또는 공장을 신・증설하는 부동산에 대한 중과세(지방법 제13조 제1항)는 취득세와 등록세가 통합되기 전 취득세가 중과세된 제도이고, '2)' 대도시에서 법인의 설립, 지점설치 및 본・지점이전이나 공장을 신설하는 경우 중과세(지방법 제13조 제2항)는 등록세가 중과세된 제도이다.

등록세가 취득세에 통합되면서 취득하는 부동산이 위 '1)', '2)' 모두에 해당하는 경우가 발생하게 되는데, 취득물건에 대하여 둘 이상의 세율이 적용되는 경우에는 높은 세율을 적용하는 일반원칙(지방법 제16조 제5항)과 달리 이 경우에는 높은 세율을 적용하지 아니하고 표준세율의 3배를 적용한다.(지방법 제13조 제6항) 법인의 설립 시 본점용 부동산을 신축하는 경우와 공장의 신・증설 등이 이에 해당한다. 다만, 지방세법 제13조 제1항은 중과제외 업종 규정이 없으나 제2항에는 중과제외 업종이 있으므로 중과제외 업종에 해당하는 공장을 신・증축하는 경우에는 '1)'(제1항)만 적용된다. 이상 수도권 과밀억제권역 내 대도시에서 중과규정을 정리하면 다음과 같다.

〈부동산 취득세 중과세율 적용비교〉

구 분	신축・증축	승계취득
• 법인의 본점・주사무소 설치(설립) • 법인의 본점・주사무소 전입(5년내 취득 포함)	제1항 + 제2항 → 제6항 적용 • 건물 : 2.8% × 3 = 8.4% • 토지 : 4% × 3 = 12%	제2항 적용 • 건물・토지 : 4% × 3 - 2% × 2 = 8%

구 분	신축 · 증축	승계취득
• 법인의 본점 · 주사무소 중과지역 내에서 이전	제1항 적용 • 건물 : 2.8% + 2%×2 = 6.8% • 토지 : 4% + 2%×2 = 8%	표준세율(제11조) 적용 • 건물 · 토지 : 4%
• 지점 · 분사무소 설치 · 전입용 부동산(5년내 취득 포함) • 본점 · 주사무소, 지점 · 분사무소의 설치 · 전입 후 5년 내 취득한 업무무관 부동산	제2항 적용 • 건물 : 2.8% ×3 - 2%×2 = 4.4% • 토지 : 4% × 3 - 2%×2 = 8%	제2항 적용 • 건물 · 토지 : 4% × 3 - 2% × 2 = 8%
• 공장의 신설 및 증설하는 건물과 그 부속토지(중과대상 업종)	제1항 + 제2항 → 제6항 적용 • 건물 : 2.8% × 3 = 8.4% • 토지 : 4% × 3 = 12%	표준세율(제11조) 적용 • 건물 · 토지 : 4% (지방칙 제7조 제2항)
• 공장의 신설 및 증설하는 건물과 그 부속토지(중과제외 업종)	제1항 적용 • 건물 : 2.8% + 2%×2 = 6.8% • 토지 : 4% + 2%×2 = 8%	

※ 유상취득하는 상가건물 기준

4) 특수법인에 대한 한시적 중과세율 적용배제

∷ 지특법 제180조의2, 2021.12.31.까지, 농특세 과세

다음 어느 하나에 해당하는 부동산의 취득에 대해서는 대도시에서 법인을 설립하거나 지점 또는 분사무소를 설치하는 경우 및 법인의 본점 · 주사무소 · 지점 또는 분사무소를 대도시 밖에서 대도시로 전입함에 따라 대도시의 부동산을 취득하는 경우, 대도시에서 공장을 신설하거나 증설함에 따라 부동산을 취득하는 경우에 적용하는 중과세율(지방법 제13조 제2항 본문)과 대도시에서 설치가 불가피하다고 인정되는 업종에 사용할 목적으로 취득한 부동산을 사용목적에 부합하지 아니하여 적용하는 중과세율(지방법 제13조 제3항)을 2021년 12월 31일까지 적용하지 아니한다.

① 부동산투자회사법 제2조 제1호에 따른 부동산투자회사가 취득하는 부동산
② 자본시장과 금융투자업에 관한 법률 제229조 제2호에 따른 부동산집합투자기구의 집합투자재산으로 취득하는 부동산

③ 법인세법 제51조의2 제1항 제9호에 해당하는 회사가 취득하는 부동산

법인세법 제51조의2 제1항 제9호

유동화전문회사 등(법인세법 제51조의2 제1항 제1호부터 제8호까지)과 유사한 투자회사로서 다음의 요건을 갖춘 법인을 말한다.

가. 회사의 자산을 설비투자, 사회간접자본 시설투자, 자원개발, 그 밖에 상당한 기간과 자금이 소요되는 특정사업에 운용하고 그 수익을 주주에게 배분하는 회사일 것

나. 본점 외의 영업소를 설치하지 아니하고 직원과 상근하는 임원을 두지 아니할 것

다. 한시적으로 설립된 회사로서 존립기간이 2년 이상일 것

라. 상법이나 그 밖의 법률의 규정에 따른 주식회사로서 발기설립의 방법으로 설립할 것

마. 발기인이 기업구조조정투자회사법 제4조 제2항 각 호의 어느 하나에 해당하지 아니하고 다음의 발기인 요건을 충족할 것(법인령 제86조의2 제4항)

- 발기인 중 1인 이상이 금융회사 등(법인세법 시행령 제61조 제2항 제1호부터 제13호까지 및 제24호) 또는 국민연금법에 의한 국민연금관리공단(사회기반시설에 대한 민간투자법 제4조 제2호의 규정에 의한 방식으로 민간투자사업을 시행하는 투자회사의 경우에 한한다)에 해당할 것
- 위에 해당하는 발기인이 100분의 5이상의 자본금을 출자할 것(발기인이 다수인 경우 합산하여 계산)

바. 이사가 기업구조조정투자회사법 제12조 각 호의 어느 하나에 해당하지 아니할 것

사. 감사는 기업구조조정투자회사법 제17조에 적합할 것. 이 경우 "기업구조조정투자회사"는 "회사"로 본다.

아. 자본금 규모, 자산관리업무와 자금관리업무의 위탁 및 설립신고 등에 관하여 법인세법 시행령 제86조의2 제5항의 요건을 충족할 것

3. 사치성 재산에 대한 중과세율

1) 사치성 부동산의 취득

중과세율 : 표준세율 + 8%(중과기준세율의 4배)

별장 등 사치성 부동산에 대하여는 표준세율에 중과기준세율의 4배를 합한 세율을 적용한 금액을 세액으로 한다. 별장 등을 구분하여 그 일부를 취득하는 경우를 포함하

며, 골프장은 그 시설을 갖추어 체육시설의 설치 · 이용에 관한 법률에 따라 체육시설업의 등록(시설을 증설하여 변경등록하는 경우를 포함한다)을 하는 경우뿐만 아니라 등록을 하지 아니하더라도 사실상 골프장으로 사용하는 경우에도 적용하며, 별장 · 고급주택 · 고급오락장에 부속된 토지의 경계가 명확하지 아니할 때에는 그 건축물 바닥면적의 10배에 해당하는 토지를 그 부속토지로 본다.(지방법 제13조 제5항)

2) 사치성 부동산의 범위

(1) 별장

(가) 별장의 개념

주거용 건축물로서 늘 주거용으로 사용하지 아니하고 휴양 · 피서 · 놀이 등의 용도로 사용하는 건축물과 그 부속토지.(지방자치법 제3조 제3항 및 제4항에 따른 읍 또는 면에 있는, 일정한 규모의 농어촌주택과 그 부속토지는 제외한다) 별장의 범위와 적용기준은 대통령령으로 정한다.(지방법 제13조 제5항 제1호)

지방세법 제13조 제5항 제1호에는 별장의 범위와 적용기준을 대통령령으로 정한다고 규정하고 있으나, 지방세법 시행령 제28조에는 별장에서 제외되는 농어촌 주택에 대한 규정만 두고 있을 뿐 별장 자체의 범위와 기준은 별도로 정하고 있지 않다. 다만, 시행령 제28조 제3항에 주거와 주거 외의 용도로 겸용할 수 있도록 건축된 오피스텔 또는 이와 유사한 건축물로서 사업장으로 사용하고 있음이 사업자등록증 등으로 확인되지 아니하는 것은 별장으로 본다고 하여 오피스텔도 주거용 건축물의 범위에 포함되는 것으로 규정하고 있다. 따라서 별장에 해당하는지 여부는 본법의 해석에 따를 수밖에 없고, 건물의 크기나 건축자재의 고급여부, 소재하는 위치에 상관없이 주거용 건축물로서 상시 주거용으로 사용하지 아니하고 휴양 · 피서 · 놀이 등의 용도로 사용하기만 하면 별장에 해당하는 것이므로 도심 내에 소재하는 주택 및 오피스텔도 별장에 해당할 수 있다.

(나) 농어촌주택

별장으로 보지 않는 농어촌주택은 다음 요건을 모두 갖춘 주택을 말한다.(지방령 제28조 제2항)

① 대지면적이 660㎡ 이내이고 건축물의 연면적이 150㎡ 이내일 것

② 건축물의 가액(지방령 제4조 제1항 제1호의 건축물 시가표준액)이 6천 5백만원 이내일 것

③ 다음 어느 하나에 해당하는 지역에 있지 아니할 것

- 광역시에 소속된 군지역 또는 수도권정비계획법 제2조 제1호에 따른 수도권지역(서울, 인천, 경기). 다만, 접경지역지원법 제2조 제1호에 따른 접경지역과 수도권정비계획법에 따른 자연보전권역 중 행정안전부령으로 정하는 지역은 제외한다.(지방세법 시행규칙에 관련규정 없음)
- 국토의 계획 및 이용에 관한 법률 제6조 및 부동산 거래신고 등에 관한 법률 제10조에 따른 허가구역[5]
- 소득세법 제104조의2 제1항에 따라 기획재정부장관이 지정하는 지역
- 관광단지[조세특례제한법 제99조의4 제1항 제1호 가목 5)에 따라 정하는 지역]

접경지역(접경지역 지원 특별법 제2조 제1호, 같은 법 시행령 제2조)

① 비무장지대 또는 해상의 북방한계선과 잇닿아 있는 시 · 군

1. 인천광역시 : 강화군, 옹진군
2. 경기도 : 김포시, 파주시, 연천군
3. 강원도 : 철원군, 화천군, 양구군, 인제군, 고성군

② 민간인 통제선 인근 시 · 군

1. 경기도 : 고양시, 양주시, 동두천시, 포천시
2. 강원도 : 춘천시

③ 비무장지대 내 집단취락지역 : 비무장지대 중 경기도 파주시 군내면에 위치한 집단취락지역

지정지역

소득세법 제104조의2 제1항에서 "지정지역"이라 함은 소득세법 시행령 제168조의3 제1항 각 호의 어느 하나에 해당하는 지역 중 국토교통부장관이 전국의 부동산가격동향 및 당해 지역특성 등을 감안하여 해당지역의 부동산가격 상승이 지속될 가능성이 있거나 다른 지역으로 확산될 우려가 있다고 판단되어 지정요청(관계중앙행정기관의 장이 국토교통부장관을 경유하여 요청하는 경우를 포함한다)하는 경우로서 기획재정부장관이 제168조의4의 규정에

5) 2016년 1월 19일 부동산 거래신고 등에 관한 법률 개정 시 토지거래허가구역에 관한 규정이 옮겨 오면서 국토의 계획 및 이용에 관한 법률 제117조는 삭제되었으며, 허가구역이 동일한 시 · 도 내 일부지역인 경우 시 · 도지사가 지정하게 됨에 따라 기존 국토부장관이 지정한 토지거래허가구역도 변경되는 법률 조건(동일한 시 · 도 내 지역)에 해당하는 경우, 시 · 도지사가 지정권자가 되어 재지정여부를 판단한다.

따른 부동산가격안정심의위원회의 심의를 거쳐 지정하는 지역을 말한다.(소득령 제168조의3 제1항)
2012.5.15. 기획재정부공고 제2012-91호로 강남3구(강남구, 서초구, 송파구)에 대한 지정지역이 해제됨으로써 "지정지역"이 없었으나(같은 날 국토해양부고시 제2012-246호로 같은 지역에 대한 주택거래신고지역도 해제됨), 2017.8.3. 기획재정부공고 제2017-114호로 "서울특별시 용산구 · 성동구 · 노원구 · 마포구 · 양천구 · 강서구 · 영등포구 · 서초구 · 강남구 · 송파구 · 강동구 및 세종특별자치시(행정중심복합도시 건설예정지역)"를 주택(부수토지 포함)지정지역으로 재지정하였다.(별첨2)

관광단지

조세특례제한법 제99조의4 제1항 제1호 가목 5) 및 같은 항 제2호 나목 3)에서 "대통령령으로 정하는 지역"이란 관광진흥법 제2조에 따른 관광단지를 말한다.(조특령 제99조의4 제4항)
"관광단지"란 관광객의 다양한 관광 및 휴양을 위하여 각종 관광시설을 종합적으로 개발하는 관광 거점 지역으로서 관관진흥법에 따라 지정된 곳을 말하다.(관광진흥법 제2조 제7호)

(2) 골프장

체육시설의 설치 · 이용에 관한 법률 제19조(같은 법 시행령 제20조 제3항)에 따르면, 체육시설업의 등록을 하려는 자 중 회원제 골프장업의 등록을 하려는 자는 해당 골프장의 토지 중 다음에 해당하는 토지 및 골프장 안의 건축물을 구분하여 등록을 신청하여야 한다. 이에 따라 등록대상이 되는 토지와 건축물 및 그 토지상 입목이 취득세 중과대상이다.(지방법 제13조 제5항 제2호)

① 골프코스(티그라운드 · 페어웨이 · 러프 · 해저드 · 그린 등을 포함한다)
② 주차장 및 도로
③ 조정지(골프코스와는 별도로 오수처리 등을 위하여 설치한 것은 제외한다)
④ 골프장의 운영 및 유지 · 관리에 활용되고 있는 조경지(골프장 조성을 위하여 산림훼손, 농지전용 등으로 토지의 형질을 변경한 후 경관을 조성한 지역을 말한다)
⑤ 관리시설(사무실 · 휴게시설 · 매점 · 창고와 그 밖에 골프장 안의 모든 건축물을 포함하되, 수영장 · 테니스장 · 골프연습장 · 연수시설 · 오수처리시설 및 태양열 이용설비 등 골프장의 용도에 직접 사용되지 아니하는 건축물은 제외한다) 및 그 부속토지
⑥ 보수용 잔디 및 묘목 · 화훼 재배지 등 골프장의 유지 · 관리를 위한 용도로 사용

되는 토지

(3) 고급주택

주거용 건축물 또는 그 부속토지의 면적과 가액이 일정규모를 초과하거나 해당 건축물에 67㎡ 이상의 수영장 등 특정 부대시설을 설치한 주거용 건축물과 그 부속토지가 중과대상이다.(지방법 제13조 제5항 제3호)

(가) 고급주택 요건

고급주택으로 보는 주거용 건축물과 그 부속토지는 다음 어느 하나에 해당하는 것으로 한다.(지방령 제28조 제4항) 다만, 제1호 · 제2호 · 제2호의2 및 제4호에서 정하는 주거용 건축물과 그 부속토지 또는 공동주택과 그 부속토지는 취득 당시의 시가표준액이 6억원을 초과하는 경우만 해당한다.

① 1구의 건축물의 연면적(주차장면적은 제외한다)이 331㎡를 초과하는 것으로서 그 건축물의 가액이 9천만원을 초과하는 주거용 건축물과 그 부속토지(제1호)

② 1구의 건축물의 대지면적이 662㎡를 초과하는 것으로서 그 건축물의 가액이 9천만원을 초과하는 주거용 건축물과 그 부속토지(제2호)

③ 1구의 건축물에 엘리베이터(적재하중 200kg 이하의 소형엘리베이터는 제외한다)가 설치된 주거용 건축물과 그 부속토지(공동주택과 그 부속토지는 제외한다)(제2호의2)

④ 1구의 건축물에 에스컬레이터 또는 67㎡ 이상의 수영장 중 1개 이상의 시설이 설치된 주거용 건축물과 그 부속토지(공동주택과 그 부속토지는 제외한다)(제3호)

⑤ 1구의 공동주택(여러 가구가 한 건축물에 거주할 수 있도록 건축된 다가구용 주택을 포함하되, 이 경우 한 가구가 독립하여 거주할 수 있도록 구획된 부분을 각각 1구의 건축물로 본다)의 건축물 연면적(공용면적은 제외한다)이 245㎡(복층형은 274㎡로 하되, 한 층의 면적이 245㎡를 초과하는 것은 제외한다)를 초과하는 공동주택과 그 부속토지(제4호)

(나) 취득 후 용도변경으로 인한 고급주택 제외

주거용 건축물을 취득한 날부터 60일[상속으로 인한 경우는 상속개시일이 속하는 달의 말일부터, 실종으로 인한 경우는 실종선고일이 속하는 달의 말일부터 각각 6개월(납세자가 외국에 주소를 둔 경우에는 각각 9개월)] 이내에 주거용이 아닌 용도로 사용하거나 고급주택이 아닌 용도로 사용하기 위하여 용도변경공사를 착공하는 경우는 고급주택으로 보지 아니한다.(지방법 제13조 제5항 제3호 단서)

(4) 고급오락장

도박장, 유흥주점영업장, 특수목욕장, 그 밖에 이와 유사한 용도에 사용되는 건축물 중 일정요건에 해당하는 건축물과 그 부속토지가 중과대상이다.(지방법 제13조 제5항 제4호)

(가) 고급오락장 요건

고급오락장으로 보는 건축물과 그 부속토지란 다음 어느 하나에 해당하는 용도에 사용되는 건축물과 그 부속토지를 말한다. 이 경우 고급오락장이 건축물의 일부에 시설되었을 때에는 해당 건축물에 부속된 토지 중 그 건축물의 연면적에 대한 고급오락장용 건축물의 연면적 비율에 해당하는 토지를 고급오락장의 부속토지로 본다.(지방령 제28조 제5항)

① 당사자 상호간에 재물을 걸고 우연한 결과에 따라 재물의 득실을 결정하는 카지노장(관광진흥법에 따라 허가된 외국인전용 카지노장은 제외한다)

② 사행행위 또는 도박행위에 제공될 수 있도록 자동도박기[파친코, 슬롯머신(slot machine), 아케이드 이퀴프먼트(arcade equipment) 등을 말한다]를 설치한 장소

③ 머리와 얼굴에 대한 미용시설 외에 욕실 등을 부설한 장소로서 그 설비를 이용하기 위하여 정해진 요금을 지급하도록 시설된 미용실

④ 식품위생법 제37조에 따른 허가 대상인 유흥주점영업으로서 다음 어느 하나에 해당하는 영업장소(공용면적을 포함한 영업장의 면적이 100㎡를 초과하는 것만 해당한다)

- 손님이 춤을 출 수 있도록 객석과 구분된 무도장을 설치한 영업장소(카바레 · 나이트클럽 · 디스코클럽 등을 말한다)
- 유흥접객원(남녀를 불문하며, 임시로 고용된 사람을 포함한다)을 두는 경우로, 별도로 반영구적으로 구획된 객실의 면적이 영업장 전용면적의 100분의 50 이상이거나 객실 수가 5개 이상인 영업장소(룸살롱, 요정 등을 말한다)

(나) 취득 후 용도변경으로 인한 고급주택 제외

고급주택과 마찬가지로 고급오락장용 건축물을 취득한 날부터 60일[상속으로 인한 경우는 상속개시일이 속하는 달의 말일부터, 실종으로 인한 경우는 실종선고일이 속하는 달의 말일부터 각각 6개월(납세자가 외국에 주소를 둔 경우에는 각각 9개월)] 이내에 고급오락장이 아닌 용도로 사용하거나 고급오락장이 아닌 용도로 사용하기 위하여 용도변경공사를 착공하는 경우는 고급오락장으로 보지 아니한다.

(5) 사치성 부동산의 증·개축

고급주택, 별장, 골프장 또는 고급오락장용 건축물을 증축·개축 또는 개수한 경우와 일반건축물을 증축·개축 또는 개수하여 고급주택 또는 고급오락장이 된 경우에 그 증가되는 건축물의 가액에 대하여 적용할 취득세의 세율은 중과세율로 한다.(지방법 제16조 제2항)

3) 사치성 부동산이 대도시 중과규정에 해당하는 때

사치성 부동산이 위 "대도시에서 법인을 설립하거나 공장을 신설하는 경우"에도 해당하는 때에는 표준세율의 3배에 중과기준세율의 2배를 합한 세율을 적용한다. 다만, 주택을 유상취득하는 경우에는 해당 세율에 중과기준세율의 6배를 합한 세율을 적용한다.(지방법 제13조 제7항)

일반건물 중과세율 : 표준세율의 3배 + 4%(중과기준세율의 2배)
유상취득하는 주택 중과세율 : 표준세율 + 12%(중과기준세율의 6배)

4. 취득 후 중과대상 용도로 변경

중과규정을 회피할 목적으로 중과대상 용도로 사용하지 아니하는 것으로 취득한 후 중과대상 용도로 변경하는 경우를 방지하기 위하여 취득 후 5년 이내에 중과대상 용도에 사용하는 경우 중과규정을 적용하여 해당세액을 추징한다.(지방법 제16조 제1항·제4항) 이 경우에도 과밀억제권역에서 법인의 본점이나 주사무소용으로 신·증축하거나 또는 공장의 신 · 증설에 대한 중과세(지방법 제13조 제1항)는 대도시에서 법인의 설립, 지점설치 및 본 · 지점이전이나 공장을 신설하는 경우 중과세(지방법 제13조 제2항)가 동시에 해당하는 경우에는 표준세율의 3배를 적용한다.(지방법 제16조 제6항)

5. 중과대상 용도와 일반용도의 겸용건물

건물의 일부는 중과대상 용도로 사용하고 일부는 일반용도로 사용하는 경우 일반용도로 사용하는 부분에 대하여는 중과세율을 적용하지 아니하므로 겸용건물의 경우 면적비율로 안분하여 중과대상 용도로 사용하는 면적분에 대하여만 중과세율을 적용한다.(도세-185, 2008.3.25.)

6. 세율 경합

동일한 취득물건에 대하여 둘 이상의 세율이 해당되는 경우에는 특별한 규정이 있는 경우(지방법 제13조 제7항 · 제16조 제6항) 외에는 그 중 높은 세율을 적용한다.(지방법 제16조 제5항)

Ⅳ 특례세율

1. 특례세율의 취지

2010년 3월 31일 지방세법 전면개정시(2011년 1월 1일 시행) 취득세와 등록세를 통합하면서 세율이 높아짐에 따라 종전에 취득세 또는 등록세 중 하나만 과세되던 대상에 대하여 종전의 세율을 유지하기 위하여 세율의 특례규정을 두었다.

2. 종전의 등록세 과세대상

다음의 경우는 표준세율에서 중과기준세율(2%)을 뺀 세율을 적용한다. 다만, 과밀억제권역 안의 부동산의 경우에는 표준세율에서 중과기준세율(2%)을 뺀 세율에 3을 곱한 세율을 적용한다. 유상취득하는 주택의 취득에 대한 취득세는 해당 세율에 100분의 50을 곱한 세율을 적용하여 산출한 금액을 그 세액으로 한다.(지방법 제15조 제1항) 이 조항의 특례규정을 적용을 받는 경우에는 특례세율을 적용받음에 따라 경감되는 세액에 대하여 농어촌특별세를 부담하여야 한다.(농특세법 제2조 제1항 제3호) 그러나 ㉠ 환매등기를 병행하는 부동산의 매매에 대한 특례세율, ㉡ 상속으로 취득하는 1가구 1주택 및 자경농지에 대한 특례세율, ㉢ 법인의 적경합병으로 인한 취득에 대한 특례세율, ㉣ 공유물 · 합유물 분할 등으로 취득하는 부동산에 대한 특례세율에 대하여는 농어촌특별세가 부과되지 아니한다.(농특세법 제4조 제8호, 농특세령 제4조 제3항)

1) 환매등기를 병행하는 부동산의 매매

부동산의 매도인이 매매계약과 동시에 장래에 매수인으로부터 다시 동 부동산을 매수하는 권리를 약정하는 매매를 환매라고 하고 이를 등기한 때에는 제3자에게도 대항하는 효력이 있다.(민법 제590조 이하) 이는 소유권 이전보다는 부동산 소유자가 자금을 융통할 목적으로 이루어지는 경우가 많은데 그 실질을 고려하여 지방세법은 환매등기를 병행하는 부동산의 매수취득에 대하여 취득세를 완화하는 특례를 인정한 것이다.

2) 상속으로 취득하는 1가구 1주택

(1) 1가구

하나의 주택에 거주하는 동일 세대원간에 상속으로 부동산 소유권이 이전된 경우 취득세를 완화하는 특례를 인정한 것이다. 상속취득의 경우 표준세율이 2.8%이므로 중과기준세율인 2%를 빼면 특례세율은 0.8%가 된다. 1가구 1주택이란 상속인과 주민등록법에 따른 세대별 주민등록표에 함께 기재되어 있는 가족으로 구성된 1가구가 국내에 1개의 주택을 소유하는 경우를 말한다. 다만, 상속인의 배우자, 상속인의 미혼인 30세 미만의 직계비속 또는 상속인이 미혼이고 30세 미만인 경우 그 부모는 각각 상속인과 같은 세대별 주민등록표에 기재되어 있지 아니하더라도 같은 가구에 속한 것으로 본다. 다만, 동거인은 주민등록표에 함께 기재되어 있더라도 가족으로 보지 아니한다. 상속인이 주민등록법에 따른 재외국민인 경우에는 특례세율을 적용받지 못한다.(지방령 제29조 제1항)

(2) 1주택

여기서 주택이란 지방세법 제11조 제1항 제8호에 따른 주택을 말하는 것으로 사용하는 건축물과 그 부속토지를 포함하고, 중과세율 적용대상인 고급주택은 제외한다. 1주택을 여러 사람이 공동으로 소유하는 경우에도 공동소유자 각각 1주택을 소유하는 것으로 보고, 주택의 부속토지만을 소유하는 경우에도 주택을 소유하는 것으로 본다. 1주택을 여러 사람이 공동으로 상속받는 경우에는 지분이 가장 큰 상속인을 그 주택의 소유자로 본다. 이 경우 지분이 가장 큰 상속인이 두 명 이상일 때에는 지분이 가장 큰 상속인 중 그 주택에 거주하는 사람을 소유자로 보고, 거주하는 사람이 다수일 경우 나이가 가장 많은 사람을 그 주택의 소유자로 본다.(지방령 제29조)

3) 상속으로 취득하는 감면대상농지

지방세특례제한법 제6조 제1항에 따라 취득세의 감면대상이 되는 농지를 상속으로 취득하는 경우에도 특례세율을 적용하여 표준세율 2.3%에서 2%를 뺀 0.3%의 세율을 적용한다. 지방세특례제한법 제6조 제1항의 감면대상이 되는 요건은 다음 제2절(II)에서 본다.

4) 법인의 합병으로 인한 취득

법인세법 제44조 제2항의 적격합병과 같은 조 제3항의 완전모자회사간 합병의 경우 무상취득 표준세율 3.5%에서 중과기준세율 2%를 뺀 1.5%의 특례세율이 적용된다.

(1) 적격합병

법인세법 제44조 제2항의 적격합병은 다음의 요건을 갖춘 합병을 말한다.

① 합병등기일 현재 1년 이상 사업을 계속하던 내국법인 간의 합병일 것. 다만, 다른 법인과 합병하는 것을 유일한 목적으로 하는 법인으로서 자본시장과 금융투자업에 관한 법률 시행령 제6조 제4항 제14호에 따른 기업인수목적회사로서 같은 호

각 목의 요건을 모두 갖춘 법인은 제외한다.

② 피합병법인의 주주등(주주 또는 출자자)이 합병으로 인하여 받은 합병대가의 총합계액 중 합병법인의 주식등(주식 또는 출자지분)의 가액이 100분의 80 이상이거나 합병법인의 모회사(합병등기일 현재 합병법인의 발행주식총수 또는 출자총액을 소유하고 있는 내국법인을 말한다)의 주식등의 가액이 100분의 80 이상인 경우로 피합병법인의 각 주주등이 교부받는 합병법인교부주식등의 가액이 피합병법인의 주주등이 지급받은 합병교부주식등의 가액의 총합계액 × 각 해당 주주등의 피합병법인에 대한 지분비율 이상이어야 한다. 여기서 합병법인의 모회사는 합병등기일 현재 합병법인의 발행주식총수 또는 출자총액을 소유하고 있는 내국법인을 말한다.(법인령 제80조의2 제4항)

③ 피합병법인의 지배주주등이 합병등기일이 속하는 사업연도의 종료일까지 그 주식등을 보유할 것(법인령 제80조의2 제5항)

- 지배주주등 : 여기서 지배주주등이란 법인의 발행주식총수 또는 출자총액의 100분의 1 이상의 주식 또는 출자지분을 소유한 주주등으로서 그와 특수관계에 있는 자와의 소유 주식 또는 출자지분의 합계가 해당 법인의 주주등 중 가장 많은 경우의 해당 주주등과 특수관계자(법인령 제43조 제3항, 제7항) 중 다음의 자를 제외한 자를 말한다.(법인령 제80조의2 제5항)
  - 4촌 이상의 혈족 및 인척
  - 합병등기일 현재 피합병법인에 대한 지분비율이 100분의 1 미만이면서 시가로 평가한 그 지분가액이 10억원 미만인 자
  - 자본시장과 금융투자업에 관한 법률 시행령 제6조 제4항 제14호 각 목의 요건을 갖춘 기업인수목적회사와 합병하는 피합병법인의 지배주주등인 자
- 보유요건 예외 : 다음의 경우에는 지배주주등이 주식을 계속보유하는 것으로 본다.(법인령 제80조의2 제1항)
  - 주주등이 합병으로 교부받은 전체 주식등의 2분의 1 미만을 처분한 경우. 이 경우 해당 주주등이 합병으로 교부받은 주식등을 서로 간에 처분하는 것은 해당 주주등이 그 주식등을 처분한 것으로 보지 않고, 해당 주주등이 합병법인 주식등을 처분하는 경우에는 합병법인이 선택한 주식등을 처분하는 것으로 본다.
  - 해당 주주등이 사망하거나 파산하여 주식등을 처분한 경우

– 해당 지배주주등이 적격합병, 적격분할, 적격물적분할 또는 적격현물출자에 따라 주식등을 처분한 경우
– 해당 주주등이 조세특례제한법 제38조 · 제38조의2 또는 제121조의30에 따라 주식등을 현물출자 또는 교환 · 이전하고 과세를 이연받으면서 주식등을 처분한 경우
– 해당 주주등이 채무자 회생 및 파산에 관한 법률에 따른 회생절차에 따라 법원의 허가를 받아 주식등을 처분하는 경우
– 해당 주주등이 조세특례제한법 시행령 제34조 제6항 제1호에 따른 기업개선계획의 이행을 위한 약정 또는 같은 항 제2호에 따른 기업개선계획의 이행을 위한 특별약정에 따라 주식등을 처분하는 경우
– 해당 주주등이 법령상 의무를 이행하기 위하여 주식등을 처분하는 경우

④ 합병법인이 합병등기일이 속하는 사업연도의 종료일까지 피합병법인으로부터 승계받은 사업을 계속할 것. 다만, 다음 어느 하나에 해당하는 경우에는 사업을 계속한 것으로 본다.(법인령 제80조의2 제1항 제2호)

- 합병법인이 파산함에 따라 승계받은 자산을 처분한 경우
- 합병법인이 적격합병, 적격분할, 적격물적분할 또는 적격현물출자에 따라 사업을 폐지한 경우
- 합병법인이 조세특례제한법 시행령 제34조 제6항 제1호에 따른 기업개선계획의 이행을 위한 약정 또는 같은 항 제2호에 따른 기업개선계획의 이행을 위한 특별약정에 따라 승계받은 자산을 처분한 경우
- 합병법인이 채무자 회생 및 파산에 관한 법률에 따른 회생절차에 따라 법원의 허가를 받아 승계받은 자산을 처분한 경우

⑤ 합병등기일 1개월 전 당시 피합병법인에 종사하는 근로자 중 합병법인이 승계한 근로자의 비율이 100분의 80 이상이고, 합병등기일이 속하는 사업연도의 종료일까지 그 비율을 유지할 것. 다만, 부득이한 사유가 있는 경우에는 제외한다.

- 근로자 : 여기서 근로자는 근로기준법에 따라 근로계약을 체결한 내국인 근로자를 말하고 다음 어느 하나에 해당하는 근로자는 제외한다.(법인령 제80조의2 제6항)

– 법인의 임원(법인령 제40조 제1항 각 호)
– 합병등기일이 속하는 사업연도의 종료일 이전에 고용상 연령차별금지 및 고

령자고용촉진에 관한 법률 제19조에 따른 정년이 도래하여 퇴직이 예정된 근로자

- 합병등기일이 속하는 사업연도의 종료일 이전에 사망한 근로자 또는 고용보험법 시행규칙 별표 2 제9호에 해당하는 사유로 퇴직한 근로자(법인칙 제40조의2 제1항)
- 일용근로자(소득법 제14조 제3항 제2호)
- 근로계약기간이 6개월 미만인 근로자. 다만, 근로계약의 연속된 갱신으로 인하여 합병등기일 1개월 전 당시 그 근로계약의 총 기간이 1년 이상인 근로자는 제외한다.
- 고용보험법 제58조 제1호에 해당하는 중대한 귀책사유로 해고된 근로자(법인칙 제40조의2 제2항)

• 부득이한 사유 : 다음과 같은 부득이한 사유로 고용을 승계하지 못하거나 비율을 유지하지 못하는 경우는 계속승계한 것으로 본다.(법인령 제80조의2 제1항 제3호)

- 합병법인이 채무자 회생 및 파산에 관한 법률 제193조에 따른 회생계획을 이행 중인 경우
- 합병법인이 파산함에 따라 근로자의 비율을 유지하지 못한 경우
- 합병법인이 적격합병, 적격분할, 적격물적분할 또는 적격현물출자에 따라 근로자의 비율을 유지하지 못한 경우
- 합병등기일 1개월 전 당시 피합병법인에 종사하는 근로기준법에 따라 근로계약을 체결한 내국인 근로자가 5명 미만인 경우

(2) 완전모자회사 간 합병

법인세법 제44조 제3항의 합병은 다음의 요건을 갖춘 합병을 말한다.

① 완전모자법인 간 합병 : 내국법인이 발행주식총수 또는 출자총액을 소유하고 있는 다른 법인을 합병하거나 그 다른 법인에 합병되는 경우

② 완전자회사 간 합병 : 동일한 내국법인이 발행주식총수 또는 출자총액을 소유하고 있는 서로 다른 법인 간에 합병하는 경우

(3) 특례세율 배제

법인의 합병으로 인하여 취득한 과세물건이 합병 후 5년 이내에 중과세율 적용요건에 해당하는 경우(지방법 제16조) 또는 합병등기일부터 3년 이내에 다음 어느 하나에 해당하는 사유 발생하는 경우에는 특례세율을 적용하지 아니하다. 다만, 부득이한 사유(법인령 제80조의4 제7항)가 있는 경우에는 제외한다.(법인법 제44조의3 제3항)

① 합병법인이 피합병법인으로부터 승계받은 사업을 폐지하는 경우
② 합병법인의 지배주주가 주식등의 보유요건을 갖추지 못한 경우
③ 합병법인이 승계한 근로자 수 비율요건을 갖추지 못한 경우

5) 공유물 · 합유물 분할 등으로 인한 취득

공유물 또는 합유물의 분할로 인한 지분이전의 경우 실질적으로 새로운 취득이 아닌 점을 고려하여 특례세율을 적용한다. 또한 부동산의 위치와 면적을 특정하여 2인 이상이 구분소유하기로 하는 약정을 하고 그 구분소유자의 공유로 등기하고 있는 이른바 상호명의신탁을 해소하여 각 구분소유 부분을 단독소유로 등기하는 경우(부동산 실권리자명의 등기에 관한 법률 제2조 제1호 나목)도 특례세율을 적용한다. 다만, 등기부등본상 본인 지분을 초과하는 부분에 대하여는 특례세율이 적용되지 않는다.

공유물분할의 표준세율이 2.3%이므로 여기에 중과기준세율 2%를 빼면 0.3%가 특례세율이 된다.

6) 건축물의 이전으로 인한 취득

기존의 건축물을 이전하여 취득하는 경우도 실질적으로 새로운 취득이 아니므로 특례세율을 적용한다. 이 경우 이전한 건축물의 가액이 종전 건축물의 가액을 초과하는 경우에 그 초과하는 가액에 대하여는 특례세율을 적용하지 아니한다. 건축물의 이전은 타인으로부터 승계하는 취득이 아니라 이전지역에서는 새로운 건물의 취득이므로 원시취득의 표준세율 2.8%에서 중과기준세율 2%를 뺀 0.8%가 특례세율이 된다.

7) 부부 간 재산분할로 인한 취득

이혼하는 부부는 혼인 중에 형성한 부부공동재산의 분할을 청구할 수 있는데(민법 제

839조의2 · 제840조) 이 또한 실질은 본인재산을 형식적으로 취득하는 것이므로 특례세율을 적용한다. 이혼의 경우에도 재산분할이 아니라 유책배유자로부터 위자료로 받은 부동산은 금전배상 채권을 대물로 변제받는 것이므로 유상취득에 해당한다.

재산분할의 경우 형식상 타인으로부터 무상승계취득에 해당하므로 표준세율 3.5%에서 중과기준세율 2%를 뺀 1.5%가 특례세율이 된다.

3. 종전의 취득세 과세대상

다음의 경우는 중과기준세율(2%)을 적용한다. 다만, 취득하는 부동산이 지방세법 제13조 제1항의 과밀억제권역에서 법인의 본점 또는 주사무소의 사무용으로 사용하는 부동산과 그 부대시설에 해당하는 경우에는 중과기준세율(2%)의 3배의 세율(6%)을 적용하고, 제13조 제5항의 별장, 골프장, 고급오락장에 해당하는 경우에는 중과기준세율(2%)의 5배의 세율(10%)을 적용한다.(지방법 제15조 제2항)

1) 개수

개수란 건축법 제2조 제1항 제9호에 따른 대수선, 레저시설 등 특정시설물을 수선하는 것, 건축물에 딸린 시설물을 한 종류 이상 설치하거나 수선하는 것을 말한다.(지방법 제6조 제6호) 이는 양적 변경이 아니라 질적 변경을 의미하는 것이고, 양적 변경을 수반하는 증 · 개축은 양적 증가분의 원시취득이 된다.(지방법 제11조 3항)

(1) 대수선

대수선은 다음 어느 하나에 해당하는 것으로서 증축 · 개축 또는 재축에 해당하지 아니하는 것을 말한다.(건축법 시행령 제3조의2)

① 내력벽을 증설 또는 해체하거나 그 벽면적을 30㎡ 이상 수선 또는 변경하는 것
② 기둥을 증설 또는 해체하거나 세 개 이상 수선 또는 변경하는 것
③ 보를 증설 또는 해체하거나 세 개 이상 수선 또는 변경하는 것
④ 지붕틀(한옥의 경우에는 지붕틀의 범위에서 서까래는 제외한다)을 증설 또는 해체하거나 세 개 이상 수선 또는 변경하는 것
⑤ 방화벽 또는 방화구획을 위한 바닥 또는 벽을 증설 또는 해체하거나 수선 또는

변경하는 것

⑥ 주계단・피난계단 또는 특별피난계단을 증설 또는 해체하거나 수선 또는 변경하는 것

⑦ 미관지구에서 건축물의 외부형태(담장을 포함한다)를 변경하는 것

⑧ 다가구주택의 가구 간 경계벽 또는 다세대주택의 세대 간 경계벽을 증설 또는 해체하거나 수선 또는 변경하는 것

⑨ 건축물의 외벽에 사용하는 마감재료(건축법 제52조 제2항에 따른 마감재료를 말한다)를 증설 또는 해체하거나 벽면적 30㎡ 이상 수선 또는 변경하는 것

(2) 특정시설물의 수선

건축물 중 레저시설, 저장시설, 도크(dock)시설, 접안시설, 도관시설, 급수・배수시설, 에너지 공급시설 및 그 밖에 이와 유사한 시설(이에 딸린 시설을 포함한다)을 수선하는 것을 말한다. 각 내용은 다음과 같다.(지방령 제5조 제2항)

① 레저시설 : 수영장, 스케이트장, 골프연습장(체육시설의 설치・이용에 관한 법률에 따라 골프연습장업으로 신고된 20타석 이상의 골프연습장만 해당한다), 전망대, 옥외스탠드, 유원지의 옥외오락시설(유원지의 옥외오락시설과 비슷한 오락시설로서 건물 안 또는 옥상에 설치하여 사용하는 것을 포함한다)

② 저장시설 : 수조, 저유조, 저장창고, 저장조 등의 옥외저장시설(다른 시설과 유기적으로 관련되어 있고 일시적으로 저장기능을 하는 시설을 포함한다)

③ 도크(dock)시설 및 접안시설 : 도크, 조선대(造船臺)

④ 도관시설(연결시설을 포함한다) : 송유관, 가스관, 열수송관

⑤ 급수・배수시설 : 송수관(연결시설을 포함한다), 급수・배수시설, 복개설비

⑥ 에너지 공급시설 : 주유시설, 가스충전시설, 송전철탑(전압 20만 볼트 미만을 송전하는 것과 주민들의 요구로 전기사업법 제72조에 따라 이전・설치하는 것은 제외한다)

⑦ 그 밖에 이와 유사한 시설 : 잔교(棧橋), 기계식 또는 철골조립식 주차장, 차량 또는 기계장비 등을 자동으로 세차 또는 세척하는 시설, 방송중계탑 및 무선통신기지국용 철탑

(3) 건축물에 딸린 시설물의 설치 및 수선

건축물에 딸린 다음의 시설물을 한 종류 이상 설치하거나 수선하는 것을 말한다.(지방령 제6조)

① 승강기(엘리베이터, 에스컬레이터, 그 밖의 승강시설)
② 시간당 20㎾ 이상의 발전시설
③ 난방용 · 욕탕용 온수 및 열 공급시설
④ 시간당 7천560㎉급 이상의 에어컨(중앙조절식만 해당)
⑤ 부착된 금고
⑥ 교환시설
⑦ 건물의 냉난방, 급수 · 배수, 방화, 방범 등의 자동관리를 위하여 설치하는 인텔리전트 빌딩시스템 시설
⑧ 구내의 변전 · 배전시설

2) 지목변경

토지의 지목변경도 양적 변경이 아니라 질적 변경으로 건물의 수선과 본질이 유사하다. 지목을 사실상 변경함으로써 그 가액이 증가한 경우도 특례세율(2%, 6% 또는 10%)이 적용된다.(지방법 제7조 제4항) 공간정보의 구축 및 관리 등에 관한 법률 제67조에 따른 대(垈) 중 국토의 계획 및 이용에 관한 법률 등 관계 법령에 따른 택지공사가 준공된 토지의 지목을 건축물과 그 건축물에 접속된 정원 및 부속시설물의 부지로 사실상 변경함으로써 그 가액이 증가하여 취득으로 보는 경우(지방법 제7조 제14항)에도 특례세율이 적용된다.

3) 과점주주의 취득

법인의 주식 또는 지분을 취득함으로써 과점주주가 되었을 때에는 그 과점주주가 해당 법인의 부동산등을 취득한 것으로 보고 취득세 납세의무를 지는데(지방법 제7조 제5항) 이때도 특례세율(2%, 6% 또는 10%)이 적용된다.

4) 특정 레저시설 등의 취득

다음의 시설을 취득하는 경우 특례세율(2%, 6% 또는 10%)이 적용된다.(지방령 제30조)

① 지방세법 시행령 제5조에서 정하는 레저시설, 저장시설, 도크(dock)시설, 접안시설, 도관시설, 급수・배수시설 및 에너지 공급시설 그 밖에 이와 유사한 시설

② 무덤과 이에 접속된 부속시설물의 부지로 사용되는 토지로서 지적공부상 지목이 묘지인 토지의 취득

③ 임시흥행장, 공사현장사무소 등(사치성 부동산 제외)의 임시건축물로서 존속기간이 1년을 초과하는 경우(지방법 제9조 제5항 단서)

④ 건축물을 건축하여 취득하는 경우로서 그 건축물에 대하여 지방세법 제28조 제1항 제1호 가목 또는 나목에 따른 소유권의 보존 등기 또는 소유권의 이전 등기에 대한 등록면허세 납세의무가 성립한 후 지방세법 시행령 제20조에 따른 취득시기가 도래하는 건축물의 취득

제 2 절

취득세 감면

I 주거생활 안정을 위한 주택 취득세 감면

1. 1가구 1주택(서민주택) 취득세 면제

지특법 제33조 ②, 2021.12.31.까지 취득세 면제, 농특세 비과세(법 §4)

재산세 등 감면규정 동시설명

지방세특례제한법은 취득세를 감면하는 경우 재산세 및 지역자원시설세도 같이 감면하는 경우가 많다. 재산세나 지역자원시설세는 부동산 보유와 관련한 세금이나 중복설명을 피하고 감면특례를 일목요연하게 파악하는데 도움이 된다고 판단하여 동일한 대상에 대한 감면세액은 여기서 같이 알아보고, 재산세 및 지역자원시설에 대하여만 감면하는 경우는 제2편에서 따로 보기로 한다.

(1) 개요

서민주택을 취득하여 1가구 1주택에 해당하는 경우 2021년 12월 31일까지 한시적으로 취득세를 면제한다.(지특법 제33조 제2항, 지특령 제15조)

(2) 1가구

주택 취득일 현재 취득자와 같은 세대별 주민등록표에 기재되어 있는 가족(동거인은 제외한다)으로 구성된 1가구가 국내에 1개의 주택을 소유하는 것을 말한다. 1가구의 범위는 세대별 주민등록표에 따라 판단하나 배우자 및 미성년자 등은 세대별 주민등록표를 달리하더라도 같은 가구원으로 보고, 고령자와 국가유공자 및 장애인인 직계존속은 같은 주민등록표에 기재되어 있더라도 별도의 가구원로 본다.

① 배우자 등 : 취득자의 배우자, 취득자의 미혼인 30세 미만의 직계비속 또는 취득자가 미혼이고 30세 미만인 경우 그 직계존속은 각각 취득자와 같은 세대별 주민등록표에 기재되어 있지 아니하더라도 같은 가구에 속한 것으로 본다.

② 고령의 직계존속 등 : 65세 이상인 직계존속, 국가유공자 등 예우 및 지원에 관한 법률에 따른 국가유공자(상이등급 1급부터 7급까지의 판정을 받은 국가유공자만 해당한다)인 직계존속 또는 장애인복지법에 따라 등록한 장애인(장애등급 1급부터 3급까지의 장애인만 해당한다. 2019.7.1. 이후부터 장애의 정도가 심한 장애인만 해당한다)인 직계존속을 부양하고 있는 사람은 같은 세대별 주민등록표에 기재되어 있더라도 같은 가구에 속하지 아니하는 것으로 본다.

(3) 1주택

1가구가 국내에 1개의 서민주택을 취득하여 소유하는 것을 말한다. 여기서 서민주택이란 연면적 또는 전용면적이 40㎡ 이하인 주거용 건축물 및 그 부속토지로서 취득가액이 1억원 미만인 주택이어야 하고, 취득원인이 상속 · 증여로 인한 취득이나 원시취득이 아니어야 한다. 1주택을 소유하던 1가구가 새로운 주택을 취득하여 일시적으로 2주택이 되어도 신주택을 취득한 날부터 60일 이내에 종전 주택을 증여 외의 사유로 매각하는 경우에는 1가구 1주택의 취득으로 본다. 주택의 수를 계산함에 있어 주택의 부속토지만을 소유하는 경우에도 주택을 소유한 것으로 본다.

(4) 면제세액 추징

취득세를 감면받은 후 다음의 사유가 발생하면 면제된 취득세를 추징한다. 이는 2018년 12월 24일 개정된 규정으로 2019년 이후 면제 분부터 적용한다.(지특법 제33조 제3항, 부칙 제3조)

① 정당한 사유 없이 그 취득일부터 3개월이 지날 때까지 해당 주택에 상시 거주를 시작하지 아니한 경우

② 해당 주택에 상시 거주를 시작한 날부터 2년이 되기 전에 상시 거주하지 아니하게 된 경우

③ 해당 주택에 상시 거주한 기간이 2년 미만인 상태에서 해당 주택을 매각 · 증여하거나 다른 용도(임대를 포함한다)로 사용하는 경우

(5) 농어촌특별세

서민주택에 때한 취득세 감면세액에는 농어촌특별세를 부과하지 아니한다.(농특세법 제4조 제9호) 그러나 농어촌특별세가 비과세되는 서민주택은 국민주택규모 이하의 주택으로서 그 부수토지를 포함하되 지역별로 부수토지의 범위에 대한 제한이 있다.(농특세령 제4조 제4항) 자세한 내용은 농어촌특별세 비과세 부분(제7절 Ⅰ 2)을 참조하기 바란다.

2. 임대주택에 대한 감면

∷ 지특법 제31조, 2021.12.31.까지 취득세 감면, 농특세 비과세(영 §4 ⑥)

※ 재산세도 감면이 되나 감면 대상 사업자 및 대상 주택이 취득세와 다르므로 재산세 감면은 제2편에서 따로 설명한다.

(1) 개요

공공주택사업자 및 임대사업자가 임대할 목적으로 공동주택(해당 공동주택의 부대시설 및 임대수익금 전액을 임대주택관리비로 충당하는 임대용 복리시설을 포함한다)을 건축하는 경우 그 공동주택과 임대사업자가 임대할 목적으로 건축주로부터 공동주택 또는 오피스텔(그 부속토지를 포함한다)을 최초로 분양받은 경우 그 공동주택 또는 오피스텔에 대해서는 2021년 12월 31일까지 취득세를 감면한다.(지특법 제31조)

(2) 임대업자

(가) 공공주택사업자

공공주택사업자란 ① 국가 또는 지방자치단체, ② 한국토지공사, ③ 주택사업을 목적으로 설립된 지방공사, ④ 한국농어촌공사, ⑤ 한국철도공사, ⑥ 한국철도시설공단, ⑥ 공무원연금공단, ⑦ 제주국제자유도시개발센터, ⑧ 주택도시보증공사, ⑨ 한국자산관리공사 ⑩ 이상의 기관이 총지분의 50%를 초과하여 출자・설립한 법인, ⑪ 주택도시기금 또는 위 ①~⑨의 기관 중 어느 하나에 해당하는 자가 총지분의 전부를 출자(공동으로 출자한 경우를 포함한다)하여 부동산투자회사법에 따라 설립한 부동산투자회사 중에서 국토교통부장관이 공공주택사업자로 지정한 자를 말하다.(공공주택특별법 제4조 제1항, 같은 법 시행령 제6조)

(나) 임대사업자

임대사업자란 공공주택 특별법 제4조 제1항에 따른 공공주택사업자가 아닌 자로서 1호 이상의 민간임대주택을 취득하여 임대하는 사업을 할 목적으로 특별자치시장・특별자치도지사・시장・군수 또는 자치구청장에게 등록한 자를 말하는데(민간임대주택법 제2조 제7호, 같은 법 제5조), 본 조에의 한 취득세 특례를 받으려면 임대용부동산 취득일로부터 60일 이내에 해당 임대용부동산을 임대목적으로 하여 지방자치단체의 장에게 임대사업자 등록을 하여야 한다.

(3) 대상주택

(가) 건축하는 공동주택

임대목적으로 건축하는 공동주택에 대하여 취득세를 감면한다. 공동주택이란 건축물의 벽・복도・계단이나 그 밖의 설비 등의 전부 또는 일부를 공동으로 사용하는 각 세대가 하나의 건축물 안에서 각각 독립된 주거생활을 할 수 있는 구조로 된 주택을 말하며, 건축법 시행령 별표1 제2호에 따른 아파트, 연립주택, 다세대주택으로 분류된다.(주택법 제2조 및 같은 법 시행령 제3조) 이 경우 공동주택의 부대시설 및 임대수익금 전액을 임대주택관리비로 충당하는 임대용 복리시설을 포함한다.

(나) 매입하는 공동주택 및 오피스텔

임대사업자가 임대할 목적으로 취득하는 공동주택 및 오피스텔이 취득세 감면대상이다. 공동주택은 위 (가)와 같고 오피스텔은 다음의 요건을 갖춘 주거용 오피스텔(부속토지 포함[6])을 말한다.(민간임대주택법 제2조 제1호, 같은 법 시행령 제2조)

① 전용면적이 85㎡ 이하일 것
② 상하수도 시설이 갖추어진 전용 입식 부엌, 전용 수세식 화장실 및 목욕시설(전용 수세식 화장실에 목욕시설을 갖춘 경우를 포함한다)을 갖출 것

(다) 취득요건

건축의 경우 토지를 취득한 날부터 2년 이내에 공동주택 건축에 착공하여야 한다. 정당한 사유 없이 2년 이내에 공동주택을 착공하지 아니한 경우는 면제혜택을 받을 수

6) 지특법 제31조 제1항 본문은 오피스텔의 경우 부속토지를 포함한다고 규정하고 있으나, 매수하는 공동주택의 경우 부속토지를 제외할 이유가 없다고 본다.

없다. 매입의 경우 건축주로부터 최초로 분양받은 것만 해당하므로 제3자로부터 매입한 주택은 대상이 아니다.

(4) 감면율

① 전용면적 60㎡ 이하인 공동주택 또는 오피스텔 : 취득세를 면제한다.

② 전용면적 60㎡ 초과 85㎡ 이하인 임대주택 : 8년 이상 장기임대 목적으로 20호 이상 취득하거나, 20호 이상의 장기임대주택을 보유한 임대사업자가 추가로 장기임대주택을 취득하는 경우(추가로 취득한 결과로 20호 이상을 보유하게 되었을 때에는 그 20호부터 초과분까지를 포함한다) 취득세 50%를 경감한다.

(5) 감면세액 추징

임대의무기간 내에 임대 외의 용도로 사용하거나 매각·증여하는 경우 또는 민간임대주택법 제6조에 따라 임대사업자 등록이 말소된 경우에는 감면된 취득세를 추징한다. 다만, 부득이한 경제적 사정이 있는 경우에는 제외한다.(지특법 제31조 제2항)

(가) 임대의무기간

① 민간임대주택 : 민간건설임대주택의 경우 입주지정기간 개시일(입주지정기간을 정하지 아니한 경우에는 임대사업자 등록 이후 최초로 체결된 임대차계약서상의 실제 임대개시일을 말한다), 민간매입임대주택의 경우 임대사업자 등록일(임대사업자 등록 이후 임대가 개시되는 주택은 임대차계약서상의 실제 임대개시일로 한다)부터 공공지원민간임대주택 및 장기일반민간임대주택은 8년 단기민간임대주태택은 4년(민간임대주택에 관한 특별법 제2조 제4호부터 제6호)을 말한다.(민간임대주택특별법 제43조 제1항, 같은 법 시행령 제34조 제1항)

② 공공임대주택 : 공공임대주택의 경우 그 공공임대주택의 임대개시일부터 다음 각 기간을 말한다.(공공주택특별법 제50조의2 제1항, 같은 법 시행령 제54조 제1항)

- 영구임대주택 : 50년
- 국민임대주택 : 30년
- 행복주택 : 30년
- 장기전세주택 : 20년
- 위의 규정에 해당하지 아니하는 공공임대주택 중 임대 조건을 신고할 때 임대

차 계약기간을 10년 이상으로 정하여 신고한 주택 : 10년

- 위의 각 규정에 해당하지 아니하는 공공임대주택 : 5년

(나) 부득이한 경제적 사정

민간임대주택법에 따라 임대의무기간 중에도 양도할 수 있는 경우와 공공주택특별법에 따라 분양전환하는 경우에는 감면세액을 추징하지 아니한다.(지특령 제13조 제1항)

① 민간임대주택 : 임대사업자는 임대의무기간 중에도 다음 어느 하나에 해당하는 경우에는 시장 · 군수 · 구청장에게 허가를 받아 임대사업자가 아닌 자에게 민간임대주택을 양도할 수 있다.(민간임대주택법 제43조 제4항, 같은 법 시행령 제34조 제3항)

- 부도, 파산, 2년 연속 적자가 발생한 경우, 2년 연속 부(負)의 영업현금흐름이 발생한 경우, 최근 12개월간 해당 임대사업자의 전체 민간임대주택 중 임대되지 아니한 주택이 20% 이상이고 같은 기간 동안 특정 민간임대주택이 계속하여 임대되지 아니한 경우, 관계 법령에 따라 재개발, 재건축 등으로 민간임대주택의 철거가 예정되어 민간임대사업을 계속하기 곤란한 경우, 단 8년 이상 민간임대주택을 300호 또는 300세대 이상 등록한 임대사업자에 대해서는 부도, 파산, 2년 연속 적자가 발생한 경우, 2년 연속 부(負)의 영업현금흐름이 발생한 경우는 부득이한 사유가 있는 것으로 보지 않는다.
- 공공지원임대주택을 20년 이상 임대하기 위한 경우로서 필요한 운영비용 등을 마련하기 위하여 민간임대주택법 제21조의2 제1항 제3호에 따라 20년 이상 공급하기로 한 주택 중 일부를 8년 임대 이후 매각하는 경우

② 공공임대주택 : 임대의무기간이 지나기 전에 분양전환할 수 있는 다음의 경우를 말한다.(공공주택특별법 시행령 제54조 제2항 제1호 · 제2호)

- 공공주택사업자가 경제적 사정 등으로 공공임대주택에 대한 임대를 계속할 수 없는 경우로서 공공주택사업자가 국토교통부장관의 허가를 받아 임차인에게 분양전환하는 경우
- 임대 개시 후 해당 주택의 임대의무기간의 2분의 1이 지난 분양전환공공임대주택에 대하여 공공주택사업자와 임차인이 해당 임대주택의 분양전환에 합의하여 공공주택사업자가 임차인에게 공공주택특별법 제50조의3에 따라 분양전환하는 경우

3. 한국토지주택공사의 공공매입임대주택에 대한 감면

:: 지특법 제31조 ⑤, 2021.12.31.까지 취득세 · 재산세 경감, 농특세 과세

(1) 취득세 및 재산세 경감

한국토지주택공사법에 따라 설립된 한국토지주택공사가 공공주택특별법 제43조 제1항에 따라 매입하여 공급하는 것(공공매입임대주택)으로서 다중주택과 다가구주택(부속토지 포함)에 대해서는 취득세 및 재산세의 50%를 2021년 12월 31일까지 경감한다.(지특법 제31조 제5항, 지특령 제13조 제4항)

다중주택과 다가구주택(건축법 시행령 별표1)

가. 다중주택 : 다음의 요건을 모두 갖춘 주택을 말한다.
  1) 학생 또는 직장인 등 여러 사람이 장기간 거주할 수 있는 구조로 되어 있는 것
  2) 독립된 주거의 형태를 갖추지 아니한 것(각 실별로 욕실은 설치할 수 있으나, 취사시설은 설치하지 아니한 것을 말한다)
  3) 1개 동의 주택으로 쓰이는 바닥면적의 합계가 330㎡ 이하이고 주택으로 쓰는 층수(지하층은 제외한다)가 3개 층 이하일 것

나. 다가구주택 : 다음의 요건을 모두 갖춘 주택으로서 공동주택에 해당하지 아니하는 것을 말한다.
  1) 주택으로 쓰는 층수(지하층은 제외한다)가 3개 층 이하일 것. 다만, 1층의 전부 또는 일부를 필로티 구조로 하여 주차장으로 사용하고 나머지 부분을 주택 외의 용도로 쓰는 경우에는 해당 층을 주택의 층수에서 제외한다.
  2) 1개 동의 주택으로 쓰이는 바닥면적(부설 주차장 면적은 제외한다)의 합계가 660㎡ 이하일 것
  3) 19세대(대지 내 동별 세대수를 합한 세대를 말한다) 이하가 거주할 수 있을 것

(2) 감경세액 추징

다음 어느 하나에 해당하는 경우 그 해당 부분에 대해서는 경감된 취득세 및 재산세를 추징한다.

① 정당한 사유 없이 그 매입일부터 1년이 경과할 때까지 해당 용도로 직접 사용하지 아니하는 경우

② 해당 용도로 직접 사용한 기간이 2년 미만인 상태에서 매각 · 증여하거나 다른

용도로 사용하는 경우

4. 주택임대사업에 투자하는 부동산투자회사에 대한 감면

지특법 제31조의4, 2021.12.31.까지 취득세 · 재산세 경감, 농특세 비과세(영 §4 ⑥)

(1) 취득세 감면

위탁관리 부동산투자회사(부동산투자회사법 제2조 제1호 나목의 회사를 말하며, 해당 부동산투자회사의 발행주식총수에 대한 국가, 지방자치단체, 한국토지주택공사 및 지방공사가 단독 또는 공동으로 출자한 경우 그 소유주식 수의 비율이 100분의 50을 초과하는 경우를 포함한다)가 공동주택 및 주거용 오피스텔(주택법 제2조의 준주택)을 임대할 목적으로 취득(건축 또는 매입)하는 경우 취득세의 20%를 2021년 12월 31일까지 경감한다. 이 경우 대도시 법인설립 및 공장 신 · 증설에 대한 중과세율(지방법 제13조 제2항 본문 · 제3항)을 적용하지 아니한다.(지특법 제31조의4 제1항)

(2) 재산세 감면

위 부동산투자회사가 과세기준일 현재 국내에 2세대 이상의 해당 공동주택을 임대목적에 직접 사용(부동산투자회사법 제22조의2 또는 제35조에 따라 위탁하여 임대하는 경우를 포함한다)하는 경우에는 공동주택의 크기에 따라 2021년 12월 31일까지 재산세를 경감한다.(지특법 제31조의4 제2항)

① 전용면적 60㎡ 이하인 임대 목적의 공동주택에 대해서는 재산세(도시지역분 포함)의 40%을 경감한다.

② 전용면적 85㎡ 이하인 임대 목적의 공동주택에 대해서는 재산세의 15%를 경감한다.

(3) 감면세액 추징

다음 어느 하나에 해당하는 경우에는 경감받은 취득세를 추징한다.(지특법 제31조의4 제3항)

① 토지를 취득한 날부터 정당한 사유 없이 2년 이내에 착공하지 아니한 경우

② 정당한 사유 없이 해당 부동산의 매입일부터 1년이 경과할 때까지 해당 용도로 직접 사용하지 아니하는 경우

③ 해당 용도로 직접 사용한 기간이 2년 미만인 상태에서 매각·증여하거나 다른 용도로 사용하는 경우

5. 한국토지주택공사의 소규모 공동주택 취득에 대한 감면 등

지특법 제32조, 2021.12.31.까지 취득세·재산세 경감, 농특세 비과세(법 §4, 영 §4 ④)

(1) 취득세 및 재산세 감면

한국토지주택공사가 임대를 목적으로 취득하여 소유하는 소규모 공동주택용 부동산에 대해서는 취득세 및 재산의 50%를 2021년 12월 31일까지 경감한다. 여기서 소규모 공동주택용 부동산은 1구(1세대가 독립하여 구분 사용할 수 있도록 구획된 부분을 말한다)당 전용면적이 60㎡ 이하인 공동주택(해당 공동주택의 입주자가 공동으로 사용하는 부대시설 및 공공용으로 사용하는 토지와 영구임대주택단지 안의 복리시설 중 임대수익금 전액을 임대주택 관리비로 충당하는 시설을 포함한다) 및 그 부속토지(관계 법령에 따라 국가 또는 지방자치단체에 무상으로 귀속될 공공시설용지를 포함한다)를 말한다.(지특법 제32조, 지특령 제14조)

(2) 감면세액 추징

소규모 공동주택용 토지를 취득한 날(토지를 일시에 취득하지 아니하는 경우에는 최종 취득일을 말하며, 최종 취득일 이전에 사업계획을 승인받은 경우에는 그 사업계획 승인일을 말한다)부터 4년 이내에 소규모 공동주택의 건축을 착공하지 아니하거나 소규모 공동주택이 아닌 용도에 사용하는 경우 그 해당 부분에 대해서는 감면된 취득세 및 재산세를 추징한다.

(3) 농어촌특별세

본 조문에 대하여 농어촌특별세를 비과세 한다는 직접규정은 없으나, 농어촌특별세법 제4조 제9호에 따르면 서민주택에 대한 취득세 감면에 대하여는 농어촌특별세를 부과

하지 아니하므로 소규모 공동주택이 서민주택에 해당하면 농어촌특별세가 비과세된다.

6. 무주택자 주택공급사업 지원을 위한 감면

∷ 지특법 제36조, 2021.12.31.까지 취득세 · 재산세 면제, 농특세 비과세(영 §4 ⑥)

공익법인의 설립 · 운영에 관한 법률에 따라 설립된 사단법인 한국사랑의집짓기운동연합회(주택법 제4조 제1항 제4호)가 무주택자에게 분양할 목적으로 취득하는 주택건축용 부동산에 대해서는 취득세를 2021년 12월 31일까지 면제하고, 과세기준일 현재 그 업무에 직접 사용하는 부동산에 대해서는 재산세(도시지역분 포함)를 2021년 12월 31일까지 면제한다. 다만, 그 취득일부터 2년 이내에 정당한 사유 없이 주택건축을 착공하지 아니하거나 다른 용도에 사용하는 경우 그 해당 부분에 대해서는 면제된 취득세를 추징한다.(지특법 제36조, 지특령 제17조)

7. 신혼부부 생애최초 취득 주택에 대한 감면

∷ 지특법 제36조의2, 2019.12.31.까지 취득세 감면, 농특세 비과세(법 §4, 영 §4 ④)

(1) 개요

일정소득 이하의 신혼부부가 생애 최초로 일정규모 이하의 주택을 주거의 목적으로 유상거래로 취득하는 경우 취득세의 50%를 2019.12.31.까지 경감한다. 2018년 12월 24일 개정시 신설된 규정이다.(지특법 제36조의2)

(2) 신혼부부 및 소득요건

① 인적요건 : 가족관계의 등록 등에 관한 법률에 따른 혼인신고일로부터 5년 이내인 신혼부부와 혼인할 예정인 사람이어야 한다. 혼일할 예정인 사람이란 주택취득일로부터 3개월 이내에 혼인할 예정인 사람을 말한다.

② 생애최초 취득 : 주택 취득일 현재 신혼부부로서 본인과 배우자, 또는 혼일할 예정인 경우 본인과 배우자가 될 사람 모두 취득일까지 주택을 소유한 사실이 없어야

한다. 다만, 다음의 주택을 소유한 경우는 제외한다.(지특령 제17조의2)

- 상속으로 주택의 공유지분을 소유(주택 부속토지의 공유지분만을 소유하는 경우를 포함한다)하였다가 그 지분을 모두 처분한 경우
- 국토의 계획 및 이용에 관한 법률 제6조에 따른 도시지역(취득일 현재 도시지역을 말한다)이 아닌 지역에 건축되어 있거나 면의 행정구역(수도권은 제외한다)에 건축되어 있는 주택으로서 다음 어느 하나에 해당하는 주택을 소유한 자가 그 주택 소재지역에 거주하다가 다른 지역(해당 주택 소재지역인 특별시 · 광역시 · 특별자치시 · 특별자치도 및 시 · 군 이외의 지역을 말한다)으로 이주한 경우. 이 경우 그 주택을 감면대상 주택 취득일 전에 처분했거나 감면대상 주택 취득일부터 3개월 이내에 처분한 경우로 한정한다.
  - 사용 승인 후 20년 이상 경과된 단독주택
  - 85㎡ 이하인 단독주택
  - 상속으로 취득한 주택
- 전용면적 20㎡ 이하인 주택을 소유하고 있거나 처분한 경우. 다만, 전용면적 20㎡ 이하인 주택을 둘 이상 소유했거나 소유하고 있는 경우는 제외한다.
- 취득일 현재 시가표준액(지방세법 제4조 제2항)이 100만원 이하인 주택을 소유하고 있거나 처분한 경우

③ 소득요건 : 주택 취득 연도 직전 연도의 신혼부부의 합산 소득이 7천만원을 초과하지 아니하여야 한다. 단 맞벌이가 아니고 홑벌인 경우에는 가구 소득이 5천만원 이하이어야 한다. 홑벌이란 배우자(부부 중 주소득자가 아닌 자)의 소득(사업소득, 근로소득, 종교인 소득)이 3백만원 미만인 가구를 말한다.(조세특례제한법 제100조의3 제5항 제2호 가목) 합산소득은 급여, 상여등 일체의 소득을 말하는 것으로 그 범위는 다음과 같다. 직전연도의 소득을 계산함에 있어서 종합소득과세표준확정신고의 소득금액이 아직 확정되지 않아 직전 연도 소득을 확인할 수 없는 경우에는 전전년도 소득으로 한다.(신혼부부 생애최초 주택 취득세등 감면 운영기준; 행정안전부고시 제2018호, 2018.12.31.)

- 근로소득 : 소득세법 제24조에 따른 총 수입금액으로 급여, 상여금, 수당 등 일체의 소득을 합산한 총 급여금액. 다만, 소득세법 제12조에 따른 비과세 소득금액이 있는 경우 이를 차감한다.
- 사업소득 : 소득세법 제24조에 따라 사업에서 얻은 총 수입금액. 다만, 소득세

법 제27조 등에 따른 필요경비 금액에 대해서는 이를 차감한다.

- 근로소득 및 사업소득 금액이 각각 있는 경우에는 이를 합산한 금액
- 근로소득 또는 사업소득에 따른 소득금액이 있는 사람이 별도로 이자소득, 배당소득, 연금소득 또는 기타소득이 있는 경우에는 이를 합산한 금액
- 근로소득 또는 사업소득은 없으나 별도로 이자소득, 배당소득, 연금소득 또는 기타소득이 있는 경우에는 이를 합산한 금액

(3) 대상주택

거주할 목적으로 취득하는 주택으로서 취득당시의 가액(취득세 과세표준이 되는 가액)이 3억원[수도권(서울특별시, 인천광역시, 경기도)에 있는 주택은 4억원] 이하이고 전용면적이 60㎡ 이하인 주택이어야 한다.

(4) 감면세액 추징

취득세를 경감받은 사람이 다음 어느 하나에 해당하는 경우에는 경감된 취득세를 추징한다.

① 혼인할 예정인 신혼부부가 주택 취득일부터 3개월 이내에 혼인하지 아니한 경우

② 주택을 취득한 날부터 3개월 이내에 1가구 1주택이 되지 아니한 경우. 여기서 1가구 1주택이란 주택 취득자와 같은 세대별 주민등록표에 기재되어 있는 가족(동거인은 제외한다)으로 구성된 1가구(취득자의 배우자, 취득자의 미혼인 30세 미만의 직계비속은 각각 취득자와 같은 세대별 주민등록표에 기재되어 있지 않더라도 같은 가구에 속한 것으로 본다)가 국내에 1개의 주택을 소유하는 것을 말하며, 주택의 부속토지만을 소유하는 경우에도 주택을 소유한 것으로 본다.(지특령 제17조의2 제2항)

③ 정당한 사유 없이 취득일부터 3년 이내에 경감받은 주택을 매각·증여하거나 다른 용도(임대를 포함한다)로 사용하는 경우

(5) 농어촌특별세

본 조문에 대하여 농어촌특별세를 비과세한다는 직접규정은 없으나, 농어촌특별세법 제4조 제9호에 따르면 서민주택에 대한 취득세 감면에 대하여는 농어촌특별세를 부과하지 아니하므로 본조의 경우 대부분 서민주택에 해당할 것이므로 농어촌특별세 비과

세에 해당할 것이다.

 Ⅱ 농어업을 지원하기 위한 취득세 감면

1. 자경농민의 농지 등에 대한 감면

∷ 지특법 제6조 ①·②, 2020.12.31.까지 취득세 경감, 농특세 비과세(영 §4 ①)

1) 자경농민의 농지에 대한 감면

(1) 개요

지방세특례제한법 제6조는 자경농민의 세부담을 완화하기 위하여 농업을 주업으로 하는 사람으로서 2년 이상 영농에 종사한 사람 또는 농어업경영체 육성 및 지원에 관한 법률 제10조에 따른 후계농업경영인이 직접 경작할 목적으로 취득하는 농지(논, 밭, 과수원 및 목장용지를 말한다) 및 관계 법령에 따라 농지를 조성하기 위하여 취득하는 임야에 대해서는 2020년 12월 31일까지 취득세의 50%를 경감한다.(지특법 제6조 제1항) 2017.12.26. 법 개정 시 일몰기한을 두어 한시적 적용으로 개정되었다.

(2) 자경농민

취득세 감면을 받을 수 있는 자경농민이란 다음에 해당하는 자를 말한다.(지특령 제3조 제1항)

(가) 농업을 주업으로 하는 사람

본인 또는 세대별 주민등록표에 기재되어 있는 배우자 중 1명 이상이 2년 이상 영농에 종사한 사람으로서 다음의 요건을 갖추고 있는 사람

① 농지를 소유하거나 임차하여 경작하는 방법으로 직접 2년 이상 계속하여 농업에 종사할 것

② 농지의 소재지인 특별자치시·특별자치도·시·군·구 또는 그와 잇닿아 있는 시·군·구에 거주하거나 해당 농지의 소재지로부터 20㎞ 이내의 지역에 거주할 것

③ 직전 연도 농업(임업 포함) 외의 종합소득금액이 3천 7백만원(농업소득의 보전에 관한 법률 제6조 제3항 제1호 및 같은 법 시행령 제6조 제1항 본문에 따른 금액을 말한다) 미만일 것. 이 경우 임업소득과 부동산 또는 부동산상의 권리의 임대소득, 공장재단 광업재단의 임대소득, 채굴에 관한 권리의 임대소득은 제외한다.
(소득법 제45조 제2항)

(나) 후계농업경영인

특별시장 · 광역시장 · 특별자치시장 · 도지사 · 특별자치도지사가 농업을 경영하고 있거나 경영할 의사가 있는 자의 영농계획 등을 평가하여 후계농업경영인으로 선정한 자를 말한다.(농업경영업체 육성 및 지원에 관한 법률 제10조)

(2) 취득세 감면대상 농지

감면대상 농지의 요건은 다음과 같다.(지특령 제3조 제2항)

① 농지 및 임야의 소재지가 국토의 계획 및 이용에 관한 법률에 따른 도시지역(개발제한구역과 녹지지역은 제외한다) 외의 지역일 것

② 농지 및 임야를 취득하는 사람의 주소지가 농지 및 임야의 소재지인 시 · 군 · 구 또는 그 지역과 잇닿아 있는 시 · 군 · 구 지역이거나 농지 및 임야의 소재지로부터 20㎞ 이내의 지역일 것

③ 본인 또는 배우자가 소유하고 있는 농지 및 임야(도시지역 안의 농지 및 임야를 포함한다)와 본인 또는 배우자가 새로 취득하는 농지 및 임야를 모두 합한 면적이 논, 밭, 과수원은 3만㎡(농지법에 따라 지정된 농업진흥지역 안의 논, 밭, 과수원은 20만㎡), 목장용지는 25만㎡, 임야는 30만㎡ 이내일 것. 이 경우 초과부분이 있을 때에는 그 초과부분만을 경감대상에서 제외한다.

(3) 감면세액 추징

다음의 사유가 발생하면 감면된 취득세를 추징한다.

① 정당한 사유 없이 그 취득일부터 2년이 경과할 때까지 자경농민으로서 농지를 직접 경작하지 아니하거나 농지조성을 시작하지 아니하는 경우

② 해당 농지를 직접 경작한 기간이 2년 미만인 상태에서 매각 · 증여하거나 다른 용도로 사용하는 경우

2) 자경농민의 농업용 시설에 대한 감면

자경농민이 농업용으로 직접 사용하기 위하여 취득하는 농업용 시설에 대해서는 취득세의 50%를 2020년 12월 31일까지 경감한다.(지특법 제6조 제2항)

(1) 농업용 시설

감면대상 농업용 시설은 다음의 시설을 말한다.

① 양잠(養蠶) 또는 버섯재배용 건축물, 고정식 온실

② 축사, 축산폐수 및 분뇨 처리시설

③ 창고[저온창고, 상온창고(常溫倉庫) 및 농기계보관용 창고만 해당한다] 및 농산물 선별처리시설

(2) 시설의 기준

농업용 시설은 다음의 요건에 해당하여야 한다.(지특령 제3조 제3항)

① 농업용 시설의 소재지가 국토의 계획 및 이용에 관한 법률에 따른 도시지역(개발제한구역과 녹지지역은 제외한다) 외의 지역일 것

② 농업용 시설을 취득하는 사람의 주소지가 해당 농업용 시설의 소재지인 시·군·구 또는 그 지역과 잇닿아 있는 시·군·구 지역이거나 그 농업용 시설의 소재지로부터 20㎞ 이내의 지역일 것. 다만, 고정식 온실과 축사, 축산폐수 및 분뇨 처리시설은 소재지에 관한 제한을 받지 않는다.

2. 귀농인의 취득세 감면

∷ 지특법 제6조 ④, 2021.12.31.까지 취득세 경감, 농특세 비과세(영 §4 ①)

(1) 개요

농촌지역으로 이주하는 귀농인이 직접 경작할 목적으로 귀농일부터 3년 이내에 취득하는 농지(논, 밭, 과수원 및 목장용지를 말한다) 및 농지를 조성하기 위하여 취득하는 임야에 대해서는 취득세의 50%를 2021년 12월 31일까지 경감한다. 이 규정은 귀농인을 지원하기 위하여 2010년 신설되었다가 2014년 일몰기한을 두었다.(지특법 제6조 제

4항)

(2) 농촌지역

농촌지역이란 읍·면의 지역과 읍·면 외의 지역 중 그 지역의 농업, 농업 관련 산업, 농업인구 및 생활여건 등을 고려하여 농림축산식품부장관이 고시하는 지역을 말한다.(농업·농촌 및 식품산업 기본법 제3조 5호)

읍·면지역 외의 농촌지역

농업·농촌 및 식품산업 기본법 제3조 제5호 나목에 따른 농촌지역(농림축산식품부고시 제2015-171호, 2015.12.23., 전부개정)

1. 지방자치법 제2조 제1항 제2호 나 제주특별자치도 설치 및 국제자유도시 조성을 위한 특별법 제15조에 따른 시의 지역 중 동지역은 국토의 계획 및 이용에 관한 법률 제36조 제1항에 따라 지정된 주거·상업·공업지역 외의 용도지역
2. 지방자치법 제2조 제1항 제2호 및 제2조 제2항에 따른 자치구(수도권정비계획법 제2조 제1호에 해당하는 자치구는 제외한다)의 지역 중 동지역은 국토의 계획 및 이용에 관한 법률 제36조 제1항에 따라 지정된 다음 각 용도지역
   가. 도시지역의 녹지지역 중 생산·보전녹지지역
   나. 관리지역 중 생산·보전관리지역
   다. 농림·자연환경보전지역
3. 개발제한구역의 지정 및 관리에 관한 특별조치법 시행령 제2조 제3항 제2호에 따라 2002.8.14. 이후 개발제한구역에서 해제되어 국토의 계획 및 이용에 관한 법률 시행령 제30조 제1호 나목 (1)의 제1종일반주거지역으로 지정된 집단취락지구지역(다만, 수도권정비계획법 제2조 제1호에 해당하는 지역은 제외한다)

(3) 귀농인

귀농인이란 다음의 요건에 해당하는 자를 말한다.(지특령 제3조 제4항)

① 농촌지역 외의 지역에서 귀농일을 기준으로 1년 이전부터 주민등록법 제16조에 따른 전입신고를 하고 계속하여 실제 거주한 사람일 것

② 귀농일 전까지 계속하여 1년 이상 농업·농촌 및 식품산업 기본법 제3조 제1호에 따른 농업에 종사하지 않은 사람일 것

③ 농촌에 주민등록법에 따른 전입신고를 하고 실제 거주하는 사람일 것

농업의 범위(농업 · 농촌 및 식품산업 기본법 제3조 및 시행령 제2조)

1. 농작물재배업 : 식량작물 재배업, 채소작물 재배업, 과실작물 재배업, 화훼작물 재배업, 특용작물 재배업, 약용작물 재배업, 버섯 재배업, 양잠업 및 종자 · 묘목 재배업(임업용 종자 · 묘목 재배업은 제외)
2. 축산업 : 동물(수생동물은 제외)의 사육업 · 증식업 · 부화업 및 종축업
3. 임업 : 육림업(자연휴양림 · 자연수목원의 조성 · 관리 · 운영업을 포함), 임산물 생산 · 채취업 및 임업용 종자 · 묘목 재배업

(4) 귀농일

귀농일이란 귀농인이 새로 이주한 해당 농촌으로 전입신고를 하고 거주를 시작한 날을 말한다.(지득령 제3조 제5항)

(5) 감경 취득세 추징

다음의 사유가 발생하면 감경받은 취득세를 추징한다. 다만, ③, ④의 경우 해당부분에 한하여 경감된 취득세를 추징한다.

① 귀농일부터 3년 이내에 주민등록 주소지를 취득 농지 및 임야 소재지 시 · 군 · 구(구의 경우에는 자치구), 그 지역과 연접한 시 · 군 · 구 또는 농지 및 임야 소재지로부터 20㎞ 이내의 지역 외의 지역으로 이전하는 경우

② 귀농일부터 3년 이내에 농업 외의 산업에 종사하는 경우. 다만, 식품을 생산, 가공, 제조, 조리, 포장, 보관, 수송 또는 판매하는 산업(농업 · 농촌 및 식품산업 기본법 제3조 제8호에 따른 식품산업)과 농업을 겸업하는 경우는 제외한다.

③ 농지의 취득일부터 2년 이내에 직접 경작하지 아니하거나 임야의 취득일부터 2년 이내에 농지의 조성을 개시하지 아니하는 경우

④ 직접 경작한 기간이 3년 미만인 상태에서 매각 · 증여하거나 다른 용도로 사용하는 경우

3. 농지확대 개발을 위한 면제

지특법 제8조, 2019(2021).12.31.까지 취득세 감면, 농특세 비과세(영 §4 ①)

(1) 개간농지

농어촌정비법에 따른 농업생산기반 개량사업의 시행으로 인하여 취득하는 농지(논, 밭, 과수원 및 목장용지를 말한다) 및 같은 법에 따른 농지확대 개발사업의 시행으로 인하여 취득하는 개간농지에 대해서는 취득세를 2019년 12월 31일까지 면제한다.(지특법 제8조 제1항)

(2) 교환 · 분합하는 농지

농어촌정비법이나 한국농어촌공사 및 농지관리기금법에 따라 교환 · 분합하는 농지, 농업진흥지역에서 교환 · 분합하는 농지에 대해서는 취득세를 2019년 12월 31일까지 면제한다.(지특법 제8조 제2항)

(3) 교환 · 분합하는 임야

임업을 주업으로 하는 독림가(篤林家) 또는 임업후계자가 직접 임업을 하기 위하여 교환 · 분합하는 임야의 취득에 대해서는 취득세를 면제하며, 임업을 주업으로 하는 사람 또는 임업후계자가 산지관리법에 따라 지정된 보전산지를 취득(99만㎡ 이내의 것으로 한정한다. 보전산지를 추가적으로 취득하는 경우에는 기존에 소유하고 있는 보전산지의 면적과 합산하여 99만㎡를 초과하지 아니하는 분에 한정한다)하는 경우에는 취득세의 50%를 2020년 12월 31일까지 경감한다.(지특법 제8조 제3항, 지특령 제4조)

독림가(篤林家)(임업 및 산촌 진흥촉진에 관한 법률 시행령 제3조)

1. 개인독림가(個人篤林家)
   가. 모범독림가 : 300ha 이상의 산림[분수림(分收林) 및 조림(造林)의 목적으로 대부받은 국유림을 포함한다. 이하 이 조에서 같다]을 산림경영계획에 따라 모범적으로 경영하고 있는 사람 또는 조림 실적이 100ha 이상이고 산림경영계획에 따라 산림을 모범적으로 경영하고 있는 사람
   나. 우수독림가 : 100ha 이상의 산림을 산림경영계획에 따라 모범적으로 경영하고 있는 사람 또는 조림 실적이 50ha 이상[유실수(有實樹)는 20ha 이상]이고 산림경영계획에 따라 산림을 모범적으로 경영하고 있는 사람
   다. 자영독림가 : 5ha 이상의 산림을 산림경영계획에 따라 모범적으로 경영하고 있는 사람 또는 유실수를 3ha 이상 조림하여 산림을 산림경영계획에 따라 모범적으로 경영하고 있는 사람
2. 법인독림가 : 다음 각 목의 어느 하나에 해당하는 법인

가. 300ha 이상의 산림을 산림경영계획에 따라 모범적으로 경영하고 있는 법인 또는 조림 실적이 100ha 이상이고 산림경영계획에 따라 산림을 모범적으로 경영하고 있는 법인

나. 「농어업경영체 육성 및 지원에 관한 법률」 제2조 제2호에 따른 농업법인 중 10헥타르 이상의 산림을 산림경영계획에 따라 모범적으로 경영하고 있는 법인 또는 조림 실적이 5ha 이상이고 산림경영계획에 따라 산림을 모범적으로 경영하고 있는 법인

임업후계자(임업 및 산촌 진흥촉진에 관한 법률 시행규칙 제3조)

"임업후계자"란 임업의 계승·발전을 위하여 임업을 영위할 의사와 능력이 있는 자로서 다음 어느 하나에 해당하는 자를 말한다.

1. 55세 미만의 자로서 산림자원의 조성 및 관리에 관한 법률 제13조에 따른 산림경영계획에 따라 임업을 경영하거나 경영하려는 자 중 다음 어느 하나에 해당하는 자
   가. 임업 및 산촌 진흥촉진에 관한 법률 시행령 제3조 제1호에 따른 개인독림가의 자녀
   나. 3헥타르 이상의 산림을 소유(세대를 같이 하는 직계존·비속, 배우자 또는 형제자매의 명의로 소유하는 경우를 포함한다)하고 있는 자
   다. 10헥타르 이상의 국유림 또는 공유림을 대부받거나 분수림을 설정받은 자
2. 산림청장이 정하여 고시하는 기준 이상의 산림용 종자, 산림용 묘목(조경수를 포함한다), 버섯, 분재, 야생화, 산채, 그 밖의 임산물을 생산하거나 생산하려는 자

(3) 공유수면의 매립 또는 간척으로 취득하는 농지

공유수면 관리 및 매립에 관한 법률에 따른 공유수면의 매립 또는 간척으로 인하여 취득하는 농지에 대한 취득세는 지방세법 제11조 제1항 제3호의 세율(2.8%)에도 불구하고 2021년 12월 31일까지 1천분의 8(0.8%)을 적용하여 과세한다. 다만, 취득일부터 2년 이내에 다른 용도에 사용하는 경우 그 해당 부분에 대해서는 경감된 취득세를 추징한다.(지특법 제8조 제4항)

4. 자영어민에 대한 감면

지특법 제9조, 2019.12.31.까지 취득세 경감, 농특세 비과세(영 §4 ①)

(1) 개요

어업인과 후계어업경영인이 내수면 어업 등을 하기 위하여 어업용으로 취득하는 토지 및 건축물에 대한 취득세의 50%를 2020년 12월 31일까지 경감한다.(지특법 제9조)

어업인과 후계어업경영인은 다음에 해당하는 자를 말한다.

① 어업인(내수면 어업인) : 지목이 양어장인 토지 또는 수조를 취득하여 그 취득세를 경감받으려는 사람으로서 해당 토지 또는 수조가 소재한 특별자치시 · 특별자치도 · 시 · 군 · 구 지역에 거주하면서 지목이 양어장인 토지를 소유하거나 임차한 사람과 그 배우자 중에서 1명 이상이 어업을 전업으로 하는 사람. 다만, 직전 연도 어업 외의 종합소득금액(소득세법 제4조 제1항 제1호에 따른 종합소득에서 어업에서 발생하는 소득, 같은 법 제45조 제2항 각 호의 어느 하나에 해당하는 사업에서 발생하는 부동산임대소득 및 같은 법 시행령 제9조에 따른 농가부업소득을 제외한 금액을 말한다)이 3천 7백만원 이상인 사람은 제외한다.(지특령 제5조 제1항, 조특령 제64조)

② 후계어업경영인 : 특별시장 · 광역시장 · 특별자치시장 · 도지사 · 특별자치도지사가 어업을 경영하고 있거나 경영할 의사가 있는 자의 영어계획 등을 평가하여 후계어업경영인으로 선정한 자를 말한다.(농업경영업체 육성 및 지원에 관한 법률 제10조)

(2) 거주요건

지목이 양어장인 토지 또는 수조를 취득하려는 어업인 또는 후계어업경영인의 주소지가 해당 토지 또는 수조가 소재한 특별자치시 · 특별자치도 · 시 · 군 · 구 지역이어야 한다.(지특령 제5조 제2항)

(3) 감면대상 부동산

다음의 어업 및 종자생산업에 사용하기 위하여 취득하는 토지 및 수조에 대하여 감면한다. 토지는 공간정보의 구축 및 관리 등에 관한 법률 제67조에 따라 공부상 지목이 양어장인 토지로서 1만㎡ 이내이어야 한다. 새로 취득하는 지목이 양어장인 토지와 기존에 소유하고 있던 지목이 양어장인 토지의 면적을 합한 면적을 말하고 이 경우 초과부분이 있을 때에는 그 초과부분만을 경감대상에서 제외한다.(지특령 제5조 제2항 제2호)

① 수산업법 제41조 제3항 제2호에 따른 육상해수양식어업

② 내수면어업법 제11조 제2항에 따른 육상양식어업

③ 수산종자산업육성법에 따른 육상 수조식(水槽式) 수산종자생산업 및 육상 축제식(築堤式) 수산종자생산업

5. 농업법인에 대한 감면

(1) 신설법인 취득 부동산 취득세 면제

:: 지특법 제11조 ①, 2019.12.31.까지 취득세 면제, 농특세 비과세(영 §4 ①)

농어업경영체 육성 및 지원에 관한 법률 제16조에 따른 영농조합법인과 같은 법 제19조에 따른 농업회사법인이 영농에 사용하기 위하여 법인설립등기일부터 2년 이내에 취득하는 부동산에 대해서는 취득세를 2019년 12월 31일까지 면제한다.(지특법 제11조 제1항) 영농조합법인과 농업회사법인은 다음의 법인을 말한다.

① 영농조합법인 : 협업적 농업경영을 통하여 생산성을 높이고 농산물의 출하 · 유통 · 가공 · 수출 및 농어촌 관광휴양사업 등을 공동으로 하려는 농업인 또는 농업 · 농촌 및 식품산업 기본법 제3조 제4호에 따른 농업 관련 생산자단체[7]가 5인 이상을 조합원으로 하여 설립한 법인을 말한다.(농어업경영체 육성 및 지원에 관한 법률 제16조)

② 농업회사법인 : 농업의 경영이나 농산물의 유통 · 가공 · 판매를 기업적으로 하려는 자나 농업인의 농작업을 대행하거나 농어촌 관광휴양사업을 하려는 자가 설립한 상법상 법인을 말한다.(농어업경영체 육성 및 지원에 관한 법률 제19조, 같은 법 시행령 제17조)

(2) 농업법인 취득 부동산 취득세 감면

:: 지특법 제11조 ②, 2020.12.31.까지 취득세 · 재산세 경감, 농특세 비과세(영 §4 ①)

---

7) 농업 · 농촌 및 식품산업 기본법 시행령(제4조)에 규정된 생산자단체는 다음과 같다.
1. 농업협동조합법에 따른 조합 및 그 중앙회
2. 산림조합법에 따른 산림조합 및 그 중앙회
3. 엽연초생산협동조합법에 따른 엽연초생산협동조합 및 그 중앙회
4. 농산물을 공동으로 생산하거나 농산물을 생산하여 공동으로 판매 · 가공 또는 수출하기 위하여 농업인 5명 이상이 모여 결성한 법인격이 있는 전문생산자 조직으로서 농림축산식품부장관이 정하는 요건을 갖춘 단체

위 (1)의 농업법인이 영농 · 유통 · 가공에 직접 사용하기 위하여 취득하는 부동산에 대해서는 취득세의 50%를 2020년 12월 31일까지 경감하고, 과세기준일 현재 해당 용도에 직접 사용하는 부동산에 대해서는 재산세의 50%를 2020년 12월 31일까지 경감한다.(지특법 제11조 제2항)

(3) 감면세액의 추징

위 (1), (2)의 취득세를 감면받은 농업법인이 다음 어느 하나에 해당하는 경우 그 해당 부분에 대해서는 감면된 취득세를 추징한다.

① 정당한 사유 없이 그 취득일부터 1년이 경과할 때까지 해당 용도로 직접 사용하지 아니하는 경우

② 해당 용도로 직접 사용한 기간이 3년 미만인 상태에서 매각 · 증여하거나 다른 용도로 사용하는 경우

③ 해당 용도로 직접 사용한 기간이 5년 미만인 상태에서 농어업경영체 육성 및 지원에 관한 법률 제20조의3에 따라 해산명령을 받은 경우

6. 어업법인에 대한 감면

지특법 제12조, 2020.12.31.까지 취득세 · 재산세 경감, 농특세 비과세(영 §4 ①)

(1) 직접 사용목적 부동산 취득세 감면

영어조합법인과 어업회사법인(농어업경영체 육성 및 지원에 관한 법률 제16조 및 제19조)이 영어 · 유통 · 가공에 직접 사용하기 위하여 취득하는 부동산에 대해서는 취득세의 50%를 2020년 12월 31일까지 경감하고, 과세기준일 현재 해당 용도에 직접 사용하는 부동산에 대해서는 재산세의 50%를 2020년 12월 31일까지 경감한다.(지특법 제12조)
영어조합인과 어업법인은 다음의 법인을 말한다.

① 영어조합법인 : 협업적 수산업경영을 통하여 생산성을 높이고 수산물의 출하 · 유통 · 가공 · 수출 및 농어촌 관광휴양사업 등을 공동으로 하려는 어업인 또는 수산업 · 어촌 발전 기본법 제3조 제5호에 따른 어업 관련 생산자단체는 5인 이상을 조합원으로 하여 설립한 법인을 말한다.(농어업경영체 육성 및 지원에 관한 법률 제16조)

② 어업회사법인 : 수산업의 경영이나 수산물의 유통 · 가공 · 판매를 기업적으로 하려는 자나 농어촌 관광휴양사업을 하려는 자가 설립한 상법상의 법인을 말한다. (농어업경영체 육성 및 지원에 관한 법률 제19조, 같은 법 시행령 제17조)

(2) 감면세액의 추징

취득세를 감면받은 어업조합법인 및 어업회사법인이 다음 어느 하나에 해당하는 경우 그 해당 부분에 대해서는 감면된 취득세를 추징한다.

① 정당한 사유 없이 그 취득일부터 1년이 경과할 때까지 해당 용도로 직접 사용하지 아니하는 경우

② 해당 용도로 직접 사용한 기간이 3년 미만인 상태에서 매각 · 증여하거나 다른 용도로 사용하는 경우

③ 해당 용도로 직접 사용한 기간이 5년 미만인 상태에서 농어업경영체 육성 및 지원에 관한 법률 제20조의3에 따라 해산명령을 받은 경우

7. 한국농어촌공사의 농업 관련 사업에 대한 감면

:: 지특법 제13조, 2019.12.31.까지 취득세 · 재산세 경감, 농특세 (비)과세(영 §4 ⑥)

한국농어촌공사가 취득하는 부동산에 대해서는 다음에서 정하는 바에 따라 취득세를 2019년 12월 31일까지 감면한다.(지특법 제13조 제2항) ②, ⑥ 중 특수한 취득에 대하여는 농어촌특별세가 비과세된다.(농특세령 제4조 제5항 제2호 · 제6항 제5호)

① 한국농어촌공사가 한국농어촌공사 및 농지관리기금법 제18조 · 제20조 · 제24조 및 제44조에 따라 취득 · 소유하는 부동산과 농지법에 따라 취득하는 농지에 대해서는 취득세 및 재산세의 50%를 경감한다.

② 농어촌공사가 농어촌정비법에 따른 국가 또는 지방자치단체의 농업생산기반 정비계획에 따라 취득 · 소유하는 농업기반시설용 토지와 그 시설물에 대해서는 취득세의 50%를 경감하고, 재산세를 면제한다.

③ 한국농어촌공사가 한국농어촌공사 및 농지관리기금법 제24조의3 제1항에 따라 취득[같은 법 제24조의3 제3항에 따라 해당 농지를 매도할 당시 소유자 또는 포괄승계인이 환매(還買)로 취득하는 경우를 포함한다]하는 부동산에 대해서는 취

득세의 50%(환매취득의 경우에는 취득세의 100%)을 경감하고, 과세기준일 현재 같은 법 제24조의3 제1항에 따라 임대하는 부동산에 대해서는 재산세의 50%를 각각 경감한다.

④ 한국농어촌공사가 자유무역협정 체결에 따른 농어업인 등의 지원에 관한 특별법 제5조 제1항 제1호에 따라 취득·소유하는 농지에 대해서는 취득세의 50%를 경감한다.

⑤ 한국농어촌공사가 국가 또는 지방자치단체의 계획에 따라 제3자에게 공급할 목적으로 농어촌정비법 제2조 제10호에 따른 생활환경정비사업에 직접 사용하기 위하여 일시 취득하는 부동산에 대해서는 취득세의 30%를 경감한다.

⑥ 한국농어촌공사가 한국농어촌공사 및 농지관리기금법 제24조의2 제2항에 따라 취득하는 농지에 대해서는 취득세의 50%를 경감한다.

8. 농업협동조합 등의 농어업 관련 사업 등에 대한 감면

지특법 제14조, 2020.12.31.까지 취득세·재산세 경감, 농특세 비과세(영 §4 ①)

(1) 조합중앙회의 구매·판매 사업용 부동산

농업협동조합중앙회, 수산업협동조합중앙회, 산림조합중앙회가 구매·판매 사업 등에 직접 사용하기 위하여 취득하는 다음 각 부동산(농수산물유통 및 가격안정에 관한 법률 제70조 제1항에 따른 유통자회사에 농수산물 유통시설로 사용하게 하는 부동산을 포함한다)에 대해서는 취득세의 25%를 2020년 12월 31일까지 경감하고, 과세기준일 현재 그 사업에 직접 사용하는 부동산에 대해서는 재산세의 25%를 2020년 12월 31일까지 경감한다.(지특법 제14조 제1항)

① 구매·판매·보관·가공·무역 사업용 토지와 건축물

② 생산 및 검사 사업용 토지와 건축물

③ 농어민 교육시설용 토지와 건축물

(2) 조합의 고유업무용 부동산

농업협동조합법에 따라 설립된 조합(조합공동사업법인을 포함한다), 수산업협동조합법에 따라 설립된 조합(어촌계 및 조합공동사업법인을 포함한다), 산림조합법에 따라 설립된 산림조합(산림계 및 조합공동사업법인을 포함한다) 및 엽연초생산협동조합이 고유업무에 직접 사용하기 위하여 취득하는 부동산(임대용 부동산은 제외한다.)에 대해서는 취득세를, 과세기준일 현재 고유업무에 직접 사용하는 부동산에 대해서는 재산세를 각각 2020년 12월 31일까지 면제한다. 이 경우 각 조합들의 중앙회에 대해서는 감면 규정을 적용하지 아니한다.(지특법 제14조 제3항 · 제5항)

9. 한국농수산식품유통공사 등의 농어업 관련 사업 등에 대한 감면

(1) 한국농수산식품유통공사 및 유통자회사

:: 지특법 제15조 ①, 2020.12.31.까지 취득세 · 재산세 경감, 농특세 과세

한국농수산식품유통공사법에 따라 설립된 한국농수산식품유통공사와 농수산물유통 및 가격안정에 관한 법률 제70조 제1항에 따른 유통자회사가 농수산물종합직판장 등의 농수산물 유통시설과 농수산물유통에 관한 교육훈련시설에 직접 사용(농수산물 유통 및 가격안정에 관한 법률 제2조 제7호부터 제9호까지의 규정에 따른 도매시장법인, 시장도매인, 중도매인 및 그 밖의 소매인이 해당 부동산을 그 고유업무에 사용하는 경우를 포함한다)하기 위하여 취득하는 부동산에 대해서는 취득세의 50%를, 과세기준일 현재 그 시설에 직접 사용하는 부동산에 대해서는 재산세의 50%를 각각 2020년 12월 31일까지 경감한다.(지특법 제15조 제1항)

(2) 농수산물공사

:: 지특법 제15조 ②, 2019.12.31.까지 취득세 · 재산세 감면, 농특세 비과세(영 §4 ⑥)

지방공기업법에 따라 농수산물의 원활한 유통 및 적정한 가격의 유지를 목적으로 설립된 지방공사에 대해서는 그 고유업무에 직접 사용하기 위하여 취득하는 부동산에 대해서 취득세의 100%(100%의 범위에서 조례로 따로 정하는 경우에는 그 율)에 지방자치단체의 주식소유비율[해당 농수산물공사의 발행주식총수에 대한 지방자치단체의 소유주식(지방공기업법 제53조 제4항에 따라 지방자치단체가 출자한 것으로 보는 주식을 포함한다) 수의 비율을 말한다]을 곱한 금액을 2019년 12월 31일까지 감면하고, 과세기준일 현재 그 고유업무에 직접 사용하는 부동산에 대해서는 재산세(도시지역분 포함)의

100%(100%의 범위에서 조례로 따로 정하는 경우에는 그 율)에 지방자치단체의 주식 소유비율을 곱한 금액을 감면한다.(지특법 제15조 제2항)

10. 농어촌 주택개량에 대한 감면

∷ 지특법 제16조, 2021.12.31.까지 취득세 감면, 농특세 비과세(영 §4 ⑥)

(1) 감면대상

농어촌정비법 제2조 제10호에 따른 생활환경정비사업의 계획에 따라 주택개량 대상자로 선정된 사람으로서 해당 특별자치시·특별자치도·시·군·구에 거주하는 사람(과밀억제권역에서는 취득일 현재까지 1년 이상 계속하여 거주한 사실이 주민등록법에 따른 주민등록표 등에 따라 증명되는 사람으로 한정한다)이 주택개량 사업계획에 따라 본인과 그 가족이 상시 거주(본인이 주민등록법에 따른 전입신고를 하고 계속하여 거주하는 것을 말한다)할 목적으로 취득하는 연면적 150㎡ 이하의 주거용 건축물(증축하여 취득하는 경우에는 기존에 소유하고 있는 주거용 건축물 연면적과 합산하여 150㎡ 이하인 경우로 한정한다)에 대해서는 취득세를 다음에서 정하는 바에 따라 2021년 12월 31일까지 감면한다.(지특법 제16조, 지특령 제7조)

① 취득세액이 280만원 이하인 경우 : 전액 면제

② 취득세액이 280만원을 초과하는 경우 : 280만원을 공제

(2) 감면세액 추징

다음 어느 하나에 해당하는 경우에는 그 해당 부분에 대해서는 감면된 취득세를 추징한다.

① 정당한 사유 없이 그 취득일부터 3개월이 지날 때까지 해당 주택에 상시 거주를 시작하지 아니한 경우

② 해당 주택에 상시 거주를 시작한 날부터 2년이 되기 전에 상시 거주하지 아니하게 된 경우

③ 해당 주택에 상시 거주한 기간이 2년 미만인 상태에서 해당 주택을 매각·증여하거나 다른 용도(임대를 포함한다)로 사용하는 경우

생활정비사업(농어촌정비법 제2조 제10호)

"생활환경정비사업"이란 농어촌지역과 준농어촌지역의 생활환경, 생활기반 및 편익시설·복지시설 등을 종합적으로 정비하고 확충하며 농어업인 등의 복지를 향상하기 위한 다음의 사업을 말한다.

가. 집단화된 농어촌 주택, 공동이용시설 등을 갖춘 새로운 농어촌마을 건설사업
나. 기존 마을의 토지와 주택 등을 합리적으로 재배치하기 위한 농어촌마을 재개발사업
다. 분산된 마을의 정비사업
라. 간이 상수도, 마을하수도(하수도법 제2조 제4호에 따른 공공하수도 중 농어촌지역에 마을 단위로 설치하는 공공하수도를 말한다) 및 오수·폐수 정화시설의 설치 등 농어촌 수질오염 방지를 위한 사업
마. 주민생활의 거점이 되는 지역을 중점적으로 개발하는 정주생활권(定住生活圈) 개발사업
바. 빈집의 정비
사. 농어촌 임대주택의 공급 및 관리를 위한 사업
아. 치산녹화(治山綠化) 등 국토보전시설의 정비·확충
자. 농어촌 주택의 개량(신축·증축·개축 및 대수선을 말한다. 이하 같다)사업
차. 슬레이트(석면이 함유된 슬레이트를 말한다. 이하 같다)가 사용된 농어촌 주택·공동이용시설 등 시설물에 대한 슬레이트의 해체·제거 및 처리 사업
카. 그 밖에 농어촌지역과 준농어촌지역의 생활환경을 개선하기 위하여 필요한 사업

Ⅲ 기업구조 및 재무조정 등 지원을 위한 취득세 감면

1. 기업의 신용보증 지원을 위한 감면

∷ 지특법 제56조 ③, 2019.12.31.까지 취득세·재산세 경감, 농특세 과세

지역신용보증재단법에 따라 설립된 신용보증재단이 같은 법 제17조 제2호에 따른 신용보증업무에 직접 사용하기 위하여 취득하는 부동산에 대해서는 취득세의 50%를 2019년 12월 31일까지 경감하고, 과세기준일 현재 신용보증업무에 직접 사용하는 부동산에 대해서는 재산세의 50%를 2019년 12월 31일까지 경감한다.(지특법 제56조 제3항)

2. 기업합병 · 분할 등에 대한 감면

1) 합병법인이 합병으로 취득하는 부동산에 대한 감면

지특법 제57조의2 ①, 2021.12.31.까지 취득세 경감, 농특세 비과세(영 §4 ⑥)

(1) 개요

법인세법 제44조 제2항 또는 제3항에 해당하는 합병으로서 소비성서비스업(소비성서비스업과 다른 사업을 겸영하고 있는 경우로서 합병일이 속하는 사업연도의 직전 사업연도의 소비성서비스업의 사업별 수입금액이 가장 큰 경우를 포함한다)을 제외한 사업을 1년 이상 계속하여 영위한 법인간의 합병(적격합병)에 따라 양수(讓受)하는 재산을 2021년 12월 31일까지 취득하는 경우에는 취득세(특례세율을 적용한 취득세)의 50%(기술혁신형 사업법인과의 합병하는 경우에는 60%)를 경감한다. 이 경우 소비성서비스업을 1년 이상 영위한 법인이 합병으로 인하여 소멸하고 합병법인이 소비성서비스업을 영위하지 아니하는 경우에는 해당 합병을 포함한다.(지특법 제57조의2 제1항, 지특령 제28조의2)

(2) 적격합병

(가) 법인세법 제44조 제2항의 합병 및 제3항의 합병

제1절 Ⅳ 2. 4) 법인의 합병으로 인한 취득 참조

(나) 소비성 서비스업

소비성서비스업이란 다음 하나에 해당하는 사업을 말한다.(조특령 제29조 제3항)

① 호텔업 및 여관업(관광진흥법에 따른 관광숙박업은 제외한다)

② 주점업(일반유흥주점업, 무도유흥주점업 및 식품위생법 시행령 제21조에 따른 단란주점 영업만 해당하되, 관광진흥법에 따른 외국인전용유흥음식점업 및 관광유흥음식점업은 제외한다)

③ 그 밖에 오락 · 유흥 등을 목적으로 하는 사업으로서 기획재정부령으로 정하는 사업(시행규칙에 열거한 사항 없음)

(다) 기술혁신형 사업법인

기술혁신형사업법인이란 다음 어느 하나에 해당하는 법인을 말한다.(지특령 제28조의2 제2항)

① 합병등기일까지 벤처기업육성에 관한 특별조치법 제25조에 따라 벤처기업으로 확인받은 법인

② 합병등기일까지 중소기업 기술혁신 촉진법 제15조와 같은 법 시행령 제13조에 따라 기술혁신형 중소기업으로 선정된 법인

③ 합병등기일이 속하는 사업연도의 직전 사업연도의 조세특례제한법 제9조 제2항 제1호에 따른 연구 · 인력개발비가 매출액의 100분의 5 이상인 중소기업

④ 합병등기일까지 다음 어느 하나에 해당하는 인증 등을 받은 중소기업

- 보건의료기술 진흥법 제8조 제1항에 따른 보건신기술 인증
- 산업기술혁신 촉진법 제15조의2 제1항에 따른 신기술 인증
- 산업기술혁신 촉진법 제16조 제1항에 따른 신제품 인증
- 제약산업 육성 및 지원에 관한 특별법 제7조 제2항에 따른 혁신형 제약기업 인증
- 중견기업 성장촉진 및 경쟁력 강화에 관한 특별법 제18조 제1항에 따른 중견기업등의 선정

(3) 감면세액

(가) 일반부동산 취득시 특례세액 면제

지방세법 제15조 제1항 제3호에 의하면, 법인세법 제44조 제2항의 적격합병과 같은 조 제3항의 완전모자회사간의 합병의 경우 특례세율을 적용하여 무상취득 표준세율 3.5%에서 중과기준세율 2%를 뺀 1.5%의 특례세율이 된다. 그러나 위의 요건을 갖춘 합병으로 취득하는 부동산에 대하여 2021년 12월 31일까지 한시적으로 특례세율에 의한 세액의 50%(또는 60%)를 경감한다.

(나) 특례세율 배제시 중과세율 일부 면제

법인의 합병으로 인하여 취득한 과세물건이 합병 후에 5년 이내에 중과세율 적용요건에 해당하는 경우(지방법 제16조)에는 다음의 금액을 초과하는 세액에 감면율을 적용한다.

① 지방세법 제13조 제1항에 의한 과밀억제권역에서 법인의 본점이나 주사무소용으로 신·증축하거나 또는 공장을 신·증설하는 부동산에 대하여 6%(중과기준세율 2%의 3배)
② 지방세법 제13조 제5항에 의한 골프장 등 사치성 부동산 취득에 대하여는 10%(중과기준세율 2%의 5배)

(3) 감면세액 추징

합병등기일부터 3년 이내에 다음 어느 하나에 해당하는 사유가 발생하는 경우에는 경감된 취득세를 추징한다. 다만, 법인세법 시행령 제80조의4 제7항의 부득이한 사유가 있는 경우에는 제외한다.(법인법 제44조의3 제3항)
① 합병법인이 피합병법인으로부터 승계받은 사업을 폐지하는 경우
② 합병법인의 지배주주가 주식등의 보유요건을 갖추지 못한 경우
③ 합병법인이 승계한 근로자 수 비율요건을 갖추지 못한 경우

2) 농협협동조합등이 합병으로 취득하는 부동산에 대한 감면

지특법 제57조의2 ②, 2021.12.31.까지 취득세 면제, 농특세 비과세(영 §4 ③)

농업협동조합 등 다음 법인간의 적격합병(법인세법 제44조 제2항)으로 양수받은 재산의 취득에 대해서는 취득세를 2021년 12월 31일까지 면제한다. 다만, 합병등기일부터 3년 이내에 위 1) (3)(법인세법 제44조의3 제3항 각 호의 어느 하나에 해당하는 사유가 발생하는 경우)에는 면제된 취득세를 추징한다.(지특법 제57조의2 제2항)
① 농업협동조합법, 수산업협동조합법 및 산림조합법에 따라 설립된 조합 간의 합병
② 새마을금고법에 따라 설립된 새마을금고 간의 합병
③ 신용협동조합법에 따라 설립된 신용협동조합 간의 합병

3) 현물출자하는 부동산 등에 대한 감면

(1) 국유재산법에 따라 현물출자한 재산

지특법 제57조의2 ③, 2021.12.31.까지 취득세 경감, 농특세 (비)과세(영 §4 ⑥)

국유재산법에 따라 현물출자하는 재산을 2019년 12월 31일까지 취득하는 경우에는

취득세의 75%를, 2020년 12월 31일까지 취득하는 경우에는 취득세의 50%를, 2021년 12월 31일까지 취득하는 경우에는 취득세의 25%를 각각 경감한다.(지특법 제57조의2 제3항 제1호) 정부는 정부출자기업체를 새로 설립하려는 경우, 정부출자기업체의 고유목적사업을 원활히 수행하기 위하여 자본의 확충이 필요한 경우, 정부출자기업체의 운영체제와 경영구조의 개편을 위하여 필요한 경우에 국유재산을 현물출자할 수 있다.(국유재산법 제60조) 이 경우 정부출자기업이 현물출자로 취득하는 부동산에 대하여 한시적으로 취득세를 경감하는 것이다. 한국철도공사, 한국방송진흥공사가 현물출자 재산을 취득하는 경우에는 농어촌특별세를 비과세한다.(농특령 제4조 제6항 제1의2호, 1의4호)

(2) 분할법인이 분할로 인하여 취득하는 부동산

지특법 제57조의2 ③, 2021.12.31.까지 취득세 경감, 농특세 비과세(영 §4 ⑥)

(가) 개요

법인세법에 따른 적격분할로 분할법인이 재산을 2021년 12월 31일까지 취득하는 경우에는 취득세의 75%를 경감한다.(지특법 제57조의2 제3항 제2호)

(나) 분할법인 요건

법인세법 제46조 제2항(인적분할) 및 같은 법 제47조 제1항(물적분할)에 따른 적격분할이어야 한다. 인적분할의 요건은 다음과 같으며 이는 물적분할에도 준용된다.

① 분할등기일 현재 5년 이상 사업을 계속하던 내국법인이 다음 요건을 모두 갖추어 분할하는 경우일 것(분할합병의 경우에는 소멸한 분할합병의 상대방법인 및 분할합병의 상대방법인이 분할등기일 현재 1년 이상 사업을 계속하던 내국법인일 것)

- 분리하여 사업이 가능한 독립된 사업부문을 분할하는 것일 것
- 분할하는 사업부문의 자산 및 부채가 포괄적으로 승계될 것. 다만, 공동으로 사용하던 자산, 채무자의 변경이 불가능한 부채 등 분할하기 어려운 자산과 부채 등으로서 다음의 것은 제외한다.(법인령 제82조의2 제4항)
  - 자산 : 변전시설 · 폐수처리시설 · 전력시설 · 용수시설 · 증기시설, 사무실 · 창고 · 식당 · 연수원 · 사택 · 사내교육시설, 물리적으로 분할이 불가능한 공동의 생산시설, 사업지원시설과 그 부속토지 및 자산, 공동으로 사용하는 상표권(법인칙 제41조 제6항)

– 부채 : 지급어음, 차입조건상 차입자의 명의변경이 제한된 차입금, 분할로 인하여 약정상 차입자의 차입조건이 불리하게 변경되는 차입금, 분할하는 사업부문에 직접 사용되지 아니한 공동의 차입금

– 분할하는 사업부문이 승계하여야 하는 자산·부채로서 분할 당시 시가로 평가한 총자산가액 및 총부채가액의 각각 100분의 20 이하인 자산·부채. 이 경우 분할하는 사업부문이 승계하여야 하는 자산·부채, 총자산가액 및 총부채가액은 기획재정부령으로 정하는 바에 따라 계산하되, 주식등과 위 자산 및 부채는 제외한다.

• 분할법인등만의 출자에 의하여 분할하는 것일 것

② 분할법인등의 주주가 분할신설법인등으로부터 받은 분할대가의 전액이 주식인 경우(분할합병의 경우에는 분할대가의 100분의 80 이상이 분할신설법인등의 주식인 경우 또는 분할대가의 100분의 80 이상이 분할합병의 상대방 법인의 발행주식총수 또는 출자총액을 소유하고 있는 내국법인의 주식인 경우를 말한다)로서 그 주식이 분할법인등의 주주가 소유하던 주식의 비율에 따라 배정될 것. 단, 분할합병의 경우에는 지배주주(아래 ③ 지배주주)에게 각 지배주주의 분할법인등에 대한 지분비율 이상으로 분할신설법인등의 주식가액이 배정되어야 한다.

③ 분할법인등의 지배주주가 분할등기일이 속하는 사업연도의 종료일까지 그 주식을 보유할 것. 여기서 지배주주란 법인세법 시행령 제43조 제3항에 규정된 지배주주 즉 법인의 발행주식총수 또는 출자총액의 100분의 1 이상의 주식 또는 출자지분을 소유한 주주등으로서 그와 특수관계에 있는 자와의 소유 주식 또는 출자지분의 합계가 해당 법인의 주주등 중 가장 많은 경우의 해당 주주등에서 "4촌 이상의 혈족 및 인척"과 "분할등기일 현재 분할법인등에 대한 지분비율이 100분의 1 미만이면서 시가로 평가한 그 지분가액이 10억원 미만인 자"를 제외한 자를 말한다. 적격합병에서와 마찬가지로 법인세법 시행령 제80조의2 제1항에 열거된 사유로 부득이하게 보유하지 못하게 되는 경우는 계속 보유한 것으로 본다.(법인령 제82조의2 제1항 제1호)

④ 분할신설법인등이 분할등기일이 속하는 사업연도의 종료일까지 분할법인등으로부터 승계받은 사업을 계속할 것

⑤ 분할등기일 1개월 전 당시 분할하는 사업부문에 종사하는 근로자 중 분할신설법인등이 승계한 근로자의 비율이 100분의 80 이상이고, 분할등기일이 속하는 사

업연도의 종료일까지 그 비율을 유지할 것. 승계비율을 유지해야 하는 근로자는 근로기준법에 따라 근로계약을 체결한 내국인 근로자로서 법인세법 시행령 제80조의2 열거된 근로자는 제외하며 분할의 경우 다음 어느 하나에 해당하는 근로자는 제외 할 수 있다.(법인령 제82조의2 제10항)

- 분할 후 존속하는 사업부문과 분할하는 사업부문에 모두 종사하는 근로자
- 분할하는 사업부문에 종사하는 것으로 볼 수 없는 인사, 재무, 회계, 경영관리 업무 또는 이와 유사한 업무를 수행하는 근로자(법인칙 제41조 제10항)

⑥ 부득이한 사유 : 적격합병요건과 마찬가지로 법인세법 시행령 제80조의2 제1항에 열거된 부득이한 사유로 분할대가 비율, 사업의 계속 또는 근로자비율을 유지할 수 없는 경우에는 요건위반으로 보지 아니한다.(법인령 제82조의2 제1항)

(다) 분할요건 위반에 따른 감면세액 추징

분할등기일부터 3년 이내에 다음 어느 하나에 해당하는 사유가 발생하는 경우에는 면제받은 취득세를 추징한다. 단, 법인세법 시행령 제80조의2 제1항에 열거된 부득이한 사유로 인한 경우에는 제외한다.

① 분할신설법인등이 분할법인등으로부터 승계받은 사업을 폐지하는 경우

② 분할법인등의 지배주주[위 (가) ③의 지배주주)]가 분할신설법인등으로부터 받은 주식을 처분하는 경우

③ 각 사업연도 종료일 현재 분할신설법인에 종사하는 근로자[위 (가) ⑤의 근로자)] 수가 분할등기일 1개월 전 당시 분할하는 사업부문에 종사하는 근로자 수의 100분의 80 미만으로 하락하는 경우. 다만, 분할합병의 경우에는 다음 어느 하나에 해당하는 경우를 말한다.

- 각 사업연도 종료일 현재 분할합병의 상대방법인에 종사하는 근로자 수가 분할등기일 1개월 전 당시 분할하는 사업부문과 분할합병의 상대방법인에 각각 종사하는 근로자 수의 합의 100분의 80 미만으로 하락하는 경우
- 각 사업연도 종료일 현재 분할신설법인에 종사하는 근로자 수가 분할등기일 1개월 전 당시 분할하는 사업부문과 소멸한 분할합병의 상대방법인에 각각 종사하는 근로자 수의 합의 100분의 80 미만으로 하락하는 경우

(3) 법인세법 제47조의2에 따른 현물출자에 따라 취득하는 재산

∷ 지특법 제57조의2 ③, 2021.12.31.까지 취득세 경감, 농특세 (비)과세(영 §4 ⑥)

(가) 개요

법인세법 제47조의2에 따른 현물출자에 따라 2021년 12월 31일까지 취득하는 부동산에 대하여는 취득세의 75%를 경감한다.(지특법 제57조의2 제3항 제3호) 농협경제지주회사가 농업협동조합중앙회로부터 경제사업을 현물출자로 이관 받는 경우에는 농어촌특별세를 비과세한다.(농특령 제4조 제6항 제1호의7)

(나) 현물출자

내국법인이 다음의 요건을 갖춘 현물출자를 받은 것을 말한다.

① 출자법인이 현물출자일 현재 5년 이상 사업을 계속한 법인일 것

② 피출자법인이 그 현물출자일이 속하는 사업연도의 종료일까지 출자법인이 현물출자한 자산으로 영위하던 사업을 계속할 것

③ 다른 내국인 또는 외국인과 공동으로 출자하는 경우 공동으로 출자한 자가 출자법인의 특수관계인이 아닐 것

④ 출자법인 및 ③에 따라 출자법인과 공동으로 출자한 자가 현물출자일 다음 날 현재 피출자법인의 발행주식총수 또는 출자총액의 100분의 80 이상의 주식등을 보유하고, 현물출자일이 속하는 사업연도의 종료일까지 그 주식등을 보유할 것

(다) 면제세액 추징

취득일부터 3년 이내에 다음 어느 하나에 해당하는 사유가 발생하는 경우에는 면제받은 취득세를 추징한다. 단, 법인세법 시행령 제80조의2 제1항의 부득이한 사유로 인한 경우는 제외한다.(법인령 제84조의2 제11항)

① 피출자법인이 출자법인이 현물출자한 자산으로 영위하던 사업을 폐지하는 경우

② 출자법인등이 피출자법인의 발행주식총수 또는 출자총액의 100분의 50 미만으로 주식등을 보유하게 되는 경우

(4) 법인세법 제50조에 따른 자산교환에 따라 취득하는 재산

∷ 지특법 제57조의2 ③, 2021.12.31.까지 취득세 경감, 농특세 과세

내국법인이 2년 이상 그 사업에 직접 사용하던 사업용 고정자산을 특수관계가 없는 다른 내국법인이 2년 이상 그 사업에 직접 사용하던 동일한 종류의 사업용 고정자산과 교환함으로써 새로이 취득하는 교환취득자산에 대하여 2021년 12월 31일까지 취득세의 75%를 경감한다.(조특법 제57조의2 제3항 제4호, 법인법 제50조 제2항) 다만, 소비성서비스업(조특령 제29조 제3항), 부동산매매업, 부동산중개업, 비주거용 건물 건설업(건물을 자영건설하여 판매하는 경우만 해당한다)과 부동산 개발 및 공급업[다만, 한국표준산업분류에 따른 주거용 건물 개발 및 공급업(구입한 주거용 건물을 재판매하는 경우는 제외한다)은 제외한다]은 제외한다.(법인령 제86조 제1항, 조특령 제29조 제3항 · 제60조의2 제1항)

(5) 중소기업 간의 통합에 따라 양수하는 사업용 재산

:: 지특법 제57조의2 ③, 2021.12.31.까지 취득세 경감, 농특세 과세

(가) 개요

소비성서비스업 이외의 업종을 경영하는 중소기업 간의 통합으로 인하여 소멸되는 중소기업의 사업용고정자산을 통합에 의하여 설립된 법인 또는 통합 후 존속하는 법인이 양수하는 경우 그 사업용고정자산의 취득에 대하여 취득세의 75%를 2021년 12월 31일까지 경감한다.(지특법 제57조의2 제3항 제5호, 조특법 제31조)

(나) 법인요건

다음의 소비성서비스업(소비성서비스업과 다른 사업을 겸영하고 있는 경우에는 부동산승계일이 속하는 사업연도의 직전사업연도의 소비성서비스업의 사업별수입금액이 가장 큰 경우에 한하여 소비성서비스업으로 본다)을 제외한 사업을 영위하는 중소기업자 간의 통합이어야 한다.(조특령 제28조 · 제29조 제3항) 여기서 중소기업자란 중소기업기본법에 의한 중소기업자를 말한다. 중소기업기본법 제2조는 소유와 경영이 실질적으로 독립된 기업의 매출액과 자산총액 등을 기준으로 중소기업자의 범위를 정하고 있다.

① 호텔업 및 여관업(관광진흥법에 따른 관광숙박업은 제외한다)

② 주점업(일반유흥주점업, 무도유흥주점업 및 식품위생법 시행령 제21조에 따른 단란주점 영업만 해당하되, 관광진흥법에 따른 외국인전용유흥음식점업 및 관광유흥음식점업은 제외한다)

③ 그 밖에 오락 · 유흥 등을 목적으로 하는 사업으로서 기획재정부령으로 정하는 사

업(2019.1. 현재 기획재정부령의 관련규정 없음)

(다) 통합요건

당해 기업의 사업장별로 그 사업에 관한 주된 자산을 모두 승계하여 사업의 동일성이 유지되는 것으로서 다음 요건을 갖춘 것을 말한다.(조특령 제28조 제1항) 이 경우 설립 후 1년이 경과되지 아니한 법인이 출자자인 개인(국세기본법 제39조 제2항의 규정에 의한 과점주주에 한한다)의 사업을 승계하는 것은 이를 통합으로 보지 아니한다.

① 통합으로 인하여 소멸되는 사업장의 중소기업자가 통합 후 존속하는 법인 또는 통합으로 인하여 설립되는 법인의 주주 또는 출자자일 것

② 통합으로 인하여 소멸하는 사업장의 중소기업자가 당해 통합으로 인하여 취득하는 주식 또는 지분의 가액이 통합으로 인하여 소멸하는 사업장의 순자산가액(통합일 현재의 시가로 평가한 자산의 합계액에서 충당금을 포함한 부채의 합계액을 공제한 금액을 말한다) 이상일 것

(라) 대상자산

사업에 직접 사용하는 유형자산 및 무형자산이 대상이 된다. 부동산의 경우 1981년 1월 1일 이후에 취득한 부동산으로서 업무와 관련이 없는 다음의 자산은 제외한다.(조특칙 제15조, 법인령 제49조 제1항)

① 법인의 업무에 직접 사용하지 아니하는 부동산. 다만, 다음의 유예기간이 경과하기 전까지의 기간 중에 있는 부동산을 제외한다.(법인칙 제26조 제1항)

- 건축물 또는 시설물 신축용 토지 : 취득일부터 5년
- 부동산매매업[한국표준산업분류에 따른 부동산 개발 및 공급업(묘지분양업을 포함한다) 및 건물 건설업(자영건설업에 한한다)을 말한다]을 주업으로 하는 법인이 취득한 매매용부동산 : 취득일부터 5년
- 그 외의 부동산 : 취득일부터 2년

② 유예기간 중에 당해 법인의 업무에 직접 사용하지 아니하고 양도하는 부동산. 다만, 법인세법 시행규칙 제26조 제1항 제2호에 열거된 부동산매매업을 주업으로 영위하는 법인의 경우를 제외한다.(법인칙 제26조 제7항)

(마) 면제세액 추징

사업용 재산을 취득한 날부터 5년 이내에 다음 어느 하나에 해당하는 사유가 발생하

는 경우에는 면제받은 취득세를 추징한다.(조특법 제31조 제7항)

① 통합법인이 소멸되는 중소기업으로부터 승계받은 사업을 폐지하는 경우. 통합법인이 통합으로 인하여 소멸되는 사업장의 중소기업자로부터 승계받은 사업용고정자산을 2분의 1 이상 처분하거나 사업에 사용하지 않는 경우 사업의 폐지로 본다. 다만, 다음 어느 하나에 해당하는 경우에는 그러하지 아니하다.(조특령 제28조 제9항)

- 통합법인이 파산하여 승계받은 자산을 처분한 경우
- 통합법인이 법인세법 제44조 제2항에 따른 합병, 같은 법 제46조 제2항에 따른 분할, 같은 법 제47조 제1항에 따른 물적분할, 같은 법 제47조의2 제1항에 따른 현물출자의 방법으로 자산을 처분한 경우
- 통합법인이 채무자 회생 및 파산에 관한 법률에 따른 회생절차에 따라 법원의 허가를 받아 승계받은 자산을 처분한 경우

② 통합으로 취득한 통합법인의 주식 또는 출자지분의 100분의 50 이상을 처분하는 경우

(6) 공공기관의 조직변경에 따라 취득하는 사업용 재산

지특법 제57조의2 ③, 2021.12.31.까지 취득세 면제, 농특세 과세

특별법에 따라 설립된 법인 중 공공기관의 운영에 관한 법률 제2조 제1항에 따른 공공기관이 그 특별법의 개정 또는 폐지로 인하여 상법상의 회사로 조직 변경됨에 따라 취득하는 사업용 재산에 대하여는 2021년 12월 31일까지 취득세를 면제한다.(지특법 제57조의2 제3항 제7호)

4) 법인전환에 따른 사업용 자산 취득세 감면

지특법 제57조의2 ④, 2021.12.31.까지 취득세 경감, 농특세 과세

(1) 개요

조세특례제한법 제32조에 따른 현물출자 또는 사업 양도·양수에 따라 2021년 12월 31일까지 취득하는 사업용 고정자산에 대해서는 취득세의 75%를 경감한다.(지특법 제57조의2 제4항)

(2) 법인전환 요건

거주자가 사업용 고정자산을 현물출자하여 법인으로 전환하거나 법인을 설립하여 3개월 이내에 해당 법인에게 사업에 관한 모든 권리와 의무를 포괄적으로 양도하여야 한다. 법인을 설립하는 경우 출자금액은 전환 전 사업용 자산을 시가로 평가한 합계액에서 충당금을 포함한 부채의 합계액을 공제한 순자산가액 이상이어야 한다.(조특령 제29조 제2항 · 제28조 제1항 제2호) 이 경우 전환되는 법인은 소비성서비스업(조특령 제29조 제3항, 위 중소기업간 법인의 통합 참조)을 경영하는 법인이 아니어야 한다.

(3) 경감세액 추징

취득일부터 5년 이내에 해당 사업을 폐업하거나 해당 재산을 처분(임대를 포함한다) 또는 주식을 처분하는 경우에는 경감받은 취득세를 추징한다. 다만, 다음과 같은 정당한 사유로 폐업하거나 처분하는 경우에는 추징하지 아니한다.(지특령 제28조의2 제3항)

① 해당 사업용 재산이 공익사업을 위한 토지 등의 취득 및 보상에 관한 법률 또는 그 밖의 법률에 따라 수용된 경우

② 법령에 따른 폐업 · 이전명령 등에 따라 해당 사업을 폐지하거나 사업용 재산을 처분하는 경우

5) 특수한 과점주주의 취득세 감면

∷ 지특법 제57조의2 ⑤, 2021.12.31.까지 취득세 면제, 농특세 과세

다음 어느 하나에 해당하는 경우에는 지방세법 제7조 제5항에 따라 과점주주가 해당 법인의 부동산등을 취득한 것으로 보아 부과하는 취득세를 2021년 12월 31일까지 면제한다.(지특법 제57조의2 제5항)

① 금융산업의 구조개선에 관한 법률 제10조에 따른 제3자의 인수, 계약이전에 관한 명령 또는 같은 법 제14조 제2항에 따른 계약이전결정을 받은 부실금융기관으로부터 주식 또는 지분을 취득하는 경우

② 금융기관이 법인에 대한 대출금을 출자로 전환함에 따라 해당 법인의 주식 또는 지분을 취득하는 경우

③ 독점규제 및 공정거래에 관한 법률에 따른 지주회사(금융지주회사를 포함하되, 지주회사가 독점규제 및 공정거래에 관한 법률 제2조 제3호에 따른 동일한 기업집

단 내 계열회사가 아닌 회사의 과점주주인 경우를 제외한다)가 되거나 지주회사가 같은 법 또는 금융지주회사법에 따른 자회사의 주식을 취득하는 경우. 다만, 해당 지주회사의 설립 · 전환일부터 3년 이내에 독점규제 및 공정거래에 관한 법률에 따른 지주회사의 요건을 상실하게 되는 경우에는 면제받은 취득세를 추징한다.

④ 예금자보호법 제3조에 따른 예금보험공사 또는 같은 법 제36조의3에 따른 정리금융회사가 같은 법 제36조의5 제1항 및 제38조에 따라 주식 또는 지분을 취득하는 경우

⑤ 한국자산관리공사가 금융회사부실자산 등의 효율적 처리 및 한국자산관리공사의 설립에 관한 법률 제26조 제1항 제1호에 따라 인수한 채권을 출자전환함에 따라 주식 또는 지분을 취득하는 경우

⑥ 농업협동조합의 구조개선에 관한 법률에 따른 농업협동조합자산관리회사가 같은 법 제30조 제3호 다목에 따라 인수한 부실자산을 출자전환함에 따라 주식 또는 지분을 취득하는 경우

⑦ 다음의 요건(조세특례제한법 제38조 제1항 각 호)을 모두 갖춘 주식의 포괄적 교환 · 이전으로 완전자회사의 주식을 취득하는 경우. 이 경우 2년 이내 완전자회사가 사업을 폐지하거나, 완전모회사 주주 또는 완전자회사의 지배주주가 주식의 포괄적 교환등으로 취득한 주식을 처분하는 사유가 발생하는 경우에는 면제세액을 추징한다. 다만, 법인세법 시행령 제80조의2 제1항의 사유가 있는 경우 제외한다.(조특법 제38조 제2항, 조특령 제35조의2 제11항)

- 주식의 포괄적 교환 · 이전일 현재 1년 이상 계속하여 사업을 하던 내국법인 간의 주식의 포괄적 교환등일 것. 다만, 주식의 포괄적 이전으로 신설되는 완전모회사는 제외한다.
- 완전자회사의 주주가 완전모회사로부터 교환 · 이전대가를 받은 경우 그 교환 · 이전대가의 총합계액 중 완전모회사 주식의 가액이 100분의 80 이상이거나 그 완전모회사의 완전모회사 주식의 가액이 100분의 80 이상으로서 그 주식이 대통령령으로 정하는 바에 따라 배정되고, 완전모회사의 주주 및 완전자회사의 지배주주가 주식의 포괄적 교환등으로 취득한 주식을 교환 · 이전일이 속하는 사업연도의 종료일까지 보유할 것
- 완전자회사가 교환 · 이전일이 속하는 사업연도의 종료일까지 사업을 계속할 것

⑧ 코스닥시장에 상장한 법인의 주식을 취득한 경우(지특령 제28조의2 제4항)

6) 금융회사 간의 합병으로 양수받은 재산의 취득세 감면

지특법 제57조의2 ⑩, 2021.12.31.까지 취득세 경감, 농특세 과세

금융회사간의 합병으로서 금융산업의 구조개선에 관한 법률 제4조에 따른 금융위원회의 인가를 받고, 적격합병(법인법 제44조 제2항)에 해당하는 경우 금융기관이 합병으로 양수받은 재산에 대해서는 취득세의 50%를 2021년 12월 31일까지 경감한다. 다만, 합병등기일부터 3년 이내에 법인세법 제44조의3 제3항 각 호의 어느 하나(법인의 적격합병 참조)에 해당하는 사유가 발생하는 경우(같은 항 각 호 외의 부분 단서에 해당하는 경우는 제외한다)에는 경감된 취득세를 추징한다.(지특법 제57조의2 제10항)

3. 기업재무구조 개선 등에 대한 감면

(1) 부실금융기관 등으로부터 취득하는 부동산에 대한 감면

지특법 제57조의3 ①, 2021.12.31.까지 취득세 면제, 농특세 (비)과세(영 §4 ①)

다음 각 재산의 취득에 대해서는 취득세를 2021년 12월 31일까지 면제한다.(지특법 제57조의3 제1항) ②의 경우 농업협동조합이 양수하는 재산, ③의 경우 수산업협동조합이 양수한 재산에 대한 취득세 면제에는 농어촌특별세를 비과세한다.(농특세령 제4조 제1항 제1호)

① 금융산업의 구조개선에 관한 법률 제2조 제1호에 따른 금융기관, 한국자산관리공사, 예금보험공사, 정리금융회사가 같은 법 제10조 제2항에 따른 적기시정조치(영업의 양도 또는 계약이전에 관한 명령으로 한정한다) 또는 같은 법 제14조 제2항에 따른 계약이전결정을 받은 부실금융기관으로부터 양수한 재산

② 농업협동조합법에 따른 조합, 농업협동조합의 구조개선에 관한 법률에 따른 상호금융예금자보호기금 및 농업협동조합자산관리회사가 같은 법 제4조에 따른 적기시정조치(사업양도 또는 계약이전에 관한 명령으로 한정한다) 또는 같은 법 제6조 제2항에 따른 계약이전결정을 받은 부실조합으로부터 양수한 재산

③ 수산업협동조합법에 따른 조합 및 수산업협동조합의 구조개선에 관한 법률에 따른 상호금융예금자보호기금이 같은 법 제4조에 따른 적기시정조치(사업양도 또는 계약이전에 관한 명령으로 한정한다) 또는 같은 법 제10조 제2항에 따른 계약

이전결정을 받은 부실조합으로부터 양수한 재산

④ 산림조합법에 따른 조합 및 산림조합의 구조개선에 관한 법률에 따른 상호금융예금자보호기금이 같은 법 제4조에 따른 적기시정조치(사업양도 또는 계약이전에 관한 명령으로 한정한다) 또는 같은 법 제10조 제2항에 따른 계약이전결정을 받은 부실조합으로부터 양수한 재산

⑤ 신용협동조합법에 따른 조합이 같은 법 제86조의4에 따른 계약이전의 결정을 받은 부실조합으로부터 양수한 재산

⑥ 새마을금고법에 따른 금고가 같은 법 제80조의2에 따른 계약이전의 결정을 받은 부실금고로부터 양수한 재산

(2) 한국자산관리공사가 취득하는 부동산에 대한 감면

(가) 취득세 한시적 면제

지특법 제57조의3 ②, 2021.12.31.까지 취득세 면제, 농특세 (비)과세(영 §4 ⑥)

한국자산관리공사가 취득하는 다음의 부동산에 대해서는 취득세를 2021년 12월 31일까지 면제한다.(지특법 제57조의3 제2항, 금융회사부실자산 등의 효율적 처리 및 한국자산관리공사의 설립에 관한 법률 제26조 제1항 제9호 · 제10호)

① 법령에 따라 국가기관 등으로부터 대행을 의뢰받은 압류재산의 매각, 대금 배분 등 사후관리 및 해당 재산의 가치의 보전 · 증대 등을 위한 관련 재산(저당권 등 제한물권을 포함한다)의 매입과 개발

② 법령에 따라 국가기관 등으로부터 수임받은 재산의 관리 · 처분, 채권의 보전 · 추심 및 해당 재산의 가치의 보전 · 증대 등을 위한 관련 재산의 매입과 개발

(나) 취득세 경감

지특법 제57조의3 ③, 2020.12.31.까지 취득세 경감, 농특세 과세

한국자산관리공사가 비업무용자산 및 합병 · 전환 · 정리 등 구조조정 또는 재무구조개선을 도모하는 법인과 그 계열기업의 자산의 관리 · 매각, 매매의 중개 및 금융회사 등의 건전성 향상을 위한 인수정리에 따라 중소기업이 보유한 자산을 취득하는 경우에는 취득세의 50%를 2020년 12월 31일까지 경감한다.(지특법 제57조의3 제3항)

4. 벤처기업 등에 대한 과세특례

(1) 벤처기업용 부동산에 대한 감면

∷ 지특법 제58조 ①, 2020.12.31.까지 취득세 · 재산세 경감, 농특세 과세

(가) 취득세 및 재산세 경감

벤처기업육성에 관한 특별조치법에 따라 지정된 벤처기업집적시설 또는 신기술창업집적지역을 개발 · 조성하여 분양 또는 임대할 목적으로 취득(산업집적활성화 및 공장설립에 관한 법률 제41조에 따른 환수권의 행사로 인한 취득을 포함한다)하는 부동산에 대해서는 취득세 및 재산세의 50%를 2020년 12월 31일까지 경감한다.(지특법 제58조 제1항)

(나) 면제세액 추징

취득일부터 3년 이내에 정당한 사유 없이 벤처기업집적시설 또는 신기술창업집적지역을 개발 · 조성하지 아니하는 경우 또는 부동산의 취득일부터 5년 이내에 벤처기업집적시설 또는 신기술창업집적지역의 지정이 취소되거나 벤처기업육성에 관한 특별조치법 제17조의3 또는 제18조 제2항에 따른 요건을 갖춘 날부터 5년 이내에 부동산을 다른 용도로 사용하는 경우에 해당 부분에 대해서는 경감된 취득세와 재산세를 추징한다.

(2) 벤처기업 입주자에 대한 특례

∷ 지특법 제58조 ②, 2020.12.31.까지 취득세 · 재산세 경감, 농특세 과세

벤처기업육성에 관한 특별조치법에 따라 지정된 벤처기업집적시설 또는 산업기술단지 지원에 관한 특례법에 따라 조성된 산업기술단지에 입주하는 자(벤처기업집적시설에 입주하는 자 중 벤처기업에 해당되지 아니하는 자는 제외한다)에 대하여 수도권과밀억제권역 및 대도시지역에 대한 취득세의 중과규정(지방법 제13조 제1항부터 제4항까지)을 2020년 12월 31일까지 적용하지 아니하고, 수도권 과밀억제권역에서 공장의 신설 · 증설에 해당하는 경우 5년간 재산세를 중과하는 지방세법 제111조 제2항을 2020년 12월 31일까지 적용하지 아니한다.(지특법 제58조 제2항)

(3) 신기술창업집적지역에서 산업용 건축물 등에 대한 감면

:: 지특법 제58조 ③, 2020.12.31.까지 취득세 · 재산세 경감, 농특세 과세

(가) 취득세 및 재산세 경감

벤처기업육성에 관한 특별조치법 제17조의2에 따라 지정된 신기술창업집적지역에서 산업용 건축물 · 연구시설 및 시험생산용 건축물로서 다음의 건축물을 신축하거나 증축하려는 자(산업집적활성화 및 공장설립에 관한 법률 제2조 제1호에 따른 공장용 부동산을 중소기업자에게 임대하려는 자를 포함한다)가 취득하는 부동산에 대해서는 2020년 12월 31일까지 취득세의 50%를 경감하고, 그 부동산에 대한 재산세의 납세의무가 최초로 성립하는 날부터 3년간 재산세의 50%를 경감한다.(지특법 제58조 제3항, 지특령 제29조)

① 도시가스사업법 제2조 제5호에 따른 가스공급시설용 건축물

② 산업기술단지 지원에 관한 특례법에 따른 연구개발시설 및 시험생산시설용 건축물

③ 산업입지 및 개발에 관한 법률 제2조에 따른 공장 · 지식산업 · 문화산업 · 정보통신산업 · 자원비축시설용 건축물과 이와 직접 관련된 교육 · 연구 · 정보처리 · 유통시설용 건축물

④ 산업집적활성화 및 공장설립에 관한 법률 제30조 제2항에 따른 관리기관이 산업단지의 관리, 입주기업체 지원 및 근로자의 후생복지를 위하여 설치하는 건축물(수익사업용으로 사용되는 부분은 제외한다)

⑤ 집단에너지사업법 제2조 제6호에 따른 공급시설용 건축물

⑥ 산업집적활성화 및 공장설립에 관한 법률 시행령 제6조 제5항 제1호부터 제5호까지, 제7호 및 제8호에 해당하는 산업용 건축물

(나) 경감세액 추징

다음 어느 하나에 해당하는 경우 그 해당 부분에 대해서는 경감된 취득세 및 재산세를 추징한다.

① 정당한 사유 없이 그 취득일부터 3년이 경과할 때까지 해당 용도로 직접 사용하지 아니하는 경우

② 해당 용도로 직접 사용한 기간이 2년 미만인 상태에서 매각 · 증여하거나 다른 용도로 사용하는 경우

(4) 벤처기업이 취득하는 부동산에 대한 감면

지특법 제58조 ④, 2019.12.31.까지 취득세 · 재산세 경감, 농특세 과세

벤처기업육성에 관한 특별조치법에 따른 벤처기업이 같은 법 제18조의4에 따른 벤처기업육성촉진지구에서 그 고유업무에 직접 사용하기 위하여 취득하는 부동산에 대해서는 취득세의 37.5%를 2019년 12월 31일까지 경감하고, 과세기준일 현재 위 벤처기업육성촉진지구에서 그 고유업무에 직접 사용하는 부동산에 대해서는 재산세의 37.5%를 2019년 12월 31일까지 경감한다.(지특법 제58조 제4항)

5. 지식산업센터 등에 대한 감면

지특법 제58조의2, 2019.12.31.까지 취득세 · 재산세 경감, 농특세 비과세(영 §4 ⑥)

(1) 지식산업센터를 설립하는 자에 대한 감면

산업집적활성화 및 공장설립에 관한 법률 제28조의2에 따라 지식산업센터를 설립하는 자가 같은 법 제28조의5 제1항 제1호 및 제2호에 따른 시설용으로 직접 사용하기 위하여 신축 또는 증축하여 취득하는 부동산(신축 또는 증축한 부분에 해당하는 부속토지를 포함한다)과 사업시설용으로 분양 또는 임대(중소기업기본법 제2조에 따른 중소기업을 대상으로 분양 또는 임대하는 경우로 한정한다)하기 위하여 신축 또는 증축하여 취득하는 부동산에 대해서는 취득세의 35%를 2019년 12월 31일까지 경감하고, 과세기준일 현재 사업시설용으로 직접 사용하거나 그 사업시설용으로 분양 또는 임대업무에 직접 사용하는 부동산에 대해서는 재산세의 37.5%를 2019년 12월 31일까지 경감한다. 다만, 다음 어느 하나에 해당하는 경우 그 해당 부분에 대해서는 경감된 취득세를 추징한다.(지특법 제58조의2 제1항)

① 정당한 사유 없이 그 취득일부터 1년이 경과할 때까지 착공하지 아니한 경우
② 그 취득일부터 5년 이내에 매각 · 증여하거나 다른 용도로 분양 · 임대하는 경우

(2) 지식산업센터 입주자에 대한 감면

산업집적활성화 및 공장설립에 관한 법률 제28조의4에 따라 지식산업센터를 신축하거나 증축하여 설립한 자로부터 최초로 해당 지식산업센터를 분양받은 입주자(중소기

업기본법 제2조에 따른 중소기업을 영위하는 자로 한정한다)가 2019년 12월 31일까지 사업시설용으로 직접 사용하기 위하여 취득하는 부동산에 대해서는 취득세의 50%를 경감하고, 과세기준일 현재 사업시설용으로 직접 사용하는 부동산에 대해서는 재산세의 37.5%를 2019년 12월 31일까지 경감한다. 다만, 다음 어느 하나에 해당하는 경우 그 해당 부분에 대해서는 경감된 취득세를 추징한다.(지특법 제58조의2 제2항)

① 정당한 사유 없이 그 취득일부터 1년이 경과할 때까지 해당 용도로 직접 사용하지 아니하는 경우

② 그 취득일부터 5년 이내에 매각 · 증여하거나 다른 용도로 사용하는 경우

6. 창업중소기업에 대한 감면

지특법 제58조의3, 2020.12.31.까지 취득세 · 재산세 경감, 농특세 비과세(법 §4 ①)

(1) 개요

창업하는 중소기업이 해당 사업을 하기 위하여 창업일로부터 4년(청년창업기업의 경우에는 5년) 이내에 창업일 당시 업종의 사업을 계속 영위하기 위하여 취득하는 부동산에 대해서는 취득세의 75%를 경감하고, 해당 사업에 직접 사용(임대는 제외한다)하는 부동산에 대해서는 창업일부터 3년간 재산세를 면제하고, 그 다음 2년간은 재산세의 50%에 상당하는 세액을 경감한다. 이 경우 창업벤처중소기업의 경우에는 벤처기업으로 최초로 확인을 받은 날(벤처기업육성에 관한 특별조치법 제25조)을 창업일로 본다.(지특법 제58조의3)

(2) 대상 중소기업

① 창업중소기업 : 2020년 12월 31일까지 수도권 과밀억제권역 외의 지역에서 창업한 중소기업

② 창업벤처중소기업 : 2020년 12월 31일까지 벤처기업육성에 관한 특별조치법 제2조 제1항에 따른 벤처기업 중 다음의 기업으로서 창업일부터 3년 이내에 같은 법 제25조에 따라 벤처기업으로 확인받은 기업(지특령 제29조의2 제3항)

- 벤처기업육성에 관한 특별조치법 제2조의2의 요건을 갖춘 중소기업(같은 조 제1항 제2호 나목에 해당하는 중소기업은 제외한다)

- 연구개발 및 인력개발을 위한 비용으로서 조세특례제한법 시행령 별표 6의 비용이 해당 과세연도의 수입금액의 100분의 5(벤처기업육성에 관한 특별조치법 제25조에 따라 벤처기업 해당 여부에 대한 확인을 받은 날이 속하는 과세연도부터 연구개발 및 인력개발을 위한 비용의 비율이 100분의 5 이상을 유지하는 경우로 한정한다) 이상인 중소기업

벤처기업확인(벤처기업육성에 관한 특별조치법 제25조)

① 벤처기업으로서 이 법에 따른 지원을 받으려는 기업은 벤처기업 해당 여부에 관하여 기술보증기금 등 대통령령으로 정하는 기관이나 단체(기술보증기금, 중소기업진흥공단, 한국벤처캐피탈협회)의 장에게 확인을 요청할 수 있다.
② 벤처기업확인기관의 장은 제1항에 따라 확인 요청을 받으면 산업통상자원부령으로 정하는 기간 내에 확인하여 그 결과를 요청인에게 알려야 한다. 이 경우 그 기업이 벤처기업에 해당될 때에는 대통령령으로 정하는 바에 따라 유효기간을 정하여 벤처기업확인서를 발급하여야 한다.

③ 청년창업중소기업 : 위 창업중소기업 및 창업벤처중소기업 중 대표자(공동사업장의 경우에는 손익분배비율이 더 큰 사업자)가 다음 각 요건을 충족하는 기업을 말한다.(지특령 제29조의2 제2항)

- 개인사업자로 창업하는 경우 : 창업 당시 15세 이상 34세 이하인 사람. 다만, 조세특례제한법 시행령 제27조 제1항 제1호 각 목의 어느 하나에 해당하는 병역을 이행한 경우에는 그 기간(6년을 한도로 한다)을 창업 당시 연령에서 빼고 계산한 연령이 34세 이하인 사람을 포함한다.
- 법인으로 창업하는 경우 : 대표자가 위 요건을 갖추고, 법인세법 시행령 제43조 제7항에 따른 지배주주등으로서 해당 법인의 최대주주 또는 최대출자자일 것

(3) 대상업종

창업중소기업과 창업벤처중소기업의 범위는 다음의 업종을 경영하는 중소기업으로 한정한다.

광업, 제조업, 건설업, 출판업, 영상・오디오 기록물 제작 및 배급업(비디오물 감상실 운영업은 제외), 방송업, 전기통신업, 컴퓨터 프로그래밍, 시스템 통합 및 관리업, 정보서

비스업(뉴스제공업, 블록체인 기반 암호화자산 매매 및 중개업은 제외), 연구개발업, 광고업, 전문디자인업, 전시 및 행사대행업, 창작 및 예술관련 서비스업(자영예술가는 제외), 자기가 기획하고 자기의 명의로 생산하여 자기의 책임하에 판매하는 위탁생산 제조업, 운수업 중 화물운송업, 화물취급업, 보관 및 창고업, 화물터미널운영업, 화물운송 중개 · 대리 및 관련 서비스업, 화물포장 · 검수 및 형량 서비스업, 항만법에 따른 예선업 및 도선법에 따른 도선업과 기타 산업용 기계장비 임대업 중 파렛트임대업, 학원의 설립 · 운영 및 과외교습에 관한 법률에 따른 직업기술 분야를 교습하는 학원을 운영하는 사업 또는 근로자직업능력 개발법에 따른 직업능력개발훈련시설을 운영하는 사업(직업능력개발훈련을 주된 사업으로 하는 경우에 한정), 전시산업발전법에 따른 전시산업, 인력공급 및 고용알선업(농업노동자 공급업을 포함), 건물 및 산업설비 청소업, 경비 및 경호 서비스업, 시장조사 및 여론조사업, 관광진흥법에 따른 관광숙박업, 국제회의업, 유원시설업 또는 관광진흥법 시행령 제2조 제1항 제3호 가목 및 나목에 따른 전문휴양업과 종합휴양업, 그 밖의 과학기술서비스업

(4) 창업한 기업

창업은 중소기업을 새로 설립하여 사업을 개시하는 것을 말하는데, 법인의 경우에는 설립등기일을, 개인의 경우에는 사업자등록일을 창업일로 본다.(지특령 제29조의2 제1항) 다음 각 어느 하나에 해당하는 경우는 창업으로 보지 아니한다.(지특법 제58조의3 제6항, 중소기업창업 지원법 시행령 제2조)

① 타인으로부터 사업을 승계하여 승계 전의 사업과 같은 종류의 사업을 계속하는 경우. 다만, 사업의 일부를 분리하여 해당 기업의 임직원이나 그 외의 자가 사업을 개시하는 경우로서 다음의 요건에 해당하는 경우는 제외한다.(중소기업창업 지원법 시행규칙 제2조)
- 사업을 하던 자와 사업을 개시하는 자 간에 사업 분리에 관한 계약을 체결할 것
- 사업을 개시하는 자가 새로 설립되는 기업의 대표자로서 그 기업의 최대주주 또는 최대출자자가 될 것

② 개인사업자인 중소기업자가 법인으로 전환하거나 법인의 조직변경 등 기업형태를 변경하여 변경 전의 사업과 같은 종류의 사업을 계속하는 경우

③ 폐업 후 사업을 개시하여 폐업 전의 사업과 같은 종류의 사업을 계속하는 경우

④ 합병 · 분할 · 현물출자 또는 사업의 양수를 통하여 종전의 사업을 승계하거나 종전의 사업에 사용되던 자산을 인수 또는 매입하여 같은 종류의 사업을 하는 경우.

그러나 인수한 자산의 규모가 미미하여 전체적으로 새로운 사업이라고 볼 수 있는 경우는 창업으로 인정하는데, 인수한 자산가액의 합계가 사업개시 당시 토지와 감가상각자산(법인법 제24조)의 총가액에서 차지하는 비율이 100분의 30이하인 경우를 말한다.(지특령 제29조의2 제8항 · 제9항)

⑤ 사업을 확장하거나 다른 업종을 추가하는 경우 등 새로운 사업을 최초로 개시하는 것으로 보기 곤란한 경우

(5) 같은 종류의 사업

위에서 같은 종류의 사업인지 다른 종류의 사업인지 여부는 통계법 제22조 제1항에 따라 통계청장이 작성 · 고시하는 한국표준산업분류상의 세분류를 기준으로 한다. 이 경우 기존 업종에 다른 업종을 추가하여 사업을 하는 경우에는 추가된 업종의 매출액이 총 매출액의 100분의 50 미만인 경우에만 같은 종류의 사업을 계속하는 것으로 본다. 여기서 추가된 업종의 매출액 또는 총 매출액은 추가된 날이 속하는 분기의 다음 2분기 동안의 매출액 또는 총 매출액을 말한다.(중소기업창업 지원법 시행령 제2조 제2항 · 제3항)

(6) 중복적용 배제

창업중소기업 감면과 창업벤처중소기업에 대한 감면은 중복 적용하지 아니한다.(지특법 제58조의3 제5항)

(7) 감면세액 추징

다음 어느 하나에 해당하는 경우에는 경감된 취득세를 추징한다.(지특법 제58조의3 제7항) 다만, 조세특례제한법 제31조 제1항에 따른 통합을 하는 경우와 같은 법 제32조 제1항에 따른 법인전환을 하는 경우는 계속 사용한 것으로 본다. 감면받은 기업이 지방세특례제한법 제75조의3 위기지역 내 중소기업 등에 대한 감면 요건에 해당하는 경우에는 감면세액을 추징하지 아니한다.(지특법 제75조의3 제3항)

① 정당한 사유 없이 취득일부터 3년 이내에 그 부동산을 해당 사업에 직접 사용하지 아니하는 경우

② 취득일부터 3년 이내에 다른 용도로 사용하거나 매각 · 증여하는 경우

③ 최초 사용일부터 계속하여 2년간 해당 사업에 직접 사용하지 아니하고 다른 용도

로 사용하거나 매각 · 증여하는 경우

7. 중소벤처기업진흥공단 등에 대한 감면

(1) 중소기업진흥공단의 교육시설용 부동산에 대한 감면

∷ 지특법 제59조 ①, 2020.12.31.까지 취득세 경감, 농특세 과세

중소기업진흥에 관한 법률에 따른 중소벤처기업진흥공단이 중소기업 전문기술인력 양성을 위하여 취득하는 교육시설용 부동산에 대해서는 취득세의 25%를 2020년 12월 31일까지 경감한다.(지특법 제59조 제1항)

(2) 중소기업진흥공단의 분양 임대목적 부동산에 대한 감면

∷ 지특법 제59조 ②, 2019.12.31.까지 취득세 · 재산세 경감, 농특세 과세

중소기업진흥에 관한 법률에 따른 중소벤처기업진흥공단이 중소기업자에게 분양 또는 임대할 목적으로 취득하는 부동산에 대해서는 취득세의 50%를, 과세기준일 현재 해당 사업에 직접 사용하는 부동산에 대해서는 재산세의 50%를 각각 2019년 12월 31일까지 경감한다. 그 취득일부터 1년 이내에 정당한 사유 없이 공장용으로 직접 사용하지 아니하는 경우 및 그 취득일부터 5년 이내에 공장용 외의 용도로 양도하거나 다른 용도로 사용하는 경우에 해당 부분에 대해서는 감면된 취득세 및 재산세를 추징한다.(지특법 제59조 제2항 · 제4항)

(3) 협동화실천계획의 승인을 받은 자에 대한 감면

∷ 지특법 제59조 ③, 2020.12.31.까지 취득세 · 재산세 경감, 농특세 과세

중소기업진흥에 관한 법률 제29조에 따라 협동화실천계획의 승인을 받은 자(과밀억제권역 및 광역시는 산업집적 활성화 및 공장설립에 관한 법률에 따른 산업단지에서 승인을 받은 경우로 한정한다)가 해당 사업에 직접 사용하거나 분양 또는 임대하기 위하여 최초로 취득하는 공장용 부동산(이미 해당 사업용으로 사용하던 부동산을 승계하여 취득한 경우 및 과세기준일 현재 60일 이상 휴업하고 있는 경우는 제외한다)에 대해서는 취득세의 50%를 2020년 12월 31일까지 경감하고, 그 부동산에 대한 재산세의

납세의무가 최초로 성립하는 날부터 3년간 재산세의 50%를 경감한다. 그 취득일부터 1년 이내에 정당한 사유 없이 공장용으로 직접 사용하지 아니하는 경우 및 그 취득일부터 5년 이내에 공장용 외의 용도로 양도하거나 다른 용도로 사용하는 경우에 해당 부분에 대해서는 감면된 취득세 및 재산세를 추징한다.(지특법 제59조 제3항 · 제4항)

8. 중소기업협동조합 등에 대한 과세특례

(1) 중소기업협동조합에 대한 감면

• 지특법 제60조 ①, 2020.12.31.까지 취득세 경감, 농특세 과세

중소기업협동조합법에 따라 설립된 중소기업협동조합(사업협동조합, 연합회 및 중앙회를 포함한다)이 제품의 생산 · 가공 · 수주 · 판매 · 보관 · 운송을 위하여 취득하는 공동시설용 부동산에 대해서는 취득세의 50%를 2020년 12월 31일까지 경감하고, 전통시장 및 상점가 육성을 위한 특별법에 따른 전통시장의 상인이 조합원으로서 설립한 협동조합 또는 사업협동조합과 한국표준산업분류에 따른 슈퍼마켓 또는 기타 음 · 식료품 위주 종합 소매업의 사업자가 조합원으로서 설립한 협동조합과 사업협동조합의 경우에는 취득세의 75%를 2020년 12월 31일까지 경감한다.(지특법 제60조 제1항 전단)

(2) 중소기업중앙회에 대한 감면

• 지특법 제60조 ②, 2019.12.31.까지 취득세 경감, 농특세 과세

중소기업협동조합법에 따라 설립된 중소기업중앙회가 그 중앙회 및 회원 등에게 사용하게 할 목적으로 신축한 건축물의 취득에 대하여는 2019년 12월 31일까지 취득세의 표준세율 2.8%(지방법 제11조 제1항 제3호의 세율)을 적용하지 아니하고 2%를 적용하여 과세한다. 다만, 다음 어느 하나에 해당하는 경우 그 해당 부분에 대해서는 경감된 취득세를 추징한다.(지특법 제60조 제2항)

① 해당 부동산을 취득한 날부터 5년 이내에 수익사업에 사용하는 경우
② 정당한 사유 없이 그 등기일부터 1년이 경과할 때까지 해당 용도로 직접 사용하지 아니하는 경우
③ 해당 용도로 직접 사용한 기간이 2년 미만인 상태에서 매각 · 증여하거나 다른

용도로 사용하는 경우

(3) 창업보육센터사업자에 대한 감면

∷ 지특법 제60조 ③, 2020.12.31.까지 취득세 · 재산세 경감, 농특세 과세

중소기업창업 지원법에 따른 창업보육센터에 대해서는 다음에서 정하는 바에 따라 지방세를 감면한다.(지특법 제60조 제3항)

① 창업보육센터사업자의 지정을 받은 자가 창업보육센터용으로 직접 사용하기 위하여 취득하는 부동산에 대해서는 취득세의 75%를, 재산세의 50%를 각각 2020년 12월 31일까지 경감한다.

② 초 · 중등교육법 및 고등교육법에 따른 학교, 경제자유구역 및 제주국제자유도시의 외국교육기관 설립 · 운영에 관한 특별법 또는 기업도시개발 특별법에 따른 외국교육기관을 경영하는 자(지특법 제41조 제1항의 학교등)가 창업보육센터사업자의 지정을 받고 창업보육센터용으로 직접 사용하기 위하여 취득하는 부동산(학교등이 취득한 부동산을 산업교육진흥 및 산학연협력촉진에 관한 법률에 따른 산학협력단이 운영하는 경우의 부동산을 포함한다)에 대해서는 취득세의 75%를, 재산세(도지역분 포함) 100%를 각각 2020년 12월 31일까지 감면한다.

③ 창업보육센터에 입주하는 자에 대하여 2020년 12월 31일까지 과밀억제권역에서의 취득세 중과규정(지방법 제13조 제1항부터 제4항까지) 및 재산세의 중과규정(지방법 제111조 제2항)을 적용하지 아니한다.

(4) 지방중소기업 종합지원센터에 대한 감면

∷ 지특법 제60조 ④, 2019.12.31.까지 취득세 · 재산세 경감, 농특세 비과세(영 §4 ⑥)

중소기업진흥에 관한 법률 시행령 제54조의31에 따른 지방중소기업 종합지원센터가 그 고유업무에 직접 사용하기 위하여 취득하는 부동산에 대해서는 취득세의 50%를, 과세기준일 현재 그 고유업무에 직접 사용하는 부동산에 대해서는 재산세의 50%를 각각 2019년 12월 31일까지 경감한다.(지특법 제60조 제4항, 지특령 제29조의4)

의료 등 사회복지 지원을 위한 취득세 감면

1. 한센인 및 한센인정착농원 지원을 위한 감면

지특법 제17조의2, 2021.12.31.까지 취득세 · 재산세 · 지역자원시설세 면제, 농특세 비과세(영 §4 ⑥)

한센병에 걸린 사람 또는 한센병에 걸렸다가 치료가 종결된 사람이 한센인의 치료 · 재활 · 자활 등을 위하여 집단으로 정착하여 거주하는 한센인정착농원(지특령 제8조의2의 별표 : 별첨3) 내에 다음의 부동산을 취득하는 경우에는 취득세, 재산세(도시지역분 포함) 및 지역자원시설세를 2021년 12월 31일까지 면제한다.(지특법 제17조의2)

① 전용면적이 85㎡ 이하의 주택

② 축사용 부동산

③ 한센인의 재활사업에 직접 사용하기 위한 부동산(한센인정착농원의 대표자나 한센인이 취득하는 경우로 한정한다)

2. 한국장애인고용공단에 대한 감면

지특법 제18조, 2019.12.31.까지 취득세 · 재산세 경감, 농특세 과세

장애인고용촉진 및 직업재활법에 따른 한국장애인고용공단이 공단사업(같은 법 제43조 제2항 제1호부터 제11호까지의 사업)에 직접 사용하기 위하여 취득하는 부동산(수익사업용 부동산은 제외한다)에 대해서는 취득세의 25%를, 과세기준일 현재 그 사업에 직접 사용하는 부동산에 대해서는 재산세의 25%를 각각 2019년 12월 31일까지 경감한다.(지특법 제18조)

3. 어린이집 및 유치원에 대한 감면

∷ 지특법 제19조, 2021.12.31.까지 취득세 · 재산세 면제, 농특세 비과세(영 §4 ⑥)

영유아보육법에 따른 어린이집 및 유아교육법에 따른 유치원을 설치 · 운영하기 위하여 취득하는 부동산에 대해서는 취득세를 2021년 12월 31일까지 면제하고, 다음의 부동산에 대하여는 재산세(도시지역분 포함)를 2021년 12월 31일까지 면제한다.(지특법 제19조, 지특령 제8조의3)

① 해당 부동산 소유자가 과세기준일 현재 유치원등에 직접 사용하는 부동산
② 해당 부동산의 소유자가 해당 부동산을 영유아어린이집 또는 유치원으로 사용하는 자(이하 "사용자")의 배우자 또는 직계혈족으로서 그 운영에 직접 종사하는 경우의 해당 부동산
③ 해당 부동산의 사용자가 그 배우자 또는 직계혈족과 공동으로 해당 부동산을 소유하는 경우의 해당 부동산
④ 해당 부동산의 소유자가 종교단체이면서 사용자가 해당 종교단체의 대표자이거나 종교법인인 경우의 해당 부동산
⑤ 영유아보육법 제14조 제1항에 따라 사업주가 공동으로 설치 · 운영하는 직장어린이집 또는 같은 법 제24조 제3항에 따라 법인 · 단체 또는 개인에게 위탁하여 운영하는 직장어린이집의 경우 해당 부동산

4. 아동복지시설에 대한 감면

∷ 지특법 제19조의2, 2020.12.31.까지 취득세 · 재산세 면제, 농특세 과세

아동복지법 제52조 제1항 제8호에 따른 지역아동센터를 설치 · 운영하기 위하여 취득하는 부동산에 대해서는 취득세를, 과세기준일 현재 지역아동센터로 직접 사용하는 부동산에 대해서는 재산세(도시지역분 포함)를 각각 2020년 12월 31일까지 면제한다.(지특법 제19조의2)

5. 노인복지시설에 대한 감면

지특법 제20조, 2020.12.31.까지 취득세 · 재산세 감면, 농특세 비과세(영 §4 ⑥)

(1) 무료 노인복지시설

노인복지법 제31조에 따른 노인여가복지시설 · 노인보호전문기관 · 노인일자리지원기관 · 노인주거복지시설 · 노인의료복지시설 또는 재가노인복지시설로서 다음 어느 하나에 해당하는 시설에 사용하기 위하여 취득하는 부동산에 대해서는 2020년 12월 31일까지 취득세를 면제하고, 과세기준일 현재 이들 시설에 직접 사용(종교단체의 경우 해당 부동산의 소유자가 아닌 그 대표자 또는 종교법인이 해당 부동산을 노인복지시설로 사용하는 경우를 포함한다)하는 부동산에 대해서는 2020년 12월 31일까지 재산세의 50%을 경감한다. 다만, 노인의 여가선용을 위하여 과세기준일 현재 경로당으로 사용하는 부동산(부대시설을 포함한다)에 대해서는 재산세(도시지역분 포함) 및 지역자원시설세를 2020년 12월 31일까지 각각 면제한다.(지특법 제20조 제1호, 지특령 제8조의4)

① 입소자의 입소비용(이용비용을 포함한다)을 국가 또는 지방자치단체가 전액 부담하는 시설

② 노인복지시설 이용자 중 노인장기요양보험법에 따른 재가급여 또는 시설급여를 지급받는 사람과 국민기초생활 보장법 제7조 제1항 제1호부터 제3호까지의 규정에 따른 급여를 지급받는 사람이 연평균 입소 인원의 100분의 80 이상인 시설로서 지방세특례제한법 시행규칙 제2조의3에 정하는 기준에 적합한 시설

(2) 기타 노인복지시설

노인복지법 제31조에 따른 노인복지시설 중 위 (1)에 해당하지 아니하는 기타 시설의 설치 · 운영하기 위하여 취득하는 부동산에 대해서는 취득세의 25%를, 과세기준시설에 직접 사용하는 부동산에 대해서는 재산세의 25%를 2020년 12월 31일까지 각각 경감한다.(지특법 제20조 제2호)

6. 청소년단체 등에 대한 감면

(1) 청소년단체의 고유목적에 사용하는 부동산에 대한 취득세 면제

∷ 지특법 제21조 ①, 2020.12.31.까지 취득세 · 재산세 감면, 농특세 비과세(영 §4 ⑥)

다음의 법인 또는 단체가 그 고유업무에 직접 사용하기 위하여 취득하는 부동산(임대용 부동산은 제외한다)에 대해서는 취득세의 75%를 2020년 12월 31일까지 경감하고, 과세기준일 현재 그 고유업무에 직접 사용하는 부동산에 대해서는 재산세를 2020년 12월 31일까지 면제한다.(지특법 제21조 제1항)

① 스카우트활동 육성에 관한 법률에 따른 스카우트주관단체
② 한국청소년연맹 육성에 관한 법률에 따른 한국청소년연맹
③ 한국해양소년단연맹 육성에 관한 법률에 따른 한국해양소년단연맹
④ 위의 단체 등과 유사한 청소년단체로서 정부로부터 허가 또는 인가를 받거나 민법 외의 법률에 따라 설립되거나 그 적용을 받는 청소년단체, 행정안전부장관이 여성가족부장관과 협의하여 고시하는 단체(지특령 제9조)

(2) 청소년수련시설용 부동산의 취득세 면제

∷ 지특법 제21조 ②, 2020.12.31.까지 취득세 · 재산세 감면, 농특세 과세

청소년활동 진흥법에 따라 청소년수련시설의 설치허가를 받은 비영리법인이 청소년수련시설을 설치하기 위하여 취득하는 부동산에 대해서는 취득세를 2020년 12월 31일까지 면제하고, 과세기준일 현재 그 시설에 직접 사용하는 부동산에 대해서는 재산세의 50%를 2020년 12월 31일까지 경감한다.(지특법 제21조 제2항)

7. 사회복지법인등에 대한 감면

(1) 사회복지법인등이 취득하는 사업용 부동산

∷ 지특법 제22조 ①~③, 2019.12.31.까지 취득세 · 재산세 · 지역자원시설세 · 주민세 재산분 면제, 농특세 비과세(영 §4 ⑥)

(가) 취득세 등 면제

사회복지사업법에 따라 설립된 사회복지법인과 양로원, 보육원, 모자원, 한센병자 치료보호시설 등 사회복지사업을 목적으로 하는 다음의 요건을 충족하는 단체(법인세법 제1조 제1호 및 제3호에 따른 내국법인 및 외국법인, 법인 아닌 사단 · 재단, 그 밖의 단체) 및 한국한센복지협회("사회복지법인등")가 해당 사업에 직접 사용하기 위하여 취득하는 부동산에 대해서는 2019년 12월 31일까지 취득세 등을 면제한다.(지특법 제22조 제1항)

① 단체의 조직과 운영에 관한 규정(規程)을 가지고 대표자나 관리인을 선임하고 있을 것
② 단체의 계산과 명의로 수익과 재산을 독립적으로 소유 · 관리하고 있을 것
③ 단체의 수익을 그 구성원에게 분배하지 아니할 것

(나) 취득세 면제 및 면제세액 추징

사회복지법인등이 해당 사업에 직접 사용하기 위하여 취득하는 부동산에 대한 취득세를 면제한다. 단 취득세를 감면받은 단체가 다음 어느 하나에 해당하는 경우 그 해당 부분에 대해서는 면제된 취득세를 추징한다.

① 해당 부동산을 취득한 날부터 5년 이내에 수익사업에 사용하는 경우
② 정당한 사유 없이 그 취득일부터 3년이 경과할 때까지 해당 용도로 직접 사용하지 아니하는 경우
③ 해당 용도로 직접 사용한 기간이 2년 미만인 상태에서 매각 · 증여하거나 다른 용도로 사용하는 경우

(다) 재산세 및 지역자원시설세 면제

사회복지법인등이 과세기준일 현재 해당 사업에 직접 사용(종교단체의 경우 해당부동산의 소유자가 아닌 그 대표자 또는 종교법인이 해당 부동산을 사회복지사업의 용도로 사용하는 경우를 포함한다)하는 부동산(해당 사업에 직접 사용할 건축물을 건축 중인 경우와 건축허가 후 행정기관의 건축규제조치로 건축에 착공하지 못한 경우의 건축예정 건축물의 부속토지를 포함한다)에 대해서는 재산세(도시지역분 포함) 및 지역자원시설세를 각각 2019년 12월 31일까지 면제한다. 다만, 수익사업에 사용하는 경우와 해당 재산이 유료로 사용되는 경우의 그 재산 및 해당 재산의 일부가 그 목적에 직접 사용되지 아니하는 경우의 그 일부 재산에 대해서는 면제하지 아니한다.

(라) 주민세 재산분 면제

사회복지법인등이 해당 사업에 직접 사용하는 사업소에 대한 주민세 재산분을 2019년 12월 31일까지 면제한다.

(2) 사회복지법인의 의료기관용 부동산

지특법 제22조 ⑥, 2021.12.31.까지 취득세 · 재산세 경감, 농특세 비과세(영 §4 ⑥)

사회복지사업법에 따라 설립된 사회복지법인이 의료기관을 경영하기 위하여 취득하거나 사용하는 부동산에 대해서는 다음과 같이 취득세와 재산세를 각각 경감한다.(지특법 제22조 제6항)

① 의료업에 직접 사용하기 위하여 취득하는 부동산에 대해서는 2020년 12월 31일까지 취득세의 50%를 경감한다.

② 과세기준일 현재 의료업에 직접 사용하는 부동산에 대해서는 2020년 12월 31일까지 재산세(도시지역분 포함)의 50%를 경감한다.

③ 2021년 1월 1일부터 2021년 12월 31일까지 취득하는 부동산에 대해서는 다음의 구분에 따라 취득세 및 재산세를 각각 경감한다.

- 의료업에 직접 사용하기 위하여 취득하는 부동산에 대해서는 취득세의 30%를 경감한다.
- 해당 부동산 취득일 이후 해당 부동산에 대한 재산세 납세의무가 최초로 성립한 날부터 5년간 재산세의 50%를 경감한다. 단, 과세기준일 현재 의료업에 직접 사용하고 있지 아니하는 경우는 제외한다.

8. 사회적기업에 대한 감면

지특법 제22조의4, 2021.12.31.까지 취득세 · 재산세 경감, 농특세 과세

사회적기업 육성법 제2조 제1호에 따른 사회적기업(상법에 따른 회사인 경우에는 중소기업기본법 제2조 제1항에 따른 중소기업으로 한정한다)이 그 고유업무에 직접 사용하기 위하여 취득하는 부동산에 대해서는 취득세의 50%를, 과세기준일 현재 그 고유업무에 직접 사용하는 부동산에 대해서는 재산세의 25%를 각각 2021년 12월 31일까

지 경감한다. 다만, 다음 어느 하나에 해당하는 경우 그 해당 부분에 대해서는 경감된 취득세를 추징한다.(지특법 제22조의4)

① 그 취득일부터 3년 이내에 사회적기업 육성법 제18조에 따라 사회적기업의 인증이 취소되는 경우

② 정당한 사유 없이 그 취득일부터 1년이 경과할 때까지 해당 용도로 직접 사용하지 아니하는 경우

③ 해당 용도로 직접 사용한 기간이 2년 미만인 상태에서 매각・증여하거나 다른 용도로 사용하는 경우에

사회적기업

취약계층에게 사회서비스 또는 일자리를 제공하거나 지역사회에 공헌함으로써 지역주민의 삶의 질을 높이는 등의 사회적 목적을 추구하면서 재화 및 서비스의 생산・판매 등 영업활동을 하는 기업으로서 사회적기업 육성법 제7조에 따라 인증 받은 자를 말한다.(사회적기업 육성법 제2조)

9. 권익증진을 위한 감면

지특법 제23조, 2019.12.31.까지 취득세・재산세 면제, 농특세 비과세(영 §4 ⑥)

(1) 법률구조법인에 대한 감면

법률구조법에 따른 법률구조법인이 그 고유업무에 직접 사용하기 위하여 취득하는 부동산(임대용 부동산은 제외한다)에 대해서는 취득세, 과세기준일 현재 그 고유업무에 직접 사용하는 부동산에 대해서는 재산세(도시지역분 포함)를 각각 2019년 12월 31일까지 면제한다.(지특법 제23조 제1항)

법률구조법인

법률구조법 시행령 제2조에 따라 자산(資産), 법률구조업무 종사자 등에 관한 요건을 갖추어 법무부장관에게 등록한 법인을 말한다.(법률구조법 제3조)

(2) 한국소비자원에 대한 감면

소비자기본법에 따른 한국소비자원이 그 고유업무에 직접 사용하기 위하여 취득하는 부동산에 대해서는 취득세를, 과세기준일 현재 그 고유업무에 직접 사용하는 부동산에 대해서는 재산세(도시지역분 포함)를 각각 2019년 12월 31일까지 면제한다.(지특법 제23조 제2항)

한국소비자원

소비자권익 증진시책의 효과적인 추진을 위하여 소비자기본법 제33조에 의하여 설립된 법인

10. 노동조합에 대한 감면

지특법 제26조, 2021.12.31.까지 취득세 · 재산세 면제, 농특세 과세

노동조합 및 노동관계조정법에 따라 설립된 노동조합이 그 고유업무에 직접 사용하기 위하여 취득하는 부동산(수익사업용 부동산은 제외한다)에 대하여는 취득세를, 과세기준일 현재 그 고유업무에 직접 사용하는 부동산에 대하여는 재산세를 각각 2021년 12월 31일까지 면제한다.(지특법 제26조)

11. 근로복지공단 지원을 위한 감면

지특법 제27조, 2021.12.31.까지 취득세 · 재산세 경감, 농특세 과세

(1) 사업용 부동산

산업재해보상보험법에 따른 근로복지공단이 같은 법 제11조 제1항 제1호부터 제5호까지, 제6호 및 제7호의 사업에 직접 사용하기 위하여 취득하는 부동산에 대해서는 취득세의 25%를, 과세기준일 현재 그 고유업무에 직접 사용하는 부동산에 대해서는 재산세의 25%를 각각 2019년 12월 31일까지 경감한다.(지특법 제27조 제1항)

(2) 의료사업용 부동산

산업재해보상보험법에 따른 근로복지공단이 산업재해보상보험법 제11조 제1항 제5호의2, 제5호의3 및 같은 조 제2항에 따른 의료사업 및 재활사업에 직접 사용하기 위하여 취득하는 부동산에 대해서는 취득세를, 과세기준일 현재 그 업무에 직접 사용하는 부동산에 대해서는 재산세를 다음과 같이 각각 경감한다.(지특법 제27조 제2항)

① 2020년 12월 31일까지는 취득세의 75%를, 재산세(도시지역분 포함)의 50%를 각각 경감한다.

② 2021년 1월 1일부터 2021년 12월 31일까지 취득하는 부동산에 대해서는 다음의 구분에 따라 취득세 및 재산세를 각각 경감한다.

- 해당 부동산에 대해서는 취득세의 50%를 경감한다.
- 해당 부동산 취득일 이후 해당 부동산에 대한 재산세 납세의무가 최초로 성립한 날부터 5년간 재산세의 50%를 경감한다.

12. 산업인력 등 지원을 위한 감면

⁘ 지특법 제28조, 2019.12.31.까지 취득세 · 재산세 경감, 농특세 과세

한국산업안전보건공단법에 따라 설립된 한국산업안전보건공단이 같은 법 제6조 제2호 및 제6호의 사업에, 한국산업인력공단법에 따라 설립된 한국산업인력공단이 같은 법 제6조 제1호의 사업에 직접 사용하기 위하여 취득하는 부동산에 대해서는 취득세의 25%를, 과세기준일 현재 그 사업에 직접 사용하는 부동산에 대해서는 재산세의 25%를 각각 2019년 12월 31일까지 경감한다.(지특법 제28조 제2항)

13. 국가유공자 등에 대한 감면

⁘ 지특법 제29조, 2020.12.31.까지 취득세 · 재산세 · 지역자원시설세 · 주민세 재산분 면제, 농특세 비과세(영 §4 ⑥)

(1) 유공자가 취득하는 부동산 취득세 면제

국가유공자 등 예우 및 지원에 관한 법률, 보훈보상대상자 지원에 관한 법률, 5 · 18 민주유공자예우에 관한 법률 및 특수임무유공자 예우 및 단체설립에 관한 법률에 따른 대부금을 받아 취득(부동산 취득일부터 60일 이내에 대부금을 수령하는 경우를 포함한다)하는 다음의 부동산에 대해서는 취득세를 2020년 12월 31일까지 면제한다.(지특법 제29조 제1항)

① 전용면적 85㎡ 이하인 주택(대부금을 초과하는 부분을 포함한다)

② 그 외의 부동산(대부금을 초과하는 부분은 제외한다)

(2) 유공자단체가 취득하는 부동산 취득세 등 면제

다음 각 단체가 그 고유업무에 직접 사용하기 위하여 취득하는 부동산에 대해서는 취득세를, 과세기준일 현재 그 고유업무에 직접 사용하는 부동산에 대한 재산세(도시지역분 포함) 및 지역자원시설세를, 해당단체에 대하여는 주민세 재산분을 각각 2020년 12월 31일까지 면제한다.(지특법 제29조 제2항)

① 국가유공자 등 단체 설립에 관한 법률에 따라 설립된 대한민국상이군경회, 대한민국전몰군경유족회, 대한민국전몰군경미망인회, 광복회, 4 · 19민주혁명회, 4 · 19혁명희생자유족회, 4 · 19혁명공로자회, 재일학도의용군동지회 및 대한민국무공수훈자회

② 특수임무유공자 예우 및 단체설립에 관한 법률에 따라 설립된 대한민국특수임무유공자회

③ 고엽제후유의증 등 환자지원 및 단체설립에 관한 법률에 따라 설립된 대한민국고엽제전우회

④ 참전유공자 예우 및 단체설립에 관한 법률에 따라 설립된 대한민국6 · 25참전유공자회 및 대한민국월남전참전자회

(3) 국가유공자 자활용사촌 안의 부동산에 대한 면제

국가유공자 등 예우 및 지원에 관한 법률 시행령 제88조의4 제1항에 따라 지정된 자활용사촌(自活勇士村)에 거주하는 중상이자(重傷痍者)와 그 유족 또는 그 중상이자와 유족으로 구성된 단체가 취득하는 자활용사촌 안의 부동산에 대해서는 취득세와 재산세(도시지역분 포함) 및 지역자원시설세를 각각 2020년 12월 31일까지 면제한다.(지특

법 제29조 제3항, 지특령 제12조)

14. 한국보훈복지의료공단 등에 대한 감면

(1) 한국보훈의료공단에 대한 감면

∷ 지특법 제30조 ①, 2019.12.31.까지 취득세 · 재산세 경감, 농특세 과세

한국보훈복지의료공단법에 따라 설립된 한국보훈복지의료공단이 같은 법 제6조 제2호부터 제9호까지의 사업에 직접 사용하기 위하여 취득하는 부동산에 대해서는 취득세의 25%를, 과세기준일 현재 해당 사업에 직접 사용하는 부동산에 대해서는 재산세의 25%를 각각 2019년 12월 31일까지 경감한다.(지특법 제30조 제1항)

(2) 보훈병원에 대한 감면

∷ 지특법 제30조 ②, 2021.12.31.까지 취득세 · 재산세 경감, 농특세 과세

한국보훈복지의료공단법 제7조 제1항에 따른 보훈병원이 의료업에 직접 사용하기 위하여 취득하는 부동산에 대해서는 취득세를, 과세기준일 현재 해당 사업에 직접 사용하는 부동산에 대해서는 재산세를 다음과 같이 각각 경감한다.(지특법 제30조 제2항)

① 2020년 12월 31일까지는 취득세 및 재산세(도시지역분 포함)의 75%를 각각 경감한다.

② 2021년 1월 1일부터 2021년 12월 31일까지 취득하는 부동산에 대해서는 다음 구분에 따라 취득세 및 재산세를 각각 경감한다.
- 해당 부동산에 대해서는 취득세의 50%를 경감한다.
- 해당 부동산 취득일 이후 해당 부동산에 대한 재산세 납세의무가 최초로 성립한 날부터 5년간 재산세의 50%를 경감한다.

(3) 독립기념관에 대한 면제

∷ 지특법 제30조 ③, 2021.12.31.까지 취득세 · 재산세 · 주민세 재산분 면제, 농특세 비과세(영 §4 ⑥)

독립기념관법에 따라 설립된 독립기념관이 같은 법 제6조 제1항의 업무에 직접 사용

하기 위하여 취득하는 부동산에 대해서는 취득세를, 과세기준일 현재 해당 업무에 직접 사용하는 부동산(해당 부동산을 다른 용도로 함께 사용하는 경우 그 부분은 제외한다)에 대해서는 재산세(도시지역분 포함)를, 해당 법인에 대해서는 주민세 재산분을 각각 2021년 12월 31일까지 면제한다.(지특법 제30조 제3항)

15. 한국토지주택공사의 방치건축물 사업재개에 대한 감면

:: 지특법 제32조의2, 2021.12.31.까지 취득세 · 재산세 경감, 농특세 과세

공사중단 장기방치 건축물의 정비 등에 관한 특별조치법 제6조에 따른 공사중단 건축물 정비계획(건축물 완공으로 인한 수익금이 같은 법 제13조에 따른 공사중단 건축물 정비기금에 납입되는 경우에 한정한다)에 따라 한국토지주택공사가 공사 재개를 위하여 취득하는 부동산에 대해서는 취득세의 35%를, 과세기준일 현재 해당 사업에 직접 사용하는 부동산에 대해서는 재산세의 25%를 각각 2021년 12월 31일까지 경감한다.(지특법 제32조의2)

16. 국립대병원 등에 대한 감면

:: 지특법 제37조, 2021.12.31.까지 취득세 · 재산세 경감, 농특세 비과세(영 §4 ⑥)

(1) 대상 부동산

다음의 법인이 고유업무에 직접 사용하기 위하여 취득하는 부동산에 대해서는 취득연도에 따라 취득세 및 재산세를 경감한다.(지특법 제37조)

① 서울대학교병원 설치법에 따라 설치된 서울대학교병원
② 서울대학교치과병원 설치법에 따라 설치된 서울대학교치과병원
③ 국립대학병원 설치법에 따라 설치된 국립대학병원
④ 암관리법에 따라 설립된 국립암센터
⑤ 국립중앙의료원의 설립 및 운영에 관한 법률에 따라 설립된 국립중앙의료원
⑥ 국립대학치과병원 설치법에 따라 설립된 국립대학치과병원

(2) 감면세액

① 2020년 12월 31까지 취득하는 부동산에 대해서는 취득세의 75%를, 과세기준일 현재 그 고유업무에 직접 사용하는 부동산에 대해서는 재산세(도시지역분 포함)의 75%를 2020년 12월 31일까지 각각 경감한다.

② 2021년 1월 1일부터 2021년 12월 31일까지 취득하는 부동산에 대해서는 다음의 구분에 따라 취득세 및 재산세를 각각 경감한다.

- 그 고유업무에 직접 사용하기 위하여 취득하는 부동산에 대해서는 취득세의 50%을 경감한다.
- 해당 부동산 취득일 이후 해당 부동산에 대한 재산세 납세의무가 최초로 성립한 날부터 5년간 재산세의 50%를 경감한다. 단, 과세기준일 현재 그 고유업무에 직접 사용하고 있지 아니하는 경우는 제외한다.

17. 의료법인 등에 대한 과세특례

(1) 의료법인에 대한 감면

지특법 제38조 ①, 2021.12.31.까지 취득세 · 재산세 경감, 농특세 비과세(영 §4 ⑥)

의료법 제48조에 따라 설립된 의료법인이 의료업에 직접 사용하기 위하여 취득하는 부동산에 대하여는 취득세를, 과세기준일 현재 의료업에 직접 사용하는 부동산에 대해서는 재산세를 다음과 같이 각각 경감한다.(지특법 제38조 제1항)

① 2020년 12월 31일까지는 취득세의 50%를[특별시 · 광역시 및 도청소재지인 시 지역에서 취득하는 부동산에 대해서는 표준세율(지방세법 제11조 제1항)에서 1%를 경감한다], 재산세(도시지역분 포함)의 50%를 각각 경감한다.

② 2021년 1월 1일부터 2021년 12월 31일까지 취득하는 부동산에 대해서는 다음의 구분에 따라 취득세 및 재산세를 각각 경감한다.

- 해당 부동산에 대해서는 취득세의 30%를 경감한다.
- 해당 부동산 취득일 이후 재산세 납세의무가 최초로 성립한 날부터 5년간 재산세의 50%를 경감한다.

(2) 종교단체 의료기관에 대한 감면

∷ 지특법 제38조 ④, 2021.12.31.까지 취득세 · 재산세 경감, 농특세 과세

종교단체(민법에 따라 설립된 재단법인으로 한정한다)가 의료법에 따른 의료기관 개설을 통하여 의료업에 직접 사용할 목적으로 취득하는 부동산에 대해서는 취득세를, 과세기준일 현재 의료업에 직접 사용하는 부동산에 대해서는 재산세를 다음과 같이 각각 경감한다.

① 2020년 12월 31일까지는 다음에 정하는 경감률에 따라 취득세를 경감하고, 재산세(도시지역분 포함)는 50%의 범위에서 조례로 정하는 율을 경감한다.
- 특별시 · 광역시 및 도청 소재지인 시 지역에서 취득하는 부동산에 대해서는 취득세의 20%의 범위에서 조례로 정하는 율을 경감한다.
- 그 외의 지역에서 취득하는 부동산에 대해서는 취득세의 40%의 범위에서 조례로 정하는 율을 경감한다.

② 2021년 1월 1일부터 2021년 12월 31일까지 취득하는 부동산에 대해서는 다음의 구분에 따라 취득세 및 재산세를 각각 경감한다.
- 해당 부동산에 대해서는 취득세의 30%를 경감한다.
- 해당 부동산 취득일 이후 해당 부동산에 대한 재산세 납세의무가 최초로 성립한 날부터 5년간 재산세의 50%를 경감한다.

18. 지방의료원에 대한 감면

∷ 지특법 제38조의2, 2021.12.31.까지 취득세 · 재산세 경감, 농특세 과세

지방의료원의 설립 및 운영에 관한 법률에 따라 설립된 지방의료원이 의료업에 직접 사용하기 위하여 취득하는 부동산에 대해서는 취득세를, 과세기준일 현재 의료업에 직접 사용하는 부동산에 대해서는 재산세를 다음과 같이 각각 경감한다.

① 2020년 12월 31일까지는 취득세 및 재산세(도시지역분 포함)의 75%를 각각 경감한다.

② 2021년 1월 1일부터 2021년 12월 31일까지 취득하는 부동산에 대해서는 다음의 구분에 따라 취득세 및 재산세를 각각 경감한다.

- 해당 부동산에 대해서는 취득세의 75%를 경감한다.
- 해당 부동산 취득일 이후 해당 부동산에 대한 재산세 납세의무가 최초로 성립한 날부터 5년간 재산세의 75%를 경감한다.

19. 국민건강 증진사업에 대한 감면

지특법 제40조, 2021.12.31.까지 취득세 · 재산세 경감, 농특세 비과세(영 §4 ⑥)

(1) 대상 부동산

다음의 법인이 그 고유업무에 직접 사용하기 위하여 취득하는 부동산(임대용 부동산은 제외한다)에 대해서는 취득연도에 따라 취득세 및 재산세를 경감한다.(지특법 제40조)

① 모자보건법에 따른 인구보건복지협회
② 감염병의 예방 및 관리에 관한 법률에 따른 한국건강관리협회
③ 결핵예방법에 따른 대한결핵협회

(2) 경감세액

① 2020년 12월 31일까지 취득하는 부동산에 대해서는 취득세의 75%를, 과세기준일 현재 그 고유업무에 직접 사용하는 부동산에 대해서는 재산세(도시지역분 포함)의 75%를 2020년 12월 31일까지 각각 경감한다.
② 2021년 1월 1일부터 2021년 12월 31일까지 취득하는 부동산에 대해서는 다음의 구분에 따라 취득세 및 재산세를 각각 경감한다.
- 그 고유업무에 직접 사용하기 위하여 취득하는 부동산에 대해서는 취득세의 50%를 경감한다.
- 해당 부동산 취득일 이후 해당 부동산에 대한 재산세 납세의무가 최초로 성립한 날부터 5년간 재산세의 50%를 경감한다. 단, 과세기준일 현재 그 고유업무에 직접 사용하고 있지 아니하는 경우는 제외한다.

20. 대한적십자사에 대한 감면

지특법 제40조의3, 2021.12.31.까지 취득세 · 재산세 경감, 농특세 비과세(영 §4 ⑥)

대한적십자사 조직법에 따른 대한적십자사가 그 고유업무에 직접 사용하기 위하여 취득하는 부동산(임대용 부동산은 제외한다)에 대해서는 취득세를, 과세기준일 현재 그 고유업무에 직접 사용하는 부동산에 대해서는 재산세를 다음과 같이 각각 경감한다.(지특법 제40조의3)

① 같은 법 제7조 제4호 중 의료사업(간호사업 및 혈액사업을 포함한다)에 직접 사용하기 위하여 취득하는 부동산에 대해서는 취득세의 75%를, 과세기준일 현재 의료사업에 직접 사용하는 부동산에 대해서는 재산세(도시지역분 포함)의 75%를 각각 2020년 12월 31일까지 경감한다.

② 2021년 1월 1일부터 2021년 12월 31일까지 취득하는 부동산에 대해서는 다음의 구분에 따라 취득세 및 재산세를 각각 경감한다.

- 의료사업에 직접 사용하기 위하여 취득하는 부동산에 대해서는 취득세의 50%를 경감한다.
- 해당 부동산 취득일 이후 해당 부동산에 대한 재산세 납세의무가 최초로 성립한 날부터 5년간 재산세의 50%를 경감한다.

③ 의료사업 외의 사업(위 ①의 의료사업 외의 사업)에 직접 사용하기 위하여 취득하는 부동산에 대해서는 취득세의 25%를, 과세기준일 현재 의료사업 외의 사업에 직접 사용하는 부동산에 대해서는 재산세의 25%를 각각 2019년 12월 31일까지 경감한다.

V 교육 · 과학기술 등 지원을 위한 취득세 감면

1. 학교 및 외국교육기관에 대한 면제

지특법 제41조, 2021.12.31.까지 취득세 · 재산세 · 지역자원시설세 · 주민세 재산분 면제, 농특세 비과세(영 §4 ⑥)

(1) 학교 사용 부동산

(가) 취득세 면제

초 · 중등교육법 및 고등교육법에 따른 학교, 경제자유구역 및 제주국제자유도시의 외국교육기관 설립 · 운영에 관한 특별법 또는 기업도시개발 특별법에 따른 외국교육기관을 경영하는 자("학교등")가 해당 사업에 직접 사용하기 위하여 취득하는 부동산(다음 2 (1)에 해당하는 기숙사는 제외한다)에 대해서는 취득세를 2021년 12월 31일까지 면제한다. 다만, 다음 어느 하나에 해당하는 경우 그 해당 부분에 대해서는 면제된 취득세를 추징한다.(지특법 제41조, 제1항, 지특령 제18조, 제18조의2)

① 해당 부동산을 취득한 날부터 5년 이내에 수익사업에 사용하는 경우

② 정당한 사유 없이 그 취득일부터 3년이 경과할 때까지 해당 용도로 직접 사용하지 아니하는 경우

③ 해당 용도로 직접 사용한 기간이 2년 미만인 상태에서 매각 · 증여하거나 다른 용도로 사용하는 경우

(나) 재산세 및 지역자원시설세 면제

학교등이 과세기준일 현재 해당 사업에 직접 사용하는 부동산(해당 사업에 직접 사용할 건축물을 건축 중인 경우와 건축허가 후 행정기관의 건축규제조치로 건축에 착공하지 못한 경우의 건축 예정 건축물의 부속토지를 포함한다)에 대해서는 재산세(도시지역분 포함) 및 지역자원시설세를 각각 2021년 12월 31일까지 면제한다. 다만, 수익사업에 사용하는 경우와 해당 재산이 유료로 사용되는 경우의 그 재산 및 해당 재산의 일부가 그 목적에 직접 사용되지 아니하는 경우의 그 일부 재산에 대해서는 면제하지 아니한다.

(다) 주민세 재산분 면제

학교등이 그 사업에 직접 사용하는 시설에 대한 주민세 재산분을 2021년 12월 31일까지 면제한다. 다만, 수익사업에 제공되고 있는 사업소에 부과하는 주민세 재산분은 면제하지 아니한다. 이 경우 면제대상 사업과 수익사업에 건축물이 겸용되는 경우에는 주된 용도 또는 직무에 따른다.(지특령 제18조 제4항)

(라) 기부채납받은 부동산에 대한 재산세 및 지역자원시설세 면제

국립대학법인 전환 이전에 기부채납받은 부동산으로서 국립대학법인 전환 이전에 체결한 계약에 따라 기부자에게 무상사용을 허가한 부동산에 대해서는 그 무상사용기간 동안 재산세(도시지역분 포함) 및 지역자원시설세를 각각 2021년 12월 31일까지 면제한다.

(2) 의과대학 부속병원에 대한 감면

위 (1)의 규정에도 불구하고 고등교육법 제4조에 따라 설립된 의과대학(한의과대학, 치과대학 및 수의과대학을 포함한다)의 부속병원이 의료업에 직접 사용하기 위하여 취득하는 부동산에 대해서는 취득세를, 과세기준일 현재 의료업에 직접 사용하는 부동산에 대해서는 재산세를 다음과 같이 각각 경감한다.

① 2020년 12월 31일까지는 취득세의 50%를, 재산세(도시지역분 포함)의 50%를 각각 경감한다.

② 2021년 1월 1일부터 2021년 12월 31일까지 취득하는 부동산에 대해서는 다음의 구분에 따라 취득세 및 재산세를 각각 경감한다.

- 해당 부동산에 대해서는 취득세의 30%를 경감한다.
- 해당 부동산 취득일 이후 해당 부동산에 대한 재산세 납세의무가 최초로 성립한 날부터 5년간 재산세의 50%를 경감한다.

2. 기숙사 등에 대한 감면

(1) 기숙사에 대한 취득세 면제

지특법 제42조 ①, 2021.12.31.까지 취득세 · 재산세 · 주민세 재산분 면제, 농특세 과세

초 · 중등교육법 및 고등교육법에 따른 학교, 경제자유구역 및 제주국제자유도시의 외국교육기관 설립 · 운영에 관한 특별법 또는 기업도시개발 특별법에 따른 외국교육기관을 경영하는 자가 다음 중 하나의 방식으로 설립 · 운영되는 기숙사(한국사학진흥재단법 제19조 제4호 및 제4호의2에 따른 기숙사로 한정한다)로 사용하기 위하여 취득하는 부동산에 대해서는 취득세를, 과세기준일 현재 해당 용도로 사용하는 부동산에

대해서는 재산세 및 주민세 재산분을 각각 2021년 12월 31일까지 면제한다. 다만, 정당한 사유 없이 그 취득일부터 3년이 경과할 때까지 해당 용도로 직접 사용하지 아니하는 경우 또는 해당 용도로 직접 사용한 기간이 2년 미만인 상태에서 매각·증여하거나 다른 용도로 사용하는 경우 그 해당 부분에 대해서는 면제된 취득세를 추징한다.(지특법 제42조 제1항, 지특령 제18조의2)

① 학교 및 외국교육기관을 경영하는 자(학교등)가 사용하는 기숙사를 건설하는 사업시행자에게 준공 후 학교등과의 협약에서 정하는 기간 동안 해당 시설의 소유권이 인정되며, 그 기간이 만료되면 시설소유권이 학교등에 귀속되는 방식

② 준공 후 해당 시설의 소유권이 학교등에 귀속되며, 학교등과의 협약에서 정하는 기간 동안 사업시행자에게 시설관리운영권을 인정하는 방식

③ 준공 후 해당 시설의 소유권이 학교등에 귀속되며, 학교등과의 협약에서 정하는 기간 동안 사업시행자에게 시설관리운영권을 인정하되, 그 시설을 협약에서 정하는 기간 동안 임차하여 사용·수익하는 방식

기금의 사용(한국사학진흥재단법 제19조)

기금은 다음 각 호의 사업을 위하여 사용한다.

1. 사학기관의 재산(토지 및 건물에 한한다)과 교육용 설비·기자재의 개수(改修)·보수(補修) 및 확충에 필요한 자금의 융자
2. 제1호 외의 자금으로서 사학기관의 교육환경 및 교육프로그램의 개선을 위하여 필요한 자금의 융자
3. 사학기관의 구조개선을 위하여 필요한 사업
4. 제1호에 따른 재산 확충을 위한 사업으로서 사회기반시설에 대한 민간투자법 제4조의 방식을 준용하여 추진하는 사업

4의2. 국가나 지방자치단체 또는 공공기관과 공동으로 추진하는 사업으로서 사학기관의 학생을 위한 기숙사를 설치·운영하는 사업

5. 기금의 조성·운용 및 관리에 필요한 경비의 지출
6. 그 밖에 사학기관의 교육환경 및 경영 개선을 위하여 필요한 사업

(2) 산학협력단에 대한 감면

:: 지특법 제42조 ③, 2020.12.31.까지 취득세·재산세 경감, 농특세 비과세(영 §4 ⑥)

산업교육진흥 및 산학연협력촉진에 관한 법률 제25조에 따라 설립·운영하는 산학

협력단이 그 고유업무에 직접 사용하기 위하여 취득하는 부동산에 대해서는 취득세의 75%를, 과세기준일 현재 그 고유업무에 직접 사용하는 부동산에 대해서는 재산세의 75%를 2020년 12월 31일까지 각각 경감한다.(지특법 제42조 제3항)

3. 평생교육단체 등에 대한 면제

지특법 제43조, 2021.12.31.까지 취득세 · 재산세 감면, 농특세 (비)과세(영 §4 ⑥)

(1) 2019년까지 취득하는 부동산

평생교육단체(평생교육법에 따른 교육시설을 운영하는 평생교육단체)가 해당 사업에 직접 사용하기 위하여 취득하는 부동산에 대해서는 취득세를, 과세기준일 현재 해당 사업에 직접 사용하는 부동산(해당 사업에 직접 사용할 건축물을 건축 중인 경우와 건축허가 후 행정기관의 건축규제조치로 건축에 착공하지 못한 경우의 건축 예정 건축물의 부속토지를 포함한다)에 대해서는 재산세를 각각 2019년 12월 31일까지 면제한다. 다만, 수익사업에 사용하는 경우와 해당 재산이 유료로 사용되는 경우의 그 재산 및 해당 재산의 일부가 그 목적에 직접 사용되지 아니하는 경우의 그 일부 재산에 대해서는 재산세를 면제하지 아니한다.(지특법 제43조 제1항 · 제2항) 면제된 취득세에 대하여는 농어촌특별세를 부과하지 아니한다.(농특세령 제4조 제6항 제5호)

(2) 2019년 및 2021년 취득하는 부동산

평생교육단체가 2020년 1월 1일부터 2021년 12월 31일까지 해당 사업에 직접 사용하기 위하여 취득하는 부동산에 대해서는 취득세를, 같은 기간에 취득한 부동산으로서 과세기준일 현재 해당 사업에 직접 사용하는 부동산(해당 사업에 직접 사용할 건축물을 건축 중인 경우와 건축허가 후 행정기관의 건축규제조치로 건축에 착공하지 못한 경우의 건축 예정 건축물의 부속토지를 포함한다)에 대해서는 재산세를 다음의 구분에 따라 각각 경감한다.(지특법 제43조 제3항) 이 항은 2018년 12월 24일 개정시 신설되었으나 농어촌특별세법 시행령의 비과세 규정에 열거되어 있지 아니하다.

① 해당 부동산에 대해서는 취득세의 50%를 경감한다.

② 해당 부동산 취득일 이후 해당 부동산에 대한 재산세 납세의무가 최초로 성립한 날부터 5년간 재산세의 50%를 경감한다. 다만, 수익사업에 사용하는 경우와 해

당 재산이 유료로 사용되는 경우의 그 재산 및 해당 재산의 일부가 그 목적에 직접 사용되지 아니하는 경우의 그 일부 재산에 대해서는 경감하지 아니한다.

(3) 감면 취득세 추징

평생교육단체가 취득세를 감면받은 부동산이 다음 어느 하나에 해당하는 경우 감면된 취득세를 추징한다.(지특법 제43조 제4항)

① 해당 부동산을 취득한 날부터 5년 이내에 수익사업에 사용하는 경우
② 정당한 사유 없이 그 취득일부터 3년이 지날 때까지 해당 용도로 직접 사용하지 아니하는 경우
③ 해당 용도로 직접 사용한 기간이 2년 미만인 상태에서 매각·증여하거나 다른 용도로 사용하는 경우

4. 평생교육시설 등에 대한 감면

지특법 제44조, 2021.12.31.까지 취득세·재산세 감면, 농특세 비과세(영 §4 ⑥)

(1) 취득세 및 재산세 감면

평생교육시설에 사용하기 위하여 취득하는 부동산에 대해서는 취득세를, 과세기준일 현재 평생교육시설에 직접 사용하는 부동산(해당 시설을 다른 용도로 함께 사용하는 경우 그 부분은 제외한다)에 대해서는 재산세를 다음과 같이 각각 감면한다.(지특법 제44조 제1항)

① 2019년 12월 31일까지는 취득세 및 재산세를 각각 면제한다.
② 2020년 1월 1일부터 2021년 12월 31일까지 취득하는 부동산에 대해서는 다음의 구분에 따라 취득세 및 재산세를 각각 경감한다.
  - 해당 부동산에 대해서는 취득세의 50%를 경감한다.
  - 해당 부동산 취득일 이후 해당 부동산에 대한 재산세 납세의무가 최초로 성립한 날부터 5년간 재산세의 50%를 경감한다.

평생교육시설

평생교육법에 따라 보고·인가·등록·신고된 평생교육법 제30조의 학교 부설 평생교육시

설, 제31조의 학교형태의 평생교육시설, 제32조의 사내대학형태의 평생교육시설, 제33조의 원격대학형태의 평생교육시설, 제35조의 사업장 부설 평생교육시설, 제36조의 시민사회단체 부설 평생교육시설, 제37조의 언론기관 부설 평생교육시설, 제38조의 지식 · 인력개발사업 관련 평생교육시설을 말한다.(지특령 제21조)

(2) 감면세액 추징

세액을 감면받은 부동산이 다음 어느 하나에 해당하는 경우 그 해당 부분에 대해서는 감면된 취득세 및 재산세를 추징한다.(지특법 제44조 제2항)

① 해당 부동산을 취득한 날부터 5년 이내에 수익사업에 사용하는 경우
② 정당한 사유 없이 그 취득일부터 3년이 지날 때까지 해당 용도로 직접 사용하지 아니하는 경우
③ 해당 용도로 직접 사용한 기간이 2년 미만인 상태에서 매각 · 증여하거나 다른 용도로 사용하는 경우

5. 박물관 등에 대한 감면

지특법 제44조의2, 2021.12.31.까지 취득세 · 재산세 면제, 농특세 비과세(영 §4 ⑥)

다음의 박물관 · 미술관 · 도서관 또는 과학관에 사용하기 위하여 취득하는 부동산에 대해서는 취득세를, 과세기준일 현재 해당 박물관 · 미술관 · 도서관 또는 과학관에 직접 사용하는 부동산(해당 시설을 다른 용도로 함께 사용하는 경우에는 그 부분은 제외한다)에 대해서는 해당 부동산 취득일 이후 해당 부동산에 대한 재산세(도시지역분 포함)를 2021년 12월 31일까지 각각 면제한다.(지특법 제44조의2, 지특령 제21조의2)

① 박물관 및 미술관 진흥법 제16조에 따라 등록된 박물관 및 미술관
② 도서관법 제31조 또는 제40조에 따라 등록된 도서관
③ 과학관의 설립 · 운영 및 육성에 관한 법률 제6조에 따라 등록된 과학관

6. 학술연구단체 및 장학단체에 대한 감면

(1) 학술연구단체에 대한 감면

- 지특법 제45조 ①, 2019.12.31.까지 취득세 · 재산세 · 지역자원시설세 면제, 농특세 비과세(영 §4 ⑥)

학술연구단체 · 장학단체 · 과학기술진흥단체가 그 고유업무에 직접 사용하기 위하여 취득하는 부동산에 대해서는 취득세를, 과세기준일 현재 그 고유업무에 직접 사용하는 부동산에 대해서는 재산세(도시지역분 포함) 및 지역자원시설세(학술연구단체 · 장학단체의 경우에만 해당한다)를 각각 2019년 12월 31일까지 면제한다. 다만, 다음 7. 기초과학연구 지원을 위한 연구기관등은 제외한다.(지특법 제45조 제1항)

여기서 "학술연구단체 · 장학단체 · 과학기술진흥단체"란 정부로부터 허가 또는 인가를 받거나 민법 외의 법률에 따라 설립되거나 그 적용을 받는 학술연구단체 · 장학단체 · 과학기술진흥단체를 말하고, 공공기관의 운영에 관한 법률 제4조에 따른 공공기관은 행정안전부장관이 정하여 고시하는 경우로 한정한다.(지특령 제22조)

(2) 장학법인에 대한 감면

- 지특법 제45조 ②, 2019.12.31.까지 취득세 · 재산세 · 지역자원시설세 경감, 농특세 과세

공익법인의 설립 · 운영에 관한 법률에 따라 설립된 장학법인이 장학금을 지급할 목적으로 취득하는 임대용 부동산에 대해서는 취득세의 80%를, 과세기준일 현재 임대용으로 사용하는 부동산에 대해서는 재산세(도시지역분 포함) 및 지역자원시설세의 80%를 각각 2019년 12월 31일까지 경감한다. 다만, 다음 어느 하나에 해당하는 경우 그 해당 부분에 대해서는 경감된 취득세를 추징한다.(지특법 45조 제2항)

① 정당한 사유 없이 그 취득일부터 3년이 경과할 때까지 해당 용도로 사용하지 아니하는 경우

② 해당 용도로 직접 사용한 기간이 2년 미만인 상태에서 매각 · 증여하거나 다른 용도로 사용하는 경우

7. 기초과학연구 지원을 위한 연구기관 등에 대한 면제

지특법 제45조의2, 2020.12.31.까지 취득세 · 재산세 면제, 농특세 과세

국제과학비즈니스벨트 조성 및 지원에 관한 특별법에 따른 기초과학연구원과 과학기술분야 정부출연연구기관 등의 설립 · 운영 및 육성에 관한 법률에 따른 연구기관이 그 고유업무에 직접 사용하기 위하여 취득하는 부동산에 대해서는 취득세를, 과세기준일 현재 그 고유업무에 직접 사용하는 부동산에 대해서는 재산세(도시지역분 포함)를 각각 2020년 12월 31일까지 면제한다.(지특법 제45조의2)

8. 연구개발 지원을 위한 감면

지특법 제46조, 2019.12.31.까지 취득세 · 재산세 경감, 농특세 비과세(영 §4 ⑥)

(1) 일반 기업부설연구소에 대한 감면

기업부설연구소에 직접 사용하기 위하여 취득하는 부동산(부속토지는 건축물 바닥면적의 7배 이내인 것으로 한정한다)에 대해서는 취득세의 35%를, 과세기준일 현재 기업부설연구소에 직접 사용하는 부동산에 대해서는 재산세의 35%를 각각 2019년 12월 31일까지 경감한다. 여기서 기업부설연구소란 토지 또는 건축물을 취득한 후 1년(건축법에 따른 신축 · 증축 또는 대수선을 하는 경우에는 2년) 이내에 기초연구진흥 및 기술개발지원에 관한 법률 제14조의2 제1항에 따라 인정받은 기업부설연구소를 말한다.(지특법 제46조 제1항, 지특령 제23조)

(2) 상호출자제한기업집단등의 수도권 부설연구소에 대한 감면

독점규제 및 공정거래에 관한 법률 제14조 제1항에 따른 상호출자제한기업집단등이 수도권정비계획법 제6조 제1항 제1호에 따른 과밀억제권역 외에 설치하는 기업부설연구소에 직접 사용하기 위하여 취득하는 부동산에 대해서는 취득세의 35%를, 과세기준일 현재 기업부설연구소에 직접 사용하는 부동산에 대해서는 재산세의 35%를 2019년 12월 31일까지 경감한다.(지특법 제46조 제2항)

(3) 중소기업부설연구소에 대한 감면

중소기업기본법 제2조 제1항에 따른 중소기업이 기업부설연구소에 직접 사용하기 위하여 취득하는 부동산에 대해서는 취득세의 60%를, 과세기준일 현재 기업부설연구소에 직접 사용하는 부동산에 대해서는 재산세의 50%를 각각 2019년 12월 31일까지 경감한다.(지특법 제46조 제3항)

(4) 감면세액 추징

위 각 취득세를 감면받은 기업이 다음 어느 하나에 해당하는 경우 그 해당 부분에 대해서는 경감된 취득세 및 재산세를 추징한다.(지특법 제46조 제4항)

① 토지 또는 건축물을 취득한 후 1년(건축법에 따른 신축 · 증축 또는 대수선을 하는 경우에는 2년) 이내에 기초연구진흥 및 기술개발지원에 관한 법률 제14조의2에 따른 기업부설연구소로 인정받지 못한 경우

② 기업부설연구소 설치 후 4년 이내에 정당한 사유 없이 연구소를 폐쇄하거나 다른 용도로 사용하는 경우

9. 한국환경공단에 대한 감면

지특법 제47조, 2019.12.31.까지 취득세 · 재산세 경감, 농특세 과세

한국환경공단법에 따라 설립된 한국환경공단이 같은 법 제17조 제1항 제2호, 제5호, 제11호, 제15호, 제16호의 사업에 직접 사용하기 위하여 취득하는 부동산(임대용 부동산은 제외한다)에 대해서는 취득세의 25%를, 과세기준일 현재 그 사업에 직접 사용하는 부동산에 대해서는 재산세의 25%를 각각 2019년 12월 31일까지 경감한다.(지특법 제47조)

10. 녹색건축 인증 건축물에 대한 감면

지특법 제47조의2, 2020.12.31.까지 취득세 경감, 농특세 과세

(1) 녹색건축물에 대한 감면

(가) 대상주택

신축(증축 또는 개축을 포함한다)하는 건축물(건축법 제2조 제1항 제2호에 따른 건축물 부분으로 한정한다)로서 다음의 요건을 모두 갖춘 건축물(취득일로부터 70일 이내에 다음의 요건을 모두 갖춘 건축물을 포함한다)에 대해서는 등급에 따라 취득세의 일정률을 2020년 12월 31일까지 경감한다.(지특법 제47조의2 제1항)

① 녹색건축물 조성 지원법 제16조에 따른 녹색건축의 인증 등급이 우수 등급 이상인 경우(지특령 제24조 제2항)

② 녹색건축물 조성 지원법 제17조에 따라 인증받은 건축물 에너지효율등급이 2등급 이상인 경우(지특령 제24조 제3항)

(나) 취득세 경감률(지특령 제24조)

① 녹색건축물 조성 지원법 제16조에 따라 인증받은 녹색건축 인증 등급 최우수 건축물이고 같은 법 제17조에 따라 인증받은 건축물 에너지효율 인증 등급이 1등급 이상인 건축물 : 15%

② 녹색건축 인증 등급이 최우수 건축물이고 건축물 에너지효율 인증 등급이 2등급인 건축물 : 10%

③ 녹색건축 인증등급 우수 건축물이고 에너지효율등급이 1등급 이상인 건축물 : 10%

④ 녹색건축 인증등급 우수 건축물이고 에너지효율등급이 2등급인 건축물 : 5%

(2) 제로에너지 건축물에 대한 감면

신축하는 건축물 또는 주택으로서 녹색건축물 조성 지원법 제17조에 따라 제로에너지건축물 인증을 받은 건축물(취득일부터 100일 이내에 제로에너지건축물 인증을 받는 건축물을 포함한다)에 대해서는 취득세의 15%를 2020년 12월 31일까지 경감한다.(지특법 제47조의2 제2항, 지특령 제24조 제4항)

(3) 경감세액 추징

위 (1), (2)에 따라 취득세를 경감받은 건축물 중 다음 어느 하나에 해당하는 건축물에 대해서는 경감된 취득세를 추징한다.(지특법 제47조의2 제4항)

① 취득일부터 70일 이내에 (1)의 요건을 갖출 것을 요건으로 취득세를 경감받은 경

우에는 그 요건을 70일 이내에 갖추지 못한 경우
② 취득일부터 100일 이내에 제로에너지건축물 인증을 받을 것을 요건으로 취득세를 경감받은 경우에는 100일 이내에 제로에너지건축물 인증을 받지 못한 경우
③ 취득일부터 3년 이내에 녹색건축의 인증, 에너지효율등급 인증 또는 제로에너지건축물 인증이 취소된 경우

(4) 친환경주택에 대한 감면

신축하는 주거용 건축물로서 에너지절약형 친환경주택에 대해서는 취득세의 10%를 2020년 12월 31일까지 경감한다.(지특법 제47조의2 제3항) 여기서 "에너지절약형 친환경주택"이란 주택건설기준 등에 관한 규정 제64조에 따른 주택 중 총 에너지 절감율 또는 총 이산화탄소 저감률이 55% 이상임을 주택법 제49조에 따른 사용검사권자로부터 확인을 받은 주택을 말한다.(지특령 제24조 제5항)

11. 내진성능 확보 건축물 또는 주택에 대한 감면

∷ 지특법 제47조의4, 2021.12.31.까지 취득세 · 재산세 경감, 농특세 과세

건축법 제48조 제2항에 따른 구조안전 확인 대상이 아니거나 건축 당시 건축법상 구조안전 확인 대상이 아니었던 건축물(건축법 제2조 제1항 제2호에 따른 건축물 부분으로 한정한다)로서 지진 · 화산재해대책법 제16조의2에 따라 내진성능 확인을 받은 건축물에 대해서는 다음과 같이 취득세 및 재산세를 2021년 12월 31일까지 감면한다.(지특법 제47조의4)

① 건축법 제2조 제1항 제8호에 따른 건축을 하는 경우 취득세의 50%를 경감하고, 그 건축물에 대한 재산세의 납세의무가 최초로 성립하는 날부터 5년간 재산세의 50%를 경감한다.
② 건축법 제2조 제1항 제9호에 따른 대수선을 하는 경우 취득세를 면제하고, 그 건축물에 대한 재산세의 납세의무가 최초로 성립하는 날부터 5년간 재산세를 면제한다.

12. 국립공원관리사업에 대한 감면

지특법 제48조, 2019.12.31.까지 취득세 · 재산세 경감, 농특세 과세

국립공원관리공단법에 따른 국립공원관리공단이 공원시설의 설치 · 유지 · 관리 등의 공원관리사업에 직접 사용하기 위하여 취득하는 부동산(임대용 부동산은 제외한다)에 대해서는 취득세의 25%를, 과세기준일 현재 그 사업에 직접 사용하는 부동산에 대해서는 재산세의 25%를 각각 2019년 12월 31일까지 경감한다.(지특법 제48조)

13. 해양오염방제 등에 대한 감면

지특법 제49조, 2019.12.31.까지 취득세 · 재산세 경감, 농특세 과세

해양환경관리법에 따른 해양환경관리공단이 같은 법 제97조 제1항 제2호 나목, 제3호 가목 및 나목, 제6호의 사업에 직접 사용하기 위하여 취득하는 부동산(수익사업용 부동산은 제외한다) 대해서는 취득세의 25%를, 과세기준일 현재 해당 사업에 직접 사용하는 부동산에 대해서는 재산세의 25%를 각각 2019년 12월 31일까지 경감한다.(지특법 제49조)

VI 문화 및 관광 등 지원을 위한 취득세 감면

1. 종교단체 또는 향교에 대한 면제

지특법 제50조, 취득세 면제, 농특세 비과세(영 §4 ⑥)

종교단체 또는 향교가 종교행위 또는 제사를 목적으로 하는 사업에 직접 사용하기 위하여 취득하는 부동산에 대해서는 취득세를 면제한다. 다만, 다음 어느 하나에 해당하는 경우 그 해당 부분에 대해서는 면제된 취득세를 추징한다.(지특법 제50조)

① 해당 부동산을 취득한 날부터 5년 이내에 수익사업에 사용하는 경우

② 정당한 사유 없이 그 취득일부터 3년이 경과할 때까지 해당 용도로 직접 사용하지 아니하는 경우
③ 해당 용도로 직접 사용한 기간이 2년 미만인 상태에서 매각·증여하거나 다른 용도로 사용하는 경우

2. 문화 · 예술 지원을 위한 과세특례

⁚ 지특법 제52조, 2019.12.31.까지 취득세 · 재산세 · 지역자원시설세 감면, 농특세 비과세 (영 §4 ⑥)

(1) 문화예술단체 및 체육진흥단체에 대한 감면

정부로부터 허가 또는 인가를 받거나 민법 외의 법률에 따라 설립되거나 그 적용을 받는 문화예술단체·체육진흥단체(다만, 공공기관의 운영에 관한 법률 제4조에 따른 공공기관은 행정안전부장관이 정하여 고시하는 경우로 한정한다) 문화예술단체 및 체육진흥단체가 그 고유업무에 직접 사용하기 위하여 취득하는 부동산에 대해서는 취득세를, 과세기준일 현재 그 고유업무에 직접 사용하는 부동산에 대해서는 재산세(도시지역분 포함) 및 지역자원시설세(문화예술단체의 경우만 해당한다)를 각각 2019년 12월 31일까지 면제한다.(지특법 제52조 제1항, 지특령 제26조)

(2) 도서관에 대한 감면

도서관법에 따라 설립된 도서관의 취득세는 지방세법 제11조 제1항의 세율에도 불구하고 2019년 12월 31일까지 1%(1천분의 20)를 적용하여 과세한다. 다만, 다음 어느 하나에 해당하는 경우 그 해당 부분에 대해서는 면제된 취득세를 추징한다.(지특법 제52조 제2항)

① 해당 부동산을 취득한 날부터 5년 이내에 수익사업에 사용하는 경우
② 정당한 사유 없이 그 취득일부터 1년이 경과할 때까지 해당 용도로 직접 사용하지 아니하는 경우
③ 해당 용도로 직접 사용한 기간이 2년 미만인 상태에서 매각·증여하거나 다른 용도로 사용하는 경우

3. 사회단체 등에 대한 감면

∷ 지특법 제53조, 2021.12.31.까지 취득세 · 재산세 · 지역자원시설세 면제, 농특세 비과세 (영 §4 ⑥)

문화유산과 자연환경자산에 관한 국민신탁법에 따른 국민신탁법인이 그 고유업무에 직접 사용하기 위하여 취득하는 부동산(임대용 부동산은 제외한다)에 대해서는 취득세를, 과세기준일 현재 그 고유업무에 직접 사용하는 부동산에 대해서는 재산세(도시지역분 포함) 및 지역자원시설세를 각각 2021년 12월 31일까지 면제한다.(지특법 제53조)

4. 관광단지 등에 대한 과세특례

(1) 관광단지개발사업용 부동산에 대한 감면

∷ 지특법 제54조 ①, 2019.12.31.까지 취득세 경감, 농특세 과세

관광진흥법 제55조 제1항에 따른 관광단지개발 사업시행자가 관광단지개발사업을 시행하기 위하여 취득하는 부동산에 대해서는 취득세의 25%를 2019년 12월 31일까지 경감하며, 해당 지역의 관광단지 조성 여건, 재정 여건 등을 고려하여 25%의 범위에서 조례로 정하는 율을 추가로 경감할 수 있다.(지특법 제54조 제1항)

(2) 여수세계박람회 사업에 대한 지원

∷ 지특법 제54조 ⑤, 2019.12.31.까지 취득세 · 재산세 감면, 농특세 비과세(영 §4 ⑥)

다음의 재단, 기업 및 사업시행자가 그 고유업무에 직접 사용하기 위하여 취득하는 부동산에 대해서는 취득세를, 과세기준일 현재 그 고유업무에 직접 사용하는 부동산에 대해서는 재산세(도시지역분 포함)를 지방자치단체가 조례로 정하는 바에 따라 각각 2019년 12월 31일까지 감면할 수 있다.(지특법 제54조 제5항) 이에 따른 전라남도 도세 감면 조례(제13조)는 취득세에 대하여만 다음과 같이 감면율을 정하고 있다.

① 여수세계박람회 기념 및 사후활용에 관한 특별법 제4조에 따라 설립된 2012여수세계박람회재단에 대해서는 취득세 면제

② 여수세계박람회 기념 및 사후활용에 관한 특별법 제15조 제1항에 따라 지정 · 고

시된 해양박람회특구에서 창업하거나 사업장을 신설(기존 사업장을 이전하는 경우는 제외한다)하는 기업에 대해서는 취득세의 50%를 경감

③ 여수세계박람회 기념 및 사후활용에 관한 특별법 제17조에 따른 사업시행자에 대해서는 취득세의 50%를 경감

Ⅶ 수송 및 교통에 대한 지원

1. 철도시설 등에 대한 감면

지특법 제63조, 2019.12.31.까지 취득세 · 재산세 경감, 농특세 비과세(영 §4 ⑥)

(1) 한국철도시설공단의 철도시설용 부동산에 대한 감면

한국철도시설공단법에 따라 설립된 한국철도시설공단이 철도산업발전기본법 제3조 제2호에 따른 철도시설(같은 호 마목 및 바목에 따른 시설은 제외)용으로 직접 사용하기 위하여 취득하는 부동산에 대해서는 취득세의 25%를, 과세기준일 현재 철도시설에 직접 사용하는 부동산에 대해서는 재산세(도시지역분 포함)의 25%를 각각 2019년 12월 31일까지 경감한다.(지특법 제63조 제1항)

(2) 한국철도시설공단의 국가귀속 부동산에 대한 감면

한국철도시설공단이 철도의 건설 및 철도시설 유지관리에 관한 법률 제17조 제1항 또는 제3항에 따라 국가로 귀속되는 부동산(사업시행자가 한국철도시설공단인 경우에 한정한다)을 취득하는 경우에는 취득세 및 재산세(도시지역분 포함)를 2019년 12월 31일까지 면제한다.(지특법 제63조 제2항)

(3) 한국철도공사의 사업용 부동산에 대한 감면

한국철도공사법에 따라 설립된 한국철도공사가 다음의 사업에 직접 사용하기 위하여 취득하는 부동산에 대해서는 취득세의 50%를, 과세기준일 현재 해당사업에 직접 사용되는 부동산에 대해서는 재산세(도시지역분 포함)의 50%를 각각 2019년 12월 31일까

지 경감한다.(지특법 제63조 제3항, 철도공사법 제9조 제1항)

① 철도여객사업, 화물운송사업, 철도와 다른 교통수단의 연계운송사업
② 철도 장비와 철도용품의 제작 · 판매 · 정비 및 임대사업
③ 철도 차량의 정비 및 임대사업
④ 철도건설법 제2조 제6호 가목에 의한 철도역사 개발사업

(4) 철도건설부지에 대한 감면

철도건설사업으로 인하여 철도건설부지로 편입된 토지의 확정 · 분할에 따른 토지의 취득에 대해서는 취득세를 면제한다.(지특법 제63조 제4항)

(5) 도시철도공사에 대한 감면

도시철도공사(지방공기업법에 따라 도시철도사업을 목적으로 설립된 지방공사)에 대해서는 다음과 같이 지방세를 2019년 12월 31일까지 감면한다.(지특법 제63조 제5항)

① 그 고유업무에 직접 사용하기 위하여 취득하는 부동산에 대해서는 취득세의 100%(100% 범위에서 조례로 따로 정하는 경우에는 그 율)에 지방자치단체의 주식소유비율[해당 도시철도공사의 발행주식총수에 대한 지방자치단체의 소유주식(지방공기업법 제53조 제4항에 따라 지방자치단체가 출자한 것으로 보는 주식을 포함한다) 수의 비율을 말한다]을 곱한 금액을 감면한다.
② 과세기준일 현재 그 고유업무에 직접 사용하는 부동산에 대해서는 재산세(도시지역분 포함)의 100%(100%의 범위에서 조례로 따로 정하는 경우에는 그 율)에 지방자치단체의 주식소유비율을 곱한 금액을 감면한다.

2. 교통안전을 위한 감면

:: 지특법 제69조, 2019.12.31.까지 취득세 경감, 농특세 과세

한국교통안전공단법에 따라 설립된 한국교통안전공단이 자동차의 성능 및 안전도에 관한 시험 · 연구사업(같은 법 제6조 제6호)을 위한 부동산을 취득하는 경우 및 자동차관리법 제44조에 따른 지정을 받아 자동차검사업무를 대행하는 자동차검사소용 부동산을 취득하는 경우에는 취득세의 25%를 2019년 12월 31일까지 경감한다.(지특법 제69조)

3. 물류단지 등에 대한 감면

:: 지특법 제71조, 2019.12.31.까지 취득세 · 재산세 경감, 농특세 과세

(1) 물류단지 개발용 부동산에 대한 감면

물류시설의 개발 및 운영에 관한 법률 제27조에 따른 물류단지개발사업의 시행자가 같은 법 제22조 제1항에 따라 지정된 물류단지를 개발하기 위하여 취득하는 부동산에 대해서는 취득세의 35%를, 과세기준일 현재 해당 사업에 직접 사용하는 부동산에 대해서는 재산세의 35%를 각각 2019년 12월 31일까지 경감한다.(지특법 제71조 제1항)

(2) 물류사업용 부동산에 대한 감면

물류단지에서 물류사업을 직접 하려는 자가 물류시설의 개발 및 운영에 관한 법률 제2조 제6호의4에 따른 물류단지시설을 설치하기 위하여 물류단지 안에서 최초로 취득하는 토지와 그 토지취득일부터 5년 이내에 취득하는 사업용 토지 및 건축물(토지취득일 전에 그 사용승인을 받아 신축한 건축물을 포함하며, 기존 건축물을 취득한 경우는 제외한다)에 대해서는 2019년 12월 31일까지 취득세의 50%를 경감하고, 2019년 12월 31일까지 취득하여 과세기준일 현재 물류사업에 직접 사용하는 부동산에 대해서는 그 부동산을 취득한 날부터 5년간 재산세의 35%를 경감한다.(지특법 제71조 제2항, 지특령 제33조)

(3) 물류터미널 공사를 위하여 취득하는 부동산에 대한 감면

사회기반시설에 대한 민간투자법에 따라 복합물류터미널사업시행자로 지정된 자가 물류시설의 개발 및 운영에 관한 법률 제9조 제1항에 따라 인가받은 공사계획을 시행하기 위하여 취득하는 부동산에 대해서는 취득세의 25%를, 과세기준일 현재 그 사업에 직접 사용하는 부동산에 대해서는 재산세의 25%를 각각 2019년 12월 31일까지 경감한다. 다만, 그 취득일부터 3년이 경과할 때까지 정당한 사유 없이 그 사업에 직접 사용하지 아니하는 경우에는 경감된 취득세를 추징한다.(지특법 제71조 제3항)

4. 별정우체국에 대한 과세특례

지특법 제69조, 2019.12.31.까지 취득세 · 재산세 · 지역자원시설세 · 주민세 재산분 감면, 농특세 비과세(영 §4 ⑥)

(1) 취득세 경감

별정우체국법에 따라 별정우체국사업에 직접 사용하기 위하여 취득하는 부동산에 대한 취득세는 2019년 12월 31일까지 표준세율(지방법 제11조 제1항의 세율)에서 2% 경감하여 과세한다. 다만, 다음 어느 하나에 해당하는 경우 그 해당 부분에 대해서는 경감된 취득세를 추징한다.(지특법 제72조)

① 해당 부동산을 취득한 날부터 5년 이내에 수익사업에 사용하는 경우

② 정당한 사유 없이 그 취득일부터 1년이 경과할 때까지 해당 용도로 직접 사용하지 아니하는 경우

③ 해당 용도로 직접 사용한 기간이 2년 미만인 상태에서 매각 · 증여하거나 다른 용도로 사용하는 경우

(2) 재산세 등 면제

별정우체국이 과세기준일 현재 공용 또는 공공용으로 사용하는 부동산에 대해서는 재산세(도시지역분 포함)와 지역자원시설세를 2019년 12월 31일까지 각각 면제하고, 별정우체국에 대한 주민세 재산분을 2019년 12월 31일까지 면제한다. 다만, 수익사업에 사용하는 경우와 해당 재산이 유료로 사용되는 경우의 그 재산 및 해당 재산의 일부가 그 목적에 직접 사용되지 아니하는 경우의 그 일부 재산에 대해서는 면제하지 아니한다.

Ⅷ 국토 및 지역개발에 대한 지원

1. 토지수용 등으로 인한 대체취득에 대한 감면

지특법 제73조, 취득세 면제, 농특세 비과세(영 §4 ③ · ⑥)

(1) 개요

공익사업용 토지 등을 수용당한 자가 수용된 토지 등을 대체하여 취득하는 부동산에 대하여 취득세를 면제한다.(지특법 제73조)

(2) 수용하는 자

공익사업을 위한 토지 등의 취득 및 보상에 관한 법률, 국토의 계획 및 이용에 관한 법률, 도시개발법 등 관계 법령에 따라 토지 등을 수용할 수 있는 사업인정을 받은 자, 관광진흥법 제55조 제1항에 따른 조성계획의 승인을 받은 자 및 농어촌정비법 제56조에 따른 농어촌정비사업 시행자가 토지 등을 수용하는 경우이다.

(가) 공익사업

토지 등을 수용할 수 있는 공익사업은 다음과 같다.(공익사업을 위한 토지 등의 취득 및 보상에 관한 법률 제4조)

① 국방 · 군사에 관한 사업

② 관계 법률에 따라 허가 · 인가 · 승인 · 지정 등을 받아 공익을 목적으로 시행하는 철도 · 도로 · 공항 · 항만 · 주차장 · 공영차고지 · 화물터미널 · 궤도(軌道) · 하천 · 제방 · 댐 · 운하 · 수도 · 하수도 · 하수종말처리 · 폐수처리 · 사방(砂防) · 방풍(防風) · 방화(防火) · 방조(防潮) · 방수(防水) · 저수지 · 용수로 · 배수로 · 석유비축 · 송유 · 폐기물처리 · 전기 · 전기통신 · 방송 · 가스 및 기상 관측에 관한 사업

③ 국가나 지방자치단체가 설치하는 청사 · 공장 · 연구소 · 시험소 · 보건시설 · 문화시설 · 공원 · 수목원 · 광장 · 운동장 · 시장 · 묘지 · 화장장 · 도축장 또는 그 밖의 공공용 시설에 관한 사업

④ 관계 법률에 따라 허가 · 인가 · 승인 · 지정 등을 받아 공익을 목적으로 시행하는

학교 · 도서관 · 박물관 및 미술관 건립에 관한 사업

⑤ 국가, 지방자치단체, 공공기관의 운영에 관한 법률 제4조에 따른 공공기관, 지방공기업법에 따른 지방공기업 또는 국가나 지방자치단체가 지정한 자가 임대나 양도의 목적으로 시행하는 주택 건설 또는 택지 및 산업단지 조성에 관한 사업

⑥ ①부터 ⑤까지의 사업을 시행하기 위하여 필요한 통로, 교량, 전선로, 재료 적치장 또는 그 밖의 부속시설에 관한 사업

⑦ ①부터 ⑤까지의 사업을 시행하기 위하여 필요한 주택, 공장 등의 이주단지 조성에 관한 사업

⑧ 그 밖에 같은 법 별표에 규정된 법률에 따라 토지등을 수용하거나 사용할 수 있는 사업

(나) 기타 법률에 의한 수용

공익사업을 위한 토지 등의 취득 및 보상에 관한 법률의 별표에 국토의 계획 및 이용에 관한 법률, 도시개발법, 관광진흥법, 농어촌정비법을 포함하여 각종 법률에 따라 토지등을 수용하거나 사용할 수 있는 사업을 열거하고 있으므로, 결국 공익사업을 위한 토지 등의 취득 및 보상에 관한 법률의 적용을 받는 사업용 토지등이 수용되는 경우는 모두 공익사업에 해당된다고 할 것이다.

(3) 감면대상자

토지등을 수용할 수 있는 사업인정을 받은 자에게 부동산을 매수, 수용 또는 철거된 자, 공익사업을 위한 토지 등의 취득 및 보상에 관한 법률이 적용되는 공공사업에 필요한 부동산등을 해당 공공사업의 시행자에게 매도한 자, 같은 법 제78조 제1항부터 제4항까지 및 제81조에 따른 이주대책의 대상이 되는 자가 감면대상자이다. 그러나 부재부동산 소유자는 제외한다.(지특법 제73조 제2항) 부재부동산 소유자란 법령에 따른 사업고시지구 내에 매수 · 수용 또는 철거되는 부동산을 소유하는 자로서 다음의 지역에 계약일(사업인정고시일 전에 체결된 경우로 한정한다) 또는 사업인정고시일 현재 1년 전부터 계속하여 주민등록 또는 사업자등록을 하지 아니하거나 1년 전부터 계속하여 주민등록 또는 사업자등록을 한 경우라도 사실상 거주 또는 사업을 하고 있지 아니한 거주자 또는 사업자(법인을 포함한다)를 말한다. 이 경우 상속으로 부동산을 취득하였을 때에는 상속인과 피상속인의 거주기간을 합한 것을 상속인의 거주기간으로 본다.(지

특령 제34조 제2항)

① 매수 또는 수용된 부동산이 농지인 경우 : 그 소재지 시 · 군 · 구 및 그와 잇닿아 있는 시 · 군 · 구 또는 농지의 소재지로부터 20㎞ 이내의 지역

② 매수 · 수용 또는 철거된 부동산이 농지가 아닌 경우 : 그 소재지 구[자치구가 아닌 구를 포함하며, 도농복합형태의 시의 경우에는 동(洞) 지역만 해당한다] · 시(자치구가 아닌 구를 두지 아니한 시를 말하며, 도농복합형태의 시의 경우에는 동 지역만 해당한다) · 읍 · 면 및 그와 잇닿아 있는 구 · 시 · 읍 · 면 지역

(4) 감면대상 부동산

매수 계약일 또는 해당 사업인정 고시일(관광진흥법에 따른 조성계획 고시일 및 농어촌정비법에 따른 개발계획 고시일을 포함한다) 이후에 대체취득할 부동산등에 관한 계약을 체결하거나 건축허가를 받고, 그 보상금을 마지막으로 받은 날부터 1년 이내, 자경농지의 경우는 2년 이내에 다음의 구분에 따른 지역에서 종전의 부동산등을 대체할 부동산등을 취득하였을 때는 그 취득에 대한 취득세를 면제한다. 단 별장 등 사치성 부동산(지방법 제13조 제5항의 별장, 골프장, 고급주택, 고급오락장)은 제외한다.(지특법 제73조 제2항)

(가) 농지 외의 부동산등

① 당해지역 : 매수 · 수용 · 철거된 부동산등이 있는 특별시 · 광역시 · 특별자치시 · 도 · 특별자치도 내의 지역

② 연접시군지역 : 매수 · 수용 · 철거된 부동산등이 있는 특별자치시 · 시 · 군 · 구와 잇닿아 있는 특별자치시 · 시 · 군 · 구 내의 지역

③ 연접도지역 : 매수 · 수용 · 철거된 부동산등이 있는 특별시 · 광역시 · 특별자치시 · 도와 잇닿아 있는 특별시 · 광역시 · 특별자치시 · 도 내의 지역 중 지정지역(소득법 제104조의2 제1항, 별첨2)이 아닌 지역

(나) 농지

위 (가)의 지역과 그 외 지정지역(소득법 제104조의2 제1항, 별첨2)이 아닌 지역, 여기서 농지에는 자경농민이 농지 경작을 위하여 총 보상금액의 100분의 50 미만의 가액으로 취득하는 주택을 포함한다.

(5) 취득기간 기산일 및 취득일

대체취득기산일은 계약일로 하되, 사업인정을 받은 자의 사정으로 대체취득이 불가능한 경우에는 취득이 가능한 날로 하고, 공익사업을 위한 토지 등의 취득 및 보상에 관한 법률 제63조 제1항에 따라 토지로 보상을 받는 경우에는 해당 토지에 대한 취득이 가능한 날을 말하며, 같은 법 제63조 제6항 및 제7항에 따라 보상금을 채권으로 받는 경우에는 채권상환기간 만료일을 말한다. 이로부터 1년(농지의 경우 2년) 이내에 대체부동산을 취득하여야 한다. 단 취득하는 부동산이 건축 중인 주택을 분양받는 경우에는 분양계약을 이 기간 내에 체결하면 된다.

(6) 감면한도

종전부동산의 가액의 한도로 면제하므로 새로 취득한 부동산등의 가액 합계액이 종전의 부동산등의 가액 합계액을 초과하는 경우에 그 초과액에 대해서는 취득세를 부과한다. 초과액의 산정은 대체취득하는 부동산에 따라 다음의 방법으로 한다.(지특령 제34조 제1항)

① 사실상의 취득가액을 과세표준으로 하는 경우(지방법 제10조 제5항에 따른 취득) : 대체취득한 부동산등의 사실상의 취득가격에서 매수·수용·철거된 부동산등의 보상금액을 뺀 금액을 초과액으로 한다.

② 그 외 취득 : 대체취득한 부동산등의 취득세 과세표준액(지방법 제10조)에서 매수·수용·철거된 부동산등의 매수·수용·철거 당시의 보상금액을 뺀 금액

(7) 환매권 행사로 취득하는 부동산에 대한 감면

공익사업을 위한 토지 등의 취득 및 보상에 관한 법률에 따른 환매권을 행사하여 매수하는 부동산에 대해서는 취득세를 면제한다.(지특법 제73조 제3항)

2. 기부채납용 부동산 등에 대한 감면

지특법 제73조의2, 2021.12.31.까지 취득세 감면, 농특세 비과세(영 §4 ⑥)

(1) 반대급부를 받는 기부채납용 부동산에 대한 취득세 면제

지방세법 제9조 제2항에 따르면, 국가, 지방자치단체 또는 지방자치단체조합에 귀속 또는 기부채납을 조건으로 취득하는 부동산 및 사회기반시설에 대해서는 취득세를 부과하지 아니하되, 그 반대급부로 국가등이 소유하고 있는 부동산 및 사회기반시설을 무상으로 양여받거나 기부채납 대상물의 무상사용권을 제공받는 경우에는 비과세혜택을 배제하여 과세하는 것으로 규정하고 있다. 그러나 한시적으로 지방세법 제9조 제2항에 따른 부동산 및 사회기반시설 중에서 국가, 지방자치단체 또는 지방자치단체조합에 귀속되는 재산 또는 기부채납의 반대급부로 국가등이 소유하고 있는 부동산 또는 사회기반시설을 무상으로 양여받거나 기부채납 대상물의 무상사용권을 제공받는 조건으로 취득하는 부동산 또는 사회기반시설에 대해서도 2020년 12월 31일까지 취득세를 면제하고, 2021년 1월 1일부터 2021년 12월 31일까지는 취득세의 50%를 경감한다.(지특법 제73조의2)

(2) 면제세액 추징

기부체납용 부동산 등을 국가등에 귀속등의 조건을 이행하지 아니하고 타인에게 매각·증여하거나 국가등에 귀속등을 이행하지 아니하는 것으로 조건이 변경된 경우에는 그 감면된 취득세를 추징한다.

3. 도시개발사업 등에 대한 감면

∷ 지특법 제74조, 2019.12.31.까지 취득세 면제, 농특세 비과세(영 §4 ③·⑥)

(1) 환지취득 등 부동산에 대한 감면

(가) 감면대상 부동산

도시개발법에 따른 도시개발사업과 도시 및 주거환경정비법에 따른 정비사업(주택재개발사업 및 도시환경정비사업으로 한정한다)의 시행으로 해당 사업의 대상이 되는 부동산의 소유자(상속인 포함)가 환지계획 및 토지상환채권에 따라 취득하는 토지, 관리처분계획에 따라 취득하는 토지 및 건축물과 사업시행자가 취득하는 체비지 또는 보류지에 대해서는 취득세를 2019년 12월 31일까지 면제한다. 여기서 환지계획 등에 따른 취득 부동산은 그 토지의 지목이 사실상 변경되는 부동산을 포함한다.(지특법 제74조 제1항, 지특령 제35조)

(나) 면제한도

종전 부동산의 가액범위 내에서만 면제한다. 따라서 종전부동산의 가액을 초과하는 다음의 부동산에 대해서는 취득세를 부과한다. 초과액은 환지계획 등에 따른 취득부동산의 과세표준(지방법 제10조 제5항에 따른 사실상의 취득가격이 증명되는 경우에는 사실상의 취득가격을 말한다)에서 환지 이전의 부동산의 과세표준(승계취득할 당시의 취득세 과세표준을 말한다)을 뺀 금액으로 한다.(지특법 제74조 제2항, 지특령 제35조)

① 환지계획 등에 따른 취득부동산의 가액 합계액이 종전의 부동산 가액의 합계액을 초과하여 도시 및 주거환경정비법등 관계 법령에 따라 청산금을 부담하는 경우에는 그 청산금에 상당하는 부동산

② 환지계획 등에 따른 취득부동산의 가액 합계액이 종전의 부동산 가액 합계액을 초과하는 경우에는 그 초과액에 상당하는 부동산. 이 경우 사업시행인가[승계취득일 현재 취득부동산 소재지가 소득세법 제104조의2 제1항에 따른 지정지역(별첨2)으로 지정된 경우에는 도시개발구역 지정 또는 정비구역 지정] 이후 환지 이전에 부동산을 승계취득한 자로 한정한다.

(2) 주택재개발사업과 주거환경개선사업의 시행에 따른 감면

도시 및 주거환경정비법에 따른 주택재개발사업(같은 법 제2조 제2호 나목 중 정비기반시설이 열악하고 노후·불량건축물이 밀집한 지역에서 주거환경개선을 하는 경우로 한정한다)과 주거환경개선사업(같은 법 제2조 제2호 가목 중 도시저소득 주민이 집단거주하는 지역으로서 정비기반시설이 극히 열악하고 노후·불량건축물이 과도하게 밀집한 지역의 주거환경을 개선하는 경우로 한정한다)의 시행에 따라 취득하는 다음의 부동산에 대해서는 취득세의 75%를 2019년 12월 31일까지 경감한다. 감면받은 부동산이 그 취득일부터 5년 이내에 별장 등 사치성 부동산(지방법 제13조 제5항)에 해당하거나 관계 법령을 위반하여 건축한 경우에는 감면된 취득세를 추징한다.(지특법 제74조 제3항)

① 사업시행자가 취득하는 다음의 부동산
- 대지 조성을 위하여 취득하는 부동산

- 관리처분계획에 따라 취득하는 주택
- 주거환경개선사업의 시행을 위하여 취득하는 주택

② 종전 부동산 소유자가 취득하는 다음의 부동산

- 도시 및 주거환경정비법에 따른 주택재개발사업의 정비구역지정 고시일 현재 부동산의 소유자가 주택재개발사업의 시행자로부터 취득하는 전용면적 85㎡ 이하의 주택(같은 법에 따라 청산금을 부담하는 경우에는 그 청산금에 상당하는 부동산을 포함한다)
- 도시 및 주거환경정비법에 따른 정비구역지정 고시일 현재 부동산의 소유자가 스스로 개량하는 방법으로 취득하는 주택 또는 주거환경개선사업의 시행자로부터 관리처분계획에 따라 취득하는 전용면적 85㎡ 이하의 주택

4. 기업도시개발구역 및 지역개발사업구역 내 창업기업 등에 대한 감면

지특법 제75조의2, 2019.12.31.까지 취득세 · 재산세 경감, 농특세 과세

(1) 개요

기업도시개발구역에서 사업을 영위하기 위하여 취득하는 부동산으로서 업종 및 투자금액이 일정기준에 해당하는 경우 2019년 12월 31일까지 한시적으로 조례로 정하는 경감율을 적용하여 취득세 및 재산세의 50%를 경감한다.(지특법 제75조의2) 이에 따라 경기도, 강원도 등은 조례로 50% 경감률을 적용하고 있다.(경기도 도세 감면 조례 제9조 등)

(2) 대상 부동산

다음 어느 하나에 해당하는 사업을 영위하기 위하여 취득하는 부동산이어야 한다.

① 기업도시개발구역(기업도시개발 특별법 제2조 제2호)에 2019년 12월 31일까지 창업하거나 사업장을 신설(기존 사업장을 이전하는 경우는 제외한다)하는 기업이 그 구역의 사업장에서 하는 사업

② 기업도시개발 특별법 제10조에 따라 지정된 사업시행자가 하는 사업으로서 같은 법 제2조 제3호에 따른 기업도시개발사업

③ 지역 개발 및 지원에 관한 법률 제11조에 따라 지정된 지역개발사업구역(같은 법 제7조 제1항 제1호에 해당하는 지역개발사업으로 한정한다)에 2019년 12월 31일까지 창업하거나 사업장을 신설(기존 사업장을 이전하는 경우는 제외한다)하는 기업이 그 구역 또는 지역의 사업장에서 하는 사업. 여기서 기업은 지역 개발 및 지원에 관한 법률(법률 제12737호) 부칙 제4조에 따라 의제된 지역개발사업구역 중 폐광지역 개발 지원에 관한 특별법에 따라 지정된 폐광지역진흥지구에 개발사업시행자로 선정되어 입주하는 경우에는 관광진흥법에 따른 관광숙박업 및 종합휴양업과 축산업을 경영하는 내국인을 포함한다.

④ 지역 개발 및 지원에 관한 법률 제11조에 따른 지역개발사업구역(같은 법 제7조 제1항 제1호에 해당하는 지역개발사업으로 한정한다)에서 같은 법 제19조에 따라 지정된 사업시행자가 하는 지역개발사업

(3) 업종 및 투자금액

(가) 위 ①, ③에 따라 취득세를 감면하는 사업

조세특례제한법 시행령 제116조의2 제17항 각 호의 어느 하나에 해당하는 사업으로서 그 투자금액이 100억원 이상이어야 한다. 다만, 조세특례제한법 시행령 제116조의2 제17항 제2호에 해당하는 사업의 경우에는 20억원 이상, 같은 항 제3호에 해당하는 사업의 경우에는 50억원 이상이어야 한다.(지특령 제35조의2)

조세특례제한법 시행령 제116조의2 제17항 각호

1. 제조업
2. 연구개발업
3. 같은 조 제3항 제3호 가목부터 다목까지에 해당하는 사업
   가. 물류시설의 개발 및 운영에 관한 법률 제2조 제4호에 따른 복합물류터미널사업
   나. 유통산업발전법 제2조 제15호의 규정에 의한 공동집배송센터를 조성하여 운영하는 사업
   다. 항만법 제2조 제5호의 규정에 의한 항만시설을 운영하는 사업과 동조 제7호의 규정에 의한 항만배후단지에서 영위하는 물류산업
4. 같은 조 제5항 제6호 각 목의 어느 하나에 해당하는 사업
   가. 엔지니어링사업
   나. 전기통신업
   다. 컴퓨터프로그래밍 · 시스템 통합 및 관리업

라. 정보서비스업
마. 그 밖의 과학기술서비스업
바. 영화・비디오물 및 방송프로그램 제작업, 영화・비디오물 및 방송프로그램 제작 관련 서비스업, 녹음시설 운영업, 음악 및 기타 오디오물 출판업
사. 게임 소프트웨어 개발 및 공급업
아. 공연시설 운영업, 공연단체, 기타 창작 및 예술 관련 서비스업
5. 같은 영 제116조의15 제1항 제1호 및 제3호부터 제6호까지에 해당하는 사업
※ 2016.2.5. 개정으로 각호의 열거사업이 제1호 및 제2호의 하부 목으로 변경되어 법률편제가 맞지 아니함.

(나) 위 ②, ④에 따라 취득세를 감면하는 사업

다음 어느 하나에 해당하는 경우로서 총개발사업비가 1천억원 이상인 사업이어야 한다.

① 기업도시개발 특별법 제11조에 따른 기업도시개발계획에 따라 같은 법 제2조 제2호에 따른 기업도시개발구역을 개발하는 경우
② 지역 개발 및 지원에 관한 법률 제19조에 따라 지정된 사업시행자가 같은 법 제11조에 따라 지정된 지역개발사업구역을 개발하기 위한 지역개발사업을 하는 경우
③ 지역 개발 및 지원에 관한 법률 제19조에 따라 지정된 사업시행자가 같은 법 제67조에 따른 지역활성화지역을 개발하기 위한 지역개발사업을 하는 경우

(4) 감면세액 추징

다음 어느 하나에 해당하는 경우에는 감면된 취득세를 각 그 정하는 바에 따라 추징한다.(지특법 제75조의2 제2항, 지특령 제35조의2 제2항)

① 다음 어느 하나에 해당하는 경우에는 그 사유가 발생한 날부터 소급하여 5년 이내에 감면받은 세액 전액을 추징한다.
- 기업도시개발 특별법 제7조에 따라 기업도시개발구역의 지정이 해제된 경우
- 기업도시개발구역에 창업한 기업이 폐업하거나 신설한 사업장을 폐쇄한 경우
- 지역 개발 및 지원에 관한 법률 제18조에 따라 지역개발사업구역의 지정이 해제되거나 같은 법 제69조에 따라 지역활성화지역의 지정이 해제된 경우
- 지역개발사업구역과 지역활성화지역에 창업한 기업이 폐업하거나 신설한 사업장을 폐쇄한 경우

② 다음 어느 하나에 해당하는 경우에는 감면받은 세액 전액을 추징한다.

- 해당 감면대상사업에서 최초로 소득이 발생한 과세연도(사업개시일부터 3년이 되는 날이 속하는 과세연도까지 해당 사업에서 소득이 발생하지 아니한 경우에는 사업개시일부터 3년이 되는 날이 속하는 과세연도를 말한다)의 종료일부터 2년 이내에 감면기준을 충족하는 투자가 이루어지지 아니한 경우
- 정당한 사유 없이 부동산 취득일부터 3년이 경과할 때까지 취득한 부동산을 해당 용도로 직접 사용하지 아니하거나 해당 용도로 직접 사용한 기간이 2년 미만인 상태에서 그 부동산을 매각·증여하거나 다른 용도로 사용하는 경우

5. 위기지역 내 중소기업 등에 대한 감면

지특법 제75조의3, 2021.12.31.까지 취득세·재산세 경감, 농특세 과세

(1) 개요

위기지역에서 창업중소기업 취득세 감면대상 업종(지특법 제58조의3 제4항 각 호)의 업종을 경영하는 중소기업이 위기지역으로 지정된 기간 내에 중소기업 사업전환 촉진에 관한 특별법 제2조 제2호에 따른 사업전환을 위하여 같은 법 제8조에 따라 2021년 12월 31일까지 사업전환계획 승인을 받고 사업전환계획 승인일부터 3년 이내에 그 전환한 사업에 직접 사용하기 위하여 취득하는 부동산에 대해서는 취득세의 50%(50% 범위에서 조례로 따로 정하는 경우에는 그 율)을 경감하고, 2021년 12월 31일까지 사업전환계획 승인을 받은 중소기업이 과세기준일 현재 전환한 사업에 직접 사용하는 부동산에 대해서는 사업전환일 이후 재산세 납세의무가 최초로 성립하는 날부터 5년간 재산세의 50%(50% 범위에서 조례로 따로 정하는 경우에는 그 율)을 경감한다.

(2) 위기지역

위기지역은 다음의 지역을 말한다.

① 고용정책 기본법 제32조 제1항에 따라 지원할 수 있는 지역으로서 다음의 지역 (지특령 제35조의3, 고용노동부고시 제2018-105호)

- 전라남도 목포시, 전라남도 영암군(지정기간 2018.5.4.~2019.5.3.)

② 고용정책 기본법 제32조의2 제2항에 따라 선포된 고용재난지역

③ 국가균형발전 특별법 제17조 제2항에 따라 지정된 산업위기대응특별지역

(3) 경감세액 추징

다음 어느 하나에 해당하는 경우에는 경감된 취득세를 추징한다.

① 정당한 사유 없이 취득일부터 3년이 지날 때까지 그 부동산을 해당 사업에 직접 사용하지 아니하는 경우

② 취득일부터 3년 이내에 다른 용도로 사용하거나 매각 · 증여하는 경우

③ 최초 사용일부터 계속하여 2년 이상 해당 사업에 직접 사용하지 아니하고 매각 · 증여하거나 다른 용도(임대를 포함한다)로 사용하는 경우

6. 택지개발용 토지 등에 대한 감면

지특법 제76조, 2019.12.31.까지 취득세 · 재산세 감면, 농특세 비과세(영 §4 ⑥)

(1) 취득세 경감

한국토지주택공사가 국가 또는 지방자치단체의 계획에 따라 제3자에게 공급할 목적으로 다음 어느 하나에 해당하는 사업에 사용하기 위하여 일시 취득하는 부동산에 대해서는 취득세의 20%를 2019년 12월 31일까지 경감한다.(지특법 제76조, 지특령 제36조)

① 한국토지주택공사법 제8조 제1항 제1호(국가 또는 지방자치단체가 매입을 지시하거나 의뢰한 것으로 한정한다)에 따른 다음의 사업

- 토지의 취득 · 개발 · 비축 · 관리 · 공급 및 임대
- 공공토지의 비축에 관한 법률에 따른 토지은행사업
- 공공기관 지방이전에 따른 혁신도시 건설 및 지원에 관한 특별법에 따른 토지 및 건축물의 매입

② 한국토지주택공사법 제8조 제1항 제2호 가목부터 라목까지의 다음 사업

- 주택건설용지 · 산업시설용지 및 대통령령으로 정하는 공공시설용지의 개발사업
- 도시개발사업과 도시 및 주거환경정비사업
- 주거 · 산업 · 교육 · 연구 · 문화 · 관광 · 휴양 · 행정 · 정보통신 · 복지 · 유통 등의 기능을 가지는 단지 또는 주거등의 기능의 단지 및 기반시설 등을 종합적으로 계획 · 개발하는 복합단지의 개발사업
- 간척 및 매립사업

③ 한국토지주택공사법 제8조 제1항 제3호 · 제7호에 따른 다음의 사업 다만, 주택법 제2조 제14호 가목에 따른 근린생활시설 또는 같은 호 나목에 따른 공동시설을 건설 · 개량 · 매입 · 비축 · 공급 · 임대 및 관리하는 사업은 제외한다.

- 주택(복리시설을 포함한다)의 건설 · 개량 · 매입 · 비축 · 공급 · 임대 및 관리
- 공공토지의 비축에 관한 법률, 도시개발법, 공공주택 특별법, 산업입지 및 개발에 관한 법률, 주택법, 지역 개발 및 지원에 관한 법률, 택지개발촉진법, 그 밖에 다른 법률에 따라 공사가 시행할 수 있는 사업

④ 한국토지주택공사법 제8조 제1항 제10호(공공기관으로부터 위탁받은 사업은 제외한다)에 따른 사업

⑤ 위 ①부터 ③까지의 규정에 따른 사업 및 한국토지주택공사법 제8조 제1항 제4호 · 제5호의 사업에 따라 같은 법 시행령 제11조 각 호의 공공복리시설을 건설 · 공급하는 사업

⑥ 공공토지의 비축에 관한 법률 제14조 및 제15조에 따른 공공개발용 토지의 비축사업

(2) 재산세 면제

위 (1)의 부동산 중 택지개발사업지구 및 단지조성사업지구에 있는 부동산으로서 관계 법령에 따라 국가 또는 지방자치단체에 무상으로 귀속될 공공시설물 및 그 부속토지와 공공시설용지에 대해서는 재산세(도시지역분 포함)를 2019년 12월 31일까지 면제한다. 공공시설물 및 그 부속토지는 공용청사 · 도서관 · 박물관 · 미술관 등의 건축물과 그 부속토지 및 도로 · 공원 등으로 한다. 이 경우 공공시설용지의 범위는 해당 사업지구의 실시계획 승인 등으로 공공시설용지가 확정된 경우에는 확정된 면적으로 하고, 확정되지 아니한 경우에는 해당 사업지구 총면적의 100분의 45(산업단지조성사업의 경우에는 100분의 35로 한다)에 해당하는 면적으로 한다.(지특령 제6조 · 제36조 제2항)

7. 수자원공사의 단지조성용 토지에 대한 감면

지특법 제77조, 2019.12.31.까지 취득세 · 재산세 감면, 농특세 과세

한국수자원공사법에 따라 설립된 한국수자원공사가 국가 또는 지방자치단체의 계획에 따라 분양의 목적으로 취득하는 부동산에 대하여는 2019년 12월 31일까지 취득세 및 재산세를 다음과 같이 경감한다.(지특법 제77조)

① 다단지조성용 토지에 대해서는 취득세의 30%를 경감한다.

② 택지개발사업지구 및 단지조성사업지구에 있는 부동산으로서 관계 법령에 따라 국가 또는 지방자치단체에 무상으로 귀속될 공공시설물 및 그 부속토지와 공공시설용지에 대해서는 재산세(도시지역분 포함)를 면제한다. 공공시설물 및 그 부속토지의 범위는 위 택지개발용 토지 등에 대한 재산세 감면의 경우와 같다.

8. 산업단지 등에 대한 감면

∷ 지특법 제78조, 2019.12.31.까지 취득세 · 재산세 경감, 농특세 과세

(1) 산업단지 조성을 위하여 취득하는 부동산에 대한 감면

산업입지 및 개발에 관한 법률 제16조에 따른 산업단지개발사업의 시행자 또는 산업기술단지 지원에 관한 특례법 제4조에 따른 사업시행자가("사업시행자") 산업단지 또는 산업기술단지를 조성하기 위하여 취득하는 부동산에 대해서는 취득세의 35%를, 조성공사가 시행되고 있는 토지에 대해서는 재산세의 35%(수도권 외의 지역에 있는 산업단지의 경우에는 60%)를 각각 2019년 12월 31일까지 경감한다. 다만, 산업단지 또는 산업기술단지를 조성하기 위하여 취득한 부동산의 취득일부터 3년 이내에 정당한 사유 없이 산업단지 또는 산업기술단지를 조성하지 아니하는 경우에 해당 부분에 대해서는 경감된 취득세 및 재산세를 추징한다.(지특법 제78조 제1항)

(2) 산업단지 내의 산업용 건축물에 대한 감면

위 (1)의 사업시행자가 산업단지 또는 산업기술단지를 조성한 후 다음의 건축물등의 용도로 분양 또는 임대할 목적으로 취득 · 보유하는 부동산에 대해서는 아래와 같이 취득세 및 재산세를 경감한다.

(가) 대상 건축물

① 도시가스사업법 제2조 제5호에 따른 가스공급시설용 건축물

② 산업기술단지 지원에 관한 특례법에 따른 연구개발시설 및 시험생산시설용 건축물
③ 산업입지 및 개발에 관한 법률 제2조에 따른 공장 · 지식산업 · 문화산업 · 정보통신산업 · 자원비축시설용 건축물과 이와 직접 관련된 교육 · 연구 · 정보처리 · 유통시설용 건축물[공장용 건축물의 경우 지방세법 시행규칙 별표2에서 규정하는 업종의 공장으로서 생산설비를 갖춘 건축물의 연면적 200㎡ 이상인 것을 말한다.(시행규칙 제6조)]
④ 산업집적활성화 및 공장설립에 관한 법률 제30조 제2항에 따른 관리기관이 산업단지의 관리, 입주기업체 지원 및 근로자의 후생복지를 위하여 설치하는 건축물(수익사업용으로 사용되는 부분은 제외한다)
⑤ 집단에너지사업법 제2조 제6호에 따른 공급시설용 건축물
⑥ 산업집적활성화 및 공장설립에 관한 법률 시행령 제6조 제5항 제1호부터 제5호까지, 제7호 및 제8호에 해당하는 산업용 건축물

(나) 세액 경감

① 사업시행자가 신축 또는 증축으로 2019년 12월 31일까지 취득하는 산업용 건축물등에 대해서는 취득세의 35%를, 그 산업용 건축물등에 대한 재산세의 35%(수도권 외의 지역에 있는 산업단지에 대해서는 60%)를 각각 경감한다. 다만, 그 취득일부터 3년 이내에 정당한 사유 없이 해당 용도로 분양 또는 임대하지 아니하는 경우에 해당 부분에 대해서는 경감된 취득세 및 재산세를 추징한다.
② 사업시행자가 2019년 12월 31일까지 취득하여 보유하는 조성공사가 끝난 토지(사용승인을 받거나 사실상 사용하는 경우를 포함한다)에 대해서는 재산세 납세의무가 최초로 성립하는 날부터 5년간 재산세의 35%(수도권 외의 지역에 있는 산업단지의 경우에는 60%)를 경감한다. 다만, 조성공사가 끝난 날부터 3년 이내에 정당한 사유 없이 해당 용도로 분양 또는 임대하지 아니하는 경우에 해당 부분에 대해서는 경감된 재산세를 추징한다.

(3) 산업단지 내 사업시행자가 직접 사용하는 부동산에 대한 감면

위 (1)의 사업시행자가 산업단지 또는 산업기술단지를 조성한 후 직접사용하기 위하여 취득 · 보유하는 부동산에 대해서는 다음과 같이 취득세 및 재산세를 경감한다.(지특법 제78조 제3항)

① 사업시행자가 신축 또는 증축으로 2019년 12월 31일까지 취득하는 산업용 건축물등에 대해서는 취득세의 35%를, 그 산업용 건축물등에 대한 재산세의 납세의무가 최초로 성립하는 날부터 5년간 재산세의 35%(수도권 외의 지역에 있는 산업단지의 경우에는 60%)를 각각 경감한다. 다만, 다음 어느 하나에 해당하는 경우 그 해당 부분에 대해서는 경감된 지방세를 추징한다.

- 정당한 사유 없이 그 취득일부터 3년 이내에 해당 용도로 직접 사용하지 아니하는 경우
- 해당 용도로 직접 사용한 기간이 2년 미만인 상태에서 매각 · 증여하거나 다른 용도로 사용하는 경우

② 사업시행자가 2019년 12월 31일까지 취득하여 보유하는 조성공사가 끝난 토지(사용승인을 받거나 사실상 사용하는 경우를 포함한다)에 대해서는 재산세의 납세의무가 최초로 성립하는 날부터 5년간 재산세의 35%(수도권 외의 지역에 있는 산업단지의 경우에는 60%)를 경감한다. 다만, 다음 어느 하나에 해당하는 경우 그 해당 부분에 대해서는 경감된 재산세를 추징한다.

- 정당한 사유 없이 그 조성공사가 끝난 날부터 3년 이내에 해당 용도로 직접 사용하지 아니하는 경우
- 해당 용도로 직접 사용한 기간이 2년 미만인 상태에서 매각 · 증여하거나 다른 용도로 사용하는 경우

(4) 산업단지 사업시행자 외의 자가 취득하는 부동산에 대한 감면

사업시행자 외의 자가 다음의 산업단지등에서 취득하는 부동산에 대해서는 아래와 같이 취득세 및 재산세를 경감한다.(지특법 제78조 제4항)

(가) 대상지역

산업입지 및 개발에 관한 법률에 따라 지정된 산업단지, 산업집적활성화 및 공장설립에 관한 법률에 따른 유치지역, 산업기술단지 지원에 관한 특례법에 따라 조성된 산업기술단지

(나) 경감 내용

① 산업용 건축물등을 신축 또는 증축하여 취득하는 부동산(신축 또는 증축한 부분에 해당하는 부속토지를 포함한다)에 대해서는 취득세의 50%를 2019년 12월

31일까지 경감하고, 해당 납세의무가 최초로 성립하는 날부터 5년간 재산세의 35%(수도권 외의 지역에 있는 산업단지의 경우에는 75%)를 경감한다. 이 경우 공장용 건축물(건축법 제2조 제1항 제2호에 따른 건축물을 말한다)을 신축 또는 증축하여 중소기업자에게 임대하는 경우를 포함한다. 지방자치단체의 장은 해당 지역의 재정여건 등을 고려하여 25% 범위에서 조례로 정하는 율을 추가로 경감할 수 있다.(지특법 제78조 제8항)

② 산업단지등에서 산업용 건축물등을 대수선(건축법 제2조 제1항 제9호에 해당하는 경우로 한정한다)하여 취득하는 부동산에 대해서는 취득세의 25%를 2019년 12월 31일까지 경감한다. 지방자치단체의 장은 해당 지역의 재정여건 등을 고려하여 15%의 범위에서 조례로 정하는 율을 추가로 경감할 수 있다.(지특법 제78조 제8항)

(다) 경감세액 추징

다음 어느 하나에 해당하는 경우 그 해당 부분에 대해서는 경감된 취득세를 추징한다.(지특법 제78조 제5항)

① 정당한 사유 없이 그 취득일부터 3년이 경과할 때까지 해당 용도로 직접 사용하지 아니하는 경우

② 해당 용도로 직접 사용한 기간이 2년 미만인 상태에서 매각(해당 산업단지관리기관 또는 산업기술단지관리기관이 환매하는 경우는 제외한다) · 증여하거나 다른 용도로 사용하는 경우

(5) 한국산업단지공단이 취득하는 부동산에 대한 감면

산업집적활성화 및 공장설립에 관한 법률에 따른 한국산업단지공단이 다음의 사업(같은 법 제45조의13 제1항 제3호 및 제5호)을 위하여 취득하는 부동산(같은 법 제41조에 따른 환수권의 행사로 인한 취득하는 경우를 포함한다)에 대해서는 취득세의 35%를, 재산세의 50%(수도권 외의 지역에 있는 산업단지의 재산세에 대해서는 75%)를 각각 2019년 12월 31일까지 경감한다. 다만, 취득일부터 3년 이내에 정당한 사유 없이 한국산업단지공단이 위의 사업에 사용하지 아니하는 경우에 해당 부분에 대해서는 경감된 취득세 및 재산세를 추징한다.(지특법 제78조 제6항)

① 공장 · 지식산업센터 및 지원시설 · 산업집적기반시설의 설치 · 운영과 분양 · 임

대 및 매각에 관한 사업. 이 경우 산업집적활성화 및 공장설립에 관한 법률 제39조 제1항에 따라 양도받은 산업용지 또는 공장등을 매각하는 사업을 포함한다.

② 입주기업체 근로자의 후생복지 · 교육사업 및 주택건설사업

(6) 공장의 규모

위 (2), (3), (4)에 따른 공장의 범위는 지방세법 시행규칙 별표 2에서 규정하는 업종의 공장으로서 생산설비를 갖춘 건축물의 연면적(옥외에 기계장치 또는 저장시설이 있는 경우에는 그 시설물의 수평투영면적을 포함한다)이 200㎡ 이상인 것을 말한다. 이 경우 건축물의 연면적에는 그 제조시설을 지원하기 위하여 공장 경계구역 안에 설치되는 종업원의 후생복지시설 등 각종 부대시설(수익사업용으로 사용되는 부분은 제외한다)을 포함한다.(지특칙 제6조)

9. 법인의 지방이전에 대한 감면

∷ 지특법 제79조, 2021.12.31.까지 취득세 · 재산세 감면, 농특세 비과세(영 §4 ⑥)

(1) 개요

과밀억제권역에 본점 또는 주사무소를 설치하여 사업을 직접 하는 법인이 해당 본점 또는 주사무소를 매각하거나 임차를 종료하고 "대도시" 외의 지역으로 본점 또는 주사무소를 이전하는 경우에 해당 사업을 직접 하기 위하여 취득하는 부동산에 대해서는 취득세를 2021년 12월 31일까지 면제하고, 그 부동산에 대한 재산세의 납세의무가 최초로 성립하는 날부터 5년간 재산세를 면제하며 그 다음 3년간 재산세의 50%를 경감한다. 여기서 "대도시"는 과밀억제권역(산업집적활성화 및 공장설립에 관한 법률을 적용받는 산업단지는 제외한다)을 말한다.(지특법 제79조, 지특령 제39조)

(2) 면제대상

대도시 외의 지역으로 본점 또는 주사무소를 이전(移轉)하여 해당 사업을 직접 하기 위하여 취득하는 부동산의 범위는 법인의 본점 또는 주사무소로 사용하는 부동산과 그 부대시설용 부동산으로서 다음의 요건을 모두 갖춘 것으로 한다.(지특칙 제7조 제1항)

① 대도시 외의 지역으로 이전하기 위하여 취득한 본점 또는 주사무소용 부동산으로서 사업을 시작하기 이전에 취득한 것일 것
② 과밀억제권역 내의 본점 또는 주사무소를 대도시 외의 지역으로 이전하기 위하여 사업을 중단한 날까지 6개월(임차한 경우에는 2년을 말한다) 이상 사업을 한 실적이 있을 것
③ 대도시 외의 지역에서 그 사업을 시작한 날부터 6개월 이내에 과밀억제권역 내에 있는 종전의 본점 또는 주사무소를 폐쇄할 것
④ 대도시 외의 지역에서 본점 또는 주사무소용 부동산을 취득한 날부터 6개월 이내에 건축공사를 시작하거나 직접 그 용도에 사용할 것. 다만, 정당한 사유가 있는 경우에는 6개월 이내에 건축공사를 시작하지 아니하거나 직접 그 용도에 사용하지 아니할 수 있다.

(3) 면제범위

감면대상이 되는 본점 또는 주사무소용 부동산 가액의 합계액이 이전하기 전의 본점 또는 주사무소용 부동산 가액의 합계액을 초과하는 경우 그 초과액에 대해서는 취득세를 과세한다. 이 경우 그 초과액의 산정방법과 적용기준은 다음과 같다.(지특칙 제7조 제2항)

① 이전한 본점 또는 주사무소용 부동산의 가액과 이전하기 전의 본점 또는 주사무소용 부동산의 가액이 각각 지방세법 제10조 제5항에 따른 사실상의 취득가격 및 연부금액으로 증명되는 경우에는 그 차액
② 그 외의 경우에는 이전한 본점 또는 주사무소용 부동산의 시가표준액(지방법 제4조)과 이전하기 전의 본점 또는 주사무소용 부동산의 시가표준액의 차액

(4) 면제세액 추징

다음 어느 하나에 해당하는 경우에는 감면한 취득세 및 재산세를 추징한다.

① 법인을 이전하여 5년 이내에 법인이 해산된 경우(합병 · 분할 또는 분할합병으로 인한 경우는 제외한다)와 법인을 이전하여 과세감면을 받고 있는 기간에 과밀억제권역에서 이전 전에 생산하던 제품을 생산하는 법인을 다시 설치한 경우
② 해당 사업에 직접 사용한 기간이 2년 미만인 상태에서 매각 · 증여하거나 다른 용도로 사용하는 경우

10. 공장의 지방이전에 따른 감면

지특법 제80조, 2021.12.31.까지 취득세 · 재산세 감면, 농특세 비과세(영 §4 ⑥)

(1) 개요

“대도시”에서 공장시설을 갖추고 사업을 직접 하는 자가 그 공장을 폐쇄하고 대도시 외의 지역으로서 공장 설치가 금지되거나 제한되지 아니한 지역으로 이전한 후 해당 사업을 계속하기 위하여 취득하는 부동산에 대해서는 취득세를 2021년 12월 31일까지 면제하고, 그 부동산에 대한 납세의무가 최초로 성립하는 날부터 5년간 재산세를 면제하고 그 다음 3년간 재산세의 50%를 경감한다. “대도시”는 과밀억제권역(산업집적활성화 및 공장설립에 관한 법률을 적용받는 산업단지는 제외한다)을 말한다.(지특법 제80조 · 제79조, 지특령 제39조)

(2) 공장의 범위

공장의 범위는 지방세법 시행규칙 별표 2에서 규정하는 업종의 공장으로서 생산설비를 갖춘 건축물의 연면적(옥외에 기계장치 또는 저장시설이 있는 경우에는 그 시설물의 수평투영면적을 포함한다)이 200㎡ 이상인 것을 말한다. 이 경우 건축물의 연면적에는 그 제조시설을 지원하기 위하여 공장 경계구역 안에 설치되는 종업원의 후생복지시설 등 각종 부대시설(수익사업용으로 사용되는 부분은 제외한다)을 포함한다.(지특칙 제8조 제1항)

(3) 대상 부동산

감면 대상이 되는 공장용 부동산은 다음의 요건을 모두 갖춘 것이어야 한다.(지특칙 제8조 제2항)

① 이전한 공장의 사업을 시작하기 이전에 취득한 부동산일 것

② 공장시설(제조장 단위별로 독립된 시설을 말한다)을 이전하기 위하여 대도시 내에 있는 공장의 조업을 중단한 날까지 6개월(임차한 공장의 경우에는 2년) 이상 계속하여 조업한 실적이 있을 것. 이 경우 수질 및 수생태계 보전에 관한 법률 또는 대기환경보전법에 따라 폐수배출시설 또는 대기오염물질배출시설 등의 개선명령 · 이전명령 · 조업정지나 그 밖의 처분을 받아 조업을 중단하였을 때의 그

조업 중지기간은 조업한 기간으로 본다.

③ 대도시 외에서 그 사업을 시작한 날부터 6개월(시운전 기간은 제외한다) 이내에 대도시 내에 있는 해당 공장시설을 완전히 철거하거나 폐쇄할 것

④ 토지를 취득하였을 때에는 그 취득일부터 6개월 이내에 공장용 건축물 공사를 시작하여야 하며, 건축물을 취득하거나 토지와 건축물을 동시에 취득하였을 때에는 그 취득일부터 6개월 이내에 사업을 시작할 것. 다만, 정당한 사유가 있을 때에는 6개월 이내에 공장용 건축물 공사를 시작하지 아니하거나 사업을 시작하지 아니할 수 있다.

(4) 감면한도

감면대상이 되는 공장용 부동산 가액의 합계액이 이전하기 전의 공장용 부동산 가액의 합계액을 초과하는 경우 그 초과액에 대해서는 취득세를 과세한다. 초과액에 대하여 과세하는 경우에는 이전한 공장용 토지와 건축물 가액의 비율로 나누어 계산한 후 각각 과세한다. 이 경우 초과액의 산정기준은 다음과 같다.(지특칙 제8조 제3항)

① 이전한 공장용 부동산의 가액과 이전하기 전의 공장용 부동산의 가액이 각각 지방세법 제10조 제5항에 따른 사실상의 취득가격 및 연부금액으로 증명되는 경우에는 그 차액

② 그 외의 경우에는 이전한 공장용 부동산의 시가표준액과 이전하기 전의 공장용 부동산의 시가표준액의 차액

(5) 감면세액 추징

다음 어느 하나에 해당하는 경우에는 감면한 취득세를 추징한다.

① 공장을 이전하여 8년 내(재산세를 감면받고 있는 기간)에 대도시에서 이전 전에 생산하던 제품을 생산하는 공장을 다시 설치한 경우

② 해당 사업에 직접 사용한 기간이 2년 미만인 상태에서 매각·증여하거나 다른 용도로 사용하는 경우

11. 이전공공기관 등 지방이전에 대한 감면

∷ 지특법 제81조, 2019.12.31.까지 취득세 · 재산세 감면, 농특세 비과세(영 §4 ⑥)

(1) 이전공공기관에 대한 감면

혁신도시 조성 및 발전에 관한 특별법 제2조 제2호에 따른 이전공공기관이 같은 법 제4조에 따라 국토교통부장관의 지방이전계획 승인을 받아 이전할 목적으로 취득하는 부동산에 대해서는 취득세의 50%를 2017년 12월 31일까지 경감하고, 그 부동산에 대한 납세의무가 최초로 성립하는 날부터 5년간 재산세의 50%를 경감한다.(지특법 제81조 제1항) 취득세는 일몰기간이 지났다.

(2) 이전공공기관의 임직원이 취득하는 1가구 1주택에 대한 감면

이전공공기관을 따라 이주한 소속 임직원등이 해당지역에 거주할 목적으로 취득하는 1가구 1주택에 대하여는 2019년 12월 31까지 취득세를 감면한다.(지특법 제81조 제3항)

(가) 감면대상자

① 이전공공기관을 따라 이주하는 소속 임직원

② 신행정수도 후속대책을 위한 연기 · 공주지역 행정중심복합도시 건설을 위한 특별법 제16조에 따른 이전계획에 따라 행정중심복합도시로 이전하는 중앙행정기관 및 그 소속기관(이전계획에 포함되어 있지 않은 중앙행정기관의 소속기관으로서 행정중심복합도시로 이전하는 소속기관을 포함한다)을 따라 이주하는 공무원(1년 이상 근무한 기간제근로자로서 해당 소속기관이 이전하는 날까지 계약이 유지되는 종사자 및 국가공무원법 제26조의4에 따라 수습으로 근무하는 자를 포함한다)

③ 행정중심복합도시건설청 및 세종청사관리소 소속 공무원

(나) 감면대상 주택(1가구 1주택)

취득일 현재 취득자와 같은 세대별 주민등록표에 기재되어 있는 가족(동거인은 제외한다)으로 구성된 1가구(취득자의 배우자와 취득자의 미혼인 30세 미만의 직계비속은 각각 취득자와 같은 세대별 주민등록표에 기재되어 있지 아니하더라도 같은 가구에 속한 것으로 본다)가 다음의 구분에 따른 지역에서 해당 기관에 대한 신행정수도 후속대

책을 위한 연기 · 공주지역 행정중심복합도시 건설을 위한 특별법 제16조 제5항에 따른 이전계획의 고시일이나 혁신도시 조성 및 발전에 관한 특별법 제4조 제4항에 따른 지방이전계획의 승인일 또는 업무개시일(행정중심복합도시건설청 및 세종청사관리소 소속 공무원의 경우에만 해당한다) 이후 1개의 주택을 최초로 취득하는 것을 말한다. 이 경우 주택의 부속토지만을 소유하는 경우에도 주택을 소유한 것으로 본다.(지특령 제40조)

① 위 (가) ①의 감면대상자가 ㉮ 이전공공기관이 혁신도시 조성 및 발전에 관한 특별법 제31조에 따른 공동혁신도시로 이전하는 경우에는 그 혁신도시를 공동으로 건설한 광역시 · 도 또는 특별자치도 내의 지역, ㉯ 그 외의 경우에는 2012년 6월 30일까지는 이전공공기관의 소재지 특별시 · 광역시 · 도 · 특별자치도 또는 신행정수도 후속대책을 위한 연기 · 공주지역 행정중심복합도시 건설을 위한 특별법 제2조 제1호에 따른 예정지역 내의 지역, 2012년 7월 1일 이후에는 이전공공기관의 소재지 특별시 · 광역시 · 특별자치시 · 도 또는 특별자치도 내의 지역

② 위 (가) ②, ③의 감면대상자의 경우에는 2012년 6월 30일까지는 법 제81조 제3항에 따른 중앙행정기관등의 소재지 특별시 · 광역시 · 도 · 특별자치도 또는 예정지역 내의 지역, 2012년 7월 1일 이후에는 중앙행정기관등의 소재지 특별시 · 광역시 · 특별자치시 또는 특별자치도 내의 지역

(다) 감면내용

취득하는 주택의 면적에 따라 다음의 금액을 2019년 12월 31일까지 감면한다.

① 전용면적 85㎡ 이하의 주택 : 면제

② 전용면적 85㎡ 초과 102㎡ 이하의 주택 : 75%(1천분의 750) 경감

③ 전용면적 102㎡ 초과 135㎡ 이하의 주택 : 62.5%(1천분의 625) 경감

(라) 감면세액 추징

취득세를 감면받은 사람이 사망, 혼인, 해외이주, 정년퇴직, 파견근무 또는 부처교류로 인한 근무지역의 변동 등의 정당한 사유 없이 다음 어느 하나에 해당하는 경우에는 감면된 취득세를 추징한다.(지특법 제81조 제4항)

① 이전공공기관 또는 중앙행정기관등의 이전일(이전공공기관의 경우에는 이전에 따른 등기일 또는 업무개시일 중 빠른 날을 말하며, 중앙행정기관등의 경우에는 업무개시일을 말한다) 전에 주택을 매각하거나 증여한 경우

② 해당 기관의 이전일(이전공공기관 또는 중앙행정기관등에 소속된 임직원 또는 공무원의 경우만 해당한다) 또는 주택의 취득일부터 2년 이내에 주택을 매각하거나 증여한 경우

(마) 타 기관 전출 후 복귀 시 감면

이전공공기관, 중앙행정기관등, 행정중심복합도시건설청 및 세종청사관리소의 소속 임직원 또는 공무원(소속기관의 장이 인정하여 주택특별공급을 받은 사람을 포함한다)으로서 해당 지역에 거주할 목적으로 주택을 취득하기 위한 계약을 체결하였으나 취득 시에 인사발령으로 감면대상기관 외의 기관에서 근무하게 되어 제3항에 따른 취득세 감면을 받지 못한 사람이 3년 이내의 근무기간을 종료하고 감면대상기관으로 복귀하였을 때에는 이미 납부한 세액에서 감면을 적용하였을 경우의 감면금액을 환급한다.(지특법 제81조 제5항)

12. 주한미군 한국인 근로자의 평택이주에 대한 감면

∷ 지특법 제81조의2, 2021.12.31.까지 취득세 감면, 농특세 과세

※ 2018.12.24. 개정시 신설된 규정이나 농어촌특별세 비과세 규정에는 열거되어 있지 아니하다.

(1) 개요

'대한민국과 미합중국간의 미합중국군대의 서울지역으로부터의 이전에 관한 협정' 및 '대한민국과 미합중국간의 연합토지관리계획협정'에 따른 주한미군기지 이전(평택시 외의 지역에서 평택시로 이전하는 경우로 한정한다)에 따라 이주하는 한국인 근로자가 평택시에 거주할 목적으로 주택(해당 지역에서 최초로 취득하는 주택으로 한정한다)을 취득함으로써 1가구 1주택이 되는 경우에는 취득세를 2021년 12월 31일까지 감면한다. 여기서 "1가구 1주택이 되는 경우"란 취득일 현재 취득자와 같은 세대별 주민등록표에 기재되어 있는 가족(동거인은 제외한다)으로 구성된 1가구(취득자의 배우자, 취득자의 미혼인 30세 미만의 직계비속은 각각 취득자와 같은 세대별 주민등록표에 기재되어 있지 않더라도 같은 가구에 속한 것으로 본다)가 평택시에 1개의 주택을 소유하는 경우를 말하며, 주택의 부속토지만을 소유하는 경우에도 주택을 소유한 것으

로 본다.(지특법 제81조의2, 지특령 제40조의2)

(2) 감면대상자

감면대상 한국인 이주 근로자는 다음의 자를 말한다.

① '대한민국과 아메리카합중국 간의 상호방위조약 제4조에 의한 시설과 구역 및 대한민국에서의 합중국 군대의 지위에 관한 협정' 제17조에 따른 미합중국군대의 민간인 고용원 및 같은 협정 제15조에 따른 법인인 초청 계약자의 민간인 고용원 중 주한미군기지 이전에 따라 평택시로 이주하는 한국인 근로자

② '대한민국과 미합중국간의 한국노무단의 지위에 관한 협정' 제1조에 따른 민간인 고용원 중 주한미군기지를 따라 평택시로 이주하는 한국인 근로자

(3) 감면내용

① 전용면적 85㎡ 이하인 주택 : 면제

② 전용면적 85㎡ 초과 102㎡ 이하인 주택 : 75%(1천분의 750) 경감

③ 전용면적 102㎡ 초과 135㎡ 이하인 주택 : 62.5%(1천분의 625) 경감

(4) 감면세액 추징

취득세를 감면받은 사람이 사망, 혼인, 해외이주, 정년퇴직, 파견근무 등의 정당한 사유 없이 주택 취득일부터 2년 이내에 주택을 매각・증여하거나 다른 용도로 사용(임대를 포함한다)하는 경우에는 감면된 취득세를 추징한다.

13. 시장정비사업에 대한 감면

지특법 제83조, 2021.12.31.까지 취득세・재산세 감면, 농특세 비과세(영 §4 ⑥)

(1) 시장정비사업용 부동산에 대한 감면

전통시장 및 상점가 육성을 위한 특별법 제37조에 따라 승인된 시장정비구역에서 시장정비사업을 추진하려는 자가 해당 사업에 직접 사용하기 위하여 취득하는 부동산에 대해서는 취득세를 2021년 12월 31일까지 면제하고, 그 부동산에 대한 재산세의

납세의무가 최초로 성립하는 날부터 5년간 재산세의 50%를 경감한다. 다만, 토지분 재산세에 대한 감면은 건축공사 착공일부터 적용한다.(지특법 제83조 제1항)

(2) 시장정비사업으로 취득하는 부동산에 대한 감면

시장정비사업 시행인가일 현재 기존의 전통시장(전통시장 및 상점가 육성을 위한 특별법 제2조 제1호)에서 3년 전부터 계속하여 입점한 상인 또는 시장정비사업 시행인가일 현재 전통시장에서 부동산을 소유한 자가 시장정비사업시행자로부터 시장정비사업시행에 따른 부동산을 최초로 취득하는 경우 해당 부동산(주택은 제외한다)에 대해서는 취득세를 2021년 12월 31일까지 면제하고, 시장정비사업 시행으로 인하여 취득하는 건축물에 대해서는 재산세의 납세의무가 최초로 성립하는 날부터 5년간 재산세의 50%를 경감한다.(지특법 제83조 제2항, 지특령 제41조)

(3) 감면세액 추징

다음의 경우에는 위에 따라 감면받은 취득세를 추징한다.(지특법 제83조 제3항)

① 전통시장 및 상점가 육성을 위한 특별법 제38조에 따라 사업추진계획의 승인이 취소되는 경우

② 그 취득일부터 3년 이내에 정당한 사유 없이 그 사업에 직접 사용하지 아니하거나 매각 · 증여하는 경우나 다른 용도에 사용하는 경우

14. 외국인 투자에 대한 감면

조특법 제121조의2, 취득세 · 재산세 감면, 농특세 비과세(영 §4 ⑥)

(1) 개요

외국인의 국내투자를 유치할 목적으로 조세특례제한법은 특례조항을 두어 국내에서 특정한 사업을 하기 위하여 투자하는 외국인투자에 대해서 일정한 요건을 갖춘 경우 법인세, 소득세, 취득세 및 재산세를 감면하고 있다.(조특법 제121조의2) 여기서는 그 중 취득세와 재산세의 감면에 대하여 본다.

(2) 외국인투자

외국인투자자촉진법 제2조 제1항 제4호에 따른 외국인투자자로서 다음의 기준에 해당하는 외국인 투자자이어야 한다.(조특법 제121조의2 제1항, 조특령 제116조의2 제1항 제1호, 조특칙 제51조) 단, 외국인투자자촉진법 제2조 제1항 제8호 사목 또는 같은 법 제2조 제1항 제4호 가목 2), 제5조 제2항 제1호 및 제6조에 따른 외국인투자에 대해서는 취득세 감면규정을 적용하지 아니한다.(제9항)

① 조세특례제한법 시행규칙 별표14의 신성장동력산업기술을 수반하는 사업을 영위하기 위하여 공장시설(제조업 외의 사업자의 경우 사업장)을 설치 또는 운영할 것

② 외국인 투자금액이 미합중국 화폐 2백만달러 이상일 것

(3) 투자사업

다음 어느 하나에 해당하는 사업을 하기 위한 것일 것(조특법 제121조의2 제1항)

① 국내산업구조의 고도화와 국제경쟁력 강화에 긴요한 신성장동력산업에 속하는 사업으로서 조세특례제한법 시행규칙 별표14의 신성장동력산업기술을 수반하는 사업〈1호〉

② 외국인투자자촉진법 제18조 제1항 제2호에 따른 외국인투자지역에 입주하는 같은 법 제2조 제1항 제6호에 따른 외국인투자기업이 경영하는 사업(조세특례제한법 시행령 제116조의2 제3항의 시설을 설치하는 경우) 및 이 외국인투자기업이 다음 각 법률에 규정하는 사업에 대하여 그 법률에 따른 위원회의 심의·의결을 거치는 사업〈2호〉

- 경제자유구역의 지정 및 운영에 관한 특별법 제2조 제1호에 따른 경제자유구역에 입주하는 외국인투자기업이 경영하는 사업에 대하여 같은 법 제25조에 따른 경제자유구역위원회의 심의·의결을 거치는 사업
- 새만금사업 추진 및 지원에 관한 특별법 제2조에 따라 지정되는 새만금사업지역에 입주하는 외국인투자기업이 경영하는 사업에 대하여 같은 법 제33조에 따른 새만금위원회의 심의·의결을 거치는 사업
- 조세특례제한법 제121조의8(제주첨단과학기술단지 입주기업에 대한 법인세 등의 감면) 제1항에 해당하는 사업에 대하여 제주특별자치도 설치 및 국제자유도시 조성을 위한 특별법 제17조에 따른 제주특별자치도 지원위원회의 심의·의결을 거치는 사업

- 조세특례제한법 제121조의9(제주투자진흥지구 또는 제주자유무역지역 입주기업에 대한 법인세 등의 감면) 제1항 제1호에 해당하는 사업에 대하여 제주특별자치도 설치 및 국제자유도시 조성을 위한 특별법 제144조에 따른 제주국제자유도시 종합계획심의회의 심의 · 의결을 거치는 사업

③ 경제자유구역의 지정 및 운영에 관한 특별법 제2조 제1호에 따른 경제자유구역에 입주하는 외국인투자기업이 경영하는 사업(조세특례제한법 시행령 제116조의2 제5항의 시설을 설치하는 경우)〈2의2호〉

④ 경제자유구역의 지정 및 운영에 관한 특별법 제8조의3 제1항 및 제2항에 따른 개발사업시행자에 해당하는 외국인투자기업이 경영하는 사업(조세특례제한법 시행령 제116조의2 제6항의 요건에 해당하는 경우)〈2의3호〉

⑤ 제주특별자치도 설치 및 국제자유도시 조성을 위한 특별법 제162조에 따라 지정되는 제주투자진흥지구의 개발사업시행자에 해당하는 외국인투자기업이 경영하는 사업(조세특례제한법 시행령 제116조의2 제7항의 요건에 해당하는 경우)〈2의4호〉

⑥ 외국인투자촉진법 제18조 제1항 제1호에 따른 외국인투자지역에 입주하는 외국인투자기업이 경영하는 사업〈2의5호〉

⑦ 기업도시개발 특별법 제2조 제2호에 따른 기업도시개발구역에 입주하는 외국인투자기업이 경영하는 사업〈2의6호〉

⑧ 기업도시개발 특별법 제10조 제1항에 따라 기업도시 개발사업의 시행자로 지정된 외국인투자기업이 경영하는 사업으로서 같은 법 제2조 제3호에 따른 기업도시개발사업〈2의7호〉

⑨ 새만금사업 추진 및 지원에 관한 특별법 제2조에 따라 지정되는 새만금사업지역에 입주하는 외국인투자기업이 경영하는 사업(조세특례제한법 시행령 제116조의2 제5항의 시설을 설치하는 경우)〈2의8호〉

⑩ 새만금사업 추진 및 지원에 관한 특별법 제8조 제1항에 따른 사업시행자에 해당하는 외국인투자기업이 경영하는 사업(조세특례제한법 시행령 제116조의2 제6항의 요건에 해당하는 경우)〈2의9호〉

⑪ 자유무역지역의 지정 및 운영에 관한 법률 제10조 제1항 제2호에 따른 입주기업체의 사업(제조업으로 한정한다) 단, 이 경우 외국인투자금액이 미화 1천만불 이상이어야 한다.(조특령 제116조의2 제9항 · 제10항)〈3호〉

⑫ 자유무역지역의 지정 및 운영에 관한 법률 제10조 제1항 제5호에 따른 입주기업체의 사업, 단 이 경우 외국인투자금액이 미화 5백만불 이상이어야 한다.(조특령 제116조의2 제9항, 제10항)〈3호〉

(4) 감면대상 부동산 및 감면율

(가) 사업개시일 이후 취득하는 부동산

외국인투자기업이 신고한 사업을 하기 위하여 취득·보유하는 재산에 대한 취득세 및 재산세에 대해서는 다음과 같이 그 세액을 감면하거나 일정금액을 과세표준에서 공제한다. 다만, 지방자치단체가 지방세특례제한법 제4조에 따른 조례로 정하는 바에 따라 감면기간 또는 공제기간을 15년까지 연장하거나 연장한 기간에 감면비율 또는 공제비율을 높인 경우에는 그 기간 및 비율에 따른다.(조특법 제121조의2 제4항)

① 취득세, 주택 및 건축물 재산세 : 외국인투자기업이 신고한 사업을 하기 위하여 취득하는 부동산에 대하여 사업개시일부터 5년 동안은 취득세 및 재산세 산출세액에 외국인투자비율을 곱한 금액의 전액("감면대상세액")을, 그 다음 2년 동안은 감면대상세액의 50%에 상당하는 세액을 감면한다. 다만, 위 (3) 투자사업 중 〈2호의2〉 부터 〈2호의9〉까지 및 〈3호〉에 따른 감면대상이 되는 사업을 하기 위하여 취득하는 재산에 대한 취득세는 사업개시일부터 3년 동안은 감면대상세액의 전액을, 그 다음 2년 동안은 감면대상세액의 50%에 상당하는 세액을 각각 감면한다.

② 토지 재산세 : 토지에 대한 재산세는 사업개시일부터 5년 동안은 해당 재산의 과세표준에 외국인투자비율을 곱한 금액("공제대상금액")의 전액을, 그 다음 2년 동안은 공제대상금액의 50%에 상당하는 금액을 과세표준에서 공제. 다만, 위 (3) 투자사업 중 〈2호의2〉 부터 〈2호의9〉까지 및 〈3호〉에 따른 감면대상이 되는 사업을 하기 위하여 취득·보유하는 토지에 대한 재산세는 사업개시일부터 3년 동안은 공제대상금액의 전액을, 그 다음 2년 동안은 공제대상금액의 50%에 상당하는 금액을 과세표준에서 각각 공제한다. 토지분 재산세는 물건별로 과세하는 건축물분 재산세와 달리 다수 토지를 합산하여 과세표준을 산정하기 때문에 과세표준을 기준으로 감면세액을 계산하는 것이다.

(나) 사업개시일 이전 취득하는 부동산

외국인투자기업이 사업개시일 전에 위 (3)의 사업에 사용할 목적으로 취득 · 보유하는 재산이 있는 경우에는 그 재산에 대한 취득세 및 재산세에 대하여 다음과 같이 그 세액을 감면하거나 일정금액을 그 과세표준에서 공제한다. 다만, 지방자치단체가 지방세특례제한법 제4조에 따른 조례로 정하는 바에 따라 감면기간 또는 공제기간을 15년까지 연장하거나 연장한 기간의 범위에서 감면비율 또는 공제비율을 높인 경우에는 그 기간 및 비율에 따른다.(조특법 제121조의2 제5항)

① 취득세 : 외국인투자기업이 신고한 사업을 하기 위하여 조세감면결정(조특법 제121조의2 제8항의 결정)을 받은 날 이후 사업개시일 전에 취득하는 부동산에 대하여 취득세 산출세액에 외국인투자비율을 곱한 금액의 전액을 감면한다.

② 주택 및 건축물 재산세 : 해당 재산을 취득한 날부터 5년 동안은 감면대상세액의 전액을, 그 다음 2년 동안은 감면대상세액의 50%에 상당하는 세액을 감면. 다만, 위 (3)의 투자사업 중 〈2호의2〉부터 〈2호의9〉까지 및 〈3호〉에 따른 감면대상이 되는 사업을 하기 위하여 취득 · 보유하는 재산에 대한 재산세는 그 재산을 취득한 날부터 3년 동안은 감면대상세액의 전액을, 그 다음 2년 동안은 감면대상세액의 50%에 상당하는 세액을 각각 감면한다.

③ 토지 재산세 : 해당 재산을 취득한 날부터 5년 동안은 공제대상금액의 전액을, 그 다음 2년 동안은 공제대상금액의 50%에 상당하는 금액을 과세표준에서 공제. 다만, 위 (3)의 투자사업 중 〈2호의2〉부터 〈2호의9〉까지 및 〈3호〉에 따른 감면대상이 되는 사업을 하기 위하여 취득 · 보유하는 토지에 대한 재산세는 해당 재산을 취득한 날부터 3년 동안은 공제대상금액의 전액을, 그 다음 2년 동안은 공제대상금액의 50%에 상당하는 금액을 과세표준에서 각각 공제한다.

(5) 사업양수하는 외국인투자자에 대한 감면

외국인투자자가 조세특례제한법 시행규칙 별표14의 신성장동력산업기술을 수반하는 사업을 영위하기 위하여 공장시설(제조업 외의 사업자의 경우 사업장)을 설치 또는 운영을 영위하는 사업에 관한 권리와 의무를 포괄적 또는 부분적으로 승계하기 위하여 취득하는 재산에 대한 취득세 및 재산세는 다음과 같이 감면한다. 다만, 지방자치단체가 지방세특례제한법 제4조에 따른 조례로 정하는 바에 따라 감면기간 또는 공제기간을 10년까지 연장하거나 연장한 기간의 범위에서 감면비율 또는 공제비율을 높인 경우

에는 그 기간 및 비율에 따른다.(조특법 제121조의2 제12항, 조특령 제116조의2 제15항)

(가) 사업개시일 이후 취득하는 부동산

① 취득세, 주택 및 건축물 재산세 : 사업개시일부터 3년 동안은 감면대상세액의 50%를, 그 다음 2년 동안은 감면대상세액의 30%에 상당하는 세액을 각각 감면한다.

② 토지 재산세 : 사업개시일부터 3년 동안은 공제대상금액의 50%를, 그 다음 2년 동안은 공제대상금액의 30%에 상당하는 금액을 과세표준에서 각각 공제한다.

(나) 사업개시일 이전 취득하는 부동산

① 조세감면결정을 받은 날 이후에 취득하는 재산에 대한 취득세는 감면대상세액의 50%를 감면한다.

② 주택 및 건축물 재산세 : 해당 재산을 취득한 날부터 3년 동안은 감면대상세액의 50%를, 그 다음 2년 동안은 감면대상세액의 30%에 상당하는 세액을 각각 감면한다.

③ 토지 재산세 : 해당 재산을 취득한 날부터 3년 동안은 공제대상금액의 50%를, 그 다음 2년 동안은 공제대상금액의 30%에 상당하는 금액을 과세표준에서 각각 공제한다.

(6) 감면대상 제외 투자지분

다음 어느 하나에 해당하는 외국인투자의 경우 대한민국 국민이 소유하는 주식 등 비율에 상당하는 투자금액에 대해서는 조세감면대상으로 보지 아니한다.(조특법 제121조의2 제11항)

(가) 내국인이 간접 투자한 외국법인등이 투자하는 경우

외국법인 또는 외국기업(외국법인등)이 외국인투자를 하는 경우로서 다음 ① 또는 ②에 해당하는 경우, ③의 주식은 외국인 투자 주식으로 보지 않는다.

① 대한민국 국민(외국에 영주하고 있는 사람으로서 거주지국의 영주권을 취득하거나 영주권을 갈음하는 체류허가를 받은 사람은 제외한다) 또는 대한민국 법인이 해당 외국법인등의 의결권 있는 주식등의 100분의 5 이상을 직접 또는 간접으로 소유하고 있는 경우

② 대한민국 국민 또는 법인이 단독으로 또는 다른 주주와의 합의・계약 등에 따라

해당 외국법인등의 대표이사 또는 이사의 과반수를 선임한 주주에 해당하는 경우

③ 외국법인등의 외국인투자금액에 해당 외국법인등의 주식등을 대한민국 또는 대한민국 법인이 직접 또는 간접으로 소유하는 비율(그 비율이 100분의 5 미만인 경우에는 100분의 5로 한다)을 곱하여 계산한 금액. 이 경우 주식등의 직접 또는 간접 소유비율은 조세감면 또는 조세면제의 대상이 되는 해당 조세의 납세의무 성립일을 기준으로 산출한다.(조특령 제116조의2 제11항 제1호) 간접 소유비율은 대한민국 국민등이 소유한 지분이 50% 이상인 법인을 통하여 간접 소유하는 경우는 외국인투자 법인의 지분율을 그대로 간접 소유 비율로 하고, 50% 미만인 경우에는 간접소유 법인의 지분율과 직접소유 법인의 지분율을 곱한 비율을 간접 소유 지분율로 한다.(조특령 제116조의2 제12항)

(나) 외국인투자기업 등이 자금을 대여한 외국인이 투자하는 경우

다음 ①, ②, ③의 어느 하나에 해당하는 자가 외국인투자 촉진법 제2조 제1항 제5호에 따른 외국투자가에게 대여한 금액이 있는 경우에는 ④의 금액은 외국인 투자금액으로 보지 않는다.

① 외국인투자기업

② 외국인투자기업의 의결권 있는 주식등을 100분의 5 이상 직접 또는 간접으로 소유하고 있는 대한민국 국민 또는 법인

③ 단독으로 또는 다른 주주와의 합의・계약 등에 따라 외국인투자기업의 대표이사 또는 이사의 과반수를 선임한 주주인 대한민국 국민 또는 법인

④ 외국인투자금액 중 외국인투자기업 등이 자금을 대여한 외국인이 투자하는 경우 외국투자가에게 대여한 금액 상당액(조특령 제116조의2 제11항 제2호)

(다) 외국인이 국제조세조정에 관한 법률 제2조 제1항 제2호에 따른 조세조약 또는 투자보장협정을 체결하지 아니한 국가 또는 지역 중 조세특례제한법 시행령 별표13의 국가 또는 지역을 통하여 외국인투자를 하는 경우

조세감면을 적용하지 아니한다.(조특령 제116조의2 제13항)

(7) 감면세액 추징

다음 어느 하나에 해당하는 경우에는 감면된 취득세를 추징한다. ①의 경우에는 그 미달된 비율에 상응하는 금액에 해당하는 세액을 추징한다.(조특법 제121조의5 제3항)

① 조세특례제한법 제121조의2 제5항 및 제12항에 따라 조세가 감면된 후 외국투자가의 주식등의 비율이 감면 당시의 주식등의 비율에 미달하게 된 경우
② 조세특례제한법 제121조의2 제4항 및 제12항에 따라 조세가 감면된 후 외국투자가가 이 법에 따라 소유하는 주식등을 대한민국 국민 또는 대한민국 법인에 양도하는 경우
③ 외국인투자 촉진법에 따라 등록이 말소된 경우
④ 해당 외국인투자기업이 폐업하는 경우
⑤ 외국인투자기업이 외국인투자신고 후 5년(고용 관련 조세감면기준은 3년)이내에 출자목적물의 납입 및 외국인투자 촉진법 제2조 제1항 제4호 나목에 따른 장기차관의 도입 또는 고용인원이 제121조의2 제1항에 따른 조세감면기준에 미달하는 경우

IX 공공행정 등에 대한 지원

1. 한국법무보호복지공단 등에 대한 감면

지특법 제85조, 2019.12.31.까지 취득세 · 재산세 면제, 농특세 비과세(영 §4 ⑥)

보호관찰 등에 관한 법률에 따른 한국법무보호복지공단 및 같은 법에 따라 갱생보호사업의 허가를 받은 비영리법인이 갱생보호사업에 직접 사용하기 위하여 취득하는 부동산에 대해서는 취득세를, 과세기준일 현재 그 사업에 직접 사용하는 부동산에 대해서는 재산세(도시지역분 포함)를 각각 2019년 12월 31일까지 면제한다.(지특법 제85조 제1항)

2. 지방공기업 등에 대한 감면

지특법 제85조의2, 2019.12.31.까지 취득세 · 재산세 감면, 농특세 비과세(영 §4 ⑥)

(1) 지방공사에 대한 감면

(가) 고유사업목적에 사용하는 부동산에 대한 감면

지방공기업법에 따라 설립된 지방공사(농수산물공사 및 도시철도공사를 제외한다)가 그 고유업무에 직접 사용하기 위하여 취득하는 부동산에 대해서는 취득세, 과세기준일 현재 그 고유업무에 직접 사용하는 부동산(지방공기업법 제2조 제1항 제7호 및 제8호에 따른 사업용 부동산은 제외한다)에 대해서는 재산세(도시지역분 포함)의 각 50%(50% 범위에서 조례로 따로 정하는 경우에는 그 율)에 지방자치단체의 주식소유 비율을 곱한 금액을 2019년 12월 31일까지 경감한다. 감면세액을 계산함에 있어 지방자치단체의 소유주식 비율을 계산할 때, 지방자치단체의 소유주식에는 지방공기업법 제53조 제4항에 따라 지방자치단체가 출자한 것으로 보는 간접 출자주식을 포함한다.(지특법 제85조의2 제1항)

(나) 공공시설물 등에 대한 감면

지방공기업법에 따라 설립된 지방공사(농수산물공사 및 도시철도공사를 제외한다)가 주택사업 및 택지개발사업(지방공기업법 제2조 제1항 제7호 · 제8호)에 따른 사업용 부동산 중 택지개발사업지구 및 단지조성사업지구에 있는 부동산으로서 관계 법령에 따라 국가 또는 지방자치단체에 무상으로 귀속될 공공시설물 및 그 부속토지와 공공시설용지에 대해서는 재산세(도시지역분 포함)를 2019년 12월 31일까지 면제한다. 이 경우 공공시설물 및 그 부속토지와 공공시설용지의 범위는 공공시설물 및 그 부속토지는 공용청사 · 도서관 · 박물관 · 미술관 등의 건축물과 그 부속토지 및 도로 · 공원 등으로 하고, 공공시설용지의 범위는 해당 사업지구의 실시계획 승인 등으로 공공시설용지가 확정된 경우에는 확정된 면적으로 하고, 확정되지 아니한 경우에는 해당 사업지구 총면적의 100분의 45(산업단지조성사업의 경우에는 100분의 35로 한다)에 해당하는 면적으로 한다.(지특령 제41조의2 · 제6조)

(2) 지방공단에 대한 감면

지방공기업법에 따라 설립된 지방공단이 그 고유업무에 직접 사용하기 위하여 취득하는 부동산에 대해서는 취득세의 100%(100% 범위에서 조례로 따로 정하는 경우에는 그 율)를, 과세기준일 현재 그 고유업무에 직접 사용하는 부동산에 대해서는 재산세(도시지역분 포함)의 100%(100%의 범위에서 조례로 따로 정하는 경우에는 그 율)를 각각

2019년 12월 31일까지 감면한다.(지특법 제85조의2 제2항)

(3) 지방자치단체가 출자한 법인에 대한 감면

지방자치단체가 설립 당시에 자본금 또는 재산을 출연하여 설립한 상법에 따른 주식회사 또는 민법에 따른 재단법인이 그 고유업무에 직접 사용하기 위하여 취득하는 부동산에 대해서는 취득세, 과세기준일 현재 그 고유업무에 직접 사용하는 부동산에 대해서는 재산세(도시지역분 포함)의 50%(50%의 범위에서 조례로 따로 정하는 경우에는 그 율)에 다음의 구분에 따른 비율을 곱한 금액을 2019년 12월 31일까지 경감한다.(지특법 제85조의2 제3항)

① 주식회사의 발행주식총수에 대한 지방자치단체의 소유주식(지방자치단체가 설립한 지방공사가 출자한 주식은 그 지방자치단체가 출자한 것으로 본다) 수의 비율

② 재단법인이 출연받은 재산총액에 대한 지방자치단체의 출연 재산(지방자치단체가 설립한 지방공사가 출연한 재산은 그 지방자치단체가 출연한 것으로 본다)의 비율

3. 새마을금고 등에 대한 감면

•: 지특법 제87조, 2020.12.31.까지 취득세 · 재산세 면제, 농특세 과세

(1) 신용협동조합에 대한 감면

신용협동조합법에 따라 설립된 신용협동조합(중앙회는 제외한다)이 다음 업무에 직접 사용하기 위하여 취득하는 부동산에 대해서는 취득세를, 과세기준일 현재 그 업무에 직접 사용하는 부동산에 대해서는 재산세를 각각 2020년 12월 31일까지 면제한다.(지특법 제87조 제1항, 신용협동조합법 제39조 제1항 제1호 · 제2호 · 제4호)

① 신용사업 : 조합원으로부터의 예탁금 · 적금의 수납, 조합원에 대한 대출, 내국환, 국가 · 공공단체 · 중앙회 및 금융기관의 업무 대리, 조합원을 위한 유가증권 · 귀금속 및 중요 물품의 보관 등 보호예수(保護預受) 업무, 어음할인, 전자금융거래법에서 정하는 직불전자지급수단의 발행 · 관리 및 대금의 결제(신용협동조합법 제78조 제1항 제5호 사목에 따른 중앙회의 업무를 공동으로 수행하는 경우로 한정한다), 전자금융거래법에서 정하는 선불전자지급수단의 발행 · 관리 · 판매 및 대금의 결제(신용협동조합법 제78조 제1항 제5호 아목에 따른 중앙회의 업무를

공동으로 수행하는 경우로 한정한다)

② 복지사업

③ 조합원의 경제적 · 사회적 지위 향상을 위한 교육

(2) 새마을금고에 대한 감면

새마을금고법에 따라 설립된 새마을금고(중앙회는 제외한다)가 다음의 업무에 직접 사용하기 위하여 취득하는 부동산에 대해서는 취득세를, 과세기준일 현재 그 업무에 직접 사용하는 부동산에 대해서는 재산세를 각각 2020년 12월 31일까지 면제한다.(지특법 제87조 제2항, 새마을금고법 제28조 제1항 제1호부터 제4호)

① 신용사업 : 회원으로부터 예탁금과 적금 수납, 회원을 대상으로 한 자금의 대출, 내국환(內國換)과 외국환거래법에 따른 환전 업무, 국가, 공공단체 및 금융기관의 업무 대리, 회원을 위한 보호예수(保護預受)

② 문화 복지 후생사업

③ 회원에 대한 교육사업

④ 지역사회 개발사업

4. 새마을운동조직 등에 대한 감면

지특법 제88조, 2019.12.31.까지 취득세 · 재산세 면제, 농특세 비과세(영 §4 ⑥)

새마을운동 조직육성법을 적용받는 새마을운동조직이 그 고유업무에 직접 사용하기 위하여 취득하는 부동산(임대용 부동산은 제외한다)에 대하여는 취득세를, 과세기준일 현재 그 고유업무에 직접 사용하는 부동산에 대하여는 재산세(도시지역분 포함)를 각각 2019년 12월 31일까지 면제한다.(지특법 제88조)

5. 정당에 대한 감면

지특법 제89조, 2019.12.31.까지 취득세 · 재산세 · 지역자원시설세 · 주민세 재산분 면제, 농특세 비과세(영 §4 ⑥)

정당법에 따라 설립된 정당이 해당 사업에 직접 사용하기 위하여 취득하는 부동산 및 사용하는 부동산에 대해서는 다음과 같이 취득세 등을 2019년 12월 31일까지 면제한다.(지특법 제89조)

① 취득세 : 정당이 해당 사업에 직접 사용하기 위하여 취득하는 부동산에 대해서는 취득세를 면제한다. 다만, 다음 어느 하나에 해당하는 경우 그 해당 부분에 대해서는 면제된 취득세를 추징한다.
- 해당 부동산을 취득한 날부터 5년 이내에 수익사업에 사용하는 경우
- 정당한 사유 없이 그 취득일부터 3년이 경과할 때까지 해당 용도로 직접 사용하지 아니하는 경우
- 해당 용도로 직접 사용한 기간이 2년 미만인 상태에서 매각 · 증여하거나 다른 용도로 사용하는 경우

② 재산세 : 정당이 과세기준일 현재 해당 사업에 직접 사용하는 부동산(해당 사업에 직접 사용할 건축물을 건축 중인 경우와 건축허가 후 행정기관의 건축규제조치로 건축에 착공하지 못한 경우의 건축 예정 건축물의 부속토지를 포함한다)에 대해서는 재산세(도시지역분 포함) 및 지역자원시설세를 면제한다. 다만, 수익사업에 사용하는 경우와 해당 재산이 유료로 사용되는 경우의 그 재산 및 해당 재산의 일부가 그 목적에 직접 사용되지 아니하는 경우의 그 일부 재산에 대해서는 면제하지 아니한다.

③ 주민세 재산분 : 정당이 그 사업에 직접 사용하는 시설물에 대한 주민세 재산분을 면제한다. 다만, 수익사업에 직접 제공되고 있는 사업소에 부과하는 주민세 재산분은 면제하지 아니한다. 이 경우 면제대상 사업과 수익사업에 건축물이 겸용되는 경우에는 주된 용도에 따른다.

6. 마을회 등에 대한 감면

- 지특법 제90조, 2019.12.31.까지 취득세 · 재산세 · 지역자원시설세 · 주민세 재산분 면제, 농특세 비과세(영 §4 ⑥)

마을주민의 복지증진 등을 도모하기 위하여 마을주민만으로 조직된 마을회 등 주민공동체에 대하여는 2019년 12월 31일까지 취득세 등을 다음과 같이 면제한다.(지특법

제90조, 지특령 제43조)

① 취득세 : 마을회 등 주민공동체가 주민 공동소유를 위하여 취득하는 부동산에 대하여 취득세를 면제한다. 다만, 다음 어느 하나에 해당하는 경우 그 해당 부분에 대해서는 면제된 취득세를 추징한다.(지특법 제90조)

- 해당 부동산을 취득한 날부터 5년 이내에 수익사업에 사용하는 경우
- 정당한 사유 없이 그 취득일부터 1년이 경과할 때까지 해당 용도로 직접 사용하지 아니하는 경우
- 해당 용도로 직접 사용한 기간이 2년 미만인 상태에서 매각・증여하거나 다른 용도로 사용하는 경우

② 재산세 등 : 마을회등이 소유한 부동산과 임야에 대해서는 재산세(도시지역분 포함) 및 지역자원시설세를, 마을회등에 대해서는 주민세 재산분을 각각 면제한다. 다만, 수익사업에 사용하는 경우와 해당 재산이 유료로 사용되는 경우의 그 재산 및 해당 재산의 일부가 그 목적에 직접 사용되지 아니하는 경우의 그 일부 재산에 대해서는 면제하지 아니한다.

7. 재외 외교관 자녀 기숙사용 부동산에 대한 과세특례

지특법 제91조, 취득세 감경, 농특세 과세

사단법인 한국외교협회의 재외 외교관 자녀 기숙사용 토지 및 건축물에 대한 취득세는 지방세법 제11조 제1항의 세율에도 불구하고 2%를 적용하여 과세한다. 다만, 다음 어느 하나에 해당하는 경우 그 해당 부분에 대해서는 감면된 취득세를 추징한다.(지특법 제91조)

① 해당 부동산을 취득한 날부터 5년 이내에 수익사업에 사용하는 경우

② 정당한 사유 없이 그 취득일부터 1년이 경과할 때까지 해당 용도로 직접 사용하지 아니하는 경우

③ 해당 용도로 직접 사용한 기간이 2년 미만인 상태에서 매각・증여하거나 다른 용도로 사용하는 경우

8. 천재지변 등으로 인한 대체취득에 대한 감면

∷ 지특법 제92조, 취득세 감경, 농특세 비과세(영 §4 ③)

천재지변, 그 밖의 불가항력으로 멸실 또는 파손된 건축물을 그 멸실일 또는 파손일부터 2년 이내에 복구를 위하여 건축물을 건축 또는 개수하는 경우 및 대체취득하는 경우에는 취득세를 면제한다. 다만, 새로 취득한 건축물의 연면적이 종전의 건축물의 연면적을 초과하는 경우에 그 초과부분에 대해서는 취득세를 부과한다.(지특법 제92조)

X 감면한도

1. 감면제외 대상

지방세특례제한법상 감면을 적용할 때 지방세법 제13조 제5항에 따른 별장, 골프장, 고급주택, 고급오락장은 감면대상에서 제외한다.(지특법 제177조)

2. 감면의 한도

(1) 감면한도

지방세특례제한법에 따라 취득세가 면제되거나, 지방세 특례 중에서 세액감면율이 100%인 경우와 세율경감률이 지방세법에 따른 해당 과세대상에 대한 세율 전부를 감면하는 경우에는 지방세특례제한법의 개별규정에도 불구하고, 중과세율(지방법 제13조 제1항~제4항)을 적용하지 아니한 세율의 85%에 해당하는 감면율을 적용한다.(지특법 제177조의2) 다만, 지방세법에 따라 산출한 취득세액이 200만원 이하인 경우와 지방세특례제한법상 다음의 감면조항에 해당하는 경우에는 감면한도를 적용하지 아니한다.

① 제8조 : 농지확대개발을 위한 면제 등

② 제11조 제1항 : 영농조합법인과 농업회사법인이 영농에 사용하기 위하여 법인설

립등기일부터 2년 이내에 취득하는 부동산에 대한 면제

③ 제16조 : 농어촌 주택개량에 대한 감면

④ 제17조의2 : 한센인 및 한센인정착농원 지원을 위한 감면

⑤ 제20조 제1호 : 무료 노인복지시설에 사용하기 위하여 취득하는 부동산에 대한 면제

⑥ 제29조 : 국가유공자 등에 대한 감면

⑦ 제30조 제3항 : 독립기념관이 업무에 직접 사용하기 위하여 취득하는 부동산에 대한 면제

⑧ 제33조 제2항 : 1가구 1주택에 해당하는 서민주택에 대한 면제

⑨ 제36조 : 무주택자 주택공급사업 지원을 위한 감면

⑩ 제41조 제1항에서 제6항 : 학교 및 외국교육기관에 대한 면제

⑪ 제50조 : 종교단체 또는 향교에 대한 면제

⑫ 제57조의2 제2항 : 농업협동조합법, 수산업협동조합법 및 산림조합법에 따른 각 조합간의 합병, 새마을금고 간의 합병, 신용협동조합 간의 합병에 따라 취득하는 부동산에 대한 면제(2020년 12월 31일까지로 한정한다)

⑬ 제57조의3 제1항 : 기업 재무구조 개선 등에 대한 감면(한국자산관리공사에 대한 감면은 제외)

⑭ 제63조 제2항 및 제4항 : 한국철도시설공단의 국가귀속 부동산에 대한 감면 및 철도건설부지로 편입된 토지에 대한 감면

⑮ 제73조 : 토지수용 등으로 인한 대체취득에 대한 감면

⑯ 제92조 : 천재지변 등으로 인한 대체취득에 대한 감면

(2) 조례에 의한 감면에 대한 한도

지방세특례제한법 제4조에 따라 지방자치단체는 한시적으로 조례로 지방세의 세율경감, 세액감면 및 세액공제를 할 수 있으며, 이 경우에도 감면한도규정이 적용되는 것이 원칙이나 지방자치단체는 조례로 한도적용여부와 적용시기를 따로 정할 수 있다.(지특법 제177조의2 제2항 · 제3항)

3. 감면규정의 중복적용 배제

동일한 과세대상에 대하여 지방세를 감면할 때 둘 이상의 감면 규정이 적용되는 경우에는 그 중 감면율이 높은 것 하나만을 적용한다.(지특법 제180조) 다만, 다음의 감면과 다른 규정에 의한 감면이 중복되는 경우에는 모두 적용할 수 있다. 단, 이 경우에도 ①, ②, ③이 서로 중복되는 경우에는 그 중 감면율이 높은 것 하나만을 적용한다.(지특법 제180조)

① 토지수용 등으로 인한 대체취득에 대한 감면(지특법 제73조)
② 도시개발사업 등에 대한 감면(지특법 제74조)
③ 천재지변 등으로 인한 대체취득에 대한 감면(지특법 제92조)
④ 자동계좌이체 납부에 대한 세액공제(지특법 제92조의2)

4. 감면세액 추징

지방세특례제한법은 개별 감면규정에 감면된 세액을 추징하는 사유를 규정하고 있는 경우도 있으나, 부동산에 대한 취득세 감면을 적용할 때는 지방세특례제한법에서 특별히 규정되어 있지 아니한 경우에도 다음의 경우에는 그 해당 부분에 대해서는 감면된 취득세를 추징한다.(지특법 제178조)

① 정당한 사유 없이 그 취득일부터 1년이 경과할 때까지 해당 용도로 직접 사용하지 아니하는 경우
② 해당 용도로 직접 사용한 기간이 2년 미만인 상태에서 매각·증여하거나 다른 용도로 사용하는 경우

제 3 절 취득세 비과세 및 과세최저한

I 국가 등이 취득하는 부동산 비과세

1. 국가 등이 취득하는 부동산에 대한 비과세

국가 또는 지방자치단체(다른 법률에서 국가 또는 지방자치단체로 의제되는 법인은 제외한다), 지방자치단체조합, 외국정부 및 주한국제기구의 취득에 대해서는 취득세를 부과하지 아니한다. 다만, 대한민국 정부기관의 취득에 대하여 과세하는 외국정부의 취득에 대해서는 취득세를 부과한다.(지방법 제9조 제1항)

2. 국가 등에 기부채납하는 부동산 비과세

(1) 대상 부동산

국가, 지방자치단체 또는 지방자치단체조합(국가등)에 귀속 또는 기부채납을 조건으로 취득하는 부동산 및 사회기반시설에 대해서는 취득세를 부과하지 아니한다. 여기서 사회기반시설이라 함은 사회기반시설에 대한 민간투자법 제2조 제1호 각 목에 해당하는 시설을 말한다.(지방법 제9조 제2항)

사회기반시설(사회기반시설에 대한 민간투자법 제2조 제1호)

가. 도로법 제2조 제1호 및 제2호에 따른 도로 및 도로의 부속물
나. 철도사업법 제2조 제1호에 따른 철도

다. 도시철도법 제2조 제2호에 따른 도시철도
라. 항만법 제2조 제5호에 따른 항만시설
마. 공항시설법 제2조 제7호에 따른 공항시설
바. 댐건설 및 주변지역지원 등에 관한 법률 제2조 제2호에 따른 다목적댐
사. 수도법 제3조 제5호에 따른 수도 및 물의 재이용 촉진 및 지원에 관한 법률 제2조 제4호에 따른 중수도
아. 하수도법 제2조 제3호에 따른 하수도, 같은 조 제9호에 따른 공공하수처리시설, 같은 조 제10호에 따른 분뇨처리시설 및 물의 재이용 촉진 및 지원에 관한 법률 제2조 제7호에 따른 하·폐수처리수 재이용시설
자. 하천법 제2조 제3호에 따른 하천시설
차. 어촌·어항법 제2조 제5호에 따른 어항시설
카. 폐기물관리법 제2조 제8호에 따른 폐기물처리시설
타. 전기통신기본법 제2조 제2호에 따른 전기통신설비
파. 전원개발촉진법 제2조 제1호에 따른 전원설비
하. 도시가스사업법 제2조 제5호에 따른 가스공급시설
거. 집단에너지사업법 제2조 제5호에 따른 집단에너지시설
너. 정보통신망 이용촉진 및 정보보호 등에 관한 법률 제2조 제1항 제1호에 따른 정보통신망
더. 물류시설의 개발 및 운영에 관한 법률 제2조 제2호 및 제6호에 따른 물류터미널 및 물류단지
러. 여객자동차 운수사업법 제2조 제5호에 따른 여객자동차터미널
머. 관광진흥법 제2조 제6호 및 제7호에 따른 관광지 및 관광단지
버. 주차장법 제2조 제1호 나목에 따른 노외주차장
서. 도시공원 및 녹지 등에 관한 법률 제2조 제3호 가목에 따른 도시공원
어. 수질 및 수생태계 보전에 관한 법률 제2조 제17호에 따른 공공폐수처리시설
저. 가축분뇨의 관리 및 이용에 관한 법률 제2조 제9호에 따른 공공처리시설
처. 자원의 절약과 재활용촉진에 관한 법률 제2조 제10호에 따른 재활용시설
커. 체육시설의 설치·이용에 관한 법률 제5조에 따른 전문체육시설 및 같은 법 제6조에 따른 생활체육시설
터. 청소년활동 진흥법 제10조 제1호에 따른 청소년수련시설
퍼. 도서관법 제2조 제1호에 따른 도서관
허. 박물관 및 미술관 진흥법 제2조 제1호 및 제2호에 따른 박물관 및 미술관
고. 국제회의산업 육성에 관한 법률 제2조 제3호에 따른 국제회의시설
노. 국가통합교통체계효율화법 제2조 제15호 및 제16호에 따른 복합환승센터 및 지능형 교통체계
도. 국가공간정보 기본법 제2조 제3호에 따른 공간정보체계
로. 국가정보화 기본법 제3조 제13호에 따른 초고속정보통신망

모. 과학관의 설립 · 운영 및 육성에 관한 법률 제2조 제1호에 따른 과학관
보. 철도산업발전기본법 제3조 제2호에 따른 철도시설
소. 유아교육법 제2조 제2호, 초 · 중등교육법 제2조 및 고등교육법 제2조 제1호부터 제5호까지의 규정에 따른 유치원 및 학교
오. 국방 · 군사시설 사업에 관한 법률 제2조 제1항 제1호 및 제7호에 따른 국방 · 군사시설 중 교육 · 훈련, 병영생활 및 주거에 필요한 시설과 군부대에 부속된 시설로서 군인의 복지 · 체육을 위하여 필요한 시설
조. 공공주택 특별법 제2조 제1호 가목에 따른 공공임대주택
초. 영유아보육법 제2조 제3호에 따른 어린이집
코. 노인복지법 제32조 · 제34조 및 제38조에 따른 노인주거복지시설, 노인의료복지시설 및 재가노인복지시설
토. 공공보건의료에 관한 법률 제2조 제3호에 따른 공공보건의료기관
포. 신항만건설촉진법 제2조 제2호 나목 및 다목에 따른 신항만건설사업의 대상이 되는 시설
호. 문화예술진흥법 제2조 제1항 제3호에 따른 문화시설
구. 산림문화 · 휴양에 관한 법률 제2조 제2호에 따른 자연휴양림
누. 수목원 조성 및 진흥에 관한 법률 제2조 제1호에 따른 수목원
두. 유비쿼터스도시의 건설 등에 관한 법률 제2조 제3호에 따른 유비쿼터스도시기반시설
무. 신에너지 및 재생에너지 개발 · 이용 · 보급 촉진법 제2조 제3호에 따른 신 · 재생에너지 설비
부. 자전거 이용 활성화에 관한 법률 제2조 제2호에 따른 자전거이용시설
수. 산업집적활성화 및 공장설립에 관한 법률 제2조 제9호에 따른 산업집적기반시설
우. 국토의 계획 및 이용에 관한 법률 제2조 제6호 라목에 따른 공공청사 중 중앙행정기관의 소속기관 청사. 다만, 경찰법에 따른 지방경찰청 및 경찰서는 제외한다.
주. 장사 등에 관한 법률 제2조 제8호에 따른 화장시설
추. 아동복지법 제3조 제10호에 따른 아동복지시설
쿠. 택시운송사업의 발전에 관한 법률 제2조 제5호에 따른 택시공영차고지

(2) 귀속 또는 기부채납 조건

"기부채납"이란 국가 외의 자가 국가가 보유할 수 있는 재산(국유재산법 제5조 제1항)의 소유권을 무상으로 국가에 이전하여 국가가 이를 취득하는 것으로(국유재산법 제2조), 기부자가 그의 소유재산을 국가나 지방자치단체의 공유재산으로 증여하는 의사표시를 하고 국가나 지방자치단체가 이를 승낙하는 채납의 의사표시를 함으로써 성립하는 증여계약이다. 그러나 반드시 무상으로 기증하는 것에 한정하지는 않으므로, 부동산을 국가에 공여함에 있어 인허가조건의 성취, 무상사용권 취득 또는 무상양여 등 다른

경제적 이익을 취득할 목적이 있었다고 하더라도 당해 부동산의 공여 자체가 기부채납의 형식으로 되어 있고, 국가도 이를 승낙하는 채납의 의사표시를 함에 따라 취득하는 부동산은 비과세 대상에 해당된다.(대법원 2006.1.26. 선고 2005두14998 판결)

여기서 기부채납에는 사회기반시설의 준공 후 일정기간 동안 사업시행자에게 해당 시설의 소유권이 인정되며 그 기간이 만료되면 시설소유권이 국가 또는 지방자치단체에 귀속되는 방식(사회기반시설에 대한 민간투자법 제4조 제3호)도 포함한다.

(3) 비과세 배제

국가등에 귀속 또는 기부채납 조건으로 취득한 부동산이 다음 어느 하나에 해당하는 경우 그 해당 부분에 대해서는 취득세를 부과한다.

① 국가등에 귀속 또는 기부채납의 조건을 이행하지 아니하고 타인에게 매각 · 증여하거나 귀속등을 이행하지 아니하는 것으로 조건이 변경된 경우

② 국가등에 귀속 또는 기부채납의 반대급부로 국가등이 소유하고 있는 부동산 및 사회기반시설을 무상으로 양여받거나 기부채납 대상물의 무상사용권을 제공받는 경우(이 규정은 2015년 12월 29일 개정 시 신설되었다)

Ⅱ 기타 비과세

1. 신탁재산의 취득에 대한 비과세

(1) 개요

신탁이란 위탁자(신탁을 설정하는 자)와 수탁자(신탁을 인수하는 자) 간의 신임관계에 기하여 위탁자가 수탁자에게 특정의 재산(영업이나 저작재산권의 일부를 포함한다)을 이전하거나 담보권의 설정 또는 그 밖의 처분을 하고 수탁자로 하여금 일정한 자의 이익 또는 특정의 목적을 위하여 그 재산의 관리, 처분, 운용, 개발, 그 밖에 신탁 목적의 달성을 위하여 필요한 행위를 하게 하는 법률관계를 말한다.(신탁법 제2조) 이와 같이 신탁목적의 소유권 이전은 소유권 이전 자체에 목적이 있는 것이 아니라 다른 목적

을 위하여 소유권 이전이라는 법형식을 선택하는 것이므로 실질적으로는 취득이 아니라고 보는 것이다.

비과세 신탁재산 등에 대한 농어촌특별세

취득세가 비과세 되는 경우도 취득세의 감면세액에 포함되어 농어촌특별세가 부과된다.(농특세법 제2조) 그러나 신탁재산취득에 대한 비과세와 다음에서 보는 동원대상 재산의 환매취득에 대한 비과세 및 임시건물의 취득에 대한 비과세에 대하여는 농어촌특별세를 부과하지 아니한다.(농특세법 제4조 제8호, 농특세령 제4조 제3항)

(2) 비과세 대상 신탁취득

신탁법에 따라 신탁등기가 병행되는 신탁재산의 취득으로서 다음 어느 하나에 해당하는 경우에는 취득세를 부과하지 아니한다.(지방법 제9조 제3항)

(가) 신탁으로 신탁재산을 이전하는 경우

신탁계약에 따라 위탁자 소유의 부동산을 신탁자 명의로 등기이전을 하는 경우에는 취득세를 부과하지 아니한다. 그러나 신탁계약에 따라 수탁자가 위탁자를 위하여 제3자로부터 부동산을 취득하거나 건물을 신축하면서 신탁등기를 한 경우는 위수탁자간의 형식적 거래가 아니라 실질적인 새로운 취득이기 때문에 취득세 비과세 대상이 아니다.(대법원 2003.6.10. 선고 2001두2720 판결)

(나) 신탁의 종료로 신탁재산을 반환하는 경우

신탁계약으로 위탁자 소유 부동산을 수탁자 명의로 등기이전 하였다가 다시 위탁자 명의로 환원하는 경우 취득세를 부과하지 아니한다. 신탁계약에 따라 수탁자 명의로 새로이 취득한 부동산에 신탁등기를 한 후 신탁계약의 종료 및 해지로 위탁자 명의로 소유권 이전등기를 하는 경우에도 취득세가 비과세 되는 것으로 본다.[8)]

(다) 수탁자 변경

수탁자가 변경되어 신수탁자에게 신탁재산을 이전하는 경우에도 취득세를 과세하지 아니한다.

8) 같은 취지 : 대법원 1996.6.11. 선고 94다34968 판결

(3) 주택조합 등의 신탁취득

주택조합도 법인으로 부동산 소유권의 주체가 된다. 다만, 지방세법 제7조 제8항은 "주택법 제11조에 따른 주택조합과 도시 및 주거환경정비법 제35조 제3항 및 빈집 및 소규모주택 정비에 관한 특례법 제23조에 따른 재건축조합 및 소규모재건축조합("주택조합등")이 해당 조합원용으로 취득하는 조합주택용 부동산(공동주택과 부대시설 · 복리시설 및 그 부속토지를 말한다)은 그 조합원이 취득한 것으로 본다. 다만, 조합원에게 귀속되지 아니하는 부동산은 제외한다."고 규정하여 주택조합과 조합원간의 신탁재산에 대한 별도의 규정을 두고 있으므로 신탁재산의 취득 중 주택조합등과 조합원 간의 부동산 취득 및 주택조합등의 비조합원용 부동산 취득에 대하여는 신탁재산 취득에 관한 비과세 규정을 적용하지 아니한다.

지방세법 제7조 제8항에 따르면, 주택조합등이 조합원용으로 취득하는 부동산은 조합원이 취득하는 것으로 의제하므로 조합원이 조합에 부동산을 신탁하는 것은 새로운 취득이 아니어서 취득세가 과세되지 아니한다. 그러나 조합이 비조합원용 부동산을 조합원으로부터 취득하는 것은 새로운 취득이며 신탁재산취득에 관한 비과세 규정도 적용되지 아니하므로 취득세가 부과되고 비조합원이 이를 취득할 때 또한 취득세가 과세되는 것으로 해석된다. 한편 조합이 비조합원으로부터 조합원용 부동산을 취득하는 것은 조합원이 취득하는 것으로 의제하므로 조합이 취득할 때 취득세가 과세되나 이 부동산을 조합원이 조합으로부터 취득하는 것은 새로운 취득으로 보지 아니하므로 취득세가 과세되지 아니하는 것으로 해석된다.

2. 동원대상 재산의 환매취득에 대한 비과세

징발재산정리에 관한 특별조치법 또는 국가보위에 관한 특별조치법 폐지법률 부칙 제2항에 따른 동원대상지역 내의 토지의 수용 · 사용에 관한 환매권의 행사로 매수하는 부동산의 취득에 대하여는 취득세를 부과하지 아니한다.(지방법 제9조 제4항)

3. 임시건물의 취득에 대한 비과세

임시흥행장, 공사현장사무소 등 임시건축물의 취득에 대하여는 취득세를 부과하지 아니한다. 단, 존속기간이 1년을 초과하는 경우에는 취득세를 부과한다. 그러나 별장, 골프장, 고급주택, 고급오락장은 임시건축물이라도 비과세하지 아니한다.(지방법 제9조 제5항)

4. 공동주택의 개수로 인한 취득에 대한 비과세

공동주택의 개수로 인한 취득 중 개수로 인한 취득 당시 주택의 시가표준액이 9억원 이하인 경우에는 개수로 인한 취득에 대해서는 취득세를 부과하지 아니한다.(지방법 제9조 제6항, 지방령 제12조의2) 여기서 말하는 공동주택은 주택법 제2조 제3호에 따른 공동주택을 말하는 것으로 건축법 시행령 별표1의 아파트, 연립주택, 다세대주택이 이에 해당한다.(주택법 시행령 제3조)

개수란 대수선을 포함하여 건축물 중 레저시설, 저장시설, 도크(dock)시설, 접안시설, 도관시설, 급수・배수시설, 에너지 공급시설, 잔교, 기계식 또는 철골조립식 주차장, 차량 또는 기계장비 등의 자동세척시설, 방송중계탑, 무선통신기지국용 철탑등 시설을 수선하거나, 승강기, 발전시설(시간당 20㎾ 이상) 온수 및 열 공급시설, 에어컨(시간당 7,560㎉ 이상), 부착된 금고, 교환시설, 건물의 냉난방, 급수・배수, 방화, 방범 등의 자동관리를 위하여 설치하는 인텔리전트 빌딩시스템 시설, 구내의 변전・배전시설등의 시설을 설치하거나 수선하는 것을 말한다.(지방법 제6조 제6호, 지방령 제5조 및 제6조)

그러나 개수로 인한 취득세 비과세 대상에서 대수선은 제외한다. 건축법 제2조 제1항 제9호에 따른 대수선은 다음 어느 하나에 해당하는 것으로서 증축・개축 또는 재축에 해당하지 아니하는 것을 말한다.(건축법 시행령 제3조의2)

① 내력벽을 증설 또는 해체하거나 그 벽면적을 30㎡ 이상 수선 또는 변경하는 것
② 기둥을 증설 또는 해체하거나 세 개 이상 수선 또는 변경하는 것
③ 보를 증설 또는 해체하거나 세 개 이상 수선 또는 변경하는 것
④ 지붕틀(한옥의 경우에는 지붕틀의 범위에서 서까래는 제외한다)을 증설 또는 해

체하거나 세 개 이상 수선 또는 변경하는 것

⑤ 방화벽 또는 방화구획을 위한 바닥 또는 벽을 증설 또는 해체하거나 수선 또는 변경하는 것

⑥ 주계단 · 피난계단 또는 특별피난계단을 증설 또는 해체하거나 수선 또는 변경하는 것

⑦ 미관지구에서 건축물의 외부형태(담장을 포함한다)를 변경하는 것

⑧ 다가구주택의 가구 간 경계벽 또는 다세대주택의 세대 간 경계벽을 증설 또는 해체하거나 수선 또는 변경하는 것

⑨ 건축물의 외벽에 사용하는 마감재료(건축법 제52조 제2항에 따른 마감재료를 말한다)를 증설 또는 해체하거나 벽면적 30㎡ 이상 수선 또는 변경하는 것

건축의 개념(건축법 제2조, 건축법 시행령 제2조)

"건축"이란 건축물을 신축 · 증축 · 개축 · 재축(再築)하거나 건축물을 이전하는 것을 말한다.

1. 신축 : 건축물이 없는 대지(기존 건축물이 철거되거나 멸실된 대지를 포함한다)에 새로 건축물을 축조(築造)하는 것[부속건축물만 있는 대지에 새로 주된 건축물을 축조하는 것을 포함하되, 개축(改築) 또는 재축(再築)하는 것은 제외한다]을 말한다.
2. 증축 : 기존 건축물이 있는 대지에서 건축물의 건축면적, 연면적, 층수 또는 높이를 늘리는 것을 말한다.
3. 개축 : 기존 건축물의 전부 또는 일부[내력벽 · 기둥 · 보 · 지붕틀(한옥의 경우에는 지붕틀의 범위에서 서까래는 제외한다) 중 셋 이상이 포함되는 경우를 말한다]를 철거하고 그 대지에 종전과 같은 규모의 범위에서 건축물을 다시 축조하는 것을 말한다.
4. 재축 : 건축물이 천재지변이나 그 밖의 재해(災害)로 멸실된 경우 그 대지에 다음 각 목의 요건을 모두 갖추어 다시 축조하는 것을 말한다.
   가. 연면적 합계는 종전 규모 이하로 할 것
   나. 동(棟)수, 층수 및 높이는 다음의 어느 하나에 해당할 것
      1) 동수, 층수 및 높이가 모두 종전 규모 이하일 것
      2) 동수, 층수 또는 높이의 어느 하나가 종전 규모를 초과하는 경우에는 해당 동수, 층수 및 높이가 건축법, 건축법시행령 또는 건축조례에 모두 적합할 것
5. 이전 : 건축물의 주요구조부를 해체하지 아니하고 같은 대지의 다른 위치로 옮기는 것을 말한다.

Ⅲ 과세최저한

부동산의 취득가액이 50만원 이하일 때에는 취득세를 부과하지 아니한다. 소규모 취득에 대하여 취득세를 부과하지 않는 것이다. 과세최저한 혜택을 받을 목적으로 의도적으로 분할 취득하는 것을 방지하기 위하여, 과세최저한 취득가액을 계산할 때 토지나 건축물을 취득한 자가 그 취득한 날부터 1년 이내에 그에 인접한 토지나 건축물을 취득한 경우에는 각각 그 전후의 취득에 관한 토지나 건축물의 취득을 1건의 토지 취득 또는 1구의 건축물 취득으로 보아 취득가액을 계산한다.(지방법 제17조)

부동산 취득에 따른 기존의 등록세가 취득세에 통합되었으나, 취득세 과세최저한에 해당하여 취득세를 부과하지 아니하는 경우에도 부동산등기에 대한 등록면허세는 별도로 납부하여야 한다. 또한 취득세 부과제척기간이 도과되어 취득세를 부과하지 아니하는 경우에도 등록면허세는 부과한다.(지방법 제23조)

제 4 절

취득세 과세표준

I 과세물건 및 과세표준

1. 취득세 과세물건

1) 토지

(1) 과세대상 토지

취득세 과세대상 부동산은 토지와 건축물을 말하고, 이 중 토지란 공간정보의 구축 및 관리 등에 관한 법률에 따라 지적공부(地籍公簿)의 등록대상이 되는 토지와 그 밖에 사용되고 있는 사실상의 토지를 말한다.(지방법 제6조) 2014년 1월 1일 지방세법 개정 전에는 지적공부상 등록된 토지로 한정하였으나 개정법에서는 사실상의 토지도 취득세 과세대상 토지로 규정하였다. 그러므로 매립이나 간척으로 새롭게 토지가 조성된 경우 지적공부에 등록되기 전이라도 취득세 과세대상이 된다. 토지의 지목은 전・답・과수원・목장용지・임야・광천지・염전・대(垈)・공장용지・학교용지・주차장・주유소용지・창고용지・도로・철도용지・제방(堤防)・하천・구거(溝渠)・유지(溜池)・양어장・수도용지・공원・체육용지・유원지・종교용지・사적지・묘지・잡종지로 구분하여 정한다.(공간정보의 구축 및 관리 등에 관한 법률 제67조)

지목의 구분(공간정보의 구축 및 관리 등에 관한 법률 시행령 제58조)

1. 전
   물을 상시적으로 이용하지 않고 곡물・원예작물(과수류는 제외한다)・약초・뽕나무・닥나무・묘목・관상수 등의 식물을 주로 재배하는 토지와 식용(食用)으로 죽순

을 재배하는 토지

2. 답

물을 상시적으로 직접 이용하여 벼・연(蓮)・미나리・왕골 등의 식물을 주로 재배하는 토지

3. 과수원

사과・배・밤・호두・귤나무 등 과수류를 집단적으로 재배하는 토지와 이에 접속된 저장고 등 부속시설물의 부지. 다만, 주거용 건축물의 부지는 "대"로 한다.

4. 목장용지

다음 각 목의 토지. 다만, 주거용 건축물의 부지는 "대"로 한다.

가. 축산업 및 낙농업을 하기 위하여 초지를 조성한 토지

나. 축산법 제2조 제1호에 따른 가축을 사육하는 축사 등의 부지

다. 가목 및 나목의 토지와 접속된 부속시설물의 부지

5. 임야

산림 및 원야(原野)를 이루고 있는 수림지(樹林地)・죽림지・암석지・자갈땅・모래땅・습지・황무지 등의 토지

6. 광천지

지하에서 온수・약수・석유류 등이 용출되는 용출구(湧出口)와 그 유지(維持)에 사용되는 부지. 다만, 온수・약수・석유류 등을 일정한 장소로 운송하는 송수관・송유관 및 저장시설의 부지는 제외한다.

7. 염전

바닷물을 끌어들여 소금을 채취하기 위하여 조성된 토지와 이에 접속된 제염장(製鹽場) 등 부속시설물의 부지. 다만, 천일제염 방식으로 하지 아니하고 동력으로 바닷물을 끌어들여 소금을 제조하는 공장시설물의 부지는 제외한다.

8. 대

가. 영구적 건축물 중 주거・사무실・점포와 박물관・극장・미술관 등 문화시설과 이에 접속된 정원 및 부속시설물의 부지

나. 국토의 계획 및 이용에 관한 법률 등 관계 법령에 따른 택지조성공사가 준공된 토지

9. 공장용지

가. 제조업을 하고 있는 공장시설물의 부지

나. 산업집적활성화 및 공장설립에 관한 법률 등 관계 법령에 따른 공장부지 조성공사가 준공된 토지

다. 가목 및 나목의 토지와 같은 구역에 있는 의료시설 등 부속시설물의 부지

10. 학교용지

학교의 교사(校舍)와 이에 접속된 체육장 등 부속시설물의 부지

11. 주차장

자동차 등의 주차에 필요한 독립적인 시설을 갖춘 부지와 주차전용 건축물 및 이에

접속된 부속시설물의 부지. 다만, 다음 각 목의 어느 하나에 해당하는 시설의 부지는 제외한다.

가. 주차장법 제2조 제1호 가목 및 다목에 따른 노상주차장 및 부설주차장(주차장법 제19조 제4항에 따라 시설물의 부지 인근에 설치된 부설주차장은 제외한다)

나. 자동차 등의 판매 목적으로 설치된 물류장 및 야외전시장

12. 주유소용지

다음 각 목의 토지. 다만, 자동차 · 선박 · 기차 등의 제작 또는 정비공장 안에 설치된 급유 · 송유시설 등의 부지는 제외한다.

가. 석유 · 석유제품 또는 액화석유가스 등의 판매를 위하여 일정한 설비를 갖춘 시설물의 부지

나. 저유소(貯油所) 및 원유저장소의 부지와 이에 접속된 부속시설물의 부지

13. 창고용지

물건 등을 보관하거나 저장하기 위하여 독립적으로 설치된 보관시설물의 부지와 이에 접속된 부속시설물의 부지

14. 도로

다음 각 목의 토지. 다만, 아파트 · 공장 등 단일 용도의 일정한 단지 안에 설치된 통로 등은 제외한다.

가. 일반 공중(公衆)의 교통 운수를 위하여 보행이나 차량운행에 필요한 일정한 설비 또는 형태를 갖추어 이용되는 토지

나. 도로법 등 관계 법령에 따라 도로로 개설된 토지

다. 고속도로의 휴게소 부지

라. 2필지 이상에 진입하는 통로로 이용되는 토지

15. 철도용지

교통 운수를 위하여 일정한 궤도 등의 설비와 형태를 갖추어 이용되는 토지와 이에 접속된 역사(驛舍) · 차고 · 발전시설 및 공작창(工作廠) 등 부속시설물의 부지

16. 제방

조수 · 자연유수(自然流水) · 모래 · 바람 등을 막기 위하여 설치된 방조 제 · 방수제 · 방사제 · 방파제 등의 부지

17. 하천

자연의 유수(流水)가 있거나 있을 것으로 예상되는 토지

18. 구거

용수(用水) 또는 배수(排水)를 위하여 일정한 형태를 갖춘 인공적인 수로 · 둑 및 그 부속시설물의 부지와 자연의 유수(流水)가 있거나 있을 것으로 예상되는 소규모 수로 부지

19. 유지(溜池)

물이 고이거나 상시적으로 물을 저장하고 있는 댐 · 저수지 · 소류지(沼溜地) · 호수 · 연못 등의 토지와 연 · 왕골 등이 자생하는 배수가 잘 되지 아니하는 토지

20. 양어장

육상에 인공으로 조성된 수산생물의 번식 또는 양식을 위한 시설을 갖춘 부지와 이에 접속된 부속시설물의 부지

21. 수도용지

물을 정수하여 공급하기 위한 취수 · 저수 · 도수(導水) · 정수 · 송수 및 배수 시설의 부지 및 이에 접속된 부속시설물의 부지

22. 공원

일반 공중의 보건 · 휴양 및 정서생활에 이용하기 위한 시설을 갖춘 토지로서 국토의 계획 및 이용에 관한 법률에 따라 공원 또는 녹지로 결정 · 고시된 토지

23. 체육용지

국민의 건강증진 등을 위한 체육활동에 적합한 시설과 형태를 갖춘 종합운동장 · 실내체육관 · 야구장 · 골프장 · 스키장 · 승마장 · 경륜장 등 체육시설의 토지와 이에 접속된 부속시설물의 부지. 다만, 체육시설로서의 영속성과 독립성이 미흡한 정구장 · 골프연습장 · 실내수영장 및 체육도장, 유수(流水)를 이용한 요트장 및 카누장, 산림 안의 야영장 등의 토지는 제외한다.

24. 유원지

일반 공중의 위락 · 휴양 등에 적합한 시설물을 종합적으로 갖춘 수영장 · 유선장(遊船場) · 낚시터 · 어린이놀이터 · 동물원 · 식물원 · 민속촌 · 경마장 등의 토지와 이에 접속된 부속시설물의 부지. 다만, 이들 시설과의 거리 등으로 보아 독립적인 것으로 인정되는 숙식시설 및 유기장(遊技場)의 부지와 하천 · 구거 또는 유지[공유(公有)인 것으로 한정한다]로 분류되는 것은 제외한다.

25. 종교용지

일반 공중의 종교의식을 위하여 예배 · 법요 · 설교 · 제사 등을 하기 위한 교회 · 사찰 · 향교 등 건축물의 부지와 이에 접속된 부속시설물의 부지

26. 사적지

문화재로 지정된 역사적인 유적 · 고적 · 기념물 등을 보존하기 위하여 구획된 토지. 다만, 학교용지 · 공원 · 종교용지 등 다른 지목으로 된 토지에 있는 유적 · 고적 · 기념물 등을 보호하기 위하여 구획된 토지는 제외한다.

27. 묘지

사람의 시체나 유골이 매장된 토지, 도시공원 및 녹지 등에 관한 법률에 따른 묘지공원으로 결정 · 고시된 토지 및 장사 등에 관한 법률 제2조 제9호에 따른 봉안시설과 이에 접속된 부속시설물의 부지. 다만, 묘지의 관리를 위한 건축물의 부지는 "대"로 한다.

28. 잡종지

다음 각 목의 토지. 다만, 원상회복을 조건으로 돌을 캐내는 곳 또는 흙을 파내는 곳으로 허가된 토지는 제외한다.

가. 갈대밭, 실외에 물건을 쌓아두는 곳, 돌을 캐내는 곳, 흙을 파내는 곳, 야외시장, 비행장, 공동우물

나. 영구적 건축물 중 변전소, 송신소, 수신소, 송유시설, 도축장, 자동차운전학원, 쓰레기 및 오물처리장 등의 부지
다. 다른 지목에 속하지 않는 토지

(2) 토지의 범위

소유권의 대상으로서 토지의 범위는 정당한 이익이 있는 범위내에서 토지의 상하에 미치는 것이므로(민법 제212조) 지중의 암석 · 지하수, 지표상의 둑 · 교량 · 포장 및 지상의 수목도 원칙적으로 토지의 일부가 된다. 그러나 지방세법 제6조(제11호) 및 제7조, 제12조에서는 입목을 별도의 과세대상 물건으로 규정하고 있으므로 지방세법이 열거하고 있는 입목 즉 과수, 임목, 죽목으로 토지와 구분하여 거래되는 경우 이는 토지의 범위에서 제외된다.

2) 건축물

건축물이란 건축법 제2조 제1항 제2호에 따른 건축물(이와 유사한 형태의 건축물을 포함한다)과 토지에 정착하거나 지하 또는 다른 구조물에 설치하는 레저시설, 저장시설, 도크(dock)시설, 접안시설, 도관시설, 급수 · 배수시설, 에너지 공급시설, 잔교(棧橋)(이와 유사한 구조물을 포함한다), 기계식 또는 철골조립식 주차장, 차량 또는 기계장비 등을 자동으로 세차 또는 세척하는 시설, 방송중계탑(방송법 제54조 제1항 제5호에 따라 국가가 필요로 하는 대외방송 및 사회교육방송 중계탑은 제외한다) 및 무선통신기지국용 철탑 및 이에 딸린 시설을 말한다.(지방법 제6조 제4호, 지방령 제5조)

(1) 건축법상 건축물

건축법상 "건축물"이란 토지에 정착(定着)하는 공작물 중 지붕과 기둥 또는 벽이 있는 것과 이에 딸린 시설물, 지하나 고가(高架)의 공작물에 설치하는 사무소 · 공연장 · 점포 · 차고 · 창고, 그 밖에 대통령령으로 정하는 것을 말한다.[9](건축법 제2조 제1항 제2호)

9) 건축법 시행령은 특수구조 건축물 등에 대한 분류규정은 있으나, 본법의 위임에 따른 별도의 건축물 정의 규정은 없다.

(2) 특정시설물

지방세법 시행령이 열거하는 토지에 정착하거나 다른 구조물에 설치하는 시설물은 다음과 같다.(지방령 제5조)

① 레저시설 : 수영장, 스케이트장, 골프연습장(체육시설의 설치 · 이용에 관한 법률에 따라 골프연습장업으로 신고된 20타석 이상의 골프연습장만 해당한다), 전망대, 옥외스탠드, 유원지의 옥외오락시설(유원지의 옥외오락시설과 비슷한 오락시설로서 건물 안 또는 옥상에 설치하여 사용하는 것을 포함한다)

② 저장시설 : 수조, 저유조, 저장창고, 저장조 등의 옥외저장시설(다른 시설과 유기적으로 관련되어 있고 일시적으로 저장기능을 하는 시설을 포함한다)

③ 도크(dock)시설 및 접안시설 : 도크, 조선대(造船臺)

④ 도관시설(연결시설을 포함한다) : 송유관, 가스관, 열수송관

⑤ 급수 · 배수시설 : 송수관(연결시설을 포함한다), 급수 · 배수시설, 복개설비

⑥ 에너지 공급시설 : 주유시설, 가스충전시설, 송전철탑(전압 20만 볼트 미만을 송전하는 것과 주민들의 요구로 전기사업법 제72조에 따라 이전 · 설치하는 것은 제외한다)

⑦ 그 밖의 유사한 시설 : 그 밖에 이와 유사한 시설로 "대통령령으로 정하는 것"이란 각각 잔교(棧橋)(이와 유사한 구조물을 포함한다), 기계식 또는 철골조립식 주차장, 차량 또는 기계장비 등을 자동으로 세차 또는 세척하는 시설, 방송중계탑(방송법 제54조 제1항 제5호에 따라 국가가 필요로 하는 대외방송 및 사회교육방송 중계탑은 제외한다) 및 무선통신기지국용 철탑을 말한다.

2. 과세표준

(1) 의의

세액을 산정하기 위한 기초로서 과세물건의 크기를 의미하는 과세표준은 세목에 따라 금액, 가격, 수량 등의 단위로 표시된다. 취득세는 과세물건의 가액을 과세표준으로 하는 종가세(終價稅)이다. 과세물건 가액의 크기에 따라 세액이 달라진다.

(2) 취득세 과세표준 구조

지방세법 제10조 제1항에 "취득세의 과세표준은 취득 당시의 가액으로 한다. 다만, 연부(年賦)로 취득하는 경우에는 연부금액(매회 사실상 지급되는 금액을 말하며, 취득금액에 포함되는 계약보증금을 포함한다)으로 한다."고 규정하여 사실상의 거래가액을 과세표준으로 하는 취지로 규정하고 있다. 그러나 동조 제2항에 "취득 당시의 가액은 취득자가 신고한 가액으로 한다. 다만, 신고 또는 신고가액의 표시가 없거나 그 신고가액이 시가표준액보다 적을 때에는 그 시가표준액으로 한다."고 규정하여 취득자가 시가표준액 이상으로 신고하기만 하면 사실상의 거래가액과 일치여부는 문제되지 않는 것으로 해석되어 취득자에게 실가신고 의무는 부여되어 있지 않다.[10] 이와 같은 규정상의 취약점을 보완하기 위하여 2010년 12월 27일 개정된 지방세법에는 일정한 매매취득의 경우도 사실상의 거래가액을 과세표준으로 하도록 제10조 제5항을 추가하였다. 이에 따르면 "부동산 거래신고 등에 관한 법률 제3조에 따른 신고서를 제출하여 같은 법 제5조에 따라 검증이 이루어진 취득"의 경우에는 사실상의 취득가액을 과세표준으로 한다. 부동산 거래신고 등에 관한 법률에 따르면, 부동산을 거래하는 당사자는 실제 매매가격을 시장・군수・구청장에게 신고하여야 하고, 신고를 받은 관청은 실제 매매가격을 검증하여 세무관서의 장에게 통보하여야 한다.(같은 법 제3조・제5조) 따라서 토지와 건축물을 매매로 취득하는 경우에는 실제 거래가액이 취득세의 과세표준이 된다. 이러한 사실상의 취득가액을 과세표준으로 하는 것은 유상취득의 경우에 적용되는 규정이고, 사실상의 취득가액이 없는 무상취득의 경우에는 시가표준액이 과세표준이 된다는 것이 법원의 해석이다.[11]

10) 공무원 인사청문회 등에서 취득가액 저가신고로 인한 취득세 탈세문제가 계속 제기되는 빌미를 제공한 규정이다.

11) 대법원 1988.1.12. 선고 87누953 판결

Ⅱ 부동산 시가표준액

1. 시가표준액을 적용하는 경우

지방세법 제10조 제5항에 따라 사실상의 취득가액을 과세표준으로 하는 경우 외에는 취득자가 과세표준을 신고하지 아니하거나 신고가액의 표시가 없는 경우, 취득자가 시가표준액보다 적은 금액으로 신고한 경우, 무상취득의 경우에는 시가표준액을 과세표준으로 한다.

사실상의 취득가액을 과세표준으로 하는 경우(지방법 제10조 제5항)[12)]

- 국가, 지방자치단체 또는 지방자치단체조합으로부터의 취득
- 외국으로부터의 수입에 의한 취득
- 판결문 · 법인장부 중 대통령령으로 정하는 것에 따라 취득가격이 증명되는 취득
- 공매방법에 의한 취득
- 부동산 거래신고에 관한 법률 제3조에 따른 신고서를 제출하여 같은 법 제6조에 따라 검증이 이루어진 취득

2. 시가표준액의 체계

토지 및 주택에 대한 시가표준액은 '부동산 가격공시에 관한 법률'에 따라 공시된 가액(價額)으로 한다. 다만, 개별공시지가 또는 개별주택가격이 공시되지 아니한 경우에는 특별자치시장 · 특별자치도지사 · 시장 · 군수 또는 자치구의 구청장이 같은 법에 따라 국토교통부장관이 제공한 토지가격비준표 또는 주택가격비준표를 사용하여 산정한 가액으로 하고, 공동주택가격이 공시되지 아니한 경우에는 지방세법 시행령으로 정하는 기준에 따라 특별자치시장 · 특별자치도지사 · 시장 · 군수 또는 구청장이 산정한 가액으로 한다.(지방법 제4조 제1항)

부동산 가격공시에 관한 법률에 따라 공시되는 주택의 가액에는 부수토지의 가액이 포함된다.(같은 법 제2조 및 주택법 제2조) 따라서 주택의 경우에는 부수토지를 포함하여

12) 자세한 내용은 다음 Ⅲ. 실거래가액 참고

공시된 개별주택가격 또는 공동주택가격이 과세표준이 되고, 비주거용 건물 및 새로 건축하여 건축당시 개별주택가격 또는 공동주택가격이 공시되지 아니한 주택은 건물과 토지에 대하여 각각의 과세표준을 정한다. 토지의 경우 공시가격을 과세표준으로 하고, 건물의 경우 거래가격, 신축가격 등을 고려하여 정한 기준가격에 종류, 구조, 용도, 경과연수 등 과세대상별 특성, 지역별·단지별·면적별·층별 특성 및 거래가격 등을 고려하여 행정안전부장관이 정하는 기준에 따라 지방자치단체의 장이 결정한 가액으로 한다.(지방법 제4조 제2항, 지방령 제3조·제4조)

3. 토지 및 주택의 시가표준액

(1) 토지의 시가표준액

국토교통부장관은 토지이용상황이나 주변 환경, 그 밖의 자연적·사회적 조건이 일반적으로 유사하다고 인정되는 일단의 토지 중에서 선정한 표준지에 대하여 매년 공시기준일 현재의 단위면적당 적정가격을 조사·평가하고, 중앙부동산가격공시위원회의 심의를 거쳐 이를 공시하고, 시장·군수 또는 구청장은 국세·지방세 등 각종 세금의 부과, 그 밖의 다른 법령에서 정하는 목적을 위한 지가산정에 사용되도록 하기 위하여 시·군·구부동산가격공시위원회의 심의를 거쳐 매년 공시지가의 공시기준일 현재 관할 구역 안의 개별토지의 단위면적당 가격을 결정·공시하고, 이를 관계 행정기관 등에 제공하여야 한다.(부동산 가격공시에 관한 법률 제3조·제10조) 지가 공시기준일은 매년 1월 1일이며, 개별지가의 공시는 매년 5월 31일까지 하여야 한다.(부동산 가격공시에 관한 법률 시행령 제3조·제21조)

(2) 단독주택의 시가표준액

국토교통부장관은 용도지역, 건물구조 등이 일반적으로 유사하다고 인정되는 일단의 단독주택 중에서 선정한 표준주택에 대하여 매년 공시기준일 현재의 적정가격을 조사·산정하여 중앙부동산가격공시위원회의 심의를 거쳐 이를 공시하고, 시장·군수 또는 구청장은 시·군·구부동산가격공시위원회의 심의를 거쳐 매년 표준주택가격의 공시기준일 현재 관할 구역 안의 개별주택의 가격을 결정·공시하고, 이를 관계 행정기관 등에 제공하여야 한다.(부동산 가격공시에 관한 법률 제16조·제17조) 주택가격의 공시기준일은 매년 1월 1일이고, 개별주택가격의 공시는 매년 4월 30일까지 하여야 한다.(부동산 가격공시에 관한 법률 시행령 제27조 · 제38조)

(3) 공동주택의 시가표준액

국토교통부장관은 공동주택에 대하여 매년 공시기준일 현재의 적정가격을 조사 · 산정하여 중앙부동산가격공시위원회의 심의를 거쳐 공시하고, 이를 관계 행정기관 등에 제공하여야 한다. 다만, 부동산 가격공시에 관한 법률 시행령으로 정하는 바에 따라 국세청장이 국토교통부장관과 협의하여 공동주택가격을 별도로 결정 · 고시하는 경우를 제외한다.(부동산 가격공시에 관한 법률 제18조) 이 단서규정에 따라 국세청장이 공동주택가격을 별도로 결정 · 고시하는 경우는 국세청장이 그 시기 · 대상 등에 대하여 국토교통부장관과의 협의를 거쳐 아파트 및 건축 연면적 165㎡ 이상의 연립주택에 해당하는 공동주택의 기준시가를 결정 · 고시하는 경우를 말한다.(부동산 가격공시에 관한 법률 시행령 제41조)

공동주택가격의 공시기준일은 1월 1일로 하나, 국토교통부장관이 공동주택가격 조사 · 산정인력 및 공동주택의 수 등을 고려하여 부득이하다고 인정하는 경우에는 일부 지역을 지정하여 해당 지역에 대한 공시기준일을 따로 정할 수 있다. 공동주택가격도 매년 4월 30일까지 공시하여야 한다.(부동산 가격공시에 관한 법률 시행령 제40조 · 제43조)

(4) 시가표준액 기준일 이후 공시 전 취득한 부동산의 시가표준액

시가표준액의 기준일은 매년 1월 1일이고, 공시일은 매년 4월 30일 또는 5월 31일로 기준일과 공시일 사이에 시간적 간격이 있어 기준일 이후 공시일 전에 부동산을 취득하는 경우 어느 시점의 시가표준액을 적용할지가 문제된다. 이와 관련하여 지방세법 시행령 제2조는 "토지 및 주택의 시가표준액은 세목별 납세의무의 성립시기 당시에 공시된 개별공시지가, 개별주택가격 또는 공동주택가격으로 한다."고 하여, 부동산 취득 당시에 공시된 전년도 공시가액을 적용하도록 규정하고 있다. 이 규정의 위법성 여부에 대하여 대법원은 법적안정성과 예측가능성을 들어 적법하다고 하였다.[13](대법원

13) 상속세 및 증여세의 과세물건을 기준시가로 평가하는 경우에도 같은 문제가 발생하는데, 상속세 및 증여세법에 "평가기준일 현재 고시된 기준시가로 평가한다."는 규정이 없었던 시기(1991.1.1.~1995.12.31.) 중 상속개시된 상속재산을 상속 당시 고시된 전년도 공시가액을 적용한 과세처분에 대하여 시가평가의 부적절성(구체적 타당성)을 이유로 위법하다고 한 판례가 있다.(대법원 2010.6.24. 선고 2007두16493, 1996.8.23. 선고 96누4411)

2001.11.9. 선고 2001두5316 판결)

대법원 2001.11.9. 선고 2001두5316 판결 요지

지방세법 시행령 제80조의2 제1항 단서는 개별공시지가의 기준일은 매년 1월 1일이지만 그 개별공시지가를 산정하기 위한 토지 현황 등의 조사에 필요한 시간 때문에 그 공시는 기준일로부터 상당기간이 경과한 후에나 가능하게 되는 현실을 고려하여, 새로운 개별공시지가가 공시되지 아니한 상태에서 토지를 취득하거나 토지에 관한 등기를 하는 경우에 이미 공시되어 있는 개별공시지가 중 시가에 근접하다고 볼 수 있는 직전 연도의 개별공시지가를 적용하여 토지를 평가하도록 함으로써 당해 연도의 개별공시지가가 공시되기 전이라도 납세의무자나 과세관청으로 하여금 조세법률관계를 미리 예상하거나 조기에 확정할 수 있도록 하여 법적 안정성과 예측가능성을 기함에 그 취지가 있는 것으로서, 위 규정의 적용에 따른 직전 연도의 개별공시지가에 의한 시가표준액이 시가보다 현저히 높아 불합리한 경우에는 납세의무자가 이를 다투어 적용을 배세할 수 있으므로 위 시행령 조항이 취득세의 과세표준은 취득 당시의 가액을, 등록세의 과세표준은 등기 당시의 가액을 기준으로 하도록 한 모법의 규정에 반하거나 실질과세의 원칙에 반하여 무효라고 할 수 없고, 한편 위 시행령 제80조의2 제1항 단서의 규정에 비추어 취득세의 경우 취득일, 등록세의 경우 등기일에 당해 연도의 개별공시지가가 고시되지 않았던 이상 취득세나 등록세의 납부기한 안에 당해 연도의 개별공시지가가 고시되었다고 하여 당해 연도의 개별공시지가를 적용할 수는 없다고 할 것이다.

4. 일반건물의 시가표준액

주택 외 건축물(새로 건축하여 건축 당시 개별주택가격 또는 공동주택가격이 공시되지 아니한 주택으로서 토지부분을 제외한 건축물을 포함한다)의 시가표준액은 소득세법 제99조 제1항 제1호 나목에 따라 산정 · 고시하는 건물신축가격기준액에 건물의 구조별 · 용도별 · 위치별 지수, 건물의 경과연수별 잔존가치율, 건물의 규모 · 형태 · 특수한 부대설비 등의 유무 및 그 밖의 여건에 따른 가감산율을 곱하여 산정한다.(지방령 제4조)

= 건물신축가격기준액 × 구조지수 × 용도지수 × 위치지수 × 경과연수잔가율 × 면적 × 가감산특례

5. 증축건물의 과세표준

건축물을 증축하거나 개수한 경우 그로 인하여 증가한 가액을 각각 과세표준으로 한다. 이 경우 신고하지 않거나 신고가액의 표시가 없는 경우 또는 신고가액이 시가표준액보다 적을 때에는 그 시가표준액을 과세표준으로 하는데 시가표준액은 다음의 금액으로 한다.(지방법 제10조, 지방령 제16조)

① 취득세 납세의무자나 그 취득물건에 관하여 그와 거래관계가 있었던 자가 관련 장부나 그 밖의 증명서류를 갖추고 있는 경우에는 이에 따라 계산한 가액

② 위에 따른 관련 장부나 증명서류를 갖추고 있지 아니하거나 그 내용 중 취득경비 등의 금액이 해당 취득물건과 유사한 물건을 취득하는 경우에 일반적으로 드는 것으로 인정되는 자재비, 인건비, 그 밖에 취득에 필요한 경비 등을 기준으로 시장·군수·구청장이 산정한 가액보다 부족한 경우에는 시장·군수·구청장이 산정한 가액

6. 토지 지목변경의 과세표준

토지의 지목을 사실상 변경한 경우에는 그로 인하여 증가한 가액을 과세표준으로 한다. 납세자가 과세표준을 신고하지 아니하거나 신고가액의 표시가 없는 경우 또는 신고가액이 시가표준액보다 적을 때에는 그 시가표준액으로 한다.

시가표준액은 토지의 지목이 사실상 변경된 때를 기준으로 다음 ①의 가액에서 ②의 가액을 뺀 가액으로 한다. 다만, 판결문 또는 법인장부로 토지의 지목변경에 든 비용이 입증되는 경우에는 그 비용으로 한다.(지방법 제10조 제3항, 지방령 제17조)

① 지목변경 이후의 토지에 대한 시가표준액(해당 토지에 대한 개별공시지가의 공시기준일이 지목변경으로 인한 취득일 전인 경우에는 인근 유사토지의 가액을 기준으로 부동산 가격공시에 관한 법률에 따라 국토교통부장관이 제공한 토지가격비준표를 사용하여 시장·군수·구청장이 산정한 가액을 말한다)

② 지목변경 전의 시가표준액(지목변경 공사착공일 현재 공시된 지방세법 제4조 제1항에 따른 시가표준액을 말한다)

7. 법인 과점주주의 부동산 과세표준

법인의 주식등(주식 또는 지분)을 취득함으로써 주주 또는 유한책임사원 1명과 그의 특수관계인에 있는 자(지기령 제2조)들의 소유주식의 합계 또는 출자액의 합계가 해당 법인의 발행주식 총수 또는 출자총액의 100분의 50을 초과하면서 그에 관한 권리를 실질적으로 행사하는 자들에 해당하여 과점주주가 된 경우, 그 과점주주가 해당 법인의 부동산 등을 취득한 것으로 본다.(지방법 제7조 제5항) 이는 주식등을 승계취득하거나 증자로 인하여 과점주주가 되는 경우에 주주의 취득으로 간주하는 것이고 법인설립 시에 주식등을 원시취득하는 경우에는 적용되지 않는다. 과점주주가 취득한 것으로 보는 해당 법인의 부동산등에 대한 과세표준은 그 부동산등의 총 가액을 그 법인의 주식 또는 출자의 총수로 나눈 가액에 과점주주가 취득한 주식 또는 출자의 수를 곱한 금액으로 한다. 부동산 등의 총 가액에 대하여 신고 또는 신고가액의 표시가 없거나 신고가액이 과세표준보다 적을 때에는 지방자치단체의 장이 해당 법인의 결산서 및 그 밖의 장부 등에 따른 취득세 과세대상 자산총액을 기초로 산출한 금액을 과세표준으로 한다.(지방법 제10조 제4항)

8. 법인의 합병 및 분할로 인한 취득의 과세표준

(1) 합병으로 인한 취득

법인합병으로 존속하는 법인은 소멸하는 법인의 자산을 승계하게 되는데, 지방세법은 합병으로 인한 취득 또한 취득세 과세대상으로 보고, 다만 세율의 특례적용을 규정하고 있다.(지방법 제15조 제1항 제3호) 합병으로 인한 승계취득의 과세표준에 대하여 이를 무상취득으로 본다는 것이 대법원의 견해이다.(대법원 2000.10.13. 선고 98두19193 판결)

(2) 분할로 인한 취득

법인의 분할로 분할신설법인이 분할 전 법인의 재산을 승계취득하는 경우도 지방세법은 취득세 과세대상 취득으로 보아 지방세특례제한법에 감면요건을 규정하고 있다.(지특법 제57조의2 제3항 제2호) 법인의 분할은 분할 전 법인의 주주가 신설법인의 주식을 취득하는 인적분할과 분할 전 법인이 분할신설법인의 주주가 되는 물적분할로 분류되는데, 인적분할로 새로 설립된 회사가 분할로 인해 분할 전 법인의 부동산을 이전받으면 무상취득으로 시가표준액이 취득세・등록세의 과세표준이 되나, 현물출자와 성격이 유사한 물적분할의 경우는 유상취득으로 보아 새로 설립된 회사가 분할로 인해 분할 전 법인의 소유부동산을 이전받으면 법인장부에 입증된 취득가액이 취득세・등록세의 과세표준이 된다는 것이 행정안전부의 유권해석이다.(세정13407-922, 1999.7.26)[14)]

9. 무상취득의 과세표준

취득가액이라 함은 취득자가 부동산을 취득하면서 지급한 금액을 의미하므로 취득시 아무런 대가를 지급하지 않은 무상취득의 경우에는 취득자의 신고금액 및 법인의 장부금액 여부에 불구하고 시가표준액을 과세표준으로 한다는 것이 법원의 해석이다. (대법원 2003.9.26. 선고 2002두240 판결)

대법원 2003.9.26. 선고 2002두240 판결 요지

구 지방세법(2000.2.3. 법률 제6260호로 개정되기 전의 것) 제111조 제1항이나 제130조 제1항에서 취득세나 등록세의 과세표준으로 규정한 취득 당시 또는 등기・등록 당시의 가액은 원칙적으로 부동산 등 과세물건을 취득함에 소요된 사실상의 취득가액을 의미하고, 그 각 제2항은 취득자 또는 등기・등록자가 제1항의 과세표준인 취득 당시의 가액을 신고하여야 하는데 그 신고 등이 없거나 신고가액이 시가표준액에 미달하는 경우에는 그 시가표준액을 과세표준으로 한다는 의미로 해석되고, 사실상의 취득가액이 없는 무상취득의 경우에는 시가표준액에 의하여 그 과세표준을 산정하여야 하며 법인장부에 기재된 과세물건의 가격을 사실상의 취득가액이라 하여 과세표준으로 삼을 수는 없다.

14) 행정안전부 홈페이지, 지방세 법규해석 정보시스템

Ⅲ 실거래가액 적용

1. 실거래가 적용대상

다음 각 취득의 경우에는 사실상의 취득가액 또는 연부금액(매회 사실상 지급되는 금액)을 과세표준으로 한다. 다만, 증여, 기부 등 무상취득이나 양도소득의 부당행위계산부인(소득법 제101조 제1항) 또는 법인세법상 부당행위계산 부인(법인법 제52조)에 해당하는 취득의 경우에는 사실상의 취득가액을 적용하지 않는다.(지방법 제10조 제5항)

① 국가, 지방자치단체 또는 지방자치단체조합으로부터의 취득

② 외국으로부터의 수입에 의한 취득

③ 판결문 · 법인장부로 취득가격이 증명되는 취득. 여기서 판결문은 민사소송 및 행정소송에 의하여 확정된 판결문을 말하는 것으로 화해 · 포기 · 인낙 또는 자백간주에 의한 것은 제외한다. 법인장부는 금융회사의 금융거래 내역 또는 감정평가 및 감정평가사에 관한 법률 제6조에 따른 감정평가서 등 객관적 증거서류에 의하여 법인이 작성한 원장 · 보조장 · 출납전표 · 결산서를 말한다.(지방령 제18조 제3항)

④ 공매방법에 의한 취득

⑤ 부동산 거래신고 등에 관한 법률 제3조에 따른 신고서를 제출하여 같은 법 제5조에 따라 검증이 이루어진 취득

부동산 거래신고 등에 관한 법률 제3조에 따르면, 부동산 거래당사자는 부동산등에 관한 매매계약을 체결한 경우 그 실제 매매가격 등 거래사항(같은 법 시행령 제3조)을 거래계약의 체결일부터 60일 이내에 그 부동산의 소재지를 관할하는 시장 · 군수 또는 구청장에게 공동으로 신고하여야 한다. 거래당사자 중 일방이 신고를 거부하는 경우에는 단독신고사유서를 첨부하여 단독으로 신고할 수 있다.(같은 법 시행규칙 제2조) 부동산 거래에 대하여 개업공인중개사가 공인중개사법에 따라 거래계약서를 작성 · 교부한 경우에는 위 규정에도 불구하고 해당 개업공인중개사가 위의 내용의 신고를 하여야 한다. 신고를 받은 관청은 그 신고내용을 확인한 후 신고인에게 신고필증을 즉시 발급하여야 하며, 부동산거래가격 검증체계를 활용하여 신고내용의 적정성을 검증한 후 그 결과를 해당 부동산의 소재지를 관할하는 세무관서의 장에게 통보하여야 하고, 통보받은 세무관서의 장은 해당 신

고내용을 국세 또는 지방세 부과를 위한 과세자료로 활용할 수 있다.(같은 법 제3조 제4항 · 제5조)

2. 사실상의 취득가격

취득가격 또는 연부금액은 취득시기를 기준으로 그 이전에 해당 물건을 취득하기 위하여 거래 상대방 또는 제3자에게 지급하였거나 장차 지급하여야 할 직접비용과 간접비용의 합계액으로 한다. 취득대금을 일시급 등으로 지급하여 일정액을 할인받은 경우에는 그 할인된 금액으로 한다. 아파트분양권 등 부동산을 취득할 수 있는 권리를 이전받아 부동산을 취득한 경우에 분양권 취득가액이 당초 분양계약의 분양가액보다 낮은 경우에는 취득자의 실제 지출금액을 과세표준으로 한다.

(1) 사실상의 취득가액에 포함되는 비용

취득가액에 포함되는 간접비용은 다음과 같다.(지방령 제18조 제1항)

① 건설자금에 충당한 차입금의 이자 또는 이와 유사한 금액

② 할부 또는 연부(年賦) 계약에 따른 이자 상당액 및 연체료. 다만, 법인이 아닌 자가 취득하는 경우는 취득가격 또는 연부금액에서 제외한다.

③ 농지법에 따른 농지보전부담금, 산지관리법에 따른 대체산림자원조성비 등 관계법령에 따라 의무적으로 부담하는 비용

④ 취득에 필요한 용역을 제공받은 대가로 지급하는 용역비 · 수수료

⑤ 취득대금 외에 당사자의 약정에 따른 취득자 조건 부담액과 채무인수액

⑥ 부동산을 취득하는 경우 주택도시기금법 제8조에 따라 매입한 국민주택채권을 해당 부동산의 취득 이전에 양도함으로써 발생하는 매각차손. 이 경우 행정안전부령으로 정하는 금융회사등 외의 자에게 양도한 경우에는 동일한 날에 금융회사등에 양도하였을 경우 발생하는 매각차손을 한도로 한다.

⑦ 공인중개사법에 따른 공인중개사에게 지급한 중개보수. 다만, 법인이 아닌 자가 취득하는 경우는 취득가격 또는 연부금액에서 제외한다.

⑧ 위의 비용에 준하는 비용

(2) 사실상의 취득가액에 포함되지 않는 부대비용

부동산 취득과 관련된 비용 중 다음의 부대비용은 취득가액에 포함하지 않는다.(지방령 제18조 제2항)

① 취득하는 물건의 판매를 위한 광고선전비 등의 판매비용과 그와 관련한 부대비용
② 전기사업법, 도시가스사업법, 집단에너지사업법, 그 밖의 법률에 따라 전기 · 가스 · 열 등을 이용하는 자가 분담하는 비용
③ 이주비, 지장물 보상금 등 취득물건과는 별개의 권리에 관한 보상 성격으로 지급되는 비용
④ 부가가치세
⑤ 위의 비용에 준하는 비용

3. 사실상의 취득가액으로 보는 것

법인이 아닌 자가 건축물을 건축하거나 대수선하여 취득하는 경우로서 취득가격 중 90%를 넘는 가격이 법인장부에 따라 입증되는 경우에는 시가표준액에 관계없이 다음의 금액을 합한 취득가액을 과세표준으로 한다.(지방법 제10조 제6항, 지방령 제18조 제5항)

① 법인장부로 증명된 금액
② 법인장부로 증명되지 아니하는 금액 중 소득세법 제163조에 따른 계산서 또는 부가가치세법 제32조에 따른 세금계산서로 증명된 금액
③ 부동산을 취득하는 경우 주택도시기금법 제8조에 따라 매입한 국민주택채권을 해당 부동산의 취득 이전에 양도함으로써 발생하는 매각차손. 이 경우 금융회사 등 외의 자에게 양도한 경우에는 동일한 날에 금융회사등에 양도하였을 경우 발생하는 매각차손을 한도로 한다.

4. 사실상의 취득가액이 시가표준액에 미달하는 경우

지방세법 제10조 제5항 및 제6항은 제2항 단서에도 불구하고 사실상의 취득가액을 과세표준으로 한다고 규정하고 있어, 제5항 및 제6항에 해당하는 사실상의 취득가액이

시가표준액에 미달하더라도 사실상의 취득가액을 과세표준으로 하는 것으로 해석된다. 대법원도 같은 취지로 판결한 바 있다.(대법원 1988.1.12. 선고 87누953 판결)

대법원 1988.1.12. 선고 87누953 판결 요지

구 지방세법(1984.8.8 법률 제3752호로 개정되기 전의 것) 제111조 제1항, 제2항, 제5항, 제130조 제1항, 제2항, 제3항에 의하면 동법 제111조 제1항이나 제130조 제1항에서 취득세나 등록세의 과세표준으로 규정한 취득당시의 가액은 원칙적으로 부동산(과세물건)을 취득함에 소요된 사실상의 취득가액을 의미하며 위 법조의 각 제2항은 취득자(등기, 등록자)가 위 제1항의 과세표준 즉 취득당시의 가액을 신고하여야 하는데 그 신고가 없거나 신고가액이 과세시가표준액에 미달하는 경우에는 그 과세시가표준액에 의한다는 규정이고 한편 동법 제111조 제5항(등록세에 관하여 동법 제130조 제3항)에서는 거기에 게기한 각호(1 내지 4호)의 취득에서는 그 취득가액이 명백하게 드러나는 것이어서 이 경우에는 취득자의 신고에 관계없이 사실상의 취득가액에 의하여 그 과세표준을 정한다는 것을 규정한 것으로 풀이되므로 취득자(등기, 등록자)가 취득세(등록세) 부과대상인 건물을 취득한 후 동법 제111조 제2항에 의한 신고를 하였다 하더라도 법인장부 등에 의하여 취득가액이 입증되면 위 법조 제5항에 의하여 그 입증된 사실상의 취득가액으로 과세표준이 정해진다 할 것이다.

이상 유상취득한 부동산 취득세의 과세표준에 관한 규정을 정리하면 그 적용순서는 다음과 같다.

첫째, 지방세법 제10조 제5항 및 제6항의 사실상의 취득가액

둘째, 납세자의 신고가액

셋째, 신고가액이 없거나 신고가액이 시가표준액보다 작은 경우 시가표준액

제 5 절 취득유형별 취득시기

I 개요

취득세는 부동산을 취득한 때에 납세의무가 성립한다.(지기법 제34조) 취득세 신고가액과 신고기한 등 취득세의 시간적 기준은 취득한 때가 된다. 이와 같이 취득시기는 취득세의 성립여부를 판단하는 기준이나 지방세법은 취득시기에 관하여 직접 규정하지 아니하고, 제7조 제2항에 "민법 등 관계법령에 따른 등기 · 등록 등을 하지 아니한 경우라도 사실상 취득하면 각각 취득한 것으로 보고 해당 취득물건의 소유자 또는 양수인을 각각 취득자로 한다."고 하여 부동산의 소유권이전등기 여부와 상관없이 사실상의 취득을 취득으로 보며, 취득시기에 대하여는 제10조 제7항에 "과세표준이 되는 가액, 가격 또는 연부금액의 범위 및 그 적용과 취득시기에 관하여는 대통령령으로 정한다."고 규정하여 시행령에 위임하고 있다.[15] 지방세법 시행령 제20조에는 무상승계취득의 경우에는 계약일, 유상승계취득의 경우에는 사실상의 잔금지급일 또는 계약상의 잔금지급일을 취득시기로 본다고 규정하여 민법상 소유권 취득시기와 지방세법상 부동산 취득시기가 일치하는 것은 아니다.

15) 취득세의 성립요건인 취득시기에 대하여 본법에 규정하지 아니하고 시행령에 위임한 데 대한 위헌심판에서 헌법재판소는 포괄위임금지원칙에 위배되는 것은 아니라고 하여 합헌결정을 한 바 있다.(헌바32 결정 2002.3.28.)

Ⅱ 상속취득

1. 사망에 의한 상속

부동산 소유자가 사망하면 망자가 소유하던 재산은 일신전속적인 것을 제외하고 상속인들이 법적인 소유권을 취득한다.(민법 제1005조) 이는 법률의 규정에 의한 권리취득으로 등기와 상관없이 취득하는 것이다.(민법 제187조) 상속은 사망으로 개시되는 것이므로 피상속인이 사망하면 즉시 상속인들이 공동으로 피상속인의 부동산을 취득하게 되고, 상속인들이 상속재산을 분할하면 상속인들은 각자가 상속개시 당시에 취득한 것으로 본다.(민법 제997조 · 제1006조 · 제1015조) 이와 같이 상속재산은 소유자의 사망으로 즉시 소유권이 이전되므로 세법도 이에 맞추어 상속 또는 유증으로 인한 취득의 경우에는 상속 또는 유증개시일 즉 피상속인의 사망일에 취득한 것으로 본다고 규정하고 있다.(지방령 제20조 제1항)

상속은 피상속인의 의사와 상관없이 피상속인의 사망으로 일정한 친족관계에 있는 사람이 피상속인의 재산에 대한 상속분을 무상으로 취득하는 것이다.(민법 제1000조 및 제1009조 등) 그러나 피상속인이 법정상속인에게 반드시 법정상속분대로 재산을 승계시켜야 하는 것은 아니므로 피상속인은 유언으로 상속인과 상속지분을 정할 수 있다.(민법 제1060조 이하) 이렇게 유언에 의하여 피상속인의 재산을 승계하는 것이 유증이다. 유언에 의한 무상증여라는 의미에서 유증이라고 하나, 유언자의 일방적 의사표시로 성립한다는 점에서 계약인 증여와 다르고, 유언자의 사망으로 효력이 생긴다는 점에서 상속과 유사하다.(민법 제1073조) 따라서 세법도 유증의 경우 상속과 같이 유증의 개시일 즉 유언자가 사망한 때를 유증재산의 취득시기로 본다. 다만, 조건부 유증의 경우 조건이 성취된 때 유증의 효력이 생기므로 취득세의 취득시기도 조건이 성취된 때가 될 것이다.(민법 제1073조 제2항)

2. 실종선고 등에 의한 상속

(1) 실종선고

민법은 부재자의 생사가 5년간(전쟁지역에 임한 자, 침몰한 선박이나 추락한 항공기에 있던 자 등 위난실종의 경우에는 1년간) 분명하지 아니한 때는 실종선고를 하여야 하고, 실종선고를 받은 자는 5년(위난실종의 경우 1년)이 만료한 때에 사망한 것으로 본다고 규정하고 있다.(민법 제27조 · 제28조) 따라서 실종선고를 받은 자의 재산은 실종기간이 만료한 때에 상속인에게 승계되므로 세법상으로도 이때가 취득시기가 된다고 보아야 할 것이나, 지방세법 제20조 제1항은 실종선고의 경우 실종선고일을 취득세 신고기한의 기산일로 규정하고 있어 실종선고일을 취득시기로 볼 근거를 두고 있다.[16]

(2) 인정사망

가족관계 등록 등에 관한 법률 제87조에 따르면, 수해, 화재나 그 밖의 재난으로 인하여 사망한 사람이 있는 경우에는 이를 조사한 관공서는 지체 없이 사망지의 시 · 읍 · 면의 장에게 통보하여야 하는데, 사망자의 시신을 발견하지는 못하였지만 사망한 것이 확실하다고 판단하여 통보하는 경우 사망한 것으로 추정된다. 이를 인정사망이라고 하고 상속개시의 원인이 되므로 인정사망일이 상속인의 상속재산 취득시기가 된다고 본다.

(3) 부재선고

군사분계선 이북 지역, 즉 북한에서 남한으로 옮겨 새로 가족관계등록을 창설한 사람의 북한지역 잔류자에 대하여 부재선고를 하게 되면, 부재선고를 받은 사람은 가족관계등록부를 폐쇄하고 실종선고를 받은 것으로 보아 상속이 개시된다.(부재선고에 관한 특별조치법 제1조 및 제4조)

---

16) 상속세의 경우 상속세 및 증여세법 제2조 제2호에 실종선고일을 상속개시일로 본다는 명문규정을 두고 있다.

Ⅲ 그 밖의 무상취득

1. 증여

증여는 재산을 무상으로 상대방에게 수여하는 것으로 민법상 당사자의 의사의 합치에 따라 성립하는 채권계약이다.(민법 제554조) 증여는 채권계약이므로 계약의 성립만으로는 민법상 소유권이전이 이루어지는 것이 아니고 채무자인 증여자의 채무이행이 있어야 수증자가 소유권을 취득하게 된다. 부동산의 경우 법률행위에 의한 권리변동은 등기하여야 효력이 발생하므로 수증자 명의로 소유권이전등기가 이루어져야 수증자가 민법상 증여부동산의 소유권을 취득하게 된다.(민법 제186조) 따라서 증여계약의 성립과 소유권이전 사이에 시간적 간극이 있게 되는데 지방세법 시행령은 증여계약의 성립일을 증여재산의 사실상의 취득일로 보아 증여계약일에 부동산을 취득한 것으로 본다.(지방령 제20조 제1항, 대법원 1998.12.8. 선고 98두14228 판결)

2. 사인증여

증여자의 사망으로 인하여 효력이 생기는 증여계약을 사인증여라 하고 민법은 유증에 관한 규정을 준용하도록 하고 있다.(민법 제562조) "내가 죽으면 너에게 주겠다."하는 식으로 증여자의 사망을 기한으로 하는 기한부 계약이다. 당사자의 의사합치로 증여계약은 성립되었으나 증여자가 사망하여야 수증자는 비로소 증여재산을 취득하게 된다. 이러한 사인증여의 경우 증여계약일을 사실상 취득일로 보기는 어렵다. 대법원은 사인증여로 취득한 부동산의 취득세 신고기간을 증여자의 사망일로부터 30일로 해석하는 것이 타당하다고 하여 신고기간의 기산일을 증여자의 사망일로 보았다.(대법원 2013.10.11. 선고 2013두6138 판결)

3. 재산분할 등으로 인한 취득

부부가 혼인 중에 공동으로 형성한 재산은 부부 중 일방의 소유로 등기된 경우에도 이혼시 타방이 분할을 청구할 수 있는데(민법 제839조의2 · 제843조) 재산분할로 인한 취득의 경우에는 취득물건의 등기일 또는 등록일을 취득일로 본다.(지방령 제20조 제12항) 공유물분할에 관하여는 별도의 규정이 없으나 같은 취지로 보아 이 규정을 적용할 수 있다고 본다.

4. 시효취득

민법 제245조에 의하면, 20년간 소유의 의사로 평온, 공연하게 부동산을 점유하는 자는 등기함으로써 그 소유권을 취득하고, 부동산의 소유자로 등기한 자가 10년간 소유의 의사로 평온, 공연하게 선의이며 과실 없이 그 부동산을 점유한 때에는 소유권을 취득하게 된다.[17] 점유로 인한 소유권 취득과 관련하여 대법원은 "취득세는 본래 재화의 이전이라는 사실 자체를 포착하여 거기에 담세력을 인정하고 부과하는 유통세의 일종으로 취득자가 재화를 사용 · 수익 · 처분함으로써 얻을 수 있는 이익을 포착하여 부과하는 것이 아니어서 취득자가 실질적으로 완전한 내용의 소유권을 취득하는가의 여부에 관계없이 사실상의 취득행위 자체를 과세객체로 하는 것이고, 지방세법 제105조 제2항은 취득세의 과세객체가 되는 부동산 취득에 관하여 민법 기타 관계 법령에 의한 등기 · 등록 등을 이행하지 아니한 경우라도 사실상으로 취득한 때에는 이를 취득한 것으로 보도록 규정하고 있으므로, 부동산에 관한 점유취득시효가 완성되면 취득자는 유상승계취득에 있어 잔금이 청산된 경우와 같이 등기명의인에 대하여 소유권이전등기청구권을 가지게 되는 등 그 자체로 취득세의 과세객체가 되는 사실상의 취득행위가 존재한다."고 하여 소유권이전등기 전이라도 시효가 완성된 날을 사실상의 취득일로 보았다.(대법원 2004.11.25. 선고 2003두13342 판결)

17) 시효취득이 승계취득인지 원시취득인지에 대하여 견해의 차이가 있을 수 있으나, 2016년 12월 27일 지방세법 제6조 제1호 개정으로 시효취득은 원시취득의 범주에서 제외된 것으로 본다.

무상승계취득의 취득시기에 대한 개인적 의견

"무상승계취득의 경우에는 그 계약일에 취득한 것으로 본다"는 지방세법 시행령 제20조 제1항은 문제가 있는 규정이다. 민법이 부동산 물권변동에 형식주의를 취하여 부동산의 경우 등기이전을 권리변동의 효력요건으로 규정함으로써 계약당사자가 사실상 계약이행을 하고 등기만 하지 않아 법률상 소유권을 취득하지 못한 경우에도 과세권의 합리적인 집행을 위하여 사실상의 취득을 납세의무의 성립일로 보는 것은 나름대로 타당한 측면도 있다. 그러나 계약은 의사의 합치로 성립하는 채권행위로 당사자의 이행이 있기 전에는 법률적으로나 경제적으로 증여재산의 귀속주체에 아무런 변화가 일어나지 않는다. 특히 정지조건부나 기한부 증여의 경우에는 조건이 성취되거나 기한이 도달하여야 수증자에게 증여재산을 이전하게 된다. 이러한 경우에도 증여계약일에 증여재산을 취득하였다고 보는 것은 무리다. 이러한 측면에서 위 대법원 판례(2013두6138)도 "취득세 과세물건을 취득한 자는 그 취득한 날로부터 30일 이내에 그 세액을 신고하고 납부하되, 상속으로 인한 경우에는 상속개시일부터 6월 이내에 그 세액을 신고하고 납부하도록 규정하고 있다. ~중략~ 상속인 아닌 자가 사인증여로 취득세 과세물건을 취득한 경우 구 지방세법 제120조 제1항에 따른 취득세의 신고 · 납부는 증여자의 사망일로부터 30일 이내에 하여야 한다고 해석함이 타당하다."고 하여 사인증여의 경우 취득세 납세의무 성립일을 증여자의 사망일로 보아야 한다고 직접 판시하지는 아니하였으나 신고기한의 기산일로서 증여재산의 취득일을 증여자의 사망일로 보았다. 일반 증여도 계약일과 이행일 사이에는 시차가 있기 마련이다. 증여재산에 따라서는 사용 · 수익의 가치가 미미하거나 수증자가 이미 사용 · 수익하고 있어 경제적 가치의 이전시기를 파악하기 어려운 경우도 있고, 무상계약이라 대가의 지급시점도 없어 달리 사실상의 취득시기를 파악하기 곤란한 점도 있다. 그러나 불요식 낙성계약인 증여계약은 반드시 서면으로 하여야 하는 것도 아니고 점유의 이전이 있어야 하는 것도 아니므로 과세당국이 당사자의 증여계약 성립일을 밝히는 것도 결코 쉬운 일이 아니다. 과세의 편의성을 고려한 규정이라 하더라도 법률적 혹은 경제적 수익자의 변경이 아니라 증여계약일을 증여재산의 취득시기로 본다는 지방세법 시행령의 이 규정은 본법 제7조의 "사실상의 취득" 개념에 합치한다고 보기 어렵다. 국세인 증여세의 경우에는 상속세 및 증여세법 시행령 제24조에 "권리의 이전이나 그 행사에 등기 · 등록을 요하는 재산에 대하여는 등기 · 등록일"을 증여재산의 취득시기로 본다고 규정하고 있어 부동산 증여의 경우 소유권이전등기일을 증여세 납세의무 성립일로 본다.

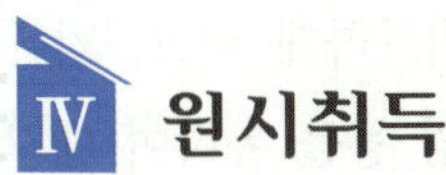

Ⅳ 원시취득

1. 원시취득 일반

(1) 개요

지방세법은 원시취득을 세율구분의 유형으로 규정하고 있으나 원시취득에 대한 별도의 개념규정을 두고 있지 아니하여 민법 등 다른 법률에 의한 개념을 차용하여 구분할 수밖에 없다.[18)]

(2) 토지의 매립 및 간척

관계 법령에 따라 매립 · 간척 등으로 토지를 원시취득하는 경우에는 공사준공인가일을 취득일로 본다. 다만, 공사준공인가일 전에 사용승낙 · 허가를 받거나 사실상 사용하는 경우에는 사용승낙일 · 허가일 또는 사실상 사용일 중 빠른 날을 취득일로 본다.(지방령 제20조 제8항)

(3) 건축물의 건축 및 개수

건축물을 건축 또는 개수하여 취득하는 경우에는 사용승인서를 내주는 날(사용승인서를 내주기 전에 임시사용승인을 받은 경우에는 그 임시사용 승인일을 말하고, 사용승인서 또는 임시사용승인서를 받을 수 없는 건축물의 경우에는 사실상 사용이 가능한 날을 말한다)과 사실상의 사용일 중 빠른 날을 취득일로 본다.(지방령 제20조 제6항)

2. 도시개발사업, 도시환경정비사업 및 주택재개발사업

(1) 개요

도시재개발이나 주택재개발 사업을 시행하게 되면 기존의 부동산 소유자들은 기존의

18) 실무적으로 원시취득을 제한적으로 해석하고 있으며, 2016년 12월 27일 지방세법 제6조 제1호의 개정으로 과세대상이 이미 존재하는 상태에서 취득하는 수용재결 등은 원시취득에서 제외하였다.

부동산에 대한 소유권을 포기하고 재개발로 형성된 부동산을 취득하게 되고, 기존의 부동산 소유주들에게 배분되지 않은 잔여부동산은 제3자에게 분양 등을 통하여 매각된다. 재개발사업으로 부동산이 환지되거나 분양되는 형태에 따라 취득시기도 다르다.

(2) 환지취득 부동산

도시개발법에 따라 환지 방식으로 도시개발사업에 관한 공사를 시행한 자는 공사를 끝낸 경우에 도시개발법 제40조에 따라, 지체없이 공사완료 공고를 하여 공사관계 서류를 일반인에게 공람시킨 후, 토지 소유자나 이해관계인의 의견서를 받아 필요한 조치를 취하여 공사를 끝내고, 환지계획에서 정한 토지 소유자에게 알리고 관보 또는 공보에 이를 공고하여야 한다.(도시개발법 시행령 제66조) 이와 같이 환지로 취득하는 부동산은 이 환지처분 공고일의 다음 날과 사실상의 사용일 중 빠른 날을 취득일로 본다.(지방령 제20조 제6항)19)

(3) 분양취득 부동산

도시 및 주거환경정비법에 따른 사업시행자가 시장 · 군수인 경우에는 정비사업에 관한 공사가 완료된 때에 그 공사의 완료를 당해 지방자치단체의 공보에 고시하여야 하고, 사업시행자가 시장 · 군수가 아닌 경우에는 사업시행자는 정비사업에 관한 공사를 완료한 때에 시장 · 군수의 준공인가를 받아야 하고, 시장 · 군수는 준공검사의 실시결과 정비사업이 인가받은 사업시행계획대로 완료되었다고 인정하는 때에는 준공인가를 하고 공사의 완료를 당해 지방자치단체의 공보에 고시하여야 한다.(도시 및 주거환경정비법 제83조) 사업시행자는 이상의 고시가 있은 때에는 지체 없이 대지확정측량을 하고 토지분할절차를 거쳐 관리처분계획에 정한 사항을 분양을 받은 자에게 통지하고 대지 또는 건축물의 소유권을 이전하여야 하는데, 사업시행자는 그 내용을 당해 지방자치단체의 공보에 고시한 후 이를 시장 · 군수에게 보고하여야 한다. 이 경우 대지 또는 건축물을 분양받을 자는 고시가 있은 다음 날에 그 대지 또는 건축물에 대한 소유권을 취득하게 된다.(도시 및 주거환경정비법 제86조) 도시 및 주거환경정비법 제86조에 따라

19) 행정안전부장관은 재개발 사업으로 건축한 주택의 취득시기를 명확히 하고 재건축 · 일반 주택과의 형평성, 재산세 과세체계와의 조화를 위해 재개발 주택의 원시취득시기를 준공일로 하는 지방세법 시행령 개정안을 입법예고하였다(행정안전부공고 제2019-182호, 2019.3.28.) 개정안이 그대로 확정되면, 이 경우와 다음 (3)의 경우 취득시기는 준공검사 또는 준공인가를 받은 날(그 전에 임시사용승인을 받은 경우에는 임시사용승인일)이 된다.(지방령 개정안 제20조 제6항 단서)

부동산을 취득하게 되는 경우 동 법에 의한 취득일과 사실상의 사용일 중 빠른 날을 취득세의 취득일로 본다.(지방령 제20조 제6항)

(4) 조합이 조합원으로부터 취득하는 비조합원용 부동산

주택법 제11조에 따른 주택조합이 주택건설사업을 하면서 조합원으로부터 취득하는 토지 중 조합원에게 귀속되지 아니하는 토지를 취득하는 경우에는 주택법 제49조에 따른 사용검사를 받은 날에 그 토지를 취득한 것으로 보고, 도시 및 주거환경정비법 제35조 제3항에 따른 재건축조합이 재건축사업을 하거나, 빈집 및 소규모주택 정비에 관한 특례법 제23조 제2항에 따른 소규모재건축조합이 소규모재건축사업을 하면서 조합원으로부터 취득하는 토지 중 조합원에게 귀속되지 아니하는 토지를 취득하는 경우에는 도시 및 주거환경정비법 제86조 제2항 또는 빈집 및 소규모주택 정비에 관한 특례법 제40조 제2항에 따른 소유권이전 고시일의 다음 날에 그 토지를 취득한 것으로 본다.(지방령 제20조 제7항)

(5) 조합이 조합원으로부터 신탁받은 일반분양용 토지

지방세법 제7조 제8항에 따르면, 주택법 제11조에 따른 주택조합과 도시 및 주거환경정비법 제35조 제3항 및 빈집 및 소규모주택 정비에 관한 특례법 제23조에 따른 재건축조합 및 소규모재건축조합이 해당 조합원용으로 취득하는 조합주택용 부동산은 그 조합원이 취득한 것으로 보므로, 주택조합이나 주택재건축조합이 조합원의 토지를 신탁취득하는 것은 조합원의 토지를 조합원이 취득하는 것이어서 취득세 과세대상이 아니며, 비조합원으로부터 조합원용 토지를 취득하는 경우에는 조합원이 납세의무를 진다.

조합이 조합원이나 비조합원으로부터 비조합원용 토지를 취득하는 경우는 조합원이 취득하는 것이 아니라 조합이 취득한 것이므로 조합이 취득세 납세의무를 부담하며, 조합원으로부터 신탁 받은 토지를 조합원에게 반환하고 나머지 일반분양용 토지에 대하여 조합명의의 대지권 등기를 하는 경우에는 등기시점이 조합의 취득시점이 된다.(행정자치부 심사결정 제2004-128호, 2004.6.28.)

3. 토지의 지목변경

토지의 지목변경에 따른 취득은 토지의 지목이 사실상 변경된 날과 공부상 변경된 날 중 빠른 날을 취득일로 본다. 다만, 토지의 지목변경일 이전에 사용하는 부분에 대해서는 그 사실상의 사용일을 취득일로 본다.(지방령 제20조 제10항) 지목의 사실상 변경이란 건축공사등과 병행되는 경우로서 토지의 형질변경을 수반하는 경우에는 건축 등 그 원인되는 공사가 완료된 때를 취득의 시기로 본다.(지방통칙 7-2)

V 유상승계취득

1. 일반적 유상승계취득

대가를 지급하고 취득하는 유상승계취득은 대가의 잔금을 지급한 때에 취득한 것으로 본다. 지방세법 시행령 제20조 제2항에 따르면 잔금지급이 공적으로 확인되는 거래에 대하여는 사실상의 잔금지급일을 취득일로 보고 사적거래에 대하여는 계약상 잔금지급일을 취득일로 본다.

(1) 사실상의 잔금지급일

지방세법 제10조 제5항(실제 취득가액을 과세표준으로 하는 경우) 중 다음의 유상승계취득의 경우에는 그 사실상의 잔금지급일을 취득일로 본다.(지방령 제20조 제2항 제1호)

① 국가, 지방자치단체 또는 지방자치단체조합으로부터의 취득
② 외국으로부터의 수입에 의한 취득
③ 판결문 · 법인장부에 따라 취득가격이 증명되는 취득
④ 공매방법에 의한 취득

(2) 계약상의 잔금지급일

위 (1) 외의 유상승계취득의 경우에는 계약상의 잔금지급일을 취득일로 보고 계약상의 잔금지급일이 명시되지 아니한 경우에는 계약일로부터 60일이 경과한 날을 계약상

의 잔금지급일로 보아 이 날을 취득일로 본다.(지방령 제20조 제2항 제2호)

2. 연부취득

“연부(年賦)”란 매매계약서상 연부계약 형식을 갖추고 일시에 완납할 수 없는 대금을 2년 이상에 걸쳐 일정액씩 분할하여 지급하는 것을 말한다.(지방법 제6조 제20호) 부동산을 연부로 취득하게 되면 매회 지급하는 연부금액이 취득가액이 되고 매회 사실상 연부금을 지급하는 일을 취득일로 본다.(지방령 제20조 제5항) 연부로 취득하는 경우의 취득시기를 연부금액의 지급일로 한 것은 조세채권의 조기인식을 위하여 특례규정을 둔 것이므로 함부로 확장해석할 수 없다는 것이 대법원의 판례이다.(대법원 2005.6.24. 선고 2003두3857 판결)

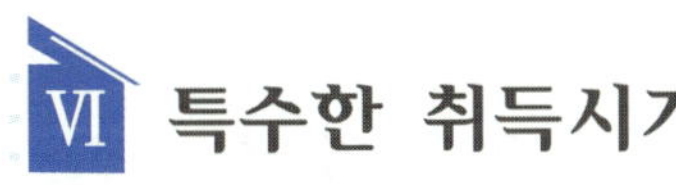

VI 특수한 취득시기

1. 잔금지급일 전 등기

부동산에 대한 소유권이전등기가 이루어지면 민법상 권리변동의 효력이 발생하고 등기일은 공부상 확인되므로 계약일이나 잔금지급일 등 사실상의 취득일보다 확인하기가 쉽다. 조세채권의 조기인식이라는 측면에도 부합하므로 승계계약일 또는 계약상 잔금지급일 전 취득부동산에 대한 등기가 먼저 이루어진 경우에는 등기일을 취득일로 본다.(지방령 제20조 제13항)

2. 등기 전 계약해제

유효하게 성립한 계약이 당사자의 의무불이행이나 기타 당사자가 약정한 사유의 발생 등 사후적 사유로 계약의 효력을 발생시키지 않는 것이 계약의 해제이다. 계약이 해제되면 당사자는 원상회복의무가 있으므로 부동산 취득자는 취득한 부동산을 원래의 소유자에게 반환하여야 한다.(민법 제548조) 그러나 지방세법은 계약일이나 계약상의 잔금지급일을 취득세 납세의무 성립일로 보고, 일단 성립한 납세의무의 소급적 소멸을 원칙적으로 인정하지 아니하고 있다. 다만, 지방세법 시행령 제20조 제2항 제2호에 의하면 무상승계나 유상승계취득의 경우 이전등기를 하지 아니한 상태에서 취득일로부터 60일 이내에 다음 어느 하나에 해당하는 서류에 의하여 계약이 해제된 사실이 입증되는 경우에만 처음부터 취득하지 아니한 것으로 보게 된다.

① 화해조서 · 인낙조서(해당 조서에서 취득일부터 60일 이내에 계약이 해제된 사실이 입증되는 경우만 해당한다)

② 공정증서(공증인이 인증한 사서증서 포함하되, 취득일부터 60일 이내에 공증받은 것만 해당한다)

③ 지방세법 시행규칙 별지 제1호의3 서식의 계약해제신고서(취득일부터 60일 이내에 제출된 것만 해당한다)

④ 부동산 거래신고 관련 법령에 따른 부동산거래계약 해제 등 신고서(취득일부터 60일 이내에 등록관청에 제출한 경우만 해당한다)

따라서 이전등기가 이루어지거나 사실상의 취득일로부터 60일이 경과한 후에는 계약이 해제되더라도 이미 성립한 취득세 납세의무는 소멸하지 아니한다.[20]

20) 계약의 해제는 법률의 규정에 의한 해제와 당사자에게 유보된 해제권의 행사에 의한 해제, 당사자의 해제약정에 의한 해제가 있다. 지방세법은 해제라고만 하고 있어 그 개념의 범위가 모호하다. 취득으로 보지 않는 사유 중 분쟁을 전제로 한 화해조서 · 인낙조서를 열거한 것 등으로 보아 해제약정에 의한 해제만이 아니라 법률의 규정에 의한 해제도 포함하는 것으로 해석된다. 계약의 효력은 해제뿐만 아니라 의사표시의 하자를 이유로 한 취소에 의하여도 소급적으로 소멸한다. 해제약정에 의한 해제는 당초 유효한 계약을 사후적으로 해제하는 새로운 계약이므로 당초 유효한 계약에 의하여 성립한 공법상 납세의무가 사인간의 계약에 영향을 받는 것을 제한하는 의미가 있으나, 상대방의 의무불이행 등 법률의 규정에 의한 해제권의 행사, 의사표시의 하자에 의한 취소권의 행사의 경우에도 당초 성립한 취득세 납세의무에 영향을 미치지 않는다는 것은 납세자에게 가혹하다. 이와 관련하여 대법원은 계약이 무효이거나 취소된 경우에는 처음부터 취득세의 과세대상이 되는 사실상의 취득행위가 있다고 할 수 없다고 한다.(대법원 2013.6.28. 선고 2013두2778 판결) 그러나 대법원은 2018.9.13. 선고 2015두57345 판결에서 매매계약에 따른 소유권이전등기가 마쳐진 이후 매매계약에서 정한 조건이 사후에 성취되어 대금감액이 이루어진 경우, 취득행위 당시의 과세표준을 기준으로 성립한 조세채권의 행사에 영향을 줄 수 없다고 판단하였다. 이는 계약상 유보된 감액청구권의 행사는 이미 성립한 취득세에 영향 미치지 않는다는 뜻인바, 같은 논리로 보면 유보된 해제권의 행사 등으로 인한 계약해제는 당초 계약으로 성립한 취득세에 영향을 미치지 못하는 것으로 해석된다.

부동산 거래신고 등에 관한 법률 제3조 관련조항

부동산 거래신고 등에 관한 법률 시행규칙 제4조【부동산등에 관한 거래계약 해제 등의 신고】

① 제2조 제1항부터 제4항까지의 규정에 따라 부동산거래계약 신고서를 제출한 후 해당 부동산 거래계약이 무효, 취소 또는 해제(이하 "해제등"이라 한다)된 경우 거래당사자 또는 개업공인중개사는 별지 제3호 서식의 부동산거래계약 해제등 신고서에 서명 또는 날인하여 신고관청에 제출할 수 있다.

② 제1항에 따른 신고를 받은 신고관청은 그 내용을 확인한 후 별지 제4호 서식의 부동산거래계약 해제등 확인서를 신고인에게 지체 없이 발급하여야 한다.

③ 부동산거래계약시스템을 통하여 부동산 거래계약 해제등을 한 경우에는 부동산 거래계약 해제등이 이루어진 때에 제1항의 부동산거래계약 해제등 신고서를 제출한 것으로 본다.

이와 같이 이전등기가 이루어지거나 사실상의 취득일로부터 60일이 경과한 후에는 계약이 해제되더라도 당초 계약상 양수인이 해당 부동산을 취득한 것이 되므로 민법상의 효력에 따라 원상회복한 당초 계약상 양도인은 회복하는 부동산에 대한 취득세를 납부하여야 하는지의 문제가 생긴다. 계약해제의 효력에 관한 지방세법의 규정을 충실하게 따르면 이를 수긍하여야 할 것이나 이는 지나치게 형식논리적인 해석이다. 이와 관련하여 대법원은 계약의 성립 후 당사자 간 계약의 효력을 소급적으로 소멸시키는 해제에 의하여 당초 소유자가 원상회복의 방법으로 소유권이전등기를 말소하는 것은 당초 소유자의 취득세 과세대상인 새로운 취득에 해당하지 아니한다고 해석한다.(대법원 1993.9.14. 선고 93누11319 판결)

3. 의제취득

(1) 과점주주의 부동산 의제취득 시기

법인의 과점주주가 법인의 부동산을 취득하는 것으로 보는 경우는 각 다음의 시기에 법인의 부동산을 취득한 것으로 본다.(지방법 제7조 제5항, 지방령 제11조)

(가) 최초의 과점주주

법인의 과점주주가 아닌 주주 또는 유한책임사원이 다른 주주 또는 유한책임사원의 주식등(주식 또는 지분)을 취득하거나 증자 등으로 최초로 과점주주가 된 경우에는 최초로 과점주주가 된 날 현재 해당 과점주주가 소유하고 있는 법인의 주식등을 모두 취득한 것으로 보고 법인이 소유하고 있는 부동산을 취득한 것으로 보아 취득세를 부과한다.

(나) 과점주주의 지분증가

이미 과점주주가 된 주주 또는 유한책임사원이 해당 법인의 주식등을 취득하여 해당 법인의 주식등의 총액에 대한 과점주주가 가진 주식등의 비율이 증가된 경우에는 그 증가분에 해당하는 법인소유 부동산을 취득한 것으로 보아 취득세를 부과한다. 다만, 증가된 후의 주식등의 비율이 해당 과점주주가 이전에 가지고 있던 주식등의 최고비율보다 증가되지 아니한 경우에는 취득세를 부과하지 아니한다. 과점주주였으나 주식등의 양도, 해당 법인의 증자 등으로 과점주주에 해당하지 아니하게 되었다가 해당 법인의 주식등을 취득하여 다시 과점주주가 된 경우에는 다시 과점주주가 된 당시의 주식등의 비율이 그 이전에 과점주주가 된 당시의 주식등의 비율보다 증가된 경우에만 그 증가분만을 취득으로 보아 위의 예에 따라 취득세를 부과한다.

(2) 과점주주의 의제취득 대상법인

지방세법 제7조 제5항은 지방세기본법 제46조 제2호에 따른 과점주주가 되었을 때 과점주주가 법인의 부동산을 취득한 것으로 본다고 규정하고 있고, 지방세기본법 제46조는 출자자의 제2차 납세의무에 관한 규정으로 주식을 자본시장과 금융투자업에 관한 법률에 따른 증권시장으로서 대통령령으로 정하는 증권시장에 상장한 법인은 제외한다고 규정하고 있다. 지방세기본법 시행령 제24조는 "대통령령으로 정하는 증권시장"이란 자본시장과 금융투자업에 관한 법률 시행령 제176조의9 제1항에 따른 유가증권시장을 말한다고 규정하고 있고, 이 규정에 의하면 한국거래소가 증권의 매매를 위하여 개설한 증권시장으로서 금융위원회가 정하여 고시하는 증권시장 즉 유가증권시장을 말한다. 따라서 유가증권시장 상장법인의 과점주주는 간주취득의 납세의무를 지지 아니하고, 비상장법인이 과점주주의 취득세 과세대상 법인이 된다. 증권업협회에 의하여 장외거래 목적으로 개설된 코스닥시장은 자본시장과 금융투자업에 관한 법률 시행령 제

176조의9 제1항에 따른 유가증권시장이 아니므로 코스닥에 등록된 법인은 간주취득 대상법인이 된다.

(3) 과점주주 요건

지방세기본법 제46조 제2호는 과점주주의 요건으로 "주주 또는 유한책임사원 1명과 그의 특수관계인 중 대통령령으로 정하는 자로서 그들의 소유주식의 합계 또는 출자액의 합계가 해당 법인의 발행주식 총수 또는 출자총액의 100분의 50을 초과하면서 그에 관한 권리를 실질적으로 행사하는 자들"이라고 규정하고 있어, 지분율 50% 초과 소유라는 형식적 요건과 그 권리를 실질적으로 행사할 것이라는 지배력 요건을 동시에 충족하여야 한다.

(가) 형식적 요건

주주 또는 유한책임사원 1명과 그의 특수관계인이 보유하는 법인지분 비율이 50%를 초과하여야 한다. 특수관계인은 본인과 다음의 관계에 있는 자를 말한다.(지기령 제2조 · 제24조 제2항)

① 다음의 친족
- 6촌 이내의 혈족
- 4촌 이내의 인척
- 배우자(사실상의 혼인관계에 있는 사람을 포함한다)
- 친생자로서 다른 사람에게 친양자로 입양된 사람 및 그 배우자 · 직계비속

② 임원 · 사용인 등 다음의 경제적 연관관계인
- 임원과 그 밖의 사용인
- 본인의 금전이나 그 밖의 재산으로 생계를 유지하는 사람
- 위의 사람과 생계를 함께하는 친족

③ 주주 출자자 등 다음의 경영지배관계
- 본인이 개인인 경우 : 본인이 직접 또는 그와 친족관계 또는 경제적 연관관계에 있는 자를 통하여 법인의 경영에 대하여 지배적인 영향력을 행사하고 있는 경우 그 법인
- 본인이 법인인 경우 : ㉠ 개인 또는 법인이 직접 또는 그와 친족관계 또는 경제적 연관관계에 있는 자를 통하여 본인인 법인의 경영에 대하여 지배적인 영향

력을 행사하고 있는 경우 그 개인 또는 법인, ㉡ 본인이 직접 또는 그와 경제적 연관관계 또는 위 ㉠의 관계에 있는 자를 통하여 어느 법인의 경영에 대하여 지배적인 영향력을 행사하고 있는 경우 그 법인

(나) 지배력 요건

주주 또는 유한책임사원 1명과 그의 특수관계인이 보유하는 법인지분 비율이 50% 이상을 실질적으로 행사하는 자들이어야 한다. 법인의 운영을 실질적으로 지배할 수 있는 지위를 말하는데 이는 실제 법인의 경영지배를 통하여 법인의 부동산 등의 재산을 사용・수익하거나 처분하는 등의 권한을 행사하였을 것을 요구하는 것은 아니고, 소유하고 있는 주식에 관하여 의결권행사 등을 통하여 주주권을 실질적으로 행사할 수 있는 지위에 있으면 족하다.(대법원 2008.10.23. 선고 2006두19501 판결) 주주권을 실질적으로 행사하는 자를 과점주주로 보는 것이므로 명의를 대여한 경우나 도용한 경우에는 명의를 차용한 자나 도용한 자가 주주권의 실질적인 행사자로서 과점주주가 된다.[21]

21) 대법원 2016.3.10. 선고 2011두26046 판결 : 구 지방세법 제105조 제6항 본문이 법인의 과점주주에 대하여 그 법인의 재산을 취득한 것으로 보아 취득세를 부과하는 것은 과점주주가 되면 해당 법인의 재산을 사실상 임의처분하거나 관리운용할 수 있는 지위에 서게 되어 실질적으로 그 재산을 직접 소유하는 것과 크게 다를 바 없다는 점에서 담세력이 있다고 보기 때문이므로, 위 조항에 의하여 취득세의 납세의무를 부담하는 과점주주에 해당하는지 여부는 주주명부상의 주주 명의가 아니라 그 주식에 관하여 의결권 등을 통하여 주주권을 실질적으로 행사하여 법인의 운영을 지배하는지 여부를 기준으로 판단하여야 한다.

제 6 절

취득세의 신고납부

I 납세의무자

1. 부동산 취득세의 납세의무자

부동산을 사실상 취득한 자가 부동산 취득세 납세의무자가 된다.(지방법 제7조 제1항) 부동산의 취득은 민법 등 관계 법령에 따른 등기·등록 등을 하지 아니한 경우라도 사실상 취득하면 취득한 것으로 보고 해당 취득물건의 소유자 또는 양수인을 취득자로 한다.(지방법 제7조 제2항) 민법상 법률행위로 인한 물권변동은 등기하여야 효력이 발생하나(민법 제186조), 세법은 권리변동에 관한 형식주의를 그대로 따르지 않고 있다. 부동산 취득세는 부동산소재지를 관할하는 지방자치단체의 과세권에 귀속되므로(지기법 제8조) 부동산을 취득하는 자는 자연인, 법인 및 외국인 모두 취득세의 납세의무자가 된다. 지방세법에도 실질과세의 원칙이 적용되어 취득자의 명의(名義)만 있을 뿐 사실상 취득하는 자가 따로 있을 때에는 사실상 취득하는 자가 납세의무자가 된다.(지기법 제17조)

이와 관련하여 신탁부동산의 납세의무자에 대한 문제가 있다. 신탁법에 따라 부동산을 수탁자에게 이전하거나 신탁계약의 종료로 부동산을 위탁자가 반환받는 것은 취득세가 과세되지 아니하나(지방법 제9조 제3항), 신탁한 부동산의 지목변경에 의한 취득세의 경우 누가 납세의무자인지에 대하여 대법원은 수탁자에게 납세의무가 있다고 한다. (대법원 2012.6.14. 선고 2010두2395 판결) 신탁법에 의한 신탁이 아닌 부동산명의신탁의 경우에도 누구를 납세의무자로 볼 것인가의 문제가 있다. 이에 대하여는 항을 바꾸어 알아본다.

2. 연대납세의무

(1) 공유자 등의 연대납세의무

공유물(공동주택의 공유물은 제외한다), 공동사업 또는 그 공동사업에 속하는 재산에 관계되는 지방자치단체의 징수금은 공유자 또는 공동사업자가 연대하여 납부할 의무를 진다.(지기법 제44조 제1항)

(2) 분할법인의 연대납세의무

법인이 분할되거나 분할합병되는 경우 분할되는 법인에 대하여 분할일 또는 분할합병일 이전에 부과되거나 납세의무가 성립된 지방자치단체의 징수금은 다음의 법인이 연대하여 납부할 의무를 진다.(지기법 제44조 제2항)

① 분할되는 법인
② 분할 또는 분할합병으로 설립되는 법인
③ 분할되는 법인의 일부가 다른 법인에 합병되어 그 다른 법인이 존속하는 경우 그 다른 법인(존속하는 분할합병의 상대방 법인)

(3) 해산법인의 취득세에 대한 연대납세의무

법인이 분할 또는 분할합병으로 인하여 해산하는 경우 해산하는 법인에 부과되거나 그 법인이 납부할 지방자치단체의 징수금은 다음의 법인이 연대하여 납부할 의무를 진다.(지기법 제44조 제3항)

① 분할 또는 분할합병으로 설립되는 법인
② 존속하는 분할합병의 상대방 법인

(4) 회생절차로 설립한 신회사의 연대납세의무

법인이 채무자 회생 및 파산에 관한 법률 제215조에 따라 신회사(新會社)를 설립하는 경우 기존의 법인에 부과되거나 납세의무가 성립한 지방자치단체의 징수금은 신회사가 연대하여 납부할 의무를 진다.(지기법 제44조 제4항)

(5) 과점주주의 연대납세의무

지방세법 제7조 제5항에 따라 다수의 과점주주가 법인소유 부동산에 대한 간주취득으로 취득세 납세의무를 지는 경우 연대납세의무를 진다.(지방법 제7조 제5항 후단)

3. 납세의무 승계

(1) 상속인의 납세의무 승계

상속이 개시된 경우에 상속인(상속세 및 증여세법 제2조 제5호에 따른 수유자를 포함한다) 또는 상속재산관리인(민법 제1053조)은 피상속인에게 부과되거나 피상속인이 납부할 지방자치단체의 징수금을 상속으로 얻은 재산의 한도 내에서 납부할 의무를 진다. 이 경우 상속인이 2명 이상일 때에는 각 상속인은 피상속인에 대한 지방자치단체의 징수금을 민법 제1009조 · 제1010조 · 제1012조 및 제1013조에 따른 상속분에 따라 나누어 계산한 금액을 상속으로 얻은 재산의 한도 내에서 연대하여 납부할 의무를 진다. 이 경우 각 상속인은 상속인 중에서 피상속인에 대한 지방자치단체의 징수금을 납부할 대표자를 정하여 지방자치단체의 장에게 신고하여야 한다.(지기법 제42조, 지기령 제22조)

(2) 합병법인의 납세의무 승계

법인이 합병한 경우에 합병 후 존속하는 법인 또는 합병으로 설립된 법인은 합병으로 인하여 소멸된 법인에 부과되거나 그 법인이 납부할 지방자치단체의 징수금을 납부할 의무를 진다.(지기법 제41조)

4. 명의신탁 부동산의 취득세 납세의무자

부동산 실권리자명의 등기에 관한 법률("부동산실명법")의 시행으로 명의신탁약정은 법률상 효력을 인정받을 수 없다.(부동산실명법 제4조) 따라서 명의신탁 유형에 따라 부동산 소유권의 귀속이 달라지고 취득세 납세의무자도 달라진다.

(1) 명의신탁의 유형

(가) 양자간 등기명의신탁

부동산소유권자로 등기된 명의신탁자가 그 소유의 부동산을 명의신탁약정에 의하여 명의수탁자 명의로 등기하는 경우를 말한다. 이런 유형의 명의신탁약정은 무효이므로 부동산의 소유자는 명의신탁자이다. 명의신탁자는 신탁부동산의 소유자로서 명의수탁자를 상대로 원인무효를 이유로 소유권이전등기의 말소를 구할 수 있을 뿐 아니라 진정한 등기명의의 회복을 원인으로 한 소유권이전등기절차의 이행을 구할 수 있다.(대법원 2014.2.13. 선고 2012다97864 판결 등)

(나) 3자간 등기명의신탁

명의신탁자(B)가 계약당사자로서 매도자인 상대방(A)과 물권을 취득하는 계약을 하고, 그 물권에 관한 등기는 명의수탁자(C)와의 명의신탁약정에 기하여 A로부터 직접 C 앞으로 하게 하는 경우를 말한다. 중간생략명의신탁이라고도 한다. 이 유형의 명의신탁약정 또한 무효이므로 민사상으로는 A, B, C 사이에서는 명의수탁자 C가 소유권을 취득하지 못하고, 자기 앞으로 등기를 하지 않은 B 또한 소유권을 취득하지 못하였으므로 부동산의 법률상 소유자는 여전히 매도자인 A이다. 명의신탁자 B는 채권의 보전행위로서 매도자 A를 대위하여 명의수탁자인 C를 상대로 소유권이전등기말소 청구를 한 후, 매도자 A를 상대로 소유권이전등기를 청구하여 부동산의 소유권을 취득할 수 있다.(대법원 2011.9.8. 선고 2009다49193 판결 등)

(다) 계약명의신탁

명의신탁자 B가 명의수탁자 C와 명의신탁약정을 맺고 명의신탁자의 위임에 따라 명의수탁자 C가 스스로 직접 매매계약의 일방 당사자가 되어 매도자인 A와 매매계약을 체결한 후 그 등기를 C앞으로 이전하는 경우를 말한다. 이러한 계약명의신탁은 매도자가 명의신탁사실을 알았느냐 몰랐느냐에 따라 민사상 법률효과가 달라진다. 즉, 계약 상대방인 매도자가 명의신탁 사실을 알지 못한 경우(선의인 경우)에는 그 계약은 유효하여 물권변동은 유효하고, 계약 상대방인 매도자가 명의신탁 사실을 안 경우(악의인 경우)에는 물권변동은 효력을 발생하지 않는다.(부동산실명법 제4조 제2항)

① 상대방이 선의인 경우

계약의 상대방인 매도자가 명의신탁 사실을 모르는 경우에는 명의신탁자 B와 명의

수탁자 C 사이의 명의신탁약정은 무효이지만, 매도자 A와 명의수탁자 C 사이에서 물권변동계약은 유효하여 명의수탁자 C는 적법하게 대상 부동산의 소유권을 취득한다.(대법원 2015.12.23. 선고 2012다202932 판결 등) 명의신탁자 B는 매도자 A와의 관계에서 아무런 계약이 없으므로 매도인에게 어떠한 청구도 할 수 없으며, 부동산의 소유권을 취득하지 못한 명의신탁자 B는 명의수탁자 C에게 부동산 자체의 반환을 청구할 수 없고 매수대금의 부당이득 반환을 청구할 수 있을 뿐이다. 다만, 부동산실명법 시행 전 명의신탁을 한 경우에는 부동산의 소유권을 취득한 것으로 보아 부동산 자체의 부당이득반환 청구가 가능하다고 본다.(대법원 2014.8.20. 선고 2014다30483 판결 등)

② 상대방이 악의인 경우

계약의 상대방인 매도자 A가 명의신탁 사실을 알고 있는 경우에는 계약의 효력이 발생하지 아니하므로 명의수탁자 C는 대상 부동산의 소유자가 되지 못하고 당사자 간에는 여전히 매도자 A가 대상 부동산의 소유권을 가지게 된다. 명의신탁자 B는 매도자와의 관계에서 아무런 계약이 없으므로 매도자에게 어떠한 청구도 할 수 없으며, 명의신탁약정이 무효이므로 명의수탁자에 대하여 명의신탁약정에 기한 소유권이전등기청구를 할 수도 없고 매매대금의 부당이득반환청구만 가능하다. 다만, 부동산실명법 시행 전 명의신탁을 한 경우에는 부동산 그 자체의 부당이득반환청구가 가능하다고 본다.(대법원 2013.9.12. 선고 2010다95185 판결 등)

명의신탁약정이 이른바 3자간 등기명의신탁인지 아니면 악의의 계약명의신탁인지의 구별은 계약당사자가 누구인가를 확정하는 문제로 귀결된다. 계약명의자가 명의수탁자로 되어 있다 하더라도 명의신탁자를 계약당사자로 볼 수 있다면 이는 3자간 등기명의신탁이 된다.(대법원 2010.10.28. 선고 2010다52799 판결 등)

(2) 명의신탁 유형별 취득세 납세의무자

(가) 양자간 등기명의신탁

명의신탁자로부터 명의수탁자로 소유권이전등기를 하는 것, 명의신탁의 해제로 반대의 소유권이전등기를 하는 것을 취득으로 보아 각 명의수탁자와 명의신탁자가 취득세 납세의무를 지는가? 기존의 판례는 "구 지방세법(1999.12.28. 법률 제6060호로 개정되기 전의 것) 제105조 제1항에 따라 취득세의 부과대상이 되는 부동산의 취득은 원칙적으로 소유권이전의 형식에 의한 부동산 취득의 모든 경우를 포함하므로 명의신탁해지를 원인으로 소유권이전등기를 마친 경우도 여기에 해당한다."고 하여 이를 인정한다.(대법원 2002.5.28. 선고 2002두2079 판결)[22] 그러나 대법원은 최근 3자간 등기명의신탁의 경우, 사실상의 취득자는 명의신탁자이므로 명의신탁자가 취득세 납세의무자이고[23] 그 후 명의수탁자로부터 소유권이전등기를 받은 것은 새로운 취득이 아니라는 전원합의체 판결을 낸 바 있다.(대법원 2018.3.22. 선고 2014두43110 전원합의체 판결)

개인적 의견으로는 지방세법 제7조 제2항이 취득의 개념을 사실상의 취득으로 규정하고 있고, 지방세기본법이 실질과세원칙을 인정하고 있는 점에 비추어 보면 등기상의 취득에 불과한 명의신탁등기와 그 해제등기를 등록면허세 과세대상으로 보는 것은 몰라도 취득세 과세대상은 아니며 따라서 명의수탁자를 취득세 납세의무자로 볼 것은 아니라고 생각한다.

(나) 3자간 등기명의신탁

3자간 등기명의신탁의 경우, 명의신탁자가 매매계약의 당사자로서 매도자와 매매계약을 체결하고 매매대금을 지급하며, 매매계약에 따른 법률효과도 명의신탁자에게 귀속된다. 본인 앞으로 등기만 하지 않았을 뿐 사실상의 취득요건을 갖추었으므로 명의신탁자가 사실상의 취득자로서 납세의무를 진다는 것이 대법원의 견해이다.(위 대법원 2018.3.22. 선고 2014두43110 판결) 나아가 같은 판결에서 대법원은 "3자간 등기명의신탁에서 명의신탁자가 명의수탁자 명의의 소유권이전등기를 말소한 다음 그 부동산에 관하여 매도인으로부터 자신의 명의로 소유권이전등기를 마치더라도, 이는 당초의 매매를 원인으로 한 것으로서 잔금지급일에 '사실상 취득'을 한 부동산에 관하여 소유권 취득의 형식적 요건을 추가로 갖춘 것에 불과하다. 그리고 명의신탁자가 당초의 매매를 원인으로 매도인으로부터 소유권등기를 이전받는 것이 아니라 명의수탁자로부터 바로 소유권등기를 이전받는 형식을 취하였다고 하여 위와 달리 평가할 수도 없다. 따라서 어느 경우이든 잔금지급일에 성립한 취득세 납세의무와 별도로 그 등기일에 새로운 취득세 납세의무가 성립한다고 볼 수는 없다."고 하여 3자간 등기명의신탁에 따른 등기이전은 취득세 과세대상 취득으로 보지 않는다.

(다) 상대방이 선의인 계약명의신탁

계약명의신탁에서 상대방이 선의인 경우 명의수탁자와 상대방 사이의 부동산물권변

---

22) 해당 판례는 구분소유적 공유관계에 있는 상호명의신탁에 관한 판례이다.

23) 이 판결에서 명의수탁자의 납세의무는 쟁점이 아니었으므로 그에 대한 명시적 판단은 없었다.

동 계약은 유효하다. 따라서 명의수탁자는 대상 부동산의 소유권을 취득한다. 법원은 명의수탁자와 상대방 사이의 계약의 효력에 맞추어 "명의신탁자와 명의수탁자가 계약명의신탁약정을 맺고 명의수탁자가 당사자가 되어 명의신탁약정이 있다는 사실을 알지 못하는 소유자와 부동산에 관한 매매계약을 체결한 경우 그 계약은 일반적인 매매계약과 다를 바 없이 유효하므로, 그에 따라 매매대금을 모두 지급하면 소유권이전등기를 마치지 아니하였더라도 명의수탁자에게 취득세 납세의무가 성립하고, 이후 그 부동산을 제3자에게 전매하고서도 최초의 매도인이 제3자에게 직접 매도한 것처럼 소유권이전등기를 마친 경우에도 마찬가지이다."고 하여 명의수탁자를 취득세 납세의무자로 본다.(대법원 2017.9.12. 선고 2015두39026 판결)[24)]

(라) 상대방이 악의인 계약명의신탁

계약명의신탁에서 상대방이 악의인 경우 즉 매도인이 명의신탁 사실을 알고 매매계약을 체결한 경우에는 명의신탁자가 부동산의 소유권을 취득하지 못할 뿐만 아니라 명의수탁자도 대상 부동산의 소유권을 취득하지 못한다. 법원은 이 경우에도 "계약명의신탁에 의하여 부동산의 등기를 매도인으로부터 명의수탁자 앞으로 이전한 경우 명의신탁자는 매매계약의 당사자가 아니고 명의수탁자와 체결한 명의신탁약정도 무효이어서 매도인이나 명의수탁자에게 소유권이전등기를 청구할 수 있는 지위를 갖지 못한다. 따라서 명의신탁자가 매매대금을 부담하였더라도 그 부동산을 사실상 취득한 것으로 볼 수 없으므로, 명의신탁자에게는 취득세 납세의무가 성립하지 않는다."고 하여 명의신탁자는 취득세 납세의무자가 아니라고 한다.(대법원 2017.7.11. 선고 2012두28414 판결) 그렇다면 결국 이 경우에도 명의수탁자가 취득세를 납부하여야 한다는 결론이 된다. 법원은 같은 판결에서 명의수탁자의 취득세 납세의무에 대하여 판단하지는 않았지만 부동산실명법이 시행되기 전 판결에서 "명의신탁의 수탁자는 원칙적으로 수탁의 이익을 향유하지 못하고 신탁재산에 대한 권리취득이 금지되어 있으나 재산권이전에 관하여 대외적 관계에 있어서는 완전한 권리를 취득하고 유효한 처분행위도 할 수 있으므로 명의신탁에 의하여 부동산을 취득하였다면 지방세법 제110조의 규정에 불구하고 부동산취득세의 과세대상이 된다."고 하여 명의수탁자의 취득세 납세의무를 인정하고 있다.(대법원 1983.7.12. 선고 83누139 판결)[25)]

---

24) 개인적 의견으로는 지방세법에는 "사실상의 취득"개념을 사용하고, 지방세기본법에서 실질과세의 원칙을 인정한 점에 비추어 보면 대상 부동산을 실질적으로 사용・수익하는 명의신탁자를 취득세 납세의무자로 보는 것이 더 타당하지 않을까 생각한다.

Ⅱ 신고납부

1. 개요

부동산 취득세의 납세지는 부동산 소재지이고(지방법 제8조), 취득세의 징수는 신고납부의 방법으로 한다.(지방법 제18조) 취득세를 신고하려는 자는 지방세법 시행규칙 별지 제3호 서식으로 정하는 신고서에 취득물건, 취득일 및 용도 등을 적어 납세지를 관할하는 시장·군수·구청장에게 신고하여야 한다. 취득세의 납부는 지방세법 시행규칙 별지 제4호 서식에 따른다.(지방령 제33조, 지방칙 제9조)

2. 신고납부 기간

(1) 부동산 취득자의 신고기간

부동산을 취득한 자는 그 취득한 날부터 60일 이내에 과세표준과 산출세액을 위 신고서식에 따라 신고하고 납부하여야 한다. 다만, 상속으로 인한 취득은 상속개시일이 속하는 달의 말일부터, 실종으로 인한 경우는 실종선고일이 속하는 달의 말일부터 각각 6개월(상속인 중 외국에 주소를 둔 상속인이 있는 경우에는 각각 9개월) 이내에 신고하고 납부하여야 한다. 기산일과 관련하여, 토지거래계약에 관한 허가구역(부동산 거래신고 등에 관한 법률 제10조 제1항)에 있는 토지를 취득하는 경우로서 같은 법 제11조에 따른 토지거래계약에 관한 허가를 받기 전에 거래대금을 완납한 경우에는 그 허가일이나 허가구역의 지정 해제일 또는 축소일을 취득세 신고 기산일로 한다.(지방법 제20조 제1항)

---

25) 개인적 의견으로는 이 경우에도 "사실상의 취득" 및 "실질과세원칙"에 따라 명의신탁자를 취득세 납세의무자로 보는 것이 타당하다고 생각한다. 국세의 경우 명의위장이 확인되어 국세기본법 제14조에 따라 실질소득자에게 과세함에 있어 당초 신고한 명의자의 소득금액을 결정취소함에 따라 발생하는 환급세액은 실질소득자의 기납부세액으로 공제하고 잔여 환급액이 있는 경우 국세기본법 제51조 및 같은법 제52조에 따라 실질소득자에게 환급한다.(국기통칙 51-0-1)

(2) 부동산 취득 후 용도변경자의 신고기간

부동산을 취득한 후에 그 부동산이 취득세 중과기준(지방법 제13조 제1항~제7항)에 해당되어 중과세율의 적용대상이 되었을 때에는 다음 각 기산일로부터 30일 이내에 중과세율을 적용하여 산출한 세액에서 이미 납부한 세액(가산세는 제외)을 공제한 금액을 세액으로 하여 관할하는 시장・군수・구청장에게 신고하고 납부하여야 한다.(지방법 제20조 제2항, 지방령 제34조)

① 수도권 과밀억제권역에서 본점 또는 주사무소의 사업용 부동산을 취득한 경우(지방법 제13조 제1항) : 사무소로 최초로 사용한 날

② 수도권 과밀억제권역에서 공장의 신설 또는 증설을 위하여 사업용 과세물건을 취득하거나(지방법 제13조 제1항) 대도시에서 공장의 신설 또는 증설에 따라 부동산을 취득한 경우(지방법 제13조 제2항 제2호) : 그 생산설비를 설치한 날. 다만, 그 이전에 영업허가・인가 등을 받은 경우에는 영업허가・인가 등을 받은 날로 한다.

③ 대도시에서 법인을 설립하거나 지점 또는 분사무소를 설치하는 경우 및 법인의 본점・주사무소・지점 또는 분사무소를 대도시로 전입하여 오는 경우(지방법 제13조 제2항 제1호) : 해당 사무소 또는 사업장을 사실상 설치한 날

④ 대도시에 설치가 불가피하다고 인정되는 업종(중과제외 업종)에 직접 사용할 목적으로 부동산을 취득하거나, 법인이 사원에 대한 분양 또는 임대용으로 직접 사용할 목적으로 사원 주거용 목적 부동산을 취득한 후(지방법 제13조 제2항 각 호 외의 부분 단서) 정당한 사유없이 중과제외 업종에 사용하지 아니하거나 사원주거용 목적에 사용하지 아니하는 등으로 중과세율을 적용받게 되는 경우(지방법 제13조 제3항) : 그 사유가 발생한 날

⑤ 별장・골프장・고급주택・고급오락장 취득한 경우(지방법 제13조 제5항) : 다음 각 구분에 따른 날

- 건축물을 증축하거나 개축하여 별장 또는 고급주택이 된 경우 : 그 증축 또는 개축의 사용승인서 발급일. 다만, 그 밖의 사유로 별장이나 고급주택이 된 경우에는 그 사유가 발생한 날로 한다.
- 골프장 : 체육시설의 설치・이용에 관한 법률에 따라 체육시설업으로 등록(변경등록을 포함한다)한 날. 다만, 등록을 하기 전에 사실상 골프장으로 사용하는 경우 그 부분에 대해서는 사실상 사용한 날로 한다.
- 건축물의 사용승인서 발급일 이후에 관계 법령에 따라 고급오락장이 된 경우 : 그

대상 업종의 영업허가 · 인가 등을 받은 날. 다만, 영업허가 · 인가 등을 받지 아니하고 고급오락장이 된 경우에는 고급오락장 영업을 사실상 시작한 날로 한다.

(3) 비과세, 과세면제 요건 위반의 경우

지방세법 또는 다른 법령에 따라 취득세를 비과세, 과세면제 또는 경감받은 후에 해당 과세물건이 취득세 부과대상 또는 추징대상이 되었을 때에는 그 사유 발생일부터 30일 이내에 해당 과세표준에 정당한 세율을 적용하여 산출한 세액[경감받은 경우에는 이미 납부한 세액(가산세는 제외한다)을 공제한 세액을 말한다]을 관할하는 시장 · 군수 · 구청장에게 신고하고 납부하여야 한다.(지방법 제20조 제3항)

(4) 등기 · 등록 전 신고납부

부동산을 취득하고 새로운 등기나 등록을 하여야 하는 경우에는 등기 또는 등록(등재 포함) 신청서를 등록관서에 접수하는 날까지 취득세를 신고 · 납부하여야 한다.(지방법 제20조 제4항)

Ⅲ 징수 및 가산세

1. 미납세액 징수

취득세 납세의무자가 법에 따른 신고 또는 납부의무를 다하지 아니하면 정당한 산출세액 또는 그 부족세액에 가산세를 합한 금액을 세액으로 하여 보통징수의 방법으로 징수한다.(지방법 제21조)

2. 신고불성실 가산세

(1) 무신고가산세

(가) 일반무신고가산세

납세의무자가 법정신고기한까지 과세표준 신고를 하지 아니한 경우에는 그 신고로 납부하여야 할 세액(가산세 제외)의 100분의 20에 상당하는 금액을 가산세로 부과한다.(지기법 제53조 제1항)

(나) 부당무신고가산세

사기나 그 밖의 부정한 행위로 법정신고기한까지 과세표준 신고를 하지 아니한 경우에는 무신고납부세액(가산세 제외)의 100분의 40에 상당하는 금액을 가산세로 부과한다.(지기법 제53조 제2항)

(2) 과소신고가산세

(가) 일반과소신고가산세

납세의무자가 법정신고기한까지 과세표준 신고를 한 경우로서 신고하여야 할 납부세액보다 납부세액을 적게 신고하거나 지방소득세 과세표준 신고를 하면서 환급받을 세액을 신고하여야 할 금액보다 많이 신고한 경우에는 과소신고한 납부세액과 초과환급신고한 환급세액을 합한 금액(가산세 제외)의 100분의 10에 상당하는 금액을 가산세로 부과한다.(지기법 제54조 제1항)

(나) 부당과소신고가산세

사기나 그 밖의 부정한 행위로 과소신고하거나 초과환급신고한 경우에는 다음의 금액을 합한 금액을 가산세로 부과한다.(지기법 제54조 제2항)

① 사기나 그 밖의 부정한 행위로 인한 과소신고납부세액등의 100분의 40에 상당하는 금액

② 과소신고납부세액등에서 부정과소신고납부세액등을 뺀 금액의 100분의 10에 상당하는 금액

(다) 과소신고가산세 면제

신고 당시 소유권에 대한 소송으로 상속재산으로 확정되지 아니하여 과소신고한 경우에는 가산세를 부과하지 아니한다.(지기법 제54조 제3항)

3. 납부불성실가산세

납세의무자가 지방세관계법에 따른 납부기한까지 지방세를 납부하지 아니하거나 납부하여야 할 세액보다 적게 납부한 경우 또는 환급받아야 할 세액보다 많이 환급받은 경우에는 다음의 계산식에 따라 산출한 금액을 합한 금액을 가산세로 부과한다. 이 경우 가산세는 납부하지 아니한 세액, 과소납부분 세액 또는 초과환급분 세액의 100분의 75에 해당하는 금액을 한도로 한다.(지기법 제55조 제1항, 지기령 제34조)

① 납부하지 아니한 세액 또는 과소납부분 세액(가산세 포함) × 납부기한의 다음 날부터 자진납부일 또는 부과결정일까지의 기간 × 1일 10만분의 25[26)]

② 초과환급분 세액(가산세 포함) × 환급받은 날의 다음 날부터 자진납부일 또는 부과결정일까지의 기간 × 1일 10만분의 25

4. 취득세 미신고 전매자에 대한 가산세

납세의무자가 취득세 과세물건을 사실상 취득한 후 법에 따른 취득세 신고를 하지 아니하고 매각하는 경우에는 산출세액에 100분의 80을 가산세로 하여 납부할 세액에 더하여 보통징수의 방법으로 징수한다. 다만, 지목변경에 대하여는 그러하지 아니하다.(지방법 제21조 제2항, 지방령 제37조)

26) 2018년 12월 31일 개정시 납부불성실가산세 1일 이자율을 1만의 3에서 1만분의 2.5, 즉 10만분의 25로 변경되었으며, 개정 이전 납부의무 위반에 대한 납부불성실가산세는 종전규정에 따라 1일 1만분의 3으로 한다.(지기령 부칙 제2조)

제 7 절

취득세에 부가되는 세목

I 농어촌특별세

1. 취득세와 관련된 농어촌특별세의 납세의무자

농어촌특별세의 납세의무자는 다음과 같다.(농특세법 제3조) 취득세와 관련된 농어촌특별세는 취득세 자체에 따른 것(④)과 취득세 감면세액에 따른 것(①)이 있다.

① 조세특례제한법, 관세법, 지방세법 또는 지방세특례제한법에 따라 소득세·법인세·관세·취득세 또는 등록에 대한 등록면허세의 감면을 받는 자

② 개별소비세법 제1조 제2항의 물품 중 같은 항 제1호 가목 1)·2), 같은 호 다목, 같은 항 제2호 나목 1)·2)의 물품 또는 같은 조 제3항 제4호의 입장행위에 대한 개별소비세 납세의무자

③ 증권거래세법 제3조 제1호에 규정된 증권거래세 납세의무자

④ 지방세법에 따른 취득세 또는 레저세의 납세의무자

⑤ 종합부동산세법에 따른 종합부동산세의 납세의무자

2. 취득세 자체에 부가되는 농어촌특별세

(1) 과세표준과 세율

취득세 자체에 대한 농어촌특별세는 부동산취득세의 표준세율(지방법 제11조의 세율)을 2%로 적용하여 지방세법, 지방세특례제한법 및 조세특례제한법에 따라 산출한

취득세액을 과세표준으로 하고, 거기에 10%를 곱한 금액을 농어촌특별세액으로 한다. 즉, 지방세법 제11조에 규정된 취득유형별 세율을 무시하고 표준세율이 모두 2%인 것으로 보고 그에 근거하여 특례세율이나 중과세 및 감면세율을 적용하여 산출한 세액의 10%가 취득세 자체에 부과되는 농어촌특별세액이 된다.(농특세법 제5조 제1항 제6호)

다만, 지방세법 제15조 제2항에 해당하는 특례세율이 적용되는 경우에는 동 항의 특례세율로 계산한 취득세액이 과세표준이 되고 여기에 10%를 곱한 금액이 농어촌특별세액이 된다.(농특세법 제5조 제5항) 지방세법 제15조 제2항에 해당하는 특례세율은 다음의 취득에 대한 특례세율이다. 이 경우 특례세율은 중과기준세율인 2%로 하되, 지방세법 제13조 제1항의 과밀억제권역에서 법인의 본점 또는 주사무소의 사무용에 해당하는 부동산에 대하여는 중과기준세율의 3배인 6%를 특례세율로 하고, 지방세법 제13조 제5항의 별장, 골프장, 고급주택, 고급오락장에 해당하는 부동산에 대하여는 중과기준세율의 5배인 10%를 특례세율로 한다.

① 개수로 인한 취득(지방법 제15조 제2항 제1호)
② 지목변경으로 인한 토지가액의 증가(지방법 제15조 제2항 제2호)
③ 과점주주의 간주취득(지방법 제15조 제2항 제3호)
④ 지방세법 시행령 제30조 제2항 레제시설 등의 취득(지방법 제15조 제2항 제7호)

(2) 농어촌특별세가 부가되지 않는 부동산 취득세

다음의 취득세에 대하여는 농어촌특별세가 부가되지 아니한다.(농특세법 제4조)

① 지방세특례제한법 제6조 제1항의 적용대상이 되는 자경농민의 농지 및 임야에 대한 취득세(제10호)
② 지방세법 제15조 제1항 제1호부터 제3호의 특례세율이 적용되는 다음 재산의 취득세(제10호의4)
   - 환매등기를 병행하는 부동산의 매매로서 환매기간 내에 매도자가 환매한 경우의 그 매도자와 매수자의 취득
   - 상속으로 취득하는 1가구 1주택의 취득세
   - 상속으로 취득하는 자경민의 농지에 대한 취득세
   - 법인세법 제44조 제2항의 적격합병과 제3항의 완전모자회사간의 합병으로 취득하는 재산에 대한 취득세
③ 지방세특례제한법 제8조 제4항에 따른 공유수면 매립 또는 간척으로 취득하는

농지에 대한 취득세(제10호의5)

④ 다음의 서민주택 및 농가주택에 대한 취득세(제11호)

- 서민주택 : 주택법 제2조 제6호에 따른 국민주택 규모 이하의 주거용 건물과 이에 부수되는 토지를 말한다. 국민주택규모는 주거전용면적이 85㎡(수도권을 제외한 읍·면지역은 100㎡)을 말하는데 건축법 시행령 별표 1 제1호 다목에 따른 다가구주택의 경우에는 가구당 전용면적을 기준으로 한다. 부수토지의 범위는 주택바닥면적(아파트·연립주택 등 공동주택의 경우에는 1세대가 독립하여 구분·사용할 수 있도록 구획된 부분의 바닥면적을 말한다)에 다음 표의 용도지역별 적용배율을 곱하여 산정한 면적 이내의 토지를 말한다. 부수토지의 경우 국가, 지방자치단체 또는 한국토지주택공사법에 따라 설립된 한국토지주택공사가 해당 주택을 건설하기 위하여 취득하거나 개발·공급하는 토지를 포함한다.(농특세령 제4조 제4항)

구 분	용도지역	적용배율
도시지역	1. 전용주거지역	5배
	2. 상업지역·준주거지역	3배
	3. 일반주거지역·공업지역	4배
	4. 녹지지역	7배
	5. 미계획지역	4배
도시지역 외의 용도지역		7배

- 농가주택 : 영농에 종사하는 자가 영농을 위하여 소유하는 주거용 건물과 이에 부수되는 토지로서 농지의 소재지와 동일한 시·군·구(자치구를 말한다) 또는 그와 연접한 시·군·구의 지역에 소재하는 것을 말한다. 다만, 주택 및 부수토지의 실지거래가액의 합계액이 9억원을 초과하는 고가주택(소득세법 시행령 제156조)은 제외한다.(농특세령 제4조 제5항)

3. 취득세 감면세액에 부가되는 농어촌특별세

(1) 과세표준과 세율

취득세 감면세액에 부가되는 농어촌특별세액은 감면세액의 20%이다.(농특세법 제5조

제1항 제1호) "감면"이라 함은 조세특례제한법 · 관세법 · 지방세법 또는 지방세특례제한법에 따라 소득세 · 법인세 · 관세 · 취득세 또는 등록에 대한 등록면허세가 부과되지 아니하거나 경감되는 경우로서 다음 어느 하나에 해당하는 것을 말한다.(농특세법 제2조 제1항)

① 비과세 · 세액면제 · 세액감면 · 세액공제 또는 소득공제
② 조세특례제한법 제72조 제1항에 따른 조합법인 등에 대한 법인세 특례세율의 적용 또는 같은 법 제89조 제1항 및 제89조의3에 따른 이자소득 · 배당소득에 대한 소득세 특례세율의 적용
③ 지방세법 제15조 제1항에 따른 취득세 특례세율의 적용

(2) 농어촌특별세가 부가되지 않는 취득세 감면

다음 각 감면세액에는 농어촌특별세가 부가되지 않는다.(농특세법 제4조)

① 국가(외국정부를 포함) · 지방자치단체 또는 지방자치단체조합에 대한 감면(제1호)
② 농어업인 또는 농어업인을 조합원으로 하는 단체(농어업경영체 육성 및 지원에 관한 법률에 따른 영농조합법인, 농업회사법인 및 영어조합법인를 포함한다)에 대한 감면으로서 아래 ㉰의 것(제2호)

㉮ 농업인 : 농어업인은 농업인과 어업인을 말하고, "농업인"이란 다음 어느 하나에 해당하는 사람을 말한다.(농업 · 농촌 및 식품산업 기본법 제3조 제2호, 같은 법 시행령 제3조)

- 1천㎡ 이상의 농지(농어촌정비법 제98조에 따라 비농업인이 분양받거나 임대받은 농어촌 주택 등에 부속된 농지는 제외한다)를 경영하거나 경작하는 사람
- 농업경영을 통한 농산물의 연간 판매액이 120만원 이상인 사람
- 1년 중 90일 이상 농업에 종사하는 사람
- 농어업경영체 육성 및 지원에 관한 법률 제16조 제1항에 따라 설립된 영농조합법인의 농산물 출하 · 유통 · 가공 · 수출활동에 1년 이상 계속하여 고용된 사람
- 농어업경영체 육성 및 지원에 관한 법률 제19조 제1항에 따라 설립된 농업회사법인의 농산물 유통 · 가공 · 판매활동에 1년 이상 계속하여 고용된 사람

㉯ 어업인 : "어업인"이란 어업을 경영하거나 어업을 경영하는 자를 위하여 수산

자원을 포획·채취하거나 양식하는 일 또는 염전에서 바닷물을 자연 증발시켜 소금을 생산하는 일에 종사하는 자로서 다음의 어느 하나에 해당하는 자를 말한다.(수산업·어촌 발전 기본법 제3조 제3호, 같은 법 시행령 제3조 제2항)

- 어업 경영을 통한 수산물의 연간 판매액이 120만원 이상인 사람
- 1년 중 60일 이상 어업에 종사하는 사람
- 농어업경영체 육성 및 지원에 관한 법률 제16조 제2항에 따라 설립된 영어조합법인의 수산물 출하·유통·가공·수출활동에 1년 이상 계속하여 고용된 사람
- 농어업경영체 육성 및 지원에 관한 법률 제19조 제3항에 따라 설립된 어업회사법인의 수산물 유통·가공·판매활동에 1년 이상 계속하여 고용된 사람

㈐ 비과세대상 취득세 감면(농특세령 제4조 제1항)

㉠ 농업협동조합이 농업협동조합의 구조개선에 관한 법률에 따라 부실조합으로부터 양수하는 재산(지특법 제57조의3 제1항 제2호) 및 수산업협동조합이 수산업협동조합의 구조개선에 관한 법률에 따라 부실조합으로부터 양수하는 재산(지특법 제57조의3 제1항 제3호)(농특세령 제4조 제1항 제1호)

※ 같은 호에 열거된 조세특례제한법 제66조부터 제70조까지, 제72조 제1항(제1호 및 제5호의 법인은 제외한다), 제77조[조세특례제한법 제69조 제1항 본문에 따른 거주자가 직접 경작한 토지(8년 이상 경작할 것의 요건은 적용하지 아니한다)로 한정한다] 및 제102조, 제104조의2에 따른 감면은 소득세 및 법인세에 대한 감면으로 취득세 감면이 아니다.

㉡ 농어업 지원을 위한 다음의 취득세 감면세액(농특세령 제4조 제1항 제3호)

- 자경농민의 농지등에 대한 감면(지특법 제6조 제1항·제2항·제4항)
- 농지확대개발을 위한 면제(지특법 제8조)
- 농업법인에 대한 감면(지특법 제11조)
- 어업법인에 대한 감면(지특법 제12조)
- 농업협동조합 등의 농어업 관련 사업 등에 대한 감면(지특법 제14조 제1항)

※ 같은 호에 열거된 지방세특례제한법 제7조, 제9조, 제10조 제1항에 따른 감면은 취득세 감면이 아니다.

㉢ 지방세특례제한법 제4조의 조례에 따른 지방세 감면 중 제1호부터 제3호까지와 유사한 감면으로서 행정안전부장관이 기획재정부장관과 협의하여 고시하는 것(농특세령 제4조 제1항 제4호), 행정안전부가 고시하는 감면은 다음과 같다.(행정안전부 고시 제2017-1호, 2017.7.26.)

- 지역특산품생산단지 등에 대한 감면
- 인천국제공항건설 등 사업지원을 위한 감면
- 시각장애인 소유자동차에 대한 감면
- 제주국제자유도시 종합계획사업을 위한 감면
- 시장정비사업에 대한 감면
- 기업도시에 대한 감면

③ 창업중소기업 등에 대한 감면세액(지특법 제58조의3 제1항)(농특세법 제4조 제3호)

④ 지방세법과 지방세특례제한법에 따른 형식적인 소유권의 취득, 단순한 표시변경 등기 또는 등록, 임시건축물의 취득, 천재지변 등으로 인한 대체취득 등에 대한 취득세의 감면으로서 다음의 감면(농특세법 제4조 제8호, 농특세령 제4조 제3항)

- 천재지변 등 시 조례에 의한 지방세감면(지특법 제4조 제4항)
- 농협법인 등의 합병으로 취득하는 부동산 취득세 감면(지특법 제57조의2 제2항)
- 공익사업용 토지등의 환매권행사로 인한 취득세 면제(지특법 제73조 제3항)
- 주택재개발사업과 주거환경개선사업의 시행에 따라 취득하는 부동산에 대한 취득세 감면(지특법 제74조 제3항)
- 천재지변 등으로 인한 대체취득에 대한 감면(지특법 제92조)
- 신탁재산에 대한 비과세(지방법 제9조 제3항)
- 동원대상지역내 환매권행사로 매수하는 부동산에 대한 비과세(지방법 제9조 제4항)
- 임시건축물의 취득에 대한 비과세(지방법 제9조 제5항)
- 등기된 환매권 행사에 따른 취득세 특례세율(지방법 제15조 제1항 제1호)
- 상속으로 취득하는 1가구 1주택 및 자경농지에 대한 특례세율(지방법 제15조 제1항 제2호)
- 법인의 적격합병으로 인한 취득에 대한 특례세율(지방법 제15조 제1항 제3호)
- 공유물분할 등에 대한 특례세율(지방법 제15조 제1항 제4호)

⑤ 서민주택에 대한 취득세의 감면(농특세법 제4조 제9호) : 서민주택은 위 2 (2) ④의 서민주택을 말한다. 감면하는 법조항에 대하여는 별도로 규정하고 있지 않다. 따라서 취득세가 감면되는 대상 주택이 서민주택이면 감면되는 취득세에 대하여는 농어촌특별세가 부가되지 않는 것으로 해석된다. 한국토지주택공사의 소규모 공동주택 취득에 대한 감면 등(지특법 제32조)이 해당할 것이다.

⑥ 기술 및 인력개발, 저소득자의 재산형성, 공익사업 등 국가경쟁력의 확보 또는

국민경제의 효율적 운영을 위하여 농어촌특별세를 비과세할 필요가 있다고 인정되는 경우로서 농어촌특별세법 시행령 제4조 제6항에 열거된 다음의 것(농특세법 제4조 제12호)

- (1호) 외국인투자에 대한 취득세 감면(조특법 제121조의2 제4항)
- (1호) 외국인투자기업의 증자에 따른 취득세 감면(조특법 제121조의4)
- (1의2호) 한국철도공사법에 의하여 설립되는 한국철도공사가 현물출자 받은 국유재산에 대한 취득세 감면
- (1의4호) 방송광고판매대행 등에 관한 법률 제24조에 따라 설립되는 한국방송광고진흥공사에 대하여 국유재산법에 따라 현물출자하는 재산에 대한 감면(지특법 제57조의2 제3항 제1호)
- (1의6호) 농업협동조합법 제161조의2 또는 제161조의10에 따라 설립되는 농협경제지주회사 또는 농협금융지주회사가 기업의 재무구조개선으로 인수하는 지분등에 따른 과점주주 취득세 면제(지특법 제57조의2 제5항 제3호)
- (1의7호) 법률 제10522호 농업협동조합법 일부개정법률 부칙 제6조에 따라 농협경제지주회사가 농업협동조합중앙회로부터 경제사업을 현물출자로 이관받은 재산에 대한 감면(지특법 제57조의2 제3항 제3호)
- (2호) 금융회사부실자산 등의 효율적 처리 및 한국자산관리공사의 설립에 관한 법률에 따른 한국자산관리공사와 한국농어촌공사 및 농지관리기금법에 따른 한국농어촌공사가 공공기관 지방이전에 따른 혁신도시 건설 및 지원에 관한 특별법 제43조에 따라 종전부동산을 매입함에 따라 농어촌공사의 농지취득에 대한 감면(지특법 제13조 제2항 제5호) 및 부실자산 취득에 대함 감면(지특법 제57조의3 제2항)
- (5호) 국가 등에 기부채납하는 부동산에 대한 감면(지방법 제9조 제2항)
- (5호) 한국농어촌공사가 농어촌정비법에 따라 국가 또는 지방자치단체의 농업생산기반정비계획에 따라 취득 · 소유하는 농업기반시설용 토지와 그 시설물에 대한 감면(지특법 제13조 제2항 제1호의2)
- (5호) 농수산물공사가 고유목적사업에 직접 사용하기 위하여 취득하는 부동산에 대한 취득세 감면(지특법 제15조 제2항)
- (5호) 농어촌 주택개량에 대한 감면(지특법 제16조)
- (5호) 한센인 및 한센인정착농원 지원을 위한 감면(지특법 제17조의2)

- (5호) 어린이집 및 유치원에 대한 감면(지특법 제19조)
- (5호) 노인복지시설에 대한 감면(지특법 제20조)
- (5호) 청소년단체의 고유목적 부동산에 대한 감면(지특법 제21조 제1항)
- (5호) 사회복지법인등의 사업용 부동산에 대한 취득세 면제(지특법 제22조 제1항)
- (5호) 사회복지법인 의료기관 경영을 위하여 취득하는 부동산에 대한 감면(지특법 제22조 제6항)
- (5호) 법률구조법인과 한국소비자원의 고유목적사업용 부동산에 대한 감면(지특법 제23조)
- (5호) 국가유공자 등에 대한 감면(지특법 제29조)
- (5호) 독립기념관의 업무용 부동산에 대한 감면(지특법 제30조 제3항)
- (5호) 임대주택에 대한 감면(지특법 제31조 제1항부터 제3항까지)
- (5호) 주택임대사업에 투자하는 부동산투자회사에 대한 감면(지특법 제31조의4)
- (5호) 1가구 1주택에 해당하는 서민주택 취득에 대한 감면(지특법 제33조 제2항)
- (5호) 무주택자 주택공급사업 지원을 위한 감면(지특법 제36조)
- (5호) 공공의료기관에 대한 감면(지특법 제37조)
- (5호) 의료법인의 의료업 직접사용 부동산에 대한 감면(지특법 제38조 제1항)
- (5호) 국민건강 증진사업에 대한 감면(지특법 제40조)
- (5호) 대한적십자사에 대한 감면(지특법 제40조의3)
- (5호) 학교 및 교육기관의 사업목적부동산에 대한 감면(지특법 제41조 제1항 · 제7항)
- (5호) 산학협력단의 고유목적 부동산에 대한 감면(지특법 제42조 제3항)
- (5호) 평생교육단체의 사용목적 부동산에 대한 감면(지특법 제43조 제1항)
- (5호) 평생교육시설 등에 대한 감면(지특법 제44조)
- (5호) 박물관 등에 대한 감면(지특법 제44조의2)
- (5호) 학술연구단체에 대한 감면(지특법 제45조 제1항)
- (5호) 연구개발지원을 위한 감면(지특법 제46조)
- (5호) 종교단체 및 향교의 제사용 부동산에 대한 면제(지특법 제50조 제1항)
- (5호) 문화 · 예술 지원을 위한 과세특례(지특법 제52조)
- (5호) 사회단체 등에 대한 감면(지특법 제53조)
- (5호) 여수세계박람회 사업에 대한 지원(지특법 제54조 제5항)

- (5호) 합병법인이 합병으로 취득하는 부동산에 대한 감면[제57조의2 제1항(법인세법 제44조 제2항 각 호의 요건을 충족하거나 같은 조 제3항에 해당하여 양도손익이 없는 것으로 한 합병의 경우로 한정]
- (5호) 분할법인이 분할로 취득하는 부동산에 대한 면제(지특법 제57조의2 제3항 제2호)
- (5호) 지식산업센터 등에 대한 감면(지특법 제58조의2)
- (5호) 지방중소기업 종합지원센터에 대한 감면(지특법 제60조 제4항)
- (5호) 철도시설 등에 대한 감면(지특법 제63조)
- (5호) 별정우체국에 대한 과세특례(지특법 제72조 제1항)
- (5호) 토지수용 등으로 인한 대체취득 부동산에 대한 감면, 단, 환매권행사 취득은 제외(지특법 제73조 제1항 · 제2항)
- (5호) 기부채납용 부동산에 대한 감면(지특법 제73조의2)
- (5호) 도시재개발사업 환지취득 등 부동산에 대한 감면(지특법 제74조 제1항)
- (5호) 한국토지주택공사의 공급목적 일시취득 부동산에 대한 감면(지특법 제76조 제1항)
- (5호) 법인의 지방이전에 대한 감면(지특법 제79조)
- (5호) 공장의 지방이전에 대한 감면(지특법 제80조)
- (5호) 지방이전 공공기관에 대한 감면(지특법 제81조 제1항)
- (5호) 시장정비사업에 대한 감면(지특법 제83조 제1항 · 제2항)
- (5호) 한국법무보호복지공단 등에 대한 감면(지특법 제85조 제1항)
- (5호) 지방공기업 등에 대한 감면(지특법 제85조의2)
- (5호) 새마을운동조직 등에 대한 감면(지특법 제88조)
- (5호) 정당에 대한 감면(지특법 제89조)
- (5호) 마을회 등에 대한 감면(지특법 제90조 제1항)
- (6호) 지방세특례제한법 제4조의 조례에 따른 지방세 감면 중 제1호부터 제5호까지와 유사한 감면으로서 행정안전부장관이 기획재정부장관과 협의하여 고시하는 것, 행정안전부가 고시하는 감면은 위 (2) ② ㉰ ㉢과 같다.(행정안전부 고시 제2017-1호, 2017.7.26.)

4. 농어촌특별세의 신고납부

(1) 신고납부

농어촌특별세의 납세지는 해당 본세의 납세지이다.(농특세법 제6조) 농어촌특별세의 납세의무자는 해당본세를 신고 · 납부하는 때에 그에 대한 농어촌특별세도 함께 신고 · 납부하여야 하며, 신고 · 납부할 본세가 없는 경우에는 본세의 신고 · 납부의 예에 따라 농어촌특별세만 신고 · 납부하여야 한다.(농특세법 제7조 제1항)

(2) 부과징수

취득세에 부과된 농어촌특별세를 신고 · 납부하여야 할 자가 신고를 하지 아니하거나 신고내용에 오류 또는 누락이 있는 경우와 납부하여야 할 세액을 납부하지 아니하거나 미달하게 납부한 경우에는 시장 · 군수 및 자치구의 구청장이 해당 본세의 부과 · 징수의 예에 따라 부과 · 징수한다.(농특세법 제8조)

(3) 분납

농어촌특별세 납세의무자가 본세를 해당 세법에 따라 분납하는 경우에는 농어촌특별세도 그 분납금액의 비율에 의하여 해당 본세의 분납의 예에 따라 분납할 수 있고, 본세가 해당 세법에 따른 분납기준금액에 미달하여 그 본세를 분납하지 아니하는 경우에도 농어촌특별세의 세액이 500만원을 초과하는 경우에는 최초 납부금액을 50% 이상이면서 500백만원 이상의 금액으로 하고 나머지 금액을 분납할 수 있다.(농특세법 제9조, 농특세령 제8조)27)

(4) 환급

농어촌특별세의 과오납금이 있거나 감면을 받은 본세를 추징함에 따라 환급금이 발생할 때에는 본세의 예에 따라 환급한다.(농특세법 제12조)

27) 취득세의 분납규정(개인의 주택취득세 분납; 지방법 제20조의2)은 2010년 12월 27일 신설되었다가 2015년 7월 24일 삭제되었다.

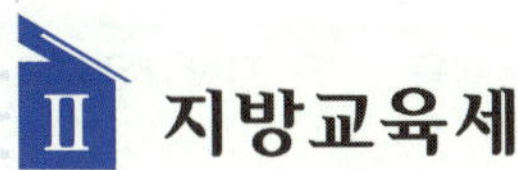

지방교육세

1. 납세의무자 및 과세표준

(1) 납세의무자

부동산의 취득에 대한 취득세 납세의무자는 지방교육세 납세의무를 진다.(지방법 제150조)

(2) 과세표준

지방교육세의 과세표준은 취득세의 과세표준과 동일하다.(지방법 제151조 제1항)

2. 지방교육세 세율

(1) 표준세율

취득세에 부과되는 지방교육세의 표준세율은 취득세의 세율에 2%를 뺀 세율의 20%로 한다. 단, 유상취득하는 주택에 대하여는 해당세율의 50%의 20%로 한다.(지방법 제151조 제1항 제1호)

〈부동산취득세에 부과되는 지방교육세 표준세율〉

취득유형	취득부동산	취득세율	지방교육세율
상속으로 인한 취득	농지	2.3%	0.06%
	농지 외의 것	2.8%	0.16%
상속 외 무상취득		3.5% (비영리사업자 2.8%)	0.3% (비영리사업자 0.16%)
원시취득		2.8%	0.16%
공유물의 분할 또는 부동산 실권리자명의		2.3%	0.06%

취득유형	취득부동산	취득세율	지방교육세율
등기에 관한 법률 제2조 제1호 나목에서 규정하고 있는 부동산의 공유권 해소를 위한 지분이전으로 인한 취득			
합유물 및 총유물의 분할로 인한 취득		2.3%	0.06%
그 밖의 원인으로 인한 취득	농지	3%	0.2%
	농지 외의 것	4%	0.4%
유상취득하는 주택의 경우 가액에 따라 차등 적용	6억원 이하	1%	0.1
	6 ~ 9억원	2%	0.2
	9억원 초과	3%	0.3

(2) 중과세율

취득세가 중과되는 부동산 중 다음에 해당하는 경우(지방법 제13조 제2항 · 제3항 · 제6항 · 제7항)에는 위 표준세율의 3배를 지방교육세 세율로 한다.(지방법 제151조 제1항 제1호 단서)

① 대도시에서 법인을 설립(대통령령으로 정하는 휴면법인을 인수하는 경우를 포함한다)하거나 지점 또는 분사무소를 설치하는 경우 및 법인의 본점 · 주사무소 · 지점 또는 분사무소를 대도시 밖에서 대도시로 전입(수도권정비계획법 제2조에 따른 수도권의 경우에는 서울특별시 외의 지역에서 서울특별시로의 전입도 대도시로의 전입으로 본다)함에 따라 대도시의 부동산을 취득(그 설립 · 설치 · 전입 이후의 부동산 취득을 포함한다)하는 경우(지방세법 제13조 제2항 제1호)

② 대도시(산업집적활성화 및 공장설립에 관한 법률을 적용받는 유치지역 및 국토의 계획 및 이용에 관한 법률을 적용받는 공업지역은 제외한다)에서 공장을 신설하거나 증설함에 따라 부동산을 취득하는 경우(지방세법 제13조 제2항 제2호)

③ 대도시에서 설치가 불가피하다고 인정되어 취득세 중과세율을 적용받지 않은(지방법 제13조 제2항 본문 단서) 납세자가 중과배제 사유 위반에 따라 취득세 중과세율을 적용받는 경우(지방법 제13조 제3항)

④ 수도권 과밀억제권역에서 본점 등 설치(지방법 제13조 제1항)와 대도시에서 법인설립 등(지방법 제13조 제2항)이 동시에 적용되어 표준세율의 3배를 중과세율로 적용하는 경우(지방법 제13조 제6항)

⑤ 대도시에서 법인설립 등(지방법 제13조 제2항)과 별장 등 사치성 부동산 취득(지방법 제13조 제5항)이 동시에 적용되어 취득세 표준세율의 100분의 300에 중과기준세율의 100분의 200을 합한 취득세 중과세율을 적용하는 경우(지방법 제13조 제7항)

(3) 감면세율

지방세감면법령(지방세특례제한법, 조세특례제한법 및 지방세감면조례)에서 취득세를 감면하는 경우는 다음 각 세율을 적용한다.(지방법 제151조 제1항 제1호 나목)

① 지방세감면법령에서 취득세의 감면율을 정하는 경우 : 지방교육세 표준세율에 각 취득세 감면율을 적용하고 남은 율을 지방교육세율로 한다.

② 지방세감면법령에서 취득세의 감면율을 정하면서 대도시에서 법인설립 등에 대한 중과세율(지방법 제13조 제2항 본문 · 제3항)을 적용하지 아니하도록 정하는 경우 : 지방교육세 표준세율에 해당취득세 감면율을 적용하고 남은 율을 지방교육세율로 한다.

③ 그 외 지방세감면법령에서 다른 취득세율을 정하는 경우 : 해당 취득세율에 상관없이 지방교육세 표준세율을 적용한다. 다만, 해당 취득세율이 2%로 정하는 경우에는 지방교육세를 부과하지 아니한다.

(4) 조례에 의한 표준세율 가감

지방자치단체의 장은 지방교육투자재원의 조달을 위하여 필요한 경우에는 해당 지방자치단체의 조례로 정하는 바에 따라 지방교육세의 세율을 위 표준세율의 100분의 50의 범위에서 가산할 수 있다.(지방법 제151조 제2항)

3. 지방교육세 신고 · 납부

지방교육세 납세의무자가 지방세법에 따라 취득세를 신고하고 납부하는 때에는 그에 대한 지방교육세를 함께 신고하고 납부하여야 한다.(지방법 제152조) 지방교육세를 신고하고 납부하여야 하는 자가 납부의무를 다하지 아니한 경우에는 법에 따라 산출한 지방교육세액 또는 그 부족세액에 가산세를 더하여 보통징수의 방법으로 징수한다.(지방법 제153조)

제 2 장

부가가치세

제 1 절

부동산취득과 부가가치세

I 부동산취득관련 부가가치세 및 세율

1. 부동산취득관련 부가가치세

부가가치세는 과세대상 재화나 용역을 공급하는 사업자가 재화나 용역을 공급받는 자로부터 부가가치세를 징수하여 납부하는 간접국세이다.(부가법 제3조 · 제4조 · 제31조) 납세의무자는 재화나 용역을 공급하는 사업자이지만 세금을 부담하는 자는 재화나 용역의 최종 소비자이다. 그래서 부동산을 취득하는 사람이 국가에 직접 부가가치세를 납부할 의무는 없지만 사업자로부터 과세대상 부동산을 취득할 때는 부가가치세를 별도로 사업자에게 지급하여야 한다. 취득하는 부동산을 주거용이나 기타 비사업용으로 사용하는 경우에는 부가가치세를 취득가액에 더하여 지급하는 것으로 부가가치세 문제는 종료된다. 그러나 부동산을 사업용으로 취득하는 경우에는 취득가액에 더하여 부담한 부가가치세를 사업과 관련한 매입세액으로 공제받게 되므로 사업초기 매출이 없는 경우에는 거래징수당한 부가가치세를 환급받는 문제가 발생한다.

이와 같이 부동산의 취득과 관련한 부가가치세는 크게 2가지 관점에서 나누어 볼 수 있다. 어떤 부동산을 취득하는 경우에 부가치세를 얼마나 부담하는지와 부담한 부가가치세를 어떤 경우에 환급 또는 세액공제를 받는지 이다.

첫째, 모든 재화의 거래에 부가가치세가 부과되는 것은 아니다. 사업자로부터 사업과 관련한 부가가치세 과세대상 재화나 용역 또는 과세사업장으로 사용하던 부동산을 취득하는 때에 부가가치세를 부담하게 된다,

둘째, 부담한 부가가치세의 환급 및 공제를 받기 위해서는 적법한 요건을 갖추어야

한다. 취득하는 부동산을 사업자가 과세사업용으로 사용하고 취득 시 적법하게 세금계산서 등을 수수한 경우에만 부담한 부가가치세의 환급 또는 매입세액공제를 받을 수 있는 것이다. 이하 이와 관련한 세금문제를 알아보고자 한다.

부가가치세를 부담하는 자는 부동산을 취득하는 자, 즉 재화를 공급받는 자이지만 부가가치세를 납부하는 자는 부동산을 매도하는 자, 즉 재화를 공급하는 자이다. 그래서 세법은 공급하는 자를 기준으로 납세의무의 범위 등을 규정하고 있다. 여기서 부동산을 취득하는 자의 세금문제를 검토하지만 부득이 세법에 따라 공급하는 자를 기준으로 한 법률용어를 그대로 쓰고자 한다.

2. 부가가치세 세율

부가가치세의 세율은 10%로 한다.(부가법 제30조) 따라서 부가가치세 과세대상 부동산의 가액에 부가가치세가 포함되지 않은 금액으로 거래하는 경우 거래금액의 10%를 부가가치세로 별도로 부담하여야 하고, 부가가치세액을 포함한 금액으로 거래한 경우에는 총거래금액의 10/110이 부가가치세액이 된다. 사업자가 재화 또는 용역을 공급하고 그 대가로 받은 금액에 부가가치세가 별도로 표시되어 있지 않거나 부가가치세가 포함되어 있는지 불분명한 경우에는 거래금액 또는 영수할 금액의 10/110에 상당하는 금액의 부가가치세가 포함된 것으로 본다.(부가법 제29조 제7항, 부가통칙 29-61-1)

Ⅱ 부가가치세 과세대상 부동산 거래 및 용역

1. 부가가치세 과세대상

부가가치세는 사업자가 행하는 재화 또는 용역의 공급에 대하여 과세하는 것이므로 원칙적으로 사업자로부터 재화나 용역을 공급받는 자는 부가가치세를 부담하게 된다.(부가법 제4조) 따라서 사업자가 아닌 일반인으로부터 부동산을 취득하는 경우에는 부가가치세를 부담하지 아니한다.

2. 사업자

부가가치세법상 “사업자”란 사업 목적이 영리이든 비영리이든 관계없이 사업상 독립적으로 재화 또는 용역을 공급하는 자를 말한다.(부가법 제2조) 여기서 “사업상 독립적으로 재화 또는 용역을 공급하는 자”란 부가가치를 창출하여 낼 수 있는 정도의 사업형태를 갖추고 계속적이고 반복적인 의사로 재화 또는 용역을 공급하는 자를 뜻한다.(대법원 1999.9.17. 선고 98두16705 판결) 따라서 일시적 · 우발적 거래는 사업상 공급으로 보지 아니한다. 사업자는 자연인, 법인뿐만 아니라 일정한 요건을 갖춘 법인격 없는 사단, 재단, 그 밖의 단체도 포함된다.(국기법 제13조) 부동산을 공급하는 사업자는 부동산 공급 자체를 사업목적으로 하는 사업자와 사업용 고정자산인 부동산의 매각으로 부동산을 공급하는 사업자가 있고, 부동산을 원시적으로 취득하는 경우에는 건설업자가 부동산 건설용역을 제공하는 사업자가 된다.

(1) 부동산 사업자

부동산의 공급을 사업목적으로 하는 사업자는 주택이나 상가를 건설하여 분양하는 사업자와 부동산을 구입하여 재판매하는 부동산 매매업자가 있다.[1]

(2) 기타 사업자

일반 사업자가 사업장으로 사용하는 부동산을 타인에게 매각하는 것도 사업과 관련한 재화의 공급으로 부가가치세가 과세된다. 다만, 부가가치세 면세사업자가 면세사업의 사업장으로 사용하던 부동산은 면세공급과 관련된 부수재화의 공급으로 보아 부가가치세가 과세되지 아니하므로 면세사업자로부터 사업용 부동산을 취득하는 경우에는 부가가치세를 별도로 부담하지 않는다.(부가법 제26조 제2항, 서삼46015-10078, 2001.8.31.) 면세사업에 대한 자세한 설명은 뒤에서 본다.

---

1) 한국표준산업분류표상 부동산업에는 “주거용 건물 개발 및 공급업”(68121), “비주거용 건물 개발 및 공급업”(68122), “기타 부동산 개발 및 공급업”(68129)이 있으나, 국세청 경비율 분류에는 “주택신축판매업”은 건설업으로 분류하고 그 외 주거용 건물 매매업과 상가 개발 공급, 토지 개발 공급 등을 부동산매매업으로 분류하고 있다.(통계청 제10차 한국표준산업분류표)

부가가치세 면제 재화 또는 용역(부가법 제26조 제1항)

1. 가공되지 아니한 식료품[식용(食用)으로 제공되는 농산물, 축산물, 수산물과 임산물을 포함한다] 및 우리나라에서 생산되어 식용으로 제공되지 아니하는 농산물, 축산물, 수산물과 임산물로서 대통령령으로 정하는 것
2. 수돗물
3. 연탄과 무연탄
4. 여성용 생리 처리 위생용품
5. 의료보건 용역(수의사의 용역을 포함한다)으로서 대통령령으로 정하는 것과 혈액
6. 교육 용역으로서 대통령령으로 정하는 것
7. 여객운송 용역. 다만, 항공기, 고속버스, 전세버스, 택시, 특수자동차, 특종선박(特種船舶) 또는 고속철도에 의한 여객운송 용역으로서 대통령령으로 정하는 것은 제외한다.
8. 도서(도서대여 용역을 포함한다), 신문, 잡지, 관보(官報), 뉴스통신 진흥에 관한 법률에 따른 뉴스통신 및 방송으로서 대통령령으로 정하는 것. 다만, 광고는 제외한다.
9. 우표(수집용 우표는 제외한다), 인지(印紙), 증지(證紙), 복권 및 공중전화
10. 담배사업법 제2조에 따른 담배로서 다음 각 목의 어느 하나에 해당하는 것
    가. 담배사업법 제18조 제1항에 따른 판매가격이 대통령령으로 정하는 금액 이하인 것
    나. 담배사업법 제19조에 따른 특수용담배로서 대통령령으로 정하는 것
11. 금융・보험 용역으로서 대통령령으로 정하는 것
12. 주택과 이에 부수되는 토지의 임대 용역으로서 대통령령으로 정하는 것
13. 공동주택관리법 제18조 제2항에 따른 관리규약에 따라 같은 법 제2조 제1항 제10호에 따른 관리주체 또는 같은 법 제2조 제1항 제8호에 따른 입주자대표회의가 제공하는 주택법 제2조 제14호에 따른 복리시설인 공동주택 어린이집의 임대 용역
14. 토지
15. 저술가・작곡가나 그 밖의 자가 직업상 제공하는 인적(人的) 용역으로서 대통령령으로 정하는 것
16. 예술창작품, 예술행사, 문화행사 또는 아마추어 운동경기로서 대통령령으로 정하는 것
17. 도서관, 과학관, 박물관, 미술관, 동물원, 식물원, 그 밖에 대통령령으로 정하는 곳에 입장하게 하는 것
18. 종교, 자선, 학술, 구호(救護), 그 밖의 공익을 목적으로 하는 단체가 공급하는 재화 또는 용역으로서 대통령령으로 정하는 것
19. 국가, 지방자치단체 또는 지방자치단체조합이 공급하는 재화 또는 용역으로서 대통령령으로 정하는 것
20. 국가, 지방자치단체, 지방자치단체조합 또는 대통령령으로 정하는 공익단체에 무상(無償)으로 공급하는 재화 또는 용역

(3) 건설업자

자기가 사용할 부동산을 신축하거나 증·개축하는 경우에는 일괄로 또는 부분적으로 도급하는 건설업자가 사업자가 된다. 직접 건축하는 경우에는 건축자재를 사업상 공급하는 자, 자기 책임하에 인부를 공급하는 인력공급업체 등이 사업자가 된다.

3. 과세대상 및 과세제외 부동산

사업자로부터 취득하는 모든 재화와 용역에 부가가치세가 부과되는 것은 아니다. 부동산 중 토지와 국민주택 규모 이하의 주택에는 부가가치세가 부과되지 않는다. 그러므로 국민주택규모를 초과하는 주택과 비주거용 건물을 취득하는 경우에는 부가가치세를 부담하여야 한다. 오피스텔의 경우 주택법에 의한 주택에 해당하지 아니하므로 부가가치세가 면제되는 국민주택에 포함되지 않는다는 것이 유권해석이다.(기획재정부 부가가치세제과-563, 2014.9.24.) 따라서 오피스텔 분양 자체가 부가가치세 과세대상 거래이므로 주거용으로 분양하거나 취득하더라도 부가가치세를 부담하여야 한다. 부가가치세가 과세되지 않는 토지 및 국민주택규모 이하 주택은 다음과 같다.

1) 토지

나대지뿐만 아니라 건물의 부수토지도 토지의 공급에는 부가가치세가 과세되지 아니하므로 토지와 건물을 일괄로 취득하는 경우에도 토지가액분에 대하여는 부가가치세를 부담하지 아니한다.(부가법 제26조 제1항 제14호)

2) 국민주택규모 이하 주택

"국민주택규모"란 주거의 용도로만 쓰이는 면적(주거전용면적)이 1호 또는 1세대당 85㎡ 이하인 주택을 말한다. 단, 수도권정비계획법 제2조 제1호에 따른 수도권[2)]을 제외한 도시지역이 아닌 읍 또는 면 지역은 1호 또는 1세대당 주거전용면적이 100㎡ 이하인 주택을 말한다.(조특법 제106조 제1항 제4호, 조특령 제106조 제4항 제1호 및 제51조

2) 수도권은 서울특별시, 인천광역시, 경기도를 말한다.(수도권정비계획법 시행령 제2조)

의2 제3항, 주택법 제2조 제6호)

주거전용면적의 산정방법은 단독주택의 경우 그 바닥면적에서 지하실, 본 건축물과 분리된 창고·차고 및 화장실의 면적을 제외한 면적으로 한다. 단, 지하실 중 거실로 사용되는 면적은 제외하지 아니한다. 공동주택의 경우 외벽의 내부선을 기준으로 산정한 면적으로 하되, 2세대 이상이 공동으로 사용하는 복도, 계단, 현관 등 공동주택의 지상층에 있는 공용면적과 그 외 지하층, 관리사무소 등 공용면적은 제외한다.(주택법 시행규칙 제2조) 다가구주택의 경우에는 가구당 전용면적을 기준으로 국민주택 여부를 판단한다.(조특령 제51조의2 제3항)

건축물의 바닥면적(건축법 시행령 제119조 제1항 제3호)

건축물의 바닥면적은 건축물의 각 층 또는 그 일부로서 벽, 기둥, 그 밖에 이와 비슷한 구획의 중심선으로 둘러싸인 부분의 수평투영면적으로 한다. 다만, 다음 어느 하나에 해당하는 경우에는 각 그 정하는 바에 따른다.

가. 벽·기둥의 구획이 없는 건축물은 그 지붕 끝부분으로부터 수평거리 1미터를 후퇴한 선으로 둘러싸인 수평투영면적으로 한다.

나. 주택의 발코니 등 건축물의 노대나 그 밖에 이와 비슷한 것(이하 "노대등"이라 한다)의 바닥은 난간 등의 설치 여부에 관계없이 노대등의 면적(외벽의 중심선으로부터 노대등의 끝부분까지의 면적을 말한다)에서 노대등이 접한 가장 긴 외벽에 접한 길이에 1.5미터를 곱한 값을 뺀 면적을 바닥면적에 산입한다.

다. 필로티나 그 밖에 이와 비슷한 구조(벽면적의 2분의 1 이상이 그 층의 바닥면에서 위층 바닥 아래면까지 공간으로 된 것만 해당한다)의 부분은 그 부분이 공중의 통행이나 차량의 통행 또는 주차에 전용되는 경우와 공동주택의 경우에는 바닥면적에 산입하지 아니한다.

라. 승강기탑(옥상 출입용 승강장을 포함한다), 계단탑, 장식탑, 다락[층고(層高)가 1.5미터(경사진 형태의 지붕인 경우에는 1.8미터) 이하인 것만 해당한다], 건축물의 외부 또는 내부에 설치하는 굴뚝, 더스트슈트, 설비덕트, 그 밖에 이와 비슷한 것과 옥상·옥외 또는 지하에 설치하는 물탱크, 기름탱크, 냉각탑, 정화조, 도시가스 정압기, 그 밖에 이와 비슷한 것을 설치하기 위한 구조물과 건축물 간에 화물의 이동에 이용되는 컨베이어벨트만을 설치하기 위한 구조물은 바닥면적에 산입하지 아니한다.

마. 공동주택으로서 지상층에 설치한 기계실, 전기실, 어린이놀이터, 조경시설 및 생활폐기물 보관함의 면적은 바닥면적에 산입하지 아니한다.

4. 과세대상 및 과세제외 건설용역

사업자로부터 건설용역을 제공받는 경우 부가가치세를 부담하는 것이 원칙이나 국민주택규모 이하의 주택을 건설하는 용역에 대하여는 요건에 따라 부가가치세가 면제되므로 국민주택 규모 이하의 주택을 신축하는 경우에도 다음의 사업자로부터 제공받는 용역에 대하여는 부가가치세를 부담하지 아니한다.(조특령 제106조 제4항)

(1) 국민주택 건설용역

건설산업기본법 · 전기공사업법 · 소방시설공사업법 · 정보통신공사업법 · 주택법 · 하수도법 및 가축분뇨의 관리 및 이용에 관한 법률에 의하여 등록을 한 자가 공급하는 국민주택규모 이하 주택의 건설용역을 말한다. 따라서 국민주택규모 이하 주택을 신축하는 경우라도 위 법에 따라 등록된 사업자가 아닌 자로부터 제공받는 건설용역이나 등록한 범위 외의 건설용역에 대하여는 부가가치세를 부담하여야 한다.(부가가치세과-40, 2012.1.12.) 이 경우 용역의 제공자는 원수급자뿐만 아니라 하청업자 재하청업자도 포함된다.(조특통칙 106-106-2)

(2) 국민주택 설계용역

건축사법, 전력기술관리법, 소방시설공사업법, 기술사법 및 엔지니어링산업 진흥법에 따라 등록 또는 신고를 한 자가 공급하는 국민주택규모 이하 주택의 설계용역을 말한다. 이 경우에도 건축사법에 의하여 등록을 한 자가 하도급 또는 재하도급을 받아 제공하는 설계용역도 부가가치세가 면제된다는 것이 국세청의 해석이다.(서면인터넷방문상담3팀-2223, 2004.11.1.)

(3) 국민주택 리모델링 건설용역 및 설계용역

국민주택규모 이하 주택을 주택법 · 도시 및 주거환경정비법 및 건축법에 의하여 리모델링하는 것으로서 건설산업기본법 · 전기공사업법 · 소방시설공사업법 · 정보통신공사업법 · 주택법 · 하수도법 및 가축분뇨의 관리 및 이용에 관한 법률에 의하여 등록을 한 자가 공급하는 건설용역과 당해 리모델링에 사용되는 설계용역으로서 건축사법에 의하여 등록을 한 자가 공급하는 것을 말한다. 단, 리모델링 후의 주택규모가 국민주택규모를 초과하는 경우로서 리모델링하기 전의 주택규모의 100분의 130을 초과하는 경

우에는 부가가치세를 면제하지 아니한다.(조특령 제106조 제5항)

5. 과세대상 거래(재화 및 용역의 공급)

1) 재화의 공급

부가가치세가 과세되는 재화의 거래를 재화의 공급이라 하는데 세법은 "재화의 공급은 계약상 또는 법률상의 모든 원인에 따라 재화를 인도(引渡)하거나 양도(讓渡)하는 것으로 한다."고 규정하고 있다.(부가법 제9조 제1항) 재화의 공급은 소유권의 이전을 의미하는 양도보다 더 넓은 개념이다. 그러나 재화의 공급이란 궁극적으로 재화를 사용·소비할 권한의 이전이 수반되는 것이라야 한다고 보는 것이 법원의 입장이다.(대법원 2001.3.13. 선고 99두9247 판결)

2) 부동산 재화의 공급유형

재화의 공급을 유형별로 보면 다음과 같다.(부가령 제18조 제1항)

(1) 일반적 공급유형

재화의 일반적 공급유형은 다음과 같다. 다음의 유형에 따라 부동산을 매매로 취득하는 자, 신축 주택이나 상가를 분양받는 자, 교환으로 취득하는 자 및 현물출자를 받은 법인 등은 원칙적으로 부가가치세를 부담하여야 한다.

① 매매 : 현금판매, 외상판매, 할부판매, 장기할부판매, 조건부 및 기한부 판매, 위탁판매와 그 밖의 매매계약에 따라 재화를 인도하거나 양도하는 것

② 도급 : 자기가 주요자재의 전부 또는 일부를 부담하고 상대방으로부터 인도받은 재화를 가공하여 새로운 재화를 만드는 가공계약에 따라 재화를 인도하는 것

③ 교환 : 재화의 인도 대가로서 다른 재화를 인도받거나 용역을 제공받는 교환계약에 따라 재화를 인도하거나 양도하는 것

④ 기타 : 경매, 수용, 현물출자와 그 밖의 계약상 또는 법률상의 원인에 따라 재화를 인도하거나 양도하는 것. 다만, 경매 등에 대하여는 재화를 공급하는 소유자가 현실적으로 부가가치세를 거래징수하여 납부하기 어려운 점을 감안하여 부가가치

세법 시행령 제18조 제3항에서 재화의 공급으로 보지 아니하는 별도의 규정을 두고 있다.

(2) 특수한 공급유형(의제공급)

단계별로 거래징수하는 부가가치세는 재화를 최종 소비하는 자가 부담하는 것이므로 재화를 공급하는 자는 부가가치세를 수수한다는 인식이 없지만 다음의 거래는 재화의 공급으로 보아 부가가치세를 부과한다.

① 자가공급 : 상가나 오피스텔 등 과세사업용으로 부동산을 취득하여 부가가치세 매입세액을 공제받은 후 또는 부가가치세 매입세액을 공제받은 사업용 부동산을 사업의 포괄양도양수 방법으로 취득한 후 이를 부가가치세가 면제되는 사업에 전용하는 경우에는 그 전용행위를 부가가치세가 과세되는 재화의 공급으로 본다. 따라서 전용시점의 잔존가치분에 대한 부가가치세를 부담하여야 한다.(부가법 제10조 제1항)

② 개인적 공급 : 주택신축판매업자가 신축한 주택을 자가로 사용하는 것과 같이 사업자가 자기가 생산하거나 취득한 재화를 사업과 직접적인 관계없이 자기의 개인적인 목적이나 그 밖의 다른 목적을 위하여 사용하거나 소비하는 경우, 또는 그 사용인이나 그 밖의 자가 사용하거나 소비하는 것으로서 사업자가 그 대가를 받지 아니하거나 시가보다 낮은 대가를 받는 경우는 재화의 공급으로 본다. 따라서 재화의 시가에 상당하는 부가가치세를 부담하여야 한다. 단, 사업자가 실비변상적이거나 복리후생적인 목적으로 그 사용인에게 대가를 받지 아니하거나 시가보다 낮은 대가를 받고 제공하는 것으로서 작업복 등이나 직장연예활동과 관련된 재화 등(부가령 제19조의2)의 경우는 재화의 공급으로 보지 아니한다.(부가법 제10조 제4항)

③ 사업상 증여 : 사업자가 자기가 생산하거나 취득한 재화를 자기의 고객이나 불특정 다수에게 증여하는 경우는 재화의 공급으로 본다.(부가법 제10조 제5항) 따라서 주택신축판매업자나 임대사업자가 신축 주택이나 임대용 주택을 자녀에게 증여하는 경우에도 부가가치세가 과세되는 재화의 공급으로 보게 되므로, 증여로 취득하는 자는 부가가치세를 부담하지 않지만 사업자는 부가가치세를 부담하여야 한다. 이와 관련하여 구분등기된 임대주택의 특정호수를 자녀에게 증여하여 임대차권리관계를 그대로 승계하는 경우에는 사업양도에 해당하여 부가가치세가 과세되지 않는다는 것이 국세청의 유권해석이다.(부가가치세-753, 2013.8.23.)

3) 재화의 공급으로 보지 않는 거래

사업자로부터 부동산을 취득하는 경우에도 다음의 거래는 재화의 공급으로 보지 않는다.

(1) 담보의 제공

재화의 인도가 있어도, 질권, 저당권 또는 양도담보의 목적으로 동산, 부동산 및 부동산상의 권리를 제공하는 것은 재화의 공급으로 보지 아니한다.(부가법 제10조 제9항 제1호, 부가령 제22조)

(2) 사업의 양도

사업용부동산만 양도하는 것이 아니라 사업용부동산을 포함한 사업 자체를 양도하는 것은 재화의 공급으로 보지 아니한다. 사업양도란 사업장별로 그 사업에 관한 모든 권리와 의무를 포괄적으로 승계시키는 것을 말한다.(부가법 제10조 제9항 제2호, 부가령 제23조) 구체적인 요건은 다음과 같다.

(가) 사업장별 사업의 포괄적 승계

사업자의 모든 사업이 아니라 다른 사업과 구분되는 사업장별 사업을 포괄로 양도하는 것을 말한다. 법인의 적격분할, 즉 법인세법 제46조 제2항의 적격인적분할 및 제47조 제1항의 적격물적분할의 경우와 상법에 따라 분할하거나 분할합병하는 경우로서 같은 사업장 안에서 사업부문별로 구분하는 경우도 사업의 포괄적 승계로 본다. 양수자가 양도자의 사업을 포괄로 승계받고 그 외에 새로운 사업의 종류를 추가하거나 사업의 종류를 변경한 경우도 사업의 포괄양수로 본다.(부가가치세과-1160, 2012.11.23.) 그러나 사업양수도 당시에 양수인이 업종을 변경할 목적으로 양수하는 경우에는 사업양도로 보지 아니한다.(사전-2016-법령해석부가-0453, 2016.10.24.)

(나) 모든 권리 · 의무의 승계

사업과 관련한 모든 권리와 의무를 승계하아야 하나, 다음의 권리 · 의무는 승계하지 아니하여도 그 사업을 포괄적으로 승계시킨 것으로 본다.(부가령 제23조, 부가칙 제16조, 법인령 제49조 제1항)

① 미수금에 관한 것

② 미지급금에 관한 것
③ 해당 사업과 직접 관련이 없는 토지 · 건물, 사업장의 장식 · 환경미화 등의 목적으로 사무실 · 복도 등에 상시 비치한 서화 · 골동품을 제외한 서화 및 골동품, 기타 이와 유사한 자산으로 업무에 직접 사용하지 않는 자산

(다) 과세유형 동일성

사업양도자와 양수자의 과세유형이 동일하여야 하는지에 대하여 2006년 2월 9일 개정되기 전 부가가치세법 시행령 제17조는 일반과세자가 간이과세자에게 사업을 양도하는 경우에는 포괄양도가 아닌 것으로 규정하고 있었으나 현행법령에는 제한규정이 없다. 개정 전 법령하에서도 간이과세자가 일반과세자에게 사업을 양도하는 것은 가능한 것으로 해석되었다.(서삼46015-11076, 2003.7.5.) 현행법상 과세유형이 다른 사업자간 사업양도에 대한 금지규정은 없으나, 일반과세자로부터 사업을 양수한 자는 간이과세자로 사업자등록을 할 수 없다.(부가령 제109조 제2항 제8호) 즉 일반과세자로부터 사업을 양수한 자는 일반과세자로 사업자등록을 하여야 한다. 단, 사업양수 후 연간 공급대가가 간이과세기준금액에 해당하는 경우에는 간이과세자로 변경이 가능하나 일반과세자로서 공제받은 매입세액에 대한 부가가치세 추징문제는 남는다.

(라) 사업양도의 판단기준

위 규정에도 불구하고 법원은 사안에 따라서 종업원의 일부를 승계하지 아니한 경우에도 사업양도를 인정한 사례가 있다.(대법원 2008.2.29. 선고 2006두446 판결) 대법원은 "재화의 공급으로 보지 아니하는 사업의 양도라 함은 사업용 재산을 비롯한 물적 · 인적 시설 및 권리의무 등을 포괄적으로 양도하여 사업의 동일성을 유지하면서 경영주체만을 교체시키는 것을 뜻한다고 할 것이므로, 그 사업은 인적 · 물적 시설의 유기적 결합체로서 경영주체와 분리되어 사회적으로 독립성을 인정받을 수 있는 것이어야 한다."고 하여(대법원 2006.4.28. 선고 2004두8422 판결) 양도당시 사업의 동일성이 유지되는지 여부를 사업양도의 판단기준으로 보았다.

(마) 사업양도가 아니라고 본 사례

일반인들의 부동산취득과 관련하여 사업양도가 문제되는 경우는 임대사업용 부동산을 취득하여 임대사업을 승계하는 경우에 많이 발생한다. 이와 관련한 국세청 해석례에 따르면, 임차인들의 임차보증금 및 임대차계약내용이 달라지고 임차인이 변경되는

경우(서면인터넷방문상담3팀-2042, 2007.7.24.), 임대보증금을 제외하고 부동산임대사업을 양도하는 경우(법규부가2014-209, 2014.6.25.), 부동산임대업자가 임대부동산을 해당 부동산의 임차인에게 양도하는 경우(부가가치세과-1128, 2011.9.19.) 등은 사업양도로 볼 수 없다고 한다. 따라서 이러한 사업용 부동산을 취득하는 자는 양도자에게 부가가치세를 지급하고 세금계산서를 발급받아 본인의 사업과 관련한 매입세액으로 공제신고 하여야 한다.

(바) 재화의 공급으로 보는 사업양도

사업용 부동산 거래가 사업양도에 해당하는 경우에는 부가가치세를 거래수수하지 않아도 되나 사업양도에 해당하지 아니하는 경우에는 양도자는 양수자로부터 부가가치세를 수취하여 국가에 납부하여야 한다. 그러나 일반 납세자로서는 사업용 부동산 취득이 사업양도에 해당하는지 여부를 판단하기 어렵다. 당사자는 사업양도에 해당한다고 보아 부가가치세를 거래징수하지 아니하였는데 사후에 과세당국에서 사업양도에 해당하지 아니한다고 판단하여 양도자에게 부가가치세를 추징하는 사례도 있고, 당사자는 사업양도가 아니라고 보아 부가가치세를 수수하였으나 양도자가 부가가치세를 신고하지 않아 세금을 탈루한 경우 과세당국은 사업양도에 해당한다고 보아 양수자의 매입세액을 불공제하는 사례도 있다. 이와 같이 거래 당사자는 불안한 지위에 놓이게 되는데, 이를 해결하기 위하여 사업양도에 해당하는 경우에도 부가가치세가 수수된 경우에는 과세거래로 인정해주기로 하는 예외조항을 두어 왔다. 2013년 12월 24일 법률 제12113호로 개정되기 전의 부가가치세법에서는 부가가치세가 과세되지 아니하는 거래에 대하여 공급자가 부가가치세를 거래징수하여 납부하는 경우에는 공급받는 자가 매입세액공제를 받을 수 있다고 규정함으로써, 사업양도에 해당하는 경우에도 거래당사자가 부가가치세를 수수하고 양도자가 부가가치세를 신고·납부하는 경우 양수자가 매입세액 공제를 받을 수 있게 하여 사업양도의 판단이 애매한 경우에 대한 대응방안을 마련해 두었다.(개정 전 부가법 제39조 제1항 제3호, 같은 법 시행령 제76조) 그러나 이 규정에 따라 양도자의 불안은 해소될 수 있으나, 양도자가 부가가치세를 납부하지 아니하면 양수자는 매입세액 공제를 받을 수 없어 양수자의 불안은 여전히 남아 있었다.

이 규정은 시행 1년 만에 폐기되었고 현행법은 사업양도 여부가 애매한 경우에 양수자가 양도자에게 지급할 부가가치세를 양도자에게 지급하는 대신 이를 국가에 직접 납부하는 경우(대리납부)에는 설령 사업용부동산의 취득이 사업양도에 해당한다 하더라도 재화의 공급으로 보아 양수자가 매입세액 공제를 받을 수 있도록 개정하였다.(부가법 제10조 제9항 제2호 단서) 그러나 현행 법 또한 양수자가 부가가치세를 납부하지 아니하는 경우 과세당국이 당해 거래가 사업양도에 해당하지 아니한다고 판단하게 되면 양도자는 부가가치세를 추징당하게 되므로 양도자의 불안은 여전히 남아 있다. 현행법에 따라 사업양도와 관련한 부가가치세를 대리납부하고 매입세액 공제를 받으려면 양수자가 사업양수대가를 지급한 날이 속하는 달의 다음 달 25일까지 사업장 소재지를 관할하는 세무서장에게 대리납부세액을 신고 · 납부하여야 한다.(부가법 제52조 제4항, 부가령 제95조 제5항)

(3) 조세의 물납

사업용 자산으로 상속세를 물납하거나(상증법 제73조), 재산세를 물납하는 경우(지방법 제117조)에는 부가가치세가 과세되는 재화의 공급으로 보지 아니한다.(부가법 제10조 제9항 제3호, 부가령 제24조)

(4) 경매 등으로 취득하는 부동산

경매 등 다음 어느 하나에 해당하는 것은 재화의 공급으로 보지 아니한다.(부가령 제18조 제3항)

① 조세채권을 강제징수하기 위하여 국가가 국세징수법 제61조에 따른 공매 또는 같은 법 제62조에 따른 수의계약에 의하여 재화를 인도하거나 양도하는 것
② 사인간의 민사채권 강제징수를 위하여 실행하는 민사집행법에 따른 경매, 같은 법에 따른 강제경매, 담보권 실행을 위한 경매와 민법 · 상법 등 그 밖의 법률에 따른 경매에 따라 재화를 인도하거나 양도하는 것
③ 도시 및 주거환경정비법, 공익사업을 위한 토지 등의 취득 및 보상에 관한 법률 등에 따른 수용절차에서 수용대상 재화의 소유자가 수용된 재화에 대한 대가를 받는 경우

4) 건설용역의 제공

건설업의 경우 건설자재를 누가 부담하느냐에 상관없이 즉 건설업자가 건설자재의 전부를 부담하는 경우에도 용역의 제공으로 본다.(부가령 제25조) 일반적으로 신축부동산의 경우 시공사인 건설업자가 건설용역을 시행사에게 제공하고 시행사인 부동산매매

업자 또는 주택신축판매업자가 시공사로부터 완성된 건물을 인수하여 일반인에게 분양한다. 그러나 재개발·재건축 조합이나 주택조합의 경우 시공사인 건설업자가 조합원에게 공동으로 건설용역을 제공하는 형태를 취하게 된다.

III 공급가액

1. 과세표준과 공급가액

부가가치세는 기간단위 과세로 해당과세기간에 공급한 재화 또는 용역의 공급가액을 합한 금액을 과세표준으로 한다.(부가법 제29조) 부동산을 취득할 때 거래 건마다 공급자에게 부가가치세를 지급하지만 신고와 환급은 과세기간 단위로 하게 된다. 이 점에서 취득세와 다르고, 기간단위 과세이기는 하나 10% 비례세율이 적용된다는 점에서 누진세율이 적용되는 소득세나 법인세와 다르다. 따라서 거래단위마다 공급가액이 확정되면 납부하거나 환급받을 세액의 크기를 계산할 수 있다.

2. 공급가액

(1) 공급가액의 범위

공급가액은 대금, 요금, 수수료, 그 밖에 어떤 명목이든 상관없이 재화 또는 용역을 공급받는 자로부터 받는 금전적 가치 있는 모든 것을 포함한다. 공급가액에 세율을 곱한 것이 부가가치세이므로 수수한 부가가치세는 당연히 공급가액에 포함되지 아니한다. 이에 대하여 부가가치세가 포함된 거래금액을 "공급대가"라 하고 세금계산서를 발행하지 아니하는 간이과세자의 경우 공급대가의 합계액에 업종별부가율과 세율을 곱하여 납부세액을 산출한다.(부가법 제61조 · 제63조) 거래유형별 공급가액은 각 다음의 금액으로 한다.(부가법 제29조 제3항)

(2) 금전으로 대가를 받는 경우

받은 대가를 공급가액으로 한다. 대가를 외화로 받는 경우 원화로 환산한 가액을 공급가액으로 하되, 공급시기 전에 환가한 경우에는 환가한 금액으로 하고, 공급시기 이후까지 환가하지 아니한 경우에는 공급시기의 환율(외국환거래법에 따른 기준환율 또는 재정환율)에 따라 계산한 금액을 공급가액으로 한다.(부가령 제59조)

(3) 금전 외의 대가를 받는 경우

부동산의 교환 등과 같이 금전 외의 대가를 받는 경우에는 공급자의 기준에서 공급한 재화 또는 용역의 시가를 공급가액으로 한다.

(4) 의제공급의 공급가액

자가공급, 개인적 공급, 사업상 증여 등으로 재화 또는 용역을 공급한 것으로 보는 경우에는 공급자를 기준으로 공급한 재화 또는 용역의 시가를 공급가액으로 본다.

(5) 특수한 거래의 공급가액

외상판매 및 할부판매의 경우 공급한 재화의 총가액이 공급가액이고, 다음 공급시기에서 볼 장기할부거래, 완성도기준지급조건부 또는 중간지급조건부 거래의 경우 계약에 따라 받기로 한 대가의 각 부분이 공급가액이 된다.(부가령 제61조)

(6) 기부채납하는 경우

"기부채납"이란 국가 외의 자가 국가가 보유할 수 있는 재산(국유재산법 제5조 제1항)의 소유권을 무상으로 국가에 이전하여 국가가 이를 취득하는 것을 말한다.(국유재산법 제2조) 국가에 무상으로 공급하는 재화나 용역은 부가가치세가 과세되지 아니한다.(부가법 제26조 제1항 제20호) 그러나 시설물을 국가에 기증하는 대신 일정기간 사용권을 획득하는 경우와 같이 기부채납의 반대급부를 조건으로 붙이는 경우가 있다. 이러한 경우도 기부채납의 범주로 본다.(대법원 2006.1.26. 선고 2005두14998 판결) 이와 같이 기부채납의 형식으로 국가에 부동산을 공급하고 그 대가를 받는 경우 이를 과세거래로 보아 해당 기부채납의 근거가 되는 법률에 따라 기부채납된 가액(포함된 부가가치세 제외)을 공급가액으로 보는 것이다.(부가령 제61조 제2항 제3호)

기부채납이 재화의 공급인지 용역의 공급인지와 관련하여, 과세당국은 기부채납할 부동산을 신축하여 소유권보전등기를 한 후 국가에게 소유권을 이전하는 방법으로 기부채납하는 경우뿐만 아니라 처음부터 국가명의로 보존등기를 하는 경우에도 이를 재화의 공급으로 본다.[3](서면3팀-530, 2006.3.20.) 과세당국의 견해에 의하면, 기부채납하는 부동산은 채납자가 이를 취득하여 국가에 공급하는 것이 되므로 공급가액에 대한 부가가치세액에서 매입세액 즉 부동산 취득을 위하여 거래징수당한 부가가치세액을 공제한 세액을 신고·납부하여야 한다. 시설물의 기부채납을 용역의 공급으로 본다 해도 신고·납부세액에 차이가 있는 것은 아니다.

기부채납하는 시설의 공급시기와 관련하여, 기부채납하는 시설물에 대한 사용승인을 받았다 하더라도 아직 기부채납절차가 진행 중이라면 기부채납절차가 완료된 때를 공급시기로 본다.(대법원 2003.3.28. 선고 2001두9950 판결; 국심 2005서4217, 2006.5.30.)

(7) 공유수면 매립의 경우

공유수면 관리 및 매립에 관한 법률(공유수면법) 제46조에 따르면, 공유수면을 매립한 경우 공용 또는 공공용으로 사용하기 위하여 필요한 매립지는 국가 또는 지방자치단체가 소유권을 취득하고, 매립된 바닷가에 상당하는 면적의 매립지는 국가가 취득하며 그 외 매립지 중 해당 매립공사에 든 총사업비에 상당하는 면적의 매립지는 매립면허취득자가 소유권을 취득한다. 이와 같이 공유수면을 매립한 후 그 대가로 매립지의 소유권을 취득하는 경우 이는 부가가치세 과세거래에 해당하는 용역거래로 본다.(대법원 1996.3.12. 선고 95누15308 판결, 부가46015-1144, 1998.5.27.) 이때 매립공사에 든 총사업비를 공급가액으로 보는 것이다.(부가령 제61조 제1항 제4호) 총공사비에는 조사비, 설계비, 순공사비, 보상비, 부대비 및 공정별 건설이자 등이 포함된다.(공유수면법 제46조 제1항, 같은 법 시행령 제51조 제4항)

따라서 공유수면매립자는 용역의 대가로 토지를 취득한 것이 되고, 용역의 공급가액에 대한 부가가치세액에 매립공사와 관련한 매입세액을 공제한 세액을 신고·납부하여야 한다. 그러므로 매립자는 보상면적을 산정함에 있어 부가가치세를 포함한 금액에

---

3) 국세청은 기부채납뿐만 아니라 타인의 토지위에 토지소유자의 명의로 건물을 신축하여 주고 그 대가로 일정기간 무상사용권을 받는 경우에도 재화의 공급으로 본다.(부가46015-1518. 2000.6.30.). 한편 법원은 기부채납하는 시설을 지방자치단체가 원시취득하는 경우 이는 재화의 공급이 아니라 용역의 공급으로 보아야 한다고 하면서도 이를 재화의 공급으로 판단하였다고 하여 위법한 처분은 아니라고 하였다.(대법원 1991.3.12. 선고 90누6972 판결)

상당하는 면적을 대가로 받아야 할 것이다.

(8) 공급가액에 포함되지 않는 금액

다음의 금액은 부가가치세 공급가액에 포함되지 아니한다.(부가법 제29조 제5항)

① 에누리액 : 에누리는 재화나 용역을 공급할 때 그 품질이나 수량, 인도조건 또는 공급대가의 결제방법이나 그 밖의 공급조건에 따라 통상의 대가에서 일정액을 직접 깎아 주는 금액을 말하는데, 거래대가를 감액하여 거래한 것이므로 에누리액을 뺀 금액이 공급가액이 된다.

② 할인액 : 당초 약정한 거래금액을 약정기일보다 일찍 지급하는 대가로 거래금액을 감액해주는 경우, 즉 기한의 이익을 포기하는 대가로 지급할 금액을 할인받는 금액을 할인액이라 하는데 이 또한 공급가액의 감액으로 본다.[4] 에누리와 달리 공급가액이 확정된 후 사후적으로 감액된 금액이므로 세금계산서를 수정하여 발급하는 조치가 필요하다.

③ 지연이자 : 대가의 지급이 약정된 기일에 지급되지 아니하는데 따른 지연이자는 재화나 용역에 대한 대가가 아니라 이행지체에 따른 지체상금이므로 공급가액에 포함되지 아니한다.

(9) 공급가액에서 공제하지 않는 금액

다음의 금액은 공급가액에서 공제하지 아니한다.(부가법 제29조 제6항)

① 장려금 : 아파트분양업자가 수분양자에게 분양계약과 별도로 무료로 제공하는 발코니확장공사 등과 같이 사업자가 재화 또는 용역을 공급받는 자에게 지급하는 장려금이나 이와 유사한 금액은 당초 과세표준에서 공제하지 않는다. 다만, 장려금을 금전이 아닌 재화로 지급하는 경우에는 사업상 증여로 사업자의 별개의 공급이 된다.

② 하자보증금 : 건설공사 등에서 사업자가 완성도기준지급 또는 중간지급조건부로 재화 또는 용역을 공급하고 계약에 따라 대가의 각 부분을 받을 때 일정금액을 하자보증을 위하여 공급받는 자에게 보관시키는 하자보증금은 과세표준에서 공제하지 아니한다.(부가통칙 29-61-7)

---

4) 부가가치세 시행초기에는 할인액을 공급가액에서 차감하지 아니하였으므로 에누리액과 엄격하게 구분하였다.

3. 공급가액 안분

1) 공급가액 안분문제

재화나 용역의 종류에 따라 부가가치세가 과세되는 것과 면세되는 것이 있는데 경제현실은 과세재화와 면세재화를 구분하여 항상 별도로 거래되는 것은 아니다. 부동산의 경우도 토지와 건물이 일괄로 거래되고, 과세사업과 면세사업을 겸영하는 사업자가 사업용으로 사용하던 상가를 매각하는 경우도 흔히 있다. 이러한 경우에 부가가치세가 부과되는 과세공급가액을 어떻게 안분할 것이냐의 문제가 발생한다.

2) 토지와 건물가액 안분

(1) 실지거래가 원칙

사업자가 토지와 그 토지에 정착된 건물 또는 구축물 등을 함께 공급하는 경우에는 건물 또는 구축물 등의 실지거래가액을 공급가액으로 하고, 실지거래가액 중 토지의 가액과 건물 또는 구축물 등의 가액의 구분이 불분명한 경우에는 기준시가 등으로 안분한 금액을 각 공급가액으로 한다. 실지거래가액은 시가가 아니라 당사자 간에 합의된 실제 거래금액을 말하므로 토지와 건물의 가액이 명백히 구분하여 계산된 매매계약서 및 세금계산서 등에 의하여 각각의 거래금액이 객관적으로 확인되어야 한다. 계약서 등에 토지가액과 건물가액을 명확히 구분하여 거래하였으나 그 가격비율이 정상적인 시가비율에 비추어 상당히 불합리하다고 판단되는 경우에 과세관청은 토지와 건물의 가액이 불분명한 경우라고 보아 안분하여 과세하려 하였고, 이에 대하여 법원은 토지와 건물가격의 배분이 합리적이지 아니하다는 이유로 토지가액과 건물가액의 구분이 불분명한 경우에 해당한다고 볼 수는 없다고 하였다.(대법원 1987.5.12. 선고 86누647 판결)

이와 같이 납세자가 지나치게 작위적으로 토지가액과 건물가액을 불균형적으로 안분하는 것을 제한하기 위하여 2018년 12월 31일 개정세법에서는 사업자가 실지거래가액으로 구분한 토지와 건물 또는 구축물 등의 가액이 기준시가 등으로 안분계산한 금액과 30% 이상 차이가 있는 경우에는 기준시가 등으로 안분하도록 법제화하였다.(부가가 제29조 제9항)

(가) 토지 · 건물가액의 불분명

상가건물의 매매당사자가 일반사업자인 경우에는 매수자가 거래징수당한 건물 분 부가가치세를 매입세액으로 공제받기 때문에 건물가액을 의도적으로 낮게 약정할 유혹이 크지 않으나, 상가건물을 비사업자가 취득하거나 면세사자가 취득하는 경우에는 거래징수당한 부가가치세를 환급받지 못하기 때문에 토지 및 건물 거래가액 총액에서 면세되는 토지가액을 높게 하고 건물가액을 낮게 하는 것이 부가치세를 적게 내는 방법이 된다. 그 비율이 극단적으로 불균형한 경우, 당사자 간에 실질적으로 합의한 금액이라면 그 금액 자체를 부인할 수는 없을 것이나, 과세관청은 "부가가치세법 제29조 제9항에 따른 실지거래가액은 일반적으로 매매계약서상의 매매금액이 실지거래가액임이 확인되고, 계약서상에 토지의 가액과 건물 등의 가액이 구분표시가 되어 있으며, 구분표시된 토지와 건물 등의 가액이 정상적인 거래 등에 비추어 합당하다고 인정되는 경우의 가액을 말하는 것"이라고 해석하여(법규부가2013-399. 2013.11.8.) 합리성을 판단의 기준으로 하여 왔다. 한편 소득세법에서는 토지와 건물 등을 함께 취득하거나 양도한 경우로서 그 토지와 건물 등을 구분 기장한 가액이 기준시가 등에 따라 안분계산한 가액과 100분의 30 이상 차이가 있는 경우에는 토지와 건물 등의 가액 구분이 불분명한 때로 본다는 규정(소득법 제100조 제3항)을 두고 있었는데, 이에 맞추어 부가가치세법 개정 시 같은 규정을 두게 되었다.

(나) 철거대상 건물의 가액

건물이 있는 토지를 취득하여 기존건물을 철거하고 새로운 건물을 신축하고자 할 경우 기존건물의 취득에 따라 거래징수당한 부가가치세는 토지관련 매입세액으로 부가가치세 공제를 받을 수 없다.(부가령 제80조) 따라서 토지 취득자 입장에서는 양도자가 건물을 철거한 후 나대지 상태로 취득하는 것이 부가가치세 부담이 없어 유리할 것이다. 그러나 거래현실에서는 토지를 필요로 하는 취득자가 잔존가치가 있는 건물을 토지와 일괄로 취득하고 건물을 철거하는 경우가 허다하다. 이러한 경우 건물의 가액을 0원으로 하여 부가가치세를 수수하지 아니할 수 있는지가 문제된다. 이와 관련하여 국세청은 "사업자가 토지와 해당 토지에 정착된 건물을 일괄양수하면서 계약서상 토지 및 건물가액을 구분 표시하되 건물가액은 없는 것으로 하고, 매매계약 체결 당시 건물 철거가 예정되어 있고 실제로 철거를 하였으며 계약서상 구분 표시된 건물의 가액(0원)이 정상적인 거래 등에 비추어 합당하다고 인정되는 경우, 사업자가 양수한 건물의 공급가액은 "0"이 되는 것"이라고 하여 멸실될 건물을 0원으로 거래하는 것을 인정한다.(법규부가-2014-508, 2014.11.12.) 부가가치세법의 개정에 따라 멸실될 건물을 0원으로 평가하는 것이 기준시가 등으로 안분계산한 금액과 30% 이상 차이가 나는 경우에도 안분계산을 강제하여야 하는지가 문제될 수 있다.5)

(2) 거래가액 안분

(가) 안분기준

실지거래가액 중 토지의 가액과 건물등(건물 또는 구축물)의 가액의 구분이 불분명한 경우에는 다음 각 구분에 따라 계산한 금액을 공급가액으로 한다. 사업자가 실지거래가액으로 구분한 토지와 건물 또는 구축물 등의 가액이 다음의 구분에 따라 계산한 금액과 30% 이상 차이가 있는 경우에도 또한 같다.(부가령 제64조)

① 토지와 건물등에 대한 감정가액이 있는 경우에는 감정가액 비율로 안분한 금액으로 한다. 감정가액은 공급시기(중간지급조건부 또는 장기할부판매의 경우는 최초 공급시기)가 속하는 과세기간의 직전 과세기간 개시일부터 공급시기가 속하는 과세기간의 종료일까지 감정평가업자(감정평가 및 감정평가사에 관한 법률 제2조 제4호에 따른 감정평가업자)가 평가한 감정평가가액에 한한다.

② 토지와 건물등에 대한 기준시가(소득세법 제99조에 따른 기준시가)가 모두 있는 경우에는 공급계약일 현재의 기준시가에 따라 계산한 가액에 비례하여 안분한 금액으로 한다.

③ 토지와 건물등 중 어느 하나 또는 모두의 기준시가가 없는 경우에는 장부가액으로 안분하고, 장부가액이 없는 경우에는 취득가액에 비례하여 안분계산한다. 안분하는 토지와 건물이 복수이고 복수의 토지나 건물에 기준시가가 있는 경우 기준시가가 있는 토지들 간이나 건물들 간에는 그 합계액을 다시 기준시가에 의하여 안분계산한 금액으로 한다.

④ 위 방법을 적용할 수 없거나 적용하기 곤란한 경우에는 국세청장이 정하는 바에 따라 안분하여 계산한 금액으로 한다. 국세청장이 정하는 방법은 다음과 같다.(국세청 고시 제2018-36호, 2018.8.24.)

---

5) 개인적 생각으로는 토지와 건물의 가액을 기준시가 등으로 안분하는 것은 토지와 건물의 경제적 가치가 그대로 유지되어 승계되는 경우에 한하여 적용하여야 할 것이지 철거될 건물에까지 안분을 강제할 것은 아니라고 본다.

- 토지와 건물 등의 가액을 일괄 산정·고시하는 오피스텔 등의 경우 : 토지의 기준시가와 국세청장이 고시한 건물의 기준시가에 비례하여 안분계산한다. 즉 건물의 기준시가가 토지의 기준시가와 건물의 기준시가를 합한 가액에서 차지하는 비율을 실지거래가액에 곱하여 건물의 과세표준을 산출한다.

> **국세청장이 고시한 건물의 기준시가**
> 소득세법 제99조에 따란 신축가격, 구조, 용도, 위치, 신축연도 등을 고려하여 매년 1회 이상 국세청장이 산정·고시하는 가액(별첨7)

- 건축 중에 있는 건물과 토지의 안분 : 토지의 기준시가와 미완성 건물 등의 장부가액(장부가액이 없는 경우 취득가액)에 비례하여 안분계산, 단 해당 건물을 완성하여 공급하기로 한 경우에는 토지의 기준시가와 완성을 가장한 건물의 국세청장이 고시한 기준시가에 비례하여 안분계산하되, 당초의 건축허가조건이 변경되거나 건축허가조건과 다르게 건물이 완성되는 경우에는 해당 건물 등이 완성된 날(완성된 날이 불분명한 경우에는 준공검사일)에 정산하여야 한다.

(나) 안분예시

① 거래가액에 부가가치세가 포함되지 않은 경우(부가세 별도)

$$건물공급가액 = 총거래가액 \times \frac{건물기준시가}{토지기준시가 + 건물기준시가}$$

② 거래가액에 부가가치세가 포함된 경우

$$건물공급가액 = 총거래가액 \times \frac{건물기준시가}{토지기준시가 + 건물기준시가 \times 1.1}$$

3) 과세·면세 겸용사용 부동산 취득가액 안분

(1) 과세면세 사용면적 비율에 의한 안분

면세재화인 농산품과 과세재화인 공산품 매장을 층별로 또는 호별로 구분하여 판매하는 마트로 사용하던 부동산을 매매하는 경우나 주택과 상가 겸용건물을 매매하는 경우와 같이, 과세사업과 면세사업(비과세 포함)에 사용하는 부분이 면적으로 구분되는 경우에는 전체 건물의 공급가액을 각 사용면적비율로 나누어 과세사업면적에 해당하는 금액이 부가가치세 과세대상 공급가액이 된다. 이러한 건물은 취득당시부터 과·면세 겸용으로 취득하여 과세면적 해당분에 대해서만 매입세액 공제를 받은 경우도 있고, 취득 후 과·면세 면적비율이 변경되어 취득당시 공제받은 매입세액을 정산하는 경우도 있다. 여기서 과세사업 사용면적 및 면세사업(비과세 포함) 사용면적은 당해 거래의 직전 과세기간의 각 사용면적을 말하고, 휴업 등으로 인하여 직전 과세기간의 사용면적비율이 없을 때에는 그 부동산을 매매한 날에 가장 가까운 과세기간의 사용면적비율에 의하여 계산한다.(부가법 제29조 제8항, 부가령 제63조 제2항)

(2) 과세 · 면세 매출액 비율에 의한 안분

의약품 판매와 의약품 조제를 같이하는 약국이나, 과세사업과 면세사업을 영위하는 사업자의 본사 건물과 같이 과세·면세 겸영사업용으로 사용되기는 하나 면적으로 그 사용면적을 구분할 수 없는 사업에 사용하던 부동산을 취득하는 경우에는 전체 건물의 가액을 양도자의 과세사업과 면세사업의 각 공급가액비율로 나누어 과세사업공급가액에 해당하는 금액을 겸영건물의 부가가치세 과세대상 공급가액으로 계산한다. 여기서 과세사업 공급가액 및 면세사업(비과세 포함) 공급가액은 당해 거래의 직전 과세기간의 각 공급가액을 말하고, 휴업 등으로 인하여 직전 과세기간의 공급가액이 없을 때에는 그 부동산을 매매한 날에 가장 가까운 과세기간의 공급가액비율에 의하여 계산한다.(부가법 제29조 제8항, 부가령 제63조 제1항)

과·면세 공급가액비율로 안분하는 경우에도 다음의 경우에는 면세공급가액이 없는 것으로 보아 해당 건물의 가액 전부를 과세공급가액으로 한다.(부가령 제63조 제3항)

① 건물을 매도하는 날이 속하는 과세기간의 직전 과세기간의 총공급가액 중 면세공급가액이 5% 미만이고, 건물의 공급가액이 5천만원 미만인 경우

② 건물의 공급가액이 50만원 미만인 경우

③ 건물을 매도하는 날이 속하는 과세기간에 신규로 사업을 시작하여 직전 과세기간이 없는 경우

(3) 안분예시

① 거래가액에 부가가치세가 포함되지 않은 경우(부가세 별도)

$$\text{과세공급가액} = \text{건물총거래가액} \times \frac{\text{직전 과세기간 과세 면적(공급가액)}}{\text{직전 과세기간 총사용면적(총공급가액)}}$$

② 거래가액에 부가가치세가 포함된 경우

$$\text{과세공급가액} = \text{건물총거래가액} \times \frac{\text{직전 과세기간 과세 면적(공급가액)}}{\text{직전 과세기간 면세 사용면적(공급가액)} + \text{직전 과세기간 과세 사용면적(공급가액)} \times 1.1}$$

4. 자가공급 등의 공급가액

(1) 시가원칙

자가공급, 개인적 공급 및 사업상 증여(부가법 제10조 제1항 · 제4항 · 제5항)로 재화의 공급이 의제되는 경우 공급가액은 시가로 평가함이 원칙이다.(부가법 제29조 제3항 제4호) 여기서 시가라 함은 다음의 가격으로 한다.(부가령 제62조)

① 사업자가 특수관계인이 아닌 자와 해당 거래와 유사한 상황에서 계속적으로 거래한 가격 또는 제3자 간에 일반적으로 거래된 가격

② 위의 가격이 없는 경우에는 사업자가 그 대가로 받은 재화 또는 용역의 가격. 대가로 받은 재화 또는 용역의 가액도 공급받은 사업자가 특수관계인이 아닌 자와 해당 거래와 유사한 상황에서 계속적으로 거래한 해당 재화 및 용역의 가격 또는 제3자 간에 일반적으로 거래된 가격을 말한다.

③ 위 ①, ②에 따른 가격이 없거나 시가가 불분명한 경우에는 감정평가 및 감정평가사에 관한 법률에 의한 감정평가업자가 감정한 가액이 있으면 그 가액(감정한 가액이 2 이상인 경우에는 그 감정한 가액의 평균액으로 한다)으로 하고, 감정가액이 없는 경우에는 기준시가에 의한다.(소득령 제98조 제3항 및 제4항, 법인령 제89

조 제2항 및 제4항, 상증법 제61조)

(2) 감가상각자산 자가공급 등의 공급가액 계산

자가공급, 개인적 공급 및 사업상 증여로 공급이 의제되는 부동산이 사업용 고정자산으로 감가상각 자산인 경우에는 의제공급시 경과된 과세기간동안 감가상각된 것으로 보아 잔존가액을 공급가액으로 본다.(부가법 제29조 제11항)

(가) 감가상각자산

감가상각 자산이란 건물이나 기계장치와 같이 시간의 경과에 따라 가치가 감소되는 사업용 고정자산을 말한다.(부가령 제66조, 소득령 제62조 및 법인령 제24조) 따라서 사업용으로 사용하는 상가건물이나 임대용 건물은 이에 해당하나 시간의 경과에 따라 가치가 감소하지 아니하는 토지는 해당되지 아니하며, 사업용 고정자산이 아니라 주택신축판매업자나 상가분양업자의 미분양 부동산 같은 판매용 재고자산은 감가상각 자산이 아니다.

따라서 감가상각자산으로 잔존가액을 공급가액으로 보는 의제공급은 과세사업자가 면세사업자로 전환함에 따라 사업용 건물의 자가공급에 해당하는 경우, 임대사업자가 임대부동산을 증여하는 경우 등이 이에 해당된다.

(나) 건물 또는 구축물의 공급가액 계산식

① 완전면세전용

$$공급가액 = 건물 \cdot 구축물의\ 취득가액 \times (1 - \frac{1}{20} \times 경과된\ 과세기간\ 수)$$

여기서 취득가액은 매입세액을 공제받은 해당 재화의 가액으로 한다.(부가령 제66조 제4항) 과세기간의 수는 부가가치세 6개월 단위 과세기간(제1기 : 1월~6월, 제2기 : 7월~12월)을 말하고, 건물 또는 구축물의 경과된 과세기간의 수가 20을 초과할 때에는 20으로 하고(부가령 제66조 제2항), 과세기간의 개시일 후에 감가상각자산을 취득하거나 해당 재화가 공급된 것으로 보게 되는 경우에는 그 과세기간의 개시일에 해당 재화를 취득하거나 해당 재화가 공급된 것으로 본다.(부가령 제66조 제5항) 가령 제1기(1.1~6.30.) 중에 취득한 사업용부동산을 제2기(7.1.~12.31.) 중에 자가공급 등으로 간주공급이 되는 경우 취득은 제1기 개시일은 1.1. 취득한 것으로 보고, 간주공급은 제2기 개시일인 7.1. 이루어진 것으로 본다는 의미이므로 이 경우 경과된 과세기간 수는 1개가 된다.

② 일부면세전용

부가가치세 과세대상인 공산품만 판매하던 사업자가 면세대상인 농산품을 같이 판매함으로써 과세사업용 부동산이 과 · 면세 겸용사업용으로 전환되는 경우 면세사업용으로 전환된 부분만 자가공급이 된다. 자가공급에 해당하는 부동산의 공급가액은 다음과 같이 계산한다.

$$\text{공급가액} = \text{완전전용시 공급가액} \times \frac{\text{해당 과세기간의 면세공급가액}}{\text{해당 과세기간의 총공급가액}}$$

이 경우 면세공급가액이 총공급가액 중 5% 미만인 경우에는 공급가액이 없는 것으로 본다. 즉 자가공급이 없는 것으로 본다.

Ⅳ 공급시기

1. 개요

부가가치세는 기간과세로 과세기간내에 공급한 재화 또는 용역의 공급가액을 과세표준으로 하여 신고하고(부가법 제5조 · 제29조 · 제48조 · 제49조), 사업과 관련하여 공급받은 재화 또는 용역에 대한 매입세액은 공급받은 시기가 속하는 과세기간의 매출세액에서 공제한다.(부가법 제38조 제2항) 따라서, 공급받는 과세기간을 적법하게 판단하지 아니하면 매입세액을 공제받지 못할 수 있다.

2. 일반적인 공급시기

(1) 재화의 공급시기

이동이 필요하지 아니하는 재화의 공급시기는 "재화가 이용가능하게 된 때"라고 규정하고 있다.(부가법 제15조 제1항 제2호) 재화의 이동이 필요하지 아니하는 부동산의 경우 현금판매든, 외상판매든, 할부판매든 원칙적으로 부동산에 대한 취득자의 이용이 가능하게 되는 때가 취득시기가 된다.(부가령 제28조 제1항 제1호) 국세청은 이를 구체화하여 부동산을 양도하는 경우의 공급시기는 해당 부동산이 이용가능하게 되는 때이며, 이용가능하게 되는 때란 원칙적으로 소유권이전등기일을 말하지만, 당사자 간 특약에 따라 소유권이전등기일 전에 실제 양도하여 사용・수익하거나 잔금 미지급 등으로 소유권이전등기일 이후에도 사용・수익할 수 없는 사실이 객관적으로 확인되는 때에는 실제로 사용・수익이 가능한 날이 공급일이라고 해석한다.(부가집행 15-28-3)

(2) 용역의 공급시기

용역의 공급시기는 역무의 제공이 완료되는 때이다.(부가법 제16조) 부동산건설의 경우 통상 사용승인을 받은 날을 공사의 완료일로 볼 것이다. 국세청도 사용승인일을 용역의 공급일로 보되, 신축건물에 대한 사용승인일 이후에 단순한 하자보수나 추가공사가 아닌 마무리공사가 계속되는 경우에는 해당 사용승인일은 역무의 제공이 완료되는 날에 해당하지 아니하는 것이고, 실제로 공사가 완성된 때가 역무의 제공이 완료되는 때라고 한다.(법규부가2014-512, 2014.11.17.)

3. 특수한 공급시기

1) 장기할부거래

거래로 대가를 월부, 연부 또는 그 밖의 할부의 방법으로 받는 장기할부판매(장기할부조건부 용역)의 경우 대가의 각 부분을 받기로 한 때를 재화 또는 용역의 공급시기로 본다. 따라서 취득자의 입장에서는 이 시기가 취득시기가 된다. 장기할부거래의 요건은 다음과 같다.(부가법 제15조 제2항・제16조 제2항, 부가령 제28조 제3항 제1호・제29조, 부

가칙 제17조, 제19조)

① 2회 이상으로 분할하여 대가를 받는 것

② 해당 재화의 인도일(역무의 제공이 완료된 날)의 다음 날부터 최종 할부금 지급기일까지의 기간이 1년 이상인 것

장기할부거래의 경우 재화(용역)의 공급이 이루어진 후 그 대가를 분할하여 지급받는 것을 말하므로, 재화를 공급하기 전에 계약금을 받는 경우에는 재화의 공급으로 보지 아니하고 그에 따라 재화를 인도하는 때를 공급시기로 본다.(부가22601-1069, 1990.8.17.)

2) 중간지급조건부 거래

아파트나 상가를 분양받는 경우와 같이 분양계약을 체결하고 계약금, 중도금을 지급한 후 일정기간이 지나 재화를 인도받는(또는 역무의 제공이 완료되는) 중간지급조건부 거래가 다음의 요건에 해당하는 경우에는 대가의 각 부분을 받기로 한 때를 재화(용역)의 공급시기로 본다. 다만, 이 경우에도 재화가 인도(또는 역무의 제공이 완료)되거나 이용가능하게 되는 날 이후에 받기로 한 대가의 부분에 대해서는 재화가 인도되거나 이용가능하게 되는 날(또는 역무의 제공이 완료되는 날)을 그 재화의 공급시기로 본다.(부가령 제28조 제3항 제3호 · 제29조 제3호, 부가칙 제18조 및 제20호)

① 계약금을 받기로 한 날의 다음 날부터 재화를 인도하는 날 또는 재화를 이용가능하게 하는 날(역무의 제공이 완료되는 날)까지의 기간이 6개월 이상일 것

② 위 기간 이내에 계약금 외의 대가를 분할하여 받을 것. 계약금 외 대가를 분할하여 받아야 하므로 최소한 중도금과 잔금을 나누어 받는 경우라야 한다.

3) 완성도기준지급조건부 거래

건설공사와 같이 역무의 제공이 완료될 때까지 장기간이 걸리는 경우 그 대가를 공사의 진행도에 따라 분할하여 지급하는 경우가 있다. 이와 같이 완성의 정도에 따라 대가를 지급하는 경우 대가의 각 부분을 받기로 한 때를 재화(또는 용역)의 공급시기로 보고, 재화가 인도되거나 이용가능하게 되는 날(또는 역무의 제공이 완료되는 날) 이후에 받기로 한 대가의 부분에 대해서는 재화가 인도되거나 이용가능하게 되는 날(또는 역무의 제공이 완료되는 날)을 그 재화의 공급시기로 본다.(부가령 제28조 제3항 제2호 ·

제29조 제1항 제2호) 장기할부판매나 중간지급조건부와 같이 계약금지급일로부터 잔금지급일 사이의 기간에 대한 규정이 없다. 이 경우 계약금은 완성도가 없는 상태이지만 계약금을 받기로 한 때를 공급시기로 본다.(부가통칙 15-28-3)

대가를 지급받기로 한 때란 기성청구 후 대가의 지급이 확정되어 그 대가를 실제로 받은 날이 되지만, 기성부분에 대한 대가를 기성고 확정일로부터 약정된 날까지 지급받지 못한 때에는 그 약정일의 종료일이 공급일이 되고, 공사가 완료되면 역무의 제공이 완료되므로 건설용역을 공급함에 있어 당사자의 약정에 의하여 준공검사일 이후 잔금을 받기로 한 경우에도 해당 잔금에 대한 공급시기는 건설용역의 제공이 완료되는 때로 한다.(부가집행 16-29-1)

설명의 편의상 중간지급조건부는 재화의 공급, 완성도지급조건부는 용역의 제공을 예로 들었으나 부가가치세법은 재화의 공급과 용역의 제공을 구분하지 않고 둘 다 중간지급조건부 및 완성도지급조건부 거래를 인정하고 있고, 손익의 귀속년도를 명확히 하기 위한 법인세법상 건설공사의 작업진행률 기준에 의한 수익인식과 같은 엄격한 기준이 있지도 않아 개념구분이 모호하다. 국세청은 중간지급조건부라 함은 당해 건설용역의 제공이 완료되기 전에 계약금 이외의 대가를 분할하여 지급하는 경우로서 계약금을 지급하기로 한 날부터 잔금을 지급하기로 한 날까지의 기간이 6월 이상인 경우를 말하는 것이며, 완성도기준지급조건부라 함은 당해 건설용역의 제공이 완료되기 전에 그 대가를 당해 역무의 완성도에 따라 분할하여 받기로 하는 약정에 의하여 공급하는 것을 말하는 것으로 해석한다.(부가가치세과-1481, 2011.11.30.)

4) 변형거래

(1) 중간지급조건부거래와 장기할부거래의 결합

재화를 인도하거나 역무의 제공이 완료되기 전까지 대가의 일부를 분할하여 지급하고 그 후에 나머지 일부를 분할하여 지급하는 것이 각 중간지급조건부 거래와 장기할부거래의 요건에 해당할 경우 각 중간지급조건부거래 및 장기할부거래에 따른 대가의 지급시기를 재화(또는 용역)의 공급시기로 본다.(부가, 서삼46015-11020, 2002.6.20.)

(2) 중간지급조건부거래의 계약변경

중간지급조건부거래의 계약이 변경된 경우는 그 유형에 따라 공급시기는 다음과 같

이 판단한다.(부가집행 15-28-5)

① 사업자가 중간지급조건부로 재화 또는 용역의 공급계약을 체결하였으나 그 내용이 변경된 경우의 공급시기는 다음과 같다.
- 당초 계약의 지급일자 변경 : 계약의 변경내용에 따라 대가의 각 부분을 받기로 한 때
- 계약금 이외 대가의 지급방법 변경 : 대가의 각 부분을 일시에 받기로 변경한 경우에는 재화의 공급 또는 용역의 제공이 완료된 때

② 중간지급조건부로 재화를 공급하기로 하였으나 지급기간 중에 거래상대방에게 재화를 인도하는 경우 나머지 중도금 및 잔금의 공급시기는 해당 재화를 인도한 때로 한다.

③ 중간지급조건부로 제공하는 건설용역이 조기 준공으로 인하여 계약금 지급일부터 준공예정일까지의 기간이 6월 미만이 된 경우. 이미 발행한 세금계산서는 적법하며, 나머지 용역대가는 준공일을 공급시기로 본다.

④ 당초 재화의 공급계약이 중간지급조건부에 해당하지 아니하였으나, 당사자 간에 계약조건을 변경하여 중간지급조건부계약으로 변경된 경우 계약변경 이전에 지급한 계약금은 변경계약일을 공급시기로 보고, 변경계약일 이후에는 변경된 계약에 의하여 대가의 각 부분을 받기로 한 때를 공급시기로 본다.

5) 공급시기 특례

(1) 공급 전 대금지급과 동시에 세금계산서 등을 수수하는 경우

사업자가 위에서 본 재화 또는 용역의 공급시기가 되기 전에 재화 또는 용역에 대한 대가의 전부 또는 일부를 받고, 이와 동시에 그 받은 대가에 대하여 세금계산서 또는 영수증발급의무자(부가법 제36조)의 영수증을 발급하면 그 세금계산서 또는 영수증을 발급하는 때를 각각 그 재화 또는 용역의 공급시기로 본다.(부가법 제17조 제1항)

(2) 공급 전 세금계산서를 수수하고 7일내에 대금을 수수하는 경우

사업자가 재화 또는 용역의 공급시기가 되기 전에 세금계산서를 발급하고 그 세금계산서 발급일부터 7일 이내에 대가를 받으면 해당 세금계산서를 발급한 때를 재화 또는 용역의 공급시기로 본다.(부가법 제17조 제2항)

(3) 대금 청구시기와 지급시기를 따로 약정한 경우

다음의 경우에는 재화 또는 용역을 공급하는 사업자가 그 재화 또는 용역의 공급시기가 되기 전에 세금계산서를 발급하고 그 세금계산서 발급일부터 7일이 지난 후 대가를 받더라도 해당 세금계산서를 발급한 때를 재화 또는 용역의 공급시기로 본다.(부가 제17조 제3항)

① 거래 당사자 간의 계약서·약정서 등에 대금 청구시기(세금계산서 발급일을 말한다)와 지급시기를 따로 적고, 대금 청구시기와 지급시기 사이의 기간이 30일 이내인 경우

② 세금계산서 발급일이 속하는 과세기간(공급받는 자가 조기환급을 받은 경우에는 세금계산서 발급일부터 30일 이내)에 재화 또는 용역의 공급시기가 도래하고 세금계산서에 적힌 대금을 지급받은 것이 확인되는 경우

(4) 대가의 지급 없는 세금계산서 발행

재화의 인도나 역무의 제공이 완료된 후에 대가를 분할로 수수하는 장기할부거래에 있어서 대가의 각 부분을 받기로 한 공급시기 이전에 세금계산서나 영수증(부가법 제36조의 영수증)을 먼저 발행한 경우에는 세금계산서나 영수증을 발급한 때를 그 재화 또는 용역의 공급시기로 본다.(부가법 제17조 제4항, 부가령 제30조)

제 2 절 부동산취득관련 부가가치세 납부 · 환급

I 부가가치세 거래징수와 납부 · 환급

부가가치세는 재화나 용역을 소비하는 자가 부담하지만 재화나 용역을 공급하는 자가 소비하는 자로부터 거래징수하여 납부하는 간접세이기 때문에 부동산을 취득하는 자가 부가가치세를 신고 · 납부할 의무는 없다.(부가법 제31조) 사업자가 아닌 일반인은 부동산 취득과 관련하여 부담하는 부가가치 세액이 얼마나 되는지, 거래금액에 부가가치세가 포함되어 있는지 아니면 별도로 부담하여야 하는지 정도에 관심을 가지고 검토하는 것으로 족하다.

그러나 사업자로서 부동산을 취득하는 경우에는 거래징수당한 부가가치세를 매입세액으로 공제를 받아야 하므로 매입세액 공제에 필요한 법적요건을 갖추어 거래하여야 한다. 즉 적기에 사업자등록을 하고, 적법하게 세금계산서를 수수하여 신고기간에 매입공제신고 또는 환급신고를 하여야 한다. 사업목적으로 부동산을 취득하는 경우 일반적으로 거래징수당한 부가가치세를 얼마나 어떻게 환급 또는 매입공제받는지에 관심을 가지게 될 것이지만, 예외적으로 사업양수와 관련하여 사업양수도 판단이 애매한 경우에는 앞에서 본바와 같이 매입자가 공급자에게 지급할 부가가치세를 국가에 대리납부할 수 있고, 이 경우 부동산 취득이 사업의 양도에 해당한다 하더라도 취득자는 대리납부한 세액을 매입세액으로 공제받을 수 있다.

그 외 면세사업 목적으로 부동산을 취득하고 매입세액을 공제받지 않은 상태에서 그 부동산을 과세사업용으로 전환하는 경우에는 공제받지 못한 매입세액을 추가로 공제받을 수 있고, 반대로 과세사업에 사용할 목적으로 취득한 부동산을 면세사업으로 전용할 경우에는 공제 또는 환급받은 매입세액을 추후에 납부하여야 하는 점도 염두에 두어야 한다. 일반과세자와 간이과세자 간의 유형변경에도 유사한 매입세액 정산문제가 발생한다.

Ⅱ 사업자등록

1. 사업자등록의 법적성격

부가가치세법상 사업을 개시하는 사업자는 사업장 관할 세무서장에게 사업자등록을 신청하여야 한다.(부가법 제8조 제1항) 사업자등록은 납세자에게 어떤 자격이나 권한을 부여하는 것이 아니라 납세자를 파악하고 관리하는 행위일 뿐이다. 사업자등록의 법적 성격과 관련하여 법원은 행정소송의 대상이 되는 처분행위가 아니라고 본다.(대법원 2000.12.22. 선고 99두6903 판결)

대법원 2000.12.22. 선고 99두6903 판결 요지

부가가치세법상의 사업자등록은 과세관청으로 하여금 부가가치세의 납세의무자를 파악하고 그 과세자료를 확보케 하려는 데 입법취지가 있는 것으로서, 이는 단순한 사업사실의 신고로서 사업자가 소관 세무서장에서 소정의 사업자등록신청서를 제출함으로써 성립되는 것이고, 사업자등록증의 교부는 이와 같은 등록사실을 증명하는 증서의 교부행위에 불과한 것이며, 부가가치세법 제5조 제5항에 의하면 사업자가 폐업하거나 또는 신규로 사업을 개시하고자 하여 사업개시일 전에 등록한 후 사실상 사업을 개시하지 아니하게 되는 때에는 과세관청이 직권으로 이를 말소하도록 하고 있는데, 사업자등록의 말소 또한 폐업사실의 기재일 뿐 그에 의하여 사업자로서의 지위에 변동을 가져오는 것이 아니라는 점에서 과세관청의 사업자등록 직권말소행위는 불복의 대상이 되는 행정처분으로 볼 수가 없다.

2. 사업자등록 유형

1) 일반과세자

부가가치세법상 "일반과세자"란 간이과세자가 아닌 사업자를 말한다.(부가법 제2조) 부가가치세법상 일반과세자에 대하여 특별한 규정이 있는 것이 아니라 소규모 영세사업자에 대한 특례규정을 적용하는 "간이과세자"와 구분하기 위하여 간이과세자가 아닌 사업자를 일반과세자라고 한다.

2) 간이과세자

"간이과세자"란 연간 공급대가가 일정금액에 미달하는 사업자로서 간편한 절차로 부가가치세를 신고 · 납부하는 개인사업자를 말한다.(부가법 제2조) 법인사업자는 간이과세자가 될 수 없다.

(1) 간이과세자 요건

간이과세자의 요건은 다음과 같다.(부가령 제5조 · 제109조 제1항)

(가) 매출액 요건

연간 공급대가가 4천 800만원에 미달할 것. 일반과세자의 연간공급대가(부가가치세를 포함한 가액을 말한다)가 4천 800만원에 미달하는 경우 다음 연도 7월 1일부터 간이과세자가 된다. 직전연도 연간 공급대가를 산정함에 있어서 직전 1역년(曆年) 중 휴업하거나 신규로 사업을 시작한 사업자나 사업을 양수하여 직전연도 사업일수가 1년이 되지 아니하는 경우에는 휴업기간, 사업 개시 전의 기간이나 사업 양수 전의 기간을 제외한 나머지 기간에 대한 재화 또는 용역의 공급대가의 합계액을 12개월로 환산한 금액을 기준으로 하며, 휴업한 개인사업자인 경우로서 직전 1역년 중 공급대가가 없는 경우에는 신규로 사업을 시작한 것으로 본다. 이 경우 1개월 미만의 끝수가 있으면 1개월로 한다.

신규로 사업을 시작하는 개인사업자는 사업을 시작한 날이 속하는 연도의 공급대가의 합계액이 위 규정에 따라 12개월로 환산한 금액으로 4천 800만원에 미달될 것으로 예상되면 사업자등록을 신청할 때 납세지 관할 세무서장에게 간이과세의 적용 여부를 함께 신고하여야 한다. 신규사업자의 경우 사업을 개시한 연도의 연간 환산공급가액이 4천 800만원에 미달하는지 여부에 따라 다음 해 7월 1일부터 간이과세자에서 일반과세자로 일반과세자에서 간이과세자로 다시 변경된다.(부가법 제62조)

(나) 간이과세 배제업종

다음 어느 하나에 해당하는 사업을 경영하는 사업자는 간이과세자로 보지 아니한다.(부가법 제61조 제1항, 부가령 제109조 제2항)

① 광업

② 제조업. 다만, 주로 최종소비자에게 직접 재화를 공급하는 사업으로서 다음의 사업은 제외한다.(부가칙 제71조)

- 과자점업
- 도정업, 제분업 및 떡류 제조업 중 떡방앗간
- 양복점업
- 양장점업
- 양화점업
- 그 밖에 자기가 공급하는 재화의 50% 이상을 최종소비자에게 공급하는 사업으로서 국세청장이 고시한 업종(국세청고시 제2018-42호, 2018.8.24. 별첨4 참조)

③ 도매업(소매업을 겸영하는 경우를 포함하되, 재생용 재료수집 및 판매업은 제외한다)

④ 부동산매매업

⑤ 특별시, 광역시, 특별자치시, 제주특별자치도 설치 및 국제자유도시 조성을 위한 특별법 제15조 제2항에 따라 설치된 행정시 및 시 지역(광역시, 특별자치시, 행정시 및 도농복합형태의 시 지역의 읍 · 면 지역은 제외한다)과 국세청장이 사업현황과 사업 규모 등을 고려하여 간이과세 적용 대상에서 제외할 필요가 있다고 인정하여 고시하는 지역에서 개별소비세법 제1조 제4항에 해당하는 과세유흥장소(과세유흥주점, 외국인전용 유흥음식점, 그 밖에 이와 유사한 장소)를 경영하는 사업. 국세청장은 국세청고시 제2018-45호(2018.12.7.) '간이과세 배제기준 고시'의 별표3에 과세유흥장소 간이과세배제 지역기준을 정하고 있다.

⑥ 특별시, 광역시, 특별자치시, 행정시 및 시 지역에 소재하는 부동산임대사업장을 경영하는 사업으로서 국세청장이 정하는 규모 이상의 사업자(부가칙 제71조 제3항) 국세청장은 국세청고시 제2018-45호(2018.12.7.) '간이과세 배제기준'의 별

표2에 지역별 부동산임대업 간이과세배제 면적기준을 정하고 있다.

⑦ 변호사업, 심판변론인업, 변리사업, 법무사업, 공인회계사업, 세무사업, 경영지도사업, 기술지도사업, 감정평가사업, 손해사정인업, 통관업, 기술사업, 건축사업, 도선사업, 측량사업, 공인노무사업, 의사업, 한의사업, 약사업, 한약사업, 수의사업과 그 밖에 이와 유사한 사업서비스업으로서 기획재정부령으로 정하는 것[6]

⑧ 일반과세자로부터 양수한 사업

⑨ 사업장의 소재 지역과 사업의 종류 · 규모 등을 고려하여 국세청장이 정하는 기준에 해당하는 것. 국세청장은 국세청고시 제2018-45호(2018.12.7.) '간이과세 배제기준 고시'의 별표1에 간이과세배제 업종기준을, 별표4에 지역기준을 정하고 있다.

⑩ 전전년도 기준 복식부기의무자(소득세법 시행령 제208조 제5항에 해당하지 아니하는 개인사업자)가 경영하는 사업

⑪ 둘 이상의 사업장이 있는 사업자가 경영하는 사업으로서 그 둘 이상의 사업장의 공급대가의 합계액이 연간 4천 800만원 이상인 경우

(다) 겸업요건

간이과세가 적용되지 아니하는 다른 사업장을 보유하고 있는 사업자는 간이과세자로 보지 아니한다. 즉 일반사업자로 등록된 다른 사업장이 있는 사업자는 간이과세사업자가 될 수 없다.(부가법 제61조 제1항 제1호)

(라) 간이과세 특례업종

부가가치세 간이과세가 적용되는 개인택시운송업, 용달 및 개별 화물자동차운송업, 그 밖의 도로화물운송업, 이용업, 미용업에 대해서는 업종 및 겸업요건에 따른 간이과세배제규정을 적용하지 아니한다.(조특법 제106조 제5항)[7] 따라서 이러한 업종은 금액기준에만 해당하면 간이과세자가 된다.

6) 조문에서 위임한 사항을 규정한 시행규칙이 없다.

7) 조세특례제한법 제106조 제5항은 열거된 사업과 유사한 것으로서 대통령령으로 정하는 사업에 대하여도 간이과세 배제규정을 적용하지 아니하는 것으로 규정하고 있으나 조문에서 위임한 사항을 규정한 시행령 규정은 없다.

(2) 간이과세의 포기

간이과세자는 신고 등에 특례를 주는 것이므로 위 간이과세 요건에 해당한다고 하여 반드시 간이과세자가 되어야 하는 것은 아니다. 거래처의 요구에 따라 세금계산서를 발행하여야 하는 경우와 같이 사업목적상 일반과세자로 사업하는 것이 유리한 경우 간이과세를 포기할 수 있다. 간이과세를 포기하려면 일반과세자로 전환받기를 원하는 달의 전달 마지막 날까지 관할세무서장에게 간이과세 포기신고를 하여 일반과세자로 전환할 수 있다.(부가법 제70조 제1항) 신규사업자도 간이과세자 등록을 원하지 아니하면 일반사업자로 사업자등록을 할 수 있다.(부가법 제70조 제2항) 다만, 기존사업자가 간이과세를 포기한 경우나 신규사업자가 간이과세 규정의 적용을 포기한 경우에는 포기로 인하여 일반사업자가 된 날로부터 3년이 되는 날이 속하는 과세기간까지는 간이과세자에 관한 규정을 적용받지 못한다. 3년의 기간은 기존사업자의 경우 일반과세자에 관한 규정을 적용받으려는 달의 1일부터, 신규사업자의 경우 사업개시일이 속하는 달의 1일부터 기산한다.(부가법 제70조 제3항)

(3) 간이과세자의 특례

(가) 과세기간 및 신고 특례

일반과세자의 과세기간은 1역년을 2개의 과세기간으로 하여 1월1일부터 6월 30일까지(제1기), 7월 1일부터 12월 31일까지(제2기) 각 6개월을 한 과세기간으로 한다. 그러나 간이과세자는 1역년을 하나의 과세기간으로 하여 1월 1일부터 12월 31일까지 12개월을 한 과세기간으로 한다.(부가법 제5조) 따라서 부가가치세신고도 1년에 한 번 하는 것이 원칙이다. 단, 일반과세자가 간이과세자로 전환되는 경우 전환되는 당해 연도 1기까지는 일반과세자이고 2기부터 간이과세자가 되며, 간이과세자가 된 첫 기의 과세기간은 7월 1일부터 12월 31까지로 한다. 간이과세자에서 일반과세자로 전환되는 경우 전환되는 당해 연도 1기까지는 간이과세자이고 간이과세자의 마지막 기는 1월 1일부터 6월 30일까지로 한다.(부가법 제5조 제4항 · 제62조) 따라서 부가가치세 신고도 각 과세기간 다음 달 25일까지 하면 된다.(부가법 제67조)

(나) 납부세액 특례

일반과세자는 한 과세기간 공급가액의 합계액(과세표준)의 10%를 매출세액으로 하고, 세금계산서 등으로 거래징수가 확인되는 매입세액 등을 공제하여 납부세액을 산출한다.(부가법 제37조) 그러나 간이과세자는 한 과세기간 공급대가(공급가액이 아님)의 합계액(과세표준)에 다음의 업종별 부가가치율을 곱한 금액의 10%를 납부세액으로 하며, 세금계산서 등으로 거래징수가 확인되는 매입세액은 업종별 부가가치율을 곱한 금액으로 세액공제를 하고 유형전환에 따른 재고매입세액 등을 가산하여 납부할 세액을 계산한다.(부가법 제63조) 제도의 기본적 취지는 영세사업자에게는 세금계산서 수수 등 부가가치세의 엄격한 거래징수 원칙을 완화하여 세무관리를 간편하게 함과 동시에 매출세액과 매입세액 모두 업종별 부가가치율 수준으로 세액을 낮추어 줌으로써 세부담 및 신고의무를 완화해 주겠다는 것이다. 단, 간이과세자는 납부세액의 범위 내에서만 매입세액을 공제하므로 매입세액이 납부세액을 초과하여도 환급세액은 발생하지 아니한다.(부가법 제63조 제5항) 업종별 부가가치율은 다음과 같다.(부가령 제111조)

① 전기, 가스, 증기 및 수도 사업 : 5%

② 소매업, 재생용 재료수집 및 판매업, 음식점업 : 10%

③ 제조업, 농업, 임업 및 어업, 숙박업, 운수 및 통신업 : 20%

④ 건설업, 부동산임대업 및 그 밖의 서비스업 : 30%

이 경우 둘 이상의 업종을 겸영하는 간이과세자의 경우에는 각각의 업종별로 계산한 금액의 합계액을 납부세액으로 한다.(부가법 제63조 제2항) 둘 이상의 업종을 겸영하는 간이과세자의 매입세액의 공제액을 계산함에 있어서는 업종별 실지귀속에 따라 부가가치세율을 적용하되, 업종별 실지귀속을 구분할 수 없는 부분은 제1호의 율, 즉 5%를 적용한다.(부가령 제111조 제6항)[8]

(다) 납부의무 면제 특례

간이과세자의 해당 과세기간에 대한 공급대가의 합계액이 3천만원 미만이면 납부의무를 면제한다. 신규사업자나, 일반과세자에서 간이과세자로 유형이 전환되거나 휴업, 폐업 등으로 영업기간이 12개월이 되지 아니하는 경우에는 12개월로 환산한 금액을 기준으로 한다. 이 경우 1개월 미만의 끝수가 있으면 1개월로 한다.(부가법 제69조)

8) 동 규정의 표현은 문제가 있다. 가령 소매업과 운수업을 겸영하는 간이과세자가 매입한 재화나 용역의 실지귀속이 불분명한 경우 둘 중 낮은 부가율인 10%를 적용하는 것이 타당할 것인데, 문언대로 해석하면 이러한 경우에도 겸영하지 아니하는 업종의 부가율인 5%를 적용하는 것으로 해석된다.

3. 사업자등록 신청 및 발급

1) 신청 및 발급기관

사업자는 사업장마다 사업 개시일부터 20일 이내에 사업장 관할 세무서장에게 사업자등록을 신청하여야 하는 것이 원칙이다. 그러나 사업자등록 신청은 사업장 관할 세무서장이 아닌 다른 세무서장에게도 할 수 있다. 신청을 받은 사업장 관할 세무서장은 사업자등록을 하고, 사업자에게 등록번호가 부여된 등록증(사업자등록증)을 발급하여야 한다.(부가법 제8조 제1항 · 제2항 · 제5항, 부가령 제11조)

등록신청은 전국 어느 세무서장에게 하여도 되나 사업자 등록과 등록증 발급은 사업장 관할 세무서장이 한다. 실무적으로 사업장 관할이 아닌 세무서(민원실)에 사업자등록 신청을 하면 신청을 받은 세무서 민원실에서 신청사항을 국세청전산망에 입력하고, 사업장 관할 세무서에서 서류검토 후 전산망에 발급처리를 하면 당초 신청을 받은 세무서 민원담당자는 전산망에서 발급된 사업자등록증을 출력하여 사업자에게 교부하게 된다.

2) 사업장

사업자에 대한 부가가치세 과세는 납세지를 관할하는 세무서장 또는 지방국세청장이 하고(부가법 제7조), 납세지는 사업장의 소재지로 한다. 사업장은 사업자가 사업을 하기 위하여 거래의 전부 또는 일부를 하는 고정된 장소로 하며, 사업자가 사업장을 두지 아니하면 사업자의 주소 또는 거소(居所)를 사업장으로 한다. 사업장을 여러 개 가지고 있는 사업자는 '사업자 단위 과세 사업자' 신청을 하여 각 사업장을 대신하여 그 사업자의 본점 또는 주사무소의 소재지를 부가가치세 납세지로 할 수 있다.(부가법 제6조)

이와 같이 사업장은 사업자등록과 과세관할권 행사의 기준이 되므로 구분기준이 명확하여야 한다. 부가가치세법은 "사업자가 사업을 하기 위하여 거래의 전부 또는 일부를 하는 고정된 장소"를 사업장으로 정의하고 그 범위를 부가가치세법 시행령에서 정하고 있다. 그 내용은 다음과 같다.(부가령 제8조)

① 광업 : 광업사무소의 소재지. 이 경우 광업사무소가 광구 밖에 있을 때에는 그 광업사무소에서 가장 가까운 광구에 대하여 작성한 광업 원부의 맨 처음에 등록된 광구 소재지에 광업사무소가 있는 것으로 본다.

② 제조업 : 최종제품을 완성하는 장소. 다만, 따로 제품 포장만을 하거나 용기에 충

전만을 하는 장소와 개별소비세법 제10조의5에 따른 저유소는 제외한다.

③ 건설업, 운수업, 부동산매매업

- 법인인 경우 : 법인의 등기부상 소재지(등기부상 지점소재지 포함)
- 개인인 경우 : 사업에 관한 업무를 총괄하는 장소
- 법인의 명의로 등록된 차량을 개인이 운용하는 경우(법인지입차량) : 법인의 등기부상 소재지(등기부상 지점소재지 포함)
- 개인의 명의로 등록된 차량을 다른 개인이 운용하는 경우(개인지입차량) : 그 등록된 개인이 업무를 총괄하는 장소

④ 수자원을 개발하여 공급하는 사업 : 사업에 관한 업무를 총괄하는 장소

⑤ 대구시설관리공단(지방공기업법 제76조)이 공급하는 사업 : 사업에 관한 업무를 총괄하는 장소

⑥ 방문판매 등에 관한 법률에 따른 다단계판매원이 재화나 용역을 공급하는 사업 : 해당 다단계판매원이 방문판매 등에 관한 법률 제13조에 따라 등록한 다단계판매업자의 주된 사업장의 소재지. 다만, 다단계판매원이 상시 주재하여 거래의 전부 또는 일부를 하는 별도의 장소가 있는 경우에는 그 장소로 한다.

⑦ 전기통신사업법에 따른 전기통신사업자가 둘 이상의 단말기기(회선의 단말에 설치하여 전기통신에 이용되는 기기를 말한다)를 통하여 각 사업장에서 이용자에게 전기통신역무를 제공하고, 각 사업장의 업무를 총괄하는 장소에서 통신요금을 일괄하여 청구하는 사업 : 사업에 관한 업무를 총괄하는 장소

⑧ 전기통신사업법에 따른 기간통신사업자가 다음의 역무를 제공하는 사업 : 법인의 경우 법인의 본점 소재지, 개인의 경우 사업에 관한 업무를 총괄하는 장소

- 주파수를 이용하여 이동 중에 송신·수신할 수 있는 설비를 가진 자에게 교환설비를 통하여 음성 등을 송신하거나 수신하는 이동통신역무. 다만, 전기통신사업법 시행령 별표2에 따른 설비미보유 재판매사업은 제외한다.
- 무선호출수신기를 휴대한 사람에게 용건을 알려주기 위하여 무선통신방식으로 신호·신호음 또는 전화번호나 문자를 보내는 역무
- 주파수를 공용하는 무선통신방식으로 이동체에 장착하는 송신·수신할 수 있는 설비를 가진 자에게 전용 교환설비를 통하여 주로 음성을 송신하거나 수신하는 역무
- 데이터통신을 위한 전용 교환설비를 설치하고 무선통신방식으로 데이터를 송

신하거나 수신하는 역무

⑨ 무인자동판매기를 통하여 재화 · 용역을 공급하는 사업 : 사업에 관한 업무를 총괄하는 장소

⑩ 한국철도법에 따른 한국철도공사가 경영하는 사업 : 사업에 관한 역무를 지역별로 총괄하는 장소

⑪ 우정사업 운영에 관한 특례법에 따른 우정사업조직이 우편법 제1조의2 제3호의 소포우편물을 방문접수하여 배당하는 용역을 공급하는 사업 : 사업에 관한 업무를 총괄하는 장소

⑫ 전기사업법에 따른 전기판매업자가 둘 이상의 전기사용계약단위를 통하여 각 사업장에서 이용자에게 전기를 공급하고, 각 사업장의 업무를 총괄하는 장소에서 전기요금을 일괄하여 청구하는 방법으로 요금을 청구하는 전기판매사업 : 사업에 관한 업무를 총괄하는 장소

⑬ 국가, 지방자치단체 또는 지방자치단체조합이 공급하는 부동산임대업, 도매 및 소매업, 음식점업 · 숙박업, 골프장 및 스키장 운영업, 기타 스포츠시설 운영업(부가가치세법 시행령 제46조 제3호의 사업)은 원칙적으로 사업에 관한 업무를 총괄하는 장소를 사업장으로 보나, 위임, 위탁 또는 대리에 의하여 재화나 용역을 제공하는 경우에는 수임자, 수탁자 또는 대리인이 그 업무를 총괄하는 장소를 사업장으로 본다.

⑭ 송유관 안전전관리법 제2조 제3호의 송유관설치자가 송유관을 통하여 재화 또는 용역을 공급하는 사업 : 사업에 관한 업무를 총괄하는 장소

⑮ 부동산임대업 : 부동산의 등기부상 소재지를 사업장으로 보나, 다음 각 어느 하나에 해당하는 사업자(관련 법률에 따라 설립된 회사)가 부동산을 임대하는 경우에는 그 사업에 관한 업무를 총괄하는 장소를 사업장으로 한다.

- 한국자산관리공사
- 농업협동조합자산관리회사
- 기업구조조정 부동산투자회사
- 예금보험공사 및 정리금융회사
- 전기사업자
- 전기통신사업자
- 에스에이치(SH)공사, 부산도시공사, 대구도시공사, 인천도시공사, 광주광역시

도시공사, 대전도시공사, 울산광역시도시공사, 강원도개발공사, 전북개발공사, 경상북도개발공사, 경남개발공사, 경기도시공사, 제주특별자치도개발공사, 충북개발공사, 충청남도개발공사, 전남개발공사

- 한국농어촌공사
- 한국도로공사
- 한국철도시설공단
- 한국토지주택공사

사업장과 관련하여 주의할 점은 부동산 신축·분양업자나 매매업자는 반드시 부동산소재지를 사업장으로 하여야 하는 것은 아니나, 부동산임대업자는 국가나 공공단체 등 열거된 사업자 외에는 부동산소재지가 사업장이 된다는 것이다. 즉 부동산 신축·분양업자나 매매업자는 사업에 관한 업무를 총괄하는 장소를 사업장으로 보므로 경우에 따라서는 주거지에 사업자등록을 할 수도 있다. 그러나 부동산임대업자는 부동산 소재지에 사업자등록을 하여야 한다. 그래서 임대용 부동산이 다수인 경우에는 뒤에서 보는 '사업자 단위 과세 사업자' 신청을 하지 않는 한 반드시 각 사업장마다 사업자등록을 하여야 한다. 여기서 동일한 건물에 다수 호수를 임대하는 경우에는 각 임대 호수마다 사업자등록을 별도로 하여야 하는지가 문제되는데, 실무에서는 동일한 건물 다수 호수에 하나의 사업자등록을 인정하고 있다.(부가가치세과-892, 2009.3.6. 참조)

이와 같이 부가가치세법상 임대사업자의 사업장은 부동산 소재지로 보나 부가가치세가 과세되지 아니하는 주택임대사업의 사업장에 대하여는 국세청이 다른 해석을 하고 있다. 면세사업자도 소득세법 제168조에 따라 사업자등록을 하여야 하는데, 소득세법에는 부가가치세법 제8조와 같은 사업장의 범위에 관한 별도의 규정이 없고 부가가치세법 제8조를 준용하고 있다.(소득법 제168조 제3항) 그러나 국세청은 주택임대사업을 하는 사업자는 먼저 민간임대주택특례법 제5조에 따라 관할 구청에 임대사업자등록을 하고 등록한 주소지(사무소 소재지)를 사업장으로 하여 소득세법상 사업자등록을 할 수 있다고 한다.(부가46015-943, 1997.4.29.; 소득46011-2998, 1997.11.21.)

3) 신청기간

(1) 원칙

사업자는 사업 개시일부터 20일 이내에 사업자등록을 신청하여야 한다. 사업자등록

은 의무사항이다. 사업자가 법정기한까지 등록을 신청하지 아니한 경우에는 가산세를 부과한다. 즉 사업 개시일부터 사업자등록을 신청한 날의 직전일까지의 공급가액 합계액의 1%를 납부할 세액에 더하거나 환급할 세액에서 차감한다.(부가법 제60조 제1항) 사업 개시일을 기한 산정의 기준으로 하고 있으므로 개시일을 특정하는 것이 의미가 있다. 업종별 사업 개시일은 다음과 같다. 다만, 해당 사업이 법령 개정 등으로 면세사업에서 과세사업으로 전환되는 경우에는 그 과세 전환일을 사업 개시일로 한다.(부가령 제6조)

① 제조업 : 제조장별로 재화의 제조를 시작하는 날
② 광업 : 사업장별로 광물의 채취 · 채광을 시작하는 날
③ 그 외의 사업 : 재화나 용역의 공급을 시작하는 날

(2) 개시 전 등록

신규로 사업을 시작하려는 자는 사업 개시일 이전이라도 사업자등록을 신청할 수 있다.(부가법 제8조 제1항) 부동산 신축판매업이나 매매업을 하는 경우 사업개시일 전에 설계, 건설자재 구입, 건설공사, 판매용 부동산 매입 등 준비행위가 선행되기 마련이다. 이러한 경우 사업과 관련한 세금계산서를 수수하여야 하므로 사업개시 전 사업자등록이 필연적이다. 따라서 사업 개시 전에도 사업자등록을 신청할 수 있다. 그렇다고 개시 전 사업자등록이 무한정 가능한 것은 아니다. 사업자등록 신청을 받은 세무당국은 사업자가 실제로 사업을 하는 자인지를 판단하여 신청자가 사업을 사실상 시작하지 아니할 것이라고 인정될 때에는 등록을 거부할 수 있다.(부가령 제11조 제7항) 따라서 사업개시의 계획이 구체화된 후에 사업자등록 신청을 하여야 할 것이다.

4) 신청서 및 첨부서류

(1) 신청서

사업자등록신청은 부가가치세법 시행규칙 서식에 따라 하는데 개인사업자와 법인이 아닌 단체의 고유번호 신청서는 별지 제4호 서식에 의하고, 법인사업자는 법인세법 시행규칙 별지 제73호 서식에 의한다.

(2) 첨부서류

사업자등록신청서에는 사업에 따라 다음의 서류를 첨부하여야 한다.(부가령 제11조 제3항)

① 법령에 따라 허가를 받거나 등록 또는 신고를 하여야 하는 사업의 경우 : 그 허가증 사본, 등록증 사본 또는 신고확인증 사본

② 사업장을 임차한 경우 : 임대차계약서 사본

③ 상가건물 임대차보호법 제2조 제1항에 따른 상가건물의 일부분만 임차한 경우 : 해당 부분의 도면

④ 금지금 도매 및 소매업(조특법 제106조의3 제1항), 과세유흥장소에서 영업을 하는 경우(개소법 제1조 제4항의 유흥장소), 액체연료 및 관련제품 도매업, 기체연료 및 관련제품 도매업, 차량용 주유소 운영업, 차량용 가스 충전업, 가정용 액체연료 소매업과 가정용 가스연료 소매업, 재생용 재료 및 수집 및 판매업 : 사업자금 명세 또는 자금출처명세서(부가칙 제9조 제3항)

5) 사업자등록 특례

(1) 사업자 단위 과세 사업자

부가가치세법상 사업자등록은 사업장마다 하는 것이 원칙이나 사업장이 여러 개인 사업자가 사업을 총괄하는 하나의 장소에 사업자등록을 할 수 있다. 즉 사업장이 둘 이상인 사업자 또는 사업장이 하나이나 추가로 사업장을 개설하려는 사업자는 사업자 단위로 해당 사업자의 본점 또는 주사무소 관할 세무서장에게 등록을 신청할 수 있고, 이 경우 등록한 사업자를 '사업자 단위 과세 사업자'라 한다.(부가법 제8조 제3항) 사업장 단위로 등록한 사업자가 사업자 단위 과세 사업자로 변경하려면 사업자 단위 과세 사업자로 적용받으려는 과세기간 개시 20일 전까지 사업자의 본점 또는 주사무소 관할 세무서장에게 변경등록을 신청하여야 한다. 사업자 단위 과세 사업자가 사업장 단위로 등록을 하려는 경우에도 또한 같다.(부가법 제8조 제4항) 사업자 단위 과세 사업자로 등록을 신청하려는 사업자는 본점 또는 주사무소에 대한 사업자등록신청서를 사업자 단위 과세 적용 사업장 관할 세무서장에게 제출하여야 한다.(부가령 제11조 제2항) 단, 사업장이 하나인 사업자가 추가로 사업장을 개설하면서 추가 사업장의 사업 개시일이 속하는 과세기간부터 사업자 단위 과세 사업자로 적용받으려는 경우에는 추가 사업장의

사업 개시일부터 20일 이내(추가 사업장의 사업 개시일이 속하는 과세기간 이내로 한정한다)에 사업자의 본점 또는 주사무소 관할 세무서장에게 변경등록을 신청하여야 한다.(부가법 제8조 제5항)[9)]

(2) 개별소비세 또는 교통 · 에너지 · 환경세 과세사업자

개별소비세 또는 교통 · 에너지 · 환경세의 납세의무가 있는 사업자가 개별소비세법 또는 교통 · 에너지 · 환경세법에 따라 개업 신고를 하거나 사업자단위 과세사업자 신고를 한 경우, 부가가치세법에 따른 사업자 등록의 신청, 사업자단위 과세사업자 등록 신청 또는 사업자단위 과세 사업자 변경등록 신청을 한 것으로 본다.(부가법 제8조 제10항)

(3) 과세 · 면세 겸영사업자

부가가치세 과세사업자는 부가가치세법에 따라 사업자등록을 하여야 하고, 부가가치세 과세여부와 관계없이 사업을 시작하는 개인사업자는 소득세법상, 법인사업자는 법인세법상 사업자등록을 하여야 한다.(소득법 제168조 제1항, 법인법 제111조 제1항) 통상 부가가치세법과 소득세법(또는 법인세법)에 따른 사업자등록의무가 중복되나 세법은 납세자의 편의를 위하여 부가가치세 과세사업자가 부가가치세법에 따라 사업자등록을 한 경우에는 소득세법 또는 법인세법상 사업자등록을 한 것으로 본다.(소득법 제168조 제2항, 법인법 제111조 제2항) 그러나, 부가가치세가 과세되지 아니한 면세사업자의 경우에는 부득이 소득세법이나 법인세법에 따른 사업자등록을 하여야 한다. 과세사업과 면세사업을 겸영하는 경우에는 하나의 사업자등록으로 영업을 할 수 있다.(부가통칙 8-11-2) 과세사업자가 면세업을 추가하거나 면세사업자가 과세사업을 추가하는 것도 사업자등록 정정으로 가능하다.(부가령 제11조 제10항) 그러나 부가가치세 면세사업자가 소득세법 또는 법인세법상 사업자등록을 하고 사업의 종류를 과세사업으로 변경하고자

---

9) 2018년 12월 31일 개정되기 전 부가가치세법 제8조 제3항은 사업개시 시점부터 사업자단위 과세 신청에 관한 규정이고, 제4항은 사업장단위로 사업자등록을 한 자가 사업자단위 과세 사업자로 전환에 관한 규정만 있어서, 기존 사업장단위 과세자가 사업자단위 과세자로 변경하거나 사업자단위 과세자가 사업장단위 과세자로 변경은 과세기간 단위로만 변경이 가능하다는 것이다. 따라서 기존 사업자단위 과세사업자가 사업장을 추가로 개설하는 경우에는 사업자단위 과세자의 사업장 추가가 가능하나, 기존에 1개의 사업장을 가지고 있는 사업자는 실무상 사업장단위 과세자로 분류되어 추가로 사업장을 개설하면서 사업자단위 과세자로 변경하고자 하는 경우, 즉시 사업자단위 과세자로 변경이 불가능하고 다음 과세기간 개시 20일 전까지 변경등록을 신청하여 다음 과세기간부터 사업자단위 과세자 적용을 받을 수 있게 되는 문제점이 있었으나, 개정세법에서 이를 개선하여 제5항을 신설하였다.

할 경우에는 과세사업자등록을 새로이 하여야 한다는 견해가 있으나(질의회신 부가 22601-1551, 1992.10.14.) 사업자등록정정신청이 가능한 것으로 전제한 예규도 있다.(과세기준자문 법규과-693, 2009.2.24.)

Ⅲ 세금계산서 수수

1. 세금계산서와 매입세액 공제

사업용 부동산을 취득하고 거래징수당한 부가가치세를 매입세액으로 공제받으려면 적법하게 작성된 세금계산서를 적기에 발급받아 적기에 신고하여야 한다. 즉 필요적 기재사항이 적힌 세금계산서를 발급받아 거래처별 등록번호 또는 공급가액이 사실대로 기재된 매입처별 세금계산서합계표를 제출하여, 부동산을 공급받는 시기가 속하는 과세기간의 매출세액에서 공제신청을 하여야 한다.(부가법 제38조 제3항 · 제39조)

2. 세금계산서 발급의무

사업자의 세금계산서발급은 의무사항으로 법에 의하여 세금계산서발급이 면제되는 사업자가 아닌 사업자가 세금계산서를 발급하지 아니하면, 공급가액의 2%에 상당하는 가산세를 부담하게 된다.(부가법 제32조 · 제60조 제2항 제2호) 부동산 관련 사업자 중, 주로 사업자가 아닌 소비자에게 재화 또는 용역을 공급하는 사업으로서 주거용 건물공급업자(주거용 건물을 자영건설하는 경우를 포함한다) 또는 중개업자는 세금계산서 대신 영수증을 발급하여야 하는 사업자이다. 그러나 이 경우에도 공급받는 자가 사업자등록증을 제시하고 세금계산서발급을 요구할 때는 세금계산서를 발급하여야 한다.(부가법 제36조 제1항 제2호, 부가령 제73조 제1항 제14호 · 제73조 제3항, 부가칙 제53조 제3호 · 제5호)

3. 세금계산서의 기재사항

(1) 필요적 기재사항

(가) 기재할 사항

사업자가 재화 또는 용역을 공급(부가가치세가 면제되는 재화 또는 용역의 공급은 제외한다)하는 경우에는 다음 사항을 적은 세금계산서를 그 공급을 받는 자에게 발급하여야 한다.(부가법 제32조 · 제39조)

① 공급하는 사업자의 등록번호와 성명 또는 명칭
② 공급받는 자의 등록번호. 다만, 공급받는 자가 사업자가 아니거나 등록한 사업자가 아닌 경우에는 고유번호 또는 공급받는 자의 주민등록번호
③ 공급가액과 부가가치세액
④ 작성 연월일

여기서 '공급받는 자의 등록번호'와 관련하여, 부가가치세법상 사업자등록에 의하여 교부받은 등록번호라고 해석하여야 할 것이므로 재화나 용역을 공급받는 자가 부가가치세 면세사업자에 해당하여 부가가치세법상 사업자등록에 의한 등록번호를 부여받지 않은 경우에는 그러한 면세사업자가 소득세법 또는 법인세법상 사업자등록에 의하여 부여받은 등록번호가 있다 하더라도, 이를 기재하지 아니하고 부가가치세법상의 고유번호 또는 공급받는 자의 주소 · 성명 및 주민등록번호를 기재하였다면, 세금계산서 중 '공급받는 자의 등록번호'에 관한 사항의 전부 또는 일부가 기재되지 아니하거나 사실과 다른 때에 해당한다고 볼 수 없다는 것이 법원의 견해이다.(대법원 2006.9.8. 선고 2003두9718 판결)

(나) 부실기재 책임

① 공급하는 자의 불이익 : 재화나 용역을 공급하는 자가 세금계산서의 필요적 기재사항의 전부 또는 일부가 착오 또는 과실로 적지 아니하거나 사실과 다르게 적은 경우 그 공급가액의 1%에 해당하는 가산세를 부담한다. 다만, 해당 세금계산서에 적힌 나머지 필요적 기재사항 또는 임의적 기재사항으로 보아 거래사실이 확인되는 경우에는 그러하지 아니하다.(부가법 제60조 제2항 제5호, 부가령 제108조 제3항)
② 공급받는 자의 불이익 : 세금계산서의 필요적 기재사항의 전부 또는 일부가 적히지 아니하였거나 사실과 다르게 적힌 경우 그 매입세액은 공제받지 못하는 매입세액

이 된다. 다만, 필요적 기재사항 중 일부가 착오로 사실과 다르게 적혔으나 그 세금계산서에 적힌 나머지 필요적 기재사항 또는 임의적 기재사항으로 보아 거래사실이 확인되는 경우에는 그러하지 아니하다.(부가법 제39조 제1항 제2호, 부가령 제75조 제2호)

(2) 임의적 기재사항

임의적 기재사항은 다음의 사항을 말한다.(부가법 제32조 제1항 제5호, 부가령 제67조)

① 공급하는 자의 주소
② 공급받는 자의 상호 · 성명 · 주소
③ 공급하는 자와 공급받는 자의 업태와 종목
④ 공급품목
⑤ 단가와 수량
⑥ 공급 연월일
⑦ 거래의 종류
⑧ 사업자 단위 과세 사업자의 경우 실제로 재화 또는 용역을 공급하거나 공급받는 종된 사업장의 소재지 및 상호

4. 세금계산서 발급 방법

1) 종이세금계산서

세금계산서는 공급자 보관용(적색)과 공급받는 자 보관용(청색) 2매를 작성하여 공급자 보관용은 공급자가 보관하고 공급받는 자 보관용은 매수자에게 교부한다.(부가칙 제49조) 세금계산서 등 거래증빙은 부가가치세 확정신고기한 후 5년간 보존하여야 한다.(부가법 제71조)

2) 전자세금계산서

(1) 전자세금계산서의 의의

전자세금계산서(E-Tax Invoice)란 전자적 방법으로 발급하는 세금계산서를 말하

고,[10] 여기서 "전자적 방법"이란 다음 어느 하나에 해당하는 방법으로 계산서 작성자의 신원 및 계산서의 변경 여부 등을 확인할 수 있는 공인인증시스템을 거쳐 세금계산서 기재사항을 정보통신망으로 발급하는 것을 말한다.(부가령 제68조 제5항)

① 조세특례제한법 제5조의2 제1호에 따른 전사적(全社的) 기업자원 관리설비로서 전자문서 및 전자거래 기본법 제18조, 제23조 및 제24조에 따른 표준인증을 받은 설비를 이용하는 방법(ERP시스템)

② 전자문서 및 전자거래 기본법 제18조, 제23조 및 제24조에 따른 표준인증을 받은 실거래 사업자를 대신하여 전자세금계산서 발급업무를 대행하는 사업자의 전자세금계산서 발급 시스템을 이용하는 방법(ASP시스템)

③ 국세청장이 구축한 전자세금계산서 발급 시스템을 이용하는 방법[e세로(홈택스) 및 ARS시스템]

④ 전자세금계산서 발급이 가능한 현금영수증 발급장치 및 그 밖에 국세청장이 지정하는 전자세금계산서 발급 시스템을 이용하는 방법(현금영수증 발급장치)

(2) 전자세금계산서 발급의무자

법인사업자와 직전 연도의 사업장별 재화 및 용역의 공급가액(면세공급가액 포함)의 합계액이 3억원 이상인 개인사업자는 전자세금계산서를 발급하여야 한다.(부가법 제32조 제2항, 부가령 제68조 제1항) 전자세금계산서 의무발급 개인사업자가 전자세금계산서를 발급하여야 하는 기간은 사업장별 재화 및 용역의 공급가액의 합계액이 3억원 이상인 해의 다음 해 제2기 과세기간과 그 다음 해 제1기 과세기간으로 한다. 다만, 사업장별 재화와 용역의 공급가액의 합계액이 국세기본법 제45조에 따른 수정신고 또는 법 제57조에 따른 결정과 경정으로 3억원 이상이 된 경우 전자세금계산서를 발급하여야 하는 기간은 수정신고등을 한 날이 속하는 과세기간의 다음 과세기간과 그 다음 과세기간으로 한다. 이때 관할 세무서장은 개인사업자가 전자세금계산서 의무발급 개인사업자에 해당하는 경우에는 전자세금계산서를 발급하여야 하는 기간이 시작되기 1개월 전까지 그 사실을 해당 개인사업자에게 통지하여야 한다. 개인사업자가 전자세금계산서를 발급하여야 하는 기간이 시작되기 1개월 전까지 통지를 받지 못한 경우에는 통지서를 수령한 날이 속하는 달의 다음다음 달 1일부터 전자세금계산서를 발급하여야 한다.(부가령 제68조 제2항 · 제3항 · 제4항)

10) 국세청, 「전제세금계산서 제도의 이해」, 2013.7. 9면

이상의 사업자는 전자세금계산서를 반드시 발급하여야 한다는 것이고, 그 외 사업자가 전자세금계산서를 발급할 수 없다는 의미는 아니므로 일반사업자도 전자세금계산서를 발급하고 전자세금계산서 발급명세를 전송할 수 있다.(부가법 제32조 제5항)

(3) 전자세금계산서 이메일 발송

공급자는 전자세금계산서 로그인과 전자서명으로 전자세금계산서를 발급하면 공급받는 자의 이메일로 발송하여야 하는데, 공급받는 자가 전자세금계산서를 발급받을 수신함을 가지고 있지 아니하거나 지정하지 아니한 경우 또는 수신함이 적용될 수 없는 시스템을 사용하는 경우에는 국세청 홈택스(부가령 제68조 제5항 제3호에 따른 전자세금계산서 발급 시스템)를 수신함으로 지정한 것으로 본다. 이 경우 공급받는 자가 지정하는 수신함에 입력되거나 홈택스에 입력된 때에 재화 또는 용역을 공급받는 자가 그 전자세금계산서를 수신한 것으로 본다.(부가령 제68조 제11항 · 제12항)

(4) 전자세금계산서 발급명세서 전송

공급자가 전자세금계산서를 발급하였을 때에는 발급일의 다음 날까지 전자세금계산서 발급명세(세금계산서 기재사항)를 국세청장에게 전송하여야 한다.(부가법 제32조 제3항, 부가령 제68조 제7항 · 제8항)

5. 세금계산서 발급시기

1) 원칙적 발급시기

세금계산서는 사업자가 재화 또는 용역의 공급시기(부가법 제15조 · 제16조)에 재화 또는 용역을 공급받는 자에게 발급하여야 한다.(부가법 제34조) 따라서 장기할부 거래, 중간지급조건부 거래, 완성도지급조건부 거래에 있어서는 각 공급시기로 보는 때에 세금계산서를 발급하는 것이 원칙이다.

2) 공급시기 전 발급

부가가치세법 제17조는 재화나 용역이 공급되기 전 대가수수 및 세금계산서 발급

등에 따라 공급시기를 의제하는 규정을 두고 있는데, 이에 따라 공급시기가 의제되는 때에 세금계산서 발급이 가능하다.(부가법 제34조 제2항)

(1) 공급시기 전 대가 수령 시 발급

부가가치세법 제17조 제1항에 따르면, 사업자가 재화 또는 용역의 공급시기가 되기 전에 재화 또는 용역에 대한 대가의 전부 또는 일부를 받고, 그 받은 대가에 대하여 세금계산서 또는 영수증을 발급하면 그 세금계산서나 영수증을 발급하는 때를 각각 그 재화 또는 용역의 공급시기로 의제한다. 이와 같이 공급시기 전에 대가를 받고 그 대가에 대하여 세금계산서를 발급하는 것이 가능하다.

(2) 공급시기 전 세금계산서 발급 후 7일 내 대가수령

부가가치세법 제17조 제2항에 따르면, 사업자가 재화 또는 용역의 공급시기가 되기 전에 세금계산서를 발급하고 그 세금계산서 발급일부터 7일 이내에 대가를 받으면 해당 세금계산서를 발급한 때를 재화 또는 용역의 공급시기로 의제한다. 선발급 세금계산서와 대가수령의 동시성을 완화한 규정인데, 이러한 경우에도 세금계산서의 선발급이 인정된다.

(3) 공급시기 전 세금계산서 발급 및 대금청구 후 30일 내 대가수령

부가가치세법 제17조 제3항에 따르면, 거래 당사자 간의 계약서 · 약정서 등에 대금청구시기와 지급시기를 따로 적고 대금 청구시기와 지급시기 사이의 기간이 30일 이내인 경우 또는 세금계산서 발급일이 속하는 과세기간(공급받는 자가 조기환급을 받은 경우에는 세금계산서 발급일부터 30일 이내)에 재화 또는 용역의 공급시기가 도래하고 세금계산서에 적힌 대금을 지급받은 것이 확인되는 경우에는 재화 또는 용역을 공급하는 사업자가 그 재화 또는 용역의 공급시기가 되기 전에 세금계산서를 발급하고 그 세금계산서 발급일부터 7일이 지난 후 대가를 받더라도 해당 세금계산서를 발급한 때를 재화 또는 용역의 공급시기로 의제한다. 이러한 경우에도 공급시기 전 세금계산서 발급이 가능하다.

(4) 공급시기 전 대가수령 없는 세금계산서 발급

부가가치세법 제17조 제4항 및 부가가치세법 시행령 제30조에 따르면, 장기할부판매로 재화를 공급하거나 장기할부조건부로 용역을 공급하는 경우의 공급시기 전에 세금계산서 또는 영수증을 발급하는 경우에는 그 발급하는 때를 각 그 재화 또는 용역의 공급시기로 의제한다. 재화 또는 용역의 제공이 이미 완료되고 그 대가만 장기할부로 받는 경에는 대가수령과 상관없이 선 세금계산서 발급이 가능하다는 것이다.

3) 공급시기 후 발급

다음 각 어느 하나에 해당하는 경우에는 재화 또는 용역의 공급일이 속하는 달의 다음 달 10일(그 날이 공휴일 또는 토요일인 경우에는 바로 다음 영업일을 말한다)까지 세금계산서를 발급할 수 있다.(부가법 제34조 제3항)

① 월단위 세금계산서 : 거래처별로 1역월(1曆月)의 공급가액을 합하여 해당 달의 말일을 작성 연월일로 하여 세금계산서를 발급하는 경우. 즉 한 달 동안 거래액을 합하여 그달 말일을 작성일자로 하여 다음 달 10일까지 세금계산서를 발급하는 것이 가능하다. 세금계산서 발급은 세금계산서를 작성하여 공급받는 자에게 교부하는 행위까지 포함하는 개념이므로 작성과는 구분되는 개념이다.(부가, 서면인터넷방문상담3팀-1175, 2005.7.25.)

② 1역월 내 기간단위 세금계산서 : 거래처별로 1역월 이내에서 사업자가 임의로 정한 기간의 공급가액을 합하여 그 기간의 종료일을 작성 연월일로 하여 세금계산서를 발급하는 경우. 즉 5일 단위나 1주 단위 등으로 거래금액을 합하여 그 단위일의 말일을 작성일로 하여 다음 달 10일까지 세금계산서를 발급하는 것이 가능하다. 그 단위일이 같은 월 안에 있어야 하므로 가령 1주단위로 정산하는 경우에도 1월 30일에서 2월 5일까지가 같은 주에 포함된 경우에는 1월 30일, 31일 거래분의 세금계산서를 3월에 발급하는 것은 적법하지 않다.

③ 거래사실이 확인되는 경우 : 관계 증명서류 등에 따라 실제거래사실이 확인되는 경우로서 해당 거래일을 작성 연월일로 하여 세금계산서를 발급하는 경우. 즉 거래사실이 객관적 증빙에 의하여 확인되면 공급시에 발급하지 못한 세금계산서를 다음 달 10일까지 발급할 수 있는 것이다. 이 규정에 따라 공급 시 세금계산서 발급원칙은 상당히 완화되었다. 과거 종이세금계산서 발급시 사실상 과세기간 경과 후 부가가치세 신고기간 직전에 세금계산서를 소급하여 발급하던 관행이 있었는데, 전자세금계산서 발급으로 세금계산서 적시 발급이 제도화된 반면 납세자의 불편도 발생하는 것이 사실이다. 이 규정으로 납세자의 세금계산서 적시발급 부

담은 상당히 완화되었다.

4) 발급시기를 위반한 세금계산서

(1) 부가가치세 확정신고기한까지 발급한 경우

세금계산서를 발급시기가 지난 후 해당 재화 또는 용역의 공급시기가 속하는 과세기간에 대한 확정신고기한까지 세금계산서를 발급하는 경우는 공급하는 자와 공급받은자는 각각 다음과 같이 처리된다.

① 공급하는 자 : 공급하는 자는 그 공급가액의 1% 가산세를 부담한다.(부가법 제60조 제2항 제1호)

② 공급받는 자 : 공급받는 자는 매입세액 공제를 받을 수는 있으나(부가법 제39조 제1항 제2호 단서, 부가령 제75조 제3호), 공급가액의 0.5% 가산세를 부담한다.(부가법 제60조 제7항 제1호, 부가령 제108조 제5항)

(2) 부가가치세 확정신고기한까지 발급하지 아니한 경우

세금계산서를 발급시기가 지난 후 해당 재화 또는 용역의 공급시기가 속하는 과세기간에 대한 확정신고기한이 지난 후에 발급하거나 아예 세금계산서를 발급하지 아니한 경우

① 공급하는 자 : 공급하는 자는 그 공급가액의 2% 가산세를 부담한다. 다만, 전자세금계신서를 발급하여야 할 의무가 있는 자가 전자세금계산시를 발급하지 아니하고 세금계산서의 발급시기에 전자세금계산서 외의 세금계산서를 발급한 경우에는 그 공급가액의 1% 가산세를 부담한다.(부가법 제60조 제2항 제2호)

② 공급받는 자 : 공급받는 자는 매입세액 공제를 받을 수 없다.(부가법 제39조 제1항 제2호) 다만, 다음의 경우에는 매입세액을 공제받을 수 있다.(부가령 제75조 제7호 이하)

- 재화 또는 용역의 공급시기가 속하는 과세기간에 대한 확정신고기한이 지난 후 세금계산서를 발급받았더라도 그 세금계산서의 발급일이 확정신고기한 다음 날부터 6개월 이내이고 다음 각 목의 어느 하나에 해당하는 경우. 이 경우 가산세 0.5%를 부담하여야 한다.(부가령 제108조 제5항)
- 과세표준수정신고서(국기령 제25조 제1항) 또는 경정청구서(국기령 제25조의3)를

세금계산서와 함께 제출하는 경우

- 해당 거래사실이 확인되어 납세지 관할 세무서장등(납세지 관할 세무서장, 납세지 관할 지방국세청장 또는 국세청장)이 결정 또는 경정하는 경우
- 재화 또는 용역의 공급시기 전에 세금계산서를 발급받았더라도 재화 또는 용역의 공급시기가 그 세금계산서의 발급일부터 30일 이내에 도래하고 해당 거래사실이 확인되어 납세지 관할 세무서장등이 결정 또는 경정하는 경우. 이 경우 가산세 0.5%를 부담하여야 한다.(부가령 제108조 제5항)
- 거래의 실질이 위탁매매 또는 대리인에 의한 매매에 해당함에도 불구하고 거래 당사자 간 계약에 따라 위탁매매 또는 대리인에 의한 매매가 아닌 거래로 하여 세금계산서를 발급받은 경우로서 그 거래사실이 확인되고 거래 당사자가 납세지 관할 세무서장에게 해당 납부세액을 신고하고 납부한 경우
- 거래의 실질이 위탁매매 또는 대리인에 의한 매매에 해당하지 않음에도 불구하고 거래 당사자 간 계약에 따라 위탁매매 또는 대리인에 의한 매매로 하여 세금계산서를 발급받은 경우로서 그 거래사실이 확인되고 거래 당사자가 납세지 관할 세무서장에게 해당 납부세액을 신고하고 납부한 경우

5) 전자세금계산서 발급명세서 전송시기 위반

(1) 지연전송

전자세금계산서를 발급한 때에는 발급일의 다음 날까지 발급명세를 국세청장에게 전송하여야 하는데(부가법 제32조 제3항, 부가령 제68조 제7항), 이 기한이 지난 후 재화 또는 용역의 공급시기가 속하는 과세기간 말의 다음 달 11일까지 국세청장에게 전자세금계산서 발급명세를 전송하는 경우에는 그 공급가액의 0.3% 가산세를 부담한다.(부가법 제60조 제2항 제3호)

(2) 미전송

전자세금계산서 발급명세를 기한이 지난 후 재화 또는 용역의 공급시기가 속하는 과세기간 말의 다음 달 11일까지 국세청장에게 전송하지 아니한 경우에는 그 공급가액의 0.5% 가산세를 부담한다.(부가법 제60조 제2항 제4호)

6. 매입자발행세금계산서

(1) 개요

세금계산서는 재화나 용역을 공급하는 자가 공급받는 자에게 발행하는 것이 원칙이다. 세금계산서 미발행에 대한 가산세 제재도 공급자에게 가해진다. 그러나 공급받는 자는 세금계산서를 발급받아야 매입세액 공제가 가능하다. 그래서 공급하는 자가 세금계산서 발급을 게을리 할 경우 공급받는 자는 매입세액을 공제받지 못할 위험에 놓이게 되는데 이러한 경우에 공급받는 자에게 세금계산서를 발급할 수 있게 해 주는 제도가 매입자발행세금계산서이다. 납세의무자로 등록한 사업자가가 재화 또는 용역을 공급하고 세금계산서 발급시기에 세금계산서를 발급하지 아니한 경우 그 재화 또는 용역을 공급받은 자는 관할 세무서장의 확인을 받아 매입자발행세금계산서를 발행할 수 있다.(부가법 제34조의2)

(2) 발행요건

매입자세금계산서 발행요건은 다음과 같다.(부가법 제34조의2 제1항, 부가령 제71조의2 제1항~제3항)

① 발행자 : 납세의무자로 등록한 사업자로서 세금계산서 교부의무가 있는 사업자로부터 재화나 용역을 공급받고 세금계산서 발급시기에 세금계산서를 발급받지 못한 자는 매입자발행세금계산서를 발행할 수 있다. 공급자의 부도 · 폐업 등으로 공급자가 수정세금계산서 또는 수정전자세금계산서를 발급하지 못한 경우에도 매입자세금계산서 발급이 가능하다.

② 발행대상 매출자 : 상대방 사업자는 세금계산서 교부의무가 있는 사업자이므로 간이과세자는 제외된다. 단, 영수증발급사업자로서 예외적으로 세금계산서를 발급하여야 하는 경우(부가령 제73조 제3항 · 제4항)는 포함된다.

③ 발행대상 거래금액 : 매입자발행세금계산서는 거래사실을 세무당국으로부터 확인받아 발행하게 되는데 세무당국에 거래사실 확인을 요구할 수 있는 거래금액은 공급대가가 10만원 이상이어야 한다.

④ 발행신청 기한 : 매입자발행세금계산서를 발행하려는 자는 해당 재화 또는 용역의 공급시기가 속하는 과세기간의 종료일부터 6개월 이내에 관할 세무서장에게 거래사실의 확인을 신청하여야 한다.

(3) 발행절차

매입자세금계산서 발행절차는 다음과 같다.(부가령 제71조의2 제2항 · 제4항 이하)

① 거래사실 확인 신청 : 매입자발행세금계산서를 발행하려는 자는 거래사실을 객관적으로 입증할 수 있는 서류를 첨부하여 부가가치세법 시행규칙 별지 제14호의2 서식으로 세무서장에게 거래사실의 확인을 신청하여야 한다.(부가칙 제52조의2)

② 세무서의 거래사실 확인 및 통보 : 신청을 받은 관할 세무서장은 공급자 관할세무서장에게 거래사실을 확인한 후, 거래사실이 확인되면 공급자 및 공급받는 자의 사업자등록번호, 작성연월일, 공급가액 및 부가가치세액 등을 포함한 거래사실 확인 통지를 하고, 거래사실이 확인되지 아니하면 거래사실 확인불가 통지를 한다.

③ 매입자세금계산서 발행 : 관할 세무서장으로부터 거래사실 확인 통지를 받은 신청인은 공급자 관할 세무서장이 확인한 거래일자를 작성일자로 하여 매입자발행세금계산서를 발행하여 공급자에게 교부하여야 한다. 매입자발생세금계산서는 부가가치세 시행규칙 별지 제14호의3 서식에 의한다.(부가칙 제52조의2 제3항) 이때 매입자가 매입자발행세금계산서를 공급자에게 실제 교부하였는지 상관없이 신청인 및 공급자가 관할 세무서장으로부터 통지를 받은 때에는 신청인이 매입자발행세금계산서를 공급자에게 교부한 것으로 본다.

Ⅳ 매입세액 공제와 환급

1. 공제받는 매입세액

1) 공제원칙

사업자가 자기의 사업을 위하여 사용하였거나 사용할 목적으로 공급받은 재화 또는 용역에 대한 부가가치세액과 자기의 사업을 위하여 사용하였거나 사용할 목적으로 수입하는 재화의 수입에 대한 부가가치세액은 재화 또는 용역을 공급받는 시기(수입하는 시기)가 속하는 과세기간의 매출세액에서 공제한다.(부가법 제38조) 매입자발행세금계산서 매입세액도 공제받을 수 있는 매입세액으로 본다.(부가법 제34조의2 제2항, 부가령

제71조의2 제12항) 당연한 규정이나 매입자세금계산서에 대하여는 지연수취로 인한 가산세가 부과되지 아니한다.(부가가치세과-1131. 2013.12.8.)

부가가치세법은 공제받는 매입세액의 요건에 대하여 사업과 관련한 매입세액을 당해 과세기간에 매입세액으로 공제받는다는 원칙적 규정만 두고 있고, 구체적인 요건에 대하여는 공제받지 못하는 경우를 소극적 요건으로 나열하고 있다.

2) 실질적 요건

(1) 면세사업관련 매입세액이 아닐 것

부가가치세가 면제되는 재화 또는 용역을 공급하는 면세사업과 부가가치세가 과세되지 아니하는 재화 또는 용역을 공급하는 사업("면세사업능", 부가법 제2조 제7호 · 제29조 제8항)에 관련된 매입세액 및 면세사업등을 위한 투자에 관련된 매입세액은 공제받을 수 없는 매입세액이다.(부가법 제39조 제1항 제7호)

따라서 면세사업을 목적으로 부동산을 취득하는 경우에는 매입세액 공제 및 환급을 받을 수 없다. 면세사업과 달리 영세율이 적용되는 사업은 세율이 0%일뿐 면세가 아니므로 관련 매입세액을 공제받을 수 있으므로 환급세액이 발생할 수 있다. 부가가치세가 면제되는 재화 또는 용역은 다음과 같다.(부가법 제26조, 조특법 제106조)

가) 부동산관련 면세 재화 및 용역

(가) 토지

토지는 부가가치세 면세재화이므로 토지를 분양하는 사업자는 사업과 관련하여 부동산을 취득하거나 사업과 관련하여 부담한 매입세액을 공제받을 수 없다.(부가법 제26조 제1항 제14호) 또한 영위하는 사업이 부가가치세가 과세되는 과세사업자라 하더라도 사업용 부동산 중 토지와 관련된 매입세액은 공제받을 수 없다. 이는 항을 바꾸어 살펴본다. 여기서 토지는 재화로서 토지이고 토지를 임대하는 용역은 면세하는 용역으로 열거되어 있지 아니하므로 부가가치세 과세되는 사업이다.(법규부가2012-486, 2012.12.17. 참조)

(나) 국민주택규모 이하 주택

국민주택규모 이하 주택을 공급하는 사업은 면세사업이므로 부동산 매매업자 및 신축판매업자는 사업과 관련하여 부담한 매입세액을 공제받을 수 없다.(조특법 제106조

제4호)[11]

(다) 국민주택 건설 · 설계 · 리모델링 용역

국민주택 규모 이하 주택의 건설・설계・리모델링 용역은 면세용역이므로 국민주택 규모 이하 주택의 건설사업자, 설계사업자, 리모델링사업자는 사업과 관련하여 부담한 매입세액을 공제받을 수 없다.(조특법 제106조 제4호)[12]

(라) 주택과 이에 부수되는 토지의 임대 용역

주택의 임대는 면세용역이기 때문에 임대목적으로 국민주택규모를 초과하는 주택을 취득하더라도 부담한 매입세액을 공제받을 수 없다. 여기서 주택은 상시주거용으로 사용하는 것을 말하고, 사업을 위한 주거용의 경우는 제외한다. 주택에 부수되는 토지의 면적은 주택의 연면적과 건물이 정착된 면적에 5배(국토의 계획 및 이용에 관한 법률 제6조에 따른 도시지역 밖의 토지의 경우에는 10배)를 곱하여 산정한 면적 중 넓은 면적을 초과하지 아니하는 범위 내의 면적으로 한다. 주택의 연면적에는 지하층의 면적, 지상층의 주차용으로 사용되는 면적 및 주택건설기준 등에 관한 규정 제2조 제3호에 따른 주민공동시설의 면적은 제외한다.(부가법 제26조 제1항 제12호, 부가령 제41조)

임대주택에 부가가치세가 과세되는 사업용 건물이 함께 설치되어 있는 경우에는 주택 부분의 면적이 사업용 건물 부분의 면적보다 큰 경우에는 그 전부를 주택의 임대로 보고(그 주택에 부수되는 토지임대의 범위는 건물전체 면적을 기준으로 계산한다), 주택 부분의 면적이 사업용 건물 부분의 면적과 같거나 그보다 작은 때에는 주택 부분 외의 사업용 건물 부분은 주택의 임대로 보지 아니한다.(이 경우 그 주택에 부수되는 토지의 면적은 총토지면적에 주택 부분의 면적이 총건물면적에서 차지하는 비율을 곱하여 계산한다)

(마) 공동주택 어린이집 임대 용역

공동주택관리법 제18조 제2항에 따른 관리규약에 따라 같은 법 제2조 제1항 제10호에 따른 관리주체 또는 같은 법 제2조 제1항 제8호에 따른 입주자대표회의가 제공하는 주택법 제2조 제14호에 따른 복리시설인 공동주택 어린이집의 임대 용역은 면세용역이므로 사업과 관련하여 부담한 매입세액을 공제받을 수 없다.(부가법 제26조 제1항 제

11) 국민주택규모 이하 주택에 대하여는 제1절 과세대상 부동산 참조

12) 국민주택규모 이하 건설・설계・리모델링 용역은 제1절 과세대상 건설용역 참조

13호)

나) 그 외 부가가치세법상 면세 재화 및 용역

(가) 가공되지 아니한 식료품 및 농 · 축 · 수 · 임산물 등

① 가공되지 않은 식료품(식용으로 제공되는 농산물, 축산물, 수산물과 임산물을 포함한다)(부가법 제26조 제1항 제1호) : 가공되지 아니한 식료품은 다음의 것으로서 가공되지 아니하거나 탈곡 · 정미 · 정맥 · 제분 · 정육 · 건조 · 냉동 · 염장 · 포장이나 그 밖에 원생산물 본래의 성질이 변하지 아니하는 정도의 1차 가공을 거쳐 식용으로 제공하는 것으로 한다.(부가령 제34조 제1항) ㉠ 곡류 ㉡ 서류 ㉢ 특용작물류 ㉣ 과실류 ㉤ 채소류 ㉥ 수축류 ㉦ 수육류 ㉧ 유란류(우유와 분유를 포함한다) ㉨ 생선류(고래를 포함한다) ㉩ 패류 ㉪ 해조류 ㉫ ㉠부터 ㉪까지의 것 외에 식용으로 제공되는 농산물, 축산물, 수산물 또는 임산물 ㉬ 소금[식품위생법 제7조 제1항에 따라 식품의약품안전처장이 정한 식품의 기준 및 규격에 따른 천일염(天日鹽) 및 재제(再製)소금을 말한다]. 이 경우 위 각 열거된 미가공식료품의 범위는 부가가치세법 시행규칙 별표1(별첨5 참조)의 면세하는 미가공식료품 분류표에 따른다.(부가칙 제24조) 미가공식료품에는 ㉠ 김치, 두부 등 부가가치세법 시행규칙 별표1에 정하는 단순 가공식료품, ㉡ 원생산물 본래의 성질이 변하지 아니하는 정도로 1차 가공을 하는 과정에서 필수적으로 발생하는 부산물, ㉢ 미가공식료품을 단순히 혼합한 것, ㉣ 쌀에 식품첨가물 등을 첨가 또는 코팅하거나 버섯균 등을 배양한 것으로서 부가가치세법 시행규칙 별표1에 정하는 것을 포함한다.(부가령 제34조 제2항)

② 우리나라에서 생산되어 식용으로 제공되지 아니하는 농산물, 축산물, 수산물과 임산물로서 ㉠ 원생산물, ㉡ 원생산물 본래의 성상(性狀)이 변하지 아니하는 정도의 원시가공을 거친 것, ㉢ ㉡에 따른 원시가공을 하는 과정에서 필수적으로 발생하는 부산물(부가령 제34조 제3항)

(나) 수돗물

"수돗물"은 수도법상의 수도사업자가 도관에 의하여 공급하는 물과 수도법상의 수도사업자에게 직접 공급하는 수도사업(공업용 수도사업 및 전용수도를 포함한다)용 물(원수)을 말하고, 항계 내에서 선박 등에 물을 공급하는 것에 대하여는 면세하지 아니한다.(부가법 제26조 제1항 제2호, 부가통칙 26-0-1 · 26-0-2)

(다) 연탄과 무연탄

무연탄층과 착화를 용이하게 하기 위한 점화층으로 되어 있는 하향식 연속점화연탄 및 조개탄(마세크탄)의 공급에 대하여는 면세하나, 유연탄 · 갈탄 및 착화탄(연탄용 불쏘시개)의 공급에 대하여는 면세하지 아니한다.(부가법 제26조 제1항 제3호, 부가통칙 26-0-3)

(라) 여성용 생리 처리 위생용품

여성용 생리 처리 위생용품은 부가가치세를 면제한다.(부가법 제26조 제1항 제4호)

(마) 의료보건 용역

의료보건 용역으로서 다음 각 용역(의료법 또는 수의사법에 따라 의료기관 또는 동물병원을 개설한 자가 제공하는 것을 포함한다)은 부가가치세를 면제한다.(부가법 제26조 제1항 제5호, 부가령 제35조)

① 의료법에 따른 의사, 치과의사, 한의사, 조산사 또는 간호사가 제공하는 용역. 다만, 국민건강보험법 제41조 제4항에 따라 요양급여의 대상에서 제외되는 다음의 진료용역은 제외한다.
- 쌍꺼풀수술, 코성형수술, 유방확대 · 축소술(유방암 수술에 따른 유방 재건술은 제외한다), 지방흡인술, 주름살제거술, 안면윤곽술, 치아성형(치아미백, 라미네이트와 잇몸성형술을 말한다) 등 성형수술(성형수술로 인한 후유증 치료, 선천성 기형의 재건수술과 종양 제거에 따른 재건수술은 제외한다)과 악안면 교정술(치아교정치료가 선행되는 악안면 교정술은 제외한다)
- 색소모반 · 주근깨 · 흑색점 · 기미 치료술, 여드름 치료술, 제모술, 탈모치료술, 모발이식술, 문신술 및 문신제거술, 피어싱, 지방융해술, 피부재생술, 피부미백술, 항노화치료술 및 모공축소술

② 의료법에 따른 접골사(接骨士), 침사(鍼士), 구사(灸士) 또는 안마사가 제공하는 용역

③ 의료기사 등에 관한 법률에 따른 임상병리사, 방사선사, 물리치료사, 작업치료사, 치과기공사 또는 치과위생사가 제공하는 용역

④ 약사법에 따른 약사가 제공하는 의약품의 조제용역

⑤ 수의사법에 따른 수의사가 제공하는 용역. 다만, 동물의 진료용역은 다음 각 어느 하나에 해당하는 진료용역으로 한정한다.
- 축산물 위생관리법에 따른 가축에 대한 진료용역

- 수산생물질병 관리법에 따른 수산동물에 대한 진료용역
- 장애인복지법 제40조 제2항에 따른 장애인 보조견표지를 발급받은 장애인 보조견에 대한 진료용역
- 국민기초생활 보장법 제2조 제2호에 따른 수급자가 기르는 동물의 진료용역
- 위 규정에 따른 진료용역 외에 질병 예방을 목적으로 하는 동물의 진료용역으로서 농림축산식품부장관 또는 해양수산부장관이 기획재정부장관과 협의하여 고시하는 용역

⑥ 장의업자가 제공하는 장의용역

⑦ 장사 등에 관한 법률 제14조 및 제15조에 따라 사설묘지, 사설화장시설 또는 사설봉안시설을 설치한 자가 제공하는 화장, 묘지분양 및 관리업 관련 용역

⑧ 지방자치단체로부터 공설묘지, 공설화장시설 또는 공설봉안시설의 관리를 위탁받은 자가 제공하는 화장, 묘지분양 및 관리업 관련 용역

⑨ 응급의료에 관한 법률 제2조 제8호에 따른 응급환자이송업자가 제공하는 응급환자이송용역

⑩ 하수도법 제45조에 따른 분뇨수집 · 운반업의 허가를 받은 사업자와 가축분뇨의 관리 및 이용에 관한 법률 제28조에 따른 가축분뇨수집 · 운반업 또는 가축분뇨처리업의 허가를 받은 사업자가 공급하는 용역

⑪ 감염병의 예방 및 관리에 관한 법률 제52조에 따라 소독업의 신고를 한 사업자가 공급하는 소독용역

⑫ 폐기물관리법 제25조에 따라 생활폐기물 또는 의료폐기물의 폐기물처리업 허가를 받은 사업자가 공급하는 생활폐기물 또는 의료폐기물의 수집 · 운반 및 처리용역과 같은 법 제29조에 따라 폐기물처리시설의 설치승인을 받거나 그 설치의 신고를 한 사업자가 공급하는 생활폐기물의 재활용용역

⑬ 산업안전보건법 제16조에 따라 보건관리전문기관으로 지정된 자가 공급하는 보건관리용역 및 같은 법 제42조에 따른 지정측정기관이 공급하는 작업환경측정용역

⑭ 노인장기요양보험법 제2조 제4호에 따른 장기요양기관이 같은 법에 따라 장기요양인정을 받은 자에게 제공하는 신체활동 · 가사활동의 지원 또는 간병 등의 용역

⑮ 사회복지사업법 제5조의2 제2항에 따라 보호대상자에게 지급되는 사회복지서비스 이용권을 대가로 국가 및 지방자치단체 외의 자가 공급하는 용역

⑯ 모자보건법 제2조 제11호에 따른 산후조리원에서 분만 직후의 임산부나 영유아

에게 제공하는 급식·요양 등의 용역

⑰ 사회적기업 육성법 제7조에 따라 인증받은 사회적기업이 직접 제공하는 간병·산후조리·보육 용역

⑱ 정신건강증진 및 정신질환자 복지서비스 지원에 관한 법률 제15조 제6항에 따라 국가 및 지방자치단체로부터 같은 법 제3조 제3호에 따른 정신건강증진사업등을 위탁받은 자가 제공하는 정신건강증진사업등의 용역

(바) 교육 용역

교육 용역으로서 다음 하나에 해당하는 시설 등에서 학생, 수강생, 훈련생, 교습생 또는 청강생에게 지식, 기술 등을 가르치는 것은 부가가치세를 면제한다. 다만, 무도학원(체육시설의 설치·이용에 관한 법률 제10조 제1항 제2호), 자동차운전학원(도로교통법 제2조 제32호)에서 가르치는 것은 부가가치세가 면제되는 교육용역에서 제외한다.(부가법 제26조 제1항 제6호, 부가령 제36조)

① 주무관청의 허가 또는 인가를 받거나 주무관청에 등록되거나 신고된 학교, 학원, 강습소, 훈련원, 교습소 또는 그 밖의 비영리단체

② 청소년활동진흥법 제10조 제1호에 따른 청소년수련시설

③ 산업교육진흥 및 산학연협력촉진에 관한 법률 제25조에 따른 산학협력단

④ 사회적기업 육성법 제7조에 따라 인증받은 사회적기업

⑤ 과학관의 설립·운영 및 육성에 관한 법률 제6조에 따라 등록한 과학관

⑥ 박물관 및 미술관 진흥법 제16조에 따라 등록한 박물관 및 미술관

(사) 여객운송 용역

여객운송용역은 부가가치세를 면제하나, 항공기, 고속버스, 전세버스, 택시, 특수자동차, 특종선박(特種船舶) 또는 고속철도에 의한 여객운송 용역으로서 다음의 것은 제외한다.(부가법 제26조 제1항 제7호, 부가령 제37조)

① 항공사업법에 따른 항공기에 의한 여객운송 용역

② 여객자동차 운수사업법에 따른 여객자동차 운수사업 중 다음의 여객자동차 운수사업에 제공되는 자동차에 의한 여객운송 용역

- 운행 형태가 고속인 시외버스운송사업. 다만, 2018년 3월 31일까지는 시외우등고속버스에 의한 여객운송 용역을 공급한 분으로 한정한다.
- 전세버스운송사업

- 일반택시운송사업 및 개인택시운송사업
- 자동차대여사업

③ 다음의 선박에 의한 여객운송 용역

- 수중익선(水中翼船)
- 에어쿠션선
- 자동차운송 겸용 여객선, 다만, 자동차운송 겸용 여객선 중 차량탑재구역이 상시 개방되어 있고 주로 선수문(船首門)을 통하여 승객이 타고 내리거나 차량을 싣고 내리게 되어 있는 여객선은 제외한다.(부가칙 제25조)
- 항해시속 20노트 이상의 여객선

④ 철도건설법에 따른 고속철도에 의한 여객운송 용역

⑤ 삭도, 유람선 등 관광 또는 유흥 목적의 운송수단에 의한 여객운송 용역의 경우에는 다음 어느 하나에 해당하는 것

- 궤도운송법에 따른 삭도에 의한 여객운송 용역
- 관광진흥법 시행령 제2조에 따른 관광유람선업, 관광순환버스업 또는 관광궤도업에 제공되는 운송수단에 의한 여객운송 용역
- 관광 사업을 목적으로 운영하는 철도건설법에 따른 일반철도에 의한 여객운송 용역(철도사업법 제9조에 따라 철도사업자가 국토교통부장관에게 신고한 여객 운임 · 요금을 초과해 용역의 대가를 받는 경우로 한정한다)

(아) 도서 및 도서대여 용역 등

도서(도서대여 용역을 포함한다), 신문, 잡지, 관보(官報), 뉴스통신 진흥에 관한 법률에 따른 뉴스통신 및 방송으로서 다음의 것은 부가가치세를 면제한다. 다만, 광고는 제외한다.(부가법 제26조 제1항 제8호, 부가령 제38조)

① 도서에는 도서에 부수하여 그 도서의 내용을 담은 음반, 녹음테이프 또는 비디오테이프를 첨부하여 통상 하나의 공급단위로 하는 것과 도서나 간행물의 형태로 출간된 내용 또는 출간될 수 있는 내용이 음향이나 영상과 함께 전자적 매체에 수록되어 컴퓨터 등 전자장치를 이용하여 그 내용을 보고 듣고 읽을 수 있는 것으로서 문화체육관광부장관이 정하는 기준에 맞는 전자출판물을 포함하되, 음악산업진흥에 관한 법률, 영화 및 비디오물의 진흥에 관한 법률 및 게임산업진흥에 관한 법률의 적용을 받는 것은 제외한다.(부가칙 제26조)

② 신문, 잡지는 신문 등의 진흥에 관한 법률 제2조 제1호 및 제2호에 따른 신문

및 인터넷 신문과 잡지 등 정기간행물의 진흥에 관한 법률에 따른 정기간행물로 한다.

③ 관보(官報)는 관보규정의 적용을 받는 것으로 한다.

④ 뉴스통신은 뉴스통신 진흥에 관한 법률에 따른 뉴스통신(뉴스통신사업을 경영하는 법인이 특정회원을 대상으로 하는 금융정보 등 특정한 정보를 제공하는 경우는 제외한다)과 외국의 뉴스통신사가 제공하는 뉴스통신 용역으로서 뉴스통신 진흥에 관한 법률에 따른 뉴스통신과 유사한 것을 포함한다.

(자) 우표 등

우표, 인지(印紙), 증지(證紙), 복권 및 공중전화는 부가가치세를 면제한다. 단, 수집용 우표는 제외한다.(부가법 제26조 제1항 제9호)

(차) 담배

다음의 담배는 부가가치세를 면제한다. 담배는 담배사업법 제2조에 따른 담배, 즉 연초(煙草)의 잎을 원료의 전부 또는 일부로 하여 피우거나, 빨거나, 증기로 흡입하거나, 씹거나, 냄새 맡기에 적합한 상태로 제조한 것을 말하다.(부가법 제26조 제1항 제10호, 부가령 제39조)

① 담배(20개비 기준) 판매가격이 200원 이하인 것

② 담배사업법 제19조에 따른 특수용담배로서 영세율이 적용된 것(부가법 제21조~제24조)을 제외한 것

(카) 금융 · 보험

금융 · 보험 용역으로서 다음의 용역, 사업 및 업무에 해당하는 역무는 부가가치세를 면제한다.(부가법 제26조 제1항 제11호, 부가령 제40조)

① 은행업

- 은행법에 따른 은행업무 및 부수업무로서 다음의 용역

> 예금 · 적금의 수입 또는 유가증권 및 그 밖의 채무증서 발행, 자금의 대출 또는 어음의 할인, 내국환 · 외국환, 채무의 보증 또는 어음의 인수, 상호부금, 팩토링(기업의 판매대금 채권의 매수 · 회수 및 이와 관련된 업무), 수납 및 지급 대행, 지방자치단체의 금고대행, 전자상거래와 관련한 지급대행

- 다음 어느 하나에 해당하는 기관 등의 사업은 은행업에 포함되는 것으로 한다. (부가령 제40조 제3항)

> 은행법 외의 다른 법률에 따라 설립된 은행, 금융회사부실자산 등의 효율적 처리 및 한국자산관리공사의 설립에 관한 법률에 따른 한국자산관리공사, 한국주택금융공사법에 따른 한국주택금융공사, 예금자보호법에 따른 예금보험공사 및 정리금융회사, 농업협동조합의 구조개선에 관한 법률에 따른 농업협동조합자산관리회사 및 상호금융예금자보호기금, 수산업협동조합의 구조개선에 관한 법률에 따른 상호금융예금자보호기금, 산림조합의 구조개선에 관한 법률에 따른 상호금융예금자보호기금

② 자본시장과 금융투자업에 관한 법률에 따른 다음의 사업

- 집합투자업. 다만, 집합투자업자가 투자자로부터 자금 등을 모아서 부동산, 실물자산 및 부가가치세법 시행규칙 제27조의 자산(지상권 · 전세권 · 임차권 등 부동산 관련 권리, 어업권, 광업권, 그 밖에 이들 자산과 유사한 재산 가치가 있는 자산)에 운용하는 경우는 제외한다.
- 신탁업. 다만, 다음의 구분에 따른 업무로 한정한다.

> • 신탁업자가 위탁자로부터 자본시장과 금융투자업에 관한 법률 제103조 제1항 제1호부터 제4호까지 또는 제7호의 재산(같은 법 제9조 제20항의 집합투자재산을 포함한다)을 수탁받아 운용(집합투자업자의 지시에 따라 보관 · 관리하는 업무를 포함한다)하는 업무. 다만, 같은 법 제103조 제1항 제1호의 재산을 수탁받아 부동산, 실물자산 및 부가가치세법 시행규칙 제27조의 자산(지상권 · 전세권 · 임차권 등 부동산 관련 권리, 어업권, 광업권, 그 밖에 이들 자산과 유사한 재산 가치가 있는 자산)에 운용하는 업무는 제외한다.
> • 신탁업자가 위탁자로부터 자본시장과 금융투자업에 관한 법률 제103조 제1항 제5호 또는 제6호의 재산을 수익자에 대한 채무이행을 담보하기 위하여 수탁받아 운용하는 업무
> • 신탁업자가 위탁자로부터 자본시장과 금융투자업에 관한 법률 제103조 제1항 제5호 또는 제6호의 재산을 수탁받아 같은 조 제4항에 따른 부동산개발사업을 하는 업무

- 투자매매업 및 투자중개업과 이와 관련된 다음의 구분에 따른 업무

> • 자본시장과 금융투자업에 관한 법률 제8조의2 제5항의 다자간매매체결회사의 업무
> • 자본시장과 금융투자업에 관한 법률 제283조에 따라 설립된 한국금융투자협회의 같은 법 제286조 제1항 제5호에 따른 증권시장에 상장되지 아니한 주권의 장외매매거래에 관한 업무
> • 자본시장과 금융투자업에 관한 법률 제294조에 따라 설립된 한국예탁결제원의 업무
> • 자본시장과 금융투자업에 관한 법률 제373조의2 제1항에 따라 허가를 받은 한국거래소의 업무

- 일반사무관리회사업(집합투자기구 또는 집합투자업자에게 제공하는 용역으로 한정한다)
- 투자일임업. 다만, 투자일임업자가 투자자로부터 자금 등을 모아서 부동산, 실물자산 및 부가가치세법 시행규칙 제27조의 자산(지상권 · 전세권 · 임차권 등 부동산 관련 권리, 어업권, 광업권, 그 밖에 이들 자산과 유사한 재산 가치가 있는 자산)에 운용하는 경우는 제외한다.
- 경영참여형 사모집합투자기구에 경영참여형 사모집합투자기구 집합투자재산의 운용 및 보관 · 관리, 경영참여형 사모집합투자기구 지분의 판매 또는 환매 등 용역을 공급하는 업무(경영참여형 사모집합투자기구의 업무집행사원이 제공하는 용역으로 한정한다)
- 단기금융업
- 종합금융투자사업자의 사업(기업에 대한 신용공여 업무로 한정한다)

③ 외국환거래법에 따른 환전업

④ 상호저축은행법에 따른 상호저축은행업

⑤ 신용보증기금법에 따른 신용보증기금업

⑥ 주택도시기금법에 따른 주택도시보증공사의 보증업

⑦ 보험업법에 따른 보험업(보험중개 · 대리와 보험회사에 제공하는 손해사정용역, 보험조사 및 보고용역을 포함하되, 보험계리용역 및 근로자퇴직급여 보장법에 따른 연금계리용역은 제외한다)

⑧ 여신전문금융업법에 따른 여신전문금융업(여신전문금융업을 공동으로 수행하는 사업자 간에 상대방 사업자의 여신전문금융업무를 위임받아 수행하는 경우를 포

함한다)

⑨ 자산유동화에 관한 법률에 따른 유동화전문회사 및 자산관리자가 하는 자산유동화사업 및 자산관리사업

⑩ 주택저당채권유동화회사법에 따른 주택저당채권유동화회사 및 채권관리자가 하는 채권유동화와 관련한 사업과 주택저당채권의 관리 · 운용 및 처분 사업

⑪ 한국주택금융공사법에 따른 채권관리자가 하는 주택저당채권 · 학자금대출채권의 관리 · 운용 및 처분 사업

⑫ 다음의 자산 관리 · 운용 용역. 다만, 중소기업창업 지원법에 따른 중소기업창업투자회사 또는 창업기획자가 자금을 부동산, 실물자산, 지상권 · 전세권 · 임차권 등 부동산 관련 권리, 어업권, 광업권, 그 밖에 '지상권 · 전세권 · 임차권 등 부동산 관련 권리, 어업권, 광업권'과 유사한 재산 가치가 있는 자산에 운용하는 경우는 제외한다.(부가칙 제27조)

- 중소기업창업 지원법에 따른 중소기업창업투자회사가 같은 법에 따른 중소기업창업투자조합 및 벤처기업육성에 관한 특별조치법에 따른 한국벤처투자조합에 제공하는 자산 관리 · 운용 용역
- 중소기업창업 지원법에 따른 창업기획자가 벤처기업육성에 관한 특별조치법에 따른 개인투자조합에 제공하는 자산 관리 · 운용 용역

⑬ 한국투자공사법에 따른 한국투자공사가 같은 법에 따라 제공하는 위탁자산 관리 · 운용 용역

⑭ 농림수산식품투자조합 결성 및 운용에 관한 법률에 따른 투자관리전문기관 또는 업무집행조합원이 같은 법에 따른 농식품투자모태조합, 농식품투자조합에 제공하는 자산 관리 · 운용 용역. 다만, 투자관리전문기관 또는 업무집행조합원이 자금을 부동산, 실물자산 및 그 밖에 기획재정부령으로 정하는 자산에 운용하는 경우는 제외한다.

⑮ 민법 제32조에 따라 설립된 금융결제원이 한국은행법 제81조 제2항에 따른 지급결제제도의 운영기관으로서 수행하는 지급결제제도 운영업무

⑯ 금전대부업(어음 할인, 양도담보, 그 밖에 비슷한 방법을 통한 금전의 교부를 업으로 하는 경우를 포함한다)

⑰ 위 각 사업 외의 사업을 하는 자가 주된 사업에 부수하여 위 각 항의 금융 · 보험용역과 같거나 유사한 용역을 제공하는 경우에도 부가가치세가 면세되는 금융 ·

보험 용역에 포함되는 것으로 본다.(부가령 제40조 제2항)

⑱ 금융업으로 보지 않는 용역 : 다음 어느 하나에 해당하는 용역은 금융 · 보험 용역으로 보지 아니한다.(부가령 제40조 제4항)

- 복권, 입장권, 상품권, 지금형주화 또는 금지금에 관한 대행용역 및 이와 유사한 용역. 다만, 수익증권 등 금융업자의 금융상품 판매대행용역, 유가증권의 명의개서 대행용역, 수납 · 지급 대행용역 및 국가 · 지방자치단체의 금고대행용역은 제외한다.
- 기업합병 또는 기업매수의 중개 · 주선 · 대리, 신용정보서비스 및 은행업에 관련된 전산시스템과 소프트웨어의 판매 · 대여 용역 및 이와 유사한 용역
- 부동산 임대용역
- 소득세법 시행령 제62조 또는 법인세법 시행령 제24조에 따른 감가상각자산의 대여용역(여신전문금융업법에 따른 시설대여업자가 제공하는 시설대여용역은 제외하되, 그 시설대여업자가 자동차관리법 제3조에 따른 자동차를 대여하고 정비용역을 함께 제공하는 경우는 포함한다)(부가칙 제28조)

(타) 인적용역

독립된 사업으로 공급하는 다음의 인적용역은 면세용역이다. 독립된 사업에는 여러 개의 사업을 겸영하는 사업자가 과세사업에 필수적으로 부수되지 아니하는 용역을 독립하여 공급하는 경우를 포함한다.(부가법 제26조 제1항 제15호, 부가령 제42조)

① 개인이 물적 시설 없이 근로자를 고용하지 아니하고 독립된 자격으로 용역을 공급하고 대가를 받는 다음의 인적 용역. 여기서 물적시설이란 계속적 · 반복적으로 사업에만 이용되는 건축물 · 기계장치 등의 사업설비(임차한 것을 포함한다)를 말한다.(부가칙 제29조)

- 저술 · 서화 · 도안 · 조각 · 작곡 · 음악 · 무용 · 만화 · 삽화 · 만담 · 배우 · 성우 · 가수 또는 이와 유사한 용역
- 연예에 관한 감독 · 각색 · 연출 · 촬영 · 녹음 · 장치 · 조명 또는 이와 유사한 용역
- 건축감독 · 학술 용역 또는 이와 유사한 용역
- 음악 · 재단 · 무용(사교무용을 포함한다) · 요리 · 바둑의 교수 또는 이와 유사한 용역
- 직업운동가 · 역사 · 기수 · 운동지도가(심판을 포함한다) 또는 이와 유사한 용역

- 접대부 · 댄서 또는 이와 유사한 용역
- 보험가입자의 모집, 저축의 장려 또는 집금(集金) 등을 하고 실적에 따라 보험회사 또는 금융기관으로부터 모집수당 · 장려수당 · 집금수당 또는 이와 유사한 성질의 대가를 받는 용역과 서적 · 음반 등의 외판원이 판매실적에 따라 대가를 받는 용역
- 저작자가 저작권에 의하여 사용료를 받는 용역
- 교정 · 번역 · 고증 · 속기 · 필경(筆耕) · 타자 · 음반취입 또는 이와 유사한 용역
- 고용관계 없는 사람이 다수인에게 강연을 하고 강연료 · 강사료 등의 대가를 받는 용역
- 라디오 · 텔레비전 방송 등을 통하여 해설 · 계몽 또는 연기를 하거나 심사를 하고 사례금 또는 이와 유사한 성질의 대가를 받는 용역
- 작명 · 관상 · 점술 또는 이와 유사한 용역
- 개인이 일의 성과에 따라 수당이나 이와 유사한 성질의 대가를 받는 용역

② 개인, 법인 또는 법인격 없는 사단 · 재단, 그 밖의 단체가 독립된 자격으로 용역을 공급하고 대가를 받는 다음의 인적 용역

- 형사소송법 및 군사법원법 등에 따른 국선변호인의 국선변호와 국세기본법에 따른 국선대리 및 법률구조법에 따른 법률구조 및 변호사법에 따른 법률구조(法律救助)(부가칙 제31조)
- 새로운 학술 또는 기술 개발을 위하여 수행하는 새로운 이론 · 방법 · 공법 또는 공식 등에 관한 연구용역(부가칙 제32조)
- 직업소개소가 제공하는 용역 및 상담소 등을 경영하는 자가 공급하는 용역으로서 다음의 용역(부가칙 제33조)
- 인생상담, 직업재활상담 및 그 밖에 이와 유사한 상담(결혼상담은 제외한다) 용역
- 중소기업창업 지원법에 따른 중소기업상담회사가 제공하는 창업상담용역
- 장애인복지법 제40조에 따른 장애인보조견 훈련 용역
- 외국 공공기관 또는 국제금융기구에의 가입조치에 관한 법률 제2조에 따른 국제금융기구로부터 받은 차관자금으로 국가 또는 지방자치단체가 시행하는 국내사업을 위하여 공급하는 용역(국내사업장이 없는 외국법인 또는 비거주자가 공급하는 용역을 포함한다)
- 민법에 따른 후견인과 후견감독인이 제공하는 후견사무 용역

(파) 예술작품 등

예술창작품, 예술행사, 문화행사 또는 아마추어 운동경기로서 다음의 것은 부가가치세를 면제한다.(부가법 제26조 제1항 제16호, 부가령 제43조)

① 예술창작품 : 미술, 음악, 사진, 연극 또는 무용에 속하는 창작품. 다만, 골동품(관세법 별표 관세율표 번호 제9706호의 것을 말한다)은 제외한다.

② 예술행사 : 영리를 목적으로 하지 아니하는 발표회, 연구회, 경연대회 또는 그 밖에 이와 유사한 행사

③ 문화행사 : 영리를 목적으로 하지 아니하는 전시회, 박람회, 공공행사 또는 그 밖에 이와 유사한 행사

④ 아마추어 운동경기 : 대한체육회 및 그 산하 단체와 태권도 진흥 및 태권도공원 조성 등에 관한 법률에 따른 국기원이 주최, 주관 또는 후원하는 운동경기나 승단 · 승급 · 승품 심사로서 영리를 목적으로 하지 아니하는 것

(하) 도서관등 입장용역

도서관, 과학관, 박물관, 미술관, 동물원, 식물원, 민속문화자원을 소개하는 장소, 전쟁기념사업회법에 따른 전쟁기념관에 입장하게 하는 용역은 면세한다.(부가법 제26조 제1항 제17호, 부가령 제44조)

(거) 종교단체등의 용역

종교, 자선, 학술, 구호(救護), 그 밖의 공익을 목적으로 하는 단체가 공급하는 재화 또는 용역으로 다음의 재화 또는 용역은 면세한다.(부가법 제26조 제1항 제18호, 부가령 제45조)

① 주무관청의 허가 또는 인가를 받거나 주무관청에 등록된 단체로서 상속세 및 증여세법 시행령 제12조 각 호의 어느 하나에 따른 사업 또는 비영리법인의 사업으로서 종교, 자선, 학술, 구호, 사회복지, 교육, 문화, 예술 등 공익을 목적으로 하는 사업을 하는 단체가 그 고유의 사업목적을 위하여 일시적으로 공급하거나 실비(實費) 또는 무상으로 공급하는 재화 또는 용역(부가칙 제34조)

② 학술등 연구단체(학술 및 기술 발전을 위하여 학술 및 기술의 연구와 발표를 주된 목적으로 하는 단체)가 그 연구와 관련하여 실비 또는 무상으로 공급하는 재화 또는 용역

③ 문화재보호법에 따른 지정문화재(지방문화재를 포함하며, 무형문화재는 제외한

다)를 소유하거나 관리하고 있는 종교단체(주무관청에 등록된 종교단체로 한정한다)의 경내지(境內地) 및 경내지 안의 건물과 공작물의 임대용역

④ 공익을 목적으로 기숙사를 운영하는 다음의 자가 학생이나 근로자를 위하여 실비 또는 무상으로 공급하는 음식 및 숙박 용역(부가칙 제34조 제2항)

- 교육부장관이나 교육부장관이 지정하는 자의 추천을 받은 자로서 학생을 위하여 기숙사를 운영하는 자
- 고용노동부장관이나 고용노동부장관이 지정하는 자의 추천을 받은 자로서 근로자를 위하여 기숙사를 운영하는 자

⑤ 저작권법 제105조 제1항에 따라 문화체육관광부장관의 허가를 받아 설립된 저작권위탁관리업자로서 기획재정부령으로 정하는 사업자가 저작권자를 위하여 실비 또는 무상으로 공급하는 신탁관리 용역

⑥ 법인세법 제24조 제3항 제4호 나목에 따른 비영리 교육재단이 초 · 중등교육법 제60조의2 제1항에 따른 외국인학교의 설립 · 경영 사업을 하는 자에게 제공하는 학교시설 이용 등 교육환경 개선과 관련된 용역

(너) 국가등이 공급하는 재화 또는 용역

국가, 지방자치단체 또는 지방자치단체조합이 공급하는 재화 또는 용역은 면세로 하되, 민간기업과의 가격형평을 고려하여 다음의 용역은 과세로 한다.(부가법 제26조 제1항 제19호, 부가령 제46조)

① 우정사업 운영에 관한 특례법에 따른 우정사업조직이 제공하는 다음의 용역

- 우편법 제1조의2 제3호의 소포우편물을 방문접수하여 배달하는 용역
- 우편법 제15조 제1항에 따른 선택적 우편역무 중 우편법 시행규칙 제25조 제1항 제10호에 따른 우편주문판매를 대행하는 용역(부가칙 제35조)

② 철도건설법에 따른 고속철도에 의한 여객운송용역

③ 부동산임대업, 도매 및 소매업, 음식점업 · 숙박업, 골프장 및 스키장 운영업, 기타 스포츠시설 운영업. 다만, 다음의 어느 하나에 해당하는 경우는 면세한다.

- 국방부 또는 국군조직법에 따른 국군이 군인사법 제2조에 따른 군인, 군무원인사법 제3조 제1항에 따른 일반군무원, 그 밖에 이들의 직계존속 · 비속, 군인 또는 군무원과 생계를 같이하는 사람에게 제공하는 소매업, 음식점업 · 숙박업, 기타 스포츠시설 운영업(골프 연습장 운영업은 제외한다) 관련재화 또는 용역(부가칙 제35조)

- 국가, 지방자치단체 또는 지방자치단체조합이 그 소속 직원의 복리후생을 위하여 구내에서 식당을 직접 경영하여 음식을 공급하는 용역
- 국가 또는 지방자치단체가 사회기반시설에 대한 민간투자법 제2조 제7호에 따른 사업시행자로부터 같은 법 제4조 제1호 및 제2호의 방식에 따라 사회기반시설 또는 사회기반시설의 건설용역을 기부채납받고 그 대가로 부여하는 시설관리운영권

④ 다음의 어느 하나에 해당하는 의료보건 용역
- 부가가치세가 과세되는 진료용역(부가령 제35조 제1호 단서)
- 부가가치세가 과세되는 동물 진료용역(부가령 제35조 제5호에 해당하지 아니하는 것)

(더) 국가등에 무상으로 공급하는 재화 또는 용역

국가, 지방자치단체, 지방자치단체조합, 주무관청의 허가 또는 인가를 받거나 주무관청에 등록된 단체로서 상속세 및 증여세법 시행령 제12조 각 호의 어느 하나에 해당하는 사업을 하는 단체, 공익사업을 위하여 주무관청의 승인을 받아 금품을 모집하는 단체에 무상(無償)으로 공급하는 재화 또는 용역에 대하여는 부가가치세를 면제한다.(부가법 제26조 제1항 제20호, 부가령 제47조)

국가 · 공익단체 등에 무상으로 공급하는 재화 및 용역은 면세이고 이를 사업목적으로 계속적 · 반복적으로 한다면 면세사업에 해당하여 관련매입세액을 공제받을 수 없다. 그러나 사업적으로 무상공급을 계속 · 반복하는 사업을 상정하기 어렵다. 이러한 점을 감안하여 국세청은 국가등에 무상으로 재화를 공급하는 것 자체는 면세이지만 사업성은 없다고 보아, "자기의 사업과 관련하여 생산하거나 취득한 재화를 국가 · 지방자치단체 등에 무상으로 공급하는 경우 해당 재화의 매입세액은 매출세액에서 공제한다."고 해석하여 관련 매입세액 공제를 인정하고 있다.(부가통칙 38-0-6)

(러) 면세에 부수되는 재화 또는 용역

면세되는 재화 또는 용역의 공급에 통상적으로 부수되는 재화 또는 용역의 공급은 그 면세되는 재화 또는 용역의 공급에 포함되는 것으로 보아 부가가치세를 면세한다.(부가법 제26조 제2항) 이와 관련하여, 영리 아닌 사업을 목적으로 하는 법인이나 그 밖의 단체가 불특정인에게 판매할 목적이 아니라 그 단체의 목적이나 정신을 널리 알리기 위하여 발행하는 기관지 또는 이와 유사한 출판물(그 기관의 명칭이나 별칭이 해당 출판물의 명칭에 포함되어 있는 것으로 한정한다)과 관련되는 용역은 면세 부수용역으

로 본다.(부가령 제48조)

(머) 재화의 수입에 대한 면세

국외로부터 재화를 수입하는 경우 부가가치세가 부과되는 것이 원칙이다.(부가법 제4조) 이에 대하여 부가가치세법 제27조는 일정한 재화의 수입에 대하여는 부가가치세를 면제하는 경우를 열거하고 있다. 사업목적으로 재화를 수입하는 경우도 있고 개별 소비목적으로 수입하는 경우도 있으나, 매출을 전제로 하지 않거나 수입대행업이 아닌 수입 자체만을 목적으로 하는 사업은 상정하기 어렵다. 따라서 면세사업을 영위하기 위하여 취득하는 부동산과 관련된 매입세액의 공제여부를 다루는 여기 주제와는 거리가 있으므로 수입재화 면세에 대한 관련규정 검토는 생략한다.

다) 그 외 조세특례제한법상 면세 재화 및 용역

부가가치세법상 부가가치세가 과세되는 재화와 용역임에도 특별한 공급에 대하여 조세특례제한법으로 부가가치세를 면제하는 경우가 있다. 조세특례제한법상 부가가치세가 면제되는 공급과 관련된 매입세액은 공제받을 수 없고 면세사업을 위하여 취득하는 부동산관련 매입세액 또한 공제받을 수 없는 매입세액이다.(부가46015-1038, 1995. 6.8. 참조) 조세특례제한법 제106조가 열거하고 있는 부가가치세 면세 재화 및 용역은 다음과 같다.

(가) 도서지방의 자가발전용 석유류

전기사업법 제2조에 따른 전기사업자가 전기를 공급할 수 없거나 상당한 기간 전기공급이 곤란한 도서(島嶼)로서 산업통상자원부장관(같은 법 제98조에 따라 위임을 받은 기관을 포함한다)이 증명하는 도서지방의 자가발전에 사용할 목적으로 수산업협동조합법에 따라 설립된 수산업협동조합중앙회에 직접 공급하는 석유류에 대하여는 2020년 12월 31일까지 공급한 것에 한하여 부가가치세를 면제한다.(조특법 제106조 제1항 제1호)

(나) 공장, 학교 등 구내식당에서 공급하는 음식용역

공장, 광산, 건설사업현장 및 여객자동차 운수사업법에 의한 노선여객자동차운송사업자의 사업장과 초·중등교육법 제2조 및 고등교육법 제2조에 따른 학교의 경영자가 그 종업원 또는 학생의 복리후생을 목적으로 해당 사업장등의 구내에서 식당을 직접 경영하여 공급하거나 학교급식법 제4조 각 호의 어느 하나에 해당하는 학교의 장의 위탁을 받은 학교급식공급업자가 같은 법 제15조에 따른 위탁급식의 방법으로 해당 학교에 직접 공급하는 음식용역(식사류로 한정한다)에 대하여는 2021년 12월 31일까지 공급한 것에 한하여 부가가치세를 면제한다.(조특법 제106조 제1항 제2호, 조특령 제106조 제2항)

면세관련 매입세액은 공제받지 못한다. 그러나 유상공급이 아니라 공장 등 구내식당이 음식물을 무상으로 공급하는 것은 용역의 자가공급에 해당하고, 용역의 자가공급은 과세대상 거래는 아니지만 무상으로 공급하는 구내식당 관련 매입세액은 공제가 가능하다는 것이 국세청의 유권해석이다.(부가22601-1823, 1992.12.8. 참조)

(다) 농어업 경영 및 농어업 작업의 대행용역

농어업경영체 육성 및 지원에 관한 법률 제16조에 따라 설립된 영농조합법인 및 같은 법 제19조에 따라 설립된 농업회사법인이 공급하는 농업경영 및 농작업의 대행용역과 농어업경영체 육성 및 지원에 관한 법률 제16조에 따라 설립된 영어조합법인 및 같은 법 제19조에 따라 설립된 어업회사법인이 공급하는 어업경영 및 어작업의 대행용역에 대하여는 2021년 12월 31일까지 공급한 것에 한하여 부가가치세를 면제한다.(조특법 제106조 제1항 제3호, 조특령 제106조 제3항)

(라) 국민주택, 국민주택 건설 및 리모델링 용역

국민주택 및 그 주택의 건설용역과 리모델링 용역에 대하여는 부가가치세를 면제한다. 적용기한의 제한이 없다.(조특법 제106조 제1항 제4호, 조특령 제106조 제4항)

자세한 내용은 제1절 과세제외 부동산, 과세제외 건설용역 등 참조

(마) 주택의 관리용역, 경비용역, 청소용역

① 공동주택의 관리업체(공동주택관리법 제2조 제1항 제10호에 따른 관리주체, 같은 호 가목은 제외한다), 경비업자(경비업법 제4조 제1항에 따라 경비업의 허가를 받은 법인), 청소업자(공중위생관리법 제3조 제1항에 따라 건물위생관리업의 신고를 한 자)가 제공하는 공급하는 주택의 일반관리용역, 경비용역 및 청소용역에 대하여 부가가치세를 한시적 또는 영구적으로 면제한다.

- 공동주택 중 국민주택 외 주택의 관리용역 등 : 다음의 주택에 공급하는 일반관리용역 · 경비용역 및 청소용역에 대하여는 2020년 12월 31일까지 공급한

것에 한하여 부가가치세를 면제한다.(조특법 제106조 제1항 제4호의2)

- 수도권을 제외한 국토의 계획 및 이용에 관한 법률 제6조 제1호에 따른 도시지역이 아닌 읍 또는 면 지역의 주택
- 위 외의 주택으로서 1호(戶) 또는 1세대당 주거전용면적이 135㎡ 이하인 주택
- 공동주택 중 국민주택의 관리용역 등 : 주택법 제2조 제3호에 따른 공동주택 중 국민주택에 공급하는 일반관리용역 · 경비용역 및 청소용역에 대하여는 부가가치세를 면제한다. 적용기한의 제한이 없다.(조특법 제106조 제1항 제4호의3)

② 노인복지주택 관리용역 등 : 노인복지법 제32조 제1항 제3호에 따른 노인복지주택의 관리 · 운영자, 경비업자(경비업법 제4조 제1항에 따라 경비업의 허가를 받은 법인), 청소업자(공중위생관리법 제3조 제1항에 따라 건물위생관리업의 신고를 한 자)가 제공하는 공급하는 주택의 일반관리용역, 경비용역 및 청소용역에 대하여 부가가치세를 면제한다. 적용기한의 제한이 없다.(조특법 제106조 제4호의4)

③ 일반관리용역 · 경비용역 및 청소용역의 범위 : 여기서 말하는 "일반관리용역 · 경비용역 및 청소용역"이란 다음의 각 용역을 말한다.(조특령 제106조 제6항)

- 관리주체 또는 노인복지법 제32조 제1항 제3호에 따른 노인복지주택의 관리 · 운영자가 각각 공동주택 또는 노인복지주택에 공급하는 경비용역 및 청소용역과 다음에 해당하는 비용을 받고 제공하는 일반관리용역을 말한다.
- 공동주택관리법 시행령 제23조의 규정을 적용받는 공동주택의 경우 : 같은 시행령 별표2 제1호에 따른 일반관리비(그 관리비에 같은 법 시행령 별표2 제2호부터 제10호까지에 따른 관리비 및 이와 유사한 비용이 포함되어 있는 경우에는 이를 제외한다)
- 공동주택관리법 시행령 제23조의 규정을 적용받지 아니하는 공동주택 및 노인복지주택의 경우 : 가목에 따른 일반관리비에 상당하는 비용
- 경비업자가 공동주택 또는 노인복지주택에 공급하거나 관리주체 또는 노인복지주택의 관리 · 운영자의 위탁을 받아 공동주택 또는 노인복지주택에 공급하는 경비용역
- 청소업자가 공동주택 또는 노인복지주택에 공급하거나 관리주체 또는 노인복지주택의 관리 · 운영자의 위탁을 받아 공동주택 또는 노인복지주택에 공급하는 청소용역

(바) 임대주택에 공급하는 난방용역

공공주택 특별법 제50조의2 제1항에 따라 영구적인 임대를 목적으로 건설한 임대주택에 공급하는 난방용역에 대하여는 2021년 12월 31일까지 공급한 것에 한하여 부가가치세를 면제한다.(조특법 제106조 제1항 제4호의5)

(사) 온실가스 배출권 등

온실가스 배출권의 할당 및 거래에 관한 법률 제2조 제3호의 배출권과 같은 법 제29조 제1항에 따른 외부사업 온실가스 감축량 및 같은 조 제3항에 따른 상쇄배출권에 대하여는 2020년 12월 31일까지 공급한 것에 한하여 부가가치세를 면제한다.(조특법 제106조 제1항 제5호)

(아) 정부업무 대행단체가 공급하는 재화 또는 용역

별정우체국, 한국농어촌공사, 농업협동조합 등 조세특례제한법 시행령 제106조 제7항에 열거된 정부업무를 대행하는 단체가 그 고유의 목적사업으로서 조세특례제한법 시행규칙 별표10의 정부업무대행단체의 면세사업(별첨6 참조)을 위하여 공급하는 재화 또는 용역에 대하여는 부가가치세를 면제한다. 다음 어느 하나에 해당하는 사업을 제외한다. 적용기한의 제한이 없다.(조특법 제106조 제1항 제6호, 조특령 제106조 제8항, 조특칙 제48조)

① 소매업 · 음식점업 · 숙박업 · 욕탕업 및 예식장업
② 부동산 매매(주거용 또는 비거주용 건축물 및 그 밖의 건축물을 자영건설하여 분양 · 판매하는 경우를 포함한다) 또는 그 중개를 사업목적으로 나타내어 부동산을 판매하는 사업, 사업상 목적으로 1과세기간 중에 1회 이상 부동산을 취득하고 2회 이상 판매하는 사업(부가령 제3조 제2항, 부가칙 제2조)
③ 부동산임대업
④ 골프장 · 스키장 및 기타 운동시설 운영업
⑤ 수상오락서비스업
⑥ 유원지 · 테마파크운영업
⑦ 주차장운영업 및 자동차견인업(이 경우 부가가치세법 시행령 제45조 제1호에도 불구하고 적용)

(자) 국가에 귀속되는 철도시설

한국철도시설공단법에 따른 한국철도시설공단이 철도산업발전기본법 제3조 제2호에 따른 철도시설을 국가에 귀속시키고 같은 법 제26조에 따라 철도시설관리권을 설정받는 방식으로 국가에 공급하는 철도시설에 대하여는 부가가치세를 면제한다. 적용기한의 제한이 없다.(조특법 제106조 제1항 제7호)

(차) 민자로 건설하는 학교시설 운영사업

교육부장관의 추천이나 교육부장관이 지정하는 자의 추천을 받은 자가 사회기반시설에 대한 민간투자법 제4조 제1호의 방식을 준용하여 건설한 학교시설로서 대학설립 · 운영 규정 제4조 제1항에 따른 별표 2 교사시설 중 교육기본시설, 지원시설, 연구시설에 대하여 학교가 제공하는 시설관리운영권 및 그 추천을 받은 자가 그 학교시설을 이용하여 제공하는 용역(2014년 12월 31일까지 실시협약이 체결된 것에 한한다)(조특법 제106조 제1항 제8호, 조특령 제106조 제9항)

(카) 기숙사

한국사학진흥재단법에 따른 한국사학진흥재단이 설립한 특수 목적 법인이 사회기반시설에 대한 민간투자법 제4조 제1호의 방식을 준용하여 건설한 기숙사에 대하여 국가 및 지자체가 제공하는 시설관리운영권 및 그 법인이 그 기숙사를 이용하여 제공하는 용역(2014년 12월 31일까지 실시협약이 체결된 것에 한한다)(조특법 제106조 제1항 제8호의2)

(타) 천연연료 시내버스 및 마을버스

여객자동차 운수사업법 및 같은 법 시행령에 따른 시내버스 및 마을버스운송사업용으로 공급하는 버스로서 천연가스를 연료로 사용하는 것에 대하여는 2021년 12월 31일까지 공급하는 것에 한하여 부가가치세를 면제한다.(조특법 제106조 제1항 제9호)

(파) 전기버스

다음 각 요건을 모두 갖춘 전기버스에 대하여는 2020년 12월 31일까지 공급하는 것에 한하여 부가가치세를 면제한다.(조특법 제106조 제1항 제9호의2)

① 환경친화적 자동차의 개발 및 보급 촉진에 관한 법률 제2조 제3호에 따른 전기자동차로서 같은 조 제2호 각 목의 요건을 갖춘 자동차

② 여객자동차 운수사업법 및 같은 법 시행령에 따른 시내버스 및 마을버스 운송사업용으로 공급하는 버스

(하) 간이과세자에 공급하는 개인택시용 자동차

여객자동차 운수사업법 및 같은 법 시행령에 따른 개인택시운송사업용으로 간이과세자(부가법 제61조 제1항)에게 공급하는 자동차에 대하여는 2020년 12월 31일까지 공급하는 것에 한하여 부가가치세를 면제한다.(조특법 제106조 제1항 제9호의3)

(거) 희귀병치료제

관세법 제91조 제4호의 규정에 의한 물품 중 다음의 것에 대하여는 부가가치세를 면제한다. 적용기한의 제한이 없다.(조특법 제106조 제1항 제10호, 조특령 제106조 제14항)

① 세레자임등 고셔병환자가 사용할 치료제 및 로렌조오일등 부신이영양증환자가 사용할 치료제
② 혈우병으로 인한 심신장애자가 사용할 열처리된 혈액응고인자농축제
③ 근육이양증환자의 치료에 사용할 치료제
④ 윌슨병환자의 치료에 사용할 치료제
⑤ 후천성면역결핍증으로 인한 심신장애자가 사용할 치료제
⑥ 장애인의 음식물섭취에 사용할 삼킴장애제거제
⑦ 장기이식 후 면역억제제의 합병증으로 생긴 림파구증식증 환자의 치료에 사용할 치료제
⑧ 니티시논 등 타이로신혈증환자가 사용할 치료제
⑨ 신종 인플루엔자 A(H1N1) 환자의 치료에 사용할 치료제 및 백신(2010년 12월 31일까지 공급하거나 공급받는 분만 해당한다)
⑩ 발작성 야간 헤모글로빈뇨증 및 비정형 용혈성 요독증후군 환자의 치료에 사용할 치료제

(너) 영유아용 기저귀와 분유

영유아용 기저귀와 분유(액상 형태의 분유를 포함하되, 부가가치세법 제26조에 따라 부가가치세가 면제되는 분유는 제외한다)에 대하여는 2020년 12월 31일까지 공급한 것에 한하여 부가가치세를 면제한다.(조특법 제106조 제1항 제11호)

(더) 목제펠릿

농민 또는 임업에 종사하는 자(조특법 제105조 제1항 제5호)에게 난방용 또는 농업용 · 임업용으로 공급하는 것으로서 산림자원의 조성 및 관리에 관한 법률 제2조 제7호에 따른 임산물 중 목재펠릿에 대하여는 2020년 12월 31일까지 공급하는 것에 한하여 부가가치세를 면제한다.(조특법 제106조 제1항 제12호, 조특령 제106조 제15항)

(러) 농어업용 석유류에 대한 부가가치세 면세

조세특례제한법 제106조의2는 농어민을 지원하기 위하여 농어민등이 농어업용으로 사용하기 위한 석유류에 대하여 한시적(2020년 12월 31일까지 또는 2021년 12월 31일까지)으로 부가가치세를 면제하고 있으나, 석유판매업자에게 면제되는 세액을 보전해주기 위하여 면세유와 관련된 매입세액의 공제를 인정해 준다.(같은 조 제2항) 나아가 면세유의 공급과 관련하여 구입한 고정자산 등의 부가가치세액도 매입세액에서 공제받을 수 있다는 것이 과세당국의 유권해석이다.(기획재정부 부가가치세과-205, 2009.3.10.) 따라서 주유소용 부동산취득에 따른 매입세액공제를 검토함에 있어 농어업용 석유류에 대한 면세유 취급 여부는 고려할 필요가 없다.

라) 면세포기

면세제도는 최종소비자의 부담을 덜어주기 위한 제도이지만 사업자의 입장에서는 반드시 부담이 줄어든다고 보기 어렵다. 소비자에게는 부가가치세를 징수하지 않아 매출에 따른 부가가치세를 납부할 부담은 없지만 면세매출과 관련된 매입세액을 공제받지 못하므로 사업자가 매입세액의 부담자가 된다. 이는 관련 매입세액을 공제받는 영세율제도에 비하면 사업자에게는 큰 부담이다. 나아가 영세율을 적용받을 수 있는 재화나 용역의 경우에는 면세제도가 공제받을 매입세액 공제를 불가능하게 하여 오히려 가격경쟁력을 약화시킨다. 즉 수출재화 등 일정한 경우에 사업자가 면세를 포기하고 과세로 선택하면 매입세액을 공제받을 수 있어 오히려 더 유리하다. 이와 같이 일정한 경우 사업자가 면세 재화 또는 용역을 과세로 선택할 수 있는 제도가 면세포기이다.

(가) 면세포기 대상

부가가치세법 및 조세특례제한법에 따라 부가가치세가 면제되는 재화 또는 용역의 공급으로서 다음의 것에 대하여는 면세의 포기를 신고하여 부가가치세의 면제를 받지 아니할 수 있다.(부가법 제28조 제1항)

① 영세율의 적용 대상이 되는 것(제1호)

- 부가가치세법 제21조의 수출하는 재화
- 부가가치세법 제22조의 국외공급 용역
- 부가가치세법 제23조의 외국항행용역
- 부가가치세법 제24조의 외화획득 재화 또는 용역

② 다음의 면세 용역(제2호)

- 부가가치세법 제26조 제1항 제12호의 주택과 이에 부수되는 토지의 임대용역
- 부가가치세법 제26조 제1항 제15호의 저술가 · 작곡가나 그 밖의 자가 직업상 제공하는 인적(人的) 용역
- 부가가치세법 제26조 제1항 제18호의 공익단체가 공급하는 재화 또는 용역

부가가치세법 제28조는 면세포기대상으로 위와 같이 열거하고 있으나, 부가가치세법 시행령 제57조는 "법 제26조 제1항에 따라 부가가치세가 면제되는 재화 또는 용역의 공급이 법 제28조 제1항 제1호에 해당하는 경우와 제45조 제2호에 따라 학술등 연구단체가 그 연구와 관련하여 실비 또는 무상으로 공급하는 재화 또는 용역에 대하여 법 제28조 제1항에 따라 부가가치세의 면제를 받지 아니하려는 사업자는 면세포기 신고서를 관할 세무서장에게 제출(국세정보통신망에 의한 제출을 포함한다)하여야 한다."고 규정하여, 영세율이 적용되는 경우와, 공익단체가 제공하는 재화 또는 용역 중 부가가치세법 시행령 제45조 제2호의 "학술 및 기술 발전을 위하여 학술 및 기술의 연구와 발표를 주된 목적으로 하는 단체가 그 연구와 관련하여 실비 또는 무상으로 공급하는 재화 또는 용역"에 대해서만 면세포기 신청을 할 수 있는 것으로 규정하고 있다. 따라서 면세 재화 또는 용역 중 영세율이 적용되지 않는 주택의 임대용역이나 저술가등의 인적용역 및 공익단체가 공급하는 재화 또는 용역 중 부가가치세법 시행령 제45조 제2호 이외의 것은 면세포기를 할 수 없는 것으로 실무상 해석되고 있다.[13)]

13) 「2017 부가가치세」 한장석 · 김용관, 광교이텍스, 772면, 심사기타2000-12(2000.3.24.) 및 서면인터넷방문상담3팀-2946(2007.10.30.)의 처분청 주장 ; 이러한 해석은 법률체계상 문제가 있다. 부가가치세법 제28조 제1항의 문언으로 보면, 시행령에 위임한 사항은 면세포기의 신고방법이지 면세포기 대상범위를 위임한 것으로 보기는 어려운데, 본법에서 부여한 납세자 권리의 범위를 시행령에서 제한하는 것은 법률체계에 맞지 아니한다. 면세포기 대상은 부가가치세법 제정법률(1976.12.22.) 제12조 제4항에 영세율 대상, 부동산임대, 인적용역 3가지로 열거되어 있었으나, 제정법률 시행령 제47조는 영세율 대상에 대하여만 면세포기 신고가 가능하도록 규정된 이래로 관련규정이 그대로 이어오고 있다.

(나) 면세포기 신청

부가가치세의 면제를 받지 아니하려는 사업자는 다음 각 사항을 적은 면세포기신고서를 관할 세무서장에게 제출하여야 한다. 이 경우 지체 없이 사업자등록을 하여야 한다.

① 사업자의 인적사항

② 면세를 포기하려는 재화 또는 용역 : 면세되는 2 이상의 사업 또는 종목을 영위하는 사업자는 면세포기 대상이 되는 재화 또는 용역의 공급 중에서 면세포기하고자 하는 재화 또는 용역의 공급만을 구분하여 면세포기할 수 있다.(부가통칙 28-57-1)

③ 그 밖의 참고 사항

(다) 면세포기 효력

면세포기의 효력은 부가가치세법상 과세사업자로 등록을 한 이후 거래분부터 효력이 발생하고 신규사업자로 등록을 하면서 면세포기를 한 경우에는 사업개시일부터 면세포기의 효력이 발생한다는 것이 국세청의 해석이다.(간세1235-1185, 1978.4.20.; 부가1265-1643, 1983.8.17.) 한번 면세포기를 하면 면세포기 신고를 한 날로부터 3년간은 부가가치세를 면제받지 못하고, 다시 면제를 받으려면 3년이 지난 뒤 면세적용신고서를 제출하여야 한다.(부가법 제28조 제2항 · 제3항) 수출하는 재화 또는 용역에 대하여 면세포기를 한 사업자도 영세율이 적용되지 않는 국내 공급분에 대하여는 여전히 면세를 적용한다는 것이 가능하다고 본다.(부가통칙 28-57-3)

(2) 토지관련 매입세액이 아닐 것

토지는 면세재화이면서 시간의 경과에 따라 사용가치가 감소하는 감가자산이 아니라는 특성이 있다. 이러한 특성에 따라 토지의 공급에 따른 관련 매입세액뿐만 아니라 토지의 가치형성에 관련된 매입세액도 공제하지 아니하는 매입세액으로 본다. 토지의 조성 등을 위한 자본적 지출에 관련된 매입세액으로서 다음 어느 하나에 해당하는 경우는 매입세액공제를 하지 않는다.(부가법 제39조 제1항 제7호 후단, 부가령 제80조)

여기서 "토지의 조성 등을 위한 자본적 지출"이란 토지의 가치를 현실적으로 증가시키는 데에 소요된 비용을 말한다.(소득령 제67조, 대법원 1999.11.12. 선고 98두15290 판결)

(가) 토지의 취득 및 형질변경, 공장부지 및 택지의 조성 등에 관련된 매입세액

토지 자체는 면세재화이기 때문에 토지의 매매대금에는 당연히 부가가치세가 부과되지 않지만 토지취득을 위한 중개비용, 토지개량을 위한 공사비용 등에는 부가가치세가 부과된다. 이러한 토지취득비용에 포함된 부가가치세가 불공제 대상 매입세액이 된다. (부가령 제80조 제1호)

한편, 토지취득과 달리 토지양도에 있어서, 주차장운영업을 영위하던 사업자가 과세사업에 사용하던 토지를 양도하기 위하여 중개수수료를 지급하면서 부담한 매입세액은 자기의 매출세액에서 공제된다는 것이 국세청의 유권해석이다.(서면인터넷방문상담3팀-877, 2008.5.1.)[14]

(나) 철거건물의 취득 및 철거비용

건축물이 있는 토지를 취득하여 그 건축물을 철거하고 토지만 사용하는 경우에는 철거한 건축물의 취득 및 철거 비용과 관련된 매입세액은 불공제한다.(부가령 제80조 제2호) 건축물이 있는 토지와 건물을 취득하여 건물을 철거하고 토지만 사용하는 경우뿐만 아니라 구건물을 철거하고 새로운 건물을 신축하는 경우에도 건물철거비에 대한 매입세액은 공제대상이 아니다.(대법원 2008.2.1. 선고 2007두2524 판결)

이와 관련하여 재건축과 관련한 매입세액이 토지관련 매입세액인지 아니면 재개발 후 분양하는 과세대상 건축물에도 관련이 있는 매입세액인지가 문제되는데 사업의 내용, 지출의 목적과 경위 등에 비추어 각 비용마다 개별적으로 판단하여야 한다. 재개발사업과 관련한 감정평가수수료, 환경・교통영향평가비용 등은 재개발 후 건축물과도 관련이 있어 토지취득에만 관련된 비용으로 보기 어렵다고 하여 매입세액 공제를 인정한 판례도 있다.(대법원 2016.2.18. 선고 2012두22447 판결)

(다) 토지가치 증가비용

토지의 가치를 현실적으로 증가시켜 토지의 취득원가를 구성하는 비용에 관련된 매

14) 이러한 해석이 타당한지 의문이다. 매입세액을 매출세액에서 공제하는 것은 매입한 재화나 용역이 과세매출로 이어지는 것을 전제로 하여 과세사업자가 부담한 매입세액이 매출세액에서 회수되는 것이고(대법원 2016.2.18. 선고 2012두22447 판결) 면세사업자의 매입세액을 공제하면 매출세액으로 회수되지 아니하므로 매입세액을 불공제하여 궁극적으로 사업자의 부담으로 하는 것이다. 주차장으로 사용하던 토지의 양도와 관련한 매입세액은 양도를 통하여 수취할 매출세액에서 공제할 대상이지 양도행위 이전에 발생한 주차장운영매출세액에서 공제할 세액이 아니다. 이는 토지관련 매입세액인지의 문제가 아니라, 주차장 양도가 토지의 양도로 면세거래라면 면세공급과 관련한 매입세액(즉 과세사업과 관련이 없는 매입세액)으로 불공제함이 타당하다고 본다.

입세액은 불공제한다.(부가령 제80조 제3호)

토지의 가치를 증가시키는 자본적 지출이라 하여도 토지의 소유자인 사업자가 지출한 것이 아니라 소유자가 아닌 사업자가 지출한 것은 매입세액이 불공제되는 토지관련 매입세액이 아니라고 해석한다.(대법원 2010.1.14. 선고 2007두20744 판결)

대법원 2010.1.14. 선고 2007두20744 판결 요지

일반적으로 토지의 조성 등을 위한 자본적 지출은 당해 토지의 양도 시 양도차익을 산정함에 있어 그 취득가액에 가산하는 방법으로 회수되는 점 등에 비추어 보면, 시행령 제60조 제6항 소정의 '토지의 조성 등을 위한 자본적 지출'은 토지 소유자인 사업자가 당해 토지의 조성 등을 위하여 한 자본적 지출을 의미한다고 봄이 타당하므로, 당해 토지의 소유자 아닌 사업자가 토지의 조성 등을 위한 자본적 지출의 성격을 갖는 비용을 지출한 경우 그에 관련된 매입세액은 특별한 사정이 없는 한 법 제17조 제2항 제4호, 시행령 제60조 제6항 소정의 매입세액 불공제대상인 토지관련 매입세액에 해당하지 않는다고 할 것이다.

(라) 토지관련 자본적 지출에 대한 유권해석

토지관련 자본적 지출해당 여부에 대한 과세당국의 유권해석을 보면 다음과 같다.

① 고정자산에 대한 자본적 지출의 범위(법인통칙 23-31-1)

- 토지만을 사용할 목적으로 건축물이 있는 토지를 취득하여 그 건축물을 철거하거나, 자기소유의 토지상에 있는 임차인의 건축물을 취득하여 철거한 경우 철거한 건축물의 취득가액과 철거비용은 당해 토지에 대한 자본적 지출로 한다.
- 토지구획정리사업의 결과 무상분할양도하게 된 체비지를 대신하여 지급하는 금액은 토지에 대한 자본적 지출로 한다.
- 도시계획에 의한 도로공사로 인하여 공사비로 지출된 수익자부담금은 토지에 대한 자본적 지출로 한다.
- 공장 등의 시설을 신축 또는 증축함에 있어서 배수시설을 하게 됨으로써 공공하수도의 개축이 불가피하게 되어 그 공사비를 부담할 경우 그 공사비는 배수시설에 대한 자본적 지출로 한다.
- 목장용 토지(초지)의 조성비 중 최초의 조성비는 토지에 대한 자본적 지출로 한다.
- 토지, 건물만을 사용할 목적으로 첨가 취득한 기계장치 등을 처분함에 따라 발

생한 손실은 토지, 건물의 취득가액에 의하여 안분계산한 금액을 각각 당해 자산에 대한 자본적 지출로 한다.

- 매매업자(주택신축판매업자를 포함한다)가 토지개발 또는 주택신축 등 당해 사업의 수행과 관련하여 그 토지의 일부를 도로용 등으로 국가 등에 무상으로 기증한 경우 그 토지가액은 잔존토지에 대한 자본적 지출로 한다.
- 기계장치를 설치함에 있어서 동 기계장치의 무게에 의한 지반침하와 진동을 방지하기 위하여 당해 기계장치 설치장소에만 특별히 실시한 기초공사로서 동 기계장치에 직접적으로 연결된 기초공사에 소요된 금액은 이를 동 기계장치에 대한 자본적 지출로 한다.

② 토지 관련 매입세액의 범위(부가집행 39-80-1)

- 토지관련 매입세액으로 매입세액이 공제되지 아니하는 것

> • 건축물이 있는 토지를 취득하여 그 건축물을 철거하고 토지만을 사용하는 경우에는 철거한 건축물의 취득 및 철거비용에 관련된 매입세액
> • 토지의 취득을 위한 직접적인 비용으로 발생한 매출주선 수수료 등 토지의 취득에 소요된 것이 명백한 대출금 관련 매입세액
> • 사업자가 금융자문용역을 공급받고 발급받은 세금계산서상의 매입세액 중 토지의 취득과 관련된 매입세액
> • 공장건물 신축을 위하여 임야에 대지조성공사를 하는 경우 해당 공사비용 관련 매입세액
> • 토지의 조성과 건물·구축물 등의 건설공사에 공통으로 관련되어 그 실지귀속을 구분할 수 없는 매입세액 중 총공사비(공통비용 제외)에 대한 토지의 조성 관련 공사비용의 비율에 따라 계산한 매입세액
> • 토지의 취득을 위하여 지급한 중개수수료, 감정평가비, 컨설팅비, 명의이전비용에 관련된 매입세액
> • 과세사업을 하기 위한 사업계획 승인 또는 인·허가 조건으로 사업장 인근에 진입도로를 건설하여 지방자치단체에 무상으로 귀속시킨 경우 진입도로 건설비용 관련 매입세액

- 토지관련 매입세액으로 보지 않으므로 매입세액 공제가 가능한 것

> • 공장 또는 건물을 신축하면서 건축물 주변에 조경공사를 하여 정원을 만든 경우 해당 공사 관련 매입세액
> • 과세사업에 사용하기 위한 지하건물을 신축하기 위하여 지하실 터파기에 사

용된 중기사용료, 버팀목 및 버팀 철근 등에 관련된 매입세액
- 토지와 구분되는 감가상각자산인 구축물(옹벽, 석축, 하수도, 맨홀 등) 공사 관련 매입세액
- 공장 구내의 토지 위에 콘크리트 포장공사를 하는 경우 해당 공사 관련 매입세액
- 과세사업에 사용하여 오던 자기 소유의 노후 건물을 철거하고 신축하는 경우 해당 철거비용과 관련된 매입세액

③ 사례별 토지관련 매입세액 해당여부

- 공유수면매립 : 앞서 본 바와 같이 공유수면을 매립한 후 그 대가로 매립지의 소유권을 취득하는 경우 이는 부가가치세 과세거래에 해당하는 용역거래로 본다.(대법원 1996.3.12. 선고 95누15308 판결, 부가46015-1144, 1998.5.27.) 따라서 공유수면매립공사와 관련한 매입세액은 불공제하는 토지관련 매입세액으로 볼 수 없다.
- 도로개설 : 토지의 가치를 현실적으로 증가시키는 아파트단지 진입도로개설 건설공사 용역에 관련된 부가가치세 매입세액은 토지의 조성을 위한 자본적 지출에 관련된 매입세액으로서 매출세액에서 공제되지 아니한다.(부가46015-333, 1994.2.21.)
- 도로포장, 옹벽공사 등 : 개별적인 상황에 따라 판단하는 것으로 토지관련 공사이면 토지관련 매입세액으로 보고, 건물 · 구축물 관련 공사이면 토지관련 매입세액이 아닌 것으로 보며, 공통적인 공사이면 안분하여 계산하는 것으로 본다.(서면인터넷방문상담3팀-676, 2007.3.2., 조심2011중0568, 2011.5.6. 등)
- 진입로공사 : 민간투자법에 의한 사업시행자가 과세사업을 영위할 목적으로 지방자치단체에 공급하는 사회기반시설의 건설과정에서 성토, 진입도로, 녹지 및 조경공사 등과 관련한 매입세액은 자기의 매출세액에서 공제받을 수 있는 것으로 보나(서면인터넷방문상담3팀-2832, 2006.11.16.), 사업계획 승인 또는 인 · 허가 조건으로 사업장 인근에 진입도로를 건설하여 지방자치단체에 무상으로 귀속시킨 경우 진입도로 건설비용 관련 매입세액은 토지의 조성 등을 위한 자본적 지출에 관련된 매입세액에 해당한다고 본다.(부가가치세과-183, 2012.2.22.)
- 골프장공사 : 골프장건설과 관련한 유형별 매입세액의 공제사례 예시(심사부가 2007-0053, 2008.3.3.)

유 형	공제여부	관련 사례
가-1. 기부채납한 골프장진입도로공사	공제	심사부가2004-7026, '05.5.25.
가-2. 골프장내관리도로 공사비	공제	국심2000중3133, '01.3.7. 국심94중3086, '94.7.28.
나. 클럽하우스 등 건물공사와 주변 조경공사(입목식재 포함)	공제	적부2005-0063, '05,8.22. 국심2004중0007, '04.4.23.
다-1. 훼어웨이, 그린, 티, 벙커조성공사(잔디, 입목식재 및 지표수 맹암거설치 포함)	불공제	국심2006구4426, '07.7.30. 심사부가2001-0210,'01.9.28. 심사부가2000-0219, '00.12.22. 국심98경2333, '99.8.10.
다-2. 토사유출방지등을 위해 홀과 홀사이 언덕 등에 수목식재	불공제	국심98경2333, '99.8.10.
다-3. 홀 사이 휴식공간의 나무식재공사	공제	국심2000서2524, 01.4.3.
다-4. 낙석 방지망 설치	공제	국심2006구4426, '07.7.30.
라. 연못(해지폰드)공사(맹암거 포함)	공제	심사부가2001-0210, '01.9.28. 국심2000중3133, '01.3.7. 국심2000중3109, '01.2.3.
마. 계류시설공사(배관, 펌프, 전기배전등 배관 · 배수로공사)	공제	심사부가2001-0210, '01.9.28 국심98중546, '98.7.18. 국심97중2972, '98.11.11. 국심97전2861, '98.3.25.
바. 배토작업 (골프장 준공전 잔디식재 지역에 착근과 뿌리발육의조기화를 위해 규사를 뿌리는 작업)	불공제	국심2000서2524, '01.4.3. 심사부가2000-0219, '00.12.22. 부가46015-2019, '97.9.2.
사. 인조잔디매트	공제	국심94중4075, '94.9.30.
아. 옹벽 및 석축공사	공제	국심94중3086, '94.7.28. 국심94중0210, '94.7.28.
자. 외곽수로공사 및 상수도 공사	공제	국심99중1902, '00.3.10.
차. 골프장 허가를 얻기 위한 각종 용역비	불공제	적부2005-0098, '05.8.22. 서면3팀-2436, '04.12.2. 재소비-1082, '04.9.30.
카. 골프장을 건설하기 위한 골프장내	불공제	법규과-4514, '07.9.27.

유 형	공제여부	관련 사례
지장전주 이설공사비		국심97중2972, '98.11.11.
타. 구축물과 토지 관련 공통비 안분계산	공제	부가46015-1810, '00.7.26.

(3) 사업과 직접 관련이 있는 지출

과세사업 목적으로 부동산을 취득하는 경우에는 해당 부동산의 취득가액에 따른 부가가치세뿐만 아니라 사업과 관련한 부대비용의 지급에 따른 부가가치세도 매입세액으로 공제받는다. 그러나 공제받을 수 있는 매입은 사업과 관련성이 있어야 하므로 사업과 관련성이 없는 매입세액은 공제대상이 아니다.(부가법 제39조 제1항 제4호) 사업관련성에 대해서는 소득세법 시행령 제78조 또는 법인세법 시행령 제48조, 제49조 제3항 및 제50조에서 정하는 바에 따른다.(부가령 제77조) 그 내용은 다음과 같다.

업무와 관련이 없는 지출(소득령 제78조)

"직접 그 업무와 관련이 없다고 인정되는 금액"이란 다음 각 호의 어느 하나에 해당하는 것을 말한다.

1. 사업자가 그 업무와 관련 없는 자산을 취득 · 관리함으로써 발생하는 취득비 · 유지비 · 수선비와 이와 관련되는 필요경비
2. 사업자가 그 사업에 직접 사용하지 아니하고 타인(종업원을 제외한다)이 주로 사용하는 토지 · 건물등의 유지비 · 수선비 · 사용료와 이와 관련되는 지출금
3. 사업자가 그 업무와 관련 없는 자산을 취득하기 위하여 차입한 금액에 대한 지급이자
4. 사업자가 사업과 관련 없이 지출한 접대비

4의2. 사업자가 공여한 형법에 따른 뇌물 또는 국제상거래에 있어서 외국공무원에 대한 뇌물방지법상 뇌물에 해당하는 금전과 금전 외의 자산 및 경제적 이익의 합계액

4의3. 사업자가 노동조합 및 노동관계 조정법 제24조 제2항 및 제4항을 위반하여 지급하는 급여

5. 사업자가 업무와 관련없는 자산을 취득하기 위한 자금의 차입에 관련되는 비용(소득칙 제41조 제4항)

공동경비의 손금불산입(법인령 제48조)

① 법인이 해당 법인 외의 자와 동일한 조직 또는 사업 등을 공동으로 운영하거나 영위함에 따라 발생되거나 지출된 손비 중 다음 각 호의 기준에 따른 분담금액을 초과하

는 금액은 해당 법인의 소득금액계산에 있어서 이를 손금에 산입하지 아니한다.

1. 출자에 의하여 특정사업을 공동으로 영위하는 경우에는 출자총액 중 당해 법인이 출자한 금액의 비율
2. 제1호 외의 경우로서 해당 조직 · 사업 등에 관련되는 모든 법인 등(이하 이 항에서 "비출자공동사업자"라 한다)이 지출하는 비용에 대하여는 다음 각 목에 따른 기준
   가. 비출자공동사업자 사이에 제87조 제1항 각 호의 어느 하나의 관계가 있는 경우 : 직전 사업연도 또는 해당 사업연도의 매출액 총액과 총자산가액(한 공동사업자가 다른 공동사업자의 지분을 보유하고 있는 경우 그 주식의 장부가액은 제외한다. 이하 이 호에서 같다) 총액 중 법인이 선택하는 금액(선택하지 아니한 경우에는 직전 사업연도의 매출액 총액을 선택한 것으로 보며, 선택한 사업연도부터 연속하여 5개 사업연도 동안 적용하여야 한다)에서 해당 법인의 매출액(총자산가액 총액을 선택한 경우에는 총자산가액을 말한다)이 차지하는 비율. 다만, 공동행사비 및 공동구매비 등 법인세법 시행규칙 제25조에 정하는 손비에 대하여는 참석인원수 · 구매금액 등 동 규칙이 정하는 기준에 따를 수 있다.

② 제1항의 규정을 적용함에 있어서 매출액의 범위 등 분담금액의 계산에 관하여 필요한 사항은 기획재정부령으로 정한다.

업무와 관련이 없는 자산의 범위(법인령 제49조 제3항)

법인세법 시행령 제49조 제1항에서 정하는 자산 즉 법인의 업무에 직접 사용하지 아니하는 부동산(유예기간 중의 부동산 제외), 장식 · 환경미화 등의 목적이 아닌 서화 및 골동품, 업무에 직접 사용하지 아니하는 자동차 · 선박 및 항공기(저당권 등 채권실행으로 취득하여 3년이 경과하지 아니한 것 제외) 기타 유사한 자산으로서 당해 법인의 업무에 직접 사용하지 아니하는 자산을 취득 · 관리함으로써 생기는 비용, 유지비, 수선비 및 이와 관련되는 비용을 말한다.

업무와 관련이 없는 지출(법인령 제50조)

① 법 제27조 제2호에서 "대통령령으로 정하는 것"이란 다음 각 호의 어느 하나에 해당하는 것을 말한다.

1. 해당 법인이 직접 사용하지 아니하고 다른 사람(주주등이 아닌 임원과 소액주주등인 임원 및 사용인은 제외한다)이 주로 사용하고 있는 장소 · 건축물 · 물건 등의 유지비 · 관리비 · 사용료와 이와 관련되는 지출금. 다만, 법인이 대 · 중소기업 상생협력 촉진에 관한 법률 제35조에 따른 사업을 중소기업(제조업을 영위하는 자에 한한다)에 이양하기 위하여 무상으로 해당 중소기업에 대여하는 생산설비와 관

련된 지출금 등은 제외한다.
2. 해당 법인의 주주등(소액주주등은 제외한다)이거나 출연자인 임원 또는 그 친족이 사용하고 있는 사택의 유지비 · 관리비 · 사용료와 이와 관련되는 지출금
3. 제49조 제1항 각 호의 어느 하나에 해당하는 자산을 취득하기 위하여 지출한 자금의 차입과 관련되는 비용
4. 해당 법인이 공여한 형법 또는 국제상거래에 있어서 외국공무원에 대한 뇌물방지법에 따른 뇌물에 해당하는 금전 및 금전 외의 자산과 경제적 이익의 합계액
5. 노동조합 및 노동관계조정법 제24조 제2항 및 제4항을 위반하여 지급하는 급여

② 제1항 제1호 및 제2호에서 "소액주주등"이란 발행주식총수 또는 출자총액의 100분의 1에 미달하는 주식 또는 출자지분을 소유한 주주등(해당 법인의 국가, 지방자치단체가 아닌 지배주주등의 특수관계인인 자는 제외하며, 이하 "소액주주등"이라 한다)을 말한다.

(4) 소형승용자동차 관련비용 제외

사업과 관련하여 화물차나 승합차 등을 취득하는 경우에는 사업관련 매입세액으로 공제를 받지만 취득하는 자동차가 개별소비세법 제1조 제2항 제3호에 규정한 소형승용자동차이면, 그 자동차 관련 매입세액은 공제받을 수 있는 매입세액에 포함되지 않는다.(부가법 제39조 제1항 제5호) 단, 당해 사업이 운수업, 자동차 판매업, 자동차 임대업, 운전학원업, 경비업법 제2조 제1호 라목에 따른 기계경비업무를 하는 경비업(이 경우에는 경비업법 제16조의3에 따른 출동차량에 한정하여 적용한다) 이들 업종과 유사한 업종에 직접 영업으로 사용되는 것은 매입세액 공제가 가능하다.(부가령 제78조 · 제19조)

개별소비세법 제1조 제2항 제3호에 규정된 소형승용자동차는 다음의 자동차를 말한다.(개별소비세법 시행령 별표1)

① 자동차관리법 제3조에 따른 구분기준에 따라 승용자동차로 구분되는 자동차(정원 8명 이하의 자동차로 한정하되, 배기량이 1,000씨씨 이하의 것으로서 길이가 3.6미터 이하이고 폭이 1.6미터 이하인 것은 제외한다)

② 자동차관리법 제3조에 따른 구분기준에 따라 이륜자동차로 구분되는 자동차(내연기관을 원동기로 하는 것은 그 총배기량이 125씨씨를 초과하는 것으로 한정하며, 내연기관 외의 것을 원동기로 하는 것은 그 정격출력이 1킬로와트를 초과하는 것으로 한정한다). 다만, 국방용 또는 경찰용으로서 해당 기관의 장이 증명하는 것

은 제외한다.

③ 자동차관리법 제3조에 따른 구분기준에 따라 캠핑용자동차로 구분되는 자동차(캠핑용 트레일러를 포함한다)

④ 환경친화적 자동차의 개발 및 보급촉진에 관한 법률 제2조 제3호에 따른 전기자동차로서 자동차관리법 제3조에 따른 구분기준에 따라 승용자동차로 구분되는 자동차(정원 8명 이하의 자동차로 한정하되, 길이가 3.6미터 이하이고 폭이 1.6미터 이하인 것은 제외한다)

(5) 접대비관련 매입세액이 아닐 것

사업용 부동산을 취득하면서 지급한 중개수수료, 컨설팅비용 등은 사업관련 매입세액으로 공제가 가능하나, 사업과 관련성이 있더라도 접대비 및 이와 유사한 비용에 해당하는 매입세액은 공제되지 아니한다.(부가법 제39조 제1항 제6호) "접대비 및 이와 유사한 비용"이란 소득세법 제35조 및 법인세법 제25조에 따른 접대비 및 이와 유사한 비용의 지출을 말한다.(부가령 제79조) 이들 조항에 규정된 "접대비"란 접대비, 교제비, 사례금 또는 그 밖에 어떠한 명목이든 상관없이 이와 유사한 성질의 비용으로서 사업자가 업무와 관련하여 지출한 금액을 말한다. 여기에는 사업자가 종업원이 조직한 조합 또는 단체에 지출한 복지시설비 중 그 법인에 지출한 것(해당 조합 또는 단체가 법인인 경우) 또는 그 사업자의 소유자산에 대한 지출인 것(해당 조합 또는 단체가 법인이 아닌 경우)을 포함한다.(소득령 제83조 제2항) 소득세법 및 법인세법의 접대비 규정은 손금에 산입하는 범위에 관한 규정이나, 부가가치세 매입세액이 공제되지 아니하는 접대비는 손금에 산입되지 아니하는 접대비에 국한한다는 규정은 아니고 손금산입여부와 상관없이 접대비에 해당하는 지출의 매입세액은 모두 공제되지 아니한다는 것이다.(부가1265-947, 1983.5.17.)

(6) 사업자등록 전 매입세액이 아닐 것

부가가치세법 제8조에 따른 사업자등록을 신청하기 전의 매입세액은 공제되지 아니한다. 다만, 공급시기가 속하는 과세기간이 끝난 후 20일 이내에 등록을 신청한 경우 등록신청일부터 공급시기가 속하는 과세기간 기산일(일반과세자 1월 1일, 7월 1일, 간이과세자 1월 1일)까지 역산한 기간 내의 것은 매입세액 공제가 가능하다.(부가법 제39조 제1항 제8호) 이 경우 세금계산서 발행일자를 사업자등록신청 전 실제 거래일자로 하고 그 후 발급받은 사업자등록번호를 기재한 소급발행 세금계산서도 매입세액 공제가 가능하다는 것이 국세청의 유권해석이다.(국심2006부3089, 2006.12.28.)

3) 형식적 요건

(1) 세금계산서 등 수취

(가) 매입세금계산서 수취

세금계산서 또는 수입세금계산서를 발급받지 아니한 경우 또는 발급받은 세금계산서 또는 수입세금계산서에 필요적 기재사항의 전부 또는 일부가 적히지 아니하였거나 사실과 다르게 적힌 경우의 매입세액은 공제하지 아니한다.(부가법 제39조 제1항 제2호) 따라서 매입세액 공제를 받으려면 세금계산서를 적법하게 수취하여야 한다. 다만, 나음의 경우에는 예외적으로 매입세액의 공제를 인정한다.(부가령 제75조)

① 사업자등록을 신청한 사업자가 사업자등록증 발급일까지의 거래에 대하여 해당 사업자 또는 대표자의 주민등록번호를 적어 세금계산서를 발급받은 경우. 이는 사업자등록 신청일과 발급일간의 시차로 사업자등록번호가 부여되기 전의 거래에 대하여 기재사항의 예외를 인정한 것이다. 세법은 더 나아가 사업자등록전의 거래에 대하여도 일정 요건을 갖춘 경우 매입세액 공제를 인정한다. 사업자등록 전에 주민등록번호로 세금계산서를 발급받고 그 공급시기가 속하는 과세기간 말일로부터 20일이 경과하기 전까지 사업자등록신청을 한 경우에는 매입세액 공제가 가능하다.(부가법 제39조 제1항 제8호 난서) 즉 사업자등록을 하지 않은 상태에서 상반기에 세금계산서를 발급받고 7월 20일 이전에 사업자등록 신청을 한 경우 당해 연도 1월 1일부터 6월 30일까지 발급받은 세금계산서는 1기분 부가가치세 매입세액공제가 가능하고, 7월 이후 발급받은 세금계산서는 2기분 매입세액 공제를 받을 수 있다.

② 세금계산서의 필요적 기재사항 중 일부가 착오로 사실과 다르게 적혔으나 그 세금계산서에 적힌 나머지 필요적 기재사항 또는 임의적 기재사항으로 보아 거래사실이 확인되는 경우

③ 재화 또는 용역의 공급시기 이후에 발급받은 세금계산서로서 해당 공급시기가 속하는 과세기간에 대한 확정신고기한까지 발급받은 경우. 다만, 공급가액의 0.5%에 해당하는 가산세를 부담하여야 한다.(부가법 제60조 제7항 제1호, 부가령 제108

조 제5항)

④ 전자세금계산서로서 국세청장에게 전송되지 아니하였으나 발급한 사실이 확인되는 경우

⑤ 전자세금계산서 외의 세금계산서로서 재화 또는 용역의 공급시기가 속하는 과세기간에 대한 확정신고기한까지 발급받았고, 그 거래사실도 확인되는 경우[15)]

⑥ 실제로 재화 또는 용역을 공급하거나 공급받은 사업장이 아닌 사업장을 적은 세금계산서를 발급받았더라도 그 사업장이 총괄하여 납부하거나 사업자단위 과세사업자에 해당하는 사업장인 경우로서 그 재화 또는 용역을 실제로 공급한 사업자가 납세지 관할 세무서장에게 해당 과세기간에 대한 납부세액을 신고하고 납부한 경우. 사업자는 사업장마다 사업자등록을 하는 것이 원칙이고 세금계산서는 사업장단위로 발급하고 발급받는 것이 원칙이나, 여러 개의 사업장을 가진 사업자가 총괄납부 신청으로 주된 사업장에서 납부 또는 환급을 총괄하는 경우(부가법 제51조) 및 사업자단위 과세사업자(부가법 제8조 제3항)의 경우에는 사업장을 달리하여 수취한 세금계산서에 대하여도 매입세액공제를 받을 수 있도록 한 규정이다.

⑦ 재화 또는 용역의 공급시기가 속하는 과세기간에 대한 확정신고기한이 지난 후 세금계산서를 발급받았더라도 그 세금계산서의 발급일이 확정신고기한 다음 날부터 6개월 이내이고 다음 어느 하나에 해당하는 경우. 단 공급가액의 0.5%에 해당하는 가산세를 부담하여야 한다.(부가법 제60조 제7항 제1호, 부가령 제108조 제5항)

- 수정신고서(국기령 제25조 제1항) 또는 경정청구서(국기령 제25조의3)를 세금계산서와 함께 제출하는 경우
- 해당 거래사실이 확인되어 납세지 관할 세무서장등이 결정 또는 경정하는 경우

⑧ 재화 또는 용역의 공급시기 전에 세금계산서를 발급받았더라도 재화 또는 용역의 공급시기가 그 세금계산서의 발급일부터 30일 이내에 도래하고 해당 거래사실이 확인되어 납세지 관할 세무서장등이 결정 또는 경정하는 경우. 공급가액의 0.5%

15) 2009년 전자세금계산서제도를 시행하면서 신설한 조항[구 부가가치세법 시행령(2009.2.4. 시행) 제60조 제2항 제5호]으로 전자세금계산서를 발급하지 아니하더라도 종이세금계산서를 발급받고 거래사실이 확인되는 경우 매입세액공제를 받을 수 있게 한 규정이다. 제3호와 중복되는 점이 있으나 제3호는 공급시기를 지나 언제까지 발급한 세금계산서에 대하여 매입세액공제를 해줄 것이냐에 대한 규정이라는 점에서 규정의 취지에 차이가 있다. 만약 전자세금계산서 외의 세금계산서를 공급시기 이후에 발급받은 경우 제3호에 따라 가산세를 부담하여야 할 것이다.

에 해당하는 가산세를 부담하여야 한다.(부가법 제60조 제7항 제1호, 부가령 제108조 제5항)

⑨ 거래의 실질이 위탁매매 또는 대리인에 의한 매매에 해당함에도 불구하고 거래 당사자 간 계약에 따라 위탁매매 또는 대리인에 의한 매매가 아닌 거래로 하여 세금계산서를 발급받은 경우로서 그 거래사실이 확인되고 거래 당사자가 납세지 관할 세무서장에게 해당 납부세액을 신고하고 납부한 경우

⑩ 거래의 실질이 위탁매매 또는 대리인에 의한 매매에 해당하지 않음에도 불구하고 거래 당사자 간 계약에 따라 위탁매매 또는 대리인에 의한 매매로 하여 세금계산서를 발급받은 경우로서 그 거래사실이 확인되고 거래 당사자가 납세지 관할 세무서장에게 해당 납부세액을 신고하고 납부한 경우

(나) 신용카드전표 수취

부가가치세법은 세금계산서에 의한 매입세액공제 원칙을 완화하여, 사업자가 세금계산서 발급이 불가능한 사업자(부가령 제73조 제3항 · 제88조 제5항)16)를 제외한 일반과세자로부터 재화 또는 용역을 공급받고 부가가치세액이 별도로 구분되는 신용카드매출전표등(신용카드매출전표, 현금영수증, 직불카드영수증, 결제대행업체를 통한 신용카드매출전표, 선불카드영수증, 직불전자지급수단영수증, 선불전자지급수단영수증, 전자지급결제대행 금융기관을 통한 신용카드매출전표)을 발급받은 경우로서 신용카드매출전표등 수령명세서를 제출하고, 신용카드매출전표등을 그 거래사실이 속하는 과세기간에 대한 확정신고기한 후 5년간 보존하는 경우에는 그 부가가치세액은 공제할 수 있는 매입세액으로 본다.(부가법 제46조 제3항 · 제71조 제3항, 부가령 제88조 제3항)

부동산을 취득하고 신용카드로 결제하는 경우는 드물 것이지만 신용카드로 결제한 경우에는 신용카드매출전표 등 수령명세서를 제출하여 매입세액 공제를 받을 수 있다. 신용카드결제를 한 경우에도 세금계산서 발급이 가능하고(부가, 서면인터넷방문상담3팀-1916, 2004.9.17.) 영수증발급의무 일반사업자도 세금계산서 발급이 불가능한 사업자가 아닌 한 공급받는 자가 사업자등록증을 제시하여 세금계산서 발급을 요구하면 세금계산서를 발급하여야 하며(부가법 제36조 제3항, 부가령 제73조 제3항), 세금계산서 발급이 불가능한 사업자도 사업용부동산인 감가상각자산을 공급하는 경우에는 공급받는 사

16) 부가령 제88조 제5항은 부가령 제73조 제3항에 따른 세금계산서 발급불가능 사업자와 거의 같은 것으로 부가령 제73조 제1항 제13호(간편사업자등록을 한 국외사업자)만 제외될 뿐이다.

업자가 사업자등록증을 제시하고 세금계산서의 발급을 요구할 때에는 세금계산서를 발급하여야 하므로(부가령 제73조 제4항) 일반사업자로부터 사업용부동산을 취득할 때는 통상 세금계산서를 수취한다.

(2) 세금계산서합계표 등 제출

(가) 제출의무

사업자는 세금계산서를 발급하였거나 발급받은 경우에는 다음 각 사항을 적은 매출처별 세금계산서합계표와 매입처별 세금계산서합계표를 해당 예정신고 또는 확정신고를 할 때 함께 제출하여야 한다. 세금계산서 대신 신용카드매출전표를 수령하여 매입세액 공제를 받으려는 자는 신용카드매출전표등 수령명세서를 제출하여야 한다. 전자세금계산서를 발급하거나 발급받고 전자세금계산서 발급명세를 해당 재화 또는 용역의 공급시기가 속하는 과세기간 마지막 날의 다음 달 11일까지 국세청장에게 전송한 경우에는 해당 예정신고 또는 확정신고시 매출·매입처별 세금계산서합계표를 제출하지 아니할 수 있다.(부가법 제54조 제1항·제2항, 제46조 제3항)

① 공급하는 사업자 및 공급받는 사업자의 등록번호와 성명 또는 명칭
② 거래기간
③ 작성 연월일
④ 거래기간의 공급가액의 합계액 및 세액의 합계액
⑤ 그 밖에 세금계산서 발행매수 등(부가령 제98조)

(나) 미제출시 매입세액 불공제

이와 같이 사업자는 부가가치세 신고시 세금계산서를 제출하는 것이 아니라 세금계산서합계표를 제출하여야 한다. 매입처별 세금계산서합계표나 신용카드매출전표등 수령명세서를 제출하지 아니한 경우와 제출한 매입처별 세금계산서합계표의 기재사항 중 거래처별 등록번호, 공급가액의 전부 또는 일부가 적히지 아니하였거나 사실과 다르게 적힌 경우에는 제출하지 아니한 매입세액, 그 기재사항이 적히지 아니한 부분 또는 사실과 다르게 적힌 부분의 매입세액은 공제받지 못한다. 다만, 다음의 경우에는 매입세액을 공제한다.(부가법 제39조 제1항 제1호·제46조 제3항 제1호, 부가령 제74조)

① 매입처별 세금계산서합계표 또는 신용카드매출전표등의 수령명세서를 과세표준수정신고서(국기령 제25조), 경정청구서(국기령 제25조의3) 또는 기한후과세표준신

고서(국기령 제25조의4)와 함께 제출하는 경우

② 세금계산서에 대한 매입처별 세금계산서합계표의 거래처별 등록번호 또는 공급가액이 착오로 사실과 다르게 적힌 경우로서 발급받은 세금계산서에 의하여 거래사실이 확인되는 경우

③ 과세당국이 사업자의 부가가치세를 경정하는 경우(부가법 제57조)에 사업자가 세금계산서 또는 신용카드매출전표등을 경정기관의 확인을 거쳐 해당 경정기관에 제출하는 경우

(다) 미제출시 가산세

매입처별 세금계산서합계표를 제출하지 아니한 경우 또는 제출한 매입처별 세금계산서합계표의 기재사항 중 거래처별 등록번호 또는 공급가액의 전부 또는 일부가 적혀 있지 아니하거나 사실과 다르게 적혀 있는 경우에도 매입처별 세금계산서합계표에 따르지 아니하고 세금계산서 또는 수입세금계산서에 따라 매입세액을 공제받을 수 있다. 이 경우 공제받은 매입세액에 해당하는 공급가액의 0.5%의 가산세를 부담하여야 한다. 다만, 위 수정신고, 경정청구, 기한후신고의 경우에는 가산세를 면제하고 있어 결국 과세당국이 경정하는 경우에만 가산세를 부담하게 된다.(부가법 제60조 제7항 제2호, 부가령 제108조 제6항)

2. 공통매입세액의 안분 및 재계산

1) 공통매입세액 안분

과세사업자는 사업과 관련된 매입세액을 전액 공제받고 면세사업자는 면세사업과 관련된 매입세액을 공제받을 수 없다. 과세사업과 면세사업을 겸영하는 사업자는 사업과 관련하여 거래징수당한 매입세액을 어떻게 공제받을지가 문제된다. 공제받을 수 있는 매입세액과 공제받을 수 없는 매입세액을 합리적으로 안분하여야 하는 문제이다. 과세사업과 면세사업등(면세사업과 비과세사업)에 관련된 매입세액의 귀속이 확인되면 실지귀속(實地歸屬)에 따라 과세사업에 관련된 매입세액만 공제하면 된다. 그러나 실지귀속을 구분할 수 없는 매입세액이 있다. 이를 공통매입세액이라 하는데 총공급가액에 대한 면세공급가액의 비율 등에 따라 안분(按分)하여 계산한다.(부가법 제40조)

(1) 공급가액 비율에 의한 안분

(가) 원칙

공통매입세액의 안분계산은 원칙적으로 과세기간의 공급가액 비율에 따라 다음과 같이 안분한다.(부가령 제81조 제1항)

$$\text{면세사업등에 관련된 매입세액} = \text{공통매입세액} \times \frac{\text{면세등공급가액}}{\text{총공급가액}}$$

부가가치세는 기간단위 과세이기 때문에 예정신고기간의 공급가액 비율에 따라 신고한 매입세액은 확정신고를 할 때에 정산한다. 과세사업의 공급가액은 공급시기가 도래된 재화 또는 용역의 공급에 대한 부가가치세 과세표준(영세율 과세표준 포함)의 합계액을 말하며, 면세사업등의 공급가액이란 해당 과세기간 내에 부가가치세가 과세되지 아니하는 소득세법 또는 법인세법의 규정에 따른 수익금액과 비과세사업에 대한 수입금액의 합계액을 말한다.(부가집행 40-81-4)

"면세사업등"이라 함은 사업자가 면세사업 및 부가가치세가 과세되지 아니하는 재화 또는 용역을 공급하는 사업을 말하므로(부가법 제29조 제8항), 계속적 · 반복적으로 이루어지는 사업성 있는 공급을 말한다. 따라서 공통매입세액과 관련이 없는 고정자산의 매각에 따른 공급가액은 총공급가액 및 면세등공급가액에 포함되지 아니한다.(서면인터넷방문상담3팀-2433, 2004.12.2.) 즉 부동산매매업자나 상가분양 및 주택신축판매업자의 재고재화인 부동산의 매각대금은 총공급가액 및 과 · 면세 공급가액에 포함되나, 임대업사업자의 임대부동산이나 점포 등 사업용 고정자산인 부동산의 매각대금은 총공급가액 및 과 · 면세 공급가액에 포함되지 아니한다.

사업장이 여러 개인 사업자의 경우 사업장단위 과세이든 사업자단위 과세이든 공통매입세액 안분계산은 사업장별로 하는 것이 원칙이고, 각 사업장을 총괄하는 주사업장의 매입세액은 종사업장에 제공되는 과 · 면세공급가액 합계액의 비율에 따라 안분한다.(서삼46015-11437, 2002.8.28.; 서면인터넷방문상담3팀-2329, 2004.11.16.) 이와 관련하여 전국적 지점망을 통하여 용역을 제공하는 전기통신사업법에 따른 전기통신사업자 및 한국철도공사법에 따른 한국철도공사에 대하여는 그 실지귀속을 구분하기 어려운 재화 또는 용역에 대해서만 전사업장의 총공급가액 비율에 따라 안분하도록 하는 제한 규정을 두고 있다.(부가령 제81조 제3항)

(나) 안분하지 않는 경우

면세공급가액이 미미한 경우에는 공통매입세액을 안분하지 아니하고 해당 재화 또는 용역의 매입세액 전액을 공제되는 매입세액으로 한다. 미미한 경우란 다음의 경우를 말한다.(부가령 제81조 제2항)

① 해당 과세기간의 총공급가액 중 면세공급가액이 5% 미만이고, 공통매입세액이 5백만원 미만인 경우의 공통매입세액

② 해당 과세기간 중의 공통매입세액이 5만원 미만인 경우의 매입세액

③ 과세사업과 면세사업에 공통으로 사용하던 상가나 사무실 등을 매도하는 경우 과·면세 공통사용재화의 공급가액도 과세분과 면세분으로 안분하여야 하는데, 직전과세기간의 공급가액 비율로 안분하는 것이 원칙이고(부가령 제63조 제1항), 해당 과세기간에 신규로 사입을 시작하여 직전과세기간의 공급가액이 없는 경우에는 해당재화의 공급가액 전부를 과세공급가액으로 한다.(부가령 제63조 제3항 제3호) 이와 같이 해당과세기간에 과·면세 사업을 신규로 시작한 사업자가 공통사용재화를 공급함에 있어 직전과세기간 공급가액이 없어 전액 과세공급가액으로 하는 재화가 당해 연도에 취득한 것이라면 과세공급가액을 안분하지 아니하고 전액 과세공급가액으로 하는데 맞추어 매입세액도 안분하지 아니하고 전액 공제매입세액으로 한다.

(2) 과 · 면세 공급가액이 없는 경우

해당 과세기간 중 과세사업과 면세사업등의 공급가액이 없거나 그 어느 한 사업의 공급가액이 없는 경우에 해당 과세기간에 대한 안분계산은 다음 각 순서에 따른다.(부가령 제81조 제4항)

(가) 매입가액 비율에 의한 안분

과·면세 공급가액이 둘 다 없거나 한쪽이 없는 경우 매입가액 비율로 안분한다. 과·면세 공통매입가액을 제외한 총매입가액에서 면세매입가액이 차지하는 비율을 공통매입세액에 곱하여 계산한 금액은 면세사업관련 매입세액으로 불공제한다.

(나) 예정공급가액 비율에 의한 안분

매입가액비율로 안분할 수 없는 경우 총예정공급가액에 대한 면세사업등에 관련된 예정공급가액의 비율에 의하여 면세관련 매입세액을 안분한다. 예정공급가액이란 공통

매입세액과 관련된 공급가액이 확정될 과세기간에 당해 과세・면세사업으로부터 발생이 예상되는 공급가액을 말하는 것으로, 과거 사업실적, 현재의 시황 등을 근거로 한 사업계획서등에 따라 합리적으로 추정한다.(부가46015-1169, 1994.6.10.)

(다) 예정사용면적 비율에 의한 안분

매입가액이나 예정공급가액에 의하여 안분할 수 없는 경우에는 총예정사용면적에 대한 면세사업등에 관련된 예정사용면적의 비율에 의하여 안분한다.

(라) 안분계산의 특례

① 동일과세기간 취득하여 공급한 재화의 안분기준 통일

과・면세사업에 공동으로 사용하던 재화를 공급하는 경우 직전과세기간의 공급가액 비율에 따라 과・면세 공급가액을 안분하는 반면, 과・면세 공동사용목적으로 취득하는 재화는 당해 과세기간의 과・면세 공급가액 비율에 의하여 면세관련 매입세액을 안분하는 것이 원칙이다. 이에 따를 경우 과・면세 겸영사업자가 부동산 등 사업용 고정자산을 취득하여 동일 과세기간에 다시 매도하는 경우 매출세액 안분을 위한 공급가액은 직전연도 공급가액 비율에 따르고, 매입세액 안분은 당해 연도 공급가액 비율에 따르게 되어 동일 재화에 대한 면세관련 비율이 달라질 수 있다. 이는 합리적이지 않다. 따라서 사업자가 과세사업과 면세사업등에 공통으로 사용되는 재화를 공급받은 과세기간 중에 그 재화를 공급하여 과・면세 공급가액을 직전연도 공급가액 또는 사용면적비율(부가령 제63조 제1항・제2항)에 따라 공급가액을 계산한 경우 그 재화에 대한 매입세액의 안분도 같은 기준에 따라 계산한다.(부가칙 제54조 제3항)

② 도축업의 두수에 의한 안분

도축업의 경우 타인의 의뢰를 받아 소・돼지를 도축해주는 용역(임도축)은 과세사업이고, 자가 구입한 소・돼지를 도축(자가도축)하여 도축육을 판매하는 업은 면세사업이다. 임도축과 자가도축은 도축공정은 동일하나 1마리당 임도축 수수료와 도축육의 판매가액은 차이가 커 공급가액비율로 공제가능 매입세액을 안분하는 것은 불합리하다는 지적에 따라, 도축업의 경우 공통매입세액을 과・면세 도축두수에 따라 안분할 수 있게 하였다.(부가령 제81조 제1항, 부가칙 제54조 제1항) 이 규정과 관련하여 도축업의 경우 공정별로 도축두수에 따라 공통매입세액을 안분하는 것이며, 비록 이 규정이 2016년 2월 17일 신설되었으나 그 합리성에 비추어 소급적용이 가능하다고 한다.(조

심2017광0643, 2017.8.24.)[17]

③ 신규취득 건물의 예정공급면적비율 우선적용

건물 또는 구축물을 신축하거나 취득하여 과세사업과 면세사업등에 제공할 예정면적을 구분할 수 있는 경우에는 매입가액비율이나 예정공급가액비율이 있는 경우에도 예정사용면적비율에 의하여 안분한다.

이상 안분계산 순서를 보면, ① 동일과세기간에 매입하고 공급한 재화의 동일기준비율 ② 도축업의 도축두수 비율, ③ 공급가액 비율, ④ 신규취득 건물·구축물의 예정사용면적 비율, ⑤ 매입가액 비율, ⑥ 예정공급가액 비율, ⑦ 예정사용면적 비율 순이 된다.

(3) 공통매입세액의 정산

(가) 취지

과·면세 공통매입세액의 안분을 해당 과세기간의 공급가액의 비율에 의하는 것이 매입매출 대응원칙에 가장 부합한다고 본다. 세법도 공급가액비율에 의한 안분을 원칙으로 하고 공급가액 비율에 의한 안분이 불가능한 경우에 예정공급가액 등을 기준으로 안분하되, 이러한 안분은 임시적인 안분으로 보고 사후에 과·면세공급가액이 각각 확정되는 경우 정산하도록 규정하고 있다.(부가령 제82조)

(나) 정산 방법

사업자가 공통매입세액을 매입가액 비율, 예정공급가액 비율(제81조 제4항)에 따라 매입세액을 안분하여 계산한 경우에는 해당 재화의 취득으로 과세사업과 면세사업등의 공급가액, 과세사업과 면세사업등의 사용면적이 확정되는 과세기간에 대한 납부세액을 확정신고할 때에 확정된 공급가액 비율에 따라 계산한 공제대상 매입세액이 기공제받은 매입세액보다 클 때에는 당해 과세기간에 차액만큼 더 공제하고, 기공제받은 매입세액보다 작을 때에는 당해 과세기간에 그 차액만큼 덜 공제한다. 다만, 예정신고를 할 때에는 예정신고기간에 있어서 총공급가액에 대한 면세공급가액의 비율, 총사용면적에 대한 면세 또는 비과세 사용면적의 비율에 따라 안분하여 계산하고, 확정신고를 할 때

17) 심판원은 2017.6.22. 결정 조심2017광1186에서는 동 규정의 소급적용을 부인하였다가 이 사건에서 당초 견해를 바꾸어 소급적용을 인정하였다.

에 정산한다.

(다) 건물 및 구축물의 정산

건물 또는 구축물에 대하여 같은 예정사용면적 비율에 의하여 공통매입세액 안분계산을 하였을 때에는 그 후 과세사업과 면세사업등의 공급가액이 모두 있게 되어 과·면세 공급가액 비율에 따라 매입세액을 안분할 수 있는 경우에도 과세사업과 면세사업등의 사용면적이 확정되기 전의 과세기간까지는 예정사용면적비율에 따라 안분하고, 과세사업과 면세사업등의 사용면적이 확정되는 과세기간에 면적비율에 따라 공통매입세액을 정산한다.(부가령 제81조 제5항)18)

2) 감가상각자산 공통매입세액 재계산

(1) 취지

과·면세 겸영사업의 공통매입세액을 공급가액 및 공급면적 비율에 따라 안분하는 것은 매입세액을 관련 매출세액에 합리적으로 대응시키는 방안이다. 공통매입 재화가 당기 매출에만 관련된 것이라면 당기 매출과 대응시키는 것으로 끝난다. 그러나 상가건물과 같은 사업용 고정자산은 과·면세사업을 영위하는 동안 계속적으로 사용되므로 취득 시에 면세관련 매입세액을 합리적으로 안분하여도 그 후 과세기간에 과·면세 사용비율이 달라지는 경우, 예를 들어 취득 시에는 면세공급가액 비율이 80%로 공통매입세액의 80%를 불공제하고 20%만 공제받았는데 그 후 과세기간에 면세공급가액 비율이 30%에 불과하고 과세공급가액 비율이 70%에 이르게 되면 당초 면세관련 매입세액을 80%로 계산하여 불공제한 것은 합리적이라 할 수 없다. 이는 여러 과세기간동안 사용되는 모든 재화 및 용역의 취득에 따른 매입세액의 합리적인 안분에 관련되는 문제이나, 모든 재화나 용역의 사용 시기를 밝혀 매입매출 대응을 재계산하는 것은 기술적으로 불가능하다. 세법은 감가상각자산에 대하여 공통매입세액 재계산 규정을 두고 있다. 즉 감가상각자산에 대하여 공통매입세액의 안분계산에 따라 매입세액이 공제된 후 공통매입세액 안분기준에 따른 비율("면세비율")과 감가상각자산의 취득일이 속하는 과세기간(그 후의 과세기간에 재계산한 때는 그 재계산한 과세기간)에 적용되었던

18) 건물의 경우 과세공급과 면세공급의 사업장 면적이 구분되면 사용면적단위로 과세사업과 면세사업에 공통매입세액의 실지귀속이 구분된다고 보는 것으로 이해된다.

공통매입세액 안분기준에 따른 비율이 5% 이상 차이가 나면 납부세액 또는 환급세액을 다시 계산하여 관할 세무서장에게 신고 · 납부하여야 한다.(부가법 제41조)[19]

(2) 재계산 요건

(가) 재계산 대상 매입세액

공통매입세액을 재계산하는 것은 과 · 면세 겸영사업에 사용할 목적으로 취득한 감가상각자산에 대한 매입세액으로 안분계산 한 것이다. 상가 등 사업용 건물 및 구축물, 차량, 기계장치 등의 매입세액이 이에 해당할 것이다. 감가상각 대상 자산의 범위는 소득세법 시행령 제62조 또는 법인세법 시행령 제24조에 열거된 사업용고정자산과 같다.(부가령 제66조)

사업용 고정자산(소득령 제62조, 법인령 제24조)

소득세법 시행령과 법인세법 시행령에 감가상각자산으로 열거된 사업용 고정자산은 표기상 차이가 있으나 열거항목은 같다. 소득세법 규정은 다음과 같다.
"사업용 고정자산"이라 함은 당해 사업에 직접 사용하는 다음 하나에 해당하는 자산(시간의 경과에 따라 그 가치가 감소되지 아니하는 것을 제외한다)을 말한다.

1. 다음 각 하나에 해당하는 유형고정자산
   가. 건물(부속설비를 포함한다) 및 구축물(이하 "건축물"이라 한다)
   나. 차량 및 운반구, 공구, 기구 및 비품
   다. 선박 및 항공기
   라. 기계 및 장치
   마. 동물과 식물
   바. 가목 내지 마목과 유사한 유형고정자산
2. 다음 각 하나에 해당하는 무형고정자산
   가. 영업권, 디자인권, 실용신안권, 상표권
   나. 특허권, 어업권, 해저광물자원 개발법에 의한 채취권, 유료도로관리권, 수리권, 전기가스공급시설이용권, 공업용수도시설이용권, 수도시설이용권, 열공급시설이용권
   다. 광업권, 전신전화전용시설이용권, 전용측선이용권, 하수종말처리장시설관리권, 수

19) 매입세액이 공제된 재화를 과세사업에 전용하는 경우 시가를 공급가액으로 하여 부가가치세를 납부하여야 하는 자가공급과는 다음과 같은 차이가 있다. ① 처음부터 과세사업에만 사용할 의도로 매입한 것이 아니라 과 · 면세 겸영사업에 사용할 목적으로 매입한 것이라는 점, ② 공급으로 의제하여 매출세액을 납부하는 것이 아니라 이미 공제받은 매입세액을 재계산한다는 점, ③ 1회성 계산이 아니라 매 과세기간마다 재계산한다는 점

도시설관리권
라. 댐사용권
바. 개발비 : 상업적인 생산 또는 사용전에 재료 · 장치 · 제품 · 공정 · 시스템 또는 용역을 창출하거나 현저히 개선하기 위한 계획 또는 설계를 위하여 연구결과 또는 관련 지식을 적용하는 데 발생하는 비용으로서 당해 사업자가 개발비로 계상한 것(산업기술연구조합 육성법에 의한 산업기술연구조합의 조합원이 동 조합에 연구개발 및 연구시설 취득 등을 위하여 지출하는 금액을 포함한다)
사. 사용수익기부자산가액 : 금전 외의 자산을 기부한 후 그 자산을 사용하거나 그 자산으로부터 수익을 얻는 경우 당해 자산의 장부가액
아. 주파수이용권 및 공항시설관리권 : 전파법 제14조의 규정에 의한 주파수이용권 및 공항시설법 제26조의 규정에 의한 공항시설관리권

(나) 면세비율의 차이가 5% 이상일 것

감가상각자산에 대한 매입세액이 과 · 면세 공통매입세액에 해당하여 안분계산 및 정산을 한 후 총공급가액에 대한 면세공급가액의 비율 또는 총사용면적에 대한 면세사용면적의 비율이 해당 감가상각자산의 취득일이 속하는 과세기간에 적용하였던 비율 또는 그 후의 과세기간에 재계산하였을 때에는 그 재계산에 적용한 비율과 비교하여 5% 이상 달라진 경우에 적용한다. 감가상각자산이 그 내용연수기간 동안 면세매출과 관련되는 비율이 달라지는 경우 공제받지 못하는 매입세액을 과세기간마다 재계산하는 것이므로 엄격하게 적용한다면 매 과세기간마다 재계산하는 것이 타당할 것이나, 면세비율이 경미하게 증감한 경우에는 당초 공제세액을 그대로 인정하고 면세비율의 증감이 5% 이상 차이 나는 경우에만 재계산을 한다는 것이므로 기준이 되는 비율은 당해과세기간 이전 최종으로 적용한 면세비율이 된다. 면세비율이 5% 이상 차이가 난다는 것은, 예를 들어 당초 면세비율이 40%에서 면세비율이 45% 이상이 되거나 35% 미만이 되는 경우를 말한다.

(3) 재계산 방법

예를 들어 면세비율 20%(과세비율 80%)인 과세면세 겸영사업자가 토지가액 10억원 건물가액 10억원의 상가건물을 취득하고 매입세액 1억원의 매입세금계산서를 교부받아 2천만원은 불공제하고 8천만원을 공제받아 사업을 영위하던 중 2년이 지나 면세비율이 40%(과세배율 60%)로 높아진 경우, 건물의 내용연수가 20년이면 2년간 사용으

로 감가된 건물가액 1억원에 대한 매입세액 공제는 80%가 맞으나, 감가되지 않은 9억원에 대한 매입세액은 60%만 공제되어야 하므로 공제받을 매입세액은 9억원에 대한 매입세액 9천만원 중 그 60%인 5천 4백만원이 되는데, 매입당시 9천만원의 80%인 7천 2백만원을 이미 공제받았으므로 1천 8백만원[9천만원×증감된 면세비율(40%-20%)]을 초과 공제받은 것이 되기 때문에 이 금액을 납부세액에 더하여 납부하여야 하는 것이다. 그 후 건물의 내용연수가 경과할 때까지 과세기간별 면세비율이 40%±5% 미만인 경우에는 추가로 재계산하지 아니하나 면세비율이 40%±5% 이상인 경우에는 다시 잔존가액에 대한 면세비율 변경에 해당하는 금액만큼 매입세액 공제액을 재계산하여야 한다. 부가가치세법상 건물의 내용연수는 10년(20개 과세기간) 기타 감가상각자산은 2년(4개 과세기간)으로 본다. 따라서 건물과 구축물로서 20개 과세기간이 경과된 것과 기타감가상각 자산으로서 4개 과세기간이 경과된 것은 재계산하지 아니한다. 재계산세액을 산식으로 보면 다음과 같다.(부가령 제83조 · 제66조 제2항)

(가) 건물 또는 구축물

$$\text{가감할 세액} = \text{당초 매입세액} \times \left(1 - \frac{5}{100} \times \text{경과된 과세기간 수}\right) \times \text{증감된 면세비율}$$

(나) 그 밖의 감가상각자산

$$\text{가감할 세액} = \text{당초 매입세액} \times \left(1 - \frac{25}{100} \times \text{경과된 과세기간 수}\right) \times \text{증감된 면세비율}$$

(다) 경과된 과세기간 수의 계산

감가상각자산을 과세기간 시작일에 취득하게 되면 그 과세기간의 경과로 1개의 과세기간이 경과한 것이 되는데, 과세기간 중에 취득하게 되면 경과된 과세기간 수를 일수로 환산하여야 하는 복잡한 문제가 있다. 세법은 경과기간 수를 단순화하여, 과세기간의 개시일 후에 감가상각자산을 취득하거나 해당 재화의 공통매입세액을 재계산하게 된 경우에는 그 과세기간의 개시일에 해당 재화를 취득하거나 재계산사유에 해당하게 된 것으로 본다.(부가령 제83조 제5항) 따라서 제1기 과세기간인 1월 1일에서 6월 30일 사이에 취득한 감가상각 자산은 설령 6월 30일에 취득한 것이라도 1월 1일 취득한 것으로 의제하여 제1기 매입세액을 안분하여 계산하고, 가령 다음해 제2기에 면세비율이 달라져 공통매입세액을 재계산하게 되면, 취득연도 제1기, 제2기, 그 다음연도 제1기 총 3개 과세기간이 경과된 것이 되고, 다음해 7월 1일 재계산 사유가 발생한 것으로 되어 다음해 제2기에 공통매입세액을 재계산하는 것이다. 사업의 포괄양수도로 상가건물이나 사업용 감가상각자산을 승계취득한 경우에는 사업의 동일성을 유지한 채로 사업주만 바뀌는 것이기 때문에 안분비율과 경과된 과세기간의 수는 전사업자의 취득 당시 안분기준과 경과 과세기간 수를 승계한다.(소비46015-374, 1996.12.14.)

(4) 재계산 적용배제

(가) 자가공급 등에 해당하는 경우

과세사업에 사용할 목적으로 감가상각자산을 취득하여 매입세액 공제를 받은 후 면세사업에 전용(자가공급), 사업외 개인적 목적으로 사용(개인적 공급), 거래처에 증여(사업상 증여), 폐업(폐업시 잔존재화)으로 재화의 공급으로 의제되는 경우(부가법 제10조)에는 취득가액 중 잔존가액에 해당하는 금액을 공급가액으로 의제하여 부가가치세를 과세(부가령 제66조)하는 것으로 종료하고 공통매입세액을 재계산하지 아니한다.(부가령 제83조 제4항)

(나) 과 · 면세 공통사용 재화를 공급하여 공급가액을 안분계산하는 경우

과세사업과 면세사업에 공통으로 사용하던 상가 등 감가상각자산을 매도하는 경우, 직전과세기간의 공급가액비율 또는 사용면적비율에 따라 과세공급과 면세공급을 안분하여 부가가치세 공급가액을 산정하게 되는데(부가령 제63조) 이때도 공급가액에 대한 부가가치세를 부과하는 것으로 종료하고 공통매입세액을 재계산하지 아니한다.(부가령 제83조 제6항, 부가칙 제55조)

3. 매입세액 환급

1) 신고와 환급

(1) 신고

부가가치세는 과세기간단위로 납세의무가 성립하고(국기법 제21조 제2항 제4호), 과세기간단위로 납부할 세액을 계산하는 것이나(부가법 제37조), 신고는 한 과세기간의 전반 3개월 기간(1월 1일~3월 31일, 7월 1일~9월 30일)을 예정신고기간으로 하여 예정신고기간의 과세표준과 납부(환급)세액을 예정신고기간이 끝난 후 25일 이내에 신고 · 납부하고, 과세기간 후반 3개월의 기간(4월 1일~6월 30일, 10월 1일~12월 31일)의 과세표준과 납부세액은 과세기간이 끝난 후 25일 이내에 신고 · 납부하도록 규정하고 있다.(부가법 제48조 · 제49조) 그러나 개인사업자에 대하여는 예정신고를 생략하고 직전 과세기간 납부세액의 50%를 국가가 결정하여 징수한다.(부가법 제48조 제3항) 따라서 현행법에서는 법인사업자만 부가가치세 예정신고를 한다. 다만, 아래에서 보는 조기환급신고는 한 과세기간의 일부 기간에 대하여 할 수 있다.

(2) 환급

부가가치세는 과세기간 단위로 공급가액의 합계액을 과세표준으로 하여 매출세액을 산출하고 매입세액 및 공제 · 감면세액을 차감하여 납부할 세액을 산출한다. 해당 과세기간의 매출세액이 매입세액보다 크면 납부할 세액이 발생하지만, 매입세액이 매출세액을 초과하게 되면 오히려 환급세액이 발생한다.(부가법 제37조 제2항) 이는 거래징수한 부가가치세를 과세기간단위로 계산함에 따라 사업자가 매출로서 거래징수한 세액보다 매입으로 거래징수당한 세액이 더 큰 경우 거래징수당한 세액의 일부를 돌려받는 것이다. 사업초기에는 재고자산의 매입, 초기 시설투자 등으로 매출세액보다 매입세액이 더 큰 경우가 많아 흔히 환급세액이 발생한다. 다만, 간이과세자는 매출세액의 범위 내에서만 매입세액을 공제하므로 환급세액이 발생하지 아니한다.(부가법 제63조 제5항)

(3) 환급유형

(가) 일반환급

한 과세기간의 매입세액이 매출세액을 초과하여 발생하는 환급을 다음의 조기환급과 구분하여 "일반환급"이라 한다. 일반환급은 각 과세기간별로 그 과세기간에 대한 환급세액을 확정신고한 사업자에게 그 확정신고기한이 지난 후 30일 이내에 환급한다.(부가법 제59조 제1항)

(나) 조기환급

환급발생 사유가 영세율매출이나 설비투자 등의 사유로 발생하는 환급을 "조기환급"

이라 하고, 예정신고나 확정신고기한이 지난 후 15일 이내에 환급한다. 뿐만 아니라 조기환급에 대하여는 예정신고기간 또는 확정신고기간 내에서 납세자가 임의로 선택하는 1월 단위 혹은 2월을 단위로 선택하여 그 다음 달 25일(조기환급신고기한)까지 환급신고를 할 수 있고, 이 경우 조기환급신고기한으로부터 15일 이내에 환급한다. 조기환급 사유는 다음과 같다.(부가법 제59조, 부가령 제107조)

① 사업자가 영세율을 적용받는 경우

② 사업설비(감가상각자산[20])를 시설 · 취득 · 확장 또는 증축하는 경우. 국세청은 리스자산, 즉 사업설비 시설 · 취득 · 확장 등의 목적으로 여신전문금융업법 제3조에 따라 등록한 시설대여업자로부터 임차하고 공급자 또는 세관장으로부터 세금계산서를 발급받은 경우에도 조기환급을 받을 수 있다고 한다.(부가통칙 59-107-4)

③ 조기환급기간, 예정신고기간 또는 과세기간의 종료일 현재 재무구조개선계획을 이행 중인 경우. 여기서 재무구조개선계획이란 조세특례제한법 시행령 제34조 제6항 제1호, 제2호 또는 제4호에 따른 계획을 말하며, 그 계획이 같은 조 제7항에 따른 재무구조개선계획승인권자의 승인을 받은 경우를 말한다.

일반환급과 조기환급 사유가 같이 있는 경우 사유별로 구분하여 환급하는 것이 아니라 조기환급사유가 있으면 사업장별로 해당 총매출세액에서 총매입세액을 공제하여 계산한다는 것이 국세청의 해석이다.(부가통칙 59-107-2, 부가22601-2493, 1987.12.3.) 따라서 조기환급 사유가 있으면 일반환급분까지 조기에 환급을 받을 수 있다.

2) 재고자산의 일반환급

주택신축판매업이나 상가분양 또는 부동산매매업 등 부동산 자체를 상품으로서 취득하면서 발생한 매입세액은 감가상각자산이 아니므로 시설투자가 아닌 재고자산매입세액에 해당하여 매입세액이 매출세액을 초과하는 경우 일반환급대상이다. 따라서 확정신고기간이 지난 후 30일 이내에 환급을 받는다. 환급세액은 제출된 부가가치세 신고서 및 이에 첨부된 증명서류와 매입처별 세금계산서합계표, 신용카드매출전표등 수령명세서에 의하여 확인되는 금액으로 한정한다.(부가령 제106조)

20) 감가상각자산 범위에 대하여는 위 Ⅳ. 2. 2). (2). (가) 참조

3) 사업용 고정자산의 조기환급

상가나 사무실을 사업용으로 취득하거나 임대용 부동산을 취득하는 것과 같이 부동산 자체를 공급하는 사업이 아니라 사업용 고정자산으로 부동산을 취득하는 경우, 부동산매매업 등 부동산공급을 목적으로 부동산을 취득하면서 사업용화물차 등 사업용 고정자산을 취득하는 경우에는 해당 기간의 매출세액을 초과하는 매입세액 전액을 조기환급받을 수 있다. 1월, 2월, 3월 매월 받는 것도 가능하고, 1월, 2월분을 같이 받고 3월분 따로 받는 것도 가능하며, 1월, 2월, 3월분을 동시에 받은 것도 가능하다.[21] 조기환급을 신청하고자 하는 사업자는 다음 각 사항을 적은 조기환급신고서에 해당 과세표준에 대한 매출·매입처별 세금계산서합계표와 건물 등 감가상각자산 취득명세서 또는 재무구조개선계획서를 그 신고서에 첨부하여 제출하여야 한다.

① 사업자의 인적사항
② 과세표준과 환급세액 및 그 계산근거
③ 매출·매입처별 세금계산서합계표의 제출 내용
④ 그 밖의 참고 사항

4) 과세사업 전용에 따른 환급

면세사업과 관련한 매입세액은 공제받지 못한다. 면세사업용으로 취득한 부동산 등 감가상각자산 또한 매입세액을 공제받지 못한다.(부가법 제39조 제1항 제7호) 그러나 감가상각자산은 수년간 사업에 제공되는 자산이므로 면세사업용으로 취득한 감가상각자산을 과세사업에 전용할 경우 감가되지 않은 잔존가치분에 대한 매입세액을 공제하게 되는데, 그 계산식은 다음과 같다.(부가법 제43조, 부가령 제85조) 따라서 주택임대용으로 취득한 오피스텔을 사무실 임대용으로 전용하는 경우 취득당시 공제받지 못한 매입세액을 사무실 전용시 공제받게 되어 환급세액이 발생할 수 있다.

21) 부가가치세법 시행령 제107조 제4항에 "예정신고기간 중 또는 과세기간 최종 3개월 중 매월 또는 매 2월"이라고 규정하고 있어, 3월과 4월 또는 3월에서 5월을 조기환급기간으로 하는 신청은 할 수 없는 것으로 해석된다.(2017 부가가치세, 한장석 · 김용관, 1349면)

(1) 완전전용의 경우

(가) 건물 또는 구축물

$$\text{공제되는 세액} = \frac{\text{취득당시 면세관련}}{\text{불공제 매입세액}} \times (1 - \frac{5}{100} \times \text{경과된 과세기간 수})$$

(나) 그 밖의 감가상각자산

$$\text{공제되는 세액} = \frac{\text{취득당시 면세관련}}{\text{불공제 매입세액}} \times (1 - \frac{25}{100} \times \text{경과된 과세기간 수})$$

(2) 과 · 면세사업 겸용으로 전용한 경우

(가) 건물 또는 구축물

$$\text{공제되는 세액} = \text{취득당시 면세관련 불공제 매입세액} \times (1 - \frac{5}{100} \times \text{경과된 과세기간 수}) \times \frac{\text{해당기간 과세공급가액}}{\text{해당기간 총공급가액}}$$

(나) 그 밖의 감가상각자산

$$\text{공제되는 세액} = \text{취득당시 면세관련 불공제 매입세액} \times (1 - \frac{25}{100} \times \text{경과된 과세기간 수}) \times \frac{\text{해당기간 과세공급가액}}{\text{해당기간 총공급가액}}$$

(다) 적용순위

면세사업용에서 과 · 면세 겸용으로 전용하되 과세사업의 공급가액이 총공급가액 중 5% 미만일 때에는 공제세액은 없는 것으로 보고(부가령 제85조 제2항 후단), 해당 과세기간 중 과세사업과 면세사업등의 공급가액이 없거나 그 어느 한 사업의 공급가액이 없는 경우에 그 과세기간에 대한 안분계산은 다음 각 순서에 따른다. 단, 취득 시 면세사업등과 관련하여 매입세액이 공제되지 아니한 건물에 대하여 과세사업과 면세사업등에 제공할 예정면적을 구분할 수 있는 경우에는 예정사용면적비율에 따른다.(부가령 제85조 제3항)

① 총매입가액에 대한 과세사업에 관련된 매입가액의 비율

② 총예정공급가액에 대한 과세사업에 관련된 예정공급가액의 비율

③ 총예정사용면적에 대한 과세사업에 관련된 예정사용면적의 비율

(라) 예정비율에 의한 공제세액 정산

과 · 면세 사업용으로 전환시 해당기간 공급가액이 없어서 매입가액이나 예정가액비율로 공제매입세액을 계산한 경우에는 면세사업용 감가상각자산의 과세사업용 사용 또는 소비로 과세사업과 면세사업등의 공급가액 또는 과세사업과 면세사업의 사용면적이 확정되는 과세기간에 대한 납부세액을 확정신고할 때에 정확한 공제세액을 계산하여 정산한다.(부가령 제85조 제4항)

(3) 과세기간 수

위의 경우 경과된 과세기간의 계산은 과세기간 단위로 계산하되, 건물 또는 구축물의 경과된 과세기간의 수가 20을 초과할 때에는 20으로, 그 밖의 감가상각자산의 경과된 과세기간의 수가 4를 초과할 때에는 4로 하고(부가령 제66조 제2항 후단), 과세기간 개시일 후에 감가상각자산을 취득하는 경우에는 그 과세기간 개시일에 그 재화를 취득한 것으로 본다.(부가령 제85조 제6항)

(4) 공제세액 재계산

매입세액이 공제된 후 총공급가액에 대한 면세공급가액의 비율 또는 총사용면적에 대한 면세사용면적의 비율과 해당 감가상각자산의 취득일이 속하는 과세기간(그 후의 과세기간에 재계산하였을 때에는 그 재계산한 기간)에 적용되었던 비율 간의 차이가 5% 이상인 경우에는 감가상각자산 매입세액 재계산 규정(부가령 제83조)을 준용하여 매입세액을 재계산한다.(부가령 제85조 제7항)

(5) 감가상각자산 과세사업전환 신고

과세사업전환 감가상각자산 신고서는 부가가치세법 시행규칙 별지 제17호 서식에 의한다.(부가칙 제58조)

5) 사업양수자의 대리납부와 환급

사업을 포괄양도하는 경우 재화의 공급으로 보지 않기 때문에 재고재화나 사업용 고정자산의 양도에 대하여 부가가치세가 과세되지 아니한다. 그러나 포괄양도에 해당하는지 여부가 애매한 경우 납세자의 불안을 덜기 위하여 사업을 양수하는 자가 부가가치세를 대리납부하는 경우 사업의 양도에 해당하더라도 재화의 공급으로 보아 매입세액 공제를 받을 수 있는 제도에 대하여 앞에서 보았다.(부가법 제10조 제9항) 사업을 양수한 자가 부동산 등 사업용 고정자산을 취득하게 되면, 시설투자에 의한 조기환급을 받을 수 있다. 매입세액공제를 받기 위한 대리납부절차는 다음과 같다.

(1) 대리납부 기한

사업의 양도(사업의 양도여부가 분명하지 아니한 경우 포함한다)의 양수자가 사업양수 대가를 지급하는 날이 속하는 달의 다음 달 25일까지 확정신고에 준하여 사업장 관할 세무서장에게 부가가치세를 신고 및 납부할 수 있다.(부가법 제52조 제4항 · 제49조 제2항)

(2) 신고 및 납부

양수자는 다음 각 사항을 적은 부가가치세 대리납부신고서(부가칙 별지 제37호의2 서식)와 함께 사업장 관할 세무서장에게 납부하거나 국세징수법에 따른 납부서를 작성하여 한국은행 또는 체신관서에 납부하여야 한다.(부가령 제95조 제5항)

① 사업양수자의 인적사항
② 사업의 양수에 따른 대가를 받은 자의 인적사항
③ 사업의 양수에 따른 대가의 가액과 부가가치세액
④ 그 밖의 참고 사항

6) 면세전용에 따른 부가가치세 납부

오피스텔 등 사업용 고정자산을 취득하고 매입세액을 환급받은 후 주택임대사업용으로 전용하는 경우와 같이 과세사업을 위하여 부동산을 취득하고 매입세액을 공제받은 후 면세사업에 전용하게 되면 재화의 공급으로 보아 부가가치세를 부담하게 된다는 점은 앞에서 보았다.(제1절 Ⅱ 5.) 주의할 점은 재고자산은 시가를 공급가액으로 하고 감가상각자산은 취득가액에 경과된 과세기간 수만큼 감가한 잔가를 공급가액을 한다는 점이다.(제1절 Ⅲ 4.) 즉 주택신축판매용이나 상가신축분양용 부동산은 공급의제 시 시가를 공급가액으로 하고, 임대용부동산 및 상가 등 사업용 고정자산은 취득가액에 감가상각을 한 후의 가액을 공급가액으로 한다. 따라서 과세사업을 위하여 오피스텔 등 감가상각자산을 취득한 후 면세사업용으로 전용한 경우 부가가치세를 추가로 납부하는 세액은 매입세액에서 감가상각비율에 해당하는 금액을 차감한 잔액이지만 이는 매입세액의 추징이 아니라 공급이 간주되어 부가가치세 매출세액을 납부하는 것이다.

제 3 장

증여세

제 1 절 증여세 구조와 세율

제 2 절 증여세 과세대상 부동산 증여

제 3 절 증여세 납세의무

제 4 절 증여재산 취득시기 및 가액

제 5 절 증여세 과세가액

제 6 절 과세표준 및 납부세액

제 7 절 신고 및 납부

제 1 절 증여세 구조와 세율

I 증여세 계산구조

증여세는 타인으로부터 무상으로 얻는 재산적 이익에 대하여 과세하는 것이다. 부동산을 무상으로 취득하는 유형으로 증여취득과 상속취득을 들 수 있다. 무상으로 취득한다는 점은 같으나 세법은 과세방법을 달리한다. 증여세는 수증자를 중심으로 증여재산에 대하여 증여세를 납부하고(상증법 제4조의2), 상속세는 피상속인의 상속재산에 대하여 상속세를 납부한다.(상증법 제3조) 따라서 개별 증여물건별로 과세요건을 검토하는 증여세가 피상속인의 상속재산 전부에 대하여 과세요건을 검토하는 상속세에 비하여 단순하다고 볼 수 있으나, 증여세 완전포괄주의를 도입하여 타인으로부터 직·간접적으로 받는 유·무형의 재산적 이익을 증여로 보고, 증여세 과세대상 범위를 확대함에 따라 증여세 과세대상 범위와 요건이 상당히 복잡하다.(상증법 제2조 제6호·제4조)

증여세의 계산구조는 각 증여재산의 가액을 산정하여 합한 금액에서 그 증여재산에 담보된 채무를 빼고, 해당 증여일 전 10년 이내에 동일인으로부터 받은 증여재산가액을 가산한 금액을 증여세 과세가액으로 하고, 증여세 과세가액에서 증여자와 수증자의 관계에 따른 증여재산 공제액 및 재해손실금액을 공제한 과세표준에 증여세율을 적용하여 납부할 세액을 산출한다. 취득세와 마찬가지로 취득하는 재산가치의 크기에 따라 납부세액의 크기가 달라지는 것이나 취득세는 취득유형에 따라 각기 다른 세율이 적용되는 반면 증여세는 증여유형에 상관없이 증여재산 크기에 따른 초과누진세율을 적용한다. 증여세는 매 증여재산을 취득하는 때 납세의무가 성립하므로(국기법 제21조) 증여재산 취득시마다 증여세를 납부하여야 하나 동일인으로부터 수차례 증여를 받은 경우 해당 증여일 전 10년 이내에 증여받은 재산의 가액을 합산하여(상증법 제47조) 누진세율을 적용하므로 세율적용과 기납부세액공제 등의 절차가 다소 복잡하다. 증여세과세표준신고서도 이러한 순서에 따라 작성하도록 만들어져 있다.(다음 증여세과세표준신고서 일부 참조) 여기서는 부동산 증여취득을 중심으로 증여세의 과세대상, 증여재산가액, 증여재산공제, 세율적용, 기납부세액을 차감한 납부세액 계산 등에 대하여 알아본다.

〈증여세과세표준신고서 중 증여재산가액에서 납부세액까지 기재사항〉

구분		금액
㉔ 증여재산가액		
㉕ 비과세재산가액		
과세가액 불산입	㉖ 공익법인 출연재산가액 (상속세 및 증여세법 제48조)	
	㉗ 공익신탁 재산가액 (상속세 및 증여세법 제52조)	
	㉘ 장애인 신탁 재산가액 (상속세 및 증여세법 제52조의2)	
㉙ 채무액		
㉚ 증여재산가산액 (상속세 및 증여세법 제47조 제2항)		
㉛ 증여세과세가액 (㉔ - ㉕ - ㉖ - ㉗ - ㉘ - ㉙ + ㉚)		
증여재산공제	㉜ 배우자	
	㉝ 직계존비속	
	㉞ 그 밖의 친족	
㉟ 재해손실공제 (상속세 빚 증여세법 제54조)		
㊱ 감정평가수수료		
㊲ 과세표준(㉛ - ㉜ - ㉝ - ㉞ - ㉟ - ㊱)		
㊳ 세율		
㊴ 산출세액		
㊵ 세대생략가산액 (상속세 및 증여세법 제57조)		
㊶ 산출세액계(㊴ + ㊵)		
㊷ 이자상당액		
㊸ 박물관자료 등 징수유예세액		
세액공제	㊹ 세액공제합계 (㊺ + ㊻ + ㊼ + ㊽)	
	㊺ 기납부세액 (상속세 및 증여세법 제58조)	

	㊻ 외국납부세액공제 (상속세 및 증여세법 제59조)		
	㊼ 신고세액공제 (상속세 및 증여세법 제69조)		
	㊽ 그 밖의 공제·감면세액		
㊾ 신고불성실가산세			
㊿ 납부불성실가산세			
(51) 공익법인 등 관련 가산세 (상속세 및 증여세법 제78조)			
(52) 자진납부할 세액(합계액) (㊶ + ㊷ - ㊸ - ㊹ + ㊾ + ㊿ + (51))			
납부방법		납부 및 신청일	
(53)	연부연납		
현금	(54) 분납		
현금	(55) 신고납부		

Ⅱ 증여세 세율

1. 일반세율

증여재산가액에서 증여재산공제를 한 증여세의 과세표준에 다음의 세율을 적용하여 증여세산출세액을 계산한다. 증여세 세율은 상속세 세율과 같다.(상증법 제26조·제55조·제56조)

〈증여세 세율〉

과세표준	세 율
1억원 이하	과세표준의 10%
1억원 초과 5억원 이하	1천만원 + 1억원을 초과하는 금액의 20%
5억원 초과 10억원 이하	9천만원 + 5억원을 초과하는 금액의 30%
10억원 초과 30억원 이하	2억4천만원 + 10억원을 초과하는 금액의 40%
30억원 초과	10억4천만원 + 30억원을 초과하는 금액의 50%

현행 증여세 세율은 1999년 12월 28일 법률 제6048호로 개정되어 2000년 1월 1일 이후 증여 분부터 적용되었다. 개정세율 적용 초기에는 누진율이 달라짐에 따라 세율변경 전 증여 분을 합산하는 경우 세율적용 범위에 대한 경과규정이 필요하였다.(법률 제6048호 부칙 제5조) 그러나 현행 증여세율이 10년 넘게 적용되고 있어 국세기본법 제26조의2 제4항의 특수한 증여의 경우를 제외하고는 지금 증여하는 경우 합산할 과거 증여재산가액에 대하여도 동일한 세율이 적용되므로 합산할 증여재산의 증여시기에 따른 세율검토는 고려하지 않아도 된다.

2. 특례세율

조세특례제한법 제30조의6에 따라 가업승계를 목적으로 해당 가업의 주식 또는 출자지분을 증여받는 경우 과세표준 30억원까지는 10%, 30억원을 초과하는 분에 대하여는 20%의 특례세율을 적용한다. 부동산을 직접 증여받은 경우에는 적용될 수 없으나 가업승계를 통하여 부동산을 취득하는 경우에는 특례세율을 검토할 필요가 있다. 조세특례제한법 제30조의5에 따라 현금등(부동산 등 양도소득세 과세대상 재산 제외)으로 창업자금을 증여하는 경우에는 30억원까지 10%의 특례세율을 적용한다. 이 특례세율은 부동산증여와 직접 관련된 제도가 아니므로 여기서는 자세히 다루지 아니한다.

III 증여세 할증과세

1. 할증과세의 의의

상속세와 증여세는 주로 가족 간에 이루어지는 재산의 무상이전에 대한 세제로 다른 세목에 비하여 세율이 높다. 자손에게 부를 물려주면서 아들을 거치지 않고 손자 또는 증손자에게 바로 재산을 물려주면 상속세나 증여세를 한 단계 생략할 수 있다. 이러한 세대를 건너뛴 증여에 대하여 생략된 단계를 고려하여 세법은 산출된 증여세액을 할증하는 제도를 두고 있다.(상증법 제57조)

2. 할증과세 요건

수증자가 증여자의 자녀가 아닌 직계비속인 경우, 즉 손자녀 또는 증손자녀인 경우에 적용한다. 다만, 증여자의 아들이 먼저 사망하여 손자에게 증여하는 경우와 같이 증여자의 최근친(最近親)인 직계비속이 사망하여 그 사망자의 최근친인 직계비속이 증여받은 경우에는 할증과세를 하지 아니한다.

3. 할증세액

증여세산출세액의 30%를 할증세액으로 하나, 수증자가 미성년자이고 증여재산가액이 20억원을 초과하는 경우에는 증여세산출세액의 40%를 할증세액으로 한다. 10년 전 증여재산으로 합산하는 증여재산이 할증과세 대상으로 할증세액을 납부한 경우에는 기납부할증세액으로 차감한다.

제 2 절 증여세 과세대상 부동산 증여

I 증여 및 증여재산

세법은 "증여"의 개념을 "그 행위 또는 거래의 명칭·형식·목적 등과 관계없이 직접 또는 간접적인 방법으로 타인에게 무상으로 유형·무형의 재산 또는 이익을 이전(移轉)(현저히 낮은 대가를 받고 이전하는 경우를 포함한다)하거나 타인의 재산가치를 증가시키는 것을 말한다. 다만, 유증과 사인증여는 제외한다."라고 규정하고, "증여재산"이란 증여로 인하여 수증자에게 귀속되는 모든 재산 또는 이익을 말하며, ① 금전으로 환산할 수 있는 경제적 가치가 있는 모든 물건, ② 재산적 가치가 있는 법률상 또는 사실상의 모든 권리, ③ 금전으로 환산할 수 있는 모든 경제적 이익을 포함하는 개념이라고 규정하고 있다.(상증법 제2조 제6호·제7호) 이는 재산의 무상이전을 의미하는 민법상의 증여개념[1]보다 넓다. "타인의 재산가치를 증가시키는 것"이라는 포괄개념을 도입함으로써 계열기업 간 거래를 통하여 특수관계자의 주식가치를 증가시켜주는 것 등 특수관계자 간 다양한 부의 이전에 대하여 증여세를 과세할 수 있는 근거를 마련한 것이다. 그러나 포괄개념은 증여세 과세범위의 한계에 대한 문제를 내포하고 있다.[2]

1) 민법 제554조(증여의 의의) 증여는 당사자 일방이 무상으로 재산을 상대방에 수여하는 의사를 표시하고 상대방이 이를 승낙함으로써 그 효력이 생긴다.

2) 개정 전(2015.12.15. 법률13557호로 개정되기 전) 증여세법 제2조 제1항은 타인의 증여로 증여받은 자가 거주자인 경우 증여받은 모든 재산을 증여세 과세대상으로 한다고 규정하고, 같은 조 제3항에서 "증여"란 그 행위 또는 거래의 명칭·형식·목적 등과 관계없이 경제적 가치를 계산할 수 있는 유형·무형의 재산을 직접 또는 간접적인 방법으로 타인에게 무상으로 이전(현저히 저렴한 대가를 받고 이전하는 경우를 포함한다)하는 것 또는 기여에 의하여 타인의 재산가치를 증가시키는 것을 말한다고 하여, 규정형식상 증여개념으로 포섭되는 모든 증여를 과세대상으로 하였으나, 현행법은 제2조에 증여개념을 규정하고 증여세과세대상을 제4조에 별도로 열거하고 있어 규정형식상 완전한 포괄주의에서 한 발 물러선 느낌이다. 그러나 본서는 학문적 연구를 목적으로 하는 것이 아니기 때문에 여기서는 증여세포괄주의와 조세

Ⅱ 증여세 과세대상

상속세 및 증여세법 제4조는 증여세 과세대상으로 부동산 증여를 포함한 현금·주식 등 재산의 직접적인 무상이전뿐만 아니라 법인의 주식 또는 출자지분의 증감을 통한 간접증여나 법인과의 거래를 통하여 특수관계인에게 재산가치를 우회적으로 증여하는 경우 등 다양한 형태의 증여유형을 열거하고 있다. 열거된 증여유형 중 부동산과 직접적인 관련이 없는 규정도 있으나 증여세는 동일인으로부터 10년간 증여받은 재산을 합산하여 과세하는 것을 원칙으로 하면서 일부 유형의 증여재산은 합산과세에서 제외하고 있다. 부동산 관련 증여유형에 대하여는 제4절에서 자세히 보고, 여기서는 증여세 과세체계의 이해를 돕고자 세법이 열거형식을 취하고 있는 증여세 과세대상에 대하여 간략히 살펴본다.(상증법 제4조)

1. 무상으로 이전받은 재산 또는 이익

민법상 증여의 대상이 되는 재산뿐만 아니라 무상으로 받은 이익도 증여세 과세대상이 된다.(상증법 제4조 제1항 제1호) 부동산의 소유권을 무상으로 이전하는 경우는 재산의 증여로 여기에 해당한다. 증여재산가액은 시가로 평가한다.(상증법 제31조)

2. 고저가 양수도

현저히 낮은 대가를 주고 재산 또는 이익을 이전받음으로써 발생하는 이익이나 현저히 높은 대가를 받고 재산 또는 이익을 이전함으로써 발생하는 이익을 말한다. 다만, 특수관계인이 아닌 자 간의 거래인 경우에는 거래의 관행상 정당한 사유가 없는 경우로 한정한다.(상증법 제4조 제1항 제2호) 매매의 형식으로 부동산소유권을 이전하였으나 그 대가가 시가에 비하여 현저히 높거나 낮은 경우 증여세가 과세된다. 현저히 높거나 낮은 가액이란 시가와 거래가액과의 차액이 시가의 30% 이상이거나 3억원 이상인 경

법률주의에 관한 학술적 논의는 검토하지 아니한다.

우를 말한다.(상증법 제31조)

3. 재산 취득 후 해당 재산의 가치가 증가한 경우의 그 이익

재산 취득 후 해당 재산의 가치가 증가한 경우의 그 이익에 대하여 증여세를 과세한다.(상증법 제4조 제1항 제3호) 상당히 포괄적인 개념이나 재산 취득 후 해당 재산의 가치가 증가한 경우의 의미에 대한 별도의 규정이 없다. 개정 전(2015.12.15. 법률 제13557호로 개정되기 전) 상속세 및 증여세법 제32조 제3호 나목 "타인의 기여에 의하여 재산가치가 증가하는 경우"의 증여재산가액 계산의 일반원칙에 규정된 증여재산가액의 계산방법을 승계한 것으로 보아, 재산의 취득 후 타인의 기여에 의하여 재산가치가 증가하는 경우 그 증가이익이 과세대상인 것으로 해석된다. 이 경우에도 그 재산가치 증가액이 3억원 이상이거나 해당 재산의 취득가액 등 금액의 100분의 30 이상인 경우로 한정하여 과세한다.(상증법 제31조) 그리고 특수관계인이 아닌 자 간의 거래인 경우에는 거래의 관행상 정당한 사유가 없는 경우에 한하여 과세한다.

4. 증여 예시규정에 해당하는 재산 또는 이익

상속세 및 증여세법 제4조 제1항 제4호는 제33조 이하 증여재산가액 계산 규정에 예시된 증여규정을 다시 증여세 과세대상으로 열거하고 있다. 외형상 열거주의 형식을 취하고 있으나 같은 항 제6호에 "제4호 각 규정의 경우와 경제적 실질이 유사한 경우 등 제4호의 각 규정을 준용하여 증여재산의 가액을 계산할 수 있는 경우의 그 재산 또는 이익"을 증여세 과세대상으로 열거하여 포괄주의 과세규정을 다시 두고 있다.

(1) 신탁이익의 증여

신탁계약에 의하여 위탁자가 신탁의 이익의 전부 또는 일부를 받을 수익자(受益者)로 타인을 지정한 경우 수익자인 타인이 받은 원본 또는 수익에 대하여 증여세를 과세한다. 이 경우 수익자가 특정되지 아니하거나 아직 존재하지 아니하는 경우에는 위탁자 또는 그 상속인을 수익자로 보고, 수익자가 특정되거나 존재하게 된 때에 새로운 신탁

이 있는 것으로 보아 증여세를 과세한다.(상증법 제33조)

(2) 보험금의 증여

생명보험이나 손해보험에서 보험사고가 발생하여 보험금을 지급하거나 보험사고 없이 만기에 보험금을 지급하는 보험계약에 있어서 보험료의 전부 또는 일부를 보험금 수령인이 아닌 다른 사람이 납부한 경우에는 보험금 수령인이 아닌 자가 납부한 보험료 납부액에 대한 보험금 상당액을 증여받은 것으로 보아 증여세를 과세한다. 보험계약 기간에 보험금 수령인이 재산을 증여받아 보험료를 납부한 경우에는 증여받은 재산으로 납부한 보험료와 그 보험료에 상당하는 보험금의 차액, 즉 보험이익에 대하여도 증여세를 과세한다. 즉 증여받아 납부한 보험료는 증여받을 당시 증여세를 과세하고 그 보험료로 수익한 보험이익에 대하여도 별도로 증여세를 과세한다는 것이다.(상증법 제34조)

(3) 고저가 양 · 수도에 따른 이익의 증여

(가) 특수관계인 간의 거래

특수관계인 간에 재산을 시가보다 낮은 가액으로 양수하거나 시가보다 높은 가액으로 양도한 경우로서 그 대가와 시가의 차액이 시가의 30% 이상이거나 그 차액이 3억원 이상인 경우, 시가와의 차액에서 시가의 30%와 3억원 중 적은 금액을 뺀 나머지 금액에 대하여 증여세를 과세한다.(상증법 제35조 제1항, 상증령 제26조 제2항)

(나) 특수관계인이 아닌 자간의 거래

특수관계인이 아닌 자 간에 거래의 관행상 정당한 사유 없이 재산을 시가보다 현저히 낮은 가액으로 양수하거나 시가보다 현저히 높은 가액으로 양도한 경우로서 그 대가와 시가의 차액이 시가의 30%이상인 경우, 그 차액에서 3억원을 뺀 금액에 대하여 증여세를 과세한다.(상증법 제35조 제2항, 상증령 제26조 제3항 · 제4항)

(다) 개인과 법인 간의 거래

개인과 법인 간에 재산을 양수하거나 양도하는 경우로서 그 대가가 법인세법 제52조 제2항에 따른 시가에 해당하여 그 법인의 거래에 대하여 부당행위계산부인(같은 법 제52조 제1항)이 적용되지 아니하는 경우에는 증여세를 과세하지 아니한다. 다만, 거짓이나 그 밖의 부정한 방법으로 상속세 또는 증여세를 감소시킨 것으로 인정되는 경우에는 증여세를 과세한다.(상증법 제35조 제3항)

(4) 채무면제 등에 따른 증여

채권자로부터 채무를 면제받거나 제3자로부터 채무의 인수 또는 변제를 받은 경우에는 그 면제, 인수 또는 변제로 인한 이익에 상당하는 금액에 대하여 증여세를 과세한다. 이때 보상액을 지급한 경우에는 그 보상액을 뺀 금액으로 한다.(상증법 제36조)

(5) 부동산 무상사용에 따른 이익의 증여

(가) 무상사용

타인의 부동산을 무상으로 사용함에 따라 이익을 얻은 경우에는 그 이익에 상당하는 금액을 부동산 무상 사용자의 증여재산가액으로 하여 증여세를 과세한다. 다만, 그 부동산 소유자와 함께 거주하는 주택과 그에 딸린 토지는 제외한다. 무상사용 이익이 1억원 미만인 경우에는 과세하지 아니하며(상증령 제27조 제2항), 특수관계인이 아닌 자 간의 거래인 경우에는 거래의 관행상 정당한 사유가 없는 경우에 한하여 과세한다.(상증법 제37조 제1항)

(나) 무상담보제공

타인의 부동산을 무상으로 담보로 이용하여 금전 등을 차입함에 따라 이익을 얻은 경우에는 그 이익에 상당하는 금액을 담보로 이용한 자의 증여재산가액으로 하여 증여세를 과세한다. 무상담보제공 이익이 1천만원 미만인 경우에는 과세하지 아니하며(상증령 제27조 제5항), 특수관계인이 아닌 자 간의 거래인 경우에는 거래의 관행상 정당한 사유가 없는 경우에 한하여 과세한다.(상증법 제37조 제2항)

(6) 합병에 따른 이익의 증여

특수관계에 있는 법인 간의 합병(분할합병을 포함한다)으로 소멸하거나 흡수되는 법인 또는 신설되거나 존속하는 법인의 대주주등이 합병으로 인하여 이익을 얻은 경우에는 그 이익에 상당하는 금액을 그 대주주등의 증여재산가액으로 하여 증여세를 과세한다. 다만, 그 이익에 상당하는 금액이 다음 금액 이상인 경우에만 과세한다.(상증법 제38조, 상증령 제28조 제4항)

① 합병대가를 주식등으로 교부받은 경우 : 합병 후 신설 또는 존속하는 법인의 주식등의 평가가액의 100분의 30에 상당하는 가액과 3억원 중 적은 금액
② 합병대가를 주식등 외의 재산으로 지급받은 경우 : 3억원

(7) 증자에 따른 이익의 증여

법인이 자본금이나 출자액을 증가시키기 위하여 새로운 주식 또는 지분을 발행함에 있어 시가보다 고저가로 발행하여 일부주주가 신주인수를 포기함으로써 다른 주주등에게 이익을 주거나 다른 주주등으로부터 이익을 취득하는 경우 또는 보유주식 수의 비율에 맞지 않는 불균등 배분으로 다른 주주들간 보유주식가치의 이전이 있는 경우 그 이익에 대하여 증여세를 과세한다.(상증법 제39조)

(8) 감자에 따른 이익의 증여

법인이 자본금을 감소시키기 위하여 주식등을 소각(消却)하는 경우로서 일부 주주등의 주식등을 소각함에 있어 주식등의 시가보다 낮거나 높은 금액으로 소각함에 따라 특수관계에 있는 주주등이 이익을 보는 경우 그 이익에 상당하는 금액을 증여재산가액으로 하여 증여세를 과세한다. 그 이익은 다음과 같다. 이 경우에도 그 이익이 감자한 주식등의 평가액의 30% 이상이거나 3억원 이상인 경우에만 과세한다.(상증법 제39조의2, 상증령 제29조의2)

(9) 현물출자에 따른 이익의 증여

현물출자(現物出資)를 함에 있어, 주식등을 시가보다 낮은 가액으로 인수함으로써 현물출자자가 얻은 이익, 주식등을 시가보다 높은 가액으로 인수함으로써 현물출자자의 특수관계인에 해당하는 주주등이 얻은 이익에 대하여 증여세를 과세한다.(상증법 제39조의3)

(10) 전환사채 등의 주식전환 등에 따른 이익의 증여

전환사채등[전환사채, 신주인수권부사채(신주인수권증권이 분리된 경우에는 신주인수권증권) 또는 그 밖의 주식으로 전환・교환하거나 주식을 인수할 수 있는 권리가 부여된 사채]를 인수・취득・양도하거나, 주식으로 전환・교환 또는 주식의 인수를 함으로써 이익을 얻은 경우에는 그 이익에 상당하는 금액을 증여재산가액으로 하여 증여세

를 과세한다.(상증법 제40조)

(11) 초과배당에 따른 이익의 증여

법인이 이익이나 잉여금을 배당등(배당 또는 분배)하는 경우로서 그 법인의 최대주주등이 지급받을 배당등의 금액의 전부 또는 일부를 포기하거나 본인이 보유한 주식등에 비례하여 균등하지 아니한 조건으로 배당등을 받음에 따라 그 최대주주등의 특수관계인이 보유한 주식등에 비하여 높은 금액의 배당등을 받은 경우에는, 균등하지 아니한 조건으로 배당등을 받은 금액을 그 특수관계인의 증여재산가액으로 하여 증여세를 과세한다. 이 경우 부과된 소득세는 기납부세액으로 공제하며, 증여세가 소득세 보다 적은 경우에는 소득세만 부과한다.(상증법 제41조의2)

(12) 주식등의 상장에 따른 이익의 증여

법인의 주식을 증권시장에 상장함에 따라 주식의 가치가 증가하는 경우 상장직전에 특수관계인에게 당해 법인의 주식을 취득하게 한 후 주식을 상장함으로써 얻는 이익 즉 상장 후 주식가치의 상승분에 대하여 증여세를 과세한다.(상증법 제41조의3)

(13) 금전 무상대출 등에 따른 이익의 증여

타인으로부터 금전을 무상으로 또는 적정 이자율보다 낮은 이자율로 대출받은 경우에는 적정이자율에 따른 이자와 실제 지급이자의 차액을 그 금전을 대출받은 날에 증여받은 것으로 보아 증여세를 과세한다. 다만, 그 이익 금액이 1천만원 미만인 경우는 과세하지 아니한다.(상증령 제31조의4) 대출기간이 정해지지 아니한 경우에는 그 대출기간을 1년으로 보고, 대출기간이 1년 이상인 경우에는 1년이 되는 날의 다음 날에 매년 새로 대출받은 것으로 보아 해당 증여재산가액을 계산한다. 특수관계인이 아닌 자 간의 거래인 경우에는 거래의 관행상 정당한 사유가 없는 경우에 한하여 과세한다.(상증법 제41조의4)

(14) 합병에 따른 상장 등 이익의 증여

법인을 합병함에 따라 주식의 가치가 증가하는 경우, 합병직전에 특수관계인에게 해당 법인의 주식을 취득하게 한 후 합병함으로써 상승한 주식가치의 증가분에 대하여 증여세를 과세한다.(상증법 제41조의5)

(15) 재산사용 및 용역제공 등에 따른 이익의 증여

타인의 재산을 무상으로 사용하거나 시가보다 낮은 대가를 지급하고 사용함으로써 얻는 이익 및 무상이나 시가보다 저가로 용역을 제공받음으로써 얻는 이익 대하여 증여세를 과세한다. 특수관계인이 아닌 자 간의 거래인 경우에는 거래의 관행상 정당한 사유가 없는 경우에 한하여 증여세를 과세한다. 그 유형은 다음과 같다.(상증법 제42조)

① 부동산과 금전을 제외한 타인의 재산을 시가보다 낮은 대가를 지급하거나 무상으로 사용함으로써 얻은 이익
② 타인으로부터 시가보다 높은 대가를 받고 부동산과 금전이외의 재산을 사용하게 함으로써 얻은 이익
③ 타인에게 시가보다 낮은 대가를 지급하거나 무상으로 용역을 제공받음으로써 얻은 이익
④ 타인으로부터 시가보다 높은 대가를 받고 용역을 제공함으로써 얻은 이익[3]

여기서 이익이란 시가와 대가의 차액을 말하며, 무상사용이나 무상용역의 시가가 1천만원 미만인 경우와 고·저가 사용이나 고·저가 용역의 경우 시가와의 차액이 시가의 30% 미만인 경우에는 증여세를 과세하지 아니한다.(상증령 제32조) 재산의 사용기간 또는 용역의 제공기간이 정해지지 아니한 경우에는 그 기간을 1년으로 하고, 그 기간이 1년 이상인 경우에는 1년이 되는 날의 다음 날에 매년 새로 재산을 사용 또는 사용하게 하거나 용역을 제공 또는 제공받은 것으로 본다.

(16) 법인의 조직변경 등에 따른 이익의 증여

주식의 포괄적 교환 및 이전, 사업의 양수·양도, 사업 교환 및 법인의 조직 변경 등에 의하여 소유지분이나 그 가액이 변동됨에 따라 이익을 얻은 경우에는 그 이익에 대하여 증여세를 과세한다. 여기서 이익이란 소유지분이나 그 가액의 변동 전·후 재산의 평가차액을 말하고, 그 이익에 상당하는 금액이 변동전 해당 재산가액의 30% 미만이면서 3억원 미만인 경우에는 과세하지 아니한다.(상증령 제32조의2) 특수관계인이 아닌 자 간의 거래인 경우에는 거래의 관행상 정당한 사유가 없는 경우에 한정하여 적용한다.(상증법 제42조의2)

---

3) 부동산의 무상사용은 별도의 규정(상증법 제37조)을 두고 있으며, 부동산의 고저가 임대는 용역의 고저가 임대로 보아 과세한다.(상증령 제32조 제3항)

(17) 재산취득 후 재산가치 증가에 따른 이익의 증여

개발사업의 시행을 앞두고 부동산을 증여한 후 개발사업을 시행함으로써 수증자에게 개발이익을 향수하게 하는 경우 그 개발이익도 증여재산으로 보아 증여세를 과세한다. 즉 직업, 연령, 소득 및 재산상태로 보아 자력(自力)으로 개발행위 등 해당 행위를 할 수 없다고 인정되는 자가 특수관계인으로부터 재산을 취득하고, 그 재산을 취득한 날부터 5년 이내에 개발사업의 시행, 형질변경, 공유물(共有物) 분할, 사업의 인가・허가 등의 사유로 인하여 이익을 얻은 경우에는 그 이익에 대하여 증여세를 과세한다.(상증법 제42조의3, 상증령 제32조의3) 과세요건 및 이익산정방법은 "증여재산 평가" 부분에서 설명한다.

(18) 위 규정의 경우와 경제적 실질이 유사한 경우

위 각 규정의 경우와 경제적 실질이 유사한 경우 등 각 규정을 준용하여 증여재산의 가액을 계산할 수 있는 경우의 그 재산 또는 이익(상증법 제4조 제1항 제6호)

5. 증여추정에 해당하는 재산 또는 이익

상속세 및 증여세법 제44조, 제45조 증여추정 규정을 증여세 과세대상으로 열거하고 있다.(상증법 제4조 제1항 제5호)

(1) 배우자 등에게 양도한 재산의 증여 추정

배우자나 직계존비속에게 재산을 증여하면서 증여세 부담을 피하기 위하여 형식상으로는 양도한 것으로 위장하는 경우가 있다. 가령 매매를 원인으로 부동산소유권 이전등기를 하였으나 대가를 지급하지 않거나 지급한 대가를 되돌려 받은 경우 등이다. 실질에 따라 증여세를 과세하는 것이 당연하지만, 과세당국이 가족간의 실제 행위를 입증하기가 쉽지 않은 점을 고려하여 입증책임을 전환하여 가족 간의 매매행위는 그 사실관계의 입증책임을 납세자에게 지우는 것이 양도재산의 증여추정 규정이다. 그 유형은 다음과 같다.(상증법 제44조)

(가) 배우자 또는 직계존비속간의 양도

배우자 또는 직계존비속에게 양도한 재산은 양도자가 그 재산을 양도한 때에 그 재산의 가액을 그 배우자 또는 직계존비속이 증여받은 것으로 추정하여 증여세를 과세한다.

(나) 특수관계인을 통한 배우자 또는 직계존비속간 양도

특수관계인에게 양도한 재산을 그 특수관계인이 양수일부터 3년 이내에 당초 양도자의 배우자 또는 직계존비속에게 다시 양도한 경우에는 당초 양수자가 그 재산을 양도한 당시의 재산가액을 그 배우자등이 증여받은 것으로 추정하여 이를 배우자등의 증여재산가액으로 한다. 다만, 당초 양도자 및 양수자가 부담한 소득세법에 따른 결정세액을 합친 금액이 양수자가 그 재산을 양도한 당시의 재산가액을 당초 그 배우자등이 증여받은 것으로 추정할 경우의 증여세액보다 큰 경우에는 그러하지 아니하다.

(2) 재산 취득자금 등의 증여 추정

부동산 등을 취득하여 자녀에게 증여할 때 부담하게 될 증여세를 회피하기 위하여 직접 자녀의 이름으로 부동산등을 취득하고 현금 등 노출이 쉽지 않은 자산으로 그 대가를 지급함으로써 자녀가 정상적으로 부동산등을 취득한 것으로 위장하는 경우 가족간의 자금거래사실을 과세당국이 밝혀내기가 어렵다. 이러한 위장행위로 의심되는 재산취득의 사실관계에 대한 입증책임을 납세자에게 전환한 제도가 재산취득자금 등의 증여추정규정이다.(상증법 제45조)

6. 증여의제에 해당하는 재산 또는 이익

상속세 및 증여세법 제45조의2 등 증여의제 규정 또한 증여세 과세대상으로 열거하고 있다.(상증법 제4조 제2항)

(1) 명의신탁재산의 증여의제

재산권의 이전에 등기·등록 등 형식적 요건을 요하는 경우, 형식상으로는 소유권이전 등기·등록 등이 이루어졌으나 실제로는 여전히 전소유자가 소유권을 가지고 있는 경우 과세당국으로서는 실제소유자를 파악하기가 곤란하다. 이러한 사정을 역으로 이

용하여 실제는 소유권을 이전했음에도 세금부담을 피하기 위하여 사후에 명의신탁을 주장하는 경우에도 그 실질관계를 밝히기란 매우 어렵다. 이와 같이 권리의 이전이나 그 행사에 등기등이 필요한 재산을 명의신탁으로 형식상 소유권을 이전한 경우에도 이를 증여한 것으로 보아 증여세를 과세한다. 당초 부동산 명의신탁에도 적용되었으나 부동산실명법이 제정된 이후 토지와 건물은 명의신탁 증여의제 대상에서 제외하였다. 따라서 부동산명의신탁은 증여세 과세대상이 아니며, 현재는 주식명의신탁에 대한 과세문제가 많이 발생한다.(상증법 제45조의2) 2018년 12월 31일 개정 전 세법에서는 명의신탁이라 하더라도 증여로 보겠다는 취지에 따라 명의자에게 증여세를 과세하였으나, 2019년 1월 1일 이후 증여로 의제되는 명의신탁부터는 실제소유자에게 증여세를 부과한다.[4)]

(2) 특수관계인과의 거래를 통한 이익의 증여의제

아버지가 대주주인 A법인이 아들이 대주주인 B법인과의 거래를 비정상적으로 증가시켜 B법인의 영업이익이 늘어남으로써 아들이 소유하고 있는 B법인의 주식가치가 상승하는 경우와 같이, 법인이 그 지배주주와 특수관계에 있는 법인과 비정상적인 거래를 통하여 주식가치의 증가를 가져오는 경우 이를 증여이익으로 보아 증여세를 과세한다. 이른바 일감몰아주기로 재산적 이익을 이전하는 데 대한 과세제도이다. B법인과 같이 일감몰아주기로 혜택을 받는 법인을 수혜법인이라 한다.(상증법 제45조의3)

(3) 특수관계법인으로부터 제공받은 사업기회로 발생한 이익의 증여의제

지배주주와 그 친족이 다수 주식을 보유하고 있는 법인(수혜법인)이 지배주주와 특수관계에 있는 법인으로부터, 그 특수관계법인이 직접 수행하거나 다른 사업자가 수행하고 있던 사업기회를 제공(임대차계약, 입점계약 등의 방법)받는 경우에는 지배주주와 그 친족이 증여이익을 얻은 것으로 보아 증여세를 과세한다. 이른바 일감 떼어주기에 대한 증여세 과세이다.(상증법 제45조의4)

4) 개정세법에 의하면 명의신탁인 경우 명의자에게 증여세를 부과할 수 없으므로 명의신탁인지 증여인지가 불분명한 경우에는 오히려 과세처분에 어려움이 있다. 과세당국으로서는 명의신탁인지 증여인지를 명확히 밝혀야만 과세처분이 가능하다. 또한 명의신탁에 대한 증여세 부과근거에 대하여도 논란이 많으며, 명의신탁은 증여세를 부과할 것이 아니라 과태료로 제재할 사항이라는 주장도 있다. 개정세법에 따르면 명의신탁과 증여를 명확히 구분하여 명의신탁이 확인되는 경우에 비로소 실소유자에게 증여세를 부과하게 되는 것이므로 증여세 부과가 조세근거의 일반원칙에 부합하는지에 대한 비판이 더 거세질 수 있다.

(4) 특정법인과의 거래를 통한 이익의 증여의제

영리법인이 증여받은 재산 또는 이익에 대하여는 원칙적으로 법인세가 과세되고 증여세는 과세되지 아니한다.(법인법 제15조, 상증법 제4조의2 제4항) 이러한 제도를 이용하여 결손 등으로 법인세 납부세액이 없는 법인의 주식을 자녀에게 취득하게 하고 그 법인에 자산을 증여함으로써 증여세 부담 없이 자녀가 보유하고 있는 주식가치를 증가시켜주는 행위에 대응하기 위하여 도입된 제도이다. 즉 특정법인의 주주등과 특수관계에 있는 자와 무상 또는 고・저가 거래를 통하여 특정법인이 받은 이익에 대하여 특정법인의 주주등의 주식보유비율에 해당하는 금액을 특정법인의 주주등이 증여받은 것으로 보아 증여세를 과세한다.(상증법 제45조의5)

7. 상속등기 후 상속재산협의분할로 인한 상속분 증가액

민법상 상속재산은 피상속인이 유언으로 분할방법을 정하거나 분할방법을 제삼자에게 위탁한 경우 또는 상속개시의 날로부터 5년을 초과하지 아니하는 기간 내에 그 분할을 금지한 경우 외에는 공동상속인들이 협의에 의하여 언제든지 분할할 수 있고, 상속재산 분할의 효력은 상속이 개시된 때에 소급하므로 처음부터 피상속인으로부터 승계받은 것으로 본다. 따라서 공동상속인 사이에 법정지분과 다르게 분할하였다 하더라도 법정상속분 이상으로 분할받은 상속인이 다른 상속인으로부터 상속재산을 증여받은 것으로 보지 않는다.(민법 제1012조~제1015조, 대법원 2002.7.12. 선고 2001두441 판결) 그러나 상속재산 협의분할로 공동상속인들 사이에 상속재산분할이 확정된 후 다시 협의분할 형식을 빌어 공동상속인간 상속지분을 달리하는 것은 상속인간 증여에 해당한다. 이와 같이 상속재산의 분할은 최초분할인지 재분할인지에 따라 증여세 문제가 발생하는데 그에 대하여 상속세 및 증여세법은 다음과 같이 규정하고 있다.(상증법 제4조 제3항)

(1) 상속등기 후 협의분할

상속개시 후 상속재산에 대하여 등기・등록・명의개서 등으로 각 상속인의 상속분이 확정된 후, 그 상속재산에 대하여 공동상속인이 협의하여 분할한 결과 특정 상속인이 당초 상속분을 초과하여 취득하게 되는 재산은 그 분할에 의하여 상속분이 감소한 상속인으로부터 증여받은 것으로 보아 증여세를 과세한다.

(2) 증여로 보지 않는 상속재산 분할

다만, 상속세 과세표준 신고기한 이내에 분할에 의하여 당초 상속분을 초과하여 취득한 경우와 다음과 같이 당초 상속재산의 분할에 대하여 무효 또는 취소 등에 정한 정당한 사유가 있는 경우에는 증여세를 부과하지 아니한다.(상증령 제3조의2)[5)]

① 상속회복청구의 소에 의한 법원의 확정판결에 따라 상속인 및 상속재산에 변동이 있는 경우

② 민법 제404조에 따른 채권자대위권의 행사에 의하여 공동상속인들의 법정상속분대로 등기 등이 된 상속재산을 상속인 사이의 협의분할에 의하여 재분할하는 경우

③ 상속세과세표준 신고기한 내에 상속세를 물납하기 위하여 민법 제1009조에 따른 법정상속분으로 등기·등록 및 명의개서 등을 하여 물납을 신청하였다가 물납허가를 받지 못하거나 물납재산의 변경명령을 받아 당초의 물납재산을 상속인 사이의 협의분할에 의하여 재분할하는 경우

Ⅲ 부동산취득관련 증여세 규정

1. 부동산취득과 관련한 증여세 규정

위 증여세 과세대상 증여유형 중 부동산과 관련된 유형은 제4조 제1항 제1호(무상으로 이전받는 재산 또는 이익), 같은 항 제2호(고·저가 양·수도), 같은 항 제3호(재산취득 후 해당 재산의 가치가 증가한 경우의 그 이익), 제33조(신탁이익의 증여) 제35조(고·저가 양·수도에 따른 이익의 증여), 제37조(부동산 무상사용에 따른 이익의 증여), 제39조의3(현물출자에 따른 이익의 증여), 제42조의3(재산취득 후 재산가치 증가

5) 법 규정은 상속등기 후 협의분할을 재분할로 보아 지분변경 분을 증여로 의제하고, 상속분의 확정으로 볼 수 없는 예외적인 사항을 열거하고 있으나, 상속등기가 되었다고 하여 반드시 협의분할을 전제로 하여 상속분이 확정되었다고 볼 수 있는 것은 아니므로 열거된 사항 이외의 사유로 상속재산의 등기를 하는 경우 다툼의 가능성은 남아 있다.

에 따른 이익의 증여), 제44조(배우자 등에게 양도한 재산의 증여 추정), 제45조(재산취득자금 등의 증여추정), 제4조 제3항(상속등기 후 상속재산협의분할로 인한 상속분 증가액)으로 볼 수 있다. 이하 이 유형들을 중심으로 부동산 관련 증여세를 검토하고자 한다. 부동산 보유법인의 합병에 따른 증여세도 부동산취득과 관련된 증여세로 볼 수 있으나 그 본질이 주식가치의 상승에 의한 증여세이므로 여기서는 자세히 다루지 아니한다.

2. 중복규정에 대한 이해

위에서 열거된 증여세 과세대상 규정에는 중복되는 규정이 있다. 제4조 제1항 제2호의 고・저가 양・수도와 제35조의 고・저가 양・수도에 따른 이익의 증여가 그렇고, 제4조 제1항 제3호의 재산 취득 후 해당 재산의 가치가 증가한 경우의 그 이익과 제42조의3의 재산취득 후 재산가치 증가에 따른 이익의 증여가 그렇다. 이들 각 중복되는 두 개의 조문을 어떻게 적용할 것인지에 대한 규정은 없다. 다만, 국세청에서 발간한 상속세・증여세 실무해설에는 제4조 제1항 제4호에 적시된 규정들을 증여예시규정이라고 설명하고 있다.[6] 증여세 완전포괄주의 제도에서 기존의 증여세 과세대상으로 열거된 규정을 예시규정으로 보게 된 것이다. 예시규정에 해당되는 경우 예시규정에 따른 과세표준과 납부세액을 계산하지 아니하고 제4조 제1항 제2호와 제3호의 증여재산가액 계산방법으로 과세표준과 납부세액을 계산하는 것이 가능한가? 증여세 완전포괄주의를 도입하고 기존의 증여세 과세대상 열거규정을 증여재산 가액산정규정으로 보더라도, 개별규정에 따라 과세하지 아니하기로 한 부분까지 포괄규정에 따라 과세할 수는 없다고 한 대법원 판례(2015.10.15. 선고 2013두13266 판결)이론에 비추어 보면, 예시규정의 적용대상이 되는 증여에 대하여는 그 예시규정에 따라 과세표준과 납부세액을 계산하는 것이 타당하다고 본다. 따라서 여기서는 제4조 제1항 제2호(고・저가 양・수도), 제3호(재산 취득 후 해당 재산의 가치가 증가한 경우의 그 이익)에 대하여는 따로 검토하지 아니하고, 제35조(저가 양수 또는 고가 양도에 따른 이익의 증여), 제42조의3(재산 취득 후 재산가치 증가에 따른 이익의 증여)을 검토하는 것으로 만족하고자 한다.

6) 국세청, 「2018 상속세・증여세 실무해설」, 301면 이하

대법원 2015.10.15. 선고 2013두13266 판결 요지

이와 같이 변칙적인 상속·증여에 사전적으로 대처하기 위하여 세법 고유의 포괄적인 증여 개념을 도입하고, 종전의 증여의제규정을 일률적으로 가액산정규정으로 전환한 점 등에 비추어 보면, 원칙적으로 어떤 거래·행위가 법 제2조 제3항에서 규정한 증여의 개념에 해당하는 경우에는 같은 조 제1항에 의하여 증여세의 과세가 가능하다고 보아야 한다.

그러나 한편 증여의제규정의 가액산정규정으로의 전환은 증여의제에 관한 제3장 제2절의 제목을 '증여의제 등'에서 '증여재산가액의 계산'으로 바꾸고, 개별 증여의제규정의 제목을 '증여의제'에서 '증여'로, 각 규정 말미의 '증여받은 것으로 본다'를 '증여재산가액으로 한다'로 각 개정하는 형식에 의하였고, 그로 말미암아 종전의 증여의제규정에서 규율하던 과세대상과 과세범위 등 과세요건과 관련된 내용은 그대로 남게 되었다. 즉 개별 가액산정규정은 일정한 유형의 거래·행위를 대상으로 하여 거래 당사자 간에 특수관계가 존재할 것을 요구하거나, 시가 등과 거래가액 등의 차액이 시가의 30% 이상일 것 또는 증여재산가액이 일정 금액 이상일 것 등을 요구하고 있고, 이러한 과세대상이나 과세범위에 관한 사항은 수시로 개정되어 오고 있다. 이는 납세자의 예측가능성과 조세법률관계의 안정성을 도모하고 완전포괄주의 과세제도의 도입으로 인한 과세상의 혼란을 방지하기 위하여 종전의 증여의제규정에 의하여 규율되어 오던 증여세 과세대상과 과세범위에 관한 사항을 그대로 유지하려는 입법자의 의사가 반영된 것으로 보아야 한다.

따라서 납세자의 예측가능성 등을 보장하기 위하여 개별 가액산정규정이 특정한 유형의 거래·행위를 규율하면서 그중 일정한 거래·행위만을 증여세 과세대상으로 한정하고 그 과세범위도 제한적으로 규정함으로써 증여세 과세의 범위와 한계를 설정한 것으로 볼 수 있는 경우에는, 개별 가액산정규정에서 규율하고 있는 거래·행위 중 증여세 과세대상이나 과세범위에서 제외된 거래·행위가 법 제2조 제3항의 증여의 개념에 들어맞더라도 그에 대한 증여세를 과세할 수 없다.

제 3 절 증여세 납세의무

I 납세의무자

증여세 납세의무자는 원칙적으로 증여재산을 받은 수증자이다.(상증법 제4조의2) 다만, 명의신탁 재산을 실소유자가 명의자에게 증여한 것으로 보는 명의신탁 재산의 증여 의제(상증법 제45조의2)에는 실제소유자가 증여세 납세의무를 지고(상증법 제4조의2 제2항) 거주자가 국외재산을 비거주자에게 증여하는 경우에는 증여자가 증여세를 납부할 의무가 있다.(국조법 제21조)[7] 수증자에는 거주자, 비거주자 모두 해당되며, 거주자에는 본점이나 주된 사무소의 소재지가 국내에 있는 비영리법인이 포함되고, 비거주자에는 본점이나 주된 사무소의 소재지가 외국에 있는 비영리법인을 포함한다.(상증법 제2조 제9호) 그러나 거주자와 비거주자의 납부의무 범위는 다르므로 그 구분이 중요하다.

1. 거주자와 비거주자

"거주자"란 국내에 주소를 두거나 국내에 183일 이상 거소(居所)를 둔 사람을 말하며, "비거주자"란 거주자가 아닌 사람을 말한다.(상증법 제2조 제8호) 주소와 거소, 거주자와 비거주자의 판정에 대해서는 소득세법의 규정을 따르며, 비거주자가 국내에 영주를 목적으로 귀국하여 국내에서 사망한 경우에는 거주자로 본다.(상증령 제2조)

7) 증여자의 국외재산 증여에 대한 증여세 납세의무는 부동산의 처분과 관련한 세금에서 다루고자 한다.

1) 주소와 거소

사람의 생활의 근거되는 곳을 주소라 하는데(민법 제18조), 주소는 국내에서 생계를 같이 하는 가족 및 국내에 소재하는 자산의 유무 등 생활관계의 객관적 사실에 따라 판정한다. 그 객관적 사실에 대한 판정을 원칙적으로 주민등록법에 따른 주민등록지를 기준으로 한다.(상증통칙 1-1-1) 거소는 주소지 외의 장소 중 상당기간에 걸쳐 거주하는 장소로서 주소와 같이 밀접한 일반적 생활관계가 형성되지 아니한 장소로 한다.(소득령 제2조)

(1) 국내에 주소가 있는 것으로 보는 경우

다음 경우에는 국내에 주소가 있는 것으로 본다.(소득령 제2조 제3항)

① 계속하여 183일 이상 국내에 거주할 것을 통상 필요로 하는 직업을 가진 때
② 국내에 생계를 같이하는 가족이 있고, 그 직업 및 자산상태에 비추어 계속하여 183일 이상 국내에 거주할 것으로 인정되는 때

(2) 국내에 주소가 없는 것으로 보는 경우

국외에 거주 또는 근무하는 자가 외국국적을 가졌거나 외국법령에 의하여 그 외국의 영주권을 얻은 자로서 국내에 생계를 같이하는 가족이 없고 그 직업 및 자산상태에 비추어 다시 입국하여 주로 국내에 거주하리라고 인정되지 아니하는 때에는 국내에 주소가 없는 것으로 본다.(소득령 제2조 제4항)

(3) 외국 항행 선박 또는 항공기의 승무원

외국을 항행하는 선박 또는 항공기의 승무원의 경우 그 승무원과 생계를 같이하는 가족이 거주하는 장소 또는 그 승무원이 근무기간 외의 기간 중 통상 체재하는 장소가 국내에 있는 때에는 당해 승무원의 주소는 국내에 있는 것으로 보고, 그 장소가 국외에 있는 때에는 당해 승무원의 주소가 국외에 있는 것으로 본다.(소득령 제5항)

2) 거주자 또는 비거주자가 되는 시기

거주자 또는 비거주자가 되는 시기는 다음과 같다.(소득령 제2조의2)

(1) 비거주자가 거주자로 되는 시기

① 국내에 주소를 둔 날
② 위 1)에 따라 국내에 주소를 가지거나 국내에 주소가 있는 것으로 보는 사유가 발생한 날
③ 국내에 거소를 둔 기간이 183일이 되는 날

(2) 거주자가 비거주자로 되는 시기

① 거주자가 주소 또는 거소의 국외 이전을 위하여 출국하는 날의 다음 날
② 위 1)에 따라 국내에 주소가 없거나 국외에 주소가 있는 것으로 보는 사유가 발생한 날의 다음 날

3) 거주기간의 계산

거주기간은 다음에 따라 계산한다.(소득령 제4조)
① 국내에 거소를 둔 기간은 입국하는 날의 다음날부터 출국하는 날까지로 한다.
② 국내에 거소를 두고 있던 개인이 출국 후 다시 입국한 경우에 생계를 같이하는 가족의 거주지나 자산소재지등에 비추어 그 출국목적이 관광, 질병의 치료 등으로서 명백하게 일시적인 것으로 인정되는 때에는 그 출국한 기간도 국내에 거소를 둔 기간으로 본다.
③ 재외동포의 출입국과 법적 지위에 관한 법률 제2조에 따른 재외동포가 입국한 경우 생계를 같이 하는 가족의 거주지나 자산소재지등에 비추어 그 입국목적이 관광, 질병의 치료 등 일시적인 사유에 해당하여 그 입국한 기간이 명백하게 일시적인 것으로 인정되는 때에는 해당 기간은 국내에 거소를 둔 기간으로 보지 아니한다. 여기서 일시적인 사유는 사업의 경영 또는 업무와 무관한 것으로서 단기 관광, 질병의 치료, 병역의무의 이행, 그 밖에 친족 경조사 등 사업의 경영 또는 업무와 무관한 사유로 입국하는 경우를 말한다.(소득칙 제2조 제1항) 일시적인 입국을 입증하기 위하여 다음 각 구분에 따른 자료를 제출하여야 한다.(소득칙 제2조 제2항)
   - 단기 관광 목적 입국 : 관광시설 이용에 따른 입장권, 영수증 등 입국기간 동안 관광을 한 것을 입증할 수 있는 자료

- 질병의 치료 목적 입국 : 의료법 제17조에 따른 진단서, 증명서, 처방전 등 입국기간 동안 진찰이나 치료를 받은 것을 입증하는 자료
- 병역의무의 이행 목적 입국 : 병역사항이 기록된 주민등록초본 또는 병역법 시행규칙 제8조에 따른 병적증명서 등 입국기간 동안 병역의무를 이행한 것을 입증하는 자료
- 친족 경조사 등 그밖에 사업의 경영 또는 업무와 무관한 사유로 입국 : 사업의 경영 또는 업무와 무관하게 일시적으로 입국한 것을 입증하는 자료

4) 해외현지법인등의 임직원 등에 대한 거주자 판정

거주자나 내국법인의 국외사업장 또는 해외현지법인(내국법인이 발행주식총수 또는 출자지분의 100%를 직접 또는 간접 출자한 경우에 한정한다) 등에 파견된 임원 또는 직원이나 국외에서 근무하는 공무원은 거주자로 본다.(소득령 제3조)

2. 법인격이 없는 사단 · 재단 또는 그 밖의 단체

국세기본법 제13조 제1항, 제2항에 따라 법인으로 보는 단체는 비영리법인으로 증여세 납세의무를 지며, 그 외 단체는 거주자 또는 비거주자로서 증여세 납세의무를 진다. 종중이나 교회 등이 증여받는 경우 법인으로 보는 단체에 해당하면 단체가 비영리법인으로서 증여세 납세의무를 지며, 법인으로 보는 단체에 해당하지 아니하는 경우에는 단체를 거주자 또는 비거주자로 보아 증여세 납세의무를 진다.(상증법 제4조 제8항) 부동산등기법 제26조에 의하면 종중(宗中), 문중(門中), 그 밖에 대표자나 관리인이 있는 법인 아닌 사단(社團)이나 재단(財團)에 속하는 부동산의 등기에 관하여는 그 사단이나 재단을 등기권리자 또는 등기의무자로 부동산등기를 할 수 있다. 부동산등기규칙에 의하면 종중 등 법인 아닌 사단이나 재단이 등기를 신청하는 경우에는 ① 정관이나 그 밖의 규약, ② 대표자나 관리인임을 증명하는 정보(다만, 등기되어 있는 대표자나 관리인이 신청하는 경우에는 제외한다), ③ 법인 아닌 사단의 경우 사원총회의 결의(민법 제276조 제1항)가 있음을 증명하는 정보, ④ 대표자나 관리인의 주소 및 주민등록번호를 증명하는 정보를 첨부하여 신청하도록 규정하고 있으나(부동산등기규칙 제48조), 등기권리의무자로서 법인 아닌 단체의 실체에 대하여는 별도의 규정은 없다. 이에 대하

여 세법은 법인격을 취득하지 못한 단체가 법인으로 납세의무를 지는 경우를 더 세부적으로 규정하고 있다. 국세기본법이 규정하고 있는 법인으로 보는 법인격 없는 단체의 요건은 다음과 같다.(국기법 제13조)

(1) 당연히 법인으로 보는 단체

법인이 아닌 사단, 재단, 그 밖의 단체 중 다음 어느 하나에 해당하는 것으로서 수익을 구성원에게 분배하지 아니하는 것은 법인으로 보아 세법을 적용한다.

① 주무관청의 허가 또는 인가를 받아 설립되거나 법령에 따라 주무관청에 등록한 사단, 재단, 그 밖의 단체로서 등기되지 아니한 것

② 공익을 목적으로 출연(出捐)된 기본재산이 있는 재단으로서 등기되지 아니한 것

(2) 승인을 받아 법인으로 보는 단체

위 (1)에 따라 법인으로 보는 사단, 재단, 그 밖의 단체 외의 법인 아닌 단체 중 다음 각 요건을 모두 갖춘 것으로서 대표자나 관리인이 관할 세무서장에게 신청하여 승인을 받은 것도 법인으로 보아 세법을 적용한다. 이 경우 해당 사단, 재단, 그 밖의 단체의 계속성과 동질성이 유지되는 것으로 본다.

① 사단, 재단, 그 밖의 단체의 조직과 운영에 관한 규정(規程)을 가지고 대표자나 관리인을 선임하고 있을 것

② 사단, 재단, 그 밖의 단체 자신의 계산과 명의로 수익과 재산을 독립적으로 소유・관리할 것

③ 사단, 재단, 그 밖의 단체의 수익을 구성원에게 분배하지 아니할 것

비영리법인으로 보는 법인격 없는 단체는 수익을 구성원에게 배분하지 아니하여야 한다. 따라서 종중이 종중재산을 종중원에게 나누어 주는 것도 원칙적으로 증여세 과세대상이 된다.(재산세과-2883, 2008.9.22.)

3. 납세의무자별 증여세 납세의무 범위

(1) 거주자

거주자는 국내 및 국외에 있는 증여세 과세대상이 되는 모든 증여재산에 대하여 증

여세를 납부할 의무가 있다.(상증법 제4조의2 제1항 제1호)

(2) 비거주자

증여세 과세대상이 되는 국내에 있는 모든 증여재산에 대하여 증여세를 납부할 의무가 있다.(상증법 제4조의2 제1항 제2호) 비거주자가 거주자로부터 외국 예금이나 외국 적금을 증여받는 경우 비거주자의 증여세 납세의무는 2016년 세법개정 시 삭제되었고, 2017년부터 국제조세조정에 관한 법률 제21조에 포함되어(개정 시 괄호 안 제외규정 삭제) 국외재산 증여에 대한 거주자의 증여세 납세의무에 포함되었다.

(3) 영리법인

자산수증이익에 대하여 법인세가 과세되는 영리법인은 상속세 및 증여세법상 증여세 납세의무가 없다.(상증법 제4조의2 제3항)

(4) 비영리법인

본점이나 주된 사무소의 소재지가 국내에 있는 비영리법인은 거주자와 같이 국내외에 있는 증여세 과세대상이 되는 모든 증여재산에 대하여 증여세를 납부할 의무가 있고, 본점이나 주된 사무소의 소재지가 국외에 있는 비영리법인은 비거주자와 같이 증여세 과세대상이 되는 국내에 있는 모든 증여재산에 대하여 증여세를 납부할 의무가 있다.(상증법 제4조의2 제1항) 비영리법인 중 공익법인의 경우 공익목적 출연재산에 대하여 증여세를 납부하지 않는 특례규정(공익목적 출연재산 등의 과세가액 불산입)을 적용받을 수 있다.

4. 이중과세 조정(소득세 등 우선과세)

수증자가 받은 증여재산이 증여세 과세대상에 해당하더라도 동일한 증여재산에 대하여 소득세법에 따른 소득세 또는 법인세법에 따른 법인세가 부과되는 경우에는 증여세를 부과하지 아니한다. 소득세 또는 법인세가 소득세법, 법인세법 또는 다른 법률에 따라 비과세되거나 감면되는 경우에도 또한 같다.(상증법 제4조의2 제3항) 가족 간에는 아무런 대가없이 재산을 증여한다는 것이 흔한 일이지만 타인 간에는 아무런 대가없이 재산을 증여하는 일이 흔하지 않다. 감사의 뜻이나 부정한 청탁을 위하여 재물을 주는 경우와 같이 외형상 무상양여에 해당하나 그것이 사례금이나 뇌물에 해당되어 소득세(소득법 제21조 기타소득)가 부과되는 경우 또는 비영리법인이 영리사업과 관련하여 무상으로 받은 자산에 대하여 법인세가 부과되는 경우에는 증여세를 과세하지 아니한다는 것이다.[8]

II 증여세 연대납세의무

1. 개요

증여세의 납세의무자는 수증자이나 수증자가 증여세를 납부할 능력이 없는 등 일정한 경우에는 증여자가 연대하여 납부할 의무가 있다. 연대납세의 사유와 범위는 다음과 같다.(상증법 제4조의2 제6항) 2018년 12월 31일 개정되기 전의 상속세 및 증여세법에는 명의신탁재산의 증여의제의 경우에도 증여자로 보는 실제소유자에게도 연대납세의무를 부여하였으나, 명의신탁재산의 증여 의제의 경우 실제소유자에게 납세의무를 지우는 것으로 개정하면서 연대납세의무에서 삭제되었다.[9]

2. 연대납세 사유

다음 어느 하나에 해당하는 경우에는 수증자가 납부할 증여세를 연대하여 납부할 의

8) 상속세 및 증여세법 제4조의2 등에 따르면, 증여의 개념을 포괄로 규정한 뒤 타인의 행위로 받은 이익에 대하여 소득세나 법인세를 우선 적용하고 소득세나 법인세가 과세되지 아니하는 수증이익에 대하여 증여세를 과세한다는 취지이나, 소득세법 제21조 제1항 제13호는 특수관계자로부터 받은 경제적 이익에 대하여 증여로 보지 아니하는 경우 기타소득으로 과세한다는 규정을 두고 있어 과세 체계상 문제가 있다.

9) 연대납세의무를 삭제하고 상속세 및 증여세법 제4조의2 제9항에 "실제소유자가 제45조의2에 따른 증여세 · 가산금 또는 체납처분비를 체납한 경우에 그 실제소유자의 다른 재산에 대하여 체납처분을 집행하여도 징수할 금액에 미치지 못하는 경우에는 「국세징수법」에서 정하는 바에 따라 제45조의2에 따라 명의자에게 증여한 것으로 보는 재산으로써 납세의무자인 실제소유자의 증여세 · 가산금 또는 체납처분비를 징수할 수 있다."는 보충적 책임의무를 규정하고 있으나, 명의신탁으로 확인되는 경우 이는 당연히 실소유자의 책임재산으로 체납처분이 가능할 것인데 굳이 별도의 규정을 둘 필요가 있는지 의문이다.

무가 있다. ①, ②의 경우는 수증자에게 과세하거나 징수하는 것이 곤란한 경우 보충적으로 지는 의무이며, ③의 경우는 납세의무의 성립과 동시에 증여자에게 연대납세의무가 발생한다.

① 수증자의 주소나 거소가 분명하지 아니한 경우로서 증여세에 대한 조세채권(租稅債權)을 확보하기 곤란한 경우
② 수증자가 증여세를 납부할 능력이 없다고 인정되는 경우로서 체납처분을 하여도 증여세에 대한 조세채권을 확보하기 곤란한 경우
③ 수증자가 비거주자인 경우

3. 연대납세 대상 증여재산

(1) 증여자에게 연대납세의무가 있는 증여재산

상속세 및 증여세법은 제4조의2 제5항에 증여세 연대납세의무를 지우지 아니하는 증여재산을 열거하고 있다. 제4조의 증여세 과세대상 증여재산 중 연대납세의무가 없는 조항을 제외하면 다음 각 조의 증여재산에 대하여는 증여자에게 연대납세의무가 있다.

① 제4조 제1항 제1호 무상으로 이전받는 재산 또는 이익
② 제33조 신탁이익의 증여
③ 제34조 보험금의 증여
④ 제44조 배우자 등에게 양도한 재산의 증여 추정
⑤ 제45조 재산 취득자금등의 증여 추정
⑥ 제4조 제3항 상속등기 후 상속재산협의분할로 인한 상속분 증가액
⑦ 제48조 공익법인 출연재산 증여세 연대납세 중 상속세 및 증여세법 시행령 제3조의3 연대납세의무 배제사유에 해당하지 않는 경우

(2) 증여자에게 연대납세의무가 없는 증여재산

제4조의2 제5항이 열거하고 있는 증여자에게 연대납세의무가 없는 증여재산은 다음과 같다.

① 제4조 제1항 제2호 : 현저히 낮은 대가를 주고 재산 또는 이익을 이전받음으로써 발생하는 이익이나 현저히 높은 대가를 받고 재산 또는 이익을 이전함으로써 발

생하는 이익

② 제4조 제1항 제3호 : 재산 취득 후 해당 재산의 가치가 증가한 경우의 그 이익

③ 제35조 : 저가 양수 또는 고가 양도에 따른 이익의 증여

④ 제36조 : 채무면제 등에 따른 증여

⑤ 제37조 : 부동산 무상사용에 따른 이익의 증여

⑥ 제38조 : 합병에 따른 이익의 증여

⑦ 제39조 : 증자에 따른 이익의 증여

⑧ 제39조의2 : 감자에 따른 이익의 증여

⑨ 제39조의3 : 현물출자에 따른 이익의 증여

⑩ 제40조 : 전환사채 등의 주식전환 등에 따른 이익의 증여

⑪ 제41조의2 : 전환사채 등의 주식전환 등에 따른 이익의 증여

⑫ 제41조의3 : 주식등의 상장 등에 따른 이익의 증여

⑬ 제41조의4 : 금전 무상대출 등에 따른 이익의 증여

⑭ 제41조의5 : 합병에 따른 상장 등 이익의 증여

⑮ 제42조 : 재산사용 및 용역제공 등에 따른 이익의 증여

⑯ 제42조의2 : 법인의 조직 변경 등에 따른 이익의 증여

⑰ 제42조의3 : 재산 취득 후 재산가치 증가에 따른 이익의 증여

⑱ 제45조의3 : 특수관계법인과의 거래를 통한 이익의 증여 의제

⑲ 제45조의4 : 특수관계법인으로부터 제공받은 사업기회로 발생한 이익의 증여 의제

⑳ 제45조의5 : 특정법인과의 거래를 통한 이익의 증여 의제

㉑ 제48조 : 공익법인등이 출연받은 재산에 대하여 증여세가 과세되는 경우, 단 증여세 또는 가산세 부과사유가 발생하기 10년 이전에 출연하고, 출연 후 출연자 또는 그의 특수관계인이 해당 공익법인의 이사 또는 임직원이 아니었어야 하며, 이사의 선임 등 공익법인의 사업운영에 관한 중요사항을 결정할 권한을 가지지 아니한 경우에만 연대납세의무를 지지 않는다.(상증령 제3조의3)

Ⅲ 증여세 면제

1. 개요

증여세는 타인으로부터 무상으로 재산상 이익을 취득하는 경우 무상이익의 담세능력을 파악하여 부과하는 조세이다. 그러나 이미 채무가 더 많은 수증자의 채무를 면제해 주는 경우와 같이 경제적 이익이 발생하기는 하나 수증자의 경제상황에 따라 수증이익이 현실적 담세능력으로 연결되지 아니하는 경우도 있다. 이러한 경우 증여세를 부과하는 것이 무의미하므로 세법은 수증자에게 증여세의 납부능력이 없는 경우 일정한 증여재산에 대하여 증여세의 전부 또는 일부를 면제한다.(상증법 제4조의2 제5항)

2. 면제대상 증여재산

다음의 증여재산을 받은 수증자에게 증여세 납부능력이 없을 때 증여세를 면제한다.

① 저가 양수 또는 고가 양도에 따른 이익의 증여(상증법 제35조)
② 채무면제 등에 따른 증여(상증법 제36조)
③ 부동산 무상사용에 따른 이익의 증여(상증법 제37조)
④ 금전 무상대출 등에 따른 이익의 증여(상증법 제41조의4)

3. 면제요건 및 면제범위

상속세 및 증여세법 제4조의2 제5항은 "수증자가 증여세를 납부할 능력이 없다고 인정되는 경우에는 그에 상당하는 증여세의 전부 또는 일부를 면제한다."고만 규정하고 있어, "납부할 능력이 없다고 인정되는 경우"가 구체적으로 어느 시점을 기준으로 어느 정도로 무재산이어야 하는지에 대한 기준이 불명확하고, 면제하는 증여세액의 크기를 어떻게 계산하는지에 대한 기준도 불명확하다. 결국 법원의 해석에 따를 수밖에 없는데, 이에 대하여 대법원은 증여시점, 즉 증여가 이루어지기 직전을 기준으로 하여 증여자가 채무초과 상태에 있다면 채무초과액의 한도에서 증여세를 납부할 능력이 없는 때에 해당한다고 하였다.(대법원 2016.7.14. 선고 2014두43516 판결)10)

대법원 2016.7.14. 선고 2014두43516 판결 요지

수증자가 소극적으로 채무면제를 받는 것에 그치거나(제36조), 저가·고가양도에 따른 시가와 실제 대가와의 차액(제35조) 또는 부동산이나 금전을 무상으로 사용하거나 대출받음에 따른 이익 상당액(제37조, 제41조의4) 등을 얻은 경우에까지 적극재산을 증여받은 경우와 동일하게 증여세를 과세하는 것은 지나치게 가혹하다는 고려에서 예외적으로 그와 같은 경우에 증여세를 납부할 능력이 없는 수증자에 대하여는 증여세 납세의무를 부담하지 아니하도록 한 규정이다. 증여세 납세의무의 부담 여부에 관한 규정에서 정한 요건이 충족되는지 여부는 이를 사후적 요건으로 볼 특별한 사정이 없는 이상 원칙적으로 증여세 납세의무의 성립 시점을 기준으로 판단하여야 할 것인 점, 이 사건 법률조항은 '수증자가 증여세를 납부할 능력이 없다고 인정될 때'에 해당하는지 여부의 판단 시점에 관하여 따로 정하지 아니하고 있는바 만일 증여세 납세의무의 성립 이후 과세관청의 부과처분 등 집행 시점을 기준으로 이를 판단하게 되면 결국 증여세 납세의무의 부담 여부가 과세관청의 임의에 따라 좌우될 우려가 있어 부당한 점 등에 비추어 보면, 이 사건 법률조항에서 정한 '수증자가 증여세를 납부할 능력이 없다고 인정될 때'에 해당하는지 여부는 문제 되는 증여세 납세의무의 성립 시점, 즉 그와 같은 증여가 이루어지기 직전을 기준으로 판단하여야 하고, 그 시점에 이미 수증자가 채무초과 상태에 있었다면 채무초과액의 한도에서 증여세를 납부할 능력이 없는 때에 해당한다고 할 것이다.

IV 납세의무 성립시기

1. 증여세 납세의무 성립시기

증여세의 납세의무는 증여에 의하여 재산을 취득하는 때에 성립한다.(국기법 제21조 제2항 제3호) 민법상 증여는 당사자 일방이 무상으로 재산을 상대방에 수여하는 의사를

10) 대법원의 해석을 그대로 따를 경우, 가령 A는 적극재산 10억원과 채무 10억원을 가지고 있고, B는 적극재산 8억원과 채무 10억원을 가지고 있는 상태에서 각각 10억원의 채무면제를 받았을 때, A는 채무초과액이 없으므로 증여세 2억 4천만원을 전액 납부하여야 하고, 채무초과액이 2억원인 B는 2억원을 면제받고 4천만원만 납부하면 되게 되는데 이러한 결론이 합리적인지 의문이다.

표시하고 상대방이 이를 승낙함으로써 그 효력이 생기는 낙성불요식의 채권계약이다.(민법 제554조) 민법상 증여는 계약의 체결로 효력이 발생하고 증여재산의 취득은 채권계약의 이행행위이다. 그러나 세법상으로는 증여계약만으로 납세의무가 성립하지 아니하고 이행행위를 기다려 증여재산을 취득하는 때에 비로소 납세의무가 성립한다고 보는 것이다.

2. 증여재산 취득시기

증여재산의 취득시기와 관련하여, 세법은 "개별조항에 규정된 경우 외에는 재산을 인도한 날 또는 사실상 사용한 날 등 대통령령으로 정하는 날로 한다."고 규정하고 있다.(상증법 제32조) 따라서 각 유형별 증여재산 취득시기는 유형별 증여재산가액 산정방법과 같이 검토한다.

3. 증여계약의 합의해제

증여재산을 취득하여 납세의무가 성립한 후에 수증자가 증여받은 재산을 당초 증여자에게 다시 증여하는 것도 증여에 해당하므로 증여세 과세대상이다. 그러나 다시 증여하겠다는 의사에 의한 것이 아니라, 당초 증여계약을 합의해제하고 증여재산을 반환하게 되면, 민법상으로는 당초 증여계약은 효력을 상실하고 물권변동의 효력은 소급적으로 소멸한다.(대법원 2005.7.29. 선고 2003두13465 판결 등) 증여계약의 합의해제로 민사상 증여계약의 효력이 소급적으로 소멸하면 이미 성립한 납세의무도 소급적으로 소멸하는 것이 원칙이라고 할 것이나, 공법상의 납세의무가 당사자의 의사에 따라 좌우되는 것을 무한정 인정할 수 없으므로 세법은 증여계약 합의해제의 효력에 일정한 제한을 두고 있다.(상증법 제4조 제4항)[11]

11) 대법원은 동 규정의 합헌성을 인정한다.(대법원 1999.11.26. 선고 98두10738 판결)

(1) 금전 이외의 재산

(가) 증여세 신고기한 전 반환

수증자가 증여재산을 당사자 간의 합의에 따라 당초 증여받은 날이 속하는 달의 말일부터 3개월(상증법 제68조 증여세 과세표준 신고기한) 이내에 증여자에게 반환하는 경우에는 처음부터 증여가 없었던 것으로 본다. 다만, 반환하기 전에 과세관청이 과세표준과 세액을 결정하는 경우는 제외한다.

(나) 증여세 신고기한 후 3개월 이내 반환

수증자가 증여재산을 당사자 간의 합의에 따라 당초 증여받은 날이 속하는 달의 말일부터 3개월이 지난 후 3개월 이내에 증여자에게 반환하거나 증여자에게 다시 증여하는 경우에는 당초 증여에 대하여는 증여세가 부과되나, 그 반환하거나 다시 증여하는 것에 대해서는 증여세를 부과하지 아니한다.

(다) 증여세 신고기한 후 3개월이 지난 반환

수증자가 증여재산을 당사자 간의 합의에 따라 당초 증여받은 날이 속하는 달의 말일부터 6개월(신고기한이 지난 후 3개월)이 지난 후에 증여자에게 반환하거나 증여자에게 다시 증여하는 경우에는 당초 증여뿐만 아니라 그 반환하거나 다시 증여하는 것에 대해서도 증여세를 부과한다.

(2) 금전의 반환

금전을 증여받고 합의해제로 증여받은 금전을 당초 증여자에게 다시 반환하는 경우에는 반환시기에 관계없이 새로운 증여로 보아 증여세를 과세한다.

4. 증여계약의 무효 등

증여계약의 합의해제는 당초 증여계약에 흠결이 있어서가 아니라, 당초 증여계약은 유효하다는 것을 인정하고 그 법률행위의 효과를 되돌리는 새로운 법률행위를 하는 것이다. 이와 달리 당초 증여계약이 의사표시의 흠결로 효력이 발생하지 아니하거나 취소되는 경우, 당사자의 의무불이행이나 유보된 해제권의 행사에 따라 증여계약이 해제되는 경우에는 당초 증여계약 자체의 효력이 발생하지 않거나 소급적으로 소멸하게 된다. 즉 처음부터 증여계약은 없었던 것으로 되고 증여계약으로 이행된 재산은 원상회복된다. 이와 같이 합의에 의한 반환이 아니라 증여계약의 효력이 상실됨에 따라 증여받은 재산을 원상회복하는 행위는 새로운 증여가 아니며, 당초 증여계약도 효력을 상실하므로 당초 증여계약의 이행에 따라 성립된 납세의무도 소멸한다.(상증통칙 31-0-4 참조) 같은 법리로 증여받은 재산에 대한 유류분반환 청구에 따라 증여재산을 반환하는 경우에도 당초 성립한 증여세 납세의무는 소멸한다.(상증통칙 31-0-3)

제 4 절 증여재산 취득시기 및 가액

I 부동산을 무상으로 이전받는 경우

1. 증여재산 취득시기

(1) 기존 부동산의 증여

권리의 이전이나 그 행사에 등기 · 등록을 요하는 재산에 대하여는 등기 · 등록일이 증여재산의 취득시기가 된다. 따라서 부동산을 증여받는 경우 증여계약의 이행으로 부동산의 등기를 이전받는 날, 정확히는 소유권이전등기신청서 접수일이 증여재산의 취득일이다.(상증령 제24조 제1항 제1호, 상증통칙 31-23-5)

(2) 신축 부동산의 증여

건물을 신축하여 증여할 목적으로 수증자의 명의로 건축허가를 받거나 신고를 하여 해당 건물을 완성한 경우, 또는 건물을 증여할 목적으로 수증자의 명의로 해당 건물을 취득할 수 있는 권리(분양권)를 건설사업자로부터 취득하거나 분양권을 타인으로부터 전득한 경우에는 그 건물의 사용승인서 교부일을 증여재산 취득일로 본다. 이 경우 사용승인 전에 사실상 사용하거나 임시사용승인을 얻은 경우에는 그 사실상의 사용일 또는 임시사용승인일을 취득일로 하고, 건축허가를 받지 아니하거나 신고하지 아니하고 건축하는 건축물에 있어서는 그 사실상의 사용일을 취득일로 한다.(상증령 제24조 제1항 제2호)

2. 증여재산가액

1) 시가산정 원칙

재산을 무상으로 이전받는 경우 증여일(평가기준일) 현재 증여재산의 시가가 증여재산가액이 된다.(상증법 제31조 제1항 제1호 · 제60조 제1항) "시가"란 불특정 다수인 사이에 자유롭게 거래가 이루어지는 경우에 통상적으로 성립된다고 인정되는 가액을 말한다. 그러나 개별성이 강한 부동산의 경우 실제로 불특정 다수인 사이에 자유롭게 거래가 이루어지는 경우는 거의 없다. 이는 시가의 정의일 뿐이고 실제 현실에서 확인하기는 어렵다. 따라서 법은 수용가격 · 공매가격 및 감정가격 등 현실적으로 확인 가능한 거래가액 등을 시가의 개념에 포함하고 있다.(상증법 제60조 제2항) 시가의 개념에 포함되는 가액은 증여일(평가기준일) 전 6개월부터 기준일 후 3개월(상속재산의 경우에는 전후 6개월) 이내의 기간(평가기간) 중 매매 · 감정 · 수용 · 경매(민사집행법에 따른 경매) 또는 공매가 있는 경우에 그 가액을 말한다.(상증령 제49조 제1항)

(1) 유형별 시가

(가) 매매가액

해당 재산에 대한 매매사실이 있는 경우에는 그 거래가액을 시가로 하되 특수관계인과의 거래 등으로 그 거래가액이 객관적으로 부당하다고 인정되는 경우는 제외한다.(상증령 제49조 제1항 제1호)

(나) 감정가액

해당 부동산에 대하여 둘 이상의 공신력 있는 감정기관이 평가한 감정가액이 있는 경우에는 그 감정가액의 평균액을 시가로 한다. 단, 그 감정평가액이 ㉠ 일정한 조건이 충족될 것을 전제로 당해 재산을 평가하는 등 상속세 및 증여세의 납부목적에 적합하지 아니한 감정가액, ㉡ 평가기준일 현재 당해재산의 원형대로 감정하지 아니한 경우의 당해 감정가액은 제외한다.(상증령 제49조 제1항 제2호) 여기서 공신력 있는 감정기관이란 감정평가 및 감정평가사에 관한 법률에 따른 감정평가업자를 말한다.(상증칙 제15조) 감정가액은 2개 이상의 감정가액을 평균하는 것이 원칙이나 기준시가가 10억원 이하인 부동산에 대하여는 1개의 감정가액도 인정한다.(상증령 제49조 제6항)

공신력 있는 감정기관이 감정한 가액이라 하더라도 지나치게 낮게 평가된 감정가액을 배제하기 위하여, ㉠ 해당 감정가액이 기준시가(상속세 및 증여세법 제61조에 따른 평가액)와 매매사례가액의 90%에 해당하는 가액 중 적은 금액에 미달하는 경우, ㉡ 해당 감정가액이 평가심의위원회의 심의를 거쳐 감정평가목적 등을 감안하여 동 가액이 부적정하다고 인정되는 경우에는 세무서장 또는 관할지방국세청장이 다른 감정기관에 의뢰하여 감정한 가액을 시가로 한다. 이때 다른 감정기관은 둘 이상으로 하여야 하고, 납세자가 제시한 감정기관의 감정가액이 세무서장 또는 지방국세청장이 의뢰한 감정기관의 감정가액의 80%에도 미치지 못하는 경우에는 그 감정기관을 1년의 범위 내에서 시가불인정 감정기관으로 지정할 수 있고, 시가불인정 감정기관으로 지정된 기간 동안 해당 시가불인정 감정기관이 평가하는 감정가액은 시가로 보지 아니한다. 한편 세무서장 또는 지방국세청장이 다른 감정기관에 의뢰한 감정가액이 납세자가 제시한 감정가액보다 낮은 경우에는 이를 시가로 보지 아니한다.(상증법 제60조 제5항, 상증령 제49조 제1항 · 제7항 · 제8항)

(다) 수용보상가액 · 경매가액 또는 공매가액

해당 재산에 대하여 수용 · 경매 또는 공매사실이 있는 경우에는 그 보상가액 · 경매가액 또는 공매가액을 시가로 한다. 다만, ㉠ 상속세로 물납한 재산을 상속인 또는 그의 특수관계인이 경매 또는 공매로 취득한 경우, ㉡ 경매 또는 공매절차의 개시 후 관련 법령이 정한 바에 따라 수의계약에 의하여 취득하는 경우는 제외한다.(상증령 제49조 제1항 제3호)

(라) 매매사례가액

평가기간 내에 해당 재산과 면적 · 위치 · 용도 · 종목 및 기준시가가 동일하거나 유사한 다른 재산에 대하여 위 '(가)', '(나)', '(다)'의 어느 하나에 해당하는 가액이 있는 경우에는 해당 가액을 시가로 본다. 단, 법에 따라 증여세(상속의 경우 상속세)를 신고한 경우에는 신고일 이후의 매매사례가액은 제외한다.(상증령 제49조 제4항) 매매사례가액을 적용할 수 있는 유사한 다른 재산이란 다음 요건에 해당하는 재산을 말한다.(상증칙 제15조)

① 부동산 가격공시에 관한 법률에 따른 공동주택가격(새로운 공동주택가격이 고시되기 전에는 직전의 공동주택가격)이 있는 공동주택의 경우에는 다음 요건을 모두 충족하는 주택이어야 한다. 이 경우 해당주택이 둘 이상인 경우에는 평가대상주택과 공동주택가격 차이가 가장 작은 주택을 말한다.

- 평가대상 주택과 동일한 공동주택단지(공동주택관리법에 따른 공동주택단지를 말한다) 내에 있을 것
- 평가대상 주택과 주거전용면적(주택법에 따른 주거전용면적을 말한다)의 차이가 평가대상 주택의 주거전용면적의 5% 이내일 것
- 평가대상 주택과 공동주택가격의 차이가 평가대상 주택의 공동주택가격의 5% 이내일 것

② 위 ① 외의 재산의 경우에는 평가대상 재산과 면적 · 위치 · 용도 · 종목 및 기준시가가 동일하거나 유사한 다른 재산이어야 한다.

(2) 평가기간 내 판단 기준 및 적용순위

위 (1)의 유형별 시가를 적용할 때 평가기준일 전 6개월 후 3개월(상속재산의 경우 전후 6개월) 이내에 해당하는지는 각 ① 매매계약일, ② 감정가격산정기준일과 감정가액평가서 작성일, ③ 보상가액 · 경매가액 또는 공매가액이 결정된 날을 기준으로 하여 판단하며, 시가로 보는 가액이 둘 이상인 경우에는 평가기준일을 전후하여 가장 가까운 날에 해당하는 가액을 적용하고 가장 가까운 날에 해당하는 가액이 둘 이상일 때는 그 평균액을 적용한다. 다만, 해당 재산의 매매가액, 감정가액, 보상가액, 경매 또는 공매가액이 있는 경우에는 (라)의 매매사례가액을 적용하지 아니한다.(상증령 제49조 제2항) 즉 매매가액, 감정가액, 보상가액, 경매 또는 공매가액 상호간에는 시간적 순위에 따라 평가기준일에 가장 가까운 날에 이루어진 가액을 시가로 하고, 이러한 가액이 없는 경우에 매매사례가액을 시가로 한다.

(3) 가액안분

(가) 일반적인 안분계산 방법

매매가액, 감정가액, 보상가액, 경매 또는 공매가액에 2 이상의 재산가액이 포함됨으로써 각각의 재산가액이 구분되지 아니하는 경우에는 각각의 재산을 상속세 및 증여세법 제61조 내지 제65조의 규정에 의하여 평가한 가액(기준시가 등 보충적 평가액)에 비례하여 안분계산하되 각각의 재산에 대하여 동일감정기관이 동일한 시기에 감정한 각각의 감정가액이 있는 경우에는 감정가액에 비례하여 안분계산한다.(상증령 제49조 제3항)

(나) 토지와 그 정착물 가액의 안분계산 방법

토지와 그 토지에 정착된 건물 기타 구축물("건물등")의 가액이 구분되지 아니하는 경우에는 다음의 방법으로 안분계산한다.(부가령 제64조)

① 토지와 건물등에 대한 감정가액이 있는 경우 : 감정가액 비율로 안분한 금액으로 한다.

② 토지와 건물등에 대한 기준시가(소득세법 제99조에 따른 기준시가)가 모두 있는 경우 : 평가일 현재의 기준시가에 따라 계산한 가액에 비례하여 안분한 금액으로 한다.

③ 토지와 건물등 중 어느 하나 또는 모두의 기준시가가 없는 경우 : 장부가액, 장부가액이 없는 경우에는 취득가액에 비례하여 안분계산하고, 복수의 토지나 건물에 기준시가가 있는 경우 기준시가가 있는 토지들 간이나 건물들 간에는 그 합계액을 다시 기준시가에 의하여 안분계산한 금액으로 한다.

④ 위 방법을 적용할 수 없거나 적용하기 곤란한 경우 : 국세청장이 정하는 바에 따라 안분하여 계산한 금액으로 한다. 국세청장이 정하는 방법은 다음과 같다.(국세청 고시 제2015-43호, 2018.8.24.)

- 토지와 건물 등의 가액을 일괄 산정・고시하는 오피스텔, 상업용 건물 및 주택의 경우 : 토지의 기준시가와 국세청장이 고시한 건물의 기준시가에 비례하여 안분계산

> **! 국세청장이 고시한 건물의 기준시가**
>
> 신축가격, 구조, 용도, 위치, 신축연도 등을 고려하여 매년 1회 이상 국세청장이 산정・고시하는 가액(별첨7 참조)

- 건축 중에 있는 건물과 토지의 안분 : 토지의 기준시가와 미완성 건물 등의 장부가액(장부가액이 없는 경우 취득가액)에 비례하여 안분계산, 단 해당 건물을 완성하여 공급하기로 한 경우에는 토지의 기준시가와 완성을 가장한 건물의 국세청장이 고시한 기준시가에 비례하여 안분계산

(4) 자본적 지출액 가산

매매계약일, 감정가격산정기준일과 감정가액평가서 작성일, 보상가액, 경매가액 또는 공매가액이 결정된 날이 증여일(상속의 경우 상속개시일) 전에 이루어졌고 그 날과 증여일(상속의 경우 상속개시일) 사이에 해당 재산에 대한 자본적 지출액이 확인되는 경우에는 그 자본적 지출액을 해당 매매가액, 감정가액, 보상가액, 경매 또는 공매가액에 더할 수 있다.(상증령 제49조 제5항)

(5) 평가기준일 외의 매매가액 등

평가기간에 해당하지 아니하는 기간으로서 평가기준일 전 2년 이내의 기간 중에 매매등(매매 · 감정 · 수용 · 경매 또는 공매)이 있는 경우, 또는 평가기간이 경과한 날로부터 과세당국이 부과결정하기 전까지의 기간 중에 매매등이 있는 경우에도 증여일(상속의 경우 상속개시일)과 매매계약일, 감정가격산정기준일 및 감정가액평가서 작성일, 보상가액, 경매가액 또는 공매가액이 결정된 날 사이에 가격변동의 특별한 사정이 없다고 판단되는 경우에는 납세자, 지방국세청장 또는 관할세무서장의 신청에 따라 평가심의위원회의 심의를 거쳐 해당 매매 · 감정 · 수용 · 경매 또는 공매가액을 시가에 포함시킬 수 있다.(상증령 제49조 제1항)

(6) 평가위원회

(가) 구성

평가심의위원회는 국세청과 지방국세청에 두며 다음과 같이 구성한다.(이하 상증령 제49조의2)

① 국세청 평가심의위원회 : 위원 12명 이내로 구성
- 국세청장이 소속 공무원 중에서 임명하는 사람 3명
- 변호사, 공인회계사, 세무사, 감정평가사, 그 밖에 기업의 인수 · 합병과 관련하여 학식과 경험이 풍부한 사람 중 국세청장이 위촉하는 9명 이내의 사람

② 지방국세청 평가심의위원회 : 위원 7명으로 구성
- 지방국세청장이 소속 공무원 중에서 임명하는 사람 2명
- 변호사, 공인회계사, 세무사, 감정평가사, 그 밖에 기업의 인수 · 합병과 관련하여 학식과 경험이 풍부한 사람 중 지방국세청장이 위촉하는 사람 3명
- 국세청 평가심의위원회의 위원 중 각 회의별로 국세청장이 지정하는 공무원인 위원 1명 및 공무원이 아닌 위원 1명

(나) 심의사항

심의위원회가 심의하는 사항은 평가기준일 외의 매매가액 등 시가인정(상증령 제49조 제1항 본문), 시가불인정 감정기관의 지정(상증령 제49조 제7항), 비상장주식등의 가액평가 및 평가방법(상증령 제54조 제1항 · 제6항)이다.

(다) 평가신청

납세자는 평가심의위원회 심의가 필요한 경우에는 증여세 과세표준 신고기한 만료 70일 전(상속의 경우 상속세 과세표준 신고기한 만료 4개월 전까지 매매 · 감정 · 수용 · 경매 또는 공매가액을 입증할 자료를 첨부하여 평가심의위원회에 신청하여야 한다. 다만, 평가기간 경과 후 부과결정까지 기간에 매매가액 등 시가인정을 위한 신청은 매매등이 있는 날로부터 6개월 이내에 신청할 수 있다.

(라) 심의결과 통지

신청을 받은 평가심의위원회는 해당 증여세 과세표준 신고기한 만료 20일 전(상속의 경우 상속세 과세표준 신고기한 만료 1개월 전)까지 그 결과를 납세자에게 서면으로 통지하여야 한다. 다만, 평가기간 경과 후 부과결정까지 기간에 매매가액 등 시가인정을 위한 신청의 경우에는 신청을 받은 날로부터 3개월 이내에 통지하여야 한다.

(7) 상속세 및 증여세법 시행령 제49조 제1항 외의 시가

증여(상속)재산의 시가는 상속세 및 증여세법 시행령 제49조 제1항에 따라 인정되는 것에만 한정할 것인가? 다른 방법으로 확인된 가액도 불특정 다수인 사이에 자유롭게 거래가 이루어지는 경우에 통상적으로 성립되는 가액으로 볼 수 있는가? 이에 대하여 대법원은 상속세 및 증여세법 시행령 제49조 제1항에 따라 인정되는 가액을 시가에 포함되는 예시 규정으로 해석하고, 객관적이고 합리적인 방법으로 평가된 가액도 시가에 포함된다고 하였다.(대법원 2001.8.21. 선고 2000두5098 판결; 헌법재판소 2010.10. 28. 2008헌바140)

대법원 2001.8.21. 선고 2000두5098 판결 요지

법 제60조 제1항 본문은 이 법에 의하여 상속세 또는 증여세가 부과되는 재산의 가액은 상속개시일 또는 증여일(…) 현재의 시가에 의한다라고 규정하고, 법 제60조 제2항은 제1항의 규정에 의한 시가는 불특정다수인 사이에 자유로이 거래가 이루어지는 경우에 통상 성립된다고 인정되는 가액으로 하고 수용 · 공매가격 및 감정가격 등 대통령령이 정하는 바에 의하여 시가로 인정되는 것을 포함한다고 규정하고 있으며, 시행령 제49조 제1항은 법 제60조 제2항에서 "수용 · 공매가격 및 감정가액 등 대통령령이 정하는 바에 의하여 시가로 인정되는 것"이라 함은 평가기준일 전 6월(…)부터 상속세과세표준신고 또는 증여세과세표준신고의 기간 중 다음 각 호의 1의 규정에 의하여 확인되는 가액을 포함한다라고 규정하면서, 제1호 본문에서 당해 재산에 대한 매매사실이 있는 경우에는

그 거래가액을, 제2호에서 당해 재산에 대하여 2 이상 총리령이 정하는 공신력 있는 감정기관이 상속세 및 증여세 납부 외의 목적으로 재산을 평가한 감정가액이 있는 경우에는 그 감정가액의 평균액을, 제3호에서 당해 재산에 대하여 수용 또는 공매사실이 있는 경우에는 그 보상가액 또는 공매가액을 들고 있는바, 법 제60조 제2항의 문언상 시가가 수용 · 공매가격 및 감정가격 등 대통령령이 정하는 바에 의하여 시가로 인정되는 것에 한정되는 것은 아니라고 할 것이므로 위 규정의 위임에 의한 시행령 제49조 제1항 각 호는 상속재산의 시가로 볼 수 있는 대표적인 경우를 예시한 것에 불과하며, 한편 시가란 원칙적으로 정상적인 거래에 의하여 형성된 객관적 교환가치를 의미하지만 이는 객관적이고 합리적인 방법으로 평가된 가액도 포함되는 개념이므로 공신력있는 감정기관의 감정가액도 시가로 볼 수 있다 할 것이다.
그럼에도 불구하고, 원심이 대화감정법인의 이 사건 토지에 대한 감정가액이 객관적으로 합리적인 방법으로 평가한 가액으로서 시가로 볼 수 있는지에 관하여 심리도 하지 아니한 채, 시행령 제49조 제1항 제2호 소정의 시가에 포함되는 감정가액이 아니라는 이유만으로 이를 배척하고, 보충적 평가방법에 의하여 이 사건 토지를 평가한 가액을 기준으로 한 피고의 이 사건 부과처분이 적법하다고 판단한 것은 상속재산 평가에 관한 법리를 오해하여 판결 결과에 영향을 미친 위법이 있다.

2) 의제시가(보충적 평가)

(1) 의제시가의 의의

상속세 및 증여세법 제60조 제3항은 "제1항을 적용할 때 시가를 산정하기 어려운 경우에는 해당 재산의 종류, 규모, 거래 상황 등을 고려하여 제61조부터 제65조까지에 규정된 방법으로 평가한 가액을 시가로 본다."고 규정하고 있다. 이는 증여(상속)재산에 대하여 불특정 다수인 사이에 자유롭게 거래가 이루어지는 경우에 통상적으로 성립된다고 인정되는 가액을 산정하기 어려운 경우에는 해당 재산의 종류, 규모, 거래상황 등을 고려하여 상속세 및 증여세법 제61조부터 제65조까지 규정된 방법으로 평가한 가액을 시가로 본다는 뜻이다. 다시 말하면 증여 및 상속 받은 재산가액을 시가로 평가하는 것을 원칙으로 하되, 시가를 확인하기 어려운 경우 공시지가 등으로 평가한 가액을 시가로 본다는 것이다. 이는 시가를 확인하기 어려운 경우 시가평가를 포기하고 증여재산가액을 기준시가 등으로 평가한 가액을 증여재산가액으로 한다는 것이 아니라 기준시가로 평가한 가액도 시가로 보아 시가주의를 관철한다는 것이다. 같은 맥락에서 증여(상속)받은 재산을 양도하는 경우 증여(상속)재산가액을 상속세 및 증여세법 제61

조부터 제65조까지에 규정된 방법으로 평가한 경우에도 이를 취득당시의 실제거래가액으로 본다.(소득령 제163조 제9항)[12] 그렇다면 상속세 및 증여세법 제60조 제2항의 시가와 제3항이 의제한 시가 사이에 우열이 없어 임의로 선택하여 적용할 수 있는가? 이에 대하여 대법원은 "상증법 제60조 제3항에 따라 법 제61조부터 제65조까지에 규정된 방법에 의하여 평가한 가액이 적용되는 것은 시가를 산정하기 어려운 경우에 한하는 것으로 법문상 그 요건과 순서가 명시되어 있어, 자의적이거나 임의적인 해석 및 적용을 초래할 염려가 있다고 볼 수 없으므로 납세의무자의 재산권 및 사유재산제도의 본질적 내용을 침해한다고 볼 수 없다."고 하여 제60조 제3항에 의한 의제시가를 제2항의 시가산정이 어려운 경우에 보충적으로 적용한다고 해석하고 있다.(대법원 2017. 7.18. 선고 2014두7565 판결)

(2) 토지의 평가

(가) 공시지가에 의한 평가

토지는 개별공시지가(부동산 가격공시에 관한 법률의 개별공시지가)로 평가한다.(상증법 제61조 제1항 제1호)

① 기준시점

개별공시지가는 매년 1월 1일을 기준일로 하여 그 날의 가액을 매년 5월 31일까지 공시하는 것으로 되어 있어 기준일과 공시일 사이에 시간적 간격이 있다.(부동산가격공시에 관한 법률 시행령 제3조 및 제21조) 증여일(또는 상속개시일)이 개별공시지가의 공시기준일과 공시일 사이에 있는 경우 어느 공시지가로 평가할 것인가? 상속세 및 증여세법 시행령 제50조 제6항은 "개별공시지가는 평가기준일 현재 고시되어 있는 것을 적용한다."라고 하여 개별공시지가 기준일과 공시일 사이에 발생한 증여재산에 대하여 당시에 고시된 직전연도 공시지가로 평가하는 것으로 규정하고 있다. 이 규정은 1996년 12월 31일 개정되기 전 시행령 제5조 제8항의 "새로운 개별공시지가가 공시되기 전에 상속이 개시되는 경우에는 직전의 개별공시지가를 적용한다."를 승계한 것이고, 시행

12) 이는 양도소득을 계산함에 있어 양도가액은 기준시가와 실제거래가액을 엄격하게 구분하면서 취득가액을 계산함에 있어서는 상속(증여) 취득의 경우 기준시가를 실거래가액과 같은 것으로 보게 되는 모순이 발생한다. 이에 대하여 대법원은 "소득세법 시행령 제163조 제9항 본문의 규정이 모법의 위임범위를 벗어나 과세요건을 부당하게 확장한 무효의 규정이라고 볼 수도 없다."고 하였다.(대법원 2007.10.26. 선고 2006두1326 판결)

령 제5조 제8항은 1990년 5월 1일 개정시 신설되었으나 1990년 12월 31일 삭제되었다가 1995년 12월 30일 다시 부활되었다. 시행령 제5조 제8항이 부활되기 전 판례는 증여일 이후에 공시된 기준시가가 "직전연도 기준시가에 비하여 증여당시 토지의 현황을 더 적정하게 반영하여 시가에 근접한 것이므로 증여 후 고시된 당해 연도 개별공시지가로 평가하여야 한다."고 판결하였다.(대법원 1996.8.23. 선고 96누4411 판결) 이러한 판례의 논지에 따라, 부활된 시행령 제5조 제8항 및 현행 시행령 제50조 제6항에 대한 위법여부가 문제되었으나, 대법원은 동 규정은 조세법률관계를 조기에 확정할 수 있도록 하여 법적 안정성과 예측가능성을 기함에 그 취지가 있는 것으로서 시가주의 원칙에 반한다고 할 수 없고, 다른 시가평가의 길이 열려 있으므로 모법의 위임범위를 벗어났다고 볼 수 없다고 하였다.(대법원 2001.1.19. 선고 99두2277 판결; 대법원 2003.9.2. 선고 2001두10677 판결 등)[13)]

② 개별공시지가의 경정에 따른 경정청구

개별공시지가를 경정하는 경우 당초의 결정공고된 개별공시지가는 그 효력을 상실하고 경정결정된 새로운 개별공시지가가 그 공시기준일에 소급하여 그 효력을 발생하는 것(대법원 1994.6.14. 선고 93누19566 판결)이므로 개별공시지가가 경정된 경우, 경정된 공시지가로 평가하는 것이고 이는 후발적 경정청구사유에 해당한다.(제도46019-10261, 2001.3.26.)

(나) 개별공시지가 없는 토지

개별공시지가가 없는 토지의 가액은 인근 유사 토지의 개별공시지가를 고려하여 다음의 방법으로 평가한다.(상증령 제50조 제1항)

① 대상토지 : 개별공시지가가 없는 토지는 다음의 토지 등이다.

- 공간정보의 구축 및 관리 등에 관한 법률에 의한 신규등록토지
- 공간정보의 구축 및 관리 등에 관한 법률에 의하여 분할 또는 합병된 토지
- 토지의 형질변경 또는 용도변경으로 인하여 공간정보의 구축 및 관리 등에 관한 법률상의 지목이 변경된 토지

13) 그러나 대법원은 그 후에도 구 상속세 및 증여세법 시행령 제5조 제8항이 삭제되었던 시기의 상속재산에 대하여는 여전히 상속개시일 이후 공시된 당해연도 개별공시지가가 토지 현황을 더 적정하게 반영하여 시가에 근접한 것으로 볼 수 있다는 이유로 당해연도 공시지가로 평가하여야 한다고 판결하였다.(대법원 2010.6.24. 선고 2007두16493 판결)

• 개별공시지가의 결정 · 고시가 누락된 토지(국 · 공유지 포함)

② 평가방법 : 해당 토지와 지목 · 이용상황 등 지가형성요인이 유사한 인근 토지를 표준지로 보고 부동산 가격공시에 관한 법률 제3조 제7항에 따른 비교표에 따라 세무서장이 평가한다. 이 경우 세무서장은 지방세법 제4조 제1항 단서에 따라 시장 · 군수가 산정한 가액 또는 둘 이상의 감정기관에 의뢰하여 감정한 가액의 평균액을 평가가액으로 할 수 있다.[14)]

(다) 지정지역의 평가

지가가 급등하는 지역으로서 국세청장이 지정하는 지역의 토지 가액은 배율방법(倍率方法)으로 평가한 가액으로 한다. 배율은 국세청장이 평가기준일 현재의 개별공시지가에 지역마다 그 지역에 있는 가격사정이 유사한 토지의 매매실례가액을 감안하여 고시하는 배율을 말한다.(상증령 제50조 제2항 및 제5항)[15)]

(라) 특수한 토지의 평가

① 환지 및 택지개발된 토지 : 환지 및 택지개발 등에 따라 토지의 형질이 변경된 경우로서 평가기준일 현재 고시되어 있는 개별공시지가를 적용하는 것이 불합리하다고 인정되는 경우에는 상속세 및 증여세법 제61조 제1항 제1호 단서에 규정된 개별공시지가가 없는 토지의 평가방법을 준용하여 평가한다.(상증통칙 61-50-1)

② 분할 또는 합병된 토지 : 분할 또는 합병된 토지의 개별공시지가는 위 ①에 따라 평가하되 분할 또는 합병 전후 그 토지의 지목변경 및 이용상태 등으로 보아 종전의 개별공시지가를 적용하는 것이 합리적이라고 인정되는 경우에는 다음 각 방법에 따른다.(상증통칙 61-50-1)

• 분할된 토지 : 분할 전 토지에 대한 개별공시지가
• 합병된 토지 : 합병 전 토지에 대한 각 개별공시지가의 합계액을 총면적으로 나눈 금액

③ 환지예정지 : 환지예정지의 가액은 환지권리면적에 따라 계산한 가액에 따른다.(상증통칙 61-50-3)

---

14) 동 규정에 따르면 세무서장이 개별공시지가 산정방법과 같은 방법으로 직접 해당토지의 가액을 평가하는 것이 가능하나, 시장 · 군수가 같은 방법으로 산정한 가액을 따르는 것도 가능하다는 것이므로, 실무적으로는 개별공지가가 없는 토지에 대하여 세무서 직원이 별도로 평가하기보다는 시장 · 군수가 산정한 가액을 따르기 마련이다.

15) 현재 국세청장이 고시한 지정지역 및 배율은 없다.

④ 도로 및 하천 · 제방 · 구거 등 : 불특정다수인이 공용하는 사실상 도로 및 하천 · 제방 · 구거 등은 상속재산 또는 증여재산에 포함되나, 평가기준일 현재 도로 등 외의 용도로 사용할 수 없는 경우로서 보상가격이 없는 등 재산적 가치가 없다고 인정되는 때에는 그 평가액을 영(0)으로 한다.(상증통칙 61-50-4)

⑤ 조성 중인 토지 : 조성 중인 토지의 가액은 그 지목에 대한 개별공시지가로 평가한 가액에 그 조성과 관련된 비용(차입금에 대한 이자비용 포함)을 가산한 가액에 의하여 평가한다.(상증집행 61-50-2 제5항)

(3) 주택의 평가

(가) 고시주택가격에 의한 평가

시장 · 군수 또는 구청장은 개별주택 또는 공동주택의 가액을 매년 1월 1일을 기준일로 하여 매년 4월 30일까지 공시한다. 단, 공동주택에 대하여는 국세청장이 국토교통부장관과 협의하여 공동주택가격을 별도로 결정 · 고시하는 경우에는 따로 주택가액을 공시하지 아니한다. 국세청장이 별도로 공동주택가격을 고시하는 경우는 아파트와 건축 연면적 165㎡ 이상의 연립주택이다.(부동산가격공시에 관한 법률 제18조, 같은 법 시행령 제27조 · 제38조 · 제40조 · 제41조 · 제43조) 시장 · 군수 또는 구청장이 공시하는 주택가격과 국세청장이 고시하는 주택가격을 "고시주택가격"이라 한다. 부동산가격공시에 관한 법률상 주택은 그 부속토지를 포함하는 개념이므로 고시된 주택가격에는 부속토지의 가격이 포함된다.(같은 법 제2조 및 주택법 제2조). 요약하면 아파트와 연립주택(연면적 165㎡ 이상)의 가격은 국세청장이 고시한 가격으로, 기타 주택은 시장 · 군수 또는 구청장이 고시한 가액으로 평가한다.

(나) 고시주택가액이 없는 주택의 평가

해당 주택의 고시주택가격이 없는 경우나, 고시주택가격 고시 후에 해당 주택을 대수선 또는 리모델링(건축법 제2조 제1항 제9호 및 제10호에 따른 것)을 하여 고시주택가격으로 평가하는 것이 적절하지 아니한 경우에는 다음 어느 하나에 해당하는 가액으로 평가한다.(상증령 제50조 제4항)

① 부동산 가격공시에 관한 법률에 따른 개별주택가격이 없는 단독주택의 경우에는 해당 주택과 구조 · 용도 · 이용 상황 등 이용가치가 유사한 인근주택을 표준주택으로 보고 같은 법 제16조 제6항에 따른 주택가격 비준표에 따라 세무서장이 평

가한 가액

② 부동산 가격공시에 관한 법률에 따른 공동주택가격이 없는 공동주택의 경우에는 인근 유사 공동주택의 거래가격 · 임대료 및 해당 공동주택과 유사한 이용가치를 지닌다고 인정되는 공동주택의 건설에 필요한 비용추정액 등을 종합적으로 고려하여 세무서장이 평가한 가액

③ 지방세법 제4조 제1항 단서에 따라 시장 · 군수가 산정한 가액이나 둘 이상의 감정평가기관에 해당 주택에 대한 감정을 의뢰하여 산정된 감정가액을 고려하여 납세지 관할세무서장이 평가한 가액

(4) 오피스텔 및 상업용 건물의 평가

(가) 평가원칙

건물에 딸린 토지를 공유(共有)로 하고 건물을 구분소유하는 것으로서 건물의 용도 · 면적 및 구분소유하는 건물의 수(數) 등을 감안하여 국세청장이 지정하는 지역에 소재하는 오피스텔 및 상업용 건물(이들에 딸린 토지를 포함)에 대해서는 건물의 종류, 규모, 거래 상황, 위치 등을 고려하여 매년 1회 이상 국세청장이 토지와 건물에 대하여 일괄하여 산정 · 고시한 가액으로 평가한다.(상증령 제50조 제3항)

(나) 국세청장이 지정하는 지역

국세청장이 고시한 지정지역은 서울특별시, 부산광역시, 대구광역시, 인천광역시, 광주광역시, 대전광역시, 울산광역시, 경기도를 말한다.(국세청 고시 제2009-110호)

(다) 국세청장이 지정하는 오피스텔 및 상업용 건물

건물에 부수되는 토지를 공유로 하고 건물의 각 호별로 구분하여 소유권 등기가 가능한 2017년 8월 31일 이전까지 준공되었거나 사용승인을 받은 건물 중 아래의 건물을 고시대상으로 한다.(국세청 고시 제2017-36호, 2017.12.26. 제4조)

① 오피스텔 : 전체

② 상업용건물 : 건물 연면적 합계가 3,000㎡ 이상이거나 100개호 이상

여기서 “오피스텔”이란 건축법 제2조 제2항에서 정한 업무시설 중 오피스텔(이들에 부수되는 토지를 포함)을 말하고, “상업용건물”이란 건축법 제2조 제2항에서 정한 근린생활시설, 판매시설의 용도로 사용되고 있는 건물(이들에 부수되는 토지를 포함)을 말한다.(위 고시 제2조)

(라) 고시가격(기준시가)

국세청장이 고시하는 오피스텔 및 상업용건물의 가격은 1㎡당 가격을 기준시가로 고시되며, 각 호의 가격은 호별 면적(공부상 전용면적과 공용면적을 합한 면적)을 곱하여 산정한다. 고시하는 오피스텔 및 상업용 건물 명세와 기준시가는 국세청 홈택스(www.hometax.go.kr 조회 · 발급→기타 조회→기준시가 조회→상업용건물/오피스텔)에 수록되어 있다.

(5) 기타 건물의 평가

주택과 기준시가가 고시되는 오피스텔 및 상업용 건물을 제외한 기타의 건물은 토지를 제외한 건물에 대하여만 국세청장이 매년 1회 이상 고시하는 가격으로 평가한다. 건물의 가격은 1㎡당 기준시가산정의 기준을 고시하고 이 가격에 건물의 연면적을 곱하여 해당 건물의 기준시가를 산정한다. 1㎡당 기준시가는 건물신축가격에 구조지수, 용도지수, 위치지수, 경과연수별잔가율 및 조정률을 곱하여 산정한다.[별첨7 : 국세청 건물 기준시가 산정방법 고시(국세청 고시 제2018－50호, 2018.12.31.) 참고] 이를 산식으로 보면 다음과 같으며, 국세청홈택스에서 건물기준시가 계산프로그램을 이용하면 기준시가평가액이 자동으로 계산된다.[국세청홈택스 ⇒ 조회 · 발급 ⇒ 세금신고납부 : 상속 · 증여재산 평가하기 ⇒ 상업용건물/오피스텔 · 건물기준시가 ⇒ 건물기준시가(상속/증여)]

- 기준시가 = 평가대상 건물의 면적(㎡)*1) × ㎡당 금액*2)
- ㎡당 금액 = 건물신축가격기준액 × 구조지수 × 용도지수 × 위치지수 × 경과연수별잔가율 × 개별건물의 특성에 따른 조정률*3)

*1) 연면적을 말하며, 집합건물의 경우 전용면적과 공용면적을 포함한 면적을 말한다.
*2) ㎡당 금액은 1,000원 단위 미만은 버린다.
*3) 개별건물의 특성에 따른 조정률은 상속세 및 증여세법 제61조 제1항 제2호에 따라 기준시가를 계산하는 경우에만 적용한다.

(6) 그 외 시설물 및 구축물 평가

그 밖의 시설물 및 구축물(토지 또는 건물과 일괄하여 평가하는 것을 제외한다)은 평가기준일에 그것을 다시 건축하거나 다시 취득할 경우에 소요되는 가액("재취득가액등")에서 그것의 설치일부터 평가기준일까지의 감가상각비상당액을 뺀 금액으로 평가한다.(상증령 제51조 제4항) 감가상각비 상당액은 법인세법 제23조 및 같은 법 시행령 제24조 · 제26조 및 제28조의 규정에 의하여 계산한 금액을 말한다. 이 경우 감가상각 자산의 내용연수는 법인세법 시행령 제28조 제1항 제2호의 규정에 의한 기준내용연수를 적용한다.(상증칙 제16조 제3항) 재취득가액등을 산정하기 어려운 경우에는 지방세법 시행령 제4조 제1항에 따른 가액을 해당 시설물 및 구축물의 가액으로 할 수 있고, 이 때 지방세법 시행령 제6조 각 호에 규정된 특수부대설비에 대하여 지방세법 시행령 제4조 제1항에 따라 해당 시설물 및 구축물과 별도로 평가한 가액이 있는 경우에는 그 가액을 가산한다. 그 밖의 시설물 및 구축물을 재취득가액등으로 평가하는 경우 공동주택에 부속 또는 부착된 시설물 및 구축물은 토지 또는 건물과 일괄하여 평가한 것으로 본다.(상증령 제51조 제5항)

(7) 지상권 및 시설물 이용권 평가

(가) 지상권의 평가

① 평가방법 : 지상권의 가액은 지상권이 설정되어 있는 토지의 가액에 2%를 곱한 금액을 지상권 잔존기간 동안 매년의 수입금액으로 보고, 이 금액에 대하여 이자율 10%를 적용한 평가기준일의 현재가치로 할인한 금액을 지상권의 가액으로 한다.(상증령 제51조 제1항) 이를 산식으로 보면 다음과 같다.(상증칙 제16조 제1항 · 제2항)

$$\text{지상권평가액} = \sum_{n=1}^{n} \frac{\text{토지가액의 2\%}}{(1.1)^n}$$

n : 평가기준일부터 지상권존속기간 만료일까지 연수

② 지상권의 잔존연수 : 지상권의 잔존연수는 민법의 규정을 준용한다.

- 존속기간을 약정한 지상권 : 당사자 간에 시장권의 존속기간을 정한 경우에는 그 약정기간을 존속기간으로 하되, 약정한 존속기간이 다음의 기간보다 짧은 경우에는 다음 각 기간으로 한다.(민법 제280조)
- 석조, 석회조, 연와조 또는 이와 유사한 견고한 건물이나 수목의 소유를 목적으로 하는 때에는 30년
- 그 외 건물의 소유를 목적으로 하는 때에는 15년
- 건물 이외의 공작물의 소유를 목적으로 하는 때에는 5년

- 존속기간을 약정하지 아니한 지상권 : 계약으로 지상권의 존속기간을 정하지 아니한 때에는 그 기간은 위의 각 기간으로 하고, 지상권설정 당시에 공작물의 종류와 구조를 정하지 아니한 때에는 지상권은 위의 그 외 건물의 소유를 목적으로 한 것으로 보므로 존속기간은 15년이 된다.(민법 제281조)

(나) 부동산을 취득할 수 있는 권리 등의 평가

부동산을 취득할 수 있는 권리 및 시설물을 이용할 수 있는 권리에 대하여는 다음과 같이 평가한다.(상증령 제51조 제2항)

① 부동산을 취득할 수 있는 권리 : 부동산을 취득할 수 있는 권리는 취득시기가 도래하기 전에 해당 부동산을 취득할 수 있는 권리를 말하는 것으로 건물이 완성되는 때에 그 건물과 이에 딸린 토지를 취득할 수 있는 권리를 포함한다. 예를 들어 부동산매매계약을 체결한 자가 계약금만 지급한 상태에서 양도하는 경우, 아파트 당첨권 등이 이에 속한다.(상증집행 61-51-3)

② 특정시설물을 이용할 수 있는 권리 : 특정시설물을 이용할 수 있는 권리는 특정시설물이용권·회원권 기타 명칭여하를 불문하고 그 시설물을 배타적으로 이용하거나 일반이용자에 비하여 유리한 조건으로 이용할 수 있도록 약정한 단체의 일원이 된 자에게 부여되는 권리를 말한다.(상증집행 61-51-4)

③ 부동산을 취득할 수 있는 권리 및 시설물을 이용할 수 있는 권리의 평가방법 : 부동산을 취득할 수 있는 권리(건물이 완성되는 때에 그 건물과 이에 부수되는 토지를 취득할 수 있는 권리를 포함한다) 및 특정시설물을 이용할 수 있는 권리의 가액은 평가기준일까지 납입한 금액과 평가기준일 현재의 프리미엄에 상당하는 금액을 합한 금액으로 한다. 다만, 해당 권리에 대하여 소득세법 시행령 제165조 제8항 제3호에 따른 가액이 있는 경우에는 해당 가액으로 한다. 여기서 소득세법 시행령 제165조 제8항 제3호에 따른 가액은 시설물이용권에 대하여 지방세법에 따라 고시한 시가표준액, 시가표준액을 확인할 수 없는 경우에는 소득세법 시행규칙으로 정하는 방법에 따라 계산한 가액을 말하고, 소득세법 시행규칙으로 정하는 방법에 따라 계산한 가액은 취득가액을 생산자물가지수 상승률로 환산한 금액을 말한다.(소득칙 제81조 제3항 제2호)[16]

16) 법률의 문언대로 해석하면 취득가액에 생산자물가지수 상승률로 환산한 가액이 취득가액에 프리미엄을 더한 가액보다 우선적인 평가금액이 되는데, 개인적인 생각으로는 이것이 더 시가에 근접한 금액이라고 보기는 어렵다.

④ 평가방법 사례(상증집행 61-51-6)

- 부동산을 취득할 수 있는 권리 및 특정시설물 이용권 평가시 평가기준일까지 불입액에 가산하는 평가기준일 현재의 프리미엄에 상당하는 금액은 그 당시 불특정다수인간의 거래에 있어서 통상 지급되는 프리미엄을 말한다.
- 구주택을 현물출자하여 신주택을 신축할 경우에 신축 중에 공동주택의 부수토지를 증여한 경우 이는 부동산을 취득할 수 있는 권리를 증여한 것으로 증여재산가액은 출자한 토지 및 건물의 평가금액과 증여일까지 불입한 부담금과 증여일 현재의 프리미엄에 상당하는 금액을 합한 금액이 된다.
- 재건축입주권을 증여한 경우 이는 부동산을 취득할 수 있는 권리를 증여한 것으로 평가 기준일까지 불입한 금액은 재건축조합이 산정한 조합원의 권리가액과 불입한 계약금, 중도금 등을 합한 금액이며 동 금액에 프리미엄 상당액을 합하여 평가한다.
- 재개발조합원으로서 평가기준일 현재 상환하지 않은 시유지 불하대금 및 평가기준일까지 발생한 이자 중 미지급금액을 합한 금액을 수증자가 인수하는 경우 당해 금액은 채무로서 공제된다.

(8) 모든 토지, 건물의 임대료에 의한 평가특례

사실상 임대차계약이 체결되거나 임차권이 등기된 재산의 경우에는 임대료 등을 기준으로 하여 다음의 방법에 따라 평가한 가액(임대료환산평가액)이 위 (2)에서 (7)까지의 보충적 평가방법에 따라 평가한 가액보다 큰 경우에는 임대료환산평가액을 그 재산의 가액으로 한다.(상증법 제61조 제5항, 상증령 제50조 제7항 · 제8항, 상증칙 제15조의2)

① 평가산식

$$\text{임대료환산평가액} = \text{임대보증금} + \frac{\text{1년간의 임대료}}{0.12}$$

② 임대료환산평가액의 토지 · 건물 안분

- 토지와 건물의 소유자가 동일한 경우 : 토지 및 건물의 소유자가 임차인으로부터 받은 임대료 등의 환산가액을 기준시가로 나누어 계산한 금액을 각각 토지와 건물의 평가가액으로 한다.
- 토지와 건물의 소유자가 다른 경우 : ㉠ 토지 소유자와 건물 소유자가 제3자와의

임대차계약 당사자인 경우에는 토지 소유자와 건물 소유자에게 구분되어 귀속되는 임대료 등의 환산가액을 각각 토지와 건물의 평가가액으로 하고, ㉡ 토지 소유자와 건물 소유자 중 어느 한 사람만이 제3자와의 임대차계약의 당사자인 경우에는 토지 소유자와 건물 소유자 사이의 임대차계약의 존재 여부 및 그 내용에 상관없이 제3자가 지급하는 임대료와 임대보증금을 토지와 건물 전체에 대한 것으로 보아 제3자가 지급하는 임대료 등의 환산가액을 토지와 건물의 기준시가로 나누어 계산한 금액을 각각 토지와 건물의 평가가액으로 한다.

3) 저당권 등이 설정된 재산의 평가특례

저당권, 양도담보재산, 전세권이 등기된 재산, 임차보증금을 받은 재산 등으로 담보된 채권의 가액(담보하는 채권액)이 상속세 및 증여세법 제60조에 따라 평가한 가액 즉 시가 및 의제시가보다 큰 경우에는 담보하는 채권액을 그 재산의 가액으로 평가한다. 담보하는 채권의 가액은 다음의 금액으로 평가한다.(상증법 제66조, 상증령 제63조)

① 저당권(공동저당권 및 근저당권을 제외한다)이 설정된 재산의 가액은 당해 재산이 담보하는 채권액

② 공동저당권이 설정된 재산의 가액은 당해 재산이 담보하는 채권액을 공동저당된 재산의 평가기준일 현재의 가액으로 안분하여 계산한 가액

③ 근저당권이 설정된 재산의 가액은 평가기준일 현재 당해 재산이 담보하는 채권액

④ 질권이 설정된 재산 및 양도담보재산의 가액은 당해 재산이 담보하는 채권액

⑤ 전세권이 등기된 재산의 가액은 등기된 전세금(임대보증금을 받고 임대한 경우에는 임대보증금)

⑥ 수탁자가 위탁자로부터 자본시장과 금융투자업에 관한 법률 제103조 제1항 제5호 또는 제6호의 재산을 위탁자의 채무이행을 담보하기 위해 수탁으로 운용하는 내용으로 체결되는 신탁계약을 체결한 경우에는 신탁계약 또는 수익증권에 따른 우선수익자인 채권자의 수익한도금액

담보권이 설정된 재산을 평가함에 있어서 당해 재산에 설정된 근저당의 채권최고액이 담보하는 채권액보다 적은 경우에는 채권최고액으로 하고, 당해 재산에 설정된 물적담보 외에 법인세법 시행령 제63조 제1항 각호 신용보증기관의 보증이 있는 경우에는 담보하는 채권액에서 당해 신용보증기관이 보증한 금액을 차감한 가액으로 하며, 동일한 재산이 다수의 채권(전세금채권과 임차보증금채권을 포함한다)의 담보로 되어

있는 경우에는 그 재산이 담보하는 채권액의 합계액으로 평가한다.(상증칙 제19조의3)

II 부동산 고 · 저가 양 · 수도에 따른 이익의 증여

1. 증여재산의 취득시기

(1) 양도일 또는 양수일

부동산의 고 · 저가 양 · 수도에 따른 이익의 증여시기는 양수일 또는 양도일이다.(상증법 제35조) 즉 부동산을 시가보다 저가로 양수받은 경우 양수일에 대가를 초과하는 부동산을 증여받은 것이 되고, 고가로 양도한 경우 양도일에 시가를 초과하는 현금 등을 증여받은 것이 된다. 양수일 또는 양도일은 각각 해당 재산의 대금을 청산한 날을 기준으로 한다. 대금을 청산한 날이 분명하지 아니한 경우에는 등기부에 기재된 등기접수일(부동산 외 재산의 경우 등록일 또는 명의개서일)을 양수일 또는 양도일로 한다.(상증령 제26조 제5항, 소득령 제162조 제1항 제1호)

(2) 대금 청산 전 소유권이전 등기일

대금을 청산하기 전에 소유권이전등기를 한 경우에는 등기부에 기재된 등기접수일을 양도일로 한다.(소득령 제162조 제1항 제2호) 부동산 외의 재산으로 등기, 등록 및 명의의 개서를 하는 재산의 경우에도 등기부 · 등록부 또는 명부등에 기재된 등기 · 등록 접수일 또는 명의개서일을 양도일로 한다.

(3) 장기할부조건의 양도

장기할부조건의 양도의 경우에는 소유권이전등기 접수일, 당해 재산의 인도일 또는 사용수익일 중 빠른 날을 양도일로 한다.(소득령 제162조 제1항 제3호) 장기할부조건이란 자산의 양도대금을 월부 · 연부 기타의 부불방법에 따라 수입하는 것 중 다음의 요건을 갖춘 것을 말한다.(소득칙 제78조)

① 계약금을 제외한 해당 자산의 양도대금을 2회 이상으로 분할하여 수입할 것

② 양도하는 자산의 소유권이전등기 접수일 · 인도일 또는 사용수익일 중 빠른 날의 다음날부터 최종 할부금의 지급기일까지의 기간이 1년 이상인 것

(4) 매매계약일

국외재산의 매매와 같이 매매대금을 외화로 거래하는 경우 매매계약 후 환율이 30% 이상 변동한 경우에는 매매계약일을 양도 · 양수일로 한다.(상증령 제26조 제5항 단서, 상증칙 제9조의3)

2. 증여재산가액

부동산의 고 · 저가 양 · 수도에 따른 이익의 증여재산가액은 특수관계인간의 거래인지 여부에 따라 다르다.

(1) 특수관계인

상속세 및 증여세법상 특수관계인간의 거래에 대하여 특별한 규정을 두는 경우가 많다. "특수관계인"이란 본인과 친족관계, 경제적 연관관계 또는 경영지배관계 등 다음 각 어느 하나에 해당하는 관계에 있는 자를 말한다. 이 경우 본인도 특수관계인의 특수관계인으로 본다.(상증법 제2조 제10호, 상증령 제2조의2) 따라서 상속세 및 증여세법상 다른 조항이 규정하고 있는 특수관계인의 범위도 동일하다. 상속세 및 증여세법 시행령 제2조의2 제1항이 열거하는 특수관계인은 다음과 같다.

① 일정범위의 친족과 인척(제1호) : 다음의 친족(국기령 제1조의2 제1항 제1호~제4호)과 사돈

- 6촌 이내의 혈족
- 4촌 이내의 인척
- 배우자(사실상의 혼인관계에 있는 자를 포함)
- 친생자로서 다른 사람에게 친양자 입양된 자 및 그 배우자 · 직계비속
- 직계비속의 배우자의 2촌 이내의 혈족과 그 배우자

② 사용인이나 사용인 외의 자로서 본인의 재산으로 생계를 유지하는 자(제2호) : 여기서 "사용인"이란 임원, 상업사용인, 그 밖에 고용계약관계에 있는 자를 말하며,

출자에 의하여 지배하고 있는 법인의 사용인을 포함한다. "출자에 의하여 지배하고 있는 법인"이란 아래 제6호, 제7호에 해당하는 법인 및 제1호부터 제7호까지에 해당하는 자가 발행주식총수등의 100분의 50 이상을 출자하고 있는 법인을 말한다.

③ 다음 각 어느 하나에 해당하는 자(제3호)

- 본인이 개인인 경우 : 본인이 직접 또는 본인과 제1호(위 ①)에 해당하는 관계에 있는 자가 임원에 대한 임면권의 행사 및 사업방침의 결정 등을 통하여 그 경영에 관하여 사실상의 영향력을 행사하고 있는 기업집단의 소속 기업과 해당 기업의 임원. 단, 해당기업의 임원은 법인세법 시행령 제20조 제1항 제4호에 따른 임원과 퇴직 후 3년이 지나지 아니한 임원이었던 사람으로서 사외이사가 아니었던 사람을 말한다. 여기서 "기업집단의 소속기업"이란 독점규제 및 공정거래에 관한 법률 시행령 제3조 각 호의 어느 하나에 해당하는 기업집단에 속하는 계열회사를 말한다.(상증칙 제2조)
- 본인이 법인인 경우 : 본인이 속한 기업집단의 소속 기업(해당 기업의 임원과 퇴직임원을 포함한다)과 해당 기업의 임원에 대한 임면권의 행사 및 사업방침의 결정 등을 통하여 그 경영에 관하여 사실상의 영향력을 행사하고 있는 자 및 그와 제1호(위 ①)에 해당하는 관계에 있는 자

④ 본인, 제1호부터 제3호까지의 자 또는 본인과 제1호부터 제3호까지의 자가 공동으로 재산을 출연하여 설립하거나 이사의 과반수를 차지하는 비영리법인(제4호)

⑤ 제3호에 해당하는 기업의 임원 또는 퇴직임원이 이사장인 비영리법인(제5호)

⑥ 본인, 제1호부터 제5호까지의 자 또는 본인과 제1호부터 제5호까지의 자가 공동으로 발행주식총수 또는 출자총액("발행주식총수등")의 30% 이상을 출자하고 있는 법인(제6호)

⑦ 본인, 제1호부터 제6호까지의 자 또는 본인과 제1호부터 제6호까지의 자가 공동으로 발행주식총수등의 50% 이상을 출자하고 있는 법인(제7호)

⑧ 본인, 제1호부터 제7호까지의 자 또는 본인과 제1호부터 제7호까지의 자가 공동으로 재산을 출연하여 설립하거나 이사의 과반수를 차지하는 비영리법인(제8호)

(2) 특수관계인간 고 · 저가 양 · 수도의 증여재산가액

실제 지급한 대가와 시가의 차액이 시가의 30% 이상이거나 3억원 이상인 경우에는

30%를 초과하거나 3억원을 초과하는 금액을 증여재산가액으로 한다.(상증법 제35조 제1항, 상증령 제26조 제2항) 즉 특수관계인으로부터 부동산을 시가(의제시가 포함)보다 3억원 이상 싸게 사거나, 특수관계인에게 3억원 이상 비싸게 파는 경우 시가와의 차액 중 3억원을 초과하는 금액을 증여재산가액으로 하고, 시가와의 차액이 3억원 미만이더라도 그 차액이 시가의 30%를 넘는 경우에는 그 차액 중 시가의 30%를 초과하는 금액을 증여재산가액으로 한다. 예를 들어 시가 20억원의 부동산을 15억원에 매수한 경우 차액 5억원 중 3억원을 초과하는 2억원이 증여재산가액이 되고, 시가 7억원의 부동산을 10억원에 양도한 경우 시가와의 차액 3억원 중 시가의 30%인 2억 1천만원을 초과하는 9천만원이 증여재산가액이 된다.

(3) 일반인간 고 · 저가 양 · 수도의 증여재산가액

특수관계인이 아닌 자 간의 거래에 대해서는 거래의 관행상 정당한 사유 없이 고·저가로 양·수도한 경우에만 증여세를 과세하고, 지급하거나 지급받은 대가와 재산의 시가와 차이가 시가의 30%보다 크고 3억원 이상인 경우에 3억원을 초과하는 금액을 증여재산가액으로 한다.(상증법 제35조 제2항, 상증령 제26조 제3항 · 제4항) 위 (2)에서 든 예시 중 첫째는 차액이 시가의 30%인 6억원을 넘지 않고, 둘째는 차액 3억원이 시가의 30%인 2억 1천만원 이상이기는 하나 3억원을 초과하지 아니하여 증여재산가액이 없다.

특수관계인이 아닌 자 간의 거래에 있어서는 거래의 관행상 "정당한 사유"가 있었는지에 대한 판단이 문제된다. 상속세 및 증여세법상 특수관계인이 아닌 자와 거래에 대하여 증여세를 과세하는 경우 "정당한 사유"가 없는 경우를 증여세 과세요건으로 하는 규정이 많다. 추상적 개념인 "정당한 사유"는 거래의 관행상 통상적으로 이루어지는 거래로 볼 수 있는지 여부인데 궁극적인 판단은 법원이 할 수밖에 없다. 정당한 사유 및 입증책임에 대한 법원의 견해는 다음과 같다.(대법원 2015.2.12. 선고 2013두24495 판결)

"특수관계가 없는 자 사이의 거래에서는 이해관계가 서로 일치하지 않는 것이 일반적이고 자신이 쉽게 이익을 얻을 수 있는 기회를 포기하면서 거래상대방으로 하여금 증여이익을 얻도록 하는 것은 이례적이기 때문에, 특수관계자 사이의 거래로 인한 이익과는 달리 특수관계가 없는 자 사이의 거래에 대하여는 설령 거래상대방이 신주인수권의 취득과 행사로 인한 이익을 얻는 결과가 발생하여도 거래당사자가 객관적 교환가치를 적절히 반영하여 거래를 한다고 믿을 만한 합리적인 사유가 있거나 합리적인 경제인의 관점에서 그러한 거래조건으로 거래를 하는 것이 정상적이라고 볼 수 있는 경우와 같이 '거래의 관행상 정당한 사유'가 있다고 인정되는 경우에는 상속세 및 증여세법 제42조 제1항을 적용하지 않도록 과세요건을 추가하고 있다. 그러나 법령에서 정한 특수관계가 없는 자 사이의 거래라고 하더라도, 거래조건을 결정함에 있어서 불특정 다수인 사이에 형성될 수 있는 객관적 교환가치를 적절히 반영하지 아니할 만한 이유가 없으며, 거래조건을 유리하게 하기 위한 교섭이나 새로운 거래상대방의 물색이 가능함에도 신주인수권의 양도인이 자신의 이익을 극대화하려는 노력도 전혀 하지 아니한 채 자신이 쉽게 이익을 얻을 수 있는 기회를 포기하고 특정한 거래상대방으로 하여금 신주인수권의 취득과 행사로 인한 이익을 얻게 하는 등 합리적인 경제인이라면 거래 당시의 상황에서 그와 같은 거래조건으로는 거래하지 않았을 것이라는 객관적인 사유가 있는 경우에는, 특별한 사정이 없는 한 '거래의 관행상 정당한 사유'가 있다고 보기 어렵다. 한편 과세처분의 위법을 이유로 취소를 구하는 행정소송에서 과세처분의 적법성과 과세요건사실의 존재에 대한 증명책임은 과세관청에게 있으므로, 특수관계가 없는 자 사이의 거래에 있어서 상속세 및 증여세법 제42조 제3항에서 정한 '거래의 관행상 정당한 사유'가 없다는 점에 대한 증명책임도 과세관청이 부담하는 것이 원칙이다. 다만, 과세관청으로서는 합리적인 경제인이라면 거래 당시의 상황에서 그와 같은 거래조건으로는 거래하지 않았을 것이라는 객관적인 정황 등에 관한 자료를 제출함으로써 '거래의 관행상 정당한 사유'가 없다는 점을 증명할 수 있으며, 만약 그러한 사정이 상당한 정도로 증명된 경우에는 이를 번복하기 위한 증명의 곤란성이나 공평의 관념 등에 비추어 볼 때 거래경위, 거래조건의 결정이유 등에 관한 구체적인 자료를 제출하기 용이한 납세의무자가 정상적인 거래로 보아야 할 만한 특별한 사정이 있음을 증명할 필요가 있다고 보아야 할 것이다."

(4) 다수 부동산 고 · 저가 양 · 수도

시가와의 차액이 3억원 미만인지 여부를 계산함에 있어서 다수의 재산을 동시에 양도하는 경우 또는 하나의 부동산을 지분을 나누어 수차례 양도하는 경우 증여이익을 어떻게 계산할지가 문제된다. 상속세 및 증여세법 제43조 제2항 및 같은 법 시행령 제32조의4에 따르면 고저가 양도에 따른 이익을 계산할 때 그 증여일로부터 소급하여 1년 이내에 동일한 거래 등이 있는 경우에는 각각의 거래 등에 따른 이익을 합산하여 기준금액 및 증여재산가액을 계산한다.

3. 과세제외 고저가 양수도

개인과 법인 간에 재산을 양수하거나 양도하는 경우로서 그 대가가 법인세법 제52조 제2항에 따른 시가에 해당하여 그 법인의 거래에 대하여 부당행위계산부인 규정(같은 법 제52조 제1항)이 적용되지 아니하는 경우에는 고·저가 양·수도에 따른 이익에 대한 증여세를 과세하지 아니한다. 다만, 거짓이나 그 밖의 부정한 방법으로 상속세 또는 증여세를 감소시킨 것으로 인정되는 경우에는 그러하지 아니하다.(상증법 제35조 제3항)

4. 증여세와 양도소득세 이중과세 문제

법인과 개인 간에 고·저가 양·수도에 따라 법인의 자산이 사외에 유출되어 부당행위계산부인 규정에 해당하는 경우 시가와의 차액은 익금산입하고, 법인세법시행령 제106조 제1항 제1호에 따라 개인에게 소득처분을 하여 소득세를 부과하게 된다. 즉 이 경우 상속세 및 증여세법 제4조의2 제2항에 따라 소득세가 우선 과세되므로 증여세는 부과되지 아니한다.[17] 그러나 개인 간 고·저가 양·수도나 개인이 법인에게 저가로 양도하거나 고가로 양수하는 경우에는 양도소득세의 부당행위계산부인 문제가 발생한다.

(1) 저가양도의 경우

소득세법 제101조 "거주자의 행위 또는 계산이 그 거주자의 특수관계인과의 거래로 인하여 그 소득에 대한 조세 부담을 부당하게 감소시킨 것으로 인정되는 경우에는 그 거주자의 행위 또는 계산과 관계없이 해당 과세기간의 소득금액을 계산할 수 있다."고 규정하고 있고, 같은 법 시행령 제167조에는 "조세의 부담을 부당하게 감소시킨 것으로 인정되는 경우"란 ㉠ 특수관계인으로부터 시가보다 높은 가격으로 자산을 매입하거나 특수관계인에게 시가보다 낮은 가격으로 자산을 양도한 때, ㉡ 그 밖에 특수관계인과의 거래로 해당 연도의 양도가액 또는 필요경비의 계산시 조세의 부담을 부당하게

17) 2009년 2월 4일 개정되기 전 법인세법 시행령 제106조 제1항 제3호 자목에 저가양수로 개인에게 증여세가 부과되는 부당행위 금액에 대해서는 기타사외유출로 소득처분하도록 규정되어 있었다. 이 규정에는 법인의 합병, 증자 및 감자 등을 통하여 주주에게 법인의 이익을 분여한 부당행위계산부인과 관련하여서는 여전히 증여세가 과세되는 부분에 대하여 기타사외유출로 소득처분하도록 규정되어 있어 이 부분에 대하여 증여세 우선과세를 유지하고 있는데 법체계상 혼동의 소지가 있다.

감소시킨 것으로 인정되는 때로 한다고 규정되어 있다.(단, 시가와 거래가액의 차액이 3억원 이상이거나 시가의 100분의 5에 상당하는 금액 이상인 경우로 한정함)

이에 따라 특수관계인에게 부동산을 저가로 양도하는 경우 양도자는 시가에 따른 양도소득세를 부담하여야 하고, 양수자는 시가와 차액에 대하여 증여세를 부담하여야 한다. 증여세가 부과되는 금액은 양수자가 그 재산을 양도할 때 취득가액에 가산한다.(소득령 제163조 제10항) 고・저가 양・수도와 관련한 소득세법상 부당행위계산 규정과 상속세 및 증여세법상 증여세 과세규정에 대하여 동일한 과세물건에 대한 이중과세라는 논란이 있다. 이에 대하여 법원은 증여세와 양도소득세는 납세의무의 성립 요건과 시기 및 납세의무자를 서로 달리하므로, 각각의 과세요건에 따라 과세하는 것은 이중과세가 아니라고 한다.(대법원 2015.10.29. 선고 2013두15224 판결, 같은 뜻 헌재 2006.6.29. 결정 2004헌바76)[18]

대법원 2015.10.29. 선고 2013두15224 판결 요지

증여세와 양도소득세는 납세의무의 성립 요건과 시기 및 납세의무자를 서로 달리하므로, 과세관청이 증여세와 양도소득세의 각 부과처분을 할 경우에는 각각의 과세요건에 따라 실질에 맞추어 독립적으로 판단하여야 할 것으로서 각각의 과세요건에 모두 해당할 경우 양자의 중복적용을 배제하는 특별한 규정이 없는 한 어느 한 쪽의 과세만 가능한 것은 아니라 할 것이다. 한편 구 상속세 및 증여세법(2007.12.31. 법률 제8828호로 개정되기 전의 것, 이하 '법'이라 한다) 제2조 제2항이 '제1항에 규정된 증여재산에 대하여 소득세법에 의한 소득세가 수증자에게 부과되는 때에는 증여세를 부과하지 아니한다'고 규정하고 있으나, 이는 그 문언 내용이나 증여세가 소득세의 보완세로서의 성격도 가지는 점 등에 비추어 수증자에 대하여 증여세를 부과하는 경우 그에 대하여 소득세가 부과되는 때에는 증여세를 부과하지 아니한다는 뜻으로서 양도소득세 규정과 증여세 규정의 중복적용을 배제하는 특별한 규정에 해당하지 않는다(대법원 1999.9.21. 선고 98두

18) 이러한 판례해석에도 수긍하기 어려운 점이 있다. 하나의 재산권 이전행위가 취득자에게는 증여이고 양도자에게는 양도(민법상 매매)라는 것은 법률해석상 매우 어색하다. 나아가 가령 아버지가 시가 20억원의 상가를 아들에게 넘겨주면서 아들과 아버지의 경제사정 및 납부할 증여세와 양도소득세 등을 고려하여 반은 증여하고 반은 양도하는 의미로 10억원에 양도하는 경우 부당행위 계산부인 규정을 적용하면, 아버지는 양도가액을 20억원으로 하는 양도소득세를 납부하여야 하고 아들은 증여세를 납부하여야 한다는 의미가 되는데, 이와 같이 재산의 일부에 대한 명백한 증여행위에 대해서까지 당사자의 의사와 무관하게 양도소득세를 과세하는 것은 문제가 있다고 본다. 물론 회계적으로는 재산의 대가 전부를 받아 일부를 양수자에게 되돌려 준 것으로 이해할 수는 있다. 그러나 그러한 회계적 인식으로 접근하려면 모든 현물증여는 그 대가를 증여하는 것으로 보아 증여자에게 시가를 양도가액으로 하는 양도소득세를 부과하여야 논리의 일관성이 유지된다. 당사자의 의사에 따른 일부양도 일부증여가 인정되는 입법적 조율이 필요하다고 본다.

11830 판결, 대법원 2003.5.13. 선고 2002두12458 판결 참조). 같은 취지에서 원심은, 원고로부터 이 사건 주식을 저가로 양수한 소외 1 등에게 그 주식의 실지양도가액과 그 주식을 보충적 평가방법으로 평가한 가액과의 차액에 대하여 증여세를 부과하는 한편 원고에게 그 평가가액을 양도가액으로 하여 양도소득세를 부과한 것은 이중과세에 해당하지 아니한다고 판단하였다. 이러한 원심의 판단은 정당하고, 거기에 이중과세에 관한 법리를 오해한 위법이 없다.

(2) 고가양도의 경우

재산을 시가보다 고가로 양도하여 그 차익에 대하여 양도자가 증여세를 부담하는 경우 양도소득세를 계산함에 있어서는 지급받은 대가 중 증여재산가액에 해당하는 금액을 차감한 금액을 양도가액으로 하여 양도소득금액을 계산한다.(재정경제부 재산세과-873, 2007.7.18.) 이러한 해석에 따를 경우 특수관계인 간의 고가양도의 경우에는 증여세가 과세되지 않는 금액 즉 시가의 30%와 3억원 중 적은 금액을 시가에 더한 금액이 양도가액이 되고, 양수자가 그 재산을 양도할 때는 이 금액 취득가액이 된다.(소득령 제163조 제10항)

Ⅲ 현물출자에 따른 이익의 증여

1. 증여재산의 취득시기

법인과의 거래를 통하여 우회적으로 재산가치를 이전하는 방법 중의 하나로 법인에 부동산을 현물출자하고 시가 이하의 신주를 인수받음으로써 기존주주가 받는 이익 또는 시가 이상의 신주를 인수받음으로써 현물출자자가 받는 이익에 대한 증여는 현물출자 납입일을 증여일로 한다.(상증법 제39조의3)

2. 증여재산가액

(1) 증여이익

상법상 현물출자에 대하여는 검사인이나 공인감정인이 그 가액 등을 조사한다.(상법 제416조 · 제422조 등) 따라서 현물자체의 고저가 평가보다 인수하는 신주의 가액에 따라 출자자와 다른 주주 간 이익분여가 이루어진다. 예를 들어 주식가치가 주당 10만원이고 발행 주식수가 100만주인 주식회사에 시가 100억원 부동산을 현물출자하면 정상적인 인수의 경우 인수가액 10만원에 10만주를 인수하게 된다. 그런데 주당 인수가액을 5만원으로 인수하게 되면 현물출자자는 20만주를 인수하게 되고 인수 후 주당 가치는 약 91,666원(1,100억원/120만주)이 된다. 따라서 현물출자자는 정상인수시 보다 약 83억 3,333만원(91,666원×20만-100억원)의 이익을 보게 되고, 기존 주주는 주당 약 8,333원(100,000-91,666) 총 83억 3,333만원의 주식가치가 하락하게 된다. 반대로 인수가액을 20만원으로 할 경우 현물출자자는 5만주를 인수하게 되고 인수 후 주당 가치는 약 104,762원(1,100억원/105만주)이 된다. 따라서 현물출자자는 약 47억 6,200만원(100억원-104,762×5만)의 손실을 보고 기존 주주는 주당 약 4,762원씩 총 47억 6,200만원의 주식가치가 상승하게 된다. 앞의 경우를 저가인수라 하고 뒤의 경우를 고가인수라 한다.

저가인수의 경우에는 기존주주와 특수관계 및 증여이익의 크기에 관계없이 현물출자자가 받은 이익을 증여재산가액으로 하고, 고가인수의 경우에는 기존주주와 현물출자자가 특수관계에 있고 증여이익이 3억원 이상이거나 현물출자전 주식가치의 30% 이상인 경우에만 기존주주가 받은 증여이익을 증여재산가액으로 과세한다.(상증령 제29조의3) 저가인수의 경우 기존주주가 증여자가 되는데 소액주주를 모두 각각 증여자로 부아 증여세를 계산하는 불편을 덜기 위하여 소액주주가 2명 이상인 경우에는 소액주주가 1명인 것으로 보고 한 사람으로부터 증여받은 것으로 하여 증여이익을 계산한다.(상증법 제39조의3 제2항) 소액주주는 당해 법인의 발행주식총수등의 100분의 1미만을 소유하는 경우로서 주식등의 액면가액의 합계액이 3억원 미만인 주주등을 말한다.(상증법 제39조 제2항, 상증령 제29조 제5항)

(2) 동일거래 합산계산

현물출자로 인한 증여이익은 고가인수 또는 저가인수별로 그 증여일로부터 소급하여

1년 이내에 동일한 거래 등이 있는 경우에는 각각의 거래 이익을 합산하여 기준금액 및 증여재산가액을 계산한다.(상증법 제43조 제2항, 상증령 제32조의4 제6호)

(3) 증여이익 계산사례

이와 같이 신주를 시가보다 저가 또는 고가로 발행하여 현물출자하는 경우 현물출자는 일종의 유상증자이므로 현물출자자 또는 기존주주가 얻는 이익이 유상증자와 동일하다. 따라서 증자에 따른 이익의 증여이익 계산방법과 유사하며 상속세 및 증여세법 시행령 제29조의2는 현물출자에 의한 증여이익의 계산방법을 증자에 의한 증여이익의 계산방법인 같은 시행령 제29조를 준용하도록 규정하고 있다. 각 현물출자 유형별 증여이익 계산사례를 보면 다음과 같다.(상증집행 39의3-29의3-1 등)

(가) 현물출자에 따른 이익의 증여(상증집행 39의3-29의3-1)

구 분	저가발행	고가발행
현물출자 전 1주당 평가액	10	10
현물출자 전 발행주식수	100	100
현물출자 전 주식총가치	1,000	1,000
신주발행가액	5 (신주발행가액 〈 시가)	20 (신주발행가액 〉 시가)
신주 발행수	50	50
현물출자 후 1주당 평가액	(10 × 100 + 5 × 50) / 150 = 8.33	(10 × 100 + 20 × 50) / 150 = 13.33
현물출자자 이익(손실)	(8.33 - 5) × 50 = 166.5 현물출자자의 이익	(20 - 13.33) × 50 = 333.5 현물출자자의 손실 (기존주주의 이익)
비 고	• 신주의 저가발행 이익과 동일 • 이익의 규모 및 특수관계 요건 적용하지 않음	• 신주의 고가발행 손실과 동일 • 이익의 규모 및 특수관계 요건 적용

(나) 현물출자에 따른 이익 과세요건(상증집행 39의3-29의3-2)

구 분		저 가 발 행	고 가 발 행
과세 요건	이익규모 (30% Rule)	해당없음 (신주의 저가·실권주 재배정과 동일)	해 당
	특수관계	해당없음 (신주의 저가·실권주 재배정과 동일)	해 당

① 30% Rule : 현물출자자가 신주를 고가로 인수할 경우 손실을 보고 해당 법인의 기존주주가 이익을 본다. 기존주주의 이익 중 현물출자자의 특수관계자가 얻는 이익을 증여이익으로 과세하기 위해서는 이익의 규모가 일정수준 이상이어야 하는데 그 수준을 「30% Rule」이라 하고 계산법은 다음과 같다.

- (1주당 신주인수가액 - 현물출자 후 1주당 평가액) ≧ 현물출자 후 1주당 평가액 × 30%

또는

- (1주당 신주인수가액 - 현물출자 후 1주당 평가액) × 현물출자에 따른 발행주식수 ×현물출자 전 특수관계자의 지분율 ≧ 3억원

② 특수관계 : 현물출자자와 기존주주 사이에 특수관계인일 것을 요한다.

③ 주권상장법인이 일반공모증자의 방법으로 신주를 배정하는 경우에는 과세에서 제외한다.

(다) 현물출자에 따른 증여이익의 계산(상증집행 39의3-29의3-3)

① 증여이익

구 분	저 가 발 행	고 가 발 행
증여이익	(가 - 나) × 다	(나 - 가) × 다 × 라
가	현물출자 후 1주당 평가액	
나	현물출자자의 1주당 인수가액	
다	현물출자자의 신주인수 수량	
라	해당없음	현물출자 전 특수관계자의 지분율

② 현물출자 전 · 후의 1주당 평가액

구 분	주권상장(코스닥상장)법인	비상장법인
현 물 출자후 1주당 평가액	Min[①,②] ① 현물출자 이후 2개월간의 최종시세가액의 평균액 $= \frac{\text{현물출자 전 기업의 주식가치 + 현물출자로 인한 실제 증자대금)}}{\text{(현물출자 전 발행주식총수 + 현물출자에 의하여 증가한 주식수}}$ $= \frac{\text{(현물출자전 1주당평가액} \times \text{증자전 발행주식총수)} + \text{(신주1주당 인수가액} \times \text{현물출자에 의하여 증가한 주식수)}}{\text{현물출자 전 발행주식총수 + 현물출자에 의하여 증가한 주식수}}$ ② 이론적 현물출자 후 주가	② 이론적 현물출자 후 주가
현 물 출자전 1주당 평가액	현물출자 전 2개월이 되는 날부터 현물출자일 전일까지 2개월간 최종시세가액의 평균액	시가 or 보충적 평가액

(라) **현물출자에 따른 증여이익의 계산사례**(집행기준 39의3-29의3-4)

① 비상장회사 A의 현물출자 전 지분현황

- 현물출자 전 1주당 평가가액 : 1,000
- 주주 甲이 토지를 현물출자하면서 20,000주 교부받음.
- 주주현황

구 분	현물출자 전 지분현황		현물출자 후 지분현황	
	주식수	지분율	주식수	지분율
甲	10,000	50%	30,000	75%
乙	10,000	50%	10,000	25%
합계	20,000	100%	40,000	100%

② 신주인수가액에 따른 현물출자에 따른 증여이익 계산

구 분	신주인수가액 500원인 경우	신주인수가액 4,000원인 경우
신주발행주식수	20,000	20,000
현물출자 후 1주당 평가액	$\frac{(20{,}000 \times 1{,}000 + 500 \times 20{,}000)}{(20{,}000 + 20{,}000)} = 750$	$\frac{(20{,}000 \times 1{,}000 + 4{,}000 \times 20{,}000)}{(20{,}000 + 20{,}000)} = 2{,}500$

구 분	신주인수가액 500원인 경우	신주인수가액 4,000원인 경우
현물출자 전 특수관계자 지분율	50%	50%
증여이익	(750 - 500) × 20,000 = 5,000,000원	(4,000 - 2,500) × 20,000 × 50% = 15,000,000원
납세의무자	현물출자자 甲	특수관계자 기존주주 乙

3. 과세제외

불공정한 현물출자에 의한 증여이익의 과세는 공정성이 담보된 거래, 즉 현물출자자에게 자본시장과 금융투자업에 관한 법률에 따른 주권상장법인이 같은 법 제165조의6에 따른 일반공모증자의 방법으로 배정하는 경우에는 증여세를 과세하지 아니한다.(상증령 제29조의3 제1항)

Ⅳ 취득 후 재산가치 증가에 따른 이익의 증여

1. 과세요건

직업, 연령, 소득 및 재산상태로 보아 자력(自力)으로 해당 행위를 할 수 없다고 인정되는 자가 재산을 취득하고 그 재산을 취득한 날부터 5년 이내에 개발사업의 시행, 형질변경, 공유물(共有物) 분할, 사업의 인가・허가 등 일정한 사유로 인하여 이익을 얻은 경우에는 그 이익에 상당하는 금액을 그 이익을 얻은 자의 증여재산가액으로 한다. 특수관계자로부터 재산을 취득한 경우에 과세하는 것을 원칙으로 하고 특수관계인이 아닌 자로부터 취득한 재산에 대하여는 거짓이나 그 밖의 부정한 방법으로 증여세를 감소시킨 것으로 인정되는 경우에 한하여 적용한다.(상증법 제42조의2)

(1) 취득요건

직업, 연령, 소득 및 재산상태로 보아 자력(自力)으로 개발행위 등 해당 행위를 할 수 없다고 인정되는 자가 다음 각 사유로 재산을 취득한 경우이다.

① 특수관계인으로부터 재산을 증여받은 경우

② 특수관계인으로부터 기업의 경영 등에 관하여 공표되지 아니한 내부 정보를 제공받아 그 정보와 관련된 재산을 유상으로 취득한 경우

③ 특수관계인으로부터 차입한 자금 또는 특수관계인의 재산을 담보로 차입한 자금으로 재산을 취득한 경우

(2) 이익요건

그 재산을 취득한 날부터 5년 이내에 개발사업의 시행, 형질변경, 공유물(共有物) 분할, 사업의 인가・허가 등 다음 어느 하나에 해당하는 사유로 인하여 이익을 얻는 경우이다.(상증령 제32조의3)

① 개발사업의 시행, 형질변경, 공유물(共有物) 분할, 지하수개발・이용권 등의 인가・허가 및 그 밖에 사업의 인가・허가

② 비상장주식의 자본시장과 금융투자업에 관한 법률 제283조에 따라 설립된 한국금융투자협회에의 등록

③ 그 밖에 위의 사유와 유사한 것으로서 재산가치를 증가시키는 사유

2. 증여재산 취득시기

상속세 및 증여세법 제42조의3에는 증여재산 취득시기에 대하여 구체적으로 규정하고 있지 아니하나, 제2항에 재산가치 증가사유 발생일을 증여이익 계산 기준일로 하고 있으므로 이 날을 증여재산취득일로 보는 것이 타당하다. 다만, 이 경우 그 재산가치증가사유 발생일 전에 그 재산을 양도한 경우에는 그 양도한 날을 재산가치 증가사유 발생일로 본다. 상속세 및 증여세법 제32조는 증여재산의 일반적 취득시기에 대하여 규정하고 있으며, 일반적 취득시기가 적용되지 않는 예외조항으로 제42조의3(재산취득 후 재산가치 증가에 따른 이익의 증여)을 열거하고 있다. 그러나 상속세 및 증여세법 시행령 제24조는 일반적 증여재산취득시기를 규정하면서 제1항 제3호에서 타인의 기

여에 의하여 재산가치가 증가한 경우의 취득시기를 규정하고 있다. 제42조의3을 일반적취득시기 예외조항으로 규정하면서 본 조항에 취득시기에 대한 별도의 규정을 두고 있지 아니하므로 다시 취득시기에 대한 일반조항에 따르는 것이 타당하다고 본다. 상속세 및 증여세법 시행령 제24조 제1항 제3호에 따르면, 타인의 기여에 의하여 재산가치가 증가한 경우 증여시기는 다음과 같다.

① 개발사업의 시행 : 개발구역으로 지정되어 고시된 날
② 형질변경 : 해당 형질변경허가일
③ 공유물(共有物)의 분할 : 공유물 분할등기일
④ 사업의 인가・허가 또는 지하수개발・이용의 허가 등 : 해당 인가・허가일
⑤ 주식등의 상장 및 비상장주식의 등록, 법인의 합병 : 주식등의 상장일 또는 비상장주식의 등록일, 법인의 합병등기일
⑥ 생명보험 또는 손해보험의 보험금 지급 : 보험사고가 발생한 날
⑦ 그 외의 경우 : 재산가치 증가사유가 발생한 날

3. 증여재산가액

(1) 증여이익 계산방법

증여재산가액은 해당 재산가액에서 해당재산의 취득가액과 통상적인 가치상승분 및 가치상승기여분 가액을 뺀 가액으로 한다.

① 해당 재산가액 : 재산가치 증가사유가 발생한 날 현재의 가액을 말한다. 여기서 현재의 가액이란 시가 및 보충적평가방법에 의한 의제시가를 말하고, 다만, 해당 가액에 재산가치증가사유에 따른 증가분이 반영되지 아니한 것으로 인정되는 경우에는 개별공시지가・개별주택가격 또는 공동주택가격이 없는 경우로 보아 상속세 및 증여세법 시행령 제50조 제1항 또는 제4항에 따라 평가한 가액을 말한다.
② 해당 재산의 취득가액 : 실제 취득하기 위하여 지불한 금액을 말하고 증여받은 재산의 경우에는 증여세 과세가액을 말한다.
③ 통상적인 가치상승분 : 기업가치의 실질적인 증가로 인한 이익과 연평균지가상승률・연평균주택가격상승률 및 전국소비자물가상승률 등을 감안하여 해당 재산의 보유기간 중 정상적인 가치상승분에 상당하다고 인정되는 금액을 말한다. “기업

가치의 실질적인 증가로 인한 이익"은 해당 주식등의 증여일 또는 취득일이 속하는 사업연도개시일부터 재산가치 증가사유가 발생한 날 사이의 1주당 순손익액의 합계액을 해당 기간의 월수로 나눈 금액에 해당 주식등의 증여일 또는 취득일부터 재산가치 증가사유가 발생한 날까지의 월수를 곱한 금액으로 한다. 월수계산에서 1월 미만은 1월로 본다.(상증령 제31조의3 제5항)

④ 가치상승기여분 : 개발사업의 시행, 형질변경, 사업의 인가・허가 등에 따른 자본적지출액 등 해당 재산가치를 증가시키기 위하여 지출한 금액을 말한다.

(2) 과세제외

위 증여이익이 해당재산의 취득가액과 통상적인 가치상승분 및 가치상승기여분 가액을 합한 금액의 30%에 미치지 이니하는 금액으로서 3억원 미만인 경우에는 과세하지 아니한다. 즉 증여이익이 3억원 이상이거나 3억원 미만이더라도 해당재산의 취득가액과 통상적인 가치상승분 및 가치상승기여분 가액을 합한 금액의 30%에 해당하는 금액 이상인 경우에는 증여이익 전액에 대하여 과세한다.(상증령 제32조의3 제2항)

V 배우자 등으로부터 양수한 재산의 증여 추정

1. 배우자 또는 식계존비속에게 양도한 경우

(1) 배우자 또는 직계존비속의 범위

배우자 등 근친간에 부동산 등 재산을 양도한 경우 재산을 증여한 것으로 추정하여 납세자에게 양도의 입증책임을 전가하고 있는데 그 근친으로 열거한 배우자 및 직계존비속의 범위는 다음과 같다.(상증집행 44-0-2)

① 배우자 : 민법상 혼인관계에 의한 배우자를 말한다. 따라서 사실혼에 의한 배우자는 포함되지 아니한다.

② 직계비속 : 친양자 및 출양자도 포함된다.

③ 계모자 관계, 적모서자 관계는 직계존비속 관계에 해당되지 아니한다.

④ 며느리와 시아버지 · 시어머니의 관계 그리고 사위와 장인 · 장모의 관계는 직계존비속 관계가 아니다.

(2) 증여재산 취득시기

배우자 또는 직계존비속("배우자등")에게 양도한 재산은 양도자가 그 재산을 양도한 때에 그 재산의 가액을 배우자등이 증여받은 것으로 추정한다.(상증법 제44조) 부동산 양도에 대한 증여추정의 경우 등기접수일을 증여일로 본다.(상증법 제32조, 상증령 제24조) 양도대가를 인정하지 아니하고 증여로 추정하는 것이므로 일부 증여추정이 배제되어 고저가 양수도가 인정되는 경우 외에는 잔금지급일을 증여일로 보기는 어렵다.

(3) 증여재산가액

그 재산의 가액을 배우자등의 증여재산가액으로 한다. 그 재산의 가액은 시가를 의미하는 것이므로 시가 및 보충적 평가방법에 의한 가액을 말한다.

2. 특수관계인을 통한 우회증여

(1) 과세요건

우회거래를 통한 배우자 및 직계존비속간 증여추정은 다음의 요건을 모두 충족하여야 한다.(상증법 제44조 제2항)

① 특수관계인에게 양도한 재산을 그 특수관계인인 양수인이 그 재산의 양수일로부터 3년 이내에 당초 양도자의 배우자 또는 직계존비속에게 다시 양도할 것

② 당초 양도자 및 양수자가 부담한 소득세(양도소득세) 결정세액을 합친 금액이 배우자등이 증여받은 것으로 추정할 경우의 증여세액보다 큰 경우에는 추정규정을 적용하지 아니한다. 가령 당초 양도자가 특수관계인에게 양도함에 따라 산출한 양도소득세 결정세액이 1억원이고, 특수관계인이 당초 양도자의 배우자 또는 직계존비속에게 양도함에 따라 산출한 양도소득세 결정세액이 1억원인 경우에는, 증여추정 규정에 따라 산출한 증여세액이 2억원을 초과하여야만 추정규정을 적용한다.

(2) 증여재산 취득시기

특수관계인에게 양도한 재산을 그 특수관계인인 양수인이 양수일부터 3년 이내에 당초 양도자의 배우자 또는 직계존비속에게 다시 양도한 경우에는 특수관계인인 양수자가 그 재산을 양도한 때에 그 배우자 또는 직계존비속이 증여받은 것으로 추정한다. 마찬가지로 부동산의 증여추정의 경우 등기접수일을 증여일로 보고, 양도대가를 인정하지 아니하고 증여로 추정하는 것이므로 특별한 경우 외에 잔금지급일을 증여일로 보기는 어렵다.

(3) 증여재산 가액

특수관계인인 양수자가 그 재산을 당초 양도자의 배우자 또는 직계존비속에게 양도한 당시의 재산가액을 증여재산가액으로 한다. 마찬가지로 그 가액은 시가 또는 의제시가로 평가한다.

(4) 양도소득세 등 부과취소

특수관계인을 통한 배우자 또는 직계존비속간 양도로 해당 배우자등에게 증여세가 부과된 경우에는 소득세법의 규정에도 불구하고 당초 양도자 및 양수자에게 그 재산의 양도에 따른 소득세를 부과하지 아니한다.(상증법 제44조 제4항)

3. 증여추정 배제

해당 재산을 다음 어느 하나에 해당하는 방법으로 취득한 경우에는 위 1, 2의 증여추정규정을 적용하지 아니한다.(상증법 제44조 제3항)

① 법원의 결정으로 경매절차에 따라 처분된 경우

② 파산선고로 인하여 처분된 경우

③ 국세징수법에 따라 공매(公賣)된 경우

④ 배우자 또는 직계존비속에게 대가를 받고 양도한 사실이 명백히 인정되는 경우로서 다음 각 하나에 해당하는 경우(상증령 제33조)19)

19) 증여추정 규정은 납세자에게 증여가 아니라는 사실에 대한 입증책임을 전가한 것일 뿐 증여를 의제하는 것이 아니므로 법령이 열거하고 있는 증여추정 배제사유는 예시규정일 뿐이다. 예시되지 않은 사유로도

- 권리의 이전이나 행사에 등기 또는 등록을 요하는 재산을 서로 교환한 경우
- 당해 재산의 취득을 위하여 이미 과세(비과세 또는 감면받은 경우를 포함한다) 받았거나 신고한 소득금액 또는 상속 및 수증재산의 가액으로 그 대가를 지급한 사실이 입증되는 경우
- 당해 재산의 취득을 위하여 소유재산을 처분한 금액으로 그 대가를 지급한 사실이 입증되는 경우

유가증권의 경우

부동산은 아니지만 참고로 유가증권의 경우 자본시장과 금융투자업에 관한 법률 제8조의2 제4항 제1호에 따른 증권시장을 통하여 처분된 경우는 증여로 추정하지 아니한다. 다만, 자본시장과 금융투자업에 관한 법률 제9조 제13항에 따른 증권시장에서 이루어지는 유가증권의 매매 중 같은 법 제393조 제1항 따른 거래소의 증권시장업무규정에 따라 시간외대량매매 방법으로 매매된 것은 제외한다. 그러나 이 경우에도 당일 종가로 매매된 것은 증여추정 규정을 적용하지 아니한다.(상증령 제33조, 상증칙 제10조의6)

VI 재산취득자금 등 증여 추정

1. 과세요건

(1) 재산취득자금 및 채무상환자금의 출처입증

재산 취득자의 직업, 연령, 소득 및 재산 상태 등으로 볼 때 재산을 자력으로 취득하였다고 인정하기 어려운 경우와 채무자의 직업, 연령, 소득, 재산 상태 등으로 볼 때 채무를 자력으로 상환(일부 상환을 포함)하였다고 인정하기 어려운 경우, 재산 취득자의 취득자금 및 채무자의 상환자금을 증여받은 것으로 추정한다.(상증법 제45조) 자력으로 재산을 취득하거나 채무를 상환하였다고 인정하기 어려운 경우란 다음의 내용으로 자금의 근거가 입증된 금액의 합계액이 취득재산의 가액 또는 채무의 상환금액에 미달하는 경우를 말한다.(상증령 제34조 제1항)

증여가 아님이 입증된다면 증여추정은 배제되어야 한다.

① 신고하였거나 과세(비과세 또는 감면받은 경우를 포함)받은 소득금액
② 신고하였거나 과세받은 상속 또는 수증재산의 가액
③ 재산을 처분한 대가로 받은 금전이나 부채를 부담하고 받은 금전으로 당해 재산의 취득 또는 당해 채무의 상환에 직접 사용한 금액

(2) 자금출처로 인정되는 경우 예시

상속세 및 증여세법 기본통칙에 다음과 같은 자금을 자금출처가 인정되는 경우로 예시하고 있다.(상증통칙 45-34-1)

① 본인 소유재산의 처분사실이 증빙에 따라 확인되는 경우 그 처분금액(금액이 불분명한 경우에는 상증법 제60조부터 제66조까지에 따라 평가한 가액)에서 양도소득세 등 공과금 상당액을 뺀 금액
② 기타 신고하였거나 과세받은 소득금액은 그 소득에 대한 소득세 등 공과금 상당액을 뺀 금액
③ 농지경작소득
④ 재산취득일 이전에 차용한 부채로서 상속세 및 증여세법 시행령 제10조 규정의 방법에 따라 입증된 금액. 다만, 원칙적으로 배우자 및 직계존비속간의 소비대차는 인정하지 아니한다.
⑤ 재산취득일 이전에 자기재산의 대여로서 받은 전세금 및 보증금
⑥ 그 외의 경우로서 자금출처가 명백하게 확인되는 금액

(3) 자금출처 소명정도

자금원으로 입증되지 아니하는 금액이 취득재산의 가액 또는 채무의 상환금액의 20%에 상당하는 금액과 2억원 중 적은 금액에 미달하는 경우에는 자금출처가 소명된 것으로 보아 증여추정을 하지 아니한다.(상증령 제34조 단서) 즉 자금출처 미소명 금액이 2억원 미만이면서 취득재산의 가액 또는 채무의 상환금액의 20%에 미치지 아니하는 경우에는 증여세를 과세하지 아니한다.

다만, 자금출처를 입증할 때 그 재산의 취득자금을 증여받은 재산으로 하여 자금출처를 입증하는 경우에는 이 단서규정을 적용하지 아니한다.(상증통칙 45-34-1) 이는 취득자금 중 소명되지 않은 금액을 증여로 추정한다는 취지이므로 일부를 증여금액으로 소명한 후 미소명 금액이 20% 미만인 경우 전부가 소명된 것으로 보지 아니한다는 뜻

이다. 예를 들어 10억원의 부동산을 취득하고 7억원은 대출금이고 2억원은 증여받은 자금이라고 소명할 경우, 미소명 금액 1억원이 20% 미만에 해당하더라도 증여세를 과세하지 아니하는 것이 아니라 증여금액을 3억원으로 하여 과세한다는 뜻이다.

(4) 차명계좌의 증여추정

금융실명거래 및 비밀보장에 관한 법률 제3조에 따라 실명이 확인된 계좌 또는 외국의 관계 법령에 따라 이와 유사한 방법으로 실명이 확인된 계좌에 보유하고 있는 재산은 명의자가 그 재산을 취득한 것으로 추정하여 취득자금 증여추정 규정을 적용한다. 즉 2단의 추정이 적용된다는 뜻이다. 1단계로 금융계좌에 입금된 현금이나 주식은 명의자가 취득한 것으로 추정되므로 실제 소유자가 따로 있는 경우 납세자가 이를 소명하여야 하며, 이를 소명하지 못할 경우 2단계로 자금출처에 대하여 소명하지 못하면 증여받은 것으로 추정된다는 것이다.

2. 증여추정 배제

취득자금 또는 상환자금이 직업, 연령, 소득, 재산 상태 등을 고려하여 일정금액 이하인 경우와 취득자금 또는 상환자금의 출처에 관한 충분한 소명(疏明)이 있는 경우에는 증여추정 규정을 적용하지 아니한다.(상증법 제44조 제3항) 소명한다는 것 자체가 추정을 배제하는 것이므로 본 항 후단은 당연한 규정이다. 본조항의 의미는 전단에 있는 것으로 취득자의 경제활동의 정도로 보아 일정규모의 재산취득에 대하여는 과세당국이 자금출처의 소명을 요구하지 않는다는 취지이다. 본조의 위임을 받은 시행령과 시행령의 위임을 받아 국세청장이 정한 기준은 다음과 같다.(상증령 제34조 제2항, 국세청 상속세 및 증여세 사무처리규정 제38조)

(1) 취득자 연령별 증여추정 배제 기준금액

재산취득일 전 또는 채무상환일 전 10년 이내에 주택과 기타재산의 취득가액 및 채무상환금액이 각각 아래 기준에 미달하고, 주택취득자금, 기타재산 취득자금 및 채무상환자금의 합계액이 총액한도 기준에 미달하는 경우에는 증여추정규정을 적용하지 아니한다.

취득자 구분		취득재산		채무상환	총액한도
		주택	기타재산		
30세 미만		5천만원	5천만원	5천만원	1억원
30세 이상 40세 미만	세대주 아닌 자	7천만원	5천만원	5천만원	1억2천만원
	세대주인 자	1억5천만원	5천만원	5천만원	2억원
40세 이상	세대주 아닌 자	1억5천만원	1억원	5천만원	2억5천만원
	세대주인 자	3억원	1억원	5천만원	4억원

(2) 추정배제의 한계

취득자금 증여추정 배제규정은 취득자의 연령이나 경제활동으로 보아 일정규모 이하의 재산취득에 대하여는 취득자금에 대하여 소명이 없어도, 즉 자금출처가 불분명하여도 증여로 추정하지 아니한다는 것이고 취득자금의 출처가 증여받은 것으로 확인되는 경우까지 증여세를 과세하지 아니한다는 것은 아니다. 따라서 본 규정과 관계없이 취득가액 또는 채무상환금액이 타인으로부터 증여받은 사실이 확인될 경우에는 증여세 과세대상이 된다. 이 규정이 적용되는 의미는 증여의 입증책임이 과세관청에 다시 돌아가게 되는 데 있다.

3. 증여재산 취득시기

재산의 취득자금 또는 채무의 상환자금이 소명되지 않은 경우 그 재산을 취득한 때 또는 채무를 상환 때가 재산의 취득자금 또는 채무의 상환자금을 증여받은 시기가 된다.

4. 증여재산가액

재산의 취득자금 또는 채무의 상환자금 중 소명되지 아니한 금액을 증여재산가액으로 한다. 즉 소명되지 않은 금액 전액에 대하여 증여세를 과세한다. 상속세 및 증여세법 시행령 제34조 제1항 단서는 소명되지 않은 금액이 미미하여 20% 미만으로서 2억원 미만인 경우에는 증여추정규정을 적용하지 아니한다는 것일 뿐, 소명되지 않아 증

여로 추정되는 금액에서 이 금액을 차감한다는 뜻은 아닌 것으로 해석된다.20)

 부동산 무상사용 및 고저가 임대에 따른 이익

부동산의 무상사용 및 고저가 임대에 따른 이익은 부동산의 취득과 직접 관련한 세금은 아니나 무상 또는 고저가로 이용한 이익에 대하여 증여세를 과세하게 되므로 증여세를 검토하는 이 장에서 함께 살펴보고자 한다.(상증법 제37조 · 제42조)

1. 부동산의 무상사용에 따른 이익

(1) 과세대상 부동산

타인의 부동산을 무상으로 사용하는 경우를 말하는 것으로 타인의 토지 또는 건물만을 각각 무상사용하는 경우에도 이를 적용한다.(상증령 제27조 제1항) 다만, 그 부동산 소유자와 함께 거주하는 주택과 그에 딸린 토지는 제외한다. 이 경우 주택의 일부에 점포 등 다른 목적의 건물이 설치되어 있거나 동일 지번에 다른 목적의 건물이 설치되어 있는 경우에는 주택의 면적이 주택외의 면적을 초과하는 경우에 한하여 당해 부동산 전부를 주택으로 본다.(상증령 제27조 제6항)

(2) 수증자

무상사용자가 수증자이며, 다수인이 당해 부동산을 무상사용하는 경우로서 각 부동산 사용자의 실제 사용면적이 분명하지 않은 경우에는 해당 부동산 사용자들이 각각 동일한 면적을 사용한 것으로 보아 수증자를 판단하고, 당해 부동산 소유자와 근친관계에 있는 부동산 사용자가 2명 이상인 경우에는 대표사용자(부동산소유자와 최근친인 사람을, 최근친이 2명 이상이 경우에는 최연장자를 대표사용자로 본다)를 무상사용자로 보고, 그 외의 경우에는 해당 부동산 사용자들을 각각 무상사용자로 본다. 근친관계에 있는 자란

20) 국세청, 「2018 상속세 · 증여세 실무해설」, 416면

6촌 이내의 혈족, 4촌 이내의 인척, 배우자(사실혼관계자 포함), 친생자로서 다른 사람에게 친양자 입양된 자 및 그 배우자 · 직계비속, 직계비속의 배우자의 2촌 이내의 혈족과 그 배우자를 말한다.(상증령 제27조 제2항 · 제2조의2 제1항 제1호, 상증칙 제10조 제1항)

(3) 증여재산 취득시기

무상으로 사용을 개시한 날을 증여일로 한다. 앞으로 무상으로 사용할 기간의 이익을 사용을 개시한 날에 증여받은 것으로 보는 것이다. 무상사용기간이 장기인 경우 5년 단위로 끊어서 무상이익을 계산하고 5년이 되는 날의 다음 날 다시 무상사용이 개시된 것으로 보아 그 이후 기간에 대한 이익을 증여받은 것으로 본다.(상증령 제27조 제3항, 상증통칙 37-27-2)

국세청은 이와 관련하여, 아버지의 토지에 자녀가 건축허가를 받고 건물을 신축하여 토지를 무상으로 사용하는 경우 토지무상사용권리의 증여시기는 당해 건물 사용승인서 교부일이 되고, 사용승인 전에 사실상 사용하거나 임시사용승인을 얻은 경우에는 그 사실상의 사용일 또는 임시사용승인일을 증여시기로 보며, 건축허가를 받지 아니하거나 신고를 하지 아니하고 건축하는 건축물에 있어서는 그 사실상의 사용일을 증여일로 본다고 해석한다.(서면인터넷방문상담4팀-1854, 2004.11.17.)[21]

(4) 증여재산가액

(가) 평가방법

부동산 무상사용에 따른 이익은 매 1년마다 부동산가격의 2% 상당액의 사용료를 5년간 면제받는 것으로 보아 이 금액의 현재가치 합계액을 증여재산가액으로 한다. 현재가치의 할인율은 10%로 한다.(상증령 제27조 제2항, 상증칙 제10조) 이를 산식으로 보면 다음과 같다.

$$\text{증여재산가액} = \sum_{n=1}^{5} \frac{\text{부동산가액의 } 2\%}{(1.1)^n}$$

21) 건물신축을 위한 공사기간을 무상사용기간에서 제외하는 것이 타당한지 의문이다. 이 질의회신은 아들이 사업용 건물(골프연습장)을 신축한 경우로 신축건물을 사업에 공할 수 있는 시점을 토지의 무상사용 개시일로 해석한 것으로 보인다.

예를 들어 아버지가 소유한 시가 15억원인 토지를 아들이 무상으로 사용하여 건물을 건축한 경우 증여재산가액은 다음과 같이 계산된다.

15억원×0.02/$(1.1)^1$ + 15억원×0.02/$(1.1)^2$ + 15억원×0.02/$(1.1)^3$ + 15억원×0.02/$(1.1)^4$ + 15억원×0.02/$(1.1)^5$ = 113,723,601원. 이를 간단히 하면 15억원×0.02×[1/$(1.1)^1$ + 1/$(1.1)^2$ + 1/$(1.1)^3$ + 1/$(1.1)^4$ + 1/$(1.1)^5$]이 되는데, [1/$(1.1)^1$ + 1/$(1.1)^2$ + 1/$(1.1)^3$ + 1/$(1.1)^4$ + 1/$(1.1)^5$]은 이자율 10%의 5년간 연금현가계수인데 약 3.79079이므로 증여재산가액을 15억원×0.02×3.79079 = 113,723,700원으로 계산할 수 있다.

(나) 소액 과세제외

위의 방법으로 계산한 부동산 무상사용에 따른 이익이 1억원 미만일 때에는 증여세를 과세하지 아니한다. 증여재산가액에서 1억원을 공제하는 것이 아니므로 증여재산가액이 1억원 이상이면 전액에 대하여 과세한다.(상증법 제37조 제1항 후단, 상증령 제27조 제4항)22) 이때 증여일로부터 소급하여 1년 이내에 동일한 거래 등이 있는 경우에는 각각의 거래 등에 따른 이익을 합산하여 계산한다.(상증법 제43조 제2항)

(다) 경정청구

① 경정청구 사유 : 5년 무상사용을 예정하여 증여재산가액을 산정한 후 실제 무상사용기간이 5년이 되지 아니하는 경우에는 실제 사용한 기간으로 증여재산가액을 재산정하여 경정청구를 할 수 있다. 법이 열거하고 있는 무상사용 만료 사유로 ㉠ 부동산의 무상사용자가 그 부동산을 상속받거나 증여받은 경우, ㉡ 부동산소유자의 사망, 당해 토지의 양도, 기타 이와 유사한 사유로 부동산무상사용자가 당해 부동산을 무상으로 사용하지 아니하게 되는 경우를 열거하고 있으나 결국 당해 부동산이 자기의 소유가 되거나 무상사용권리가 상실된 경우이다.(상증법 제79조 제2항, 상증령 제81조 제6항)

② 경정청구세액 : 경정청구세액은 실제 무상사용기간에 따른 증여재산가액을 재산정하는 방식으로 하지 아니하고 증여세산출세액에 당초 무상사용기간으로 본 5년 중 사용하지 아니한 기간의 비율을 곱하는 방법으로 산정한다. 사용하지 아니한 기간은 월수로 계산하고 1월 미만은 1월로 본다. 이를 산식으로 보면 다음과 같

22) 국세청, 「2018 상속세 · 증여세 실무해설」, 326면

다.(상증령 제81조 제9항)

> 경정청구세액 = 무상사용 증여세산출세액(세대생략 할증세액 포함) × 당초 무상 사용 기간으로 본 60개월 중 무상사용 하지 아니한 월수 / 60

(5) 특수관계인과 거래

부동산 무상사용이 특수관계인과의 거래인 경우와 특수관계인이 아닌 자와의 거래인지 여부에 따라 과세요건을 달리한다. 즉 특수관계인이 아닌 자간의 거래인 경우에는 거래의 관행상 정당한 사유가 없는 경우에 한하여 무상사용이익에 대하여 증여세를 과세한다.(상증법 제37조 제3항) "특수관계인" 및 "거래관행상 정당한 사유"는 "고 · 저가 양 · 수도에 따른 이익의 증여"에서 설명한 바와 같다.

2. 부동산 고 · 저가임대로 인한 이익

(1) 과세대상

상속세 및 증여세법 제42조 제1항은 ㉠ 타인에게 시가보다 낮은 대가를 지급하거나 무상으로 타인의 재산(부동산과 금전은 제외)을 사용함으로써 얻은 이익, ㉡ 타인으로부터 시가보다 높은 대가를 받고 재산을 사용하게 함으로써 얻은 이익, ㉢ 타인에게 시가보다 낮은 대가를 지급하거나 무상으로 용역을 제공받음으로써 얻은 이익, ㉣ 타인으로부터 시가보다 높은 대가를 받고 용역을 제공함으로써 얻은 이익에 대하여 증여세를 과세하는 것으로 규정하고 있고, 상속세 및 증여세법 시행령 제32조 제2항에 부동산임대용역의 시가평가 방법을 규정하고 있다. 따라서 부동산의 저가임대차에 따른 임차인의 이익, 고가임대차에 따른 임대인의 이익은 재산의 고저가 사용이 아니라 용역의 고저가 사용에 따른 이익의 증여세 과세규정이 적용된다.

(2) 증여재산 취득시기

증여재산 취득시기에 대하여 명시적 규정은 없다. 다만, 상속세 및 증여세법 제42조 제2항은 용역의 제공기간이 정해지지 아니한 경우에는 그 기간을 1년으로 하고, 그 기간이 1년 이상인 경우에는 1년이 되는 날의 다음 날에 매년 새로 용역을 제공 또는 제공받은 것으로 본다고 규정하고 있다. 국세청은 증여시기라는 제목아래 이 규정을 옮겨 적고 있어 임대개시일을 증여재산 취득시기로 해석하는 것으로 보인다.[23)]

(3) 증여재산가액

부동산을 시가보다 낮은 가액 또는 높은 가액으로 임대차하는 경우 시가와 대가의 차액이 임차인 또는 임대인의 증여재산가액이 된다. 다만, 그 차액이 시가의 30%에 상당하는 금액 미만인 경우에는 과세하지 아니한다.(상증령 제32조 제2항 제2호) 그 차액이 경미한 경우에는 과세하지 아니한다는 의미이며 증여재산가액에서 30%의 금액을 차감하는 것이 아니므로 그 차액이 30% 이상인 경우 전액이 증여재산가액이 된다. 여기서 시가란 해당 거래와 유사한 상황에서 불특정다수인 간 통상적인 지급대가로 한다. 다만, 용역의 시가가 불분명한 경우에는 부동산가액(시가 및 간주시가)에 2%를 곱한 금액으로 한다.(상증령 제32조 제3항, 상증칙 제10조 제1항) 증여이익을 계산함에 있어 고가임대는 고가임대별로, 저가임대는 저가임대별로 계산하며 증여일로부터 소급하여 1년 이내에 동일한 거래 등이 있는 경우에는 각각의 거래 등에 따른 이익을 합산하여 계산한다.(상증법 제43조 제2항, 상증령 제32조의4 제9호)

(4) 특수관계인과 거래

부동산 고저가임대차도 특수관계인과의 거래인 경우와 특수관계인이 아닌 자와의 거래인지 여부에 따라 과세요건을 달리한다. 즉 특수관계인이 아닌 자간의 거래인 경우에는 거래의 관행상 정당한 사유가 없는 경우에 한하여 증여세를 과세한다.(상증법 제42조 제3항) "특수관계인" 및 "거래관행상 정당한 사유"는 "고 · 저가 양 · 수도에 따른 이익의 증여"에서 설명한 바와 같다.

---

23) 국세청, 「2018 상속세 · 증여세 실무해설」, 400면. 임대개시일을 고 · 저가임대 증여재산 취득시기로 보는 것은 부동산무상사용의 경우와 논리적 일관성을 유지한다는 점에서 일리가 있으나, 무상사용과 달리 고 · 저가이기는 하나 당사자간에 임대료를 실제 지급하는 시기가 따로 정해져 있으므로 당사자간에 임대료를 지급하는 시기를 증여재산 취득시기로 보는 것이 타당하지 않을까 생각된다. 그러나 임대료를 월별로 지급하는 경우 등의 세액계산의 불편을 생각하면 입법적 해결이 필요하다고 본다.

3. 부동산의 무상담보제공에 따른 이익

(1) 과세대상

아들이 금융기관 대출금을 담보하기 위하여 아버지 소유 부동산에 저당권을 설정하고 아무런 대가를 지급하지 아니하는 경우와 같이 타인의 부동산을 무상으로 담보로 이용하여 금전 등을 차입함에 따라 얻은 이익에 대하여 증여세를 과세한다는 것이다. (상증법 제37조 제2항)

(2) 증여재산 취득시기

그 부동산에 대하여 담보이용을 개시한 날을 증여일로 한다. 차입기간이 정하여지지 아니한 경우에는 그 차입기간은 1년으로 하고, 차입기간이 1년을 초과하는 경우에는 그 부동산 담보 이용을 개시한 날부터 1년이 되는 날의 다음 날에 새로 해당 부동산의 담보 이용을 개시한 것으로 본다.(상증령 제27조 제5항)

(3) 증여재산가액

증여이익은 차입금에 적정이자율을 곱하여 계산한 금액에서 금전 등을 차입할 때 실제로 지급하였거나 지급할 이자를 뺀 금액으로 한다.(상증령 제27조 제5항) 이는 담보가 없을 때를 가정한 이자율에 담보를 제공함으로써 실제 지급한 이자율의 차이를 증여이익으로 계산하는 것이다. 적정이자율은 4.6%를 말한다.(상증령 제31조의4 제1항, 상증칙 제10조의5, 법인칙 제43조 제2항) 이자액 차이를 계산함에 있어 차입기간이 1년 미만이면 약정된 차입기간으로 하되, 차입기간이 1년을 초과하는 경우에는 그 부동산 담보이용을 개시한 날부터 1년이 되는 날의 다음 날에 새로 해당 부동산의 담보이용을 개시한 것으로 보고, 차입기간이 정하여지지 아니한 경우에는 그 차입기간을 1년으로 하여 계산한 이익을 증여재산가액으로 한다.(상증령 제27조 제5항) 이렇게 계산한 수증이익이 1천만원미만인 경우에는 증여세를 과세하지 아니한다.(상증령 제27조 제6항) 수증이익이 경미한 경우에는 과세하지 아니한다는 의미이며 증여재산가액에서 1천만원을 차감하는 것이 아니므로 수증이익이 1천만원 이상인 경우 전액이 증여재산가액이 된다. 이때 그 증여일로부터 소급하여 1년 이내에 동일한 거래 등이 있는 경우에는 각각의 거래 등에 따른 이익을 합산하여 계산한다.(상증법 제43조 제2항)

(4) 특수관계인과 거래

부동산 무상담보제공도 특수관계인과의 거래인 경우와 특수관계인이 아닌 자와의 거래인지 여부에 따라 과세요건을 달리한다. 즉 특수관계인이 아닌 자간의 거래인 경우에는 거래의 관행상 정당한 사유가 없는 경우에 한하여 증여세를 과세한다. "특수관계인" 및 "거래관행상 정당한 사유"는 "고 · 저가 양 · 수도에 따른 이익의 증여"에서 설명한 바와 같다.

4. 부동산 무상사용 및 저가임대 이익에 대한 이중과세 문제

(1) 부동산 소유자의 부당행위계산부인 소득세와 사용자의 증여세

특수관계인에게 부동산을 무상으로 또는 저가로 사용하게 한 경우 부동산 소유자는 소득세법 제41조의 부당행위계산부인 규정에 따라 시가상당 임대료에 대하여 소득세를 부담하여야 하고, 사용자는 무상 또는 저가 임차이익에 대하여 증여세를 부담하여야 한다. 하나의 과세사실에 대하여 소득세와 증여세를 부과하는 이중과세여부가 문제된다. 2002.12.18. 법률 제6780호로 개정되기 전 상속세 및 증여세법 제37조 제2항에는 토지소유자에게 소득세가 부과되는 경우에는 사용자에게 증여세를 부과하지 아니하는 것으로 규정하고 있었으나 이 조항은 2002년 12월 18일 개정 시 삭제되었다. 이와 관련하여 조세심판원은 아버지가 아들에게 토지를 무상으로 사용하게 하고 아들이 건물을 신축하여 임대사업(아들이 사용한 1,2층을 임대)에 사용한 데 대하여 토지소유자인 아버지에게 부당행위계산 부인을 통하여 소득세를 과세하고, 토지무상사용자인 아들에게 증여세를 과세하는 것이 타당하다고 하였다.(조심2009서3303, 2009.12.14.) 이에 앞서 헌법재판소는 무상임대자인 토지소유자에 대한 소득세, 무상사용자에 대한 증여세가 동일한 경제적 이익에 대한 과세인 점은 인정되나, 부동산임대소득세와 증여세가 중첩적으로 부과되는 것을 배제하거나 완화하기 위한 조정규정을 둘 것인지 여부는 입법적 재량사항이라고 하면서 그 자체로 위헌법률은 아니라고 하였다.(헌재 2007.11.29. 결정 2006헌바42)[24]

24) 소득세법상 부당행위계산은 사업소득이 있는 자가 특수관계인과의 거래로 소득에 대한 조세부담을 부당하게 감소시키는 경우에 해당하므로 무상 또는 저가임대가 사업성 있는 거래인 경우에 제한적으로 적용하여야 한다고 본다. 사업성이 인정될 때 사업용 재화를 자가사용하거거나 무상으로 공급하는 경우 그

(2) 부동산 무상사용자의 증여세와 소득세

아들이 아버지의 건물을 무상으로 사용하여 사업을 하는 경우 사업소득에 대한 소득세와 별도로 부동산 무상사용 이익에 대한 증여세 과세 문제가 발생한다. 이중과세문제가 제기될 수 있다. 국세청은 이에 대하여 부동산 무상사용자가 특수관계자의 부동산을 이용하여 발생한 소득에 대하여 소득세를 부담하더라도 부동산 무상사용 이익에 대한 증여세는 면제되지 아니한다고 해석한다. 다만, 토지와 건물의 소유자가 특수관계자인 경우에도 당해 소유자들이 부동산임대업 등의 사업을 공동으로 운영하면 부동산 무상사용 이익에 대하여 증여세를 과세하지 아니한다고 한다.(상증집행 37-27-4)[25]

Ⅷ 신탁이익의 증여

1. 과세대상

부동산을 직접 취득하는 경우는 아니나 신탁을 통하여 우회적으로 부동산을 취득하거나 재산적 이익을 취득하는 경우도 있다. 가령 아버지가 자신의 부동산을 신탁회사에 신탁하고 신탁회사가 운용수익을 아들에게 주는 경우 또는 신탁계약 종료 후 신탁부동산을 아들에게 주는 경우 등과 같이 위탁자가 타인을 신탁이익의 전부 또는 일부를 받을 수익자(受益者)로 지정한 경우 수익자의 신탁이익이 증여세 과세대상이 된다.
(상증법 제33조)

시가에 상당한 이익이 실현된 것으로 보아 사업소득세를 과세하는 것은 회계적 논리로 보아 타당성이 있다. 그러나 사업성이 없이 특수관계인에게 부동산을 무상으로 사용하게 한데 대하여 수익자에게는 증여세를 과세하고 다시 소유자게에는 소득세를 과세한다는 것은 부동산 저가양도의 부당행위계산부인과 마찬가지로 모든 증여이익을 시가로 환산하여 실현된 이익으로 의제하지 않는 한 타당하다고 보기 어렵다.

25) 국세청의 해석에는 문제가 있다. 무상사용자의 사업소득금액은 수입금액에서 필요경비를 차감하여 계산함으로 무상으로 사용하는 임대료 상당액이 소득금액에 포함되어 소득세가 과세된다. 그런데 임대료 상당액에 대하여 다시 증여세를 과세한다는 것은 동일납세자의 동일이익에 대하여 이중으로 과세하는 것이며, 소득세가 과세되는 증여재산에 대하여는 증여세를 과세하지 않는다는 상속세 및 증여세법 제4조의2 제2항에도 맞지 않는 해석이라는 비판을 받을 수 있다.

2. 증여재산 취득시기

(1) 원칙적 취득시기

신탁계약에 따라 특정된 수익자가 원본 또는 수익을 받을 권리를 소유함에 따라 원본 또는 수익을 받는 경우에는 원본(元本) 또는 수익(收益)이 수익자에게 실제 지급되는 날이 증여재산 취득일이다.(상증령 제25조 제1항) 신탁계약에 수익자가 특정되지 아니하거나 아직 존재하지 아니하는 경우에는 위탁자 또는 그 상속인을 수익자로 보고, 수익자가 특정되거나 존재하게 된 때에 새로운 신탁이 있는 것으로 본다.(상증법 제33조 제2항)

(2) 신탁계약 중 위탁자가 사망한 경우

수익자로 지정된 자가 그 이익을 받기 전에 해당 신탁재산의 위탁자가 사망한 경우에는 위탁자가 사망한 날이 증여일이다.(상증령 제25조 제1항 제1호)

(3) 약정일까지 원본 또는 수익이 지급되지 않는 경우

신탁계약에 의하여 원본 또는 수익을 지급하기로 약정한 날까지 원본 또는 수익이 수익자에게 지급되지 아니한 경우에는 해당 원본 또는 수익을 지급하기로 약정한 날이 증여일이다.(상증령 제25조 제1항 제2호)

(4) 원본 또는 수익을 나누어 지급하는 경우

원본 또는 수익을 여러 차례 나누어 지급하는 경우에는 해당 원본 또는 수익이 최초로 지급된 날이 증여일이다. 다만, 신탁계약을 체결하는 날에 원본 또는 수익이 확정되지 아니한 경우에는 해당 원본 또는 수익이 실제 지급된 날을 증여일로 한다.(상증령 제25조 제1항 제3호)

3. 증여재산가액

(1) 원본이나 수익을 일회에 지급받는 경우

상속세 및 증여세법 제33조 제1항은 신탁의 이익을 받을 권리의 가액을 증여재산가액으로 한다고 규정하고 있으나, 원본이나 수익을 실제 지급받은 날을 증여일로 보는 경우 지급받은 원본이나 수익의 가치, 즉 시가가 증여재산가액이 될 것이다.

(2) 원본이나 수익을 수회에 나누어 지급받는 경우

상속세 및 증여세법 시행령 제25조 제2항에 의하면, 원본과 수익을 여러 차례 나누어 지급받는 경우의 신탁이익은 증여시기를 기준으로 상속세 및 증여세법 제61조 제2호를 준용하여 평가한 가액으로 한다고 규정하고 있다. 같은 시행령 제61조 제2호는 장래 받을 수익을 현재가치로 평가하는 규정이므로 증여일에 해당하는 원본 또는 수익이 최초로 지급되는 날을 기준으로 장래 받을 이익의 현재가치의 합을 증여재산가액으로 한다는 의미이다. 상속세 및 증여세법 시행령 제61조 제2호의 규정은 다음과 같다.

① 원본의 이익을 수익하는 경우

평가기준일 현재 원본의 가액에 수익시기까지의 기간에 대하여 다음의 계산식에 따라 계산한 금액의 합계액으로 평가한다.[26](상증칙 제19조의2 제1항)

$$\text{증여재산가액} = \frac{\text{평가기준일 현재 원본의 가액}}{(1.03)^{n}}$$

국세청의 상속세 및 증여세법 집행기준(33-25-1, 65-61-1)은 다음과 같이 계산식을 제시하고 있으나, 이는 원본을 연도별 균등한 금액으로 나누어 수익한 것으로 가정하여 연도별 수익을 합산하는 산식이다.

$$\text{증여재산가액} = \sum_{n=1}^{n} \frac{\text{평가기준일 현재 원본의 가액}}{(1.03)^{n}}$$

② 수익의 이익을 수익하는 경우

평가기준일 현재 상속세 및 증여세법 시행규칙으로 정하는 방법에 따라 추산한 장래

26) 평가기준일 현재의 원본의 가액을 장래에 받을 수증이익으로 보아 현재가치로 평가하는 것은 회계적 개념으로 보면 정확한 평가라 할 수 없으나 과세의 편의성을 위하여 보수적 평가방법을 선택한 것으로 보인다.

에 받을 각 연도의 수익금에 대하여 수익의 이익에 대한 원천징수세액상당액등을 고려하여 다음의 계산식에 따라 계산한 금액의 합계액으로 평가한다. 상속세 및 증여세법 시행규칙이 규정하는 방법에 따라 추산한 장래에 받을 각 연도의 수익금이란 평가기준일 현재 신탁재산의 수익에 대한 수익률이 확정되지 아니한 경우 원본의 가액에 3%를 곱하여 계산한 금액을 말한다.(상증칙 제19조의2)

$$증여재산가액 = \frac{각\ 연도에\ 받을\ 수익의\ 이익 - 원천징수세액상당액}{(1.03)^n}$$

만약 수익을 연도별 균등액으로 수익하는 경우에는 계산식이 다음과 같이 될 것이다.(위 국세청 상증집행이 제시하는 산식이 이에 해당한다)

$$증여재산가액 = \sum_{n=1}^{n} \frac{각\ 연도에\ 받을\ 수익의\ 이익 - 원천징수세액상당액}{(1.03)^n}$$

IX 상속등기 후 협의분할로 인한 상속분 증가액

상속등기 후 상속재산 분할로 인한 상속분 증가액은 증여재산 취득시기 및 가액에 대한 별도의 개별 규정이 없으므로 재분할하는 상속재산별로 일반규정에 따라 판단하여야 할 것이다.(상증법 제4조 제3항)

X 국외 증여재산 평가

외국에 있는 상속 또는 증여재산으로서 우리 상속세 및 증여세법(제60조 내지 법 제65조의 규정)에 따라 평가하는 것이 부적당한 경우에는 당해 재산이 소재하는 국가에서 양도소득세 · 상속세 또는 증여세 등의 부과목적으로 평가한 가액을 평가액으로 하고, 소재지국에서 평가한 가액이 없는 경우에는 세무서장등이 2 이상의 국내 또는 외국의 감정기관에 의뢰하여 감정한 가액을 참작하여 평가한 가액에 의한다.(상증령 제58조의3) 이 경우 국외재산의 가액은 평가기준일 현재 외국환거래법에 의한 기준환율 또는 재정환율에 의하여 환산한 가액으로 이를 평가한다.(상증칙 제15조 제2항)

제 5 절

증여세 과세가액

I 개요

증여세 과세가액은 증여일 현재 증여재산가액 중 합산배제증여재산을 제외한 증여재산가액을 합친 금액에서 그 증여재산에 담보된 채무로서 수증자가 인수한 금액을 뺀 금액으로 하고, 해당 증여일 전 10년 이내에 동일인으로부터 받은 증여재산가액을 합친 금액을 가산하여 산출한다.(상증법 제47조) 그러나 모든 증여재산에 대하여 증여세를 과세하는 것은 아니다. 다음의 비과세 증여재산 및 공익목적 출연재산은 증여세 과세가액에 산입하지 아니한다.

II 비과세 및 과세가액 불산입 증여재산

1. 비과세 증여재산

다음의 금액에 대해서는 증여세를 부과하지 아니한다.(상증법 제46조)

① 국가나 지방자치단체로부터 증여받은 재산의 가액

② 우리사주조합원 중 소액주주가 조합을 통하여 취득한 주식의 시세차익 : 우리사주조합이란 근로복지기본법 또는 자본시장과 금융투자업에 관한 법률에 따른 우리사주조합을 말하며, 소액주주란 당해 법인의 발행주식총수등의 100분의 1미만을 소유하는 경우로서 주식등의 액면가액의 합계액이 3억원 미만인 주주등을 말

한다.(상증령 제35조 제1항 · 제2항, 제29조 제5항)

③ 정당법에 따른 정당이 증여받은 재산의 가액 : 상속세 및 증여세법에서는 정당이 증여받은 재산에 대하여 증여세를 과세하지 않는다고 규정하고 있으나, 조세특례제한법은 그 범위를 제한하여 정치자금법에 의한 기부금 외에는 증여세를 부과하는 것으로 규정하고 있다. 그 내용은 다음과 같다. 거주자가 정치자금법에 따라 정당(같은 법에 따른 후원회 및 선거관리위원회를 포함)에 기부한 정치자금은 이를 지출한 해당 과세연도의 소득금액에서 10만원까지는 그 기부금액의 110분의 100을, 10만원을 초과한 금액에 대해서는 해당 금액의 100분의 15(해당 금액이 3천만원을 초과하는 경우 그 초과분에 대해서는 25%)에 해당하는 금액을 종합소득산출세액에서 공제한다. 다만, 사업자인 거주자가 정치자금을 기부한 경우 10만원을 초과한 금액에 대해서는 이월결손금을 뺀 후의 소득금액의 범위에서 손금에 산입한다. 그 외의 정치자금에 대해서는 상속세 및 증여세법 제12조 제4호, 제46조 제3호 및 다른 세법의 규정에도 불구하고 그 기부받은 자가 상속받거나 증여받은 것으로 보아 상속세 또는 증여세를 부과한다.(조특법 제76조)

④ 근로복지기본법에 따른 사내근로복지기금이나 근로복지기본법에 따른 우리사주조합, 공동근로복지기금 및 근로복지진흥기금이 증여받은 재산의 가액(상증령 제35조 제3항)

⑤ 사회통념상 인정되는 이재구호금품 등 다음 어느 하나에 해당하는 것으로서 해당 용도에 직접 지출한 것(상증령 제35조 제4항)

- 학자금 또는 장학금 기타 이와 유사한 금품
- 기념품 · 축하금 · 부의금 기타 이와 유사한 금품으로서 통상 필요하다고 인정되는 금품
- 혼수용품으로서 통상 필요하다고 인정되는 금품
- 타인으로부터 기증을 받아 외국에서 국내에 반입된 물품으로서 당해 물품의 관세의 과세가격이 100만원 미만인 물품
- 무주택근로자가 건물의 총연면적이 85㎡ 이하인 주택(주택에 부수되는 토지로서 건물연면적의 5배 이내의 토지를 포함)을 취득 또는 임차하기 위하여 사내근로복지기금 및 공동근로복지기금으로부터 증여받은 주택취득보조금 중 그 주택취득가액의 100분의 5 이하의 것과 주택임차보조금 중 전세가액의 100분의 10 이하의 것

- 불우한 자를 돕기 위하여 언론기관을 통하여 증여한 금품

⑥ 다음의 단체가 증여받은 재산의 가액(상증령 제35조 제5항)

- 신용보증기금법에 따라 설립된 신용보증기금
- 기술보증기금법에 따른 기술보증기금
- 지역신용보증재단법에 따른 신용보증재단 및 동법 제35조에 따른 신용보증재단중앙회
- 예금자보호법 제24조 제1항에 따른 예금보험기금 및 동법 제26조의3 제1항에 따른 예금보험기금채권상환기금
- 한국주택금융공사법 제55조에 따른 주택금융신용보증기금(동법 제59조의2에 따라 설치된 주택담보노후연금보증계정을 포함한다)

⑦ 국가, 지방자치단체 또는 공공단체가 증여받은 재산의 가액

⑧ 장애인을 보험금 수령인으로 하는 보험으로서 다음의 장애인이 받는 보험금, 단 비과세되는 금액은 연간 4천만원을 한도로 한다.(상증령 제35조 제6항, 소득령 제107조 제1항)

- 장애인복지법에 따른 장애인 및 장애아동 복지지원법에 따른 장애아동 중 장애아동 복지지원법 제21조 제1항에 따른 발달재활서비스를 지원받고 있는 사람(소득칙 제54조)
- 국가유공자 등 예우 및 지원에 관한 법률에 의한 상이자 및 이와 유사한 사람으로서 근로능력이 없는 사람
- 그 외에 항시 치료를 요하는 중증환자

⑨ 국가유공자 등 예우 및 지원에 관한 법률에 따른 국가유공자의 유족이나 의사상자 등 예우 및 지원에 관한 법률에 따른 의사자(義死者)의 유족이 증여받은 성금 및 물품 등 재산의 가액

⑩ 비영리법인의 설립근거가 되는 법령의 변경으로 비영리법인이 해산되거나 업무가 변경됨에 따라 해당 비영리법인의 재산과 권리 · 의무를 다른 비영리법인이 승계받은 경우 승계받은 해당 재산의 가액

2. 과세가액 불산입 증여재산

1) 공익법인등이 출연받은 재산에 대한 과세가액 불산입

교회에 부동산을 기증하는 경우와 같이 종교, 교육, 사회복지 등 공익을 목적으로 하는 사업을 위하여 출연하는 재산은 증여세 과세가액에 산입하지 아니한다.(상증법 제48조) 개인의 공익기여를 장려하기 위한 규정이다. 그러나 아버지가 공익법인등을 설립하여 증여세를 면제받고 자녀에게 공익법인 운영권을 주어 실질적으로 세부담 없이 부를 이전하는 등과 같은 편법증여에 대하여는 이를 규제하는 규정을 두고 있다.

(1) 공익법인등

공익법인등이라 함은 다음 어느 하나에 해당하는 사업을 하는 자를 말한다.(상증령 제12조) 법문은 공익법인등이라고 하고 있으나 규정 내용에는 법인으로 한정하고 있지 아니하므로 다음의 사업을 하는 자가 반드시 법인이어야 하는 것은 아니다.

① 종교의 보급 기타 교화에 현저히 기여하는 사업
② 초·중등교육법 및 고등교육법에 의한 학교, 유아교육법에 따른 유치원을 설립·경영하는 사업
③ 사회복지사업법의 규정에 의한 사회복지법인이 운영하는 사업
④ 의료법에 따른 의료법인이 운영하는 사업
⑤ 법인세법 제24조 제3항에 해당하는 기부금을 받는 자가 해당 기부금으로 운영하는 사업
⑥ 법인세법 시행령 제39조 제1항 제1호 각목의 규정에 의한 지정기부금단체등 및 소득세법 시행령 제80조 제1항 제5호에 따른 기부금대상민간단체가 운영하는 고유목적사업. 다만, 회원의 친목 또는 이익을 증진시키거나 영리를 목적으로 대가를 수수하는 등 공익성이 있다고 보기 어려운 고유목적사업을 제외한다.
⑦ 사회복지·문화·예술·교육·종교·자선·학술 등 공익목적으로 지출하는 기부금으로서 기획재정부장관이 지정하여 고시하는 기부금(법인령 제39조 제1항 제2호 다목)을 받는 자가 해당 기부금으로 운영하는 사업. 다만, 회원의 친목 또는 이익을 증진시키거나 영리를 목적으로 대가를 수수하는 등 공익성이 있다고 보기 어려운 고유목적사업은 제외한다.

(2) 공익법인등에 출연

상속세 및 증여세법에는 출연의 정의규정이 없다. 출연이란 사전적 의미로 어떤 사람이나 단체가 자기의 의사에 따라 돈을 내거나 의무를 부담함으로써 재산상의 손실을 입고 남의 재산을 증가시키는 일을 말한다. 일반적으로 기부행위를 일컫는 말로 사용되나 민법에서는 재단법인의 설립행위로 재산을 무상으로 내는 행위를 뜻한다.(민법 제48조) 그러나 상속세 및 증여세법에서는 출연행위를 법인설립행위와 관련하여서 규정하고 있지는 않다.(상증법 제16조 제1항에는 설립을 위한 출연에는 출연시기를 연장하는 예외규정을 두고 있다) "세법에서는 출연이란 기부 및 증여를 포함하는 것으로 규정한다."는 것이 기획재정부의 시사경제용어 설명이다.[27]

(3) 출연하는 재산

출연하는 재산의 종류 및 한도에는 제한이 없다.[28] 주식 출연과 관련하여서는 경영권의 우회양도 등을 규제하기 위하여 엄격한 제한이 따른다. 본서는 부동산 관련 세제를 다루는 것이므로 주식출연에 대하여는 간략하게 보고자 한다. 그 내용은 다음과 같다.(상증법 제48조 제1항 단서)

공익법인등이 내국법인의 의결권 있는 주식 또는 출자지분("주식등")을 출연받은 경우 출연받은 주식등과 ㉠ 해당 공익법인등이 기존에 보유하고 있는 동일한 내국법인의 주식등, ㉡ 출연자 및 그의 특수관계인이 해당 공익법인등 외의 다른 공익법인등에 출연한 동일한 내국법인의 주식등, ㉢ 출연자 및 그의 특수관계인으로부터 재산을 출연받은 다른 공익법인등이 보유하고 있는 동일한 내국법인의 주식등을 합한 것이 그 내국법인의 의결권 있는 발행주식총수 또는 출자총액(자기주식과 자기출자지분은 제외, "발행주식총수등")의 5%(성실공익법등인은 10% 또는 20%; 제16조 제2항 제2호)를 초과하는 경우에는 그 초과하는 가액을 증여세 과세가액에 산입한다.(상증법 제48조 제1항) 다만, 다음의 각 경우에는 한도제한이 없다.(상증법 제16조 제3항)

① 성실공익법인등과 국가·지방자치단체가 출연하여 설립한 공익법인등(제49조 제1항 각 호 외의 부분 단서에 해당하는 공익법인등)으로서 상호출자제한기업집단과 특수관계에 있지 아니한 공익법인등에 그 공익법인등의 출연자와 특수관계에 있지 아니한 내국법인의 주식등을 출연하는 경우로서 주무관청이 공익법인등의

27) http://www.mosf.go.kr/sch/schMain.do(2018.3.28. 조회)
28) 국세청, 「2018 상속세·증여세 실무해설」, 239면

목적사업을 효율적으로 수행하기 위하여 필요하다고 인정하는 경우

② 상호출자제한기업집단과 특수관계에 있지 아니한 성실공익법인등(공익법인등이 설립된 날부터 3개월 이내에 주식등을 출연받고, 설립된 사업연도가 끝난 날부터 2년 이내에 성실공익법인등이 되는 경우를 포함)에 비율을 초과하여 출연하는 경우로서 해당 성실공익법인등이 초과보유일부터 3년 이내에 초과하여 출연받은 부분을 매각(주식등의 출연자 또는 그의 특수관계인에게 매각하는 경우는 제외한다)하는 경우

③ 공익법인의 설립·운영에 관한 법률 및 그 밖의 법령에 따라 내국법인의 주식등을 출연하는 경우

성실공익법인등(상증법 제16조 제2항 제2호, 상증령 제13조 제3항)

성실공익법인등이란 다음의 요건을 갖춘 공익법인등을 말한다.

- 외부감사, 전용계좌의 개설 및 사용, 결산서류등의 공시, 장부의 작성·비치할 것
- 해당 공익법인등의 운용소득(상속세 및 증여세법 시행령 제38조 제5항에 따른 운용소득)의 80% 이상을 직접 공익목적사업에 사용할 것
- 출연자(재산출연일 현재 해당 공익법인등의 총출연재산가액의 1%에 상당하는 금액과 2천만원 중 적은 금액을 출연한 자는 제외) 또는 그의 특수관계인이 공익법인등의 이사 현원의 5분의 1을 초과하지 아니할 것.(이사 현원이 5명에 미달하는 경우에는 현원이 5명인 것으로 본다) 다만, 상속세 및 증여세법 제38조 제12항에 따른 사유로 출연자 또는 그의 특수관계인이 이사 현원의 5분의 1을 초과하여 이사가 된 경우로서 해당 사유가 발생한 날부터 2개월 이내에 이사를 보충하거나 개임하여 출연자 또는 그의 특수관계인인 이사가 이사 현원의 5분의 1을 초과하지 아니하게 된 경우에는 계속하여 본문의 요건을 충족한 것으로 본다.
- 상속세 및 증여세법 제48조 제3항에 따른 자기내부거래를 하지 아니할 것
- 상속세 및 증여세법 제48조 제10항 전단에 따른 광고·홍보를 하지 아니할 것

(4) 공익목적 사용

공익법인등에 출연한 재산을 증여세 과세가액에 포함하지 아니하는 것은 출연재산이 공익목적에 사용된다고 보아 과세를 유예하는 것이므로 공익법인등이 출연재산을 공익목적에 사용하지 아니하거나 게을리 하는 경우에는 증여세를 과세하거나 가산세를 부과한다.(상증법 제48조 제2항)

3장 증여세

(가) 증여세를 부과하는 경우

출연받은 공익법인등이 다음에 해당하는 경우에는 즉시 증여세를 부과한다.

① 출연받은 재산을 직접 공익목적사업 등(직접 공익목적사업에 충당하기 위하여 수익용 또는 수익사업용으로 운용하는 경우를 포함한다)의 용도 외에 사용하거나 출연받은 날부터 3년 이내에 직접 공익목적사업 등에 사용하지 아니하는 경우(제1호) 다만, 출연받은 재산을 직접 공익목적사업에 사용함에 있어서 법령상 또는 행정상의 부득이한 사유등으로 인하여 3년 이내에 전부 사용하는 것이 곤란한 경우로서 주무부장관(권한을 위임받은 자를 포함한다)이 인정한 경우로서 사용계획 및 진도에 관한 보고서를 관할세무서장에게 제출하고, 그 사유가 없어진 날부터 1년 이내에 해당 재산을 직접 공익목적사업 등에 사용하는 경우는 제외한다.(상증령 제38조 제3항) 여기서 직접 공익목적사업에 사용하는 것은 공익법인등의 정관상 고유목적사업에 사용하는 것으로 한다. 출연받은 재산을 해당 직접 공익목적사업에 효율적으로 사용하기 위하여 주무관청의 허가를 받아 다른 공익법인등에게 출연하는 것을 포함한다. 다만, 다음 어느 하나에 해당하는 경우는 공익목적사업에 사용한 것으로 보지 아니한다.(상증령 제38조 제2항)

- 법인세법 시행령 제56조 제11항에 따라 고유목적에 지출한 것으로 보지 아니하는 금액
- 해당 공익법인등의 정관상 고유목적사업에 직접 사용하는 시설에 소요되는 수선비, 전기료 및 전화사용료 등의 관리비를 제외한 관리비

② 출연받은 재산(그 재산을 수익용 또는 수익사업용으로 운용하는 경우 및 그 운용소득이 있는 경우를 포함한다) 및 출연받은 재산의 매각대금(매각대금에 의하여 증가한 재산을 포함하며 매각에 따른 세금은 제외한다)을 내국법인의 주식등을 취득함으로써 취득하는 주식등의 보유비율이 위 (3)의 과세제외 출연비율(상증법 제16조 제2항 제2호 비율)을 초과하는 경우(제2호)

③ 출연받은 재산을 수익용 또는 수익사업용으로 운용하는 경우로서 그 운용소득을 직접 공익목적사업 외에 사용한 경우(제3호)

④ 출연받은 재산을 매각하고 그 매각대금을 매각한 날이 속하는 과세기간 또는 사업연도의 종료일부터 3년 이내에 매각대금 중 직접 공익목적사업에 사용한 실적(매각대금으로 직접 공익목적사업용, 수익용 또는 수익사업용 재산을 취득한 경우를 포함하며, 독점규제 및 공정거래에 관한 법률 제14조에 따른 공시대상기업

집단에 속하는 법인과 같은 법 시행령 제3조 제1호에 따른 동일인 관련자의 관계에 있는 공익법인등이 매각대금으로 해당 기업집단에 속하는 법인의 의결권 있는 주식등을 취득한 경우는 제외한다)이 매각대금의 90%에 미달하는 경우(제4호, 상증령 제38조 제4항)

⑤ 성실공익법인등(상증법 제16조 제2항 제2호 가목)이 요건을 위반하여 출연받은 주식등의 의결권을 행사한 경우(제6호)

⑥ 출연받은 재산 및 직접 공익목적사업을 다음과 같이 운용한 경우(제8호, 상증령 제38조 제8항)

- 공익법인등이 사업을 종료한 때의 잔여재산을 국가 · 지방자치단체 또는 해당 공익법인등과 동일하거나 주무장관이 유사한 것으로 인정하는 공익법인등에 귀속시키지 아니한 때
- 직접 공익목적사업에 사용하는 것이 사회적 지위 · 직업 · 근무처 및 출생지 등에 의하여 일부에게만 혜택을 제공하는 것인 때. 다만, 주무부장관이 기획재정부장관과 협의(행정권한의 위임 및 위탁에 관한 규정 제3조 제1항에 따라 공익법인 등의 설립허가등에 관한 권한이 위임된 경우에는 해당 권한을 위임받은 기관과 해당 공익법인등의 관할세무서장의 협의를 말한다)하여 따로 수혜자의 범위를 정하여 이를 다음 어느 하나에 해당하는 조건으로 한 경우를 제외한다.
  - 해당 공익법인등의 설립허가의 조건으로 붙인 경우
  - 정관상의 목적사업을 효율적으로 수행하기 위하여 또는 정관상의 목적사업에 새로운 사업을 추가하기 위하여 재산을 추가 출연함에 따라 정관의 변경허가를 받는 경우로서 그 변경허가조건으로 붙인 경우

(나) 증여시기 및 증여재산가액

① 증여시기 : 공익법인등이 출연받은 재산을 직접공익목적사업 등외에 사용한 경우 직접공익목적사업 등외에 사용한 날은 증여시기로 하고, 출연받은 날부터 3년 이내에 직접 공익목적사업 등에 사용하지 아니하는 경우에는 3년이 경과한 날, 주무장관이 사용기간을 연장해준 경우까지 직접 공익목적에 사용하지 아니한 경우에는 그 연장기간이 경과한 날을 증여시기로 본다는 것이 과세당국의 해석이다. (질의회신 재산상속46014-98, 2000.1.28. 및 과세자문 법규과-2350, 2008.5.28. 참조)

② 증여재산가액 : 사후관리요건을 위배하여 증여세를 추징할 경우 증여재산가액은 추징사유발생일 현재 시가, 시가가 불분명할 경우에는 보충적 평가방법에 따른

평가액으로 하여 증여재산가액을 계산한다. 각 사유별 증여재산가액은 다음과 같다.(상증령 제40조, 상증집행 48-40-1)

증여세 추징사유	증여재산가액
① 직접 공익목적사업의 용도 외에 사용한 경우	그 사용한 가액
② 출연받은 재산을 출연받은 날부터 3년 이내에 직접 공익목적사업에 사용하지 않은 경우	미달사용액 혹은 사용하지 않은 가액
③ 출연받은 재산을 수익용 또는 수익 사업용으로 운용하여 그 운용소득을 직접 공익목적사업 외에 사용한 경우	$\text{직접공익목적사업에 사용하지 않은 출연재산의 평가가액} \times \frac{\text{공익목적사업 외에 사용한 금액}}{\text{운용소득}}$
④ 출연받은 재산의 매각대금을 공익목적사업 외에 사용하거나 매각한 날부터 3년이 지난 날까지 매각대금의 90% 이상을 공익목적사업에 사용하지 않은 경우	가. 공익목적사업 외에 사용한 경우 $\text{매각대금의 90\%} \times \frac{\text{공익목적사업 외에 사용한 금액}}{\text{매각대금}}$ 나. 사용기준금액에 미달하게 사용한 경우 : 당해 미달사용액
⑤ 그 밖의 출연받은 재산 및 직접 공익목적사업을 운용하지 아니하는 경우	국가·지방자치단체·공익법인 등에게 귀속 시키지 않은 금액
⑥ 직접공익목적사업에 사용하는 것의 혜택이 특정 일부에게만 제공되는 경우	혜택을 받은 일부에게만 제공된 재산가액
⑦ 공익법인의 자기 내부거래	가. 대가없이 사용·수익하게 하는 경우 : 당해 출연재산가액 나. 낮은 대가로 사용·수익하게 하는 경우 $\text{당해 출연재산가액} \times \frac{(\text{정상적인 대가} - \text{실제 지급한 대가})}{\text{정상적인 대가}}$
⑧ 출연받은 재산이나 운영소득을 내국법인 주식 등을 취득하는 데 사용하여 출연자 및 공익법인의 주식보유비율이 5%(10%)를 초과하는 경우	주식보유비율을 초과하여 취득한 주식의 취득가액
⑨ 위 ③의 운용소득을 기준금액에 미달하게 사용하거나 ④의 매각대금을 매각한 날부터 2년 이내 기준금액에 미달하게 사용하는 경우	미달사용금액에 대한 가산세 추징

(다) 가산세를 부과하는 경우

다음의 경우에는 가산세를 부과한다.(상증법 제48조 제2항)

① 출연받은 재산을 수익용 또는 수익사업용으로 운용하는 경우로서 그 운용소득을 다음의 사용기준금액에 미달하게 사용하는 경우 운용소득 중 사용하지 아니한 금액의 10%에 상당하는 가산세를 부과한다.(상증법 제48조 제2항 제5호 전단, 제78조 제9항) 사용기준금액은 다음 ㉠에 따라 계산한 금액에서 ㉡의 금액을 뺀 금액("운용소득")의 100분의 70에 상당하는 금액을 말한다. 이 경우 직전 과세기간 또는 사업연도에서 발생한 운용소득을 사용기준금액에 미달하게 사용한 경우에는 그 미달하게 사용한 금액(상증법 제78조 제9항에 따른 가산세를 뺀 금액을 말한다)을 운용소득에 가산한다. 여기서 운용소득의 사용은 그 소득이 발생한 과세기간 또는 사업연도 종료일부터 1년 이내에 직접 공익목적사업에 사용한 실적(해당 과세기간 또는 사업연도 중 고유목적사업비로 지출된 금액으로서 손금에 산입된 금액을 포함한다)을 말하고, 이 경우 그 실적 및 기준금액은 각각 해당 과세기간 또는 사업연도와 직전 4과세기간 또는 사업연도와의 5년간의 평균금액을 기준으로 계산할 수 있으며 사업개시 후 5년이 경과되지 아니한 경우에는 사업개시 후 5년이 경과한 때부터 이를 계산한다.(상증령 제38조 제5항 · 제6항)

㉠ 해당 과세기간 또는 사업연도의 수익사업에서 발생한 소득금액과 출연재산을 수익의 원천에 사용함으로써 생긴 소득금액의 합계액. 여기서 수익사업에서 발생한 소득금액에는 출연재산과 관련이 없는 수익사업에서 발생한 소득금액 및 상증법 제48조 제2항 제4호에 따른 출연재산 매각금액을 제외하고, 법인세법 제29조 제1항의 규정에 의한 고유목적사업준비금과 해당 과세기간 또는 사업연도 중 고유목적사업비로 지출된 금액으로서 손금에 산입된 금액을 포함한다.

㉡ 해당 소득에 대한 법인세 또는 소득세 · 농어촌특별세 · 주민세 및 이월결손금

② 출연받은 재산을 매각하고 그 매각대금 중 직접 공익목적사업에 사용한 실적이 매각한 날이 속하는 과세기간 또는 사업연도 종료일부터 1년 이내에 매각대금의 30%, 2년 이내에 매각대금의 60%에 미달하게 사용한 경우, 3년이 되는 날까지 90%에 미달하게 사용하는 경우 매각대금 중 사용하지 아니한 금액의 10%에 상당하는 가산세를 부과한다.(상증법 제48조 제2항 제5호 후단) 이 경우 해당 매각대금 중 직접 공익목적사업용 또는 수익사업용 재산을 취득한 가액이 매 연도별 매

각대금의 사용기준에 상당하는 금액에 미달하는 경우에는 그 차액에 대하여 이를 적용한다.(상증령 제38조 제7항, 상증법 제78조 제9항)

③ 위 (3)의 내국법인의 의결권 있는 주식등의 비율을 초과하는 주식등을 보유한 성실공익법인등이 공익목적사업에 사용한 금액이 기준금액에 미달하는 경우에는 기준금액에서 직접 공익목적사업에 사용한 금액을 차감한 금액의 10%에 상당하는 가산세를 부과한다. 이 경우 위 ①의 가산세와 중복되는 경우 큰 금액 하나만 부과한다.(상증법 제48조 제2항 제7호, 상증령 제38조 제18항 · 제19항, 상증법 제78조 제9항) 기준금액은 직접 공익목적사업에 사용하여야 할 과세기간 또는 사업연도의 직전 과세기간 또는 사업연도 종료일 현재 재무상태표 및 운영성과표를 기준으로 수익용 또는 수익사업용으로 운용하는 재산의 가액[총자산가액-(부채가액 + 당기 순이익)]의 1%(성실공익법인등이 발행주식총수 등의 100분의 10을 초과하여 보유하고 있는 경우에는 3%)를 말한다.

(라) 종교단체 헌금에 대한 예외

공익법인등이 출연받은 재산 중 출연자별로 출연받은 재산가액을 산정하기 어려운 "종교사업에 출연하는 헌금"에 대하여는 직접 공익목적사용등의 제한을 받지 아니하고 증여세 과세가액에 산입하지 아니한다. 다만, 부동산이나 주식등으로 출연받은 경우에는 그러하지 아니하다.(상증법 제48조 제2항 본문 단서, 상증령 제38조 제1항)

(5) 공익법인등의 자기내부거래에 대한 증여세 과세

(가) 증여세 과세사유

공익법인등이 출연받은 재산(그 재산을 수익용 또는 수익사업용으로 운용하는 경우 및 그 운용소득이 있는 경우를 포함한다), 출연받은 재산을 원본으로 취득한 재산, 출연받은 재산의 매각대금(매각대금에 의하여 증가한 재산을 포함하며 매각에 따른 세금은 제외한다) 등을 다음 어느 하나에 해당하는 자에게 임대차, 소비대차(消費貸借) 및 사용대차(使用貸借) 등의 방법으로 사용 · 수익하게 하는 경우에는 공익법인등이 증여받은 것으로 보아 즉시 증여세를 부과한다. 다만, 공익법인등이 직접 공익목적사업과 관련하여 용역을 제공받고 정상적인 대가를 지급하는 경우에는 그러하지 아니하다.(상증법 제48조 제3항)

① 출연자 및 그 친족

② 출연자가 출연한 다른 공익법인등

③ 위의 ①, ②에 해당하는 자와 다음의 특수관계에 있는 자(상증령 제39조 제1항)

- 출연자가 민법 제32조에 따라 설립된 법인인 경우에는 그 법인에 대한 출연자 및 그 출연자와 상속세 및 증여세법상 특수관계에 있는 자(상증령 제2조의2 제1항 제1호)
- 출연자가 그 외의 법인인 경우에는 해당 법인을 출자에 의하여 지배하고 있는 자 및 그와 상속세 및 증여세법상 특수관계에 있는 자(상증령 제2조의2 제1항 제1호)
- 출연자의 사용인
- 출연자로부터 재산을 출연받은 다른 공익법인등의 임원
- 출연자가 출자에 의하여 지배하고 있는 법인
- 본인이 속한 기업집단의 소속 기업(해당 기업의 임원을 포함)과 해당 기업의 임원에 대한 임면권의 행사 및 사업방침의 결정 등을 통하여 그 경영에 관하여 사실상의 영향력을 행사하고 있는 자 및 그와 친족에 해당하는 관계에 있는 자(상증령 제28조 제1항 제2호, 상증령 제2조의2 제1항 제3호 나목), 동일인이 임원의 임면권의 행사 또는 사업방침의 결정등을 통하여 합병당사법인(합병으로 인하여 소멸·흡수되는 법인 또는 신설·존속하는 법인을 말한다)의 경영에 대하여 영향력을 행사하고 있다고 인정되는 관계에 있는 법인(상증령 제28조 제1항 제3호)

(나) 정상적인 대가를 지급하는 경우

공익법인등이 직접 공익목적사업과 관련하여 용역을 제공받고 정상적인 대가를 지급하는 경우란 다음 어느 하나에 해당하는 경우를 말한다.(상증령 제39조 제2항, 상증집행 48-39-2)

① 출연자등이 출연받은 재산을 출연받은 날부터 3개월 이내의 기간만 사용하는 경우

② 출연자등이 시가에 해당하는 임료를 지급하고 사용하는 경우

③ 교육사업을 영위하는 교육기관(상증령 제12조 제2호)이 ㉠ 출연받은 기부금에 의하여 설립한 건물 또는 ㉡ 법인세법 시행규칙 별표 2 시험연구용 자산의 내용연수표에 규정된 시설 및 설비를 출연받아 이를 해당 공익법인등과 출연자가 공동으로 사용하는 경우

④ 해당 공익법인등이 의뢰한 연구용역등의 대가 또는 직접 공익목적사업의 수행과

관련한 경비등을 지급하는 경우(상증칙 제12조)

(다) 증여시기

증여시기에 대한 명문규정은 없으나 과세당국은 공익법인 등에 부과되는 증여세 과세가액은 각 규정에 따른 가액을 과세요인 발생일 현재 시가로 한다고 해석하고 있어 과세요인 발생일을 증여시기로 해석하고 있는 것으로 보인다.(상증통칙 48-39-6, 상증집행 48-10-1)[29]

(라) 증여재산가액(상증령 제39조 제3항)

① 무상으로 사용・수익하게 한 경우 : 무상으로 사용・수익하게 한 당시 출연재산의 시가를 증여재산가액으로 한다.(상증통칙 48-39-6)

② 시가보다 낮은 금액으로 사용・수익하게 한 경우 : 시가와 차액에 상당하는 출연재산의 가액을 증여재산가액으로 한다. 임료의 차이를 증여재산가액으로 하는 것이 아니라 정상임료에 상당하는 출연재산을 제외한 출연재산, 즉 임료를 받지 않는 부분에 해당하는 출연재산의 가액을 증여재산가액으로 한다는 뜻이다. 여기서 시가는 상속세 및 증여세법 제32조 제3항에 따른 부동산등 임대용역의 시가와 법인세법 제52조 제2항에 따른 부당행위계산부인시 적용되는 시가 중 낮은 금액을 말한다. 출연재산의 가액은 시가보다 낮은 금액으로 사용・수익하게 한 당시의 시가를 말한다.(상증통칙 48-39-6)

(6) 공익법인 경영권 제한

(가) 공익법인 이사선임 제한

출연자가 공익법인을 사적으로 지배하는 것을 방지하기 위하여 출연자 또는 그의 특수관계인이 일정 수 이상 공익법인의 이사에 취임하거나 임직원이 되는 경우 그 이사나 임직원에게 지급한 비용에 상당하는 금액의 가산세를 부과한다.(상증법 제48조 제8항)

① 가산세 부과요건 : 출연자 등 부과요건은 다음과 같다.

- 출연자 : 취임이 제한되는 출연자는 재산출연일 현재 해당 공익법인등의 총출연재산가액의 100분의 1에 상당하는 금액과 2천만원 중 적은 금액을 초과하여

29) 증여재산이 출연재산이므로 출연시기를 증여시기로 보는 것이 논리적이라 할 것인데, 과세기술상 사용목적을 위반한 때를 증여시기로 해석하는 듯하나 입법적으로 해결할 사항으로 생각된다.

출연한 자를 말한다.(상증령 제38조 제10항)

- 취임 제한대상 공익법인 : 다음의 공익법인이 취임제한 공익법인이다.(상증령 제38조 제11항)
  - 출연자와 상속세 및 증여세법 시행령 제2조의2 제1항 제3호의 관계에 있는 자가 이사의 과반수를 차지하거나 재산을 출연하여 설립한 비영리법인
  - 출연자와 상속세 및 증여세법 시행령 제2조의2 제1항 제4호의 관계에 있는 자가 재산을 출연하여 설립한 비영리법인
  - 출연자와 상속세 및 증여세법 시행령 제2조의2 제1항 제5호 또는 제8호의 관계에 있는 비영리법인
- 취임제한 기준 : 출연자 또는 그의 특수관계인이 공익법인등의 현재의 이사 수의 5분 1을 초과하여 이사가 되거나, 그 공익법인등의 이사외 임직원이 되는 경우이다. 현재의 이사 수가 5 미만인 경우에는 5명으로 본다. 따라서 이사수가 4명 이하일 경우에는 1명까지는 취임이 가능하다. 다만, ㉠ 다른 이사가 사망 또는 사임하거나 ㉡ 특수관계인에 해당하지 아니하던 이사가 특수관계인에 해당함으로써, 출연자 또는 그의 특수관계인이 공익법인등의 현재 이사 수의 5분의 1을 초과하게 된 경우로서 해당 사유가 발생한 날부터 2개월 이내에 이사를 보충하거나 개임(改任)하는 경우에는 가산세를 부과하지 아니한다.(상증령 제38조 제12항)

② 가산세 부과액 : 기준을 초과한 이사 또는 임직원과 관련하여 지출된 직접경비 또는 간접경비에 상당하는 금액 전액을 매년 납부할 세액에 가산하여 부과한다.(상증법 제78조 제6항) "직접경비 또는 간접경비"란 해당이사 또는 임 · 직원을 위하여 지출된 급료, 판공비, 비서실 운영경비 및 차량유지비등을 말한다. 다만, 의사, 학교의 교직원(교직원 중 직원은 사립학교법 제29조에 따른 학교에 속하는 회계로 경비를 지급하는 직원만 해당한다), 아동복지시설의 보육사, 도서관의 사서, 박물관 · 미술관의 학예사, 사회복지시설의 사회복지사 자격을 가진 자와 관련된 경비를 제외한다. 이 경우 이사의 취임시기가 다른 경우에는 나중에 취임한 이사에 대한 분부터, 취임시기가 동일한 경우에는 지출경비가 큰 이사에 대한 분부터 가산세를 부과한다.(상증령 제80조 제10항)

(나) 특수관계법인의 주식보유 제한

공익법인등이 특수관계에 있는 내국법인의 주식등을 보유하는 경우로서 그 내국법인의 주식등의 가액이 해당 공익법인등의 총 재산가액의 30%를 초과하는 경우에는 가산세를 부과한다. 공익법인이 주식회사의 외부감사에 관한 법률 제3조에 따른 감사인에게 회계감사를 받거나(상증법 제50조 제3항), 직접 공익목적사업용 전용계좌를 사용하는 경우(상증법 제50조의2) 또는 결산서류등을 국세청 홈페이지에 공시하는 경우(상증법 제50조의3)에는 보유주식비율이 50%를 초과하는 경우에만 가산세를 부과한다.(상증법 제48조 제9항) 단, 국가・지방자치단체가 출연하여 설립한 공익법인등이 재산을 출연하여 설립한 공익법인등과 공공기관의 운영에 관한 법률 제4조 제1항 제3호에 따른 공공기관이 재산을 출연하여 설립한 공익법인등에 대하여는 이 규정을 적용하지 아니한다.(상증령 제42조 제2항)

① 특수관계법인 : "특수관계에 있는 내국법인"이란 다음 어느 하나에 해당하는 자가 '㉮'에 해당하는 기업의 주식등을 출연하거나 보유한 경우의 해당 기업(해당 기업과 함께 제1호에 해당하는 자에 속하는 다른 기업을 포함한다)을 말한다.(상증령 제38조 제13항)

㉮ 기업집단의 소속기업(독점규제 및 공정거래에 관한 법률 시행령 제3조 각 호의 어느 하나에 해당하는 기업집단에 속하는 계열회사), 기업집단 소속기업의 임원 및 퇴직임원과 다음 어느 하나에 해당하는 관계에 있는 자 또는 해당 기업의 임원에 대한 임면권의 행사 및 사업방침의 결정 등을 통하여 그 경영에 관하여 사실상의 영향력을 행사하고 있다고 인정되는 자

- 기업집단 소속의 다른 기업
- 기업집단을 사실상 지배하는 자
- 기업집단을 사실상 지배하는 자와 친족(국기령 제1조의2 제1항 제1호~제4호) 및 직계존비속의 배우자의 2촌 이내의 혈족과 그 배우자의 관계에 있는 자

㉯ 기업집단 소속기업 또는 기업집단 소속의 다른 기업의 임원 또는 퇴직임원이 이사장인 비영리법인

㉰ 위 '㉮' 및 '㉯'에 해당하는 자가 이사의 과반수이거나 재산을 출연하여 설립한 비영리법인

② 가산세액 : 보유기준을 초과하여 주식등을 보유하는 경우에는 매 사업연도 말 현재 그 초과하여 보유하는 주식등의 가액의 5%에 상당하는 금액을 그 공익법인등

이 납부할 세액에 가산하여 부과한다.(상증법 제78조 제7항) 초과하는 주식등의 가액은 각 사업연도 종료일 현재 '㉮'의 가액에서 '㉯'의 가액의 30%(또는 50%)에 해당하는 금액을 차감하여 계산한 가액을 말한다.(상증령 제38조 제14항)

㉮ 당해 내국법인의 주식등의 취득가액(법인세법 시행령 제74조 제1항 제1호 마목의 이동평균법 취득가액)과 대차대조표상의 가액 중 적은 금액

㉯ 당해 내국법인의 주식등을 제외한 공익법인등의 총재산에 대한 대차대조표상의 가액에 '㉮'의 가액을 가산한 가액

③ 가산세 부과제외 공익법인 : 다음의 공익법인과 성실공익법인은 특수관계법인 주식등을 보유기준을 초과하여 보유하여도 가산세를 적용하지 아니한다.(상증령 제42조 제2항)

㉮ 국가 · 지방자치단체가 출연하여 설립한 공익법인등이 재산을 출연하여 설립한 공익법인등

㉯ 정부가 50% 이상의 지분을 가지고 있거나 30% 이상의 지분을 가지고 임원임명권한 행사 등을 통하여 당해 기관의 정책 결정에 사실상 지배력을 확보하고 있는 기관(공공기관의 운영에 관한 법률 제4조 제1항 제3호)이 재산을 출연하여 설립한 공익법인등

㉰ 위 '㉯'의 공익법인등이 재산을 출연하여 설립한 공익법인등

(다) 특수관계법인의 광고 · 홍보 제한

공익법인등이 특수관계에 있는 내국법인의 이익을 증가시키기 위하여 정당한 대가를 받지 아니하고 광고 · 홍보를 하는 경우에는 가산세를 부과한다.(상증법 제48조 제10항)

① 특수관계법인 : 특수관계에 있는 내국법인이란 위 '(나)'의 특수관계에 있는 내국법인을 말한다.(상증령 제38조 제13항)

② 광고 · 홍보 : 특수관계법인을 위한 홍보는 ㉠ 신문 · 잡지 · 텔레비전 · 라디오 · 인터넷 또는 전자광고판등을 이용하여 특수관계법인을 위하여 홍보하거나 특수관계법인의 특정상품에 관한 정보를 제공하는 행위 및 ㉡ 팜플렛 · 입장권 등에 특수관계법인의 특정상품에 관한 정보를 제공하는 행위. 다만, 특수관계법인의 명칭만을 사용하는 홍보를 제외한다.

③ 가산세 : 광고 · 홍보를 하는 경우에는 그 행위와 관련하여 직접 지출된 경비에 상당하는 금액을 그 공익법인등이 납부할 세액에 가산하여 부과한다. 직접 지출된 경비란 광고 · 홍보매체의 이용비용(위 ②-㉠), 팜플렛 · 입장권에 의한 홍보의 경

우 당해 행사비용 전액을 말한다.(상증법 제78조 제8항, 상증령 제38조 제15항 · 제80조 제12항)

(7) 공익법인등의 납세협력의무

(가) 증여세 신고의무

공익목적으로 출연받아 증여세 과세가액에는 산입하지 아니하는 증여재산에 대하여도 증여세신고를 하여야 하는가? 상속세 및 증여세법 제68조는 “제4조의2에 따라 증여세 납부의무가 있는 자는 증여받은 날이 속하는 달의 말일부터 3개월 이내에 제47조와 제55조 제1항에 따른 증여세의 과세가액 및 과세표준을 대통령령으로 정하는 바에 따라 납세지 관할 세무서장에게 신고하여야 한다.”고 규정하고 있어, 문리적으로 해석하면 공익법인등이 출연받은 재산은 증여세 과세가액에 포함되지 아니하므로 제68조의 신고대상에 포함되지 아니한다. 그러나 국세청은 공익법인등이 출연받은 재산에 대하여 증여세신고를 하여야 하는 것으로 해석한다.(재산세과-220, 2012.6.1.)

국세청 질의회신 재산세과-220, 2012.6.1.

상속세 및 증여세법 시행령 제12조 제1호에 따른 종교의 보급 기타 교화에 현저히 기여하는 사업을 영위하는 공익법인 등이 재산을 출연받아 그 출연받은 날부터 3년 이내에 직접공익목적사업에 사용하는 경우에는 같은 법 제48조의 규정에 의하여 증여세가 과세되지 아니한다. 이 경우 공익법인 등은 같은 법 제68조에 따라 증여세 신고기한(증여받은 날이 속하는 달의 말일부터 3개월) 이내에 증여세의 과세가액 및 과세표준을 납세지 관할세무서장에게 신고하여야 한다.

(나) 출연재산 등에 대한 보고서 등 제출의무

① 제출하는 서류 : 공익법인등이 재산을 출연받은 경우에는 그 출연받은 재산의 사용계획 및 진도에 관한 보고서를 납세지 관할세무서장에게 제출하여야 한다. 제출할 서류는 결산에 관한 서류[공익법인의 설립 · 운영에 관한 법률 및 그 밖의 법령에 따라 공익법인등이 주무관청에 제출하는 대차대조표 및 손익계산서(손익계산서에 준하는 수지계산서 등을 포함한다)에 한한다] 및 다음 사항에 관한 서류(상속세 및 증여세법 시행규칙 제25조 제1항 서식)를 사업연도 종료일부터 3개월 이내에 납세지 관할세무서장에게 제출하여야 한다.(상증법 제48조 제5항, 상증령 제41조)

- 출연받은 재산의 명세
- 출연재산(출연재산의 운용소득을 포함한다)의 사용계획 및 진도현황
- 상속세 및 증여세법 제48조 제2항 제4호 및 같은 항 제5호(제38조 제7항에 해당하는 경우에 한정한다)에 해당하는 경우에는 매각재산 및 그 사용명세
- 운용소득의 직접 공익목적사업 사용명세
- 그 밖에 상속세 및 증여세법 시행규칙 제25조가 정하는 서류

② 미제출가산세 : 세무서장등은 공익법인등이 제출하여야 할 보고서를 제출하지 아니하였거나 제출된 보고서에 출연재산 · 운용소득 및 매각재산 등의 명세를 누락하거나 잘못 기재하여 사실을 확인할 수 없는 경우에는 그 미제출분 또는 불분명한 부분의 금액에 상당하는 증여세액의 100분의 1에 상당하는 금액을 가산세로 징수하여야 한다.(상증법 제78조 제3항, 상증령 제80조 제5항)

(다) 외부전문가의 세무확인 및 회계감사의무

공익법인등은 과세기간별 또는 사업연도별로 출연받은 재산의 공익목적사업 사용 여부 등에 대하여 세무확인 및 회계감사를 받아야 한다.

① 세무확인 : 공익법인등은 과세기간별 또는 사업연도별로 출연받은 재산의 공익목적사업 사용 여부 등에 대하여 상속세 및 증여세법 시행령 제43조 제1항에 정하는 기준에 해당하는 2명 이상의 변호사, 공인회계사 또는 세무사를 선임하여 세무확인("외부전문가의 세무확인")을 받아야 한다. 다만, 다음의 공익법인등은 외부전문가의 세무확인을 받지 아니할 수 있다.(상증법 제50조 제1항, 상증령 제43조 제2항)

- 외부전문가의 세무확인을 받아야 하는 과세기간 또는 사업연도의 종료일 현재 대차대조표상 총자산가액(부동산의 경우 법 제60조 · 제61조 및 제66조에 따라 평가한 가액이 대차대조표상의 가액보다 큰 경우에는 그 평가한 가액을 말한다)의 합계액이 5억원 미만인 공익법인등. 다만, 해당 과세기간 또는 사업연도의 수입금액(해당 공익사업과 관련된 소득세법에 따른 수입금액 또는 법인세법에 따라 법인세 과세대상이 되는 수익사업과 관련된 수입금액을 말한다)과 그 과세기간 또는 사업연도에 출연받은 재산가액의 합계액이 3억원 이상인 공익법인등은 제외한다.
- 불특정다수인으로부터 재산을 출연받은 공익법인등(출연자 1명과 그의 특수관계인이 출연한 출연재산가액의 합계액이 공익법인등이 출연받은 총재산가액의

100분의 5에 미달하는 경우로 한정한다)

- 국가 또는 지방자치단체가 재산을 출연하여 설립한 공익법인등으로서 감사원법 또는 관련 법령에 따라 감사원의 회계검사를 받는 공익법인등(회계검사를 받는 연도분으로 한정한다)

② 세무확인 보고 : 외부전문가의 세무확인을 받은 공익법인등은 그 결과를 상속세 및 증여세법 시행규칙 제14조의 세무확인서에 의하여, 세무확인을 받은 해당 공익법인등의 과세기간 또는 사업연도의 종료일부터 3월 이내에 해당 공익법인등을 관할하는 세무서장에게 보고하여야 한다.(상증령 제43조 제6항) 이 경우 관할세무서장은 공익법인등의 출연재산의 공익목적사업 사용 여부 등에 관련된 외부전문가의 세무확인 결과를 일반인이 열람할 수 있게 하여야 한다.(상증법 제50조 제2항)

③ 외부감사 : 공익법인등은 과세기간별 또는 사업연도별로 주식회사의 외부감사에 관한 법률 제3조에 따른 감사인에게 회계감사를 받아야 한다. 다만, 다음의 공익법인등은 그러하지 아니하다.(상증법 제50조 제3항)

- 회계감사를 받아야 하는 과세기간 또는 사업연도의 직전 과세기간 또는 직전 사업연도 종료일의 대차대조표상 총자산가액(부동산인 경우 법 제60조·제61조 및 제66조에 따라 평가한 가액이 대차대조표상의 가액보다 크면 그 평가한 가액을 말한다)의 합계액이 100억원 미만인 공익법인등(상증령 제43조 제3항)
- 종교의 보급 기타 교화에 현저히 기여하는 사업 또는 초·중등교육법 및 고등교육법에 의한 학교, 유아교육법에 따른 유치원을 설립·경영하는 사업을 영위하는 공익법인등(상증령 제43조 제4항, 제12조 제1호·제2호)

④ 회계감사보고 : 회계감사를 받은 공익법인등은 감사인이 작성한 감사보고서를 해당 공익법인등의 과세기간 또는 사업연도 종료일부터 3개월 이내에 관할 세무서장에게 제출하여야 한다. 이 경우 관할 세무서장은 제출받은 감사보고서를 일반인이 열람할 수 있도록 하여야 한다.(상증령 제43조 제7항)

⑤ 가산세 : 외부전문가의 세무확인에 대한 보고의무 등을 이행하지 아니하거나 회계감사를 이행하지 아니한 경우에는 소득세 과세기간 또는 법인세 사업연도 수익금액과 그 과세기간 또는 사업연도에 출연받은 재산가액을 합친 금액에 1만분의 7을 곱하여 계산한 금액을 가산세로 부과한다.(상증법 제78조 제5항, 상증령 제80조 제7항)

(라) 전용계좌 개설 · 사용의무

공익법인등은 해당 공익법인등의 직접 공익목적사업과 관련하여 받거나 지급하는 수입과 지출의 경우로서 일정 거래에 대하여 공익목적사업용 전용계좌를 사용하여야 한다.(상증법 제50조의2)

① 대상 공익법인등 : 종교의 보급 기타 교화에 현저히 기여하는 사업(상증령 제12조 제1호)을 하는 공익법인등을 제외한 모든 공익법인등은 전용계좌 개설의무가 있다.(상증령 제43조의2 제1항)

② 전용계좌 대상 거래 : 공익법인등은 해당 공익법인등의 직접 공익목적사업과 관련하여 받거나 지급하는 수입과 지출의 경우로서 다음 어느 하나에 해당하는 경우에는 직접 공익목적사업용 전용계좌를 사용하여야 한다. 전용계좌는 금융회사등에 개설된 계좌이어야 하며, 공익법인등의 공익목적사업 외의 용도로 사용되지 아니하여야 한다. 전용계좌는 둘 이상 개설할 수 있다.(상증령 제43조의2 제2항, 제3항)

- 직접 공익목적사업과 관련된 수입과 지출을 금융회사등을 통하여 결제하거나 결제받는 경우(상증령 제43조의2 제4항)
- 기부금, 출연금 또는 회비를 받는 경우. 다만, 현금을 직접 받은 경우로서 현금으로 직접 지급받은 기부금 · 출연금 또는 회비를 지급받는 날부터 5일(5일이 되는 날이 공휴일 · 토요일 또는 근로자의 날 제정에 관한 법률에 따른 근로자의 날에 해당하면 그 다음 날)까지 전용계좌에 입금하는 경우는 제외한다. 이 경우 기부금 · 출연금 또는 회비의 현금수입 명세를 작성하여 보관하여야 한다.(상증령 제43조의2 제5항)
- 인건비, 임차료를 지급하는 경우
- 공익목적 사업과 관련된 기부금, 장학금, 연구비, 생활비 등 직접 공익목적사업비를 지출하는 경우. 다만, 100만원을 초과하는 경우로 한정한다.(상증령 제43조의2 제6항)
- 수익용 또는 수익사업용 자산의 처분대금, 그 밖의 운용소득을 고유목적사업회계에 전입(현금 등 자금의 이전이 수반되는 경우만 해당한다)하는 경우

③ 명세서 작성 · 보관 : 공익법인등은 직접 공익목적사업과 관련하여 전용계좌거래 대상이 아닌 거래에 대하여는 명세서(전용계좌외거래명세서)를 별도로 작성 · 보관하여야 한다. 다만, 다음의 수입과 지출의 경우에는 그러하지 아니하다.(상증법

제50조의2 제2항, 상증령 제43조의2 제8항)

- 소득세법 제160조의2 제2항 제3호 또는 제4호에 해당하는 증거서류를 받은 지출
- 거래건당 금액(부가가치세를 포함한다)이 1만원 이하인 수입과 지출
- 소득세법 시행령 제208조의2 제1항 제2호부터 제8호까지의 경우에 해당하는 거래(상증칙 제14조의2 제1호)
- 소득세법 시행규칙 제95조의2 제2호부터 제4호까지, 제7호 및 제8호의2부터 제8호의6까지의 경우에 해당하는 거래(상증칙 제14조의2 제2호)

④ 전용계좌개설 신고기간 : 공익법인등은 최초로 공익법인등에 해당하게 된 날부터 3개월 이내에 전용계좌를 개설하여 해당 공익법인등의 납세지 관할세무서장에게 신고하여야 한다.(상증법 제50조의2 제3항)

⑤ 전용계좌 변경 및 추가 : 공익법인등은 전용계좌를 변경하거나 추가로 개설하려면 전용계좌개설(변경 · 추가)신고서를 사유 발생일부터 1개월 이내에 납세지 관할 세무서장에게 제출하여야 한다.(상증법 제50조의2 제4항, 상증령 제43조의2 제10항)

⑥ 가산세 : 공익법인등이 전용계좌 개설 · 신고를 하지 아니하거나 전용계좌를 사용하지 아니한 경우에는 다음의 가산세를 부과한다.(상증법 제78조 제10항)

- 대상거래에 대하여 전용계좌를 사용하지 아니한 경우 : 전용계좌를 사용하지 아니한 금액의 1천분의 5
- 전용계좌를 개설 · 신고하지 아니한 경우 : 다음 중 큰 금액
  - 개설 · 신고하지 아니한 각 과세기간 또는 사업연도의 직접 공익목적사업과 관련한 수입금액 총액의 1천분의 5
  - 전용계좌 대상 거래금액을 합친 금액의 1천분의 5

(마) 결산서류 등의 공시의무

공익법인등은 결산서류등을 해당 공익법인등의 과세기간 또는 사업연도 종료일부터 4개월 이내에 국세청의 인터넷 홈페이지에 게재하는 방법으로 공시하여야 한다.(상증법 제50조의3)

① 대상 공익법인등 : 다음의 공익업인을 제외한 모든 공익법인 공시의무 대상 공익법인이다.(상증령 제43조의3 제1항)

- 결산서류등의 공시대상 과세기간 또는 사업연도의 종료일 현재 재무상태표상 총자산가액(부동산인 경우 법 제60조 · 제61조 및 제66조에 따라 평가한 가액

이 재무상태표상의 가액보다 크면 그 평가한 가액을 말한다)의 합계액이 5억원 미만인 공익법인등. 다만, 해당 과세기간 또는 사업연도의 수입금액과 그 과세기간 또는 사업연도에 출연받은 재산가액의 합계액이 3억원 이상인 공익법인등은 제외한다.

- 종교의 보급 기타 교화에 현저히 기여하는 사업(상증령 제12조 제1호)을 영위하는 공익법인등

② 공시대상 결산서 : 공시대상 결산서 등은 다음의 서류를 말한다.(상증령 제43조의3 제3항)

- 재무상태표
- 운영성과표
- 기부금 모집 및 지출 내용
- 해당 공익법인등의 대표자, 이사, 출연자, 소재지 및 목적사업에 관한 사항
- 출연재산의 운용소득 사용명세서
- 회계감사를 받을 의무가 있는 공익법인등에 해당하는 경우에는 감사보고서와 그 감사보고서에 첨부된 재무제표
- 공익법인등의 주식등의 출연・취득・보유 및 처분사항
- 공익법인등에 주식등을 출연한 자와 그 주식등의 발행법인과의 관계
- 주식등의 보유로 인한 배당현황, 보유한 주식등의 처분에 따른 수익현황 등
- 내국법인의 의결권 있는 주식등을 그 내국법인의 발행주식총수등의 100분의 5를 초과하여 보유하고 있는 성실공익법인등의 경우에는 보유주식에 대한 의결권의 행사 결과
- 외부감사를 받는 공익법인등의 경우에는 출연받은 재산의 공익목적사용 현황

③ 공시의무 위반에 대한 제재

- 국세청장의 검증 : 국세청장은 공익법인등이 결산서류등을 공시하지 아니하거나 그 공시 내용에 오류가 있는 경우에는 해당 공익법인등에 대하여 1개월 이내의 기간을 정하여 공시하도록 하거나 오류를 시정하도록 요구할 수 있다. 일정한 연구기관 등에 공시자료를 제공할 수 있다.(상증법 제50조의3 제2항・제3항, 상증령 제43조의3 제6항)
- 가산세 : 결산서류등을 공시하지 아니하거나 공시 내용에 오류가 있는 경우로서 국세청장의 공시 또는 시정 요구를 지정된 기한까지 이행하지 아니하는 경

우에는 공시하여야 할 과세기간 또는 사업연도의 종료일 현재 그 공익법인등의 자산총액의 1천분의 5에 상당하는 금액을 그 공익법인등이 납부할 세액에 가산하여 부과한다.(상증법 제78조 제11항)

(바) 장부의 작성 · 비치의무

공익법인등은 소득세 과세기간 또는 법인세 사업연도별로 출연받은 재산 및 공익사업 운용 내용 등에 대한 장부를 작성하여야 하고 장부와 관계있는 중요한 증명서류를 갖춰 두어야 하며, 해당 공익법인등의 소득세 과세기간 또는 법인세 사업연도의 종료일부터 10년간 보존하여야 한다. 장부는 원칙적으로 복식부기의 형식으로 작성하여야 하며(상증법 제51조, 상증령 제44조), 공익법인등의 수익사업에 대하여 소득세법 제160조 및 법인세법 제112조 단서에 따라 작성 · 비치된 장부와 중요한 증명서류는 상속세 및 증여세법에 따라 작성 · 비치된 장부와 중요한 증명서류로 본다. 이 경우 그 장부와 중요한 증명서류에는 마이크로필름, 자기테이프, 디스켓 또는 그 밖의 정보보존장치에 저장된 것을 포함한다.

(사) 기부금영수증 작성 · 보관의무 등

기부금영수증을 발급하는 공익법인등은 기부자별 발급명세를 작성하여 발급한 날부터 5년간 보관하여야 하고, 국세청장, 지방국세청장 또는 납세지 관할 세무서장이 요청하는 경우 이를 제출하여야 한다. 기부금영수증을 발급하는 공익법인등은 해당 사업연도의 기부금영수증 총 발급 건수 및 금액 등이 적힌 기부금영수증 발급명세서를, 법인은 해당 사업연도의 종료일이 속하는 달의 말일부터 6개월 이내에, 개인은 해당 과세기간의 다음 연도 6월 30일까지 관할 세무서장에게 제출하여야 한다.(소득법 제160조의3, 법인법 제112조)

(8) 출연자의 증여세 연대납세의무

공익법인등이 출연받은 재산에 대하여 증여세가 과세되는 경우 출연자는 증여세를 연대하여 납부할 의무를 진다. 다만, 다음의 요건을 충족하는 출연자는 연대납세의무를 지지 아니한다.(상증법 제4조의2 제6항, 상증령 제3조의3 · 제38조 제10항)

① 증여세 또는 가산세 부과사유 발생일부터 소급하여 재산출연일까지의 기간이 10년 이상일 것

② 위 기간 중 출연자(재산출연일 현재 해당 공익법인등의 총출연재산가액의 100분

의 1에 상당하는 금액과 2천만원 중 적은 금액을 초과하여 출연한 자를 말한다) 또는 그의 특수관계인이 해당 공익법인의 이사 또는 임직원(이사를 제외한다)이 아니었어야 하며, 이사의 선임 등 공익법인의 사업운영에 관한 중요사항을 결정할 권한을 가지지 아니하였을 것

2) 공익신탁재산에 대한 증여세 과세가액 불산입

증여재산 중 증여자가 공익신탁법에 따른 공익신탁으로서 종교 · 자선 · 학술 또는 그 밖의 공익을 목적으로 하는 신탁을 통하여 공익법인등에 출연하는 재산의 가액은 증여세 과세가액에 산입하지 아니한다.(상증법 제52조) 공익신탁은 다음의 요건을 갖추어야 한다.(상증법 제17조 제2항, 상증령 제14조)

① 공익신탁의 수익자가 공익법인등(상증령 제12조)이거나 그 공익법인등의 수혜자일 것
② 공익신탁의 만기일까지 신탁계약이 중도해지되거나 취소되지 아니할 것
③ 공익신탁의 중도해지 또는 종료시 잔여신탁재산이 국가 · 지방자치단체 및 다른 공익신탁에 귀속될 것

3) 장애인이 증여받은 재산의 과세가액 불산입

장애인의 생활을 보장하기 위하여 장애인에게 부동산을 증여하고 장애인이 본인을 수익자로 하여 그 부동산을 신탁하는 경우와 같이 장애인 복지를 위한 증여재산에 대하여 과세가액 불산입하는 제도를 두고 있다.(상증법 제52조의2) 요건을 갖춘 증여재산의 가액은 증여세 과세가액에 산입하지 아니한다. 단, 그 장애인이 살아 있는 동안 5억원을 한도로 한다.

(1) 장애인의 범위

장애인이 증여받은 재산의 과세가액 불산입 대상 장애인은 다음의 장애인을 말한다.(상증령 제45조의2, 소득령 제107조 제1항)

① 장애인복지법에 따른 장애인 및 장애아동 복지지원법 제21조 제1항에 따른 발달재활서비스를 지원받고 있는 사람(소득칙 제54조)
② 국가유공자 등 예우 및 지원에 관한 법률에 의한 상이자 및 이와 유사한 사람으로서 근로능력이 없는 사람

③ 그 외에 항시 치료를 요하는 중증환자

(2) 증여재산(신탁재산)

자본시장과 금융투자업에 관한 법률에 따른 신탁업자에게 신탁할 수 있는 금전, 유가증권, 부동산을 증여받아 증여세신고기한(상증법 제68조)까지 다음의 요건을 모두 갖추어 신탁하여야 한다.(상증령 제45조의2 제3항)

① 증여받은 재산 전부를 자본시장과 금융투자업에 관한 법률에 따른 신탁업자에게 신탁하였을 것

② 그 장애인이 신탁의 이익 전부를 받는 수익자일 것

③ 신탁기간이 그 장애인이 사망할 때까지로 되어 있을 것. 다만, 장애인이 사망하기 전에 신탁기간이 끝나는 경우에는 신탁기간을 장애인이 사망할 때까지 계속 연장하여야 한다.

(3) 세무신고

장애인 증여재산 과세가액 불산입 규정을 적용받고자 하는 자는 증여세 신고기한까지 증여세과세표준신고 및 자진납부계산서에 ㉠ 증여재산명세서 및 증여계약서 사본, ㉡ 신탁계약서(자본시장과 금융투자업에 관한 법률 시행령 제103조 제2호에 따른 불특정금전신탁의 계약에 있어서는 신탁증서사본 또는 수익증권사본으로 갈음할 수 있다), ㉢ 장애인에 해당하는 자임을 증명하는 서류를 첨부하여 납세지 관할세무서장에게 제출하여야 한다.(상증령 제45조의2 제12항)

(4) 증여세 추징

(가) 추징사유

장애인이 증여받은 재산에 대하여 ㉠ 신탁을 해지하거나, 신탁기간이 끝난 경우에 그 기간을 연장하지 아니한 경우, ㉡ 신탁기간 중 수익자를 변경하거나, 신탁한 증여재산가액이 감소한 경우, ㉢ 신탁의 이익 전부 또는 일부가 해당 장애인이 아닌 자에게 귀속되는 것으로 확인된 경우와 같이 당초 요건을 충족하지 못하는 사유가 발생하면 해당 재산가액을 증여받은 것으로 보아 즉시 증여세를 부과한다. 다만, 다음의 장애인이 부득이한 사유로 요건을 충족하지 못하는 경우에는 추징하지 아니한다.

① 추징예외 장애인 : 추징하지 아니한 장애인의 범위는 다음과 같다.(상증령 제45조의

2 제5항)

- 5·18민주화운동 관련자 보상 등에 관한 법률에 따라 장해등급 3급 이상으로 판정된 사람
- 고엽제후유의증 등 환자지원 및 단체설립에 관한 법률에 따른 고엽제후유의증 환자로서 장애등급 판정을 받은 사람
- 장애인고용촉진 및 직업재활법 제2조 제2호에 따른 중증장애인

② 추징예외 사유 : 부득이한 사유는 다음의 사유를 말한다.

- 장애인 본인의 의료비 등으로 사용한 경우 : 위 추징사유에 해당하는 재산의 인출 등으로 다음의 비용에 사용한 경우에는 증여세를 추징하지 아니한다.(상증령 제45조의2 제6항)
  - 소득세법 시행령 제118조의5 제1항 및 제2항에 따른 장애인 본인의 의료비 및 간병인 비용
  - 소득세법 시행령 제118조의6 제11항에 따른 장애인 본인의 특수교육비
- 부득이한 사유 : 위 추징사유가 다음과 같은 부득이한 사유로 발생한 때에는 증여세를 추징하지 아니한다.(상증령 제45조의2 제9항)
  - 신탁회사가 관계법령 또는 감독기관의 지시·명령 등에 의하여 영업정지·영업폐쇄·허가취소 기타 기획재정부령이 정하는 사유로 신탁을 중도해지하고 신탁해지일부터 2개월 이내에 신탁에 다시 가입한 때
  - 신탁회사가 증여재산을 신탁받아 운영하는 중에 그 재산가액이 감소한 때

(나) 증여세 추징시 증여시기

각 추징사유 발생에 따른 증여시기는 다음의 날로 한다.(상증령 제45조의2 제4항)

① 신탁을 해지하거나, 신탁기간이 끝난 경우에 그 기간을 연장하지 아니한 경우에는 그 신탁해지일 또는 신탁기간의 만료일

② 신탁의 수익자를 변경한 경우에는 수익자를 변경한 날

③ 증여재산가액이 감소한 경우에는 신탁재산을 인출하거나 처분한 날

④ 신탁의 이익의 전부 또는 일부가 장애인외의 자에게 귀속되는 것으로 확인된 경우에는 그 확인된 날

(다) 추징하는 증여재산가액

추징하는 증여재산가액은 증여로 보는 날 현재의 시가(의제시가 포함)로 평가한 다

음 각 가액으로 한다.(상증령 제45조의2 제11항)

① 신탁을 해지하거나, 신탁기간이 끝난 경우에 그 기간을 연장하지 아니한 경우 및 신탁기간 중 수익자를 변경한 경우에는 당해 신탁재산의 가액 전액

② 증여재산가액이 감소한 경우에는 그 감소한 재산의 가액

③ 신탁의 이익 전부 또는 일부가 해당 장애인이 아닌 자에게 귀속되는 것으로 확인된 경우에는 신탁이익 전액에서 장애인 외의 자에게 귀속된 것으로 확인되는 신탁이익이 차지하는 비율을 신탁재산의 가액에 곱한 금액을 증여재산가액으로 한다. 산식으로 보면 다음과 같다.

$$\text{증여재산가액} = \text{신탁재산의 가액} \times \frac{\text{장애인 외의 자에게 귀속된 신탁이익}}{\text{신탁이익 전액}}$$

Ⅲ 채무공제

1. 의의

저당권이 설정된 부동산 소유자의 채무를 승계하는 조건으로 해당 부동산을 증여하는 경우 실질적 수증이익은 부동산가액에서 인수한 채무를 차감한 금액이 된다. 이와 같이 증여재산에 담보된 채무를 수증자가 인수하는 경우를 부담부증여(負擔附贈與)라고 하는데, 이 경우 증여세 과세가액은 증여재산가액에서 승계하는 채무액을 차감하여야 한다.(상증법 제47조 제1항) 수증자가 증여자의 채무를 승계한다는 것은 증여재산을 완전히 무상으로 취득하는 것이 아니라 승계하는 채무액만큼 반대급부를 부담하는 것이므로 채무액에 상당하는 증여재산가액은 실질적 수증이익이 아니다. 따라서 이를 증여재산가액에서 차감하는 것이며, 반대로 증여자는 채무액에 상당하는 반대급부를 받은 것이므로 증여재산 중 채무액에 상당하는 가액은 유상양도가 되므로 양도소득세를 부담하여야 한다.(소득법 제88조 제1호)

2. 증여자의 채무

법문에는 담보된 채무라고만 규정하고 있어 증여재산이 담보하고 있는 채무가 증여자의 채무에 제한되는지 불분명하다. 즉 증여재산 소유자가 제3자의 채무를 담보하는 물상보증을 한 경우 수증자가 제3자의 채무를 인수하는 경우에도 이 채무를 증여세 과세가액에서 차감할 것인지가 문제된다. 국세청은 증여재산이 담보하고 있는 제3자의 채무를 수증자가 인수하는 경우에는 증여재산가액에서 공제할 채무가 아니라고 해석한다.(서면인터넷방문상담4팀-1299, 2005.7.25.)[30] 나아가 채무의 담보로 제공된 재산을 조건없이 증여받은 후 수증자가 담보된 채무를 변제할 때에는 그 채무 상당액을 채무자에게 증여한 것으로 본다는 것이 과세당국의 해석이다.(상증집행 47-36-3) 다만, 물상보증의 경우에도 제3채무자가 파산, 부도발생 등의 사유로 변제불능이 되어 물상보증인이 구상권을 행사할 수 없는 상태에서 증여자의 보증채무를 인수하는 경우에는 부담부증여에 해당한다.(재삼46014-2054, 1998.10.29.)

3. 채무의 범위

담보된 채무에는 민법상 담보물권인 저당권과 전세권으로 담보된 채무 외에 임대보증금 채무도 포함된다.(상증령 제36조 제1항)[31] 담보된 채무가 아니라 증여재산을 취득하는데 소요되는 비용은 공제할 채무에 포함되지 아니한다. 따라서 이를 증여자가 부담한 경우에는 오히려 증여재산에 가산하게 된다.(상증집행 47-36-6)

30) 당사자 사이에 면책적 채무인수를 조건으로 한 증여는 수증자가 증여자에게 채무인수액에 상당하는 반대급부를 지급하는 것이므로 부담부증여로 보지 않을 이유가 없다고 생각한다.

31) 상속세 및 증여세법은 증여세 과세가액에 산입하지 아니하는 채무를 증여재산이 담보한 채무로 한정하여 규정하고 있으나, 민법은 부담부증여의 부담을 담보된 채무에 한정하지 아니한다.(민법 제561조) 민법은 상대부담 있는 증여는 쌍무계약에 관한 규정을 적용한다고 규정하고 있어 다양한 부담부증여에 대하여 수증자가 부담하는 대가를 유상이전으로 해결하고자 한다. 증여재산가액을 계산함에 있어 수증자가 부담하는 다양한 형태의 부담도 개별사항에 따라 그 금전적 가치를 증여재산가액에서 차감하는 것이 증여세의 본질에 부합한다고 본다.

4. 배우자 및 직계존비속간 부담부증여

배우자 간 또는 직계존비속 간의 부담부증여 및 증여추정을 받는 양도(상증법 제44조)에 대해서는 수증자가 증여자의 채무를 인수한 경우에도 그 채무액은 수증자에게 인수되지 아니한 것으로 추정한다. 다만, 그 채무액이 국가 및 지방자치단체에 대한 채무 등 객관적으로 인정되는 다음의 경우에는 그러하지 아니하다.(상증법 제47조 제3항) 추정한다는 것은 부담부증여의 입증책임이 납세자에게 있다는 뜻이다. 그럼에도 법은 입증책임전환에 더하여 입증방법까지 열거하고 있다.(상증령 제36조 제2항 · 제10조 제1항)32)

① 국가 · 지방자치단체 및 금융회사등에 대한 채무는 해당 기관에 대한 채무임을 확인할 수 있는 서류로 증명될 것

② 그 외의 자에 대한 채무는 채무부담계약서, 채권자확인서, 담보설정 및 이자지급에 관한 증빙등에 의하여 그 사실을 확인할 수 있는 서류에 의하여 증명될 것

Ⅳ 10년 내 증여재산가액 합산

1. 증여재산가액 합산

증여세의 납세의무는 각 증여재산을 취득하는 때에 성립하므로(국기법 제21조) 각 증여행위마다 증여세 과세가액을 계산하여야 할 것이다. 그러나 증여세는 누진세율이 적용되므로 동일한 가액의 증여재산을 수회에 나누어 증여하는 경우 증여세 과세가액을 각각 계산하게 되면 누진세율의 적용을 피할 수 있다. 세법은 누진세율 회피를 방지하기 위하여 동일인으로부터 수회에 걸쳐 증여를 받은 경우 이를 합산하여 증여세 과세

32) 시행령에 규정된 이외의 입증방법은 인정되지 않을 것인가? 동 규정은 근친간에 부담부증여를 가장하여 증여세를 포탈하는 것에 대응하기 위하여 입증책임을 납세자에게 전가한 규정이다. 법논리로 보면 입증책임이 전환되었다고 하여 입증방법까지 제한되는 것은 아니다. 시행령이 열거한 입증방법은 세무공무원이 납세자의 입증방법에 대한 자의적 해석을 허용하지 않는다는 의미는 있으나 법논리상으로는 제한규정이 아닌 열거규정으로 봄이 타당하다 할 것이므로 기타의 방법으로 채무의 인수가 입증되는 경우 부담부증여는 인정되어야 한다.

가액을 산정하도록 하면서 그 범위를 10년으로 제한하고 있다. 즉 해당 증여일 전 10년 이내에 동일인으로부터 받은 증여재산가액을 합친 금액이 1천만원 이상인 경우에는 그 가액을 증여세 과세가액에 가산한다. 다만, 합산배제증여재산의 경우에는 그러하지 아니하다.(상증법 제47조)

(1) 10년의 기간

증여일 전 10년이므로 기간계산의 민법상 일반원칙에 따라 역에 의하여 계산하고 초일은 산입하지 아니한다.(민법 제157조 · 제160조) 가령 2019년 4월 5일 증여받은 경우 2009년 4월 5일 이후 증여받은 재산의 가액은 모두 증여세 과세가액에 포함된다. 증여자가 직계존속인 경우에는 그 직계존속의 배우자를 포함한다. 상속세 및 증여세법 세47조 제1항은 횡으로 증여일의 증여재산가액을 합한 금액을 증여재산가액으로 한다는 취지이고, 제2항은 종으로 10년간 증여받은 재산가액을 합한다는 취지이다.

(2) 부과제척기간이 경과한 증여재산 합산

합산하는 증여재산은 최종 증여재산 증여일로부터 기산하여 10년이므로 최종증여는 부과제척기간 이내이나 합산하는 증여는 부과제척기간이 경과한 경우가 있다. 이와 같이 부과제척기간이 경과한 증여재산에 대하여 합산여부가 문제된다. 직접적 규정은 없으나 기납부 증여세 공제범위를 규정한 상속세 및 증여세법 제58조 제1항에 "증여세 과세가액에 가산한 증여재산의 가액에 대하여 납부하였거나 납부할 증여세액은 증여세 산출세액에서 공제한다. 다만, 증여세 과세가액에 가산하는 증여재산에 대하여 국세기본법 제26조의2 제1항 제4호 또는 같은 조 제4항에 규정된 기간의 만료로 인하여 증여세가 부과되지 아니하는 경우에는 그러하지 아니하다."라고 규정함에 따라, 과세당국은 부과처분일 기준으로는 부과제척기간이 경과하였으나 최종증여일 기준으로 10년 이내인 증여재산은 합산하는 것이고[33], 다만, 당초 증여가 부과제척기간 경과로 부과할 수 없는 세액은 공제할 세액에 포함되지 않는다고 해석한다.(재산세과-300, 2011.6.22.)

33) 동 규정은 1996년 12월 30일 개정되어 1997년 1월 1일 시행되었고, 부칙 제6조는 시행 후 증여세를 최초로 결정하는 것부터 동 규정을 적용한다고 규정하고 있었으나, 법원은 개정되기 전에 이행된 증여가 개정 후 부과처분 당시 부과제척기간이 경과되었다면, 특별 규정이 없었던 개정 전 법률의 해석에 따라 부과제척기간이 경과한 당초 증여재산은 부과제척기간이 경과하지 아니한 2차 증여의 과세가액에 합산할 수 없다고 판결하였다.(대법원 2015.6.24. 선고 2013두23195 판결)

(3) 동일인

동일인으로부터 증여받은 경우에만 합산한다. 즉 같은 증여자로부터 10년간 증여받은 재산의 가액을 합하는 것이며 그 금액이 1천만원 미만의 소액인 경우에는 제외한다. 따라서 갑으로부터 증여받는 경우 그 전에 을로부터 증여받은 금액이 있다 하더라도 이는 합산하지 아니하고 갑으로부터 증여받은 금액으로만 증여세를 과세한다. 다만, 증여자가 직계존속인 경우에는 직계존속의 배우자는 직계존속과 동일인으로 본다. 법문에는 배우자라고 규정하고 있으나 국세청은 혈연관계가 없는 계부, 계모는 동일인에 포함되지 아니한다고 해석하고, 직계존속이라 하더라도 인격체가 다른 부와 조부는 동일인이 아니라고 해석한다.(상증집행 47-36-6)

(4) 다수 증여자로부터 동시증여

증여재산의 종적합산에 대하여는 동일인으로부터 증여받은 재산이라고 명문화하고 있는데, 증여당일 여러 사람으로부터 증여받은 경우 이를 합산하는지 여부에 대하여는 명문규정이 없다. 상속세 및 증여세법 제47조 제1항은 “증여세 과세가액은 증여일 현재 이 법에 따른 증여재산가액을 합친 금액”이라고 규정하고 있어 동시에 여러 사람으로부터 증여받는 경우 증여재산가액을 합산하는 것으로 해석될 여지가 있다. 그러나 증여세는 개별증여행위를 과세사실로 하는 세목이며, 같은 조 제3항의 종적합산의 취지가 증여세 과세가액을 증여자별로 산정한다는 전제를 둔 규정으로 보아야 논리적 일관성이 유지되는 것이므로 동시에 여러 사람으로부터 증여받는 경우에도 이를 합산하지 않고 증여자별로 과세가액을 산정하는 것으로 해석하여야 할 것이다. 국세청도 “수증자는 동일인이나 증여자가 동일인이 아닌 경우에는 증여가 있을 때마다 증여자별 · 수증자별로 과세가액을 각각 계산하여 과세한다.”고 해석하고 있다.(상증집행 47-36-5)

(5) 합산하는 증여재산가액

합산하는 증여재산의 가액은 각 증여일 현재의 가액에 따른다.(상증통칙 47-0-2) 즉 합산되는 과거 증여받은 재산을 최종증여 시점의 가액으로 평가하는 것이 아님을 주의하여야 한다.

2. 합산배제 증여재산

다음의 증여재산은 다른 증여재산과 합산하지 아니하고 건별로 과세가액을 산정한다.(상증법 제47조 제1항)

① 재산 취득 후 해당 재산의 가치가 증가하는 경우(제31조 제1항 제3호)
② 전환사채등에 의하여 주식전환등을 함으로써 얻은 이익(제40조 제1항 제2호)
③ 전환사채등을 특수관계인에게 시가를 초과한 가액으로 양도함으로써 얻은 이익(제40조 제1항 제3호)
④ 주식등의 상장 등에 따른 이익의 증여(제41조의3)
⑤ 합병에 따른 상장 등 이익의 증여(제41조의5)
⑥ 재산 취득 후 해당 재산의 가치가 증가에 따른 이익의 증여(제42조의3)
⑦ 특수관계법인과의 거래를 통한 이익의 증여 의제(제45조의3)
⑧ 특수관계법인으로부터 제공받은 사업기회로 발생한 이익의 증여 의제(제45조의4)
⑨ 영농자녀등이 증여받은 농지등에 대하여 증여세 감면받은 증여재산의 가액(조세특례제한법 제71조) 자세한 내용은 다음 제6절 증여세과세표준 증여재산공제에서 본다.

3. 합산배제관련 해석사례

(1) 양도소득부당행위계산 부인 증여재산

소득세법 제101조에 따르면, 거주자가 특수관계인에게 자산을 증여한 후 그 자산을 증여받은 자가 그 증여일부터 5년 이내에 다시 타인에게 양도한 경우로서, 계산한 증여세와 양도소득세를 합한 금액보다 증여자가 직접 타인에게 양도한 것으로 보아 계산한 양도소득세가 더 클 경우에는, 증여자가 그 자산을 직접 양도한 것으로 보아 양도소득세를 부과하고 당초 증여에 대한 증여세는 부과하지 아니한다. 이와 같이 소득세법에 따라 증여세를 부과하지 아니한 증여재산은 합산배제에 해당하는지가 문제된다. 국세청은 이러한 경우의 그 당초 증여받은 재산의 가액은 상속세 및 증여세법 제47조 제2항의 규정을 적용할 때, 10년 이내에 동일인으로부터 받은 증여재산가액에 해당하여 증여세 과세가액에 가산하는 것이고, 다만, 가산한 증여재산에 대한 증여세 상당액은 상속세 및 증여세법 제58조의 규정에 의하여 증여세 산출세액에서 공제한다고 해석한다.(서면인터넷방문상담4팀-3346, 2007.11.20.)

(2) 증여재산 반환에 따른 재차증여재산

상속세 및 증여세법 제4조 제4항에 따르면, 적법하게 성립한 증여계약이 이행된 후 신고기간 이후 3개월이 지난 후에 당초증여계약을 합의해제하는 경우에는, 당초증여계약에 따른 증여세 납세의무가 소멸하지 아니할 뿐만 아니라 합의해제로 반환하는 증여재산도 증여세 과세대상이 된다고 한다. 그런데 이 합의해제로 반환한 증여재산에 대하여는 당초 증여에 따른 증여세가 부과되기는 하나 10년 이내 동일인으로부터 증여받은 재산으로 합산하는 증여재산에는 포함되지 않는다는 것이 과세당국의 유권해석이다. 합산과세의 취지가 분할증여로 누진세율을 회피하는 것을 방지하는 데 있기 때문에 반환한 증여재산까지 누진세율을 적용하는 것은 불합리하다는 논지이다.(조심2011서2867, 2011.12.14.)

영농자녀 증여농지 등 감면 및 합산배제

1. 영농자녀등이 증여받은 농지에 대한 증여세 감면

1) 개요

조세특례제한법 제71조는 자경농민등이 농지등을 영농에 종사하는 영농자녀등에게 증여하는 경우 해당 농지등의 가액에 대하여 2020년 12월 31일까지 증여세의 100%를 감면하는 규정을 두고 있다. 이 규정은 세액을 감면하는 규정형식을 취하고 있으나, 감면세액이 100%이고, 같은 조 제6항에 따르면 감면받은 농지의 가액은 다른 증여재산가액에 합산하지 아니하므로 사실상 자경농지 증여재산가액은 증여세 과세가액에서 제외된다. 이 규정은 구 조세감면규제법 제58조에 규정된 영농자녀가 증여받은 농지등에 대한 증여세 면세 규정이 2006년 12월 31일 일몰기간 도래로 실효됨에 따라 2007년 1월 1일 조세특례제한법 제71조가 신설될 때, 2011년 12월 31일까지 한시적으로 적용하는 것으로 규정된 이후 일몰기한이 계속 연장되어 왔다.

2) 감면요건

(1) 증여자(자경농민등)

자경농민등은 농지등이 소재하는 시 · 군 · 구(자치구를 말함), 그와 연접한 시 · 군 · 구 또는 해당 농지등으로부터 직선거리 30㎞ 이내에 거주하면서, 농지등의 증여일부터 소급하여 3년 이상 계속하여 직접 영농[양축(養畜), 영어(營漁), 및 영림(營林) 포함]에 종사하고 있는 거주자를 말한다.(조특령 제68조 제1항) 직접 영농에 종사하는 것에 대하여 동조에는 규정하고 있지 아니하나 상속세 및 증여세법 시행령 제16조 제4항에 다음과 같이 규정하고 있다. 국세청은 조세특례제한법 시행령 제71조의 자경을 상속세 및 증여세법 시행령 제16조 제4항의 뜻으로 해석한다.[34)]

① 소유 농지 등 자산을 이용하여 농작물의 경작 또는 다년생식물의 재배에 상시 종사하거나 농작업의 2분의 1 이상을 자기의 노동력으로 수행하는 경우

② 소유 초지 등 자산을 이용하여 축산법 제2조 제1호에 따른 가축의 사육에 상시 종사하거나 축산작업의 2분의 1 이상을 자기의 노동력으로 수행하는 경우

③ 소유 어선 및 어업권 등 자산을 이용하여 내수면어업법 또는 수산업법에 따른 허가를 받아 어업에 상시 종사하거나 어업작업의 2분의 1 이상을 자기의 노동력으로 수행하는 경우

④ 소유 산림지 등 자산을 이용하여 산림자원의 조성 및 관리에 관한 법률 제13조에 따른 산림경영계획 인가 또는 같은 법 제28조에 따른 특수산림사업지구 사업에 따라 산림조성에 상시 종사하거나 산림조성작업의 2분의 1 이상을 자기의 노동력으로 수행하는 경우

다만, 농업 · 임업 및 어업에서 발생하는 소득, 소득세법 제45조 제2항에 따른 부동산임대업(부동산 또는 부동산상의 권리 대여업, 공장재단 · 광업재단 대여업, 채굴권 대여업)에서 발생하는 소득 및 같은 법 시행령 제9조에 따른 농가부업소득을 제외한 사업소득금액(소득법 제19조 제2항)과 총급여액(소득법 제20조 제2항)의 합계액이 3천 700만원 이상인 과세기간이 있는 경우에는 해당 과세기간에 영농에 종사하지 아니한 것으로 본다.(상증령 제16조 제4항 후단)

34) 국세청, 「2018 상속세 · 증여세 실무해설」, 277면

(2) 수증자(영농자녀등)

영농자녀등은 증여자의 직계비속으로서 농지등의 증여일 현재 만 18세 이상이고, 증여세 과세표준 신고기한(상증법 제68조)까지 농지등이 소재하는 시 · 군 · 구(자치구를 말함), 그와 연접한 시 · 군 · 구 또는 해당 농지등으로부터 직선거리 30㎞ 이내에 거주하면서, 증여받은 농지등에서 직접 영농에 종사하는 자이어야 한다.(조특령 제68조 제3항)

(3) 감면대상(농지등)

감면대상 농지는 주거지역 · 상업지역 및 공업지역 및 택지개발지구등으로 지정된 지역 외에 소재하는 농지등과 해당 농지등을 영농조합법인 또는 영어조합법인에 현물출자하여 취득한 출자지분을 말한다.

(가) 농지등

대상 농지등의 종류는 다음과 같다.(조특법 제71조 제1항 각호)

① 농지 : 농지법 제2조 제1호 가목에 따른 토지로서 4만㎡ 이내의 것. "농지법 제2조 제1호 가목의 토지"는 전 · 답, 과수원, 그 밖에 법적 지목(地目)을 불문하고 실제로 농작물 경작지 또는 다년생식물 재배지로 이용되는 토지로서 다음의 토지를 제외한 토지를 말한다. 다년생식물은 목초 · 종묘 · 인삼 · 약초 · 잔디 및 조림용 묘목, 과수 · 뽕나무 · 유실수 그 밖의 생육기간이 2년 이상인 식물, 조경 또는 관상용 수목과 그 묘목을 말한다.(농지법 시행령 제2조)

- 공간정보의 구축 및 관리 등에 관한 법률에 따른 지목이 전 · 답, 과수원이 아닌 토지(지목이 임야인 토지는 제외)로서 농작물 경작지 또는 다년생식물 재배지로 계속하여 이용되는 기간이 3년 미만인 토지
- 공간정보의 구축 및 관리 등에 관한 법률에 따른 지목이 임야인 토지로서 산지관리법에 따른 산지전용허가(다른 법률에 따라 산지전용허가가 의제되는 인가 · 허가 · 승인 등을 포함)를 거치지 아니하고 농작물의 경작 또는 다년생식물의 재배에 이용되는 토지
- 초지법에 따라 조성된 초지

② 초지 : 초지법 제5조에 따른 초지조성허가를 받은 초지로서 14만8천500㎡ 이내의 것. "초지"란 다년생개량목초(多年生改良牧草)의 재배에 이용되는 토지 및 사료작물재배지[조사료(粗飼料)를 생산하기 위하여 일년생작물을 재배하는 토지]와

목장도로 · 진입도로 · 축사 및 초지법 시행규칙 제2조에 규정하는 부대시설을 위한 토지를 말한다.(초지법 제2조 제1호 · 제2호)

③ 산림지 : 산지관리법 제4조 제1항 제1호에 따른 보전산지 중 산림자원의 조성 및 관리에 관한 법률에 따라 산림경영계획을 인가받거나 특수산림사업지구로 지정받아 새로 조림(造林)한 기간이 5년 이상인 산림지(채종림, 산림보호법 제7조에 따른 산림보호구역을 포함)로서 29만7천㎡ 이내의 것. 다만, 조림 기간이 20년 이상인 산림지의 경우에는 조림 기간이 5년 이상인 29만7천㎡ 이내의 산림지를 포함하여 99만㎡ 이내의 것으로 한다.

④ 축사용지 : 축사 및 축사에 딸린 토지로서 해당 축사의 실제 건축면적을 건축법 제55조에 따른 건폐율로 나눈 면적의 범위 이내의 것

⑤ 어선 : 어선법 제13조의2에 따른 총톤수 20톤 미만의 어선

⑥ 어업권 : 수산업법 제2조 또는 내수면어업법 제7조에 따른 어업권으로서 10만㎡ 이내의 것

⑦ 어업용 토지등 : 4만㎡ 이내의 것

농지등의 면적기준과 관련하여 자경농민이 다수의 직계비속에게 증여하는 경우 수증자별 면적이 아니라, 증여자인 자경농민을 기준으로 판단한다는 것이 국세청의 해석이다.(서면인터넷방문상담4팀-1193, 2007.4.11.)

(나) 주거지역 · 상업지역 및 공업지역

국토의 계획 및 이용에 관한 법률 제36조에 따른 주거지역 · 상업지역 및 공업지역을 말한다.

(다) 택지개발지구등

택지개발지구등이란 택지개발촉진법에 따른 택지개발지구와 다음의 사업개발지구를 말한다.(조특령 제68조 제4항 별표 6의2)

① 경제자유구역의 지정 및 운영에 관한 법률 제4조에 따라 지정된 경제자유구역
② 관광진흥법 제50조에 따라 지정된 관광단지
③ 공공주택 건설 등에 관한 특별법 제6조에 따라 지정된 공공주택지구
④ 기업도시개발특별법 제5조에 따라 지정된 기업도시개발구역
⑤ 농어촌도로정비법 제8조에 따라 도로사업계획이 승인된 지역
⑥ 도시개발법 제3조에 따라 지정된 도시개발구역

⑦ 사회기반시설에 대한 민간투자법 제15조에 따라 실시계획이 승인된 민간투자사업 예정지역
⑧ 산업입지 및 개발에 관한 법률 제2조 제5호에 따른 산업단지
⑨ 신항만건설촉진법 제5조에 따라 지정된 신항만건설예정지역
⑩ 온천법 제4조에 따라 지정된 온천원보호지구
⑪ 유통단지개발촉진법 제5조에 따라 지정된 유통단지
⑫ 자연환경보전법 제38조에 따라 자연환경보전·이용시설설치계획이 수립된 지역
⑬ 전원개발촉진법 제5조에 따라 전원개발사업 실시계획이 승인된 지역
⑭ 주택법 제16조에 따라 주택건설사업계획이 승인된 지역
⑮ 중소기업진흥에 관한 법률 제31조에 따라 협동화사업을 위한 단지조성사업의 실시계획이 승인된 지역
⑯ 지역균형개발 및 지방중소기업 육성에 관한 법률 제9조에 따른 개발촉진지구, 동법 제26조의3에 따른 특정지역 및 동법 제38조의2에 따른 지역종합개발지구
⑰ 철도건설법 제9조에 따라 철도건설사업실시계획이 승인된 지역 및 동법 제22조에 따라 지정된 역세권개발구역
⑱ 화물유통촉진법 제28조에 따라 화물터미널설치사업의 공사계획이 인가된 지역
⑲ 그 밖에 농지등의 전용이 수반되는 개발사업지구로서 농지법·초지법·산지관리법 그 밖의 법률의 규정에 의하여 농지등의 전용의 허가·승인·동의를 받았거나 받은 것으로 의제되는 지역

3) 감면한도

증여받은 농지등의 증여세 산출세액을 1억원의 범위 내에서 100% 감면한다. 농지등 증여가 수차례 있는 경우 5년간 합계 1억원까지 감면하며, 1억원을 초과하는 경우에는 그 초과하는 부분에 상당하는 금액은 감면하지 아니한다.(조특법 제133조 제2항) 자경농민이 다수 자녀에게 자경농지등을 증여하는 경우 감면세액 한도는 수증자별로 각각 적용한다는 것이 국세청의 유권해석이다.(서면인터넷방문상담4팀-1193, 2007.4.11.)

4) 감면세액 추징

증여세를 감면받은 농지등을 영농자녀등의 사망 등 정당한 사유 없이 증여받은 날부

터 5년 이내에 양도하거나, 정당한 사유 없이 해당 농지등에서 직접 영농에 종사하지 아니하게 된 경우에는 즉시 그 농지등에 대한 증여세의 감면세액에 상당하는 금액을 징수한다.(조특법 제71조 제2항)

(1) 정당한 사유로 양도하는 경우

영농자녀등이 증여받은 농지를 부득이하게 양도할 수밖에 없는 정당한 사유는 다음과 같다.(조특령 제68조 제5항)

① 영농자녀등이 사망한 경우
② 공익사업을 위한 토지등의 취득 및 보상에 관한 법률에 따른 협의매수 · 수용 및 그 밖의 법률에 따라 수용되는 경우
③ 국가 · 지방자치단체에 양도하는 경우
④ 농어촌정비법 그 밖의 법률에 따른 환지처분에 따라 해당 농지등이 농지등으로 사용될 수 없는 다른 지목으로 변경되는 경우
⑤ 영농자녀등이 해외이주법에 따른 해외이주를 하는 경우
⑥ 소득세법 제89조 제1항 제2호 및 조세특례제한법 제70조에 따라 농지를 교환 · 분합 또는 대토한 경우로서 종전 농지등의 자경기간과 교환 · 분합 또는 대토 후의 농지등의 자경기간을 합하여 8년 이상이 되는 경우
⑦ 그 밖에 기획재정부령이 정하는 부득이한 사유가 있는 경우(이 규정의 위임에 따른 조세특례제한법시행규칙에 규정된 사항은 없음)

(2) 직접 영농에 종사하지 못한 정당한 사유

영농자녀등이 다음 어느 하나에 해당하는 사유로 직접 영농에 종사하지 못한 경우에는 증여세를 추징하지 아니한다.(조특령 제68조 제6항)

① 영농자녀등이 1년 이상의 치료나 요양을 필요로 하는 질병으로 인하여 치료나 요양을 하는 경우
② 영농자녀등이 고등교육법에 따른 학교 중 농업계열(영어의 경우는 제외한다) 또는 수산계열(영어의 경우에 한정한다)의 학교에 진학하여 일시적으로 영농에 종사하지 못하는 경우
③ 병역법에 따라 징집되는 경우
④ 공직선거법에 따른 선거에 의하여 공직에 취임하는 경우

⑤ 그 밖에 기획재정부령이 정하는 부득이한 사유가 있는 경우(이 규정의 위임에 따른 조세특례제한법시행규칙에 규정된 사항은 없음)

(3) 영농조합법인에 현물출자

영농자녀등이 증여받은 농지등을 영농조합법인에 현물출자하고 해당농지등에서 직접 영농에 종사하는 경우로서 해당 농지등에서 직접 영농에 종사한 기간이 현물출자일 전후를 통산하여 5년을 초과하는 경우에는 감면받은 증여세를 추징하지 아니한다.(서면인터넷방문상담4팀-3726, 2007.12.28.)

(4) 추징세액

감면받은 세액에 이자상당액을 가산하여 추징한다. 이자상당액은 감면세액에 감면받은 날부터 징수사유가 발생한 날까지의 일수에 1일 25/100,000을 곱한 금액으로 한다.[35](조특법 제71조 제4항 · 제66조 제3항, 조특령 제63조 제9항, 조특집행 71-68-5)

5) 합산배제 등 특례

(1) 증여재산 합산배제

조세특례제한법 제71조 제6항은 "제1항에 따라 증여세를 감면받은 농지등은 상속세 및 증여세법 제47조 제2항에 따라 해당 증여일 전 10년 이내에 자경농민등(자경농민등의 배우자를 포함한다)으로부터 증여받아 합산하는 증여재산가액에 포함시키지 아니한다."고 규정하고 있다. 이는 농지등을 증여받은 영농자녀등이 추후 다른 재산을 증여받아 증여재산가액을 산정함에 있어, 해당 증여일 전 10년 이내에 동일인으로부터 받은 증여재산가액을 가산하는데, 증여세를 감면받은 농지등의 가액은 그 가산하는 증여재산에 포함되지 않는다는 것이다.

(가) 합산하지 아니하는 증여재산 가액

조세특례제한법 제71조 제1항에 따르면 자경농민등으로부터 증여받은 농지등의 가액에 대한 증여세의 100%를 1억원의 범위내에서 감액하므로 증여세를 면제받는 농지

35) 국세청 집행기준은 이자상당액의 기산일을 감면받은 날이라고 하고 있으나, 감면받은 날의 의미가 불분명하다. 조세특례제한법 시행령 제63조 제9항에 따라 당초 증여세 신고납부기한의 다음 날로 해석하는 것이 타당하다고 생각된다.

등의 가액은 세액을 산출하여 1억원의 범위 내인지를 판단한 후 면제된 농지등의 가액을 산정하여야 한다. 가령 증여받은 농지등의 가액이 5억원인 경우 증여재산공제 5천만원 뺀 4억 5천만원이 증여세 과세표준이 되고, 1억원에 대한 세율 10%와 3억 5천만원 대한 세율 20%를 곱하면 산출세액은 8천만원이 되어 증여재산가액 전액이 합산배제 증여재산가액이 된다. 그러나 가령 증여받은 농지등의 가액이 8억원인 경우 과세표준은 7억 5천만원이 되고, 산출세액은 1억 6천 5백만원(1천만원+8천만원+7천 5백만원)이 되므로, 총산출세액 1억 6천 5백만원 중 감면세액 1억원이 차지하는 비율에 해당하는 금액인 484,848,484원(8억원×1억/1.65억)이 합산배제되는 증여재산가액이 된다.

위와 같이 합산하지 아니하는 농지등의 가액을 산출세액 비율로 계산하게 되면 가액 산정 절차가 복잡할 뿐만 아니라, 증여받는 농지등의 가액이 증가함에 따라 합산배제되는 농지등의 가액이 줄어든다. 증여세 산출세액 1억원의 과세표준은 533,333,333원이므로 증여받은 농지등의 과세표준이 533,333,333원 이하인 경우에는 증여받은 농지등의 재산가액 전액이 합산배제 증여재산가액이 된다. 그러나 위에서 본 바와 같이 증여받은 농지등의 증여세 과세표준이 7억 5천만원으로 증가하면 합산배제 농지등의 가액은 오히려 484,848,484원으로 줄어든다. 이는 영농자녀등이 증여받은 농지등에 대한 증여세과세특례가 증여재산공제 방식을 취하지 아니하고 세액감면 방식을 취함에 따라 나타나는 현상이다.

(나) 합산하지 아니하는 증여재산의 범위

① 면세되는 농지등과 과세되는 재산의 동시증여

영농자녀등이 증여세가 면제되는 농지등뿐만 아니라 증여세가 면제되지 아니하는 주택등을 동시에 증여받은 경우 면제되는 농지등의 가액을 어떻게 산정할 것인가? 세액감면 방식에 따라 감면받은 농지등의 가액을 산출하게 되면, 증여받은 모든 재산에 대한 증여세액을 산출하고 이를 면제되는 농지등의 가액과 과세되는 증여재산의 가액비율로 나눈 후 1억원의 범위내에서 감면세액을 확정하고 다시 감면된 세액에 해당하는 증여농지등의 가액을 산정하여야 한다.

예를 들어 농지등의 가액이 8억원이고 농지등이 아닌 과세되는 증여재산가액이 4억원인 경우 감면세액 해당 농지등의 가액은 다음과 같이 산출된다.

- 증여재산가액 : 12억원
- 증여재산공제 : 5천만원
- 증여세 과세표준 : 11억 5천만원
- 산출세액 : 3억원(2억 4천만원 + 1억 5천만원 × 40%)
- 농지등의 가액에 해당하는 산출세액 : 2억원(3억원 × 8/12)
- 감면세액 해당 농지등의 가액 : 4억원(8억원 × 1억/2억)
- 납부세액 : 2억원

그러나 이 경우에도 상속세 및 증여세법 제71조 제6항을 적용하여 증여받은 농지등의 가액을 과세하는 주택등과 합산하지 아니하는 경우에는 감면세액과 감면세액 해당 농지등의 가액은 다음과 같이 계산된다.

- 농지등의 증여재산가액 : 8억원
- 증여재산공제 : 33,333,333원(5천만원 × 8/12)
- 증여세 과세표준 : 766,666,667원
- 산출세액 : 1억 7천만원(9천만원 + 266,666,667 × 30%)
- 감면세액 해당 농지등의 가액 : 470,588,235원(8억원 × 1억/1.7억)

- 과세하는 증여세 과세가액 : 729,411,765원(8억-470,588,235 + 4억)
- 증여재산공제 : 16,666,667원(50,000,000원 - 33,333,333원)
- 과세하는 증여세 과세표준 : 712,745,098원
- 과세하는 산출(납부)세액 : 153,823,529원(9천만원 + 212,745,098원 × 30%)

위와 같이 증여세를 면제하는 농지등과 면세되지 아니하는 증여재산을 동시에 증여받는 때에 합산배제하는 경우와 합산하는 경우에 따라 면제받는 농지등의 범위가 달라지는데 세무당국은 이 경우 합산배제조항이 적용되지 아니하고 총증여재산을 합산한 산출세액에서 세액공제를 하는 것으로 해석한다.(조심2008전1172, 2008.9.1.; 심사증여2010-0117, 2011.2.25.) 즉 세무당국은 앞의 계산례에 따른다고 한다.

개인적 의견

증여세를 면제하는 농지등과 면제되지 아니하는 증여재산을 동시에 증여받는 때에 이를 합산한 총 증여재산의 산출세액에서 세액공제를 하는 경우에는 농지등의 가액이 동일하더라도 과세되는 증여재산의 크기에 따라 면제되는 농지등의 범위가 달라질 뿐만 아니라, 짧은 시차를 두고 농지등을 먼저 증여하고 다른 재산을 나중에 증여하게 되면 합산배제하고 같은 날 증여하면 합산하는 것이 합리적인지도 의문이다. 조세특례제한법 제71조 제6항의 입법취지는 분리과세 취지라고 보는 것이 타당하다. 반대의 경우, 즉 다른 재산을 먼저 증여하고 면제되는 농지등을 나중에 증여받은 경우 감면되는 농지등의 가액을 확정하기 위한 산출세액을 계산할 때에는 먼저 증여받은 과세재산을 합산배제 하라는 규정이 없다. 그렇다고 하여 동 규정을 문리적으로 엄격하게 해석하여, 증여받은 농지등의 감면되는 가액을 산정하기 위해서는 이전에 증여받은 과세재산의 가액을 합산하여 세액을 산출하는 것이 입법취지에 맞는 합리적인 해석이라고 보기는 어렵다. 10년 이전이라는 것은 동시증여를 포함한 과거 10년까지 증여한 재산이라는 뜻으로 해석하여 동시증여의 경우에도 합산을 배제하는 것이 합리적인 해석이라고 본다.

② 증여세를 감면 받은 농지와 다른 감면 대상 농지의 합산 여부

증여세가 면제되는 농지등을 수차례 증여받은 경우 논란이 될 수 있는 사항이 있다.

첫째, 감면세액에 해당하는 농지등의 가액을 산정하는 방법과 관련한 것이다. 과세당국은 이 경우에도 이전에 증여받은 것을 포함한 전체농지등의 산출세액에서 1억원의 한도 내에서 감면하고, 전체농지등의 가액에서 감면세액이 차지하는 비율을 곱하여 감면받는 농지등의 가액을 산정한다고 한다.(조심2010중1807, 2010.9.6.; 조심2012서1239, 2012.5.15.)

둘째, 감면한도액을 초과하는 농지등의 증여세액을 계산할 때 이전에 면제받은 농지등 가액의 합산배제 여부이다. 조세특례제한법 제71조 제6항을 문리적으로 해석하면 역시 합산배제하는 것으로 해석된다. 과세당국도 실무상 합산배제하여 과세한 것으로 보인다.(위 심판사례 및 심사증여2010-0117, 2011.2.25.; 재산세과-33, 2010.1.19.)

셋째, 감면받은 농지등을 합산배제하는 경우 증여재산공제도 다시 받을 수 있는지 여부이다. 합산은 배제하되 증여재산공제는 중복되지 않는다는 것이 과세당국의 유권해석이다.(재산세과-33, 2010.1.19.; 심사증여2010-0117, 2011.2.25.)

이 해석에 따라 예를 들어 세액을 계산해 보면 다음과 같다.

(단위 : 원)

구 분	1차 증여	2차 증여	3차 증여
증여농지가액	300,000,000	300,000,000	300,000,000
증여재산공제	50,000,000	-	-
재차증여가액	-	-	28,571,429㉰
증여세 과세표준	250,000,000	300,000,000	328,571,429
산출세액	40,000,000	50,000,000	55,714,285
감면세액	40,000,000	45,000,000㉮	-
납부세액	-	5,000,000㉮	55,714,285
총감면농지가액	300,000,000	571,428,571㉯	260,869,565㉱

㉮ 합산한 과세표준 550,000,000원, 합산한 산출세액 105,000,000원, 감면초과세액 5,000,000원, 감면세액 45,000,000원

㉯ (300,000,000원 + 300,000,000원) × 100,000,000원 / 105,000,000원

㉰ (300,000,000원 + 300,000,000원) - 571,428,571원

㉱ 합산한 과세표준 850,000,000원, 합산한 산출세액 345,000,000원, 총감면농지가액 900,000,000원 × 100,000,000원 / 345,000,000원 = 260,869,565원. 4차 증여시 합산할 증여재산가액 639,130,435원(9억원 - 260,869,565원)

사례에서 보는 바와 같이 감면세액의 한도와 감면받은 농지등의 가액을 증여받은 총농지등의 산출세액으로 계산함에 따라 농지등의 증여가 추가로 이루어질 경우마다 감면받은 농지등의 가액이 감소하게 된다. 그러나 각 증여재산에 대한 세액산출은 합산배제하여 계산하기 때문에 높은 누진세율의 적용을 받지 아니하여 총부담세액은 분산증여가 더 적다.[36]

(2) 상속재산에 가산하는 재산에서 제외

상속세 및 증여세법 제3조의2 제1항 및 제13조 제1항에 따르면, 상속개시일 전 10년 이내에 피상속인이 상속인에게 증여한 재산가액을 상속재산가액에 가산하는데, 자

36) 총증여재산의 산출세액 중 1억원까지만 감면해 주는 것이 입법취지라면, 감면대상 농지등의 증여재산끼리는 합산배제를 적용하지 아니하여야 입법취지의 일관성이 유지된다고 본다. 이러한 문제는 모두 세액감면 방식을 택함에 따라 일어나는 것이므로 이 특례규정을 장기적으로 유지하려면 증여재산가액 공제방식으로 세법개정을 검토할 필요가 있다고 본다.

경농민등이 증여받은 농지등으로 증여세가 면제된 증여재산가액은 상속세 과세가액에 가산하는 증여재산가액에 포함시키지 아니한다.[37](조특법 제71조 제5항)

(3) 양도시 취득가액 및 취득시기

증여세를 감면받은 농지등을 양도하여 양도소득세를 부과하는 경우 소득세법에도 불구하고 취득시기는 자경농민등이 그 농지등을 취득한 날로 하고, 필요경비는 자경농민등의 취득 당시 필요경비로 한다. 즉 양도소득세 소득금액 계산은 증여자인 자경농민등이 취득한 시기와 취득가액을 적용하여 계산한다는 것이다.(조특법 제71조 제3항)

6) 감면신청

증여세를 감면받으려는 영농자녀등은 증여세 과세표준 신고기한까지 세액감면신청서(조특칙 별지 제52호 서식)에 다음의 서류를 첨부하여 납세지 관할세무서장에게 제출하여야 한다.(조특법 제71조 제7항, 조특령 제68조 제9항)

① 자경농민 및 영농자녀의 농업소득세 납세증명서 또는 영농사실을 확인할 수 있는 서류
② 해당 농지등 취득시의 매매계약서 사본
③ 해당 농지등에 대한 증여계약서 사본
④ 증여받은 농지등의 명세서
⑤ 해당 농지등을 영농조합법인 또는 영어조합법인에 현물출자한 경우에는 영농조합법인 또는 영어조합법인에 출자한 승서
⑥ 자경농민등의 가족관계기록사항에 관한 증명

2. 그 밖의 조세특례제한법상 증여세 감면 등

1) 창업자금 증여세 특례

18세 이상인 거주자가 중소기업(조특법 제6조 제3항 각 호에 따른 업종)을 창업할

37) 이 규정에 따라 생전에 증여한 농지등은 상속재산에서 제외되나 상속재산에 포함되는 유증이나 사인증여 농지에 대해서는 상속세 및 증여세법 제18조 및 같은 법 시행령 제16조에 따라 영농상속공제를 받는다.

목적으로 60세 이상의 부모(부모가 없는 경우 조부모)로부터 현금 등(양도소득세 과세대상 재산을 제외한 재산)을 증여받는 경우에는 창업에 직접 소요된 창업자금에 대하여 증여세 과세가액 30억원(창업을 통하여 10명 이상을 신규 고용한 경우에는 50억원)을 한도로, 과세가액에서 5억원을 공제하고 세율을 100분의 10으로 하여 증여세를 부과한다. 이 경우 창업자금을 2회 이상 증여받거나 부모로부터 각각 증여받는 경우에는 각각의 증여세 과세가액을 합산하여 적용한다.(조특법 제30조의5)

부동산 증여가 아니므로 여기서는 자세한 내용은 다루지 않는다. 다만, 같은 조 제10항은 "창업자금에 대하여 증여세를 부과하는 경우에는 상속세 및 증여세법 제47조 제2항에도 불구하고 동일인(그 배우자를 포함한다)으로부터 증여받은 창업자금 외의 다른 증여재산의 가액은 창업자금에 대한 증여세 과세가액에 가산하지 아니한다."고 규정하고 있다. 이는 창업자금에 대한 증여세를 산정함에 있어 과거 10년 이내에 증여받은 다른 증여재산의 가액을 합산하지 아니한다는 것이다. 그러나 제1항에 따라 창업자금에 대하여는 누진세율을 적용하지 아니하고 10% 단일 세율을 적용하게 되므로 다른 증여재산을 가산하든 아니하든 창업자금에 대한 세율에는 영향이 없으므로 이 규정은 창업자금에 대한 증여세 산정 자체에는 별 의미가 없고, 과거 증여받은 재산에까지 10%의 세율이 적용되는 것은 아니라는 점을 명백히 하고 있다는 점에서 의미를 찾을 수 있다. 오히려 다른 증여재산의 산출세액 산정 시 과거 10년 이내에 증여받은 창업자금을 가산할 것인지 여부에 대한 입법의도를 명확히 하는 것이 필요하다. 이에 대한 규정 없이 창업자금 증여세 산출 시 다른 증여재산의 가액을 합산하지 아니한다는 규정만을 엄격하게 해석하면, 반대해석으로 다른 증여재산에 대하여 증여세를 부과하는 경우에는 과거 10년 이내에 동일인으로부터 증여받은 창업자금은 가산하여야 하는 것으로 해석될 수 있다. 그러나 이렇게 해석하게 되면 창업자금에 대하여 누진세율이 적용되어, 10% 단일세율 적용이라는 입법취지가 퇴색되므로 합리적인 해석이라고 할 수 없다. 이에 대한 직접적인 해석례는 보이지 아니하나 창업자금과 일반재산을 증여받은 경우에 각각 증여재산공제를 적용한다는 예규로 보아 과세당국은 합산하지 아니하는 것으로 해석하는 듯하다.(상속증여세과-372, 2014.9.25.)

2) 가업승계에 대한 증여세 과세특례

18세 이상인 거주자가 60세 이상의 부모(부모 사망 시 조부모)로부터 상속세 및 증여세법 제18조 제2항 제1호에 따른 가업의 승계를 목적으로 해당 가업의 주식 또는 출자지분을 증여받고 가업을 승계한 경우에는 그 주식등의 가액 중 가업자산상당액에 대한 증여세 과세가액(100억원을 한도로 한다)에서 5억원을 공제하고 세율을 100분의 10(과세표준이 30억원을 초과하는 경우 그 초과금액에 대해서는 100분의 20)으로 하여 증여세를 부과한다. 다만, 가업의 승계 후 가업의 승계 당시 해당 주식등의 증여자, 상속세 및 증여세법 제22조 제2항에 따른 최대주주 또는 최대출자자에 해당하는 자(가업의 승계 당시 해당 주식등을 증여받는 자는 제외한다)로부터 증여받는 경우에는 그러하지 아니하다.(조특법 제30조의6)

가업승계는 부동산이 아닌 주식증여이므로 여기서는 자세히 다루지 않는다.[38] 다만, 합산과세와 관련하여 간단히 보면, 이 특례규정과 관련하여 과거 10년 이내에 동일인으로부터 증여받은 다른 증여재산의 가액은 가업승계에 대한 증여세 과세가액에 가산하지 않는다는 예규가 있다.(재신세과-1117, 2009.6.5.) 위 창업자금 증여세 특례와 같이, 다른 증여재산에 대한 증여세 부과 시 과거 10년 이내에 동일인으로부터 증여받은 가업승계 주식등의 가액을 합산하지 아니한다는 해석례는 보이지 않으나, 입법취지상 그렇게 해석하여야 할 것으로 본다.

3) 농어가 목돈마련 저축

부동산과 관련된 것은 아니나 조세특례제한법에 규정된 증여세와 관련된 과세특례제도로 농어가목돈마련 저축에 대한 증여세 비과세 규정을 두고 있다. 농어민이 농어가목돈마련저축에 관한 법률에 따른 농어가목돈마련저축에 2020년 12월 31일까지 가입한 경우 저축계약기간이 만료되거나 가입일부터 1년 이후 농어민의 사망 등의 사유로 저축을 해지하여 해당 농어민 또는 그 상속인이 받는 이자소득과 저축장려금에 대해서는 소득세 · 증여세 또는 상속세를 부과하지 아니한다.(조특법 제87조의2, 조특령 제81조의2)

38) 가업승계를 통하여 법인이 소유하는 부동산에 대한 관리권을 이전하는 경우를 가정하면, 간접적으로 부동산과 관련된 세제이기도 하나 다른 기회에 정리해 보고자 한다.

제6절 과세표준 및 납부세액

I 과세표준

1. 과세표준 산정

(1) 합산하는 증여재산의 과세표준

합산하는 증여재산의 과세표준은 증여세 과세가액(상증법 제47조)에서 증여재산공제와 재해손실공제 및 조세특례제한법상 각 공제금액을 뺀 금액에서 증여재산의 감정평가 수수료를 뺀 금액으로 한다.(상증법 제55조 제1항 제4호)

(2) 합산하지 아니하는 증여재산의 과세표준

명의신탁재산의 증여의제와 합산하지 아니하는 증여재산의 과세표준은 다음과 같이 계산한다.(상증법 제55조 제1항)

① 명의신탁재산의 증여의제는 그 명의신탁재산의 금액에서 증여재산의 감정평가 수수료를 뺀 금액을 과세표준으로 한다.

② 특수관계법인과의 거래를 통한 이익의 증여의제 및 특수관계법인으로부터 제공받은 사업기회로 발생한 이익의 증여의제(상증법 제45조의3, 제45조의4)는 증여의제 이익에서 증여재산의 감정평가 수수료를 뺀 금액을 과세표준으로 한다.

③ 그 외 합산배제 증여재산, 즉 재산 취득 후 해당 재산의 가치증가에 따른 이익의 증여(상증법 제31조 제1항 제3호 · 제42조의3), 전환사채등에 의하여 주식전환등을 함으로써 얻은 이익(상증법 제40조 제1항 제2호), 전환사채등을 특수관계인에게 시가를 초과한 가액으로 양도함으로써 얻은 이익(상증법 제40조 제1항 제3호), 주식

등의 상장 등에 따른 이익의 증여(상증법 제41조의3), 합병에 따른 상장등 이익의 증여(상증법 제41조의5)의 경우(상증법 제47조)는 그 증여재산가액에서 3천만원을 공제한 금액에서 증여재산의 감정평가 수수료를 뺀 금액을 과세표준으로 한다.

2. 과세최저한

증여세의 과세표준이 50만원 미만이면 증여세를 부과하지 아니한다.(상증법 제55조 제2항)

Ⅱ 공제

1. 증여재산공제

거주자가 친인척으로부터 증여를 받은 경우에는 친인척에 따라 일정 금액을 증여세 과세가액에서 공제한다. 공제하는 금액의 한도는 수증자가 그 증여를 받기 전 10년 이내에 공제받은 금액과 해당 증여가액에서 공제받을 금액을 합친 금액으로 한다. 따라서 10년간 공제받을 금액이 법률에 규정된 공제할 수 있는 금액을 초과하는 경우에는 그 초과하는 부분은 공제하지 아니한다.(상증법 제53조)

1) 증여자별 증여재산 공제액

(1) 배우자로부터 증여를 받은 경우

6억원을 공제한다. 배우자는 민법상 혼인으로 인정되는 혼인관계에 있는 배우자를 말하므로 사실혼관계에 있는 자는 공제받지 못한다.(상증통칙 53-46-1) 공제한도 6억원은 2008년 이후 증여분부터이다.

(2) 직계존속으로부터 증여를 받은 경우

수증자가 성년이면 5천만원, 수증자가 미성년자이면 2천만원을 공제한다. 현행 공제금액은 2014년 1월 1일 이후 증여 분부터 적용되며, 2008년에서 2013년 사이 증여분에 대한 공제액은 성년 3천만원 미성년 1천 5백만원이었다. 수증자의 직계존속에는 직계존속과 혼인(사실혼은 제외) 중인 배우자를 포함하므로 계부, 계모로부터 증여받는 경우에도 공제가 가능하다. 성년은 19세 이상인 자를 말하는데 연령계산의 기산점은 출생일을 포함하므로 만19세가 되는 생일날 0시부터 성년이 된다.(민법 제4조 · 제158조) 다만, 미성년자가 혼인하여 민법상 성년으로 의제되는 경우(민법 제826조의2)에도 세법에서는 성년으로 보지 않는다는 것이 유권해석이다.(상증통칙 제53-46-1)

(3) 직계비속으로부터 증여를 받은 경우

5천만원을 공제한다. 현행 공제금액은 2016년 1월 1일 이후 증여분부터이며, 2014년에서 2015년 사이 증여 분의 공제금액은 3천만원이었다. 직계비속에는 수증자와 혼인 중인 배우자의 직계비속을 포함하므로 의붓자식으로부터 증여받는 경우에도 증여공제가 가능하다. 그러나 직계비속의 배우자는 직계비속이 아니므로 별도의 규정이 없는 한 4촌 이내의 인척에 해당한다.(재산세과-1473, 2009.7.17.) 출양자의 경우 양가 및 생가 모두의 직계비속에 해당한다.(상증통칙 제53-46-2)

(4) 그 외 6촌 이내의 혈족, 4촌 이내의 인척으로부터 증여를 받은 경우

1천만원을 공제한다. 현행 공제금액은 2016년 1월 1일 이후 증여 분부터이며, 2015년 이전 증여 분의 공제금액은 5백만원이었다. 인척으로 증여공제를 받는 범위는 자기의 4촌 및 그 배우자, 배우자의 사촌 및 그 배우자까지가 된다.

혈족, 인척 및 촌수

- 혈족 : 자기의 직계존속과 직계비속을 직계혈족이라 하고 자기의 형제자매와 형제자매의 직계비속, 직계존속의 형제자매 및 그 형제자매의 직계비속을 방계혈족이라 한다.(민법 제768조)
- 인척 : 혈족의 배우자, 배우자의 혈족, 배우자의 혈족의 배우자를 인척으로 한다.(민법 제769조)
- 인척의 촌수 : 인척은 배우자의 혈족에 대하여는 배우자의 그 혈족에 대한 촌수에 따르고, 혈족의 배우자에 대하여는 그 혈족에 대한 촌수에 따른다.(민법 제770조)

2) 다수 친족으로부터 증여받은 경우

(1) 공제금액

증여재산공제금액 한도는 수증자를 기준으로 배우자, 직계존속, 직계비속, 그 외 6촌 이내 혈족 및 4촌 이내의 인척관계에 있는 모든 자로부터 증여받은 재산에 대하여 공제받을 수 있는 최대금액이라는 것이 과세당국의 유권해석이다.(상증집행 53-46-1 · 53-46-2) 따라서 부모로부터 증여받고 조부모로부터 증여받은 경우 증여세 과세가액은 별도로 계산하나 증여재산공제금액은 직계존속으로부터 증여받은 모든 증여재산에서 최고 5천만원까지만 공제가 가능하다.

(2) 공제순서 및 안분

둘 이상의 증여가 그 증여시기를 달리하는 경우에는 먼저 증여받은 증여세 과세가액에서부터 순차로 공제하고, 동시에 증여받은 경우에는 각각의 증여세 과세가액에 대하여 안분한다.(상증집행 53-46-1)

예를 들어 조부로부터 2억원, 부로부터 5천만원을 증여받는 경우, 동시에 받느냐 시차를 두고 받느냐에 따라 다음과 같은 차이가 있다.

(단위 : 백만원)

구분	동시 증여		조부 먼저 증여		부 먼저 증여	
	조부	부	조부	부	조부	부
증여재산가액	200	50	200	50	200	50
증여공제액	40	10	50	0	0	50
과세표준	160	40	150	50	200	0
누진세율	20%	10%	20%	10%	20%	10%
산출세액	22	4	20	5	30	0

3) 합산하는 증여재산에 대한 공제금액

세법개정으로 증여재산공제금액이 변경된 경우 개정되기 전에 공제받지 못한 금액은 개정 후에 증가된 공제금액의 범위 내에서 공제받을 수 있다. 예를 들어 2013년에 아버지로부터 5천만원을 증여받아 공제금액 3천만원을 초과하는 2천만원에 대하여 증여세를 납부하고, 2018년에 다시 5천만원을 증여받은 경우 공제가능금액 5천만원중 기 공제받은 3천만원을 제외한 2천만원을 추가로 공제받을 수 있다.(상증집행 53-46-2)

2. 재해손실 공제

타인으로부터 재산을 증여받은 경우로서 증여세 신고기간 이내에 화재 · 붕괴 · 폭발 · 환경오염사고 및 자연재해 등 재난으로 인하여 증여재산이 멸실되거나 훼손된 경우에는 그 재난으로 인하여 손실된 증여재산가액을 증여세 과세가액에서 공제한다. 다만, 그 손실가액에 대한 보험금 등의 수령 또는 구상권(求償權) 등의 행사에 의하여 그 손실가액에 상당하는 금액을 보전(補塡)받을 수 있는 경우에는 그러하지 아니하다. 재해손실공제를 받고자 하는 자는 재해손실공제신고서(상증칙 별지 제6호 서식)에 당해 재난의 사실을 입증하는 서류를 첨부하여 증여세과세표준신고와 함께 납세지 관할세무서장에게 제출하여야 한다.(상증법 제23조 · 제54조, 상증령 제20조)

3. 감정평가 수수료 공제

(1) 감정평가

증여재산가액을 감정가액으로 평가하는 경우 둘 이상의 공신력 있는 감정기관이 평가한 감정가액의 평균액을 시가로 한다. 증여세를 신고 · 납부하기 위하여 증여재산을 평가하는 경우 그 수수료를 증여세 과세가액에서 공제하는 것이다. 공제가 가능한 감정평가는 다음과 같다.(상증법 제55조, 상증령 제46조의2 · 제20조의3 제1항)

① 감정평가 및 감정평가사에 관한 법률 제2조 제4호에 따른 감정평가업자의 평가에 따른 수수료. 이 경우 증여세 납부목적용으로 감정평가를 하고, 감정평가 금액대로 증여세를 신고하는 경우에 한하여 공제받을 수 있다.

② 상속세 및 증여세법 시행령 제49조의2의 제8항에 따라 주식평가를 위하여 신용평가전문기관에 주당 추정이익을 산정하는 평가수수료

③ 서화, 골동품 등 예술적 가치가 있는 유형자산(상증령 제52조 제2항 제2호) 평가에 대한 감정수수료

(2) 공제한도

위 (1)의 ①, ③의 감정수수료는 500백만원을 한도로 하고, ②의 신용평가기관 평가수수료는 평가기관별로 각 1천만원을 한도로 한다.(상증령 제20조의3 제3항)

납부세액

1. 납부세액 산정

증여세 과세표준이 산정되면 여기에 세율을 곱하여 산출세액을 계산하고 여기에 세대를 건너뛴 증여에 대한 할증세액을 더하고 기납부한 증여세액 및 외국납부세액, 신고세액공제 등을 공제한 후 각종 가산세 등을 더하여 납부할 세액을 산정한다.

2. 산출세액 및 할증세액

증여세의 과세표준에 세율을 곱하여 계산한 금액이 산출세액이다.(상증법 제56조) 수증자가 증여자의 자녀가 아닌 직계비속인 경우에는 증여세산출세액에 100분의 30(수증자가 미성년자인 경우로서 증여재산가액이 20억원을 초과하는 경우에는 100분의 40)에 상당하는 금액을 가산한다. 다만, 증여자의 최근친(最近親)인 직계비속이 사망하여 그 사망자의 최근친인 직계비속이 증여받은 경우에는 그러하지 아니하다.(상증법 제57조) 동일인으로부터 증여받은 재산 중 일부가 세대생략증여재산에 해당하는 경우에는 산출세액에 총증여재산 중 세대생략증여재산이 차지하는 비율을 곱한 금액을 할증세액으로 한다.(상증령 제46조의3) 이를 산식으로 보면 다음과 같다.

$$\text{할증세액} = \text{산출세액} \times \frac{\text{세대생략증여재산가액}}{\text{총증여재산가액}} \times 30(40)\%$$

3. 세액공제

1) 납부세액 공제

동일인으로부터 수차례 증여받는 경우 10년 동안 증여받은 재산을 합산하여 과세하게 되므로 합산하는 증여재산에 대하여 기납부한 세액을 산출세액에서 공제해 주어야 이중과세문제가 해결된다. 합산하는 증여재산이 1회에 그치는 경우에는 단순히 기납부세액을 공제하면 된다. 그러나 1차 증여와 2차 증여는 10년 이내이고 2차 증여와 3차 증여는 10년 이내이나 1차 증여와 3차 증여가 10년이 넘는 경우와 같이 합산기간을 도과하여 증여가 이루어진 경우, 3차 증여에 대한 증여세 산출세액에서 2차 증여 시 납부한 세액 중 공제할 세액을 계산하는 것은 간단하지 않다.

(1) 공제대상

증여세 과세가액에 가산한 증여재산의 가액에 대하여 납부하였거나 납부할 증여세액(증여 당시의 해당 증여재산에 대한 증여세산출세액)은 증여세산출세액에서 공제한다. 다만, 증여세 과세가액에 가산하는 증여재산에 대하여 국세부과제척기간(국기법 제26조의2 제1항 제4호 · 제4항)의 만료로 인하여 증여세가 부과되지 아니하는 경우에는 그러하지 아니하다.(상증법 제58조 제1항) 이 단서의 의미는 부과제척기간이 지난 증여재산도 최종증여일로부터 10년 이내에 증여받은 것이면 합산하여 과세하되, 다만 부과제척기간 경과로 당초 증여에 대하여 증여세를 부과하지 못한 세액은 공제하지 아니한다는 의미이다.(재산세과-300, 2011.6.22., 대법원 2015.6.24. 2013두23195 판결 참조[39])

(2) 공제범위

공제할 증여세액은 증여세산출세액에 해당 증여재산의 가액과 가산한 증여재산의 가액을 합친 금액에 대한 과세표준에 대하여 가산한 증여재산의 과세표준이 차지하는 비율을 곱하여 계산한 금액을 한도로 한다. 최초의 증여재산을 포함한 모든 증여재산이 하나의 과세표준에 포함되는 경우에는 기납부세액은 모두 공제되므로 공제하는 세액산

---

39) 대법원은 동 규정이 신설되기 전의 증여행위에 대하여 동 규정을 적용하는 것은 소급과세에 해당한다고 하여, 동 규정 시행 후 부과처분당시 제척기간이 만료된 동 규정 시행 전 당초 증여재산가액을 그 후 증여세 과세가액에 합산한 처분을 잘못이라고 판시하였으나, 동 규정과 국세기본법 제26조의2 저촉여부에 대하여 직접 판단한 것은 아니다.

정이 간단하나, 1차 증여와 2차 증여가 합산 과세된 후, 1차 증여로부터 10년이 지나 3차 증여가 이루어지면, 2차 증여 시 추가로 납부한 세액 전액을 3차 증여 시 납부세액으로 공제하는 것이 타당한지 여부가 문제된다. 가령 1차에 5억 5천만원을 증여받아 과세표준 5억원에 대하여 산출세액을 9천만원을 납부하고, 2차에 2억원을 증여받아 합산과세표준 7억원에 대한 산출세액 1억 5천만원에서 기납부세액 9천만원을 차감하여 6천만원을 납부한 후, 1차 증여로부터 10년이 지난 3차에 1억을 증여받은 경우 2차 증여와 3차 증여를 합산한 과세표준 2억 5천만원의 산출세액 4천만원에서 2차 증여 시 납부한 세액 6천만원을 어디까지 공제하는 것이 타당한지 문제가 생긴다. 이와 같이 당해 증여재산의 산출세액보다 당해 증여재산에 대하여 기납부한 세액이 더 큰 경우는 초과누진세율 구조로 인하여 발생한다. 따라서 세법은 공제하는 세액의 범위를 증여세산출세액에 해당 증여재산의 가액과 가산한 증여재산의 가액을 합친 금액에 대한 과세표준에 대하여 가산한 증여재산의 과세표준이 차지하는 비율을 곱하여 계산한 금액을 한도로 제한하고 있다.(상증법 제58조 제2항) 따라서 위 예에서 2차와 3차 증여재산을 합산한 과세표준에서 2차 증여재산의 과세표준이 차지하는 비율에 해당하는 금액이 공제한도가 된다. 이를 계산사례로 보면 다음과 같다.40)

구 분	1차 증여	2차 증여(1차와 합산)	3차 증여(2차와 합산)
증여재산가액	5억 5천만원	2억원	1억원
증여재산가산액	-	5억 5천만원	2억원
증여재산공제	5천만원	5천만원	5천만원
과세표준	5억원	7억원	2억 5천만원
산출세액	9천만원	1억 5천만원	4천만원
공제한도	-	1억 714만원*1)	2,667만원*2)
공제세액	-	9천만원	2,667만원

*1) 1억 5천만원 × 5억원 / 7억원

*2) 4천만원 × 1억 6,667만원 / 2억 5천원(2차 증여, 증여재산 공제 : 5천만원 × 2억원 / 3억원 = 3,333만원, 과세표준 : 2억원 - 3,333만원 = 1억 6,667만원 : 만원 이하 반올림)

(3) 기납부 할증세액 공제

세대를 건너뛴 증여로 부과한 할증세액은 산출세액에서 기납부세액으로 공제하지 아

40) 국세청, 「2018년 상속세 · 증여세 실무해설」 272면 사례 참조

니하며, 추후 할증세액을 부과하는 경우에 기납부 할증세액으로 공제한다. 공제할 금액은 총할증세액에 가산한 세대생략 증여재산의 가액을 합친 금액에 대한 과세표준에 대하여 가산한 세대생략 증여재산의 과세표준이 차지하는 비율을 곱하여 계산한 금액을 한도로 한다. 이를 산식으로 표현하면 다음과 같다.(상증령 제46조의3, 재경부 재산세과-610, 2007.5.23.)

$$\text{할증세액} = \text{산출세액} \times \frac{\text{세대생략증여재산가액}}{\text{총증여재산가액}} \times 30(40)\% - \text{기납부 할증세액}^{*}$$

$$^{*}\ \text{차감할 기납부 할증세액 한도} = \text{산출세액} \times \frac{\text{세대생략증여재산가액}}{\text{총증여재산가액}} \times 30(40)\% \times \frac{\text{합산대상세대생략과세표준}}{\text{세대생략증여과세표준}}$$

2) 외국납부세액 공제

외국에 있는 증여재산에 대하여 외국의 법령에 따라 증여세를 부과받은 경우에는 그 금액을 증여세산출세액에서 공제한다. 외국법령에 따라 증여세가 면제 또는 감면되는 경우에는 공제하지 아니한다는 것이 유권해석이다.(재산세과-265, 2011.5.31.) 공제할 외국납부세액은 총 증여세 과세표준에서 외국증여세 과세표준이 차지하는 비율을 산출세액에 곱한 금액을 한도로 한다. 이를 산식으로 보면 다음과 같다.(상증법 제59조, 상증령 제48조 · 제21조)

공제한도 = 산출세액 × (외국법령에 따른 외국 증여세 과세표준) / (증여세과표준)

제 7 절

신고 및 납부

I 과세표준 및 납부세액 신고

1. 신고기한

증여세 납부의무가 있는 자는 증여받은 날이 속하는 달의 말일부터 3개월 이내에 증여세의 과세가액 및 과세표준을 납세지 관할 세무서장에게 신고하여야 한다. 다만, 비상장주식의 상장(상증법 제41조의3) 또는 법인의 합병 등(상증법 제41조의5)에 따른 증여세 과세표준 정산 신고기한은 정산기준일이 속하는 달의 말일부터 3개월이 되는 날로 하며, 특수관계법인과의 거래를 통한 이익의 증여 의제(상증법 제45조의3) 및 특정법인과의 거래를 통한 이익의 증여 의제(상증법 제45조의5)에 따른 증여세 과세표준 신고기한은 수혜법인 또는 특정법인의 법인세법 제60조 제1항에 따른 과세표준의 신고기한이 속하는 달의 말일부터 3개월이 되는 날로 한다.(상증법 제68조) 신고는 상속세 및 증여세법 시행규칙 제24조가 정하는 서식에 의한다.(상증령 제65조) 신고ㆍ납부의무 위반에 대한 제재로 신고불성실가산세 및 납부불성실가산세를 부과한다. 증여세 가산세는 상속세와 그 구조가 같다. 제재의 한계라 할 수 있는 부과제척기간과 함께 가산세의 자세한 내용은 상속세 부분에서 같이 본다.

2. 과세관할

(1) 수증자의 주소지

증여세의 일반적 과세관할은 수증자의 주소지이고, 주소가 없거나 불분명한 경우에는 거소지이다. 즉 수증자의 주소지 또는 거소지를 관할하는 세무서장등이 과세한다. (상증법 제6조 제2항) 따라서 증여세 신고도 주소지 등 증여세 관할세무서장에게 하는 것이 원칙이다. 그러나 신고서 접수는 모든 세무서에서 할 수 있으며, 홈택스 신고도 가능하다. 다만, 신고의 적정여부는 당해 증여세를 관할하는 세무서장 또는 지방국세청장이 검토한다.

(2) 증여자의 주소지

다음의 경우에는 증여자의 주소지를 관할하는 세무서장등이 과세한다.(상증법 제6조 제2항)

① 수증자가 비거주자인 경우

② 수증자의 주소 및 거소가 분명하지 아니한 경우

③ 명의신탁재산의 증여의제에 대한 증여세 과세의 경우

(3) 증여재산의 소재지

다음의 경우에는 증여재산의 소재지를 관할하는 세무서장등이 과세한다.(상증법 제6조 제3항)

① 수증자와 증여자가 모두 비거주자인 경우

② 수증자와 증여자 모두의 주소 또는 거소가 분명하지 아니한 경우

③ 저가인수로 인한 현물출자의 이익의 증여의제에 있어서 소액주주가 증여자인 경우(상증법 제39조의3 제2항), 합병에 따른 이익의 증여(상증법 제38조 제2항), 증자에 따른 이익의 증여(상증법 제39조 제2항), 특수관계법인과의 거래를 통한 이익의 증여 의제(상증법 제45조의3), 특수관계법인으로부터 제공받은 사업기회로 발생한 이익의 증여 의제(상증법 제45조의4)에서 수증자가 비거주자이거나 주소 또는 거소가 분명하지 아니한 경우

3. 신고서식 및 첨부서류

증여세신고는 상속세 및 증여세법 시행규칙 별지 제10호 서식(기본세율적용 증여재산신고용) 또는 별지 제10호의2 서식(창업자금 및 가업승계주식 등 특례세율 적용 증여재산 신고용) 등에 의하여 하여야 하며, 다음의 서류 등을 첨부하여야 한다.(상증령 제65조, 상증칙 제24조 제10호 · 제10호의2)

① 증여자 및 수증자의 가족관계기록사항에 관한 증명서

② 증여재산명세 및 그 평가명세서

③ 채무사실을 입증할 수 있는 서류

④ 그 밖에 재해손실공제신고서, 외국납부세액공제신고서 등 해당서류

※ 이상 증여세 신고와 관련한 서식들은 국세청 홈페이지(성실신고지원 → 증여세 → 신고서식 및 첨부서류)에 수록되어 있다.

4. 신고세액 공제

증여세 과세표준을 신고기한 내에 신고한 경우에는 증여세산출세액(세대생략 할증세액 포함)에서 공제되거나 감면되는 세액을 차감하고, 다음 문화재자료 등에 대한 징수유예 세액을 제외한 금액의 100분의 3에 상당하는 금액을 공제한다.(상증법 제69조) 단, 2018년 1월 1일부터 2018년 12월 31일까지 증여를 받아 신고하는 경우에는 100분의 5를 적용한다.[상증법(법률 제15224호) 부칙 제8조]

5. 징수유예

상속세 및 증여세법 제74조에 의하면, 문화재자료와 박물관자료에 대한 상속세액을 징수유예한다. “문화재자료”란 문화재보호법 제2조 제2항 제3호에 따른 문화재자료 및 같은 법 제53조 제1항에 따른 등록문화재와 같은 법 제27조 제1항에 따른 문화재 자료가 있는 보호구역의 토지를 말하고, “박물관자료”란 박물관 및 미술관 진흥법에 따라 등록한 박물관자료 또는 미술관자료로서 같은 법에 따른 박물관 또는 미술관(사립박물관이나 사립미술관의 경우에는 공익법인등에 해당하는 것)에 전시 중이거나 보존 중인

재산을 말한다.

상속세 및 증여세법 제75조는 증여재산 중에 박물관자료가 있는 경우 제74조를 준용하여 증여세를 징수유예한다. 그러나 박물관자료는 부동산과 관련성이 희박하여 여기서는 설명을 생략하고 부동산이 포함된 문화재자료의 상속세 징수유예에 대해서는 다음 장 상속세에서 검토한다.

Ⅱ 납부

1. 자진납부

자진납부를 하는 자는 증여세과세표준신고와 함께 납세지관할세무서장에게 증여세를 납부하거나 국세징수법에 의한 납부서에 의하여 한국은행 또는 체신관서에 납부하여야 한다.(상증법 제70조, 상증령 제66조) 납부서에는 그 국세의 과세기간, 세목(稅目), 세액 및 납세자의 인적사항을 납부서에 적어 납부하여야 한다.(국징법 제8조) 납부서 서식은 국세청홈 페이지에서[국세청(www.nts.go.kr)사이트 → 국세정보 → 세무서식 → 서식이름에 "납부서" 검색 → 영수증서(납세자용)/납부서(수납기관용)/영수필통지서(징수기관용)] 다운받을 수 있다.

2. 분납

납부할 금액이 1천만원을 초과하는 경우에는 그 납부할 금액의 일부를 납부기한이 지난 후 2개월 이내에 분할납부할 수 있다. 다만, 연부연납을 허가받은 경우에는 그러하지 아니하다. 분납할 금액은 다음과 같다.(상증법 제70조, 상증령 제66조)

① 납부할 세액이 2천만원 이하인 때에는 1천만원을 초과하는 금액. 이는 첫 회에 1천만원 이상을 납부하여야 하고 분납하는 금액이 1천만 이하이어야 한다는 뜻이다.

② 납부할 세액이 2천만원을 초과하는 때에는 그 세액의 100분의 50 이하의 금액.

이는 납부할 세액의 1/2 이상을 첫 회에 납부하여야 한다는 뜻이다.

3. 연부연납(年賦延納)

상속세 및 증여세의 경우 세액이 고액이고 취득재산도 부동산 등이 많아 신고기한 내에 현금으로 환가하여 세금을 납부하기 어려운 경우가 많다. 이러한 점을 감안하여 세금을 수년간 나누어 납부할 수 있게 한 제도가 연부연납이다.(상증법 제71조) 연부연납은 상속세에도 적용되는 것이므로 상속세와 관련된 연부연납도 여기서 같이 설명한다.

1) 연부연납 요건

(1) 납부할 세액이 2천만원을 초과할 것

납부할 세액이 2천만원을 초과하면 기한 내 신고, 기한 후 신고, 부과결정에 상관없이 연부연납 신청이 가능하다.(상증법 제71조 제1항, 상증령 제67조) 2천만원 초과여부는 증여세 고지세액 건별로 판단함이 원칙이나, 동일인으로부터 10년 내 수차례 증여받은 재산에 대하여 일괄로 결정하는 경우와 같이 세액은 각 증여 건별로 과세하나 납기가 동일한 경우에는 이를 합산하여 2천만원 초과여부를 판단한다는 것이 조세심판원의 해석이다.(조심2014서1304, 2014.5.28.; 조심2014서1333, 2014.6.25.)

(2) 납세자의 신청이 있을 것

납세자가 다음 각 기한 내에 연부연납신청을 하여야 한다.

① 증여과세표준을 신고하는 경우 : 증여세 과세표준 신고기한 내 신고를 하거나 기한 후 신고(국기법 제45조의3)를 할 때 연부연납신청서를 증여세 과세표준신고와 함께 납세지 관할세무서장에게 제출하여야 한다.(상증령 제67조 제1항)

② 과세표준과 세액의 결정통지를 받은 경우 : 해당 납세고지서의 납부기한까지 연부연납신청서를 제출할 수 있다. 증여세 연대납세의무자(상증법 제4조의2 제6항)도 해당 납부통지서상의 납부기한까지 연부연납을 신청할 수 있다.

(3) 납세담보를 제공할 것

연납하는 세금의 납부를 담보하기 위하여 담보를 제공하여야 한다.

(가) 담보의 종류

담보의 종류는 다음과 같다.(국기법 제29조)

① 금전

② 다음의 유가증권(국기령 제13조 제1항)

- 자본시장과 금융투자업에 관한 법률 제4조 제3항에 따른 국채증권, 지방채증권 및 특수채증권
- 상장한 법인(자본시장과 금융투자업에 관한 법률 제9조 제13항의 증권시장 상장법인)이 발행한 사채권 중 보증사채 및 전환사채
- 증권시장에 상장된 유가증권으로서 매매사실이 있는 것
- 자본시장과 금융투자업에 관한 법률 제4조 제5항에 따른 수익증권으로서 무기명 수익증권 및 환매청구가 가능한 수익증권
- 양도성 예금증서

③ 납세보증보험증권

④ 다음의 자가 보증하는 납세보증서(국기령 제13조 제2항)

- 은행법에 따른 은행
- 신용보증기금법에 따른 신용보증기금
- 보증채무를 이행할 수 있는 자금능력이 충분하다고 세무서장이 인정하는 자

⑤ 토지

⑥ 보험에 든 등기 · 등록된 건물, 공장재단, 광업재단, 선박, 항공기 또는 건설기계

(나) 담보의 평가

납세담보의 금액은 다음의 금액으로 하고, 담보하는 세금의 120%에 상당하는 담보금액을 제공하여야 한다. 다만, 현금, 납세보증보험증권 또는 은행법에 따른 은행의 납세보증서의 경우에는 110%에 상당하는 담보금액을 제공하면 된다.(국기법 제30조, 국기령 제14조)

① 유가증권 : 담보로 제공하는 날의 전날을 평가기준일로 하여 상속세 및 증여세법 시행령 제58조 제1항을 준용하여 계산한 가액을 말한다.(국기령 제13조 제3항)

② 납세보증보험증권 : 보험금액

③ 납세보증서 : 보증금액

④ 토지 · 건물 : 상속세 및 증여세법 제60조 및 제61조를 준용하여 평가한 가액(국기령 제13조 제4항 제1호)

⑤ 공장재단 · 광업재단 · 선박 · 항공기 · 건설기계 : 감정평가 및 감정평가사에 관한 법률에 따른 감정평가업자의 평가액 또는 지방세법에 따른 시가표준액(국기령 제13조 제4항 제2호)

(다) 담보제공방법

담보는 다음의 방법으로 제공한다.(국기법 제31조)

① 금전이나 유가증권을 납세담보로 제공하려는 자는 이를 공탁(供託)하고 그 공탁수령증을 세무서장에게 제출하여야 한다. 다만, 등록된 유가증권의 경우에는 담보 제공의 뜻을 등록하고 그 등록확인증을 제출하여야 한다.

② 납세보증보험증권이나 납세보증서를 납세담보로 제공하려는 자는 그 보험증권이나 보증서를 세무서장에게 제출하여야 한다.

③ 토지, 건물, 공장재단(工場財團), 광업재단(鑛業財團), 선박, 항공기 또는 건설기계를 납세담보로 제공하려는 자는 그 등기필증, 등기완료통지서 또는 등록필증을 세무서장에게 제시하여야 하며, 세무서장은 이에 의하여 저당권 설정을 위한 등기 또는 등록 절차를 밟아야 한다.

2) 연부연납 신청 및 허가

(1) 신청

상속세 및 증여세법 시행규칙 별지 제11호 서식에 의한 신청서를 제출하여야 한다.(상증령 제67조 제1항, 상증칙 제24조 제11호)

(2) 허가

연부연납신청서를 받은 세무서장은 다음의 기간 이내에 신청인에게 그 허가 여부를 서면으로 결정 · 통지하여야 한다. 이 경우 해당 기간까지 그 허가 여부에 대한 서면을 발송하지 아니한 때에는 허가를 한 것으로 본다.(상증령 제67조 제2항) 단, 납세담보를 현금, 유가증권, 납세보증보험증권, 은행 · 신용보증기금 · 세무서장이 인정하는 자의 납세보증서(국기법 제29조 제1호 내지 제5호)로 제공하여 연부연납 허가를 신청하는 경우에는 그 신청 일에 연부연납을 허가받은 것으로 본다.(상증법 제71조 제1항 단서)

① 증여세 과세표준신고 기한 내 신고한 경우 : 증여세 과세표준신고기한이 경과한 날부터 6개월(상속세의 경우 9개월; 상증령 제78조 제1항)

② 기한 후 신고를 한 경우 : 신고한 날이 속하는 달의 말일부터 3개월(상속세의 경우에는 6개월로 한다)

③ 과세관청으로부터 결정 받은 경우 : 납세고지서에 의한 납부기한이 경과한 날부터 14일

(3) 연부연납 범위

(가) 연부연납 기간

일반적 연부연납기간은 연부연납 허가일로부터 5년 이내의 범위에서 납세자가 신청한 기간으로 한다.(상증법 제71조 제2항) 상속세 및 증여세법 제18조 제2항 제1호에 따라 가업상속 공제를 받았거나, 상속세 및 증여세법 시행령 제15조 제3항의 요건을 모두 갖추어 상속받은 경우로서 상속세 및 증여세법 시행령 제15조 제2호의 요건을 모두 갖춘 상속인이 받거나 받을 가업상속재산과 유아교육법 제7조 제3호에 따른 사립유치원에 직접 사용하는 교지(校地), 실습지(實習地), 교사(校舍) 등의 상속재산에 대하여는 연부연납 허가일부터 10년 또는 연부연납 허가 후 3년이 되는 날부터 7년으로 한다. 다만, 상속재산(상속인이 아닌 자에게 유증한 재산은 제외한다) 중 가업상속재산이 차지하는 비율이 100분의 50 이상인 경우에는 연부연납 허가일부터 20년 또는 연부연납 허가 후 5년이 되는 날부터 15년으로 한다. 이 경우 연부연납할 상속세는 총재산가액에서 가업상속재산가액이 차지하는 비율에 상당하는 납부세액으로 한다. 산식으로 보면 다음과 같다.

$$\text{연부연납세액} = \text{상속세 납부세액} \times \frac{\text{가업상속재산가액} - \text{가업상속공제금액}}{\text{총상속재산가액} - \text{가업상속공제금액}}$$

(나) 연부연납 금액

최초 납부분을 포함하여 연부연납기간 동안 납부할 세액을 균등하게 나눈 금액을 연납금액으로 하며, 1회 납부금액이 최소 1천만원을 초과하도록 한다.(상증법 제71조 제2

항, 상증령 제68조 제1항 제3호) 세액 3억원을 5년간 연부연납할 경우 매회 5천만원[3억원/(5+1)]씩 납부한다. 신고 시 자진납부금액이 있으면 그 금액을 신청 시 납부할 금액으로 할 수 있다.(상증통칙 71-68-3) 연부연납기간 중에 행정소송 등에 따라 세액이 감액결정된 때에는 최종 확정된 연부연납 각 회분의 납부기한이 지난 분납세액을 뺀 잔액에 대하여 나머지 분납할 회수로 평분한 금액을 각 회분의 연납금액으로 한다.(상증통칙 71-68-4)

3) 연부연납 가산금

연부연납 허가를 받은 자는 연납하는 금액에 대하여 납기연장을 받은 것이므로 이자상당액을 가산하여 납부하여야 한다. 가산하는 금액은 다음과 같이 계산한다.

① 최초의 분할납부 세액에 가산할 금액 : 연부연납을 허가한 총세액에 대하여 신고기한 또는 납세고지서에 의한 납부기한 다음 날부터 그 분할납부 세액의 납부기한까지의 일수(日數)에 연 2.1%의 이자율을 곱한 금액을 가산한다.(상증법 제72조 제1호, 상증령 제69조, 국기령 제43조의3 제2항, 국기칙 제19조의3)

② 최초 분 외 연납하는 세액에 가산할 금액 : 연부연납을 허가한 총세액에서 직전 회까지 납부한 분할납부 세액의 합산금액을 뺀 잔액에 대하여 직전 회의 분할납부 세액 납부기한의 다음 날부터 해당 분할납부기한까지의 일수에 연 2.1%의 이자율을 곱한 금액을 가산한다. 법 규정은 복잡하게 기술되어 있으나 결론은 납부할 세액 중 기간의 혜택을 받은 금액에 대하여 연 2.1%의 이자율을 곱한 금액을 가산금액으로 납부하는 것이다. 이자율은 국세기본법 시행규칙에 위임되어 경제사정에 따라 변경되는데 연부연납기간 중 국세기본법 시행규칙 이자율이 변경되는 경우 연납세액에 가산할 금액도 변경된 이자율에 따라 산정한다는 것이 조세심판원의 해석이다.(조심2015중0469, 2015.5.13.)

4) 연부연납 취소

연부연납을 허가받은 납세의무자가 다음 어느 하나에 해당하게 된 경우에는 연부연납 허가를 취소하거나 변경하고, 그에 따라 연부연납에 관계되는 세액의 전액 또는 일부를 징수할 수 있다. 연부연납 허가일로부터 5년 이내에 아래 '④'의 사유가 발생하면 허가일부터 5년에 미달하는 잔여기간에 한하여 연부연납을 변경하여 허가하고, 그 밖의 경우에는 연부연납 허가를 취소하고 연부연납에 관계되는 세액을 일시에 징수한다.(상증법 제71조 제4항, 상증령 제68조 제8항)

① 연부연납 세액을 지정된 납부기한까지 납부하지 아니한 경우
② 담보의 변경 또는 그 밖에 담보 보전(保全)에 필요한 관할세무서장의 명령에 따르지 아니한 경우
③ 납기 전 징수사유(국징법 제14조 제1항)가 있어 그 연부연납기한까지 그 연부연납에 관계되는 세액의 전액을 징수할 수 없다고 인정되는 경우
④ 가업상속으로 상속세 연부연납 허가를 받은 후 상속받은 가업을 폐업하거나 해당 상속인이 가업에 종사하지 아니하게 된 경우 등 상속세 및 증여세법 시행령 제68조 제6항의 사유에 해당하는 경우
⑤ 사립유치원에 직접 사용하는 재산을 상속받아 연부연납 허가를 받은 후 사립유치원이 폐쇄되거나 상속받은 사립유치원 재산을 사립유치원에 직접 사용하지 아니하는 경우(상증령 제68조 제7항)

4. 물납

부동산 등 고액의 현물증여를 받아 세금을 현금으로 납부하기 어려운 경우 물건으로 납부하는 제도가 물납인데, 2015년까지는 증여세에 대하여도 물납을 허용하였으나, 2016년 1월 1일 이후 증여 분부터는 증여세에 대한 물납제도가 폐지되었다.(상증법 제73조)

제 4 장

상속세

제 1 절 상속세 구조와 세율

I 부동산 상속과 상속세

부동산을 무상으로 취득하는 또 하나의 경우가 상속취득이다. 상속도 증여와 같이 무상취득이기는 하나, 증여는 개별 증여재산에 대한 증여자의 처분행위로 이루어지나 상속은 자연인의 사망으로 그의 재산이 법률에 따라 포괄적으로 상속인에게 이전되는 점에서 다르다. 상속세의 납세의무자는 상속인이나 상속세 과세대상은 피상속인의 모든 상속재산이다. 그러므로 부동산을 상속으로 취득하는 경우에도 부동산에 대한 세금을 따로 계산하는 것이 아니라 상속재산 전체에 대한 과세표준과 세액을 계산하여야 한다. 상속세의 과세대상은 민법상 상속재산보다 범위가 넓다. 생전에 증여한 재산도 일정 범위 내에서 상속세 과세대상에 포함된다. 상속세와 증여세는 재산의 무상취득을 과세사실로 한다는 점에서 세원의 성격이 유사하다. 따라서 동일한 법률로 규율하며 세율도 동일하다. 다만, 상속재산은 가족공동생활의 계속성을 유지하는 근간이 된다는 점에서 상속재산에 대하여는 과세하지 않는 공제범위가 증여세보다 크다. 상속재산에 부동산이 포함되어 있는 경우에도 부동산에 대한 상속세를 분리하여 과세하는 것이 아니다. 부동산 상속에 대한 상속세를 알아보기 위해서는 상속재산 전체에 대하여 상속개시 사유, 상속재산의 범위, 납세의무자, 과세표준 및 산출세액, 상속세 연대납세의무 등을 같이 알아볼 수밖에 없다.

Ⅱ 상속세 구조 및 세율

1. 상속세 구조

상속세의 계산구조는 피상속인의 유산 등 각 상속재산의 가액을 산정하여 합한 금액에서 상속인이 승계하는 채무와 공과금 및 장례비용등을 공제하고 생전 증여재산을 가산하여 상속세 과세가액을 산정하고, 상속세 과세가액에서 기초공제, 상속인에 따른 인적공제(배우자공제 등), 물적공제(금융재산상속공제, 동거주택상속공제, 재해손실공제), 가업승계공제를 하여 상속세 과세표준을 산정한 후 상속세율을 적용하여 상속세액을 산출하고, 산출세액에서 증여세액 공제 등 각종 세액공제를 하여 납부할 세액을 산정한다. 취득세 및 증여세와 마찬가지로 상속재산가액의 크기에 따라 납부세액의 크기가 달라지는 것이고 증여세와 같이 상속재산 크기에 따른 누진세율을 적용한다. 증여세의 과세표준은 수증자 입장에서 증여받은 재산의 크기에 따라 다르나 상속세의 과세표준은 피상속인의 입장에서 상속한 재산의 크기에 따라 달라진다. 납세의무자는 증여세와 같이 상속재산을 취득하는 상속인등이고 각 상속인이 부담할 세액은 각자 상속재산의 크기에 따라 다르나 상속인은 각자가 부담할 세액뿐만 아니라 다른 상속인의 상속세에 대하여도 각자가 받은 상속재산의 범위 내에서 연대하여 납부할 의무가 있다. 이러한 점에서 상속세의 산출세액 및 상속인별 부담세액을 계산하는 것이 다소 복잡하다. 상속세과세표준신고서도 이러한 순서에 따라 작성하도록 만들어져 있다.(다음 상속세 과세표준신고서 일부 참조) 이하 상속세 납부세액 산출과정도 이 순서에 준하여 본다.

〈상속세과세표준신고서 중 상속세 과세가액에서 납부세액부분〉

<table>
<tr><th colspan="4">구 분</th><th>금 액</th></tr>
<tr><td colspan="4">⑰ 상속세 과세가액</td><td></td></tr>
<tr><td colspan="4">⑱ 상속공제액</td><td></td></tr>
<tr><td colspan="4">⑲ 감정평가수수료</td><td></td></tr>
<tr><td colspan="4">⑳ 과세표준(⑰-⑱-⑲)</td><td></td></tr>
<tr><td colspan="4">㉑ 세율</td><td></td></tr>
<tr><td colspan="4">㉒ 산출세액</td><td></td></tr>
<tr><td colspan="4">㉓ 세대생략가산액
(상속세 및 증여세법 제27조)</td><td></td></tr>
<tr><td colspan="4">㉔ 산출세액(㉒+㉓)</td><td></td></tr>
<tr><td colspan="4">㉕ 이자상당액</td><td></td></tr>
<tr><td colspan="4">㉖ 문화재 등 징수유예세액</td><td></td></tr>
<tr><td rowspan="8"></td><td colspan="3">㉗ 계(㉘+㉛+㉜+㉝+㉞)</td><td></td></tr>
<tr><td rowspan="3">㉘ 증여세액공제</td><td colspan="2">소계(㉙+㉚)</td><td></td></tr>
<tr><td colspan="2">㉙ 상속세 및 증여세법 제28조</td><td></td></tr>
<tr><td colspan="2">㉚ 조세특례제한법 제30조의5 및 제30조의6</td><td></td></tr>
<tr><td colspan="3">㉛ 외국납부세액공제
(상속세 및 증여세법 제29조)</td><td></td></tr>
<tr><td colspan="3">㉜ 단기세액공제
(상속세 및 증여세법 제30조)</td><td></td></tr>
<tr><td colspan="3">㉝ 신고세액공제
(상속세 및 증여세법 제69조)</td><td></td></tr>
<tr><td colspan="3">㉞ 그 밖의 공제</td><td></td></tr>
<tr><td rowspan="3">영리법인면제</td><td colspan="3">유증 등 재산가액</td><td></td></tr>
<tr><td colspan="3">면제세액
(상속세 및 증여세법 제3조의2)</td><td></td></tr>
<tr><td colspan="3">㉟ 면제분 납부세액(합계액)</td><td></td></tr>
<tr><td colspan="4">㊱ 신고불성실가산세</td><td></td></tr>
<tr><td colspan="4">㊲ 납부불성실가산세</td><td></td></tr>
<tr><td colspan="4">㊳ 납부할 세액(합계액)
(㉔+㉕-㉖-㉗+㉟+㊱+㊲)</td><td></td></tr>
<tr><td colspan="3">납부방법</td><td>납부·신청 일자</td><td></td></tr>
<tr><td colspan="3">㊴ 연부연납</td><td></td><td></td></tr>
<tr><td colspan="3">㊵ 물납</td><td></td><td></td></tr>
<tr><td rowspan="2">현금</td><td colspan="2">㊶ 분납</td><td></td><td></td></tr>
<tr><td colspan="2">㊷ 신고납부</td><td></td><td></td></tr>
</table>

〈상속세 과세가액 계산(부표일부)〉

총상속재산 가 액	⑩ 상속재산가액
	⑪ 상속개시 전 처분재산등 산입액(상속세 및 증여세법 제15조)
	⑫ 합계
비과세 재산가액 (상속세 및 증여세법 제12조)	⑬ 계
	⑭ 금양(禁養)임야등 가액(민법 제1008조의3)
	⑮ 문화재가액
	⑯ 기타
과세가액 불산입액	⑰ 계
	⑱ 공익법인 출연재산가액(상속세 및 증여세법 제16조)
	⑲ 공익신탁 재산가액(상속세 및 증여세법 제17조)
	⑳ 기타
공제금액 (상속세 및 증여세법 제14조)	㉑ 계
	㉒ 공과금
	㉓ 장례비용
	㉔ 채무
가산하는 증여재산가액	㉕ 계(㉖ + ㉗ 또는 ㉖ + ㉘)
	㉖ 상속세 및 증여세법 제13조
	㉗ 조세특례제한법 제30조의5
	㉘ 조세특례제한법 제30조의6
㉙ 상속세과세가액 [⑫ - (⑬ + ⑰ + ㉑) + ㉕]	

2. 상속세 세율

상속세의 세율은 증여세의 세율과 같다. 그러나 상속공제금액이 증여재산공제액 보다 크고 상속세를 상속인들이 연대하여 납부하기 때문에 실제 개별 상속인이 부담하는 세액은 일반적으로 증여세보다 작다.

〈상속 및 증여세 세율〉

과세표준	세 율
1억원 이하	과세표준의 10%
1억원 초과 5억원 이하	1천만원 + 1억원을 초과하는 금액의 20%
5억원 초과 10억원 이하	9천만원 + 5억원을 초과하는 금액의 30%
10억원 초과 30억원 이하	2억4천만원 + 10억원을 초과하는 금액의 40%
30억원 초과	10억4천만원 + 30억원을 초과하는 금액의 50%

Ⅲ 상속 및 상속개시

1. 상속

상속의 개념에 대하여 상속세 및 증여세법 제2조는 “민법 제5편에 따른 상속을 말하며, 유증(遺贈), 사인증여(死因贈與), 특별연고자에 대한 상속재산의 분여를 포함한다.”고 규정하고 있다. 민법 제5편은 “상속”이란 제목 아래 다시 제1장 상속, 제2장 유언으로 구분하여 규정하고 있다. 제1장의 상속은 유산의 귀속에 대하여 망자가 아무런 의사표시를 하지 않고 사망한 경우에 상속재산의 귀속에 관하여 규정한 것이고, 제2장의 유언은 망자가 생전에 유언으로 유산의 귀속에 관한 사항을 정하는 경우 그 형식과 효력에 관한 규정이다. 즉 유증에 관한 규정이다. 그리고 특별연고자에 대한 상속재산분여란 망자에게 상속인도 없고 유언도 없는 경우에 특별한 연고자에게 상속재산의 일부 또는 전부를 분여하는 것이고, 사인증여는 증여계약의 효력을 증여자의 사망으로 인하여 발생하도록 하는 생전 행위이다. 상속세 및 증여세법이 민법 제5편의 상속을 말한다고 하는 개념이 다소 모호하기는 하나, 세법상 상속의 개념을 간단하게 정리하면 피상속인의 사망 당시까지 피상속인에게 귀속되어 있던 재산이 피상속인의 사망으로 타인에게 이전되는 것을 말한다.

2. 상속개시와 납세의무 성립

증여는 법률행위이므로 증여계약으로 인한 부동산의 취득은 등기하여야 물권변동의 효력이 생긴다.(민법 제186조) 그러나 상속은 피상속인의 사망이라는 사실이 발생하면 법률의 규정에 따라 상속재산의 소유권이 상속인에게 이전된다.(민법 제187조) 따라서 증여의 경우 증여계약이 이행되어 수증자가 증여재산을 취득한 때에 납세의무가 성립하나, 상속의 경우에는 상속이 개시된 때에 납세의무가 성립한다.(국기법 제21조 제2항)

3. 상속사유별 상속개시 시기

(1) 사망에 의한 상속

자연인이 사망하면 망자가 소유하던 재산은 일신전속적인 것을 제외하고 상속인들이 법적인 소유권을 취득한다.(민법 제1005조) 이는 법률의 규정에 의한 권리취득으로 등기와 상관없이 취득하는 것이다.(민법 제187조) 상속은 사망으로 개시되는 것이므로 피상속인이 사망하면 즉시 상속인들이 공동으로 피상속인의 재산을 취득하게 되고, 상속인들이 상속재산을 분할하면 상속인들은 각자가 상속개시 당시에 취득한 것으로 본다.(민법 제997조 · 제1006조 · 제1015조) 이와 같이 자연인의 사망으로 상속은 개시되고 사망일이 상속세의 납세의무 성립일이 된다. 피상속인의 사망으로 상속이 개시되므로 가족이 동일한 위난으로 사망한 경우에도 사망의 선후에 따라 상속인이 달라지고 상속공제의 범위가 달라지는 경우가 발생한다. 사망의 선후가 납세의무자 및 납세범위에 미치는 영향이 크므로 동일위난으로 사망한 경우에도 그 선후를 밝히는 것이 매우 중요하다. 다만, 2인 이상이 동일한 위난으로 사망하였으나 그 선후를 알 수 없는 경우에는 동시에 사망한 것으로 추정한다.(민법 제30조)

(2) 실종선고에 의한 상속

민법에 따르면 부재자의 생사가 5년간(전쟁지역에 임한 자, 침몰한 선박이나 추락한 항공기에 있던 자 등 위난실종의 경우에는 1년간) 분명하지 아니한 때는 실종선고를 하여야 하고, 실종선고를 받은 자는 5년(위난실종의 경우 1년)이 만료한 때에 사망한 것으로 본다.(민법 제27조 · 제28조) 따라서 실종선고를 받은 자의 재산은 실종기간이 만료한 때에 상속인에게 승계된다. 그러나 실종선고를 받기 전에는 실종기간의 만료일을 특정하기 어렵다. 그래서 상속세 및 증여세법은 실종선고로 인한 상속의 경우 실종선고일을 상속개시일로 본다.(상증법 제2조 제2호 단서)

(3) 인정사망에 의한 상속

가족관계 등록에 관한 법률 제87조에 따르면, 수해, 화재나 그 밖의 재난으로 인하여 사망한 사람이 있는 경우에는 이를 조사한 관공서는 지체 없이 사망지의 시 · 읍 · 면의 장에게 통보하여야 하는데, 사망자의 시신을 발견하지는 못하였지만 사망한 것이 확실하다고 판단하여 통보하는 경우 사망한 것으로 추정된다. 이를 인정사망이라고 하고 상속개시의 원인이 되므로 인정사망일이 상속개시일이 된다.

(4) 부재선고에 의한 상속

군사분계선 이북 지역, 즉 북한에서 남한으로 옮겨 새로 가족관계등록을 창설한 사람의 북한지역 잔류자에 대한 부재선고를 하게 되면 부재선고를 받은 사람은 가족관계등록부를 폐쇄하고 실종선고를 받은 것으로 보아 상속이 개시된다.(부재선고에 관한 특별조치법 제1조 · 제4조) 부재선고의 경우 부재기간이 따로 없기 때문에 부재선고 심판이 확정된 때를 사망의 시기로 본다는 것이 국세청의 해석이다.[1)]

Ⅳ 상속재산

1. 본래의 상속재산

"상속재산"이란 피상속인에게 귀속되는 모든 재산을 말한다. 다만, 피상속인의 일신(一身)에 전속(專屬)하는 것으로서 피상속인의 사망으로 인하여 소멸되는 것은 제외한다. 재산에는 ㉠ 금전으로 환산할 수 있는 경제적 가치가 있는 모든 물건, ㉡ 재산적 가치가 있는 법률상 또는 사실상의 모든 권리를 포함한다.(상증법 제2조 제3호) 본래의 상속재산은 상속개시 당시를 기준으로 재산의 귀속여부를 판단하는 것이나 상속개시 당시 처분중인 재산에 대하여 어느 범위까지 상속재산으로 볼지 문제되는 경우가 있다.

(1) 매매계약 이행 중인 재산

어떤 재산이 상속개시 직전에 피상속인에게 귀속된 재산인지 여부는 원칙적으로 민법상 소유권의 귀속에 따라 판단될 것이나, 세법상 권리이전의 시점이 민법상 권리이전의 시점과 항상 일치하는 것은 아니다. 가령 부동산의 양도에 있어 민법상으로는 등기를 하여야 소유권이 이전되나(민법 제186조), 소득세법에서는 매매대금을 청산한 날을 양도일로 보아 양도소득세를 부과한다.(소득법 제98조) 이와 같이 세법상 재산권 이

1) 국세청, 「2018 상속세 · 증여세 실무해설」, 25면

전이 민법 규정과 다른 경우, 예를 들어 상속개시 당시에 매매계약이 이행 중인 부동산의 상속재산 포함여부가 문제된다. 사안별 해석 사례를 본다.

(가) 중도금을 수수한 매매 중인 부동산

① 양도계약 이행 중인 부동산 : 상속개시 전 피상속인이 부동산 양도계약을 체결하고 잔금을 받기 전에 사망한 경우에는 민법상으로나 세법상으로도 아직 부동산이 양도된 것이 아니므로 당해 부동산은 상속재산이 되며, 다만 양도대금 전액(양도대금이 불분명한 경우에는 그 부동산을 상속세 및 증여세법에 따라 평가한 가액으로 한다)에서 상속개시 전에 받은 계약금과 중도금을 뺀 잔액을 그 상속재산의 가액으로 한다.(상증통칙 7-0-3, 대법원 2002.2.26. 선고 2001두5040 판결[2])

② 양수계약 이행 중인 부동산 : 상속개시 전 피상속인이 부동산 양수계약을 체결하고 잔금을 지급하기 전에 사망한 경우에는 부동산은 상속재산은 아니며, 부동산을 취득할 수 있는 권리를 상속재산으로 보아야 할 것이다. 과세당국은 이 경우 이미 지급한 계약금과 중도금을 상속재산에 포함하는 것으로 해석한다.(상증통칙 7-0-3)

(나) 잔금청산을 하였으나 등기하지 아니한 매매 부동산

부동산을 매도하고 잔금까지 지급 받았으나 소유권이전등기를 하기 전에 매도자가 사망한 경우 또는 반대로 부동산을 매수하고 잔금까지 지급하였으나 소유권이전등기를 하기 전에 매수자가 사망한 경우, 해당 부동산이 상속재산에 포함되는지를 판단함에 있어 법원이나 과세당국은 등기와 관계없이 해당 부동산의 소유권이 변경된 것으로 보아 상속재산 여부를 판단한다고 한다.(재삼46014-2646, 1996.11.28., 대법원 2007.6.15. 선고 2005두13148 판결)

대법원 2007.6.15. 선고 2005두13148 판결 요지

상속세 및 증여세법에는 재산양도계약이 이행되는 도중에 상속이 개시되는 경우 상속재산의 범위에 관하여 별도의 규정이 없고, 다만 소득세법에 양도소득세의 과세표준인 양도차익을 산정함에 있어 기준이 되는 자산의 양도시기 또는 취득시기에 관한 규정이 있을 뿐이나 이들 규정은 양도소득세의 과세요건을 결정함에 있어서 적용됨은 물론이고 상속세 및 증여세법에 있어 상속재산의 귀속을 결정함에 있어서도 준용된다고 해석하는 것이 세법의 전체적 체계에 부합한다고 할 것이다.

2) 이 판례는 대법원 종합법률정보 사이트에서 검색되지 아니하여 국세청 법령정보시템에서 검색한 대법원 2015.4.9. 선고 2014두47334 판결에 인용된 사건번호이다.

(2) 증여계약 이행 중인 재산

피상속인이 상속인에게 재산을 증여하는 계약을 체결하고 이를 이행하기 전에 사망한 후 상속인이 증여계약의 이행에 따라 당해 재산을 취득하는 경우 상속개시 당시 당해 재산은 증여계약이 이행되지 아니하였으므로 민법상으로나 세법상 상속재산에 포함된다. 이 경우 상속인은 상속세를 부담한 후 다시 증여계약의 이행에 따라 증여세를 부담하는 문제가 있었다. 이러한 이중과세 문제를 해결하기 위하여 2002년 12월 18일 상속세 및 증여세법이 개정 시, 상속개시일 전 10년 이내에 피상속인이 상속인에게 진 증여채무 및 상속개시일 전 5년 이내에 피상속인이 상속인이 아닌 자에게 진 증여채무의 이행 중에 증여자가 사망한 경우의 그 증여를 사인증여로 보아 상속세만 과세하는 것으로 개정되었다.(상증법 제2조 제1호 나목, 구 상증법 제1조 제1항)

2. 의제 상속재산

본래의 상속재산은 아니나 피상속인이 형성한 재산을 피상속의 사망을 계기로 상속인에 귀속되는 일정한 경우 세법은 이를 상속재산으로 보아 상속세를 부과한다.

(1) 피상속인의 사망으로 받는 보험금

피상속인이 보험료를 납부하고 피상속인의 사망으로 인하여 상속인 또는 제3자가 수익자로 받는 보험금(생명보험 및 손해보험금)은 상속재산에 포함된다.(상증법 제8조) 법 규정은 "피상속인의 사망으로 인하여 받는 생명보험 또는 손해보험의 보험금으로서 피상속인이 보험계약자인 보험계약에 의하여 받는 것은 상속재산으로 본다. 보험계약자가 피상속인이 아닌 경우에도 피상속인이 실질적으로 보험료를 납부하였을 때에는 피상속인을 보험계약자로 보아 적용한다."고 규정되어 있으나, 과세당국은 다음과 같이 실질적으로 해석하고 있다.

(가) 상속인등이 보험료를 부담한 경우

피상속인이 보험계약자 및 피보험자이고 상속인이 보험수익자라 할지라도 실질적으로 상속인이 보험료를 부담한 경우 당해 보험금은 상속재산으로 보지 아니한다.(상증집행 8-4-2)

(나) 보험금의 수령인이 상속인이 아닌 경우

피상속인의 사망으로 인하여 지급받는 생명보험 또는 손해보험의 보험금으로서 보험계약의 수익자가 상속인이 아닌 경우에는 상속인이 아닌 자가 유증 등을 받은 것으로 보아 상속재산에 포함된다.(상증집행 8-4-3)

(다) 보험금

보험금에는 소득세법 시행령 제25조 제2항 제2호의 농업협동조합중앙회 및 조합, 수산업협동조합중앙회 및 조합, 신용협동조합중앙회 및 조합, 새마을금고연합회 및 금고 등이 취급하는 생명공제계약 또는 손해공제계약과 같은 항 제3호의 우체국이 취급하는 우체국보험계약에 따라 지급되는 공제금 등을 포함한다.(상증통칙 8-0-1)

(라) 상속재산으로 보는 보험금

보험료 전액을 피상속인이 불입한 것이 아니라면 불입한 총보험료 중 피상속인이 부담한 보험료에 상당하는 보험금액을 상속재산으로 본다. 산식으로 보면 다음과 같다.(상증집행 8-4-4)

$$\text{상속재산으로 보는 보험금} = \text{보험금총액} \times \frac{\text{피상속인이 부담한 보험료 합계액}}{\text{피상속인이 사망시까지 불입한 보험료 합계액}}$$

(2) 피상속인의 신탁재산

상속세 및 증여세법 제9조는 다음과 같이 피상속인이 신탁한 재산은 상속재산에 포함한다고 규정하고 있다.

① 피상속인이 신탁한 재산은 상속재산으로 본다. 다만, 타인이 신탁의 이익을 받을 권리를 소유하고 있는 경우 그 이익에 상당하는 가액(價額)은 상속재산으로 보지 아니한다.

② 피상속인이 신탁으로 인하여 타인으로부터 신탁의 이익을 받을 권리를 소유하고 있는 경우에는 그 이익에 상당하는 가액을 상속재산에 포함한다.

즉 피상속인이 부동산을 신탁한 경우에도 그 부동산은 피상속인의 재산으로 상속재산이 되며, 다만 신탁의 수익자가 제3자인 경우 그 수익은 상속재산이 아니며, 반대로 타인의 신탁행위로 피상속인이 받는 수익은 상속재산이 된다는 것이다.[3] 신탁의 이익을 받을 권리를 소유하고 있는 경우의 판정은 상속세 및 증여세법 시행령 제25조의 규정에 의하여 원본 또는 수익이 타인에게 지급되는 경우를 기준으로 한다.(상증령 제5조) 자세한 내용은 제3장 제4절 Ⅷ. 신탁이익의 증여 부분 참조하기 바란다.

(3) 퇴직금 등

피상속인에게 지급될 퇴직금, 퇴직수당, 공로금, 연금 또는 이와 유사한 것이 피상속인의 사망으로 인하여 지급되는 경우 그 금액은 상속재산으로 본다. 즉 피상속인이 근로의 대가로 받을 퇴직금 등을 피상속인의 사망으로 상속인등이 받은 경우 이는 상속재산에 포함된다. 다만, 다음 어느 하나에 해당하는 것은 상속재산으로 보지 아니한다. (상증법 제10조)4)

① 국민연금법에 따라 지급되는 유족연금 또는 사망으로 인하여 지급되는 반환일시금

② 공무원연금법, 공무원 재해보상법 또는 사립학교교직원 연금법에 따라 지급되는 퇴직유족연금, 장해유족연금, 순직유족연금, 직무상유족연금, 위험직무순직유족연금, 퇴직유족연금부가금, 퇴직유족연금일시금, 퇴직유족일시금, 순직유족보상금, 직무상유족보상금 또는 위험직무순직유족보상금

③ 군인연금법에 따라 지급되는 유족연금, 유족연금부가금, 유족연금일시금, 유족일시금 또는 재해보상금

④ 산업재해보상보험법에 따라 지급되는 유족보상연금・유족보상일시금・유족특별급여 또는 진폐유족연금

⑤ 근로자의 업무상 사망으로 인하여 근로기준법 등을 준용하여 사업자가 그 근로자의 유족에게 지급하는 유족보상금 또는 재해보상금과 그 밖에 이와 유사한 것

⑥ 전직대통령예우에 관한 법률 또는 별정우체국법에 따라 지급되는 유족연금・유족연금일시금 및 유족일시금(상증령 제6조)

---

3) 신탁이란 위탁자가 수탁자에게 특정의 재산을 이전하거나 담보권의 설정 또는 그 밖의 처분을 하고 수탁자로 하여금 일정한 자의 이익 또는 특정의 목적을 위하여 그 재산의 관리, 처분, 운용, 개발, 그 밖에 신탁 목적의 달성을 위하여 필요한 행위를 하게 하는 법률관계를 말하는 것(신탁법 제2조)이므로, 위탁자가 신탁재산에 대한 재산권의 전부를 수탁자에게 이전한 것은 아니다. 신탁계약의 내용에 따라 위탁자에게 유보된 권리는 그 자체가 재산상의 권리이므로 본래의 상속재산에 포함될 것인데, 이를 별도로 상속재산으로 의제할 필요가 있는지 의문이다.

4) 엄격히 보면 퇴직금등은 본래의 상속재산에 포함된다고 볼 수 있으나 이를 명문화 한 것은 피상속인의 근로의 대가로 유족이 받는 연금 등을 상속재산에서 제외하는 단서의 규정에 의미가 있는 것으로 생각된다.

3. 추정상속재산

상속재산 중 부동산과 같이 세원이 노출된 재산도 있으나, 현금이나 귀금속과 같이 은닉하기 쉬운 재산도 있다. 피상속인이 사망에 임박하여 재산을 처분하거나 예금을 인출하여 은닉하기 쉬운 현금 등으로 상속하고 상속세를 탈루하는 경우를 방지하기 위하여 세법은 상속개시 전 일정기간 동안 현금화한 재산의 사용처를 상속인이 소명하지 아니하면 상속재산으로 추정하는 제도를 두고 있다.(상증법 제15조)

(1) 상속개시 전 처분하거나 인출한 금액의 상속추정

피상속인이 재산을 처분하여 받은 금액이나 피상속인의 재산에서 인출한 금액이 상속개시일 전 1년 이내에 재산 종류별로 계산하여 2억원 이상인 경우와 상속개시일 전 2년 이내에 재산 종류별로 계산하여 5억원 이상인 경우로서 용도가 객관적으로 명백하지 아니한 경우에는 이를 상속재산으로 추정한다.

여기서 재산종류별이란 ㉠ 현금·예금 및 유가증권, ㉡ 부동산 및 부동산에 관한 권리, ㉢ 그 외 기타재산으로 종류를 구분한다.(상증령 제11조 제5항) 재산을 처분한 금액은 피상속인의 재산처분가액 중 상속개시일 전 1년 또는 2년 이내에 실제 수입한 금액의 합계액을 말하고, 인출한 금액은 피상속인이 상속개시일 전 1년 또는 2년 이내에 실제 인출한 금전등을 말한다. 당해 금전등이 금융기관을 통하여 계속 반복적으로 금융거래를 하는 사실 및 그 거래내역을 확인할 수 있는 통장 또는 위탁계좌 등을 통하여 예입된 경우에는 상속개시일 전 1년 또는 2년 이내에 인출한 금전등의 합계액에서 당해 기간 중 예입된 금전등의 합계액을 차감한 금전등으로 하되, 그 예입된 금전등이 당해 통장 또는 위탁자계좌등에서 인출한 금전등이 아닌 것을 제외한다.(상증칙 제2조의3)

(2) 상속개시 전 피상속인이 부담한 채무의 상속추정

피상속인이 부담한 채무를 합친 금액이 상속개시일 전 1년 이내에 2억원 이상인 경우와 상속개시일 전 2년 이내에 5억원 이상인 경우로서 용도가 객관적으로 명백하지 아니한 경우에는 이를 상속재산으로 추정한다.

(3) 용도가 객관적으로 명백하지 아니한 경우

"용도가 객관적으로 명백하지 아니한 경우"란 다음 어느 하나에 해당하는 경우를 말

한다.(상증령 제11조 제2항)

① 피상속인이 재산을 처분하여 받은 금액이나 피상속인의 재산에서 인출한 금전등 또는 채무를 부담하고 받은 금액을 지출한 거래상대방이 거래증빙의 불비등으로 확인되지 아니하는 경우

② 거래상대방이 금전등의 수수사실을 부인하거나 거래상대방의 재산상태등으로 보아 금전등의 수수사실이 인정되지 아니하는 경우

③ 거래상대방이 피상속인의 특수관계인으로서 사회통념상 지출사실이 인정되지 아니하는 경우

④ 피상속인이 재산을 처분하거나 채무를 부담하고 받은 금전등으로 취득한 다른 재산이 확인되지 아니하는 경우

⑤ 피상속인의 연령 · 직업 · 경력 · 소득 및 재산상태등으로 보아 지출사실이 인정되지 아니하는 경우

(4) 소명의 정도 및 상속재산으로 추정하는 금액

용도가 입증되지 아니한 금액이 처분 · 인출한 금액 또는 채무부담금액의 20% 미만이면서 2억원 미만인 경우에는 정당한 용도로 사용한 것으로 추정하며, 그 금액 이상인 경우에는 20%와 2억원 중 적은 금액을 차감한 금액을 상속재산으로 추정한다.(상증령 제11조 제4항) 이를 금액별로 정리하면 다음과 같다.

(가) 처분 · 인출한 금액 또는 채무부담금액이 10억 이상인 경우

정당한 용도로 사용이 소명되지 않은 금액이 2억원 미만이면 전액이 소명된 것으로 보아 상속으로 추정되는 재산은 없고, 정당한 용도로 사용이 소명되지 않은 금액이 2억원 이상이면 소명되지 않은 금액에서 2억원을 차감한 금액이 상속된 것으로 추정된다.

(나) 처분 · 인출한 금액 또는 채무부담금액이 10억 미만인 경우

정당한 용도로 사용이 소명되지 않은 금액이 전체금액의 20% 미만이면 전체금액이 소명된 것으로 보아 상속으로 추정되는 재산은 없고, 정당한 용도로 사용이 소명되지 않은 금액이 전체금액의 20% 이상이면 소명되지 않은 금액에서 20%에 상당하는 금액을 차감한 금액이 상속된 것으로 추정된다.

V 상속세 과세대상

1. 피상속인의 거주자 여부에 따른 과세대상

피상속인이 거주자인 경우에는 모든 상속재산이 상속세 과세대상이 되며, 피상속인이 비거주자인 경우에는 국내에 있는 상속재산만 상속세 과세대상이 된다. “거주자”란 국내에 주소를 두거나 183일 이상 거소(居所)를 둔 사람을 말하며, “비거주자”란 거주자가 아닌 사람을 말한다.(상증법 제2조 제8호) 주소와 거소의 정의 및 거주자와 비거주자의 판정에 대해서는 소득세법의 규정을 따르며, 비거주자가 국내에 영주를 목적으로 귀국하여 국내에서 사망한 경우에는 거주자로 본다.(상증령 제2조) 거주자 판단기준은 증여세 납세의무자 부분(제3장 제3절 Ⅰ)과 같다.

2. 상속재산의 소재지

상속재산의 소재지는 다음과 같이 판단한다. 부동산의 국내소재 여부는 부동산의 소재지를 기준으로 판단하므로 부동산 증여에 중점을 두어 검토한 증여세 부분에서는 증여재산의 소재지에 대한 설명을 생략하였으나 증여재산의 소재지 판단도 동일하다.(상증법 제5조)

① 부동산 또는 부동산에 관한 권리 : 그 부동산의 소재지
② 광업권 또는 조광권(租鑛權) : 광구(鑛區)의 소재지
③ 어업권 또는 입어권(入漁權) : 어장에서 가장 가까운 연안
④ 선박 : 선적(船籍)의 소재지
⑤ 항공기 : 항공기 정치장(定置場)의 소재지
⑥ 주식등(주식 또는 출자지분) 또는 사채(社債) : 그 주식등 또는 사채를 발행한 법인 또는 그 출자가 되어 있는 법인의 본점 또는 주된 사무소의 소재지. 다만, 외국법인이 국내법에 따라 국내에서 발행한 주식등 또는 사채에 대해서는 그 거래를 취급하는 금융실명거래 및 비밀보장에 관한 법률 제2조 제1호에 따른 금융회사등 영업장의 소재지

⑦ 자본시장과 금융투자업에 관한 법률을 적용받는 신탁업을 경영하는 자가 취급하는 금전신탁 : 그 신탁재산을 인수한 영업장의 소재지 다만, 금전신탁 외의 신탁재산에 대해서는 신탁한 재산의 소재지

⑧ 금융실명거래 및 비밀보장에 관한 법률 제2조 제2호에 따른 금융자산 중 위 ⑥, ⑦에 규정된 것을 제외한 금융재산 : 그 재산을 취급하는 금융회사등 영업장의 소재지(상증령 제3조의4)

⑨ 금전채권 : 채무자의 주소지. 다만, 위 ⑥부터 ⑧까지의 규정에 해당하는 경우는 제외한다.

⑩ 그 밖의 유형재산(有形財産) 또는 동산(動産) : 그 유형재산의 소재지 또는 동산이 현재 있는 장소

⑪ 특허권·상표권 등 등록이 필요한 권리 : 그 권리를 등록한 기관의 소재지

⑫ 저작권(출판권과 저작인접권을 포함한다) : 저작권의 목적물인 저작물이 발행되었을 경우 그 발행 장소

⑬ 위 ①부터 ⑫까지에 규정된 재산을 제외한 그 밖의 영업장을 가진 자의 그 영업에 관한 권리 : 그 영업장의 소재지

⑭ 위에 규정되지 아니한 그 밖의 재산 : 그 재산의 권리자의 주소

3. 비과세 상속재산

(1) 국가 등에 유증 및 증여한 상속재산

국가, 지방자치단체, 지방자치단체조합 또는 공공도서관·공공박물관에 유증하거나 사인증여한 재산[5]과 상속재산 중 상속인이 상속세신고기한 이내에 국가, 지방자치단체, 지방자치단체조합 또는 공공도서관·공공박물관에 증여한 재산에 대하여는 상속세를 부과하지 아니한다.(상증법 제12조 제1호·제7호, 상증령 제8조 제1항)

5) 상속세 및 증여세법 시행령 제8조 제1항 제3호는 '공공도서관·공공박물관 또는 이와 유사한 것으로서 기획재정부령이 정하는 것'으로 규정되어 있으나 상속세 및 증여세법 시행규칙에는 공공단체에 대하여 추가로 규정하고 있지 않다.

국가귀속 상속재산

상속인 및 특별연고자가 없는 상속재산 및 특별연고자에게 분여되지 아니한 상속재산은 국가에 귀속된다.(민법 제1057조의2 · 제1058조) 뒤에서 보는 바와 같이, 상속재산 전체가 국가에 귀속되는 경우에는 상속세 납세의무자가 없어 상속세가 부과가 되지 아니하므로 국가등에 증여하는 재산처럼 결과적으로 비과세 상속재산이라 할 수 있다. 그러나 상속재산 중 일부를 특별연고자가 분여 받고 나머지를 국가에 귀속하는 경우에는 상속재산 전체에 대한 상속세에서 특별연고자가 분여 받은 재산의 비율로 상속세를 납부하게 되므로 국가에 귀속된 분도 상속세 과세대상에 포함된다.(상증법 제3조의2)[6)]

(2) 문화재 및 관련 토지

문화재보호법에 따른 국가지정문화재 및 시 · 도지정문화재와 같은 법에 따른 보호구역에 있는 토지로서 해당 문화재 또는 문화재자료가 속하여 있는 토지에 대하여는 상속세를 부과하지 아니한다.(상증법 제12조 제2호, 상증령 제8조)

(3) 분묘 등 제사용구

제사를 주재하는 상속인(다수의 상속인이 공동으로 제사를 주재하는 경우에는 그 공동으로 주재하는 상속인 전체를 말한다)을 기준으로 다음에 해당하는 재산에 대하여는 상속세를 부과하지 아니한다. 다만, ① 및 ②의 재산가액의 합계액이 2억원을 초과하는 경우에는 2억원을 한도로 하고, ③의 재산가액 합계액이 1천만원을 초과하는 경우에는 1천만원을 한도로 한다.(상증법 제12조 제3호, 상증령 제8조 제3항)

① 피상속인이 제사를 주재하고 있던 선조의 분묘에 속한 9,900㎡ 이내의 금양임야

② 분묘에 속한 1,980㎡ 이내의 묘토인 농지

③ 족보와 제구

여기서 분묘가 속한 금양임야 및 묘토인 농지에서 분묘는 피상속인이 제사를 주재하고 있던 선조의 것을 말하므로 상속개시 후에 금양임야와 묘토로 사용하기로 한 경우에는 비과세되지 아니한다.(상증집행 12-8-2) 금양임야와 묘토를 제사를 주재하는 상속인이 아닌 자가 승계한 경우에는 비과세 대상이 아니며(대법원 1994.10.14. 선고 94누4059 판결), 여러 명의 상속인이 공동으로 금양임야 등을 상속받은 경우에는 제사를 주

6) 개인적 의견으로는 특별연고자에게 분여한 후 나머지 국가에 귀속시킨 상속재산도 비과세 상속재산으로 하는 것이 더 타당하지 않을까 생각한다.

재하는 상속인의 지분만 비과세하고, 그 이외의 상속인이 받은 금양임야 등의 지분가액은 상속세 재산가액에 산입한다.(상증집행 12-8-3)

(4) 정당에 유증한 재산

상속세 및 증여세법 제12조 제4호에는 정당법에 따른 정당에 유증 및 사인증여한 재산은 상속세를 과세하지 아니하는 것으로 규정하고 있으나, 조세특례제한법 제76조는 거주자가 정치자금법에 따라 정당(같은 법에 따른 후원회 및 선거관리위원회를 포함한다)에 기부한 정치자금에 대하여는 상속세를 부과하지 아니하나, 그 외의 정치자금에 대해서는 상속세 및 증여세법 제12조 제4호의 규정에도 불구하고 그 기부 받은 자가 상속받은 것으로 보아 상속세를 부과한다는 규정을 두고 있다. 따라서 정당에 유증하거나 사인증여하는 재산이 정치자금법에 따른 기부금에 해당하는 경우에만 상속세가 비과세된다.

(5) 사내근로복지 기금

근로복지기본법에 따른 사내근로복지기금이나 근로복지기본법에 따른 우리사주조합 및 근로복지진흥기금에 증여하거나 사인증여한 재산에 대하여는 상속세를 부과하지 아니한다.(상증법 제12조 제5호, 상증령 제8조 제4항)

(6) 이재민 구호금품 등

사회통념상 인정되는 이재구호금품, 치료비 및 불우한 자를 돕기 위하여 유증한 재산으로서, 상속개시 전에 피상속인이 증여하였거나 유증・사인증여에 의하여 지급하여야 할 것으로 확정된 것은 상속세를 부과하지 아니한다.(상증법 제12조 제6호, 상증령 제8조 제5항, 상증통칙 12-0-2)

(7) 농어가 목돈마련 저축

농어민이 농어가목돈마련저축에 관한 법률에 따른 농어가목돈마련저축에 2020년 12월 31일까지 가입한 경우 해당 농어민 또는 그 상속인이 저축계약기간이 만료되거나 가입일부터 1년 이후 다음 어느 하나에 해당하는 사유로 저축을 해지하여 받는 이자소득과 저축장려금에 대해서는 소득세・증여세 또는 상속세를 부과하지 아니한다.(조특법 제87조의2, 조특령 제81조의2)

① 농어민이 사망한 때
② 농어민이 해외로 이주한 때
③ 농어민이 상해 · 폐질 등으로 노동력을 상실하여 매월 납입하는 저축의 경우는 저축금액을 계속하여 6개월 이상, 매 분기 납입하는 저축 및 매 반년 납입하는 저축의 경우는 저축금액을 계속하여 1년 이상 납입하지 못하는 경우
④ 5년 만기 저축에 가입하여 3년 이상 저축을 한 농어민이 계약을 해지하는 경우
⑤ 병충해 · 설해 · 풍해 · 수해 또는 가격하락 등으로 소득이 감소되어 정부의 소득세 감면대상으로 지정되거나 정부보조금의 지급대상으로 지정된 사람이 계약을 해지하는 경우

4. 상속재산의 가액

상속재산의 가액은 증여재산가액 평가방법과 동일한 방법으로 평가한다.(상증법 제60조 이하)

제 2 절 상속세 납세의무

I 상속재산의 승계

1. 상속재산 승계유형

상속재산은 상속인 등에게 승계되는데 개별승계와 포괄승계로 나누어 볼 수 있고, 피상속인의 의사에 따른 승계와 법률의 규정에 의한 승계로 나누어 볼 수 있다.

(1) 피상속인의 의사에 의한 승계

상속재산 중 유증이나 사인증여 재산은 피상속인의 의사에 의하여 수유자 및 수증자에게 승계된다. 상속세 및 증여세법은 유증을 받은 자와 사인증여에 의하여 재산을 취득한 자를 통칭하여 수유자라 한다.(상증법 제2조 제5호) 그 방식 및 법적성격 등은 다음과 같다.

(가) 유증

유언에 의하여 상속재산의 일부 또는 전부를 특정인에게 증여하는 것이 유증이다. 개별재산을 유증할 수도 있고 상속재산 및 채무를 포괄로 유증할 수도 있다.(민법 제1078조) 유증은 유언의 방식에 의하며 유언은 자필증서, 녹음, 공정증서, 비밀증서와 구수증서등 민법이 규정한 5가지의 형식에 의한 경우만 효력이 있다.(민법 제1065조) 유언의 효력은 유언자가 사망한 때에 발생하며, 수유자의 의사가 반영되지 않은 유언자의 단독행위이므로 수유자는 유언자가 사망한 후에 언제든지 유증을 승인 또는 포기할 수 있다.(민법 제1074조) 수유자가 유증을 포기하거나 조건부 유증이 조건 미성취 등으

로 효력을 상실할 때에는 유증의 목적인 재산은 상속인에게 귀속한다.(민법 제1090조)

(나) 사인증여

증여는 당사자 일방이 무상으로 재산을 상대방에 수여하는 의사를 표시하고 상대방이 이를 승낙함으로써 그 효력이 발생하는 계약이다.(민법 제554조) 증여계약에 조건이 붙으면 조건이 성취된 때에 증여계약의 효력이 발생하거나 소멸하며, 증여계약에 기한이 붙으면 기한이 도달한 때에 효력이 발생한다. 증여계약의 효력발생을 증여자의 사망 시까지 유보하고 증여자가 사망한 때에 효력을 발생하게 하는 증여가 사인증여이다. 사인증여는 계약이라는 점에서 증여자의 단독행위인 유증과 다르나 증여자의 사망으로 효력이 발생한다는 점에서 유증과 유사하다. 그래서 사인증여에 대하여는 유증에 관한 규정을 준용하고 있다.(민법 제562조) 이상이 민법상 사인증여이나, 상속세 및 증여세법은 상속개시일 전 10년 이내에 피상속인이 상속인에게 진 증여채무 및 상속개시일 전 5년 이내에 피상속인이 상속인이 아닌 자에게 진 증여채무의 이행 중에 증여자가 사망한 경우의 그 증여도 사인증여의 개념에 포함시킨다. 세법적 개념이다.(상증법 제2조 제1호 나목)

(2) 법률의 규정에 의한 승계

피상속인이 상속재산의 승계에 대하여 아무런 의사표시를 하지 아니하고 사망하게 되면 상속재산은 법률의 규정에 따라 승계된다. 좁은 의미의 상속이라 할 수 있다.

(가) 상속인

피상속인의 상속재산을 승계 받을 수 있는 상속인의 범위는 다음과 같다.(민법 제1000조 · 제1003조)

① 피상속인의 직계비속
② 피상속인의 직계존속
③ 피상속인의 형제자매
④ 피상속인의 4촌 이내의 방계혈족
⑤ 피상속인의 배우자

민법상 권리의무의 주체가 되는 권리능력은 출생에서 사망까지 생존하는 동안만 인정되나(민법 제3조) 상속을 받을 권리는 태아에게도 인정되며, 이는 유증에도 준용된다.(민법 제1000조 제3항 · 제1064조) 따라서 태아도 위 순위에 따라 상속인이 된다. 양자의 경우 입양 전의 친족관계는 존속한 채 입양된 때부터 양부모의 친생자와 같은 지위를 가지게 되므로 친생부모와 양부모 모두의 상속인이 된다.(민법 제882조의2) 상속인은 상속개시 있음을 안 날로부터 3월내에 단순승인이나 한정승인 또는 포기를 할 수 있다.(민법 제1019조)

(나) 상속순위

상속순위는 위 직계비속, 직계존속, 형제자매, 4촌 이내의 방계혈족 순으로 하며, 배우자는 피상속인의 직계비속이 있을 때에는 직계비속과 공동상속인이 되고, 직계비속이 없고 직계존속이 있을 때에는 직계존속과 공동상속인이 되며, 직계비속 및 직계존속이 모두 없을 때는 단독 상속인이 된다.(민법 제1000조 · 제1003조) 상속인이 될 직계비속 또는 형제자매가 상속개시전에 사망하거나 결격자가 된 경우에 그 직계비속이 있는 때에는 그 직계비속이 사망하거나 결격된 자의 순위에 갈음하여 상속인이 된다. 이를 대습상속이라 하며, 결격된 자의 배우자의 경우 대습상속하는 직계비속과 공동 대습상속인이 되고, 대습상속하는 직계비속이 없는 경우에는 단독 대습상속인이 된다.(민법 제1003조) 직계비속이 수인인 경우에는 근친이 우선하므로 피상속인의 자와 손자가 있는 경우 자가 우선하여 상속인이 되며, 자가 먼저 사망한 손자는 대습상속을 하게 된다. 자가 모두 사망하여 손자들만이 상속인이 되는 경우 손자는 반드시 대습상속을 하여야 한다는 설과 손자들이 본위상속을 한다는 설이 있다. 피상속인의 부모와 조부모 등 직계존속이 수인인 경우에는 근친이 우선순위가 되며, 동순위인 직계비속이나 직계존속이 수인인 경우에는 동순위 상속인들이 공동상속하게 된다.(민법 제1000조 제2항)

(다) 특별연고자에 분여

상속인의 존부가 분명하지 아니한 때에는 법원은 피상속인의 친족 기타 이해관계인 또는 검사의 청구에 의하여 상속재산관리인을 선임하고 지체없이 이를 공고하여야 하며(민법 제1053조), 관리인은 상속채권 등과 상속인을 찾는 공고를 하여야 하고(민법 제1056조 · 제1057조) 기간 내에 상속권을 주장하는 자가 없는 때에는 가정법원은 피상속인과 생계를 같이 하고 있던 자, 피상속인의 요양간호를 한 자 기타 피상속인과 특별한 연고가 있던 자의 청구에 의하여 상속재산의 전부 또는 일부를 그에게 분여할 수 있다.(민법 제1057조의2)

2. 상속재산의 승계순서와 지분

(1) 승계순서

피상속인의 의사에 따른 승계가 우선이므로 사인증여 및 유증에 의한 승계를 우선하고, 다음으로 피상속인의 의사가 없는 상속재산은 상속순위에 따라 승계된다. 상속인이 없는 경우에는 특별연고자가 상속재산의 전부 또는 일부를 분여 받을 수 있으며, 특별연고자도 없거나 특별연고자에게 일부 분여한 경우 남은 상속재산은 국가에 귀속한다. (민법 제1058조 등)

(2) 상속지분

(가) 법정상속분

순위에 따라 상속을 받을 자가 1인인 경우에는 단독으로 승계하나, 동순위의 자가 수인인 경우에는 공동상속인이 된다. 공동상속인의 상속분은 유언으로 지정한 상속분[7]이 있으면 유언에 따르고, 유언이 없으면 균등한 것으로 한다. 단, 피상속인의 배우자가 직계비속 또는 직계존속과 공동상속인이 되는 경우 배우자는 다른 공동상속인 상속분의 50%를 가산한다.(민법 제1009조) 공동상속의 경우 피상속인이 분할의 방법을 정하거나 일정기간(5년 이내) 분할을 금지하는 유언을 하지 않은 한 공동상속인은 언제든지 그 협의에 의하여 상속재산을 분할할 수 있고, 상속재산의 분할은 상속개시된 때에 소급하여 그 효력이 있다.(민법 제1012조 · 제1013조 · 제1015조)

(나) 특별수익자의 상속분

공동상속인 중에 피상속인으로부터 재산의 증여 또는 유증을 받은 자가 있는 경우에 그 수증재산이 자기의 상속분에 달하지 못한 때에는 그 부족한 부분의 한도에서 상속분이 있다.(민법 제1008조) 증여의 범위에 대하여는 별도의 규정이 없다. 따라서 공동상속인 중 증여 및 유증 받은 자가 있으면 재산을 상속재산에 포함하여 각 상속분을 정한 후, 증여나 유증 받은 재산의 가액이 그 상속분을 초과하는 경우에는 추가로 받을 상속분이 없고, 증여나 유증 받은 재산의 가액이 상속분에 부족한 경우에만 그 부족분을

7) 유언으로 상속지분을 정한 경우를 지정상속분이라 하는데 법률에 규정된 것은 아니고, 유언으로 상속지분을 정하는 것도 유언의 범위 내에 포함되므로 가능하다고 본다.(대법원 2001.2.9. 선고 2000다51797 판결 참조)

증여나 유증받은 자의 상속분으로 한다.

(다) 기여분

공동상속인 중에 상당한 기간 동거 · 간호 그 밖의 방법으로 피상속인을 특별히 부양하거나 피상속인의 재산의 유지 또는 증가에 특별히 기여한 자가 있을 때에는 상속개시 당시의 피상속인의 재산가액에서 공동상속인의 협의로 정한 그 자의 기여분을 공제한 것을 상속재산으로 보고, 법정상속분에 따라 산정한 상속분에 기여분을 가산한 액으로써 그 자의 상속분으로 한다.(민법 제1008조의2)

(라) 분묘등의 승계

분묘에 속한 1정보 이내의 금양임야와 600평 이내의 묘토인 농지, 족보와 제구의 소유권은 제사를 주재하는 자가 이를 승계한다.(민법 제1008조의3)

(3) 유류분

피상속인의 의사에 의한 상속재산의 승계를 우선적으로 인정하는 것은 사유재산에 대한 사적자치의 원리상 당연히 인정되어야 하나, 상속재산의 처분권을 전적으로 피상속인의 의사에 맡겨두면 피상속인 가족의 생활유지의 근거가 되는 경제기반이 무너질 수 있다. 상속인들에게 상속재산의 일정비율을 확보할 수 있는 지위를 보장받는 권리가 유류분권이다. 유류분권은 상속인의 권리이므로 선순위 상속인이 있어 상속권이 없는 후순위 상속인권자에게까지 인정하는 권리는 아니다.

(가) 유류분권

상속인의 유류분의 비율은 다음과 같다.(민법 제1112조)

① 피상속인의 직계비속 : 그 법정상속분의 2분의 1

② 피상속인의 배우자 : 그 법정상속분의 2분의 1

③ 피상속인의 직계존속 : 그 법정상속분의 3분의 1

④ 피상속인의 형제자매 : 그 법정상속분의 3분의 1

(나) 유류분 산정대상 재산

유류분은 피상속인의 상속개시 시에 있어서 가진 재산의 가액에 상속개시 전 1년 내에 증여한 재산의 가액을 가산하고 채무의 전액을 공제한 금액을 유류분 산정의 대상

금액으로 한다.(민법 제1115조)

(다) 유류분 침해재산 반환 순서

피상속인의 유증이나 생전증여로 인하여 상속인의 상속분이 유류분 산정 대상금액에 유류분을 곱한 금액에 미치지 못하게 되면 유류분권이 침해된 것이다. 유류분권을 침해받은 상속인은 수유자나 수증자에게 그 재산의 반환을 청구할 수 있는데 유류분권이 침해된 범위 내에서 유증에 대하여 먼저 반환을 청구하고 그래도 부족한 경우에 증여에 대하여 반환을 청구한다.(민법 제1115조 · 제1116조)

Ⅱ 납세의무자

1. 납세의무자

상속세 납세의무자는 상속인과 수유자이다.(상증법 제3조의2) 상속세 및 증여세법상 상속인은 민법상 좁은 의미의 상속인 외에 상속을 포기한 사람 및 특별연고자를 포함하는 개념이고, 수유자는 유증을 받은 자 또는 사인증여로 재산을 취득한 자를 포함하는 개념이다.(상증법 제2조 제4호 · 제5호) 사인증여에는 증여계약 이행 중 상속이 개시된 수증자도 포함된다.(상증법 제2조 제1호 나목) 상속을 포기한 상속인이 납세의무를 지는 것은 상속개시 전 10년 이내에 상속인이 증여받은 재산을 상속재산가액에 포함하므로 상속개시 당시 상속재산에 대하여는 상속을 포기하여도 생전증여분에 대하여 상속세 납세의무를 지게 되는 것이다.

자연인뿐만 아니라 법인도 특별연고자 및 수유자가 될 수 있다. 다만, 영리법인의 경우 법인세를 납부하므로 영리법인이 수유자이거나 특별연고자로 상속재산을 승계하더라도 상속세 납세의무는 없다. 그러므로 상속세 산출세액 중 영리법인이 부담할 세액을 차감하여 납부할 세액을 계산한다. 그러나 영리법인의 주주 또는 출자자 중 상속인과 그 직계비속이 있는 경우에는 지분상당액에 해당하는 상속세를 그 상속인 및 직계비속이 납부할 의무가 있다.(상증법 제3조의2 제2항) 비영리법인의 경우 상속세 납세의무를 지나 공익법인 등에 대한 출연재산은 상속세 과세가액에서 제외한다.

상속세 과세가액에는 상속개시일 전 5년 이내에 피상속인이 상속인이 아닌 자에게 증여한 재산가액을 합산한다. 그렇다고 하여 상속인이 아닌 생전 증여재산의 수증자가 상속세를 납부할 의무는 지지 않는다. 그는 증여세를 납부하는 것으로 납세의무를 다 한 것이다. 또한 상속인이 없거나 특별연고자가 상속재산의 일부를 승계하여, 상속재산의 전부 또는 일부를 국가에 귀속하는 경우에도 국가는 상속세 납세의무자가 아니다.

상속세 납세의무자를 구체적으로 보면, 상속재산을 상속받은 상속인, 상속을 포기하였으나 상속개시 전 10년 이내에 피상속인으로부터 재산을 증여받은 상속인, 상속재산을 승계받은 특별연고자, 유증 및 사인증여를 받은 자가 상속세 납세의무자이다.

2. 납세의무 면제(전사자 등에 대한 상속세 비과세)

피상속인이 전쟁, 사변 또는 이에 준하는 비상사태로 토벌 또는 경비 등 작전업무를 수행하는 중에 입은 부상 또는 그로 인한 질병으로 사망하여 상속이 개시되는 경우에는 상속세를 부과하지 아니한다.(상증법 제11조, 상증령 제7조) 상속재산의 특성에 따라 비과세하는 것이 아니라 상속개시 사유, 즉 피상속인의 특수한 사망이라는 인적 사유에 따라 상속세를 비과세하는 것이다. 이와 관련하여 월남전 참전자가 고엽제살포지역에서 복무한 사실로 국가유공자로 등록되었다는 사정만으로는 그 질병(사망에 이른 질병)이 전투 등의 직무수행과 상당인과관계가 있다고 추단할 수는 없다는 판례가 있다.(대법원 2014.2.27. 선고 2012두16275 판결)

Ⅲ 납세의무의 범위

1. 상속인 및 수유자의 납세의무 범위

상속세 과세표준 및 산출세액은 피상속인을 기준으로 생전에 증여한 재산, 사인증여 및 유증한 재산, 상속재산 등을 통합하여 산정하나, 납세의무는 상속인 및 수유자가 지므로 상속재산의 유형에 따라 형평성 있게 납세의무를 부담하여야 한다. 상속인 및 수유자는 각자가 승계받은 상속재산 가액의 비율로 상속세를 납부할 의무가 있다.(상증법 제3조의2) 상속개시당시 상속재산만이 상속세 과세대상인 경우에는 공동상속인이 각자 부담할 세액을 계산하는 것은 각자의 상속분대로 안분하면 된다. 그러나 상속인에게 생전 증여한 재산이 있어 이를 과세가액에 합산하는 경우에는 공동상속인별로 과세가액 비율이 달라지고, 나아가 상속인이 아닌 자에게 생전 증여한 재산의 가액을 상속세 과세가액에 합산하는 경우에는 가산되는 과세가액에 해당하는 상속세도 다른 상속인 및 수유자들이 부담하여야 하므로 부담비율 산식이 다소 복잡해진다. 산식 및 산식에 대한 설명은 상속세 과세가액, 과세표준 및 산출세액을 알아본 다음 증여세액 공제부분에 같이 설명하고자 한다.

2. 영리법인 주주 및 출자자의 납세의무 범위

상속재산을 유증받거나 특별연고자롤 상속재산을 승계한 영리법인의 주주 또는 출자자 중에 상속인과 그 직계비속이 있는 경우, 상속인과 그 직계비속은 영리법인이 받았거나 받을 상속재산에 대한 상속세 상당액에서 그 재산으로 인하여 납부할 법인세 상당액을 차감한 금액에 상속인과 그 직계비속의 지분율을 곱한 금액을 납부할 세액으로 한다. 영리법인이 납부할 법인세 상당액은 실제 법인세율과 상관없이 10%로 정하고 있다.(상증령 제3조 제2항) 이를 산식으로 보면 다음과 같다.

지분상당액 = [영리법인에게 면제된 상속세 - 유증 재산가액 × 10%] × 상속인과 직계비속의 지분율

3. 상속세 연대납세의무

상속인 또는 수유자는 각자가 받았거나 받을 재산을 한도로 상속세를 연대하여 납부할 의무를 진다.(상증법 제3조의2) "각자가 받았거나 받을 재산"이란 상속으로 인하여 얻은 자산총액에서 부채총액과 그 상속으로 인하여 부과되거나 납부할 상속세를 공제

한 가액을 말한다.(상증령 제3조 제3항) 상속으로 인하여 얻은 자산총액에는 상속재산에 가산한 증여재산중 상속인 또는 수유자가 받은 증여재산을 포함한다.(재삼46014-721, 1998.4.28.) 상속을 받았거나 받을 재산 자체가 아니라 그 가액을 한도로 납세의무를 진다는 뜻이므로 상속인의 다른 고유재산에 대한 체납처분이 금지되는 것은 아니다.(서면인터넷방문상담4팀-3725, 2007.12.28.)

상속세를 연대하여 납부한다는 것은 상속인 또는 수유자가 위 1.에 따라 산정한 각자의 부담세액뿐만 아니라 다른 상속인 또는 수유자가 부담하는 세액에 대하여도 상속받은 재산가액의 범위 내에서 납부할 의무가 있다는 뜻이다. 따라서 위 1.에 따라 상속인 또는 수유자 각자가 부담할 납부세액의 범위를 산정하는 것은 국가에 대하여 납부의무의 범위를 정하는 의미는 없고 단지 상속인 간에 정산하는 기준으로서 의미를 갖는다고 할 수 있다. 그래서 상속세신고 시에는 상속인별 납부할 세액의 범위를 산정하여야 하는 것은 아니나, 세무서장이 상속세를 결정하고 고지하는 때에는 상속인 및 수유자별 납부할 상속세액 및 연대납부의무의 한도액을 통지하여야 한다.(상증세사무처리규정 제45조 제1항 제1호)

상속세 및 증여세법 제3조의2 제3항에 따르면, 상속인 및 수유자의 연대납세의무 대상에는 영리법인의 주주 또는 출자자가 지는 상속세는 포함되지 아니한다. 따라서 피상속인으로부터 직접 상속재산을 승계한 상속인과 수유자는 영리법인이 유증받은 재산에 대하여 주주 또는 출자자가 지는 상속세에 대하여는 연대납세의무가 없다. 한편 영리법인의 주주 또는 출자자 중 상속세를 부담하는 자가 다수인 경우 주주 또는 출자자 간에 연대납세의무를 지는지에 대해서는 규정되어 있지 않다. 상속세 및 증여세법 제3조의2 제2항에는 “대통령령으로 정하는 바에 따라 계산한 지분상당액을 상속인 및 직계비속이 납부할 의무가 있다.”고 규정하고 있고, 시행령이 규정한 산식은 상속인과 그 직계비속이 부담할 세액의 산정방법만 규정하고 있어 상속인과 그 직계비속의 납세의무 성격이 불분명하다.[8]

8) 개인적 의견으로는 연대납세의무에 대한 특별규정이 없는 이상 연대납세의무가 없는 것으로 본다.

제 3 절 상속세 과세가액

I 개요

상속세 과세가액은 상속재산의 가액에서 채무 등을 뺀 후 상속개시 전 10년 이내에 피상속인이 상속인에게 증여한 재산가액과 상속개시 전 5년 이내에 피상속인이 상속인이 아닌 자에게 증여한 재산가액을 가산한 금액으로 한다.(상증법 제13조) 상속재산 중 공익법인 등에 출연한 재산 및 공익신탁재산은 상속세 과세가액에 산입하지 아니한다. 피상속인이 거주자인 경우와 비거주자인 경우 과세가액의 산정범위가 다르다. 거주자를 중심으로 과세가액에 가감하는 금액을 먼저 살펴보고 비거주자인 경우 가감하는 금액을 따로 본다.

II 상속재산가액에서 빼는 공과금 등

거주자의 사망으로 인하여 상속이 개시되는 경우에는 상속개시일 현재 피상속인이나 상속재산에 관련된 공과금등은 상속재산의 가액에서 뺀다.(상증법 제14조 제1항) 공과금 등이 상속재산가액을 초과하는 경우에는 초과하는 금액을 없는 것으로 본다.(상증법 제13조 제1항 단서) 이 단서 규정은 2013년 1월 1일 상속개시 분부터 적용하는데 그 이전에는 관련규정이 없어 상속재산을 초과하는 공과금 등을 합산하는 생전 증여재산가액에서 차감하였다.(대법원 2006.9.22. 선고 2006두9207 판결)

1. 공과금

공과금이라 함은 상속개시일 현재 피상속인이 납부할 의무가 있는 것으로서 상속인에게 승계된 조세 · 공공요금, 국세기본법 제2조 제8호에 따른 공과금(공공요금에 해당하는 경우를 제외)을 말한다.(상증령 제9조, 상증칙 제2조의2) 국세기본법 제2조 제8호의 "공과금"(公課金)이란 국세징수법에서 규정하는 체납처분의 예에 따라 징수할 수 있는 채권 중 국세, 관세, 임시수입부가세, 지방세와 이에 관계되는 가산금 및 체납처분비를 제외한 것을 말한다. 상속재산에서 빼는 공과금등을 세목별로 정리하면 다음과 같다.(상증집행 14-9-1)

① 국세, 관세, 임시수입부가세, 지방세

② 공공요금

③ 공과금 : 국세징수법의 체납처분의 예에 따라 징수할 수 있는 조세 및 공공요금 이외의 것

④ 피상속인이 당초 조세를 감면 · 비과세 받은 후 감면 · 비과세 요건을 충족하지 못해 조세가 경정 · 결정된 경우에 당해 경정 · 결정된 조세

⑤ 피상속인이 사망한 후에 피상속인이 대표이사로 재직하던 법인의 소득금액이 조사 · 결정됨에 따라 피상속인에게 상여로 처분된 소득에 대한 종합소득세 · 지방소득세 등

피상속인이 납부할 공과금등을 공제하는 것이므로 상속개시일 이후 상속인의 귀책사유로 납부 또는 납부할 가산세, 가산금, 체납처분비, 벌금, 과료, 과태료 등은 공과금등에 포함되지 아니한다.

2. 장례비용

상속재산가액에서 차감되는 장례비용은 시신의 발굴 및 안치에 직접 소요되는 비용과 묘지구입비, 공원묘지 사용료, 비석, 상석 등 장례에 직접 소요된 비용으로 한다.(상증집행 14-9-2) 장례비용은 다음의 구분에 따른 금액을 상속재산가액에서 공제한다.(상증령 제9조 제2항)

① 피상속인의 사망일부터 장례일까지 장례에 직접 소요된 금액으로서 다음의 봉안

시설 또는 자연장지(自然葬地)의 사용에 소요된 금액을 제외한 금액을 공제한다. 단 그 금액이 500만원 미만인 경우에는 500만원을 공제하고, 1천만원을 초과하는 경우에는 1천만원을 공제한다. 즉 1천만원 초과금액은 공제하지 아니한다.

② 봉안시설 또는 자연장지의 사용에 소요된 금액을 공제한다. 단 그 금액이 500만원을 초과하는 경우에는 500만원을 공제한다. 즉 500만원을 초과하는 금액은 공제하지 아니한다.

3. 채무

상속인은 상속개시된 때로부터 피상속인의 재산에 관한 포괄적 권리의무를 승계한다.(민법 제1005조) 즉 피상속인의 적극재산뿐만 아니라 소극재산인 채무도 승계한다. 따라서 상속인이 상속으로 받는 재산적 이익은 승계하는 재산의 가액에 승계하는 부채의 가액을 차감한 금액이 되는 것은 당연하다. 그러나 가공의 채무를 만들어 상속세를 회피하는 것을 방지하기 위하여 세법은 상속재산에서 차감하는 채무의 존재가 상당한 방법으로 증명될 것을 요구하고 있다.(상증법 제14조 제4항)

(1) 공제하는 채무

상속재산가액에서 공제하는 채무는 상속개시 당시 피상속인의 채무로서 상속인이 실제로 부담하는 사실이 다음 어느 하나에 따라 증명되어야 한다.(상증령 제10조)

① 국가 · 지방자치단체 및 금융회사등에 대한 채무는 해당 기관에 대한 채무임을 확인할 수 있는 서류. 여기서 금융회사등은 금융실명거래 및 비밀보장에 관한 법률 제2조 제1호에 따른 금융회사등을 말한다.

② 위 ① 외의 자에 대한 채무는 채무부담계약서, 채권자확인서, 담보설정 및 이자지급에 관한 증빙등에 의하여 그 사실을 확인할 수 있는 서류[9)]

9) 채무의 입증방법을 열거하고 있으나 입증방법의 열거규정이라기보다는 예시규정으로 보아야 할 것이다. 채무의 존재가 객관적으로 입증되느냐가 문제이지 어떤 방법으로 입증되느냐가 중요한 것은 아니기 때문이다.

(2) 공제하지 아니하는 채무

상속재산에 포함되는 증여재산에 대한 채무와 불명확한 사인 간의 채무는 상속재산가액에서 공제하지 아니한다.

(가) 증여채무

피상속인의 증여행위는 피상속인의 재산을 일방적으로 분여하는 것이므로 상속세를 줄이는 수단으로 이용될 수 있다. 따라서 상속세 및 증여세법은 상속개시 전 일정기간에 이루어진 증여재산을 상속세의 과세가액에 합산한다. 같은 취지로 상속개시일 전 10년 이내에 피상속인이 상속인에게 진 증여채무와 상속개시일 전 5년 이내에 피상속인이 상속인이 아닌 자에게 진 증여채무는 상속재산가액에서 차감하지 아니한다. 그리하여 이 기간 중에 증여계약이 체결되었으나 상속개시 시까지 이행되지 아니한 증여재산은 상속재산에 포함되어 그 가액이 상속세 과세가액에 그대로 남아있게 되므로 증여채무는 상속재산가액에서 빼지 아니한다.(상증법 제14조 제1항 제3호)

(나) 불명확한 사인 간의 채무

피상속인이 국가, 지방자치단체 및 금융회사등이 아닌 자에 대하여 부담한 채무로서 상속세 및 증여세법 시행령으로 정하는 바에 따라 상속인이 변제할 의무가 없는 것으로 추정되는 경우에는 이를 상속세 과세가액에 산입한다.(상증법 제15조 제2항) 즉 상속세 과세가액에서 공제할 채무로 인정하지 아니한다. 여기서 금융회사등은 위 (1)의 금융회사등을 말하고 "시행령으로 정하는 바에 따라 상속인이 변제할 의무가 없는 것으로 추정되는 경우"란 위 (1)에 규정된 서류등에 의하여 상속인이 실제로 부담하는 사실이 확인되지 아니하는 경우를 말한다.[10](상증령 제10조 제2항 · 제11조 제3항)

(3) 해석사례

과세당국은 채무인정 여부와 관련하여 다음과 같이 유형별로 유권해석을 하고 있다. (상증통칙 14-0-3)

① 미지급 이자 : 상속개시일 현재 소비대차에 따른 피상속인의 채무에 대한 미지급

10) 본 규정은 상속세 및 증여세법 제15조(상속개시일 전 처분재산 등의 상속 추정 등) 제2항에 규정되어 있는데 제1항과 달리 2년 및 5년의 기한 규정도 없어 결국 공제가능한 채무규정의 반대해석을 다시 조문화한 중복규정이다.

이자는 공제 가능한 채무에 해당한다. 다만, 법인세법 제52조에 따른 부당행위계산의 부인으로 계상한 인정이자 과세대상(법인세의 과세표준과 세액의 신고시 계상한 것을 포함)은 포함하지 아니한다.

② 보증채무 : 피상속인이 부담하고 있는 보증채무 중 주채무자가 변제불능의 상태로서 상속인이 주채무자에게 구상권을 행사할 수 없다고 인정되는 부분에 상당하는 금액은 채무로서 공제한다. 보증채무나 물상보증채무는 채무이기는 하나 주채무자가 정상적으로 이행하거나 보증인이 변제한 후 구상을 받을 경우에는 재산적 손실이 발생하지 않는다. 따라서 보증채무는 원칙적으로 상속재산가액에서 공제할 채무가 아니다.(대법원 1983.12.13. 선고, 83누410 판결 등)

③ 연대채무 : 피상속인이 연대채무자인 경우 상속재산에서 공제할 채무액은 피상속인의 부담분에 상당하는 금액에 한정하여 공제할 수 있다. 다만, 연대채무자가 변제불능의 상태가 되어 피상속인이 변제불능자의 부담분까지 부담하게 된 경우로서 당해 부담분에 대하여 상속인이 구상권행사에 의해 변제받을 수 없다고 인정되는 경우에는 채무로서 공제할 수 있다.

④ 임대보증금 : 사실상 임대차계약이 체결된 토지・건물에 있어서 부채로 공제되는 임대보증금의 귀속은 다음에 따른다.

- 토지・건물의 소유자가 같은 경우 : 토지・건물 각각에 대한 임대보증금은 전체 임대보증금을 토지・건물의 평가액(상속세 및 증여세법 제61조 제5항에 따른 평가액을 말한다)으로 안분계산한다.
- 토지・건물의 소유자가 다른 경우 : 실지 임대차계약내용에 따라 임대보증금의 귀속을 판정하며 건물의 소유자만이 임대차계약을 체결한 경우에 있어서 그 임대보증금은 건물의 소유자에게 귀속되는 것으로 한다.

⑤ 사용인의 퇴직금 : 피상속인의 사업과 관련하여 고용한 사용인에 대한 상속개시일까지의 퇴직금상당액은 피상속인의 채무로서 상속재산가액에서 차감된다. 이 경우 퇴직금상당액은 근로자퇴직급여 보장법 제8조에 따라 지급하여야 할 금액을 말한다.(상증집행 14-9-10)

⑥ 공동사업장의 채무 : 피상속인이 공동사업자인 경우 공동사업장의 장부에 의해 확인된 채무는 출자지분비율에 따라 안분 계산하여 상속재산가액에서 차감된다.(상증집행 14-9-11)

Ⅲ 가산하는 증여재산가액

1. 의의

피상속인이 보유재산을 생전에 자녀들에게 증여하거나 유산으로 자녀들에게 상속하는 것은 근친자에게 재산을 무상으로 이전한다는 점에서 본질적으로 유사하다. 그러나 과세표준에서 제외되는 공제금액 차이 및 누진세율에 따라 증여와 상속으로 분산하여 승계하는 것이 유리할 수 있다. 이러한 점을 이용하여 피상속인이 장차 사망을 예상하여 생전에 증여하여 상속세 부담을 줄이는 경우를 방지하기 위하여 사망개시일 일정기간 전에 증여한 재산가액을 상속세 과세가액에 가산하는 규정을 두고 있다.(상증법 제13조) 이 규정의 합헌성에 대하여 헌법재판소는 "피상속인이 생전에 증여한 재산의 가액을 가능한 한 상속세 과세가액에 포함시킴으로써 조세부담에 있어서의 상속세와 증여세의 형평을 유지함과 아울러 피상속인이 사망을 예상할 수 있는 단계에서 장차 상속세의 과세대상이 될 재산을 상속개시 전에 상속인 이외의 자에게 상속과 다름없는 증여의 형태로 분할·이전하여 누진세율에 의한 상속세 부담을 회피하려는 부당한 상속세 회피행위를 방지하고 조세부담의 공평을 도모하기 위한 것"이라는 점 등을 들어 합헌성을 인정하였다.(헌법재판소 2006.7.27. 2005헌가4)

2. 가산대상 증여재산

가산하는 증여재산은 상속개시 전 일정기간 내에 증여한 재산이다. 상속세 및 증여세법에는 증여자의 행위로 인한 수증자의 재산적 가치의 증가 등을 증여로 보아 과세하는 규정들이 있다. 이 의제규정에 의한 증여를 모두 상속재산에 포함된다고 보기는 어렵다. 이러한 점을 고려하여 상속세 및 증여세법은 상속세 과세가액에 합산하지 아니하는 생전 증여재산을 다음과 같이 열거하고 있다.(상증법 제13조 제3항)

① 비과세되는 증여재산(제46조)

② 공익법인등이 출연받은 재산(제48조 제1항)

③ 공익신탁재산(제52조)

④ 장애인이 증여받은 재산(제52조의2 제1항)

⑤ 합산배제증여재산(제47조 제1항)

- 재산취득 후 재산가치 증가로 인한 증여(제31조 제1항 제3호)
- 전환사채 등의 주식전환 이익, 양도이익(제40조 제1항 제2호 · 제3호)
- 주식등의 상장등에 따른 이익의 증여(제41조의3)
- 합병에 따른 상장 등 이익의 증여(제41조의5)
- 재산취득 후 가치증가에 따른 이익의 증여(제42조의3)
- 특수관계법인과의 거래를 통한 이익의 증여(제45조의3)
- 특수관계법인으로부터 제공받은 사업기회로 발생한 이익의 증여(제45조의4)

⑥ 영농자녀등이 증여받은 농지(조특법 제71조 제5항)

이와 관련하여, 증여세가 과세되지 아니하는 영리법인에 증여한 재산도 상속세 과세가액에 가산하는 증여재산에 포함되는지에 대한 의문이 있다. 영리법인에 증여한 재산에 대하여 가산을 배제하는 규정을 두고 있지 아니하며, 생전 증여를 통하여 고율의 누진세율에 의한 상속세 부담을 회피하거나 감소시키는 행위를 방지하고자 하는 동 규정의 입법취지에 비추어 보아 영리법인에 증여한 재산도 가산하는 증여재산에 포함된다는 것이 유권해석이다.(서면인터넷방문상담4팀-497, 2007.2.6., 대법원 2006.7.6. 선고 2004두14373 판결; 서울고등법원 2015.11.11. 선고 2015누30175 판결)

3. 가산하는 증여재산 범위

(1) 상속개시일 전 일정기간 내에 증여한 것

피상속인이 상속개시일 전 10년 이내에 상속인에게 증여한 재산의 가액과 상속인이 아닌 자에게 상속개시일 전 5년 이내 증여한 재산의 가액은 상속재산가액에 합산한다. 10년(상속인 아닌 자에 대하여 5년) 이전에 증여한 재산은 상속을 예상하여 미리 승계한 재산으로 보기 어려우므로 그 이전에 증여한 재산은 합산하지 아니한다. 조세특례제한법 제30조의5 창업자금에 대하여 증여세 특례적용을 받은 증여재산 및 같은 법 제30조의6 가업의 승계에 대한 증여세 과세특례를 적용받는 증여재산에 대하여는 상속개시일 전 10년 이전에 증여한 것도 그 가액을 상속재산가액에 합산한다.(조특법 제30조의5 제8항 · 제30조의6 제3항) 다만, 조세특례제한법 제71조에 따라 영농자녀등이 증여세 감면을 받은 농지등은 상속재산에 가산하는 증여재산으로 보지 아니한다.(조특법 제71조 제5항) 기간의 계산은 별도의 규정이 없으므로 민법상 기간계산의 일반원칙에 따라 역에 의하여 계산하고 초일은 산입하지 아니한다.(국기법 제4조, 민법 제157조 · 제160조)

(2) 상속인과 상속인 아닌 자의 구분

상속인 여부는 상속개시 당시를 기준으로 판단하며, 상속인의 범위는 민법 규정에 의한 선순위 상속인에 한정되므로 상속재산의 전부 또는 일부를 받은 자로서 선순위 상속인이 있는 경우 후순위 상속인은 상속인이 아닌 자에 해당한다는 것이 과세당국의 유권해석이다.(상증집행 13-0-3)[11] 예를 들어 피상속인이 자녀와 손자녀에게 생전에 증여한 경우, 자녀에게 증여한 재산은 사망 전 10년간 증여한 재산가액을, 손자녀에게 증여한 재산은 사망 전 5년간 증여한 재산가액을 상속세 과세가액에 합산한다는 것이다.[12] 또한 이혼으로 배우자의 지위를 상실한 자에게 이혼 전에 증여한 것도 상속인이 아닌 자에 대한 증여재산이 된다.(법규재산2013-228, 2013.9.11.)

(3) 상속재산에 가산하지 아니한 증여재산 해석사례(상증집행 13-0-6)

① 증여받은 자녀 등이 먼저 사망한 경우 : 상속개시일 이전에 수증자(상속인 · 상속인 아닌 자)가 피상속인으로부터 재산을 증여받고 피상속인의 사망(상속개시일) 전에 사망한 경우에는 상속인 등에 해당하지 아니하므로 피상속인의 상속세 과세가액에 사전증여재산가액을 합산하지 아니한다.

② 증여받은 재산을 증여세신고기한 후 반환받은 경우 : 피상속인이 상속인에게 증여한 재산을 증여세신고기한을 경과한 후 반환받고 사망하여 증여세가 부과된 경우로서, 반환받은 재산이 상속재산에 포함되어 상속세가 과세되는 때에는 사전증여재

11) 국세청, 「2018 상속세 · 증여세 실무해설」 110-111면

12) 사전증여재산을 상속세 과세가액에 합산하는 입법취지가 사망을 예상하여 생전에 증여한 재산을 상속재산에 포함시켜 조세부담의 형평을 유지하고자 함에 있다면, 상속인에게 증여하는 경우와 상속인 이외의 자에게 증여한 경우로 나누어 상속인 이외의 자에게는 5년의 기간 내에 증여한 재산만 합산하도록 규정한 것은 상속인 외의 자에게는 상속개시 전 5년 이전에는 상속을 예상하여 증여한 것으로 보기 어렵지만 상속인에게는 상속개시 전 10년 이내의 증여도 상속을 예상하여 증여한 것으로 본다는 취지인데, 그렇다면 여기서 상속인이라는 것은 장차 상속인이 될 가능성이 있는 근친자로 보아야 본 규정의 입법취지를 살릴 수 있는 것이 아닌가 생각한다. 즉 손자녀에게 상속개시 전 10년 이내에 증여한 재산도 합산하는 것이 입법목적에 부합하는 것이 아닐까 한다. 법문이 "상속인"이라고 규정하고 있어 해석상으로는 부득이한 점이 있으나 입법의도를 살리기 위한 규정정비를 검토할 필요가 있다고 본다.

산에 해당하지 않는다.

③ 명의신탁환원 재산 : 명의신탁재산은 원칙적으로 사전증여재산으로 상속재산에 합산하나 명의신탁재산으로 증여세가 과세된 재산이 피상속인의 재산으로 환원되거나 피상속인의 상속재산에 포함되어 상속세가 과세되는 경우에는 사전증여재산으로 합산하지 아니한다.[13] 명의신탁 증여의제와 관련한 문제는 오히려 명의신탁증여의제 규정에 따라 부담한 증여세액이 상속세산출세액에서 차감하는 증여세공제세액에 포함되느냐 여부인데 국세청은 부정적이다.(서면인터넷방문상담4팀-171, 2005.1.24.)

4. 가산하는 증여재산가액

상속재산의 가액에 가산하는 증여재산의 가액은 증여일 현재의 시가에 따른다.(상증법 제60조 제4항) 상속개시 전 상속인이 증여받은 부동산의 가액이 상승하여도 상속개시 시의 시가가 아니라 증여 당시의 시가로 평가한다는 것이다. 증여받은 당해 재산에 담보된 증여자의 채무를 수증가자 인수한 이른바 부담부증여의 경우에는 재산가액에서 채무액을 차감한 증여가액을 가산한다.(상증집행 13-0-7)

Ⅳ 공익법인등 출연재산 등 과세가액 불산입

1. 공익법인등 출연재산 과세가액 불산입

1) 의의

상속재산 중 피상속인이나 상속인이 종교・자선・학술 관련 사업 등 공익사업을 하는 공익법인 등에게 출연한 재산의 가액으로서 상속세 신고기한 이내에 출연한 재산의

13) 명의신탁재산을 사전증여재산으로 보아야 하는지는 의문이다. 명의신탁재산의 실질적 소유권은 신탁자에게 있으므로 신탁자가 사망한 경우 본래의 상속재산으로 보는 것이 타당하다고 생각한다.

가액은 상속세 과세가액에 산입하지 아니한다. 법령상 또는 행정상의 사유로 공익법인등의 설립이 지연되는 등 부득이한 사유가 있는 경우에는 그 사유가 없어진 날이 속하는 달의 말일부터 6개월 이내에 출연한 경우를 포함한다.(상증법 제16조) 공익법인등에게 출연한 증여재산에 대하여 증여세를 과세하지 아니하는 취지와 같다.

2) 출연재산 과세가액 불산입 요건

(1) 공익법인등에 출연

공익법인등은 상속세 및 증여세법 시행령 제12조에 열거된 사업을 하는 자를 말한다. 공익법인등과 출연의 의미는 증여세 과세가액 불산입 증여재산 부분(제3장 제5절 Ⅱ 2)을 참조하기 바란다.(상증법 제16조 제1항)

(2) 피상속인이나 상속인의 출연

피상속인이 출연한다는 것은 유증에 의한 출연을 말하고, 상속인이 출연한다는 것은 상속인들이 상속재산을 출연하는 것이다. 상속인들이 다수인 경우 상속인들의 합의에 따른 의사로 하여야 한다. 여기서 합의란 상속인 전원의 합의를 의미한다는 것이 국세청의 해석이다.(법령해석과-3699, 2016.11.16.) 상속인들이 상속재산을 출연하는 경우에는 출연된 공익법인등의 이사 현원의 5분의 1을 초과하여 이사가 되어서는 아니되며, 이사의 선임 등 공익법인등의 사업운영에 관한 중요사항을 결정할 권한을 가지지 아니하여야 한다. 이사의 현원이 5명에 미달하는 경우에는 5명으로 보아 5분의 1을 계산한다.(상증령 제13조 제2항)

(3) 출연하는 재산

증여세 과세가액 불산입 증여재산 부분에서 본 바와 같이 출연하는 재산의 종류에는 제한이 없으나, 주식출연과 관련하여서는 다음과 같이 엄격한 제한이 따른다.(상증법 제16조 제2항)

내국법인의 의결권 있는 주식 또는 출자지분(주식등)을 공익법인등에 출연하는 경우로서 출연하는 주식등과 ① 출연자가 출연할 당시 해당 공익법인등이 보유하고 있는 동일한 내국법인의 주식등, ② 출연자 및 그의 특수관계인이 해당 공익법인등 외의 다른 공익법인등에 출연한 동일한 내국법인의 주식등, ③ 상속인 및 그의 특수관계인이 재산을 출연한 다른 공익법인등이 보유하고 있는 동일한 내국법인의 주식등을 합한 것이 그 내국법인의 의결권 있는 발행주식총수 또는 출자총액(자기주식과 자기출자지분은 제외, "발행주식총수등")의 5%(성실공익법인등은 10% 또는 20%)를 초과하는 경우에는 그 초과하는 가액을 상속세 과세가액에 산입한다.

"성실공익법인등" 및 "예외적으로 비율이 초과하는 경우에도 상속세 과세가액에 산입하지 아니하는 경우"는 증여세 과세가액 불산입 증여재산 부분에서 본 바와 같다.

(4) 상속세 신고기한 내에 출연할 것

출연재산은 상속세 신고기한, 즉 상속개시일이 속하는 달의 말일부터 6개월 이내에 공익법인에게 출연하여야 한다. 출연시기는 공익법인 등이 출연재산을 취득하는 때를 말하므로, 출연한 재산은 상속세 신고기한까지 공익법인등에 그 출연을 이행, 즉 권리의 이전이나 그 행사에 등기·등록 등을 요하는 출연재산의 경우에는 등기·등록에 따라 소유권이 이전되어야 한다.(상증통칙 16-13-2) 다만, 다음과 같은 부득이한 사유가 있어 공익법인등의 설립이 지연되는 경우에는 그 사유가 없어진 날이 속하는 달의 말일부터 6개월까지 신고하여야 한다.(상증령 제13조 제1항)

① 재산의 출연에 있어서 법령상 또는 행정상의 사유로 출연재산의 소유권의 이전이 지연되는 경우

② 상속받은 재산을 출연하여 공익법인등을 설립하는 경우로서 법령상 또는 행정상의 사유로 공익법인등의 설립허가 등이 지연되는 경우

3) 사후관리

공익법인등에 출연한 재산의 가액을 상속세 과세가액에 산입하지 아니한 경우로서 다음 어느 하나에 해당하는 경우에는 그 가액을 상속세 과세가액에 산입한다. 가산하는 가액의 평가는 상속개시일을 기준으로 평가한다.(상증법 제16조 제4항, 상증령 제13조 제13항)

① 상속세 과세가액에 산입하지 아니한 재산과 그 재산에서 생기는 이익의 전부 또는 일부가 상속인(상속인의 특수관계인을 포함)에게 귀속되는 경우 : 그 재산의 가액 또는 이익을 상속세 과세가액에 산입한다.

② 상호출자제한기업집단과 특수관계에 있지 아니한 성실공익법인등(공익법인등이 설립

된 날부터 3개월 이내에 주식등을 출연받고, 설립된 사업연도가 끝난 날부터 2년 이내에 성실공익법인등이 되는 경우를 포함한다)에 발행주식총수등의 보유비율을 초과하여 출연하는 경우로서 해당 성실공익법인등이 초과보유일부터 3년 이내에 초과하여 출연받은 부분을 매각(주식등의 출연자 또는 그의 특수관계인에게 매각하는 경우는 제외한다)하지 아니하는 경우 : 발행주식총수등의 10% 초과하여 출연받은 주식등의 가액을 상속세 과세가액에 산입한다.

2. 공익신탁재산의 과세가액 불산입

상속재산 중 피상속인이나 상속인이 공익신탁법에 따른 공익신탁으로서 종교 · 자선 · 학술 또는 그 밖의 공익을 목적으로 하는 신탁을 통하여 공익법인등에 출연하는 재산의 가액은 상속세 과세가액에 산입하지 아니한다.(상증법 제17조)

(1) 신탁요건

다음 각 요건을 갖춘 공익신탁이 과세가액 불산입 대상이다.(상증령 제14조 제1항)

① 공익신탁의 수익자가 공익법인등이거나 그 공익법인등의 수혜자일 것
② 공익신탁의 만기일까지 신탁계약이 중도해지되거나 취소되지 아니할 것
③ 공익신탁의 중도해지 또는 종료시 잔여신탁재산이 국가 · 지방자치단체 및 다른 공익신탁에 귀속될 것

(2) 신고기한 내 신탁

상속세 과세가액에 산입하지 아니하는 재산은 상속세 과세표준 신고기한까지 신탁을 이행하여야 한다. 다만, 법령상 또는 행정상의 사유로 신탁 이행이 늦어지면 그 사유가 끝나는 날이 속하는 달의 말일부터 6개월 이내에 신탁을 이행하여야 한다.(상증령 제14조 제2항)

V 비거주자의 상속세 과세가액

피상속인이 비거주자인 경우는 국내에 있는 상속재산만 상속세가 과세되므로(상증법 제3조) 상속세 과세가액에 합산되는 상속재산 및 공제되는 채무 등도 국내에 있는 재산과 관련된 것만 해당된다.

(1) 합산하는 증여재산

비거주자의 사망으로 인하여 상속이 개시되는 경우에는 상속개시일 전 10년 이내에 피상속인이 상속인에게 증여한 재산가액과 상속개시일 전 5년 이내에 피상속인이 상속인이 아닌 자에게 증여한 재산가액 중 국내에 있는 재산가액을 가산한다.(상증법 제13조 제2항)

(2) 공제하는 공과금 및 채무액

비거주자의 사망으로 인하여 상속이 개시되는 경우에는 다음의 가액 또는 비용을 상속재산의 가액에서 뺀다.(상증법 제14조 제2항)

① 해당 상속재산에 관한 공과금

② 해당 상속재산을 목적으로 하는 유치권(留置權), 질권, 전세권, 임차권(사실상 임대차계약이 체결된 경우를 포함), 양도담보권 · 저당권 또는 동산 · 채권 등의 담보에 관한 법률에 따른 담보권으로 담보된 채무

③ 피상속인의 사망 당시 국내에 사업장이 있는 경우로서 그 사업장에 갖춰 두고 기록한 장부에 의하여 확인되는 사업상의 공과금 및 채무

제 4 절 상속세 과세표준

I 과세표준

1. 과세표준 산정

상속세의 과세표준은 상속세 과세가액에서 각종 상속공제금액과 상속재산의 감정평가수수료를 차감한 금액으로 한다.(상증법 제25조) 상속재산은 피상속인을 중심으로 한 가족공동체의 경제적 기반이므로 가족공동체의 생활이 지속되는 최소한의 경제적 기반은 보장되어야 한다. 이러한 점에서 증여세와 달리 상속세의 경우 보다 다양한 공제제도를 두고 있다. 기본적으로 적용되는 기초공제, 배우자 또는 유족의 상황에 따른 인적공제, 상속재산의 상황에 따른 물적공제[14], 피상속인의 기업유지를 위한 공제 등이 그것이다. 피상속인이 거주자인 경우와 비거주자인 경우에 따라 상속공제 범위는 다르다. 이하 거주자를 중심으로 상속공제금액 및 차감하는 감정평가 수수료를 본다.(감정평가수수료는 비거주자인 경우에도 적용된다)

2. 과세최저한

증여세와 마찬가지로 상속세 과세표준이 50만원 미만이면 상속세를 부과하지 아니한다.(상증법 제25조 제2항)

---

14) 물적공제는 법정용어가 아니며 상속공제를 좀 더 체계적으로 분류하기 위하여 임의적으로 붙인 명칭이다.

II 상속공제

1. 기초공제

거주자나 비거주자의 사망으로 상속이 개시되는 경우에는 상속세 과세가액에서 2억원을 공제한다. 이를 “기초공제”라 한다.(상증법 제18조)

2. 인적공제

1) 배우자공제

거주자의 사망에서 상속인 중 배우자가 있는 경우에는 배우자가 실제 상속을 받지 않더라도 최소 5억원을 공제하고, 배우자가 실제 상속받은 금액이 5억원을 초과하는 경우에는 민법상 법정상속지분의 범위 내에서 배우자가 실제 상속받은 금액을 공제한다. 다만, 공제금액은 30억원을 한도로 한다. 배우자 공제제도를 이용한 과다공제를 제한하는 취지이다.(상증법 제19조) 공제한도 및 공제요건은 다음과 같다. 여기서 배우자는 민법상 혼인으로 인정되는 혼인관계에 의한 배우자를 말하므로 사실혼관계에 있는 자는 포함되지 않는다.(상증통칙 19-0-1) 또한 혼인관계가 종료된 경우에도 배우자공제는 되지 않는다.(법규재산2013-228, 2013.9.11.)

(1) 공제한도(법정상속지분액)

법정상속지분액은 상속인들이 승계 받은 상속재산의 가액에 배우자의 법정상속지분을 곱한 금액에서 배우자가 생전에 증여받은 재산가액을 뺀 금액을 말한다. 이를 산식으로 계산하면 다음과 같다.(상증법 제19조 제1항)

한도금액 = [A - B + C] × D - E

A : 상속재산의 가액을 말하는데 상속으로 인하여 얻은 자산총액에서 다음 각 재산의 가

액을 뺀 금액이다.(상증령 제17조 제1항)
- 비과세되는 상속재산(상증법 제12조)
- 공과금 및 채무(상증법 제14조)
- 공익법인등의 출연재산에 대한 상속세 과세가액 불산입 재산(상증법 제16조)
- 공익신탁재산에 대한 상속세 과세가액 불산입 재산(상증법 제17조)

B : 상속재산 중 상속인이 아닌 자가 받은 유증 및 사인증여재산의 가액

C : 상속개시일 전 10년 이내에 피상속인이 상속인에게 증여한 재산가액

D : 민법(제1009조)에 따른 배우자의 법정상속지분. 상속포기자가 있는 경우 민법상으로는 포기자의 상속지분은 나머지 상속인들의 지분비율로 안분되는 것이나, 이를 이용하여 상속공제한도를 임의적으로 높이는 것을 방지하기 위하여 세법은 공동상속인 중 상속을 포기한 사람이 있는 경우에도 그 사람이 포기하지 아니한 경우의 법정상속지분을 적용하는 것으로 규정하고 있다.

E : 상속개시일 전 10년 이내에 피상속인이 상속인에게 증여한 재산가액 중 배우자가 생전 증여받은 재산에 대한 증여세 과세표준

(2) 배우자상속재산 분할

(가) 분할기한 및 신고

배우자의 실제 상속재산이 5억원을 초과하여 실제 상속재산가액을 공제받고자 하는 경우에는 상속세 과세표준 신고기한의 다음 날부터 6개월이 되는 날("배우자상속재산분할기한")까지 배우자의 상속재산을 분할하고 분할사실을 납세지 관할세무서장에게 신고하여야 한다. 상속세 과세표준 신고기한은 상속개시일이 속하는 달의 말일부터 6개월 이내이므로 배우자상속재산분할기한은 상속개시일이 속하는 달의 말일부터 1년이 된다.(상증법 제67조) 권리변동에 등기 · 등록 · 명의개서 등이 필요한 경우에는 그 등기 · 등록 · 명의개서 등이 되어야 분할한 것으로 본다.(상증법 제19조 제2항) 신고의무에 대하여 과세당국은 효력규정이 아닌 것으로 해석한다. 즉 2010년 1월 1일 이후 상속개시 분부터는 배우자 상속재산 분할기한까지 상속재산을 분할한 사실이 확인되는 경우 배우자가 실제 상속받은 금액을 공제할 수 있다.(상증집행 19-0-1)

(나) 분할기한의 예외

다음과 같은 부득이한 사유로 배우자상속재산분할기한까지 배우자의 상속재산을 분할할 수 없는 경우로서 배우자상속재산분할기한의 다음 날부터 6개월이 되는 날까지

상속재산을 분할하여 신고하는 경우에는 배우자상속재산분할기한 이내에 분할한 것으로 본다. 다만, 6개월을 경과한 경우에도 과세당국이 과세표준과 세액의 결정을 하지 아니한 경우에는 그 결정일까지 분할하여 신고하는 것이 가능하다. 여기서 부득이한 사유가 소(訴)의 제기나 심판청구로 인한 경우에는 소송 또는 심판청구가 종료된 날로부터 6개월이 되는 날까지 상속재산을 분할하여 신고하는 경우에는 배우자상속재산분할기한 이내에 분할한 것으로 본다. 이 경우 상속인은 그 부득이한 사유를 배우자상속재산분할기한까지 납세지 관할세무서장에게 신고(상속재산미분할신고서)하여야 한다. 즉 신고한 경우에만 공제가 가능하다.(상증법 제19조 제3항, 상증령 제17조 제2항)

① 상속인등이 상속재산에 대하여 상속회복청구의 소를 제기하거나 상속재산 분할의 심판을 청구한 경우

② 상속인이 확정되지 아니하는 부득이한 사유등으로 배우자상속분을 분할하지 못하는 사실을 관할세무서장이 인정하는 경우

(3) 실제 상속받은 금액

배우자가 실제 상속받은 금액은 사전증여재산가액 및 추정상속재산가액을 제외한 배우자의 상속재산가액에서 배우자가 승계하기로 한 공과금 및 채무액, 배우자 상속재산 중 비과세 재산가액 및 배우자 상속재산 중 과세가액불산입액을 뺀 금액을 말한다.(상증집행 19-17-1)

(4) 5억원 공제

배우자가 실제 상속받은 금액이 없거나 상속받은 금액이 5억원 미만이면 상속재산분할 및 신고 여부에 관계없이 5억원을 공제한다.(상증법 제19조 제4항, 상증통칙 19-0-1) 상속받은 금액이 없는 경우에는 상속을 포기한 경우 및 민법상 상속인의 결격사유에 해당하는 경우도 포함된다는 것이 과세당국의 유권해석이다.(재삼46014-2622, 1997. 11.6.; 재산세과-1084, 2009.12.21.)

(5) 동시사망 시 배우자공제

부부가 동시에 사망하였을 경우 상속세 과세는 부부 각자의 상속재산에 대하여 각각 개별로 계산하여 과세하며, 이 경우 배우자 상속공제는 적용되지 않는다. 같은 날에 시차를 두고 사망한 경우에는 부부 각자의 재산을 각각 개별로 계산하여 과세하되 먼저

사망한 자의 상속세 계산 시 배우자 상속공제를 적용하고, 나중에 사망한 자의 상속세 과세가액에는 먼저 사망한 자의 상속재산 중 그의 지분을 합산하고 단기재상속에 대한 세액공제를 한다.(상증집행 19-17-6) 현실적으로 사망의 순간이 일치할 수는 없으나 2인 이상이 동일한 위난으로 사망한 경우 그 선후를 알 수 없으면 동시에 사망한 것으로 추정한다.(민법 제30조)

2) 기타 인적공제

거주자의 사망으로 상속이 개시되는 경우로서 다음 어느 하나에 해당하는 경우에는 해당 금액을 상속세 과세가액에서 공제한다.(상증법 제20조) 이러한 인적공제도 배우자공제와 마찬가지로 해당하는 자가 상속의 포기 등으로 상속을 받지 아니하는 경우에도 적용한다.(상증통칙 20-18-1)

(1) 자녀공제

자녀 1명당 5천만원씩 공제한다. 양자의 경우 생가와 양가 모두의 촌수를 유지하고 생가와 양가의 모두의 직계비속이 된다.(민법 제882조의2, 상증통칙 53-46-2) 따라서 출양자도 자녀공제가 가능하다고 본다. 피상속인의 자녀가 사망하여 손자녀가 대습상속하는 경우에는 자녀가 아닌 대습상속인은 자녀공제가 불가능하다는 것이 국세청의 해석이다.(상증집행 20-18-7) 태아는 민법상 상속인의 지위를 가지나 자연인이 아니므로 자녀공제 및 미성년자공제를 받을 수 없다는 것이 국세청의 해석이다.(상증집행 20-18-2)[15]

(2) 미성년자공제

배우자를 제외한 상속인 및 동거가족 중 미성년자가 있는 경우 미성년자가 19세가 될 때까지 매년 1천만원에 해당하는 금액을 공제한다. 미성년자는 상속개시일 당시 만 19세에 달하지 아니한 자를 말하고 19세에 달할 때까지 기간을 계산함에 있어 1년 미만의 단수가 있는 경우에는 단수를 1년으로 한다.(상증법 제20조 제3항, 상증집행20-18-5) 동거가족이란 상속개시일 현재 피상속인이 사실상 부양하고 있는 직계존비속(배우자의 직계존속을 포함) 및 형제자매를 말하고(상증령 제18조 제1항), 사실상 부양한다는

15) 상속공제의 취지에 비추어 보면 민법상 상속권이 있는 태아에게 자녀공제와 미성년자공제를 인정하는 것이 타당하지 않을까 생각된다.

것은 피상속인의 재산으로 생계를 유지하는 것을 말한다.(상증통칙 20-18-1) 손자가 피상속인의 재산으로 생계를 유지하는 경우에는 인적공제 대상이나, 그의 부모가 부양능력이 있는 경우에는 인적공제를 받을 수 없다.(상증집행 20-18-3)

(3) 연로자공제

배우자를 제외한 상속인 및 동거가족 중 65세 이상인 사람에 대해서는 각 5천만원씩 공제한다.

(4) 장애인공제

상속인 및 동거가족 중 장애인이 있는 경우 장애인의 생존가능 기간 동안 매년 1천만원 상당액을 공제한다.

① 장애인 : 장애인은 다음의 자를 말한다.(상증령 제18조 제2항, 소득령 제107조 제1항)

- 장애아동 복지지원법 제21조 제1항에 따른 발달재활서비스를 지원받고 있는 사람(소득칙 제54조)
- 국가유공자 등 예우 및 지원에 관한 법률에 의한 상이자 및 이와 유사한 사람으로서 근로능력이 없는 사람
- 그 외에 항시 치료를 요하는 중증환자

② 기대연수 : 생존가능 기간은 상속개시일 현재 통계법 제18조에 따라 통계청장이 승인하여 고시하는 통계표에 따른 성별・연령별 기대여명(期待餘命)의 연수에 따른다. 즉 기대여명 연수에 1천만원을 곱한 금액을 공제하는 것이다. 기대연수 중 1년 미만의 단수는 1년으로 한다.(상증법 제20조 제3항)[16]

③ 장애증명신고 : 장애인공제를 받고자 하는 경우에는 상속세 및 증여세법 시행규칙 제24조에 정하는 장애인증명서(상증칙 별지 제4호 서식)를 상속세과세표준신고와 함께 납세지관할세무서장에게 제출하여야 한다. 이 경우 국가유공자 등 예우 및 지원에 관한 법률에 의한 상이자의 증명을 받은 자 또는 장애인복지법에 의한 장애인등록증을 교부받은 자에 대하여는 당해 증명서 또는 등록증으로서 장애인증명서에 갈음할 수 있다.(상증령 제18조 제3항)

16) 기대여명연수는 별첨8 완전생명표 참조

(5) 중복공제

자녀가 미성년자인 경우 자녀공제와 미성년자공제 중복공제가 가능하며, 장애인인 동거가족의 경우 자녀공제, 미성년자공제, 연로자공제, 배우자공제와 중복공제가 가능하다. 자녀공제와 연로자공제는 중복공제가 되지 않는다.(서면인터넷방문상담4팀-2934, 2007.10.12.)

3. 일괄공제

거주자의 사망으로 상속이 개시되는 경우에 상속인이나 수유자는 기초공제 2억원과 자녀공제, 미성년자공제, 연로자공제, 장애인공제 금액을 합한 금액이 5억원 미만인 경우에는 기초공제와 기타인적공제 대신 5억원을 일괄로 공제받을 수 있다. 다만, 상속세 신고기한 내에 신고가 없는 경우에는 5억원 일괄공제만 가능하다.(상증법 제21조 제1항) 즉 기초공제와 기타인적공제 금액을 합한 금액이 5억원을 초과하여도 5억원을 초과하여 공제받을 수 없다.

상속인이 배우자 단독인 경우에는 일괄공제를 적용하지 아니한다. 배우자가 단독상속인인 경우 기초공제 금액 2억원과 기타인적공제(장애인공제만 해당) 금액에 배우자공제 금액을 합하여 공제한다.(상증법 제21조 제2항)[17] "배우자가 단독으로 상속받는 경우"라 함은 피상속인의 상속인이 그 배우자 단독인 경우를 말한다.(상증통칙 21-0-1) 따라서 다른 공동상속인이 상속을 포기하거나 협의분할에 의하여 배우자가 단독으로 상속재산을 승계하는 경우는 배우자 단독공제가 아니므로 일괄공제가 가능하다.(상증집행 21-01-1)[18]

---

17) 상속세 및 증여세법 제21조 제2항은 "피상속인의 배우자가 단독으로 상속받는 경우에는 제18조와 제20조 제1항에 따른 공제액을 합친 금액으로만 공제한다"고 규정하고 있어 배우자가 단독상속인 경우 배우자공제까지 불가능한 것으로 해석될 여지가 있으나, 이 규정은 같은 조 제1항을 적용할 때를 전제한 규정이고 같은 조 제1항은 기초공제와 기타인적공제 금액을 적용하는 방법에 관한 규정이므로 이 조항에 따라 배우자공제를 배제하는 것으로 보기는 어렵다. 실무에서도 배우자 단독상속 시 배우자공제가 가능한 것으로 해석한다.(국세청, 「2018 상속세 · 증여세 실무해설」 155면, 조심2008광1865, 2008. 12.17. 참조) 법규정을 명확히 할 필요가 있다고 본다.

18) 과세당국은 피상속인의 배우자가 민법 제1003조에 의한 단독상속인이 되는 경우에는 일괄공제를 받을 수 없다고 해석하고 있으나(재산46014-1631, 1999.9.2.) 민법 제1003조 제2항에 의하면 피상속인의 자녀가 결격된 경우에 배우자가 단독으로 대습상속을 받게 되는 경우도 있는데, 이때도 일괄공제가 불가능한지 의문이다. 배우자공제에서 배우자가 상속결격인 경우에도 배우자공제가 가능하다는 해석에 따르

4. 물적공제

1) 금융재산상속공제

거주자의 사망으로 상속이 개시되는 경우로서 상속개시일 현재 상속재산가액 중에 금융재산이 있는 경우에는 순금융재산가액의 20%에 해당하는 금액을 공제한다.(상증법 제22조) 공제대상이 되는 금융재산은 금융회사등이 취급하는 금융재산 등으로 그 범위와 한계는 다음과 같다.(상증령 제19조, 상증칙 제8조)

(1) 금융기관이 취급하는 금융재산

다음의 금융기관등이 취급하는 예금・적금・부금・계금・출자금・신탁재산(금전신탁재산에 한한다)・보험금・공제금・주식・채권・수익증권・출자지분・어음 등의 금전 및 유가증권을 말한다.(상증령 제10조 제2항, 금융실명거래 및 비밀보장에 관한 법률 제2조 제1호, 금융실명거래 및 비밀보장에 관한 법률 시행령 제2조) 이와 관련하여 자기앞수표는 금융재산에 해당하지 않는다는 것이 국세청의 해석이다.(상증집행 22-19-3)

① 은행법에 따른 은행
② 중소기업은행법에 따른 중소기업은행
③ 한국산업은행법에 따른 한국산업은행
④ 한국수출입은행법에 따른 한국수출입은행
⑤ 한국은행법에 따른 한국은행
⑥ 자본시장과 금융투자업에 관한 법률에 따른 투자매매업자・투자중개업자・집합투자업자・신탁업자・증권금융회사・종합금융회사 및 명의개서대행회사
⑦ 상호저축은행법에 따른 상호저축은행 및 상호저축은행중앙회
⑧ 농업협동조합법에 따른 조합과 그 중앙회 및 농협은행
⑨ 수산업협동조합법에 따른 조합과 그 중앙회 및 수협은행
⑩ 신용협동조합법에 따른 신용협동조합 및 신용협동조합중앙회
⑪ 새마을금고법에 따른 금고 및 중앙회
⑫ 보험업법에 따른 보험회사

면, 자녀공제도 결격으로 공제가 배제되지 않은 것으로 해석하여야 할 것이고 그렇다면 자녀의 결격으로 배우자가 단독 상속인이 되는 경우에도 일괄공제가 가능하다고 보아야 하지 않을까 생각된다.

⑬ 우체국예금 · 보험에 관한 법률에 따른 체신관서
⑭ 국채법 및 공사채 등록법에 따른 채권등록기관
⑮ 여신전문금융업법에 따른 여신전문금융회사 및 신기술사업투자조합
⑯ 기술보증기금법에 따른 기술보증기금
⑰ 대부업 등의 등록 및 금융이용자 보호에 관한 법률 제3조에 따라 대부업 또는 대부중개업의 등록을 한 자
⑱ 중소기업창업 지원법에 따른 중소기업창업투자회사 및 중소기업창업투자조합
⑲ 신용보증기금법에 따른 신용보증기금
⑳ 산림조합법에 따른 지역조합 · 전문조합과 그 중앙회
㉑ 지역신용보증재단법에 따른 신용보증재단
㉒ 자본시장과 금융투자업에 관한 법률에 따른 거래소(자본시장과 금융투자업에 관한 법률 제392조 제2항에 따라 같은 법 제391조 제2항 제1호의 신고사항과 같은 항 제3호에 따른 신고 또는 확인 요구사항에 대하여 정보의 제공을 요청하는 경우만 해당)
㉓ 한국주택금융공사법에 따른 한국주택금융공사
㉔ 외국환거래법 제8조 제3항 제2호에 따라 등록한 소액해외송금업자
㉕ 그 밖에 사실상 금융거래를 하는 개인 또는 법인으로서 총리령으로 정하는 자(금융실명거래 및 비밀보장에 관한 법률 시행규칙은 위임사항을 규정한 내용 없음)

(2) 그 밖의 금융재산

상속세 및 증여세법 시행령 제19조는 위 금융기관의 금융재산 외 금융재산의 범위를 시행규칙에 위임하고 있고 이에 따라 상속세 및 증여세법 시행규칙은 다음의 금융재산을 공제대상 금융재산으로 열거하고 있다.(상증칙 제8조)

① 자본시장과 금융투자업에 관한 법률 제8조의2 제2항에 따른 거래소에 상장되지 아니한 주식 및 출자지분으로서 금융기관이 취급하지 아니하는 것
② 발행회사가 금융기관을 통하지 아니하고 직접 모집하거나 매출하는 방법으로 발행한 회사채

(3) 공제되지 아니하는 금융재산

다음의 금융재산은 공제하지 아니한다.(상증법 제22조, 상증집행 22-19-9)

(가) 최대주주등의 주식등

금융재산에는 최대주주등(최대주주 또는 최대출자자)가 보유하고 있는 주식등(주식 또는 출자지분)은 금융재산공제가 되지 않는다. 여기서 최대주주등이란 주주 또는 출자자 1인과 그의 특수관계인의 보유주식등을 합하여 그 보유주식등의 합계가 가장 많은 경우의 해당 주주등 1인과 그의 특수관계인 모두를 말한다.(상증령 제19조 제2항) 따라서 피상속인과 특수관계자의 보유주식 등을 합하여 최대주주등에 해당하는 경우에는 피상속인 및 그와 특수관계에 있는 자 모두를 최대주주 등으로 본다. 최대주주 등이 2 이상인 경우에는 모두를 최대주주 등으로 본다.(상증통칙 22-19-1)

(나) 신고하지 않은 타인명의 금융재산

상속세 과세표준 신고기한(상증법 제67조)까지 신고하지 아니한 타인 명의의 금융재산에 대하여는 금융재산공제가 되지 않는다.(상증법 제22조 제2항 후단) 피상속인명의 금융재산의 경우에는 상속세신고 시 누락되었더라도 상속세 과세표준과 세액의 결정시 상속재산가액에 포함된 경우에는 금융재산공제가 가능하다.(상증집행 22-19-8)

(다) 합산대상 증여재산

상속개시일 전 10년 이내에 피상속인이 상속인에게 증여하거나 5년 이내에 상속인 이외의 자에게 증여한 금융재산가액을 상속세 과세가액에 합산한 경우에는 금융재산공제가 되지 않는다.

(라) 사용처가 불명한 인출예금

예금인출액 중 사용처가 불분명하여 상속세 과세가액에 산입하는 금액은 금융재산공제가 되지 않는다.

(마) 비과세 또는 과세가액 불산입 금융재산

상속세 비과세 또는 과세가액불산입되는 금융재산은 금융재산공제가 되지 않는다.

(4) 순금융재산 가액

금융재산공제의 순금융재산의 가액은 금융재산가액에서 금융채무를 뺀 가액을 말한다.

① 금융재산가액 : 금융재산은 상속개시일 현재 시가로 평가하며, 시가가 불분명할 경우에는 보충적 평가방법에 따른 평가액으로 평가한다.(상증집행 22-19-4)

② 금융채무 : 순금융재산가액을 계산할 경우 금융채무는 금융실명거래 및 비밀보장에 관한 법률에 따른 금융기관에 대한 채무를 말한다.(상증집행 22-19-5)

(5) 공제금액

순금융재산의 가액이 2천만원 이하인 경우에는 그 순금융재산의 가액을 공제하고, 순금융재산의 가액이 2천만원을 초과하는 경우에는 그 순금융재산의 가액의 100분의 20 또는 2천만원 중 큰 금액을 공제하되 공제하는 금액은 2억원을 넘지 못한다. 이를 표로 보면 다음과 같다.

순금융재산의 가액	공제금액
2천만원 이하	순금융재산의 가액
2천만원 초과 1억원 이하	2천만원
1억원 초과 10억원 이하	순금융재산가액의 20%
10억원 초과	2억원

2) 동거주택 상속공제

거주자인 피상속인의 직계비속이 동일세대원으로 피상속인을 동거봉양한 후 피상속인의 1세대 1주택에 해당하는 주택을 그 직계비속이 상속받은 경우 그 상속주택의 가액 중 일부를 상속재산가액에서 공제하는 제도이다. 2009년 1년 1일 이후 상속분부터 적용되었으며, 2014년 1월 1일 이후 상속분부터는 배우자를 제외하여 직계비속이 상속받는 경우로 한정하였다.(상증법 제23조의2)

(1) 공제요건

(가) 1세대 1주택

피상속인과 같은 세대를 이루는 하나의 세대가 하나의 주택을 소유한 경우이어야 한다. 1세대란 소득세법 제88조 제6호의 1세대를 말하고, 주택에는 고가주택(소득세법 제89조의 제1항 제3호)을 포함한다. 다만, 1세대가 일시적으로 2주택을 소유하는 경우에는 1주택을 소유한 것으로 본다.(상증령 제20조의2)

① 1세대 : 소득세법 제88조 제6호가 규정하는 "1세대"란 거주자 및 그 배우자가 그들과 같은 주소 또는 거소에서 생계를 같이 하는 자와 함께 구성하는 가족단위를 말한다. 가족에는 거주자 및 그 배우자의 직계존비속과 그 직계존비속의 배우자, 거주자 및 배우자의 형제자매가 포함되며, 취학, 질병의 요양, 근무상 또는 사업상의 형편으로 본래의 주소 또는 거소에서 일시 퇴거한 사람을 포함된다. 다만, 해당 거주자의 나이가 30세 이상인 경우, 배우자가 사망하거나 이혼한 경우, 일정규모 이상의 소득수준을 가지는 사람으로서 독립된 생계를 유지할 수 있는 자(소득령 제152조의3)는 배우자가 없어도 1세대로 본다.

② 1주택 : 주택에는 그 부수토지(도시지역 내의 토지는 주택정착면적의 5배, 그 밖의 지역은 주택정착면적의 10배 이내의 토지)를 포함하며, 1세대1주택 요건을 충족한 주택의 멸실로 인해 취득한 입주권으로서 동 입주권 이외에 나른 주택이 없는 경우에는 1세대1주택 요건을 충족한다고 보는 것이 과세당국의 해석이다. 이 경우 10년 이상 동거요건을 충족한 경우 10년 이상 1세대1주택 판정은 소유요건만으로 판정하는 것이라고 한다.(기획재정부 재산세제과-230, 2012.3.22.)

③ 일시적 2주택 : 1세대가 다음 어느 하나에 해당하여 일시적으로 2주택 이상을 소유한 경우에는 1세대가 1주택을 소유한 것으로 본다.(상증령 제20조의2 제1항)

- 피상속인이 다른 주택을 취득(자기가 건설하여 취득한 경우를 포함)하여 일시적으로 2주택을 소유한 경우로서 다른 주택을 취득한 날부터 2년 이내에 종전의 주택을 양도하고 이사하는 경우. 이와 관련, 일시적으로 2주택인 상태에서 상속이 개시된 경우에는 상속개시일 현재 피상속인과 직계비속이 동거하는 주택에 대하여 동거주택 상속공제를 한다.(상증령 제20조의2 제3항, 기획재정부 재산세제과-306, 2016.5.2.)
- 상속인이 상속개시일 이전에 1주택을 소유한 자와 혼인한 경우. 다만, 혼인한 날부터 5년 이내에 상속인의 배우자가 소유한 주택을 양도한 경우만 해당한다.
- 피상속인이 문화재보호법 제53조 제1항에 따른 등록문화재에 해당하는 주택을 소유한 경우
- 피상속인이 이농주택(소득령 제155조 제7항 제2호)을 소유한 경우
- 피상속인이 귀농주택(소득령 제155조 제7항 제3호)을 소유한 경우
- 1주택을 보유하고 1세대를 구성하는 자가 상속개시일 이전에 60세 이상의 직계존속을 동거봉양하기 위하여 세대를 합쳐 일시적으로 1세대가 2주택을 보유

한 경우. 다만, 세대를 합친 날부터 5년 이내에 피상속인 외의 자가 보유한 주택을 양도한 경우만 해당한다.

- 피상속인이 상속개시일 이전에 1주택을 소유한 자와 혼인함으로써 일시적으로 1세대가 2주택을 보유한 경우. 다만, 혼인한 날부터 5년 이내에 피상속인의 배우자가 소유한 주택을 양도한 경우만 해당한다.

(나) 10년 이상 동거

피상속인과 그의 직계비속인 상속인이 상속개시일부터 소급하여 10년 이상 계속하여 하나의 주택에서 동거하여야 한다. 단 미성년으로 동거한 기간은 포함하지 아니하므로 상속인이 성년이 된 후 동거기간이 10년을 넘어야 한다. 계속하여 동거하여야 하므로 상속주택의 보유기간 중의 동거기간을 통산하여 계산하는 것은 아니다.(재산세과-471, 2012.12.31.) "하나의 주택"의 의미에 대하여 과세당국이 "상속개시일 전 10년 동안 여러 차례 이사를 다님으로써 상속개시일 현재 1세대1주택에는 해당하나 10년 이상 보유한 주택을 2011년 1월 1일 이후 상속받은 경우에는 동거주택 상속공제 가능하다."라고 해석하는 점으로 보아(기획재정부 재산세제과-700, 2011.8.31.) 특정된 상속주택에 10년 이상 동거하여야 한다는 것이 아니라, 피상속인과 상속인이 같은 주택에서 동거하여야 한다는 의미로 해석하는 것으로 이해된다. 2010년 12월 27일 개정되기 전 상속세 및 증여세법은 10년 이상 동거한 그 주택을 상속받을 것을 요건으로 하였으나, 2010년 12월 27일 현재와 같이 개정되었다. 다만, 다음과 같은 사유로 실제 동거하지 못한 기간은 동거한 것으로 본다.(상증령 제20조의2)

① 징집

② 초・중등교육법에 따른 학교(유치원・초등학교 및 중학교는 제외) 및 고등교육법에 따른 학교에의 취학, 직장의 변경이나 전근 등 근무상의 형편, 1년 이상의 치료나 요양이 필요한 질병의 치료 또는 요양의 사유(상증칙 제9조의2)

③ 그 외 위와 비슷한 사유로서 상속세 및 증여세법 시행규칙으로 정하는 사유(현행 상속세 및 증여세법 시행규칙은 수임사항을 규정하고 있지 않다)

(다) 10년 이상 1세대 1주택에 해당할 것

피상속인과 직계비속인 상속인이 상속개시일부터 소급하여 10년 이상 계속하여 1세대를 구성하면서 1세대 1주택에 해당하여야 한다. 이 경우 무주택인 기간이 있는 경우에는 해당 기간은 1세대 1주택에 해당하는 기간에 포함한다. 즉 피상속인과 직계비속인 상속인이 1세대를 구성하면서 10년 이상 무주택이거나 1주택을 소유하여야 하며, 2주택 이상을 소유하여서는 아니 된다는 것이다. 2010년 12월 27일 개정되기 전 상속세 및 증여세법은 10년 이상 동거한 그 주택[19]을 상속받을 것을 요건으로 하였으나, 현행법에는 상속주택의 보유기간에 대한 규정은 없다. 과세당국도 상속주택의 10년 이상 보유를 요건으로 하지 않는다고 해석하고 있다.(재산세과-261, 2012.7.19.)

질의회신 재산세과-261(2012.7.19.) 요지

2011.1.1. 이후 상속분부터 동거주택 상속공제를 적용할 때 상속개시일로부터 소급하여 10년 이상 계속하여 소득세법 제89조 제1항 제3호에 따른 1세대 1주택으로서 같은 법 시행령 제154조 제1항에 따른 1세대가 1주택(피상속인의 이사에 따른 일시적 2주택 등을 포함)을 소유한 경우, 피상속인과 상속인이 상속개시일로부터 소급하여 10년 이상 계속하여 하나의 주택에서 동거하였다면, 상속개시일 현재 무주택자인 상속인이 상속받은 주택에 대해서는 그 상속주택에 대하여 10년 이상 보유 및 동거하지 않았더라도 상속세 및 증여세법 제23조의2에 따른 동거주택 상속공제를 받을 수 있는 것이다.

(라) 상속인의 무주택

상속개시일 현재 무주택자로서 피상속인과 동거한 직계비속인 상속인이 상속받은 주택이어야 한다.

① 상속인의 무주택

상속인은 상속개시일 당시 무주택자이어야 한다. 이와 관련하여 피상속인과 상속인이 1세대 1주택에 해당하는 주택을 공동으로 소유하고 있던 중 그 주택을 상속받은 경우에 피상속인의 지분에 대하여 공동주택 상속공제를 받을 수 있는가? 배우자가 상속받은 경우에도 상속주택 공제를 인정하던 구 상속세 및 증여세법 하에서, 부부공동소유 주택을 생존 배우자가 상속받는 경우에는 상속주택공제를 받을 수 없다고 해석한 사례(재산세과-607, 2010.8.18.)를 보면, 과세당국은 공제가 불가능한 것으로 해석하는 것 같다.[20]

19) 개정 전 상속세 및 증여세법 제23조의2와 관련, 과세당국은 "10년 이상 동거한 주택"이라는 규정에 대하여 이를 보유요건으로 보아 피상속인이 10년이상 소유하여야 한다고 해석하였으나, 이에 대하여 대법원은 '피상속인과 상속인이 상속개시일부터 소급하여 10년 이상 계속 동거한 주택'은 피상속인이 상속개시일부터 소급하여 10년 이상 계속 소유한 주택에 국한되는 것으로 볼 수 없다고 해석하여 과세당국의 해석을 따르지 아니 하였다.(대법원 2014.6.26. 선고 2012두2474 판결)

20) 개인적 생각으로는 피상속인의 직계비속으로 피상속인과 동일한 세대를 구성하면서 1세대 1주택을 충족

② 동거한 직계비속 상속인이 1세대 1주택을 상속받을 것

피상속인과 동거한 직계비속이 1세대 1주택에 해당하는 주택을 상속받아야 한다. 상속주택을 등기하기 까지는 누가 상속받았는지 알 수 없으므로 상속인 중 요건을 충족하지 아니하는 상속인이 있는 경우로서 상속등기를 하지 아니한 경우에는 상속등기를 할 때까지 동거주택 상속공제를 받을 수 없고, 동거주택 상속공제 적용시 요건을 갖춘 상속인과 그 외의 상속인이 주택을 공동으로 상속등기하여 동거주택의 상속인 지분을 확인할 수 있는 경우 공제요건을 충족하는 상속인의 지분 상당액은 공제 가능하다는 것이 과세당국의 해석이다.(과세기준자문 법규과-1642, 2011.12.13.; 재산세과-200, 2010.3.31.) 또한 상속취득이 아니라 생전에 증여로 취득한 경우에는 상속주택 공제가 불가능하다고 한다.(재산세과-1585, 2009.7.30.)

(2) 공제금액 및 신고

상속주택가액의 100분의 80에 상당하는 금액을 상속세 과세가액에서 공제한다. 상속주택가액은 부수토지의 가액을 포함한 주택의 가액에서 상속개시일 현재 해당 주택 및 주택부수토지에 담보된 피상속인의 채무액을 뺀 가액을 말한다. 동거주택 상속공제를 받고자하는 경우 상속세 및 증여세법 시행규칙 별지 제6호의2 동거주택상속공제신고서에 의하여 신고하여야 한다.(상증칙 제24조 제6호의2)

3) 재해손실공제

거주자의 사망으로 상속이 개시되는 경우로서 상속세 신고기한(상증법 제67조) 이내에 화재 · 붕괴 · 폭발 · 환경오염사고 및 자연재해 등 재난으로 인하여 상속재산이 멸실되거나 훼손된 경우에는 그 손실가액을 상속세 과세가액에서 공제한다. 다만, 그 손실가액에 대한 보험금 등의 수령 또는 구상권(求償權) 등의 행사에 의하여 그 손실가액에 상당하는 금액을 보전(補塡)받을 수 있는 경우에는 그러하지 아니하다. 공제하는 손실가액은 재난으로 인하여 손실된 상속재산의 가액으로 한다. 손실공제를 받으려는 상

하는 외에 별도로 상속인의 무주택 요건을 규정해야 하는지 의문이다. 상속인이 다른 주택을 가지고 있다는 것은 1세대 1주택 요건을 충족하지 못하는 것이고, 일시적 2주택의 경우 상속세 및 증여세법 시행령 제20조의2 제1항에 규정된 예외적인 경우 외에는 공제요건을 충족하지 못하게 되는데 굳이 이 규정을 두어 피상속인과 상속인이 공동으로 소유하는 1세대 1주택의 지분상속에 대하여 공동주택 상속공제를 배제할 필요가 있는지 의문이다.

속인이나 수유자는 그 손실가액 · 손실내용 및 이를 증명할 수 있는 서류를 첨부한 재해손실공제신고서를 납세지 관할세무서장에게 제출하여야 한다.(상증법 제23조, 상증령 제19조, 상증칙 제24조 제6호)

5. 가업상속공제

1) 가업

거주자인 피상속인이 10년 이상 계속하여 경영한 중소기업 또는 중견기업 중 일정한 요건에 해당하는 기업을 상속하는 것을 가업상속이라 하고, 가업상속재산가액에 대하여 일정한 금액의 범위 내에서 전액 상속공제한다.(상증법 제18조 제2항) 피상속인이 경영하던 가업을 상속인이 승계하는 경우 과도한 상속세의 부담을 완화하여 가업이 대를 이어 원활하게 승계될 수 있도록 지원하는 제도이다. 가업상속공제는 중소기업 및 중견기업 상속에 대한 공제이고, 다음에 보는 영농상속공제는 영농 · 영어 · 영림업의 상속에 대한 공제이다.

(1) 중소기업

상속개시일이 속하는 소득세 과세기간의 직전 과세기간(법인의 경우 법인세 사업연도의 직전 사업연도) 말 현재 다음 각 요건을 모두 갖춘 기업을 말한다.(상증령 제15조 제1항)

(가) 업종

다음의 업종을 주된 사업으로 영위하여야 한다.(상증령 제15조 제1항 제1호)

〈가업상속공제를 적용받는 중소 · 중견기업의 해당 업종〉(2019.2.12. 개정)

1. 한국표준산업분류에 따른 업종

표준산업분류상 구분	가업 해당 업종
가. 농업, 임업 및 어업(01~03)	작물재배업(011) 중 종자 및 묘목생산업(01123)을 영위하는 기업으로서 다음의 계산식에 따라 계산한 비율이 100분의 50 미만인 경우 [제15조 제7항에 따른 가업용 자산 중 토지(「공간정보의 구축 및 관리 등에 관한 법률」에 따라 지적공부에 등록해야 할 지목에 해당하는 것을 말한다) 및 건물(건물에 부속된 시설물과 구축물을 포함한다)의 자산의 가액] ÷ (제15조 제7항에 따른 가업용 자산의 가액)
나. 광업(05~08)	광업 전체
다. 제조업(10~33)	제조업 전체. 이 경우 자기가 제품을 직접 제조하지 않고 제조업체(사업장이 국내 또는 「개성공업지구 지원에 관한 법률」 제2조 제1호에 따른 개성공업지구에 소재하는 업체에 한정한다)에 의뢰하여 제조하는 사업으로서 그 사업이 다음의 요건을 모두 충족하는 경우를 포함한다. 1) 생산할 제품을 직접 기획(고안 · 디자인 및 견본제작 등을 말한다)할 것 2) 해당 제품을 자기명의로 제조할 것 3) 해당 제품을 인수하여 자기책임하에 직접 판매할 것
라. 하수 및 폐기물 처리, 원료 재생, 환경정화 및 복원업(37~39)	하수 · 폐기물 처리(재활용을 포함한다), 원료 재생, 환경정화 및 복원업 전체
마. 건설업(41~42)	건설업 전체
바. 도매 및 소매업(45~47)	도매 및 소매업 전체
사. 운수업(49~52)	여객운송업[육상운송 및 파이프라인 운송업(49), 수상 운송업(50), 항공 운송업(51) 중 여객을 운송하는 경우]
아. 숙박 및 음식점업(55~56)	음식점 및 주점업(56) 중 음식점업(561)

표준산업분류상 구분	가업 해당 업종
자. 정보통신업(58～63)	출판업(58)
	영상・오디오 기록물제작 및 배급업(59). 다만, 비디오물 감상실 운영업(59142)은 제외한다.
	방송업(60)
	우편 및 통신업(61) 중 전기통신업(612)
	컴퓨터 프로그래밍, 시스템 통합 및 관리업(62)
	정보서비스업(63)
차. 전문, 과학 및 기술서비스업(70～73)	연구개발업(70)
	전문서비스업(71) 중 광고업(713), 시장조사 및 여론조사업(714)
	건축기술, 엔지니어링 및 기타 과학기술 서비스업(72) 중 기타 과학기술 서비스업(729)
	기타 전문, 과학 및 기술 서비스업(73) 중 전문디자인업(732)
카. 사업시설관리 및 사업지원 서비스업(74～75)	사업시설 관리 및 조경 서비스업(74) 중 건물 및 산업설비 청소업(7421)
	사업지원 서비스업(75) 중 고용알선 및 인력 공급업(751, 농업노동자 공급업을 포함한다), 경비 및 경호 서비스업(7531), 보안시스템 서비스업(7532), 콜센터 및 텔레마케팅 서비스업(75991), 전시, 컨벤션 및 행사 대행업(75992), 포장 및 충전업(75994)
타. 임대업 : 부동산 제외(76)	무형재산권 임대업(764, 「지식재산 기본법」 제3조 제1호에 따른 지식재산을 임대하는 경우로 한정한다)
파. 교육서비스업(85)	교육 서비스업(85) 중 사회교육시설(8564), 직원훈련기관(8565), 기타 기술 및 직업훈련학원(85669)
하. 사회복지 서비스업(87)	사회복지서비스업 전체
거. 예술, 스포츠 및 여가관련 서비스업(90～91)	창작, 예술 및 여가관련 서비스업(90) 중 창작 및 예술관련 서비스업(901), 도서관, 사적지 및 유사 여가관련 서비스업(902). 다만, 독서실 운영업(90212)은 제외한다.
너. 협회 및 단체, 수리 및 기타 개인 서비스업(94～96)	기타 개인 서비스업(96) 중 개인 간병인 및 유사 서비스업(96993)

2. 개별법률의 규정에 따른 업종

가업 해당 업종
가. 조세특례제한법 제7조 제1항 제1호 커목에 따른 직업기술 분야 학원
나. 조세특례제한법 시행령 제5조 제7항에 따른 엔지니어링사업
다. 조세특례제한법 시행령 제5조 제8항에 따른 물류산업
라. 조세특례제한법 시행령 제6조 제1항에 따른 수탁생산업
마. 조세특례제한법 시행령 제54조 제1항에 따른 자동차정비공장을 운영하는 사업
바. 해운법에 따른 선박관리업
사. 의료법에 따른 의료기관을 운영하는 사업
아. 관광진흥법에 따른 관광사업(카지노업, 관광유흥음식점업 및 외국인전용 유흥음식점업은 제외한다)
자. 노인복지법에 따른 노인복지시설을 운영하는 사업
차. 노인장기요양보험법 제32조에 따른 재가장기요양기관을 운영하는 사업
카. 전시산업발전법에 따른 전시산업
타. 에너지이용 합리화법 제25조에 따른 에너지절약전문기업이 하는 사업
파. 근로자직업능력 개발법에 따른 직업능력개발훈련시설을 운영하는 사업
하. 도시가스사업법 제2조 제4호에 따른 일반도시가스사업
거. 국가과학기술 경쟁력 강화를 위한 이공계지원 특별법 제2조 제4호 나목에 따른 연구개발지원업
너. 민간임대주택에 관한 특별법에 따른 주택임대관리업
더. 신에너지 및 재생에너지 개발 · 이용 · 보급 촉진법에 따른 신 · 재생에너지 발전사업

(나) 규모(매출액)

매출액이 업종별로 중소기업기본법 시행령 별표1에 따른 규모기준 이내이어야 한다.(상증령 제15조 제1항 제2호, 조특령 제2조 제1항 제1호) 중소기업기본법 시행령 별표1에 따른 규모기준은 아래와 같다.

〈주된 업종별 평균매출액등의 중소기업 규모 기준〉

해당 기업의 주된 업종	분류기호	규모 기준
1. 의복, 의복액세서리 및 모피제품 제조업	C14	평균매출액등 1,500억원 이하
2. 가죽, 가방 및 신발 제조업	C15	
3. 펄프, 종이 및 종이제품 제조업	C17	
4. 1차 금속 제조업	C24	
5. 전기장비 제조업	C28	
6. 가구 제조업	C32	
7. 농업, 임업 및 어업	A	평균매출액등 1,000억원 이하
8. 광업	B	
9. 식료품 제조업	C10	
10. 담배 제조업	C12	
11. 섬유제품 제조업(의복 제조업은 제외한다)	C13	
12. 목재 및 나무제품 제조업(가구 제조업은 제외한다)	C16	
13. 코크스, 연탄 및 석유정제품 제조업	C19	
14. 화학물질 및 화학제품 제조업(의약품 제조업은 제외한다)	C20	
15. 고무제품 및 플라스틱제품 제조업	C22	
16. 금속가공제품 제조업(기계 및 가구 제조업은 제외한다)	C25	
17. 전자부품, 컴퓨터, 영상, 음향 및 통신장비 제조업	C26	
18. 그 밖의 기계 및 장비 제조업	C29	
19. 자동차 및 트레일러 제조업	C30	
20. 그 밖의 운송장비 제조업	C31	
21. 전기, 가스, 증기 및 공기조절 공급업	D	
22. 수도업	E36	
23. 건설업	F	
24. 도매 및 소매업	G	
25. 음료 제조업	C11	평균매출액등 800억원 이하
26. 인쇄 및 기록매체 복제업	C18	
27. 의료용 물질 및 의약품 제조업	C21	
28. 비금속 광물제품 제조업	C23	
29. 의료, 정밀, 광학기기 및 시계 제조업	C27	
30. 그 밖의 제품 제조업	C33	

해당 기업의 주된 업종	분류기호	규모 기준
31. 수도, 하수 및 폐기물 처리, 원료재생업 (수도업은 제외한다)	E (E36 제외)	
32. 운수 및 창고업	H	
33. 정보통신업	J	
34. 산업용 기계 및 장비 수리업	C34	평균매출액등 600억원 이하
35. 전문, 과학 및 기술 서비스업	M	
36. 사업시설관리, 사업지원 및 임대 서비스업 (임대업은 제외한다)	N (N76 제외)	
37. 보건업 및 사회복지 서비스업	Q	
38. 예술, 스포츠 및 여가 관련 서비스업	R	
39. 수리(修理) 및 기타 개인 서비스업	S	
40. 숙박 및 음식점업	I	평균매출액등 400억원 이하
41. 금융 및 보험업	K	
42. 부동산업	L	
43. 임대업	N76	
44. 교육 서비스업	P	

비고
1. 해당 기업의 주된 업종의 분류 및 분류기호는 통계법 제22조에 따라 통계청장이 고시한 한국표준산업분류에 따른다.
2. 위 표 제19호 및 제20호에도 불구하고 자동차용 신품 의자 제조업(C30393), 철도 차량 부품 및 관련 장치물 제조업(C31202) 중 철도 차량용 의자 제조업, 항공기용 부품 제조업(C31322) 중 항공기용 의자 제조업의 규모 기준은 평균매출액등 1,500억원 이하로 한다.

(다) 독립성

실질적인 독립성을 갖춘 기업이어야 한다. 소유와 경영의 실질적인 독립성을 갖춘 기업이란 다음 어느 하나에 해당하지 아니하는 기업을 말한다.(상증령 제15조 제2호, 조특령 제2조 제1항 제3호, 중소기업기본법 시행령 제3조 제1항 제2호)

① 독점규제 및 공정거래에 관한 법률 제14조 제1항에 따른 상호출자제한기업집단에 속하는 회사 또는 같은 법 제14조의3에 따라 공시대상기업집단의 소속회사로 편입·통지된 것으로 보는 회사 중 상호출자제한기업집단에 속하는 회사

② 자산총액이 5천억원 이상인 법인(외국법인을 포함하되, 비영리법인 및 중소기업기

본법 시행령 제3조의2 제3항 각 호의 어느 하나에 해당하는 자는 제외한다)이 주식등의 100분의 30 이상을 직접적 또는 간접적으로 소유한 경우로서 최다출자자인 기업. 이 경우 최다출자자는 해당 기업의 주식등을 소유한 법인 또는 개인으로서 단독으로 또는 다음의 어느 하나에 해당하는 자와 합산하여 해당 기업의 주식등을 가장 많이 소유한 자를 말하며, 주식등의 간접소유 비율에 관하여는 국제조세조정에 관한 법률 시행령 제2조 제2항을 준용하고, 주식등의 간접소유 비율을 계산할 때 자본시장과 금융투자업에 관한 법률에 따른 집합투자기구를 통하여 간접소유한 경우는 제외한다.

- 주식등을 소유한 자가 법인인 경우 : 그 법인의 임원
- 주식등을 소유한 자가 개인인 경우 : 그 개인의 친족

③ 관계기업에 속하는 기업의 경우에는 중소기업기본법 시행령 제7조의4에 따라 산정한 평균매출액등이 중소기업기본법 시행형 별표 1의 기준에 맞지 아니하는 기업. 이때 "평균매출액등이 별표 1의 기준에 맞지 아니하는 기업"은 "매출액이 조세특례제한법 시행령 제2조 제1항 제1호에 따른 중소기업기준에 맞지 아니하는 기업"으로 본다.

(라) 자산규모

자산총액이 5천억원 미만이어야 한다.(상증령 제15조 제1항 제3호)

(2) 중견기업

중소기업이 아니면서, 상속개시일이 속하는 소득세 과세기간 또는 법인세 사업연도의 직전 소득세 과세기간 또는 법인세 사업연도 말 현재 다음 각 요건을 모두 갖춘 기업을 말한다.(상증령 제15조 제2항, 조특령 제9조 제2항[21)]제1호)

(가) 업종

위 중소기업의 업종과 같다.(상증령 제15조 제2항 제1호)

21) 상속세 및 증여세법 시행령 제15조 제2항 제2호는 조세특례제한법 시행령 제9조 제4항 제1호 및 제3호의 요건을 충족할 것이라고 규정하고 있으나, 조세특례제한법 시행령이 2018년 2월 13일 개정되면서 제4항이 제2항으로 변경되었다.

(나) 규모(매출액)

상속이 개시되는 과세기간(소득세) 또는 사업연도(법인세)의 직전 3개 과세기간(소득세) 또는 사업연도(법인세)의 매출액의 평균금액이 3천억원 이상인 기업은 제외한다.(상증법 제18조 제2항 제1호 괄호, 상증령 제15조 제2항 제3호) 매출액은 기업회계기준에 따라 작성한 손익계산서상의 매출액으로 한다.(상증칙 제4조의2)

(3) 독립성

소유와 경영의 실질적인 독립성을 갖추어야 한다. 소유와 경영의 실질적인 독립성을 갖춘다는 것은 다음 어느 하나에 해당하지 아니하는 기업을 말한다.(조특령 제9조 제2항 제3호, 중견기업 성장촉진 및 경쟁력 강화에 관한 특별법 시행령 제2조 제2항 제1호)

① 독점규제 및 공정거래에 관한 법률 제14조 제1항에 따른 상호출자제한기업집단에 속하는 기업

② 독점규제 및 공정거래에 관한 법률 시행령 제21조 제2항에 따른 상호출자제한기업집단 지정기준인 자산총액 이상인 기업 또는 법인(외국법인을 포함)이 해당 기업의 주식등(주식 또는 출자지분, 단, 상법 제344조의3에 따른 의결권 없는 주식은 제외한다)의 100분의 30 이상을 직접적 또는 간접적으로 소유하면서 최다출자자인 기업. 이 경우 최다출자자는 해당 기업의 주식등을 소유한 법인 또는 개인으로서 단독으로 또는 다음의 어느 하나에 해당하는 자와 합산하여 해당 기업의 주식등을 가장 많이 소유한 자로 하며, 주식등의 간접소유비율에 관하여는 국제조세조정에 관한 법률 시행령 제2조 제2항을 준용한다.

- 주식등을 소유한 자가 법인인 경우 : 그 법인의 임원
- 주식등을 소유한 자가 개인인 경우 : 그 개인의 친족

2) 공제요건

피상속인 및 상속인이 다음 요건을 모두 갖춘 경우에만 적용한다.(상증령 제15조 제3항)

(1) 피상속인 요건

중소기업 또는 중견기업의 최대주주등인 경우로서 피상속인과 그의 특수관계인의 주식등을 합하여 해당 기업의 발행주식총수등의 100분의 50, 상장기업(자본시장과 금융

투자업에 관한 법률 제8조의2 제2항에 따른 거래소에 상장되어 있는 법인)의 경우 100분의 30 이상을 10년 이상 계속하여 보유하고, 가업의 영위기간(10년 이상) 중 다음 어느 하나에 해당하는 기간을 대표이사등(법인의 대표이사 또는 개인사업자의 대표자)로 재직하여야 한다.

① 100분의 50 이상의 기간을 재직한 경우
② 피상속인이 10년 이상 대표이사등으로 재직하고, 상속인이 피상속인의 대표이사등의 직을 승계하여 승계한 날부터 상속개시일까지 계속 재직한 경우
③ 상속개시일부터 소급하여 10년 중 5년 이상의 기간 재직할 것

(2) 상속인 요건

상속인 또는 상속인의 배우자가 나음의 요건을 모두 갖추어야 한나.

① 상속개시일 현재 18세 이상일 것
② 상속개시일 전에 2년 이상 직접 가업에 종사하였을 것. 이 경우 상속개시일 2년 전부터 가업에 종사한 경우로서 상속개시일부터 소급하여 2년에 해당하는 날부터 상속개시일까지의 기간 중 상속인이 법률의 규정에 의한 병역의무의 이행, 질병의 요양, 취학상 형편등으로 가업 또는 영농에 직접 종사할 수 없는 사유가 있는 경우에는 그 기간은 가업에 종사한 기간으로 본다. 그러나 그 사유가 종료된 후 가업 또는 영농에 종사하지 아니하거나 가업상속 또는 영농상속받은 재산을 처분하는 경우는 그러하지 아니하다.(상증령 제15조 제8항 제2호 다목, 상증칙 제6조) 이 상속인의 가업종사 요건은 피상속인이 65세를 넘어 사망한 경우에만 해당하고, 피상속인이 65세 이전에 사망하거나 천재지변 및 인재 등 부득이한 사유로 사망한 경우에는 적용하지 아니하다.
③ 상속세 과세표준 신고기한까지 임원으로 취임하고, 상속세 신고기한부터 2년 이내에 대표이사등으로 취임할 것

(3) 중견기업 공제제한

가업상속공제는 중소규모 가업을 상속인이 원활하게 승계받을 수 있도록 상속세 부담을 덜어주는 제도인데, 중견기업의 경우 납부할 상속세액이 가업승계에 지장을 주지 않을 정도로 가업상속 외 상속받은 재산이 있는 경우에는 가업상속공제를 적용하지 아니한다. 가업이 중견기업에 해당하는 경우로서 가업을 상속받거나 받을 상속인의 ①

가업상속재산 외에 받거나 받을 상속재산의 가액이 ② 해당 상속인이 상속세로 납부할 금액의 2배에 해당하는 금액을 초과하면 해당 상속인이 받거나 받을 가업상속재산에 대해서는 가업상속공제를 적용하지 아니한다.(상증법 제18조 제3항, 상증령 제15조)

① 가업상속재산 외에 받거나 받을 상속재산의 가액 : 가업상속인이 받거나 받을 총 상속재산(상속재산에 가산하는 증여재산 중 가업상속인이 받은 증여재산을 포함)의 가액에서 해당 가업상속인이 부담하는 채무의 금액과 해당 가업상속인이 받거나 받을 가업상속 재산가액을 차감한 금액

② 상속세로 납부할 금액 : 가업상속공제를 받지 아니하였을 경우 해당 가업상속인이 납부할 의무가 있는 상속세액

(4) 중복공제 배제

가업상속이 이루어진 후에 가업상속 당시 최대주주등(상증령 제19조 제2항에 따른 최대주주 또는 최대출자자)에 해당하는 자의 사망으로 상속이 개시되는 경우는 적용하지 아니한다. 다만, 가업상속을 받은 상속인의 사망으로 상속이 개시되는 경우에는 그러하지 아니하다.(상증령 제15조 제3항 후단) 이는 부모가 모두 최대주주등에 해당하는 경우 가업상속공제는 부 또는 모의 사망 시 한 번만 가업상속공제가 가능하다는 의미이다.

(5) 가업승계 증여세 과세특례 증여주식에 대한 가업상속공제

조세특례제한법 제30조의6 제1항에 따른 증여세 특례대상인 주식 등을 증여받은 후 상속이 개시되는 경우[22] 상속개시일 현재 다음 요건을 모두 갖춘 경우에는 가업상속(상증법 제18조 제2항 제1호)으로 보아 관련 규정을 적용한다.(조특령 제27조의6 제8항)

① 가업상속공제대상 가업에 해당할 것. 다만, 가업의 영위기간 요건(상속세 및 증여세법 시행령 제15조 제3항 제1호 나목)은 적용하지 아니한다.

② 수증자가 증여받은 주식 등을 처분하거나 지분율이 낮아지지 아니한 경우로서 가업에 종사하거나 대표이사로 재직하고 있을 것

22) 입법취지상 증여자의 사망으로 상속이 개시되는 경우로 이해된다.

3) 가업상속 재산가액

가업상속 재산가액은 위 요건을 갖춘 상속인이 받거나 받을 상속재산의 가액을 말하는데 가업이 개인기업인 경우와 법인기업인 경우에 따라 다음과 같이 계산한다.(상증령 제15조 제5항)

(1) 개인기업

소득세법을 적용받는 개인기업을 상속받는 경우에는 가업에 직접 사용되는 토지, 건축물, 기계장치 등 사업용 자산의 가액에서 해당 자산에 담보된 채무액을 뺀 가액을 상속재산 가액으로 한다.

(2) 법인기업

법인세법을 적용받는 법인기업을 상속받은 경우에는 가업에 해당하는 법인의 주식등의 가액을 상속재산 가액으로 한다. "가업에 해당하는 법인의 주식등의 가액"은 해당 주식등의 가액에 그 법인의 총자산가액(상속개시일 현재 상속세 및 증여세법 제4장에 따라 평가한 가액) 중 상속개시일 현재 사업무관자산을 제외한 자산가액이 차지하는 비율을 곱하여 계산한 금액에 해당하는 것을 말한다. 법인의 주식가액 중 법인의 사업과 직접 관련이 없는 재산에 해당하는 가액의 상속에 대해서는 가업상속 공제를 적용하지 아니한다는 의미이다. 사업무관자산은 다음 어느 하나에 해당하는 자산을 말하고, 그 가액은 상속개시일 현재 상속세 및 증여세법 제4장에 따라 평가한 가액으로 한다

(가) 법인세법 제55조의2에 해당하는 다음의 자산

① 별장 : 임대주택등이 아닌 주택(법인세법 시행령 제92조의2의 주택) 및 주거용 건축물로서 상시 주거용으로 사용하지 아니하고 휴양 · 피서 · 위락 등의 용도로 사용하는 건축물(법인법 제55조의2 제1항 제2호)

② 비사업용 토지 : 법인세법 시행령 제92조의3에 규정된 기간을 초과하여 보유하고 있는 다음 어느 하나에 해당하는 토지(법인법 제55조의2 제1항 제3호 · 제2항)

㉮ 농지(논밭 및 과수원)으로서 다음의 것

- 농업을 주된 사업으로 하지 아니하는 법인이 소유하는 토지. 다만, 농지법이나 그 밖의 법률에 따라 소유할 수 있는 농지로서 법인세법 시행령 제92조의5 제3항이 정하는 농지는 제외한다.

- 특별시, 광역시(광역시에 있는 군 지역은 제외), 특별자치시(특별자치시에 있는 읍・면지역은 제외), 특별자치도(제주특별자치도 설치 및 국제자유도시 조성을 위한 특별법 제10조 제2항에 따라 설치된 행정시의 읍・면지역은 제외) 및 시 지역[지방자치법 제3조 제4항에 따른 도농(都農) 복합형태의 시의 읍・면 지역은 제외] 중 국토의 계획 및 이용에 관한 법률 제6조 제1호에 따른 도시지역(녹지지역 및 개발제한구역 제외)에 있는 농지. 다만, 특별시, 광역시, 특별자치시, 특별자치도 및 시 지역의 도시지역에 편입된 날부터 3년이 지나지 아니한 농지는 제외한다.(법인령 제92조의2 제4항・제5항)

㉯ 임야. 다만, 다음의 것은 제외한다.

- 산림자원의 조성 및 관리에 관한 법률에 따라 지정된 채종림(採種林)・시험림, 산림보호법 제7조에 따른 산림보호구역, 그 밖에 공익상 필요하거나 산림의 보호・육성을 위하여 필요한 임야로서 법인세법 시행령 제92조의6 제1항에 정하는 것
- 임업을 주된 사업으로 하는 법인이나 산림자원의 조성 및 관리에 관한 법률에 따른 독림가(篤林家)인 법인이 소유하는 임야로서 법인세법 시행령 제92조의6 제3항에 정하는 것
- 토지의 소유자・소재지・이용상황・보유기간 및 면적 등을 고려하여 법인의 업무와 직접 관련이 있다고 인정할 만한 상당한 이유가 있는 임야로서 법인세법 시행령 제92조의6 제4항에 정하는 것

㉰ 다음 어느 하나에 해당하는 목장용지. 다만, 토지의 소유자・소재지・이용상황・보유기간 및 면적 등을 고려하여 법인의 업무와 직접 관련이 있다고 인정할 만한 상당한 이유가 있는 목장용지로서 법인세법 시행령 제92조의7 제2항이 정하는 것은 제외한다.

- 축산업을 주된 사업으로 하는 법인이 소유하는 목장용지로서 법인세법 시행령 별표1의 기준면적을 초과하거나 특별시, 광역시, 특별자치시, 특별자치도 및 시 지역의 도시지역(녹지지역 및 개발제한구역 제외)에 있는 목장용지(도시지역에 편입된 날부터 3년이 지나지 아니한 경우는 제외)
- 축산업을 주된 사업으로 하지 아니하는 법인이 소유하는 목장용지

㉱ 농지, 임야 및 목장용지 외의 토지 중 다음의 토지를 제외한 토지

- 지방세법이나 관계 법률에 따라 재산세가 비과세되거나 면제되는 토지
- 지방세법 제106조 제1항 제2호 및 제3호에 따른 재산세 별도합산과세대상 또는 분리과세대상이 되는 토지
- 토지의 이용상황, 관계 법률의 의무이행 여부 및 수입금액 등을 고려하여 법인의 업무와 직접 관련이 있다고 인정할 만한 상당한 이유가 있는 토지로서 법인세법 시행령 제92조의8 제1항에 규정된 것

㉮ 지방세법 제106조 제2항에 따른 주택 부속토지 중 주택이 정착된 면적에 지역별로 정하는 배율(도시지역안의 토지 5배, 도시지역 밖의 토지 10배)을 곱하여 산정한 면적을 초과하는 토지

㉯ 별장의 부속토지. 다만, 별장에 부속된 토지의 경계가 명확하지 아니한 경우에는 그 건축물 비닥면적의 10배에 해당하는 도지를 부속도지로 본다.

㉰ 그 밖에 위 ㉮부터 ㉯까지에 규정된 토지와 유사한 토지로서 법인의 업무와 직접 관련이 없다고 인정할 만한 상당한 이유가 있는 법인세법 시행령으로 정하는 토지(법인세법 시행령에 관련규정 없음)

(나) 그 외 업무무관 자산

① 법인세법 시행령 제49조에 해당하는 업무와 관련 없는 자산 및 타인에게 임대하고 있는 부동산

② 법인세법 시행령 제61조 제1항 제2호에 해당하는 대여금

③ 과다보유현금 : 과다보유현금이란 상속개시일 직전 5개 사업연도 말 평균 현금(요구불예금 및 취득일부터 만기가 3개월 이내인 금융상품을 포함)보유액의 100분의 150을 초과하는 것을 말한다.

④ 법인의 영업활동과 직접 관련이 없이 보유하고 있는 주식등, 채권 및 금융상품

4) 공제금액

피상속인이 가업을 경영한 기간에 따라 다음의 범위 내에서 가업상속재산가액을 공제한다. 이 경우 피상속인이 둘 이상의 독립된 기업을 가업으로 영위한 경우에는 해당 기업 중 계속하여 경영한 기간이 긴 기업의 계속 경영기간에 대한 공제한도를 적용하며, 상속세 과세가액에서 피상속인이 계속하여 경영한 기간이 긴 기업의 가업상속 재산가액부터 순차적으로 공제한다.(상증령 제15조 제4항, 상증칙 제5조)

① 피상속인이 10년 이상 20년 미만 계속하여 경영한 경우 : 200억원
② 피상속인이 20년 이상 30년 미만 계속하여 경영한 경우 : 300억원
③ 피상속인이 30년 이상 계속하여 경영한 경우 : 500억원

5) 가업상속공제 신고 및 사후관리

가업상속공제를 받으려는 자는 가업상속재산명세서, 최대주주등에 해당하는 사실 및 기타 상속인이 당해 가업에 직접 종사한 사실을 입증할 수 있는 서류를 상속세과세표준신고와 함께 납세지 관할 세무서장에게 제출하여야 한다. 이 경우 납세지 관할 세무서장은 가업상속공제의 적정 여부를 검토하고, 상속받은 가업의 경영상태를 매년 검토하여 위반사항 발생 시 원래 공제한 금액을 상속개시 당시의 상속세 과세가액에 산입하여 상속세를 부과한다.(상증법 제18조 제4항, 상증령 제15조 제18항, 상증칙 제6조의2)

6) 승계가업 경영

가업상속 공제를 받은 상속인은 최소한 10년 이상 승계받은 가업의 규모를 유지하고 경영하여야 한다. 공제를 받은 상속인이 상속이 개시된 소득세 과세기간 또는 법인세 사업연도의 말일부터 10년 이내에 정당한 사유 없이 가업의 규모를 유지하면서 계속하여 경영하지 아니게 되면 공제받은 금액에 해당 가업용 자산의 처분비율과 해당일까지 경과연수에 따른 일정비율의 금액을 상속개시 당시의 상속세 과세가액에 산입하여 상속세를 부과하고, 일정액의 이자상당액을 그 부과하는 상속세에 가산한다.(상증법 제18조 제6항)

(1) 가업의 계속경영

가업규모를 유지하면서 계속하여 경영한 것으로 보지 아니하는 경우는 다음의 경우를 말한다.

① 상속개시일부터 5년 이내 해당 가업용 자산의 10% 이상을 처분하거나, 5년 이후 10년 이내에 20% 이상을 처분한 경우. 여기서 가업용 자산이란 개인기업의 경우 가업에 직접 사용되는 토지, 건축물, 기계장치 등 사업용 자산을 말하고, 법인기업의 경우 가업에 해당하는 법인의 사업에 직접 사용되는 사업용 고정자산(사업무관자산은 제외)을 말한다.(상증령 제15조 제9항) 처분비율은 상속개시일 현재 가

업용자산의 가액에서 처분한 가업용 자산의 상속개시일 현재의 가액비율로 한다.(상증령 제15조 제10항)

② 해당 상속인이 가업에 종사하지 아니하게 된 경우. "가업에 종사하지 아니하게 된 경우"란 다음 어느 하나에 해당하는 경우를 포함한다.(상증령 제15조 제11항)

- 상속인(배우자를 기준으로 가업상속공제를 받은 경우 배우자)이 대표이사등으로 종사하지 아니하는 경우
- 가업의 주된 업종을 변경하는 경우. 단, "한국표준산업분류"(통계법 제22조에 따라 통계청장이 작성 · 고시하는 표준분류)에 따른 소분류 내에서 업종을 변경하는 경우로서 상속개시일 현재 영위하고 있는 업종(한국표준산업분류에 따른 세분류 업종을 말한다)의 매출액이 사업연도 종료일을 기준으로 100분의 30 이상인 경우는 제외한다.
- 해당 가업을 1년 이상 휴업(실적이 없는 경우를 포함한다)하거나 폐업하는 경우

③ 주식 등을 상속받은 상속인의 지분이 감소한 경우. 다만, 상속인이 상속받은 주식 등을 물납(物納)하여 지분이 감소한 경우는 제외하되, 이 경우에도 상속인은 상속세 및 증여세법 제22조 제2항에 따른 최대주주나 최대출자자에 해당하여야 한다. "상속인의 지분이 감소한 경우"란 다음 어느 하나에 해당하는 경우를 포함한다.(상증령 제15조 제12항)

- 상속인이 상속받은 주식등을 처분하는 경우
- 해당 법인이 유상증자할 때 상속인의 실권 등으로 지분율이 감소한 경우
- 상속인의 특수관계인이 주식등을 처분하거나 유상증자할 때 실권 등으로 상속인이 최대주주등에 해당되지 아니하게 되는 경우

④ 각 소득세 과세기간 또는 법인세 사업연도의 정규직 근로자(통계법 제17조에 따라 통계청장이 지정하여 고시하는 경제활동인구조사의 정규직 근로자를 말한다) 수의 평균이 "기준고용인원"(상속이 개시된 소득세 과세기간 또는 법인세 사업연도의 직전 2개 소득세 과세기간 또는 법인세 사업연도의 정규직근로자 수의 평균)의 100분의 80에 미달하는 경우. 여기서 정규직 근로자 수의 평균은 각 소득세 과세기간 또는 법인세 사업연도의 매월 말일 현재의 정규직 근로자 수를 합하여 해당 소득세 과세기간 또는 법인세 사업연도의 월수로 나누어 계산한다.(상증령 제15조 제15항)

⑤ 상속이 개시된 소득세 과세기간말 또는 법인세 사업연도말부터 10년간 정규직

근로자 수의 전체 평균이 기준고용인원의 100분의 100(중견기업의 경우에는 100분의 120)에 미달하는 경우

⑥ 근로자 수 유지와 관련하여 법인이 분할하거나 다른 법인을 합병하는 경우 정규직 근로자 수는 다음 각 호에 따라 계산한다.(상증령 제15조 제16항)

- 분할에 따라 가업에 해당하는 법인의 정규직 근로자의 일부가 다른 법인으로 승계되어 근무하는 경우 그 정규직 근로자는 분할 후에도 가업에 해당하는 법인의 정규직 근로자로 본다.
- 합병에 따라 다른 법인의 정규직 근로자가 가업에 해당하는 법인에 승계되어 근무하는 경우 그 정규직 근로자는 상속이 개시되기 전부터 가업에 해당하는 법인의 정규직 근로자였던 것으로 본다.

(2) 정당한 사유

가업규모를 유지하면서 계속하여 경영하지 아니한 데 대한 정당한 사유란 다음에 해당하는 사유를 말한다.(상증령 제15조 제8항)

① 가업용 자산의 처분에 있어서 다음과 같은 사유가 있는 경우

- 가업용 자산이 공익사업을 위한 토지 등의 취득 및 보상에 관한 법률, 그 밖의 법률에 따라 수용 또는 협의 매수되거나 국가 또는 지방자치단체에 양도되거나 시설의 개체(改替), 사업장 이전 등으로 처분되는 경우. 다만, 처분자산과 같은 종류의 자산을 대체 취득하여 가업에 계속 사용하는 경우에 한한다.
- 가업용 자산을 국가 또는 지방자치단체에 증여하는 경우
- 가업상속받은 상속인이 사망한 경우
- 합병 · 분할, 통합, 개인사업의 법인전환 등 조직변경으로 인하여 자산의 소유권이 이전되는 경우. 다만, 조직변경 이전의 업종과 같은 업종을 영위하는 경우로서 이전된 가업용 자산을 그 사업에 계속 사용하는 경우에 한한다.
- 내용연수가 지난 가업용 자산을 처분하는 경우

② 상속인이 가업에 종사하지 아니하게 된 사유가 다음의 사유에 의한 경우

- 가업상속받은 상속인이 사망한 경우
- 가업상속 받은 재산을 국가 또는 지방자치단체에 증여하는 경우
- 상속인이 법률에 따른 병역의무의 이행, 질병의 요양 등 기획재정부령으로 정하는 부득이한 사유에 해당하는 경우

③ 주식등의 지분이 감소한 사유가 다음 어느 하나에 해당하는 경우

- 합병·분할 등 조직변경에 따라 주식등을 처분하는 경우. 다만, 처분 후에도 상속인이 합병법인 또는 분할신설법인 등 조직변경에 따른 법인의 최대주주등에 해당하는 경우에 한한다.
- 해당 법인의 사업확장 등에 따라 유상증자할 때 상속인의 특수관계인 외의 자에게 주식등을 배정함에 따라 상속인의 지분율이 낮아지는 경우. 다만, 상속인이 최대주주등에 해당하는 경우에 한한다.
- 상속인이 사망한 경우. 다만, 사망한 자의 상속인이 원래 상속인의 지위를 승계하여 가업에 종사하는 경우에 한한다.
- 주식등을 국가 또는 지방자치단체에 증여하는 경우
- 자본시장과 금융투자업에 관한 법률 제390조 제1항에 따른 상장규정의 상장요건을 갖추기 위하여 지분을 감소시킨 경우. 다만, 상속인이 최대주주등에 해당하는 경우에 한정한다.
- 주주 또는 출자자의 주식 및 출자지분의 비율에 따라서 무상으로 균등하게 감자하는 경우
- 채무자 회생 및 파산에 관한 법률에 따른 법원의 결정에 따라 무상으로 감자하거나 채무를 출자전환하는 경우

(3) 상속세 과세가액 산입하는 금액

상속개시일 또는 과세기간 종료일로부터 세속경영을 하지 아니하는 것으로 보는 위반 사유가 발생한 일까지의 기간에 따른 추징율을 공제금액에 곱하여 산정한 금액을 상속세 과세가액에 산입한다. 단, 가업용 자산을 처분한 경우에는 처분비율에 해당하는 공제금액에 기간별추징율을 곱한 금액을 과세가액에 산입한다.(상증령 제15조 제13항)

(가) 기간계산

① 가업용 자산을 처분하거나 상속인이 가업에 종사하지 아니하는 사유 또는 상속인의 지분이 감소한 사유가 발생한 경우 : 상속개시일부터 해당 사유 발생일까지의 기간

② 소득세 과세기간 또는 법인세 사업연도의 정규직 근로자 수의 평균이 상속이 개시된 소득세 과세기간 또는 법인세 사업연도의 직전 2개 소득세 과세기간 또는 법인세 사업연도의 정규직근로자 수의 평균의 100분의 80에 미달하는 경우 : 상속이 개시된 소

득세 과세기간 또는 법인세 사업연도의 말일부터 해당일까지의 기간

③ 상속이 개시된 소득세 과세기간말 또는 법인세 사업연도말부터 10년간 정규직 근로자 수의 전체 평균이 기준고용인원의 100분의 100(제2항 제1호에 따른 중견기업의 경우에는 100분의 120)에 미달하는 경우 : 상속이 개시된 소득세 과세기간 또는 법인세 사업연도의 말일부터 각 소득세 과세기간 또는 법인세 사업연도의 말일까지 각각 누적하여 계산한 정규직 근로자 수의 전체 평균이 기준고용인원의 100분의 100(중견기업의 경우에는 100분의 120) 이상을 충족한 기간 중 가장 긴 기간

(나) 기간별 추징율

위 (가)에 따라 계산한 기간에 따라 다음의 비율로 추징한다.

① 7년 미만인 경우 : 100%

② 7년 이상 8년 미만인 경우 : 90%

③ 8년 이상 9년 미만인 경우 : 80%

④ 9년 이상 10년 미만인 경우 : 70%

(4) 이자상당액

상속세 과세가액에 산입한 공제금액으로 인하여 결정한 상속세액에 당초 상속세 과세표준 신고기한의 다음날부터 위 위반사유가 발생한 날까지의 기간에 연리 2.1%를 일수로 계산한 금액을 상속세 납부할 세액에 더하여 납부하여야 한다.(상증령 제15조 제14항, 국기령 제43조의3 제2항, 국기칙 제19조의3)

(5) 양도소득세 공제

가업상속공제를 받은 상속재산을 양도할 경우 당해 상속재산의 가액 중 공제받은 금액에 차지하는 비율에 해당하는 재산은 피상속인이 당초 취득한 가액을 취득가액으로 하여 양도소득금액을 계산한다.(소득법 제97조의2 제4항) 그러므로 가업상속공제를 받은 상속재산을 양도한 후 가업경영의 위반사유의 발생으로 상속세를 추징하는 경우에는 상속세 과세가액에 산입하는 금액에 해당하는 양도소득세(납부하였거나 납부할)를 추가 납부할 상속세에서 공제하는 것이다. 공제하는 세액은 가업상속공제를 받고 양도하는 가업상속 재산에 대하여 소득세법 제97조의2 제4항을 적용하여 계산한 양도소득세

액에서 같은 법 제97조를 적용하여 계산한 양도소득세액을 뺀 금액에 해당 기간별추징율을 곱한 금액을 말한다.(상증령 제15조 제17항) 이는 정상적인 가업상속재산을 양도하는 경우 피상속인이 취득한 가액을 취득가액으로 하여 양도차익을 계산하였으므로, 가업경영의 위반사유로 다시 상속세를 과세하게 되면 상속인의 양도재산은 상속으로 취득한 재산으로 돌아가게 되고 상속개시일의 평가액을 취득가액으로 양도차익을 계산하여야 할 것이므로, 피상속인의 취득가액과 상속개시일의 평가액과의 차익에 해당하는 양도소득세 환급 분을 상속세에서 차감한다는 의미이다.

(6) 가업상속공제 사후관리추징사유 신고

가업경영의 위반사유가 발생한 때에는 상속인은 각 사유가 발생한 날이 속하는 달의 말일(과세기간 또는 법인세 사업연도의 정규직 근로자 수의 평균이 기준고용인원 비율에 미달하는 경우에는 해당 소득세 과세기간의 말일 또는 법인세 사업연도의 말일)부터 6개월 이내에 납세지 관할세무서장에게 신고하고 해당 상속세와 이자상당액을 납세지 관할세무서, 한국은행 또는 체신관서에 납부하여야 한다. 상속세와 이자상당액을 신고하는 때에는 상속세 및 증여세법 시행규칙 별지 제9호 서식 부표6에 따라 '가업상속공제 사후관리추징사유 신고 및 자진납부 계산서'를 납세지 관할 세무서장에게 제출하여야 한다.(상증법 제18조 제8항, 상증령 제15조 제19항, 상증칙 제24조 제1의2)

6. 영농상속공제

농어민의 생활기반을 보장하기 위하여 영농[양축(養畜), 영어(營漁) 및 영림(營林)을 포함]상속을 받은 경우 영농상속 재산가액을 15억원의 범위 내에서 상속가액 전액 공제한다.(상증법 제18조 제2항 제2호)

1) 영농의 범위

영농은 한국표준산업분류에 따른 농업, 임업 및 어업을 주된 업종으로 영위하는 것으로 그 범위는 다음과 같다. ( )는 한국표준산업분류번호이다.(상증령 제16조 제1항, 통계청 한국표준산업분류)

① 농업 : 농업은 작물재배업, 축산업, 작물재배 및 축산 복합농업, 작물재배 및 축산

관련 서비스업과 수렵업 및 수렵 관련 서비스업을 포함한다.

② 임업 : 영림, 산림용 종자 및 묘목생산, 벌목 활동과 야생 임산물 채취 및 임업관련 서비스 활동을 포함한다. 산림 내에서 자기가 직접 채취한 재료로 숯 굽기, 수액의 증류 및 농축활동을 수행하는 경우에는 영림활동으로 분류하지만 구입한 재료로 수액을 증류, 농축하거나 숯을 굽는 활동은 제조업으로 분류한다. 그 외 구입 목재를 이용한 목탄(숯) 및 목타르 제조(20112), 천연 고무나무 재배(01140), 수목원, 식물원 및 야생식물 보호 관리 서비스(9023), 휴양림 관리, 운영(9023)업도 임업에서 제외된다.

③ 어업 : 바다, 강, 호수, 하천 등에서 어류, 갑각류, 연체동물, 해조류 및 기타 수산동・식물을 채취・포획하거나 증식 또는 양식하는 산업활동과 이에 관련된 서비스를 제공하는 산업활동을 말한다. 고래 이외의 수산 포유동물 육지 포획(01500)업은 제외된다.

2) 공제요건

(1) 소득세법을 적용받는 영농

개인이 경영하는 농업, 임업 및 어업을 상속인이 상속받은 경우 영농상속공제를 받기 위해서는 피상속인과 상속인이 다음의 요건을 갖추어야 한다.(상증령 제16조 제2항)[23]

(가) 피상속인 요건

① 상속개시일 2년 전부터 계속하여 직접 영농에 종사할 것. 상속개시일 2년 전부터 직접 영농에 종사한 경우로서 상속개시일부터 소급하여 2년에 해당하는 날부터 상속개시일까지의 기간 중 질병의 요양으로 직접 영농에 종사하지 못한 기간은 직접 영농에 종사한 기간으로 본다.

② 농지등(농지・초지・산림지)이 소재하는 시・군・구, 그와 연접한 시・군・구 또는 해당 농지등으로부터 직선거리 30㎞ 이내(산림지의 경우에는 통상적으로

23) 상속세 및 증여세법 제16조 제2항은 영농상속공제 요건을 "소득세법을 적용받는 영농"과 "법인세법을 적용받는 영농"으로 구분하여 규정하고 있고, 소득세법 제19조 제1항 제1호에는 농업 중 곡물 및 식량 재배업은 사업소득에서 제외하여 소득세법의 적용을 받지 아니하는 것으로 규정하고 있어, 곡물재배업은 영농상속공제 대상에서 제외되어야 하는지 의문이 들 수 있다. 그러나 이 법의 취지상 제외할 이유가 없고 그렇게 해석하는 사례도 보이지 아니한다. 법문을 정비할 필요가 있다고 본다.

직접 경영할 수 있는 지역을 포함한다)에 거주하거나 어선의 선적지 또는 어장에 가장 가까운 연안의 시 · 군 · 구, 그와 연접한 시 · 군 · 구 또는 해당 선적지나 연안으로부터 직선거리 30㎞ 이내에 거주하여야 한다. 이 경우 시에는 제주자치도에 있는 지방자치단체가 아닌 시(제주특별자치도의 설치 및 국제자유도시 조성을 위한 특별법 제10조 제2항에 따른 행정시)를 포함하고, 구는 자치구를 말한다.

(나) 상속인 요건

상속인이 상속개시일 현재 18세 이상으로서 영농인이거나 영농 · 영어 및 임업후계자이어야 한다.

① 영농인 : 다음의 요건을 모두 갖추어야 한다.

- 상속개시일 2년 전부터 계속하여 직접 영농에 종사할 것. 다만, 상속개시일 2년 전부터 직접 영농에 종사한 경우로서 상속개시일부터 소급하여 2년에 해당하는 날부터 상속개시일까지의 기간 중 상속인이 법률에 따른 병역의무의 이행, 질병의 요양, 취학상 형편등으로 영농에 직접 종사하지 못한 기간은 직접 영농에 종사한 기간으로 본다. 이 상속인의 영농종사 요건은 피상속인이 65세를 넘어 사망한 경우에만 해당하고, 피상속인이 65세 이전에 사망하거나 천재지변 및 인재 등 부득이한 사유로 사망한 경우에는 적용하지 아니하다.(상증령 제15조 제8항 제2호 다목, 상증칙 제6조)
- 위 (가)의 ②에서 규정하는 지역에 거주할 것

② 영농 · 영어 및 임업후계자 : 다음 어느 하나에 해당하여야 한다.(상증칙 제7조 제1항)

- 농어업경영체 육성 및 지원에 관한 법률 제10조에 따른 후계농업경영인 및 어업인후계자
- 임업 및 산촌 진흥촉진에 관한 법률 제2조 제4호의 규정에 의한 임업후계자
- 초 · 중등교육법 및 고등교육법에 의한 농업 또는 수산계열의 학교에 재학중이거나 졸업한 자

(2) 법인세법을 적용받는 영농

(가) 피상속인 요건

① 상속개시일 2년 전부터 계속하여 해당 기업을 경영할 것. 상속개시일 2년 전부터 해당 기업을 경영한 경우로서 상속개시일부터 소급하여 2년에 해당하는 날부터

상속개시일까지의 기간 중 질병의 요양으로 경영하지 못한 기간은 해당 기업을 경영한 기간으로 본다

② 법인의 최대주주등으로서 본인과 그 특수관계인의 주식등을 합하여 해당 법인의 발행주식총수등의 100분의 50 이상을 계속하여 보유할 것

(나) 상속인 요건

상속인이 상속개시일 현재 18세 이상으로서 영농법인 경영인이거나 영농 · 영어 및 임업후계자이어야 한다.

① 영농법인 경영인 : 다음의 요건을 모두 갖추어야 한다.

- 상속개시일 2년 전부터 계속하여 해당 기업에 종사할 것. 다만, 상속개시일 2년 전부터 해당 기업에 종사한 경우로서 상속개시일부터 소급하여 2년에 해당하는 날부터 상속개시일까지의 기간 중 상속인이 법률에 따른 병역의무의 이행, 질병의 요양, 취학상 형편등의 사유로 해당 기업에 종사하지 못한 기간은 해당 기업에 종사한 기간으로 본다. 이 상속인의 영농종사 요건은 피상속인이 65세를 넘어 사망한 경우에만 해당하고, 피상속인이 65세 이전에 사망하거나 천재지변 및 인재 등 부득이한 사유로 사망한 경우에는 적용하지 아니하다.
- 상속세 과세표준 신고기한까지 임원으로 취임하고, 상속세 신고기한부터 2년 이내에 대표이사등으로 취임할 것

② 영농 · 영어 및 임업후계자 : 위 (1), (나), ②의 어느 하나에 해당하여야 한다.(상증칙 제7조 제1항)

(3) 영농에 직접 종사의 의미

공제요건 중 피상속인 또는 상속인이 영농에 직접 종사한 경우란 피상속인 또는 상속인이 다음 어느 하나에 해당하는 경우를 말한다.

① 소유 농지 등 자산을 이용하여 농작물의 경작 또는 다년생식물의 재배에 상시 종사하거나 농작업의 2분의 1 이상을 자기의 노동력으로 수행하는 경우[24)]

② 소유 초지 등 자산을 이용하여 축산법 제2조 제1호에 따른 가축의 사육에 상시 종사하거나 축산작업의 2분의 1 이상을 자기의 노동력으로 수행하는 경우

---

24) 부부나 부자가 공동으로 농작물을 경작한 경우 피상속인이나 상속인 중 1인은 농작업의 1/2 이상을 자기의 노동력으로 수행하는 경우에 해당하지 아니하게 되는데, 이러한 경우에는 상시 종사 여부에 따라 영농 직접 종사 여부를 판단하여야 할 것이다.

③ 소유 어선 및 어업권 등 자산을 이용하여 내수면어업법 또는 수산업법에 따른 허가를 받아 어업에 상시 종사하거나 어업작업의 2분의 1 이상을 자기의 노동력으로 수행하는 경우

④ 소유 산림지 등 자산을 이용하여 산림자원의 조성 및 관리에 관한 법률 제13조에 따른 산림경영계획 인가 또는 같은 법 제28조에 따른 특수산림사업지구 사업에 따라 산림조성에 상시 종사하거나 산림조성작업의 2분의 1 이상을 자기의 노동력으로 수행하는 경우

이 경우 해당 피상속인 또는 상속인의 사업소득금액과 근로소득 총급여액의 합계액이 3천700만원 이상인 과세기간이 있는 경우 해당 과세기간에는 피상속인 또는 상속인이 영농에 종사하지 아니한 것으로 본다. 사업소득금액이란 소득세법 제19조 제2항에 따른 사업소득금액 중 농업·임업 및 어업에서 발생하는 소득, 소득세법 제45조 제2항에 따른 부동산임대업에서 발생하는 소득과 같은 법 시행령 제9조에 따른 농가부업소득은 제외한 금액을 말하며, 그 사업소득금액이 음수인 경우에는 영으로 본다. 근로소득 총급여액이란 소득세법 제20조 제2항의 총급여액을 말한다.(상증령 제16조 제4항)

3) 영농상속 재산가액

영농상속 재산가액이란 다음의 구분에 따라 위 영농상속공제요건을 갖춘 상속인이 받거나 받을 상속재산의 가액을 말한다.(상증령 제16조 제5항)

(1) 소득세법을 적용받은 영농

다음 어느 하나에 해당하는 상속재산으로서 피상속인이 상속개시일 2년 전부터 영농에 사용한 자산의 가액

① 농지법 제2조 제1호 가목에 따른 농지 : 농지의 범위에 대하여는 증여세 중 영농자녀등이 증여받은 농지에 대한 증여세감면 참조(제3장 제5절 V)

② 초지법 제5조에 따른 초지조성허가를 받은 초지 : 초지의 범위에 대하여는 증여세 중 영농자녀등이 증여받은 농지에 대한 증여세감면 참조(제3장 제5절 V)

③ 산지관리법 제4조 제1항 제1호에 따른 보전산지 중 산림자원의 조성 및 관리에 관한 법률 제13조에 따른 산림경영계획 인가 또는 같은 법 제28조에 따른 특수산림사업지구 사업(법률 제4206호 산림법중개정법률의 시행 전에 종전의 산림법

에 따른 지정개발지역으로서 같은 법 부칙 제2조에 따른 지정개발지역에서의 지정개발사업을 포함한다)에 따라 새로이 조림한 기간이 5년 이상인 산림지(보안림 · 채종림 및 산림유전자원보호림의 산림지를 포함한다)

④ 어선법 제2조 제1호에 따른 어선

⑤ 내수면어업법 제7조 또는 수산업법 제8조에 따른 어업권(수산업법 제8조 제1항 제6호 및 제7호에 따른 마을어업 및 협동양식어업의 면허는 제외한다)

⑥ 농업 · 임업 · 축산업 또는 어업용으로 설치하는 창고 · 저장고 · 작업장 · 퇴비사 · 축사 · 양어장 및 이와 유사한 용도의 건축물로서 부동산등기법에 따라 등기한 건축물과 이에 딸린 토지(해당 건축물의 실제 건축면적을 건축법 제55조에 따른 건폐율로 나눈 면적의 범위로 한정한다)

(2) 법인세법을 적용받는 영농

상속재산 중 법인의 주식등의 가액. 이 경우 법인의 주식등의 가액의 계산방법은 가업상속재산가액의 계산방법(상증령 제15조 제5항 제2호)을 준용한다. 즉 해당 주식등의 가액에 그 법인의 총자산가액 중 상속개시일 현재 사업무관자산을 제외한 자산가액이 차지하는 비율을 곱하여 계산한 금액을 말한다.

(3) 중복공제 배제

가업상속공제와 마찬가지로 영농상속이 이루어진 후에 영농상속 당시 최대주주등에 해당하는 사람의 사망으로 상속이 개시되는 경우는 영농상속공제를 적용하지 아니한다. 다만, 영농상속을 받은 상속인의 사망으로 상속이 개시되는 경우에는 그러하지 아니하다.(상증령 제16조 제2항 후단)

4) 영농상속공제 신고

영농상속 공제를 받으려는 사람은 영농상속재산명세서와 상속세 및 증여세법 시행규칙으로 정하는 영농상속 사실을 입증할 수 있는 서류를 상속세과세표준신고와 함께 납세지 관할세무서장에게 제출하여야 한다. “영농상속사실을 입증할 수 있는 서류”라 함은 다음의 서류로서 해당 상속이 영농상속에 해당됨을 증명할 수 있는 것을 말한다.(상증법 제18조 제4항, 상증령 제16조 제8항, 상증칙 제7조 제2항)

① 최대주주등에 해당하는 자임을 입증하는 서류
② 농업소득세 과세사실증명서 또는 영농사실 증명서류
③ 어선의 선적증서 사본
④ 어업권 면허증서 사본
⑤ 영농상속인의 농업 또는 수산계열 학교의 재학증명서 또는 졸업증명서
⑥ 임업 및 산촌진흥촉진에 관한 법률에 의한 임업후계자임을 증명하는 서류

5) 상속인의 영농

영농상속으로 공제를 받은 상속인은 5년 이상 영농상속재산(영농상속공제의 대상이 되는 상속재산)을 영농에 계속 사용하여야 한다. 공제를 받은 상속인이 상속개시일로부터 5년 이내에 정당한 사유 없이 영농상속재산을 처분하거나 영농에 종하하지 아니하게 되면 공제받은 금액에 대하여 경과연수에 따른 일정비율의 금액을 상속개시 당시의 상속세 과세가액에 산입하여 상속세를 부과하고, 일정액의 이자상당액을 그 부과하는 상속세에 가산한다.(상증법 제18조 제6항)

(1) 정당한 사유

정당한 사유란 다음 어느 하나에 해당하는 사유를 말한다.(상증령 제16조 제6항)
① 영농상속을 받은 상속인이 사망한 경우
② 영농상속을 받은 상속인이 해외이주법에 따라 해외로 이주하는 경우
③ 영농상속 받은 재산이 공익사업을 위한 토지 등의 취득 및 보상에 관한 법률, 그 밖의 법률에 따라 수용되거나 협의 매수된 경우
④ 영농상속 받은 재산을 국가 또는 지방자치단체에 양도하거나 증여하는 경우
⑤ 영농상 필요에 따라 농지를 교환 · 분합 또는 대토하는 경우
⑥ 법인세법을 적용받는 영농상속재산인 주식등을 처분한 경우 중 다음 어느 하나에 해당하는 경우. 다만, 주식등의 처분 후에도 상속인이 최대주주등에 해당하는 경우로 한정한다.(상증령 제16조 제6항 제6호 · 제15조 제8항 제3호)
- 상속인이 상속받은 주식등을 상속세 및 증여세법 제73조에 따라 물납(物納)한 경우
- 합병 · 분할 등 조직변경에 따라 주식등을 처분하는 경우

- 해당 법인의 사업확장 등에 따라 유상증자할 때 상속인의 특수관계인 외의 자에게 주식등을 배정함에 따라 상속인의 지분율이 낮아지는 경우
- 상속인이 사망한 경우. 다만, 사망한 자의 상속인이 원래 상속인의 지위를 승계하여 법인의 경영에 종사하는 경우에 한한다.
- 주식등을 국가 또는 지방자치단체에 증여하는 경우
- 자본시장과 금융투자업에 관한 법률 제390조 제1항에 따른 상장규정의 상장요건을 갖추기 위하여 지분을 감소시킨 경우
- 주주 또는 출자자의 주식 및 출자지분의 비율에 따라서 무상으로 균등하게 감자하는 경우
- 채무자 회생 및 파산에 관한 법률에 따른 법원의 결정에 따라 무상으로 감자하거나 채무를 출자전환하는 경우

⑦ 상속인이 법률의 규정에 의한 병역의무의 이행, 질병의 요양, 취학상 형편등으로 가업 또는 영농에 직접 종사할 수 없는 사유가 있는 경우. 다만, 그 부득이한 사유가 종료된 후 가업 또는 영농에 종사하지 아니하거나 가업상속 또는 영농상속받은 재산을 처분하는 경우를 제외한다.(상증칙 제6조)

(2) 이자상당액

상속세 과세가액에 산입한 공제금액으로 인하여 결정한 상속세액에 당초 상속세 과세표준 신고기한의 다음날부터 위 위반사유가 발생한 날까지의 기간에 연리 2.1%를 일수로 계산한 금액을 상속세 납부할 세액에 더하여 납부하여야 한다.(상증령 제16조 제7항 · 제15조 제14항, 국기령 제43조의3 제2항, 국기칙 제19조의3)

6) 가업상속공제와 영농상속공제 중복적용 배제

동일한 상속재산에 대하여 가업상속공제와 영농상속공제는 동시에 적용하지 아니한다.(상증법 제18조 제2항 본문 단서)

7. 공제적용 한도

상속공제는 피상속인과 가족공동생활을 영위하던 상속인들의 기본적 생활기반을 보

장하기 위한 제도라 할 수 있다. 따라서 상속인이 아닌 자에게 증여 및 유증한 재산등에 대하여는 상속공제를 하지 아니한다. 즉 세법이 상속공제의 한도를 둔 것은 선순위 상속인들이 상속으로 승계 받은 재산에 대해서만 상속공제를 적용하겠다는 취지이다.[25] 상속세 과세가액이 5억원 이하인 경우와 초과인 경우 공제한도를 달리 적용한다.(상증법 제24조)

(1) 상속세 과세가액이 5억원 이하인 경우

상속공제액의 합계액(상증법 제18조에서 제23조의2의 합계액)이 상속세 과세가액에서 다음의 금액을 뺀 금액을 초과하는 경우에는 그 초과하는 금액은 공제하지 아니한다.

① 선순위인 상속인이 아닌 자에게 유증등을 한 재산의 가액. 선순위인 상속인이 아닌 자에게 유증등을 한 재산은 피상속인이 손자녀, 부모 또는 형제자매 등에 유증하거나 사인증여하는 경우가 이에 해당한다. 이 경우 상속인인 자녀가 상속받거나 생전증여 또는 유증 및 사인증여를 받은 재산가액의 한도 내에서 상속공제를 한다는 의미이다.

② 선순위인 상속인의 상속 포기로 그 다음 순위의 상속인이 상속받은 재산의 가액. 1순위 상속인인 자녀들이 상속을 포기하면 2순위 상속인인 피상속인의 직계존속이 상속을 받게 되는데 이러한 경우 직계존속이 상속받은 재산의 가액에 대하여는 상속공제가 되지 않는다는 것이다. 이 경우 1순위 상속인인 자녀들이 생전에 증여받은 재산이 있는 경우에는 그 금액의 범위 내에서 상속공제가 가능하다. 배우자의 경우 1순위인 자녀들과 동순위이고 2순위인 직계존속과도 동순위가 되나(민법 제1003조) 자녀들이 상속을 포기한 경우에는 1순위 자녀들과 공동상속인인 배우자가 단독으로 상속받게 되는 것이므로(민법 제1043조) 후순위 상속인이 상속받은 것으로 볼 수 없다.

(2) 상속세 과세가액이 5억을 초과하는 경우

상속공제액의 합계액(상증법 제18조에서 제23조의2의 합계액)이 상속세 과세가액에서 다음의 금액을 뺀 금액을 초과하는 경우에는 그 초과하는 금액은 공제하지 아니한다.

① 선순위인 상속인이 아닌 자에게 유증등을 한 재산의 가액

25) 국세청, 「2018 상속세 · 증여세 실무해설」 174면

② 선순위인 상속인의 상속 포기로 그 다음 순위의 상속인이 상속받은 재산의 가액
③ 상속세 과세가액에 가산한 증여재산가액에서 증여재산공제액과 재해손실공제액을 차감한 가액

상속세 과세가액이 5억원을 초과하는 경우에는 상속세 과세가액에 가산하는 생전 증여재산가액에 대하여도 상속공제를 하지 아니한다는 취지이다. 다만, 증여재산공제액에 상당하는 가액에 대하여도 상속공제를 배제하면 증여세를 과세하지 않는 공제금액에까지 상속세를 과세하는 결과가 된다. 1998년 12월 28일 및 2000년 12월 29일 상속세 및 증여세법 개정 시 증여재산 공제액 및 재해손실 공제액을 상속공제 한도액 계산 시 차감하는 생전 증여재산가액에서 빼는 것으로 개정되었다. 가령 피상속인이 가지고 있던 전재산 10억원을 생전에 배우자에게 증여하고 사망한 경우, 개정 전에는 상속세 과세가액은 10억원에서 가산한 증여재산 10억원을 뺀 금액인 0원이 공제한도 금액이 되어 상속공제를 받을 금액이 없어 10억원이 상속세 과세표준이 되었으나, 현행법에서는 상속세 과세가액 10억원에서 빼는 증여재산 가산액은 당초 증여재산 10억원에서 증여재산 공제액 6억원을 뺀 4억원이 되므로 결국 6억원이 상속공제 한도액이 된다. 가령 공제금액이 10억원일 경우 6억원이 공제되므로 상속세 과세표준은 4억원이 된다. 이와 같이 상속공제 한도액을 계산함에 있어 상속인이 생전에 증여받은 재산의 가액을 상속세 과세가액에서 빼는 것이 합리적인지에 대한 논란이 있다. 상속재산이 소액인 경우 생전증여와 상속승계에 따른 세부담 차이를 사례를 들어 비교해본다.

사례

피상속인의 재산이 10억원이고 가족으로 배우자와 자녀 1명이 있다. 생전에 모두 증여한 경우(A), 생전 증여 없이 모두 상속한 경우(B)를 나누어 세부담을 계산해 본다.

A. 생전에 모두 증여한 경우

• 증여세

구분	배우자	자녀	합계
증여재산가액	8억원	2억원	10억원
증여재산공제	6억원	5천만원	6억 5천만원
증여세 과세표준	2억원	1억 5천만원	3억 5천만원
산출세액	3천만원	2천만원	5천만원

• 상속세

· 상속재산 가액 : 0원
· 상속세 과세가액 : 10억원(증여재산 가산)
· 상속공제 합계액 : 10억원(일괄공제 5억원, 배우자공제 5억원)
· 상속공제 한도액 : 6억 5천만원[10억원 - (8억원-6억원) - (2억원-5천만원)]
· 상속세 과세표준 : 3억 5천만원
· 상속세 산출세액 : 6천만원(총부담세액)
· 상속세 결정세액 : 1천만원(6천만원 - 5천만원)

B. 생전 증여 없이 모두 상속한 경우
· 상속재산 가액 : 10억원
· 상속세 과세가액 : 10억원
· 상속공제 합계액 : 10억원(일괄공제 5억원, 배우자공제 5억원)
· 상속공제 한도액 : 10억원
· 상속세 과세표준 : 0원 상속세 산출세액 : 0원(총부담세액)

사례에서 보는 바와 같이 소규모 상속재산의 경우 상속보다 생전증여가 세부담이 더 클 뿐만 아니라 증여가 없었으면 납부하지 않아도 될 상속세 1천만원을 증여세 외에 추가로 더 부담하게 되는데 이것이 합리적인지, 나아가 헌법에 위반되지 않는지에 대한 논란이 있었다. 헌법재판소는 "고율의 누진 상속세 적용 회피를 방지하기 위해 사전증여재산가액을 상속재산에 가산하도록 하고 있는데, 이러한 합산규정을 두면서 상속공제의 한도를 두지 않는다면 상속인들이 실제 상속받은 재산가액을 초과하여 상속재산에 합산된 사전증여재산가액까지 공제될 수 있게 되어 이러한 합산규정의 취지가 상실될 우려가 있다. 이 사건 공제한도조항은 상속인의 실제상속재산의 한도 내에서 상속공제를 인정함으로써 위 합산규정의 취지를 살리고자 하는데 그 입법목적이 있다." 고 하여 헌법에 위반되지 않는다고 판단하였다. 그러나 3인의 소수의견은 "공제한도규정을 적용하게 되면 탈세 및 누진회피의 방지라는 입법목적을 초과하여 그 입법목적 달성과 관계없는 ① 중과(重課)를 통한 징벌 ② 배우자공제 등의 부정(否定) ③ 사전증여의 억제라는 세가지 효과를 일으키게 되는바, 과세표준확장에 의한 징벌은 비례의 원칙에 어긋나는 과잉의 것이고, 사전증여가 있었다 하여 배우자공제를 부정하는 것은 불합리하며, 사전증여행위 자체를 억제하는 효과를 생기게 하는 것은 입법목적을 초과하는 과도한 제한에 해당하는 불합리한 것이다."고 하였다.[26](헌법재판소 2003.1.30. 결

26) 개인적으로 소수의견에 동의한다. 특히 상속재산을 둘러싼 상속인 간의 허다한 분쟁을 예방하기 위하여는 생전증여를 권장하는 것이 사회적 측면에서 바람직하다 할 것인데, 세법이 생전증여에 징벌적 세부담까지 가하면서 생전증여를 억제하는 것은 재고할 필요가 있다고 본다.

정, 2001헌바61, 2002헌바79)

(3) 창업자금 및 가업승계 증여재산 공제한도 제외

조세특례제한법 제30조의5에 따라 창업자금에 대한 증여세 과세특례를 받은 증여재산 및 같은 법 제30조의6에 따라 가업의 승계에 대한 증여세 과세특례를 받은 증여재산은 증여받은 날부터 상속개시일까지의 기간과 관계없이 상속세 과세가액에 가산하되, 상속공제 한도액을 계산함에 있어서는 상속세 과세가액에 가산한 증여재산가액으로 보지 아니한다.(조특법 제30조의5 제8항 · 제30조의6 제3항)

8. 비거주자의 상속공제

비거주자의 사망으로 인한 상속세 과세표준은 비거주자의 상속세 과세가액에서 기초공제 2억원을 공제한도 범위 내에서 공제하고 상속재산의 감정평가수수료를 차감한 금액으로 한다. 기초공제 외 그 밖의 인적공제나 물적공제 및 가업승계공제는 비거주자의 사망의 경우에는 적용되지 아니한다.(상증법 제18조~제25조)[27]

Ⅲ 감정평가수수료

(1) 감정평가

상속재산가액을 감정가액으로 평가하는 경우 둘 이상의 공신력 있는 감정기관이 평가한 감정가액의 평균액을 시가로 한다. 상속세를 신고 · 납부하기 위하여 상속재산을 평가하는 경우 그 수수료를 상속세 과세가액에서 공제하는 것이다.(상증법 제25조) 공제 가능한 감정평가는 다음과 같다.(상증령 제20조의3 제1항)

① 감정평가 및 감정평가사에 관한 법률 제2조 제4호에 따른 감정평가업자의 평가

27) 비거주자에게 재해손실공제까지 적용하지 아니하는 것이 합리적인지는 의문이다. 증여의 경우 증여자 또는 수증자의 거주자 여부에 따라 재해손실공제를 달리 적용하지 아니한다.(상증법 제54조)

에 따른 수수료. 이 경우 상속세 납부목적용으로 감정평가하고, 감정평가 금액대로 상속세를 신고하는 경우에 한하여 공제받을 수 있다.

② 상속세 및 증여세법 시행령 제49조의2의 제8항에 따라 주식평가를 위하여 신용평가전문기관에 주당 추정이익을 산정하는 평가수수료

③ 서화, 골동품 등 예술적 가치가 있는 유형자산(상증령 제52조 제2항 제2호) 평가에 대한 감정수수료

(2) 공제한도

위 (1)의 ①, ③의 감정수수료는 500백만원을 한도로 하고, ②의 신용평가기관 평가수수료는 평가기관별로 각 1천만원을 한도로 한다.(상증령 제20조의3 제3항)

(3) 공제신고

감정평가수수료를 공제받고자 하는 자는 당해 수수료의 지급사실을 입증할 수 있는 서류를 상속세 과세표준 신고와 함께 납세지 관할세무서장에게 제출하여야 한다.(상증령 제20조의3 제4항)

제 5 절 납부세액

I 산출세액 및 할증세액

1. 세액산정 개요

상속세 과세표준이 산정되면 여기에 세율을 곱하여 산출세액을 계산하고 산출세액에서 세대를 건너뛴 상속에 대한 할증세액을 더한 후, 상속세 과세가액에 가산한 증여재산에 대한 증여세액 및 외국납부세액, 신고세액공제 등을 공제하고 각종 가산세 등을 더하여 납부할 세액을 산정한다.(상증법 제26조~제30조)

2. 할증세액

상속인이나 수유자(유증을 받은 자 또는 사인증여를 받은 자)가 피상속인의 자녀를 제외한 직계비속인 경우에는 상속세산출세액에 상속재산 중 그 상속인 또는 수유자가 받았거나 받을 재산이 차지하는 비율을 곱하여 계산한 금액의 100분의 30에 상당하는 금액을 가산한다. 다만, 대습상속의 경우에는 그러하지 아니하다. 이는 피상속인의 재산을 자녀를 거치지 아니하고 손자녀에게 승계함으로써 증여세나 상속세 부담을 줄이고 세대를 건너뛰는 부의 대물림에 대하여 적정한 세금을 부과한다는 의미이다. 그래서 미성년자에게 고액을 상속하는 경우, 즉 피상속인의 자녀를 제외한 직계비속이면서 미성년자에 해당하는 상속인 또는 수유자가 받았거나 받을 상속재산의 가액이 20억원을 초과하는 경우에는 100분의 40에 상당하는 금액을 가산한다. 이를 산식으로 보면 다음과 같다. 여기서 분모의 총상속재산가액에는 상속재산에 가산한 증여재산 중 상속인이나 수유자가 받은 증여재산을 포함한다(상증법 제27조)

$$\text{할증세액} = \text{산출세액} \times \frac{\text{세대생략상속재산가액}}{\text{총상속재산가액}} \times 30(40)\%$$

(1) 세대를 건너뛴 상속인

피상속인의 직계비속 중 최근친인 자녀와 피상속인의 배우자가 1순위 공동상속인이 되고, 그 중 일부가 상속을 포기하면 나머지 공동상속인의 지분이 증가할 뿐 상속순위는 변동이 없다. 이 경우에는 포기한 자녀의 직계비속은 상속인이 되지 못한다.(민법 제1000조 · 제1001조 · 제1043조) 그러나 피상속인의 자녀와 배우자가 모두 상속을 포기하게 되면 피상속인의 손자녀들이 대습상속이 아니라 직계비속으로서 본위상속을 하게 된다.(대법원 1995.4.7. 선고 94다11835 판결) 이러한 상속제도를 이용하여 피상속인의 자녀들이 상속을 포기하여 피상속인의 미성년인 손자녀들에게 상속을 하게 되면 할증과세 대상이 되는 것이다. 이러한 경우에도 선순위 상속인에게 상속재산에 가산하는 증여재산이 있는 경우에는 그 선순위 상속인이 해당 증여재산의 가액에 상당하는 상속세액에 대하여 납부할 의무를 지며, 다른 상속인들이 납부할 상속세액에 대해서도 연대하여 납부할 의무를 진다. 또한 선순위 상속인들이 상속을 포기한 경우에도 상속개시 전 처분재산에 대하여 상속재산으로 추정하여 상속세 과세가액에 산입한 금액은 선순위 상속인이 법정상속분으로 상속받은 것으로 추정하여 그 선순위 상속인이 상속세 납세의무를 지며, 다른 상속인들이 납부할 상속세액에 대해서도 연대하여 납부할 의무를 진다.(상증통칙 3-0-1)

(2) 세대생략 상속재산가액

산식의 분자 금액, 즉 피상속인의 자녀를 제외한 직계비속이 상속받은 재산가액에 대하여, 법문에는 "그 상속인 또는 수유자가 받았거나 받을 재산"이라고 표현하고 있어, 피상속인의 손자녀등이 생전에 증여받은 재산으로 상속재산에 가산한 증여재산도 상속세 할증과세 대상으로 해석될 여지가 있다. 그러나 상속세 할증과세는 피상속인의 사망으로 승계되는 재산이 세대를 건너뛰어 승계됨으로써 상속세 부담을 회피하는 것을 방지하는데 있는 것이고, 세대생략 증여재산에 대하여 할증과세를 하고 있으므로 또다시 이중으로 할증과세를 할 필요는 없다.[28] 따라서 과세당국도 피상속인의 자녀를 제외한 직계비속이 상속받은 재산가액에는 상속세 과세가액에 가산한 증여재산가액은 포함하지 않는다고 해석한다.(서면인터넷방문상담4팀-1447, 2008.6.17.)

(3) 총상속재산가액

상속세 납세의무는 상속인과 수유자이므로 상속세 과세가액에 상속인 또는 수유자가 아닌 자가 받은 증여재산가액이 포함되어 있어도 그들은 상속세 납부의무가 없다. 상속세 할증세액은 산출세액 중 세대상략 상속재산을 받은 상속인 또는 수유자가 납부할 본래의 상속세에 가산하는 것이므로 분모의 총상속재산에는 상속세 납부의무가 없는 자, 즉 상속세 과세가액에 가산한 상속인 및 수유자가 아닌 자의 증여재산가액은 분모의 총상속재산가액에 포함하지 아니한다.(서면인터넷방문상담4팀-1447, 2008.6.17.)

Ⅱ 공제세액

1. 증여세액 공제

1) 공제 대상

상속재산에 가산한 증여재산에 대한 증여세액은 상속세산출세액에서 공제한다. 다만, 상속세 과세가액에 가산하는 증여재산에 대하여 부과제척기간(국기법 제26조의2 제1항 제4호 · 제4항) 만료로 인하여 증여세가 부과되지 아니하는 경우와 상속세 과세가액이 5억원 이하인 경우에는 그러하지 아니하다. 공제하는 증여세액은 증여 당시의 그 증여재산에 대한 증여세산출세액을 말한다.(상증법 제28조) 증여 당시의 산출세액에 가산한 세대를 건너뛴 증여재산에 대한 증여세 할증과세액(상증법 제57조)은 세액공제 대상 증여세에 포함되지 않는다.(재삼46014-99, 1999.1.8.)[29]

28) 엄격하게 보면 세대생략증여재산도 상속재산에 포함되므로 누진세율을 적용하면 추가로 할증과세할 세액이 산정될 수 있으나 계산의 복잡성에 비추어 실익은 크지 않을 것으로 보인다.

29) 본 질의회신은 "손자가 피상속인으로부터 증여받은 재산을 상속세 과세가액에 가산하는 경우에도 그

2) 공제 한도

상속세와 증여세의 세율은 같으나 증여세는 취득자인 수증자가 증여받은 재산의 가액을 과세표준으로 하여 세액을 산출하고, 상속세는 피상속인이 생전에 증여한 재산을 포함하여 상속인등에게 물려준 총상속재산의 가액을 과세표준으로 하여 세액을 산출하므로 증여재산의 수증자가 납부한 증여세액을 그대로 상속세액에서 공제하게 되면 상속인별 납부세액의 형평성이 무너질 수 있다. 그래서 상속인별로 납부할 세액의 범위내로 공제세액의 범위를 제한하는 규정을 두고 있다. 즉 공제할 증여세액은 상속세산출세액에 상속재산(상속재산에 가산하는 증여재산을 포함)의 과세표준에 대하여 가산한 증여재산의 과세표준이 차지하는 비율을 곱하여 계산한 금액을 한도로 하고, 그 증여재산의 수증자가 상속인이거나 수유자이면 그 상속인이나 수유자 각자가 납부할 상속세액에 그 상속인 또는 수유자가 받았거나 받을 상속재산에 대하여 가산한 증여재산의 과세표준이 차지하는 비율을 곱하여 계산한 금액을 한도로 각자가 납부할 상속세액에서 공제한다.(상증법 제28조 제2항)

(1) 수증자가 상속인 또는 수유자가 아닌 경우

수증자가 상속인 또는 수유자가 아닌 경우 증여세액 공제한도를 계산하는 산식은 다음과 같다.

$$\text{상속세 산출세액} \times \frac{\text{가산한 증여재산의 과세표준}}{\text{상속세 과세표준}}$$

여기서 "가산한 증여재산의 과세표준"이 무엇을 의미하는지 불분명하다. 증여재산의 상속세 과세표준 상당액을 말하는 것으로 해석될 수도 있고, 증여재산의 증여세 과세표준을 말하는 것으로 해석될 수도 있다. 과세당국은 후자, 즉 증여세 과세표준으로 해석한다.(상증통칙 28-0-1) 전자와 후자의 차이를 사례로 비교해 보면 다음과 같다.

손자가 상속받은 재산이 없는 때에는 상속세에 대하여 할증과세하지 않는다."고 회신하였으나, 손자가 상속받은 재산이 있는 경우에 증여세할증세액을 공제하게 되면 할증세액 만큼 상속세를 적게 납부하게 되어 증여세 할증과세의 취지가 무의미하게 되므로 그런 경우에도 증여세할증세액은 공제되지 않아야 한다고 본다.

사례

피상속인(배우자 없음)이 생전에 보유하던 재산 10억원 중 3억원을 동생에게 증여하고 7억원을 자녀들에게 상속한 것으로 가정한다.

- 증여세
  - 과세표준 : 2억 9천만원
  - 산출세액 : 4천 8백만원
- 상속세
  - 과세표준 : 5억원(10억원 - 일괄공제 5억원)
  - 산출세액 : 9천만원
  - 증여세액 공제한도 : ?

A. 상속세 과세표준 상당액으로 계산하는 경우

- 증여재산의 상속세 과세표준 상당액 : 3억원 × 5억원/10억원 = 1억 5천만원
- 한도액 : 9천만원 × 1억5천만원/5억원 = 2천 7백만원

B. 증여세 과세표준으로 계산하는 경우

- 한도액 : 9천만원 × 2억 9천만원/5억원 = 5천 2백 2십만원

위 사례에서 보는 바와 같이 증여세의 과세표준으로 계산하면 증여재산 공제액 및 상속공제액의 크기에 따라 한도액을 산정하는 비율이 달라지므로 일견 증여재산의 상속세 과세표준 상당액으로 비율을 계산하는 것이 더 합리적인 것으로 보인다. 그러나 동 규정은 2000년 12월 29일 개정되었으며, 개정 전 규정(제28조 제2항)에는 "상속재산 중 가산한 증여재산이 차지하는 비율"이라고 되어 있었다, 증여재산의 상속세 과세표준 상당액이란 결국 증여재산에 대하여도 상속공제가 같은 비율로 공제된다고 보아 산정하게 될 것이므로, 상속세 과세표준 중 증여재산의 상속세 과세표준 상당액의 비율은 상속재산 중 증여재산의 비율과 비슷한 의미가 된다. 개정 이유가 "상속공제는 크고 증여공제는 적기 때문에 재산가액을 기준으로 계산하면 기납부세액이 과소공제되는 문제가 있어 이를 해소하기 위한 것이다."라고 하는 점으로 보아[30], 입법의도가 상속세 과세표준 중 증여세 과세표준이 차지하는 비율로 한도액을 계산하겠다는 것으로 보인다. 상속세 및 증여세법 기본통칙 28-0-1은 위 산식 분자의 과세표준은 "증여재산에 대한 증여세 과세표준"이라고 유권해석하고 있는 것도 개정규정의 취지를 따른 것이다.

30) 기획재정부 홈페이지, 2000년 간추린 개정세법, 331면

(2) 수증자가 상속인 또는 수유자인 경우

증여재산의 수증자가 상속인이거나 수유자이면 그 상속인이나 수유자 각자가 납부할 상속세액에 그 상속인 또는 수유자가 받았거나 받을 상속재산에 대한 상속인별 상속세 과세표준 상당액에 대하여, 가산한 증여재산의 과세표준이 차지하는 비율을 곱하여 계산한 금액을 한도로 각자가 납부할 상속세액에서 공제한다.(상증법 제28조 제2항 후단, 상증령 제20조의4) 이를 산식으로 보면 다음과 같다.

$$\text{상속인등 각자가 납부할 상속세 산출세액 (가)} \times \frac{\text{가산한 상속인등 각자의 증여재산의 과세표준 (나)}}{\text{상속인등 각자가 받았거나 받을 상속재산(증여재산 포함)에 대한 상속세 과세표준 상당액 (다)}}$$

(가) 상속인등 각자가 납부할 상속세 산출세액

상속인등(상속인 또는 수유자) 각자가 납부할 상속세 산출세액은 상속세 산출세액에 상속인별(상속인 또는 수유자별) 납부의무비율을 곱하여 계산한다. 상속인등이 아닌 자가 증여받은 재산이 상속재산에 포함되어 있는 경우에도 상속세는 상속인등만 부담하게 된다. 상속인등은 상속인등이 아닌 자가 증여받은 재산을 포함한 모든 상속재산에 대한 상속세를 부담하게 되는데 어떤 비율로 부담하는 것이 합리적인가? 일견 각자가 받은 재산가액의 비율로 부담하는 것이 합리적으로 보인다. 2000년 12월 29일 개정되기 전 상속세 및 증여세법은 각자가 받았거나 받을 재산의 비율로 상속인별 납세의무비율을 정했다.(개정 전 상증법 제3조) 그러나 상속공제액과 증여재산공제액의 크기가 다르고, 증여재산공제액도 수증자와 피상속인과의 관계에 따라 다르기 때문에 승계 받은 재산비율로 안분하는 것이 반드시 합리적이라고 보기도 어렵다. 2000년 12월 29일 개정된 세법은 상속세 과세표준에서 각 상속인등이 받았거나 받을 상속재산에 대한 상속세 과세표준 상당액이 차지하는 비율로 상속인등의 납부의무 비율을 산정하도록 하고 그 계산방법을 시행령에 위임하였다. 그 개략적 개념은 먼저 상속인등이 아닌 자가 증여받은 재산의 과세표준을 상속세 과세표준에서 차감하여 상속인등의 상속세 과세표준을 산정한 후, 상속인등 각자의 상속세 과세표준 상당액이 이 금액에 차지하는 비율로 계산하는 것이다.

① 상속인등의 상속세 과세표준 상당액

상속인등이 각자가 받았거나 받을 상속재산에 대한 상속세 과세표준 상당액은 다음과 같이 계산한다. 먼저 상속세 과세표준에서 상속인등이 아닌 자가 받은 증여재산 가산액의 증여세 과세표준을 차감한다. 여기서 다시 상속인등이 각자가 증여받아 상속세 과세가액에 가산한 증여재산의 과세표준을 분리하여 이를 각자의 상속세 과세표준으로 하고, 여기에 나머지 상속세 과세표준을 각 상속인등에게 안분한 금액을 더하여 각자의 상속세 과세표준 상당액으로 한다. 나머지 상속세 과세표준을 안분하는 방법은 각 상속인등이 상속개시 이후 받은 재산의 상속세 과세가액 비율로 안분한다. 이를 산식화하면, 상속재산에 가산한 상속인별 증여재산의 과세표준에 아래 ㉰의 금액이 ㉯의 금액에서 차지하는 비율을 ㉮의 금액에 곱하여 계산한 금액을 더한 금액이 된다.(상증령 제3조 제1항 제1호)

㉮ 상속세 과세표준에서 가산한 증여재산의 과세표준을 차감한 금액

㉯ 상속세 과세가액에서 가산한 증여재산의 가액을 차감한 금액

㉰ 상속인별 상속세 과세가액 상당액에서 상속재산에 가산하는 상속인별 증여재산을 제외한 금액

이를 산식으로 보면 다음과 같다.

$$\text{상속 재산에 가산한 상속인・수유자별 사전 증여재산 과세표준[31]} + \left[\left(\text{상속세 과세표준} - \text{사전 증여재산 과세표준*} \right) \times \frac{\left(\text{상속인・수유자별 과세가액상당액} - \text{가산한 상속인・수유자별 증여재산가액} \right)}{\left(\text{상속세 과세가액} - \text{사전증여 재산가액} \right)} \right]$$

② 상속인별 상속세 납부의무비율

상속인등의 상속세 과세표준에서 위 ① 금액의 각 점유비율이 상속인별 상속세납부

31) (각 * 포함) 여기 증여재산의 과세표준에 대하여도 증여세 과세표준을 의미하는지 증여재산의 상속세 과세표준 상당액을 의미하는지에 대한 의문이 있을 수 있으나, 증여재산의 상속세 과세표준 상당액으로 해석할 경우 결국 승계받은 재산비율과 비슷한 의미가 되므로, 개정 전 법에서 재산가액비율로 상속인별 납부의무 비율을 산정하도록 규정된 것을 불합리 하다고 하여 과세표준비율로 안분하도록 개정한 점을 보면 증여세 과세표준으로 해석하는 것이 입법의도에 맞는 해석으로 보인다. 이러한 해석은 상속세 과세표준에는 가산한 증여재산에 대한 과세표준이 그대로 포함된 것으로 보는 해석이다. 즉 증여재산을 제외한 상속재산에서 상속공제를 하고 증여재산공제를 받은 증여세 과세표준은 그대로 상속세 과세표준에 흡수된 것으로 보는 구조이다.

의무 비율이 된다. 이를 산식으로 보면 다음과 같다.(상증집행 3의2-3-1)

$$\frac{\text{상속 재산에 가산한 상속인·수유자별 사전 증여재산 과세표준*} + \left[\left(\text{상속세 과세표준} - \text{사전 증여재산 과세표준*}\right) \times \left(\frac{\text{상속인·수유자별 과세가액상당액} - \text{가산한 상속인·수유자별 증여재산가액}}{\text{상속세 과세가액} - \text{사전증여 재산가액}}\right)\right]}{\left(\text{상속세 과세표준} - \text{상속인 및 수유자가 아닌 자에게 증여한 사전증여재산 과세표준*}\right)}$$

(나) 가산한 상속인등 각자의 증여재산의 과세표준

여기 가산한 증여재산의 과세표준도 증여재산의 상속세 과세표준 상당액이 아니라 증여세과표준으로 해석하는 것이 과세당국의 유권해석이다.(상증집행 28-20의4-1)

(다) 상속인등 각자가 받았거나 받을 상속재산(증여재산 포함)에 대한 상속세 과세표준 상당액

상속인등의 상속세 과세표준 상당액은 위 (가) ①의 과세표준 상당액을 말한다.(상증령 제20조의4)

(3) 수증자가 영리법인 경우

상속개시 전 피상속인이 영리법인에 재산을 증여한 경우 영리법인은 자산수증이익에 대한 법인세를 부담하는 외에 증여세를 납부할 의무는 없다. 그러나 영리법인에 증여한 재산도 상속재산에 가산하므로 증여재산에 대한 증여세산출세액 상당액을 상속세산출세액에서 차감한다.(상속증여세과-544, 2013.9.3.) 그러나 영리법인이 특정법인에 해당하여 상속세 및 증여세법 제45조의5(개정 전 제41조)에 따라 특정법인의 주주에게 증여세가 부과된 경우에도 특정법인이 아니라 특정주주에게 증여의제된 가액을 다시 상속세 과세가액에 가산하는 것은 아니며, 특정주주가 납부한 증여세액도 상속세 산출세액에서 공제하는 것은 아니다.(서일46014-10775, 2002.6.7.)

3) 기타 증여세액 공제

(1) 창업자금에 대한 증여세액 공제

조세특례제한법 제30조의5에 따른 증여세 과세특례를 적용받은 창업자금은 기간에 관계없이 상속세 과세가액에 가산하고, 그 증여세액은 그 상속세 산출세액에서 한도적용 없이 공제한다. 다만, 공제할 증여세액이 상속세 산출세액보다 많은 경우 그 차액에 상당하는 증여세액은 환급하지 아니한다.(조특법 제30조의5 제7항~제9항)

(2) 가업승계에 대한 증여세액 공제

조세특례제한법 제30조의6에 따른 증여세 과세특례를 적용받은 가업승계 주식등은 기간에 관계없이 상속세 과세가액에 가산하고, 그 증여세액은 그 상속세 산출세액에서 한도적용 없이 공제한다. 다만, 공제할 증여세액이 상속세 산출세액보다 많은 경우 그 차액에 상당하는 증여세액은 환급하지 아니한다.(조특법 제30조의6 제3항)

(3) 부당행위계산 부인으로 증여세를 부과하지 아니한 증여재산의 세액공제

소득세법 제101조에 의하면, 거주자가 특수관계인에게 자산을 증여한 후 그 자산을 증여받은 자가 그 증여일부터 5년 이내에 다시 타인에게 양도한 경우로서 그 특수관계인이 부담할 증여세 산출세액과 양도소득세 결정세액의 합계액보다 거주자가 그 타인에게 직접 양도한 것으로 보아 계산한 양도소득세가 더 클 경우에는 거주자가 그 타인에게 자산을 직접 양도한 것으로 보아 양도소득세를 부과하고 특수관계인에게는 증여세를 부과하지 아니한다. 이렇게 증여세를 부과하지 아니한 증여재산도 상속세 과세가액에 가산하는 증여재산에 해당하는지에 대하여 국세청은 이를 긍정하고 특수관계인이 부담하지 아니한 증여세 상당액을 상속세산출세액에서 공제한다고 해석한다.(서면인터넷방문상담4팀-1976, 2004.12.3.)[32]

(4) 명의신탁 증여의제 납부세액 공제여부

앞에서 본 바와 같이 명의신탁재산으로 증여세가 과세된 재산이 피상속인의 재산으로 환원되거나 피상속인의 상속재산에 포함되어 상속세가 과세되는 경우에는 사전증여재산으로 합산하지 아니하고 명의신탁으로 부담한 증여세액 또한 상속세산출세액에서 차감하지 아니한다는 것이 과세당국의 해석이다.(서면인터넷방문상담4팀-171, 2005.1.24.)

32) 부당행위계산 부인이 증여행위 자체를 부인하는 것이 아니라 세부담을 회피하기 위한 행위의 결과를 부인하고 정당한 세금을 부담하게 하는 제도라는 점에서 타당한 해석으로 이해된다.

2. 외국납부세액 공제

거주자의 상속재산에 외국에 있는 재산이 포함된 경우 외국의 법령에 따라 상속세를 부과받은 경우에는 그 금액을 상속세산출세액에서 공제한다. 공제할 외국납부세액은 상속세 과세표준에서 외국의 법령에 따라 상속세가 부과된 상속재산의 과세표준(당해 외국의 법령에 따른 상속세 과세표준)이 차지하는 비율을 산출세액에 곱한 금액을 한도로 한다. 이를 산식으로 보면 다음과 같다.(상증법 제29조, 상증령 제21조)

$$\text{산출세액} \times \frac{\text{외국법령에 따른 외국재산 상속세 과세표준}}{\text{상속세 과세표준}}$$

3. 단기 재상속에 대한 세액공제

(1) 개요

상속은 근친간 재산의 무상승계인데 피상속인의 배우자나 자녀가 상속을 받은 후 단기간에 사망하여 상속받은 재산을 그 상속인이 다시 상속받는 경우와 같이 짧은 기간에 반복되는 상속재산에 고율의 상속세를 계속 부과하게 되면, 가족공동생활의 기반인 상속재산의 급격한 감소를 가져올 수 있다. 이러한 점을 감안하여 세법은 상속받은 재산이 10년 이내에 재차 상속되는 경우에 그 경과연수에 따라 전에 부담한 상속세액을 공제하는 제도를 두고 있다.(상증법 제30조)

(2) 공제요건

상속개시 후 10년 이내에 상속인이나 수유자의 사망으로 다시 상속이 개시되어 전(前)의 상속세가 부과된 상속재산의 전부 또는 일부가 재상속되는 경우에 적용한다.

이와 관련하여 상속재산에 가산한 증여재산은 재상속재산의 범위에 포함되지 않는다는 것이 과세당국의 해석이다.(재삼46014-2228, 1998.11.18.) 한편 국세청은 재산의 종류가 변경된 경우에도 단기 재상속재산에 포함되고, 상속개시전 처분재산으로 사용처가 불분명한 추정상속재산도 단기 재상속재산에 포함된다고 해석한다.(서면인터넷방문상담4팀-1973, 2004.12.3.)

(3) 공제금액

재상속되는 재산에 해당하는 전의 상속세 상당액을 공제하되 재상속이 전의 상속개시 후 경과된 연수에 따른 비율을 곱한 금액을 공제한다.

(가) 재상속재산의 상속세 상당액

재상속분의 재산가액을 전의 상속세 과세가액으로 환산하고, 이 환산한 재상속분의 상속세 과세가액이 전의 상속세 과세가액에 차지하는 비율을 전의 상속세 산출세액에 곱한 금액을 재상속분에 대한 전의 상속세 상당액으로 한다. 이를 산식으로 보면 다음과 같다.

$$\text{전의 상속세 산출세액} \times \frac{\text{재상속분의 재산가액} \times \dfrac{\text{전의 상속세 과세가액}}{\text{전의 상속재산가액}}}{\text{전의 상속세 과세가액}}$$

여기서 재상속분 재산가액은 전의 상속재산 중 재상속된 재산에 포함된 재산 각각에 대하여 전의 상속 당시 상속재산가액에서 전의 상속세 상당액을 뺀 금액을 말하고[33], 위 산식에서 분자의 가액이 분모의 가액보다 큰 경우에는 분모의 가액과 같은 것으로 본다. 즉 산출세액에 곱하는 비율이 1을 넘지 못한다.(상증통칙 30-22-1)

(나) 경과연수별 공제비율

전 상속개시 후 재상속이 개시되기까지의 기간에 따라 다음이 비율로 공제한다.

재상속기간	1년 이내	2년 이내	3년 이내	4년 이내	5년 이내	6년 이내	7년 이내	8년 이내	9년 이내	10년 이내
공제율(%)	100	90	80	70	60	50	40	30	20	10

33) 이와 관련하여 국세청은 "전의 상속재산에 부과된 상속세를 전의 상속재산으로 납부한 후의 나머지 재산이 재상속된 사실이 명백히 확인되는 경우에는 그 재상속분의 재산가액에서 전의 상속세 상당액을 차감하지 아니하는 것"이라고 한다.(서면인터넷방문상담4팀-1544, 2008.6.26.) 법규정이 전의 상속재산 중 상속세 상당액은 재상속되는 재산에 포함되지 아니한다는 뜻으로 보이는데 질의회신이 법취지에 부합하는지 의문이다.(관련판례 : 대법원 2011.2.10. 선고 2010두16059 판결)

4. 영리법인 면제세액

영리법인은 상속세 납세의무가 없다.(상증법 제3조의2) 영리법인이 유증이나 사인증여를 받는 경우 또는 특별연고자로 상속재산을 승계하는 경우에도 상속세를 납부하지 아니한다. 영리법인에게 상속세 납부의무가 없다는 것은 영리법인이 상속받은 재산을 상속세 과세가액에서 제외하는 것이 아니라 상속세산출세액 중 영리법인이 부담할 상속인별 납부의무액(상증령 제3조에 따른 부담액)을 면제하는 것으로 해석한다.(상증집행 3의2-0-3, 재재산-171, 2004.2.6.) 따라서 상속재산가액이 클 경우 영리법인에 유증한 재산이 많더라도 다른 상속인들은 누진세율에 따른 상속세 부담을 피할 수 없다.

제 6 절 신고 및 납부

I 과세표준 및 납부세액 신고

1. 신고기한

상속세 납부의무가 있는 상속인 또는 수유자는 상속개시일이 속하는 달의 말일부터 6개월 이내에 상속세의 과세가액 및 과세표준을 납세지 관할세무서장에게 신고하여야 한다. 피상속인이나 상속인이 외국에 주소를 둔 경우에는 신고기간을 9개월로 한다. 상속인이 외국에 주소를 둔 경우란 상속인 전원이 외국에 주소를 둔 경우를 말한다.(상증통칙 67-0-1) 그리고 유언집행자 또는 상속재산관리인이 위 상속세 신고기한까지 선임된 경우에는 그 지정되거나 선임되는 날부터 신고기간을 계산한다. 신고기한까지 상속인이 확정되지 아니한 경우에도 상속세 신고는 기한 내에 하여야 하며, 별도로 상속인이 확정된 날부터 30일 이내에 확정된 상속인의 상속관계를 적어 납세지 관할세무서장에게 제출하여야 한다.(상증법 제67조)

2. 과세관할

상속세의 과세관할은 피상속인의 주소지이고, 주소가 없거나 불분명한 경우에는 거소지이다. 이를 상속개시지라 한다. 상속개시지가 국외인 경우에는 상속재산 소재지를 관할하는 세무서장등이 과세하고, 상속재산이 둘 이상의 세무서장등의 관할구역에 있을 경우에는 주된 재산의 소재지를 관할하는 세무서장등이 과세한다.(상증법 제6조) 따라서 상속세신고도 주소지 등 상속세 관할세무서장에게 하는 것이 원칙이다. 그러나 신고서 접수는 모든 세무서에서 할 수 있으며 홈택스신고도 가능하다. 다만, 신고의 적정여부는 당해 상속세를 관할하는 세무서장 또는 지방국세청장이 검토한다.

3. 신고서식 및 첨부서류

상속세신고는 상속세 및 증여세법 시행규칙 별지9호 서식에 의하여 하여야 하며, 다음의 서류 등을 첨부하여야 한다.(상증령 제64조, 상증칙 제24조 제9호)

① 피상속인의 제적등본 및 상속인의 가족관계기록사항에 관한 증명서
② 상속재산명세 및 그 평가명세서
③ 채무사실을 입증할 수 있는 서류
④ 배우자의 상속재산이 분할된 경우에는 상속재산분할명세 및 그 평가명세서
⑤ 그 밖에 가업상속공제신고서, 영농상속공제신고서, 배우자상속공제 미분할 신고서, 장애인증명서, 금융재산상속공제신고서, 동거주택상속공제신고서, 재해손실공제신고서, 외국납부세액공제신고서 등 해당서류

이상 상속세 신고와 관련한 서식들은 국세청 홈페이지(성실신고지원 → 상속세 → 신고서식 및 첨부서류)에 수록되어 있다.

4. 신고세액 공제

상속세 과세표준을 신고기한 내에 신고한 경우에는 상속세산출세액(세대를 건너뛴 상속에 대한 할증세액 포함)에서 공제되거나 감면되는 세액을 차감하고, 다음 문화재자료 등에 대한 징수유예 세액을 제외한 금액의 100분의 3에 상당하는 금액을 공제한다.(상증법 제69조) 단, 2018년 1월 1일부터 2018년 12월 31일까지 상속이 개시되어 신고하는 경우에는 100분의 5를 적용한다.[상증법(법률 제15224호) 부칙 제8조]

Ⅱ 상속세 징수유예

1. 의의

상속재산 중에 문화재자료와 박물관자료 등이 있는 경우 그 재산가액에 상당하는 상속세액의 징수를 유예한다.(상증법 제74조) 유예한 세액은 상속받은 문화재자료 등을 유상으로 처분하는 등 특별한 사유가 있지 않는 한 추징하지 아니하며 상속인의 사망으로 다시 상속이 개시되는 경우에는 유예한 세액의 부과를 철회하고 다시 부과하지 아니한다. 이러한 점에서 국세징수법 제2절이 규정하고 있는 징수유예와 다르다. 국세징수법상 징수유예는 재난이나 질병 등으로 어려움을 겪고 있는 납세자에게 일정기간 징수를 유예하는 제도이나 문화재자료 등에 대한 징수유예는 기간을 정한 유예가 아니므로 문화재자료로서 보존하고 있는 한 사실상 상속세 납부를 면제받는 것이다.

2. 징수유예 대상

(1) 문화재자료등과 부속토지

① 문화재자료등 : 징수유예 대상 문화재자료등은 다음과 같다.

- 국가지정문화재나 시 · 도지정문화재로 지정되지 아니한 문화재 중 특별시장 · 광역시장 · 특별자치시장 · 도지사 또는 특별자치도지사가 문화재보호법 제70조 제2항에 따라 지정한 문화재(문화재보호법 제2조 제2항 제3호)
- 지정문화재가 아닌 유형문화재, 기념물(문화재보호법 제2조 제1항 제3호 나목 및 다목은 제외) 및 민속문화재 중에서 보존과 활용을 위한 조치가 특별히 필요하다고 보아 문화재청장이 문화재위원회의 심의를 거쳐 등록한 등록문화재(문화재보호법 제53조 제1항)

② 문화재자료등의 부속토지 : 문화재 보호구역(문화재보호법 제27조 제1항)에 있는 토지로서 문화재자료가 속하여 있는 토지[34]를 말한다.(상증령 제8조 제2항)

---

34) 법문은 문화재보호법 제27조 제1항에 따른 보호구역에 있는 토지로서 문화재 또는 문화재자료가 속하여

국가지정문화재 등은 비과세

문화재보호법에 따른 문화재에는 국가지정문화재, 시 · 도지정문화재 등이 있는데 국가지정문화재 및 시 · 도지정문화재와 같은 법에 따른 보호구역에 있는 토지로서 해당 문화재가 속하여 있는 토지는 상속세 비과세 대상이다.(상증법 제12조)

(2) 박물관자료

박물관 및 미술관 진흥법에 따라 등록한 박물관자료 또는 미술관자료로서 같은 법에 따른 박물관 또는 미술관(사립박물관이나 사립미술관의 경우에는 공익법인등에 해당하는 것만을 말한다)에 전시 중이거나 보존 중인 재산을 말한다. 기왕에 박물관이나 미술관에 보존하고 있지 않은 것도 상속인이 상속재산 중 박물관자료 또는 미술관자료를 상속세 신고기한까지 박물관 및 미술관 진흥법에 따른 박물관 또는 미술관에 전시하거나 보존하는 경우에도 징수유예가 가능하다. 이 경우 상속세 과세표준 신고기한까지 박물관 또는 미술관을 설립하여 전시 · 보존하여야 하나, 박물관 또는 미술관의 설립에 있어 법령상 또는 행정상의 사유로 지연되는 경우에는 그 사유가 종료된 날부터 6월 이내로 하여야 한다.(상증법 제74조 제5항, 상증령 제76조 제3항)

3. 징수유예 세액 및 담보제공

징수유예되는 상속세액은 상속세 산출세액에 상속재산(상속재산에 가산하는 증여재산 포함) 중 징수유예대상 재산이 차지하는 비율을 곱하여 계산한 금액에 의한다.(상증령 제76조 제1항) 법문은 상속재산이라고 규정하고 있으나 국세청은 여기서 상속재산이란 상속세 과세가액을 말하는 것으로 해석한다.(서면인터넷방문상담4팀-1746, 2004.

있는 토지라고 규정되어 있으나, 문화재보호법 제27조 제1항에는 문화재청장은 제23조(보물 및 국보지정), 제25조(사적, 명승, 천연기념물의 지정) 또는 제26조(국가민속문화재 지정)에 따른 지정을 할 때 문화재 보호를 위하여 특히 필요하면 이를 위한 보호물 또는 보호구역을 지정할 수 있다고 규정하고 있고, 같은 법 제2조 제2항에 의하면 문화재청장이 같은 법 제23조부터 제26조까지의 규정에 따라 지정한 문화재를 국가지정문화재라고 규정하고 있다. 한편 상속세 및 증여세법 제12조 및 같은 법 시행령 제8조는 국가지정문화재 및 시 · 도지정문화재가 속하여 있는 보호구역에 있는 토지를 상속세가 비과세되는 상속재산으로 규정하고 있다. 이들 법문을 문리적으로 해석하면 국가지정문화재가 속하여 있는 보호구안의 토지는 상속세 비과세 재산인 동시에 징수유예 대상 상속재산이 된다. 비과세 상속재산에 대한 징수유예는 의미가 없다. 따라서 징수유예대상 토지는 징수유예 대상 문화재자료 등이 속하여 있는 보호구역안의 토지로 해석하여야 그 의미가 있다. 법문의 정비가 필요하다고 본다.

10.28.) 징수유예를 받으려는 자는 그 유예할 상속세액에 상당하는 담보를 제공하여야 한다. 담보제공 방법은 연부연납의 경우와 같다.(상증법 제74조 제4항)

4. 징수유예한 상속세액 추징

다음의 사유가 발생한 경우 징수유예한 상속세를 즉시 징수한다.(상증법 제74조 제2항, 상증령 제76조 제2항)

① 문화재자료등이나 박물관자료를 상속받은 상속인 또는 수유자가 이를 유상으로 양도하는 경우
② 박물관 또는 미술관의 등록이 취소된 경우
③ 박물관 또는 미술관을 폐관한 경우
④ 문화체육관광부에 등록된 박물관자료 또는 미술관자료에서 제외되는 경우

5. 징수유예한 상속세액의 부과철회

징수유예 기간에 문화재자료등이나 박물관자료를 소유하고 있는 상속인 또는 수유자의 사망으로 다시 상속이 개시되는 경우에는 그 징수유예한 상속세액의 부과결정을 철회하고 그 철회한 상속세액을 다시 부과하지 아니한다.(상증법 제74조 제3항)

Ⅲ 납부(물납)

1. 개요

상속세의 자진납부, 분납, 연부연납은 증여세의 경우와 같다. 따라서 증여세의 해당 부분을 참조하기 바라며[35], 여기서는 증여세에서 다루지 않은 물납에 대하여 본다. 물

35) 증여세에 특수한 경우를 제외하고 “증여세”를 “상속세”로 바꾸어서 보면 될 것이다.

납은 부동산 등 고액의 현물상속을 받아 세금을 현금으로 납부하기 어려운 경우 물건으로 세금을 납부하는 제도이다.(상증법 제73조)

2. 물납요건

다음의 각 요건을 갖춘 경우에 물납을 신청할 수 있다.(상증법 제73조 제1항)

(1) 납부세액 요건

납부세액이 다음의 요건을 충족하여야 물납이 가능하다.

① 납부세액이 2천만원을 초과할 것 : 여기서 납부세액은 가산세를 포함한 실제 납부할 세액을 의미하는 것으로 해석한다.(서일46014-11725, 2003.11.28.)

② 납부세액이 금융재산가액을 초과할 것 : 상속세 납부세액이 상속재산 중 금융재산의 가액을 초과하여야 한다. 이는 현금으로 납부할 수 있는 경우에는 물납을 허용하지 않는다는 취지이다. "금융재산"이란 금전과 금융회사등이 취급하는 예금 · 적금 · 부금 · 계금 · 출자금 · 특정금전신탁 · 보험금 · 공제금 및 어음을 말한다.(상증령 제73조 제5항) 금융회사등은 금융실명거래 및 비밀보장에 관한 법률 제2조 제1호에 따른 금융회사등을 말한다.(상증령 제10조 제2항)

(2) 물납충당 재산가액 요건

상속재산(가산하는 증여재산 중 상속인 및 수유자가 받은 증여재산 포함) 중 물납에 충당할 수 있는 부동산과 유가증권의 가액이 해당 상속재산가액의 2분의 1을 초과하여야 한다. 여기서 1/2의 판단기준이 되는 "상속재산의 가액"에 대하여 국세청은 적극적인 상속재산을 말하는 것으로 채무 · 공과금 등 소극적 재산가액을 차감하지 않은 금액을 말하며 적극재산에는 상속추정금액은 포함하지 않는다고 해석한다.(서면인터넷방문상담4팀-530, 2006.3.9.; 서면인터넷방문상담4팀-2421, 2005.12.5.) 물납에 충당할 수 있는 부동산 및 유가증권은 다음과 같다.(상증령 제74조 제1항)

① 국내에 소재하는 부동산

② 국채 · 공채 · 주권 및 내국법인이 발행한 채권 또는 증권과 자본시장과 금융투자업에 관한 법률에 따른 집합투자증권신탁업자가 발행하는 수익증권 · 종합금융회

사가 발행하는 수익증권.(상증칙 제20조) 그러나 다음 어느 하나에 해당하는 유가증권은 물납할 수 없다.

- 거래소에 상장된 것. 다만, 최초로 거래소에 상장되어 물납허가통지서 발송일 전일 현재 자본시장과 금융투자업에 관한 법률에 따라 처분이 제한된 경우에는 물납할 수 있다.
- 거래소에 상장되어 있지 아니한 법인의 주식등. 즉 비상상주식과 출자지분은 물납할 수 없다. 다만, 다른 상속재산이 없거나 다음에서 보는 물납충당 선순위 재산 중 ㉠ 국채 및 공채, ㉡ 처분이 제한된 거래소상장 유가증권, ㉢ 국내에 소재하는 부동산으로 상속세 물납에 충당하더라도 부족한 경우에는 물납할 수 있다.

3. 물납충당 순위 및 범위

(1) 물납충당 순위

상속재산 중 물납에 충당하는 재산은 세무서장이 인정하는 정당한 사유가 없는 한 다음 순서에 따라 신청 및 허가하여야 한다.(상증령 제74조 제2항) 물납은 상속재산으로 하는 것이며 상속인 고유재산은 물납대상재산에 포함되지 아니한다는 것이 과세당국의 해석이다.(재산세과-661, 2010.9.2.)

① 국채 및 공채
② 최초로 거래소에 상장되어 물납허가통지서 발송일 전일 현재 자본시장과 금융투자업에 관한 법률에 따라 처분이 제한된 유가증권으로서 거래소에 상장된 것
③ 국내에 소재하는 부동산(상속개시일 현재 상속인이 거주하는 주택 및 그 부수토지는 제외)
④ 비상장주식등을 제외한 그 밖의 유가증권(단, 상장주식은 물납대상이 아님)
⑤ 비상장주식등
⑥ 상속개시일 현재 상속인이 거주하는 주택 및 그 부수토지

(2) 물납세액 범위

(가) 원칙

물납세액은 물납에 충당할 수 있는 부동산 및 유가증권의 가액에 해당하는 납부세액으로서 현금으로 납부할 수 없는 금액에 대하여만 허용된다. 즉 물납을 신청할 수 있는 납부세액은 다음 각 금액 중 적은 금액을 초과할 수 없다.(상증령 제73조 제1항)

① 상속재산 중 물납에 충당할 수 있는 부동산 및 유가증권의 가액에 대한 상속세 납부세액

② 상속세 납부세액에서 상속재산 중 금융재산 가액과 상장된 유가증권(법령에 따라 처분이 제한된 것은 제외)의 가액을 차감한 금액. 금융재산이란 금전과 금융회사등이 취급하는 예금 · 적금 · 부금 · 계금 · 출자금 · 특정금전신탁 · 보험금 · 공제금 및 어음을 말하고, 금융재산 가액이란 순금융재산가액 즉 금융회사등에 대한 증명되는 채무의 금액을 차감한 금액을 말한다.

(나) 불가분에 의한 예외

물납세액에 적당한 재산이 없는 경우에는 재산을 분할하거나 재산의 분할을 전제로 하여 물납신청을 할 수도 있다. 그러나 분할을 전제로 물납을 신청한 재산의 가액이 분할 전보다 감소되는 경우에는 물납이 허가되지 않는다.(상증령 제70조 제7항) 그래서 상속재산인 부동산 및 유가증권 중 위 납부세액을 납부하는데 적합한 가액의 물건이 없을 때에는 해당 납부세액을 초과하는 납부세액에 대해서도 물납을 허가할 수 있다.(상증령 제73조 제2항)

(다) 관리 · 처분이 부적당한 재산에 대한 납부세액 제외

상속개시일 이후 물납신청 이전까지의 기간 중에 해당 상속재산이 정당한 사유없이 관리 · 처분이 부적당한 재산으로 변경되는 경우에는 해당 관리 · 처분이 부적당한 재산가액에 상당하는 상속세 납부세액은 물납을 청구할 수 있는 납부세액에서 제외한다.(상증령 제73조 제3항) 이 규정을 문리적으로 해석하면, 상속개시 당시에는 관리 · 처분이 가능하였던 재산이 개시 후 물납신청 이전까지 기간에 관리 · 처분이 부적당한 재산으로 변경된 재산에 대하서만 이 규정이 적용되고, 상속개시 당시에 이미 관리 · 처분이 부적당한 재산의 가액에 상당하는 상속세액 대하여는 물납을 청구할 수 있는 세액에서 제외하지 아니하는 것으로 해석된다. 이에 관한 해석례는 보이지 아니하나 이 규

정이 2004년 12월 31일 신설될 때의 이유를 보면 이와 같은 문리적 해석이 입법의도인 것으로 보인다.[36)]

(라) 비상장주식으로 물납할 수 있는 납부세액

시가산정 및 환가가 어려운 비상장주식의 물납은 부득이한 경우에 한하여 허용하고 있으나, 다시 비상장주식으로 물납할 수 있는 세액의 범위를 제한하고 있다. 비상장주식으로 물납할 수 있는 세액은 상속세 납부세액에서 거주하는 주택이나 비상장주식을 제외한 일반 상속재산의 가액을 초과하는 금액에 대해서만 허용된다. 2018년 2월 13일 신설된 이 조문은, "비상상주식등으로 물납할 수 있는 납부세액은 상속세 납부세액에서 상속세 과세가액[비상장주식등과 상속개시일 현재 상속인이 거주하는 주택 및 그 부수토지의 가액(해당 자산에 담보된 채무액을 차감한 가액을 말한다)을 차감한 금액을 말한다]을 차감한 금액을 초과할 수 없다."고 복잡하게 규정하고 있다.(상증령 제73조 제4항) 이를 산식으로 보면 다음과 같다.

비상장주식으로 물납할 수 있는 세액의 범위 = ① - (② - ③)

① 상속세 납부세액
② 상속세 과세가액
③ 비상장주식의 가액과 상속개시일 현재 상속인이 거주하는 주택 및 그 부수토지의 가액(해당자산으로 담보된 채무액을 차감한 금액)

4. 물납신청

(1) 상속세 과세표준 신고기간 내 물납신청

상속세 과세표준 신고기간에 물납신청을 하고자 하는 자는 납부하여야 할 세액에 대하여 상속세 및 증여세법 시행규칙 별지 제13호 서식의 물납신청서를 상속세 과세표준 신고와 함께 납세지 관할세무서장에게 제출하여야 한다.(상증령 제70조 제1항 · 제67조

36) 본 조항 신설 이유로 "선순위 물납재산에 의도적으로 근저당권을 설정하는 등의 방법으로 관리 · 처분이 부적당한 재산으로 변경하는 물납제도의 악용사례를 방지하기 위함"이라고 들고 있다.(기획재정부, 2004년 간추린 개정세법, 364면)

제1항, 상증칙 제24조 제13호) 물납을 신청한 세액에 대하여는 납부불성실가산세를 부과하지 아니하나 물납이 불허된 부분에 대하여는 납부불성실가산세를 부과한다.(대법원 1998.9.8. 선고 97누12853 판결, 서면인터넷방문상담4팀-1327, 2004.8.23.)

(2) 상속세 과세표준 기한 후 신고 시 물납신청

법정신고기한까지 과세표준신고서를 제출하지 아니한 자는 관할 세무서장이 세법에 따라 해당 국세의 과세표준과 세액(가산세를 포함)을 결정하여 통지하기 전까지 기한후 과세표준신고서를 제출할 수 있다.(국기법 제45의3 제1항) 상속세 과세표준을 신고기한이 지난 후에 신고하는 경우에도 상속세 기한 후 신고와 함께 물납신청을 할 수 있다.(상증령 제67조 제1항 괄호 · 제70조 제1항)

(3) 고지세액에 대한 물납신청

상속세는 정부가 결정하여 부과하는 세목으로 상속세 무신고나 과소신고뿐만 아니라 신고한 과세표준과 세액에 대하여 세무서장등이 과세표준과 세액을 결정하고 통지하여야 한다.(국기법 제22조 제3항) 세무서장등의 세액결정통지를 받은 자는 해당 납세고지서의 납부기한까지 물납신청을 할 수 있다.(상증령 제67조 제1항 후단 · 제70조 제1항) 이 조항 본문은 기한 내 신고 또는 기한 후 신고 시 물납신청을 하여야 하는 것으로 규정하고 있고, 단서에서는 고지서의 납부기한까지 물납신청을 할 수 있다고 규정하고 있다. 그렇다면 상속세 과세표준과 세액을 신고하고 세액을 납부하지 아니한 자도 고지서를 받고 물납신청을 할 수 있는가? 아니면 단서의 규정은 무신고하거나 과소신고한 자만이 결정고지세액에 대하여 물납신청을 할 수 있다는 뜻인가? 국세청은 후자로 해석하고 있다. 즉 신고무납부 세액의 결정에 대하여는 물납을 허가하지 아니한다고 한다.(서면인터넷방문상담4팀-1108, 2008.5.6.)[37]

(4) 연부연납 세액에 대한 물납신청

연부연납의 분납세액에 대하여도 물납이 가능하다. 그러나 2013년 2월 15일 상속세 및 증여세법 시행령이 개정되어, 중소기업자가 아닌 자는 연부연납 세액 중 첫회 분에

37) 국세청의 질의회신은 본문의 뜻을 충실히 따른 해석이기는 하나, 무신고 또는 과소신고자보다 신고무납부자를 더 불리하게 취급한다는 점에서 합리적인가 하는 의문도 든다.(본문의 "하여야 한다."를 꼭 효력규정으로 해석하지 않는다고 하여 규정의 의미가 없는 것은 아니라고 본다)

한해서만 물납신청이 가능하다. 중소기업자란 소비성서비스업을 제외한 사업을 영위하는 중소기업을 말하고(조특령 제28조 제1항), 5회 분까지 물납이 가능하다. 연부연납 세액에 대하여 물납하려는 경우에는 분납세액 납부기한 30일전까지 납세지 관할세무서장에게 신청할 수 있다.(상증령 제70조 제2항)

5. 물납허가

(1) 허가의 재량성

상속세 및 증여세법 제73조는 "납세지 관할 세무서장은 물납허가 요건을 모두 갖춘 경우에는 납세의무자의 신청을 받아 물납을 허가할 수 있다. 다만, 물납을 신청한 재산의 관리·처분이 적당하지 아니하다고 인정되는 경우에는 물납허가를 하지 아니할 수 있다."고 하여, 형식상 물납의 허가여부가 세무서장의 재량행위에 속하는 것으로 규정하고 있다. 그러나 법원은 관리·처분이 적당하지 아니하다고 인정되지 않음에도 물납을 허가하지 않는 것은 재량권을 남용한 위법한 처분이라고 하여, 물납허가에 대한 과세관청의 재량권이 엄격히 제한되는 것으로 해석한다.(대법원 2004.2.27. 선고, 2003두2564 판결) 이와 같이 물납허가여부에 대한 세무서장의 재량적 판단은 거의 인정되지 않으므로 물납요건을 충족하고 물납재산이 관리·처분이 적당하지 아니한 사유에 해당하지 않는 한 세무서장은 물납을 허가하여야 한다.(대법원 1998.9.8. 선고 97누12853 판결)

(2) 관리·처분이 적당하지 아니한 재산

세무서장은 물납신청을 받은 재산이 다음 어느 하나에 해당하는 사유로 관리·처분상 부적당하다고 인정하는 경우에는 그 재산에 대한 물납허가를 하지 아니하거나 관리·처분이 가능한 다른 물납대상재산으로의 변경을 명할 수 있다.(상증령 제71조, 상증칙 제19조의4)

① 지상권·지역권·전세권·저당권등 재산권이 설정된 경우
② 물납신청한 토지와 그 지상건물의 소유자가 다른 경우
③ 토지의 일부에 묘지가 있는 경우
④ 건축허가를 받지 아니하고 건축된 건축물 및 그 부수토지

⑤ 소유권이 공유로 되어 있는 재산
⑥ 자본시장과 금융투자업에 관한 법률에 따라 상장이 폐지된 경우의 해당 주식등
⑦ ④, ⑤, ⑥과 유사한 것으로서 국세청장이 인정하는 것

(3) 물납재산의 변경

물납재산의 변경명령을 받은 자는 그 통보를 받은 날부터 20일(납세의무자가 국외에 주소를 둔 때에는 3월) 이내에 상속재산 중 물납에 충당하고자 하는 다른 재산의 명세서를 첨부하여 납세지 관할 세무서장에게 신청하여야 한다. 기간 내에 물납변경신청이 없는 경우에는 당해 물납의 신청은 그 효력을 상실한다. 물납허가 후 물납재산의 수납일까지의 기간 중 관리・처분이 부적당하다고 인정되는 사유가 발견되는 때에도 다른 재산으로의 변경을 명할 수 있다. 위 기간 내에 변경신청을 할 수 있고, 기간내 변경신청이 없는 경우 당해 물납의 신청은 그 효력을 상실한다.(상증령 제72조)

(4) 물납허가여부 결정통지

(가) 통지기간

세무서장은 다음 기간 이내에 신청인에게 그 허가 여부를 서면으로 결정・통지하여야 한다. 단 물납신청한 재산의 평가등에 소요되는 시일을 감안하여 그 기간을 연장하고자 하는 때에는 그 기간 연장에 관한 서면을 발송하고 1회 30일의 범위 내에서 연장할 수 있다.(상증령 제70조 제3항・제67조 제2항)

① 상속세 과세표준신고를 한 경우에는 상속세 과세표준신고기한이 경과한 날부터 9개월 이내(상증령 제78조 제1항 제1호)
② 기한 후 신고를 한 경우에는 신고한 날이 속하는 달의 말일부터 6개월
③ 부과결정통지를 받고 신청한 경우에는 납세고지서에 의한 납부기한이 경과한 날부터 14일
④ 연부연납기간 중 분납세액에 대하여 신청한 경우에는 신청을 받은 날로부터 14일

(나) 불통지에 의한 허가 간주

세무서장이 물납허가 통지기간까지 그 허가 여부에 대한 서면을 발송하지 아니한 때에는 허가를 한 것으로 본다.(상증령 제70조 제3항 단서) 다만, 물납신청을 한 재산이 국유재산법 제11조에 따라 국유재산으로 취득할 수 없는 재산인 경우에는 이를 적용하지

아니한다.(상증령 제70조 제4항)

6. 물납재산의 수납

(1) 수납기간

세무서장이 물납을 허가하는 때에는 그 허가를 한 날부터 30일 이내의 범위에서 물납재산의 수납일을 지정하여야 한다. 물납재산의 분할 등의 사유로 해당 기간 내에 물납재산의 수납이 어렵다고 인정되는 경우에는 1회만 20일 이내의 범위에서 물납재산의 수납일을 다시 지정할 수 있다. 물납재산의 수납일까지 물납재산의 수납이 이루어지지 아니하는 때에는 해당 물납허가는 그 효력을 상실한다.(상증령 제70조 제5항 · 제6항)

(2) 수납금액

물납에 충당할 부동산 및 유가증권의 수납가액은 상속재산의 가액으로 하는 것을 원칙으로 한다. 다만, 다음의 경우에는 다음 각 평가액으로 한다. 그러나 신주발행이 자본시장과 금융투자업에 관한 법률 제119조에 따라 공모증자하는 경우와 특별법에 의하여 증자하는 경우에는 당초 상속재산의 가액으로 한다.(상증령 제75조, 상증칙 제20조의2 제2항)

(가) 물납주식 발행법인의 자본변동에 따른 수납가액

상속개시일부터 수납할 때까지의 기간 중에 해당 주식을 발행한 법인이 신주를 발행하거나 주식을 감소시킨 때에는 다음의 산식에 의하여 계산한 가액을 수납가액으로 한다.(상증칙 제20조의2 제1항)

① 무상으로 주식을 발행한 경우(무상증자)

$$\text{구주식 1주당 수납가액} = \frac{\text{구주식 1주당 과세가액}}{1 + \text{구주식 1주당 신주배정수}}$$

② 유상으로 주식을 발행하는 경우(유상증자)

$$\text{구주식 1주당 수납가액} = \frac{\text{구주식 1주당 과세가액} + (\text{신주 1주당 주금납입액} \times \text{구주식 1주당 신주배정수})}{1 + \text{구주식1주당 신주배정수}}$$

③ 무상으로 주식을 감소시킨 경우(무상감자)

$$\text{구주식 1주당 수납가액} = \frac{\text{구주식 1주당 과세가액}}{1 - \text{구주식 1주당 감자주식수}}$$

④ 유상으로 주식을 감소시킨 경우(유상감자)

$$\text{구주식 1주당 수납가액} = \frac{\text{구주식 1주당 과세가액} - (\text{1주당 지급금액} \times \text{구주식 1주당 감자주식수})}{1 - \text{구주식 1주당 감자주식수}}$$

(나) 연부연납세액에 대한 물납부동산 및 유가증권의 수납가액

연부연납기간 중 분납세액에 대하여 물납에 충당하는 부동산 및 유가증권의 수납가액은 상속세 과세표준과 세액의 결정시 해당 부동산 및 유가증권에 대하여 적용한 평가방법에 따라 다음과 같이 평가한다.

① 상속세 과세가액을 시가(상증법 제60조 제2항에 따른 매매 · 감정 · 수용 · 경매 또는 공매가액)에 따라 산정한 경우에는 물납허가통지서 발송일 전일 현재 시가(상증법 제60조 제2항 따라 평가한 가액)

② 상속세 과세가액을 보충적 평가방법(상증법 제60조 제3항에 의한 가액)에 의하여 산정한 경우에는 물납허가통지서 발송일 전일 현재 보충적 평가방법에 의한 가액(상증법 제60조 제3항에 따라 평가한 가액)

(다) 유가증권 발행법인의 자산변동에 따른 수납가액

물납에 충당할 유가증권의 가액이 평가기준일부터 물납허가통지서 발송일 전일까지의 기간 중 유가증권을 발행한 법인이 주요 재산을 처분하는 등 상속인의 부실 경영으로 인하여 해당 유가증권의 가액이 평가기준일 현재의 상속재산의 가액에 비하여 100분의 50 이상 하락한 경우에는 위 (나)에 준하여 물납허가통지서 발송일 전일 현재 시가 또는 보충적 평가방법에 의한 가액으로 한다. 이 경우 물납신청한 유가증권(물납신청한 것과 동일한 종목의 유가증권을 말한다)의 전체평가액이 물납신청세액에 미달하는 경우로서 물납신청한 유가증권 외의 상속받은 다른 재산의 가액을 합산하더라도 해당 물납신청세액에 미달하는 경우에는 해당 미달하는 세액을 물납신청한 유가증권의 전체평가액에 가산한다.

(라) 가산한 증여재산의 물납 수납가액

상속재산에 가산하는 증여재산의 수납가액은 상속개시일 현재의 평가액으로 한다.(상증령 제75조 제2항) 상속세 과세가액에 가산하는 사전증여재산의 가액은 증여당시의 평가액으로 하나, 상속인이 사전에 증여받은 재산으로 상속세를 물납하는 경우에는 상속개시일 현재의 가액으로 평가하여 물납수납가액으로 한다는 것이다.

7. 물납재산의 환급

납세자가 상속세를 물납(物納)한 후 그 부과의 전부 또는 일부를 취소하거나 감액하는 경정결정에 따라 환급하는 경우에는 해당 물납재산으로 환급하여야 한다. 이 경우 국세환급가산금(국기법 제52조)은 지급하지 아니한다. 물납재산의 환급 순서에 관하여 납세자의 신청이 있는 경우에는 그 신청에 따라 관할 세무서장이 환급하고, 납세자의 신청이 없는 경우에는 물납에 충당하는 재산에 대한 허가 순서의 역순(逆順)으로 환급한다. 물납재산이 매각되었거나 다른 용도로 사용되고 있는 경우 등 물납재산의 환급이 곤란한 경우에는 금전으로 환급하여야 한다.(국기법 제51조의2, 국기령 제43조의2)

8. 물납과 관련된 국세

상속세를 물납하는 것은 부가가치세법상 재화의 공급으로 보지 아니한다.(부가법 제10조 제9항 제3호, 부가령 제24조) 그러나 소득세법상 양도에는 해당하므로 양도소득세를 부담하여야 하며(재일46014-2445, 1997.10.16.) 주식을 물납하는 경우에는 증권거래세도 부담하여야 한다.(국심2005서0014, 2005.10.20.)

IV 신고 · 납부의무 위반에 대한 제재

1. 가산세 의의

상속세 및 증여세는 정부가 결정하여 부과하는 세목으로 세무서장등이 납세자의 신고에 대하여 과세표준과 세액을 결정한다.(국기법 제22조 제3항) 상속세 신고 · 납부의무 위반에 대한 가산세와 다음에서 보는 부과제척기간은 상속세와 증여세에 공통되는 것이므로 이하 상속세와 증여세를 묶어서 같이 설명한다. 신고납세방식 세목인 소득세와 달리 상속세 및 증여세 신고는 납세의무를 확정하는 행위가 아니라 정부의 부과결정에 협력하는 행위이다. 이 협력의무를 유도하기 위하여 신고세액공제 혜택을 주는 한편 협력의무를 이행하지 않을 경우 가산세를 부과하는 제재를 가하고 있다.[38] 협력의무 위반에 대한 가산세는 본세의 확정과는 구별되는 별개의 부과행위로 보는 것이 대법원의 견해이다.(대법원 2001.10.26. 선고 2000두7520 판결; 2005.9.30. 선고 2004두2356 판결)

대법원 2001.10.26. 선고 2000두7520 판결 요지

가산세는 과세권의 행사와 조세채권의 실현을 용이하게 하기 위하여 세법에 규정된 의무를 정당한 이유 없이 위반한 납세자에게 부과하는 일종의 행정상 제재이므로, 징수절차의 편의상 당해 세법이 정하는 국세의 세목으로 하여 그 세법에 의하여 산출한 본세의 세액에 가산하여 함께 징수하는 것일 뿐, 세법이 정하는 바에 의하여 성립 확정되는 국세와 본질적으로 그 성질이 다른 것이므로, 가산세 부과처분은 본세의 부과처분과 별개의 과세처분이라 할 것이다.

38) 신고세액공제도 10%에서 7%로 다시 3%로 축소되었으며 장차 없어질 것으로 보인다. 결국 납세협력의무를 강제하는 가산세만 남을 것 같다. 부과과세방식세목의 협력의무 위반에 대한 가산세를 신고납세방식세목과 같은 체계로 일원화 하는 것이 타당한지 의문이다.

2. 신고불성실 가산세

상속세 및 증여세 과세가액과 과세표준을 신고기간 내에 신고하지 아니하거나 과소신고 한 경우에 신고불성실가산세를 부과한다.

1) 무신고가산세

(1) 일반무신고가산세

그 신고로 납부하여야 할 세액(가산세는 제외)의 20%를 가산세로 부과한다.(국기법 제47조의2 제1항 제2호)

(2) 부정무신고가산세

부정행위로 법정신고기한까지 세법에 따른 국세의 과세표준 신고를 하지 아니한 경우에는 신고로 납부하여야 할 세액의 40%의 가산세를 부담하여야 한다. 부정행위라 함은 다음 각 어느 하나에 해당하는 행위로서 조세의 부과와 징수를 불가능하게 하거나 현저히 곤란하게 하는 적극적 행위를 말한다.(국기법 제47조의2 제1항 제1호 · 제26조의2 제1항 제1호, 국기령 제12조의2 제1항, 조세범처벌법 제3조 제6항)

① 이중장부의 작성 등 장부의 거짓 기장
② 거짓 증빙 또는 거짓 문서의 작성 및 수취
③ 장부와 기록의 파기
④ 재산의 은닉, 소득 · 수익 · 행위 · 거래의 조작 또는 은폐
⑤ 고의적으로 장부를 작성하지 아니하거나 비치하지 아니하는 행위 또는 계산서, 세금계산서 또는 계산서합계표, 세금계산서합계표의 조작
⑥ 전사적 기업자원 관리설비(ERP; 조세특례제한법 제5조의2 제1호)의 조작 또는 전자세금계산서의 조작
⑦ 그 밖에 위계(僞計)에 의한 행위 또는 부정한 행위

(3) 납부할 세액이 없는 경우 가산세

무신고가산세는 과세가액과 과세표준을 신고하지 아니한데 대한 가산세이지만, 납부하여야 할 세액을 기준으로 가산세를 산정하므로 납부하여야 할 세액이 없는 경우에는

결국 부담할 가산세도 없게 된다.

2) 과소신고가산세

(1) 일반과소신고가산세

납세의무자가 법정신고기한까지 세법에 따른 국세의 과세표준신고를 한 경우로서 납부할 세액을 신고하여야 할 세액보다 적게 신고한 경우에는 과소신고한 납부세액(가산세 제외)의 10%에 상당하는 금액의 가산세를 부담한다.(국기법 제47조의3 제1항 제2호)

(2) 부정과소신고가산세

납세의무자가 법정신고기한까지 세법에 따른 국세의 과세표준신고를 한 경우로서 납부할 세액을 부정행위로 신고하여야 할 세액보다 적게 신고한 경우에는 부정행위로 인한 과소신고납부세액의 40%에 상당하는 금액의 가산세를 부담한다. 일반과소신고세액이 포함된 경우에는 부정과소신고세액을 뺀 나머지 일반과소신고세액에 대하여 10%에 상당하는 금액의 가산세를 부담한다.(국기법 제47조의3 제1항 제1호)

(3) 과소신고가산세 제외

상속세 및 증여세의 과소신고가 다음 어느 하나에 해당하는 경우에는 과소신고가산세를 부과하지 아니한다.(국기법 제47조의3 제4항 제1호)

① 신고 당시 소유권에 대한 소송 등의 사유로 상속재산 또는 증여재산으로 확정되지 아니하였던 경우

② 상속공제 및 증여재산공제, 재해손실공제(상증법 제18조부터 제23조까지, 제23조의2, 제24조, 제53조 및 제54조)의 적용에 착오가 있었던 경우

③ 상속재산 및 증여재산의 평가방법의 착오로 의제시가 및 보충적평가방법(상증법 제60조 제2항 · 제3항 및 제66조)에 따라 평가한 가액으로 과세표준을 결정한 경우

3. 납부불성실 가산세

납세의무자가 세법에 따른 납부기한까지 국세의 납부를 하지 아니하거나 납부하여야

할 세액보다 적게 납부(과소납부)한 경우에는 납부하지 아니한 세액 또는 과소납부분 세액(세법에 따라 가산하여 납부하여야 할 이자 상당 가산액이 있는 경우에는 그 금액을 더한다)에 대하여 납부기한의 다음 날부터 자진납부일 또는 납세고지일까지 1일 25/100,000에 해당하는 금액을 납부불성실가산세로 부담하여야 한다.(국기법 제47조의4 제1항, 국기령 제27조의4)

4. 부과제척기간

(1) 상속세 및 증여세의 부과제척기간

상속세 및 증여세의 신고 또는 무신고에 대하여 정부가 부과결정을 할 수 있는 기간은 다음과 같다.(국기법 제26조의2 제1항 제4호, 국기령 제12조의2)

(가) 상속세 및 증여세의 과세가액 및 과세표준을 신고한 경우

상속세 및 증여세를 부과할 수 있는 날로부터 10년, 여기서 부과할 수 있는 날이란 신고기한의 다음 날을 말한다.(국기령 제12조의3 제1항, 이하 같다)

(나) 다음의 경우에는 부과할 수 있는 날로부터 15년

① 납세자가 부정행위로 상속세·증여세를 포탈하거나 환급·공제받은 경우
② 상속세 및 증여세법 제67조 및 제68조에 따른 신고서를 제출하지 아니한 경우
③ 상속세 및 증여세법 제67조 및 제68조에 따라 신고서를 제출한 자가 다음과 같은 방법으로 거짓신고 또는 누락신고를 한 경우(그 거짓신고 또는 누락신고를 한 부분만 해당한다)(국기령 제12조의2 제2항)

- 상속재산가액 또는 증여재산가액에서 가공(架空)의 채무를 빼고 신고한 경우
- 권리의 이전이나 그 행사에 등기, 등록, 명의개서 등이 필요한 재산을 상속인 또는 수증자의 명의로 등기등을 하지 아니한 경우로서 그 재산을 상속재산 또는 증여재산의 신고에서 누락한 경우
- 예금, 주식, 채권, 보험금, 그 밖의 금융자산을 상속재산 또는 증여재산의 신고에서 누락한 경우

(2) 소송 등에 의한 부과제척기간 연장

이의신청, 심사청구, 심판청구, 감사원법에 따른 심사청구 또는 행정소송법에 따른 소송에 대한 결정이나 판결이 확정된 경우에는 결정 또는 판결이 확정된 날부터 1년 이내에 그 판결이나 확정에 따른 경정결정 등을 할 수 있다.(국기법 제26의2 제2항)

(3) 상속세 및 증여세의 부과제척기간 예외

납세자가 부정행위로 상속세 · 증여세를 포탈하는 경우로서 다음 어느 하나에 해당하는 경우에는 해당 재산의 상속 또는 증여가 있음을 안 날부터 1년 이내에 상속세 및 증여세를 부과할 수 있다. 다만, 상속인이나 증여자 및 수증자(受贈者)가 사망한 경우와 포탈세액 산출의 기준이 되는 재산가액(해당하는 재산의 가액을 합친 것을 말한다)이 50억원 이하인 경우에는 그러하지 아니하다.(국기법 제26조의2 제4항) 은닉한 고액의 상속 · 증여재산에 대하여는 부과제척기간을 적용하지 않는다는 의미이다.

① 제3자의 명의로 되어 있는 피상속인 또는 증여자의 재산을 상속인이나 수증자가 보유하고 있거나 그 자의 명의로 실명전환을 한 경우
② 계약에 따라 피상속인이 취득할 재산이 계약이행기간에 상속이 개시됨으로써 등기 · 등록 또는 명의개서가 이루어지지 아니하고 상속인이 취득한 경우
③ 국외에 있는 상속재산이나 증여재산을 상속인이나 수증자가 취득한 경우
④ 등기 · 등록 또는 명의개서가 필요하지 아니한 유가증권, 서화(書畵), 골동품 등 상속재산 또는 증여재산을 상속인이나 수증자가 취득한 경우
⑤ 수증자의 명의로 되어 있는 증여자의 금융자산(금융실명거래 및 비밀보장에 관한 법률 제2조 제2호)을 수증자가 보유하고 있거나 사용 · 수익한 경우
⑥ 비거주자인 피상속인의 국내재산을 상속인이 취득한 경우

제 5 장

부동산취득관련 기타 세금 및 과세자료신고

제 1 절 비거주자등 양도소득세 원천징수

제 2 절 부동산취득과 인지세

제 3 절 해외부동산 신고의무

제 1 절 비거주자등 양도소득세 원천징수

I 개요

비거주자도 국내원천소득에 대하여 납세의무를 진다.(소득법 제2조) 비거주자의 국내원천소득에는 국내에 있는 토지 또는 건물의 양도로 인한 소득 등이 포함된다.(소득법 제119조 제9호, 제94조 제1항 제1호 · 제2호) 양도소득세는 원칙적으로 소득자인 양도자가 납부하여야 한다. 그러나 비거주자가 국내에 있는 부동산을 양도한 후 납세의무를 이행하지 않을 경우 납세의무를 강제하기가 어렵다. 이러한 점을 보완하기 위하여 2003년 12월 30일 소득세법 개정 시 비거주자의 부동산 양도소득 등에 대하여도 양수자에게 원천징수의무를 부여하였다. 그러나 개인인 양수자에게 원천징수의무를 강제하기에는 현실적인 어려움이 많아 2006년 12월 30일 소득세법 개정 시 개인이 부동산을 양수하는 경우에는 원천징수의무를 면제하였다.(소득법 제156조 제1항 괄호) 따라서 비거주자로부터 국내에 있는 부동산을 취득하는 개인은 비거주자의 양도소득세 원천징수의무를 지지 아니하나 법인은 여전히 원천징수 의무를 진다.

II 원천징수

1. 대상 부동산

부동산과 관련한 비거주자의 국내원천소득은 국내에 소재하는 다음 자산의 양도로

발생한 소득이다.(소득법 제119조 제9호)

(1) 부동산 및 부동산권리

① 토지[공간정보의 구축 및 관리 등에 관한 법률에 따라 지적공부(地籍公簿)에 등록하여야 할 지목에 해당하는 것을 말한다] 또는 건물(건물에 부속된 시설물과 구축물을 포함한다)(소득법 제94조 제1항 제1호)

② 부동산을 취득할 수 있는 권리(건물이 완성되는 때에 그 건물과 이에 딸린 토지를 취득할 수 있는 권리를 포함한다), 지상권, 전세권과 등기된 부동산임차권(소득법 제94조 제1항 제2호)

③ 사업용 고정자산(위 ①, ②의 자산을 말한다)과 함께 양도하는 영업권(영업권을 별도로 평가하지 아니하였으나 사회통념상 자산에 포함되어 함께 양도된 것으로 인정되는 영업권과 행정관청으로부터 인가・허가・면허 등을 받음으로써 얻는 경제적 이익을 포함한다)(소득법 제94조 제1항 제4호 가목)

④ 이용권・회원권, 그 밖에 그 명칭과 관계없이 시설물을 배타적으로 이용하거나 일반이용자보다 유리한 조건으로 이용할 수 있도록 약정한 단체의 구성원이 된 자에게 부여되는 시설물 이용권(법인의 주식등을 소유하는 것만으로 시설물을 배타적으로 이용하거나 일반이용자보다 유리한 조건으로 시설물 이용권을 부여받게 되는 경우 그 주식등을 포함한다)(소득법 제94조 제1항 제4호 나목)

(2) 부동산 과다보유 법인 주식등

내국법인의 주식 또는 출자지분(주식・출자지분을 기초로 하여 발행한 예탁증서 및 신주인수권을 포함한다)을 양도함에 있어, 양도일이 속하는 사업연도 개시일 현재 그 법인이 부동산 과다보유 법인이고 그 주식 또는 출자지분이 증권시장에 상장되지 아니한 경우 그 주식 또는 출자지분의 양도에 따른 소득도 원천징수 대상이다. 부동산과다보유 법인은 그 법인의 자산총액 중 다음의 부동산관련 자산 가액의 합계액이 50% 이상인 법인을 말한다.

① 토지, 건물, 부동산을 취득할 수 있는 권리, 지상권, 전세권과 등기된 임차권(소득법 제94조 제1항 제1호 및 제2호의 자산)

② 내국법인이 보유한 다른 부동산 과다보유 법인의 주식가액에 그 다른 법인의 부동산 보유비율을 곱하여 산출한 가액. 여기서 다른 부동산 과다법인이란 그 법인

이 보유하고 있는 위 ①의 자산가액이 총자산가액에서 차지하는 비율이 50% 이상인 법인을 말한다.(소득령 제179조 제9항)

(3) 국내사업장에 귀속되지 않을 것

원천징수 대상은 국내사업장이 없는 비거주자 또는 외국법인으로부터 국내 부동산을 취득하거나 비거주자 또는 외국법인의 국내사업장과 실질적으로 관련되지 아니하는 국내 부동산을 취득하는 경우이다.[1)]

2. 양도자

비거주자, 즉 거주자가 아닌 개인으로부터 취득하는 경우에 원천징수 의무를 진다. 이는 소득세법 규정에 따른 해석이다. 외국법인으로부터 국내부동산 등을 취득하는 경우에도 소득세법과 같이 원천징수하여야 한다. 외국법인의 국내원천소득 및 원천징수에 관하여는 법인세법에 규정되어 있다. 법인세법 제93조 제7호 및 제98조 제1항 제5호의 규정이 그것인데 소득세법의 규정내용과 같다. 따라서 비거주자 또는 외국법인으로부터 국내에 있는 부동산을 취득하는 경우 그 부동산이 국내사업장과 실질적으로 관련이 없는 경우에는 양도소득세를 원천징수하여야 한다.

3. 원천징수의무자

(1) 양수하는 법인

앞서 본바와 같이 비거주자로부터 비거주자의 국내사업장에 실질적으로 귀속되지 않는 국내 부동산을 취득하는 자는 양도소득세를 원천징수할 의무가 있다. 그러나 양수자하는 자가 개인(거주자 및 비거주자)인 경우에는 원천징수 의무가 없다.(소득법 제156조 제1항 괄호, 법인법 제98조 제1항 괄호) 즉 법인이 아닌 개인 양수자에게는 원천징수

1) 이와 관련하여 양도소득은 분류과세소득이므로 비거주자의 부동산 양도소득은 국내사업장 귀속여부에 상관없이 원천징수 대상이 된다는 해석이 있다.(안수남 외2 「2015 양도소득세」 광교, 1980면 등) 이러한 해석에 따르면 사업용고정자산인 상가 등의 양도소득도 원천징수 대상이라고 보아야 하는데 개인적 생각으로는 지나친 축소해석이 아닌가 하는 생각이 든다.

의무를 면제한 것이다. 그러므로 개인(거주자 및 비거주자)이 아닌 법인 또는 법인으로 보는 단체는 내 · 외국 법인을 막론하고 원천징수 의무를 지는 것이다.

(2) 경매 · 공매대금을 지급하는 자

비거주자 또는 외국법인의 국내사업장에 실질적으로 귀속되지 않는 국내 부동산을 민사집행법에 따른 경매 또는 국세징수법에 따른 공매로 인하여 취득하는 경우에는 해당 경매대금을 배당하거나 공매대금을 배분하는 자가 해당 비거주자 또는 외국법인에 실제로 지급하는 금액의 범위에서 양도소득세 원천징수를 하여야 한다.(소득법 제156조 제9항, 법인법 제98조 제10항) 따라서 경매나 공매로 취득하는 자는 원천징수의무가 없다.(대법원 1992.2.11. 선고 91누4423 판결)

(3) 원천징수의무 면제

비거주자가 국내 부동산 양도에 대하여 납세지 관할 세무서장에게 양도소득세 신고 · 납부 확인을 받거나, 비과세 또는 과세미달 확인을 받아 원천징수의무자에게 제출하는 경우에는 양도소득세를 원천징수하지 아니한다. 확인신청은 소득세법 시행규칙 별지29의3의 서식에 당해 부동산에 대한 등기부등본 · 매매계약서를 첨부하여 신청한다.(소득법 제156조 제15항, 소득령 제207조 제6항, 소득칙 제100조 제29의4) 비거주자의 납세지는 국내사업장(소득법 제120조의 사업장)의 소재지로 하되 국내사업장이 둘 이상 있는 경우에는 주된 국내사업장의 소재지로 하고, 국내사업장이 없는 경우에는 국내원천소득이 발생하는 장소로 한다.(소득법 제6조) 법인세법에는 소득세법과 같은 규정이 없으므로 국내사업장이 없거나 국내사업장과 관련이 없는 외국법인의 국내부동산을 취득하는 법인은 원천징수하여야 한다.

4. 원천징수 세율

비거주자 또는 외국법인의 국내 부동산 양도소득세율은 그 지급액의 10%로 한다. 그러나 취득가액 및 양도비용이 확인되는 경우에는 그 지급액의 10%에 해당하는 금액과 그 자산의 양도차익의 20%에 해당하는 금액 중 적은 금액으로 한다.(소득법 제156조 제1항 제5호, 법인법 제98조 제1항 제5호) 양도차익이라 함은 양도가액에서 취득가액과

자본적 지출액 및 양도비등(소득법 제97조의 필요경비)을 공제한 금액을 말한다.(소득법 제95조)

Ⅲ 징수 및 납부

1. 원천징수 시기

원천징수의무자는 그 소득을 지급할 때에 소득세를 원천징수하여 그 원천징수한 날이 속하는 달의 다음 달 10일까지 원천징수 관할세무서, 한국은행 또는 체신관서에 납부하여야 한다.(소득법 제156조 제1항, 법인법 제98조 제1항) 부동산양도와 관련한 소득을 지급할 때에 대하여 국세청은 부동산의 양도시기를 지급할 때로 보아 이 시기를 기준으로 원천징수하여야 한다고 본다. 즉 잔금을 지급할 때와 잔금을 청산하기 전에 등기를 이전한 경우에는 등기이전을 한 때가 원천징수일이 된다.[2)]

2. 관할세무서

원천징수를 하는 내・외국법인의 납세지가 원천징수 관할세무서가 된다.

(1) 국내사업장의 소재지

그 법인의 본점 또는 주사무소의 소재지가 납세지가 되며, 그 법인의 지점, 영업소, 그 밖의 사업장이 독립채산제(獨立採算制)에 따라 독자적으로 회계사무를 처리하는 경우에는 그 사업장의 소재지(그 사업장의 소재지가 국외에 있는 경우는 제외)가 납세지이다. 다만, 국세청장으로부터 본점 또는 주사무소의 소재지를 해당 법인의 지점・영업소, 그 밖의 사업장에서 지급하는 소득에 대한 소득세원천징수세액의 납세지로 승인을 받은 경우와 사업자단위로 등록한 경우(부가법 제8조 제3항・제4항)에는 그 법인의

2) 국세청, 「2018 양도소득세 실무해설」, 675면

본점 또는 주사무소의 소재지를 소득세 원천징수세액의 납세지로 할 수 있다.(소득법 제7조 제1항 제3호 · 제4호, 소득령 제5조 제3항)

(2) 국내사업장이 없는 외국법인

국내사업장이 없는 외국법인이 부동산 과다법인의 주식을 양수하는 경우에는 그 주식을 발행한 법인의 소재지가 납세지가 되고, 그 외의 경우에는 국세청장이 지정하는 장소가 납세지가 된다.(소득법 제7조 제1항 제5호, 소득령 제5조 제4항) 따라서 외국법인이 비거주자 또는 외국법인으로부터 국내부동산을 취득하는 경우에는 국세청장이 지정하는 장소가 될 것인데 국세청은 비거주자의 납세지에 준하여 부동산소재지를 납세지로 본다.(소득법 제6조 제1항)[3]

3. 가산세

납세지 관할 세무서장은 원천징수의무자가 징수하였거나 징수하여야 할 세액을 그 기한까지 납부하지 아니하였거나 미달하게 납부한 경우에는 그 미납세액의 3%와 미납일수 1일당 25/100,000을 곱한 금액의 가산세를 납부하여야 한다. 단 가산세액이 미납세액의 10%를 초과하지 못한다.(소득법 제85조 제3항, 법인법 제98조 제4항, 국기법 제47조의5 제1항, 국기령 제27조의4)

Ⅳ 원천징수세액에 부가하는 지방소득세

1. 개인지방소득세

원천징수의무자가 비거주자의 국내원천소득에 대하여 소득세를 원천징수하는 경우에는 원천징수할 소득세의 10%를 적용하여 산정한 금액을 개인지방소득세로 특별징수

3) 국세청, 「2018 양도소득세 실무해설」, 675면

하여야 한다.(지방법 제103조의18)

2. 법인지방소득세

외국법인의 국내부동산 양도소득에 대하여 법인세를 원천징수하는 경우에는 원천징수하는 법인세의 10%에 해당하는 금액을 법인지방소득세로 특별징수하여야 한다. 이 경우 법인세법에 따른 원천징수의무자를 법인지방소득세의 특별징수의무자로 한다.(지방법 제103조의52)

제 2 절 부동산취득과 인지세

I 개요

부동산취득과 직접적으로 관련된 세금은 아니나 부동산취득과 관련하여 검토할 세목으로 인지세가 있다. 부동산을 취득하기 위하여 필연적으로 권리이전에 관한 계약서를 작성하게 되는데 권리이전에 관한 계약서를 작성하는 경우 인지세를 납부하여야 한다. 이와 같이 인지세는 부동산을 취득하는 사실을 과세요건으로 하는 것이 아니라 부동산을 취득하는 계약서라는 문서를 작성하는 행위에 부과되는 세금이다. 가령 부동산 권리이전에 관한 매매계약이나 증여계약을 문서가 아닌 구두계약으로 한다면 인지세를 납부할 의무는 없다. 그러나 소유권이전등기신청서에 계약서(등기원인을 증명하는 정보)를 첨부하여야 하므로(부동산등기규칙 제46조) 현실적으로 인지세의 부담을 피하기는 어렵다.[4] 인지세법에 따르면 "국내에서 재산에 관한 권리 등의 창설 · 이전 또는 변경에 관한 계약서나 이를 증명하는 그 밖의 문서를 작성하는 자는 해당 문서를 작성할 때에 그 문서에 대한 인지세를 납부할 의무가 있다."(인지법 제1조)

4) 등기를 하려는 자는 등기신청 시 별도의 수수료를 내야 한다.(부동산등기법 제22조 제3항) 소유권이전이나 보존에 관한 수수료는 매 부동산마다 15,000원이다.(등기사항증명서 등 수수료규칙 제5조의2 제1항)

Ⅱ 부동산취득관련 인지세

1. 인지세 세액

인지세는 문서에 기재하는 금액, 즉 매매가액이나 증여가액의 크기에 따라 정액으로 납부한다. 문서에 기재하는 금액의 크기에 따라 세액을 정하는 종가세이나 세율을 곱하여 계산하는 비례세는 아니다.

(1) 부동산 소유권이전증서 세액

부동산소유권이전을 증명하는 문서를 작성할 때 납부할 인지세액은 다음과 같다.(인지법 제3조 제1항 제1호)

〈부동산 소유권이전증서 인지세 단계별 세액〉

기재금액	세 액
1천만원 초과 3천만원 이하	2만원
3천만원 초과 5천만원 이하	4만원
5천만원 초과 1억원 이하	7만원
1억원 초과 10억원 이하	15만원
10억원 초과	35만원

(2) 주택에 대한 특례

주택의 소유권 이전에 관한 증서로서 기재금액이 1억원 이하인 것은 인지세 납부의무가 없다.(인지법 제6조 제5호) 주택과 사업용 건물이 함께 설치되어 있는 경우에 주택부분의 면적이 사업용 건물부분의 면적보다 크거나 같은 경우에는 그 전부를 주택으로 보고, 주택부분의 면적이 사업용 건물부분의 면적보다 작은 경우에는 그 전부를 주택으로 보지 아니한다.(인지통칙 6-0-12)

(3) 기재금액

인지세의 기준이 되는 기재금액이란 증서에 기재된 금액을 말한다. 시가와는 상관이 없다. 사항별로 보면 다음과 같다.(인지통칙 4-8-1)

① 매매 : 계약서에 기재하는 매매금액

② 교환 : 교환대상물의 쌍방의 가액이 기재되어 있는 경우에는 많은 쪽의 금액

③ 대물변제 : 대물변제에 의하여 소멸되는 채무의 금액. 다만, 대물변제의 목적물 가액이 소멸하는 채무의 금액을 상회하여 채권자가 그 차액을 채무자에게 지급하기로 되어 있는 경우에는 그 차액을 가산한 금액

④ 기재금액의 변경 : 과세문서를 작성한 후에 그 기재금액을 증액하여 변경한 경우의 인지세액은 변경 전의 계약금액과 증액한 금액의 합계액을 기재금액으로 한 세액에서 변경 전의 계약금액을 기재금액으로 하여 납부한 세액을 뺀 금액으로 한다. 다만, 그 기재금액을 감액하여 변경한 경우에는 기재금액의 변경이 없는 것으로 본다.(인지법 제9조, 인지령 제12조)

⑤ 기재금액이 없는 문서 : 해당 과세문서에 표기된 기재사항을 통하여 그 금액을 계산할 수 있을 때에는 그에 따라 계산해 낸 금액으로 하고, 기재금액을 계산할 수 없을 때에는 최저과세 기재금액으로 본다.(인지법 제4조 제1항 제2호)

2. 인지세 과세대상문서

(1) 부동산 관련 인지세 대상문서

국내에서 작성하는 재산에 관한 권리 등의 창설 · 이전 또는 변경에 관한 계약서나 이를 증명하는 그 밖의 문서 중 인지세법 제3조 제1항에 열거된 문서이다. 부동산과 관련된 인지세 대상문서는 "부동산의 소유권이전에 관한 증서"(제1호)가 있다. 전세권, 지상권, 지역권에 관한 증서는 2010년 1월 1일 개정세법에서 제외되었다. 따라서 현재 부동산의 권리에 과한 증서로 인지세 과세대상인 문서는 소유권이전에 관한 증서뿐이다. 증서라 함은 재산에 관한 권리의 창설 · 이전 또는 변경에 관한 계약서나 그 밖에 이를 증명할 목적으로 작성하는 문서를 말한다.(인지법 제2조) 따라서 소유권이전에 관한 증서, 즉 매매계약서, 증여계약서, 분양계약서 등이 인지세 대상문서가 된다.

콘도미니엄(관광진흥법에 따른 휴양 콘도미니엄)을 이용할 수 있는 회원권에 관한

증서도 인지세 과세대상문서이므로 간접적으로 부동산관련 인지세라 할 수 있다. 콘도미니엄을 이용할 수 있는 회원권에 관한 증서의 인지세액은 부동산 소유권이전에 관한 증서의 인지세액과 동일하다.(인지법 제3조 제1항 제6호)

(2) 문서의 요건

(가) 국내에서 작성한 문서

인지세 과세대상문서는 국내에서 작성되는 문서이다. 인지세는 문서를 작성하는 행위가 과세요건사실이므로 계약체결이 실제 국내에서 일어났는지 여부는 문제 삼지 않는다.[5] "작성한다"는 것은 용지 등에 과세사항을 기재하고 작성자가 서명 또는 날인하는 것을 말한다.(인지통칙 1-1-1) 천재지변이나 화재 등의 재난으로 인하여 멸실된 문서를 재작성하는 경우에는 새로운 문서를 작성한 것으로 보지 아니한다.(인지통칙 1-1-5)

(나) 복수 문서

과세문서의 경우 1통마다 해당 인지세를 납부하여야 한다.(인지법 제3조 제2항) 부동산의 경우 통상 매매계약서를 2부 작성하여 매수자와 매도자가 각각 보관한다. 그러나 인지세법 시행규칙 제3조는 "부동산의 소유권 이전에 관한 증서는 그 소유권 이전에 관한 등기신청을 할 때 제출하는 계약서나 그 밖의 등기 또는 등록 원인서류로 한다."고 규정하고 있다. 따라서 부동산 매매계약서 작성으로 인지세를 납부하는 문서는 당사자가 보관하는 문서가 아니라 등기신청에 원인서류로 제출하는 문서에 한한다.(소비세과-222, 2013.7.11.)

(다) 보완문서

하나의 문서의 내용을 다른 하나 이상의 문서가 보완하여 하나의 계약 내용을 이루는 경우, 그 보완하는 문서는 그 계약 내용을 증명하는 과세문서로 본다. 다만, 계속적·반복적 거래에 관한 증서(인지법 제3조 제1항 제7호), 예금·적금에 관한 증서 또는 통장, 환매조건부채권 매도약정서, 보험증권 및 신탁에 관한 증서 또는 통장(인지법 제3조 제1항 제10호)을 보완하는 경우와 금융·보험기관과의 금전소비대차에 관한 계약에 따라 약정된 일정 금액을 분할 지급하기 위하여 보완문서를 작성하는 경우에는 그러하지 아니하다.(인지법 제5조, 인지령 제9조)

---

5) 서울지방국세청, 「알기쉬운 소비세실무」, 2018.1. 60면

(3) 문서의 유형

① 종이문서 : 문서를 종이에 작성하는 것을 말한다. 지금도 부동산 매매계약은 대부분 종이문서로 작성한다.

② 전자문서 : 인지세 과세문서에는 전자문서가 포함된다.(인지법 제3조 제3항) 전자문서란 정보처리시스템에 의하여 전자적 형태로 작성, 송신·수신 또는 저장된 정보를 말한다.(전자문서 및 전자거래 기본법 제2조)

(4) 비과세 문서

인지세법 제6조는 인지세 비과세 문서를 열거하고 있는데 부동산거래와 관련된 문서는 ㉠ 국가나 지방자치단체(지방자치단체조합을 포함)가 작성하는 증서 또는 통장(1호), ㉡ 주택의 소유권 이전에 관한 증서로서 기재금액이 1억원 이하인 것(5호)이고, 그 외 대부분의 문서는 부동산거래와 직접 관련이 없는 문서이다.

Ⅲ 인지세 납부

1. 인지세 납세의무자

(1) 문서작성자

인지세의 납세의무자는 문서의 작성자이다. 문서의 작성자란 문서의 명의인으로 서명·날인한 자로 자연인, 법인, 내국인, 외국인을 불문한다.[6] 대리인이 법률행위를 대리하는 경우 법률행위의 효력은 본인에게 귀속되는 것이나, 인지세는 문서의 작성과 동시에 납세의무가 성립하고 확정되어 즉시 납부하여야 하는 것이므로 문서를 대리인에 의하여 작성하는 경우 본인의 명의를 함께 표시하더라도 대리인을 해당 문서의 작성자로 본다는 것이 유권해석이다. 다만, 대리인이 본인의 명의만을 표시하여 작성하는 문서의 경우에는 본인을 해당 문서의 작성자로 본다.(인지통칙 1-1-4) 그러나 문서의 작성자가 법인이나 자연인의 종업원으로서 문서작성을 대행한 경우에는 당해 법인 또는

6) 서울지방국세청, 「알기쉬운 소비세실무」, 2018, 59면

그 자연인을 작성자로 본다.(인지통칙 1-1-3)

(2) 공동작성 문서의 연대납세의무

매매계약서와 같이 2인 이상이 공동으로 문서를 작성하는 경우 그 작성자는 해당 문서에 대한 인지세를 연대(連帶)하여 납부할 의무가 있다.(인지법 제1조 제2항)

(3) 국가등과 공동으로 작성하는 문서의 납세의무자

국가, 지방자치단체와 그 밖의 자가 공동으로 작성하여 각각 가지는 문서에 관하여는 국가등이 가지는 것은 그 밖의 자가 작성한 것으로 보고, 그 밖의 자가 가지는 것은 국가등이 작성한 것으로 본다.(인지법 제7조) 따라서 국가등이 가지는 문서는 그 밖의 자가 납세의무자가 되고, 그 밖의 자가 가지는 문서는 국가등이 작성하는 문서로 비과세 문서이다. 따라서 국가등과 소유권이전에 관한 계약을 체결하고 등기신청시 제출하는 계약서를 작성함에 있어서는 결국 국가등과 계약을 체결하는 상대방만이 인지세 납세의무자가 된다.(소비세과-116, 2009.4.16.; 소비46430-533, 1997.3.12.) 우리나라에 주재하는 외국대사관 · 공사관 · 영사관(명예영사관을 제외한다) · 외국대표부 또는 외국대표부의 출장소와 이들에게 소속된 직원이 직무상 작성하는 문서에 대하여는 국가가 작성하는 문서에 준하여 취급한다.(인지통칙 6-0-2)

2. 납세의무의 성립 및 확정

인지세는 과세문서를 작성한 때에 납세의무가 성립하고 확정된다.(국기법 제21조 제2항 제6호 · 제22조 제4항 제1호) "문서를 작성한 때"란 계약 당사자간 의사의 합치를 증명할 목적으로 작성하는 문서에 서명 · 날인을 마치는 때를 말한다. 단 제3자에 의하여 인증을 받아야 효력이 발생하는 문서는 인증을 받는 때를 문서를 작성한 때로 본다.(인지통칙 1-1-2)

3. 납부방법

(1) 종이문서

과세문서에 종이문서용 전자수입인지(수입인지에 관한 법률 제2조 제2항 제1호)를 첨부하여 납부한다. 전자수입인지는 금융결제원 전자수입인지 판매 사이트(https://www.e-revenuestamp.or.kr)에서 구매하여 이를 출력하여 종이문서에 첨부하는 방법으로 납부한다.(인지법 제8조 제1항)[7]

(2) 전자문서

전자문서에 대한 인지세는 전자문서용 전자수입인지(수입인지에 관한 법률 제2조 제2항 제2호)를 첨부하여 납부하는 방법으로 납부한다.(인지법 제8조 제3항, 인지령 제11조의2) 전자문서용 전자수입인지는 수입인지 판매 사이트 전자문서용 전자수입인지(https://www.edoc-revenuestamp.or.kr/main/getMain.do)에서 구매한다.

4. 소인(消印)

인지세는 수입인지를 구입하여 문서에 첨부함으로써 납세의무가 종결된다. 납세의무가 종결된 수입인지의 재사용을 방지하기 위하여 첨부된 수입인지는 소인하여야 한다. 우표형 수입인지는 인장 등으로 소인하였으나 전자수입인지로 대체됨으로써 소인도 전자적 소인을 하여야 한다.(인지법 제10조)

(1) 종이문서용 전자수입인지 소인

종이문서용 전자수입인지를 구매하여 사용하는 자는 전자수입인지업무대행기관이 제공하는 정보통신망을 통하여 해당 종이문서용 전자수입인지를 사용하였음을 입력하여 확인하는 방법으로 전자적 소인(消印)을 하여야 한다. 다만, 행정기관에 종이문서용 전자수입인지를 제출하는 경우에는 해당 종이문서용 전자수입인지를 접수하는 행정기관 소속 공무원이 전자적 소인을 하여야 한다.(수입인지에 관한 법률 시행령 제17조 제1항)

7) 2015년 1월 1일 이전까지 사용되던 우표형태의 종이수입인지는 사용이 폐지되었다.

따라서 부동산 소유권 이전에 관한 증서에 첨부된 인지는 등기공무원이 소인한다.

(2) 전자문서용 전자수입인지

전자문서용 전자수입인지는 전자수입인지업무대행기관이 전자문서용 전자수입인지를 전자문서에 첩부하여 발급하는 것으로써 전자적 소인을 갈음한다.(수입인지에 관한 법률 시행령 제17조 제2항)

5. 가산세

인지세는 신고하는 세목이 아니므로 신고불성실가산세는 없고 납부불성실가산세만 있다. 그러나 다른 납부불성실가산세와 같이 미납일수에 따른 가산세가 아니라, 인지세의 납부를 하지 아니하거나 과소납부한 경우에는 납부하지 아니한 세액 또는 과소납부분(납부하여야 할 금액에 미달한 금액) 세액의 3배(300%)에 상당하는 금액을 가산세로 한다.(국기법 제47조의4 제1항 단서)

Ⅳ 과 · 오납 인지세 환급

인지세액을 납부한 후 과세문서를 작성하지 아니한 경우에는 납부한 세액을 환급하거나 납부할 세액에서 공제한다.(인지법 제8조의3) 종이문서용 전자수입인지를 구매하여 등기원인서류가 아닌 당사자 보관 매매계약서에 첨부한 경우에는 과세문서를 작성한 것이 아니기 때문에 환급이 가능하다.(소비세과-222, 2013.7.11.) 환급신청은 환급신청서와 인지세를 납부한 후 작성하지 아니한 과세문서를 첨부하여 납세의무자의 사업장 관할 세무서장에게 신청하여야 한다.(인지령 제11조의3)

제 3 절 해외부동산 신고의무

I 개요

앞에서는 국내 부동산 취득과 관련된 세금에 대하여 알아보았다. 경제활동영역이 해외로 넓어짐에 따라 우리나라의 과세권이 미치지 않는 외국에서 부동산을 취득하는 경우에는 그 부동산이 소재하는 나라의 세법에 따라 세금을 부담하는 외에 우리나라 세법에 따라 납부할 세금은 없다. 그러나 경제발전으로 국제거래가 활발해짐에 따라 국제거래를 통한 세금탈루를 방지하기 위하여 과세당국은 국제거래에 대한 관리를 강화하고 있다. 외국법인의 설립, 외국법인의 주식취득, 외국에서 영업소의 설치 및 확장, 해외 예금계약, 금전대차계약, 채무보증계약, 외국에 있는 부동산이나 이에 관한 권리의 취득 등에 관한 관리가 그것이다. 이러한 해외직접투자 또는 해외부동산 거래를 관리하기 위하여 세법은 납부할 세금과는 별도로 관련 거래자료를 과세당국에 제출할 의무를 지우고 있다. 이는 거주자인 개인뿐만 아니라 내국법인에게도 지워진 의무이다. 여기서는 부동산과 관련된 의무에 대하여 알아본다. 부동산거래와 관련된 신고의무도 취득 시 신고의무, 취득자금 소명의무, 처분 시 신고의무 등으로 나누어 볼 수 있으나 편의상 같이 설명한다.

Ⅱ 해외부동산 거래 · 운용자료 제출의무

1. 개요

외국에 있는 일정규모 이상 부동산이나 이에 관한 권리("해외부동산등")를 취득하거나 처분하는 거주자 도는 내국법인은 소득세신고 또는 법인세신고 기한 내에 해외부동산의 취득, 운용 및 처분과 관련된 자료를 관할세무서장에게 제출하여야 한다.(소득법 제165조의2 제1항, 법인법 제121조의2)

2. 제출자료 내용

(1) 자료제출 대상

외국환거래법 제3조 제1항 제19호에 따른 자본거래 중 거래가액이 2억원 이상인 해외부동산등(외국에 있는 부동산이나 이에 관한 권리)을 취득하거나 처분하는 거래가 있는 경우이다. 취득가액 산정방법은 소득세법과 법인세법의 규정상 약간 차이가 있으나 실제취득가액 및 양도가액을 원칙으로 한다.

① 거주자의 취득가액 : 해당 자산의 취득에 든 실지거래가액으로 한다. 다만, 취득당시의 실지거래가액을 확인할 수 없는 경우에는 자산이 소재하는 국가의 취득당시의 현황을 반영한 시가에 따르되, 시가를 산정하기 어려울 때에는 외국정부의 평가액, 6개월 전후의 사례가액, 6개월 전후의 감정가액, 6개월 전후의 수용보상가액이 있으면 이에 의하고, 이러한 가액이 없는 경우 상속세 및 증여세법을 준용하여 평가한 가액으로 한다.(소득법 제165조의2 제4항 · 제118조의4, 소득령 제178조의3)

② 법인의 취득가액 : 법인세법 제41조에 따른 취득가액, 즉 매입가액 또는 건설원가에 부대비용을 더한 금액으로 한다.(법인법 제121조의2 제4항 · 제41조)

③ 거주자 및 법인의 양도가액 : 해당 자산의 양도당시의 실지거래가액으로 한다. 다만, 양도 당시의 실지거래가액을 확인할 수 없는 경우에는 자산이 소재하는 국가의 취득 당시의 현황을 반영한 시가에 따르되, 시가를 산정하기 어려울 때에는

외국정부의 평가액, 6개월 전후의 사례가액, 6개월 전후의 감정가액, 6개월 전후의 수용보상가액이 있으면 이에 의하고, 이러한 가액이 없는 경우 상속증여세법을 준용하여 평가한 가액으로 한다.(소득법 제165조의2 제4항 · 제118조의3, 소득령 제178조의3, 법인법 제121조의2 제4항)

④ 외화거래의 환산 : 외화로 거래한 경우 외화의 원화환산은 외화를 수령하거나 지급한 날의 외국환거래법에 따른 기준환율 또는 재정환율을 적용하여 계산한다.(소득법 제165조의2 제4항, 법인법 제121조의2 제4항)

(2) 신고의무자

해당 과세기간 중에 2억원 이상의 해외부동산등을 취득하거나, 해외부동산등을 투자운용(임대를 포함한다) 또는 처분한 거주자 또는 내국법인이 신고의무자이다. 거주자 중 해외소득 신고의무가 없는 외국인 거주자, 즉 해당 과세기간 종료일 10년 전부터 국내에 주소나 거소를 둔 기간의 합계가 5년 이하인 외국인 거주자(소득법 제3조 제1항 단서)는 해외부동산등의 거래 신고의무가 없다.(소득법 제165조의2 제1항, 법인법 제121조의2 제1항)

(3) 신고방법

종합소득세신고 또는 법인세신고 시 해외부동산등의 거래유형에 따라 취득명세, 투자운용(임대)명세, 처분명세(해외부동산등의 투자 명세등)를 기재한 신고서(소득칙 별지 제97호 서식, 법인칙 별지 제84호 서식)를 제출하여야 한다.(소득령 제217조의2 제1항 제5호, 소득칙 제101조, 법인령 제164조의2 제1항 제5호, 법인칙 제82조)

납세지 관할 세무서장은 거주자 또는 내국법인이 취득명세 등을 제출하지 아니하거나 거짓된 명세서등을 제출한 경우에는 위 제출기한의 다음 날부터 2년이 지나기 전까지 명세서등의 제출이나 보완을 요구할 수 있고, 자료제출 또는 보완을 요구받은 자는 요구받은 날부터 60일 이내에 해당 자료를 제출하여야 한다.(소득법 제165조의2 제2항 · 제3항, 법인법 제121조의2 제2항 · 제3항)

3. 제출의무 위반에 대한 제재

(1) 과태료 제재 위반사유

해외부동산등의 투자 명세등의 제출의무가 있는 거주자 또는 내국법인이 다음 어느 하나에 해당하는 경우 그 거주자 또는 내국법인에게 과태료를 부과한다.(소득법 제165조의3 제2항, 법인법 제121조의2 제2항)

① 종합소득세 신고기한 또는 법인세신고기한까지 해외 부동산등의 투자 명세등을 제출하지 아니하거나 거짓된 해외 부동산등의 투자 명세등을 제출하는 경우

② 해외부동산등의 투자 명세등의 제출 의무가 있는 거주자 또는 내국법인이 종합소득세 신고기한 또는 법인세신고기한까지 해외 부동산등의 투자 명세등을 제출하지 아니하거나 거짓된 해외 부동산등의 투자 명세등을 제출하여 자료제출 또는 보완을 요구받은 자가 요구받은 날부터 60일 이내에 해당 자료를 제출하지 아니한 경우

(2) 부과하는 과태료

(가) 2019년 12월 31일 이전

해외 부동산등의 취득가액의 1% 이하의 과태료(5천만원을 한도로 한다)를 부과한다. 단, 처분자료 제출의무 위반에 대하여는 2019년 12월 31일 이전 처분 분에 대하여는 과태료를 부과하지 아니한다는 것이 입법의도인 것으로 보인다.(소득법 부칙 제19조, 법인법 부칙 제11조)[8] 과태료 부과기준은 소득세법 시행령 별표 5 또는 법인세법 시행령 별표 2와 같다. 납세지 관할 세무서장은 위반행위의 정도, 위반 횟수, 위반행위의 동기와 그 결과 등을 고려하여 소득세법 시행령 별표 5 또는 법인세법 시행령 별표 2에 따른 과태료 금액의 2분의 1의 범위에서 그 금액을 줄이거나 늘릴 수 있다.(소득령 제217조의4, 법인령 제164조의4)

---

8) 소득세법 부칙 제19조는 처분자료 제출과 관련하여 2019년 12월 31일 이전 처분에 대하여는 법 제176조 제2항의 과태료를 부과하지 아니한다고 규정하고 있어 문리적으로 해석하면, 법 제165조의3에 따른 과태료의 처분은 가능한 것으로 보인다. 그러나 부칙 제17조 제4항에 법 제176조 제2항은 2020년 1월 1일 이후 개시하는 과세기간에 대한 자료제출 분부터 적용한다고 규정하고 있음에도 별도로 부칙 제19조를 둔 점, 처분자료의 제출의무는 2018년 12월 31일 개정시 추가된 의무이고 법 제165조의3 과태료는 처분자료의 제출의무가 없었던 종전의 의무위반에 대한 과태료 규정인 점으로 보아 처분자료 제출의무 위반에 대한 과태료는 2019년 12월 31일까지 처분에 대하여는 부과하지 아니하는 것이 입법의도인 것으로 보인다.

〈과태료부과기준〉

(소득령 제217조의4 관련 별표5, 법인령 제164조의4 관련 별표2)

위반행위	과태료 금액
1. 최초자료 미제출·허위제출 : 종합소득세·법인세 신고기한까지 해외부동산 취득 및 투자운용(임대) 명세서를 제출하지 아니하거나 거짓된 자료를 제출한 경우	해외부동산등의 취득가액의 100분의 1(5천만원을 한도로 한다)
2. 추가요구자료 미제출·허위제출 : 자료제출 또는 보완을 요구받은 날부터 60일 이내에 해외부동산 취득 및 투자운용(임대) 명세서를 제출하지 아니하거나 거짓된 자료를 제출하는 경우	해외부동산등의 취득가액의 100분의 1(5천만원을 한도로 한다)

(나) 2020년 1월 1일 이후

해외부동산등의 취득가액, 처분가액 및 투자운용 소득의 10% 이하의 과태료(1억원을 한도로 한다)를 부과한다. 취득가액, 처분가액 및 투자운용 소득은 다음과 같이 계산한다.(소득법 제176조 제2항, 부칙 제17조 제4항, 소득령 제227조 제2항, 법인법 제123조 제2항, 법인법 부칙 제10조 제4항, 법인령 제166조 제2항)

① 취득가액 : 위 2. 자료제출 내용 취득가액에서 해당 해외부동산등의 취득과 관련하여 외국환거래법 제18조에 따라 신고한 금액을 뺀 가액

② 처분가액 : 위 2. 자료제출 내용 양도가액에서 해당 해외부동산등의 처분과 관련하여 외국환거래법 제20조에 따라 보고한 금액을 뺀 가액

③ 투자운용 소득 : 개인의 경우 해외부동산등의 투자운용과 관련된 총수입금액(소득법 제24조), 법인의 경우 해외부동산등의 투자운용고하 관련된 수입의 금액(법인법 제15조의 익금)

단, 2019년 1월 1일 이후 개시하는 과세기간 전의 과세기간에 취득한 해외부동산등에 대해서는 종전의 규정(소득세법 제165조의2 제1항 및 종전의 제165조의3 제2항, 법인세법 제121조의2 제1항, 제121조의3 제2항)에 따른다. 이 경우 종전의 소득세법 제165조의2 제1항 또는 법인세법 제121조 제1항 따라 제출하여야 하는 자료는 종전 과세기간분에 해당하는 자료로 한정한다.(소득법 부칙 제22조, 법인법 부칙 제14조)

(다) 과태료의 부과기준

과태료 부과기준은 소득세법 시행령 별표 5 또는 법인세법 시행령 별표 2와 같다. 납세지 관할 세무서장은 위반행위의 정도, 위반 횟수, 위반행위의 동기와 그 결과 등을

고려하여 본법의 금액(10%) 및 소득세법 시행령 별표 5 또는 법인세법 시행령 별표 2에 따른 과태료 금액의 2분의 1의 범위에서 그 금액을 줄이거나 늘릴 수 있다. 과태료를 늘리는 경우에도 과태료의 상한금액[9]을 넘을 수 없다.(소득령 제228조, 법인령 제167조)

〈과태료부과기준〉

(소득령 제228조 관련 별표5, 법인령 제167조 관련 별표2)

위반행위	과태료 금액
1. 최초신고 기한까지 해외부동산 취득·투자운용(임대) 및 처분 명세서를 제출하지 않거나 거짓된 자료를 제출하는 경우	해외부동산등의 취득가액, 처분가액 및 투자운용 소득의 100분의 10(1억원을 한도로 한다)
2. 자료제출 또는 보완을 요구받은 날부터 60일 이내에 해외부동산 취득·투자운용(임대) 및 처분 명세서를 제출하지 않거나 거짓된 자료를 제출하는 경우	해외부동산등의 취득가액, 처분가액 및 투자운용 소득의 100분의 10(1억원을 한도로 한다)

(라) 과태료의 중복부과 여부

해외부동산등의 투자 명세등을 최초의 신고기한 내에 제출하지 아니하거나 거짓으로 제출한 자가 관할세무장으로부터 제출요구 또는 보완요구를 받고도 응하지 아니한 경우에는 최초 미제출에 대한 과태료 외에 제출요구 등 불응에 대한 과태료를 추가로 부과할 수 있는가? 규정형식으로만 보면 가능한 것으로 보이고 국세청 실무에서도 별도의 과태료로 보아 각각 부과하는 것으로 보인다.[10] 이 경우 과태료의 한도를 어떻게 적용할 것인지가 문제될 수 있는데, 법문을 문리적으로 해석하면 각각에 대한 한도금액을 규정한 것으로 해석될 수 있다.

---

9) 상한금액이 10%를 말하는지 1억원을 말하는지 불분명하다, 법문을 문리적으로 해석하면, 본법의 금액(10%)을 늘릴 수 있다고 한 점으로 보아 한도금액 1억원을 말하는 것으로 이해되나, 한편 1억원으로 해석할 경우, 본법이 규정하는 10%를 넘는 과태료를 시행령에 의하여 부과하는 것이 가능한지 문제될 수 있다. 이 문제는 2019년 이전에 적용하는 과태료 증액규정에서도 발생한다.

10) 개인적 생각으로는 하나의 자료에 대한 제출의무는 하나이고 과세당국의 제출요구나 보완요구는 동일한 제출의무의 이행을 독려하는 행위에 불과하여, 당초 미제출한 행위와 요구를 받은 후 미제출한 행위는 하나의 의무를 위반한 것인데 2회에 걸쳐 20%에 해당하는 과태료를 부과하는 것은 과도한 것이 아닌가 하는 생각이 든다.

(3) 과태료 면제사유

다음과 같은 정당한 사유가 있는 경우에는 과태료를 부과하지 아니한다.(소득법 제176조 제2항, 소득령 제227조 제1항, 법인법 제123조 제2항, 법인령 제166조 제1항)

① 화재 · 재난 및 도난 등의 사유로 자료제출이 불가능한 경우

② 사업이 중대한 위기에 처하여 자료제출이 매우 곤란하다고 납세지 관할 세무서장이 인정하는 경우

③ 수사기관 등 관계 기관에 관련 장부 · 서류가 압수되거나 영치된 경우

④ 자료의 수집 · 작성에 상당한 기간이 필요하여 기한 내에 자료를 제출할 수 없다고 납세지 관할 세무서장이 인정하는 경우

⑤ 위의 사유와 비슷한 사유로서 기한 내에 자료제출이 불가능하다고 납세지 관할 세무서장이 인정하는 경우

Ⅲ 해외부동산등 취득자금 소명

1. 개요

해외부동산등을 취득한 거주자나 내국법인이 종합소득세신고기한 또는 법인세신고기한까지 해외부동산등과 관련된 자료를 제출하지 아니하거나 거짓된 자료를 제출한 경우에는 해당 납세지 관할 세무서장은 그 거주자 또는 내국법인에게 해외부동산등의 취득에 든 금액의 출처에 대하여 소명을 요구할 수 있다.(소득법 제165조의4 제1항, 법인법 제121조의4 제1항) 이는 2018년 12월 31일 개정된 소득세법 및 2018년 12월 24일 개정된 법인세법에 신설된 규정으로, 2019년 1월 1일 이후 해외부동산등을 취득한 경우로서 2019년 1월 1일 이후 개시하는 과세기간(또는 사업연도)에 대한 자료제출 의무를 불이행하는 분부터 적용한다.(소득법 부칙 제17조 제2항, 법인법 부칙 제10조 제2항)

2. 소명내용

(1) 소명대상

소명요구일 전 10년 이내에 취득한 해외부동산의 취득자금에 대하여 소명을 요구할 수 있다.

(2) 소명방법

소명을 요구받은 거주자 또는 내국법인은 90일 이내에 소득세법 시행규칙 별지 제97호의2 또는 법인세법 시행규칙 별지 제85호 취득자금 소명대상 금액의 출처 확인서를 납세지 관할 세무서장에게 제출하여야 한다.(소득법 제165조의4 제2항, 소득령 제217조의5 제1항, 법인법 제121조의4 제2항, 법인령 제164조의5 제1항) 단, 자료의 수집 · 작성에 상당한 기간이 걸리는 등 위 과태료 면제사유에 해당하는 부득이한 사유로 소명기간의 연장을 신청하는 경우에는 납세지 관할 세무서장은 60일의 범위에서 한 차례만 연장할 수 있다.(소득법 제165조의4 제3항, 소득령 제217조의5 제2항, 법인법 제121조의4 제3항, 법인령 제164조의5 제2항)

(3) 소명정도

소명을 요구받은 거주자 또는 내국법인이 소명을 요구받은 금액의 100분의 80 이상에 대하여 출처를 소명한 경우에는 소명을 요구받은 전액에 대하여 소명한 것으로 본다.(소득법 제165조의4 제2항, 법인법 제121조의4 제2항)

3. 미소명에 대한 제재

(1) 과태료 부과

거주자 또는 내국법인이 취득자금 출처에 대한 소명대상 금액의 출처에 대하여 소명하지 아니하거나 거짓으로 소명한 경우에는 소명하지 아니하거나 거짓으로 소명한 금액의 20%에 상당하는 과태료를 부과한다. 다만, 천재지변 등 다음과 같은 정당한 사유가 있는 경우에는 과태료를 부과하지 아니한다.(소득법 제176조 제3항, 소득령 제227조

제3항, 법인법 제123조 제3항, 법인령 제166조 제3항)

① 천재지변, 화재 · 재난 및 도난 등 불가항력적 사유로 증명서류 등이 멸실되어 소명이 불가능한 경우

② 해외부동산등의 소재 국가의 사정 등으로 인하여 소명이 불가능한 경우

(2) 과태료 부과기준

납세지 관할 세무서장은 위반행위의 정도, 위반 횟수, 위반행위의 동기와 그 결과 등을 고려하여 위 과태료 금액의 2분의 1의 범위에서 그 금액을 줄이거나 늘릴 수 있다. 과태료를 늘리는 경우에도 과태료 금액의 상한을 넘을 수 없다.(소득법 제176조 제4항, 소득령 제228조 제2항, 법인법 제123조 제3항, 법인령 제167조 제2항)

소득세법 시행령(제228조 제2항) 및 법인세법 시행령(제167조 제2항)은 본법의 과태료 금액을 늘릴 수 있다고 규정하면서, 한편으로 본법의 과태료 상한을 넘을 수 없다고 하여 모순되는 내용을 규정하고 있다. 따라서 20%를 넘는 과태료의 부과는 불가능하다고 보아야 할 것이다.

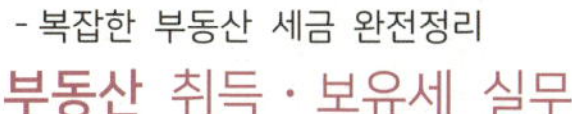

Part 2 부동산 보유와 세금

개 요

부동산을 취득하는 목적은 다양하다. 주택을 취득하여 주거에 사용하는 것이 일반인들의 일상생활과 관련한 부동산 취득의 대표적인 경우라 할 수 있다. 그 외 생업을 위하여 농지를 취득하거나 공장 또는 상가를 취득하는 경우, 임대목적으로 주택이나 상가건물을 취득하는 경우도 있고, 매매목적으로 주택이나 상가를 신축하여 분양하거나 매입하여 재판매하는 경우도 있다. 부동산을 취득하는 목적에 따라 취득한 부동산을 짧은 기간 보유하는 경우도 있지만 주거목적 또는 사업목적으로 취득한 부동산은 장기간 보유하게 되고 매매목적으로 취득한 부동산도 부동산이라는 재화의 특성상 즉시 매매되지 않아 장기간 보유하는 경우도 많다. 이와 같이 부동산을 장·단기간 보유하게 되면 보유목적에 따라 여러 가지 세금문제가 따르게 된다. 우선 보유하는 모든 부동산에 대하여 부과되는 재산세, 부동산과다 보유자에 부과되는 종합부동산세가 보유자체에 부과되는 세금이고, 보유하는 부동산을 임대사업에 제공하여 임대수입을 얻는 경우에는 임대소득에 대한 소득세(법인의 경우 법인세)를 부담하게 되고, 상가 및 사무실 임대의 경우 부가가치세를 부담하는 문제도 있다. 그 외 재산세와 병행하여 부담하는 특정부동산에 대한 지역자원시설세, 재산세에 부가하여 부담하는 지방교육세, 종합부동산세에 부가되거나 소득세 또는 법인세의 감면세액에 부과되는 농어촌특별세, 사업용 부동산에 부과되는 주민세, 소득세 또는 법인세에 부가되는 지방소득세가 있다. 재산세, 지역자원시설세, 지방교육세, 주민세, 지방소득세는 지방세이고, 종합부동산세, 소득세(또는 법인세), 농어촌특별세는 국세이다. 부가가치세는 국세로 징수하나 일부를 지방소비세로 지방자치단체에 교부한다.(지방법 제69조)

여기서는 모든 부동산에 부과되는 재산세와 고액부동산에 부과되는 종합부동산세 및 이들에 부가되는 세금에 대하여 과세대상부터 납부세액까지 자세히 알아보고, 소득세(또는 법인세)에 대하여는 임대소득이 종합소득(또는 법인소득)에 포함되므로 소득세(또는 법인세) 전반을 다루지 아니하고 임대소득의 소득금액 산정 및 감면특례규정 등에 대하여 알아보고자 한다. 그 외 세액이 크지 않은 지역자원시설세, 주민세 등에 대하여는 과세대상과 세율 등에 대하여 간략하게 본다. 부동산 임대사업자나 매매업자가 거래 상대방으로부터 거래징수하여 신고·납부하여야 하는 부가가치세에 대하여는 'Part1 부동산취득과 관련한 부가가치세' 부분을 참고하는 것으로 하고 여기서는 생략한다.

제 1 장

재산세

제 1 절 재산세 과세대상 및 세율

I 재산세 과세체계

재산세는 기초지방자치단체인 시, 군, 구(자치구를 말한다)의 세목이고, 특별자치시 및 특별자치도의 경우에는 특별자치시 및 특별자치도의 세목이다.(지기법 제2조 · 제8조) 재산세는 부동산과 항공기 및 선박을 과세대상으로 하고, 지방자치단체장이 과세기준일(매년 6월 1일) 현재 관할 시 · 군 · 구 또는 특별자치시 · 도에 소재하는 과세대상 재산에 대하여 재산가액에 일정율을 곱한 세액을 그 소유자에게 매년 부과하여 징수한다. 부동산에 관한 재산세는 주택(부수토지를 포함한다), 주택을 제외한 토지, 주택을 제외한 건축물로 구분하여 과세하는데, 토지에 대한 재산세는 매년 9월에, 건축물에 대한 재산세는 매년 7월에 납부하고, 주택에 대한 재산세는 매년 7월과 9월 2회에 나누어 납부한다. 재산세는 과세대상 재산의 가액을 과세표준으로 하는 종가세이고, 과세당국이 부과 · 징수하는 부과과세방식 세목이다. 재산세는 종가세로서 부동산의 가액에 세율을 곱하여 세액을 산출하나, 부동산 가격의 급격한 변화에 따른 세부담의 변동을 완화하기 위하여 시가표준액을 그대로 과세표준으로 하지 아니하고 시가표준액에 일정한 비율(공정시장가격비율)을 곱하여 시가표준액보다 낮은 금액을 과세표준으로 한다. 재산세는 지방자치단체장이 결정하여 부과하는 세목이므로 납세자가 재산세를 얼마나 어떻게 낼 것이냐 하는 문제를 해결하기 위하여 재산세를 알아야 하는 것은 아니다. 그러나 부동산을 소유하고 있는 사람이 연간 재산세 부담을 얼마나 부담하는지 또는 지방자치단체장으로부터 고지 받은 재산세가 적정한지를 알아보기 위해서는 재산세의 과세체계와 세율에 대하여 알 필요가 있다.

II 세율

1. 개요

부동산에 대한 재산세는 주택에 대한 재산세, 토지에 대한 재산세, 건축물에 대한 재산세로 구분하여 부과되는데, 각각 세율체계가 다르다.

(1) 주택에 대한 재산세

주택(부수토지 포함)에 대한 재산세는 개별 주택별로 부과하되, 별장과 일반주택을 구분하여 별장에 대하여는 고율의 비례세율을 적용하고, 일반주택에 대하여는 누진세율을 적용한다.

(2) 토지에 대한 재산세

토지에 대한 재산세는 별도로 낮은 세율을 적용하거나 높은 세율을 적용할 필요가 있는 토지에 대하여 개별토지별로 분리하여 비례세율을 적용하고, 분리과세 대상이 아닌 토지는 관할구역 내에 있는 동일 소유자의 토지를 합산하여 그 가액의 크기에 따라 누진세율을 적용한다. 누진세율 적용 대상 토지에 대하여도 공장용지 등 일정한 사업용 토지는 별도로 합산하여 낮은 누진세율을 적용하고, 그 외 나머지 토지는 종합합산하여 높은 누진세율을 적용한다.

(3) 건축물에 대한 재산세

건축물에 대하여는 개별 건축물별로 비례세율을 적용하되 골프장 · 고급오락장용 건축물, 도시지역에서의 공장용 건축물, 그 밖의 건축물로 구분하여 3부류 건축물에 대하여 각각 다른 비례세율을 적용한다.

(4) 도시지역분 재산세

그 외 2011년 지방세목 재조정 시 그 전에 있었던 도시계획세가 폐지되어 재산세에 흡수됨으로써 도시지역에 소재하는 부동산에 대하여는 도시지역분 재산세가 추가로 부

과된다.(지방법 제111조 · 제112조)

2. 표준세율

(1) 주택에 대한 표준세율

주택은 별장과 일반주택으로 구분하여 각 다음의 세율을 적용한다.(지방법 제110조 · 제111조 제1항, 지방령 제109조)

〈주택분 재산세 세율〉

<table>
<tr><th>유형별</th><th colspan="2">과세표준 및 구분</th><th>세 율</th></tr>
<tr><td>별장</td><td colspan="2">시가표준액의 60%</td><td>4%(1천분의 40)</td></tr>
<tr><td rowspan="4">그 밖의 주택</td><td rowspan="4">시가표준액의 60%</td><td>6천만원 이하</td><td>0.1%(1천분의 1)</td></tr>
<tr><td>6천만원 초과 1억5천만원 이하</td><td>6만원 + 6천만원 초과금액의 0.15%</td></tr>
<tr><td>1억5천만원 초과 3억원 이하</td><td>19만5천원 + 1억5천만원 초과금액의 0.25%</td></tr>
<tr><td>3억원 초과</td><td>57만원 + 3억원 초과금액의 0.4%</td></tr>
</table>

(2) 토지에 대한 세율

토지는 분리과세대상, 별도합산과세대상, 종합합산과세대상으로 나누어 각 다음의 세율을 적용한다.(지방법 제110조 · 제111조 제1항, 지방령 제109조)

〈토지분 재산세 세율〉

<table>
<tr><th>구 분</th><th colspan="2">과세표준 및 구분</th><th>세 율</th></tr>
<tr><td rowspan="3">분리과세대상
(비례세율)</td><td rowspan="3">시가표준액의 70%</td><td>전 · 답 · 과수원 · 목장용지 및 임야</td><td>0.07%(1천분의 0.7)</td></tr>
<tr><td>골프장 및 고급오락장용 토지</td><td>4%(1천분의 40)</td></tr>
<tr><td>그 밖의 토지</td><td>0.2%(1천분의 2)</td></tr>
</table>

구 분	과세표준 및 구분		세 율
별도합산과세대상 (낮은 누진세율)	시가표준액의 70%	2억원 이하	0.2%
		2억원 초과 10억원 이하	40만원 + 2억원 초과금액의 0.3%
		10억원 초과	280만원 + 10억원 초과금액의 0.4%
종합합산과세대상 (높은 누진세율)	시가표준액의 70%	5천만원 이하	0.2%
		5천만원 초과 1억원 이하	10만원 + 5천만원 초과금액의 0.3%
		1억원 초과	25만원 + 1억원 초과금액의 0.5%

(3) 건축물에 대한 세율

건축물은 골프장·고급오락장용 건축물, 도시주거지역 공장용건축물, 그 밖의 건축물로 구분하여 각 다음의 세율을 적용한다.(지방법 제110조·제111조 제1항, 지방령 제109조)

〈건축물분 재산세 세율〉

유형별	과세표준	세 율
골프장·고급오락장용 건축물	시가표준액의 70%	4%(1천분의 40)
도시주거지역 공장용건축물	시가표준액의 70%	0.5%(1천분의 5)
그 밖의 건축물	시가표준액의 70%	0.25%(1천분의 2.5)

(4) 조정세율

지방자치단체의 장은 특별한 재정수요나 재해 등의 발생으로 재산세의 세율 조정이 불가피하다고 인정되는 경우 조례로 정하는 바에 따라 위 표준세율의 50%의 범위에서 가감할 수 있다. 다만, 가감한 세율은 해당 연도에만 적용한다.

3. 건축물 재산세 중과세율

수도권정비계획법 제6조에 따른 과밀억제권역(산업집적활성화 및 공장설립에 관한 법률을 적용받는 산업단지 및 유치지역과 국토의 계획 및 이용에 관한 법률을 적용받는 공업지역은 제외한다)에서 공장의 신설・증설에 해당하는 경우 그 건축물에 대한 재산세의 세율은 최초의 과세기준일부터 5년간은 세율 1.25%(위 그 밖의 건축물 세율의 5배)를 적용한다. 공장의 범위와 적용기준에 대하여는 취득세 중과세율을 적용하는 '과밀억제권역에서 공장을 신설하거나 증설하는 경우'와 같다.[1] 여기서 최초의 과세기준일은 기존 건물에 공장을 설치하는 경우 등에는 공장시설의 설치를 시작한 날, 공장용 건축물로 건축허가를 받아 건축하였거나 기존의 공장용 건축물을 공장용으로 사용하기 위하여 양수한 경우에는 취득일(취득세 적용기준일) 이후에 최초로 도래하는 재산세 과세기준일로 한다.(지방법 제111조 제2항, 지방칙 제56조・제7조)

4. 재산세 도시지역분

(1) 개요

도시지역(국토의 계획 및 이용에 관한 법률 제6조 제1호) 중 해당 지방의회의 의결을 거쳐 고시한 지역 안에 있는 재산세 과세대상 토지등(토지, 건축물 또는 주택) 중 일정 토지등에 대하여는 위 표준세율 및 중과세율을 적용한 세액에 도시지역분 세율 0.14%를 적용한 세액을 더하여 부과할 수 있다.(지방법 제112조 제1항)

(2) 과세대상 토지등

과세대상 토지등은 다음과 같다.(지방령 제111조)

(가) 주택

재산세 과세대상인 모든 주택이 적용대상이나, 개발제한구역 안에 있는 주택은 별장 또는 고급주택만이 적용대상이다. 별장과 고급주택의 기준은 취득세 중과세율 적용대상과 같다.[2] 고급주택의 가격기준은 과세기준일 현재의 시가표준액을 기준으로 판단한다.

---

1) 본법의 위임을 받은 지방세법 시행규칙 제56조는 공장의 범위와 적용기준에 대하여 제7조를 준용한다고 규정하고 있고, 제7조 제2항은 중과세할 과세물건으로 "공장용 건축물과 그 부속토지"를 규정하고 있으나, 지방세법 제111조 제2항이 건축물에 대한 재산세의 세율을 중과한다고 규정하고 있으므로 부속토지에 대하여는 중과세율을 적용하지 아니하는 것으로 해석하여야 할 것이다.

2) Part1 제1장 제1절 Ⅲ 3. 참조

(나) 토지

재산세 과세대상 토지 중 전 · 답 · 과수원 · 목장용지 · 임야를 제외한 토지와 전 · 답 · 과수원 · 목장용지 · 임야 중 도시개발법에 따라 환지 방식으로 시행하는 도시개발구역의 토지로서 환지처분의 공고가 된 모든 토지(혼용방식으로 시행하는 도시개발구역 중 환지 방식이 적용되는 토지를 포함한다)가 적용대상이다. 다만, 과세대상 토지 중 국토의 계획 및 이용에 관한 법률에 따라 지형도면이 고시된 공공시설용지 또는 개발제한구역으로 지정된 토지로서 지상건축물, 골프장, 유원지, 그 밖의 이용시설이 없는 토지는 과세대상에서 제외한다.(지방법 제112조 제3항)

(다) 건축물

재산세 과세대상 모든 건축물이 적용대상이다.

(3) 탄력세율

재산세 도시지역분 가산세율은 0.14%이나, 지방자치단체의 장은 해당 연도분의 가산세율을 조례로 정하는 바에 따라 0.23%를 초과하지 아니하는 범위에서 다르게 정할 수 있다.(지방법 제112조 제2항)

Ⅲ 과세대상

1. 개요

재산세는 과세대상을 유형별로 구분하여 각 다른 세율을 적용하고 있으므로 과세대상의 유형과 범위를 구분하는 것이 매우 중요하다. 재산세의 과세대상 물건이 공부상 등재 현황과 사실상의 현황이 다른 경우에는 사실상 현황에 따라 재산세를 부과한다.(지방령 제119조)

2. 주택

1) 주택의 종류

(1) 주택의 개념

지방세법은 재산세 과세대상 주택의 개념을 별도로 규정하지 아니하고, 주택법상 주택의 개념을 차용하여 "주택법 제2조 제1호에 따른 주택을 말한다"고 규정하고 있다. (지방법 제104조) 주택법에 의하면 주택은 세대(世帶)의 구성원이 장기간 독립된 주거생활을 할 수 있는 구조로 된 건축물의 전부 또는 일부 및 그 부속토지를 말하며, 단독주택과 공동주택으로 구분한다.(주택법 제2조 제1호)3) 단독주택은 1세대가 하나의 건축물 안에서 독립된 주거생활을 할 수 있는 구조로 된 주택을 말하며, 공동주택은 건축물의 벽 · 복도 · 계단이나 그 밖의 설비 등의 전부 또는 일부를 공동으로 사용하는 각 세대가 하나의 건축물 안에서 각각 독립된 주거생활을 할 수 있는 구조로 된 주택을 말한다. 주택의 종류와 범위는 건축법 시행령 별표1의 단독주택 중 좁은 의미의 단독주택, 다중주택, 다가구주택과 공동주택 중 다세대주택, 연립주택, 아파트이다.(주택법 제2조, 주택법 시행령 제2조 · 제3조) 주택법 시행령 제2조 및 제3조가 열거한 주택에는 건축법 시행령 별표1 단독주택 중 '공관'과 공동주택 중 '기숙사'는 주택법상 주택의 개념에 포함되어 있지 않다.

(2) 주택의 종류

건축법 시행령 별표1에 규정된 단독주택 및 공동주택 중 재산세 과세대상 주택의 종류는 다음과 같다.

(가) 단독주택

단독주택의 형태를 갖춘 가정어린이집 · 공동생활가정 · 지역아동센터 및 노인복지시설을 포함하고, 노인복지주택은 제외한다.

---

3) 지방세법 제104조가 재산세과세대상 주택의 개념을 주택법 제2조 제1호의 주택이라고 규정하고 있으므로 주택법 제2조 제1호가 규정하는 단독주택과 공공주택은 주택에 해당하나, 주택법 제2조 제4호가 규정하고 있는 준주택(기숙사, 다중생활시설, 노인복지주택, 오피스텔)은 재산세 과세대상 주택에 포함되지 않는다. 그러나 심판원은 실제 주거용으로 사용하는 오피스텔은 "주택"에 해당한다고 결정한 바 있다.(조심2011지648, 2012.4.12.)

① 단독주택

② 다중주택 : 다음의 요건을 모두 갖춘 주택을 말한다.

- 학생 또는 직장인 등 여러 사람이 장기간 거주할 수 있는 구조로 되어 있는 것
- 독립된 주거의 형태를 갖추지 아니한 것(각 실별로 욕실은 설치할 수 있으나, 취사시설은 설치하지 아니한 것을 말한다)
- 1개 동의 주택으로 쓰이는 바닥면적의 합계가 330㎡ 이하이고 주택으로 쓰는 층수(지하층은 제외한다)가 3개 층 이하일 것

③ 다가구주택 : 다음의 요건을 모두 갖춘 주택으로서 공동주택에 해당하지 아니하는 것을 말한다.

- 주택으로 쓰는 층수(지하층은 제외한다)가 3개 층 이하일 것. 다만, 1층의 전부 또는 일부를 필로티 구조로 하여 주차장으로 사용하고 나머지 부분을 주택 외의 용도로 쓰는 경우에는 해당 층을 주택의 층수에서 제외한다.
- 1개 동의 주택으로 쓰이는 바닥면적(부설 주차장 면적은 제외한다)의 합계가 660㎡ 이하일 것
- 19세대(대지 내 동별 세대수를 합한 세대를 말한다) 이하가 거주할 수 있을 것

(나) 공동주택

공동주택의 형태를 갖춘 가정어린이집 · 공동생활가정 · 지역아동센터 · 노인복지시설 · 원룸형 주택(주택법 시행령 제10조 제1항 제1호)을 포함하고, 노인복지주택은 제외한다. 공동주택의 층수를 산정할 때 지하층은 주택의 층수에서 제외하고, 아파트나 연립주택의 층수를 산정할 때 1층 전부를 필로티 구조로 하여 주차장으로 사용하는 경우에는 필로티 부분을 층수에서 제외하고, 다세대주택의 층수를 산정할 때 1층의 전부 또는 일부를 필로티 구조로 하여 주차장으로 사용하고 나머지 부분을 주택 외의 용도로 쓰는 경우에는 해당 층을 주택의 층수에서 제외한다.

① 아파트 : 주택으로 쓰는 층수가 5개 층 이상인 주택

② 연립주택 : 주택으로 쓰는 1개 동의 바닥면적(2개 이상의 동을 지하주차장으로 연결하는 경우에는 각각의 동으로 본다) 합계가 660㎡를 초과하고, 층수가 4개 층 이하인 주택

③ 다세대주택 : 주택으로 쓰는 1개 동의 바닥면적 합계가 660㎡ 이하이고, 층수가 4개 층 이하인 주택(2개 이상의 동을 지하주차장으로 연결하는 경우에는 각각의 동으로 본다)

2) 주택의 범위

주택분 재산세는 개별주택의 토지와 건물을 과세단위로 하는데, 그 구분은 다음과 같다.

(1) 다가구주택의 구분

다가구주택의 경우 1가구가 독립하여 구분사용할 수 있도록 분리된 부분을 1구의 주택으로 본다. 이 경우 그 부속토지는 건물면적의 비율에 따라 각각 나눈 면적을 1구의 부속토지로 본다.(지방령 제112조)

(2) 겸용건물의 구분

주거용과 주거 외의 용도를 겸하는 겸용건물은 1동에서의 겸용인 경우와 1구에서의 겸용인 경우에 따라 주택의 범위를 다음과 같이 구분한다.(지방법 제106조 제2항)

① 1동(棟)의 건물이 주거와 주거 외의 용도로 사용되고 있는 경우 : 주거용으로 사용되는 부분만을 주택으로 본다. 이 경우 건물의 부속토지는 주거와 주거 외의 용도로 사용되는 건물의 면적비율에 따라 각각 안분하여 주택의 부속토지와 건축물의 부속토지로 구분한다.

② 1구(構)의 건물이 주거와 주거 외의 용도로 사용되고 있는 경우 : 주거용으로 사용되는 면적이 전체의 50% 이상인 경우에는 주택으로 본다.[4]

(3) 부속토지의 범위

주택의 건물이 정착한 토지의 면적이 넓어서 주택에 부속된 경계가 불분명할 경우에는 주택의 바닥면적의 10배에 해당하는 토지를 주택의 부속토지로 한다.(지방법 제106조 제2항, 지방령 제105조)

3) 주택의 세율구분

주택에 대한 재산세는 개별주택별로 과세한다. 다만, 주택의 사용용도에 따라 별장

---

4) 문리적으로 반대해석하면, 1구의 겸용건물이 주거용으로 사용되는 면적이 50% 미만인 경우에는 그 건물을 주택으로 보지 않는 것으로 해석된다.

으로 사용하는 경우와 그 밖의 주택으로 구분하여 별장에 대하여는 높은 세율(4%)을 적용하고 그 밖의 주택에 대하여는 낮은 누진세율을 적용한다. 따라서 주택의 세율구분은 별장과 일반 주택의 구분이 중요하다. 지방세법은 높은 재산세율을 적용하는 별장에 대하여 별도의 규정을 두지 않고 취득세 중과세대상인 별장과 같은 것으로 규정하고 있으므로 별장의 개념에 대하여는 취득세 중과대상 별장의 개념(Part1 제1장 제1절 Ⅲ 3)을 참고하기 바란다.(지방법 제111조 제1항 제3호 · 제13조 제5항 제1호)

3. 토지

1) 토지의 개념

재산세 과세대상 토지는 공간정보의 구축 및 관리 등에 관한 법률에 따라 지적공부의 등록대상이 되는 토지와 그 밖에 사용되고 있는 사실상의 토지를 말한다.(지방법 제104조 제1호) 사실상의 토지도 과세대상이므로 매립이나 간척으로 새롭게 토지가 조성된 경우 지적공부에 등록되기 전이라도 재산세 과세대상이 된다. 사실상 토지 개념은 토지의 사용 용도에도 적용하여 공부상 용도와 사실상의 용도가 다른 경우에는 사실상의 현황에 따라 과세대상을 구분한다.(지방령 제119조) 토지에는 나대지인 토지뿐만 아니라 주택의 부속토지가 아닌 건축물의 부속토지를 포함한다.

2) 분리과세 대상

과세기준일 현재 납세의무자가 소유하고 있는 토지 중 국가의 보호 · 지원 또는 중과세가 필요한 토지로서 다음 어느 하나에 해당하는 토지는 분리하여 과세한다.(지방법 제111조 제1항 제1호 다목 · 제106조 제1항 제3호)

(1) 낮은 세율(0.07%) 적용 대상

(가) 농지(전 · 답 · 과수원)

농지는 전 · 답 · 과수원을 말하고 소유자별로 과세대상을 달리한다.(지방령 제102조 제1항 제2호)

① 개인소유 농지 : 과세기준일 현재 실제 영농에 사용되고 있는 개인이 소유하는 농

지가 대상이다. 다만, 특별시 · 광역시(군 지역은 제외한다) · 특별자치시 · 특별자치도 및 시지역(읍 · 면 지역은 제외한다)의 도시지역의 농지는 개발제한구역과 녹지지역(국토의 계획 및 이용에 관한 법률 제6조 제1호에 따른 도시지역 중 같은 법 제36조 제1항 제1호 각 목의 구분에 따른 세부 용도지역이 지정되지 않은 지역을 포함한다)에 있는 것으로 한정한다.

② 법인 또는 단체 소유 농지 : 원칙적으로 법인이 소유한 농지는 종합합산과세 대상이나 다음의 법인등이 소유하는 농지는 분리과세 대상이다.

- 농지법 제2조 제3호에 따른 농업법인이 소유하는 농지로서 과세기준일 현재 실제 영농에 사용되고 있는 농지. 다만, 특별시 · 광역시(군 지역은 제외한다) · 특별자치시 · 특별자치도 및 시지역(읍 · 면 지역은 제외한다)의 도시지역의 농지는 개발제한구역과 녹지지역에 있는 것으로 한정한다.
- 한국농어촌공사 및 농지관리기금법에 따라 설립된 한국농어촌공사가 같은 법에 따라 농가에 공급하기 위하여 소유하는 농지
- 관계 법령에 따른 사회복지사업자가 복지시설이 소비목적으로 사용할 수 있도록 하기 위하여 소유하는 농지로서 1990년 5월 31일 이전부터 소유(1990년 6월 1일 이후에 해당 농지 또는 임야를 상속받아 소유하는 경우와 법인합병으로 인하여 취득하여 소유하는 경우를 포함한다)하는 것(지방령 제102조 제9항)
- 법인이 매립 · 간척으로 취득한 농지로서, 과세기준일 현재 실제 영농에 사용되고 있는 해당 법인 소유농지. 다만, 특별시 · 광역시(군 지역은 제외한다) · 특별자치시 · 특별자치도 및 시지역(읍 · 면 지역은 제외한다)의 도시지역의 농지는 개발제한구역과 녹지지역에 있는 것으로 한정한다.
- 종중이 소유하는 농지로서 1990년 5월 31일 이전부터 소유(1990년 6월 1일 이후에 해당 농지 또는 임야를 상속받아 소유하는 경우와 법인합병으로 인하여 취득하여 소유하는 경우를 포함한다)하는 것(지방령 제102조 제9항)

(나) 목장용지

개인이나 법인이 축산용으로 사용하는 도시지역 안의 개발제한구역 · 녹지지역과 도시지역 밖의 목장용지. 단 과세기준일이 속하는 해의 직전 연도를 기준으로 아래 표에서 정하는 축산용 토지 및 건축물의 기준을 적용하여 계산한 토지면적의 범위에서 소유하는 토지로 한정하고, 도시지역의 목장용지는 1989년 12월 31일 이전부터 소유(1990년 1월 1일 이후에 해당 목장용지 및 임야를 상속받아 소유하는 경우와 법인합

병으로 인하여 취득하여 소유하는 경우를 포함한다)하는 것으로 한정한다.(지방령 제102조 제1항 제3호)

〈축산용 토지 및 건축물의 기준〉

구분	사업	가축수* (마리당)	축사 및 부대시설		초지 및 사료밭		비 고
			축사 (㎡)	부대시설 (㎡)	초지 (ha)	사료밭 (ha)	
한우 (육우)	사육	1	7.5	5	0.5	0.25	말, 노새, 당나귀 포함
	비육	1	7.5	5	0.2	0.1	
젖소	목장	1	11	7	0.5	0.25	
양	목장	10	8	3	0.5	0.25	
사슴	목장	10	66	16	0.5	0.25	
토끼	사육	100	33	7	0.2	0.1	친칠라 포함
돼지	양돈	5	50	13	-	-	개 사육 포함
가금	양계	100	33	16	-	-	
밍크	사육	5	7	7	-	-	여우 포함

* 가축수는 연중 최고 마릿수를 말한다.

(다) 임야

산림의 보호육성을 위하여 필요한 임야 및 종중 소유 임야로서 다음의 임야에 대하는 낮은 분리과세 세율을 적용한다.(지방령 제102조 제2항)

① 산림자원의 조성 및 관리에 관한 법률 제28조에 따라 특수산림사업지구로 지정된 임야와 산지관리법 제4조 제1항 제1호에 따른 보전산지에 있는 임야로서 산림자원의 조성 및 관리에 관한 법률 제13조에 따른 산림경영계획의 인가를 받아 실행 중인 임야. 다만, 도시지역의 임야는 제외하되, 도시지역으로 편입된 날부터 2년이 지나지 아니한 임야와 국토의 계획 및 이용에 관한 법률 시행령 제30조에 따른 보전녹지지역(국토의 계획 및 이용에 관한 법률 제6조 제1호에 따른 도시지역 중 같은 법 제36조 제1항 제1호 각 목의 구분에 따른 세부 용도지역이 지정되지 않은 지역을 포함한다)의 임야로서 산림자원의 조성 및 관리에 관한 법률 제13조에 따른 산림경영계획의 인가를 받아 실행 중인 임야를 포함한다.

② 문화재보호법 제2조 제2항에 따른 지정문화재 및 같은 조 제4항에 따른 보호구역 안의 임야

③ 자연공원법에 따라 지정된 공원자연환경지구의 임야

④ 종중이 소유하고 있는 임야. 단 1990년 5월 31일 이전부터 소유(1990년 6월 1일 이후에 해당 농지 또는 임야를 상속받아 소유하는 경우와 법인합병으로 인하여 취득하여 소유하는 경우를 포함한다)하는 것으로 한정한다.(지방령 제102조 제9항)

⑤ 그 외 다음의 임야. 단 1989년 12월 31일 이전부터 소유(1990년 1월 1일 이후에 해당 목장용지 및 임야를 상속받아 소유하는 경우와 법인합병으로 인하여 취득하여 소유하는 경우를 포함한다)하는 것으로 한정한다.(지방령 제102조 제9항)

- 개발제한구역의 지정 및 관리에 관한 특별조치법에 따른 개발제한구역의 임야
- 군사기지 및 군사시설 보호법에 따른 군사기지 및 군사시설 보호구역 중 제한보호구역의 임야 및 그 제한보호구역에서 해제된 날부터 2년이 지나지 아니한 임야
- 도로법에 따라 지정된 접도구역의 임야
- 철도안전법 제45조에 따른 철도보호지구의 임야
- 도시공원 및 녹지 등에 관한 법률 제2조 제3호에 따른 도시공원의 임야
- 국토의 계획 및 이용에 관한 법률 제38조의2에 따른 도시자연공원구역의 임야
- 하천법 제12조에 따라 홍수관리구역으로 고시된 지역의 임야

⑥ 수도법에 따른 상수원보호구역의 임야. 단 1990년 5월 31일 이전부터 소유(1990년 6월 1일 이후에 해당 농지 또는 임야를 상속받아 소유하는 경우와 법인합병으로 인하여 취득하여 소유하는 경우를 포함한다)하는 것으로 한정한다.(지방령 제102조 제9항)

(라) 분리과세 계속적용

위 분리과세 대상 토지가 공익사업을 위한 토지 등의 취득 및 보상에 관한 법률 제4조에 따른 공익사업의 구역에 있는 토지로서 같은 법에 따라 사업시행자에게 협의 또는 수용에 의하여 매각이 예정된 토지 중 택지개발촉진법 등 관계 법률에 따라 국토의 계획 및 이용에 관한 법률에 따른 도시 · 군관리계획 결정이 의제되어 용도지역이 변경되거나 개발제한구역에서 해제된 경우에는 그 토지가 매각되기 전(공익사업을 위한 토지 등의 취득 및 보상에 관한 법률 제40조 제2항에 따라 보상금을 공탁한 경우에는

공탁금 수령일 전을 말한다)까지 분리과세를 계속적용하고, 매각이 예정되었던 토지 중 공공주택건설 등에 관한 특별법 제6조의2에 따라 특별관리지역으로 변경된 경우에는 그 토지가 특별관리지역에서 해제되기 전까지 분리과세를 계속적용한다.(지방령 제102조 제10항)

(2) 중간 세율(0.2%) 적용 대상

(가) 공장용지

다음 지역에 있는 공장용 건축물의 부속토지로서 지방세법 시행규칙 별표6[5]에 따른 공장입지기준면적 이내의 토지를 말한다. 공장입지기준면적은 공장건축물연면적에 업종별 기준공장면적률[6]의 역수를 곱하여 계산한다. 공장용 건축물의 부속토지는 건축 중인 경우를 포함하되, 과세기준일 현재 정당한 사유 없이 6개월 이상 공사가 중단된 경우는 제외한다.(지방령 제102조 제1항 제1호, 지방칙 제50조) 공장용 건축물의 범위는 다음 별도합산과세 대상 공장용 건축물의 범위와 같다.

① 읍·면지역

② 산업입지 및 개발에 관한 법률에 따라 지정된 산업단지

③ 국토의 계획 및 이용에 관한 법률에 따라 지정된 공업지역

여기서 공장용지가 위 (1) (라)에 해당할 경우 위 (라)의 기간까지 분리과세가 계속적용된다.(지방령 제102조 제10항)

(나) 개발제한구역 지정 전 취득한 공장용 부속토지

산업집적활성화 및 공장설립에 관한 법률 제2조 제1호에 따른 공장의 부속토지로서 개발제한구역의 지정이 있기 이전에 그 부지취득이 완료된 곳으로서 공장입지기준면적 범위 이내의 토지를 말한다.(지방법 제106조 제1항 제3호 라목, 지방령 제102조 제4항)

(다) 국가 및 지방자치단체 지원을 위한 특정목적 사업용 토지

다음의 토지가 대상이나 골프장용 토지와 고급오락장 부속토지는 제외한다.(지방법 제106조 제1항 제3호 마목, 지방령 제102조 제5항)

① 국가나 지방자치단체가 국방상의 목적 외에는 그 사용 및 처분 등을 제한하는 공

5) 별첨9 참조

6) 별첨10 참조

장 구내의 토지

② 개발사업 관련법령(국토의 계획 및 이용에 관한 법률, 도시개발법, 도시 및 주거환경정비법, 주택법 등)에 따른 개발사업의 시행자가 개발사업의 실시계획승인을 받은 토지로서 개발사업에 제공하는 토지 중 다음 어느 하나에 해당하는 토지
- 개발사업 관계법령에 따라 국가나 지방자치단체에 무상귀속되는 공공시설용 토지
- 개발사업의 시행자가 국가나 지방자치단체에 기부채납하기로 한 기반시설(국토의 계획 및 이용에 관한 법률 제2조 제6호의 기반시설을 말한다)용 토지

③ 방위사업법 제53조에 따라 허가받은 군용화약류시험장용 토지(허가받은 용도 외의 다른 용도로 사용하는 부분은 제외한다)와 그 허가가 취소된 날부터 1년이 지나지 아니한 토지

④ 한국농어촌공사 및 농지관리기금법에 따라 설립된 한국농어촌공사가 혁신도시 조성 및 발전에 관한 특별법 제43조 제3항에 따라 국토교통부장관이 매입하게 함에 따라 타인에게 매각할 목적으로 일시적으로 취득하여 소유하는 같은 법 제2조 제6호에 따른 종전 부동산

⑤ 한국수자원공사법에 따라 설립된 한국수자원공사가 한국수자원공사법 및 댐건설 및 주변지역지원 등에 관한 법률에 따라 국토교통부장관이 수립하거나 승인한 실시계획에 따라 취득한 토지로서 댐건설 및 주변지역지원 등에 관한 법률 제2조 제1호에 따른 특정용도 중 발전 · 수도 · 공업 및 농업 용수의 공급 또는 홍수조절용으로 직접 사용하고 있는 토지

(라) 기반시설용 토지

에너지 · 자원의 공급 및 방송 · 통신 · 교통 등의 기반시설용 토지로서 다음의 토지. 단, 골프장용 토지 및 고급오락장 부속토지는 제외한다.(지방법 제106조 제1항 제3호 바목, 지방령 제102조 제6항)

① 과세기준일 현재 계속 염전으로 실제 사용하고 있거나 계속 염전으로 사용하다가 사용을 폐지한 토지. 다만, 염전 사용을 폐지한 후 다른 용도로 사용하는 토지는 제외한다.

② 광업법에 따라 광업권이 설정된 광구의 토지로서 산업통상자원부장관으로부터 채굴계획 인가를 받은 토지(채굴 외의 용도로 사용되는 부분이 있는 경우 그 부분은 제외한다)

③ 방송법에 따라 설립된 한국방송공사의 소유 토지로서 같은 법 제54조 제1항 제5호에 따른 업무에 사용되는 중계시설의 부속토지

④ 여객자동차 운수사업법 및 물류시설의 개발 및 운영에 관한 법률에 따라 면허 또는 인가를 받은 자가 계속하여 사용하는 여객자동차터미널 및 물류터미널용 토지

⑤ 전기사업법에 따른 전기사업자가 전원개발촉진법 제5조 제1항에 따른 전원개발사업 실시계획에 따라 취득한 토지 중 발전시설 또는 송전 · 변전시설에 직접 사용하고 있는 토지(전원개발촉진법 시행 전에 취득한 토지로서 담장 · 철조망 등으로 구획된 경계구역 안의 발전시설 또는 송전 · 변전시설에 직접 사용하고 있는 토지를 포함한다)

⑥ 전기통신사업법 제5조에 따른 기간통신사업자가 기간통신역무에 제공하는 전기통신설비(전기통신사업 회계정리 및 보고에 관한 규정 제8조에 따른 전기통신설비를 말한다)를 설치 · 보전하기 위하여 직접 사용하는 토지(대통령령 제10492호 한국전기통신공사법시행령 부칙 제5조에 따라 한국전기통신공사가 1983년 12월 31일 이전에 등기 또는 등록을 마친 것만 해당한다)

⑦ 집단에너지사업법에 따라 설립된 한국지역난방공사가 열생산설비에 직접 사용하고 있는 토지(시설 및 설비공사를 진행 중인 토지를 포함한다)

⑧ 한국가스공사법에 따라 설립된 한국가스공사가 제조한 가스의 공급을 위한 공급설비에 직접 사용하고 있는 토지(시설 및 설비공사를 진행 중인 토지를 포함한다)

⑨ 한국석유공사법에 따라 설립된 한국석유공사가 정부의 석유류비축계획에 따라 석유를 비축하기 위한 석유비축시설용 토지와 석유 및 석유대체연료 사업법 제17조에 따른 비축의무자의 석유비축시설용 토지, 송유관 안전관리법 제2조 제3호에 따른 송유관설치자의 석유저장 및 석유수송을 위한 송유설비에 직접 사용하고 있는 토지 및 액화석유가스의 안전관리 및 사업법 제20조에 따른 비축의무자의 액화석유가스 비축시설용 토지(시설 및 설비공사를 진행 중인 토지를 포함한다)

⑩ 한국철도공사법에 따라 설립된 한국철도공사가 같은 법 제9조 제1항 제1호부터 제3호까지 및 제6호의 사업(같은 항 제6호의 경우에는 철도역사 개발사업만 해당한다)에 직접 사용하기 위하여 소유하는 철도용지

⑪ 항만공사법에 따라 설립된 항만공사가 소유하고 있는 항만시설(항만법 제2조 제5호에 따른 항만시설을 말한다)용 토지 중 항만공사법 제8조 제1항에 따른 사업에 사용하거나 사용하기 위한 토지. 다만, 항만법 제2조 제5호 다목부터 마목까지의

규정에 따른 시설용 토지로서 제107조에 따른 수익사업에 사용되는 부분은 제외한다.

(마) 개발사업용 토지

국토의 효율적 이용을 위한 개발사업용 토지로서 다음의 토지. 단, 골프장용 토지 및 고급오락장 부속토지를 제외한 토지를 말한다.(지방법 제106조 제1항 제3호 사목, 지방령 제102조 제7항)

① 공유수면 관리 및 매립에 관한 법률에 따라 매립하거나 간척한 토지로서 공사준공인가일(공사준공인가일 전에 사용승낙이나 허가를 받은 경우에는 사용승낙일 또는 허가일을 말한다)부터 4년이 지나지 아니한 토지

② 금융회사부실자산 등의 효율적 처리 및 한국자산관리공사의 설립에 관한 법률 제6조에 따라 설립된 한국자산관리공사 또는 농업협동조합의 구조개선에 관한 법률 제29조에 따라 설립된 농업협동조합자산관리회사가 타인에게 매각할 목적으로 일시적으로 취득하여 소유하고 있는 토지

③ 농어촌정비법에 따른 농어촌정비사업 시행자가 같은 법에 따라 다른 사람에게 공급할 목적으로 소유하고 있는 토지

④ 도시개발법 제11조에 따른 도시개발사업의 시행자가 그 도시개발사업에 제공하는 토지(주택건설용 토지와 산업단지용 토지로 한정한다)와 종전의 토지구획정리사업법(법률 제6252호 토지구획정리사업법폐지법률에 의하여 폐지되기 전의 것을 말한다)에 따른 토지구획정리사업의 시행자가 그 토지구획정리사업에 제공하는 토지(주택건설용 토지와 산업단지용 토지로 한정한다) 및 경제자유구역의 지정 및 운영에 관한 특별법 제8조의3에 따른 경제자유구역 또는 해당 단위개발사업지구에 대한 개발사업시행자가 그 경제자유구역개발사업에 제공하는 토지(주택건설용 토지와 산업단지용 토지로 한정한다). 다만, 다음 각 기간 동안만 해당한다.

- 도시개발사업 실시계획을 고시한 날부터 도시개발법에 따른 도시개발사업으로 조성된 토지가 공급 완료(매수자의 취득일을 말한다)되거나 같은 법 제51조에 따른 공사 완료 공고가 날 때까지
- 토지구획정리사업의 시행인가를 받은 날 또는 사업계획의 공고일(토지구획정리사업의 시행자가 국가인 경우로 한정한다)부터 종전의 토지구획정리사업법에 따른 토지구획정리사업으로 조성된 토지가 공급 완료(매수자의 취득일을 말

한다)되거나 같은 법 제61조에 따른 공사 완료 공고가 날 때까지

- 경제자유구역개발사업 실시계획 승인을 고시한 날부터 경제자유구역의 지정 및 운영에 관한 특별법에 따른 경제자유구역개발사업으로 조성된 토지가 공급 완료(매수자의 취득일을 말한다)되거나 같은 법 제14조에 따른 준공검사를 받을 때까지

⑤ 산업입지 및 개발에 관한 법률 제16조에 따른 산업단지개발사업의 시행자가 소유하고 있는 토지로서 같은 법에 따른 산업단지개발실시계획의 승인을 받아 산업단지조성공사를 시행하고 있는 토지

⑥ 산업집적활성화 및 공장설립에 관한 법률 제45조의9에 따라 설립된 한국산업단지공단이 타인에게 공급할 목적으로 소유하고 있는 토지(임대한 토지를 포함한다)

⑦ 주택법에 따라 주택건설사업자 등록을 한 주택건설사업자(같은 법 제11조에 따른 주택조합 및 고용자인 사업주체와 도시 및 주거환경정비법 제24조부터 제28조까지 또는 빈집 및 소규모주택 정비에 관한 특례법 제17조부터 제19조까지의 규정에 따른 사업시행자를 포함한다)가 주택을 건설하기 위하여 같은 법에 따른 사업계획의 승인을 받은 토지로서 주택건설사업에 제공되고 있는 토지(주택법 제2조 제11호에 따른 지역주택조합・직장주택조합이 조합원이 납부한 금전으로 매수하여 소유하고 있는 신탁법에 따른 신탁재산의 경우에는 사업계획의 승인을 받기 전의 토지를 포함한다)

⑧ 중소기업진흥에 관한 법률에 따라 설립된 중소기업진흥공단이 같은 법에 따라 중소기업자에게 분양하거나 임대할 목적으로 소유하고 있는 토지

⑨ 지방공기업법 제49조에 따라 설립된 지방공사가 같은 법 제2조 제1항 제7호 및 제8호에 따른 사업용 토지로서 타인에게 주택이나 토지를 분양하거나 임대할 목적으로 소유하고 있는 토지(임대한 토지를 포함한다). 단, 취득일로부터 5년이 지난 토지로서 용지조성사업 또는 건축을 착공하지 아니한 토지는 제외한다.

⑩ 한국수자원공사법에 따라 설립된 한국수자원공사가 소유하고 있는 토지 중 다음 어느 하나에 해당하는 토지(임대한 토지는 제외한다)

- 한국수자원공사법 제9조 제1항 제5호에 따른 개발 토지 중 타인에게 공급할 목적으로 소유하고 있는 토지
- 친수구역 활용에 관한 특별법 제2조 제2호에 따른 친수구역 내의 토지로서 친수구역조성사업 실시계획에 따라 주택건설에 제공되는 토지 또는 친수구역조

성사업 실시계획에 따라 공업지역(국토의 계획 및 이용에 관한 법률 제36조 제1항 제1호 다목의 공업지역을 말한다)으로 결정된 토지

⑪ 한국토지주택공사법에 따라 설립된 한국토지주택공사가 같은 법에 따라 타인에게 토지나 주택을 분양하거나 임대할 목적으로 소유하고 있는 토지(임대한 토지를 포함한다) 및 자산유동화에 관한 법률에 따라 설립된 유동화전문회사가 한국토지주택공사가 소유하던 토지를 자산유동화 목적으로 소유하고 있는 토지. 단, 취득일로부터 5년이 지난 토지로서 용지조성사업 또는 건축을 착공하지 아니한 토지는 제외한다.

⑫ 한국토지주택공사법에 따라 설립된 한국토지주택공사가 소유하고 있는 비축용 토지 중 다음 어느 하나에 해당하는 토지

- 공공토지의 비축에 관한 법률 제14조 및 제15조에 따라 공공개발용으로 비축하는 토지
- 한국토지주택공사법 제12조 제4항에 따라 국토교통부장관이 우선 매입하게 함에 따라 매입한 토지(자산유동화에 관한 법률 제3조에 따른 유동화전문회사 등에 양도한 후 재매입한 비축용 토지를 포함한다)
- 혁신도시 조성 및 발전에 관한 특별법 제43조 제3항에 따라 국토교통부장관이 매입하게 함에 따라 매입한 같은 법 제2조 제6호에 따른 종전 부동산
- 부동산 거래신고 등에 관한 법률 제15조 및 제16조에 따라 매수한 토지
- 공익사업(공익사업을 위한 토지 등의 취득 및 보상에 관한 법률 제4조)을 위하여 취득하였으나 해당 공익사업의 변경 또는 폐지로 인하여 비축용으로 전환된 토지
- 비축용 토지로 매입한 후 공익사업(공익사업을 위한 토지 등의 취득 및 보상에 관한 법률 제4조)에 편입된 토지 및 해당 공익사업의 변경 또는 폐지로 인하여 비축용으로 다시 전환된 토지
- 국가 · 지방자치단체 또는 국가균형발전 특별법 제2조 제9호에 따른 공공기관으로부터 매입한 토지
- 2005년 8월 31일 정부가 발표한 부동산제도 개혁방안 중 토지시장 안정정책을 수행하기 위하여 매입한 비축용 토지
- 1997년 12월 31일 이전에 매입한 토지

(바) 기타 지역경제 발전 및 공익용 토지

그 밖에 지역경제의 발전, 공익성의 정도 등을 고려하여 분리과세하여야 할 타당한

이유가 있는 토지로서 다음의 토지[7]. 단, 골프장용 토지 및 고급오락장 부속토지를 제외한 토지를 말한다.(지방법 제106조 제1항 제3호 아목, 지방령 제102조 제8항)

① 다음의 비영리사업자가 1995년 12월 31일 이전부터 소유하고 있는 토지(지방령 제22조)[8]

- 종교 및 제사를 목적으로 하는 단체
- 초·중등교육법 및 고등교육법에 따른 학교, 경제자유구역 및 제주국제자유도시의 외국교육기관 설립·운영에 관한 특별법 또는 기업도시개발 특별법에 따른 외국교육기관을 경영하는 자 및 평생교육법에 따른 교육시설을 운영하는 평생교육단체
- 사회복지사업법에 따라 설립된 사회복지법인
- 양로원·보육원·모자원·한센병자치료보호시설 등 사회복지사업을 목적으로 하는 단체 및 한국한센복지협회
- 정당법에 따라 설립된 정당

② 농업협동조합법에 따라 설립된 조합, 농협경제지주회사 및 그 자회사, 수산업협동조합법에 따라 설립된 조합, 산림조합법에 따라 설립된 조합 및 엽연초생산협동조합법에 따라 설립된 조합(조합의 경우 해당 조합의 중앙회를 포함한다)이 과세기준일 현재 구판사업에 직접 사용하는 토지와 농수산물 유통 및 가격안정에 관한 법률 제70조에 따른 유통자회사에 농수산물 유통시설로 사용하게 하는 토지 및 한국농수산식품유통공사법에 따라 설립된 한국농수산식품유통공사가 농수산물 유통시설로 직접 사용하는 토지[9]

③ 부동산투자회사법에 따라 설립된 부동산투자회사가 목적사업에 사용하기 위하여

---

7) 행정안전부장관은 전통사찰의 보존 및 지원에 관한 법률 제2조에 따른 전통사찰 보존지 및 향교재산법 제2조에 따른 향교재산 중 토지(단, 수익사업에 사용하거나 유료로 사용되는 토지 제외)와 지방세법 시행령 제22조 제2호에 따른 학교, 외국교육기관을 경영하는 자 및 교육시설을 운영하는 평생교육단체가 소유하는 교지(단, 수익사업에 사용하거나 유료로 사용되는 토지 제외)를 분리과세 대상으로 추가 지정하는 내용의 지방세법 시행령 개정안을 입법예고하였다.(행정안전부공고 제2019-247호, 2019.4.19.; 행정안전부공고 제2019-255호, 2019.4.24.)

8) 행정안전부장관은 비영리사업자가 1995년 12월 31일 이전부터 소유하고 있는 토지를 분리과세하는 이 규정을 삭제하여 분리과세에서 제외하는 지방세법 시행령 개정안을 입법예고하였다.(행정안전부공고 제2019-247호, 2019.4.19.)

9) 행정안전부장관은 농협 등이 구판사업에 사용하는 토지 중 유통산업발전법상 대규모 점포는 분리과세 적용 대상에세 제외하는 내용의 지방세법 시행령 개정안을 입법예고하였다.(행정안전부공고 제2019-247호, 2019.4.19.)

소유하고 있는 토지[10)]

④ 산업입지 및 개발에 관한 법률에 따라 지정된 산업단지와 산업집적활성화 및 공장설립에 관한 법률에 따른 유치지역 및 산업기술단지 지원에 관한 특례법에 따라 조성된 산업기술단지에서 다음 어느 하나에 해당하는 용도에 직접 사용되고 있는 토지

- 산업입지 및 개발에 관한 법률 제2조에 따른 지식산업 · 문화산업 · 정보통신산업 · 자원비축시설용 토지 및 이와 직접 관련된 교육 · 연구 · 정보처리 · 유통시설용 토지
- 산업집적활성화 및 공장설립에 관한 법률 시행령 제6조 제5항에 따른 폐기물 수집운반 · 처리 및 원료재생업, 폐수처리업, 창고업, 화물터미널이나 그 밖의 물류시설을 설치 · 운영하는 사업, 운송업(여객운송업은 제외한다), 산업용기계장비임대업, 전기업, 농공단지에 입주하는 지역특화산업용 토지, 도시가스사업법 제2조 제5호에 따른 가스공급시설용 토지 및 집단에너지사업법 제2조 제6호에 따른 집단에너지공급시설용 토지
- 산업기술단지 지원에 관한 특례법에 따른 연구개발시설 및 시험생산시설용 토지
- 산업집적활성화 및 공장설립에 관한 법률 제30조 제2항에 따른 관리기관이 산업단지의 관리, 입주기업체 지원 및 근로자의 후생복지를 위하여 설치하는 건축물의 부속토지, 단, 수익사업용(법인법 제4조 제3항)으로 사용되는 부분은 제외한다.(지방령 제107조)

⑤ 산업집적활성화 및 공장설립에 관한 법률 제28조의2에 따라 지식산업센터의 설립승인을 받은 자가 지식산업센터를 신축하거나 증축하여 같은 법 제28조의5 제1항 제1호 및 제2호에 따른 시설용으로 직접 사용(재산세 과세기준일 현재 60일 이상 휴업 중인 경우는 제외한다)하거나 분양 또는 임대하기 위한 토지(지식산업센터의 설립승인을 받은 후 최초로 재산세 납세의무가 성립한 날부터 5년 이내로 한정하고, 증축의 경우에는 증축에 상당하는 토지 부분으로 한정한다)[11)]

---

10) 행정안전부장관은 부동산투자회사 및 부동산집합투자기구가 목적사업에 사용하기 위하여 소유하고 있는 토지 중 사모집합투자기구가 소유한 토지는 분리과세 적용 대상에서 제외하는 내용의 지방세법 시행령 개정안을 입법예고하였다.(행정안전부공고 제2019-247호, 2019.4.19.)

11) 행정안전부장관은 지식산업센터 토지의 분리과세 적용시기를 명확히 하기 위하여 지방세법 시행령 제102조 제8항 제5호의 개정안을 입법예고하였다.(행정안전부공고 제2019-182호, 2019.3.28.) 이 개정안에 따르면 지식산업센터의 분리과세되는 대상을 '건축 중인 토지'와 '준공 후' 사용 중인 토지로 규정하여 착공 이후 분리과세가 적용됨을 명확히 한다.

⑥ 산업집적활성화 및 공장설립에 관한 법률 제28조의4에 따라 지식산업센터를 신축하거나 증축하여 설립한 자로부터 최초로 해당 지식산업센터를 분양받은 입주자(중소기업기본법 제2조에 따른 중소기업을 영위하는 자로 한정한다)로서 같은 법 제28조의5 제1항 제1호 및 제2호에 규정된 사업에 직접 사용(재산세 과세기준일 현재 60일 이상 휴업 중인 경우와 타인에게 임대한 부분은 제외한다)하는 토지(지식산업센터를 분양받은 후 최초로 재산세 납세의무가 성립한 날부터 5년 이내로 한정한다)

⑦ 연구개발특구의 육성에 관한 특별법 제34조에 따른 특구관리계획에 따라 원형지로 지정된 토지

⑧ 인천국제공항공사법에 따라 설립된 인천국제공항공사가 소유하고 있는 공항시설(공항시설법 제2조 제7호에 따른 공항시설을 말한다)용 토지 중 인천국제공항공사법 제10조 제1항의 사업에 사용하거나 사용하기 위한 토지. 다만, 공항시설법 시행령 제3조 제2호에 따른 지원시설용 토지로서 수익사업(법인법 제4조 제3항)에 사용되는 부분은 제외한다.(지방령 제107조)[12)]

⑨ 자본시장과 금융투자업에 관한 법률 제229조 제2호에 따른 부동산집합투자기구(집합투자재산의 100분의 80을 초과하여 같은 법 제229조 제2호에서 정한 부동산에 투자하는 같은 법 제9조 제19항 제2호에 따른 전문투자형 사모집합투자기구를 포함한다) 또는 종전의 간접투자자산 운용업법에 따라 설정・설립된 부동산간접투자기구가 목적사업에 사용하기 위하여 소유하고 있는 토지 중 법 제106조 제1항 제2호에 해당하는 토지[13)]

⑩ 전시산업발전법 시행령 제3조 제1호(전시회 개최에 필요한 시설) 및 제2호(전시회부대행사의 개최에 필요한 시설)에 따른 토지

(3) 높은 세율(4%) 적용 대상

골프장용 토지와 고급오락장용의 부속토지는 분리하여 과세하되 4%의 높은 세율을

12) 행정안전부장관은 인천국제공항공사의 공항시설용 토지 중 국제업무지역, 공항신도시 등으로 고시된 지역은 분리과세 적용 대상에서 제외하는 내용의 지방세법 시행령 개정안을 입법예고하였다.(행정안전부공고 제2019-247호, 2019.4.19.)

13) 행정안전부장관은 부동산투자회사 및 부동산집합투자기구가 목적사업에 사용하기 위하여 소유하고 있는 토지 중 사모집합투자기구가 소유한 토지는 분리과세 적용 대상에서 제외하는 내용의 지방세법 시행령 개정안을 입법예고하였다.(행정안전부공고 제2019-247호, 2019.4.19.)

적용한다. 골프장 및 고급오락장은 취득세 중과세율의 적용대상이 되는 골프장 및 고급오락장을 말하므로 취득세 해당 부분(Part1 제1장 제1절 Ⅲ 3)을 참조하기 바란다. (지방법 제106조 제1항 제3호, 지방령 제102조 제3항)

3) 별도합산 대상

과세기준일 현재 납세의무자가 소유하고 있는 토지 중 다음의 토지는 별도로 합산하여 그 과세표준의 크기에 따라 낮은 누진세율을 적용한다. 이 경우 재산세가 비과세되거나 면제되는 토지 또는 재산세가 경감되는 토지의 경감비율에 해당하는 토지는 별도합산과세대상으로 보지 아니한다.(지방법 제106조 제1항 제2호)[14]

(1) 건축물의 부속토지

다음의 건축물 부속토지는 별도합산과세 대상이다. 다만, 건축법 등 관계 법령에 따라 허가 등을 받아야 할 건축물로서 허가 등을 받지 아니한 건축물 또는 사용승인을 받아야 할 건축물로서 사용승인(임시사용승인을 포함한다)을 받지 아니하고 사용 중인 건축물의 부속토지는 제외한다.(지방령 제101조 제1항)

(가) 공장용 건축물의 부속토지

특별시 · 광역시(군 지역은 제외한다) · 특별자치시 · 특별자치도 및 시지역의 공장용 건축물의 부속토지로서 공장용 건축물의 바닥면적(건축물 외의 시설의 경우에는 그 수평투영면적을 말한다)에 용도지역별 적용배율을 곱하여 산정한 범위의 토지. 단, 분리과세 대상 토지(읍 · 면지역, 산업입지 및 개발에 관한 법률에 따라 지정된 산업단지,

14) 이 규정의 해석과 관련하여 과세당국은 경감대상 토지의 경감비율에 해당하는 가액을 별도합산과세대상 토지의 과세표준에서 제외하는 것으로 해석하나, 법원은 지방세법 제106조를 과세대상의 구분에 관한 규정으로 보고 경감대상토지의 경감비율에 해당하는 부분(비율면적)은 종합합산과세대상 또는 별도합산과세대상에서 제외되어 결국 분리과세대상에 해당한다고 해석한다.(대법원 2018.11.29. 선고 2018두45725 판결) 판례에 따르면 재산세 별도합산과세대상 토지로서 50%의 경감률이 적용되는 경우, 먼저 해당 토지의 1/2은 분리과세대상으로 나머지 1/2은 별도합산과세대상으로 구분한 후 각각 감면율을 적용하게 된다. 즉 분리과세 분 1/2은 분리과세 과세표준 및 세율을 적용하여 세액 50%를 경감하고, 나머지 1/2은 별도합산과세대상으로 하여 해당세액의 50%를 경감하여야 한다는 것이다. 재산세가 분리과세되는 토지는 종합부동산세가 과세되지 아니하므로 이러한 해석은 재산세뿐만 아니라 종합부동산세에도 미치는 영향이 크므로 관련된 불복청구가 늘어나는 등 파장이 클 것으로 보인다. 개인적 의견으로는 과세당국의 해석이 문리적 해석으로 가능할 뿐만 아니라 입법취지 및 목적론적 해석에도 부합하는 것으로 생각한다.

국토의 계획 및 이용에 관한 법률에 따라 지정된 공업지역의 공장용 건축물의 부속토지)는 제외한다. 용도지역별 적용비율을 다음과 같다.(지방령 제101조 제2항)

용도지역별		적용배율
도시지역	전용주거지역	5배
	준주거지역 · 상업지역	3배
	일반주거지역 · 공업지역	4배
	녹지지역	7배
	미계획지역	4배
도시지역 외의 용도지역		7배

(나) 일반 건축물의 부속토지

위 공장용 건축물을 제외한 건축물의 부속토지 중 다음 어느 하나에 해당하는 건축물의 부속토지를 제외한 건축물의 부속토지로서 건축물의 바닥면적(건축물 외의 시설의 경우에는 그 수평투영면적을 말한다)에 위 용도지역별 적용배율을 곱하여 산정한 면적 범위의 토지

① 골프장용 토지 및 고급오락장의 부속토지

② 건축물의 시가표준액이 해당 부속토지의 시가표준액의 100분의 2에 미달하는 건축물의 부속토지 중 그 건축물의 바닥면적을 제외한 부속토지

(다) 건축물의 범위

① 건축물에는 다음의 건축물을 포함한다.(지방령 제103조 제1항)

- 건축허가를 받았으나 건축법 제18조에 따라 착공이 제한된 건축물
- 건축법에 따른 건축허가를 받거나 건축신고를 한 건축물로서 같은 법에 따른 공사계획을 신고하고 공사에 착수한 건축물[개발사업 관계법령에 따른 개발사업의 시행자가 개발사업 실시계획의 승인을 받아 그 개발사업에 제공하는 토지(분리과세대상이 되는 토지는 제외한다)로서 건축물의 부속토지로 사용하기 위하여 토지조성공사에 착수하여 준공검사 또는 사용허가를 받기 전까지의 토지에 건축이 예정된 건축물(관계 행정기관이 허가 등으로 그 건축물의 용도 및 바닥면적을 확인한 건축물을 말한다)을 포함한다]. 다만, 과세기준일 현재 정당한 사유 없이 6개월 이상 공사가 중단된 경우는 제외한다.

- 가스배관시설 및 옥외배전시설, 전파법에 따라 방송전파를 송수신하거나 전기통신역무를 제공하기 위한 무선국 허가를 받아 설치한 송수신시설 및 중계시설(지방칙 제51조)

② 공장용 건축물의 범위 : 공장용 건축물은 영업을 목적으로 물품의 제조・가공・수선이나 인쇄 등의 목적에 사용할 수 있도록 생산설비를 갖춘 제조시설용 건축물, 그 제조시설을 지원하기 위하여 공장 경계구역 안에 설치되는 다음 각 부대시설용 건축물 및 산업집적활성화 및 공장설립에 관한 법률 제33조에 따른 산업단지관리기본계획에 따라 공장경계구역 밖에 설치된 종업원의 주거용 건축물을 말한다.(지방령 제103조 제2항, 지방칙 제52조)

- 사무실, 창고, 경비실, 전망대, 주차장, 화장실 및 자전거 보관시설
- 수조, 저유조, 저장창고, 저장조 등 저장용 옥외구축물
- 송유관, 옥외 주유시설, 급수・배수시설 및 변전실
- 폐기물 처리시설 및 환경오염 방지시설
- 시험연구시설 및 에너지이용 효율 증대를 위한 시설
- 공동산업안전시설 및 보건관리시설
- 식당, 휴게실, 목욕실, 세탁장, 의료실, 옥외 체육시설 및 기숙사 등 종업원의 복지후생 증진에 필요한 시설

(2) 차고용 토지 등 경제활동에 활용되는 토지

차고용 토지, 보세창고용 토지, 시험・연구・검사용 토지, 물류단지시설용 토지 등 공지상태(空地狀態)나 해당 토지의 이용에 필요한 시설 등을 설치하여 업무 또는 경제활동에 활용되는 다음의 토지를 말한다.(지방령 제101조 제3항)

① 여객자동차 운수사업법 또는 화물자동차 운수사업법에 따라 여객자동차운송사업 또는 화물자동차 운송사업의 면허・등록 또는 자동차대여사업의 등록을 받은 자가 그 면허・등록조건에 따라 사용하는 차고용 토지로서 자동차운송 또는 대여사업의 최저보유차고면적기준의 1.5배에 해당하는 면적 이내의 토지

② 건설기계관리법에 따라 건설기계사업의 등록을 한 자가 그 등록조건에 따라 사용하는 건설기계대여업, 건설기계정비업, 건설기계매매업 또는 건설기계폐기업의 등록기준에 맞는 주기장 또는 옥외작업장용 토지로서 그 시설의 최저면적기준의 1.5배에 해당하는 면적 이내의 토지

③ 도로교통법에 따라 등록된 자동차운전학원의 자동차운전학원용 토지로서 같은 법에서 정하는 시설을 갖춘 구역 안의 토지

④ 항만법에 따라 해양수산부장관 또는 시・도지사가 지정하거나 고시한 야적장 및 컨테이너 장치장용 토지와 관세법에 따라 세관장의 특허를 받는 특허보세구역 중 보세창고용 토지로서 해당 사업연도 및 직전 2개 사업연도 중 물품 등의 보관・관리에 사용된 최대면적의 1.2배 이내의 토지

⑤ 자동차관리법에 따라 자동차관리사업의 등록을 한 자가 그 시설기준에 따라 사용하는 자동차관리사업용 토지(자동차정비사업장용, 자동차해체재활용사업장용, 자동차매매사업장용 또는 자동차경매장용 토지만 해당한다)로서 그 시설의 최저면적기준의 1.5배에 해당하는 면적 이내의 토지

⑥ 교통안전공단법에 따라 설립된 교통안전공단이 같은 법 제6조 제6호에 따른 자동차의 성능 및 안전도에 관한 시험・연구의 용도로 사용하는 토지 및 자동차관리법 제44조에 따라 자동차검사대행자로 지정된 자, 같은 법 제44조의2에 따라 자동차 종합검사대행자로 지정된 자, 같은 법 제45조에 따라 지정정비사업자로 지정된 자 및 제45조의2에 따라 종합검사 지정정비사업자로 지정된 자, 건설기계관리법 제14조에 따라 건설기계 검사대행 업무의 지정을 받은 자 및 대기환경보전법 제64조에 따라 운행차 배출가스 정밀검사 업무의 지정을 받은 자가 자동차 또는 건설기계 검사용 및 운행차 배출가스 정밀검사용으로 사용하는 토지

⑦ 물류시설의 개발 및 운영에 관한 법률 제22조에 따른 물류단지 안의 토지로서 같은 법 제2조 제7호 각 목의 어느 하나에 해당하는 물류단지시설용 토지 및 유통산업발전법 제2조 제16호에 따른 공동집배송센터로서 행정안전부장관이 산업통상자원부장관과 협의하여 정하는 토지

⑧ 특별시・광역시(군 지역은 제외한다)・특별자치시・특별자치도 및 시지역(읍・면 지역은 제외한다)에 위치한 산업집적활성화 및 공장설립에 관한 법률의 적용을 받는 레미콘 제조업용 토지(산업입지 및 개발에 관한 법률에 따라 지정된 산업단지 및 국토의 계획 및 이용에 관한 법률에 따라 지정된 공업지역에 있는 토지는 제외한다)로서 공장입지기준면적 이내의 토지

⑨ 경기 및 스포츠업을 경영하기 위하여 부가가치세법에 따라 사업자등록을 한 자의 사업에 이용되고 있는 체육시설의 설치・이용에 관한 법률 시행령 제2조에 따른 체육시설용 토지로서 사실상 운동시설에 이용되고 있는 토지(체육시설의 설치・이

용에 관한 법률에 따른 회원제골프장용 토지 안의 운동시설용 토지는 제외한다)

⑩ 관광진흥법에 따른 관광사업자가 박물관 및 미술관 진흥법에 따른 시설기준을 갖추어 설치한 박물관 · 미술관 · 동물원 · 식물원의 야외전시장용 토지

⑪ 주차장법 시행령 제6조에 따른 부설주차장 설치기준면적 이내의 토지(골프장용 토지 및 고급오락장의 부속토지 안의 부설주차장은 제외한다). 다만, 관광진흥법 시행령 제2조 제1항 제3호 가목 · 나목에 따른 전문휴양업 · 종합휴양업 및 같은 항 제5호에 따른 유원시설업에 해당하는 시설의 부설주차장으로서 도시교통정비 촉진법 제15조 및 제17조에 따른 교통영향평가서의 심의 결과에 따라 설치된 주차장의 경우에는 해당 검토 결과에 규정된 범위 이내의 주차장용 토지를 말한다.

⑫ 장사 등에 관한 법률 제14조 제3항에 따른 설치 · 관리허가를 받은 법인묘지용 토지로서 지적공부상 지목이 묘지인 토지

⑬ 다음의 임야. 다만, 체육시설의 설치 · 이용에 관한 법률에 따른 회원제골프장용 토지의 임야는 제외한다.

- 체육시설의 설치 · 이용에 관한 법률 시행령 제12조에 따른 스키장 및 골프장용 토지 중 원형이 보전되는 임야
- 관광진흥법 제2조 제7호에 따른 관광단지 안의 토지와 관광진흥법 시행령 제2조 제1항 제3호 가목 · 나목 및 같은 항 제5호에 따른 전문휴양업 · 종합휴양업 및 유원시설업용 토지 중 환경영향평가법 제22조 및 제27조에 따른 환경영향평가의 협의 결과에 따라 원형이 보전되는 임야
- 산지관리법 제4조 제1항 제2호에 따른 준보전산지에 있는 토지 중 산림자원의 조성 및 관리에 관한 법률 제13조에 따른 산림경영계획의 인가를 받아 실행 중인 임야. 다만, 도시지역의 임야는 제외한다.

⑭ 종자산업법 제37조 제1항에 따라 종자업 등록을 한 종자업자가 소유하는 농지로서 종자연구 및 생산에 직접 이용되고 있는 시험 · 연구 · 실습지 또는 종자생산용 토지

⑮ 수산업법에 따라 면허 · 허가를 받은 자, 내수면어업법에 따라 면허 · 허가를 받거나 신고를 한 자 또는 수산종자산업육성법에 따라 수산종자생산업의 허가를 받은 자가 소유하는 토지로서 양식어업 또는 수산종자생산업에 직접 이용되고 있는 토지

⑯ 도로교통법에 따라 견인된 차를 보관하는 토지로서 같은 법에서 정하는 시설을 갖춘 토지

⑰ 폐기물관리법 제25조 제3항에 따라 폐기물 최종처리업 또는 폐기물 종합처리업의 허가를 받은 자가 소유하는 토지 중 폐기물 매립용에 직접 사용되고 있는 토지

(3) 멸실건물의 부속토지

과세기준일 현재 건축물 또는 주택이 사실상 철거 · 멸실된 날(사실상 철거 · 멸실된 날을 알 수 없는 경우에는 공부상 철거 · 멸실된 날을 말한다)부터 6개월이 지나지 아니한 건축물 또는 주택의 부속토지를 말한다. 이 경우 건축법 등 관계 법령에 따라 허가 등을 받아야 하는 건축물 또는 주택으로서 허가 등을 받지 않은 건축물 또는 주택이거나 사용승인을 받아야 하는 건축물 또는 주택으로서 사용승인(임시사용승인을 포함한다)을 받지 않은 경우는 제외한다.(지방령 제103조의2)

4) 종합합산 대상

과세기준일 현재 납세의무자가 소유하고 있는 토지 중 분리과세대상 또는 별도합산과세대상이 되는 토지를 제외한 토지는 모두 종합합산과세대상 토지이다. 다만, 재산세가 비과세되거나 면제되는 토지 또는 재산세가 경감되는 토지의 경감비율에 해당하는 토지는 종합합산과세대상으로 보지 아니한다.(지방법 제106조 제1항) 공장용부속토지로서 분리과세대상 또는 별도합산과세 대상 공장입지기준면적의 범위에 포함되지 않는 토지는 종합합산과세대상이 된다.

4. 건축물

(1) 건축물의 개념

지방세법은 재산세 과세대상인 건축물의 개념에 대하여 취득세 과세대상인 건축물의 개념을 그대로 쓰고 있다.(지방법 제104조 제2호 · 제6조 제4호) 따라서 건축물의 개념은 취득세 과세표준 과세물건 부분의 설명(Part1 제1장 제4절 Ⅰ)을 참조하기 바란다.

(2) 건축물의 세율분류

건축물은 골프장 · 고급오락장용 건축물, 도시주거지역 공장용 건축물, 그 밖의 건축

물로 구분하여 각각 다른 비례세율을 적용한다. 세율별로 적용대상 건축물을 보면 다음과 같다.

(가) 골프장 · 고급오락장용 건축물

골프장 및 고급오락장에 대하여는 높은 비례세율(4%)이 적용되는 데 취득세 중과규정이 적용되는 골프장 및 고급오락장과 같다.(지방법 제111조 · 제13조 제5항) 취득세 해당 부분(Part1 제1장 제1절 Ⅲ 3.)을 참고하기 바란다.

(나) 공장용 건축물

도시의 주거지역 즉 특별시 · 광역시(군 지역은 제외한다) · 특별자치시(읍 · 면지역은 제외한다) · 특별자치도(읍 · 면지역은 제외한다) 또는 시(읍 · 면지역은 제외한다) 지역에서 국토의 계획 및 이용에 관한 법률과 그 밖의 관계 법령에 따라 지정된 주거지역 및 해당 지방자치단체의 조례로 정하는 지역의 공장용 건축물에 대하여는 다른 건축물 보다 높은 비례세율(0.5%)을 적용한다.(지방법 제111조 제1항 제2호)

지방세법령은 토지분 재산세 과세대상을 구분하기 위하여 공장용 건축물의 부속토지를 분류하는 '공장용 건축물'과 건물분 재산세 과세대상을 구분하기 위한 '공장용 건축물'에 대하여 달리 규정하고 있다. 건물분 재산세 과세대상 "공장용 건축물"이란 제조 · 가공 · 수선이나 인쇄 등의 목적에 사용하도록 생산설비를 갖춘 것으로서 지방세법 시행규칙 별표2에 규정된 업종의 공장으로서 생산설비를 갖춘 건축물의 연면적(옥외에 기계장치 또는 저장시설이 있는 경우에는 그 시설물의 수평투영면적을 포함한다)이 500㎡ 이상인 것을 말한다. 이 경우 건축물의 연면적에는 해당 공장의 제조시설을 지원하기 위하여 공장 경계구역 안에 설치되는 부대시설의 연면적을 포함한다. 다만, 식당, 휴게실, 목욕실, 세탁장, 의료실, 옥외 체육시설 및 기숙사 등 종업원의 후생복지 증진에 제공되는 시설과 대피소, 무기고, 탄약고 및 교육시설의 면적은 포함하지 아니한다.(지방령 제110조, 지방칙 제55조)

(다) 그 밖의 건축물

위 골프장 · 고급오락장용 건축물과 공장용 건축물을 제외한 그 밖의 건축물에 대하여는 상대적으로 낮은 비례세율(0.25%)을 적용한다.

5. 비과세 대상

국가 등이 소유하는 재산이나 공용으로 사용되는 다음의 재산에 대하여는 재산세를 부과하지 아니한다.(지방법 제109조)

(1) 국가 등이 소유하는 재산

국가, 지방자치단체, 지방자치단체조합, 외국정부 및 주한국제기구의 소유에 속하는 재산에 대하여는 재산세를 부과하지 아니한다. 다만, 다음의 재산에 대하여는 재산세를 부과한다.(지방법 제109조 제1항)

① 대한민국 정부기관의 재산에 대하여 과세하는 외국정부의 재산

② 국가, 지방자치단체, 지방자치단체조합과 재산세 과세대상 재산을 연부(年賦)로 매매계약을 체결하고 그 재산의 사용권을 무상으로 받아 그 매수계약자에게 재산세 납세의무가 있는 재산(지방법 제107조 제2항 제4호)

(2) 국가 등이 공용 또는 공공용으로 사용하는 재산

국가, 지방자치단체 또는 지방자치단체조합이 1년 이상 공용 또는 공공용으로 사용(1년 이상 사용할 것이 계약서 등에 의하여 입증되는 경우를 포함한다)하는 재산에 대하여는 재산세를 부과하지 아니한다. 다만, 다음의 경우에는 재산세를 부과한다.(지방법 제109조 제2항)

① 유료로 사용하는 경우. 유료로 사용하는 경우란 당해 재산의 사용에 대하여 대가를 지급하는 것을 말하는 것이고, 그 대가에 대하여 과세당국은 폭넓게 해석하고 있다.[15)]

② 소유권의 유상이전을 약정한 경우로서 그 재산을 취득하기 전에 미리 사용하는 경우

15) "유료로 사용하는 경우"는 당해 재산의 사용에 대하여 대가가 지급되는 것으로, 지자체가 빈집정비사업의 형식으로 철거비용을 지급하고 해당 토지의 무상사용기간 내에 토지소유자가 지상권설정 해제 요구 시 사업비(철거비용)를 회수하는 점 등으로 보아 빈집 철거 후 해당 토지를 공공용지로 사용할 것에 대한 사용료 성격의 금액을 지급한 것이고, 지자체의 빈집 철거 사업비 지급으로 토지소유자에게 발생한 이익은 해당 토지 사용에 대한 대가로서의 의미를 가진다고 보는 것이 타당하다.(지방세운영과-576, 2012.21.)

(3) 기타 비과세 재산

다음의 재산에 대하여는 원칙적으로 재산세를 부과하지 아니하나 해당 재산이 법인세법 제3조 제3항에 따른 수익사업에 사용되거나 유료로 사용되는 경우에는 재산세를 부과한다. 그리고 해당 재산의 일부가 그 목적에 직접 사용되지 아니하는 경우에는 그 일부 재산에 대하여는 재산세를 부과한다.(지방법 제109조 제3항)

① 도로 · 하천 · 제방 · 구거 · 유지 및 묘지 : 다음의 도로 · 하천 · 제방 · 구거 · 유지 및 묘지에 대하여는 재산세를 과세하지 아니한다.(지방령 제108조 제1항)

- 도로 : 도로법에 따른 도로와 그 밖에 일반인의 자유로운 통행을 위하여 제공할 목적으로 개설한 사설 도로. 다만, 건축법 시행령 제80조의2에 따른 대지 안의 공지는 제외한다.
- 하천 : 하천법에 따른 하천과 소하천정비법에 따른 소하천
- 제방 : 공간정보의 구축 및 관리 등에 관한 법률에 따른 제방. 다만, 특정인이 전용하는 제방은 제외한다.
- 구거(溝渠) : 농업용 구거와 자연유수의 배수처리에 제공하는 구거
- 유지(溜池) : 농업용 및 발전용에 제공하는 댐 · 저수지 · 소류지와 자연적으로 형성된 호수 · 늪
- 묘지 : 무덤과 이에 접속된 부속시설물의 부지로 사용되는 토지로서 지적공부상 지목이 묘지인 토지

② 산림보호구역 : 산림보호구역 등 공익상 재산세를 부과하지 아니하는 것이 타당하다고 보이는 다음의 토지에 대하여는 재산세를 부과하지 아니한다.(지방령 제108조 제2항)

- 군사기지 및 군사시설 보호법에 따른 군사기지 및 군사시설 보호구역 중 통제보호구역에 있는 토지. 다만, 전 · 답 · 과수원 및 대지는 제외한다.
- 산림보호법에 따라 지정된 산림보호구역 및 산림자원의 조성 및 관리에 관한 법률에 따라 지정된 채종림 · 시험림
- 자연공원법에 따른 공원자연보존지구의 임야
- 백두대간 보호에 관한 법률 제6조에 따라 지정된 백두대간보호지역의 임야

③ 임시 건축물 : 임시로 사용하기 위하여 건축된 건축물로서 재산세 과세기준일 현재 1년 미만의 것에 대하여는 재산세를 부과하지 아니한다. 이 임시건축물은 유료로 사용하는 경우에도 비과세한다.

④ 철거대상 주택 등 : 재산세를 부과하는 해당 연도에 철거하기로 계획이 확정되어 재산세 과세기준일 현재 행정관청으로부터 철거명령을 받았거나 철거보상계약이 체결된 건축물 또는 주택(건축법 제2조 제1항 제2호에 따른 건축물 부분으로 한정한다)을 말한다. 건축물 또는 주택의 일부분을 철거하는 때에는 그 철거하는 부분으로 한정하여 비과세한다.(지방령 제108조 제3항) 이 철거대상 건축물은 유료로 사용하는 경우에도 비과세한다.

제 2 절

재산세 감면

주거생활 안정을 위한 재산세 감면

1. 소형임대주택에 대한 감면

임대사업자 등이 국내에서 임대용 공동주택 또는 오피스텔을 과세기준일 현재 2세대 이상 임대 목적으로 직접 사용하는 경우에는 임대주택의 크기에 따라 재산세를 2021년 12월 31일까지 감면한다.(지특법 제31조 제3항, 지특령 제13조)

(1) 감면대상 임대사업자

① 주택건설사업자 : 해당 건축물의 사용승인서를 내주는 날 또는 매입일 이전에 부가가치세법 제8조에 따라 건설업 또는 부동산매매업의 사업자등록증을 교부받거나 같은 법 시행령 제8조에 따라 고유번호를 부여받은 자를 말한다.

② 주택건설업 등록을 한 고용자 : 주택법 제5조 제3항에 따라 등록사업자와 공동으로 주택건설사업을 시행하는 고용자를 말한다.(주택법 제4조 제1항 제6호)

③ 민간임대사업자 : 공공주택사업자가 아닌 자로서 1호 이상의 민간임대주택을 취득하여 임대하는 사업을 할 목적으로 민간임대주택에 관한 특별법 제5조에 따라 등록한 자를 말한다.(민간임대주택에 관한 특별법 제2조 제7호)

④ 공공주택사업자 : 국토교통부장관으로부터 공공주택사업자로 지정받은 국가, 지방자치단체, 한국토지공사 등을 말한다.(공공주택 특별법 제4조)

(2) 사업자등록

재산세를 감면받으려는 자는 민간임대주택에 관한 특별법 제5조에 따라 해당 부동산을 임대목적물로 하여 임대사업자로 등록하여야 한다.

(3) 감면세액

① 전용면적 40㎡ 이하인 공공주택 특별법 제50조의2 제1항에 따라 30년 이상 임대 목적의 공동주택 : 재산세(도시지역분 포함) 면제

② 전용면적 60㎡ 이하인 임대목적의 공동주택 또는 오피스텔 : 재산세(도시지역분 포함)의 50% 경감

③ 전용면적 85㎡ 이하인 임대목적의 공동주택 또는 오피스텔 : 재산세의 25% 경감

(4) 감면세액 추징

감면받은 사업자가 민간임대주택에 관한 특별법 제6조에 따라 임대사업자등록이 말소된 경우에는 그 감면사유 소멸일부터 소급하여 5년 이내에 감면된 재산세를 추징한다. 다만, 임대의무기간이 경과한 후 등록이 말소된 경우, 임대의무기간 동안에 같은 법 시행규칙 제15조에 따라 시장・군수・구청장에게 신고한 후 민간임대주택을 다른 임대사업자에게 양도하는 경우, 부도・파산 등 같은 법 제43조 제4항에 따른 사유(임대사업자 간의 매각은 추징제외 사유로 보지 아니한다)로 사업자 등록이 말소된 경우에는 추징에서 제외한다.

2. 장기일반민간임대주택에 대한 감면

(가) 감면대상

공공지원민간임대주택 및 장기일반민간임대주택을 임대하려는 자가 국내에서 임대목적의 공동주택을 2세대 이상 또는 다가구주택을 과세기준일 현재 임대목적에 직접 사용하는 경우 또는 주거용 오피스텔을 2세대 이상 과세기준일 현재 임대 목적에 직접 사용하는 경우에는 임대주택의 크기에 따라 2021년 12월 31일까지 재산세를 감면한다. 재산세를 감면받으려는 자는 민간임대주택에 관한 특별법 제5조에 따라 해당 부동산을 임대목적물로 하여 임대사업자로 등록하여야 한다. 대상임대주택의 유형은 다음

과 같다.(지특법 제31조의3, 지특령 제13조의2)

① 공공지원민간임대주택 : 민간임대주택에 관한 특별법 제2조 제4호 각목의 임대사업자가 민간임대주택을 8년 이상 임대할 목적으로 취득하여 이 같은 법에 따른 임대료 및 임차인의 자격 제한 등을 받아 임대하는 민간임대주택을 말한다.

② 장기일반민간임대주택 : 임대사업자가 공공지원민간임대주택이 아닌 주택을 8년 이상 임대할 목적으로 취득하여 임대하는 민간임대주택을 말한다.(민간임대주택에 관한 특별법 제2조 제5호)

③ 다가구주택 : 모든 호수의 전용면적이 40㎡ 이하인 다가구주택(민간임대주택에 관한 특별법 시행령 제2조의2에 따른 일부만을 임대하는 다가구주택은 임대 목적으로 제공하는 부분만 해당한다)으로서 건축법 제38조에 따른 건축물대장에 호수별로 전용면적이 구분되어 기재되어 있는 다가구주택을 말한다.

④ 주거용 오피스텔(준주택) : 전용면적이 85㎡ 이하이고, 상하수도 시설이 갖추어진 전용 입식 부엌, 전용 수세식 화장실 및 목욕시설(전용 수세식 화장실에 목욕시설을 갖춘 경우를 포함한다)을 갖춘 오피스텔을 말한다.(민간임대주택법 제2조 제1호, 같은 법 시행령 제2조)

(나) 감면세액

① 전용면적 40㎡ 이하인 임대 목적의 공동주택, 다가구주택 또는 오피스텔 : 재산세(도시지역분 포함) 면제

② 전용면적 40㎡ 초과 60㎡ 이하인 임대 목적의 공동주택 또는 오피스텔 : 재산세(도시지역분 포함)의 75% 경감

③ 전용면적 60㎡ 초과 85㎡ 이하인 임대 목적의 공동주택 또는 오피스텔 : 재산세의 50% 경감

(다) 감면세액 추징

민간임대주택에 관한 특별법 제6조에 따라 임대사업자 등록이 말소된 경우에는 그 감면사유 소멸일부터 소급하여 5년 이내에 감면된 재산세를 추징한다. 다만, 민간임대주택에 관한 특별법 제43조 제1항에 따른 임대의무기간이 경과한 후 등록이 말소된 경우와 같은 조 제2항 또는 제4항에 따른 사유(임대사업자 간의 매각은 추징제외 사유로 보지 아니한다)로 사업자 등록이 말소된 경우에는 추징에서 제외한다.[16]

16) 정당한 사유등에 대하여는 취득세 감면부분 Part1 제1장 제2절 Ⅰ 2. (5) 참조

3. 주택담보노후연금보증 대상 주택등에 대한 감면

1세대 1주택에 해당하는 주택으로서 주택담보노후연금보증을 위하여 담보로 제공된 주택과 장기주택저당대출에 가입한 사람이 담보로 제공하는 주택에 대하여는 주택의 가액에 따라 다음과 같이 재산세를 2021년 12월 31일까지 감면한다.(지특법 제35조 제2항 · 제3항)

(1) 대상주택

① 주택담보노후연금보증을 위하여 담보로 제공된 주택 : 한국주택금융공사법에 따른 연금보증을 하기 위하여 같은 법에 따라 설립된 한국주택금융공사와 같은 법에 따라 연금을 지급하는 금융회사에 담보로 제공된 주택(주택금융운영위원회가 심의 · 의결한 연금보증의 보증기준에 해당되는 주택)

② 장기주택저당대출 가입 주택 : 한국주택금융공사법 제2조 제11호에 따른 금융기관으로부터 연금 방식으로 생활자금 등을 지급받기 위하여 장기주택저당대출에 가입한 사람이 담보로 제공하는 주택

(2) 1세대 1주택

1세대 1주택이란 과세기준일 현재 주택 소유자와 같은 세대별 주민등록표에 기재되어 있는 가족(동거인은 제외한다)으로 구성된 1가구(소유자의 배우자, 소유자의 미혼인 30세 미만의 직계비속은 각각 소유자와 같은 세대별 주민등록표에 기재되어 있지 않더라도 같은 가구에 속한 것으로 본다)가 국내에 1개의 주택을 소유하는 것을 말하며, 주택의 부속토지만을 소유하는 경우에도 주택을 소유한 것으로 본다. 주택담보노후연금보증[17]을 위해 담보로 제공하는 주택 외에 소유하고 있는 주택이 다음 어느 하나에 해당하는 주택인 경우에는 그 주택을 소유하지 않는 것으로 본다.(지특령 제16조)

① 과세기준일 현재 도시지역(국토의 계획 및 이용에 관한 법률 제6조)이 아닌 지역에 건축되어 있거나 면의 행정구역(수도권은 제외한다)에 건축되어 있는 주택으로서 다음 어느 하나에 해당하는 주택

17) 시행령 제16조 제2항은 주택담보노후연금보증을 위해 담보로 제공되는 경우에만 1세대 1주택 예외사항이 적용되는 것으로 규정되어 있어, 이를 문리적으로 해석하면 장기주택저당대출에 담보로 제공하는 주택에 대하여는 1세대 1주택 예외사항이 적용되지 않는다.

- 사용 승인 후 20년 이상 경과된 단독주택(건축법 시행령 별표 1 제1호 가목에 따른 좁은 의미의 단독주택)
- 85㎡ 이하인 단독주택(건축법 시행령 별표 1 제1호 가목에 따른 좁은 의미의 단독주택)
- 상속으로 취득한 주택

② 전용면적이 20㎡ 이하인 주택. 다만, 전용면적이 20㎡ 이하인 주택을 둘 이상 소유하는 경우는 제외한다.

③ 문화재보호법 제2조 제2항에 따른 지정문화재 또는 같은 법 제53조 제1항에 따른 등록문화재

(3) 면세세액

① 주택공시가격등(공시된 가액 또는 시장・군수가 산정한 가액)이 5억원 이하인 주택의 경우 : 재산세의 25% 경감

② 주택공시가격등이 5억원을 초과하는 경우 : 해당 연도 주택공시가격등이 5억원에 해당하는 재산세액의 25% 공제

4. 무주택자 주택공급사업 지원을 위한 감면

사단법인 한국사랑의집짓기운동연합회(주택법 제4조 제1항 제4호)가 과세기준일 현재 그 업무에 직접 사용하는 부동산에 대해서는 재산세(도시지역분 포함)를 2021년 12월 31일까지 면제한다.(지특법 제36조, 지특령 제17조)

5. 주거생활 안정을 위한 기타 감면

주거생활 안정을 위한 다음의 감면은 취득세와 함께 감면받는 것으로 취득세 감면 부분(Part1 제1장 제2절 Ⅰ)을 참조하기 바란다.

① 한국토지주택공사의 공공매입임대주택에 대한 감면(지특법 제31조 제5항)

② 주택임대사업에 투자하는 부동산투자회사에 대한 감면(지특법 제31조의4)

③ 한국토지주택공사의 임대목적 소규모 공동주택에 대한 감면(지특법 제32조)

Ⅱ 농어업을 지원하기 위한 재산세 감면

1. 관정시설에 대한 감면

농업용수의 공급을 위한 관정시설(管井施設)에 대해서는 재산세를 2020년 12월 31일까지 면제한다.(지특법 제7조)

2. 한국농어촌공사가 국가등에 제공하는 공공시설물 등에 대한 면제

한국농어촌공사가 국가 또는 지방자치단체의 계획에 따라 제3자에게 공급할 목적으로 농어촌정비법 제2조 제10호에 따른 생활환경정비사업에 직접 사용하기 위하여 일시 취득하는 부동산 중 택지개발사업지구 및 단지조성사업지구에 있는 부동산으로서 관계 법령에 따라 국가 또는 지방자치단체에 무상으로 귀속될 공공시설물 및 그 부속토지와 공공시설용지에 대해서는 재산세(도시지역분 포함)를 2021년 12월 31일까지 면제한다.

공공시설물 및 그 부속토지는 공용청사 · 도서관 · 박물관 · 미술관 등의 건축물과 그 부속토지 및 도로 · 공원 등으로 한다. 이 경우 공공시설용지의 범위는 해당 사업지구의 실시계획 승인 등으로 공공시설용지가 확정된 경우에는 확정된 면적으로 하고, 확정되지 아니한 경우에는 해당 사업지구 총면적의 100분의 45(산업단지조성사업의 경우에는 100분의 35로 한다)에 해당하는 면적으로 한다.(지특법 제13조 제3항, 지특령 제6조)

3. 농업인의 노후생활안정자금대상 농지에 대한 감면

한국농어촌공사 및 농지관리기금법 제24조의5에 따른 노후생활안정자금을 지원받기 위하여 담보로 제공된 농지에 대해서는 다음과 같이 재산세를 2021년 12월 31일까지 감면한다.(지특법 제35조의2)

① 토지공시가격 6억원 이하인 농지의 경우 : 재산세 면제

② 토지공시가격이 6억원을 초과하는 경우 : 해당연도 토지공시가격등이 6억원에 해당하는 재산세액 공제

4. 농어업을 지원하기 위한 기타 감면

농어업을 지원하기 위한 다음의 감면은 취득세와 함께 감면받는 것으로 취득세 감면 부분(Part1 제1장 제2절 Ⅱ)을 참조하기 바란다.

① 농업법인에 대한 감면(지특법 제11조 제2항)

② 어업법인에 대한 감면(지특법 제12조 제1항)

③ 한국농어촌공사의 농업 관련 사업에 대한 감면(지특법 제13조 제2항)

④ 농업협동조합 등의 농어업 관련 사업 등에 대한 감면(지특법 제14조)

⑤ 한국농수산식품유통공사 등의 농어업 관련 사업 등에 대한 감면(지특법 제15조)

Ⅲ 기업구조 및 재무조정 등 지원을 위한 재산세 감면

1. 기업 재무구조 개선 등에 대한 감면

한국자산관리공사가 중소기업의 경영 정상화를 지원하기 위하여 다음의 요건을 갖추어 중소기업의 자산을 임대조건부로 2020년 12월 31일까지 취득하여 과세기준일 현재 해당 중소기업에 임대중인 자산에 대해서는 해당 자산에 대한 납세의무가 최초로 성립하는 날부터 5년간 재산세의 50%를 경감한다.(지특법 제57조의3 제4항, 지특령 제28

조의3)

① 해당 중소기업으로부터 금융회사 채무내용 및 상환계획이 포함된 재무구조개선 계획을 제출받을 것

② 해당 중소기업의 보유자산을 매입하면서 해당 중소기업이 그 자산을 계속 사용하는 내용의 임대차계약을 체결할 것

2. 광업지원을 위한 감면

한국광물자원공사법에 따라 설립된 한국광물자원공사가 과세기준일 현재 석재기능공 훈련시설과 광산안전법 제5조 제1항 제5호에 따른 광산근로자의 위탁교육시설에 직접 사용하는 건축물 및 그 부속토지(건축물 바닥면적의 7배 이내인 것으로 한정한다)에 대해서는 재산세의 25%를 2019년 12월 31일까지 경감한다.(지특법 제62조 제3항)

3. 기업구조 및 재무구조 개선 등을 위한 기타 감면

기업구조 및 재무구조 개선 등을 위한 다음의 감면은 취득세와 함께 감면받는 것으로 취득세 감면 부분(Part1 제1장 제2절 Ⅲ)을 참조하기 바란다.

① 기업의 신용보증 지원을 위한 감면(지특법 제56조 제3항)

② 벤처기업 등에 대한 과세특례(지특법 제58조)

③ 지식산업센터 등에 대한 감면(지특법 제58조의2)

④ 창업중소기업 등에 대한 감면(지특법 제58조의3)

⑤ 중소기업진흥공단 등에 대한 감면(지특법 제59조 제2항)

⑥ 창업보육센터에 대한 감면(지특법 제60조 제3항)

⑦ 지방중소기업 종합지원센터에 대한 감면(지특법 제60조 제4항)

Ⅳ 사회복지 지원 등을 위한 기타 재산세 감면

1. 의료 등 사회복지 지원을 위한 감면

의료 등 사회복지 지원을 위한 감면은 다음과 같고, 취득세와 함께 감면받는 것으로 취득세 감면 부분(Part1 제1장 제2절 Ⅳ)을 참조하기 바란다.

① 한센인 및 한센인정착농원 지원을 위한 감면(지특법 제17조의2)
② 한국장애인고용공단에 대한 감면(지특법 제18조)
③ 어린이집 및 유치원에 대한 감면(지특법 제19조 제2항)
④ 아동복지시설에 대한 감면(지특법 제19조의2)
⑤ 노인복지시설에 대한 감면(지특법 제20조)
⑥ 청소년단체 등에 대한 감면(지특법 제21조)
⑦ 사회복지법인등에 대한 감면(지특법 제22조 제2항, 제6항)
⑧ 사회적기업에 대한 감면(지특법 제22조의4)
⑨ 법률구조법인 및 한국소비자원에 대한 감면(지특법 제23조)
⑩ 노동조합에 대한 감면(지특법 제26조)
⑪ 근로복지공단 지원을 위한 감면(지특법 제27조)
⑫ 산업인력 지원을 위한 감면(지특법 제28조 제2항)
⑬ 국가유공자 등에 대한 감면(지특법 제29조)
⑭ 한국보훈복지의료공단 등에 대한 감면(지특법 제30조)
⑮ 한국주택공사의 방치건물 사업재개에 대한 감면(지특법 제32조의2)
⑯ 국립병원 등에 대한 감면(지특법 제37조)
⑰ 의료법인 등에 대한 과세특례(지특법 제38조)
⑱ 지방의료원에 대한 감면(지특법 제38조의2)
⑲ 국민건강 증진사업자에 대한 감면(지특법 제40조)
⑳ 대한적십자사에 대한 감면(지특법 제40조의3 제1호)

2. 교육 및 과학기술 등 지원을 위한 감면

(1) 녹색건축 인증 건축물에 대한 감면

녹색건축의 인증을 받거나 에너지효율등급 인증을 받은 건축물(건축법 제2조 제1항 제2호에 따른 건축물 부분으로 한정한다)로서 일정요건을 갖춘 건축물에 대하여 그 등급에 따라 한 차례에 한정하여 2018년 12월 31일까지 그 인증을 받은 날(건축물 준공일 이전에 인증을 받은 경우에는 준공일)부터 5년간 재산세의 일부를 경감한다[18]. 녹색건축 인증과 에너지효율등급 인증을 받은 날이 서로 다른 경우에는 2개의 인증 중 먼저 인증을 받은 날을 기준으로 경감 기간을 산정하며, 재산세 과세기준일 현재 녹색건축의 인증 또는 에너지효율등급 인증이 취소된 경우는 제외한다. 등급별 경감율은 다음과 같다.(지특법 제47조의2 제5항 · 제6항, 시특령 제24조 제6항)

녹색건축인증등급	에너지효율등급	경감율
최우수	1+등급 이상	10%
	1등급	7%
우수	1+등급 이상	7%
	1등급	3%

(2) 교육 및 과학기술 등 지원을 위한 기타 감면

교육 및 과학기술 등 지원을 위한 다음의 감면은 취득세와 함께 감면받는 것으로 취득세 감면 부분(Part1 제1장 제2절 V)을 참조하기 바란다.

① 학교 및 외국교육기관에 대한 감면(지특법 제41조)
② 기숙사에 대한 감면(지특법 제42조 제1항)
③ 산학협력단에 대한 감면(지특법 제42조 제3항)
④ 평생교육단체 등에 대한 감면(지특법 제43조)
⑤ 평생교육시설 등에 대한 감면(지특법 제44조)
⑥ 박물관 등에 대한 감면(지특법 제44조의2)
⑦ 학술연구단체 및 장학단체에 대한 감면(지특법 제45조)

18) 2018년 12월 31일까지 인정을 받은 건축물이면 추후 5년간 감면을 받을 수 있는 것인지 감면혜택 기한이 2018년 12월 31일까지인지가 불분명하나, 2018년 12월 24일 개정시 이 조항의 내용 일부를 개정하여 존치한 것으로 보아 입법의도가 전자인 것으로 보인다.

⑧ 기초과학연구 지원을 위한 연구기관 등에 대한 면제(지특법 제45조의2)
⑨ 연구개발 지원을 위한 감면(지특법 제46조)
⑩ 한국환경공단에 대한 감면(지특법 제47조)
⑪ 내진성능 확보 건축물 또는 주택에 대한 감면(지특법 제47조의4)
⑫ 국립공원관리사업에 대한 감면(지특법 제48조)
⑬ 해양오염방제 등에 대한 감면(지특법 제49조)

3. 문화 및 관광 등 지원을 위한 감면

(1) 종교단체 또는 향교에 대한 면제

(가) 종교행사용 부동산

종교단체 또는 향교가 과세기준일 현재 종교행위 또는 제사를 목적으로 하는 사업에 직접 사용(종교단체 또는 향교가 제3자의 부동산을 무상으로 해당 사업에 사용하는 경우를 포함한다)하는 부동산(건축 중인 경우와 건축허가 후 행정기관의 건축규제조치로 건축에 착공하지 못한 경우의 건축 예정 건축물의 부속토지를 포함한다)에 대해서는 재산세(도시지역분을 포함) 및 특정부동산에 대한 지역자원시설세를 각각 면제한다. 다만, 수익사업에 사용하는 경우와 해당 재산이 유료로 사용되는 경우의 그 재산 및 해당 재산의 일부가 그 목적에 직접 사용되지 아니하는 경우의 그 일부 재산에 대해서는 면제하지 아니한다.(지특법 제50조 제2항, 지특령 제25조 제1항)

(나) 사찰림과 전통사찰보존지

사찰림(寺刹林)과 전통사찰의 보존 및 지원에 관한 법률 제2조 제1호에 따른 전통사찰이 소유하고 있는 경우로서 같은 조 제3호에 따른 전통사찰보존지에 대해서는 재산세(도시지역분을 포함)를 면제한다. 다만, 수익사업에 사용하는 경우와 해당 재산이 유료로 사용되는 경우의 그 재산 및 해당 재산의 일부가 그 목적에 직접 사용되지 아니하는 경우의 그 일부 재산에 대해서는 면제하지 아니한다.(지특법 제50조 제5항)

(2) 문화재에 대한 감면

문화재보호법에 따른 사적지 등에 대하여는 다음과 같이 재산세를 감면한다.(지특법

제55조)

① 사적지 : 문화재보호법에 따라 사적지로 지정된 토지(소유자가 사용 · 수익하는 사적지는 제외한다)에 대해서는 재산세(도시지역분을 포함)를 면제한다. 다만, 수익사업에 사용하는 경우와 해당 재산이 유료로 사용되는 경우의 그 재산 및 해당 재산의 일부가 그 목적에 직접 사용되지 아니하는 경우의 그 일부 재산에 대해서는 면제하지 아니한다.(지특법 제56조 제1항)

② 지정문화재 : 문화재보호법 제2조 제2항에 따른 문화재(국가무형문화재는 제외한다)로 지정된 부동산에 대해서는 재산세(도시지역분을 포함)를 면제한다.(지특법 제55조 제2항 제1호 전단)

③ 보호구역 : 문화재보호법 제27조에 따라 지정된 보호구역에 있는 부동산에 대해서는 재산세의 50%를 경감한다. 이 경우 지방자치단체의 장이 해당 보호구역의 재정여건 등을 고려하여 50%의 범위에서 조례로 정하는 율을 추가로 경감할 수 있다.(지특법 제55조 제2항 제1호 후단)

④ 등록문화재 : 문화재보호법 제53조 제1항에 따라 등록한 문화재와 그 부속토지에 대해서는 재산세의 50%를 경감한다.(지특법 제55조 제2항 제2호)

(3) 문화 및 관광 등 지원을 위한 기타 감면

문화 및 관광 등 지원을 위한 다음의 감면은 취득세와 함께 감면받는 것으로 취득세 감면 부분(Part1 제1장 제2절 Ⅵ)을 참조하기 바란다.

① 문화 · 예술 지원을 위한 과세특례(지특법 제52조)

② 사회단체 등에 대한 감면(지특법 제53조)

③ 여수세계박람회 지원에 대한 과세특례(지특법 제54조 제5항)

4. 수송 및 교통 지원을 위한 감면

수송 및 교통 지원을 위한 감면은 다음과 같고, 취득세와 함께 감면받는 것으로 취득세 감면 부분(Part1 제1장 제2절 Ⅶ)을 참조하기 바란다.

① 철도시설 등에 대한 감면(지특법 제63조)

② 물류단지 등에 대한 감면(지특법 제71조)

③ 별정우체국에 대한 특례(지특법 제72조)

5. 국토 및 지역개발 지원을 위한 감면

(1) 지역개발사업에 대한 감면

지역균형개발 및 지방중소기업 육성에 관한 법률 제9조에 따라 개발촉진지구로 지정된 지역에서 사업시행자로 지정된 자가 같은 법에 따라 고시된 개발사업을 시행하기 위하여 2015년 12월 31일까지 취득하는 부동산에 대하여는 재산세의 납세의무가 최초로 성립하는 날부터 5년간 재산세의 50%를 경감한다. 다만, 그 취득일부터 3년 이내에 정당한 사유 없이 그 사업에 직접 사용하지 아니하거나 매각 · 증여하는 경우에 해당 부분에 대한 재산세를 추징한다.(지특법 제75조)

(2) 개발제한구역에 있는 주택의 개량에 대한 감면

개발제한구역의 지정 및 관리에 관한 특별조치법 제3조에 따른 개발제한구역에 거주하는 사람(과밀억제권역에 거주하는 경우에는 1년 이상 거주한 사실이 주민등록법에 따른 세대별 주민등록표 등에 따라 입증되는 사람으로 한정한다) 및 그 가족이 해당 지역에 상시 거주할 목적으로 취득하는 취락지구 지정대상 지역에 있는 주택으로서 취락정비계획에 따라 개량하는 전용면적 100㎡ 이하인 주택(그 부속토지는 주거용 건축물 바닥면적의 7배를 초과하지 아니하는 부분으로 한정한다)에 대해서는 2021년 12월 31일까지 주거용 건축물 취득 후 납세의무가 최초로 성립하는 날부터 5년간 재산세를 면제한다.(지특법 제82조)

(3) 사권 제한 토지 등에 대한 감면

도시 · 군계획에 따라 사적권리가 제한된 토지에 대하여 다음과 같이 한시적으로 재산세를 감면한다.(지특법 제84조)

① 국토의 계획 및 이용에 관한 법률 제2조 제7호에 따른 도시 · 군계획시설로서 같은 법 제32조에 따라 지형도면이 고시된 후 10년 이상 장기간 미집행된 토지, 지상건축물, 주택 : 2021년 12월 31일까지 재산세의 50% 경감, 재산세 도시지역분 면제(지특법 제84조 제1항)

② 국토의 계획 및 이용에 관한 법률 제2조 제13호에 따른 공공시설을 위한 토지(주택의 부속토지를 포함한다)로서 같은 법 제30조 및 제32조에 따라 도시 · 군관리계획의 결정 및 도시 · 군관리계획에 관한 지형도면의 고시가 된 후 과세기준일 현재 미집행된 토지 : 해당 부분에 대해서는 재산세의 50%를 2021년 12월 31일까지 경감(지특법 제84조 제2항)

③ 철도안전법 제45조에 따라 건축 등이 제한된 토지의 경우 해당 부분 : 재산세의 50%를 2021년 12월 31일까지 경감(지특법 제84조 제3항)

(4) 국토 및 지역개발 지원을 위한 기타 감면

국토 및 지역개발 지원을 위한 다음의 감면은 취득세와 함께 감면받는 것으로 취득세 감면 부분(Part1 제1장 제2질 Ⅷ)을 참조하기 바란다.

① 기업도시개발구역 및 지역개발사업구역 내 창업기업 등에 대한 감면(지특법 제75조의2)

② 위기지역 내 중소기업 등에 대한 감면(지특법 제75조의3)

③ 택지개발용 토지 등에 대한 감면(지특법 제76조)

④ 수자원공사의 단지조성용 토지에 대한 감면(지특법 제77조)

⑤ 산업단지 등에 대한 감면(지특법 제78조)

⑥ 산업단지 조성중인 부동산에 대한 감면(제1항)

⑦ 산업단지 내 산업용 건축물에 대한 감면(제2항)

⑧ 산업단지 내 사업시행자가 직접 사용하는 부동산에 대한 감면(제3항)

⑨ 산업단지 사업시행자 외의 자가 취득하는 부동산에 대한 감면(제4항)

⑩ 한국산업단지공단이 취득하는 부동산에 대한 감면(제6항)

⑪ 법인의 지방이전에 대한 감면(지특법 제79조)

⑫ 공장의 지방이전에 대한 감면(지특법 제80조)

⑬ 이전공공기관 등 지방이전에 대한 감면(지특법 제81조)

⑭ 시장정비사업에 대한 감면(지특법 제83조)

⑮ 외국인 투자에 대한 감면(조특법 제121조의2)

6. 공공행정 등 지원을 위한 감면

공공행정 등 지원을 위한 감면은 다음과 같고, 취득세와 함께 감면받는 것으로 취득세 감면 부분(Part1 제1장 제2절 Ⅸ)을 참조하기 바란다.

① 한국법무보호복지공단 등에 대한 감면(지특법 제85조 제1항)
② 지방공기업 등에 대한 감면(지특법 제85조의2)
③ 지방공사에 대한 감면(제1항)
④ 지방자치단체가 출자한 법인에 대한 감면(제3항)
⑤ 새마을금고 등에 대한 감면(지특법 제87조)
⑥ 신용협동조합에 대한 감면(제1항)
⑦ 새마을금고에 대한 감면(제2항)
⑧ 새마을운동조직 등에 대한 감면(지특법 제88조)
⑨ 정당에 대한 감면(지특법 제89조, 지특령 제42조)
⑩ 마을회 등에 대한 감면(지특법 제90조 제2항)

Ⅴ 감면한도 및 토지분 재산세 경감율

(1) 감면한도 등

재산세 감면제외, 감면한도 및 감면한도 예외, 중복감면배제 등은 취득세의 경우와 같다. 다만, 85%의 감면한도가 적용되지 않는 소액의 범위에 대하여 취득세는 200만원 이하로 규정하고 있으나, 재산세의 경우에는 50만원 이하로 규정하고 있다. 이 50만원 초과여부는 세부담의 상한(지방법 제122조)을 적용하기 이전의 산출액을 기준으로 판단한다.(지특법 제177조의2) 자세한 내용은 취득세 감면한도에 부분(Part1 제1장 제2절 X)과 관련규정을 참고하기 바란다.

(2) 토지분 재산세 경감률

주택 및 건물분 재산세는 개별 부동산별로 비례세율 또는 누진세율을 적용하나, 별도합산 및 종합합산 토지에 대하여는 합산한 토지의 과세표준에 누진세율을 적용하여 세액을 산출하므로 토지에 대한 재산세의 경감 규정을 둔 경우에는 경감대상 토지의 과세표준액에 해당 경감비율을 곱한 금액을 경감한다. 이는 다른 법령에서 규정한 토지분 재산세 감경규정에도 적용된다.(지특법 제179조)

제3절 재산세 부과징수

I 납세의무자 및 납세지

1. 납세의무자

(1) 사실상의 소유자

재산세 과세기준일(매년 6월 1일) 현재 재산을 사실상 소유하고 있는 자는 재산세를 납부할 의무가 있다.(지방법 제107조) 2005년 1월 5일 지방세법이 개정되기 전 제182조는 '재산세 과세대장에 재산의 소유자로 등재되어 있는 자'를 원칙적 재산세 납세의무자로 보고, 다만 과세대장에 등재된 자의 권리에 변동이 생겼거나 과세대장에 등재되어 있지 아니할 때는 사실상의 소유자에게 납세의무를 지우고 있었다. '사실상 소유자'의 의미에 대하여 법원은 공부상 소유자로 등재된 여부를 불문하고 당해 재산에 대한 실질적인 소유권을 가진 자라고 해석한다.(대법원 2016.12.29. 선고 2014두2997 판결) 대법원 판례는 "사실상 소유자"를 "실질적인 소유권을 가진 자"라는 표현으로 바꾸었을 뿐 '사실상 소유자'의 의미를 명확히 한 것은 아니나, 공부 즉 등기나 대장의 등재와 상관없이 실질에 따라 당해 재산의 소유자를 판단한다는 점을 밝힌 것이다. 이 대법원 판결은 재건축조합이 재건축한 공동주택에 관하여 준공인가 전 사용허가를 받음에 따라 사용승인 이후부터 조합원들이 소유권보존등기를 마치기 전까지 기간 동안 조합이 공동주택의 사실상 소유자라고 보아 조합에 재산세를 부과한데 대하여, 조합은 사실상의 소유자가 아니라고 한 사안이다.

(2) 공부상 소유자 등

사실상의 소유자를 알 수 없는 경우에는 다음과 같은 공부상 소유자 등에게 납세의무가 있다.(지방법 제107조 제2항)

① 공부상의 소유자가 매매 등의 사유로 소유권이 변동되었는데도 신고하지 아니하여 사실상의 소유자를 알 수 없을 때 : 공부상 소유자에게 납세의무가 있다.

② 상속이 개시된 재산으로서 상속등기가 이행되지 아니하고 사실상의 소유자를 신고하지 아니하였을 때에는 민법상 상속지분이 가장 높은 사람이 납세의무를 지고, 상속지분이 가장 높은 사람이 두 명 이상이면 그 중 나이가 가장 많은 사람이 납세의무를 진다.(지방칙 제53조)

③ 공부상에 개인 등의 명의로 등재되어 있는 사실상의 종중재산으로서 종중소유임을 신고하지 아니하였을 때에는 공부상 소유자

④ 국가, 지방자치단체, 지방자치단체조합과 재산세 과세대상 재산을 연부(年賦)로 매매계약을 체결하고 그 재산의 사용권을 무상으로 받은 경우에는 그 매수계약자. 즉 연부계약의 이행 중에 있어 소유권 이전등기를 하기 전이라도 그 재산에 대하여 사용권을 받은 경우에는 실제 사용하지 않더라고 사실상 소유자라고 보는 것이다.(지방세운영과-4633, 2010.10.1.)

⑤ 도시개발법에 따라 시행하는 환지(換地) 방식에 의한 도시개발사업 및 도시 및 주거환경정비법에 따른 정비사업(재개발사업만 해당한다)의 시행에 따른 환지계획에서 일정한 토지를 환지로 정하지 아니하고 체비지 또는 보류지로 정한 경우에는 사업시행자

⑦ 외국인 소유의 항공기 또는 선박을 임차하여 수입하는 경우에는 수입하는 자

(3) 재산의 사용자

재산세 과세기준일 현재 소유권의 귀속이 분명하지 아니하여 사실상의 소유자를 확인할 수 없는 경우에는 그 사용자가 재산세를 납부할 의무가 있다.(지방법 제107조 제3항)

(4) 특수한 소유자

① 공유자 : 재산세 과세대상 재산이 공유재산인 경우에는 그 지분에 해당하는 부분(지분의 표시가 없는 경우에는 지분이 균등한 것으로 본다)에 대해서 그 지분권자에게 납세의무가 있다.

② 주택의 건물과 부속토지의 소유자가 다른 경우 : 주택에 대한 재산세는 그 부속토지를 포함하여 과세표준과 세액을 산출하므로 부속토지를 포함한 그 주택에 대한 산출세액을 건축물과 그 부속토지의 시가표준액 비율로 안분계산한 각 부분에 대해서는 그 소유자에게 납세의무가 있다.

③ 신탁재산 : 재산세 과세대상 재산이 신탁법에 따라 수탁자 명의로 등기 · 등록된 신탁재산의 경우에는 위탁자별로 구분된 재산에 대해서는 그 수탁자에게 납세의무가 있다. 이 경우 위탁자별로 구분된 재산에 대한 납세의무자는 각각 다른 납세의무자로 본다.[19]

(5) 납세관리인 지정신고

재산세의 납세의무자는 해당 재산을 직접 사용 · 수익하지 아니하는 경우에는 그 재산의 사용자 · 수익자를 납세관리인으로 지정하여 신고할 수 있다.(지기법 제139조)

2. 납세지

재산세는 부동산의 소재지, 즉 주택, 토지, 건축물의 소재지를 관할하는 지방자치단체에서 부과한다.(지방법 제108조)

3. 과세기준일

재산세의 과세기준일은 매년 6월 1일로 한다.(지방법 제114조) 특정시점을 기준으로 하지 않고 특정일을 기준으로 함으로써 6월 1일 중에 소유권이 변경된 경우 누구를 납세의무자로 보아야 하는지가 문제된다. 6월 1일 0시를 기준으로 하여 6월 1일에 양도된 재산에 대하여는 양수인이 납세의무를 진다는 유권해석이 있다.[20]

---

19) 이 조항은 신탁재산에 대한 재산세 과세권 집행을 용이하게 하기 위하여 2014년 1월 1일 신설되었다.

20) 국세청, 「종합부동산세 실무해설」 2018. 179면

II 재산세 부과

1. 부과방식 및 신고의무

재산세는 관할 지방자치단체의 장이 세액을 산정하여 보통징수의 방법으로 부과·징수한다.(지방법 제116조) 그러므로 납세자가 재산세를 납부하기 위하여 과세표준 등을 신고할 의무는 없다. 그러나 공부상 소유자와 사실상의 소유자가 다른 경우 등의 사유가 있는 경우에는 과세당국이 그 사실을 파악하기가 쉽지 아니하므로 세법은 납세자에게 일정한 신고의무를 부여하고 있다. 즉 다음 어느 하나에 해당하는 자는 과세기준일부터 10일 이내에 그 소재지를 관할하는 지방자치단체의 장에게 그 사실을 알 수 있는 증거자료를 갖추어 신고하여야 한다.(지방법 제120조)

① 재산의 소유권 변동 또는 과세대상 재산의 변동 사유가 발생하였으나 과세기준일까지 그 등기가 되지 아니한 재산의 공부상 소유자

② 상속이 개시된 재산으로서 상속등기가 되지 아니한 경우에는 제107조 제2항 제2호에 따른 주된 상속자

③ 사실상 종중재산으로서 공부상에는 개인 명의로 등재되어 있는 재산의 공부상 소유자

④ 신탁법에 따라 수탁자 명의로 등기된 신탁재산의 수탁자

2. 과세표준

(1) 개요

토지·건축물·주택에 대한 재산세의 과세표준은 시가표준액을 기준으로 하되, 시가표준액을 그대로 과세표준으로 하지 아니하고, 부동산 시장의 동향과 지방재정 여건 등을 고려하여 일정한 비율을 곱한 금액을 과세표준으로 한다. 일정한 비율을 공정시장가액비율이라 하고 그 비율을 행정부에 위임하여 시행령에서 정하도록 하고 있다.(지방법 제110조)

(2) 시가표준액

과세표준의 기준이 되는 재산의 가액은 실제가액이 아니라 시가표준액으로 하고 있다.(지방법 제110조) 토지 및 주택에 대한 시가표준액은 부동산 가격공시에 관한 법률에 따라 공시된 가액(價額)으로 한다. 다만, 개별공시지가 또는 개별주택가격이 공시되지 아니한 경우에는 특별자치시장·특별자치도지사·시장·군수 또는 구청장(자치구의 구청장을 말한다)이 같은 법에 따라 국토교통부장관이 제공한 토지가격비준표 또는 주택가격비준표를 사용하여 산정한 가액으로 하고, 공동주택가격이 공시되지 아니한 경우에는 지역별·단지별·면적별·층별 특성 및 거래가격 등을 고려하여 특별자치시장·특별자치도지사·시장·군수 또는 구청장이 산정한 가액으로 한다. 그 외 건축물의 경우 거래가격, 수입가격, 신축·건조·제조가격 등을 고려하여 정한 기준가격에 종류, 구조, 용도, 경과연수 등 과세대상별 특성을 고려하여 지방자치단체의 장이 결정한 가액으로 한다.(지방법 제4조) 이는 취득세 과세표준에 적용하는 시가표준액과 같은 것이다. 자세한 내용은 취득세 해당 부분(Part1 제1장 제4절)을 참조하기 바란다.

(3) 공정시장가액비율

공정시장가액비율은 다음과 같다.(지방령 제109조)

① 토지 및 건축물 : 시가표준액의 100분의 70

② 주택 : 시가표준액의 100분의 60

3. 산출세액

(1) 과세표준 및 세율적용

(가) 토지

토지에 대한 재산세는 과세대상 토지에 따라 다음과 같이 세율을 적용한다.(지방법 제113조)

① 분리과세대상 토지 : 분리과세대상이 되는 해당 토지의 시가표준액에 70%를 곱하여 산정한 과세표준에 토지유형별 비례세율을 적용하여 세액을 산출한다.

② 별도합산과세대상 토지 : 납세의무자가 소유하고 있는 해당 지방자치단체 관할구

역에 있는 별도합산과세대상이 되는 토지의 시가표준액을 모두 합한 금액에 70%를 곱하여 산정한 과세표준에 누진세율(낮은 누진세율)을 적용하여 세액을 산출한다.

③ 종합합산과세대상 토지 : 납세의무자가 소유하고 있는 해당 지방자치단체 관할구역에 있는 종합합산과세대상이 되는 토지의 시가표준액을 모두 합한 금액에 70%를 곱하여 산정한 과세표준에 누진세율(높은 누진세율)을 적용하여 세액을 산출한다.

(나) 주택 및 건축물

주택 및 건축물은 개별 물건별로 세율을 적용하여 세액을 산출한다. 주택의 경우 누진세율이 적용되므로 하나의 주택을 공유하는 경우에도 해당 주택 전체의 과세표준에 세율을 적용하여 세액을 산출한다.(지방법 제113조 제2항 · 제3항) 이 경우 공유자는 연대납세의무를 진다.(지기법 제44조)

(2) 산출세액

재산세 산출세액은 과세표준에 표준세율 또는 중과세율을 적용하여 산정한 금액과 도시지역에 있는 부동산에 대한 도시지역분 재산세율(0.14%)을 적용하여 산정한 금액이 각각 재산세 및 재산세 도시지역분 산출세액이 된다.(지방법 제112조)

4. 세부담 상한

(1) 개요

부동산 보유세제 개편에 따라 세부담이 일시에 급등하는 것을 조정하기 위하여 당해 연도 재산세 및 재산세 도시지역분 각각의 부담세액이 직전연도 부담세액의 일정비율을 초과하지 아니하도록 하는 상한규정을 두고 있다.(지방법 제122조) 즉 각 산출세액이 상한액을 초과하는 경우에는 상한액에 해당하는 금액을 당해 연도 부과세액으로 한다.

(2) 상한비율

① 토지 및 건축물의 상한 : 해당연도의 재산세 산출세액이 직전 연도의 해당 재산에

대한 재산세액 상당액의 100분의 150을 초과하는 경우에는 100분의 150에 해당하는 금액을 해당 연도에 징수할 세액으로 한다.

② 주택의 상한 : 주택의 경우에는 시가표준액(주택공시가격 또는 특별자치시장 · 특별자치도지사 · 시장 · 군수 또는 구청장이 산정한 가액)의 크기에 따라 다음과 같이 차등 상한율을 적용한다.

주택의 시가표준액	세부담상한율 (해당 연도 주택의 재산세 산출세액 / 직전 연도 해당 주택의 재산세 상당액)
3억원 이하	105/100
3억원 초과 6억원 이하	110/100
6억원 초과	130/100

(3) 직전연도 해당 재산에 대한 재산세 상당액

세부담 상한액은 직전연도의 부담세액을 기준으로 하여 해당 연도 부담세액의 상한을 제한하는 것이므로 직전 연도와 해당 연도의 세액산출이 같은 조건으로 산정되어야 한다. 따라서 직전 연도의 실제 소유관계와 상관없이 해당 연도와 같은 조건으로 가정하여 직전 연도의 부담세액을 산정하여 비교한다. 그러므로 해당 연도의 토지 · 건축물 및 주택에 대하여 비과세 · 감면규정이 적용되지 아니하면 직전연도에도 해당 규정이 적용되지 아니한 것으로 보고, 해당 연도에 비과세 · 감면규정이 적용된 경우에는 직전 연도에도 해당 규정이 적용된 것으로 보아 직전연도 산출세액 상당액을 계산한다. 각 유형별 직전연도의 해당 세액은 다음과 같다.(지방령 제118조)

(가) 토지에 대한 직전연도 세액 상당액

① 해당 연도의 과세대상 토지에 대한 직전 연도의 과세표준이 있는 경우 : 과세대상 토지별로 직전 연도의 법령과 과세표준 등을 적용하여 산출한 세액. 다만, 해당 연도의 과세대상별 토지에 대한 납세의무자 및 토지현황이 직전 연도와 일치하는 경우에는 직전 연도에 해당 토지에 과세된 세액으로 한다.

② 토지의 지목변경 · 신규등록 · 등록전환 등으로 해당 연도의 과세대상 토지에 대한 직전 연도의 과세표준이 없는 경우 : 해당 연도 과세대상 토지가 직전 연도 과세기준일 현재 존재하는 것으로 보아 과세대상 토지별로 직전 연도의 법령과 과세표준(직전 연도의 법령을 적용하여 산출한 과세표준을 말한다) 등을 적용하여 산출한

세액

③ 토지의 분할 · 합병으로 해당 연도의 과세대상 토지에 대한 직전 연도의 과세표준이 없는 경우 : 다음의 구분에 따른 세액으로 한다.

㉮ 분할 · 합병 전의 과세대상 토지에 비하여 면적 또는 지분의 증가가 없는 경우 : 직전 연도에 분할 · 합병 전의 토지에 과세된 세액 중 해당 연도에 소유하고 있는 면적 또는 지분에 해당되는 세액

㉯ 분할 · 합병 전의 과세대상 토지에 비하여 면적 또는 지분의 증가가 있는 경우 : 분할 · 합병 전의 과세대상 토지의 면적 또는 지분에 대하여 ㉮에 따라 산출한 세액과 분할 · 합병 후에 증가된 과세대상 토지의 면적 또는 지분에 대하여 위 ②의 방법에 따라 산출한 세액의 합계액

④ 해당 연도 과세대상 토지에 대하여 과세대상 구분(분리과세, 별도합산, 종합합산)의 변경이 있는 경우 : 해당 연도의 과세대상의 구분이 직전 연도 과세대상 토지에 적용되는 것으로 보아 해당 연도 과세대상 토지별로 직전 연도의 법령과 과세표준(직전 연도의 법령을 적용하여 산출한 과세표준을 말한다) 등을 적용하여 산출한 세액으로 한다.

⑤ 해당 연도 과세대상 토지가 도시 및 주거환경정비법에 따른 정비사업의 시행으로 주택이 멸실되어 토지로 과세되는 경우로서 주택을 건축 중인 경우(주택 멸실 후 주택 착공 전이라도 최초로 도래하는 재산세 과세기준일부터 3년 동안은 주택을 건축 중인 것으로 본다) : 멸실 전 주택에 실제 과세한 세액에 대하여 직전연도까지 매년 30%의 상한율이 적용된 것으로 본 금액으로 한다. 이를 산식으로 보면 다음과 같다. 단, 해당 토지에 대하여 위 ②에 따라 산출한 직전 연도 세액 상당액이 더 적을 때에는 ②에 따른 세액 상당액으로 한다.

> 직전연도 세금 부담액 = 멸실 전 주택에 실제 과세한 세액 × $(130/100)^n$
>
> n = 과세연도 - 멸실 전 주택에 실제 과세한 연도 - 1

(나) 주택 및 건축물에 대한 직전연도 세액 상당액

① 해당 연도의 주택 및 건축물에 대한 직전 연도의 과세표준이 있는 경우 : 직전 연도의 법령과 과세표준 등을 적용하여 과세대상별로 산출한 세액. 다만, 직전 연도에 해당 납세의무자에 대하여 해당 주택 및 건축물에 과세된 세액이 있는 경우에는 그

세액으로 한다.

② 주택 및 건축물의 신축・증축 등으로 해당 연도의 과세대상 주택 및 건축물에 대한 직전 연도의 과세표준이 없는 경우 : 해당 연도 과세대상 주택 및 건축물이 직전 연도 과세기준일 현재 존재하는 것으로 보아 직전 연도의 법령과 과세표준(직전 연도의 법령을 적용하여 산출한 과세표준을 말한다) 등을 적용하여 과세대상별로 산출한 세액

③ 해당 연도의 과세대상 주택 및 건축물에 대하여 용도변경 등으로 일반건축물에 대한 세율(0.25%) 및 일반주택에 대한 세율(누진세율) 외의 세율이 적용되거나 적용되지 아니하게 된 경우 : 직전 연도에도 동일하게 해당 세율이 적용되거나 적용되지 아니한 것으로 보아 직전 연도의 법령과 과세표준(직전 연도의 법령을 적용하여 산출한 과세표준을 말한다) 등을 적용하여 산출한 세액

④ 주택의 경우에는 위 ②, ③에 따라 산출한 세액 상당액이 해당 주택과 주택가격(부동산 가격공시에 관한 법률에 따라 공시된 주택가격을 말한다)이 유사한 인근 주택의 소유자에 대하여 직전 연도에 과세된 세액(위 ①의 단서)과 현저한 차이가 있는 경우 : 그 과세된 세액을 고려하여 산출한 세액 상당액

Ⅲ 재산세 징수

1. 납기

재산세의 납부기한은 재산세의 과세대상별로 다르다. 주택, 토지, 건축물에 대한 재산세 납기는 다음과 같다. 재산세를 징수하는 관할 지방자치단체의 장은 토지, 건축물, 주택으로 구분한 납세고지서에 과세표준과 세액을 적어 늦어도 납기개시 5일 전까지 발급하여야 한다.(지방법 제115조・제116조)

① 주택 : 해당 연도에 부과・징수할 세액의 2분의 1은 매년 7월 16일부터 7월 31일까지, 나머지 2분의 1은 9월 16일부터 9월 30일까지. 다만, 해당 연도에 부과할 세액이 20만원 이하인 경우에는 조례로 정하는 바에 따라 납기를 7월 16일부터 7월 31일까지로 하여 한꺼번에 부과・징수할 수 있다.

② 토지 : 매년 9월 16일부터 9월 30일까지
③ 건축물 : 매년 7월 16일부터 7월 31일까지

2. 분할납부

지방자치단체의 장은 재산세의 납부세액이 500만원을 초과하는 경우에는 납부할 세액의 일부를 납부기한이 지난 날부터 2개월 이내에 분할납부하게 할 수 있다.(지방법 제118조) 납부할 세액이 1천만원 이하인 경우에는 500만원을 초과하는 금액을 분할납부세액으로 하고, 납부할 세액이 1천만원을 초과하는 경우에는 그 세액의 100분의 50 이하의 금액을 분할납부세액으로 한다. 분할납부하려는 자는 재산세 납부기한까지 신청서를 시장 · 군수 · 구청장에게 제출하여야 한다.(지방령 제116조)

3. 과세최저한

재산세로 징수할 세액이 2천원(고지서 1건당 세액) 미만인 경우에는 해당 재산세를 징수하지 아니한다.(지방법 제119조)

4. 물납

지방자치단체의 장은 재산세의 납부세액이 1천만원을 초과하는 경우에는 납세의무자의 신청을 받아 해당 지방자치단체의 관할구역에 있는 부동산에 한하여 물납을 허가할 수 있다. 재산세를 물납(物納)하려는 자는 지방세법 시행규칙 별지 제61호 서식에 따라 그 납부기한 10일 전까지 납세지를 관할하는 시장 · 군수 · 구청장에게 신청하여야 한다.(지방법 제117조, 지방령 제113조, 지방칙 제59조)

제 4 절 재산세에 따른 지방교육세 등

I 지방교육세

(1) 납세의무자

지방교육세는 다른 지방세에 부가하여 과세하는 세목으로 재산세의 납세의무자는 지방교육세를 납부할 의무를 진다. 다만, 재산세 도시지역분으로 추가되는 세액에는 지방교육세가 부가되지 않는다.(지방법 제150조 제6호)

(2) 납부세액

재산세에 부과되는 지방교육세는 재산세 도시지역 추가분을 제외한 재산세액의 100분의 20을 납부할 세액으로 한다. 지방자치단체의 장은 지방교육투자재원의 조달을 위하여 필요한 경우에는 해당 지방자치단체의 조례로 정하는 바에 따라 지방교육세의 세율을 100분의 50의 범위에서 가감할 수 있다.(지방법 제151조 제1항 제6호 · 제2항)

(3) 부과 · 징수

재산세에 부가되는 지방교육세는 지방자치단체의 장이 재산세를 부과 · 징수하는 때에는 함께 부과 · 징수한다.(지방법 제152조 제2항)

Ⅱ 지역자원시설세

1. 개요

지역자원시설세는 지하자원 · 해저자원 · 관광자원 · 수자원 · 특수지형 등 지역자원을 보호 · 개발하고, 지역의 소방사무, 특수한 재난예방 등 안전관리사업과 환경보호 · 환경개선 사업 및 지역균형개발사업에 필요한 재원을 확보하거나 소방시설 · 오물처리시설 · 수리시설 및 그 밖의 공공시설에 필요한 비용을 충당하기 위하여 부과하는 세목이다.(지방법 제141조)

지역자원시설세의 과세대상은 크게 둘로 나누어 볼 수 있다. 첫째, 발전용수, 지하수, 지하자원, 컨테이너를 취급하는 부두를 이용하는 컨테이너 및 원자력발전 · 화력발전으로 생산된 전력을 대상으로 하는 것. 둘째, 소방시설, 오물처리시설, 수리시설, 그 밖의 공공시설로 인하여 이익을 받는 자의 건축물, 선박 및 토지를 대상으로 하는 것이다. 이 둘째 과세대상에 대한 지역자원시설세를 특정부동산에 대한 지역자원 시설세라 한다.(지방법 제142조) 여기서는 특정부동산에 대한 지역자원시설세 중 건축물 및 토지에 대한 지역자원시설세에 대하여 알아본다.

2. 납세의무자 · 과세기준일 · 부과 · 징수

특정부동산에 대한 지역자원시설세의 납세의무자는 특정부동산의 소유자이고, 특정부동산의 소재지를 관할하는 지방자치단체의 장이 재산세의 부과 · 징수방법으로 부과하여 징수한다.(지방법 제143조 · 제144조) 부동산에 대한 지역자원시설세의 과세기준일, 납기, 징수방법은 재산세의 그것과 같다.(지방법 제147조 제2항 · 제3항 · 제4항)

3. 과세표준 및 세율

(1) 과세대상

부동산에 대한 지역자원시설세의 과세대상은 재산세의 과세대상인 토지, 주택, 건축물과 같다.(지방법 제146조 제3항) 다만, 소방시설에 충당하는 지역자원시설세는 주택의 건물부분을 포함한 건축물을 과세대상으로 하고, 오물처리시설, 수리시설, 그 밖의 공공시설에 충당하는 지역자원시설세는 토지 및 건축물의 전부 또는 일부를 과세대상으로 한다.(지방법 제146조 제2항) 재산세가 비과세되는 건축물에 대하여는 지역자원시설세를 부과하지 아니한다.(지방법 제145조)

(2) 과세단위

재산세와 같이 건축물은 1동 또는 1구 단위로 과세하는데 다가구주택의 경우 가구별로 과세한다.(지방령 제138조 제3항, 심판 1998-0754, 1998.12.29.) 한편 공장 내에 건축물의 경우 비록 수동의 건축물로 나누어져 있다하더라도 동일구역 내에 있으면서 하나의 공장으로 운영되고 있다면 1구(構)의 건축물로 본다는 것이 과세당국의 유권해석이다.(지방세정팀-2834, 2007.7.23.)

(3) 과세표준

부동산에 대한 지역자원시설세의 과세표준은 재산세의 과세표준(지방법 제110조) 또는 시가표준액으로 한다.[21] 다만, 주택의 건축물 부분에 대한 과세표준은 주택의 공시가격을 적용하는 것이 아니라, 일반 건축물의 시가표준액 산정방법에 따라 산정된 가액(지방법 제4조 제2항)에 공정시장가액비율(지방법 제110조 제2항)을 곱하여 산정한 가액으로 한다.(지방법 제146조 제3항)

---

21) 지방세법 제146조 제3항은 "그 과세표준은 제110조에 따른 가액 또는 시가표준액으로 한다."고 규정하고 있다, 제110조에 따른 가액은 부동산의 시가표준액에 공정시장가액비율을 곱하여 산정한 재산세과세표준을 말하는데, 그와 선택적으로 시가표준액을 과세표준으로 한다는 것은 과세체계상 문제가 있다. 규정의 의미를 보다 명확히 할 필요가 있다고 본다.

(4) 세율

(가) 소방시설에 충당하는 지역자원시설세 표준세율

소방시설에 충당하는 지역자원시설세는 건축물(주택의 건축물 부분 포함)의 과세표준에 다음의 세율을 곱하여 산출한 금액을 세액으로 한다.(지방법 제146조 제2항 제1호)

〈지역자원시설세 표준세율〉

과세표준	세 율
600만원 이하	10,000분의 4
600만원 초과 1,300만원 이하	2,400원 + 600만원 초과금액의 10,000분의 5
1,300만원 초과 2,600만원 이하	5,900원 + 1,300만원 초과금액의 10,000분의 6
2,600만원 초과 3,900만원 이하	13,700원 + 2,600만원 초과금액의 10,000분의 8
3,900만원 초과 6,400만원 이하	24,100원 + 3,900만원 초과금액의 10,000분의 10
6,400만원 초과	49,100원 + 6,400만원 초과금액의 10,000분의 12

(나) 화재위험 건축물에 대한 중과세율

다음의 화재위험 건축물에 대해서는 위 (가)의 표준세율에 따라 산출한 금액의 2배를 세액으로 한다.(지방법 제146조 제2항 제2호, 지방령 제138조 제1항)

① 주거용이 아닌 4층 이상 10층 이하의 건축물. 이 경우 지하층과 옥탑은 층수로 보지 아니한다.

② 화재예방, 소방시설 설치・유시 및 안전관리에 관한 법률 시행령 별표 2에 따른 특정소방대상물 중 다음의 것. 다만, 다음 (다)의 대형 화재위험 건축물에 해당하는 것은 제외한다.

- 근린생활시설 중 학원, 비디오물감상실, 비디오물소극장 및 노래연습장. 다만, 바닥면적의 합계가 200㎡ 미만인 것은 제외한다.
- 위락시설. 다만, 바닥면적의 합계가 무도장 또는 무도학원은 200㎡ 미만, 유흥주점은 33㎡ 미만, 단란주점은 150㎡ 미만인 것은 제외한다.
- 문화 및 집회시설 중 극장, 영화상영관, 비디오물감상실, 비디오물소극장 및 예식장
- 판매시설 중 도매시장・소매시장・상점, 운수시설 중 여객자동차터미널
- 숙박시설. 다만, 객실로 사용되는 부분의 바닥면적 합계가 60㎡ 미만인 경우는

제외한다.

- 장례식장(의료시설의 부수시설인 장례식장을 포함한다)
- 공장
- 창고시설 중 창고(영업용 창고만 해당한다), 물류터미널, 하역장 및 집배송시설
- 항공기 및 자동차 관련 시설 중 주차용 건축물
- 위험물 저장 및 처리 시설
- 의료시설 중 의료법 제3조 제2항 제3호에 따른 병원급 의료기관, 감염병의 예방 및 관리에 관한 법률 제36조에 따른 감염병관리기관, 정신건강증진 및 정신질환자 복지서비스 지원에 관한 법률 제3조 제5호에 따른 정신의료기관, 장애인복지법 제58조 제1항 제4호에 따른 장애인 의료재활시설
- 교육연구시설 중 학원

(다) 대형 화재위험 건축물에 대한 중과세율

다음의 대형 화재위험 건축물에 대해서는 위 (가)의 표준세율에 따라 산출한 금액의 3배를 세액으로 한다.(지방령 제138조 제2항)

① 주거용이 아닌 11층 이상의 고층 건축물

② 화재예방, 소방시설 설치 · 유지 및 안전관리에 관한 법률 시행령 별표 2에 따른 특정소방대상물 중 다음의 것

- 위락시설 중 바닥면적의 합계가 500㎡ 이상인 유흥주점. 다만, 지하 또는 지상 5층 이상의 층에 유흥주점이 설치된 경우에는 그 바닥면적의 합계가 330㎡ 이상
- 문화 및 집회시설 중 상영관 10개 이상인 영화상영관, 관람석 500석 이상의 영화상영관, 지하층에 설치된 영화상영관
- 연면적 1만㎡ 이상인 판매시설로서 도매시장, 소매시장, 상점
- 숙박시설 중 5층 이상으로 객실이 50실 이상(동일한 건물 내에 다중이용업소의 안전관리에 관한 특별법 제2조 제1항에 따른 다중이용업소가 있는 경우는 객실 30실 이상을 말한다)인 숙박시설
- 공장 및 창고시설 중 1구 또는 1동의 건축물로서 연면적 1만5천㎡ 이상의 공장 및 창고[창고시설의 경우 건축물의 벽이 샌드위치 패널(건축법 시행령 제61조 제1항 4호 다목에서 규정한 복합자재를 말한다)로 된 물류창고 또는 냉동 · 냉장창고에 한정한다]
- 위험물 저장 및 처리 시설 중 위험물안전관리법 시행령 제3조 및 별표 1에서

규정한 지정수량의 3천배 이상의 위험물을 저장・취급하는 위험물 저장 및 처리 시설

- 연면적 3만㎡ 이상의 복합건축물. 이 경우 주상복합 건축물(하나의 건축물이 근린생활시설, 판매시설, 업무시설, 숙박시설 또는 위락시설의 용도와 주택의 용도로 함께 사용되는 것을 말한다)에 대해서는 주택부분의 면적을 제외하고, 주택부분과 그 외의 용도로 사용되는 부분이 계단을 함께 사용하는 경우에는 계단부분의 면적은 주택부분의 면적으로 보아 연면적을 산정한다.
- 정신건강증진 및 정신질환자 복지서비스 지원에 관한 법률 제3조 제5호에 따른 정신의료기관으로서 병상이 100개 이상인 의료기관 및 의료법 제3조 제2항 제3호에 따른 병원급 의료기관 중 5층 이상의 종합병원・한방병원・요양병원으로서 병상이 100개 이상인 의료기관

(라) 오물처리시설, 수리시설, 그 밖의 공공시설에 대한 세율

오물처리시설, 수리시설, 그 밖의 공공시설에 충당하는 지역자원시설세는 토지 및 건축물의 전부 또는 일부에 대한 가액을 과세표준으로 하여 부과하되, 그 표준세율은 토지 또는 건축물 가액의 1만분의 2.3으로 한다.(지방법 제146조 제2항 제3호)22)

(5) 겸용건물 등 세율적용

(가) 구분불가 겸용건물

주거용 또는 3층 이하의 건축물로서 1구 또는 1동의 건축물이 화재위험 건축물 중과대상 용도(대형 화재위험 건축물 포함)와 그 밖의 용도에 겸용되고 있을 때에는 그 건축물의 주된 용도에 따라 해당 건축물의 용도를 결정한다. 이 경우 화재위험 건축물 중과대상 용도로 사용하는 건축물에 대한 세율은 그 건축물의 주된 용도에 따라 화재위험 건축물 또는 대형 화재위험 건축물의 세율을 각각 적용한다.(지방칙 제75조 제1항)

(나) 구분가능 겸용건물

1구 또는 1동의 건축물이 화재위험 건축물 중과대상 용도와 그 밖의 용도로 구분 사용되는 경우에는 그 밖의 용도로 사용되는 부분을 제외한 부분만을 화재위험 건축물 및 대형 화재위험 건축물로 보아 세율을 각각 적용한다. 예를 들어 과세표준 1억원인

22) 오물처리시설, 수리시설, 그 밖의 공공시설에 충당하는 지역자원시설세는 아직 부과되지 않고 있다.

건축물의 일반용도와 화재위험 면적 비율이 4대 6인 경우, 먼저 1억원에 대하여 표준세율을 적용한 세액 92,300원을 산출하고, 92,300원을 일반건물분 36,920원(92,300×0.4)과 화재위험건물분 55,380원(92,300×0.6)으로 나누어 화재위험건물분에 대하여 중과세액 110,760원(55,380×2)을 산정하고 이를 일반건물분과 더하여 총세액 147,680원을 산출한다. 이는 전체건물에 대하여 표준세율을 적용한 세액에서 중과대상 세액분을 한번 더한 것과 같다. 이를 산식으로 보면 다음과 같다.(지방칙 제75조 제2항 · 제3항)

소방지역자원시설세 = X + Y + Z

X = 1구 또는 1동의 건축물의 가액(과세표준) × 표준세율
Y = X × 화재위험건축물 과세표준/1구 또는 1동의 건축물의 과세표준
Z = X × 대형 화재위험건축물 과세표준/1구 또는 1동의 건축물의 과세표준 × 2

4. 세부담상한 및 과세최저한

(1) 세부담상한

지역자원시설세에 대하여도 재산세와 같이 세부담상한이 적용된다. 다만, 지역자원시설의 세부담상한은 주택에 대하여도 일반 건물과 같이 150%를 적용하여 직전 연도의 해당 재산에 대한 지역자원시설세액 상당액의 100분의 150을 초과하는 경우에는 100분의 150에 해당하는 금액을 해당 연도에 징수할 세액으로 한다.(지방법 제147조 제2항 · 제122조)

(2) 과세최저한

지역자원시설세로 징수할 세액이 고지서 1장당 2천원 미만인 경우에는 그 지역자원시설세를 징수하지 아니한다.(지방법 제148조)

제 2 장

종합부동산세

제 1 절 종합부동산세 구조와 과세대상

I 종합부동산세 구조

종합부동산세는 부동산 보유의 편중을 억제하려는 정책적 목적에서, 고액의 부동산 보유자에 대하여 보유세를 부과하여 부동산의 가격안정을 도모하고자 2005년 1월 5일 신설되었다.(종부법 제1조) 재산세가 지방자치단체의 재정수요를 충당하는 일반 세목으로 지방자치단체의 관할 내에 소재하는 모든 부동산을 과세대상으로 함에 반하여, 종합부동산세는 부동산의 과다보유를 억제한다는 정책적 목적의 세목으로 과세대상은 주택과 토지(재산세 분리과세 토지 제외)로 한정하되 국내에 소재하는 납세의무자의 모든 과세대상 주택과 토지를 합산하여 과세한다. 즉 주택과 토지에 대하여 1차로 소재지 관할 지방자치단체장이 재산세를 과세하고, 2차로 납세의무자의 주소지를 관할하는 세무서장이 그 납세자의 국내소유 모든 과세대상 주택과 토지를 합산하여 종합부동산세를 과세한다.

종합부동산세는 보유하는 주택 또는 토지의 가액이 일정규모 이상에 해당하는 경우에만 과세한다. 즉 보유하는 주택 또는 토지의 가액에 유형별 공제액을 초과하는 가액에 대하여만 과세하는 것이다. 또한 부동산가격의 변동에 따른 급격한 세부담의 증가를 방지하기 위하여 유형별 공제액을 초과하는 과세대상 가액에 다시 일정비율(공정시장가액비율)을 곱한 금액을 과세표준으로 하고 유형별 누진세율을 적용하여 종합부동산세액을 산정한다. 여기에 재산세와 이중과세 문제를 해결하기 위하여 기 부과된 재산세를 공제하고, 1세대 1주택의 경우 연령 또는 보유기간에 대한 세액공제를 한다. 이렇게 산출한 세액이 직전연도 세액과 비교하여 과다하게 증가하는 것을 방지하기 위하여 다시 세부담 상한액을 초과하는지를 검토하여 세부담 상한액의 범위 내의 금액만

납부할 세액으로 고지한다.

〈종합부동산세 세액계산 과정〉

1. 종합부동산세법상 개별 주택(또는 토지)의 공시가격

주택(또는 토지)의 공시가액	-	주택(또는 토지)의 공시가격 × 감면율	⇒	종합부동산세법상 주택(또는 토지)의 감면 후 공시가격

2. 과세표준

종합부동산세법상 주택(또는 토지)의 감면 후 공시가액 합계액	-	유형별 공제액 • 주택 6억원(1세대 1주택 9억원) • 별도합산토지 80억원 • 종합합산토지 5억원	×	공정시장 가액비율 (19년 85% 20년 90% 21년 95% 22년 이후 100%)	⇒	종합부동산세 과세표준

3. 종합부동산 세액

종합부동산세 과세표준	×	세율(%)						⇒	주택(또는 토지)분 종합부동산세액
		주택		별도합산토지		종합합산토지			
		~3억원	0.5(0.6)	~200억원	0.5	~15억원	1.0		
		~6억원	0.7(0.9)						
		~12억원	1.0(1.3)	~400억원	0.6	~45억원	2.0		
		~50억원	1.4(1.8)						
		~94억원	2.0(2.5)	400억원~	0.7	45억원~	3.0		
		94억원~	2.7(3.2)						

* 주택세율 중 ( )는 3주택 이상 소유자 또는 조정대상지역 2주택 소유자

4. 산출세액

주택(또는 토지)분 종합부동산세액	-	공제할 재산세액 (종합부동산세 과세표준에 부과된 재산세액)	⇒	산출세액

5. 납부할 세액

산출세액	-	세액공제 (1세대 1주택)	-	세부담 상한액을 초과하는 세액	⇒	납부할 세액(고지세액)

Ⅱ 과세대상

1. 과세대상 주택 및 토지

종합부동산세 과세대상 부동산은 과세기준일 현재 납세의무자가 소유하는 주택과 토지이다. 주택에 대한 세액과 토지에 대한 세액을 별도로 산정하여 합산한 금액을 납세자의 종합부동산세액으로 한다. 토지에 대한 종합부동산세액은 별도합산토지분에 대한 세액과 종합합산토지분에 대한 세액을 각각 산정하여 합산한다.(종부법 제5조)

(1) 주택

종합부동산세 과세대상 주택은 재산세과세대상 주택과 같다. 다만, 별장은 주택으로 재산세가 과세되지만 종합부동산세 과세대상 주택에서는 제외된다.(종부법 제2조 제3호) 별장에 대하여는 별도로 고율의 재산세가 부과되기 때문이다. 재산세 과세대상인 주택은 주택법 제2조 제1호에 따른 주택을 말하는 것으로 부속토지를 포함하는 개념이다. 별장은 취득세 중과세율이 적용되는 별장을 말한다.(지방법 제13조 제5항 제1호)

(2) 토지

토지의 개념은 재산세 과세대상 토지의 개념과 같다. 즉 공간정보의 구축 및 관리 등에 관한 법률에 따라 지적공부의 등록대상이 되는 토지와 그 밖에 사용되고 있는 사실상의 토지를 말한다. 재산세 과세대상 토지 중 종합부동산세가 과세되는 토지는 재산세의 별도합산과세대상 토지와 종합합산과세대상 토지이고, 재산세가 분리과세 되는 토지는 종합부동산세 과세대상이 아니다. 재산세 별도합산대상 토지는 종합부동산세의 별도합산대상 토지가 되고 재산세 종합합산대상 토지는 종합부동산세의 종합합산대상 토지가 된다.(종부법 제11조)

2. 비과세 등

(1) 재산세 감면규정 준용

종합부동산세법에는 종합부동산세 비과세 및 감면 등에 대하여 직접 정하고 있는 규정은 없으나 재산세 비과세 및 감면규정을 다음과 같이 준용하고 있다.(종부법 제6조)

① 지방세특례제한법 또는 조세특례제한법에 의한 재산세의 비과세 · 과세면제 또는 경감에 관한 규정은 종합부동산세를 부과함에 있어서 이를 준용한다.

② 지방세특례제한법 제4조에 따른 시 · 군의 감면조례에 의한 재산세의 감면규정은 종합부동산세를 부과함에 있어서 이를 준용한다.

(2) 재산세의 감면규정 준용방법

주택 및 분리과세대상 토지에 대한 재산세는 개별물건별로 과세하므로 세액을 경감하는 방법으로 감면하고, 합산하는 토지에 대한 재산세는 관할구역 내 대상토지를 합산하여 누진세율을 적용하므로 과세표준을 경감하는 방법으로 감면한다. 그러나 종합부동산세의 경우 주택과 토지 모두 대상 부동산을 합산하여 누진세율을 적용하므로 과세표준을 경감하는 방법으로 감면규정을 적용하게 된다. 그래서 감면규정을 준용함에 있어서 그 감면대상인 주택 또는 토지의 공시가격에서 그 공시가격에 재산세 감면비율(비과세 또는 과세면제의 경우에는 이를 100%로 본다)을 곱한 금액을 공제한 후의 금액을 공시가격으로 본다.(종부법 제6조 제3항)

(3) 감면규정 등 적용제한

재산세의 감면규정 또는 분리과세규정에 따라 종합부동산세를 경감하는 것이 종합부동산세를 부과하는 취지에 비추어 적합하지 않은 것으로 인정되는 다음의 경우에는 감면규정 또는 분리과세규정을 적용하지 아니한다.(종부법 제6조 제4항, 종부령 제2조) 이 경우 지방세법에 따른 재산세는 비과세 또는 감면받을 수 있으나 종합부동산세는 감면받지 못한다.

① 시 · 군의 감면조례에 따른 재산세의 감면규정 또는 분리과세규정 중 다음의 요건을 모두 충족하는 경우로서 행정안전부장관이 기획재정부장관과 협의하여 고시하는 경우

- 전국 공통으로 적용되는 것이 아닌 것

- 해당 규정이 전국적인 과세형평을 저해하는 것으로 인정되는 것

② 지방세특례제한법 또는 조세특례제한법에 따른 재산세의 비과세, 과세면제 또는 경감에 관한 규정이 종합부동산세가 합산배제되지 않는 조정대상지역의 장기일반민간임대주택(종부령 제3조 제1항 제8호 본문 단서)에 해당하는 경우

3. 과세물건 평가금액

종합부동산세는 주택 및 토지의 가액에 세율을 적용하여 세액을 산정하는 종가세이다. 주택 및 토지의 가액은 시가가 아닌 공시가액을 기준으로 한다.(종부법 제8조 · 제13조) "공시가액"은 부동산 가격공시에 관한 법률에 따라 가격이 공시되는 주택 및 토지의 공시가액을 말하고, 같은 법에 따라 가격이 공시되지 아니한 경우에는 지방세법 제4조 제1항 단서 및 같은 조 제2항에 따른 가액으로 한다.(종부법 제2조 제9호) 종합부동산세법은 과세표준 산정의 기준금액으로 공시가액이라는 용어를 사용하고 있으나 이는 재산세 과세표준의 기준이 되는 시가표준액과 같은 것이다.(지방법 제110조)

Ⅲ 납세의무자 및 납세지

1. 납세의무자

(1) 부동산 소유자

종합부동산세 납세의무자는 과세기준일(매년 6월 1일) 현재 과세대상 주택과 토지의 재산세 납세의무자로서 국내에 보유하고 있는 과세대상별 공제액을 초과하여 보유하고 있는 자이다. 즉 주택의 경우에는 과세대상 주택의 공시가격을 합산한 금액이 6억원을 초과하는 자, 별도합산과세대상인 경우에는 국내에 소재하는 해당 과세대상토지의 공시가격을 합한 금액이 80억원을 초과하는 자, 종합합산과세대상인 경우에는 국내에 소재하는 해당 과세대상토지의 공시가격을 합한 금액이 5억원을 초과하는 자가 각 종합부동산세 납세의무자이다.(종부법 제7조 · 제12조) 개인, 법인, 내외국인을 불문하고 재

산세 납세의무가 있는 자로서 과세대상 주택 또는 토지를 보유하고 있는 자는 종합부동산세 납세의무를 진다.

(2) 특수한 소유자

종합부동산세의 납세의무자를 재산세의 납세의무자로 하고 있으므로 특수한 소유자의 납세의무자도 재산세의 경우와 같다. 따라서 공동소유의 경우 지분에 대해서 지분권자에게 납세의무가 있으며, 타인 소유 주택의 부속토지만을 소유하는 자에게도 주택분 재산세가 과세되므로 주택분 재산세 납세의무자로서 주택공시가격을 합산한 금액이 6억원을 초과하면 종합부동산세를 납부할 의무가 있다.(종부집행 7-0-2)

(3) 향교 · 종교단체에 대한 특례

(가) 개요

부동산의 명의신탁이 원칙적으로 금지되나 종교단체가 조세 포탈, 강제집행의 면탈 또는 법령상 제한을 회피할 목적 없이 그 산하 조직이 보유한 부동산에 관한 물권을 등기하는 경우에는 제재를 하지 아니한다.(부동산실명법 제8조 · 제11조) 이에 맞추어 향교재단의 재산과 종교단체 명의의 부동산을 그 향교재단 또는 종교단체에 소속되어 있는 개별 향교 또는 개별 종교단체가 실질적으로 소유하고 있는 경우에는 그 부동산에 대한 종합부동산세를 실질소유자인 개별 향교와 개별 종교단체에게 부과할 수 있도록 하는 특례규정을 두고 있다.(조특법 제104조의13)

(나) 향교재단 또는 종교단체 등

① 향교재단은 향교재산법에 따른 향교재단을 말하고, 종교단체는 법인 또는 부동산등기법 제49조 제1항 제3호에 따라 등록번호를 부여받은 법인 아닌 사단 · 재단으로서 종교의 보급 기타 교화를 목적으로 설립된 종단 · 교단 · 유지재단 또는 이와 유사한 연합종교단체를 말한다.(조특령 제104조의11 제2항, 부동산실명법 시행령 제5조 제1항 제1호)

② 개별 향교는 향교재단법에 따른 개별향교를 말하고, 개별 종교단체는 종단에 소속된 법인 또는 단체로서 종교의 보급 기타 교화를 목적으로 설립된 것을 말한다.(조특령 제104조의11 제1항, 부동산실명법 시행령 제5조 제1항 제2호 · 제3호)

(다) 대상 주택 등에 대한 납세의무자

개별 향교 또는 개별 종교단체가 조세포탈의 목적 없이 소유한 주택 또는 토지를 이들이 속하는 향교재단 또는 종교단체의 명의로 등기한 주택 또는 토지에 대하여는 개별 향교 또는 개별 종교단체가 종합부동산세를 신고할 수 있고, 신고한 경우 대상주택 또는 대상토지에 대한 종합부동산세에 대해서는 개별 향교 또는 개별 종교단체의 소유로 본다. 즉 개별 향교 또는 개별 종교단체가 종합부동산세 납세의무를 지고, 향교재단 또는 종교단체는 소속 개별 향교 또는 개별 종교단체의 소유로 보는 대상주택 또는 대상토지의 공시가격을 한도로 그 개별단체와 연대하여 종합부동산세를 납부할 의무가 있다.[1]

(라) 신고

개별 향교 또는 개별 종교단체는 대상주택 또는 대상토지에 대하여 종합부동산세 신고를 하여야 하고, 향교재단 또는 종교단체는 대상주택 또는 대상토지를 소유하지 아니하는 것으로 보아 종합부동산세를 신고하여야 한다. 종합부동산세 신고를 할 때는 종합부동산세 신고서 외에 향교 및 종교단체 종합부동산세 과세특례신고서(조세특례제한법 시행규칙 별지 제64호의12 서식, 별지 제64호의13 서식)와 민법 제45조 제3항에 따른 향교재단 등에 대한 주무관청의 정관 변경허가서, 향교재단 등의 정관 및 이사회 회의록, 그 밖에 대상주택 또는 대상토지의 사실상 소유자가 개별단체임을 입증할 수 있는 서류를 해당연도의 9월 16일부터 9월 30일까지 납세지 관할 세무서장에게 각각 제출하여야 한다. 소유관계에 변동이 없는 한 사실상 소유관계를 입증하는 서류를 매년 신고할 필요는 없다.(조특령 제104조의13)

(마) 세액 계산

종합부동산세 산출세액을 계산함에 있어, 개별 향교 또는 개별 종교단체가 대상주택 또는 대상토지를 실제 소유한 것으로 보아 부과되었을 재산세를 개별 향교 또는 개별 종교단체의 차감하는 재산세 합계액에 포함하고, 향교재단 또는 종교단체의 재산세 합계액에는 차감한다.(조특령 제104조의12)

---

1) 동 규정은 종합부동산세의 경우에만 개별 향교 또는 개별 종교단체를 재산세 납세의무자로 보아 종합부동산세 납세의무가 있다고 규정하고 있어, 개별 향교 또는 개별 종교단체가 향교재단 또는 종교단체에게 명의신탁한 부동산에 대한 재산세 납세의무자가 누구인지에 대한 의문이 있을 수 있는데, 이 조항을 반대 해석하면 명의 수탁자인 향교재단 또는 종교단체에게 납세의무가 있는 것으로 해석될 수 있다. 개인적 생각으로는 명의신탁의 경우 실소유자에게 납세의무를 지우는 것이 타당하다고 본다.

2. 과세기준일

종합부동산세 과세기준일은 재산세 과세기준일과 같이 매년 6월 1일이다.(종부법 제3조, 지방법 제114조) 과세기준일에 당해 재산이 양도된 경우 양수인에게 납세의무가 있다는 유권해석은 재산세의 경우와 같고, 양도의 시점에 관하여 국세청은 양도소득세의 양도의 시점과 같이 잔금청산일과 등기접수일 중 빠른 날을 양도일로 본다.[2)]

3. 납세지

재산세와 달리 국세인 종합부동산세는 납세의무자의 주소지 등을 납세지로 하여 관할세무서장이 부과 · 징수한다. 납세의무자별 납세지는 다음과 같다.(종부법 제4조 · 제16조)

(1) 개인 또는 법인으로 보지 아니하는 단체

개인의 납세지 또는 법인으로 보지 않는 단체의 납세지는 다음과 같다.(소득법 제6조)

(가) 거주자의 납세지

개인인 거주자의 납세지는 그 주소지로 한다. 다만, 주소지가 없는 경우에는 그 거소지로 한다. 주소지가 2이상인 때에는 주민등록법에 의하여 등록된 곳을 납세지로 하고, 거소지가 2이상인 때에는 생활관계가 보다 밀접한 곳을 납세지로 한다.(소득령 제5조)

거주자로 보는 법인격 없는 단체의 납세지는 동 단체의 대표자 또는 관리인의 주소지로 한다. 다만, 소득세법 제9조에 의하여 당해 단체의 업무를 주관하는 장소 등을 납세지로 지정받은 경우에는 그 지정받은 장소를 납세지로 한다.(소득통칙 6-0-1)

(나) 비거주자의 납세지

비거주자의 납세지는 국내사업장(소득법 제120조)의 소재지로 하되, 국내사업장이 둘 이상 있는 경우에는 주된 국내사업장의 소재지로 하고, 국내사업장이 없는 경우에는 국내원천소득이 발생하는 장소로 한다. 국내사업장이 없고 국내원천소득이 발생하지

2) 국세청 「종합부동산세 실무해설」 2018. 31면

아니하는 주택 및 토지를 소유한 경우에는 그 주택 또는 토지의 소재지(주택 또는 토지가 둘 이상인 경우에는 공시가격이 가장 높은 주택 또는 토지의 소재지를 말한다)를 납세지로 정한다.

(2) 법인 또는 법인으로 보는 단체

법인 또는 법인으로 보는 단체의 납세지는 다음과 같다.(법인법 제9조)

(가) 내국법인

내국법인의 납세지는 그 법인의 등기부에 따른 본점이나 주사무소의 소재지로 한다. 국내에 본점 또는 주사무소가 있지 아니하는 경우에는 사업을 실질적으로 관리하는 장소의 소재지로 한다.

법인으로 보는 단체의 경우 사업장소재지를 납세지로 하되, 주된 소득이 부동산임대소득인 단체의 경우에는 그 부동산의 소재지를 납세지로 한다. 이 경우 2 이상의 사업장 또는 부동산을 가지고 있는 단체의 경우에는 주된 사업장 또는 주된 부동산의 소재지로 하고, 사업장이 없는 단체의 경우에는 당해 단체의 정관 등에 기재된 주사무소의 소재지로 한다. 정관 등에 주사무소에 관한 규정이 없는 단체의 경우에는 그 대표자 또는 관리인의 주소를 납세지로 한다. 여기서 주된 사업장 또는 주된 부동산의 소재지라 함은 직전 사업연도의 사업수입금액(법인령 제11조 제1호)이 가장 많은 사업장 또는 부동산의 소재지를 말한다.(법인령 제7조 제1항 · 제2항)

(나) 외국법인

외국법인의 납세지는 국내사업장의 소재지로 한다. 둘 이상의 국내사업장이 있는 경우에는 2 이상의 사업장이 있는 내국법인의 경우와 같이 주된 사업장의 소재지로 한다.(법인령 제7조 제3항)

국내사업장이 없는 외국법인으로서 ㉠ 국내에 있는 부동산 또는 부동산상의 권리와 국내에서 취득한 광업권, 조광권(租鑛權), 토사석(土砂石) 채취에 관한 권리 또는 지하수의 개발 · 이용권의 양도 · 임대 또는 그 밖의 운영으로 인하여 발생하는 소득(법인법 제93조 제3호) ㉡ 자산 또는 권리의 양도소득(법인법 제93조 제7호)이 있는 외국법인의 경우에는 각각 그 자산의 소재지로 한다. 둘 이상의 자산이 있는 외국법인은 국내원천소득이 발생하는 장소 중 당해 외국법인이 납세지로 신고하는 장소로 한다.(법인령 제7조 제4항)

국내사업장이 없고 국내원천소득이 발생하지 아니하는 주택 및 토지를 소유한 경우에는 그 주택 또는 토지의 소재지(주택 또는 토지가 둘 이상인 경우에는 공시가격이 가장 높은 주택 또는 토지의 소재지를 말한다)를 납세지로 정한다.(종부법 제4조 제3항)

제 2 절 주택에 대한 종합부동산세

I 과세표준과 세율

1. 과세표준

주택에 대한 종합부동산세의 과세표준은 납세의무자별로 주택의 공시가격을 합산한 금액에서 6억원을 공제한 금액에 공정시장가액비율을 곱한 금액으로 한다. 단 1세대 1주택인 경우에는 공시가격을 합산한 금액에서 9억원(3억원을 공제한 금액에서 6억원을 공제)을 공제한다. 주택분 종합부동산세의 납세의무자로 "재산세 과세대상인 주택의 공시가격을 합산한 금액이 6억원을 초과하는 자는 종합부동산세를 납부할 의무가 있다"고 규정하고 있으므로 1세대 1주택의 주택공시가격이 8억원인 경우에도 종합부동산세 납세의무자에 해당하기는 하나 3억원을 공제한 금액에서 6억원을 공제하게 되면 -1억원이 되어 과세표준이 음수로 산정되는 경우가 발생하는데 이 경우에는 과세표준을 0원으로 본다. 즉 종합부동산세를 환급하는 것은 아니다. 공정시장가액비율은 2018년까지 80%였으나 2019년부터 매년 5%씩 더하여 2022년 이후는 100%가 된다. 연도별 공정시장가액비율은 다음과 같다.(종부법 제8조, 종부령 제2조의4)

연도별	2019년	2020년	2021년	2022년 이후
공정시장가액비율	85%	90%	95%	100%

2. 세율

(1) 보유주택 수에 따른 세율

주택에 대한 종합부동산세 세율은 누진세율이 적용된다. 2018년까지는 보유주택 수의 구분 없이 같은 세율을 적용하였으나, 보유세제강화로 2019년부터는 납세의무자의 주택 수에 따라 일반주택 2주택 이하 소유자의 세율을 인상하고 조정대상지역(주택법 제63조의2 제1항 제1호; 아래 표 및 별첨11)3) 내 2주택 소유자 및 3주택 이상 소유자에 대하여는 높은 세율을 적용한다.(종부법 제9조)

〈주택분 종합부동산세 세율〉

과세표준	세 율	
	일반	3주택 이상 소유자 또는 조정대지역 내 2주택 소유자
3억원 이하	0.5%	0.6%
3억원 초과 6억원 이하	150만원 + 3억원 초과금액의 0.7%	180만원 + 3억원 초과금액의 0.9%
6억원 초과 12억원 이하	360만원 + 6억원 초과금액의1.0%	450만원 + 6억원 초과금액의1.3%
12억원 초과 50억원 이하	960만원 + 12억원 초과금액의 1.4%	1천230만원 + 12억원 초과금액의 1.8%
50억원 초과 94억원 이하	6천280만원 + 50억원 초과금액의 2.0%	8천70만원 + 50억원 초과금액의 2.5%
94억원 초과	1억5천80만원 + 94억원 초과금액의 2.7%	1억9천70만원 + 94억원 초과금액의 3.2%

* 2018년 9.13대책을 반영하여 세율을 상향조정하고 다주택자에 대하여 중과세율을 적용하며 과세표준 3억원 이하를 분리하였다.

3) 주택법 제63조의2 제1항은 조정대상지역 지정사유로 제1호 주택가격, 청약경쟁률, 분양권 전매량 및 주택보급률 등을 고려하였을 때 주택 분양 등이 과열되어 있거나 과열될 우려가 있는 지역, 제2호 주택가격, 주택거래량, 미분양주택의 수 및 주택보급률 등을 고려하여 주택의 분양・매매 등 거래가 위축되어 있거나 위축될 우려가 있는 지역으로 구분하고 있으나 국토교통부 장관이 공고한 조정대상지역에는 제1호와 제2호의 구분이 없다.

2018년 이전 주택분 종합부동산세 세율

과세표준	세 율(보유주택 지역 및 호수 구분 없음)
6억원 이하	0.5%
6억원 초과 12억원 이하	360만원 + 6억원 초과금액의 0.75%
12억원 초과 50억원 이하	750만원 + 12억원 초과금액의 1%
50억원 초과 94억원 이하	4천550만원 + 50억원 초과금액의 1.5%
94억원 초과	1억1천150만원 + 94억원 초과금액의 2%

조정대상지역 현황(국토교통부 공고 제2018-1766호, 2018.12.31.)

※ 주택법 제63조의2에 따른 조정대상지역 지정 현황(2018.12.31.)

시 · 도	현 행(2018.12.31. 현재)	지정일자
서울	서울 25개구	2017.9.6.
경기	과천시, 광명시, 성남시, 고양시, 남양주시, 하남시, 동탄2택지개발지구(화성시 반송동 · 석우동, 동탄면 금곡리 · 목리 · 방교리 · 산척리 · 송리 · 신리 · 영천리 · 오산리 · 장지리 · 중리 · 청계리 일원에 지정된 동탄2택지개발지구에 한함)	2017.9.6.
	구리시, 안양시 동안구, 광교택지개발지구(수원시 영통구 이의동 · 원천동 · 하동 · 매탄동, 팔달구 우만동, 장안구 연무동, 용인시 수지구 상현동, 기흥구 영덕동 일원에 지정된 광교택지개발지구에 한함)	2018.8.28.
	수원시 팔달구, 용인시 수지구, 용인시 기흥구	2018.12.31.
부산	해운대구 · 수영구 · 동래구	2017.9.6.
세종	세종특별자치시(세종특별자치시는 신행정수도 후속대책을 위한 연기 · 공주지역 행정중심복합도시 건설을 위한 특별법 제2조 제2호에 따른 예정지역에 한함)	2017.9.6.

(2) 주택 수 계산

보유주택 수에 따라 세율을 달리 적용하므로 주택 수의 계산은 세율적용에 미치는 영향이 크다. 세율적용과 관련한 주택 수를 계산함에 있어서 종합부동산세법 시행령은 다음과 같은 기준을 두고 있다.(종부령 제4조의2)

① 1주택을 여러 사람이 공동으로 소유한 경우 공동 소유자 각자가 그 주택을 소유한 것으로 본다. 다만, 상속을 통해 공동 소유한 주택은 과세기준일 현재 다음의 요건을 모두 갖춘 경우에만 주택 수에서 제외한다.
- 주택에 대한 소유 지분율이 20% 이하일 것
- 소유 지분율에 상당하는 공시가격이 3억원 이하일 것

② 다가구주택은 1주택으로 본다.

③ 다음에 보는 합산배제 임대주택 및 사원용주택등은 주택 수에 포함하지 않는다.

3. 1세대 1주택

(1) 종합부동산세법상 1세대 1주택 특례

종합부동산세법상 1세대 1주택자에 대하여는 과세표준 산정과 세액공제의 특례를 두고 있다. 과세표준을 산정함에 있어서는 주택의 공시가액에서 3억원을 공제한 금액에서 유형별 공제금액 6억원을 공제하게 되므로 결과적으로 9억원을 공제하게 되고, 세액산정에 있어서는 산출세액에서 1세대 1주택자의 연령 및 주택의 보유기간에 따른 세액공제 제도를 두고 있는 것이 그것이다. "1세대 1주택자"란 세대원 중 1명만이 주택분 재산세 과세대상인 1주택만을 소유한 경우로서 그 주택을 소유한 거주자를 말한다.(종부령 제2조의3) 따라서 비거주자는 1세대 1주택 특례규정을 적용받지 못한다. 여기서는 1세대 1주택의 범위에 대하여 보고 세액공제는 뒤에서 본다.

(2) 1세대

1세대는 주택 또는 토지의 소유자 및 그 배우자가 그들과 동일한 주소 또는 거소에서 생계를 같이하는 가족과 함께 구성하는 1세대를 말하고, 가족이라 함은 주택 또는 토지의 소유자와 그 배우자의 직계존비속(그 배우자를 포함한다) 및 형제자매를 말하며, 취학, 질병의 요양, 근무상 또는 사업상의 형편으로 본래의 주소 또는 거소를 일시 퇴거한 자를 포함한다. 세법은 이러한 원칙적인 1세대 개념을 기초로 하되, 가족생활의 특수한 경우를 상정하여 배우자가 없는 1세대 또는 가족간 한시적으로 각각 1세대를 인정하는 특례규정을 다음과 같이 두고 있다.(종부령 제1조의2)

(가) 배우자 없는 1세대

다음의 경우에는 배우자가 없는 때에도 1세대로 본다.

① 30세 이상인 경우

② 배우자가 사망하거나 이혼한 경우

③ 미성년자가 아닌 자로서 소득(소득세법 제4조에 따른 종합소득, 퇴직소득, 양도소득)이 국민기초생활 보장법 제2조 제11호에 따른 기준 중위소득의 100분의 40 이상으로서 소유하고 있는 주택 또는 토지를 관리·유지하면서 독립된 생계를 유지할 수 있는 경우. 미성년자는 원칙적으로 1세대가 될 수 없으나 미성년자의 결혼, 가족의 사망 등의 사유로[4] 1세대의 구성이 불가피한 경우에는 그러하지 아니하다. 국민기초생활 보장법 제2조 제11호에 따른 2019년도 기준 중위소득 및 그 40%의 금액을 표로 보면 다음과 같다.

〈2019년 기준 중위소득(보건복지부 고시 제2018-144호, 2018.7.24.) 및 그 40%〉

가구원수	1인	2인	3인	4인
중위소득(원/월)	1,707,008	2,906,528	3,760,032	4,613,536
중위소득의 40%(원)	682,804	1,162,612	1,504,013	1,845,415

가구원수	5인	6인	7인	8인
중위소득(원/월)	5,467,040	6,320,544	7,174,048	8,027,552*
중위소득의 40%(원)	2,186,816	2,528,218	2,869,620	3,211,021

* 8인 이상의 가구는 1인 증가시마다 853,504원씩 증가

(나) 혼인합가로 인한 한시적 1세대

혼인함으로써 1세대를 구성하는 경우에는 혼인한 날부터 5년 동안은 부부를 각각 별도의 1세대로 보아 1세대 1주택 여부를 판단한다.

(다) 동거봉양합가로 인한 한시적 1세대

동거봉양(同居奉養)하기 위하여 합가(合家)함으로써 과세기준일 현재 60세 이상의 직계존속(직계존속 중 어느 한 사람이 60세 미만인 경우를 포함한다)과 1세대를 구성하

4) 시행령은 미성년자가 1세대를 구성할 수 있는 경우로 "미성년자의 결혼", "가족의 사망"외 불가피한 사유를 시행규칙에 위임하고 있으나 현행 종합부동산세법 시행규칙에는 이에 대한 규정이 없다.

는 경우에는 합가한 날부터 10년 동안 주택 또는 토지를 소유하는 자와 그 합가한 자별로 각각 1세대로 본다. 합가한 날 당시는 60세 미만이었으나, 합가한 후 과세기준일 현재 60세에 도달하는 경우는 합가한 날부터 10년의 기간 중에서 60세 이상인 기간 동안만 적용한다.

(3) 1주택

세대원 중 1명만이 주택분 재산세 과세대상인 1주택만 소유한 경우이어야 한다.(종부령 제2조의3) 과세당국은 이를 엄격하게 해석하여 부부가 1주택을 공동으로 소유하고 있는 경우 또는 1주택의 건물과 부속토지를 각각 소유하고 있는 경우에도 1세대 1주택자에 해당하지 아니한다고 보고, 세대원이 다른 주택의 지분을 보유하거나 부속토지를 보유하고 있는 경우에도 1세대 1주택자에 해당하지 아니한다고 본다.(종부집행 8-2의3-7)[5] 다만, 납세의무자가 1주택과 다른 주택의 부속토지를 소유한 경우에는 1세대 1주택에 해당하고, 2주택의 부속토지만을 소유한 경우에는 1세대 1주택자에 해당하지 아니한다.(종부법 제8조 제4항)[6]

(4) 주택 수에 포함되지 않는 주택

합산배제 신고를 한 임대주택과 등록문화재에 해당하는 주택은 1세대 1주택 판단시 1세대가 소유한 주택 수에서 제외한다.(종부령 제2조의3 제2항) 그 외 주택은 주택 수에서 제외되지 아니하므로 상속주택, 농어촌주택, 공동소유 소수지분주택, 사원용주택등(문화재등록주택 제외), 다른 주택의 부속토지 등을 소유하는 경우는 1세대 1주택에 해당하지 아니한다.[7]

① 합산배제 신고를 한 임대주택 : 종합부동산세법 시행령 제3조 제1항의 합산배제 임대주택[8]을 말한다. 다만, 임대주택 외의 주택의 소유자가 과세기준일 현재 그 주택에 주민등록이 되어 있고 실제로 그 주택에 거주하고 있어야 한다. 임대주택

5) 국세청「종합부동산세 실무해설」2018, 43~44면

6) 이는 1주택을 소유한 납세의무자 본인이 다른 주택의 부속토지를 소유한 경우에는 1세대 1주택에 해당한다는 것으로 2009년 5월 27일 신설된 규정이다. 개정이유를 보면 이러한 자의 세부담을 완화하여 주기 위하여 1세대 1주택으로 간주하려는 것이라고 하는데, 세대원이 다른 주택의 부속토지를 소유한 경우와 달리 1주택과 다른 주택의 부속토지를 1인이 소유한 경우만 세부담을 완화해 주는 것에 합리적인 이유가 있는지 의문이다.

7) 국세청,「종합부동산세 실무해설」2018, 43면

8) 자세한 내용은 다음 II에서 본다.

중 부동산투자회사 또는 부동산간접투자기구가 2008년 1월 1일부터 2008년 12월 31일까지 취득 및 임대하는 매입임대주택(종부령 제3조 제1항 제5호)은 주택 수에 포함한다.

② 등록문화재에 해당하는 주택 : 문화재청장이 지정문화재가 아닌 유형문화재, 기념물 및 민속문화재 중에서 보존과 활용을 위한 조치가 특별히 필요하다고 판단하여 문화재위원회의 심의를 거쳐 등록한 문화재에 해당하는 주택을 말한다.(문화재보호법 제53조 제1항)

II 합산하지 아니하는 주택

종합부동산세는 주택 또는 토지의 과다보유를 억제하려는 정책목적을 가진 세목인데, 과세기준일 현재 납세의무자가 소유한 모든 주택에 대하여 종합부동산세를 과세하는 것이 반드시 이 정책목적에 부합하는 것은 아니다. 신축주택이나 임대주택 등에 대한 종합부동산세 부과는 오히려 이러한 사업을 위축시키는 작용을 하게 되므로 이러한 주택의 가액은 종합부동산세 과세표준에 합산하지 아니하는 예외를 두고 있다.(종부법 제8조 제2항)

1. 임대주택 합산배제

민간임대주택에 관한 특별법에 따른 민간임대주택, 공공주택 특별법에 따른 공공임대주택 또는 다가구 임대주택으로서 일정한 임대기간, 주택의 수, 가격, 규모 등의 요건을 충족하는 주택의 가액은 종합부동산세 과세표준에 합산하지 아니한다.(종부법 제8조 제2항 제1호)

1) 임대주택의 유형

국민의 주거안정이라는 공익성으로 인하여 임대주택은 공공사업으로 제공되기도 하지만 공공사업으로 제공하기에는 한계가 있으므로 민간임대주택사업을 지원하기 위하여 민간임대주택에 관한 특별법(약칭 : 민간임대주택법)을 제정하여 임대주택의 공급을 촉진하고 있다.(민간임대주택법 제1조) 따라서 임대주택은 크게 공공임대주택과 민간임대주택으로 구분할 수 있는데, 과세특례제도는 주로 민간임대주택에 대한 것이다.

(1) 민간임대주택

"민간임대주택"이란 임대 목적으로 제공하는 주택으로서 임대사업자가 등록한 주택을 말하며, 민간건설임대주택과 민간매입임대주택으로 구분한다. 주택에는 토지를 임차하여 건설된 주택 및 준주택과 일부만을 임대하는 주택을 포함한다.(민간임대주택법 제2조) 여기서 "준주택"이란 전용면적이 85㎡ 이하로서 상하수도 시설이 갖추어진 전용 입식 부엌, 전용 수세식 화장실 및 목욕시설(전용 수세식 화장실에 목욕시설을 갖춘 경우를 포함한다)을 갖춘 오피스텔을 말하고, "일부만을 임대하는 주택"이란 다가구주택으로서 임대사업자 본인이 거주하는 실(室)(한 세대가 독립하여 구분 사용할 수 있도록 구획된 부분을 말한다)을 제외한 나머지 실 전부를 임대하는 주택을 말하는 것으로 임대주택의 대상이 된다.(민간임대주택법 시행령 제2조 · 제2조의2)

(가) 민간임대주택의 유형

민간임대주택은 취득유형에 따라 민간건설임대주택, 민간매입임대주택으로 구분되고, 임대기간에 따라 단기민간임대주택, 장기일반민간임대주택, 공공지원민간임대주택으로 구분된다.(민간임대주택법 제2조)

① 민간건설임대주택 : 임대사업자가 임대를 목적으로 건설하여 임대하는 주택과 주택건설사업자(주택법 제4조)가 사업계획승인(주택법 제15조)을 받아 건설한 주택 중 사용검사 때까지 분양되지 아니하여 임대하는 주택을 말한다.

② 민간매입임대주택 : 임대사업자가 매매 등으로 소유권을 취득하여 임대하는 민간임대주택을 말한다.

③ 단기민간임대주택 : 임대사업자가 4년 이상 임대할 목적으로 취득하여 임대하는 민간임대주택을 말한다.

④ 장기일반민간임대주택 : 임대사업자가 공공지원민간임대주택이 아닌 주택을 8년 이상 임대할 목적으로 취득하여 임대하는 민간임대주택을 말한다.

⑤ 공공지원민간임대주택 : 임대사업자가 다음 어느 하나에 해당하는 민간임대주택을

8년 이상 임대할 목적으로 취득하여 민간임대주택법에 따른 임대료 및 임차인의 자격 제한 등을 받아 임대하는 민간임대주택을 말한다.

- 주택도시기금법에 따른 주택도시기금의 출자를 받아 건설 또는 매입하는 민간임대주택
- 주택법 제2조 제24호에 따른 공공택지 또는 민간임대주택법 제18조 제2항에 따라 수의계약 등으로 공급되는 토지 및 혁신도시 조성 및 발전에 관한 특별법 제2조 제6호에 따른 종전부동산을 매입 또는 임차하여 건설하는 민간임대주택
- 민간임대주택법 제21조 제2호에 따라 용적률을 완화 받거나 국토의 계획 및 이용에 관한 법률 제30조에 따라 용도지역 변경을 통하여 용적률을 완화 받아 건설하는 민간임대주택
- 민간임대주택법 제22조에 따라 지정되는 공공지원민간임대주택 공급촉진지구에서 건설하는 민간임대주택
- 그 밖에 민간임대주택법 시행규칙 제1조의2에 정하는 공공지원을 받아 건설 또는 매입하는 민간임대주택

(나) 민간임대사업자

"임대사업자"란 공공주택사업자가 아닌 자로서 1호 이상의 민간임대주택을 취득하여 임대하는 사업을 할 목적으로 임대사업자 등록을 한 자를 말한다.(민간임대주택법 제2조 제7호)

① 임대사업자 등록 : 주택을 임대하려는 자는 특별자치시장 · 특별자치도지사 · 시장 · 군수 또는 구청장("자치구의 구청장")에게 등록을 신청할 수 있다. 등록을 하려는 자는 ㉠ 민간건설임대주택 및 민간매입임대주택, ㉡ 공공지원민간임대주택, 장기일반민간임대주택 및 단기민간임대주택을 구분하여야 한다.(민간임대주택법 제5조, 같은 법 시행령 제4조) 임대사업자로 등록할 수 있는 자는 다음과 같으며, 2인 이상이 공동으로 건설하거나 소유하는 주택의 경우에는 공동 명의로 등록하여야 한다.

- 민간임대주택으로 등록할 주택을 소유한 자
- 민간임대주택으로 등록할 주택을 취득하려는 계획이 확정되어 있는 자로서 다음 어느 하나에 해당하는 자
  - 민간임대주택으로 등록할 주택을 건설하기 위하여 주택법 제15조에 따른 사업계획승인을 받은 자

- 민간임대주택으로 등록할 주택을 건설하기 위하여 건축법 제11조에 따른 건축허가를 받은 자
- 민간임대주택으로 등록할 주택을 매입하기 위하여 매매계약을 체결한 자
- 민간임대주택으로 등록할 주택을 매입하기 위하여 분양계약을 체결한 자
- 민간임대주택으로 등록할 주택을 취득하려는 ㉠ 주택법 제4조에 따라 등록한 주택건설사업자, ㉡ 부동산투자회사법 제2조 제1호에 따른 부동산투자회사, ㉢ 법인세법 제51조의2 제1항 제9호에 해당하는 투자회사, ㉣ 자본시장과 금융투자업에 관한 법률 제9조 제18항에 따른 집합투자기구, ㉤ 소속 근로자에게 임대하기 위하여 민간임대주택을 건설하려는 고용자(법인으로 한정)

② 임대사업자등록 결격자 : 과거 5년 이내에 민간임대주택 또는 공공임대주택(공공주택 특별법 제2조 제1호 가목에 따른 공공임대주택)사업에서 부도가 발생한 사실이 있는 자(부도 당시 법인의 대표자나 임원이었던 자와 부도 당시 법인의 대표자나 임원 또는 부도 당시 개인인 임대사업자가 대표자나 임원으로 있는 법인을 포함한다)는 임대사업자로 등록할 수 없다. 다만, 부도 후 부도 당시의 채무를 변제하고 사업을 정상화시킨 경우는 제외한다.

③ 등록신청 기관 : 임대사업자등록은 임대사업자의 주소지를 관할하는 특별자치시장, 특별자치도지사, 시장, 군수 또는 자치구청장("시장 · 군수 · 구청장")에게 신청하는 것이 원칙이다. 그러나 해당 민간임대주택의 소재지를 관할하는 시장 · 군수 · 구청장에게 신청서를 제출하는 것도 가능하다. 민간임대주택의 소재지를 관할하는 시장 · 군수 · 구청장이 신청서를 받은 경우에는 즉시 임대사업자의 주소지를 관할하는 시장 · 군수 · 구청장에게 이송하여야 한다.

④ 등록신청 서류 : 임대사업자등록신청은 민간임대주택에 관한 특별법 시행규칙 별지 제1호 서식에 의하여 하고, 같은 규칙 제2조에 규정된 서류를 첨부하여야 한다.

(2) 공공임대주택

공공주택사업자가 국가 또는 지방자치단체의 재정이나 주택도시기금법에 따른 주택도시기금을 지원받아 공공주택특별법 또는 다른 법률에 따라 건설, 매입 또는 임차하여 공급하는 주택을 "공공주택"이라 하고, 공공주택에는 "공공분양주택"과 "공공임대주택"이 있다.(공공주택특별법 제2조)

(가) 공공주택 사업자

공공주택사업자는 국토교통부장관이 지정한 다음의 사업자를 말한다.(공공주택 특별법 제4조)

① 국가 또는 지방자치단체

② 한국토지주택공사법에 따른 한국토지주택공사

③ 지방공기업법(제49조)에 따라 주택사업을 목적으로 설립된 지방공사

④ 공공기관의 운영에 관한 법률 제5조에 따른 공공기관 중 한국농어촌공사, 한국철도공사, 한국철도시설공단, 공무원연금공단, 제주국제자유개발센터, 주택도시보증공사, 한국자산관리공사(공공주택특별법 시행령 제6조 제1항)

⑤ 위 ①부터 ④의 어느 하나에 해당하는 자가 총지분의 50%를 초과하여 출자・설립한 법인

⑥ 주택도시기금 또는 위 ①부터 ④의 어느 하나에 해당하는 자가 총지분의 전부를 출자(공동으로 출자한 경우를 포함)하여 부동산투자회사법에 따라 설립한 부동산투자회사

⑦ 국토교통부장관은 위 ①부터 ④의 어느 하나에 해당하는 자와 주택건설사업자(주택법 제4조)를 공동 공공주택사업자로 지정할 수 있다. 이 경우 공동 공공주택사업자가 된다.

(나) 공공임대주택 유형

공공임대주택은 임대를 목적으로 공급하는 주택과 일정기간 임대한 후 분양전환을 목적으로 공급하는 주택을 포함한다. 공공임대주택은 취득유형에 따라 공공주택사업자가 건설하여 공급하는 임대주택을 "공공건설임대주택"이라 하고, 매매 등으로 취득하여 공급하는 임대주택을 "공공매입임대주택"이라 한다. 공공임대주택의 유형을 세부적으로 분류하면 다음과 같다.(공공주택특별법 제2조 및 같은 법 시행령 제2조)

① 영구임대주택 : 국가나 지방자치단체의 재정을 지원받아 최저소득 계층의 주거안정을 위하여 50년 이상 또는 영구적인 임대를 목적으로 공급하는 공공임대주택

② 국민임대주택 : 국가나 지방자치단체의 재정이나 주택도시기금법에 따른 주택도시기금의 자금을 지원받아 저소득 서민의 주거안정을 위하여 30년 이상 장기간 임대를 목적으로 공급하는 공공임대주택

③ 행복주택 : 국가나 지방자치단체의 재정이나 주택도시기금의 자금을 지원받아 대

학생, 사회초년생, 신혼부부 등 젊은 층의 주거안정을 목적으로 공급하는 공공임대주택

④ 장기전세주택 : 국가나 지방자치단체의 재정이나 주택도시기금의 자금을 지원받아 전세계약의 방식으로 공급하는 공공임대주택

⑤ 분양전환공공임대주택 : 일정 기간 임대 후 분양전환할 목적으로 공급하는 공공임대주택

⑥ 기존주택매입임대주택 : 국가나 지방자치단체의 재정이나 주택도시기금의 자금을 지원받아 기존주택을 매입하여 국민기초생활 보장법에 따른 수급자 등 저소득층과 청년 및 신혼부부에게 공급하는 공공임대주택

⑦ 기존주택전세임대주택 : 국가나 지방자치단체의 재정이나 주택도시기금의 자금을 지원받아 기존주택을 임차하여 국민기초생활보장법에 따른 수급자 등 저소득층과 청년 및 신혼부부에게 전대(轉貸)하는 공공임대주택

2) 합산배제 임대주택

종합부동산세 주택의 과세표준에 합산하지 아니하는 임대주택은 공공주택사업자 또는 민간주택임대사업자로서 과세기준일 현재 세무서에 주택임대업 사업자등록(소득법 제168조, 법인법 제111조)을 한 자가 과세기준일 현재 임대하거나 소유하고 있는 다음의 주택이다. 이 경우 과세기준일 현재 임대를 개시한 자가 당해 연도 9월 30일(합산배제 신고기간 종료일)까지 임대사업자로서 사업자등록을 하는 경우에는 해당 연도 과세기준일 현재 임대사업자로서 사업자등록을 한 것으로 본다.(종부령 제3조 제1항)

(1) 건설임대주택

민간건설임대주택 또는 공공건설임대주택을 2호 이상 임대하는 경우 합산배제한다.(종부령 제3조 제1항 제1호)

① 사업자 요건 : 건설하는 주택의 경우 소유권 보존등기일까지 민간임대주택법 또는 공공주택특별법에 따른 사업자등록을 하여야 건설임대주택사업자에 해당한다는 것이 국세청의 유권해석이다.(종부집행 8-3-4 · 8-3-5) 민간건설임대주택의 경우 2018년 3월 31일 이전에 민간임대주택법에 따른 임대사업자등록(지방자치단체)과 세법에 따른 사업자등록(세무서)을 한 주택에 대해서만 합산배제가 가능하다.

② 주택크기 및 가액 : 전용면적이 149㎡ 이하인 주택을 2호 이상 임대하고, 해당 주택 2호 이상을 임대개시한 날 또는 최초로 합산배제신고를 한 연도의 과세기준일의 공시가격이 6억원 이하이어야 한다. 이미 2호 이상의 주택의 임대를 개시한 날 이후 추가로 임대를 개시한 주택의 경우에는 그 주택의 임대개시일의 공시가격이 6억원 이하이어야 한다.

③ 주택 수 및 임대기간 : 2호 이상을 5년 이상 계속하여 임대하여야 한다. 임대주택의 수는 특별시, 광역시 또는 도에 소재하는 주택별로 각각 합산하여 계산한다. (종부령 제3조 제5항)

④ 임대료 인상 요건 : 임대보증금 또는 임대료의 연 증가율이 100분의 5를 초과하지 아니하여야 한다.

(2) 매입임대주택

민간매입임대주택 또는 공공매입임대주택으로서 다음의 요건을 갖춘 경우 합산배제한다.(종부령 제3조 제1항 제2호)

① 사업자 요건 : 민간매입임대주택의 경우 2018년 3월 31일 이전에 민간임대주택법에 따른 임대사업자등록(지방자치단체)과 세법에 따른 사업자등록(세무서)을 한 주택에 대해서만 합산배제가 가능하다.

② 주택의 가액 : 임대주택의 수 또는 크기에 대한 제한은 없으나, 해당 주택의 임대개시일 또는 최초로 합산배제신고를 한 연도의 과세기준일의 공시가격이 6억원(수도권정비계획법 제2조 제1호에 따른 수도권 밖의 지역인 경우에는 3억원) 이하이어야 한다.

③ 임대기간 : 5년 이상 계속하여 임대하여야 한다.

④ 임대료 인상 요건 : 임대보증금 또는 임대료의 연 증가율이 100분의 5를 초과하지 아니하여야 한다.

(3) 기존임대주택

임대사업자의 지위에서 2005년 1월 5일 이전부터 임대하고 있던 임대주택으로서 다음 요건을 모두 갖춘 주택이 2호 이상인 경우 합산배제한다.(종부령 제3조 제1항 제3호)

① 주택의 크기 및 가액 : 국민주택 규모 이하로서 2005년도 과세기준일의 공시가격이 3억원 이하이어야 한다.

② 임대기간 : 5년 이상 계속하여 임대하여야 한다.

(4) 미임대 민간건설임대주택

민간건설임대주택으로서 다음 각 요건을 모두 갖춘 경우 합산배제한다.(종부령 제3조 제1항 제4호)

① 주택크기 및 가액 : 전용면적이 149㎡ 이하이고, 합산배제신고를 한 연도의 과세기준일 현재의 공시가격이 6억원 이하이어야 한다.

② 미임대 요건 : 건축법 제22조에 따른 사용승인을 받은 날 또는 주택법 제49조에 따른 사용검사 후 사용검사필증을 받은 날부터 과세기준일 현재까지의 기간 동안 임대된 사실이 없고, 그 임대되지 아니한 기간이 2년 이내이어야 한다.

(5) 부동산투자회사 등의 임대주택

부동산투자회사법 제2조 제1호에 따른 부동산투자회사 또는 간접투자자산 운용업법 제27조 제3호에 따른 부동산간접투자기구가 2008년 1월 1일부터 2008년 12월 31일까지 취득 및 임대하는 매입임대주택으로서 다음 요건을 모두 갖춘 주택이 5호 이상인 경우 합산배제한다.(종부령 제3조 제1항 제5호)

① 주택의 위치, 크기 및 가액 : 수도권 밖의 지역에 위치한 주택으로서 전용면적이 149㎡ 이하이고 2008년도 과세기준일의 공시가격이 6억원 이하이어야 한다.

② 임대기간 : 10년 이상 계속하여 임대하여야 한다.

(6) 미분양 매입임대주택

미분양주택 해소를 위하여 미분양 주택을 2008년 6월 11일부터 2009년 6월 30일까지 최초로 분양받아 임대하는 주택은 합산배제한다.(종부령 제3조 제1항 제6호)

① 미분양 주택 : 주택법 제54조에 따른 사업주체가 같은 조에 따라 공급하는 주택으로서 입주자모집공고에 따른 입주자의 계약일이 지난 주택단지에서 2008년 6월 10일까지 분양계약이 체결되지 아니하여 선착순의 방법으로 공급하는 주택으로서 2008년 6월 11일부터 2009년 6월 30일까지 최초로 분양계약을 체결하고 계약금을 납부한 주택 5호 이상을 임대하여야 한다.

② 주택의 위치, 크기 및 가액 : 수도권 밖의 지역에 위치한 주택으로서 전용면적이 149㎡ 이하이고, 5호 이상의 주택의 임대를 개시한 날 또는 최초로 합산배제신

고를 한 연도의 과세기준일의 공시가격이 3억원 이하이어야 한다. 5호 이상의 주택의 임대를 개시한 날 이후 임대를 개시한 주택의 경우에는 그 주택의 임대개시일의 공시가격이 3억원 이하이어야 한다.

③ 임대주택 수 및 임대기간 : 5호 이상을 5년 이상 계속하여 임대하여야 한다. 임대주택의 수는 특별시, 광역시 또는 도에 소재하는 주택별로 각각 합산하여 계산한다.(종부령 제3조 제5항) 위 (2)에 따른 매입임대주택이 5호 이상이거나 (3)에 따른 매입임대주택이 2호 이상이거나 (5)에 따른 임대주택이 5호 이상인 경우에는 (2), (3) 또는 (5)에 따른 매입임대주택과 미분양매입임대주택을 합산하여 5호 이상이면 된다. 단 (3)에 따른 매입임대주택과 합산하는 경우에는 그 미분양매입임대주택이 같은 특별시 · 광역시 또는 도 안에 있는 경우에 한정한다.

④ 확인서 제출 : 해당 주택을 보유한 납세의무자는 주택의 보유현황 신고와 함께 시장 · 군수 또는 구청장이 발행한 미분양주택 확인서 사본 및 미분양주택 매입 시의 매매계약서 사본을 제출하여야 한다.

(7) 건설임대주택 중 장기일반민간임대주택등

건설임대주택 중 공공지원민간임대주택 또는 장기일반민간임대주택을 2호 이상 임대하는 경우 합산배제한다.(종부령 제3조 제7호)

① 주택의 크기 및 가액 : 전용면적이 149㎡ 이하인 주택이고, 해당 주택 2호 이상을 임대개시한 날 또는 최초로 합산배제신고를 한 연도의 과세기준일의 공시가격이 6억원 이하이어야 한다. 2호 이상의 주택의 임대를 개시한 날 이후 임대를 개시한 주택의 경우에는 그 주택의 임대개시일의 공시가격이 6억원 이하이어야 한다. 임대주택의 수는 특별시 광역시 또는 도에 소재하는 주택별로 각각 합산하여 계산한다.(종부령 제3조 제5항)

② 임대기간 : 8년 이상 계속하여 임대하여야 한다. 임대기간을 계산할 때 단기민간임대주택을 장기일반민간임대주택등으로 변경 신고한 경우에는(민간임대주택법 제5조 제3항) 단기임대주택의 개시일부터 임대한 것으로 본다. 다만, 단기민간임대주택의 임대의무기간이 종료된 이후 변경신고한 경우에는 변경신고의 수리일부터 해당 단기민간임대주택의 임대의무기간을 역산한 날 임대를 개시한 것으로 본다.(임대주택법 시행령 제34조 제1항 제3호)

③ 임대료 인상 요건 : 임대보증금 또는 임대료의 연 증가율이 100분의 5를 초과하지

아니하여야 한다.

(8) 매입임대주택 중 장기일반민간임대주택등

매입임대주택 중 공공지원민간임대주택 또는 장기일반민간임대주택을 임대하는 경우 합산배제한다.(종부령 제3조 제8호)

① 주택의 가액 : 해당 주택의 임대개시일 또는 최초로 합산배제신고를 한 연도의 과세기준일의 공시가격이 6억원(수도권 밖의 지역인 경우에는 3억원) 이하이어야 한다. 크기에 대한 제한은 없다.

② 임대기간 : 8년 이상 계속하여 임대하여야 한다. 임대기간을 계산할 때 단기민간임대주택을 장기일반민간임대주택등으로 변경 신고한 경우에는(민간임대주택법 제5조 제3항) 단기임대주택의 개시일부터 임대한 것으로 본다. 다만, 단기민간임대주택의 임대의무기간이 종료된 이후 변경신고한 경우에는 변경신고의 수리일부터 해당 단기민간임대주택의 임대의무기간을 역산한 날 임대를 개시한 것으로 본다.(임대주택법 시행령 제34조 제1항 제3호)

③ 임대료 인상 요건 : 임대보증금 또는 임대료의 연 증가율이 100분의 5를 초과하지 아니하여야 한다.

④ 조정대상지역 임대주택 예외 : 1세대가 국내에 1주택 이상을 보유한 상태에서 새로이 취득한 조정대상지역(주택법 제63조의2 제1항 제1호 : 별첨11)에 있는 장기일반민간임대주택(민간임대주택법 제2조 제5호)은 제외한다. 단, 조정대상지역의 공고가 있은 날 이전에 주택 또는 주택을 취득할 수 있는 권리를 취득하거나 취득하기 위하여 매매계약을 체결하고 계약금을 지급한 사실이 증빙서류에 의하여 확인되는 경우는 제외한다. 이 규정은 2018년 9월 13일 부동산대책에 따라 신설된 규정으로 2018년 9월 13일 이후 취득하는 주택 및 주택을 취득할 수 있는 권리에 대하여 적용한다. 즉 2018년 9월 13일 이전에 ㉠ 주택 또는 주택을 취득할 수 있는 권리를 취득한 경우, ㉡ 주택 또는 주택을 취득할 수 있는 권리를 취득하기 위하여 매매계약을 체결하고 계약금을 지급한 사실이 증빙서류에 의하여 확인되는 경우에는 종전규정에 따른다.(종부령 부칙 제2조)

(9) 다가구임대주택

건축법 시행령 별표1 제1호 다목의 규정에 따른 다가구주택 또는 다가구주택과 그 밖의 주택을 소유한 자가 주택임대를 위하여 사업자등록을 하는 경우에는 그 사업자등록을 한 날에 임대사업자에 해당하는 것으로 보고, 위 (1) 내지 (8)의 임대요건을 모두 갖춘 경우 각 해당 규정에 따라 종합부동산세 합산배제 임대주택으로 본다. 이 경우 다가구주택은 1가구가 독립하여 구분사용할 수 있도록 분리된 부분을 1구의 주택으로 본다.(종부령 제3조 제2항 · 제3항 · 제4항 · 제6항)

(10) 임대기간의 계산

위 합산배제 규정을 적용할 때 합산배제 임대주택의 임대기간의 계산은 다음에 따른다.(종부령 제3조 제7항)

① 임대개시일 : 임대기간은 해당 임대주택의 임대를 개시한 날로부터 계산한다. 2호(또는 5호) 이상을 임대하여야 하는 경우에는 2호(또는 5호) 이상의 주택의 임대를 개시한 날부터 계산한다. 2호(또는 5호) 이상의 주택의 임대를 개시한 날 이후 임대를 개시한 주택의 경우에는 그 주택의 임대개시일을 말한다. 단 건설임대주택은 건축법 제22조에 따른 사용승인을 받은 날 또는 주택법 제49조에 따른 사용검사 후 사용검사필증을 받은 날부터 민간임대주택법 제43조 또는 공공주택특별법 제50조의2에 따른 임대의무기간의 종료일까지의 기간(해당 주택을 보유한 기간에 한정한다) 동안은 계속 임대하는 것으로 본다.

② 상속 또는 합병 · 분할 등의 임대기간 : 상속으로 인하여 피상속인의 합산배제 임대주택을 취득하여 계속 임대하는 경우에는 당해 피상속인의 임대기간을 상속인의 임대기간에 합산하고, 합병 · 분할 또는 조직변경을 한 법인("합병법인등")이 합병 · 분할 또는 조직변경전의 법인("피합병법인등")의 합산배제 임대주택을 취득하여 계속 임대하는 경우에는 당해 피합병법인등의 임대기간을 합병법인등의 임대기간에 합산한다.

③ 임대의 연속 : 계속임대하여야 하는 의무임대기간 중에 기존 임차인의 퇴거일부터 다음 임차인의 입주일까지의 기간이 2년 이내인 경우에는 계속 임대하는 것으로 본다. 도시 및 주거환경정비법에 따른 주택재건축사업 또는 같은 법에 따른 주택재개발사업에 따라 당초의 합산배제 임대주택이 멸실되어 새로운 주택을 취득하게 된 경우에는 주택재건축 · 재개발사업으로 멸실된 주택의 임대기간과 새로이 취득한 주택의 임대기간을 합산한다. 이 경우 주택재건축 · 재개발사업으로 새로이 취득한 주택의 준공일부터 6개월 이내에 임대를 개시하여야 한다. 단 공공주

택사업자가 소유하는 주택으로서 ㉠ 공공매입임대주택은 취득일부터 공공주택 특별법 제50조의2에 따른 임대의무기간의 종료일까지의 기간(해당 주택을 보유한 기간에 한정한다) 계속 임대한 것으로 보고, ㉡ 기존임대주택은 최초 임대를 개시한 날부터 양도일까지의 기간 계속 임대한 것으로 본다.

④ 부득이한 사유 : 다음의 사유로 의무임대기간(5년 또는 8년)을 채우지 못한 경우에는 의무임대기간을 채운 것으로 본다.

- 공익사업을 위한 토지 등의 취득 및 보상에 관한 법률이나 그 밖의 법률에 따른 협의매수 또는 수용
- 건설임대주택으로서 공공주택 특별법 시행령 제54조 제2항 제2호에 따른 임차인에 대한 분양전환
- 천재 · 지변, 그 밖에 이에 준하는 사유의 발생

〈임대주택 유형별 종합부동산세 합산배제 요건〉

구 분	건설임대주택	매입임대주택
단기 임대주택	• 종류 : 민간 · 공공건설임대주택 • 크기 : 149㎡ 이하 • 가격 : 6억원 이하 • 호수 : 2호 이상 • 기간 : 5년 이상 • 임대료증가율 : 연 5% 이내 * 2018.3.31. 이전 사업자등록	• 종류 : 민간 · 공공매입임대주택 • 크기 : 제한없음 • 가격 : 6(수도권외 3)억원 이하 • 호수 : 제한 없음 • 기간 : 5년 이상 • 임대료증가율 : 연 5% 이내 * 2018.3.31. 이전 사업자등록
장기 임대주택	• 종류 : 공공지원민간임대주택 장기일반민간임대주택 • 크기 : 149㎡ 이하 • 가격 : 6억원 이하 • 호수 : 2호 이상 • 기간 : 8년 이상 • 임대료증가율 : 연 5% 이내	• 종류 : 공공지원민간임대주택 장기일반민간임대주택 • 크기 : 제한 없음 • 가격 : 6(수도권외 3)억원 이하 • 호수 : 제한 없음 • 기간 : 8년 이상 • 임대료증가율 : 연 5% 이내 * 2018.9.13. 이후 조정대상지역 취득주택 제외

구 분	건설임대주택	매입임대주택
미임대주택	• 종류 : 민간건설임대주택 • 크기 : 149㎡ 이하 • 가격 : 6억원 이하 • 호수 : 제한 없음 • 미임대기간 : 2년 이내	
미분양 매입임대주택		• 종류 : 미분양주택(2008.6.10.) • 크기 : 149㎡ 이하 • 가격 : 3억원 이하 • 호수 : 수도권 밖 5호 이상 • 기간 : 5년 이상 * 2008.6.11.~2009.6.30. 분양계약
부동산투자회등의 임대주택		• 사업자 : 부동산투자회사 부동산간접투자기구 • 크기 : 149㎡ 이하 • 가격 : 6억원 이하 • 호수 : 수도권 밖 5호 이상 • 기간 : 10년 이상 * 2008.6.1.~2008.12.31. 취득임대
다가구주택	다가구주택을 소유한 자가 사업자등록을 한 날에 위 해당 요건에 부합하는 경우	

3) 합산배제 신고

임대주택 및 사원용 주택 등 합산배제 주택을 보유한 납세의무자는 당해 연도 9월 16일부터 9월 30일까지 납세지 관할세무서장에게 당해 주택의 보유현황을 신고하여야 한다. 신고는 임대주택 합산배제 신고서(종부칙 별지 제1호 서식)에 따라 신고하여야 하고, 최초의 합산배제 신고를 한 연도의 다음 연도부터는 그 신고한 내용 중 소유권 또는 전용면적에 변동이 없는 경우에는 신고하지 아니할 수 있다.(종부법 제8조 제3항, 종부령 제3조 제8항·제9항, 종부칙 제2조 제2항)

신고의 효력과 관련하여 과세당국은 세액경감의 혜택을 받으려면 반드시 합산배제 신고를 하여야 한다는 효력규정으로 해석하지 아니한다. 즉 합산배제 신고를 못한 경우에도 경정청구 또는 이의신청 등의 절차에 따라 합산배제 임대주택 규정을 적용받을 수 있다고 한다.(종부집행 8-3-13, 종합부동산세과-46, 2009.12.21.)

2. 사원용주택등 합산배제

1) 합산배제 주택

종업원의 주거에 제공하기 위한 기숙사 및 사원용 주택, 주택건설사업자가 건축하여 소유하고 있는 미분양주택, 가정어린이집용 주택 등(사원용주택등)[9]으로서 종합부동산세를 부과하는 목적에 적합하지 아니한 주택의 가격은 종합부동산세 과세표준에 합산하지 아니한다.(종부법 제8조 제2항 제2호)

(1) 사용자 소유의 사원용 주택

종업원에게 무상이나 저가로 제공하는 사용자 소유의 주택으로서 국민주택규모 이하이거나 과세기준일 현재 공시가격이 3억원 이하인 주택은 합산배제한다. 다만, 사용자와 특수관계에 있는 종업원에게 제공하는 주택은 제외한다. 특수관계의 범위는 다음과 같다.(종부령 제4조 제1항 제1호)

① 사용자가 개인인 경우 : ㉠ 사용자의 6촌 이내의 혈족, ㉡ 4촌 이내의 인척, ㉢ 배우자(사실상의 혼인관계에 있는 자를 포함한다), ㉣ 친생자로서 다른 사람에게 친양자 입양된 자 및 그 배우자 · 직계비속(국기령 제1조의2 제1항)

② 사용자가 법인인 경우 : 법인의 과점주주에 해당하는 자. 여기서 과점주주는 법인의 제2차 납세의무를 지는 출자자인 종업원을 의미한다.(국기법 제39조 제2호)

(2) 기숙사

건축법 시행령 별표 1 제2호 라목의 기숙사는 합산배제한다.(종부령 제4조 제1항 제2호) 건축법 시행령 별표 1 제2호 라목의 기숙사는 학교 또는 공장 등의 학생 또는 종업원 등을 위하여 쓰는 것으로서 1개 동의 공동취사시설 이용 세대 수가 전체의 50% 이상인 것(교육기본법 제27조 제2항에 따른 학생복지주택을 포함한다)을 말한다. 공동

9) 수도권 외 지역에 소재하는 1주택에 대한 합산배제는 시행령 규정이 2012년 2월 2일 개정시 삭제되었다.(종부령 제4조 제1항 제6호)

주택의 한 유형이다.

(3) 주택신축판매업자의 미분양 주택

과세기준일 현재 사업자등록을 한 다음의 주택신축판매업자가 소유하는 미분양 주택은 합산배제한다.(종부령 제4조 제1항 제3호)

(가) 주택법에 따른 사업자의 미분양 주택

주택법 제15조[10]에 따른 사업계획승인을 얻은 자가 건축하여 소유하는 미분양 주택으로서 2005년 1월 1일 이후에 주택분 재산세의 납세의무가 최초로 성립하는 날부터 5년이 경과하지 아니한 주택이 합산배제 주택이다.(종부칙 제4조) 주택법 제15조 및 같은 법 시행령 제27조에 따르면, 대규모주택 즉 단독주택의 경우 30호(공공사업용지에 건설하는 경우 등은 50호), 공동주택의 경우 30세대(일정규모 이상 단지형은 50세대) 이상의 주택건설업을 시행하려는 자는 사업계획승인을 받아야 한다.

(나) 건축법에 따른 사업자의 미분양 주택

건축법 제11조에 따른 허가를 받은 자가 건축하여 소유하는 미분양 주택으로서 2005년 1월 1일 이후에 주택분 재산세의 납세의무가 최초로 성립하는 날부터 5년이 경과하지 아니한 주택이 합산배제 주택이다. 건축법 제11조에 따르면 건축물을 건축하려는 자는 허가를 받아야 하므로 신축하는 주택은 모두 여기에 해당하나 주택법 제54조[11]에 따라 공급하지 아니한 주택으로서 자기 또는 임대계약 등 권원(權原)을 불문하고 타인이 거주한 기간이 1년 이상인 주택은 합산배제하는 주택에 해당하지 아니한다. 주택법 제54조는 주택공급시 분양승인 등에 관한 규정으로 주택법에 따라 30세대 이상의 주택을 공급하는 자는 이 규정을 따라야 한다. 따라서 위 (가) 주택법에 따른 사업자의 미분양 주택 이외의 주택은 본인 또는 타인이 1년 이상 거주한 경우 합산배제 주택에 포함되지 않는다.

---

10) 종합부동산세법 시행규칙 제4조는 "주택법 제16조"라고 규정하고 있으나 2016년 12월 2일 주택법 개정시 제16조의 "사업계획의 승인"이 제15조로 변경되었다.

11) 종합부동산세법 시행규칙 제4조는 "주택법 제38조"라고 규정하고 있으나 2016년 12월 2일 주택법 개정시 제38조의 "주택의 공급"이 제54조로 변경되었다.

(4) 시공사가 대물변제 받은 미분양 주택

주택의 시공자가 위 (3) (가), (나)의 사업자로부터 해당 주택의 공사대금으로 받은 해당 미분양 주택으로서 받은 날 이후 해당 주택의 주택분 재산세의 납세의무가 최초로 성립한 날부터 5년이 경과하지 아니한 주택은 합산배제한다. 다만, 건축법에 따른 사업자로부터 받은 주택으로서 주택법 제54조에 따라 공급하지 아니한 주택인 경우에는 자기 또는 임대계약 등 권원을 불문하고 타인이 거주한 기간이 1년 이상인 주택은 제외한다.(종부령 제4조 제1항 제5호)

(5) 기업구조조정부동산투자회사 등이 과거 취득한 미분양 주택

다음의 방법으로 취득한 미분양주택은 합산배제한다. 여기서 "미분양주택이란 주택법 제54조에 따른 사업주체가 같은 조에 따라 공급하는 주택으로서 입주자모집공고에 따른 입주자의 계약일이 지나 선착순의 방법으로 공급하는 주택을 말한다.(종부령 제4조 제1항 제9호~제11호, 제14호~제17호)

(가) 기업구조조정부동산투자회사등이 취득한 미분양 주택

① 기업구조조정부동산투자회사등이 2010년 2월 11일까지 취득한 미분양주택 : 기업구조조정부동산투자회사등(부동산투자회사법 제2조 제1호 다목에 따른 기업구조조정부동산투자회사 또는 자본시장과 금융투자업에 관한 법률 제229조 제2호에 따른 부동산집합투자기구를 말한다. 아래 ②, ③, ④에서도 같다)가 2010년 2월 11일까지 직접 취득(2010년 2월 11일까지 매매계약을 체결하고 계약금을 납부한 경우를 포함한다)하는 다음의 요건을 모두 갖춘 주택은 합산배제한다.(종부령 제4조 제1항 제9호)

- 취득하는 부동산이 모두 서울특별시 및 지정지역(소득법 제104조의2) 외의 지역에 있는 미분양주택으로서 그 중 수도권 밖의 지역에 있는 주택수의 비율이 100분의 60 이상일 것
- 존립기간이 5년 이내일 것

② 기업구조조정부동산투자회사등이 2011년 4월 30일까지 취득한 미분양주택 : 기업구조조정부동산투자회사등이 2011년 4월 30일까지 직접 취득(2011년 4월 30일까지 매매계약을 체결하고 계약금을 납부한 경우를 포함한다)하는 다음의 요건을 모두 갖춘 주택은 합산배제한다.(종부령 제4조 제1항 제14호)

- 취득하는 부동산이 모두 서울특별시 밖의 지역에 있는 2010년 2월 11일 현재 미분양주택으로서 그 중 수도권 밖의 지역에 있는 주택수의 비율이 100분의 50 이상일 것
- 존립기간이 5년 이내일 것

③ 기업구조조정부동산투자회사등이 2014년 12월 31일까지 취득한 미분양주택 : 기업구조조정부동산투자회사등이 2014년 12월 31일까지 직접 취득(2014년 12월 31일까지 매매계약을 체결하고 계약금을 납부한 경우를 포함한다)하는 다음의 요건을 모두 갖춘 주택은 합산배제한다.(종부령 제4조 제1항 제16호)

- 취득하는 부동산이 모두 미분양주택일 것
- 존립기간이 5년 이내일 것

④ 기업구조조정부동산투자회사등과 매입약정에 따른 미분양주택 : 위 ①, ②, ③에 따라 기업구조조정부동산투자회사등이 미분양주택을 취득할 당시 매입약정을 체결한 자가 그 매입약정에 따라 미분양주택(②의 경우에는 수도권 밖의 지역에 있는 미분양주택만 해당한다)을 취득한 경우로서 그 취득일부터 3년 이내인 주택은 합산배제한다.(종부령 제4조 제1항 제10호)

(나) 신탁업자가 취득한 미분양 주택

① 신탁업자가 2010년 2월 11일까지 취득한 미분양주택 : 다음의 요건을 모두 갖춘 신탁계약에 따른 신탁재산으로 자본시장과 금융투자업에 관한 법률에 따른 신탁업자가 2010년 2월 11일까지 직접 취득(2010년 2월 11일까지 매매계약을 체결하고 계약금을 납부한 경우를 포함한다)을 하는 미분양주택은 합산배제한다.(종부령 제4조 제1항 제11호)

- 주택의 시공자가 채권을 발행하여 조달한 금전을 신탁업자에게 신탁하고, 해당 시공자가 발행하는 채권을 한국주택금융공사법에 따른 한국주택금융공사의 신용보증을 받아 자산유동화에 관한 법률에 따라 유동화 할 것
- 신탁업자가 신탁재산으로 취득하는 부동산은 모두 서울특별시 밖의 지역에 있는 미분양주택 중 주택도시기금법에 따른 주택도시보증공사가 분양보증을 하여 준공하는 주택으로서 그 중 수도권 밖의 지역에 있는 주택수의 비율(신탁업자가 다수의 시공자로부터 금전을 신탁받은 경우에는 해당 신탁업자가 신탁재산으로 취득한 전체 미분양주택을 기준으로 한다)이 100분의 60 이상일 것
- 신탁재산의 운용기간(신탁계약이 연장되는 경우 그 연장되는 기간을 포함한다)

이 5년 이내일 것

② 신탁업자가 2011년 4월 30일까지 취득한 미분양주택 : 다음의 요건을 모두 갖춘 신탁계약에 따른 신탁재산으로 자본시장과 금융투자업에 관한 법률에 따른 신탁업자가 2011년 4월 30일까지 직접 취득(2011년 4월 30일까지 매매계약을 체결하고 계약금을 납부한 경우를 포함한다)하는 수도권 밖의 지역에 있는 미분양주택은 합산배제한다.(종부령 제4조 제1항 제15호)

- 주택의 시공자가 채권을 발행하여 조달한 금전을 신탁업자에게 신탁하고, 해당 시공자가 발행하는 채권을 한국주택금융공사법에 따른 한국주택금융공사의 신용보증을 받아 자산유동화에 관한 법률에 따라 유동화 할 것
- 신탁업자가 신탁재산으로 취득하는 부동산은 모두 서울특별시 밖의 지역에 있는 2010년 2월 11일 현재 미분양주택 중 주택도시기금법에 따른 주택도시보증공사가 분양보증을 하여 준공하는 주택으로서 그 중 수도권 밖의 지역에 있는 주택수의 비율(신탁업자가 다수의 시공자로부터 금전을 신탁받은 경우에는 해당 신탁업자가 신탁재산으로 취득한 전체 미분양주택을 기준으로 한다)이 100분의 50 이상일 것
- 신탁재산의 운용기간(신탁계약이 연장되는 경우 그 연장되는 기간을 포함한다)이 5년 이내일 것

③ 신탁업자가 2012년 12월 31일까지 취득한 미분양주택 : 다음 요건을 모두 갖춘 신탁계약에 따른 신탁재산으로 자본시장과 금융투자업에 관한 법률에 따른 신탁업자가 2012년 12월 31일까지 직접 취득(2012년 12월 31일까지 매매계약을 체결하고 계약금을 납부한 경우를 포함한다)하는 미분양주택(주택도시기금법에 따른 주택도시보증공사가 분양보증을 하여 준공하는 주택만 해당한다)은 합산배제한다.(종부령 제4조 제1항 제17호)

- 시공자가 채권을 발행하여 조달한 금전을 신탁업자에게 신탁하고, 해당 시공자가 발행하는 채권을 한국주택금융공사법에 따른 한국주택금융공사의 신용보증을 받아 자산유동화에 관한 법률에 따라 유동화할 것
- 신탁재산의 운용기간(신탁계약이 연장되는 경우 그 연장되는 기간을 포함한다)이 5년 이내일 것

(6) 가정어린이집용 주택

세대원이 영유아보육법(제13조)에 따라 시장 · 군수 또는 구청장의 인가를 받고 세법에 따른 고유번호(소득법 제168조 제5항)를 부여받은 후 과세기준일 현재 5년 이상 계속하여 가정어린이집으로 운영하는 주택은 합산배제한다.(종부령 제4조 제1항 제4호) 가정어린이집 운영을 개시한 후 5년이 경과한 주택을 말하는 것이 아니라 5년 이상 계속하여 운영할 예정으로 가정어린이집 운영을 개시한 주택을 말한다. 따라서 5년 이상 계획으로 가정어린이집 운영을 개시한 경우에는 합산배제를 받고 그 후 5년간 계속하여 어린이집 운영을 하지 못한 경우에는 과세당국이 합산배제로 경감받은 세액과 이자상당액을 추징한다.(종부법 제17조 제5항) 다만, 다음의 부득이한 사유가 있는 경우에는 5년의 의무운영기간 및 계속성 요건을 갖춘 것으로 본다.

① 5년의 의무운영기간을 충족한 것으로 보는 경우 : 가정어린이집 운영을 개시한 후 5년이 되기 전에 다음의 사유로 그 운영을 중단하는 경우에는 5년의 의무운영기간을 충족한 것으로 보아 합산배제로 경감받은 세금을 추징하지 아니한다.(종부령 제4조 제2항)

- 가정어린이집용 주택의 소유자 또는 가정어린이집을 운영하던 세대원이 사망한 경우
- 가정어린이집용 주택이 공익사업을 위한 토지 등의 취득 및 보상에 관한 법률 또는 그 밖의 법률에 따라 협의매수 또는 수용된 경우
- 그 밖에 천재 · 지변 등 기획재정부령이 정하는 부득이한 사유로 인하여 더 이상 가정어린이집을 운영할 수 없는 경우[12)]

② 계속하여 임대한 것으로 보는 경우 : 가정어린이집으로 운영하던 집을 바꾸어 계속 가정어린이집을 운영하거나 소유자 또는 운영자의 사망으로 일시 운영을 중단한 후 이어서 가정어린이집을 운영하는 다음의 경우에는 계속하여 운영한 것으로 본다. 따라서 당초 운영을 개시한 날로부터 5년이 경과하면 의무운영기간을 충족한 것이 된다.(종부령 제4조 제3항)

- 가정어린이집용 주택에서 이사하여 입주한 주택을 3월 이내에 가정어린이집로 운영하는 경우
- 가정어린이집용 주택의 소유자 또는 가정어린이집을 운영하던 세대원의 사망

12) 종합부동산세법 시행규칙에는 수임 받은 사항을 규정하고 있지 않다.

으로 인하여 가정어린이집을 운영하지 아니한 기간이 3월 이내인 경우

(7) 노인복지주택

국가 또는 지방자치단체외의 자가 특별자치시장 · 특별자치도지사 · 시장 · 군수 · 구청장에게 신고하고 노인주거복지시설을 설치한 자가 소유한 해당 노인복지주택은 합산배제한다. 노인복지주택이란 노인에게 주거시설을 임대하여 주거의 편의 · 생활지도 · 상담 및 안전관리 등 일상생활에 필요한 편의를 제공함을 목적으로 하는 시설을 말한다.(종부령 제4조 제1항 제12호, 노인복지법 제32조 제1항 · 제33조 제2항)

(8) 연구기관의 연구원용 주택

정부출연연구기관 등의 설립 · 운영 및 육성에 관한 법률, 과학기술분야 정부출연연구기관 등의 설립 · 운영 및 육성에 관한 법률, 한국국방연구원법 및 국방과학연구소득법에 따라 설립되거나 특정연구기관육성법의 적용을 받는 연구기관이 해당 연구기관의 연구원에게 제공하는 주택으로서 2008년 12월 31일 현재 보유하고 있는 주택은 합산배제한다.(종부령 제4조 제1항 제7호, 종부칙 제4조의2)

(9) 등록문화재에 해당하는 주택

문화재청장은 지정문화재가 아닌 유형문화재, 기념물 및 민속문화재 중에서 보존과 활용을 위한 조치가 특별히 필요하다고 판단하여 문화재위원회의 심의를 거쳐 문화재로 등록할 수 있다.(문화재보호법 제53조 제1항) 이 등록문화재에 해당하는 주택은 합산배제한다.(종부령 제4조 제1항 제8호) 지정문화재는 재산세가 면제되므로 종합부동산세 과세대상이 아니며 등록문화재는 재산세가 50% 경감되므로 종합부동산세 과세대상에 포함되어야 하나 등록문화재에 해당하는 주택은 합산배제하는 것이다.(지특법 제55조 제2항)

(10) 향교 또는 향교재단이 소유한 주택의 부속토지

향교재산법에 따른 향교 또는 향교재단이 소유한 주택의 부속토지(주택의 건물과 부속토지의 소유자가 다른 경우의 그 부속토지를 말한다)는 합산배제한다.(종부령 제4조 제1항 제13호)

(11) 송 · 변전설비 주변지역의 매수청구주택

송 · 변전설비 주변지역의 보상 및 지원에 관한 법률에 따르면 지상 송전선로 건설로 인하여 주거상 · 경관상의 영향을 받는 지역으로서 일정구역 내의 주택의 소유자는 주택의 매수를 청구할 수 있다.(같은 법 제2조 제4호 · 제5조) 이 법에 근거한 주택의 매수청구에 따라 사업자가 취득하여 보유하는 주택은 합산배제한다.(종부령 제4조 제1항 제18호)

(12) 주택도시기금과 한국토지주택공사가 공동출자한 부동산투자회사 등이 매입하는 주택

주택도시기금법 제3조에 따른 주택도시기금과 한국토지주택공사법에 따라 설립된 한국토지주택공사가 공동으로 출자하여 설립한 부동산투자회사[13]가 매입하는 주택으로서 다음의 요건을 모두 갖춘 주택은 합산배제한다.(종부령 제4조 제1항 제19호)

① 매입 시점에 거주자가 거주하고 있는 주택으로서 해당 주택 외에 거주자가 속한 세대가 보유하고 있는 주택이 없을 것
② 해당 거주자에게 매입한 주택을 5년 이상 임대하고 임대기간 종료 후에 그 주택을 재매입할 수 있는 권리를 부여할 것
③ 매입 당시 해당 주택의 공시가격이 5억원 이하일 것

2) 합산배제신고

합산배제 사원용 주택 등을 소유한 자가 합산배제 사원용주택등의 규정을 적용받으려는 때에는 당해 연도 9월 16일부터 9월 30일까지 납세지 관할세무서장에게 당해 사원용주택등 합산배제 신고서(종부칙 별지 제2호 서식)에 따라 신고하여야 한다. 임대주택과 마찬가지로 최초의 합산배제 신고를 한 연도의 다음 연도부터는 그 신고한 내용 중 소유권 또는 전용면적에 변동이 없는 경우에는 신고하지 아니할 수 있다. 한편, 합산배제 대상 중 향교 또는 향교재단의 합산배제 주택부속토지는 신고하지 아니하여도 된다.(종부법 제8조 제3항, 종부령 제4조 제4항, 종부칙 제2조)

---

13) 종합부동산세법 시행령 제4조 제1항 제19호는 "부동산투자회사 또는 기획재정부령으로 정한 기관"이 매입하는 주택에 대하여도 합산배제하는 것으로 규정하고 있으나 종합부동산세법 시행규칙에는 수임받은 사항을 규정하고 있지 않다.

3. 경감세액 추징

합산배제 주택 중 임대주택과 가정어린이집용 주택은 일정기간 임대하거나 가정어린이집으로 운영하여야 한다. 합산배제로 종합부동산세를 경감받은 후 그 요건을 충족하지 아니하게 된 때에는 관할세무서장 또는 관할지방국세청장이 경감받은 세액과 이자상당가산액을 다음과 같이 계산하여 추징한다.(종부법 제17조 제5항, 종부령 제10조)

① 경감받은 세액 : 합산배제 임대주택 또는 가정어린이집용 주택으로 보아 왔던 매 과세연도마다 해당 주택을 종합부동산세 과세표준 합산의 대상이 되는 주택으로 보고 계산한 세액에서, 합산배제 임대주택 또는 가정어린이집용 주택으로 보아 왔던 매 과세연도마다 해당 주택을 종합부동산세 과세표준 합산의 대상에서 제외되는 주택으로 보고 계산한 세액을 뺀 금액을 경감받은 세액으로 한다.

② 이자상당가산액 : 합산배제 임대주택 또는 가정어린이집용 주택으로 신고한 매 과세연도의 납부기한 다음 날부터 요건불충족으로 추징할 세액의 고지일까지의 일수 1일당 10만분의 25를 경감받은 세액에 곱한 금액을 이자상당가산액으로 한다.

Ⅲ 납부할 세액

주택분 종합부동산세 과세표준에 세율을 적용하여 계산한 금액을 "주택분 종합부동산세액"이라 한다.(종부법 제9조 제1항) 여기에서 기 납부한 재산세액을 공제하여 산출세액을 계산하고, 산출세액에서 1세대 1주택자에 대한 세액공제 및 세부담상한액을 초과하는 세액을 공제하여 납부할 고지세액을 산정한다.

1. 재산세액 공제

(1) 공제대상 재산세액

주택분 과세표준에 포함된 주택의 주택분 재산세로 부과된 세액은 주택분 종합부동산세액에서 이를 공제한다. 공제대상 재산세액은 실제 부담한 세액이다. 지방자치단체의 장이 조례로서 재산세율을 가감하여 부과한 경우는(지방법 제111조 제3항) 가감하여 부과한 세액이 공제대상 세액이 되고, 세부담 상한을 적용받은 경우에는(지방법 제122조) 그 상한을 적용받은 세액이 공제대상 세액이 된다. 여기의 재산세는 지방세법 제112조 제1항 제1호에 따라 부과된 세액을 말하므로 재산세 도시지역분으로 가산하는 세액(지방법 제112조 제1항 제2호), 종합부동산세 과세표준에 포함되지 아니하는 합산배제 임대주택 또는 사원용 주택 등에 부과된 재산세액은 공제대상 재산세액에 포함되지 아니한다.(종부법 제9조 제3항, 종부령 제4조의2 제1항) 실무상 종합부동산세액에서 재산세액을 공제한 세액을 "종합부동산세 산출세액"이라 한다.

(2) 공제금액

공제하는 재산세액은 종합부동산세 과세대상 주택에 부과된 재산세액이므로 원칙적으로 공제대상 재산세액이 모두 공제되어야 할 것이나, 재산세 과세표준이 그대로 종합부동산세 과세표준이 되는 것이 아니고 6억원을 초과하는 금액에 공정시장가액비율을 곱한 금액이 종합부동산세 과세표준이 되므로 공제하는 재산세액도 종합부동산세 과세표준에 해당하는 재산세액만 공제한다. 즉 주택의 공시가액 중 종합부동산세 과세표준에 포함되지 않는 6억원과 공정시장가액비율을 초과하는 금액에 상당하는 재산세는 공제하지 아니한다. 이를 산식으로 보면 다음과 같다.(종부법 제9조 제4항, 종부령 제4조의2)

$$\text{공제세액} = \text{① 주택분 재산세로 부과된 세액의 합계액(재산세 도시지역분 가산액 제외)} \times \frac{\text{② 종합부동산세 과세표준}^{*1)} \times \text{재산세 공정시장가액비율} \times \text{재산세 표준세율}^{*2)}}{\text{③ 주택을 합산하여 주택분 재산세 표준세율로 계산한 재산세 상당액}}$$

*1) 종합부동산세 과세표준 = [주택의 공시가격을 합산한 금액(1세대 1주택은 3억원을 뺀 금액) - 6억원] × 공정시장가액비율

*2) 세율적용 시 누진공제를 하지 아니한다.[14]

종합부동산세법 시행령 제4조의2 제3항은 위 산식에서 적용할 재산세 표준세율 등 계산에 필요한 사항을 시행규칙에 위임하고 있으나 종합부동산세법 시행규칙에는 관련

14) 종합부동산세 과세표준은 재산세 과세대상 공시가격의 합계액에서 6억원(또는 9억원)을 공제한 금액으로 재산세 누진공제 구간을 초과한 잔액에 해당하므로 누진공제를 하지 않은 것으로 해석하는 국세청의 유권해석은 이해된다.(종합부동산세 집행기준)

사항에 대한 규정이 없으며, 국세청 종합부동산세 집행기준은 사례를 들어 다음과 같이 해석하고 있다.(종부집행 9-4의2-1 이하)

사례

구 분	공시가격	부과된 재산세	비 고
A주택	8천만원	48,000원	
B주택	9억원	765,000원	탄력세율 50% 적용
C주택	7억원	525,000원	세액감면 50% 적용

① 부과된 재산세 합계액 : 납세의무자가 주택분 재산세로 부과받은 세액의 합계금액으로 지방세법 제111조 제3항에 의하여 가감조정된 세율이 적용된 경우에는 그 세율이 적용된 후의 세액, 같은 법 제122조에 의하여 세부담상한을 적용받은 경우에는 그 상한을 적용받은 후의 세액을 말한다.

• 부과받은 재산세 합계액 : **1,338,000원**(= 48,000원 + 765,000원 + 525,000원)

② 산식 분자의 주택분 재산세 표준세율로 계산한 재산세상당액은 주택분 과세표준에 재산세 공정시장가액비율을 곱하여 산정한 금액에 재산세 표준세율을 곱하여 산정한 재산세액으로, 누진공제액을 차감하지 아니한 금액을 말한다.

• 주택분 과세표준 5.84억원 = [(0.8억원 + 9억원 + 3.5억원) - 6억원]×80%(공정가액률)15)
• A주택 공시가격 : 8천만원
• B주택 공시가격 : 9억원(탄력세율은 감면이 아니므로 가격 조정하지 아니함)
• C주택 공시가격 : 3.5억원[= 7억원 - (7억원 × 50%)]
• 재산세 상당액 : 1,401,600원(= 과세표준 5.84억원×재산세 공정가액률 60%×0.4%)

③ 산식 분모의 주택분 재산세 표준세율로 계산한 재산세상당액은 주택공시가격 합산액에 재산세 공정시장가액비율을 곱하여 산정한 금액에 재산세 표준세율을 곱하여 산정한 재산세액(누진공제 적용)을 말한다.

• 감면후 공시가격 13.3억원 = 0.8억원 + 9억원 + 3.5억원
• A주택 공시가격 : 8천만원
• B주택 공시가격 : 9억원(탄력세율은 감면이 아니므로 가격 조정하지 아니함)
• C주택 공시가격 : 3.5억원[= 7억원 - (7억원 × 50%)]
• 재산세액 : 2,562,000원(= 13.3억원 × 재산세공정가액률 60% × 재산세율 0.4% - 누진공제액 630,000원)

⇒ 공제할 세액 : **731,983원**(= 1,338,000원 × 1,401,600원/2,562,000원)

15) 2018년 이전 비율

2. 1세대 1주택자 세액공제

주택분 종합부동산세 납세의무자가 1세대 1주택자에 해당하는 경우에는 위 1에 따라 산출된 세액에서 납세의무자의 연령 및 주택의 보유기간에 따른 일정률의 세액을 공제한다.(종부법 제9조 제5항) 1세대 1주택자 중 1주택과 다른 주택의 부속토지를 소유하는 자의 경우(종부법 제8조 제4항)는 다른 주택의 부속토지분에 해당하는 산출세액에 대하여는 세액공제를 하지 아니한다. 따라서 1주택과 다른 주택의 부속토지를 소유한 1세대 1주택자의 공세대상 산출세액은 다음과 같이 계산된다.

$$\text{공제대상 산출세액} = \text{종합부동산세 산출세액} \times \frac{\text{1주택의 공시가액}}{\text{1주택과 다른 주택의 부속토지의 공시가액 합계액}}$$

(1) 연령별 공제율

과세기준일 현재 만 60세 이상인 1세대 1주택자의 공제액은 공제대상 산출세액에 다음 연령별 공제율을 곱한 금액을 공제한다.(종부법 제9조 제6항)

연령	만 60세 이상 65세 미만	만 65세 이상 70세 미만	만 70세 이상
공제율	10%	20%	30%

(2) 보유기간별 공제율

1세대 1주택자로서 해당 주택을 과세기준일 현재 5년 이상 보유한 자의 공제액은 공제대상 산출세액에 다음 보유기간별 공제율을 곱한 금액을 공제한다. 보유기간을 계산할 때 소실(燒失)·도괴(倒壞)·노후(老朽) 등으로 인하여 멸실되어 재건축 또는 재개발하는 주택에 대하여는 그 멸실된 주택을 취득한 날부터 보유기간을 계산하고, 배우자로부터 상속받은 주택에 대하여는 피상속인이 해당 주택을 취득한 날부터 보유기간을 계산한다.(종부법 제9조 제7항, 종부령 제4조의3)

보유기간	5년 이상 10년 미만	10년 이상 15년 미만	15년 이상
공제율	20%	40%	50%

(3) 연령별 공제와 보유기간별 공제의 중복적용

과세기준일 현재 만 60세 이상인 1세대 1주택자의 경우 연령별 공제와 주택의 보유기간별 공제가 동시에 해당할 수 있다. 이 경우 중복하여 공제하는 것이 가능하다. 다만, 2018년 12월 31일 개정 시 보유기간별 공제구간을 나누어 15년 이상 소유자의 경우 50% 공제를 신설하면서 중복공제의 한도 규정을 두었다.(종부법 제9조 제5항) 즉 중복하여 적용하는 공제율이 70%를 초과할 수 없게 하였다. 따라서 70세 이상 납세의무자가 15년 이상 소유한 경우에도 70%까지만 공제가 가능하다.

3. 세부담 상한

종합부동산세의 납세의무자가 해당 연도에 납부하여야 할 주택분 재산세액상당액과 주택분 종합부동산세액상당액의 합계액("주택에 대한 총세액상당액")이 해당 납세의무자에게 직전 연도에 해당 주택에 부과된 주택에 대한 총세액상당액의 150%(조정대상지역 2주택자는 200%, 3주택 이상자는 300%)을 초과하는 경우에는 그 초과하는 세액에 대하여는 이를 없는 것으로 본다.(종부법 제10조)

(1) 해당 연도 주택에 대한 총세액상당액

해당 연도의 종합부동산세 과세표준 합산의 대상이 되는 주택에 대한 재산세액과 종합부동산세액의 합계액이다.(종부령 제5조 제1항)

① 재산세액 : 재산세 표준세율 또는 조례에 의한 가감세율에 따라 부과된 재산세액을 말하고, 재산세 세부담 상한이 적용된 경우에는 그 상한을 적용한 후의 세액을 말한다.(종부령 제5조 제1항 제1호) 따라서 여기에는 지방세법 제112조 제1항 제2호에 의한 도시지역분 재산세 가산액은 포함되지 아니하며, 재산세에 부가되는 교육세 및 병행하여 과세되는 지역자원시설세 등은 포함되지 않는다.

② 종합부동산세액 : 위 2.에 따라 계산한 세액, 즉 산출세액에서 1세대 1주택 세액공제까지 한 세액을 말한다.

(2) 직전 연도 주택에 대한 총세액상당액

납세의무자가 해당 연도의 과세표준합산주택을 직전 연도 과세기준일에 실제로 소유하였는지의 여부를 불문하고 직전 연도 과세기준일 현재 소유한 것으로 보아 계산한 해당 연도의 과세표준합산주택에 대한 직전 연도 재산세액상당액과 직전 연도 종합부동산세액상당액의 합계액이다. 이 경우 주택의 신축 · 증축 등으로 인하여 해당 연도의 과세표준합산주택에 대한 직전 연도 과세표준액이 없는 경우에는 해당 연도 과세표준합산주택이 직전 연도 과세기준일 현재 존재하는 것으로 보아 직전 연도 지방세법과 직전 연도 종합부동산세법을 적용하여 직전 연도 주택에 대한 총세액상당액을 계산하고, 해당 연도의 과세표준합산주택이 재산세의 감면규정 또는 분리과세규정을 적용받지 아니하거나 적용받은 경우에는 직전 연도에도 동일하게 이를 적용받지 아니하거나 적용받은 것으로 보고, 해당 연도의 과세표준합산주택이 직전 연도에 합산배제주택에 해당한 경우에는 직전 연도에 과세표준합산주택에 포함된 것으로 보아 직전 연도 주택에 대한 총세액상당액을 계산한다.(종부령 제5조 제2항~제5항)

① 재산세액상당액 : 해당 연도의 과세표준합산주택에 대하여 직전 연도의 지방세법을 적용하여 산출한 세액의 합계액을 말한다. 이 경우 조례에 의한 가감세율(지방법 제111조 제3항), 재산세 도시지역분 가산액(지방법 제112조 제1항 제2호), 세부담상한(지방법 제122조)은 적용하지 아니한다. 따라서 주택별로 표준세율을 적용한 세액의 합계액이 된다.

② 종합부동산세액상당액 : 해당 연도의 과세표준합산주택에 대하여 직전 연도의 종합부동산세법 중 세부담상한규정(종부법 제10조) 전까지의 규정을 적용하여 산출한 금액을 말한다. 이 경우 공제하는 재산세액은 조례에 의한 가감세율, 재산세 도시지역분 가산액 및 세부담 상한을 적용하지 아니하고 산정한 재산세액으로 하고, 1세대 1주택자의 경우에는 직전 연도 과세기준일 현재 연령 및 주택 보유기간을 적용하여 산출한 금액으로 한다.

(3) 세부담 상한 적용

(가) 일반주택 소유자

위 (1)에 따라 계산한 해당연도 주택에 대한 총세액상당액이 (2)에 따라 계산한 직전 연도 주택에 대한 총세액상당액의 100분의 150을 초과하는 경우에는 초과하는 금액을 차감하여 납부할 세액으로 고지한다. 즉 (1)의 금액과 (2)의 금액 × 1.5 중 적은 금액을 고지하는 것이다.

(나) 조정대상지역 2주택 소유자

위 (1)에 따라 계산한 해당연도 주택에 대한 총세액상당액이 (2)에 따라 계산한 직전 연도 주택에 대한 총세액상당액의 100분의 200을 초과하는 경우에는 초과하는 금액을 차감하여 납부할 세액으로 고지한다. 즉 (1)의 금액과 (2)의 금액 × 2 중 적은 금액을 고지하는 것이다.

(다) 3주택 이상 소유자

위 (1)에 따라 계산한 해당연도 주택에 대한 총세액상당액이 (2)에 따라 계산한 직전 연도 주택에 대한 총세액상당액의 100분의 300을 초과하는 경우에는 초과하는 금액을 차감하여 납부할 세액으로 고지한다. 즉 (1)의 금액과 (2)의 금액 × 3 중 적은 금액을 고지하는 것이다.

(라) 신고납부 시 계산명세서 제출

종합부동산세를 신고납부방식을 선택하는 경우 세부담상한 명세서를 제출하여야 한다. 그러나 세부담 상한액을 초과하는 금액은 종합부동산세액에서 당연히 차감되는 금액으로 신고납부방식을 선택하는 납세의무자가 세부담상한초과세액 계산명세서를 별도로 제출하지 않더라도 적용된다는 것이 국세청의 해석이다.[16] 즉 상한액 적용에서 신고의무가 효력규정은 아니라는 것이다.

16) 국세청, 「종합부동산세 실무해설」, 2018, 54면

제 3 절 토지에 대한 종합부동산세

I 과세대상 및 과세표준

1. 종합합산과세대상 토지

재산세 종합합산과세대상 토지(지방법 제106조 제1항 제1호)가 종합부동산세 종합합산과세대상 토지이고, 종합부동산세의 과세표준은 납세의무자별로 해당 과세대상토지의 공시가격을 합산한 금액에서 5억원을 공제한 금액에 공정시장가액비율을 곱한 금액이다. 공정시장가액비율은 2019년 85%, 2020년 90%, 2021년 95%, 2022년 이후 100%이다.(종부법 제13조 제1항, 종부령 제2조의4) 과세기준일 현재 재산세 납세의무자로서 과세대상토지의 공시가격을 합산한 금액이 5억원을 초과하는 자가 종합합산대상 종합부동산세 납세의무자이다.(종부법 제12조)

2. 별도합산과세대상 토지

재산세 별도합산과세대상 토지(지방법 제106조 제1항 제2호)가 종합부동산세 별도합산과세대상 토지이고, 종합부동산세의 과세표준은 납세의무자별로 해당 과세대상토지의 공시가격을 합산한 금액에서 80억원을 공제한 금액에 공정시장가액비율을 곱한 금액이다. 공정시장가액비율은 2019년 85%, 2020년 90%, 2021년 95%, 2022년 이후 100%이다.(종부법 제13조 제2항, 종부령 제2조의4) 과세기준일 현재 재산세 납세의무자로서 과세대상토지의 공시가격을 합산한 금액이 80억원을 초과하는 자가 별도합산대

상 종합부동산세 납세의무자이다.(종부법 제12조)

3. 합산배제 토지

주택건설사업은 업무의 특성상 대규모 토지를 사전에 확보하여야 하며 사업계획승인에 상당한 시간이 걸린다. 이 기간 동안 종합부동산세를 부담하게 되면 토지분 종합부동산세가 주택가격에 전가되어 분양가 상승요인으로 작용하게 된다. 이러한 문제를 해소하기 위하여 조세특례제한법은 주택법에 의한 주택건설사업자의 주택건설용 토지를 종합부동산세 과세대상에서 제외하도록 하는 규정을 두고 있다.(조특법 제104조의19) 주택건설사업자가 주택을 건설하기 위하여 주택법에 따라 사업계획승인을 받은 토지는 재산세 분리과세 대상 토지가 되므로 이 특례규정은 사업계획승인을 받기 이전인 토지로서 재산세가 종합합산 과세되는 기간에 대한 특례이다.(지방령 제102조 제7항 제7호)

(1) 대상토지

주택건설사업자가 주택을 건설하기 위하여 취득한 토지 중 취득일부터 5년 이내에 주택법에 따른 사업계획의 승인을 받을 토지, 또는 토지를 취득한 후 해당 연도 종합부동산세 과세기준일 전까지 주택건설사업자의 지위를 얻은 자의 토지는 종합부동산세 과세표준 합산의 대상이 되는 토지의 범위에 포함되지 아니하는 것으로 본다. 주택건설사업자는 다음의 사업자를 말한다.

① 주택법에 따라 주택건설사업자 등록을 한 주택건설사업자
② 주택법 제11조에 따른 주택조합 및 고용자인 사업주체
③ 도시 및 주거환경정비법 제24조부터 제28조까지 및 빈집 및 소규모주택 정비에 관한 특례법 제17조부터 제19조까지의 규정에 따른 사업시행자
④ 법인세법 제51조의2 제1항 제9호(유사 유동화전문회사)에 따른 법인

(2) 과세특례 신고

합산배제 특례를 적용받으려는 자는 해당 연도 9월 16일부터 9월 30일까지 종합부동산세법 시행규칙 별지 제64호의16 서식에 따라 납세지 관할세무서장에게 토지의 보유현황을 신고하여야 한다.(조특법 제104조의19 제2항, 조특령 제104조의18 제1항, 조특칙 제61조)

(3) 경감세액 추징

이 특례는 장차 주택을 건설하기 위하여 취득한 토지에 대하여 합산을 배제하는 규정이므로 합산배제 토지를 취득한 날로부터 5년 이내에 주택법에 따른 주택건설을 위하여 같은 법에 따른 사업계획의 승인을 받지 못한 경우에는 경감받은 종합부동산세액과 이자상당가산액을 추징한다.(조특법 제104조의19 제3항, 조특령 제104조의18)

① 경감받은 종합부동산세액 : 과세표준 합산의 대상에 포함되지 아니하였던 해당 토지를 매 과세연도마다 종합부동산세 과세표준 합산의 대상이 되는 토지로 보고 계산한 세액에서 해당 토지를 매 과세연도마다 종합부동산세 과세표준 합산의 대상에서 제외되는 토지로 보고 계산한 세액을 차감한 금액이다.

② 이자상당액 : 해당 토지를 합산배제하여 신고한 매 과세연도의 납부기한 다음 날부터 추징할 세액의 고지일까지의 일수 1일당 10만분의 25를 경감받은 종합부동산세액에 곱한 금액을 이자상당가산액으로 한다.

II 세율

1. 종합합산과세대상 토지

종합합산과세대상인 토지에 대한 종합부동산세의 세액은 과세표준에 다음의 세율을 적용하여 계산한 금액으로 한다. 이를 "토지분 종합합산세액"이라 한다.(종부법 제14조 제1항)

〈종합합산대상 토지분 종합부동산세 세율〉

과세표준	세 율[17)
15억원 이하	1%
15억원 초과 45억원 이하	1천 5백만원 + 15억원 초과금액의 2%
45억원 초과	7천 5백만원 + 45억원 초과금액의 3%

17) 2019년 인상된 세율이며, 인상전 세율은 1구간 0.75%, 2구간 1.5%, 3구간 2%이었다.

2. 별도합산과세대상 토지

별도합산과세대상인 토지에 대한 종합부동산세의 세액은 과세표준에 다음의 세율을 적용하여 계산한 금액으로 한다. 이를 "토지분 별도합산세액"이라 한다.(종부법 제14조 제4항)

〈별도합산대상 토지분 종합부동산세 세율〉

과세표준	세 율
200억원 이하	0.5%
200억원 초과 400억원 이하	1억원 + 200억원 초과금액의 0.6%
400억원 초과	2억2천만원 + 400억원 초과금액의 0.7%

Ⅲ 납부할 세액

과세표준에 세율을 적용하여 계산한 토지분 종합합산세액 또는 토지분 별도합산세액에 기 납부한 재산세액을 공제하고 그 금액이 세부담 상한액을 초과하는 경우에는 세부담 상한액을 초과하는 금액을 공제하여 납부할 세액을 산정한다.

1. 공제할 재산세액

토지의 과세표준 금액에 대하여 해당 과세대상 토지의 토지분 재산세로 부과된 세액은 종합소득세 토지분 종합합산세액 또는 토지분 별도합산세액에서 이를 공제한다.(종부법 제14조 제3항 · 제6항)

(1) 공제대상 재산세액

공제대상 재산세액은 실제 부담한 세액, 즉 지방자치단체의 장이 조례로서 재산세율을 가감하여 부과한 경우는(지방법 제111조 제3항) 가감하여 부과한 세액이 공제대상 세액이 되고, 세부담 상한을 적용받은 경우에는(지방법 제122조) 그 상한을 적용받은 세액이 공제대상 세액이 된다. 여기의 재산세는 지방세법 제112조 제1항 제1호에 따라 부과된 세액을 말하므로 재산세 도시지역분으로 가산하는 세액(지방법 제112조 제1항 제2호)은 공제대상 재산세액에 포함되지 아니한다.

(2) 공제금액

공제하는 재산세액은 종합부동산세 과세대상 토지에 부과된 재산세액 중 종합부동산세 과세표준액에 상당하는 재산세액이 종합부동산세 과세대상인 토지분 전체에 대한 재산세 상당액에 차지하는 비율에 해당하는 금액을 공제한다. 이를 산식으로 보면 다음과 같다.(종부령 제5조의3)

$$\text{공제세액} = \begin{array}{c}\text{종합(별도)합산과세대상인}\\\text{토지분 재산세로 부과된}\\\text{세액의 합계액(재산세}\\\text{도시지역분 가산액 제외)}\end{array} \times \frac{\begin{array}{c}\text{종합(별도)합산과세대상 토지의}\\\text{종합부동산세 과세표준* × 재산세}\\\text{공정시장가액비율 × 재산세 표준세율}\end{array}}{\begin{array}{c}\text{종합(별도)합산대상인 토지를 합산하여}\\\text{종합(별도)합산과세대상인 토지분 재산세}\\\text{표준세율로 계산한 재산세 상당액}\end{array}}$$

* 종합부동산세 과세표준

- 종합합산과세대상 토지 : (종합합산대상토지의 공시가격을 합산한 금액 - 5억원) × 공정시장가액비율
- 별도합산과세대상 토지 : (별도합산대상토지의 공시가격을 합산한 금액 - 80억원) × 공정시장가액비율

종합부동산세법 시행령 제5조의3 제3항은 재산세 표준세율 적용 등에 관한 사항을 시행규칙에 위임하고 있으나 종합부동산세법 시행규칙에는 관련 사항에 대한 규정이 없다. 주택분 종합부동산세액에서 공제하는 재산세 계산식에서와 마찬가지로 국세청은 분자에는 누진공제액을 차감하지 아니하는 표준세율을 적용하고, 분모에는 누진공제액을 차감하는 표준세율을 적용한다고 해석한다.(종부집행 14-5의3-3 · 4 · 9 · 10)

2. 세부담 상한

1) 종합합산과세대상인 토지에 대한 세부담 상한

종합부동산세의 납세의무자가 종합합산과세대상인 토지에 대하여 해당 연도에 납부하여야 할 재산세액상당액과 토지분 종합합산세액상당액의 합계액("종합합산과세대상인 토지에 대한 총세액상당액")이 해당 납세의무자에게 직전년도에 해당 토지에 부과된 종합합산과세대상인 토지에 대한 총세액상당액의 100분의 150을 초과하는 경우에는 그 초과하는 세액에 대하여는 이를 없는 것으로 본다.(종부법 제15조 제1항)

(1) 해당 연도 종합합산과세대상인 토지에 대한 총세액상당액

해당 연도의 종합부동산세 과세표준 합산의 대상이 되는 종합합산과세대상인 토지에 대한 재산세액과 종합부동산세액의 합계액이다.(종부령 제6조 제1항)

① 재산세액 : 재산세 표준세율 또는 조례에 의한 가감세율에 따라 부과된 재산세액을 말하고, 재산세 세부담 상한이 적용된 경우에는 그 상한을 적용한 후의 세액을 말한다.(종부령 제6조 제1항 제1호) 따라서 여기에는 지방세법 제112조 제1항 제2호에 의한 도시지역분 재산세 가산액은 포함되지 아니하며, 재산세에 부가되는 교육세 및 병행하여 과세되는 지역자원시설세 등은 포함되지 않는다.

② 종합부동산세액 : 위 1.에 따라 계산한 세액, 즉 종합합산토지분 산출세액을 말한다.

(2) 직전 연도 종합합산과세대상인 토지에 대한 총세액상당액

납세의무자가 해당 연도의 종합합산과세토지를 직전 연도 과세기준일에 실제로 소유하였는지의 여부를 불문하고, 직전 연도 과세기준일 현재 소유한 것으로 보아 계산한 해당 연도의 종합합산과세토지에 대한 직전 연도 재산세액상당액과 직전 연도 종합부동산세액상당액의 합계액이다. 이 경우 토지의 분할 · 합병 · 지목변경 · 신규등록 · 등록전환 등으로 인하여 해당 연도의 종합합산과세토지에 대한 직전 연도 과세표준액이 없는 경우에는, 해당 연도 종합합산과세토지가 직전 연도 과세기준일 현재 존재하는 것으로 보아 직전 연도 지방세법과 직전 연도 종합부동산세법을 적용하여 과세표준액과 세액을 산출하고, 해당 연도의 종합합산과세토지가 재산세의 감면규정 또는 분리과세규정을 적용받지 아니하거나 적용받은 경우에는 직전 연도에도 동일하게 이를 적용받지 아니하거나 적용받은 것으로 보고, 해당 연도의 종합합산과세토지가 직전 연도에 합산배제토지에 해당한 경우에는 직전 연도에 종합합산과세토지에 포함된 것으로 보아 직전 연도 종합합산과세토지에 대한 총세액상당액을 계산한다.(종부령 제6조 제2항 · 제3항 · 제4항)

① 재산세액상당액 : 해당 연도의 종합합산과세토지에 대하여 직전 연도의 지방세법을 적용하여 산출한 세액의 합계액을 말한다. 이 경우 조례에 의한 가감세율(지방법 제111조 제3항), 재산세 도시지역분 가산액(지방법 제112조 제1항 제2호), 세부담상한(지방법 제122조)은 적용하지 아니한다. 따라서 종합합산과세토지에 표준세율을 적용한 세액의 합계액이 된다.

② 종합부동산세액상당액 : 해당 연도의 종합합산과세토지에 대하여 직전 연도의 종합부동산세법 중 세부담상한규정(종부법 제15조) 전까지의 규정을 적용하여 산출한 세액을 말한다. 이 경우 공제하는 재산세액은 조례에 의한 가감세율, 재산세 도시지역분 가산액 및 세부담 상한을 적용하지 아니하고 산정한 재산세액으로 한다.

(3) 세부담 상한 적용

위 (1)에 따라 계산한 해당연도 종합합산과세대상인 토지에 대한 총세액상당액이 (2)에 따라 계산한 직전 연도 종합합산과세대상인 토지에 대한 총세액상당액의 100분의 150을 초과하는 경우에는 초과하는 금액을 차감하여 납부할 세액으로 고지한다. 즉 '(1)'의 금액과 '(2)'의 금액 × 1.5 중 적은 금액을 고지하는 것이다.

2) 별도합산과세대상인 토지에 대한 세부담 상한

종합부동산세의 납세의무자가 별도합산과세대상인 토지에 대하여 해당 연도에 납부하여야 할 재산세액상당액과 토지분 별도합산세액상당액의 합계액("별도합산과세대상인 토지에 대한 총세액상당액")이 해당 납세의무자에게 직전 연도에 해당 토지에 부과된 별도합산과세대상인 토지에 대한 총세액상당액의 100분의 150을 초과하는 경우에는 그 초과하는 세액에 대하여는 이를 없는 것으로 본다.(종부법 제15조 제2항) 그 계산방법은 종합합산과세대상인 토지에 대한 세부담 상한과 같다.

(1) 해당 연도 별도합산과세대상인 토지에 대한 총세액상당액

해당 연도의 종합부동산세 과세표준 합산의 대상이 되는 별도합산과세대상인 토지에 대한 재산세액과 종합부동산세액의 합계액이다.(종부령 제7조 제1항)

① 재산세액 : 재산세 표준세율 또는 조례에 의한 가감세율에 따라 부과된 재산세액을 말하고, 재산세 세부담 상한이 적용된 경우에는 그 상한을 적용한 후의 세액을 말한다.(종부령 제6조 제1항 제1호) 따라서 여기에는 지방세법 제112조 제1항 제2호에 의한 도시지역분 재산세 가산액은 포함되지 아니하며, 재산세에 부가되는 교육세 및 병행하여 과세되는 지역자원시설세 등은 포함되지 않는다.

② 종합부동산세액 : 위 1.에 따라 계산한 세액, 즉 별도합산토지분 산출세액을 말한다.

(2) 직전 연도 별도합산과세대상인 토지에 대한 총세액상당액

납세의무자가 해당 연도의 별도합산과세토지를 직전 연도 과세기준일에 실제로 소유하였는지의 여부를 불문하고, 직전 연도 과세기준일 현재 소유한 것으로 보아 계산한 해당 연도의 별도합산과세토지에 대한 직전 연도 재산세액상당액과 직전 연도 종합부동산세액상당액의 합계액이다. 이 경우 토지의 분할·합병·지목변경·신규등록·등록전환 등으로 인하여 해당 연도의 별도합산과세토지에 대한 직전 연도 과세표준액이 없는 경우에는, 해당 연도 별도합산과세토지가 직전 연도 과세기준일 현재 존재하는 것으로 보아 직전 연도 지방세법과 직전 연도 종합부동산세법을 적용하여 과세표준액과 세액을 산출하고, 해당 연도의 별도합산과세토지가 재산세의 감면규정 또는 분리과세규정을 적용받지 아니하거나 적용받은 경우에는 직전 연도에도 동일하게 이를 적용받지 아니하거나 적용받은 것으로 보아 직전 연도 별도합산과세토지에 대한 총세액상당액을 계산한다.(종부령 제7조 제2항·제3항·제4항)

① 재산세액상당액 : 해당 연도의 별도합산과세토지에 대하여 직전 연도의 지방세법을 적용하여 산출한 세액의 합계액을 말한다. 이 경우 조례에 의한 가감세율(지방법 제111조 제3항), 재산세 도시지역분 가산액(지방법 제112조 제1항 제2호), 세부담 상한(지방법 제122조)은 적용하지 아니한다. 따라서 별도합산과세토지에 표준세율을 적용한 세액의 합계액이 된다.

② 종합부동산세액상당액 : 해당 연도의 별도합산과세토지에 대하여 직전 연도의 종합부동산세법 중 세부담 상한규정(종부법 제15조) 전까지의 규정을 적용하여 산출한 세액을 말한다. 이 경우 공제하는 재산세액은 조례에 의한 가감세율, 재산세 도

시지역분 가산액 및 세부담 상한을 적용하지 아니하고 산정한 재산세액으로 한다.

(3) 세부담 상한 적용

위 (1)에 따라 계산한 해당 연도 별도합산과세대상인 토지에 대한 총세액상당액이 (2)에 따라 계산한 직전 연도 별도합산과세대상인 토지에 대한 총세액상당액의 100분의 150을 초과하는 경우에는 초과하는 금액을 차감하여 납부할 세액으로 고지한다. 즉 (1)의 금액과 (2)의 금액 × 1.5 중 적은 금액을 고지하는 것이다.

제 4 절 세액납부 및 농어촌특별세

I 종합부동산세 납부

1. 부과징수 및 신고납부방식 혼용

(1) 개요

종합부동산세는 도입 당시 신고납부방식으로 과세하였으나 2007년 부과징수방식으로 전환하였다. 그러나 신고납부방식을 완전히 폐기한 것이 아니라, 다음에 보는 바와 같이 신고납부방식으로 납부하고자 하는 납세자에게는 신고납부를 허용하는 특이한 과세방식을 택하고 있다. 이와 같이 종합부동산세는 부과징수방식과 신고납부방식을 병행하고 있어 부과방식에 차이가 있을 뿐만 아니라 종합부동산세를 신고한 경우와 신고하지 않은 경우에 따라 추후 과세표준 및 세액의 변경을 구하는 수정신고 및 경정청구 등에도 차이가 있다.

(2) 부과 · 징수 원칙

원칙적으로 관할세무서장은 납부하여야 할 종합부동산세의 세액을 결정하여 당해 연도 12월 1일부터 12월 15일까지 부과 · 징수한다. 관할세무서장은 종합부동산세를 징수하고자 하는 때에는 납세고지서에 주택 및 토지로 구분한 과세표준과 세액을 기재하고 세액산출명세서를 첨부하여 납부기간 개시 5일 전까지 발부하여야 한다.(종부법 제16조 제1항 · 제2항, 종부령 제8조)

2. 신고납부

(1) 신고

종합부동산세를 신고납부방식으로 납부하고자 하는 납세의무자는 종합부동산세의 과세표준과 세액을 당해 연도 12월 1일부터 12월 15일까지 관할세무서장에게 신고하여야 한다. 이 경우 관할세무서장이 고지한 세액에 대한 결정은 없었던 것으로 본다. 신고하는 경우에는 다음의 서류를 종합부동산세법 시행규칙 별지서식(제3호, 제4호의2, 제5호)에 따라 제출하여야 한다.(종부법 제16조 제3항, 종부령 제8조 제2항, 종부칙 제5조)

① 종합부동산세 신고서

② 납세의무자의 성명 · 주민등록번호 · 사업자등록번호 · 주소(납세의무자가 법인인 경우에는 법인명 · 법인등록번호 · 사업자등록번호 · 본점소재지) 등 납세의무자를 확인할 수 있는 사항

③ 종합부동산세 과세표준

④ 공제세액 및 가산세액

⑤ 납부세액

⑥ 그 밖에 분납 등에 관한 사항

⑦ 과세대상 물건명세서

⑧ 세부담 상한 초과세액계산명세서(세부담 상한을 신청하는 경우에 한한다)

(2) 납부

종합부동산세를 신고한 납세의무자는 신고기한 이내에 관할세무서장 · 한국은행 또는 체신관서에 종합부동산세를 납부하여야 한다. 납부는 국세징수법에 의한 납부서(국징법 제8조)에 의하여 납부한다.(종부법 제16조 제4항, 종부령 제8조 제3항)

3. 분납 및 물납

종합부동산세액이 고액인 경우 분할하여 납부하는 분납과 물건으로 납부하는 물납제도를 두고 있었으나 물납제도는 2016년 폐지되었다. 2018년 12월 31일 종합부동산세법 개정 시 세율인상 등 세부담을 강화하는 한편 분납제도는 완화하여 분납대상 금

액을 500만원 이상에서 250만원 이상으로 인하하고 분납기간을 2개월에서 6개월로 연장하였다. 즉 관할세무서장은 종합부동산세로 납부하여야 할 세액이 250만원을 초과하는 경우에는 그 세액의 일부를 납부기한이 경과한 날부터 6개월 이내에 분납하게 할 수 있다.(종부법 제20조)

(1) 분납세액

납부하여야 할 세액이 250만원 초과 500만원 이하인 때에는 해당 세액에서 250만원을 차감한 금액을 분납세액으로 하고, 납부하여야 할 세액이 500만원을 초과하는 때에는 해당 세액의 100분의 50 이하의 금액을 분납세액으로 한다.(종부령 제16조)

(2) 분납신청 및 분할고지

납세고지서를 받은 자가 분납하려는 때에는 종합부동산세의 납부기한 이내에 종합부동산세분납신청서(종부칙 별지 제16호 서식)를 관할세무서장에게 제출하여야 하고, 신청서를 접수한 관할세무서장은 이미 고지한 납세고지서를 납부기한 내에 납부하여야 할 세액에 대한 납세고지서와 분납기간 내에 납부하여야 할 세액에 대한 납세고지서로 구분하여 수정 고지하여야 한다.(종부령 제16조 제2항, 종부칙 제6조의3)

4. 가산세

종합부동산세 과세방식은 원칙적으로 부과징수방식을 취하고 있으므로 과세당국이 부과하지 아니하거나 과소부과 하는 경우에도 납세의무자가 가산세를 부담하여야 하는 것은 아니다. 다만, 납세의무자가 선택적으로 신고납부방식을 선택하여 종합부동산세를 신고하게 되면 과세당국의 부과결정이 취소되고 신고세액이 확정되므로(국기법 제22조 제2항 제9호) 신고세액에 부족이 있거나 납부할 세액을 기간 내에 납부하지 아니하는 경우에는 가산세를 부담하여야 한다.

(1) 과소신고 가산세

납세의무자가 법정신고기한까지 종합부동산세 과세표준 신고를 한 경우로서 납부할 세액을 신고하여야 할 세액보다 적게 신고한 경우에는 과소신고한 납부세액의 10%의 가산세를 부담하여야 하고, 단 부정행위로 과소신고한 경우에는 부정행위로 과소신고한 과세표준 상당액이 과세표준에 차지하는 비율에 해당하는 산출세액의 40%를 가산세로 납부하여야 한다.(국기법 제47조의3) 종합부동산세 납세의무자에게 종합부동산세 신고의무가 있는 것은 아니므로 무신고 가산세는 없다.

(2) 납부불성실 가산세

종합부동산세를 납부기한까지 납부하지 아니하거나 납부한 세액이 납부하여야할 세액에 미달하는 때에는 납부하지 아니한 세액 또는 과소납부분 세액(세법에 따라 가산하여 납부하여야 할 이자 상당 가산액이 있는 경우에는 그 금액을 더한다)에 납부기한의 다음 날부터 자진납부일 또는 납세고지일까지의 기간에 1일 10만분의 25의 이자율을 곱한 금액의 가산세를 부담하여야 한다.(국기법 제47조의4, 국기령 제27조의4)

5. 결정과 경정

다른 세목과 마찬가지로 관할세무서장 또는 납세지 관할 지방국세청장은 과세대상 누락, 위법 또는 착오 등으로 인하여 종합부동산세를 새로 부과할 필요가 있거나 이미 부과한 세액을 경정할 경우에는 다시 부과 · 징수할 수 있고, 종합부동산세 신고를 한 자의 신고내용에 탈루 또는 오류가 있는 때에는 당해 연도의 과세표준과 세액을 경정한다. 또한 과세표준과 세액을 결정 또는 경정한 후 그 결정 또는 경정에 탈루 또는 오류가 있는 것이 발견된 때에는 이를 경정 또는 재경정하여야 한다.(종부법 제17조 제1항 · 제2항 · 제3항)

한편 종합부동산세는 지방세인 재산세의 후행세로 재산세의 세액변경 또는 수시부과 사유에 해당되는 때(지방법 제115조 제2항)에는 관할세무서장 또는 관할지방국세청장은 시장 · 군수가 회신한 자료에 의하여 종합부동산세의 과세표준과 세액을 경정 또는 재경정하여야 한다.(종부법 제17조 제4항, 종부령 제9조 제3항)

6. 수정신고

종합부동산세 과세표준 및 세액을 과소신고한 납세의무자는 종합부동산세의 부과제척기간(5년; 국기법 제26조의2 제1항)이 끝나기 전까지 과세표준수정신고서를 제출할 수 있다. 단 관할 세무서장이 종합부동산세의 과세표준과 세액을 결정 또는 경정하여 통지한 후에는 수정신고를 할 수 없다.(국기법 제45조 제1항)

수정신고를 하는 경우 수정신고 기간에 따라 과소신고 가산세를 감액 받을 수 있다. 다만, 과세당국이 과세표준과 세액을 경정할 것을 미리 알고 과세표준수정신고서를 제출한 경우는 가산세의 감액혜택이 없다. 감액하는 가산세액을 다음과 같다.(국기법 제48조 제2항 제1호)

① 법정신고기한이 지난 후 6개월 이내에 수정신고힌 경우 : 해당 가산세액의 50%에 상당하는 금액

② 법정신고기한이 지난 후 6개월 초과 1년 이내에 수정신고한 경우 : 해당 가산세액 20%에 상당하는 금액

③ 법정신고기한이 지난 후 1년 초과 2년 이내에 수정신고한 경우 : 해당 가산세액의 10%에 상당하는 금액

7. 경정청구

(1) 일반적 경정청구

납세의무자가 신고납부방식을 선택하여 종합부동산세 과세표준 신고서를 법정신고기한까지 제출한 자는 최초신고 또는 수정신고서에 기재된 과세표준 및 세액(경정이 있는 경우에는 해당 경정 후의 과세표준 및 세액)이 세법에 따라 신고하여야 할 과세표준 및 세액을 초과할 때에는 국세의 과세표준 및 세액의 결정 또는 경정을 법정신고기한이 지난 후 5년 이내에 관할 세무서장에게 청구할 수 있다.(국기법 제45조의2 제1항) 이 국세기본법 제45조의2 제1항에 따른 일반적 경정청구는 종합부동산세의 과세표준 및 세액을 신고한 경우에 한하므로 과세당국의 부과징수방식에 따라 고지받은 경우에는 본 조항에 의한 일반적 경정청구는 할 수 없고, 고지에 대한 불복청구 및 다음의 후발적 경정청구만 가능하다.

"신고한 경우"의 범위와 관련하여 종합부동산세 신고기한까지 합산배제신고를 한 경우에도 과세표준 및 세액을 신고한 경우와 마찬가지로 일반적 경정청구가 가능하다는 것이 법원의 견해이다.(대법원 2018.6.15. 선고 2017두73068 판결)

(2) 후발적 사유에 의한 경정청구

종합부동산세를 납세의무자가 신고하거나 과세당국이 부과 · 고지하여 확정된 후 당초 과세사실이 다른 것으로 밝혀지는 경우 결정 또는 경정을 청구하는 것이 국세기본법 제45조의2 제2항의 후발적 사유에 의한 경정청구이다. 그 사유는 다음과 같고 경정청구는 그 사유가 발생한 것을 안 날부터 3개월 이내에 결정 또는 경정을 청구할 수 있다. 3개월의 경정청구 기간은 3개월 이내에 하여야 한다는 제한규정이면서 동시에 일반적 경청청구기간이 경과한 후에라도 후발적 경정청구 사유를 안 날로부터 3개월 이내에는 경정청구를 할 수 있다는 의미에서 경정청구기간을 확장하는 규정이다.[18)]

① 최초의 신고 · 결정 또는 경정에서 과세표준 및 세액의 계산 근거가 된 거래 또는 행위 등이 그에 관한 소송에 대한 판결(판결과 같은 효력을 가지는 화해나 그 밖의 행위를 포함한다)에 의하여 다른 것으로 확정되었을 때

② 소득이나 그 밖의 과세물건의 귀속을 제3자에게로 변경시키는 결정 또는 경정이 있을 때

③ 조세조약에 따른 상호합의가 최초의 신고 · 결정 또는 경정의 내용과 다르게 이루어졌을 때

④ 결정 또는 경정으로 인하여 그 결정 또는 경정의 대상이 되는 과세기간 외의 과세기간에 대하여 최초에 신고한 국세의 과세표준 및 세액이 세법에 따라 신고하여야 할 과세표준 및 세액을 초과할 때

⑤ 국세의 법정신고기한이 지난 후에 다음의 사유가 발생하였을 때(국기령 제25조의2)

- 최초의 신고 · 결정 또는 경정을 할 때 과세표준 및 세액의 계산 근거가 된 거래 또는 행위 등의 효력과 관계되는 관청의 허가나 그 밖의 처분이 취소된 경우
- 최초의 신고 · 결정 또는 경정을 할 때 과세표준 및 세액의 계산 근거가 된 거래 또는 행위 등의 효력과 관계되는 계약이 해제권의 행사에 의하여 해제되거

18) 후발적 경정청구 사유를 안 날로부터 3개월이 경과하였으나 일반적 경정청구기간이 도과하지 아니한 경우 후발적 경정청구 사유로 일반적 경정청구가 가능한지에 대하여 최근 법원은 이를 긍정하는 판결을 한 바 있다.(대법원 2018.6.15. 선고 2015두36003 판결)

나 해당 계약의 성립 후 발생한 부득이한 사유로 해제되거나 취소된 경우
- 최초의 신고·결정 또는 경정을 할 때 장부 및 증거서류의 압수, 그 밖의 부득이한 사유로 과세표준 및 세액을 계산할 수 없었으나 그 후 해당 사유가 소멸한 경우
- 위 규정과 유사한 사유에 해당하는 경우

II 종합부동산세에 부가되는 농어촌특별세

(1) 납세의무자

종합부동산세법에 따른 종합부동산세의 납세의무자는 농어촌특별세를 납부할 의무를 진다.(농특세법 제3조 제6호)

(2) 과세표준 및 세율

종합부동산세의 납세의무자가 납부하여야 하는 농어촌특별세는 종합부동산세법에 따라 납부하여야 할 종합부동산세액의 20%이다. 즉 납부할 종합부동산세액이 과세표준이 되고 세율은 20%이다.(농특세법 제5조 제1항 제8호)

(3) 납세지

농어촌특별세의 납세지는 해당 본세의 납세지로 하므로 종합부동산세의 납세지 즉 납세의무자의 주소지등이 납세지이다.(농특세법 제6조)

(4) 신고·납부

농어촌특별세는 해당 본세를 신고·납부하는 때에 그에 대한 농어촌특별세도 함께 신고·납부하여야 하므로 신고납부방식을 선택하여 종합부동산세를 신고하는 경우에는 농어촌특별세도 신고·납부하여야 한다. 농어촌특별세를 신고·납부하는 때에는 당해 본세의 신고·납부서에 당해 본세의 세액과 농어촌특별세의 세액 및 그 합계액을 각각 기재하여야 한다. 농어촌특별세를 국세기본법 제45조 및 제46조의 규정에 의하

여 수정신고 및 추가 자진납부하는 경우 수정신고의 기한 · 납부방법, 가산세 경감 등은 당해 본세의 예에 의한다.(농특세법 제7조 제4항 · 제5항, 농특세령 제6조)

(5) 부과 · 징수

종합부동산세를 부과 · 징수방법으로 과세하는 경우 종합부동산세의 납세고지서에 농어촌특별세를 기재하여 고지한다.[19)]

(6) 분납

본세를 해당 세법에 따라 분납하는 경우에는 농어촌특별세도 그 분납금액의 비율에 의하여 해당 본세의 분납의 예에 따라 분납할 수 있으므로, 종합부동산세를 분납하는 경우에는 농어촌특별세도 분납하는 종합부동산세액과 같은 비율로 분납할 수 있다.(농특세법 제9조)

19) 농어촌특별세법은 제8조 제1항에 종합부동산세 도입 전 종합토지세에 부가하던 농어촌특별세의 부과 · 징수에 관한 규정을 두고 있었으나, 동 규정은 2005년 1월 5일 종합부동산세가 신고납부방식 세목으로 도입되면서 삭제되었고, 종합부동산세가 부과징수방식으로 전환된 후에도 부활되지 않고 있으나 실무적으로는 종합부동산세 납세고지서에 농어촌특별세를 병기하여 고지하고 있다.

제 3 장

부동산보유관련 기타 세금

제 1 절

부동산임대소득과 종합소득세

I 개요

(1) 부동산소득에 대한 과세

보유하는 부동산을 이용하여 소득을 얻게 되면 소득세를 부담하여야 한다. 부동산을 이용한 소득의 발생형태는 다양하다. 대부분의 경제활동은 크든 작든 부동산과 관련이 있게 마련이다. 부동산을 제조업, 도·소매업, 서비스업 등의 사업장으로 이용하는 경우, 농업, 임업, 어업용으로 사용하는 경우 등도 부동산을 이용한 사업활동으로 부동산이 소득창출 요소로 작용한다. 그러나 부동산이 다른 사업의 사업장으로 이용되는 것은 소득창출에 간접적으로 기여하여 다른 사업의 소득금액을 산정할 때 고려되어야 할 요소이므로 부동산보유와 관련한 소득세 문제로 다루기에는 적절하지 않다. 부동산보유와 관련한 소득세는 부동산이용권 자체를 공급하여 부동산이 소득을 직접 창출하는 부동산임대업과 관련한 세금문제가 의미가 있다. 여기서는 부동산 임대업을 중심으로 소득세 관련 문제를 알아보고자 한다.

(2) 소득에 대한 과세유형

개인이나 법인이 일정기간 경제활동으로 창출한 소득의 크기에 따라 세금을 부과하는 것이 소득세와 법인세이다. 법인세는 이윤추구를 목적으로 하는 법인이라는 하나의 경제주체가 일정기간(사업연도)에 얻은 수익의 총액에서 손비의 총액을 차감한 소득금액에 과세하는 것이므로 법인의 수익은 모두 법인세로 포섭된다. 그러나 자연인인 개인의 경제생활은 이윤추구만을 목적으로 하는 것이 아니므로 경제활동의 성격에 따라 과세체계가 세분화되어 있다. Part1에서 본 증여와 상속으로 얻은 재산은 소득창출을 위한 경제활동으로 얻은 소득이 아니므로 소득세 과세대상이 아니며, 소득창출을 위한 경제활동으로 얻은 소득도 그 성격에 따라 분리하여 과세하는 소득과 종합하여 과세하는 소득으로 구분된다. 소득세법이 열거한 소득 중 이자소득, 배당소득, 사업소득, 근로소득, 연금소득, 기타소득이 종합소득에 포함되어 합산하여 과세되고, 퇴직소득과 양도소득은 종합소득에 포함되지 아니하고 각각 별도로 과세된다.(소득법 제4조)

(3) 부동산임대소득의 성격

종합소득 과세대상인 사업소득의 범위와 관련하여 소득세법은 "부동산업"에서 발생하는 소득을 사업소득으로 열거하고 있다.(소득법 제19조 제1항 제12호) "부동산업"의 범위에 대하여는 소득세법에 별도로 정하지 않고 통계청장이 고시하는 한국표준산업분류표에 따르도록 규정하고 있다.(소득법 제19조 제3항) 한국표준산업분류표에 의하면 부동산 임대업, 부동산 개발 및 공급업, 부동산 관리업, 부동산 중개, 자문 및 감정평가업을 부동산업으로 분류하고 있고, 국세청 경비율 분류표에는 부동산업을 "자기소유 또는 임차한 건물, 토지 및 기타 부동산(묘지 제외)의 운영 및 임대, 구매, 판매 등에 관련된 산업활동을 말한다."고 설명하고 있다. 부동산 임대소득은 사업소득으로 종합소득세 과세대상이다. 소득세법 제45조 등도 부동산 임대소득이 사업소득임을 전제하여 규정하고 있다.

Ⅱ 종합소득세 과세체계

1. 종합소득세 세액 산정과정

종합소득세는 소득세법이 열거한 종합소득세 과세대상 각 소득의 1년간 소득금액을 합계한 금액에서 소득자의 가족관계, 부양가족의 연령 등에 따른 종합소득공제금액을 차감하여 과세표준을 산정하고, 과세표준금액에 세율을 곱하여 세액을 산출하고(산출세액), 산출세액에 각종 세액감면 및 공제를 하여 세액을 결정한다. 이 결정세액에 세법위반에 따른 가산세를 더하고 중간납부 등 기납부세액을 차감하여 납부할 세액을 산정한다. 종합소득금액에 포함되는 각 소득의 소득금액은 총수입금액에서 필요경비 또는 소득공제금액을 차감하여 계산하는데 사업소득의 경우 총수입금액에서 필요경비를 공제하고, 근로소득의 경우 총급여에서 근로소득공제를 하여 소득금액을 산정한다. 종합소득세 결정세액 산정과정을 도표로 보면 다음과 같다.

〈종합소득세액 산정과정〉

종합소득금액 : 이자소득금액 + 배당소득금액 + 사업소득금액 + 근로소득금액 + 연금소득금액 + 기타소득금액

(-) 종합소득공제	: 인적공제 + 연금보험료공제 + 특별소득공제(근로소득자) + 개인연금저축공제 등 그 밖의 소득공제
종합소득과세표준	
(×) 세 율	
종합소득산출세액	
(-) 세액감면 · 공제	: 근로소득세액공제(근로자) + 자녀세액공제 + 연금계좌세액공제 + 특별세액공제 + 월세액세액공제 등 + 기타세액감면
종합소득결정세액	

2. 종합소득과세표준

(1) 과세표준

종합소득과세표준은 종합소득에 포함되는 각 소득에 대하여 소득세법에 따라 계산한 소득금액, 즉 이자소득금액, 배당소득금액, 사업소득금액, 근로소득금액, 연금소득금액 및 기타소득금액을 합산한 "종합소득금액"에서 종합소득공제(소득세법 제50조의 기본공제, 제51조의 추가공제, 제51조의3의 연금보험료공제, 제51조의4의 주택담보노후연금이자비용공제, 제52조의 특별소득공제)를 적용한 금액으로 한다.(소득법 제14조 제2항) 그러나 비과세소득, 일용근로자의 소득, 분리과세소득 등은 종합소득과세표준을

계산할 때 합산하지 아니한다.

(2) 분리과세소득

종합소득에 포함되는 유형의 소득 중에도 규모가 작거나 일시적 우발적으로 발생하는 소득 등에 대하여 소득을 지급하는 자가 소정세율로 원천징수하여 납부하는 것으로 납세의무가 종결되는 이자소득, 배당소득, 사업소득, 연금소득, 기타소득 등은 종합소득과세표준을 계산할 때 합산하지 아니한다. 이를 각 "분리과세 이자소득", "분리과세 배당소득", "분리과세 사업소득", "분리과세 연금소득", "분리과세 기타소득"이라 한다. 소규모 주택임대소득은 원천징수하는 것은 아니나 종합소득과세표준에 포함하지 아니하고 분리하여 신고하는 특례규정을 두고 있다. 이를 "분리과세 주택임대소득"이라 한다.(소득법 제14조 제3항 제7호)

3. 종합소득세 세율

(1) 종합소득세 세율

거주자의 종합소득산출세액을 산정하기 위하여 종합소득과세표준에 적용하는 세율은 다음과 같다.(소득법 제55조)

〈종합소득세 세율〉

종합소득과세표준	세 율
1,200만원 이하	6%
1,200만원 초과 4,600만원 이하	72만원 + 1,200만원 초과액의 15%
4,600만원 초과 8,800만원 이하	582만원 + 4,600만원 초과액의 24%
8,800만원 초과 1억5천만원 이하	1,590만원 + 8,800만원 초과액의 35%
1억5천만원 초과 3억원 이하	3,760만원 + 1억5천만원 초과액의 38%
3억원 초과 5억원 이하	9,460만원 + 3억원 초과액의 40%
5억원 초과	1억 7,460만원 + 5억원 초과액의 42%

(2) 개인지방소득세 세율

소득세법에 따른 소득세 납세의무가 있는 자는 지방소득세를 납부할 의무가 있다.(지방법 제86조) 거주자의 종합소득에 대한 개인지방소득세 과세표준은 소득세법에 따른 과세표준으로 하되 조세특례제한법이나 다른 법률에 따라 과세표준 산정에 관련한 조세감면 또는 중과세 등의 조세특례가 적용되는 경우에는 이에 따라 계산한 금액으로 한다.(지방법 제91조) 지방세법이 규정하고 있는 거주자에 대한 개인지방소득세의 세율은 종합소득세 세율의 10분의 1이다.(지방법 제92조)

따라서 조세특례제한법 등에 특별한 규정이 없는 한 종합소득이 있는 거주자는 종합소득세의 10%에 해당하는 세액을 개인지방소득세로 납부하여야 한다.

4. 종합소득세 납세의무자, 납세지 및 신고납부

(1) 납세의무자

소득세 납세의무를 지는 개인 또는 법인으로 보지 않는 단체는 거주자 여부에 따라 납세의무 범위가 달라진다. 비거주자의 경우 소득에 따라 종합과세, 분류과세, 분리과세를 한다. 거주자와 비거주의 구분은 Part1 증여세부분을 참고하기 바란다.

(가) 거주자의 납세의무

거주자는 소득세법에 열거된 소득에 대한 소득세를 납부할 의무를 진다.(소득법 제2조 · 제3조) 따라서 국내에서 부동산 임대사업을 하는 거주자는 종합소득세 납세의무를 진다.

(나) 비거주자의 납세의무

비거주자는 국내원천소득에 대하여 소득세 납세의무를 진다.(소득법 제3조) 따라서 국내에서 부동산 임대사업을 하는 비거주자는 국내원천 부동산소득으로 소득세 납부의무를 지나, 부동산 임대소득이 있는 비거주자는 국내원천소득을 종합하여 소득세를 납부할 의무를 진다. 종합하는 국내원천소득은 국내원천 이자소득, 국내원천 배당소득, 국내원천 부동산소득, 국내원천 선박임대소득, 국내원천 사업소득, 국내원천 인적용역소득, 국내원천 근로소득, 국내원천 연금소득, 국내원천 사용료소득, 국내원천 유가증권

양도소득, 국내원천 기타소득이다.(소득법 제119조 · 제121조 제2항) 비거주자의 소득세 종합과세는 거주자에 대한 소득세의 과세표준과 세액의 계산에 관한 규정을 준용한다. 다만, 종합소득공제 및 세액공제에서 거주자와 차이가 있다. 즉 인적공제 중 비거주자 본인 외의 자에 대한 공제와 특별소득공제(소득법 제52조), 자녀세액공제(소득법 제59조의2) 및 특별세액공제(소득법 제59조의4)는 하지 아니한다.(소득법 제122조)

(2) 납세지 및 관할

거주자의 소득세 납세지는 그 주소지로 한다. 다만, 주소지가 없는 경우에는 그 거소지로 하고, 비거주자의 소득세 납세지는 국내사업장(소득법 제120조)의 소재지로 한다. 다만, 국내사업장이 둘 이상 있는 경우에는 주된 국내사업장의 소재지로 하고, 국내사업장이 없는 경우에는 국내원천소득이 발생하는 장소로 한다. 부동산임대소득의 발생이 2이상인 경우에는 그 국내원천소득이 발생하는 장소 중에서 해당 비거주자가 납세지로 신고한 장소를 납세지로 한다.(소득법 제6조, 소득령 제5조)

소득세는 납세지를 관할하는 세무서장 또는 지방국세청장이 과세한다.(소득법 제11조)

(3) 소득세 과세기간

소득세는 일정한 기간 동안 발생한 소득에 대하여 과세하는 기간과세이다. 소득세의 과세기간은 1월 1일부터 12월 31일까지 1년으로 한다. 다만, 거주자가 사망하거나 출국하여 비거주자가 되는 경우 과세기간은 1월 1일부터 사망일까지 또는 1월 1일부터 출국일까지로 한다.(소득법 제5조)

(4) 종합소득세 신고 · 납부

(가) 거주자의 신고 · 납부

해당 과세기간의 종합소득금액이 있는 거주자는 그 종합소득 과세표준을 그 과세기간의 다음 연도 5월 1일부터 5월 31일까지 납세지 관할 세무서장에게 신고하여야 한다. 종합소득금액이 있는 거주자는 종합소득과세표준이 없거나 결손금이 있는 경우에도 신고를 하여야 한다.(소득법 제70조) 그러나 근로소득만 있는 자, 공적연금소득만 있는 자, 분리과세이자소득, 분리과세배당소득, 분리과세연금소득, 분리과세기타소득만 있는 자는 과세표준확정신고를 아니하여도 된다.(소득법 제73조) 단 해당 과세기간에 분리과세 주택임대소득이 있는 경우에는 과세표준확정신고를 하여야 한다.(소득법 제70조

제2항)

거주자는 해당 과세기간의 과세표준에 대한 종합소득 산출세액에서 감면세액과 세액공제액을 공제한 금액을 과세표준확정신고기한까지 납세지 관할 세무서, 한국은행 또는 체신관서에 납부하여야 한다.(소득법 제76조)

(나) 비거주자의 신고 · 납부

부동산임대소득이 있어 소득세의 과세표준과 세액을 계산하는 비거주자의 신고와 납부는 거주자의 신고와 납부에 예에 따라 한다.(소득법 제124조)

5. 사업소득금액

종합소득금액에 포함되는 사업소득금액은 사업에서 발생하는 총수입금액에서 이에 사용된 필요경비를 공제한 금액으로 하고, 필요경비가 총수입금액을 초과하는 경우 그 초과하는 금액을 "결손금"이라 한다.(소득법 제19조 제2항)

(1) 총수입금액

총수입금액은 해당 과세기간에 수입하였거나 수입할 금액의 합계액으로 하고, 금전 외의 것을 수입할 때에는 그 수입금액을 그 거래 당시의 가액에 의하여 계산한다. 부동산을 임대하고 보증금을 받은 경우에는 보증금의 이자상당액도 총수입금액에 포함한다.(소득법 제24조 · 제25조)

(2) 필요경비

사업소득금액을 계산할 때 필요경비에 산입할 금액은 해당 과세기간의 총수입금액에 대응하는 비용으로서 일반적으로 용인되는 통상적인 것의 합계액으로 한다. 이른바 수익비용대응의 원칙에 따라 비용을 실제로 지급하는 시기와 상관없이 당해 연도 수입금액 발생에 대응하는 비용을 당해 연도 필요경비로 보는 것이다. 필요경비에는 상품 또는 제품의 원가, 판매한 상품의 보관료, 포장비, 운반비, 판매비, 광고비, 종업원의 급여 및 복리후생비, 사업자가 부담하는 종업원 보험료, 사업용 자산의 관리비와 유지비, 임차료, 보험료, 감가상각비, 사업과 관련이 있는 제세공과금, 사업자금에 사용한 차입금의 이자, 사업상 지출한 접대비, 대손금 등이 있다.(소득법 제27조, 소득령 제55조) 그 범위와 귀속시기 등을 정확하게 계산하여야 사업소득금액을 정확하게 산정할 수 있다.

(3) 이 책에서 다루는 범위

총수입금액과 필요경비의 범위와 귀속시기 등을 정확하게 계산하여야 종합소득금액에 합산하는 사업소득금액을 정확하게 산정할 수 있다. 다만, 이 책은 종합소득 또는 사업소득 전반을 다루는 것이 아니고 사업소득에 포함되는 부동산 임대소득의 특수성에 대하여 알아보는데 그 목적이 있으므로 여기서는 총수입금액과 필요경비의 개념 및 산정원칙에 대하여 간략하게 알아보는 것으로 그치고, 부동산임대소득의 수입금액 및 필요경비 계산특례에 대하여는 아래 Ⅲ 이하에서 자세히 알아보고자 한다.

Ⅲ 주택임대소득

1. 사업자

(1) 주택임대사업자

사업소득이 있는 거주자를 사업자라고 하므로 주택임대소득이 있는 거주자는 주택임대사업자가 된다.(소득법 제1조의2) 주택임대소득은 주택을 임대하여 받는 임대료뿐만 아니라 보증금의 이자상당액에 해당하는 간주임대료도 임대소득에 포함되므로 주택을 월세로 임대하는 경우뿐만 아니라 전세를 놓는 경우에도 주택임대사업자가 된다.

(2) 사업자등록

(가) 개요

주택임대업은 부가가치세가 과세되지 아니하는 부가가치세 면세사업이다.(부가법 제26조 제1항 제12호) 따라서 주택임대사업자가 부가가치세법에 따른 사업자등록을 할 의무는 없으나, 부가가치세 면세사업자도 소득세법에 따른 사업자등록은 하여야 한다. 주택임대사업자의 경우 사업자등록을 강제하지 않았으나 2018년 12월 31일 소득세법 개정으로 주택임대사업자가 사업자등록을 하지 아니하는 경우 가산세를 부과하는 규정을 신설하여 2020년 1월 1일부터 시행을 예고함으로써 주택임대사업자의 사업자등록을 강제하게 되었다.

(나) 등록절차

면세사업자의 사업자등록은 부가가치세법의 사업자등록규정(부가법 제8조)을 준용한다.(소득법 제168조 제3항) 사업자등록을 하려는 사업자는 사업장마다 사업 개시일로부터 20일 이내에 사업자등록신청서를 사업장 소재지 관할 세무서장에게 제출해야 한다.(부가법 제8조) 부동산의 등기부상 소재지가 부동산 임대업의 사업장이 되므로 임대주택의 소재지가 사업장이 된다.(부가령 제8조 제1항 제15호) 사업장이 둘 이상인 사업자(사업장이 하나이나 추가로 사업장을 개설하려는 사업자를 포함한다)는 사업자 단위로 해당 사업자의 본점 또는 주사무소 관할 세무서장에게 등록을 신청할 수 있다. 기타 사업자등록 신청절차 및 첨부서류, 등록번호, 휴업 · 폐업의 신고, 사업자등록 사항의 변경, 등록말소 등은 부가가치세법의 규정을 준용한다. 다만, 주택임대사업의 경우 민간임대주택법에 따른 사업자등록을 하여야 하므로 통일적 관리를 위한 규정을 두고 있다.(소득법 제168조 제3항, 소득령 제220조 제2항 · 제3항)

① 사업자등록을 하려는 자 중 주택임대사업을 하려는 자는 사업자등록신청서를 제출할 때 임대주택명세서를 첨부해야 한다. 이 경우 임대주택명세서에 갈음해 민간임대주택에 따른 임대사업자 등록증(민간임대주택법 시행령 제4조 제5항) 사본을 첨부할 수 있다.

② 민간임대주택에 관한 특별법 제5조에 따라 특별자치시장 · 특별자치도지사 · 시장 · 군수 또는 구청장(구청장은 자치구의 구청장을 말한다)에게 임대사업자 등록을 신청하면서 소득세법에 따른 사업자등록신청서를 함께 제출한 경우에는 소득세법에 따른 사업자등록을 신청한 것으로 본다. 이 경우 사업자등록신청서가 국세정보통신망에 도달한 때부터 사업자등록 발급의무기한이 기산된다.

(다) 미등록가산세

주택임대소득이 있는 사업자가 사업개시일로부터 20일까지 사업자등록을 신청하지 아니한 경우에는 사업 개시일부터 등록을 신청한 날의 직전일까지의 주택임대수입금액의 1천분의 2에 해당하는 금액을 해당 과세기간의 결정세액에 더한다. 이 가산세는 수입금액에 대한 가산세로 산출세액이 없는 경우에도 가산세를 부과한다.(소득법 제81조

제15항 · 제16항) 단, 이 가산세 규정은 2020년 1월 1일 이후 주택임대사업을 시작하는 사업자부터 적용하고, 2019년 12월 31일 이전에 주택임대사업을 개시한 경우에는 2020년 1월 1일을 사업개시일로 보아 이 규정을 적용한다.(소득법 부칙 제8조 제6항) 따라서 기존 주택임대사업자로서 사업자등록을 하지 아니한 자는 2020년 1월 20일까지 사업자등록을 하여야 한다.[1)]

2. 하나의 주택 임대소득 비과세

기준시가가 9억원 이하인 한 개의 주택을 소유하는 자의 주택임대소득은 비과세한다.(소득법 제12조 제2호 나목)

(1) 주택의 범위

주택은 국내에 소재하는 주택을 말하며, 하나의 주택이라도 국외에 소재하는 주택의 임대소득에 대하여는 과세한다. "주택"이란 상시 주거용(사업을 위한 주거용의 경우는 제외한다)으로 사용하는 건물을 말하고 주택의 부수토지를 포함한다. 따라서 사실상 주거용으로 임대한 오피스텔도 주택에 해당한다.(서면인터넷방문상담4팀-1856, 2005.10.12.) 주택부수토지는 주택에 딸린 토지로서 건물의 연면적 또는 건물 바닥면적의 5배(도시지역 외 10)의 범위 내의 토지를 말한다. 즉 다음 ①, ② 중 넓은 면적을 초과하는 부수토지는 주택부수토지로 보지 아니한다.(소득령 제8조의2 제1항 · 제2항)

① 건물의 연면적. 건물의 연면적은 지하층의 면적, 지상층의 주차용으로 사용되는 면적, 피난안전구역의 면적(건축법 시행령 제34조 제3항) 및 주민공동시설의 면적(주택건설기준 등에 관한 규정 제2조 제3호)을 제외한 연면적을 말한다.

② 건물이 정착된 면적에 5배(국토의 계획 및 이용에 관한 법률 제6조 제1호에 따른 도시지역 밖의 토지의 경우에는 10배)를 곱하여 산정한 면적

(2) 겸용주택의 주택범위

주택과 부가가치세가 과세되는 사업용 건물이 함께 설치되어 있는 경우 그 주택과

1) 가산세 대상 규정에는 없으나 기존의 분리과세 소액임대주택 사업자는 2019년 12월 31일까지 사업자등록을 하여야 한다.(소득법 부칙 제20조)

주택부수토지의 범위는 다음과 같이 구분한다. 이 경우 주택과 주택부수토지를 2인 이상의 임차인에게 임대한 경우에는 각 임차인의 주택 부분의 면적(사업을 위한 거주용은 제외한다)과 사업용건물 부분의 면적을 계산하여 각각 적용한다.(소득령 제8조의2 제4항)

① 주택 부분의 면적이 사업용건물 부분의 면적보다 큰 때에는 그 전부를 주택으로 본다. 이 경우 해당 주택의 주택부수토지의 범위는 전부를 주택으로 보아 계산한다.

② 주택 부분의 면적이 사업용건물 부분의 면적과 같거나 그 보다 작은 때에는 주택 부분 외의 사업용건물 부분은 주택으로 보지 아니한다. 이 경우 해당 주택의 주택부수토지의 면적은 총토지면적에 주택 부분의 면적이 총건물면적에서 차지하는 비율을 곱하여 계산하여 그 범위를 정한다.

(3) 주택의 개수

하나의 주택만 소유하여야 하므로 다른 주택을 소유하여서는 아니된다. 주택 수의 계산은 다음에 따라 한다.(소득령 제8조의2 제3항)

① 다가구주택은 1개의 주택으로 보되, 구분 등기된 경우에는 각각을 1개의 주택으로 계산한다.

② 공동소유의 주택은 지분이 가장 큰 자의 소유로 계산하되, 지분이 가장 큰 자가 2인 이상인 경우에는 각각의 소유로 계산한다. 다만, 지분이 가장 큰 자가 2인 이상인 경우로서 그들이 합의하여 그들 중 1인을 당해 주택의 임대수입의 귀속자로 정한 경우에는 그의 소유로 계산한다.

③ 임차 또는 전세 받은 주택을 전대하거나 전전세하는 경우에는 당해 임차 또는 전세 받은 주택을 임차인 또는 전세 받은 자의 주택으로 계산한다.

④ 본인과 배우자가 각각 주택을 소유하는 경우에는 이를 합산하여 계산한다. 주택 수를 계산함에 있어 국외주택을 포함하는지에 대하여 과세당국은 "비과세 주택임대소득을 계산함에 있어 국외에 소재하는 주택을 주택 수 계산에 포함한다."고 해석한다.(기획재정부 소득세과-168, 2010.4.1.)[2)]

2) 법문의 문리해석에 충실한 예규이나, 하나의 주택을 소유한 거주자가 소유주택을 임대한 경우 본인은 또 다른 주택을 임차하여 거주하여야 하는 사정, 국내 다수주택 소유억제 등을 고려하여 1주택 소유자의 임대소득을 비과세하는 취지에 비추어 볼 때, 거주가 불가능한 국외주택을 소유하고 있다고 하여도 국내에 1주택만 소유한 거주자는 여전히 국내에 다른 주택을 임차하여 거주하여야 하는 점을 고려하면 국내소유주택 수만을 기준으로 비과세여부를 판단하는 것이 합리적이지 않을까 생각된다.

(4) 주택의 가격

(가) 기준시가

주택의 가격이 9억원을 초과하는 주택은 1주택만 소유하고 있어도 그 주택의 임대소득에 대하여 소득세를 납부하여야 한다. 주택의 가격은 기준시가, 즉 부동산 가격공시에 관한 법률에 따른 개별주택가격 및 공동주택가격을 말한다. 공동주택가격의 경우 국세청장이 결정・고시한 공동주택가격이 있을 때에는 그 가격에 따른다. 개별주택가격 및 공동주택가격이 없는 주택의 가격은 납세지 관할 세무서장이 인근 유사주택의 개별주택가격 및 공동주택가격을 고려하여 다음의 방법에 따라 평가한 금액으로 한다. (소득령 제164조 제11항)

① 단독주택 : 부동산 가격공시에 관한 법률에 따른 개별주택가격이 없는 단독주택의 경우에는 당해 주택과 구조・용도・이용상황 등 이용가치가 유사한 인근주택을 표준주택으로 보고 같은 법 제16조 제6항에 따른 비준표에 따라 납세지 관할세무서장(납세지 관할세무서장과 당해 주택의 소재지를 관할하는 세무서장이 서로 다른 경우로서 납세지 관할세무서장의 요청이 있는 경우에는 당해 주택의 소재지를 관할하는 세무서장)이 평가한 가액

② 공동주택 : 부동산 가격공시에 관한 법률에 따른 공동주택가격이 없는 공동주택의 경우에는 인근 유사공동주택의 거래가격・임대료 및 당해 공동주택과 유사한 이용가치를 지닌다고 인정되는 공동주택의 건설에 필요한 비용추정액 등을 종합적으로 참작하여 납세지 관할세무서장(납세지 관할세무서장과 당해 주택의 소재지를 관할하는 세무서장이 서로 다른 경우로서 납세지 관할세무서장의 요청이 있는 경우에는 당해 주택의 소재지를 관할하는 세무서장)이 평가한 가액

개별주택가격 및 공동주택가격이 없어 ①, ②의 방법으로 평가하여야 하는 경우 납세지 관할세무서장은 지방세법 제4조 제1항 단서에 따라 시장・군수가 산정한 가액을 평가한 가액으로 하거나 둘 이상의 감정평가업자에게 의뢰하여 해당 주택에 대한 감정평가업자의 감정가액을 고려하여 평가할 수 있다.

(나) 평가시기

기준시가가 9억원을 초과하는 지의 여부는 과세기간 종료일 또는 해당 주택의 양도일을 기준으로 판단한다.(소득령 제8조의2 제5항)

3. 소액 주택임대소득 분리과세

(1) 분리과세 대상

해당 과세기간에 주거용 건물 임대업에서 발생한 수입금액의 합계액이 2천만원 이하인 자의 주택임대소득은 종합소득에 합산하지 아니하고 분리하여 과세한다. 공동사업자(소득법 제43조)인 경우에는 공동사업장에서 발생한 주택임대수입금액의 합계액을 손익분배비율에 의하여 공동사업자에게 분배한 수입금액을 합산한 금액으로 한다.(소득법 제14조 제3항 제7호, 소득령 제20조 · 제8조의2 제6항) 총수입금액의 계산방법은 항을 바꾸어서 본다.

이 소액 주택임대소득은 2018년 12월 31일까지는 비과세하였으나, 2019년 1월 1일 이후 발생하는 분부터 분리하여 과세한다.[소득법 제12조 제2호 나목, 부칙(법률 제1282호, 2014.12.23.) 제4조]

(2) 분리과세방법

소득세법 제14조는 총수입금액 2천만원 이하의 소액주택임대소득에 대하여 분리과세 한다고 규정하고 있으나, 같은 법 제64조의2는 분리과세를 선택할 수 있는 것으로 규정하고 있다. 이 규정에 따라 분리과세를 선택하지 아니하면 소액주택임대소득을 종합소득에 합산하여 종합소득결정세액을 산정하고, 분리과세를 선택하면 소액주택임대소득에 대하여는 소득금액을 별도로 산정한 후 14%의 세율을 적용한 세액과 소액주택임대소득을 제외한 나머지 종합소득금액에 대한 결정세액을 합하여 종합소득결정세액을 산정한다. 이 규정은 분리과세의 경우 적용할 필요경비 산정방법을 별도로 정하고 있다. 민간임대주택법에 따라 등록한 등록임대주택인지 일반임대주택인지에 따라 분리과세 시 소액주택임대소득의 사업소득금액을 다음과 같이 계산한다.

(가) 일반임대주택

① 분리과세 주택임대소득을 제외한 해당 과세기간의 종합소득금액이 2천만원을 초과하는 경우 : 주택임대사업 총수입금액의 50%를 필요경비로 인정한다. 즉 주택임대사업에 대한 사업소득금액은 총수입금액에서 총수입금액의 50%를 차감한 금액으로 한다.

② 분리과세 주택임대소득을 제외한 해당 과세기간의 종합소득금액이 2천만원 이하인 경

우 : 총수입금액의 50%에 200만원을 더한 금액을 필요경비로 인정한다. 즉 주택임대사업에 대한 사업소득금액은 총수입금액에서 총수입금액의 50%를 차감한 금액에서 추가로 200만원을 차감한 금액으로 한다.

> **!** 다른 소득 없이 주택임대 총수입금액만 2천만원 있는 경우 분리과세 소득세
> 1,120,000(원) = (20,000,000 × 0.5 – 2,000,000) × 0.14

(나) 등록임대주택 특례

민간임대주택법에 관한 특별법에 따라 등록을 한 임대주택으로서 일정요건을 갖춘 등록임대주택에 대하여는 필요경비를 더 많이 인정해 준다.

① 등록임대주택 요건 : 등록임대주택은 다음의 요건을 모두 갖추어야 한다.(소득령 제122조의2 제1항)

- 민간임대주택에 관한 특별법 제5조에 따른 임대사업자등록을 한 자가 임대 중인 공공지원민간임대주택, 장기일반민간임대주택 또는 단기민간임대주택일 것(같은 법 제2조 제4호 · 제5호 · 제6호)
- 소득세법에 따른 사업자등록을 한 사업자의 임대주택일 것
- 임대보증금 또는 임대료의 연 증가율이 100분의 5를 초과하지 않을 것

② 분리과세 주택임대소득을 제외한 해당 과세기간의 종합소득금액이 2천만원을 초과하는 경우 : 총수입금액의 60%를 필요경비로 인정한다. 즉 등록임대주택소득에 대한 사입소득금액은 총수입금액에서 총수입금액의 60%를 차감한 금액으로 한다.

③ 분리과세 주택임대소득을 제외한 해당 과세기간의 종합소득금액이 2천만원 이하인 경우 : 총수입금액의 60%에 400만원을 더한 금액을 필요경비로 인정한다. 즉 등록임대주택소득에 대한 사업소득금액은 총수입금액에서 총수입금액의 60%를 차감한 금액에서 추가로 400만원을 차감한 금액으로 한다.

④ 일부기간 등록임대주택 등의 경우 : 과세기간 중 일부기간만 등록임대주택에 해당하는 경우와 과세기간 중 등록임대주택과 일반임대주택(미등록임대주택)이 있는 경우에는 다음에 따라 등록임대주택의 수입금액을 산정한다.(소득령 제122조의2 제3항)

- 과세기간 중 일부 기간 동안 등록임대주택을 임대한 경우 등록임대주택 임대사업에서 발생한 수입금액은 월수로 계산하며, 월수의 계산은 해당 임대기간의

개시일 또는 종료일이 속하는 달이 15일 이상인 경우 1개월로 보아 산입한다.

- 해당 과세기간 동안 등록임대주택과 등록임대주택이 아닌 주택에서 수입금액이 발생한 경우로서 해당 과세기간의 종합소득금액이 2천만원 이하인 경우에 추가로 차감하는 금액(소득법 제64조의2 제2항)은 다음의 산식에 따라 등록임대주택에서 발생한 수입금액과 등록임대주택이 아닌 주택에서 발생한 수입금액(미등록임대주택 수입금액)으로 안분 계산한다.

$$\left(\frac{\text{등록임대주택수입금액}}{\text{총주택임대수입금액}} \times 400\text{만원}\right) + \left(\frac{\text{미등록임대주택수입금액}}{\text{총주택임대수입금액}} \times 200\text{만원}\right)$$

⑤ 특례세액 추징 : 사업자가 해당 임대주택을 4년 이상 임대하지 아니하는 경우에는 등록임대주택 특례를 적용하지 아니하고 계산한 세액과 당초 신고한 세액과의 차액에 특례를 적용받은 과세연도 종료일 다음 날부터 임대하지 아니한 사유가 발생한 과세연도의 종료일까지의 기간에 1일 10만분의 25에 해당하는 이자상당액을 더한 금액을 소득세로 납부하여야 한다.(소득법 제64조의2 제3항 · 제4항, 조특법 제33조의2 제4항, 조특령 제30조의2 제6항) 다만, 다음의 부득이한 사유가 있는 경우에는 이자상당액을 가산하지 아니한다.(소득령 제122조의2 제2항)

- 파산, 강제집행에 따라 임대주택을 처분하거나 임대를 할 수 없는 경우
- 법령상 의무를 이행하기 위하여 임대주택을 처분하거나 임대를 할 수 없는 경우
- 채무자 회생 및 파산에 관한 법률에 따른 회생절차에 따라 법원의 허가를 받아 임대주택을 처분한 경우

4. 총수입금액

(1) 개요

소득에 대한 총수입금액은 해당 과세기간에 수입하였거나 수입할 금액의 합계액으로 한다.(소득법 제24조 제1항) 부동산임대사업과 관련한 총수입금액에는 직접적 임대 수입에 해당하는 임대료, 관리비수입, 전세 또는 월세보증금의 이자상당액에 해당하는 간주임대료, 사업용 자산의 재해손실로 인하여 발생하는 보험차익 등이 포함된다. 여기서는

월임대료와 간주임대료의 계산방법 등에 대하여 본다.

(2) 월임대료

소득에 대한 총수입금액은 해당 과세기간에 수입하였거나 수입할 금액의 합계액으로 하는 것이므로 임대료를 월 단위로 받는 경우 당해 연도에 속한 월단위 임대료의 합계액이 당해 과세기간의 총수입금액에 포함된다. 수개월분 임대료를 일시에 받는 선세금(先貰金)의 경우 그 선세금을 계약기간의 월수로 나누어 각 과세기간의 월수에 해당하는 금액의 합계액이 당해 과세기간의 총수입금액이 된다.(소득령 제51조 제3항 제1호) 이 때 월수를 계산함에 있어 당해 계약기간의 개시일이 속하는 달이 1월 미만인 경우는 1월로 하고 당해 계약기간의 종료일이 속하는 달이 1월 미만인 경우에는 이를 산입하지 아니한다.(소득칙 제21조) 즉 12월 31일에 계약기간이 개시되는 경우에도 1개월분 임대료가 계약을 개시한 연도의 수입금액이 되는 것이다.

(3) 보증금 간주임대료

주택을 전세로 임대하는 경우 전세보증금을 이용하는 경제적 이익 및 월세임대와 형평성 등을 고려하여 고액의 다수임대주택 보증금에 대하여는 이자상당액을 수입금액으로 간주하여 계산한다. 소득세법은 부동산 또는 그 부동산상의 권리 등을 대여하고 보증금등(보증금 · 전세금 또는 이와 유사한 성질의 금액)을 받은 경우에는 보증금에 대한 이자상당액을 총수입금액에 산입(算入)하는데, 주택을 대여하고 보증금등을 받은 경우에는 3주택 이상을 소유하고 해당 주택의 보증금등의 합계액이 3억원을 초과하는 경우에만 이자상당액을 계산하는 것으로 규정하고 있다.(소득법 제25조 제1항) 즉 2주택 이하의 소유자가 받은 보증금등에 대하여는 간주임대료를 계산하지 아니하고, 3주택 이상을 소유한 경우에도 보증금등의 액수가 3억원 이하이면 간주임대료를 계산하지 아니한다. 주택의 간주임대료 계산 대상은 주택과 그 부수토지이고 주택의 부수토지만 임대하는 경우에는 주택의 간주임대료 적용대상이 아니다.(소득령 제53조 제3항 제1호)

(가) 주택 수 계산

① 주택과 주택부수토지 및 주택 수의 계산 등은 위 1주택 소유자의 비과세 적용의 경우와 같다.(소득령 제53조 제8항) 소득세법 시행령 제53조 제8항이 준용하는 소득세법 제8조의2 제3항에 따르면, 구분등기 되지 않은 다가구주택은 1개의 주택

의 보므로 1개의 다가구주택 내에 3가구 이상을 임대하는 경우에도 다가구주택 전체를 1개의 주택으로 계산하여야 할 것이다.

② 소규모 주택에 대한 한시적 특례 : 주거의 용도로만 쓰이는 면적이 1호(戶) 또는 1세대당 40㎡ 이하인 주택으로서 해당 과세기간의 기준시가가 2억원 이하인 주택은 2021년 12월 31일까지는 주택 수에 포함하지 아니한다. 임대주택 중 이러한 소규모 임대주택을 제외하고 나머지 소유주택이 3주택 이상인 경우에만 간주임대료를 계산한다. 소규모 임대주택은 주택수의 계산에서만 제외하는지 아니면 간주임대료 계산 대상에서도 제외되는지가 문제된다. 법문은 3주택 소유여부를 판단할 때 소규모 임대주택은 주택 수에 포함하지 아니한다고만 규정되어 있어 소규모 임대주택 외 3주택을 소유한 경우 간주임대료를 계산함에 있어서 소규모 임대주택의 보증금을 포함하는지 여부는 문언상 불분명하다. 이에 대하여 국세청은 소규모 임대주택의 경우 간주임대료 계산에서도 제외하는 것으로 해석하고 있다.(서면법규과-214, 2014.3.10.)

(나) 간주임대료 계산

보증금 합계액에서 3억원을 차감한 금액의 60%에 해당하는 금액에 정기예금이자율을 곱한 금액을 이자상당액으로 본다. 이때 보증금등을 금융기관에 예치하여 이자를 받거나 주식에 투자하여 배당금을 받는 경우에는 이중과세문제가 발생하므로 이러한 이자 및 배당금은 임대소득 수입금액에서 제외한다. 보증금등을 연중에 수수하는 경우도 있으므로 이자율을 적용할 때는 적수를 계산하여 적용한다. 이를 산식으로 보면 다음과 같다.(소득령 제53조 제3항 제1호)

> 총수입금액에 산입할 금액 =
> (해당 과세기간의 보증금등 - 3억원)의 적수 × 60/100 × 1/365(윤년의 경우에는 366) × 정기예금이자율(2.1%) - 해당 과세기간의 해당 임대사업부분에서 발생한 수입이자와 할인료 및 배당금의 합계액

① 전전세 등 보증금 : 임대주택이 자기 소유가 아니고 임차한 주택일 경우 당초보금과 전대보증금의 차액에 대하여 간주임대료를 계산한다. 즉 전대(또는 전전세)하고 받은 보증금등의 적수에서 당초 보증금등의 적수 중 전대(또는 전전세)한 면적에 해당하는 금액을 차감한 금액을 보증금등의 적수로 산입한다.

선수임대료

임대개시 전 임대용역의 제공이 없는 상태에서 신축부동산이 완공되면 당해 부동산을 사용키로 하는 임대차계약을 체결하고 임차인으로부터 받은 선수임대보증 또는 계약금 등은 임대사업개시 전까지는 간주임대료 계산대상이 되지 아니한다.(소득통칙 25-53-2)

② 공제하는 3억원 : 보증금등을 받은 주택이 2주택 이상인 경우에는 보증금등의 적수가 가장 큰 주택의 보증금등부터 순서대로 뺀다.

③ 적수의 계산 : 적수의 계산은 매월 말 현재의 보증금등의 잔액에 경과일수를 곱하여 계산할 수 있다. 경과일수는 임대개시일로부터 임대종료일까지 또는 과세기간 종료일까지의 일수를 말한다.

④ 적수의 60%에 대하여만 간주임대료를 계산한다. 주택 외 부동산임대 수입금액에 포함되는 간주임대료를 계산할 때는 건설비 적수를 공제하게 되는데, 부동산 취득자금에 해당하는 건설비는 장부에 의하여 실제 지급사실이 확인되어야 공제가 가능하다. 주택의 경우 계산을 간편하게 하여 실제 건설비 지급여부와 상관없이 건설비공제를 하지 아니하고 3억원을 초과하는 금액의 60%에 대하여만 간주임대료를 계산한다.

⑤ 정기예금이자율 : 정기예금이자율은 연간 1천분의 21, 즉 2.1%이다.(소득칙 제23조 제1항)

⑥ 공제하는 수입이자와 할인료 및 배당금 : 임대사업부분에서 발생한 수입이자・할인료 및 배당금은 비치・기장한 장부나 증빙서류에 의하여 당해 임대보증금등으로 취득한 것이 확인되는 금융자산으로부터 발생한 것에 한한다. 따라서 장부나 증빙이 없어 소득금액을 추계로 신고하거나 추계로 조사결정하는 경우에는 수입이자와 할인료 및 배당금을 공제하지 아니한다.(소득령 제53조 제4항・제6항)

보증금 예치이자의 수입금액 산입여부

보증금 또는 전세금을 받아 은행에 예입하거나 채권을 취득하여 받는 이자 등은 부동산임대업에 따른 사업소득의 총수입금액에 산입하지 아니하고 이자소득으로 본다.(소득통칙 25-53-1)

5. 소형주택임대사업자에 대한 세액감면

∷ 조특법 제96조, 2019.12.31.까지 적용, 농특세 과세

(1) 개요

내국인인 임대사업자가 기준시가 6억원 이하인 국민주택규모의 주택을 1호 이상 임대하는 경우에는 주택임대소득에 대한 소득세 또는 법인세의 30%(공공지원민간임대주택 또는 장기일반민간임대주택은 75%)를 2019년 12월 31일까지 감면한다.(조특법 제96조)

(2) 임대인 요건

임대사업자등록을 하고 사업용 계좌 등을 사용하여야 한다.

① 임대사업자 등록 요건 : 다음과 같이 세법에 따른 사업자등록 및 민간임대주택법에 따른 사업자등록을 하여야 한다.(조특령 제96조 제1항)

- 세무서에 사업자등록을 할 것 : 개인의 경우 소득세법(제168조)에 따라 사업자등록을 하고, 법인의 경우 법인세법(제111조)에 따라 사업자등록을 할 것
- 지방자치단체에 사업자등록을 할 것 : 민간임대주택에 관한 특별법(제5조)에 따른 임대사업자등록을 하였거나 공공주택 특별법 제4조에 따른 공공주택사업자로 지정되었을 것

② 사업용 계좌 등 사용의무 : 사업용계좌 신고 위반 등 다음의 경우에는 해당 과세기간의 사업장에 대하여는 감면규정을 적용하지 아니한다.(조특법 제128조 제4항)

- 소득세법 제160조의5 제3항에 따라 사업용 계좌를 신고하여야 할 사업자가 정당한 사유 없이 이를 이행하지 아니한 경우
- 소득세법 제162조의3 제1항 또는 법인세법 제117조의2 제1항에 따라 현금영수증가맹점으로 가입하여야 할 사업자가 정당한 사유 없이 이를 이행하지 아니한 경우
- 소득세법 제162조의2 제2항 및 법인세법 제117조에 따른 신용카드가맹점으로 가입한 사업자 또는 소득세법 제162조의3 제1항 또는 법인세법 제117조의2에 따라 현금영수증가맹점으로 가입한 사업자가 ㉠ 신용카드에 의한 거래를 거부하거나 신용카드매출전표를 사실과 다르게 발급한 사유, 또는 ㉡ 현금영수

증의 발급요청을 거부하거나 사실과 다르게 발급한 사유로 관할세무서장으로부터 신고금액을 통보받은 사업자로서 다음 어느 하나에 해당하는 경우(조특령 제122조)

- 해당 과세연도(신용카드에 의한 거래 또는 현금영수증의 발급을 거부하거나 신용카드매출전표 또는 현금영수증을 사실과 다르게 발급한 날이 속하는 해당 과세연도를 말한다)에 신고금액을 3회 이상 통보받은 경우로서 그 금액의 합계액이 100만원 이상인 경우
- 해당 과세연도에 신고금액을 5회 이상 통보받은 경우

(3) 임대주택 요건

내국인이 임대주택으로 등록한 민간임대주택에 관한 특별법 및 공공주택 특별법에 따른 건설임대주택, 매입임대주택, 공공지원민간임대주택 또는 장기일반민간임대주택으로서 다음 요건을 모두 충족하는 임대주택이어야 한다.(조특령 제96조 제2항)

① 주택법 제2조 제6호에 따른 국민주택규모의 주택이어야 한다. 해당 주택이 다가구주택일 경우에는 가구당 전용면적을 기준으로 국민주택 해당여부를 판단한다. 주택에는 주거에 사용하는 오피스텔과 주택 및 오피스텔에 딸린 토지를 포함하며, 그 딸린 토지가 건물이 정착된 면적에 지역별로 다음의 배율을 곱하여 산정한 면적을 초과하는 경우 해당 주택 및 오피스텔은 제외한다.

- 도시지역(국토의 계획 및 이용에 관한 법률 제6조 제1호)의 토지 : 5배
- 그 밖의 토지 : 10배

② 주택 및 이에 부수되는 토지의 기준시가의 합계액이 해당 주택의 임대개시일 당시 6억원을 초과하지 아니할 것

③ 임대보증금 또는 임대료의 연 증가율이 5%를 초과하지 아니할 것

국민주택규모(주택법 제2조 제6호)

"국민주택규모"란 주거전용면적(주거의 용도로만 쓰이는 면적)이 1호(戶) 또는 1세대당 85㎡ 이하인 주택(수도권정비계획법 제2조 제1호에 따른 수도권*을 제외한 도시지역이 아닌 읍 또는 면 지역은 1호 또는 1세대당 주거전용면적이 100㎡ 이하인 주택을 말한다)을 말한다.

주거전용면적의 산정방법은 다음의 기준에 따른다.(주택법 시행규칙 제2조)

① 단독주택의 경우 : 그 바닥면적(건축법 시행령 제119조 제1항 제3호에 따른 바닥면

적)에서 지하실(거실로 사용되는 면적은 제외한다), 본 건축물과 분리된 창고・차고 및 화장실의 면적을 제외한 면적. 다만, 그 주택이 건축법 시행령 별표 1 제1호 다목의 다가구주택에 해당하는 경우 그 바닥면적에서 본 건축물의 지상층에 있는 부분으로서 복도, 계단, 현관 등 2세대 이상이 공동으로 사용하는 부분의 면적도 제외한다.

② 공동주택의 경우 : 외벽의 내부선을 기준으로 산정한 면적. 다만, 2세대 이상이 공동으로 사용하는 부분으로서 다음 어느 하나에 해당하는 공용면적은 제외하며, 이 경우 바닥면적에서 주거전용면적을 제외하고 남는 외벽면적은 공용면적에 가산한다.

- 복도, 계단, 현관 등 공동주택의 지상층에 있는 공용면적
- 위의 공용면적을 제외한 지하층, 관리사무소 등 그 밖의 공용면적

* 수도권 : 서울특별시, 인천광역시, 경기도를 말한다.

(4) 감면세액

공공지원민간임대주택 또는 장기일반민간임대주택의 경우에는 해당 임대주택소득에 대한 소득세 또는 법인세의 75%를 감면하고, 그 외 임대주택의 경우에는 30%를 감면한다. 이를 산식으로 보면 다음과 같다.(조특칙 세액감면신청서 작성방법 ⑪) 이 경우 해당 임대주택의 총 수입금액이 2천만원 이하로 소득세법 제64조의2에 따른 분리과세 소득에 해당하여 분리과세를 선택하는 경우에는 분리과세 세율(14%)을 적용하여 산출한 세액에 감면율을 적용한다.(소득법 제64조의2 제1항 제2호)

$$감면세액 = 산출세액 \times \frac{임대사업소득}{소득금액} \times 30(75)\%$$

(5) 감면세액 추징

(가) 추징요건

소득세 또는 법인세를 감면받은 개인 또는 법인이 해당 임대주택을 4년(공공지원 민간임대주택 또는 장기일반민간임대주택등의 경우에는 8년) 이상 임대하지 아니하는 경우 그 사유가 발생한 날이 속하는 과세연도의 과세표준신고를 할 때 감면받은 세액을 소득세 또는 법인세로 납부하여야 한다. 요건 위반 여부는 다음과 같이 판단한다.(조특법 제96조 제2항, 조특령 제96조 제3항)

① 해당 과세연도의 매월말 현재 실제 임대하는 임대주택이 1호 이상인 개월 수가

해당 과세연도 개월 수(1호 이상의 임대주택의 임대개시일이 속하는 과세연도의 경우에는 1호 이상의 임대주택의 임대개시일이 속하는 월부터 과세연도 종료일이 속하는 월까지의 개월 수)의 12분의 9 이상인 경우에는 1호 이상의 임대주택을 임대하고 있는 것으로 본다.

② 1호 이상의 임대주택의 임대개시일부터 4년(공공지원민간임대주택 또는 장기일반민간임대주택등의 경우에는 8년)이 되는 날이 속하는 달의 말일까지의 기간 중 매월 말 현재 실제 임대하는 임대주택이 1호 이상인 개월 수가 43개월(공공지원민간임대주택 또는 장기일반민간임대주택등의 경우에는 87개월) 이상인 경우에는 1호 이상의 임대주택을 4년(공공지원민간임대주택 또는 장기일반민간임대주택등의 경우에는 8년) 이상 임대하고 있는 것으로 본다.

③ ①, ②를 적용할 때 기존 임차인의 퇴거일부터 다음 임차인의 입주일까지의 기간으로서 3개월 이내의 기간은 임대한 기간으로 본다.

④ ①, ②를 적용할 때 상속, 합병, 분할, 물적분할, 현물출자로 인하여 피상속인, 피합병법인, 분할법인, 출자법인("피상속인등")이 임대하던 임대주택을 상속인, 합병법인, 분할신설법인, 피출자법인("상속인등")이 취득하여 임대하는 경우에는 피상속인등의 임대기간은 상속인등의 임대기간으로 본다.

⑤ ①, ②를 적용할 때 공익사업을 위한 토지 등의 취득 및 보상에 관한 법률 또는 그 밖의 법률에 따른 수용(협의 매수를 포함한다)으로 임대주택을 처분하거나 임대를 할 수 없는 경우에는 해당 임대주택을 계속 임대하는 것으로 본다.

⑥ ①, ②를 적용할 때 도시 및 주거환경정비법에 따른 재건축사업, 재개발사업 또는 빈집 및 소규모주택 정비에 관한 특례법에 따른 소규모주택정비사업의 사유로 임대주택을 처분하거나 임대를 할 수 없는 경우에는 해당 주택의 관리처분계획(소규모주택정비사업의 경우에는 사업시행계획을 말한다) 인가일 전 6개월부터 준공일 후 6개월까지의 기간은 임대한 기간으로 본다.

(나) 추징세액

소득세 또는 법인세를 감면받은 개인 또는 법인이 1호 이상의 임대주택을 4년 이상 임대하지 아니한 경우에는 그 사유가 발생한 날이 속하는 과세연도의 과세표준신고를 할 때 감면받은 세액 전액을 납부하여야 하고, 공공지원민간임대주택 또는 장기일반민간임대주택의 경우에는 4년 이상 임대하지 아니한 경우에는 감면세액 전액을, 4년 이상 8년 미만 임대한 경우에는 해당 감면받은 세액의 100분의 60에 상당하는 금액을

납부하여야 한다.(조특령 제96조 제4항)

(다) 이자상당액 가산

감면을 적용받은 과세연도 종료일 다음 날부터 추징사유가 발생한 과세연도의 종료일까지의 기간에 1일 10만분의 25에 해당하는 이자상당액을 소득세 또는 법인세에 가산하여 납부하여야 한다. 다만, 다음의 부득이한 사유가 있는 경우에는 이자상당액을 가산하지 아니한다.(조특법 제33조의2 제4항, 제96조 제3항, 조특령 제33조의2 제4항, 제30조의2 제6항, 제96조 제4항 · 제5항)

① 파산, 강제집행에 따라 임대주택을 처분하거나 임대를 할 수 없는 경우
② 법령상 의무를 이행하기 위하여 임대주택을 처분하거나 임대를 할 수 없는 경우
③ 채무자 회생 및 파산에 관한 법률에 따른 회생절차에 따라 법원의 허가를 받아 임대주택을 처분한 경우

(6) 감면신청

세액의 감면신청을 하려는 자는 해당 과세연도의 과세표준신고와 함께 조세특례제한법 시행규칙 별지 제2호의 세액감면신청서에 다음의 서류를 첨부하여 납세지 관할 세무서장에게 제출하여야 한다.(조특령 제96조 제6항, 조특칙 제61조 제1항 제3호)

① 민간임대주택에 관한 특별법 시행령 제4조 제4항에 따른 임대사업자 등록증 또는 공공주택 특별법 제4조에 따른 공공주택사업자로의 지정을 증명하는 자료
② 민간임대주택에 관한 특별법 시행령 제36조 제4항에 따른 임대 조건 신고증명서
③ 민간임대주택에 관한 특별법 제47조 또는 공공주택 특별법 제49조의2에 따른 표준임대차계약서 사본

감면은 기한 내 신고하는 경우에만 받을 수 있고, 기한 후 신고하는 경우와 과세관청이 결정하는 경우에는 감면을 받을 수 없다. 부정과소신고(국기법 제47조의3 제2항 제1호)로 경정하는 경우와 경정이 있을 것을 알고 수정신고를 하는 경우에도 감면을 받을 수 없다.(조특법 제128조 제2항 제3항, 조특령 제122조)

(7) 농어촌특별세

소득세 또는 법인세 감면세액의 20%를 농어촌특별세로 납부하여야 한다.(농특세법 제5조)

6. 법인의 주택임대소득

1) 임대사업 수입금액 계산

법인의 각 사업연도 소득금액은 그 사업연도에 속하는 익금(益金)의 총액에서 그 사업연도에 속하는 손금(損金)의 총액을 뺀 금액으로 한다.(법인법 제14조) 따라서 임대보증금을 어떤 형태로 운용하든 그 운용수입은 익금에 포함되고, 부동산 취득자금으로 사용한 경우에도 그 금액에 상당하는 자금을 운용하여 소득을 창출하거나 차입금을 상환하여 손금을 줄이게 될 것이므로 법인사업자의 경우 임대보증금에 대한 간주임대료를 계산하지 아니하는 것이 원칙이다. 그러나 법인이 장부 및 기장을 하지 아니하여 추계로 법인소득을 계산하는 경우에는 보증금에 대한 간주임대료를 계산한다.(법인령 제11조 제1호) 법인소득을 추계로 산정하는 경우에는 주택 및 주택 외 부동산 즉 모든 부동산의 임대보증금에 대하여 간주임대료를 계산한다. 자세한 내용은 주택 외의 부동산임대소득 법인세 특례부분에서 같이 설명한다.

2) 주택임대소득에 대한 법인세 특례

(1) 주택임대사업목적 투자회사의 소득공제

(가) 개요

법인세법은 유동화전문회사 등 특수목적법인에 대하여 법인의 소득을 도관으로 보아 법인세를 과세하지 아니하는 특례를 두고 있다. 유동화전문회사 등이 배당가능이익의 90% 이상을 배당하는 경우 그 금액을 해당 사업연도의 소득금액에서 공제하는 제도인데 민간임대주택사업을 하는 투자회사도 이 소득공제 특례를 받을 수 있다.(법인법 제51조의2 제1항 제6호)

(나) 투자회사요건

투자회사는 임대사업을 목적으로 하는 다음의 요건을 갖춘 법인이어야 한다.(법인령 제86조의2, 민간임대주택법 시행령 제4조 제1항 제3호 다목, 법인법 제51조의2 제1항 제9호)

① 회사의 자산을 설비투자, 사회간접자본 시설투자, 자원개발, 그 밖에 상당한 기간과 자금이 소요되는 특정사업에 운용하고 그 수익을 주주에게 배분하는 회사일 것

② 본점 외의 영업소를 설치하지 아니하고 직원과 상근하는 임원을 두지 아니할 것

③ 한시적으로 설립된 회사로서 존립기간이 2년 이상일 것

④ 상법이나 그 밖의 법률의 규정에 따른 주식회사로서 발기설립의 방법으로 설립할 것

⑤ 발기인은 다음의 요건을 갖출 것

- 기업구조조정투자회사법 제4조 제2항 발기인부적격 요건에 해당하지 아니할 것
- 금융회사 등(법인령 제61조 제2항 제1호~제13호) 또는 국민연금관리공단이 발기인으로 참여하여야 하고, 이들이 자본금의 5% 이상을 출자할 것. 여기서 국민연금관리공단은 사회기반시설에 대한 민간투자법 제4조 제2호의 규정에 의한 방식으로 민간투자사업을 시행하는 투자회사의 경우에 한한다.(법인령 제86조의2 제4항)

⑥ 이사는 기업구조조정투자회사법 제12조의 결격요건에 해당하지 아니할 것

⑦ 감사는 기업구조조정투자회사법 제17조에 적합할 것

⑧ 자본금 등에 대하여 다음 요건을 갖출 것(법인령 제86조의2 제5항)

- 자본금이 50억원 이상일 것. 다만, 사회기반시설에 대한 민간투자법 제4조 제2호의 규정에 의한 방식으로 민간투자사업을 시행하는 투자회사의 경우에는 10억원 이상일 것
- 자산관리 · 운용 및 처분에 관한 업무를 다음의 자산관리회사에게 위탁할 것
  - 당해 회사에 출자한 법인
  - 당해 회사에 출자한 자가 단독 또는 공동으로 설립한 법인
- 자본시장과 금융투자업에 관한 법률에 따른 신탁업을 영위하는 금융회사 등("자금관리사무수탁회사")에 자금관리업무를 위탁할 것
- 주주가 위 발기인 요건과 같은 요건을 갖출 것
- 법인설립등기일부터 2월 이내에 다음 각 사항을 기재한 명목회사설립신고서에 정관 등 서류(법인칙 제42조의2)를 첨부하여 납세지 관할세무서장에게 신고할 것
  - 정관의 목적사업
  - 이사 및 감사의 성명 · 주민등록번호
  - 자산관리회사의 명칭
  - 자금관리사무수탁회사의 명칭
- 자산관리회사와 자금관리사무수탁회사가 동일인이 아닐 것. 다만, 해당 회사가 자금관리사무수탁회사(해당 회사에 대하여 지배주주등이 아닌 경우로서 출자비율이 100분의 10 미만일 것)와 건축물의 분양에 관한 법률 제4조 제1항 제1

호에 따라 신탁계약과 대리사무계약을 체결한 경우는 그러하지 아니하다.(이 경우 건축물의 분양에 관한 법률 제4조 제1항 제1호에 따른 신탁계약에 관한 업무는 자금관리사무수탁회사에 위탁할 수 있다)

유동화회사 등(법인법 제51조의2 제1항 제1부터 제8호)과 유사한 투자회사가 주택법에 따라 주택건설사업자와 공동으로 주택건설사업을 수행하는 경우로서 그 자산을 주택건설사업에 운용하고 해당 수익을 주주에게 배분하는 때에는 위 요건을 갖춘 것으로 본다.(법인령 제86조의2 제3항)

(다) 배당가능 이익

90% 이상을 배당하여야 하는 배당가능이익은 기업회계기준에 따라 작성한 재무제표상의 법인세비용 차감 후 당기순이익에 이월이익잉여금을 가산하거나 이월결손금을 공제하고, 상법(제458조)에 따라 적립한 이익준비금을 차감한 금액을 말한다. 이 경우 다음 금액은 제외한다.(법인령 제86조의2 제1항)

① 상법 제461조의2에 따라 자본준비금을 감액하여 받는 배당. 다만, 법인세법 제16조 제1항 제2호 각 목에 해당하지 아니하는 자본준비금의 배당은 제외한다.

② 당기순이익, 이월이익잉여금 및 이월결손금 중 법인세법 시행령 제73조 제2호 가목부터 다목까지의 규정에 따른 자산의 평가손익. 다만, 법인세법 시행령 제75조 제3항에 따라 시가법으로 평가한 투자회사등의 법인세법 제73조 제2호 다목에 따른 자산의 평가손익은 배당가능이익에 포함한다.

(2) 자기관리 부동산투자회사의 임대주택소득 공제

:: 조특법 제55조의2, 2021.12.31.까지 취득한 주택, 농특세 과세

(가) 개요

자기관리 부동산투자회사가 2021년 12월 31일 이전에 다음 어느 하나에 해당하는 주택을 신축하거나 취득 당시 입주된 사실이 없는 주택을 매입하여 임대업을 경영하는 경우에는 그 임대업으로부터 최초로 소득이 발생한 사업연도(임대사업 개시일부터 5년이 되는 날이 속하는 사업연도까지 그 사업에서 소득이 발생하지 아니하는 경우에는 5년이 되는 날이 속하는 사업연도)와 그 다음 사업연도 개시일부터 8년(또는 5년) 이내에 끝나는 사업연도까지 해당 주택을 임대함으로써 발생한 소득금액의 100%에 상당하는 금액을 각 사업연도의 소득금액에서 공제한다.(조특법 제55조의2 제5항)

(나) 자기관리 부동산투자회사

"부동산투자회사"란 자산을 부동산에 투자하여 운용하는 것을 주된 목적으로 부동산투자회사법(제3조부터 제8조까지, 제11조의2, 제45조 및 제49조의2 제1항)에 따라 적합하게 설립된 법인회사를 말하는데, "자기관리 부동산투자회사"란 자산운용 전문인력을 포함한 임직원을 상근으로 두고 자산의 투자・운용을 직접 수행하는 회사를 말한다.(부동산투자회사법 제2조 제1호)

(다) 대상 임대주택

① 공공지원민간임대주택 또는 장기일반민간임대주택(민간임대주택법 제2조 제4호, 제5호)으로서 주택의 연면적(공동주택의 경우 전용면적)이 85㎡ 이하인 주택(조특령 제51조의2 제4항 제1호)

② 그 외의 주택으로서 주택의 연면적(공동주택의 경우 전용면적)이 149㎡ 이하인 주택(조특령 제51조의2 제4항 제2호)

(라) 소득공제기간

① 공공지원민간임대주택 또는 장기일반민간임대주택 : 8년

② 그 외의 주택 : 5년

(마) 구분경리

소득공제 적용을 받으려는 자기관리 부동산투자회사가 소득공제를 적용받는 사업과 그 밖의 사업을 겸영하는 경우에는 구분경리(법인법 제113조)를 하여야 한다.(조특법 제55조의2 제6항)

(바) 농어촌특별세

감면세액의 20%를 농어촌특별세로 납부하여야 한다. 감면세액은 소득공제를 하지 아니하고 계산한 세액에서 소득공제를 하여 계산한 세액을 차감한 금액을 말한다.(농특세법 제5조, 농특세령 제5조)

Ⅳ 주택 외 부동산 임대소득

1. 사업자등록

상가 등 주택 외 부동산을 임대하는 경우에는 부가가치세 과세사업에 해당하므로 당연히 부가가치세법에 따른 사업자등록을 하여야 한다.(부가법 제8조) 부가가치세법에 따른 사업자등록을 한 사업자는 소득세법에 따른 사업자등록을 한 것으로 보므로 소득세법에 따른 사업자등록을 별도로 할 필요는 없다.(소득법 제168조 제2항) 부가가치세법에 따른 사업자등록은 Part1 부동산취득과 부가가치세 부분을 참조하기 바란다.

2. 총수입금액 계산

(1) 개요

부동산임대사업의 총수입금액에 포함되는 수입금액은 기본적으로 위 주택임대소득에서 본 바와 같다. 따라서 월임대료 및 간주임대료의 기본적 계산방법은 주택임대소득과 같다. 다만, 간주임대료 계산에 있어서 약간의 차이가 있다.

(2) 간주임대료

주택 외 임대부동산의 보증에 대한 간주임대료는 다음과 같이 계산한다.(소득령 제53조 제3항 제2호)

총수입금액에 산입할 금액 =
(해당 과세기간의 보증금등의 적수 - 임대용부동산의 건설비상당액의 적수) × 1/365 (윤년의 경우에는 366) × 정기예금이자율(2.1%) - 해당 과세기간의 해당 임대사업부분에서 발생한 수입이자와 할인료 및 배당금의 합계액

① 적수의 계산, 정기예금이자율, 수입이자와 할인료 및 배당금의 합계액 등은 주택임대보증금의 간주임대료 계산에서와 같다.

② 건설비상당액 : 건설비 상당액은 임대용부동산을 매입하거나 건축하는데 소요된 비용을 말하는데 토지의 취득가액은 제외한다. 이는 임대건물의 매입비용이나 신축비용은 건물의 노후화로 소멸되는 비용이므로 보증금 중 건설비 상당액에 충당된 금액은 금융소득을 발생시킬 수 없고, 자기자본으로 건설비 상당액을 충당하고 보증금으로 금융소득을 얻는다 하더라고 건설비 상당액에 충당된 자기자본의 금융소득을 포기한 대가이므로 간주이자를 계산하지 아니한다는 뜻이다. 그 범위와 계산은 다음과 같다.(소득집행 25-53-3)

- 건설비상당액의 범위 : 건축물의 취득에 소요된 실제 비용인 매입비용, 신축비용, 자본적 지출에 해당하는 자동승강기, 냉난방시설 등 부대시설비용을 포함하고, 재평가차액은 제외한다. 매입비용에는 취득세, 등록세 기타 부수비용을 가산한 금액으로 한다.
- 건물가액과 토지가액의 안분 : 토지와 건물을 포괄로 취득하여 각 자산별 가액의 구분이 불분명한 경우에는 각 자산별 취득가액은 총취득가액을 취득당시의 시가로 안분하여 계산한다.
- 상속 또는 증여 취득 부동산의 건설비 상당액 : 상속 또는 증여에 의하여 취득한 임대용 부동산의 건설비상당액은 상속세 과세가액 또는 증여세 과세가액으로 한다.
- 건물의 일부만 임대하는 경우 건설비상당액 : 건설비상당액을 임대면적비율에 따라 안분한다.(소득칙 제23조 제2항)
  - 일반건물의 경우

$$\text{임대면적 건설비상당액} = \text{총건설비상당액} \times \frac{\text{임대면적}}{\text{건축물의 연면적}}$$

  - 지하도를 건설하여 국유재산법 기타 법령에 의하여 국가 또는 지방자치단체에 기부채납하고 지하도로점용허가(1차 무상점용허가기간에 한한다)를 받아 이를 임대하는 경우

$$\text{임대면적 건설비상당액} = \text{지하도건설비} \times \frac{\text{임대면적}}{\text{임대가능연면적}}$$

– 1990년 12월 31일 이전 취득 건물의 건설비상당액 : 수십년 전에 취득한 건축물의 취득가액이 지나치게 소액인 점을 감안하여 1990년 12월 31일 이전 취득한 건축물의 건설비상당액은 당해 부동산의 취득가액과 다음 산식에 따라 계산한 금액 중 큰 금액으로 한다.(소득칙 제23조 제3항)

$$1990.12.31.\ \text{현재 임대보증금} \times \frac{\text{보증금을 받고 임대한 면적}}{1990.12.31.\ \text{현재 보증금을 받고 임대한 면적}}$$

$$1990.12.31.\ \text{현재 임대건물기준시가} \times \frac{\text{보증금을 받고 임대한 면적}}{\text{임대용 건축물의 연면적}}$$

③ 건설비상당액의 적수계산 일수 : 임대보증금에 대응되는 건설비적수를 말하는 것이므로 임대개시 전의 건설비상당액은 임대개시 일부터 임대기간 종료일 또는 과세기간 종료일까지의 일수로 산정하게 된다. 그러므로 보증금 적수계산의 일수와 같은 일수가 된다. 그러나 임대기간 중 시설투자 등에 따른 자본적 지출로 인한 건설비상당액은 시설투자를 한 날로부터 일수를 계산하게 되므로 보증금 적수계산 일수와 다를 수 있다.

④ 수입이자와 할인료 및 배당금의 합계액뿐만 아니라 건설비상당액도 장부에 의하여 신고하는 경우에만 인정되고 추계신고하거나 추계결정하는 경우에는 적용하지 아니한다.(소득령 제53조 제4항) 특수관계자에게 임대료를 시가보다 낮은 가액으로 받아 조세부담을 부당하게 감소시키는 부당행위계산을 부인하는 경우(소득법 제41조)에도 건설비상당액의 적수를 공제하지 아니한다는 것이 과세당국의 해석이다.(제도46013-618, 2001.12.22.)

3. 상가건물 장기임대사업자에 대한 세액감면

∷ 조특법 제96조의2, 2021.12.31. 이전 과세기간까지, 농특세 과세

(1) 개요

해당 과세연도의 부동산임대업에서 발생하는 수입금액이 7천5백만원 이하인 사업자에 대하여 2021년 12월 31일 이전에 끝나는 사업연도까지 상가건물임대사업에서 발

생한 소득에 대한 소득세 또는 법인세의 5%에 상당하는 세액을 감면한다.

(2) 사업자요건

① 부동산임대업에서 발생하는 수입금액이 연간 7천5백만원 이하인 내국인에 대하여 특례를 적용한다. 내국인인 개인 또는 법인에 대한 특례이다. 과세기간이 1년 미만인 과세연도의 수입금액은 1년으로 환산한 총수입금액을 기준으로 7천5백만원 초과여부를 판단한다.

② 사업용 계좌 신고 위반 등 다음의 경우에는 해당 과세기간의 사업장에 대하여는 감면규정을 적용하지 아니한다.(조특법 제128조 제4항)

- 소득세법 제160조의5 제3항에 따라 사업용 계좌를 신고하여야 할 사업자가 정당한 사유 없이 이를 이행하지 아니한 경우
- 소득세법 제162조의3 제1항 또는 법인세법 제117조의2 제1항에 따라 현금영수증가맹점으로 가입하여야 할 사업자가 정당한 사유 없이 이를 이행하지 아니한 경우
- 소득세법 제162조의2 제2항 및 법인세법 제117조에 따른 신용카드가맹점으로 가입한 사업자 또는 소득세법 제162조의3 제1항 또는 법인세법 제117조의2에 따라 현금영수증가맹점으로 가입한 사업자가 ㉠ 신용카드에 의한 거래를 거부하거나 신용카드매출전표를 사실과 다르게 발급한 사유, 또는 ㉡ 현금영수증의 발급요청을 거부하거나 사실과 다르게 발급한 사유로 관할세무서장으로부터 신고금액을 통보받은 사업자로서 다음 어느 하나에 해당하는 경우(조특령 제122조)
  - 해당 과세연도(신용카드에 의한 거래 또는 현금영수증의 발급을 거부하거나 신용카드매출전표 또는 현금영수증을 사실과 다르게 발급한 날이 속하는 해당 과세연도를 말한다)에 신고금액을 3회 이상 통보받은 경우로서 그 금액의 합계액이 100만원 이상인 경우
  - 해당 과세연도에 신고금액을 5회 이상 통보받은 경우

(3) 대상상가

① 상가건물 임대차보호법 제2조 제1항에 따른 상가건물을 소득세법 또는 부가가치세법에 따라 사업자등록을 한 개인사업자에게 영업용 사용을 목적으로 임대할

것. 즉 상가건물은 상시 주거용으로 사용하는 건물이 아닌 부가가치세가 과세되는 사업용 건물을 사업자등록을 한 개인사업자에게 자기의 계산과 책임 하에 계속적·반복적으로 행하는 활동을 위해 임대한 것을 말한다.(조특령 제96조의2 제1항)

상가건물 임대차보호법 제2조 제1항에 따른 상가건물

1. 임대차 목적물의 주된 부분을 영업용으로 사용하는 상가건물로서 보증금액이 지역별로 다음의 금액 미만인 것을 말한다.(같은 법 시행령 제2조)
   - 서울특별시 : 6억1천만원
   - 서울을 제외한 수도권정비계획법에 따른 과밀억제권역 및 부산광역시 : 5억원
   - 광역시(수도권정비계획법에 따른 과밀억제권역에 포함된 지역과 군지역, 부산광역시는 제외한다), 세종특별자치시, 파주시, 화성시, 안산시, 용인시, 김포시 및 광주시 : 3억9천만원
   - 그 밖의 지역 : 2억7천만원
2. 보증금 외 차임이 있는 경우에는 월단위 차임에 100을 곱한 금액을 보증금에 더한다.(같은 법 시행령 제2조 제2항·제3항)

※ 사업자등록신청서에 첨부한 임대차계약서와 등록사항현황서에 기재되어 공시된 임대차보증금 및 차임에 따라 환산된 보증금액이 실제 임대차계약의 내용에 따라 환산된 보증금액이 다른 경우에는 사업자등록신청서에 첨부되어 공시된 금액을 기준으로 판단한다는 것이 대법원의 판단이다.(대법원 2016.6.9. 선고 2013다215676 판결)

② 해당 과세연도 개시일 현재 동일한 임차인에게 계속하여 임대한 기간이 5년을 초과할 것. 해당 과세연도 개시일 현재 동일한 임차인에게 계속하여 임대한 기간이 5년을 초과하였는지 여부는 월력에 따라 계산하되, 1개월 미만인 경우에는 1개월로 본다.(조특령 제96조의2 제2항)

③ 동일한 임차인에 대한 해당 과세연도 종료일 이전 2년간의 연평균 임대료 인상률이 연 3% 이내일 것(조특령 제96조의2 제3항) 임대료인상 제한은 차임 및 보증금 모두에 적용된다.(상가건물 임대차보호법 제11조 제1항, 같은 법 시행령 제4조)

(4) 감면신청

소득세 또는 법인세를 감면받으려는 자는 해당 과세연도 과세표준신고와 함께 세액감면신청서에 임대차계약서 사본 등을 첨부하여 납세지 관할 세무서장에게 세액의 감면을 신청하여야 한다.(조특령 제96조의2 제5항) 기한 내 신고하는 경우에만 감면을 받을 수 있고, 기한 후 신고하는 경우와 과세관청이 결정하는 경우에는 감면을 받을 수

없다. 부정과소신고(국기법 제47조의3 제2항 제1호)로 경정하는 경우와 경정이 있을 것을 알고 수정신고를 하는 경우에도 감면을 받을 수 없다.(조특법 제128조 제2항 · 제3항)

(5) 농어촌특별세

소득세 또는 법인세 감면세액의 20%를 농어촌특별세로 납부하여야 한다.(농특세법 제5조)

4. 법인세 특례

1) 차입금과다법인 간주임대료

(1) 개요

법인의 경우 임대보증금에 대하여 간주임대료를 계산하지 아니하는 것이 원칙이나, 차입금이 자기자본의 2배를 초과하는 내국법인이 부동산임대업을 주업으로 하는 경우에는 주택 외 부동산의 임대보증금 등에 대하여 간주임대료를 계산한다.(조특법 제138조, 조특령 제132조) 법인세 과세표준을 추계로 결정하는 경우의 간주임대료 계산은 따로 본다.

(2) 자기자본

차입금이 자기자본의 2배를 초과하는지를 판단하는 기준이 되는 자기자본은 다음의 금액 중 큰 금액을 말하며, 차입금과 자기자본은 적수(積數)로 계산하되, 사업연도 중 합병 · 분할하거나 증자 · 감자 등에 따라 자기자본의 변동이 있는 경우에는 당해 사업연도 개시일부터 자기자본의 변동일 전일까지의 기간(당해 기간에 해당하는 자기자본은 ①의 규정에 따른 금액에서 증자액 또는 감자액을 차감 또는 가산하여 계산할 수 있다)과 그 변동일부터 당해 사업연도종료일까지의 기간으로 각각 나누어 계산한 자기자본의 적수를 합한 금액을 자기자본의 적수로 한다.

① 당해 사업연도종료일 현재 대차대조표상의 자산의 합계액에서 부채(충당금을 포함하며, 미지급법인세를 제외한다)의 합계액을 공제한 금액

② 당해 사업연도종료일 현재의 납입자본금(자본금에 주식발행액면초과액 및 감자차

익을 가산하고, 주식할인발행차금 및 감자차손을 차감한 금액으로 한다)

(3) 차입금

차입금 적수를 계산할 때 다음의 차입금은 제외하고 계산한다.(조특령 제132조 제2항)

① 금융회사등이 차입한 금액 및 내국법인의 기업구매자금대출에 의한 차입금(법인령 제53조 제4항)

② 법인세법 시행령 제55조에 따라 지급이자가 이미 손금불산입된 차입금

③ 주택도시기금법에 따른 주택도시기금으로부터 차입한 금액

(4) 부동산 임대업을 주업을 할 것

"부동산임대업을 주업으로 하는 법인"이라 함은 당해 법인의 사업연도종료일 현재 자산총액 중 임대사업에 사용된 자산가액이 100분의 50 이상인 법인을 말한다. 이 경우 자산가액의 계산은 기준시가(소득법 제99조)에 의하며, 자산의 일부를 임대사업에 사용할 경우 임대사업에 사용되는 자산가액은 다음과 같이 계산한다.(조특칙 제59조 제1항)

$$\text{일부를 임대사업에 사용하고 있는 자산의 가액} \times \frac{\text{임대사업에 사용하고 있는 부분의 면적}}{\text{당해 건물의 연면적}}$$

(5) 주택 외의 부동산 임대보증금

주택 외의 부동산 임대보증금에 대하여만 간주임대료를 계산한다. 주택 및 보증금의 범위는 다음과 같다.

① 간주임대료를 계산하지 아니하는 주택에는 그 부속토지를 포함하며 부속토지는 다음 면적 중 넓은 면적 이내의 토지를 말한다.

- 주택의 연면적(지하층의 면적, 지상층의 주차용으로 사용되는 면적 및 주택건설기준 등에 관한 규정 제2조 제3호의 규정에 따른 주민공동시설의 면적을 제외한다)
- 건물이 정착된 면적에 5배(도시지역 밖의 토지의 경우에는 10배)를 곱하여 산정한 면적

② 임대보증금에는 보증금, 전세금 또는 이에 준하는 것을 포함한다.

(6) 간주임대료 계산

익금에 가산할 간주임대료는 다음 산식에 따라 계산하며, 그 금액이 영보다 적은 때에는 없는 것으로 본다. 즉 간주임대료를 (-)로 계산하여 손금에 가산하지는 아니한다. 이 경우 적수의 계산은 매월말 현재의 잔액에 경과일수를 곱하여 계산할 수 있다.

> 익금에 가산할 금액 =
> (당해 사업연도의 보증금등의 적수 − 임대용부동산의 건설비상당액의 적수) × [1/365 (또는 366)] × 정기예금이자율(2.1%) − 당해 사업연도의 임대사업부분에서 발생한 수입이자와 할인료 · 배당금 · 신주인수권처분익 및 유가증권처분익의 합계액

① 부동산을 임차하여 전대하는 경우 보증금등의 적수는 전대보증금등의 적수에서 임차보증금등의 적수를 차감하여 계산하고, 임차보증금등의 적수가 전대보증금등의 적수를 초과하는 때에는 그 초과하는 부분은 이를 없는 것으로 한다.(조특칙 제59조 제3항)

② 건설비상당액은 당해 건축물의 취득가액(자본적 지출액을 포함하고, 재평가차액을 제외한다)으로 하고, 그 적수는 다음 산식에 의하여 계산한 금액으로 한다. 이 경우 면적의 적수의 계산은 매월말 현재의 잔액에 경과일수를 곱하여 계산할 수 있다.(조특칙 제59조 제2항)

- 지하도를 건설하여 국유재산법 기타 법령에 의하여 국가 또는 지방자치단체에 기부채납하고 지하도로 점용허가(1차 무상점유기간에 한한다)를 받아 이를 임대하는 경우

> 지하도의 건설비 적수총계 × (임대면적의 적수/임대가능면적의 적수)

- 그 외의 부동산을 임대하는 경우

> 임대용부동산의 건설비 적수총계 × (임대면적의 적수/건물 연면적의 적수)

③ 1991년 1월 1일 이후에 개시하는 사업연도 이전에 취득 · 건설한 임대용 부동산의 건설비상당액은 당해 부동산의 취득가액과 당해부동산의 연면적에 1990년 12월 31일이 속하는 사업연도 종료일 현재의 단위면적당 임대보증금을 곱하여

계산한 금액 중 큰 금액으로 한다. 이 경우 당해 부동산의 취득가액이 확인되지 아니하는 때에는 기준시가를 그 취득가액으로 한다.(조특칙 제59조 제7항)

④ 정기예금이자율은 2.1%(법인칙 제6조)로 한다.(조특칙 제59조 제4항)

⑤ “유가증권처분익”이라 함은 유가증권의 매각익에서 매각손을 차감한 금액을 말한다.(조특칙 제59조 제5항)

⑥ 사업연도 중에 임대사업을 개시한 경우에는 임대사업을 개시한 날부터 적수를 계산한다.(조특칙 제59조 제6항)

2) 법인세 과세표준 추계결정시 간주임대료

(1) 임대소득 추계결정

과세당국이 법인세 과세표준과 세액을 결정할 때는 장부나 그 밖의 증명서류를 근거로 하여야 한다. 그러나 소득금액을 계산할 때 필요한 장부 또는 증명서류가 없거나 그 중요한 부분이 미비 또는 허위인 경우 등 장부나 그 밖의 증명서류에 의하여 소득금액을 계산할 수 없는 경우에는 과세표준과 세액을 추계(推計)할 수 있다.(법인법 제66조 제3항, 법인령 제104조) 부동산임대사업자의 소득을 추계하는 경우에는 부동산임대에 의한 전세금 또는 임대보증금에 대한 수입금액은 금융회사 등의 정기예금이자율을 고려하여 정하는 이자율을 적용하여 계산한 금액을 법인의 수익으로 한다.(법인령 제11조 제1호)

(2) 부동산 임대업

여기서 부동산임대업에는 주택임대업을 제외하지 아니하므로 주택 및 주택 외의 부동산임대 보증금에 대하여 모두 적용한다.

(3) 간주임대료

장부 등이 미비하여 부동산임대업의 수익을 추계로 산정할 때 보증금등에 정기예금이자율을 적용하여 계산한 금액을 수익에 합산하는 것이므로, 장부로 확인되지 아니하는 건설비상당액의 적수를 보증금등의 적수에서 차감하지 아니하고 보증금 운용수익등도 간주임대료에서 차감하지 아니한다. 소득세법에서와 같은 주택임대에 대한 특례규정도 없다. 따라서 간주임대료를 계산하는 산식은 다음과 같이 된다.

익금에 가산할 금액 = 당해 사업연도의 보증금등의 적수 × [1/365(또는 366)] × 정기예금이자율(2.1%)

다만, 부동산임대 수익금액을 추계로 산정한 후 부동산임대사업 외 소득으로 수입이자가 있어 이를 과세표준에 합산하는 경우에는 수입이자 중 부동산임대보증금에 대한 수입이자에 상당하는 금액은 차감하고 그 잔액을 합산한다.(법인령 제104조 제3항 제1호)

V 농지임대소득(비과세)

(1) 농지임대소득의 비과세

논・밭을 작물생산에 이용하게 함으로써 발생하는 소득은 비과세 소득이다.(소득법 제12조 제2호) 즉 논・밭을 임대하여 농사를 짓게 하는 농지임대소득에 대하여는 소득세를 과세하지 아니한다.

(2) 농지임대사유

농지를 임대하여 위탁경영하는 것은 원칙적으로 금지되어 있으나 부득이한 경우에는 농지를 위탁경영할 수 있다.(농지법 제9조) 농지법이 인정하는 농지위탁경영 사유는 다음과 같다.

① 병역법에 따라 징집 또는 소집된 경우
② 3개월 이상 국외 여행 중인 경우
③ 농업법인이 청산 중인 경우
④ 질병, 취학, 선거에 따른 공직 취임, 부상으로 3월 이상의 치료가 필요한 경우, 교도소・구치소 또는 보호감호시설에 수용 중인 경우(농지법 시행령 제8조 제1항)
⑤ 농지이용계획에 따라 농지이용을 증진하기 위하여 시행하는 농지이용증진사업계획에 따라 위탁경영하는 경우
⑥ 농업인이 자기 노동력이 부족하여 농작업의 일부를 위탁하는 경우. 여기서 자기 노동력이 부족한 경우는 다음 어느 하나에 해당하는 경우로서 통상적인 농업경영

관행에 따라 농업경영을 함에 있어서 자기 또는 세대원의 노동력으로는 해당 농지의 농업경영에 관련된 농작업의 전부를 행할 수 없는 경우로 한다.(농지법 시행령 제8조 제2항)

- 다음 어느 하나에 해당하는 작목별 주요 농작업의 3분의 1 이상을 자기 또는 세대원의 노동력에 의하는 경우
  - 벼 : 이식 또는 파종, 재배관리 및 수확
  - 과수 : 가지치기 또는 열매솎기, 재배관리 및 수확
  - 그 외의 농작물 또는 다년생식물 : 파종 또는 육묘, 이식, 재배관리 및 수확
- 자기의 농업경영에 관련된 위 어느 하나에 해당하는 농작업에 1년 중 30일 이상 직접 종사하는 경우

제 2 절 사업용 부동산에 대한 주민세

1. 개요

주민세는 지방자치단체에 주소를 둔 개인, 사업소를 둔 법인, 일정규모 이상의 사업소를 둔 개인에게 균등하게 부과하는 균등분 주민세, 사업주에게 사업용 건축물의 면적에 따라 부과하는 재산분 주민세, 종업원에게 급여를 지급하는 사업주에게 부과하는 종업원분 주민세 3가지가 있다.(지방법 제74조) 이중 재산분 주민세가 사업주에게 부과되는 세금으로 엄격하게는 부동산 보유와 직접 관련한 세금으로 보기는 어려우나 자가사업인 경우에는 소유자인 사업주가 부담하여야 하고, 사업주와 소유자가 다른 경우에도 소유자가 2차 납세의무를 지는 경우가 있으므로 여기서 재산분 주민세에 대하여 알아본다.

2. 재산분 주민세 과세대상 및 납세의무자

(1) 과세대상

재산분 주민세는 사업소의 건축물을 과세대상으로 한다. 사업소의 연면적에 따라 세금의 크기가 정해진다.(지방법 제80조)

① 사업소 : 인적 및 물적 설비를 갖추고 계속하여 사업 또는 사무가 이루어지는 장소를 말한다.(지방법 제74조 제4호)

② 사업소 연면적 : 사업소용 건축물 또는 시설물의 연면적을 말하는데 건축물 및 시설물의 범위는 다음과 같다. 건축물 또는 시설물을 둘 이상의 사업소가 공동으로 사용하는 경우에는 그 사용면적을 사업소용 건축물의 연면적으로 하되, 사용면적

의 구분이 명백하지 아니할 경우에는 전용면적의 비율로 나눈 면적을 사업소용 건축물의 연면적으로 한다.(지방령 제78조)

- 건축법 제2조 제1항 제2호에 따른 건축물 및 이와 유사한 형태의 건축물의 연면적. 다만, 종업원의 보건 · 후생 · 교양 등에 직접 사용하는 기숙사, 합숙소, 사택, 구내식당, 의료실, 도서실, 박물관, 과학관, 미술관, 대피시설, 체육관, 도서관, 연수관, 오락실, 휴게실, 병기고 또는 실제 가동하는 오물처리시설 및 공해방지시설용 건축물, 구내 목욕실 및 탈의실, 구내이발소, 탄약고용 건축물의 연면적은 제외한다.(지방칙 제36조)
- 위의 건축물이 없이 기계장치 또는 저장시설(수조, 저유조, 저장창고 및 저장조 등을 말한다)만 있는 경우에는 그 수평투영면적

(2) 납세의무자

재산분 주민세의 납세의무자는 사업주이고 건축물의 소유자와 사업주가 다른 경우 건축물 소유자는 제2차 납세의무를 진다.

① 사업주 : 매년 7월 1일 현재의 지방자치단체에 사업소를 둔 사업주가 재산분 주민세 납세의무자이다. 단 매년 7월 1일 현재 1년 이상 계속하여 휴업하고 있는 자는 제외한다.(지방법 제74조 제5호 · 제75조 제2항)

② 건축물 소유자의 2차납세의무 : 사업주에게 이미 부과된 재산분 주민세를 사업주의 재산으로 징수해도 부족액이 있는 경우에 한하여 건축물의 소유자에게 제2차 납세의무를 지울 수 있다. 제2차 납세의무는 사업소용건축물의 소유자가 다음의 비과세대상자인 경우에도 지울 수 있다.(지방법 제75조 제2항, 지방령 제80조)

(3) 비과세

다음의 자에 대하여는 주민세를 부과하지 아니한다.(지방법 제77조 제1항)

① 국가, 지방자치단체 및 지방자치단체조합

② 주한외국정부기관 · 주한국제기구 · 외국 민간원조단체에 관한 법률에 따른 외국 민간원조단체 및 주한외국정부기관 · 주한국제기구에 근무하는 외국인. 다만, 대한민국의 정부기관 · 국제기구 또는 대한민국의 정부기관 · 국제기구에 근무하는 대한민국의 국민에게 주민세와 동일한 성격의 조세를 부과하는 국가와 그 국적을 가진 외국인 및 그 국가의 정부 또는 원조단체의 재산에 대하여는 주민세를 부과

한다.

(4) 납세지

재산분 주민세는 과세기준일 현재 사업소 소재지를 관할하는 지방자치단체에서 사업소별로 각각 부과한다.(지방법 제76조)

3. 재산분 주민세 과세표준 및 세율

(1) 과세표준

재산분 주민세의 과세표준은 과세기준일 현재의 사업소 연면적으로 한다.(지방법 제80조)

(2) 세율

재산분 주민세의 세율은 다음과 같다.(지방법 제81조)

〈재산분 주민세 세율〉

구 분	세 율
표준세율	250원/1㎡
오염물질 배출 사업소	500원/1㎡

① 표준세율 : 사업소 연면적 1㎡당 250원으로 한다.(지방법 제81조 제1항)

② 조례에 의한 조정 : 지방자치단체의 장은 조례로 정하는 바에 따라 재산분의 세율을 위 표준세율 이하로 정할 수 있다.(지방법 제81조 제2항) 서울시 조례는 위 표준세율을 그대로 적용한다.(서울시 시세조례 제9조)

③ 오염물질 배출사업소 중과세율 : 다음 어느 하나에 해당하는 사업소로서 납세의무 성립일 이전 최근 1년 내에 행정기관으로부터 개선명령등(물환경보전법 또는 대기환경보전법에 따른 개선명령 · 조업정지명령 · 사용중지명령 또는 폐쇄명령)을 받은 사업소에 대하여는 표준세율의 2배를 적용한다. 해당 법률에 따라 개선명령 등을 갈음하여 과징금이 부과된 사업소도 또한 같다.(지방령 제83조)

- 물환경보전법 제33조에 따른 폐수배출시설 설치의 허가 또는 신고 대상 사업소로서 같은 법에 따라 배출시설 설치의 허가를 받지 아니하였거나 신고를 하지 아니한 사업소
- 물환경보전법에 따른 배출시설 설치의 허가를 받거나 신고를 한 사업소로서 해당 사업소에 대한 점검 결과 부적합 판정을 받은 사업소
- 대기환경보전법 제23조에 따른 대기오염물질배출시설 설치의 허가 또는 신고 대상 사업소로서 같은 법에 따라 배출시설 설치의 허가를 받지 아니하였거나 신고를 하지 아니한 사업소
- 대기환경보전법에 따른 배출시설 설치의 허가를 받거나 신고를 한 사업소로서 해당 사업소에 대한 점검 결과 부적합 판정을 받은 사업소

(3) 과세최저한

해당 사업소의 연면적이 330㎡ 이하인 경우에는 재산분 주민세를 부과하지 아니한다.(지방법 제82조)

4. 재산분 주민세 징수방법과 납기

(1) 과세기준일

재산분 주민세의 과세기준일은 7월 1일로 한다.(지방법 제83조 제2항)

(2) 신고납부

재산분 주민세의 징수는 신고납부의 방법으로 한다. 재산분 주민세의 납세의무자는 매년 납부할 세액을 7월 1일부터 7월 31일까지를 납기로 하여 납세지를 관할하는 지방자치단체의 장에게 신고하고 납부하여야 한다.(지방법 제83조 제1항 · 제3항) 신고는 지방세법 시행규칙 별지 제37호 서식의 신고서에 건축물의 연면적, 세액, 그 밖의 필요한 사항을 적은 명세서를 첨부하여 관할 시장 · 군수 · 구청장에게 하여야 한다.(지방령 제84조, 지방칙 제37조)

(3) 부과징수

재산분 주민세 납세의무자가 신고 또는 납부의무를 다하지 아니하면 산출세액 또는 그 부족세액에 가산세를 합한 금액을 세액으로 하여 보통징수의 방법으로 징수한다.(지방법 제83조 제4항) 가산세는 다음과 같다.(지기법 제53조 · 제54조 · 제55조)

① 무신고가산세

- 일반무신고가산세 : 무신고납부세액의 20%
- 부정무신고가산세 : 무신고납부세액의 40%

② 과소신고가산세

- 일반과소신고가산세 : 과소신고납부세액의 10%,
- 부정과소신고가산세 : 부정과소신고납부세액의 40%

③ 납부불성실가산세

납부하지 아니한 세액 또는 과소납부분 세액(지방세관계법에 따라 가산하여 납부하여야 할 이자 상당 가산액이 있는 경우 그 금액을 더한다) × 납부기한의 다음 날부터 자진납부일 또는 부과결정일까지의 일수 × 25/100,000(지기령 제34조)

5. 재산분 주민세 감면

재산분 주민세 감면은 취득세 감면부분을 참고하기 바란다.

부 록

별첨1 : 과밀억제권역, 성장관리권역 및 자연보전권역의 범위

(수도권정비계획법 시행령 별표1, 2017.6.20.)

과밀억제권역	성장관리권역	자연보전권역
1. 서울특별시 2. 인천광역시[강화군, 옹진군, 서구 대곡동·불로동·마전동·금곡동·오류동·왕길동·당하동·원당동, 인천경제자유구역(경제자유구역에서 해제된 지역을 포함한다) 및 남동 국가산업단지는 제외한다] 3. 의정부시 4. 구리시 5. 남양주시(호평동, 평내동, 금곡동, 일패동, 이패동, 삼패동, 가운동, 수석동, 지금동 및 도농동만 해당한다) 6. 하남시 7. 고양시 8. 수원시 9. 성남시 10. 안양시 11. 부천시 12. 광명시 13. 과천시 14. 의왕시 15. 군포시 16. 시흥시[반월특수지역(반월특수지역에서 해제된 지역을 포함한다)은 제외한다]	1. 인천광역시[강화군, 옹진군, 서구 대곡동·불로동·마전동·금곡동·오류동·왕길동·당하동·원당동, 인천경제자유구역(경제자유구역에서 해제된 지역을 포함한다) 및 남동 국가산업단지만 해당한다] 2. 동두천시 3. 안산시 4. 오산시 5. 평택시 6. 파주시 7. 남양주시(별내동, 와부읍, 진전읍, 별내면, 퇴계원면, 진건읍 및 오남읍만 해당한다) 8. 용인시(신갈동, 하갈동, 영덕동, 구갈동, 상갈동, 보라동, 지곡동, 공세동, 고매동, 농서동, 서천동, 언남동, 청덕동, 마북동, 동백동, 중동, 상하동, 보정동, 풍덕천동, 신봉동, 죽전동, 동천동, 고기동, 상현동, 성복동, 남사면, 이동면 및 원삼면 목신리·죽릉리·학일리·독성리·고당리·문촌리만 해당한다) 9. 연천군 10. 포천시 11. 양주시 12. 김포시 13. 화성시 14. 안성시(가사동, 가현동, 명륜동, 숭인동, 봉남동, 구포동, 동본동, 영동, 봉산	1. 이천시 2. 남양주시(화도읍, 수동면 및 조안면만 해당한다) 3. 용인시(김량장동, 남동, 역북동, 삼가동, 유방동, 고림동, 마평동, 운학동, 호동, 해곡동, 포곡읍, 모현면, 백암면, 양지면 및 원삼면 가재월리·사암리·미평리·좌항리·맹리·두창리만 해당한다) 4. 가평군 5. 양평군 6. 여주시 7. 광주시 8. 안성시(일죽면, 죽산면 죽산리·용설리·장계리·매산리·장릉리·장원리·두현리 및 삼죽면 용월리·덕산리·율곡리·내장리·배태리만 해당한다)

과밀억제권역	성장관리권역	자연보전권역
	동, 성남동, 창전동, 낙원동, 옥천동, 현수동, 발화동, 옥산동, 석정동, 서인동, 인지동, 아양동, 신흥동, 도기동, 계동, 중리동, 사곡동, 금석동, 당왕동, 신모산동, 신소현동, 신건지동, 금산동, 연지동, 대천동, 대덕면, 미양면, 공도읍, 원곡면, 보개면, 금광면, 서운면, 양성면, 고삼면, 죽산면 두교리 · 당목리 · 칠장리 및 삼죽면 마전리 · 미장리 · 진촌리 · 기솔리 · 내강리만 해당한다) 15. 시흥시 중 반월특수지역(반월특수지역에서 해제된 지역을 포함한다	

별첨2 : 지정지역(기획재정부 공고 제2017-114호, 2017.8.3.)

◎ 기획재정부 공고 제2017-114호

소득세법 제104조의2 및 소득세법 시행령 제168조의3에 따라 부동산에 대한 지정지역을 다음과 같이 지정 · 공고합니다.

2017년 8월 3일
기획재정부장관

1. 주택(이에 딸린 토지를 포함한다) 지정지역

   가. 지정지역 : 서울특별시 용산구 · 성동구 · 노원구 · 마포구 · 양천구 · 강서구 · 영등포구 · 서초구 · 강남구 · 송파구 · 강동구 및 세종특별자치시(행정중심복합도시 건설예정지역)

   나. 지정기간 : 2017년 8월 3일부터 지정해제일 전일까지

2. 부칙

   이 공고는 공고한 날부터 시행한다.

별첨3 : 한센인정착농원의 범위(지특령 제8조의2 별표, 2014.1.1.)

시 · 도	농원명	소재지(일원)
서울특별시	헌인농원	서울특별시 서초구 내곡동 374-65
부산광역시	구평농원	부산광역시 사하구 구평동 435-231
	계림농원	부산광역시 사하구 하신중앙로3번다길 7(장림동)
	삼덕농원	부산광역시 기장군 일광면 삼덕길 2
	낙원농원	부산광역시 기장군 정관면 용수공단2길 64-20
인천광역시	부평농원	인천광역시 남동구 간석3동 1-208
	청천농원	인천광역시 부평구 서달로298번길 68(청천동)
	경인농원	인천광역시 부평구 십정2동 436-2
울산광역시	성혜농원	울산광역시 북구 안시례길 28-1(시례동)
경기도	천성농원	경기도 양주시 유양동 714
	포천농원	경기도 포천시 신북면 장자마을1길 5
	성생농원	경기도 남양주시 화도읍 녹촌2리 236-16
	협동농원	경기도 남양주시 의안로260번길 36-51(평내동)
	상록농원	경기도 양평군 양동면 석곡1리 산118-1
	청산농원	경기도 연천군 청산면 초대로 220
강원도	대명농원	강원도 원주시 호저면 만종3리 산74
세종특별자치시	충광농원	세종특별자치시 부강면 등곡길 33-34
충청북도	청원농원	충북 청원군 내수읍 원통리 산138
충청남도	성광농원	충남 논산시 광석면 장마루루 598길 26-3
	영락농원	충남 서산시 운산면 군장동대길 135-3
전라북도	익산농원	전라북도 익산시 왕궁면 구은동길 5
	금오농원	전라북도 익산시 왕궁면 금오1길 12
	신촌농원	전북 익산시 왕궁면 구덕신촌길 49-1
	상지농원	전북 익산시 함열읍 상지원길 67
	비룡농원	전라북도 김제시 용지면 용수3길 3
	신암농원	전라북도 김제시 용지면 신암길 57
	신흥농원	전북 김제시 용지면 용수리 668-15
	정애농원	전북 정읍시 이평면 궁동길 241-3
	보성농원	전라북도 남원시 보성길 76-2(내척동)
	신생농원	전라북도 남원시 신생길 29-39(용정동)
	성자농원	전라북도 순창군 순창읍 성자길 116

시 · 도	농원명	소재지(일원)
	동혜농원	전북 고창군 고창읍 신월리 499-37
전라남도	현애농원	전남 나주시 노안면 유곡리 산 29
	호혜농원	전라남도 나주시 산포면 새벽길 30
	여천농원	전남 여수시 율촌면 구암길 289
	도성농원	전남 여수시 율촌면 도성길 54-12
	영민농원	전라남도 영광군 묘량면 덕흥길 83
	영호농원	전라남도 영암군 도포면 영호길 6-12
	성진농원	전남 장성군 북일면 성진길 56
	재생농원	전남 함평군 학교면 고막리 600-15
경상북도	성곡농원	경북 포항시 북구 흥해읍 성곡리 184
	희망농원	경상북도 경주시 천북면 신당소티고개길 106-18
	삼애농원	경북 김천시 신음동 359-1
	광신농원	경상북도 김천시 대덕면 화전4길 257-25
	계명농원	경상북도 안동시 풍산읍 죽전길 309-22
	영천농원	경상북도 영천시 유봉길 37(오수동)
	성심농원	경상북도 상주시 공검면 역곡4길 40
	상신농원	경북 문경시 농암면 상신농장길 62-61
	금성농원	경북 의성군 금성면 도경4길 127
	경애농원	경북 의성군 금성면 탑리리 1147-1
	신락농원	경북 의성군 다인면 신락3리 29-2
	신애농원	경북 영덕군 지품면 신애길 83
	명진농원	경북 청도군 매전면 중앙로 84-388
	성신농원	경상북도 성주군 초전면 용봉길 80
	칠곡농원	경북 칠곡군 지천면 연호2리 865-22
	삼청농원	경북 칠곡군 왜관읍 삼청5길 35
	낙산농원	경북 칠곡군 지천면 낙산2리 371-68
	갱화농원	경북 봉화군 봉성면 봉명로 92-64
	벧엘농원	경상북도 칠곡군 지천면 낙산로4길 38-15
경상남도	덕촌농원	경남 김해시 한림면 용덕리 1020
	양지농원	경남 김해시 생림면 안양로 274번안길 67-13
	낙동농원	경남 김해시 대동면 동북로 178번길 11-1
	대동농원	경남 김해시 대동면 덕산리 260-34
	상동농원	경상남도 김해시 상동면 동북로473번길 370-4

시 · 도	농원명	소재지(일원)
	득성농원	경남 함안군 함안읍 괴산리 750-1
	향촌농원	경남 함안군 칠서면 계내리 67
	여명농원	경남 함안군 군북면 모로리 109
	신생농원	경남 밀양시 무안면 신생길 107-20
	소혜농원	경남 창녕군 창녕읍 창서1길 33
	신촌농원	경남 의령군 용덕면 용덕2길 40
	광명농원	경남 진주시 수곡면 원외리 48-1
	신광농원	경남 진주시 내동면 삼계로140번길 29-1
	소아농원	경남 진주시 일반성면 반성로127번길 31
	영복농원	경남 사천시 영복1길 74-11
	염광농원	경상남도 사천시 정동면 염광길 150
	숭의농원	경남 고성군 거류면 감서5길 96
	성진농원	경남 고성군 고성읍 교사리 434
	애조농원	경상남도 통영시 광도면 애조원길 36
	영신농원	경상남도 하동군 적량면 상동산길 8
	팔복농원	경남 합천군 율곡면 영전리 578
	거창농원	경남 거창군 거창읍 대동리 동신길 72
	협성농원	경남 거창군 거창읍 가지리 358
	금호농원	경상남도 함양군 수동면 금호길 17-10
	성애농원	경남 함양군 유림면 유림북로 530-3
	경호농원	경남 산청군 산청읍 내리 134

별첨4 : 간이과세를 적용받을 수 있는 제조업

(국세청고시 제2018-42호, 2018.8.24.)

산업분류 번호	사업명	사업의 정의
10402	식물성 유지 제조업	기름을 함유한 각종 식물성 물질로부터 조유를 생산하는 산업활동을 말한다. 참깨기름 및 들깨기름을 추출하는 활동 및 비식용의 식물성 정제유를 제조하는 산업활동도 여기에 포함된다.
10730	면류, 마카로니 및 유사식품 제조업	곡물분말 등으로 신선건조된 라면, 국수, 마카로니 및 유사 면류 제조하는 산업활동을 말한다.
10796	건강보조용 액화식품 제조업	육지 및 수산 동물고기 등에 한약재를 혼합하고 추출기에서 가열 및 농축하여 액화한 후 1회용으로 포장한 액화식품을 제조하는 산업활동을 말한다. 이러한 산업활동을 수행하는 사업체가 과실 및 채소를 동일한 방법으로 함께 가공하는 경우에도 이곳에 분류한다.
13221	침구 및 관련제품 제조업	각종 침구류 및 관련제품, 침대용식탁용 또는 기타 가정용 린넨류 등을 제조하는 산업활동을 말한다. 봉제 방석 및 방석 커버, 전기담요용 직물 부분품을 제조하는 산업활동도 여기에 포함된다.
13222	자수제품 및 자수용재료 제조업	직물원단을 기계 또는 손으로 자수하여 자수제품을 생산하거나 각종 직물원단에 날염 등의 방법으로 자수 도안 및 재단하여 방석, 자수포, 기타 자수제품 제조용 재료와 관련 재료를 소매용 세트로 생산하는 산업활동을 말한다.
13999	그외 기타 분류안된 섬유제품 제조업	위생수건(타월), 유아용 기저귀, 탐폰 및 유사 위생용섬유제품을 제조하거나 직조, 편조 또는 엮어서 기계용,공업용 또는 장식용 섬유제품을 제조하는 산업활동을 말한다. 각종 섬유물질로 이불, 베개, 의자, 침대 등에 넣는 충전물, 솜털 및 기타 충전용 재료를 생산하는 산업활동을 포함한다. 이러한 제품은 금속또는 기타 물질로 보강된 것인지의 여부를 불문한다.
14130	한복 제조업	남녀 또는 노소를 불문하고 전통적 또는 민속적인 의상과 한복을 제조하는 산업활동을 말한다.
14491	모자 제조업	가죽, 모피, 직물 등을 재단하고 재봉, 접합 및 기타의 방법으로 가공하여 모자를 제조하는 산업활동을 말한다. 일반용의 가죽 보호모자의 제조도 포함한다.
16300	코르크 및 기타 조물 제품 제조업	플라스틱 끈을 포함한 각종 조물재료를 조합·직조 및 기타 방법으로 가공하여 끈 및 스트립(가늘고 긴 조각)상, 판상 제품, 모자 및 핸드백, 쇼핑백, 용기 및 기타 조물제품을 제조하는 산업활동을 말한다.조물재료를 특정 용도에 적합하도록 절단하거

산업분류 번호	사업명	사업의 정의
		나 쪼개는 경우도 포함한다.(산업분류번호 16300의 코르크 관련 산업활동은 제외한다)
58190	기타 인쇄물 출판업	기타 출판업으로서 사진, 판화 및 우편 엽서, 시간표, 캘린더, 예술 복제품 및 기타 인쇄물을 발행하는 산업활동을 말한다. 각종 마이크로 출판물의 발행도 여기에 포함한다.
18111	경 인쇄업	수수료 또는 계약에 의하여 각종 인쇄물을 프린트, 공판 또는 마스터 제판술에 의해 인쇄하는 산업활동을 말한다.
18112	스크린 인쇄업	수수료 또는 계약에 의하여 인쇄물을 스크린 제판술에 의하여 인쇄하는 산업활동을 말한다.
18119	기타 인쇄업	경 인쇄 및 스크린 인쇄 이외의 각종 제판술에 의한 출판물 및 인쇄물을 인쇄하는 산업활동을 말한다.
23324	콘크리트타일, 기와, 벽돌 및 블록 제조업	콘크리트 또는 인조석을 재료로 토목용, 건축용, 방파제용 등으로 사용되는 벽돌, 블록, 덮개 및 깔판, 타일, 기와 및 관련 제품을 생산하는 산업활동을 말한다.(산업분류번호 23324의 섬유시멘트제 유사 제품 제조 활동은 제외한다)
23329	그 외 기타 콘크리트제품 및 유사제품 제조업	인공 어초, 조각상, 모형 및 형상, 가구, 화병, 화분 용기, 실험실 용품 등 장식용, 산업용, 가정용등 각종 용도의 콘크리트제품 제조활동을 포함하며,다른 항목에서 분류되지 않은 석회제품 제조도 포함한다.(산업분류번호 23324의 섬유시멘트제 유사 제품 제조 활동은 제외한다)
23911	건설용 석제품 제조업	천연석재 및 응집한 천연 슬레이트(점판암)를 절단・성형 가공하여 기념비용, 건축용 등 건설용 석제품을 제조하는 산업활동을 말한다.
23919	기타 석제품 제조업	천연석재 및 응집한 천연 슬레이트(점판암)를 절단・성형 가공하여 건설용 이외의 석제품을 제조하는 산업활동을 말한다.
25112	구조용 금속판제품 및 공작물 제조업	건물 및 기타 구축물에 설치 또는 부착되는 각종 구조용 금속판제품 및 금속공작물을 제조하는 산업활동을 말한다.
25933	비동력식 수공구 제조업	농업용, 정원용, 공업용, 광업용 등 각종 용도의 수공구를 제조하는 산업활동으로서 가정용 수공구를 제조하는 산업활동이 포함된다.
32021	주방용 및 음식점용 목재가구 제조업	주방 또는 음식점에서 사용되는 목재가구를 제조하는 산업활동을 말한다.
32029	기타 목재 가구 제조업	기타 용도의 목재가구, 캐비닛 및 관련 장치물을 제조하는 산업활동을 말한다.
33933	표구 처리업	수수료에 의하여 표구하는 산업 활동을 말한다. 예술품 이외의 표구 제품을 제조하는 경우도 포함한다.

별첨5 : 면세하는 미가공식품분류(부가칙 제24조 제1항 관련 별표1, 2018.3.19.)

구 분	관세율표 번호	품 명
1. 곡류	1001	① 밀과 메슬린(meslin)
	1002	② 호밀
	1003	③ 보리
	1004	④ 귀리
	1005	⑤ 옥수수
	1006	⑥ 쌀(벼를 포함한다)
	1007	⑦ 수수
	1008	⑧ 메밀 · 밀리트(millet) · 카나리시드(canary seed)와 그 밖의 곡물
	1101	⑨ 밀가루나 메슬린(meslin) 가루
	1102	⑩ 곡물가루[밀가루나 메슬린(meslin) 가루는 제외한다]
	1103	⑪ 곡물의 부순 알곡, 거친 가루, 펠릿(pellet)
	1104	⑫ 그 밖의 가공한 곡물[예 : 껍질을 벗긴 것, 압착한 것, 플레이크(flake) 모양인 것, 진주 모양인 것, 얇은 조각으로 만든 것, 거칠게 빻은 것(관세율표 제1006호의 쌀은 제외한다)], 곡물의 씨눈으로서 원래 모양인 것, 압착한 것, 플레이크(flake) 모양인 것, 잘게 부순 것
	1106	⑬ 관세율표 제1106호에 해당하는 물품 중 건조한 채두류(菜豆類)(관세율표 제0713호의 것)의 거친 가루, 가루
2. 서류	0714	① 매니옥(manioc) · 칡뿌리 · 살렙(salep) · 돼지감자(Jerusalem artichoke) · 고구마와 그 밖에 이와 유사한 전분이나 이눌린(inulin)을 다량 함유한 뿌리 · 괴경(塊莖)[자른 것인지 또는 펠릿(pellet) 모양인지에 상관없으며 신선한 것, 건조한 것으로 한정한다], 사고야자(sago)의 심(pith)
	1106	② 관세율표 제1106호에 해당하는 물품 중 사고(sago) · 뿌리나 괴경(塊莖)(관세율표 제0714호의 것)의 고운 가루 및 거친 가루
	0701	③ 감자(신선한 것이나 냉장한 것으로 한정한다)
	1105	④ 감자의 고운 가루, 거친 가루, 가루, 플레이크(flake), 알갱이, 펠릿(pellet)
3. 특용작물류	0901	① 관세율표 제0901호에 해당하는 물품 중 커피(원래 모양이나 분쇄한 것으로서 볶은 것은 제외한다) 및 커피의 껍데기 · 껍질과 웨이스트(waste)
	0902	② 차류(소매용으로 포장한 것은 제외한다)
	0904	③ 후추[파이퍼(Piper)속의 것으로 한정한다], 건조하거나 부수거나 잘게 부순 고추류[캡시컴(Capsicum)속]의 열매나 피멘타(Pimenta)

구 분	관세율표 번호	품 명
		속의 열매
	1201	④ 대두(부수었는지에 상관없다)
	1202	⑤ 땅콩(볶거나 그 밖의 조리를 한 것은 제외하며, 껍데기를 벗겼는지, 부수었는지에 상관없다)
	1206	⑥ 해바라기씨(부수었는지에 상관없다)
	1207	⑦ 그 밖의 채유(採油)에 적합한 종자와 과실[팜너트(palm nut)와 핵(核), 목화씨, 피마자, 잇꽃 종자, 양귀비씨는 제외하며, 부수었는지는 상관없다]
	1208	⑧ 채유(採油)에 적합한 종자와 과실의 고운 가루 및 거친 가루(겨자의 고운 가루 및 거친 가루는 제외한다)
	1212	⑨ 관세율표번호 제1212호에 해당하는 물품 중 사탕무와 사탕수수(신선한 것 또는 건조한 것으로서 잘게 부수었는지에 상관없다)
	1211	⑩ 관세율표 제1211호에 해당하는 물품 중 인삼류
	1801	⑪ 코코아두(원래 모양이나 부순 것으로 한정한다)
	1802	⑫ 코코아의 껍데기와 껍질, 그 밖의 코코아 웨이스트(waste)
	2401	⑬ 잎담배와 담배 부산물
	0910	⑭ 관세율표 제0910호에 해당하는 물품 중 생강
4. 과실류	0801	① 코코넛 · 브라질너트 · 캐슈너트(cashew nut)(신선한 것이나 건조한 것으로 한정하며, 껍데기나 껍질을 벗겼는지에 상관없다)
	0802	② 그 밖의 견과류(신선하거나 건조한 것으로 한정하며, 껍데기나 껍질을 벗겼는지에 상관없다)
	0803	③ 바나나[플랜틴(plantain)을 포함하며, 신선하거나 건조한 것으로 한정한다]
	0804	④ 대추야자 · 무화과 · 파인애플 · 아보카도(avocado) · 구아바(guava) · 망고(mango) · 망고스틴(mangosteen)(신선하거나 건조한 것으로 한정한다)
	0805	⑤ 감귤류의 과실(신선하거나 건조한 것으로 한정한다)
	0806	⑥ 포도(신선한 것으로 한정한다)
	0807	⑦ 멜론(수박을 포함한다)과 포포(papaw)[파파야(papaya)](신선한 것으로 한정한다)
	0808	⑧ 사과 · 배 · 마르멜로(quince)(신선한 것으로 한정한다)
	0809	⑨ 살구 · 체리 · 복숭아[넥터린(nectarine)을 포함한다] · 자두 · 슬로(sloe)(신선한 것으로 한정한다)
	0810	⑩ 그 밖의 과실(신선한 것으로 한정한다)

구 분	관세율표 번호	품 명
	0811	⑪ 냉동 과실과 냉동 견과류(물에 삶거나 찐 것과 설탕이나 그 밖의 감미료를 첨가한 것은 제외한다)
	0812	⑫ 일시적으로 보존하기 위하여 처리(예 : 이산화유황가스 · 염수 · 유황수나 그 밖의 저장용액으로 보존처리)한 과실과 견과류(그 상태로는 식용에 적합하지 않은 것으로 한정한다)
	0813	⑬ 건조한 과실(관세율표 제0801호부터 제0806호까지에 해당하는 것은 제외한다)과 관세율표 제8류의 견과류나 건조한 과실의 혼합물
5. 채소류	0702	① 토마토(신선한 것이나 냉장한 것으로 한정한다)
	0703	② 양파 · 쪽파 · 마늘 · 리크(leek)와 그 밖의 파속의 채소(신선한 것이나 냉장한 것으로 한정한다)
	0704	③ 양배추 · 꽃양배추 · 구경(球莖)양배추 · 케일(kale)과 그 밖에 이와 유사한 식용 배추속(신선한 것이나 냉장한 것으로 한정한다)
	0705	④ 상추[락투카 사티바(Lactuca sativa)]와 치커리(chicory)[시커리엄(Cichorium)종](신선한 것이나 냉장한 것으로 한정한다)
	0706	⑤ 당근, 순무, 샐러드용 사탕무뿌리, 선모(仙茅), 셀러리액(celeriac), 무와 그 밖에 이와 유사한 식용 뿌리(신선한 것이나 냉장한 것으로 한정한다)
	0707	⑥ 오이류(신선한 것이나 냉장한 것으로 한정한다)
	0708	⑦ 채두류(菜豆類)(꼬투리가 있는지에 상관없으며 신선한 것이나 냉장한 것으로 한정한다)
	0709	⑧ 그 밖의 채소(신선한 것이나 냉장한 것으로 한정한다)
	0710	⑨ 냉동채소(조리한 것은 제외한다)
	0711	⑩ 일시적으로 보존하기 위하여 처리(예 : 이산화유황가스 · 염수 · 유황수나 그 밖의 저장용액으로 보존처리)한 채소(그 상태로는 식용에 적합하지 않은 것으로 한정한다)
	0712	⑪ 건조한 채소(원래 모양인 것, 절단한 것, 얇게 썬 것, 부순 것, 가루 모양인 것으로 한정하며, 더 이상 조제한 것은 제외한다)
	0713	⑫ 건조한 채두류(菜豆類)(꼬투리가 없는 것으로서 껍질을 제거한 것인지 또는 쪼갠 것인지에 상관없다)
6. 수축류	0101	① 말(경주마, 승용마 및 번식용 말은 제외한다), 당나귀, 노새와 버새
	0102	② 소(물소를 포함한다)
	0103	③ 돼지
	0104	④ 면양과 산양
	0105	⑤ 가금(家禽)류(닭 · 오리 · 거위 · 칠면조 및 기니아새로 한정한다)
	0106	⑥ 그 밖의 살아 있는 동물(식용에 적합한 것으로 한정한다)

구 분	관세율표 번호	품 명
7. 수육류	0201	① 쇠고기(신선한 것이나 냉장한 것으로 한정한다)
	0202	② 쇠고기(냉동한 것으로 한정한다)
	0203	③ 돼지고기(신선한 것, 냉장하거나 냉동한 것으로 한정한다)
	0204	④ 면양과 산양의 고기(신선한 것, 냉장하거나 냉동한 것으로 한정한다)
	0205	⑤ 말·당나귀·노새·버새의 고기(신선한 것, 냉장하거나 냉동한 것으로 한정한다)
	0206	⑥ 소·돼지·면양·산양·말·당나귀·노새·버새의 식용 설육(屑肉)(신선한 것, 냉장하거나 냉동한 것으로 한정한다)
	0207	⑦ 관세율표 제0105호의 가금(家禽)류의 육과 식용 설육(屑肉)(신선한 것, 냉장하거나 냉동한 것으로 한정한다)
	0208	⑧ 그 밖의 육과 식용 설육(屑肉)(신선한 것, 냉장하거나 냉동한 것으로 한정한다)
	0209	⑨ 살코기가 없는 돼지 비계와 가금(家禽)의 비계(기름을 빼지 않은 것이나 그 밖의 방법으로 추출하지 않은 것으로서 신선한 것, 냉장하거나 냉동한 것, 염장하거나 염수장한 것, 건조하거나 훈제한 것으로 한정한다)
	0210	⑩ 육과 식용 설육(屑肉)(염장하거나 염수장한 것이나 건조하거나 훈제한 것으로 한정한다), 육이나 설육(屑肉)의 식용 고운 가루 및 거친 가루
	0504	⑪ 동물(어류는 제외한다)의 장·방광·위의 전체나 부분(식용에 적합한 것으로 한정한다)
	0511	⑫ 관세율표 제0511호에 해당하는 물품 중 건(腱)·근(筋)과 원피의 웨이스트(waste) 및 누에기루(식용에 적합한 것으로 한정한다)
	0506	⑬ 뼈와 혼코어(horn-core)[가공하지 않은 것, 탈지(脫脂)한 것, 단순히 정리한 것(특정한 형상으로 깎은 것은 제외한다), 산(酸)처리를 하거나 탈교한(degelatinised) 것], 이들의 가루와 웨이스트(waste)
8. 유란류	0401	① 밀크(관세율표 제0401호에 해당하는 물품 중 신선한 것으로 한정하며 농축·건조·가당 또는 발효된 것은 제외한다)
	0402	② 관세율표 제0402호에 해당하는 물품 중 농축유·연유와 분유
	0407	③ 새의 알(껍질이 붙은 것으로서 신선하거나 저장에 적합한 처리를 한 것으로 한정한다)
	0408	④ 새의 알(껍질이 붙지 않은 것)과 알의 노른자위(신선한 것, 건조한 것, 그 밖의 저장에 적합한 처리를 한 것으로 한정한다)
	1901	⑤ 관세율표 제1901호에 해당하는 물품 중 유아용 조제 분유로 한정한다.
	3502	⑥ 알의 흰자위(egg albumin)(신선한 것, 건조한 것, 그 밖의 저장에

구 분	관세율표 번호	품 명
		적합한 처리를 한 것으로 한정한다)
9. 생선류	0301	① 활어(관상용은 제외한다)
	0302	② 신선하거나 냉장한 어류[관세율표 제0304호의 어류의 필레(fillet)와 그 밖의 어육은 제외한다]
	0303	③ 냉동어류[관세율표 제0304호의 어류의 필레(fillet)와 기타 어육은 제외한다]
	0304	④ 어류의 필레(fillet)와 그 밖의 어육(잘게 썰었는지에 상관없으며 신선한 것, 냉장·냉동한 것으로 한정한다)
	0305	⑤ 건조한 어류, 염장이나 염수장한 어류, 훈제한 어류(훈제과정 중이나 훈제 전에 조리한 것인지에 상관없다), 어류의 고운 가루 및 거친 가루와 펠릿(pellet)(식용에 적합한 것으로 한정한다)
	0306	⑥ 갑각류(껍데기가 붙어 있는 것인지에 상관없으며 살아 있는 것과 신선한 것, 냉장이나 냉동한 것, 건조한 것, 염장이나 염수장한 것으로 한정하며, 껍데기가 붙어 있는 상태로 물에 찌거나 삶아서 냉장이나 냉동한 것, 건조한 것, 염장이나 염수장한 것을 포함한다)
	0307	⑦ 연체동물[껍데기가 붙어 있는지에 상관없으며 살아 있는 것과 신선한 것, 냉장이나 냉동한 것, 건조한 것, 염장이나 염수장한 것, 연체동물의 고운 가루 및 거친 가루와 펠릿(pellet)(식용에 적합한 것으로 한정한다)을 포함한다]
	0308	⑧ 수생(水生) 무척추동물[갑각류와 연체동물은 제외하며, 살아 있는 것과 신선한 것, 냉장이나 냉동한 것, 건조한 것, 염장이나 염수장한 것, 수생(水生) 무척추동물(갑각류와 연체동물은 제외한다)의 고운 가루 및 거친 가루와 펠릿(pellet)(식용에 적합한 것으로 한정한다)을 포함한다]
	0511	⑨ 관세율표 제0511호에 해당하는 물품 중 어류의 웨이스트(waste)(식용에 적합한 것으로 한정한다)
10. 패류	0307	관세율표 제0307호에 해당하는 물품 중 조개·바지락·백합·홍합·전복과 그 밖의 패류(살아 있는 것과 신선한 것, 냉장이나 냉동한 것, 건조한 것, 염장이나 염수장한 것으로 한정한다)
11. 해조류	1212	관세율표 제1212호에 해당하는 물품 중 김·미역·톳·파래·다시마와 그 밖의 식용에 적합한 해조류(신선한 것과 냉장이나 냉동한 것, 건조한 것, 염장이나 염수장한 것으로 한정한다)
12. 그 밖에 식용으로 제공되는 농산물, 축산물,	0409	① 천연꿀
	0410	② 따로 분류되지 않은 식용인 동물성 생산품
	1212	③ 관세율표 제1212호에 해당하는 물품 중 주로 식용에 적합한 과실의 핵(核)과 그 밖의 식물성 생산품으로서 따로 분류되지 아니한 것(산채류를 포함한다)

구 분	관세율표 번호	품 명
수산물 또는 임산물과 단순가공 식료품	2501	④ 관세율표 제2501호에 해당하는 물품 중 소금
		⑤ 데친 채소류 · 김치 · 단무지 · 장아찌 · 젓갈류 · 게장 · 두부 · 메주 · 간장 · 된장 · 고추장(제조시설을 갖추고 판매목적으로 독립된 거래 단위로 관입 · 병입 또는 이와 유사한 형태로 포장하여 공급하는 것은 제외하되, 단순하게 운반편의를 위하여 일시적으로 관입 · 병입 등의 포장을 하는 경우를 포함한다)
	1209	⑥ 관세율표 제1209호에 해당하는 물품 중 채소 종자
		⑦ 쌀에 인산추출물 · 아미노산 등 식품첨가물을 첨가 · 코팅하거나 버섯균 등을 배양시킨 것으로서 쌀의 원형을 유지하고 있어야 하고(쌀을 분쇄한 후 식품첨가물을 혼합하여 다시 알곡모양을 낸 것은 제외한다), 쌀의 함량이 90% 이상인 것

별첨6 : 정부업무 대행단체의 면세사업(조특칙 별표 10, 개정 2018.3.21.)

정부업무대행단체의 면세사업(조특칙 제48조 제1항 관련)

단체명	면세사업
1. 별정우체국법에 따른 별정우체국	별정우체국법에 따른 체신업무. 다만, 부가가치세법 시행령 제46조 제1호에 따른 용역을 제공하는 업무를 제외한다.
2. 우체국창구업무의 위탁에 관한 법률에 따라 우체국창구업무를 위탁받은 자	우체국창구업무의 위탁에 관한 법률에 따라 미래창조과학부장관으로부터 위탁받은 우체국창구업무. 다만, 부가가치세법 시행령 제46조 제1호에 따른 용역을 제공하는 업무를 제외한다.
3. 한국농어촌공사 및 농지관리기금법에 따른 한국농어촌공사	한국농어촌공사 및 농지관리기금법 제10조에 따른 사업. 다만, 농업기반시설의 임대사업, 지하수자원 개발사업, 저수지와 그 주변 준설사업 및 폐기물관리법 제30조 제1항에 따른 폐기물처리시설 검사업무, 신재생에너지사업은 제외한다.
4. 〈삭제〉	
5. 농업협동조합법에 따른 조합·조합공동사업법인 및 중앙회(같은 법에 따라 설립된 농협경제지주회사 및 그 자회사를 포함한다)	농업협동조합법 제57조(제1항 제2호 마목 및 자목을 제외한다)·제106조(제2호 마목을 제외한다)·제111조·제112조의8 및 제134조(제1항 제1호 카목을 제외한다)에 따른 사업. 다만, 식품가공사업(식품위생법 시행령에 따른 식품제조·가공업 및 식품첨가물제조업을 말한다), 인삼제조업(백삼제조업을 제외한다), 인삼·홍삼제품제조업, 사료제조사업, 사료포장재사업, 도축업(농수산물유통 및 가격안정에 관한 법률에 따른 수탁판매를 위한 도축업을 제외한다), 농업용자재제조업(농업용필름·골판지포장상자·폴리프로필렌포대·종이포대 제조업을 말한다), 도매업(농산물수탁판매업 및 그 부수업무를 제외한다) 및 상품권발행사업, 보관사업(농업·농촌 및 식품산업 기본법에 따른 농업인과 농업협동조합법에 따른 조합·중앙회·조합원·준조합원에게 제공하는 보관사업, 농수산물유통 및 가격안정에 관한 법률 제13조 제4항에 따라 농림축산식품부장관의 위탁을 받아 수행하는 농수산물비축사업 및 같은 법 제2조 제9호에 따른 중도매인에게 제공하는 보관사업은 제외한다), 보호예수 업무와 부가가치세법 시행령 제40조 제4항 제1호부터 제5호까지에 따른 용역을 제공하는 사업은 제외한다.
6. 수산업협동조합법에 따른 수산업협동조합·중앙회, 조합공동사업법인 및 어촌계	수산업협동조합법 제60조(제1항 제1호 자목을 제외한다)·제107조(제1항 제1호 자목을 제외한다)·제112조·제113조의8·제138조 및 같은 법 시행령 제7조에 따른 사업. 다만, 보관사업(수산업협동조합법에 따른 어업인·조합·조합공동사업법인·중앙회·조합원·준조합원에게

단체명	면세사업
	제공하는 보관사업, 농수산물유통 및 가격안정에 관한 법률 제13조 제4항에 따라 해양수산부장관의 위탁을 받아 수행하는 농수산물비축사업 및 같은 법 제2조 제9호에 따른 중도매인에게 제공하는 보관사업은 제외한다), 보호예수 업무와 부가가치세법 시행령 제40조 제4항 제1호부터 제5호까지의 규정에 따른 용역을 제공하는 사업은 제외한다.
7. 엽연초생산협동조합법에 의한 엽연초생산협동조합 및 중앙회	엽연초생산협동조합법 제14조 및 제32조에 규정된 사업
8. 〈삭제〉	
9. 인삼산업법에 의한 백삼 및 태극삼의 지정검사기관	인삼산업법에 의한 백삼 및 태극삼의 검사업무 및 그 부대사업
10. 한국토지주택공사법에 따른 한국토지주택공사	한국토지주택공사법 제8조 제1항 제2호 라목에 따른 매립사업 중 국가 또는 지방자치단체에 공급하는 매립사업
11. 한국도로공사법에 의한 한국도로공사	한국도로공사법 제12조 제1호부터 제13호까지에 따른 사업. 다만, 국가나 지방자치단체 외의 자와 위수탁계약을 맺어 수탁받은 사업은 제외한다.
12. 한국산업인력공단법에 의한 한국산업인력공단	한국산업인력공단법 제6조에 규정된 사업
13. 삭제 (2010.4.20.)	
14. 한국조폐공사법에 따른 한국조폐공사	한국조폐공사법 제11조에 규정된 사업. 다만, 특수압인물(메달류 · 유통주화세트 및 게임용 코인에 한한다)의 제조 · 판매업과 그 밖의 부대업무를 제외한다.
15. 산림조합법에 따른 조합 · 중앙회 및 산림계	산림조합법 제46조(제1항 제2호 마목을 제외한다) 및 제108조에 따른 사업과 산림계가 영위하는 사업. 다만, 인삼제조업(백삼제조업을 제외한다) 및 인삼 · 홍삼제품제조업, 산림도로시공업, 휴양림조성업, 삼림욕장 · 수목원의 조성 · 관리사업, 보관사업(산림조합법에 따른 임업인 · 조합 · 중앙회 · 조합원 · 준조합원에게 제공하는 보관사업은 제외한다), 법 제106조 제1항 제12호에 해당하지 아니하는 목재펠릿을 공급하는 사업, 보호예수 업무와 부가가치세법 시행령 제40조 제4항 제1호부터 제5호까지의 규정에 따른 용역을 제공하는 사업은 제외한다.
16. 내지 18. 〈삭제〉	
19. 삭제 (2010.4.20.)	
20. 농수산물유통 및 가격안정에 관한 법률에 따라 농수산물도매시장의 개설자로부터 지정을 받은 도매시장법인, 시장도매인, 비상장품목 취급 중도매인 및 대금정	농수산물유통 및 가격안정에 관한 법률에 따른 수탁판매업 및 그 부수업무(중개업무를 제외한다), 대금정산조직의 출하 · 판매대금 정산 용역

단체명	면세사업
산조직	
21. 지방공기업법에 의하여 농수산물 도매시장사업을 수행하기 위하여 지방자치단체가 설립한 지방공사 및 지방공단	지방공기업법에 의한 도매시장관리사업 및 그 부대사업(지방공기업법 제78조 및 제78조의2 규정에 따른 행정자치부장관의 경영개선 명령에 따라 지방공단이 지방공사로 합병되어 지방공단 업무가 지방공사로 이전 되는 경우 기존 지방공단의 면세사업 포함)
22. 지방공기업법 제76조의 규정에 의하여 설립된 지방공단	지방공기업법 제71조 제1항 및 제76조 제2항의 규정에 의하여 국가 또는 지방자치단체의 사업을 대행하는 경우 그 사업
22의2. 다음 각 목의 요건을 모두 갖춘 지방공기업법 제49조에 따라 설립된 지방공사 가. 시·군 또는 자치구인 지방자치단체가 설립하였을 것 나. 제21호에 따른 지방공사를 제외할 경우 해당 지방자치단체가 설립한 유일한 지방공사일 것 다. 해당 지방자치단체에 제22호에 따른 지방공단이 없을 것	지방공기업법 제71조 제1항 및 제76조 제2항의 규정에 의하여 국가 또는 지방자치단체의 사업을 대행하는 경우 그 사업
23. 농수산물유통공사법에 따른 농수산물유통공사	농수산물유통 및 가격안정에 관한 법률에 따라 농림축산식품부장관의 위탁을 받아 수행하는 농수산물비축사업·유통조성사업 및 화훼류 수탁판매사업
24. 선박안전법에 따른 선박안전기술공단	선박안전법 제46조 제5호의2에 규정된 해운업법에 따른 여객선의 안전운항관리업무
25. 삭제 (2010.4.20.)	
26. 삭제 (2010.4.20.)	
27. 전파법에 따른 한국방송통신전파진흥원	방송법 시행령 제68조 제2항, 전파법 시행령 제123조 제3항 및 국가기술자격법 시행령 제29조 제3항에 따라 정부로부터 위탁을 받아 수행하는 업무
28. 한국산업안전공단법에 의한 한국산업안전공단	산업안전보건법 시행령 제47조의 규정에 의하여 정부로부터 위탁을 받아 수행하는 업무
29. 내지 31. 〈삭제〉	
32. 집행관법에 의하여 집행관 사무를 수행하는 자	집행관법 제2조의 규정에 의한 사무
33. 공증인법에 의하여 공증인의 사무를 수행하는 자	공증인법 제2조의 규정에 의한 공증인의 사무(변호사법 제49조 및 같은 법 제58조의30에 따라 법무법인 등이 행하는 공증인법에 의한 공증인의 사무에 속하는 업무를 포함한다)

단체명	면세사업
34. 〈삭제〉	
35. 삭제 (2009.4.7.)	
36. 상공회의소득법에 따른 대한상공회의소, 한국원자력안전기술원법에 따른 한국원자력안전기술원, 영화 및 비디오물의 진흥에 관한 법률에 따른 영화진흥위원회, 문화산업진흥 기본법에 따른 한국콘텐츠진흥원 및 광산피해의 방지 및 복구에 관한 법률에 따른 한국광해관리공단	국가기술자격법 시행령 제29조 제3항에 따라 정부로부터 위탁을 받아 수행하는 업무
37. 한국수자원공사법에 의한 한국수자원공사	한국수자원공사법 제9조 제1항 제7호에 따라 공유수면의 매립용역을 국가 또는 지방지치단체에 공급하는 사업과 같은 법 제9조 제1항 제12호 및 수도법 제23조 제1항에 따라 국가 또는 지방자치단체의 위탁을 받아 수행하는 노후 지방상수도의 개량 · 관리 · 정비사업
38. 삭제 (2010.4.20.)	
39. 항만공사법 제4조 제2항의 규정에 의하여 설립된 항만공사	항만공사법 시행령 제13조 제1항 제1호 나목에 의한 화물료 징수업무
40. 사회기반시설에 대한 민간투자법 제2조 제10호의 규정에 의한 공공부문 중 도로의 건설이나 운영에 전문성을 보유한 법인과 장기적 투자자금을 제공하는 재무적 투자자가 각각 100분의 40 이상을 공동으로 출자하여 설립된 동법 제2조 제7호의 규정에 의한 사업시행자	사회기반시설에 대한 민간투자법 제2조 제1호 가목의 규정에 의한 도로 및 도로부속물의 운영 및 유지관리사업
41. 중소기업협동조합법에 따른 중소기업중앙회	외국인근로자의 고용 등에 관한 법률 시행령 제31조 제3항에 따라 정부로부터 위탁받아 수행하는 업무 및 중소기업제품 구매촉진 및 판로지원에 관한 법률 시행령 제27조 제1항 제2호에 따라 정부로부터 위탁받아 수행하는 업무
42. 삭제 (2012.2.28.)	
43. 국세기본법 제46조의2에 따른 국세납부대행기관	국세기본법시행령 제26조의2 제4항에 따른 국세납부대행사업
44. 국제경기대회 지원법에 따라 설립된 조직위원회로서 기획재정부장관이 효율적인 준비와 운영을 위하여 필요하다고 인정하여 고	각 조직위원회의 목적을 달성하기 위한 사업

단체명	면세사업
시하는 조직위원회	
45. 삭제 (2018.3.21.)	
46. 건설산업기본법 제50조에 따라 설립된 건설업자단체인 대한건설협회	외국인근로자의 고용 등에 관한 법률 시행령제31조 제3항에 따라 정부로부터 위탁받아 수행하는 업무
47. 한국환경공단법에 따른 한국환경공단	한국환경공단법 제17조에 따른 사업 중 국가 또는 지방자치단체의 업무를 대행하거나 그 위탁을 받아 수행하는 사업. 다만, 시험 · 분석 · 검사 · 진단사업, 폐비닐처리사업, 압수폐기물자원화사업 및 슬레이트 처리사업은 제외한다.
48. 도로교통법 제120조에 따른 도로교통공단	도로교통법 제123조 제11호 · 제12호 및 제147조 제5항 · 제6항에 따른 사업
49. 지방재정법 시행령 제103조의2제3호에 해당하는 자	지방재정법 시행령 제103조의2에 따라 수행하는 세입금통합수납처리시스템의 구축 · 운영사업
50. 삭제 (2013.2.23.)	
51. 삭제 (2014.3.14.)	
52. 2018 평창 동계올림픽대회 및 장애인동계올림픽대회 지원 등에 관한 특별법 제5조에 따른 2018 평창 동계올림픽대회 및 장애인동계올림픽대회 조직위원회	2018 평창 동계올림픽대회 및 장애인동계올림픽대회 조직위원회의 목적을 달성하기 위한 사업
53. 포뮬러원 국제자동차경주대회 지원법 제4조에 따른 포뮬러원국제자동차경주대회조직위원회	포뮬러원국제자동차경주대회조직위원회의 목적을 달성하기 위한 사업
54. 2015세계물포럼 지원 특별법 제3조에 따른 2015세계물포럼조직위원회	2015세계물포럼조직위원회의 목적을 달성하기 위한 사업
55. 2015경북문경세계군인체육대회 지원법 제3조에 따른 2015경북문경세계군인체육대회조직위원회	2015경북문경세계군인체육대회조직위원회의 목적을 달성하기 위한 사업
56. 수입인지에 관한 법률 제9조 제2항에 따라 전자수입인지의 관리와 판매계약의 체결 등에 관한 업무를 위탁받은 전문기관	수입인지에 관한 법률 제9조 제2항에 따라 기획재정부장관으로부터 위탁받은 전자수입인지의 관리와 판매계약의 체결 등에 관한 업무
57. 산업재해보상보험법 제10조에 따른 근로복지공단	고용정책 기본법 제29조 및 같은 법 시행규칙 제3조의2에 따른 일자리안정자금 사업 중 고용노동부장관으로부터 위탁받아 수행하는 일자리안정자금 사업

별첨7 : 건물기준시가 산정방법(국세청 고시 제2018－50호, 2018.12.31.)

국세청 건물 기준시가 산정방법 고시

「소득세법」 제99조 제1항 제1호 나목과 「상속세 및 증여세법」 제61조 제1항 제2호에 따라 건물의 기준시가에 관한 사항을 다음과 같이 개정하여 고시합니다.

2018년 12월 31일

국세청장

제 1 조 【목적】 이 고시는 「소득세법」 제99조 제1항 제1호 나목과 「상속세 및 증여세법」 제61조 제1항 제2호에서 국세청장에게 위임한 건물에 대한 기준시가 산정방법에 대한 전반적인 사항을 정함을 목적으로 한다.

제 2 조 【정의】 ① 이 고시에서 사용하는 용어의 정의는 다음과 같다.

1. “건물 기준시가”란 「소득세법」과 「상속세 및 증여세법」에 따른 건물 기준시가를 말한다.

② 이 고시에서 특별히 정하는 용어를 제외하고는 「건축법」과 같은 법 시행령에서 정하는 바에 따른다.

제 3 조 【적용범위】 ① 건물 기준시가 산정방법은 「건축법 시행령」 별표1의 ‘용도별 건축물의 종류’에서 공공업무시설 (제1종 근린생활시설 중 공공업무시설 등을 포함), 교정 및 군사시설을 제외한 모든 용도의 건물(무허가 건물을 포함한다)에 대하여 적용한다. 다만, 「부동산 가격공시에 관한 법률」 제17조 및 제18조와 「소득세법」 제99조 제1항 제1호 다목, 「상속세 및 증여세법」 제61조 제1항 제3호에 따라 토지와 건물의 가액을 일괄하여 산정・공시(또는 고시)한 개별주택・공동주택・오피스텔 및 상업용 건물의 경우에는 이를 적용하지 아니한다.

② 건물 기준시가는 건물가격만을 말하며, 건물 부속토지의 가격과 영업권 등 각종 권리의 가액은 포함되지 아니한 것으로 한다.

제 4 조 【개별건물 기준시가 적용방법】 개별건물에 대한 기준시가는 해당 건물을 제5조(기준시가 계산)의 계산식에 따라 계산하여 산출된 가액으로 한다. 이때 산출된 가액은 그 건물의 기준시가로 고시한 것과 같은 효력을 갖는다.

제 5 조 【기준시가 계산】 ① 건물 기준시가를 산정하기 위한 기본 계산식은 다음과 같다.

건물 기준시가 산정 기본 계산식

(1) 기준시가 = 평가대상 건물의 면적(㎡)[1] × ㎡당 금액[2]

(2) ㎡당 금액 = 건물신축가격기준액 × 구조지수 × 용도지수 × 위치지수 × 경과연수별잔가율 × 개별건물의 특성에 따른 조정률[3]

1) 연면적을 말하며, 집합건물의 경우 전용면적과 공용면적을 포함한 면적을 말한다.
2) ㎡당 금액은 1,000원 단위 미만은 버린다.

3) 개별건물의 특성에 따른 조정률은 「상속세 및 증여세법」 제61조 제1항 제2호에 따라 기준시가를 계산하는 경우에만 적용한다.

② 제1항의 건물 기준시가 산정 기본 계산식에서 개별건물의 특성에 따른 조정률은 「소득세법」 제99조 제1항 제1호 나목에 따라 기준시가를 계산하는 경우에는 적용하지 않고, 「상속세 및 증여세법」 제61조 제1항 제2호에 따라 기준시가를 계산하는 경우에만 적용한다.

제 6 조 【건물신축가격기준액】 건물신축가격기준액은 ㎡당 710,000원으로 한다.

제 7 조 【구조지수】 구조지수는 다음과 같이 한다.

번호	구 조 별	지수
1	통나무조	135
2	목구조	130
3	철골(철골철근)콘크리트조	115
4	철근콘크리트조, 석조, 프리캐스트 콘크리트조, 목조, 라멘조, ALC조, 스틸하우스조	100
5	연와조, 철골조, 보강콘크리트조, 보강블록조	97
6	시멘트벽돌조, 황토조, 시멘트블록조, 와이어패널조	92
7	철골조 중 조립식패널(EPS패널에 한함)	85
8	조립식패널조	80
9	경량철골조	75
10	석회 및 흙벽돌조, 돌담 및 토담조	60
11	철파이프조, 컨테이너건물	50

제 8 조 【용도지수】 용도지수는 다음과 같이 한다.

구분	용 도		번호	대 상 건 물	지수
I	주거용 건 물	주거시설	1	• 아파트	110
			2	• 단독주택(노인복지주택 제외) • 다중주택, 다가구주택, 연립주택, 다세대주택, 기숙사(학생복지주택 포함), 도시형 생활주택 등 기타 주거용건물	100
II	상업용 및 업무용 건 물	숙박시설	3	• 관광호텔(5성급 · 4성급) : 관광진흥법상 관광숙박시설	140
			4	• 호텔(공중위생법상 일반숙박시설을 말한다) • 관광호텔(3성급이하), 수상관광호텔, 한국전통호텔, 가족호텔, 호스텔, 소형호텔, 의료관광호텔 및 휴양 콘도미니엄, 펜션(관광진흥법상 관광편의시설)	130
			5	• 외국인관광 도시민박(홈스테이, 게스트하우스 포함) (관광진흥법상 관광편의시설) • 한옥체험시설(관광진흥법상 관광편의시설)	120

구분	용 도		번호	대 상 건 물	지수
			6	• 여관(모텔 포함)	115
			7	• 다중생활시설(제2종 근린생활시설에 해당되는 것은 제외)	105
			8	• 여인숙	100
		판매시설	9	• 백화점	135
			10	• 소매점 중 대형점(대형마트, 전문점 등으로서 매장면적이 3,000㎡ 이상인 것), 쇼핑센터, 복합쇼핑몰 • 위에 열거되지 않은 기타 대규모점포	125
			11	• 일반상점(슈퍼마켓과 일용품 소매점으로서 바닥면적 합계가 1,000㎡ 이상~3,000㎡ 미만인 것) • 위에 열거되지 않은 기타 판매 및 영업시설	100
			12	• 도매시장(도매위주 매장면적이 3,000㎡ 이상인 것) • 전통(재래)시장 • 농수축화훼공판장, 경매장	85
		운수시설	13	• 여객자동차터미널, 철도시설, 공항시설, 항만시설	120
		위락시설	14	• 무도장	140
			15	• 유흥주점 및 이와 유사한 것 • 카지노영업소	130
			16	• 관광진흥법에 의한 유원시설업의 시설 기타 이와 유사한 것(제2종 근린생활시설, 운동시설에 해당되는 것은 제외)	120
			17	• 단란주점(풍속영업시설에 해당되는 것은 제외)	115
			18	• 무도학원	90
		문화 및 집회시설	19	• 집회장(경마 · 경륜 · 경정 장외발매소 및 전화투표소)으로서 제2종 근린생활시설에 해당하지 아니하는 것	130
			20	• 예식장(제2종 근린생활시설에 해당되는 것은 제외) • 공연장(극장, 영화관, 연예장, 음악당, 서커스장, 비디오물 소극장 등)으로서 제2종 근린생활시설에 해당하지 아니하는 것 • 집회장(공회당, 회의장 등)으로서 제2종 근린생활시설에 해당하지 아니하는 것	120
			21	• 동물원, 식물원, 수족관 • 전시장(박물관, 미술관, 과학관, 문화관, 체험관, 기념관, 산업전시장, 박람회장 등)	110
			22	• 관람장(경마장, 경륜장, 경정장, 자동차경기장, 기타 이와 유사한 것 및 체육관, 운동장으로서 관람석의 바닥면적의 합계가 1,000㎡ 이상인 것)	105
		종교시설	23	• 교회 · 성당 · 사찰 · 기도원 · 수도원 · 수녀원 · 제실 · 사당 등 종교집회장과 종교집회장내 설치하는 봉안당으로서 제2	100

구분	용 도	번호	대 상 건 물	지수
			종 근린생활시설에 해당하지 아니하는 것	
	운동시설	24	• 골프장, 스키장, 자동차경주장, 승마장, 수영장, 볼링장, 스케이트장, 종합체육시설업	125
		25	• 체육시설의설치및이용에관한법률에 따른 시설 중 용도번호 24에 속하지 아니하는 것	105
	의료시설	26	• 종합병원	125
		27	• 일반병원, 치과병원, 한방병원, 정신병원, 요양병원, 격리병원(전염병원, 마약진료소 등)	105
	업무시설	28	• 오피스텔(주거용, 사무용)	140
		29	• 사무소, 금융업소, 결혼상담소 등 소개업소, 출판사, 신문사 등으로서 제2종 근린생활시설에 해당하지 아니하는 것	115
	방송통신 시 설	30	• 방송국(방송프로그램제작시설 및 송신 · 수신 · 중계시설을 포함), 촬영소 • 전신전화국, 통신용시설	110
	관광휴게 시 설	31	• 야외음악당, 야외극장, 어린이회관, 관망탑, 휴게소 • 공원 · 유원지, 관광지에 부수되는 시설	110
	교육연구 시 설	32	• 학원(자동차학원 · 무도학원 및 정보통신기술을 활용하여 원격으로 교습하는 것은 제외)으로서 제2종 근린생활시설에 해당하지 않는 것	107
		33	• 학교, 교육원(연수원 포함), 직업훈련소(운전 및 정비관련 직업훈련소는 제외), 연구소, 도서관으로 제2종 근린생활시설에 해당하지 않는 것	100
	노 유 자 시 설	34	• 아동관련시설(제1종 근린생활시설에 해당하는 것은 제외) 및 노인복지시설(단독주택 및 공동주택에 해당하는 것은 제외), 기타 사회복지시설 및 근로복지시설	107
		35	• 고아원 • 노인주거복지시설(양로원 등) 및 경로당 • 용도번호 34번을 제외한 기타 이와 유사한 시설	80
	수련시설	36	• 청소년수련관, 청소년문화의집, 청소년특화시설, 유스호스텔, 청소년수련원, 청소년야영장, 기타 이와 유사한 것	110
	근린생활 시 설	37	• 목욕장으로서 바닥면적의 합계가 3,000㎡ 이상인 것	130
		38	• 목욕장으로서 바닥면적의 합계가 1,000㎡ 이상~3,000㎡ 미만인 것	115
		39	• 목욕장으로서 바닥면적의 합계가 1,000㎡ 미만인 것	110
		40	• 풍속영업시설 - 단란주점으로서 바닥면적의 합계가 150㎡ 미만인 것 - 인터넷컴퓨터게임시설제공업의 시설로서 바닥면적 합계	105

구분	용 도		번호	대 상 건 물	지수
				가 500㎡ 이상인 것 - 청소년게임제공업시설, 일반게임제공업시설, 복합유통게임제공업시설 - 사행성게임물제공업시설, 사행행위영업시설 - 비디오물감상실, 안마시술소, 노래연습장	
			41	• 제1종 · 제2종 근린생활시설 - 슈퍼마켓 등 일용품 소매점으로서 바닥면적 합계가 1,000㎡ 미만인 것 - 일반음식점, 휴게음식점, 제과점, 기원, 서점 - 이용원, 미용원, 세탁소(공장부설 세탁소는 제외) - 의원, 치과의원, 한의원, 침술원, 접골원, 조산원, 산후조리원 및 안마원 - 테니스장 · 체력단련장 · 에어로빅장 · 볼링장 · 당구장 · 실내낚시터 · 골프연습장 · 탁구장 · 체육도장 · 놀이형시설로서 바닥면적 합계가 500㎡ 미만인 것 - 종교집회장 · 공연장이나 비디오물소극장으로서 바닥면적 합계가 500㎡ 미만인 것 - 금융업소, 사무소, 부동산중개사무소, 결혼상담소 등 소개업소, 출판사 등 일반업무시설로서 바닥면적 합계가 500㎡ 미만인 것 - 제조업소, 수리점 등으로서 바닥면적 합계가 500㎡ 미만인 것 - 인터넷컴퓨터게임시설제공업의 시설로서 바닥면적 합계가 500㎡ 미만인 것 - 사진관, 표구점, 학원(바닥면적 합계가 500㎡ 미만인 것에 한하며, 자동차학원 · 무도학원 · 정보통신기술을 활용하여 원격으로 교습하는 것은 제외), 교습소(바닥면적의 합계가 500㎡ 미만인 것에 한하며, 자동차교습 · 무도교습 · 정보통신기술을 활용하여 원격으로 교습하는 것은 제외), 직업훈련소(바닥면적 합계가 500㎡ 미만인 것에 한하며, 운전 · 정비관련 직업훈련소는 제외), 장의사, 동물병원, 동물미용실, 독서실, 총포판매소 등 - 자동차영업소로서 바닥면적 합계가 1,000㎡ 미만인 것 - 다중생활시설(바닥면적 합계가 500㎡ 미만인 것) - 지역아동센터(단독주택과 공동주택에 해당하지 아니한 것) - 변전소, 도시가스배관시설, 통신용 시설(바닥면적 합계가 1,000㎡ 미만인 것), 정수장, 양수장 등 - 위에 열거되지 않은 기타 제1종 · 제2종 근린생활시설	100
		묘지관련 시 설	42	• 화장시설 • 봉안당(종교시설에 해당하는 것 제외)	130

구분	용 도		번호	대 상 건 물	지수
				• 묘지와 자연장지에 부수되는 건축물	
			43	• 동물화장시설, 동물건조장(乾燥葬) 시설 및 동물 전용의 납골시설	105
		장례식장	44	• 장례식장(종합병원 부속 장례식장 포함)	115
			45	• 동물 전용 장례식장	105
Ⅲ	산업용 및 기 타 특수용 건 물	공 장	46	• 지식산업센터(아파트형공장)3)	115
			47	• 냉동공장 • 반도체 및 평면디스플레이 공장4)	100
			48	• 기타 물품의 제조 · 가공 · 수리에 계속적으로 이용되는 건축물로서 제1종 · 제2종 근린생활시설, 위험물저장 및 처리시설, 자동차 관련 시설, 자원순환 관련 시설 등으로 따로 분류되지 아니한 것	80
		발전시설	49	• 원자력 발전시설	300
			50	• 발전소(제1종 근린생활시설에 해당되는 것은 제외)	90
		창고시설	51	• 냉동창고, 냉장창고	105
			52	• 냉동 · 냉장창고외의 창고 • 하역장, 물류터미널, 집배송시설	80
		위 험 물 저 장 및 처리시설	53	• 주유소(기계식 세차설비 포함) 및 석유판매소 • 액화석유가스충전소 · 판매소 · 저장소(기계식 세차설비 포함), 위험물제조소 · 저장소 · 취급소, 액화가스취급소 · 판매소, 유독물보관 · 저장 · 판매시설, 고압가스충전소 · 판매소 · 저장소, 도료류판매소, 도시가스제조시설, 화약류저장소, 기타 위험물저장 및 처리시설 • 주유소의 캐노피	90
		자원순환 관련시설	54	• 하수 등 처리시설 • 고물상 • 폐기물재활용시설, 폐기물 처분시설 및 폐기물감량화시설	80
		자 동 차 관련시설	55	• 자동차매매장, 운전학원 · 정비학원(운전 및 정비관련 직업훈련시설 포함)	75
			56	• 세차장, 폐차장, 검사장, 정비공장, 차고 및 주기장	65
			57	• 주차장(자주식 주차전용빌딩 포함, 주택의 차고 제외)	55
		동 · 식물 관련시설	58	• 가축용운동시설, 인공수정센터, 관리사, 동물검역소, 실험동물사육시설, 경주용마사	70
			59	• 축사(양잠 · 양봉 · 양어시설 및 부화장 포함) • 가축시설(가축용 창고, 가축시장, 퇴비장 등) • 도축장, 도계장, 작물재배사, 종묘배양시설	55
			60	• 화초 및 분재 등의 온실	50

구분	용 도		번호	대 상 건 물	지수
				• 기타 식물관련시설(동 · 식물원 제외)	
Ⅳ	기계식주차전용 빌 딩		61	• 기준시가 = 6,000,000원 × 경과연수별잔가율(내용연수 : 30년) × 주차대수	

제 9 조【위치지수】위치지수는 다음과 같이 한다.

번호	건물 부속토지의 ㎡당 개별공시지가	지수	번호	건물 부속토지의 ㎡당 개별공시지가	지수
1	20,000원 미만	75	24	4,500,000원 이상~5,000,000원 미만	124
2	20,000원 이상~30,000원 미만	82	25	5,000,000원 이상~5,500,000원 미만	125
3	30,000원 이상~50,000원 미만	84	26	5,500,000원 이상~6,000,000원 미만	126
4	50,000원 이상~70,000원 미만	86	27	6,000,000원 이상~7,000,000원 미만	128
5	70,000원 이상~100,000원 미만	87	28	7,000,000원 이상~8,000,000원 미만	131
6	100,000원 이상~130,000원 미만	88	29	8,000,000원 이상~9,000,000원 미만	133
7	130,000원 이상~150,000원 미만	89	30	9,000,000원 이상~10,000,000원 미만	136
8	150,000원 이상~180,000원 미만	90	31	10,000,000원 이상~15,000,000원 미만	140
9	180,000원 이상~200,000원 미만	91	32	15,000,000원 이상~20,000,000원 미만	143
10	200,000원 이상~300,000원 미만	92	33	20,000,000원 이상~25,000,000원 미만	146
11	300,000원 이상~350,000원 미만	93	34	25,000,000원 이상~30,000,000원 미만	149
12	350,000원 이상~500,000원 미만	95	35	30,000,000원 이상~35,000,000원 미만	152
13	500,000원 이상~650,000원 미만	97	36	35,000,000원 이상~40,000,000원 미만	155
14	650,000원 이상~800,000원 미만	100	37	40,000,000원 이상~45,000,000원 미만	158
15	800,000원 이상~1,000,000원 미만	102	38	45,000,000원 이상~50,000,000원 미만	161
16	1,000,000원 이상~1,200,000원 미만	105	39	50,000,000원 이상~55,000,000원 미만	164
17	1,200,000원 이상~1,600,000원 미만	107	40	55,000,000원 이상~60,000,000원 미만	167
18	1,600,000원 이상~2,000,000원 미만	110	41	60,000,000원 이상~65,000,000원 미만	170
19	2,000,000원 이상~2,500,000원 미만	114	42	65,000,000원 이상~70,000,000원 미만	173
20	2,500,000원 이상~3,000,000원 미만	116	43	70,000,000원 이상~75,000,000원 미만	176
21	3,000,000원 이상~3,500,000원 미만	118	44	75,000,000원 이상~80,000,000원 미만	179
22	3,500,000원 이상~4,000,000원 미만	120	45	80,000,000원 이상	182
23	4,000,000원 이상~4,500,000원 미만	122	-	-	-

3) 지식산업센터(아파트형 공장)는 토지를 효율적으로 이용하고 주로 중소기업의 조업안정을 도모할 목적으로 산업집적활성화및공장설립에관한법률 제2조 제13호 등의 규정에 의하여 동일 건축물에 제조업, 지식산업 및 정보통신산업을 영위하는 자와 지원시설이 복합적으로 입주할 수 있는 다층형 집합건축물로서 6개 이상의 공장이 입주할 수 있는 지상 3층 이상의 집합건축물을 말한다.

4) 평면디스플레이 공장은 LCD, PDP, LED, FED, 유기EL(OLED, ELD)관련 제조 또는 수리에 계속적으로 이용되는 건축물을 말한다.

제10조【경과연수별잔가율】① 대상건물별 내용연수와 최종잔존가치율 및 상각방법은 다음과 같다.

적용대상	Ⅰ그룹	Ⅱ그룹	Ⅲ그룹	Ⅳ그룹
내 용 연 수	50년	40년	30년	20년
최종잔존가치율	10%	10%	10%	10%
상 각 방 법	정액법	정액법	정액법	정액법
연상각률	0.018	0.0225	0.03	0.045

② 신축연도별 잔가율은 다음 각 호와 같다.

1. 「소득세법」 제99조 제1항 제1호 나목에 따라 건물의 기준시가를 계산하는 경우 적용하는 신축연도별 잔가율은 다음과 같다.

Ⅰ그룹 내용연수 50년		Ⅱ그룹 내용연수 40년		Ⅲ그룹 내용연수 30년		Ⅳ그룹 내용연수 20년	
신축연도	잔가율	신축연도	잔가율	신축연도	잔가율	신축연도	잔가율
2019	1.000	2019	1.0000	2019	1.000	2019	1.000
2018	0.982	2018	0.9775	2018	0.970	2018	0.955
2017	0.964	2017	0.9550	2017	0.940	2017	0.910
2016	0.946	2016	0.9325	2016	0.910	2016	0.865
2015	0.928	2015	0.9100	2015	0.880	2015	0.820
2014	0.910	2014	0.8875	2014	0.850	2014	0.775
2013	0.892	2013	0.8650	2013	0.820	2013	0.730
2012	0.874	2012	0.8425	2012	0.790	2012	0.685
2011	0.856	2011	0.8200	2011	0.760	2011	0.640
2010	0.838	2010	0.7975	2010	0.730	2010	0.595
2009	0.820	2009	0.7750	2009	0.700	2009	0.550
2008	0.802	2008	0.7525	2008	0.670	2008	0.505
2007	0.784	2007	0.7300	2007	0.640	2007	0.460
2006	0.766	2006	0.7075	2006	0.610	2006	0.415
2005	0.748	2005	0.6850	2005	0.580	2005	0.370
2004	0.730	2004	0.6625	2004	0.550	2004	0.325
2003	0.712	2003	0.6400	2003	0.520	2003	0.280
2002	0.694	2002	0.6175	2002	0.490	2002	0.235
2001	0.676	2001	0.5950	2001	0.460	2001	0.190
2000	0.658	2000	0.5725	2000	0.430	2000	0.145
1999	0.640	1999	0.5500	1999	0.400	1999이하	0.100
1998	0.622	1998	0.5275	1998	0.370		
1997	0.604	1997	0.5050	1997	0.340		
1996	0.586	1996	0.4825	1996	0.310		
1995	0.568	1995	0.4600	1995	0.280		
1994	0.550	1994	0.4375	1994	0.250		

Ⅰ그룹 내용연수 50년		Ⅱ그룹 내용연수 40년		Ⅲ그룹 내용연수 30년		Ⅳ그룹 내용연수 20년	
신축연도	잔가율	신축연도	잔가율	신축연도	잔가율	신축연도	잔가율
1993	0.532	1993	0.4150	1993	0.220		
1992	0.514	1992	0.3925	1992	0.190		
1991	0.496	1991	0.3700	1991	0.160		
1990	0.478	1990	0.3475	1990	0.130		
1989	0.460	1989	0.3250	1989이하	0.100		
1988	0.442	1988	0.3025				
1987	0.424	1987	0.2800				
1986	0.406	1986	0.2575				
1985	0.388	1985	0.2350				
1984	0.370	1984	0.2125				
1983	0.352	1983	0.1900				
1982	0.334	1982	0.1675				
1981	0.316	1981	0.1450				
1980	0.298	1980	0.1225				
1979	0.280	1979이하	0.1000				
1978	0.262						
1977	0.244						
1976	0.226						
1975	0.208						
1974	0.190						
1973	0.172						
1972	0.154						
1971	0.136						
1970	0.118						
1969이하	0.100						

2. 「상속세 및 증여세법」 제61조 제1항 제2호에 따라 건물의 기준시가를 계산하는 경우 적용하는 신축연도별 잔가율은 다음과 같다.

Ⅰ그룹 내용연수 50년		Ⅱ그룹 내용연수 40년		Ⅲ그룹 내용연수 30년		Ⅳ그룹 내용연수 20년	
신축연도	잔가율	신축연도	잔가율	신축연도	잔가율	신축연도	잔가율
2019	1.000	2019	1.0000	2019	1.000	2019	1.000
2018	0.982	2018	0.9775	2018	0.970	2018	0.955
2017	0.964	2017	0.9550	2017	0.940	2017	0.910
2016	0.946	2016	0.9325	2016	0.910	2016	0.865
2015	0.928	2015	0.9100	2015	0.880	2015	0.820
2014	0.910	2014	0.8875	2014	0.850	2014	0.775
2013	0.892	2013	0.8650	2013	0.820	2013	0.730

Ⅰ그룹 내용연수 50년		Ⅱ그룹 내용연수 40년		Ⅲ그룹 내용연수 30년		Ⅳ그룹 내용연수 20년	
신축연도	잔가율	신축연도	잔가율	신축연도	잔가율	신축연도	잔가율
2012	0.874	2012	0.8425	2012	0.790	2012	0.685
2011	0.856	2011	0.8200	2011	0.760	2011	0.640
2010	0.838	2010	0.7975	2010	0.730	2010	0.595
2009	0.820	2009	0.7750	2009	0.700	2009	0.550
2008	0.802	2008	0.7525	2008	0.670	2008	0.505
2007	0.784	2007	0.7300	2007	0.640	2007	0.460
2006	0.766	2006	0.7075	2006	0.610	2006	0.415
2005	0.748	2005	0.6850	2005	0.580	2005	0.370
2004	0.730	2004	0.6625	2004	0.550	2004	0.325
2003	0.712	2003	0.6400	2003	0.520	2003	0.280
2002	0.694	2002	0.6175	2002	0.490	2002	0.235
2001	0.676	2001	0.5950	2001	0.460	2001	0.190
2000	0.658	2000	0.5725	2000	0.430	2000	0.145
1999	0.640	1999	0.5500	1999	0.400	1999이하	0.100
1998	0.622	1998	0.5275	1998	0.370		
1997	0.604	1997	0.5050	1997	0.340		
1996	0.586	1996	0.4825	1996	0.310		
1995	0.568	1995	0.4600	1995	0.280		
1994	0.550	1994	0.4375	1994	0.250		
1993	0.532	1993	0.4150	1993	0.220		
1992	0.514	1992	0.3925	1992	0.190		
1991	0.496	1991	0.3700	1991	0.160		
1990	0.478	1990	0.3475	1990	0.130		
1989	0.460	1989	0.3250	1989이하	0.100		
1988	0.442	1988	0.3025				
1987	0.424	1987	0.2800				
1986	0.406	1986	0.2575				
1985	0.388	1985	0.2350				
1984	0.370	1984	0.2125				
1983	0.352	1983	0.1900				
1982	0.334	1982	0.1675				
1981	0.316	1981	0.1450				
1980	0.298	1980	0.1225				
1979	0.280	1979이하	0.1000				
1978	0.262						
1977	0.244						
1976	0.226						
1975	0.208						
1974	0.190						

Ⅰ그룹 내용연수 50년		Ⅱ그룹 내용연수 40년		Ⅲ그룹 내용연수 30년		Ⅳ그룹 내용연수 20년	
신축연도	잔가율	신축연도	잔가율	신축연도	잔가율	신축연도	잔가율
1973	0.172						
1972	0.154						
1971	0.136						
1970	0.118						
1969이하	0.100						

□ 리모델링(대수선)한 건축물의 경과연수별잔가율 산정방법
Rn(잔존가치율) = 1-(1-R) × (n-0.3ⓝ)/N
R : 최종잔존가치율　N : 대상건물의 내용연수　n : 대상건물의 경과연수
ⓝ : 리모델링시점의 경과연수 다만, ⓝ은 항상 N보다 작거나 같고 n-0.3ⓝ〉 N이면 Rn=R

③ 그룹별 건물구조는 다음 각 호와 같다.

1. Ⅰ그룹은 통나무조 · 철골(철골철근)콘크리트조 · 철근콘크리트조 · 석조 · 프리캐스트 콘크리트조 · 목구조 · 라멘조의 모든 건물
2. Ⅱ그룹은 연와조 · 목조 · 시멘트벽돌조 · 보강콘크리트조 · ALC조 · 철골조 · 스틸하우스조 · 보강블록조 · 와이어패널조의 모든 건물
3. Ⅲ그룹은 경량철골조 · 석회 및 흙벽돌조 · 돌담 및 토담조 · 황토조 · 시멘트블록조 · 조립식 패널조의 모든 건물, 기계식주차전용빌딩
4. Ⅳ그룹은 철파이프조 · 컨테이너건물의 모든 건물

제11조【개별건물의 특성에 따른 조정률】「상속세 및 증여세법」 제61조 제1항 제2호에 따라 기준시가를 계산하는 경우 적용하는 개별건물의 특성에 따른 조정률은 다음과 같다. 다만, 「소득세법」 제99조 제1항 제1호 나목에 따라 기준시가를 계산하는 경우에는 이를 적용하지 아니한다.

구분	적 용 대 상	번호	지수	적 용 범 위	비 고
Ⅰ	◦ 지붕재료			◦ 구조지수가 100미만인 경우에만 적용한다.	
	- 슬래브, 기와, 토기와, 시멘트기와, 한식기와, 오지기와, 아스팔트 슁글, 동슁글, 천연슬레이트, 기타 신소재	1	100		
	- 패널(칼라아연도강판 포함), 유리(폴리카보네이트, FRP포함), 슬레이트(강판슬레이트 포함)	2	80		
	- 함석, 자연석, 천막, 초가, 썬라이트, 너와, 동판, 구리 기타 이와 유사한 것	3	60		
Ⅱ	◦ 최고층수			◦ 최고층수 계산시 지하층 및 옥탑은 제외	해당하는 항목 중 가장 높은 지수 하나만 적용한다.
	- 5층 이하	4	90		
	- 6층 이상~10층 이하	5	100		
	- 11층 이상~15층 이하	6	110		
	- 16층 이상~20층 이하	7	120	◦ 건물구조가 통나무	중복 적용을

구분	적 용 대 상	번호	지수	적 용 범 위	비 고
	- 21층 이상	8	130	조인 것은 적용 제외	방지하기 위해 가장 높은 지수 하나만 적용한다.
	◦ 연면적				
	- 1천㎡ 미만	9	90	◦ 주거용건물은 아파트에 한해 최고층수 기준만 적용한다.	
	- 1천㎡ 이상~5천㎡ 미만	10	100		
	- 5천㎡ 이상~1만㎡ 이상	11	110		
	- 1만㎡ 이상~5만㎡ 미만	12	120		
	- 5만㎡ 이상	13	130		
	◦ 인텔리전트시스템빌딩				
	- 지능형 건축물 인증 3등급 · 4등급	14	110	◦ 지능형건축물의 인증에 관한 규칙 제8조에 따라 단 1회라도 인증서를 발급받은 경우 적용한다.	
	- 지능형 건축물 인증 1등급 · 2등급	15	120		
Ⅲ	◦ 단독주택				해당하는 항목 중 가장 높은 지수 하나만 적용한다.
	- 연면적 264㎡이상~331㎡미만	16	120		
	- 연면적 331㎡이상	17	140		
	◦ 공동주택			◦ 공동주택에는 도시형생활주택을 포함하고 기숙사를 포함하지 아니한다.	
	- 전용면적149㎡이상~215㎡미만	18	120		
	- 전용면적 215㎡이상	19	140		
Ⅳ	◦ 상가의 1층	20	120	◦ 집합건물의 경우에는 공용면적을 포함한 전체면적에 대해 적용한다.	해당하는 항목 중 가장 낮은 지수 하나만 적용한다. 단, 20~23에 해당하며 24~25인 경우에는 지수 60을 적용한다.
	◦ 상가의 2층	21	105		
	◦ 최고층수 5층 이하 건물의 지하 1층	22	80		
	◦ 최고층수 5층 이하 건물의 지하 2층 이상	23	70	◦ 주차전용빌딩은 적용하지 아니한다.	
	◦ 건물 부속(지하 포함) 주차장 및 기계실, 보일러실, 대피소, 옥탑	24	60		
	◦ 주택간이부속건물(창고, 화장실, 세면장 등)	25	60		
Ⅴ	◦ 일부 개축건물			◦ 개축부분에 한하여 적용한다.	전부 개축인 경우에는 조정률을 적용하지 아니한다(개축년도를
	- 1회 개축	26	110		
	- 2회 이상 개축	27	120		

구분	적 용 대 상	번호	지수	적 용 범 위	비 고
					신축년도로 한다).
Ⅵ	◦ 무벽건물의 무벽면적비율 - 1/4 초과~2/4 미만 - 2/4 이상~3/4 미만 - 3/4 이상	 28 29 30	 80 70 60	◦ 무벽건물조정률은 벽면 상하의 전부 또는 일부가 공간인 경우에 면적비율에 의하여 판정한다.	납세자가 사실관계를 입증하는 경우에 한하여 적용한다.
Ⅶ	◦ 건물에 대한 구조안전진단을 받은 경우 - B급 : 보조부재 경미결함 - C급 : 보조부재 손상 - D급 : 주요부재 손상 - E급 : 주요부재 심각한 결함 ◦ 법령에 의한 철거대상 건물 - 건물을 사용하는 경우 - 건물을 사용하지 않는 경우 ◦ 화재, 지진 등의 원인에 의하여 건물의 일부가 훼손 또는 멸실된 경우 → 정상적으로 사용되는 면적비율을 조정률로 적용한다.	 31 32 33 34 35 36 37	 90 80 60 30 30 0 정상사용비율	◦ 철거대상 건물로서 철거보상금을 받는 경우에는 당해 보상금으로 평가한다.	평가기준일 현재 관계행정기관에 신고한 경우로서 납세자가 사실관계를 입증하는 경우에 한하여 가장 낮은 지수 하나만 적용한다.

부 칙(2018.12.31. 국세청 고시 제2018-50호)

제 1 조 【시행일】 이 고시는 2019년 1월 1일부터 시행한다.

제 2 조 【적용례】 이 고시는 2019년 1월 1일 이후 최초로 양도하거나 상속 개시 또는 증여하는 분부터 적용한다.

별첨8 : 2017년 기준 완전생명표(2018.12.3. 갱신)

연령	기대여명(년)			연령	기대여명(년)		
	전체	남자	여자		전체	남자	여자
0세	82.7	79.7	85.7	51세	33.2	30.6	35.9
1세	81.9	78.9	84.9	52세	32.3	29.7	34.9
2세	80.9	77.9	83.9	53세	31.4	28.8	34.0
3세	79.9	76.9	82.9	54세	30.5	27.9	33.0
4세	79.0	75.9	82.0	55세	29.6	27.0	32.1
5세	78.0	75.0	81.0	56세	28.7	26.2	31.1
6세	77.0	74.0	80.0	57세	27.8	25.3	30.2
7세	76.0	73.0	79.0	58세	26.9	24.4	29.3
8세	75.0	72.0	78.0	59세	26.0	23.6	28.3
9세	74.0	71.0	77.0	60세	25.1	22.8	27.4
10세	73.0	70.0	76.0	61세	24.2	21.9	26.4
11세	72.0	69.0	75.0	62세	23.4	21.1	25.5
12세	71.0	68.0	74.0	63세	22.5	20.3	24.6
13세	70.0	67.0	73.0	64세	21.6	19.4	23.7
14세	69.0	66.0	72.0	65세	20.8	18.6	22.7
15세	68.0	65.0	71.0	66세	19.9	17.8	21.8
16세	67.0	64.0	70.0	67세	19.1	17.0	20.9
17세	66.0	63.1	69.0	68세	18.2	16.3	20.0
18세	65.1	62.1	68.0	69세	17.4	15.5	19.1
19세	64.1	61.1	67.1	70세	16.6	14.7	18.3
20세	63.1	60.1	66.1	71세	15.8	14.0	17.4
21세	62.1	59.1	65.1	72세	15.0	13.2	16.5
22세	61.1	58.2	64.1	73세	14.2	12.5	15.7
23세	60.1	57.2	63.1	74세	13.4	11.8	14.8
24세	59.2	56.2	62.1	75세	12.7	11.1	14.0
25세	58.2	55.2	61.1	76세	12.0	10.5	13.2
26세	57.2	54.3	60.1	77세	11.3	9.8	12.4
27세	56.2	53.3	59.2	78세	10.6	9.2	11.7
28세	55.3	52.3	58.2	79세	9.9	8.7	10.9
29세	54.3	51.3	57.2	80세	9.3	8.1	10.2
30세	53.3	50.4	56.2	81세	8.7	7.6	9.5

연령	기대여명(년)			연령	기대여명(년)		
	전체	남자	여자		전체	남자	여자
31세	52.3	49.4	55.2	82세	8.1	7.1	8.9
32세	51.4	48.4	54.3	83세	7.6	6.6	8.3
33세	50.4	47.5	53.3	84세	7.1	6.2	7.7
34세	49.4	46.5	52.3	85세	6.6	5.8	7.1
35세	48.4	45.5	51.3	86세	6.1	5.4	6.6
36세	47.5	44.6	50.3	87세	5.7	5.0	6.1
37세	46.5	43.6	49.4	88세	5.3	4.7	5.7
38세	45.5	42.7	48.4	89세	4.9	4.3	5.2
39세	44.6	41.7	47.4	90세	4.6	4.0	4.8
40세	43.6	40.7	46.5	91세	4.2	3.8	4.5
41세	42.7	39.8	45.5	92세	3.9	3.5	4.1
42세	41.7	38.8	44.5	93세	3.6	3.3	3.8
43세	40.7	37.9	43.6	94세	3.4	3.0	3.5
44세	39.8	37.0	42.6	95세	3.1	2.8	3.3
45세	38.8	36.0	41.6	96세	2.9	2.6	3.0
46세	37.9	35.1	40.7	97세	2.7	2.5	2.8
47세	37.0	34.2	39.7	98세	2.5	2.3	2.6
48세	36.0	33.3	38.8	99세	2.4	2.2	2.4
49세	35.1	32.4	37.8	100세 이상	2.2	2.0	2.3
50세	34.2	31.4	36.8				

(통계청 → 국내통계 → 인구·가구 → 생명표 → 완전생명)

별첨9 : 공장입지기준면적(지방칙 제50조 관련 별표6, 2016.12.30.)

1. 공장입지기준면적 = 공장건축물 연면적 × $\frac{100}{\text{업종별 기준공장 면적률}}$
2. 공장입지기준면적의 산출기준
   가. 공장건축물 연면적 : 해당 공장의 경계구역 안에 있는 모든 공장용 건축물 연면적(종업원의 후생복지시설 등 각종 부대시설의 연면적을 포함하되, 무허가 건축물 및 위법시공 건축물 연면적은 제외한다)과 옥외에 있는 기계장치 또는 저장시설의 수평투영면적을 합한 면적을 말한다.
   나. 업종별 기준공장면적률 : 「산업집적활성화 및 공장설립에 관한 법률」 제8조에 따라 산업통상자원부장관이 고시하는 "업종별 기준공장면적률"에 따른다.
   다. 1개의 단위 공장에 2개 이상의 업종을 영위하는 경우에는 각 업종별 공장입지기준면적을 산출하여 합한 면적을 공장입지기준면적으로 보며, 명확한 업종구분이 불가능한 경우에는 매출액이 가장 많은 업종의 기준공장면적률을 적용하여 산출한다.
3. 공장입지기준면적의 추가 인정기준
   가. 제1호 및 제2호에 따라 산출된 면적을 초과하는 토지 중 다음의 어느 하나에 해당하는 토지는 공장입지기준면적에 포함되는 것으로 한다.
      1) 「산업집적활성화 및 공장설립에 관한 법률」 제20조 제1항 본문에 따라 공장의 신설 등이 제한되는 지역에 소재하는 공장의 경우에는 제1호 및 제2호에 따라 산출된 면적의 100분의 10 이내의 토지(그 면적이 3,000㎡를 초과하지 아니하는 부분에 한정한다)
      2) 1)에 규정된 지역 외의 지역에 소재하는 공장의 경우에는 제1호 및 제2호 따라 산출된 면적의 100분의 20 이내의 토지
   나. 도시관리계획상의 녹지지역, 활주로, 철로, 6미터 이상의 도로 및 접도구역은 공장입지기준면적에 포함되는 것으로 한다.
   다. 생산공정의 특성상 대규모 저수지 또는 침전지로 사용되는 토지는 공장입지기준면적에 포함되는 것으로 한다.
   라. 공장용으로 사용하는 것이 적합하지 아니한 경사도가 30도 이상인 사면용지는 공장입지기준면적에 포함되는 것으로 한다.
   마. 공장의 가동으로 인하여 소음·분진·악취 등 생활환경의 오염피해가 발생하게 되는 토지로서 해당 공장과 인접한 토지를 그 토지 소유자의 요구에 따라 취득하는 경우에는 공장경계구역 안에 있는 공장의 면적과 합한 면적을 해당 공장의 부속토지로 보아 공장입지기준면적을 산정한다.
   바. 공장입지기준면적을 산출할 때 다음 표의 기준면적에 해당하는 종업원용 체육시설용지(공장입지기준면적의 100분의 10 이내에 해당하는 토지에 한정한다)는 공장입지기준면적에 포함되는 것으로 한다.

(단위 : ㎡)

구분		종업원 100명 이하	종업원 500명 이하	종업원 2,000명 이하	종업원 10,000명 이하	종업원 10,000명 초과
실외체육시설	운동장	1,000	1,000㎡ + (100명 초과 종업원수 × 9㎡)	4,600㎡ + (500명 초과 종업원수 × 3㎡)	9,100㎡ + (2,000명 초과 종업원수 × 1㎡)	17,100
	테니스 또는 정구코트	970	970	1,940	2,910	2,910
실내체육시설		150	300	450	900	900

※ 비고

1. 적용요건

운동장과 코트에는 축구 · 배구 · 테니스 등 운동경기가 가능한 시설이 있어야 하고, 실내체육시설은 영구적인 시설물이어야 하며, 탁구대 2면 이상을 둘 수 있어야 한다.

2. 적용요령

가. 종업원수는 그 사업장에 근무하는 종업원을 기준으로 한다.

나. 종업원이 50명 이하인 법인의 경우에는 코트면적만을 기준면적으로 한다.

다. 실내체육시설의 건축물바닥면적이 기준면적 이하인 경우에는 그 건축물 바닥면적을 그 기준면적으로 한다.

라. 종업원용 실내체육시설이 있는 경우에는 그 실내체육시설의 기준면적에 영 제101조 제2항의 용도지역별 적용배율을 곱하여 산출한 면적을 합한 면적을 기준면적으로 한다.

별첨10 : 업종변경의 대상이 되는 업종분류 및 기준공장면적률

(산업통상자원부 고시 제2018-162호, 2018.9.17.)

업종분류		기준공장면적률		
번호	업종명(세분류)	번호	업종명(세세분류)	면적률 (%)
1011	도축업	10111	육류 도축업(가금류 제외)	12
		10112	가금류 도축업	12
1012	육류 가공 및 저장 처리업	10121	가금류 가공 및 저장 처리업	12
		10122	육류 포장육 및 냉동육 가공업(가금류 제외)	12
		10129	육류 기타 가공 및 저장 처리업(가금류 제외)	12
1021	수산동물 가공 및 저장 처리업	10211	수산동물 훈제, 조리 및 유사 조제식품 제조업	15
		10212	수산동물 건조 및 염장품 제조업	15
		10213	수산동물 냉동품 제조업	15
		10219	기타 수산동물 가공 및 저장 처리업	15
1022	수산식물 가공 및 저장 처리업	10220	수산식물 가공 및 저장 처리업	15
1030	과실, 채소 가공 및 저장 처리업	10301	김치류 제조업	10
		10302	과실 및 그 외 채소 절임식품 제조업	10
		10309	기타 과실·채소 가공 및 저장 처리업	10
1040	동물성 및 식물성 유지 제조업	10401	동물성 유지 제조업	10
		10402	식물성 유지 제조업	10
		10403	식용 정제유 및 가공유 제조업	10
1050	낙농제품 및 식용 빙과류 제조업	10501	액상 시유 및 기타 낙농제품 제조업	10
		10502	아이스크림 및 기타 식용 빙과류 제조업	10
1061	곡물 가공품 제조업	10611	곡물 도정업	12
		10612	곡물 제분업	12
		10613	곡물 혼합 분말 및 반죽 제조업	12
		10619	기타 곡물 가공품 제조업	10
1062	전분제품 및 당류 제조업	10620	전분제품 및 당류 제조업	10
1071	떡, 빵 및 과자류 제조업	10711	떡류 제조업	15
		10712	빵류 제조업	15
		10713	과자류 및 코코아 제품 제조업	12
1072	설탕 제조업	10720	설탕 제조업	12
1073	면류, 마카로니 및 유사 식품 제조업	10730	면류, 마카로니 및 유사 식품 제조업	15
1074	조미료 및 식품 첨가물 제조업	10741	식초, 발효 및 화학 조미료 제조업	12
		10742	천연 및 혼합 조제 조미료 제조업	12

업종분류		기준공장면적률		
번호	업종명(세분류)	번호	업종명(세세분류)	면적률 (%)
		10743	장류 제조업	12
		10749	기타 식품 첨가물 제조업	12
1075	도시락 및 식사용 조리식품 제조업	10751	도시락류 제조업	15
		10759	기타 식사용 가공처리 조리식품 제조업	15
1079	기타 식료품 제조업	10791	커피 가공업	10
		10792	차류 가공업	10
		10793	수프 및 균질화식품 제조업	10
		10794	두부 및 유사 식품 제조업	12
		10795	인삼식품 제조업	10
		10796	건강 보조용 액화식품 제조업	12
		10797	건강 기능식품 제조업	12
		10799	그 외 기타 식료품 제조업	12
1080	동물용 사료 및 조제식품 제조업	10801	배합 사료 제조업	12
		10802	단미사료 및 기타 사료 제조업	12
1111	발효주 제조업	11111	탁주 및 약주 제조업	10
		11112	맥아 및 맥주 제조업	10
		11119	기타 발효주 제조업	10
1112	증류주 및 합성주 제조업	11121	주정 제조업	10
		11122	소주 제조업	10
		11129	기타 증류주 및 합성주 제조업	10
1120	비알코올 음료 및 얼음 제조업	11201	얼음 제조업	12
		11202	생수 생산업	10
		11209	기타 비알코올 음료 제조업	10
1200	담배 제조업	12000	담배제품 제조업	15
1310	방적 및 가공사 제조업	13101	면 방적업	12
		13102	모 방적업	12
		13103	화학섬유 방적업	12
		13104	연사 및 가공사 제조업	12
		13109	기타 방적업	12
1321	직물 직조업	13211	면직물 직조업	12
		13212	모직물 직조업	12
		13213	화학섬유직물 직조업	15
		13219	특수직물 및 기타 직물 직조업	15
1322	직물제품 제조업	13221	침구 및 관련제품 제조업	10

업종분류		기준공장면적률		
번호	업종명(세분류)	번호	업종명(세세분류)	면적률 (%)
		13222	자수제품 및 자수용 재료 제조업	10
		13223	커튼 및 유사 제품 제조업	10
		13224	천막, 텐트 및 유사 제품 제조업	15
		13225	직물포대 제조업	10
		13229	기타 직물제품 제조업	10
1330	편조 원단 제조업	13300	편조 원단 제조업	15
1340	섬유제품 염색, 정리 및 마무리 가공업	13401	솜 및 실 염색 가공업	15
		13402	직물, 편조 원단 및 의복류 염색 가공업	15
		13403	날염 가공업	15
		13409	섬유제품 기타 정리 및 마무리 가공업	15
1391	카펫, 마루덮개 및 유사 제품 제조업	13910	카펫, 마루덮개 및 유사 제품 제조업	10
1392	끈, 로프, 망 및 끈 가공품 제조업	13921	끈 및 로프 제조업	15
		13922	어망 및 기타 끈 가공품 제조업	15
1399	그 외 기타 섬유제품 제조업	13991	세폭직물 제조업	15
		13992	부직포 및 펠트 제조업	12
		13993	특수사 및 코드직물 제조업	15
		13994	표면처리 및 적층 직물 제조업	15
		13999	그 외 기타 분류 안된 섬유제품 제조업	10
1411	겉옷 제조업	14111	남자용 겉옷 제조업	20
		14112	여자용 겉옷 제조업	20
1412	속옷 및 잠옷 제조업	14120	속옷 및 잠옷 제조업	20
1413	한복 제조업	14130	한복 제조업	20
1419	기타 봉제의복 제조업	14191	셔츠 및 블라우스 제조업	20
		14192	근무복, 작업복 및 유사 의복 제조업	20
		14193	가죽의복 제조업	20
		14194	유아용 의복 제조업	20
		14199	그 외 기타 봉제의복 제조업	20
1420	모피제품 제조업	14200	모피제품 제조업	15
1430	편조의복 제조업	14300	편조의복 제조업	15
1441	편조 의복 액세서리 제조업	14411	스타킹 및 기타양말 제조업	15
		14419	기타 편조 의복 액세서리 제조업	15
1449	기타 의복 액세서리 제조업	14491	모자 제조업	20
		14499	그 외 기타 의복 액세서리 제조업	20
1511	모피 및 가죽 제조업	15110	모피 및 가죽 제조업	15

업종분류		기준공장면적률		
번호	업종명(세분류)	번호	업종명(세세분류)	면적률 (%)
1512	핸드백, 가방 및 기타 보호용 케이스 제조업	15121	핸드백 및 지갑 제조업	20
		15129	가방 및 기타 보호용 케이스 제조업	20
1519	기타 가죽제품 제조업	15190	기타 가죽제품 제조업	20
1521	신발 제조업	15211	구두류 제조업	20
		15219	기타 신발 제조업	20
1522	신발 부분품 제조업	15220	신발 부분품 제조업	20
1610	제재 및 목재 가공업	16101	일반 제재업	5
		16102	표면 가공목재 및 특정 목적용 제재목 제조업	5
		16103	목재 보존, 방부처리, 도장 및 유사 처리업	5
1621	박판, 합판 및 강화 목제품 제조업	16211	박판, 합판 및 유사 적층판 제조업	15
		16212	강화 및 재생 목재 제조업	5
1622	건축용 나무제품 제조업	16221	목재 문 및 관련제품 제조업	10
		16229	기타 건축용 나무제품 제조업	10
1623	목재 상자, 드럼 및 적재판 제조업	16231	목재 깔판류 및 기타 적재판 제조업	10
		16232	목재 포장용 상자, 드럼 및 유사 용기 제조업	10
1629	기타 나무제품 제조업	16291	목재 도구 및 주방용 나무제품 제조업	10
		16292	장식용 목제품 제조업	10
		16299	그 외 기타 나무제품 제조업	10
1630	코르크 및 조물 제품 제조업	16300	코르크 및 조물 제품 제조업	12
1711	펄프 제조업	17110	펄프 제조업	3
1712	종이 및 판지 제조업	17121	신문용지 제조업	10
		17122	인쇄용 및 필기용 원지 제조업	10
		17123	크라프트지 및 상자용 판지 제조업	10
		17124	적층, 합성 및 특수 표면처리 종이 제조업	10
		17125	위생용 원지 제조업	10
		17129	기타 종이 및 판지 제조업	10
1721	골판지 및 골판지 가공제품 제조업	17211	골판지 제조업	15
		17212	골판지 상자 및 가공제품 제조업	15
1722	종이 포대, 판지 상자 및 종이 용기 제조업	17221	종이 포대 및 가방 제조업	15
		17222	판지 상자 및 용기 제조업	15
		17223	식품 위생용 종이 상자 및 용기 제조업	15
		17229	기타 종이 상자 및 용기 제조업	15
1790	기타 종이 및 판지 제품 제조업	17901	문구용 종이제품 제조업	15

업종분류		기준공장면적률		
번호	업종명(세분류)	번호	업종명(세세분류)	면적률 (%)
		17902	위생용 종이제품 제조업	15
		17903	벽지 및 장판지 제조업	15
		17909	그 외 기타 종이 및 판지 제품 제조업	15
1811	인쇄업	18111	경 인쇄업	20
		18112	스크린 인쇄업	20
		18113	오프셋 인쇄업	20
		18119	기타 인쇄업	20
1812	인쇄관련 산업	18121	제판 및 조판업	20
		18122	제책업	20
		18129	기타 인쇄관련 산업	20
1820	기록매체 복제업	18200	기록매체 복제업	15
1910	코크스 및 연탄 제조업	19101	코크스 및 관련제품 제조업	3
		19102	연탄 및 기타 석탄 가공품 제조업	3
1921	원유 정제처리업	19210	원유 정제처리업	10
1922	석유 정제물 재처리업	19221	윤활유 및 그리스 제조업	3
		19229	기타 석유 정제물 재처리업	3
2011	기초 유기화학 물질 제조업	20111	석유화학계 기초 화학 물질 제조업	3
		20112	천연수지 및 나무 화학 물질 제조업	10
		20119	석탄화학계 화합물 및 기타 기초 유기화학 물질 제조업	3
2012	기초 무기화학 물질 제조업	20121	산업용 가스 제조업	7
		20129	기타 기초 무기화학 물질 제조업	3
2013	무기 안료, 염료, 유연제 및 기타 착색제 제조업	20131	무기 안료용 금속 산화물 및 관련 제품 제조업	3
		20132	염료, 조제 무기 안료, 유연제 및 기타 착색제 제조업	12
2020	합성고무 및 플라스틱 물질 제조업	20201	합성고무 제조업	7
		20202	합성수지 및 기타 플라스틱 물질 제조업	7
		20203	혼성 및 재생 플라스틱 소재 물질 제조업	7
2031	비료 및 질소 화합물 제조업	20311	질소 화합물, 질소·인산 및 칼리질 화학비료 제조업	7
		20312	복합비료 및 기타 화학비료 제조업	7
		20313	유기질 비료 및 상토 제조업	10
2032	살균·살충제 및 농약 제조업	20321	화학 살균·살충제 및 농업용 약제 제조업	12
		20322	생물 살균·살충제 및 식물보호제 제조업	12

업종분류		기준공장면적률		
번호	업종명(세분류)	번호	업종명(세세분류)	면적률(%)
2041	잉크, 페인트, 코팅제 및 유사제품 제조업	20411	일반용 도료 및 관련제품 제조업	12
		20412	요업용 도포제 및 관련제품 제조업	12
		20413	인쇄 잉크 및 회화용 물감 제조업	12
2042	세제, 화장품 및 광택제 제조업	20421	계면활성제 제조업	12
		20422	치약, 비누 및 기타 세제 제조업	12
		20423	화장품 제조업	12
		20424	표면 광택제 및 실내 가향제 제조업	12
2049	그 외 기타 화학제품 제조업	20491	감광 재료 및 관련 화학제품 제조업	12
		20492	가공 및 정제염 제조업	10
		20493	접착제 및 젤라틴 제조업	12
		20494	화약 및 불꽃제품 제조업	3
		20495	바이오 연료 및 혼합물 제조업	12
		20499	그 외 기타 분류 안된 화학제품 제조업	12
2050	화학섬유 제조업	20501	합성섬유 제조업	12
		20502	재생 섬유 제조업	12
2110	기초 의약 물질 및 생물학적 제제 제조업	21101	의약용 화합물 및 항생물질 제조업	12
		21102	생물학적 제제 제조업	12
2121	완제 의약품 제조업	21210	완제 의약품 제조업	12
2122	한의약품 제조업	21220	한의약품 제조업	12
2123	동물용 의약품 제조업	21230	동물용 의약품 제조업	12
2130	의료용품 및 기타 의약 관련제품 제조업	21300	의료용품 및 기타 의약 관련제품 제조업	12
2211	고무 타이어 및 튜브 생산업	22111	타이어 및 튜브 제조업	12
		22112	타이어 재생업	12
2219	기타 고무제품 제조업	22191	고무 패킹류 제조업	15
		22192	산업용 그 외 비경화 고무제품 제조업	15
		22193	고무 의류 및 기타 위생용 비경화 고무제품 제조업	15
		22199	그 외 기타 고무제품 제조업	15
2221	1차 플라스틱제품 제조업	22211	플라스틱 선, 봉, 관 및 호스 제조업	12
		22212	플라스틱 필름 제조업	12
		22213	플라스틱 시트 및 판 제조업	12
		22214	플라스틱 합성피혁 제조업	12

업종분류		기준공장면적률		
번호	업종명(세분류)	번호	업종명(세세분류)	면적률(%)
2222	건축용 플라스틱제품 제조업	22221	벽 및 바닥 피복용 플라스틱 제품 제조업	12
		22222	설치용 및 위생용 플라스틱제품 제조업	12
		22223	플라스틱 창호 제조업	12
		22229	기타 건축용 플라스틱 조립제품 제조업	12
2223	포장용 플라스틱제품 제조업	22231	플라스틱 포대, 봉투 및 유사제품 제조업	15
		22232	포장용 플라스틱 성형용기 제조업	15
2224	기계장비 조립용 플라스틱제품 제조업	22241	운송장비 조립용 플라스틱제품 제조업	15
		22249	기타 기계·장비 조립용 플라스틱제품 제조업	15
2225	플라스틱 발포 성형제품 제조업	22251	폴리스티렌 발포 성형제품 제조업	12
		22259	기타 플라스틱 발포 성형제품 제조업	12
2229	기타 플라스틱 제품 제조업	22291	플라스틱 접착처리 제품 제조업	15
		22292	플라스틱 적층, 도포 및 기타 표면처리 제품 제조업	15
		22299	그 외 기타 플라스틱 제품 제조업	12
2311	판유리 및 판유리 가공품 제조업	23111	판유리 제조업	12
		23112	안전유리 제조업	12
		23119	기타 판유리 가공품 제조업	12
2312	산업용 유리 제조업	23121	1차 유리제품, 유리섬유 및 광학용 유리 제조업	12
		23122	디스플레이 장치용 유리 제조업	12
		23129	기타 산업용 유리제품 제조업	12
2319	기타 유리제품 제조업	23191	가정용 유리제품 제조업	12
		23192	포장용 유리용기 제조업	12
		23199	그 외 기타 유리제품 제조업	12
2321	내화 요업제품 제조업	23211	정형 내화 요업제품 제조업	10
		23212	부정형 내화 요업제품 제조업	10
2322	비내화 일반 도자기 제조업	23221	가정용 및 장식용 도자기 제조업	12
		23222	위생용 및 산업용 도자기 제조업	12
		23229	기타 일반 도자기 제조업	12
2323	건축용 비내화 요업제품 제조업	23231	점토 벽돌, 블록 및 유사 비내화 요업제품 제조업	5
		23232	타일 및 유사 비내화 요업제품 제조업	5
		23239	기타 건축용 비내화 요업제품 제조업	5
2331	시멘트, 석회 및 플라스터 제조업	23311	시멘트 제조업	3
		23312	석회 및 플라스터 제조업	3

업종분류		기준공장면적률		
번호	업종명(세분류)	번호	업종명(세세분류)	면적률(%)
2332	콘크리트, 레미콘 및 기타 시멘트, 플라스터 제품 제조업	23321	비내화 모르타르 제조업	3
		23322	레미콘 제조업	3
		23323	플라스터 혼합제품 제조업	10
		23324	콘크리트 타일, 기와, 벽돌 및 블록 제조업	3
		23325	콘크리트 관 및 기타 구조용 콘크리트제품 제조업	3
		23329	그 외 기타 콘크리트 제품 및 유사 제품 제조업	3
2391	석제품 제조업	23911	건설용 석제품 제조업	3
		23919	기타 석제품 제조업	3
2399	그 외 기타 비금속 광물제품 제조업	23991	아스팔트 콘크리트 및 혼합제품 제조업	3
		23992	연마재 제조업	10
		23993	비금속광물 분쇄물 생산업	10
		23994	암면 및 유사 제품 제조업	10
		23995	탄소섬유 제조업	3
		23999	그 외 기타 분류 안된 비금속 광물제품 제조업	3
2411	제철, 제강 및 합금철 제조업	24111	제철업	12
		24112	제강업	12
		24113	합금철 제조업	7
		24119	기타 제철 및 제강업	3
2412	철강 압연, 압출 및 연신제품 제조업	24121	열간 압연 및 압출제품 제조업	7
		24122	냉간 압연 및 압출 제품 제조업	12
		24123	철강선 제조업	12
2413	철강관 제조업	24131	주철관 제조업	10
		24132	강관 제조업	12
		24133	강관 가공품 및 관 연결구류 제조업	12
2419	기타 1차 철강 제조업	24191	도금, 착색 및 기타 표면 처리 강재 제조업	12
		24199	그 외 기타 1차 철강 제조업	12
2421	비철금속 제련, 정련 및 합금 제조업	24211	동 제련, 정련 및 합금 제조업	5
		24212	알루미늄 제련, 정련 및 합금 제조업	5
		24213	연 및 아연 제련, 정련 및 합금 제조업	5
		24219	기타 비철금속 제련, 정련 및 합금 제조업	5
2422	비철금속 압연, 압출 및 연신제품 제조업	24221	동 압연, 압출 및 연신제품 제조업	12
		24222	알루미늄 압연, 압출 및 연신제품 제조업	12

업종분류		기준공장면적률		
번호	업종명(세분류)	번호	업종명(세세분류)	면적률 (%)
		24229	기타 비철금속 압연, 압출 및 연신제품 제조업	12
2429	기타 1차 비철금속 제조업	24290	기타 1차 비철금속 제조업	3
2431	철강 주조업	24311	선철 주물 주조업	12
		24312	강 주물 주조업	12
2432	비철금속 주조업	24321	알루미늄 주물 주조업	12
		24322	동 주물 주조업	12
		24329	기타 비철금속 주조업	12
2511	구조용 금속제품 제조업	25111	금속 문, 창, 셔터 및 관련제품 제조업	12
		25112	구조용 금속 판제품 및 공작물 제조업	12
		25113	육상 금속 골조 구조재 제조업	12
		25114	수상 금속 골조 구조재 제조업	12
		25119	기타 구조용 금속제품 제조업	12
2512	산업용 난방 보일러, 금속탱크 및 유사 용기 제조업	25121	산업용 난방보일러 및 방열기 제조업	12
		25122	금속 탱크 및 저장 용기 제조업	12
		25123	압축 및 액화 가스 용기 제조업	12
2513	핵반응기 및 증기보일러 제조업	25130	핵반응기 및 증기보일러 제조업	12
2520	무기 및 총포탄 제조업	25200	무기 및 총포탄 제조업	3
2591	금속 단조, 압형 및 분말 야금제품 제조업	25911	분말 야금제품 제조업	12
		25912	금속 단조제품 제조업	12
		25913	자동차용 금속 압형제품 제조업	12
		25914	그 외 금속 압형제품 제조업	12
2592	금속 열처리, 도금 및 기타 금속 가공업	25921	금속 열처리업	12
		25922	도금업	20
		25923	도장 및 기타 피막 처리업	20
		25924	절삭 가공 및 유사 처리업	12
		25929	그 외 기타 금속 가공업	12
2593	날붙이, 수공구 및 일반 철물 제조업	25931	날붙이 제조업	15
		25932	일반 철물 제조업	12
		25933	비동력식 수공구 제조업	12
		25934	톱 및 호환성 공구 제조업	15
2594	금속 파스너, 스프링 및 금속선 가공제품 제조업	25941	볼트 및 너트류 제조업	12
		25942	그 외 금속 파스너 및 나사제품 제조업	12

업종분류		기준공장면적률		
번호	업종명(세분류)	번호	업종명(세세분류)	면적률(%)
		25943	금속 스프링 제조업	12
		25944	금속선 가공제품 제조업	12
2599	그 외 기타 금속 가공제품 제조업	25991	금속 캔 및 기타 포장용기 제조업	12
		25992	수동식 식품 가공 기기 및 금속 주방용기 제조업	12
		25993	금속 위생용품 제조업	12
		25994	금속 표시판 제조업	12
		25995	피복 및 충전 용접봉 제조업	12
		25999	그 외 기타 분류 안된 금속 가공제품 제조업	12
2611	전자집적회로 제조업	26111	메모리용 전자집적회로 제조업	10
		26112	비메모리용 및 기타 전자집적회로 제조업	10
2612	다이오드, 트랜지스터 및 유사 반도체 소자 제조업	26121	발광 다이오드 제조업	10
		26129	기타 반도체 소자 제조업	10
2621	표시장치 제조업	26211	액정 표시장치 제조업	12
		26212	유기 발광 표시장치 제조업	12
		26219	기타 표시장치 제조업	12
2622	인쇄회로기판 및 전자부품 실장기판 제조업	26221	인쇄회로기판용 적층판 제조업	12
		26222	경성 인쇄회로기판 제조업	12
		26223	연성 및 기타 인쇄회로기판 제조업	12
		26224	전자 부품 실장기판 제조업	12
2629	기타 전자 부품 제조업	26291	전자 축전기 제조업	12
		26292	전자 저항기 제조업	12
		26293	전자카드 제조업	10
		26294	전자코일, 변성기 및 기타 전자 유도자 제조업	12
		26295	전자 감지장치 제조업	12
		26299	그 외 기타 전자 부품 제조업	12
2631	컴퓨터 제조업	26310	컴퓨터 제조업	12
2632	기억 장치 및 주변 기기 제조업	26321	기억 장치 제조업	12
		26322	컴퓨터 모니터 제조업	12
		26323	컴퓨터 프린터 제조업	12
		26329	기타 주변 기기 제조업	12
2641	유선 통신장비 제조업	26410	유선 통신장비 제조업	12
2642	방송 및 무선 통신장비 제조업	26421	방송장비 제조업	12

업종분류		기준공장면적률		
번호	업종명(세분류)	번호	업종명(세세분류)	면적률 (%)
		26422	이동 전화기 제조업	12
		26429	기타 무선 통신장비 제조업	12
2651	텔레비전, 비디오 및 기타 영상 기기 제조업	26511	텔레비전 제조업	12
		26519	비디오 및 기타 영상 기기 제조업	12
2652	오디오, 스피커 및 기타 음향 기기 제조업	26521	라디오, 녹음 및 재생 기기 제조업	12
		26529	기타 음향기기 제조업	12
2660	마그네틱 및 광학 매체 제조업	26600	마그네틱 및 광학 매체 제조업	12
2711	방사선 장치 및 전기식 진단 기기 제조업	27111	방사선 장치 제조업	15
		27112	전기식 진단 및 요법 기기 제조업	15
2719	기타 의료용 기기 제조업	27191	치과용 기기 제조업	15
		27192	정형 외과용 및 신체 보정용 기기 제조업	15
		27193	안경 및 안경렌즈 제조업	15
		27194	의료용 가구 제조업	15
		27199	그 외 기타 의료용 기기 제조업	15
2721	측정, 시험, 항해, 제어 및 기타 정밀기기 제조업	27211	레이더, 항행용 무선 기기 및 측량 기구 제조업	15
		27212	전자기 측정, 시험 및 분석 기구 제조업	15
		27213	물질 검사, 측정 및 분석 기구 제조업	15
		27214	속도계 및 적산계기 제조업	15
		27215	기기용 자동 측정 및 제어장치 제조업	15
		27216	산업 처리공정 제어장비 제조업	20
		27219	기타 측정, 시험, 항해, 제어 및 정밀 기기 제조업	15
2730	사진장비 및 광학기기 제조업	27301	광학 렌즈 및 광학 요소 제조업	15
		27302	사진기, 영사기 및 관련 장비 제조업	15
		27309	기타 광학 기기 제조업	15
2740	시계 및 시계 부품 제조업	27400	시계 및 시계 부품 제조업	15
2811	전동기, 발전기 및 전기 변환장치 제조업	28111	전동기 및 발전기 제조업	12
		28112	변압기 제조업	12
		28113	방전 램프용 안정기 제조업	12
		28114	에너지 저장장치 제조업	12
		28119	기타 전기 변환장치 제조업	12

업종분류		기준공장면적률		
번호	업종명(세분류)	번호	업종명(세세분류)	면적률 (%)
2812	전기 공급 및 제어장치 제조업	28121	전기회로 개폐, 보호 장치 제조업	12
		28122	전기회로 접속장치 제조업	12
		28123	배전반 및 전기 자동제어반 제조업	12
2820	일차전지 및 축전지 제조업	28201	일차전지 제조업	12
		28202	축전지 제조업	12
2830	절연선 및 케이블 제조업	28301	광섬유 케이블 제조업	15
		28302	기타 절연선 및 케이블 제조업	15
		28303	절연 코드세트 및 기타 도체 제조업	15
2841	전구 및 램프 제조업	28410	전구 및 램프 제조업	12
2842	조명장치 제조업	28421	운송장비용 조명장치 제조업	12
		28422	일반용 전기 조명장치 제조업	12
		28423	전시 및 광고용 조명장치 제조업	12
		28429	기타 조명장치 제조업	12
2851	가정용 전기 기기 제조업	28511	주방용 전기 기기 제조업	15
		28512	가정용 전기 난방기기 제조업	15
		28519	기타 가정용 전기 기기 제조업	20
2852	가정용 비전기식 조리 및 난방 기구 제조업	28520	가정용 비전기식 조리 및 난방 기구 제조업	15
2890	기타 전기장비 제조업	28901	전기 경보 및 신호장치 제조업	20
		28902	전기용 탄소제품 및 절연제품 제조업	15
		28903	교통 신호장치 제조업	20
		28909	그 외 기타 전기장비 제조업	12
2911	내연기관 및 터빈 제조업; 항공기용 및 차량용 제외	29111	내연기관 제조업	12
		29119	기타 기관 및 터빈 제조업	12
2912	유압 기기 제조업	29120	유압 기기 제조업	12
2913	펌프 및 압축기 제조업; 탭, 밸브 및 유사 장치 제조 포함	29131	액체 펌프 제조업	20
		29132	기체 펌프 및 압축기 제조업	20
		29133	탭, 밸브 및 유사 장치 제조업	15
2914	베어링, 기어 및 동력 전달장치 제조업	29141	구름베어링 제조업	12
		29142	기어 및 동력전달장치 제조업	12
2915	산업용 오븐, 노 및 노용 버너 제조업	29150	산업용 오븐, 노 및 노용 버너 제조업	15
2916	산업용 트럭, 승강기 및 물품 취급장비 제조업	29161	산업용 트럭 및 적재기 제조업	10

업종분류		기준공장면적률		
번호	업종명(세분류)	번호	업종명(세세분류)	면적률(%)
		29162	승강기 제조업	12
		29163	컨베이어 장치 제조업	12
		29169	기타 물품 취급장비 제조업	12
2917	냉각, 공기 조화, 여과, 증류 및 가스 발생기 제조업	29171	산업용 냉장 및 냉동장비 제조업	20
		29172	공기 조화장치 제조업	20
		29173	산업용 송풍기 및 배기장치 제조업	15
		29174	기체 여과기 제조업	12
		29175	액체 여과기 제조업	12
		29176	증류기, 열 교환기 및 가스 발생기 제조업	7
2918	사무용 기계 및 장비 제조업	29180	사무용 기계 및 장비 제조업	15
2919	기타 일반 목적용 기계 제조업	29191	일반 저울 제조업	12
		29192	용기 세척, 포장 및 충전기 제조업	7
		29193	분사기 및 소화기 제조업	12
		29194	동력식 수지 공구 제조업	15
		29199	그 외 기타 일반 목적용 기계 제조업	10
2921	농업 및 임업용 기계 제조업	29210	농업 및 임업용 기계 제조업	12
2922	가공 공작기계 제조업	29221	전자 응용 절삭기계 제조업	15
		29222	디지털 적층 성형기계 제조업	15
		29223	금속 절삭기계 제조업	15
		29224	금속 성형기계 제조업	15
		29229	기타 가공 공작기계 제조업	15
2923	금속 주조 및 기타 야금용 기계 제조업	29230	금속 주조 및 기타 야금용 기계 제조업	15
2924	건설 및 광업용 기계장비 제조업	29241	건설 및 채광용 기계장비 제조업	10
		29242	광물 처리 및 취급장비 제조업	10
2925	음·식료품 및 담배 가공기계 제조업	29250	음·식료품 및 담배 가공기계 제조업	15
2926	섬유, 의복 및 가죽 가공기계 제조업	29261	산업용 섬유 세척, 염색, 정리 및 가공 기계 제조업	15
		29269	기타 섬유, 의복 및 가죽 가공기계 제조업	15
2927	반도체 및 디스플레이 제조용 기계 제조업	29271	반도체 제조용 기계 제조업	15
		29272	디스플레이 제조용 기계 제조업	15
2928	산업용 로봇 제조업	29280	산업용 로봇 제조업	15
2929	기타 특수 목적용 기계 제조업	29291	펄프 및 종이 가공용 기계 제조업	15
		29292	고무, 화학섬유 및 플라스틱 성형기 제조업	15

업종분류		기준공장면적률		
번호	업종명(세분류)	번호	업종명(세세분류)	면적률(%)
		29293	인쇄 및 제책용 기계 제조업	15
		29294	주형 및 금형 제조업	15
		29299	그 외 기타 특수 목적용 기계 제조업	15
3011	자동차용 엔진 제조업	30110	자동차용 엔진 제조업	12
3012	자동차 제조업	30121	승용차 및 기타 여객용 자동차 제조업	12
		30122	화물 자동차 및 특수 목적용 자동차 제조업	12
3020	자동차 차체 및 트레일러 제조업	30201	차체 및 특장차 제조업	10
		30202	자동차 구조 및 장치 변경업	10
		30203	트레일러 및 세미 트레일러 제조업	10
3031	자동차 엔진용 신품 부품 제조업	30310	자동차 엔진용 신품 부품 제조업	12
3032	자동차 차체용 신품 부품 제조업	30320	자동차 차체용 신품 부품 제조업	12
3033	자동차용 신품 동력 전달장치 및 전기장치 제조업	30331	자동차용 신품 동력 전달장치 제조업	12
		30332	자동차용 신품 전기장치 제조업	12
3039	자동차용 기타 신품 부품 제조업	30391	자동차용 신품 조향장치 및 현가장치 제조업	12
		30392	자동차용 신품 제동장치 제조업	12
		30393	자동차용 신품 의자 제조업	15
		30399	그 외 자동차용 신품 부품 제조업	12
3040	자동차 재제조 부품 제조업	30400	자동차 재제조 부품 제조업	12
3111	선박 및 수상 부유 구조물 건조업	31111	강선 건조업	7
		31112	합성수지선 건조업	7
		31113	기다 선박 긴조업	7
		31114	선박 구성 부분품 제조업	7
3112	오락 및 스포츠용 보트 건조업	31120	오락 및 스포츠용 보트 건조업	7
3120	철도장비 제조업	31201	기관차 및 기타 철도 차량 제조업	12
		31202	철도 차량 부품 및 관련 장치물 제조업	12
3131	항공기, 우주선 및 보조장치 제조업	31311	유인 항공기, 항공 우주선 및 보조장치 제조업	3
		31312	무인 항공기 및 무인 비행장치 제조업	3
3132	항공기용 엔진 및 부품 제조업	31321	항공기용 엔진 제조업	5
		31322	항공기용 부품 제조업	5
3191	전투용 차량 제조업	31910	전투용 차량 제조업	3
3192	모터사이클 제조업	31920	모터사이클 제조업	10
3199	그 외 기타 분류 안된 운송장비 제조업	31991	자전거 및 환자용 차량 제조업	10
		31999	그 외 기타 달리 분류되지 않은 운송장비 제조업	15

업종분류		기준공장면적률		
번호	업종명(세분류)	번호	업종명(세세분류)	면적률 (%)
3201	침대 및 내장 가구 제조업	32011	매트리스 및 침대 제조업	15
		32019	소파 및 기타 내장 가구 제조업	15
3202	목재 가구 제조업	32021	주방용 및 음식점용 목재 가구 제조업	15
		32029	기타 목재 가구 제조업	15
3209	기타 가구 제조업	32091	금속 가구 제조업	15
		32099	그 외 기타 가구 제조업	15
3311	귀금속 및 관련제품 제조업	33110	귀금속 및 관련제품 제조업	7
3312	모조 귀금속 및 모조 장신용품 제조업	33120	모조 귀금속 및 모조 장신용품 제조업	20
3320	악기 제조업	33201	건반 악기 제조업	15
		33202	전자 악기 제조업	15
		33209	기타 악기 제조업	15
3330	운동 및 경기용구 제조업	33301	체조, 육상 및 체력 단련용 장비 제조업	12
		33302	놀이터용 장비 제조업	12
		33303	낚시 및 수렵용구 제조업	12
		33309	기타 운동 및 경기용구 제조업	12
3340	인형, 장난감 및 오락용품 제조업	33401	인형 및 장난감 제조업	20
		33402	영상게임기 제조업	20
		33409	기타 오락용품 제조업	20
3391	간판 및 광고물 제조업	33910	간판 및 광고물 제조업	20
3392	사무 및 회화용품 제조업	33920	사무 및 회화용품 제조업	12
3393	가발, 장식용품 및 전시용 모형 제조업	33931	가발 및 유사 제품 제조업	20
		33932	전시용 모형 제조업	12
		33933	표구 처리업	20
3399	그 외 기타 분류 안된 제품 제조업	33991	단추 및 유사 파스너 제조업	20
		33992	라이터, 연소물 및 흡연용품 제조업	7
		33993	비 및 솔 제조업	20
		33999	그 외 기타 달리 분류되지 않은 제품 제조업	10
3401	일반 기계류 수리업	34011	건설·광업용 기계 및 장비 수리업	10
		34019	기타 일반 기계 및 장비 수리업	20
3402	전기·전자 및 정밀 기기 수리업	34020	전기·전자 및 정밀 기기 수리업	20

별첨11 : 조정대상지역 지정(국토교통부 공고 제2018-1766호, 2018.12.31.)

※ 주택법 제63조의2에 따른 조정대상지역 지정 현황(2018.12.31.)

시 · 도	현 행(2018.12.31. 현재)	지정일자
서울	서울 25개구	2017.9.6.
경기	과천시, 광명시, 성남시, 고양시, 남양주시, 하남시, 동탄2택지개발지구(화성시 반송동 · 석우동, 동탄면 금곡리 · 목리 · 방교리 · 산척리 · 송리 · 신리 · 영천리 · 오산리 · 장지리 · 중리 · 청계리 일원에 지정된 동탄2택지개발지구에 한함),	2017.9.6.
	구리시, 안양시 동안구, 광교택지개발지구(수원시 영통구 이의동 · 원천동 · 하동 · 매탄동, 팔달구 우만동, 장안구 연무동, 용인시 수지구상현동, 기흥구 영덕동 일원에 지정된 광교택지개발지구에 한함)	2018.8.28.
	수원시 팔달구, 용인시 수지구, 용인시 기흥구	2018.12.31.
부산	해운대구 · 수영구 · 동래구	2017.9.6.
세종	세종특별자치시(세종특별자치시는 「신행정수도 후속대책을 위한 연기 · 공주지역 행정중심복합도시 건설을 위한 특별법」 제2조 제2호에 따른 예정지역에 한함)	2017.9.6.

찾아보기

(ㄴ)

(ㄷ)

(ㅁ)

(ㅂ)

(ㅅ)

(ㅇ)

(ㅊ)

(ㅌ)

저 · 자 · 약 · 력

최 장 섭 (E-mail : taxjang3@naver.com)

- 서울지방국세청 송무과
- 국세청 법무과
- 서울지방국세청 조사1국
- 조세심판원
- 춘천세무서(재산법인세과), 영등포세무서(부가가치세과), 관악세무서(재산법인세과)
- 남대문세무서 납세자보호담당관(현)
- 자격 및 학위 : 세무사 및 법학석사(경희대학교 국제법무대학원 조세법무학과)

-복잡한 부동산 세금 완전정리

부동산 취득 · 보유세 실무

정가 70,000원

저 자 최 장 섭

발행인 서 동 혁

편 집 이 은 희

저자와의 협의하에 인지생략

발행처 ㈜영화조세통람

펴낸날 2019년 5월 10일 초판 인쇄
2019년 5월 20일 초판 발행

주 소 서울특별시 중구 동호로 14길 5－6(신당동)

등 록 1976. 11. 5. 제9－81호

전 화 대 표 02) 2231－7027 Fax 02) 2234－1754
출 판 사 업 부 02) 2231－7141 Fax 02) 2231－7994

구입문의 (02) 2231－7027～9 ISBN 979－11－6064－133－2 13320

㈜영화조세통람은 좋은 책을 만들기 위해 독자 여러분의 의견을 기다립니다.
E-mail(josetop@inaus.co.kr)과 홈페이지(www.taxnet.co.kr)의 고객지원센터 "고객의 소리" 코너